能源经济学教科书系列

能源金融

（第2版）

林伯强 黄光晓 | 编著

ENERGY FINANCE

|Second Edition|

清华大学出版社

北 京

图书在版编目(CIP)数据

能源金融 / 林伯强，黄光晓　编著. —2版. —北京：清华大学出版社，2014(2024.1重印)
(能源经济学教科书系列)

ISBN 978-7-302-34564-0

Ⅰ.①能… Ⅱ.①林… ②黄… Ⅲ ①能源工业—关系—金融市场—研究 Ⅳ.①F407.2 ②F830.9

中国版本图书馆CIP数据核字(2013)第282626号

责任编辑：陈　莉　高　屾
封面设计：周晓亮
版式设计：思创景点
责任校对：邱晓玉
责任印制：宋　林

出版发行：清华大学出版社
　　　　　　网　　址：https://www.tup.com.cn，https://www.wqxuetang.com
　　　　　　地　　址：北京清华大学学研大厦 A 座　　　　　　**邮　　编**：100084
　　　　　　社 总 机：010-83470000　　　　　　　　　　　　**邮　　购**：010-62786544
　　　　　　投稿与读者服务：010-62776969，c-service@tup.tsinghua.edu.cn
　　　　　　质量反馈：010-62772015，zhiliang@tup.tsinghua.edu.cn
印 装 者：三河市铭诚印务有限公司
经　　销：全国新华书店
开　　本：185mm×260mm　　　　**印　　张**：36　　　　**字　　数**：1089千字
版　　次：2011年7月第1版　　2014年2月第2版　　　　**印　　次**：2024年1月第9次印刷
定　　价：88.00元

产品编号：056336-02

再 版 序 言

2012 年在中国天津举办的夏季达沃斯论坛的"战略转变：未来能源"互动式会议上，来自世界各国的专家学者、政府官员和跨国企业高管围绕美国页岩气革命为代表的非常规能源开发对全球能源格局影响进行了深入探讨。包括国际能源署（IEA）在内的国际权威机构的大量研究认为，作为当前世界最重要的能源，石油的"产量峰值"已经到来，常规油气资源供应 20 年后可能会出现枯竭，而页岩气等非常规油气则有可能成为最好的替代能源。未来 10 年，伴随全球能源需求的快速增长，在能源价格高企以及气候变化问题日益突出等大背景下，非常规油气资源、先进核电技术以及太阳能、风能等新能源和可再生能源的开发利用成为国际能源产业发展的趋势。

近年来，中国能源金融市场在传统能源金融领域取得了一定的发展和进步。2011 年 4 月，中国大连商品交易所（DCE）推出了焦炭期货，2013 年 3 月又推出了焦煤期货合约。这两种合约是世界上第一个同类期货品种，合约规则也极具中国特色。焦炭和焦煤期货的推出有助于中国完善煤焦钢体系，建立煤炭定价中心，争夺国际定价权。2012 年，上海期货交易所就表示在原油期货产品设计的技术和风险控制层面的工作已基本完成，未来有可能开展模拟交易。在创新能源金融领域，2011 年年底，我国政府确定将北京、上海、广东、天津、湖北、深圳和重庆 7 个省市作为碳交易的试点，计划在 2013 年正式实施试点工作。目前北京已将试点方案上报国家发改委待批，上海和广东的方案也已浮出水面，上海甚至已将第一批碳配额分配完毕，目前正在企业间做调查，湖北省的碳交易管理办法目前已修订至第五稿，其中对管理机构、配额分配与管理原则、价格以及监督等做了相关规定。根据国家发改委的规划，最终的目的是要形成一个全国统一的碳市场，并形成一个与全球接轨的碳市场。此外，在可再生能源配额机制、节能量交易等方面，国内也在开展试点或机制设计工作。

鉴于此，我们在第 1 版《能源金融》的基础上，新增了"先进核电技术经济性分析"一章，并对第三章"天然气市场和天然气金融"、第十章"新能源和可再生能源开发"进行了补充和修订，增加了"页岩气革命及其影响"、"新能源和可再生能源技术路径"等方面的内容，以期更好地跟踪国际能源产业发展的趋势，为广大读者提供更为前沿的技术、市场和机制创新方面的信息。

本书受到新华都商学院的资助。此外，新华都能源经济与低碳发展研究院在数据采集、分析处理、模型建立等方面提供了大力的支持。

本书在写作过程中得到清华大学出版社的大力帮助，在此深表感谢。总体而言，本书继承了第 1 版的基本框架结构，希望能够更好地为今后能源金融领域的相关研究提供更好的参考。

林伯强　黄光晓

2013 年 6 月 30 日于厦门

序　言

也许你对"能源金融"这个词还很陌生,但是相信石油美元、原油期货这些词汇你早已耳熟能详;也许你觉得"能源金融"离你很遥远,但是相信油价飙升、电价上涨、天然气涨价等无一不牵动着你的神经。

能源金融并非一个新鲜事物。早在 1886 年,世界上最早的煤炭交易所就开始运用远期合约等金融工具对煤炭交易进行风险管理和市场运作。20 世纪 70 年代两次石油危机的爆发,又直接导致了石油期货的产生,并在随后的二十多年中发展成为全球交易量和交易额最大的商品期货交易品种。当然,能源金融也不仅仅局限于石油、煤炭等传统能源领域,随着与能源领域相关的诸如全球气候变化等环境问题的日益凸显,旨在应对各种环境风险的能源金融衍生品也应运而生,能源金融的范围拓展至了碳金融、能效市场、新能源投融资等新领域。

能源金融作为一种金融形态,是国际能源市场和国际金融市场不断相互渗透与融合的产物,也是西方发达国家尤其是美国能源战略体系不断演变发展的产物。能源金融不仅仅被视为国际能源市场的一个重要的手段和工具,也被欧美发达国家作为保障国家能源安全的能源战略的一个重要组成部分。它不仅涵盖了整个能源产业的各个环节,也涉及国际金融体系的各个层面,包括利用金融市场来完善能源市场价格信号的形成与传递,管理和规避能源市场风险,解决能源开发利用的融资问题,优化能源产业的结构,促进节能减排、提高能源效率和新能源开发利用等。

虽然能源金融早已经是国际金融市场和国际能源市场的重要组成部分,但是目前国内关于这方面的研究却仍处在起步阶段。在清华大学出版社的帮助下,我们推出本书,希望其作为国内该领域教科书的开篇之作,起到抛砖引玉的作用。本书内容不仅涵盖石油、天然气、煤炭和电力等传统能源金融领域,同时也涉足碳交易市场与碳金融、能源税与碳税、能源效率市场、新能源与可再生能源投融资等国际能源领域最新发展动向。书中各章节采用逐步推进、逐层深入的方法,在对能源及其相关市场的现状和发展方向进行全面介绍的基础上,深入剖析能源及其相关价格的形成机制、相关金融市场的发展演化、衍生金融产品的结构设计及在风险管理中的应用,并由此对未来我国能源金融的发展提出构想。

虽然随着经济全球化的发展,能源金融的边界与内涵也在不断扩展,但是我们应该认识到,能源金融的核心仍是能源的市场化定价机制,其焦点则是世界各主要国家围绕能源商品尤其是石油的定价权的争夺。本书对国际石油定价体系的演变过程进行了详细阐述,对演变过程中金融市场所扮演的重要角色进行了深入剖析,特别突出了西方发达国家尤其是美国通过其在国际货币体系中的优势地位,加上其成熟的金融市场体系,逐渐形成以石油商品期货市场为主导的石油金融市场,强化其对国际石油市场控制的手段与途径,相信会对广大读者有一定的启发作用。

中国作为目前世界上第二大石油消费国,半数以上的石油依靠进口,但是遗憾的是,在国际石油市场上,只有"中国需求"却没有"中国价格"。中国不但要承受能源安全的巨大压力,而且在国际石油市场上处于严重的、被动的价格接受者的地位。由于能源市场化改革严重滞后于中国经济发展的进程,能源金融体系迟迟未能建立,加上亚太地区目前还没有成熟的原油期货市场,缺乏一个权威的竞价基准,导致中东国家可以对销往亚太和欧美地区的原油采取不同的计价公式,即所谓的"亚洲溢价"。中国进口原油的成本要比欧美国家高出 1~3 美元/桶,按目前日均400 多万桶的进口量来算,每年要多付出 30 亿~40 亿美元。需要特别指出的是,由于上海燃料油期货市场的成功运行逐渐形成了国际燃料油市场的"中国价格",因此在燃料油方面,中国目前已经初步掌握了话语权。这无疑对未来中国能源市场化改革和能源金融体系的建立提供了一个很好的示范和参照。

此外，由于能源的开发利用是温室气体产生的重要来源，而随着全球气候变暖带来的生态环境危机，能源金融创新也就成为解决全球气候问题的重要手段。《京都议定书》的签订催生了国际碳交易市场，而随着碳交易市场规模的扩大，碳排放额度的"金融属性"也日益凸显，逐步演化成为具有投资价值和流动性的资产，即"碳信用"（carbon credit）。围绕碳排放权交易，形成了碳期货期权等一系列金融工具支撑的碳金融体系，其核心就是对碳排放额度定价权的争夺。本书对京都机制下两个不同但又相关的碳排放交易体系进行了全面深入的介绍，试图为广大读者描绘一个完整的碳排放交易市场体系框架，并指出其中存在的认识误区和国际气候谈判中相关争端的焦点。

中国是世界上最大的碳排放国家，但是在国际碳交易市场中，中国处于价值链的底端，只能通过清洁发展机制（CDM）为欧美国家提供廉价的碳排放额度。由于对碳排放交易认识的不足和目前社会经济发展阶段的客观限制，虽然中国是目前全球 CDM 最大的碳排放额度提供者，但是在国际碳交易市场上却毫无话语权。国内金融机构对与碳交易相关的金融产品开发不足，相关的服务产业发展缓慢，整个碳减排行业参与国际碳交易市场程度相当低。未来中国碳金融的发展方向主要为发展自己的碳交易市场，建立具有中国特色的碳金融体系，推出包括各类碳排放额度的碳金融衍生产品，并通过这些碳金融衍生产品的交易来影响国际碳交易市场的价格形成，掌握国际碳交易市场定价的主动权，引导全球碳减排活动向有利于中国的方向发展。

本书在写作过程中得到清华大学出版社的大力帮助，在此深表感谢。此外，在初稿完成后，厦门大学中国能源经济研究中心的李雪慧、王婷、张立和吴亚等四位博士进行了细致的校对，在此也表示感谢。

总体而言，本书为开辟中国能源金融领域的研究提供了一个切入点，并试图构建一个较为完整的理论框架体系，为今后相关研究活动的开展提供参考借鉴。因此，本书不仅适合作为硕士研究生和博士研究生的相关专业课程的教材，而且值得国内能源界、金融界的相关研究人员作为研究参考资料。

林伯强　黄光晓

2010 年 12 月 31 日于厦门

目　　录

一、能源

（一）能源与能量

"能源"的本质是指能量的来源。例如:辐射到地球表面上的太阳光,就是地球上许多能量的主要来源。"能源"的第二层含义是能量资源。例如:存在于自然界中的煤、石油、天然气等化石燃料,铀、钍等核燃料,以及生物质、风力、太阳能、潮汐等都属于能源;由这些物质加工而成的焦碳、煤气、液化气、煤油、电、沼气等也是能源,前者是自然存在或由自然界经过长期演化而形成的能源,为一次能源,后者则是由一次能源直接或者间接转换而来的人工能源,为二次能源。

能源的实质就是物质与能量的转化,受三条物理学定律的支配。(a)物质守恒定律:物质可以从一种形式转化成为另一种形式,但它既不能创造也不能消灭。(b)能量守恒定律:能量既不会凭空产生,也不会凭空消失,它只能从一种形式转化为别的形式,或者从一个物体转移到别的物体,在转化或转移的过程中其总量不变。(c)熵(entropy)增加原理[①]:人类利用能源的过程,实际上是能量的转化过程,集中表现在能源系统中熵值的急剧增加。而熵值增加意味着系统的能量从数量上来讲虽然守恒,但是"品质"越来越差,可用于做功的程度越来越低,就是能量的"退化",从宏观上看,就是所谓的"能源枯竭"。同时,被转化成了无效状态的能量就构成了我们所说的污染。许多人以为污染是生产的副产品,实际上它只是世界上转化成无效能量的全部有效能量的总和。耗散了的能量就是污染。既然根据热力学第一定律,能量既不能被产生也不能被消灭,而根据热力学第二定律,能量只能沿着一个方向(即耗散的方向)转化,那么环境污染、废弃物排放就是熵的同义词。

到目前为止,人类对所认识的能量可以分为如下六种形式。(a)机械能:与物体宏观机械运动或空间状态相关的能量,它包括固体和流体的动能、势能、弹性能和表面张力能等。(b)热能:构成物质的微观分子运动的动能和势能总称为热能,从微观水平上讲,它反映了分子运动的强度,从宏观水平上,它表现的是物体温度的高低。(c)电能:与电子流动和积累有关的一种能量,通常由化学能或者机械能转换得到。(d)辐射能:它是物体以电磁波形式发射的能量,例如地球表面所接受的太阳能就是辐射能的一种。(e)化学能:化学能是物质结构能的一种,即原子核外进行化学变化时放出的能量,煤炭、石油等化石燃料中储存的可燃物质就是人类利用最普遍的化学能。(f)核能:蕴藏在原子核内部的物质结构能,对原子核进行裂变或聚变时可以获得巨大的核能。

（二）能源的利用

人类利用能源的历史,也就是人类认识和征服自然的历史。人类利用能源的历史可分为五大阶段:(a)火的发现和利用;(b)畜力、风力、水力等自然动力的利用;(c)化石燃料的开发和热的利用;(d)电的发现及开发利用;(e)原子核能的发现及开发利用。人类对能源的利用经历了三次转换:第一次是煤炭取代木材等成为主要能源;第二次是石油取代煤炭而居主导地位;第三次是20世纪后半叶开始出现的能源结构多元化趋势。

---

① 熵(读"shāng"),是反映物质内部状态的一个物理量,它反映的是系统无序的程度(熵越大,系统越无序)。熵的概念由鲁道夫·克劳修斯(Rudolf Clausius)在1850年首次提出,并应用在热力学中,通常用符号 S 表示熵,单位为 $J/(mol \cdot K)$ 或 $kJ/(kmol \cdot K)$。目前熵在系统科学、控制论、概率论、数论、天体物理、生命科学、社会学等领域都有重要应用,在不同的学科中有更为具体的定义。熵增加原理则是根据热力学第二定律推导出来的热传导的不可逆过程。熵的增加,表明能量从一个较高的集中程度转化到一个较低的集中程度,这个过程需要做功,也意味着能量水平的降低,一定的能量就被转化成了不能再做功的无效能量。熵增加的幅度越小,说明能量损失越小,效率越高。物体不断与外界交换物质与能量的实质是为了减缓内部熵值的增加。

18世纪前，人类只限于对风力、水力、畜力、木材等天然能源的直接利用，尤其是木材，在世界一次能源消费结构中长期占据首位。蒸汽机的出现加速了18世纪开始的产业革命，促进了煤炭的大规模开采。到19世纪下半叶，出现了人类历史上第一次能源转换。1860年，煤炭在世界一次能源消费结构中占24％，1920年上升为62％，即所谓的"煤炭时代"。19世纪60年代，内燃机代替了蒸汽机，重化工业的迅速发展使得煤炭在世界能源消费结构中的比重逐渐下降。1965年，石油首次取代煤炭成为主要能源，由此进入"石油时代"，石油取代煤炭完成了能源利用的第二次转换。石油、煤炭等化石燃料的储量是有限的，可耗竭的，不具有可持续性。因此，世界能源开发利用向石油、煤炭等化石燃料以外的能源物质转移已势在必行。世界能源结构的变化正面临一个新的转折点，将逐渐从"石油时代"向多元化、低碳的方向发展。不仅天然气等清洁能源的比重将逐步增加，而且新能源和可再生能源（如风能、太阳能、生物质能和海洋能等）也开始进入蓬勃发展的阶段，多元、低碳、高效和清洁是未来全球能源利用的发展趋势。

（三）能源结构

能源结构是一次能源总量中各种能源的构成及其比例关系，也分为能源生产结构和能源消费结构。影响能源生产结构的主要因素有：资源品种，储量丰度，空间分布及地域组合特点，可开发程度，能源开发及利用的技术水平。在能源生产基本稳定、能源供应基本自给的基础上，能源生产结构决定着能源消费结构。若一次能源资源贫乏，能源产品依赖进口或输入的国家和地区，其能源消费结构则取决于获取能源的便利性、安全性及不同能源之间相互替代的经济性。

根据英国石油公司[①]（BP）的统计数据（见图0-1），自20世纪80年代以来全球一次能源消费量的趋势表现为，石油增速趋缓，在全球能源消费量的比重开始逐年下降；天然气由于更为清洁、热值高，在全球能源消费量中的比重迅速上升；由于原油价格的高涨，作为一种替代能源，煤炭消费量增长显著，连续6年增幅为各类能源之首。核能的增速有所下降，这主要是由于发达国家（德国等）开始逐渐淘汰核电厂。水电由于受制于资源和气候原因，增长缓慢；其他可再生能源在目前占全球能源消费中的比重虽然仍较小，但发展潜力巨大、增速较快。

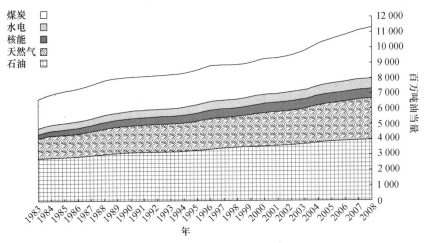

数据来源：BP Statistical Review of World Energy 2009

图0-1　全球能源消费量和构成（1983—2008年）（单位：百万吨油当量[②]）

---

① 英国石油公司（BP）全称是英国石油阿莫科公司，其前身是1909年成立的英波（波斯）石油公司，1935年改为英伊（伊朗）石油公司，1954年改为现名。后英国石油公司与阿莫科（Amoco）、阿科（Arco）和嘉实多（Castol）等公司通过多次并购重组，形成了世界上最大的石油和石化集团。

② 吨油当量（ton of oil equivalent，toe），是对煤炭、石油、天然气等所有能源都适用的能源单位，其含义是1吨原油的发热量为107卡路里（kcal），相当于1吨油当量（toe）。

　　由于区域资源禀赋、社会经济发展、技术水平都存在很大的差异,所以各地区能源消费结构也有很大的不同。从图 0-2 中可以对全球各区域的能源消费结构有一个较为清楚的认识。虽然 2008 年经合组织国家①(OECD)的石油消费连续 3 年都呈下降趋势,仍未改变油气为主的结构,但新能源和可再生能源的比重不断上升,呈现多元化的趋势。而亚太地区作为新兴市场经济体,虽然是目前经济发展最快的地区,但是能源消费结构仍以煤炭为主。

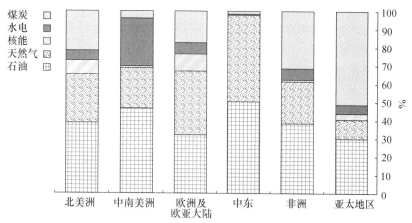

数据来源:BP Statistical Review of World Energy 2009

图 0-2　2008 年全球各地区能源消费量和构成

　　全球能源消费结构的变化反映出全球能源供应结构朝多元化方向发展的趋势。由于化石燃料的可耗竭性及其对环境的影响(污染、温室气体排放等),世界各国积极发展新能源和可再生能源,促使能源供应更加高效、低碳。各国的能源生产结构受制于种种客观因素,但考虑到能源安全问题,各国能源战略都会争取减少能源对外依存度(能源产品净进口量与总消费量之比),充分发挥本国资源、技术优势,尽量扩大能源自给比例。

二、能源供求现状及其预测

(一)能源的资源储量及分布

　　世界各国的能源生产结构取决于资源储量及全球分布。全球化石燃料的资源储量及分布相对集中,十大资源国占有大部分的资源储量(见表 0-1)。

表 0-1　2008 年全球能源已探明储量及分布

资源	国家资源储量排名及占世界总储量的比重(%)	前 10 大国家合计(%)
石油	1.沙特(21.0);2.伊朗(10.9);3.伊拉克(9.1);4.科威特(8.1);5.委内瑞拉(7.9);6.阿联酋(7.8);7.俄罗斯(6.3);8.利比亚(3.5);9.哈萨克斯坦(3.2);10.尼日利亚(2.9)	80.7
天然气	1.俄罗斯(23.4);2.伊朗(16.0);3.卡塔尔(13.8);4.土库曼斯坦(4.3);5.沙特(4.1);6.美国(3.6);7.阿联酋(3.5);8.尼日利亚(2.8);9.委内瑞拉(2.6);10.阿尔及利亚(2.4)	75.4
煤炭	1.美国(28.9);2.俄罗斯(19.0);3.中国(13.9);4.澳大利亚(9.2);5.印度(7.1);6.乌克兰(4.1);7.哈萨克斯坦(3.8);8.南非(3.7);9.波兰(0.9);10.巴西(0.9)	91.5

数据来源:BP Statistical Review of World Energy 2009

---

　　① 经济合作与发展组织(Organization for Economic Co-operation and Development,OECD)成立于 1961 年,其前身是欧洲经济合作组织(OEEC),是在"二战"后美国与加拿大协助欧洲实施重建经济的马歇尔计划的基础上逐步发展起来的,目前共有 30 个成员国,其国民生产总值占全世界的 2/3。

根据 BP 统计数据显示,2008 年,全球石油已探明总储量[①]约为 12 580 亿桶,储采比[②]为 42,其中十大石油主要资源国中有 8 个是石油输出国组织欧佩克[③]（OPEC）成员国,占总储量的71%;全球常规天然气已探明总储量为 185.02 万亿立方米,储采比为 60.4,其中十大天然气资源国有 7 个是欧佩克成员国,占总储量的 46.2%;全球煤炭已探明总储量约为 8 260 亿吨,储采比为 122,煤炭资源区域分布较为均衡,但各国开发潜力差距较大。比如中国的煤炭储量虽然居世界第三位,但是如果以目前的速度进行开采的话,其储采比(41)远低于澳大利亚(190)、印度(114)等国的储采比。中国煤炭资源的开发利用不仅要面临未来资源枯竭问题,而且还存在由此带来的巨大的环境问题。

（二）能源的供求现状

1. 能源供应

虽然全球石油、天然气和煤炭已探明储量仍足以满足未来数十年内的能源需求,但是全球能源的可持续发展状况令人担忧。而随着资源的不断开采和消耗,世界能源的资源剩余储量向主要资源国集中的趋势越来越明显。虽然近年来俄罗斯和非欧佩克的油气产量不断增长,但其总体储量却在不断下降,影响了其在国际能源市场中对欧佩克的制衡能力,而且随着时间的推移,欧佩克成员国的资源优势会越来越明显(见表 0-2)。

表 0-2　2008 年全球一次能源的生产情况

资源	国家能源生产排名及占世界总产量的比重(%)	前十大国家合计(%)
石油	1. 沙特(13.1);2. 俄罗斯(12.4);3. 美国(7.8);4. 伊朗(5.4);5. 中国(4.8);6. 加拿大(4.0);7. 墨西哥(4.0);8. 阿联酋(3.6);9. 科威特(3.5);10. 委内瑞拉(3.4)	62
天然气	1. 俄罗斯(19.6);2. 美国(19.3);3. 加拿大(5.7);4. 伊朗(3.8);5. 挪威(3.2);6. 阿尔及利亚(2.8);7. 中国(2.5);8. 卡塔尔(2.5);9. 沙特(2.5);10. 印尼(2.3)	65.1
煤炭	1. 中国(42.5);2. 美国(18.0);3. 澳大利亚(6.6);4. 印度(5.8);5. 俄罗斯(4.6);6. 印尼(4.2);7. 哈萨克斯坦(1.8);8. 波兰(1.8);9. 哥伦比亚(1.4);10. 德国(1.4)	88.8

数据来源:BP Statistical Review of World Energy 2009

（1）石油

2008 年,全球石油日平均产量为 8 182 万桶,全球十大石油资源国产量占了全球石油总产量的 49.3%。其中,欧佩克石油产量占了 44.6%,增幅为 2.7%;俄罗斯、乌克兰、白俄罗斯等国家的石油产量占了 16%,略增 0.2%;非欧佩克国家(13.9%)和 OECD 国家(7.1%)的产量都有所下降。虽然由于国际石油价格连续暴涨,欧佩克调高了其成员国生产配额,但其占全球石油总产量的份额一直比较稳定。国际石油产区构成与剩余可采储量的地区构成之间存在差异,如非OECD 国家的剩余可采储量只占世界份额的 7.1%,产量却占到 22%,平均储采比仅为 13.2;尽管欧佩克成员国的剩余可采储量占到世界份额 76%,产量却只占 44.8%,储采比达到 77.1,这意味着欧佩克成员国仍将控制未来大部分的石油供应。

---

① 已探明储量通常是指通过地质与工程信息以合理的肯定性表明,在现有的经济与作业条件下,将来可从已知储层采出的资源储量。

② 储采比又称回采率或回采比,即储量/产量(R/P)的比率,是指年末资源剩余储量除以当年产量得出剩余储量,按当前生产水平尚可开采的年数。储采比越大,资源利用越充分,在同样的开采规模下,资源可用的年限越长。影响储采比的主要因素有资源开发条件、开采利用方式、开采技术等。

③ 1960 年 9 月,伊朗、伊拉克、科威特、沙特和委内瑞拉的代表在巴格达召开会议,决定联合起来共同对付西方石油公司,维护石油收入。会后五国宣告成立石油输出国组织欧佩克（Organization of Petroleum Exporting Countries,OPEC）,协调各国的石油政策,维护各自和共同的利益。

　　此外,非常规石油资源[①](主要是油页岩[②]、重油[③]和油砂[④]等)正在全球能源结构中扮演着重要的角色,成为常规油气资源的战略性补充。预计 2010 年全球油砂的产油量将达到 200 万桶/日。其中加拿大油砂资源最丰富,如果把油砂资源计入,那么其石油储量将位居世界第二,占全球石油储量的 14%,目前加拿大油砂产油量已占总产量的 50% 以上。委内瑞拉作为重油资源最丰富的国家,其重油储量达到 48 亿吨,目前重油产量为 60 万桶/日,占其产油量的 20% 左右。美国的油页岩资源储量最丰富,约占全球总储的 77%。虽然目前仍处于初级阶段,但是据美国能源署(EIA)的估计,2020 年油页岩的产油量可以达到 200 万桶/日,2040 年可以达到 300 万桶/日。

　　(2)天然气

　　2008 年,全球天然气产量为 3.065 万亿立方米,其中传统的天然气生产大国俄罗斯的产量就占了 19.6%。中东地区的产油国也开始看好天然气市场,虽然目前中东地区的天然气产量不是很大,但是增长很快,是所有地区里面增速最快的(6.3%)。随着对油田伴生天然气的回收利用,减少燃烧空放,中东地区的天然气产量还会进一步提升。中东地区的天然气生产能力也较强,其出口量占了全球天然气贸易量的 23.5%。其中,卡塔尔的液化天然气[⑤](LNG)出口量世界第一,占了全球天然气贸易量的 14.7%。新兴的天然气生产国特立尼达和多哥、玻利维亚、缅甸、埃及和传统的产油国阿尔及利亚、尼日利亚、利比亚等的天然气产量增长也很迅速,但潜力受储量制约(约占全球总储量 15% 左右),未来的生产潜力仍有待观察。此外,全球非常规天然气资源(主要是天然气水合物[⑥]、页岩气[⑦]、煤层气[⑧]、致密气[⑨]等)也非常丰富,主要分布在加拿大、俄罗斯、美国、中国和欧洲地区。目前,非常规天然气资源利用面临的最大问题仍是开采技术有待提高,通过进一步降低开采成本,形成商业化和规模化。2009 年,美国的非常规天然气产量已经超过天然气总产量的 50%。根据 IEA 的估计,世界范围内的非常规天然气产量将会从 2007 年的 3 670 亿立方米,增长到 2030 年的 6 290 亿立方米,增长量主要来自美国和加拿大。

　　(3)煤炭

　　煤炭资源丰富,价格也较为稳定,而且随着清洁煤技术[⑩]的发展,其在全球能源供应中的作用也被逐渐重新认识。2008 年,全球煤炭产量为 67.81 亿吨,约合 33.24 亿吨油当量(toe)。全球共有 10 个国家煤炭产量超亿吨,10 国产量合计为 60.22 亿吨,占全球产量的 88.8%,其中中

---

　　① 非常规油气资源是指不能用常规的方法和技术手段进行勘探开发的另一类油气资源,其埋藏、储存状态与常规油气资源有较大的差别,开发难度大,费用高。非常规石油资源主要是油页岩、重油和油砂矿等。

　　② 油页岩(oil shale)是一种含有碳氢化合物的可燃泥质岩,可提炼出以液态碳氢化合物为主的人造石油。

　　③ 重油(heavy oil)也称为重质油,是一种比重超过 0.91 的稠油,除粘度高以外,硫含量、金属含量、酸含量和氮含量也较高。

　　④ 油砂(oil sand)也称为焦油砂、重油砂或沥青砂,是已露出或近地表的重质残余石油浸染的砂岩,系沥青基原油在运移过程中失掉轻质组分后的产物。

　　⑤ 液化天然气(liquefied natural gas,LNG)是天然气经过净化(脱水、脱烃、脱酸性气体)后,经压缩、冷却,在 −160℃下液化而成的,其主要成分为占摩尔体积 70%~95% 的甲烷,其余为乙烷、丙烷、丁烷和少量的极氮、二氧化碳、硫化氢等,无色、无味、无毒且无腐蚀性,燃点较高(接近 600℃),燃烧速度不快,其燃烧排放的二氧化碳比石油少 25%,其体积约为同量气态天然气体积的 1/610,重量仅为同体积水的 45% 左右。LNG 通过专用船或罐车进行运输,使用时重新气化。

　　⑥ 天然气水合物(natural gas hydrate)也称为可燃冰,是天然气与水在高压低温条件下形成的类冰状结晶物质,广泛分布在大陆架边缘、极地大陆架及深海中。目前,可燃冰仍处于开发研究阶段,未进行商业化开采。

　　⑦ 页岩气(shale gas)是从页岩层中开采出来的非常规天然气,具有开采寿命长和生产周期长的优点。大部分产气页岩分布范围广、厚度大,且普遍含气,这使得页岩气井能够长期地以稳定的速率产气。

　　⑧ 煤层气(coal bed methane,CBM),俗称瓦斯,是指赋存在煤层中以甲烷为主要成分、吸附在煤基质颗粒表面、部分游离于煤孔隙中或溶解于煤层水中的烃类气体。1m³ 纯煤层气的热值相当于 1.13kg 汽油、1.21kg 标准煤,可与天然气混输混用,且燃烧后几乎不产生任何废气,是洁净、优质能源和化工原料。

　　⑨ 致密气(tight gas)又称为致密砂岩天然气,是从低渗透的致密砂岩气藏采出的天然气。由于需要进行压裂、酸化及其他工艺处理,才能从低渗透储层中采出,故开采费用高。

　　⑩ 清洁煤技术是指在煤炭从开发到利用全过程中,旨在减少污染排放与提高利用效率的加工、燃烧、转化和污染控制等新技术的总称。清洁煤技术主要包括两个方面。一是直接烧煤洁净技术,在直接烧煤的情况下,其需要采取相应的技术措施:燃烧前的净化加工技术,主要是洗选、型煤加工和水煤浆技术;燃烧中的净化燃烧技术,主要是流化床燃烧技术和先进燃烧器技术;燃烧后的净化处理技术,主要是消烟除尘和脱硫脱氮技术。二是煤转化为洁净燃料技术,主要是煤的气化以及液化技术、煤气化联合循环发电技术和燃煤磁流体发电技术。

国的煤炭产量占全球产量的比重为42.5%。受需求的驱动，全球煤炭产量持续增长，国际煤炭交易量大增，并形成了太平洋和大西洋两大国际煤炭贸易市场。太平洋市场主要是澳大利亚和印尼的优质低硫动力煤对日本、中国、韩国、中国台湾等国家和地区的出口，大西洋市场主要是南非、波兰、美国对欧洲国家的出口。此外，低成本的哥伦比亚和委内瑞拉原煤也开始替代美国原煤对欧洲市场出口。国际煤炭贸易量快速攀升的原因在于：一方面，欧洲和日本、韩国出于对可耗竭性资源未来前景的风险预期，不愿意首先开采本国储量不多的煤炭资源；另一方面，新兴市场国家对煤炭需求量日增，如传统的煤炭大国中国在2009年就成为了净煤炭进口国。

（4）核能

世界核电发展历程大致可分为4个阶段：实验示范阶段（1954—1965年）、高速发展阶段（1966—1980年）、滞缓发展阶段（1981—2000年）、复苏阶段（2000年至今）。因受到1979年美国三哩岛核电厂事故和1986年苏联切尔诺贝利核事故的影响，从20世纪80年代中期以后，全球核电发电量在总发电量中所占的比例一直停滞在16%左右。沉寂了多年后，核电发展开始重新受到各国关注，尤其是美国、法国、英国、日本、加拿大开发的第三代核电技术取得重大进展，核电站安全性有了保证，而核电可以减少碳排放，缓和世界能源的紧张局面。全球核电站主要分布在北美、欧洲、日本和韩国，但中国和印度等国近年来都提出庞大的核电发展计划。2008年，全球共有核电机组441座在运行，在建核电机组52座，核发电占世界总发电的16%。在沉寂了20年之后，世界核电产业将进入复苏期。未来10年，美国计划增加60吉瓦核电装机容量，而法国计划更新目前运行的58台核电机组，印度也计划将核电装机容量提高近18吉瓦，中国计划新增的核电装机容量更是高达60吉瓦～90吉瓦。全球将迎来核电发展的第二个高峰期，根据国际原子能机构①（IEAE）的估计，到2030年，全球运行核电站将增加到约300座（见图0-3）。

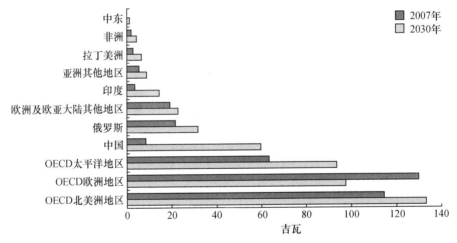

数据来源：IEA. World Energy Outlook 2009

图0-3 目前和2030年全球各地区核电发展状况比较

（5）新能源和可再生能源

传统水电发电量在逐年增加，其中增长幅度较大的地区是亚太地区和中南美洲，欧洲和北美自20世纪80年代起，水电发展就进入平稳期。目前已有49个国家颁布了支持新能源和可再生能源发展的法律，推动新能源和可再生能源的发展成为许多国家的能源战略的重要组成部分。2008年，新能源和可再生能源的装机容量达到280吉瓦，占全球总装机容量的6.2%，供电量的4.4%；新增发电能力占全球新增发电能力的25%，供电量占新增供电量的23%。其中，欧盟国

---

① 国际原子能机构（International Atomic Energy Agency，IAEA）成立于1957年10月，是隶属于联合国的一个国际组织，旨在监督和管理国际间核能的和平利用。总部设在奥地利的维也纳，截至2006年2月，国际原子能机构共有139个成员国。

家在风能、光伏发电方面占据优势,尤其是在海上风电项目方面,欧盟国家的技术处于全球绝对领先的地位。在生物质能方面,美国和巴西在生物燃料领域处于领先地位,欧盟国家则主要在生物质发电领域占据优势。

2. 能源消费

近几年全球能源消费的增长趋势有所放缓,能源消费格局也出现新的变化。欧美发达国家由于社会经济发展水平较高,且经济增长日渐趋缓,能源消耗水平也较为稳定;而以中国和印度为代表的发展中国家,正处于经济高速发展阶段,工业化和城市化进程的推进对能源需求极为强烈,能源消耗增长速度非常快(见表 0-3)。

表 0-3　2008 年全球一次能源消费格局

资源	国家能源消费排名及占世界总消费量的比重(%)	前十大国家合计(%)
能源	1. 美国(20.4);2. 中国(17.7);3. 俄罗斯(6.1);4. 日本(4.5);5. 印度(3.8);6. 加拿大(2.9);7. 德国(2.8);8. 法国(2.3);9. 韩国(2.1);10. 巴西(2.0)	64.6
石油	1. 美国(22.5);2. 中国(9.6);3. 日本(5.6);4. 印度(3.4);5. 俄罗斯(3.3);6. 德国(3.0);7. 巴西(2.7);8. 加拿大(2.6);9. 韩国(2.6);10. 法国(2.3)	57.6
天然气	1. 美国(22.0);2. 俄罗斯(13.9);3. 伊朗(3.9);4. 加拿大(3.3);5. 日本(3.1);6. 英国(3.1);7. 中国(2.7);8. 德国(2.7);9. 意大利(2.6);10. 沙特(2.6)	59.9
煤炭	1. 中国(42.6);2. 美国(17.1);3. 印度(7.0);4. 日本(3.9);5. 俄罗斯(3.1);6. 南非(3.1);7. 德国(2.4);8. 韩国(2.0);9. 波兰(1.8);10. 澳大利亚(1.6)	84.6
核能	1. 美国(31);2. 法国(16.1);3. 日本(9.2);4. 俄罗斯(6.0);5. 韩国(5.5);6. 德国(5.4);7. 加拿大(3.4);8. 乌克兰(3.3);9. 中国(2.5);10. 英国(1.9)	84.3
水电	1. 中国(18.5);2. 加拿大(11.7);3. 巴西(11.5);4. 美国(7.9);5. 俄罗斯(5.3);6. 挪威(4.4);7. 印度(3.6);8. 委内瑞拉(2.7);9. 日本(2.2);10. 瑞典(2.1)	69.9

数据来源:BP Statistical Review of World Energy 2009

2008 年,非 OECD 国家的一次能源消费总量首次超过 OECD 国家。从地区来看,亚太地区一次能源消费增长了 4.1%,达到 39.82 亿吨油当量,占全球能源消费增长的 87.1%;其中,中国的一次能源消费增长连续第五年放缓,但仍较上年增长了 7.2%,达到 20.02 亿吨油当量,占全球一次能源消费增长的 73.3%。能源主要产区——中东和非洲的消费也保持了强劲的增长势头,其一次能源消费增长均高于平均水平。OECD 国家的一次能源消费持续下降,其中美国一次能源消费降至 23 亿吨油当量,下降幅度为 2.8%,是自 1982 年以来的最大减幅。

2008 年,全球石油消费量出现了自 1993 年以来的首次下降,比 2007 年的 8 487.8 万桶/日下降了 0.6%,这也是自 1982 年以来最大的下降量。石油消费下降主要是由 OECD 国家的消费下降引起的。2008 年,OECD 国家石油消费下降了 3.2%,美国的石油消费量就下降了 6.4%,这一方面是高油价对石油需求产生了抑制作用,另一方面新能源和可再生能源的开发利用也降低了发达国家对石油需求。但是发展中国家所处的发展阶段是无法跨越的,其对石油的需求仍将不断增加。

2008 年,世界天然气消费增长率为 2.5%,低于过去 10 年平均 3.3% 的年增幅。非 OECD 国家天然气消费量第一次超过 OECD 国家,天然气也成为在非 OECD 国家需求加速增长的唯一化石燃料。其中,中国天然气消费量达到 807 亿立方米,比上一年增长 15.8%,远远高于全球平均水平。中东地区由于各产气国强劲的国内需求,天然气消费量的增长也达到 7.6%。由于受到经济衰退的影响,2008 年美国天然气消费量仅增长了 0.6%,除英国天然气消费量增长 3% 以外,欧洲大部分国家增长幅度均低于全球平均水平。

2008 年,全球煤炭消费量为 33.04 亿吨油当量(折合原煤约为 67.38 亿吨),同比增长 3.1%,占全球一次能源消费量的 29.25%。其中,中国煤炭消费量占全球消费量的比重为 42.6%。但是如果去掉中国和印度的增长量,全球煤炭消费量是下降的。2008 年,OECD 国家煤炭消费量下降了 1.9%,是自 1992 年以来的最大下降幅度,在欧盟国家,煤炭消费更是大幅下降了 5.4％,部分原因是由于 2008 年欧盟排放交易体系(EU ETS)中碳排放权的交易价格不断提升,增加了使用煤炭发电的成本,所以欧盟国家转而使用天然气发电。

此外,近十年来,全球的核电和水电在一次能源消费总量中的比重一直比较稳定。2008 年美国核电发电量达到了 192 百万吨油当量,占全球核能利用的 31％,法国紧随其后达到 99.6 百万吨油当量,占全球核能利用的 16.1％。2008 年中国水电发电量达到 132.4 百万吨油当量,占全球水电利用的 18.6％,加拿大和巴西水力资源丰富,水电利用率也较高,占全球水电利用比率都超过了 11％。

（三）能源的供求预测

根据国际能源署[①](International Energy Agency, IEA)采用世界能源模型(World Energy Model, WEM)的估计,在基准情景下(假设各国政府政策不改变,而未来 20 年世界经济将以 3.5％的平均速度增长,中国和印度的平均经济增长速度设定在 6.4％和 5.6％),世界能源需求将稳步增加,年均增长 1.5％,2030 年世界一次能源需求将达 169.79 亿吨油当量,比 2007 年增长 43.6％,其中非 OECD 国家的能源需求年均增长 2.3％,OECD 国家为 0.6％,具体见表 0-4。

表 0-4　未来 20 年全球各地区能源需求预测(单位:百万吨油当量)

	1980 年	2000 年	2007 年	2015 年	2030 年	2007—2030 年
OECD 国家	4 050	5 249	5 496	5 458	5 811	0.2％
北美洲	2 092	2 682	2 793	2 778	2 974	0.3％
美国	1 802	2 280	2 337	2 291	2 396	0.1％
欧洲	1 493	1 735	1 826	1 788	1 894	0.2％
太平洋地区	464	832	877	892	943	0.3％
日本	345	518	514	489	488	−0.2％
非 OECD 国家	3 003	4 507	6 187	7 679	10 529	2.3％
欧洲及欧亚大陆	1 242	1 008	1 114	1 161	1 354	0.9％
俄罗斯	无	611	665	700	812	0.9％
亚洲	1 068	2 164	3 346	4 468	6 456	2.9％
中国	603	1 105	1 970	2 783	3 827	2.9％
印度	207	457	595	764	1 287	3.4％
东盟	149	387	513	612	903	2.5％
中东	128	378	546	702	1 030	2.8％
非洲	274	499	630	716	873	1.4％
拉丁美洲	292	457	551	633	816	1.7％
世界	7 228	10 018	12 013	13 488	16 790	1.5％
欧盟	无	1 684	1 747	1 711	1 781	0.1％

数据来源:IEA. World Energy Outlook 2009

石油仍将是未来最主要的能源,但其在能源消费结构中的比例将有所下降,由 2007 年的 36.5％下降至 2030 年的 31.8％,煤炭在世界一次能源消费结构中的比例将呈增长趋势,将由 2007 年的 27.0％增至 2030 年的 28.0％。天然气在世界一次能源消费结构中的比例将稳步提高,由 2007 年的 22.9％增至 2030 年的 23.3％。核电在世界一次能源消费结构中的比例基本保持原状,其他如水能、风能等新能源的比例将由 2007 年的 7.8％增至 2030 年的 10.9％,具体见表 0-5。

---

① 国际能源署(International Energy Agency, IEA)成立于 1974 年 11 月,旨在协调 OECD 国家政府之间的国际能源合作,合作范围包括:石油战略储备体系,节能和替代能源政策,国际石油市场的信息系统等。

表 0-5　未来 20 年全球各类能源需求预测(单位:百万吨油当量)

	1980 年	2000 年	2007 年	2015 年	2030 年	2007—2030 年
煤炭	1 792	2 292	3 184	3 828	4 887	1.9%
石油	3 107	3 655	4 093	4 234	5 009	0.9%
天然气	1 234	2 085	2 512	2 801	3 561	1.5%
核能	186	676	709	810	956	1.3%
水电	148	225	265	317	402	1.8%
生物质废弃物	749	1 031	1 176	1 338	1 604	1.4%
其他可再生能源	12	55	74	160	370	7.3%
总计	7 228	10 018	12 013	13 488	16 790	1.5%

数据来源:IEA. World Energy Outlook 2009

但是,应该指出的是,非 OECD 国家的能源消费结构仍不合理,对化石燃料的依赖程度过高,新能源和可再生能源的比例偏低,不仅不利于国家能源供应安全,而且对减少环境污染和温室气体排放不利。从图 0-4 中可以看出,OECD 国家将在未来 20 年中逐渐减少石油、煤炭的消费,新增能源需求主要通过天然气、新能源和可再生能源来满足。而在亚太地区,尤其是中国和印度对煤炭、石油的需求仍处于高峰期,保证能源安全的压力将会越来越大。

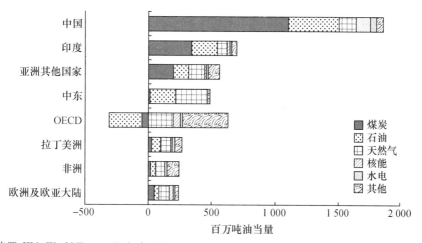

数据来源:IEA. World Energy Outlook 2009

图 0-4　2030 年全球各地区新增能源消费量及其构成

三、能源与环境

(一)能源与环境污染

如表 0-6 所示,能源的开发利用对于环境的影响是多方面的,不仅与能源结构的变化有关,而且与能源产业中的开采、提炼加工、运输、消费等各个环节都有非常密切的关系。

表 0-6　能源工业生产的污染物排放

大气污染物	烟尘、二氧化硫、二氧化氮、汞、酸沉降、石油烃、一氧化碳等常规污染物,多环芳烃等有毒污染物
水污染物	矿井水、火电厂废水、核电站废水、能源精炼废水,主要污染物包括悬浮物、酸雨等
固体废弃物	煤矸石、粉煤灰、炉渣、炼油废渣等,矿渣堆放也会污染土壤
生态污染	原油泄漏、矿山生态环境破坏造成泥石流等

资料来源:崔民选. 2006 年中国能源发展报告[M]. 北京:社会科学文献出版社,2007

化石燃料等不可再生能源对环境的影响最为严重,煤炭、石油、天然气的开发、运输、加工、使用及废物处理的全生命周期都会对环境产生污染。

1. 石油天然气工业

在油气资源的开采、运输、炼化、储存、使用等过程中,都有可能对环境产生影响。第一,在油气资源开采过程中,特别是海洋石油开采,存在着较大的原油泄漏风险。最近的案例就是 BP 墨西哥湾漏油事件。2010 年 4 月 20 日,BP 租赁的位于美国路易斯安那州威尼斯东南约 82 公里处的外海"深水地平线"钻井平台爆炸起火,36 小时后油井沉没,11 名工作人员死亡。钻井平台底部油井自 2010 年 4 月 24 日起开始漏油不止,根据 BP 内部报告,每天最多泄漏近 10 万桶原油,由此引发了大面积海域的生态灾难。第二,原油运输过程中,尤其是海运,同样存在较大的原油泄漏风险。比如 1996 年 2 月,利比里亚油轮"海上女王"号在英国西部威尔士圣安角附近触礁,14.7 万吨原油泄漏。第三,在石油炼化过程会产生大量的废气、废水及有毒的有机物,如果处理不当,会对环境造成非常大的污染。第四,储存过程也有潜在的污染环境的危险。2010 年 7 月 16 日,中石油大连大孤山新港码头储油罐输油管线发生起火爆炸事故。连续爆炸和原油燃烧释放的气体导致附近 20 公里范围都可以闻到浓烈的刺鼻气味,同时泄漏的原油还严重污染了周边海域,波及近 90 公里的海岸。第五,成品油的使用过程同样会产生二氧化硫、硫化氢、氮氧化物等污染物和二氧化碳等温室气体,对环境气候产生不利影响。

2. 煤炭工业

在煤炭资源的开采和使用等过程中,都会对环境产生影响。第一,在煤炭开采过程中存在的瓦斯、煤矸石等伴生物质,前者如果直接抽取排放会增加大气中的甲烷含量,产生温室效应,后者含有汞、砷等有毒物质,长期堆放会对矿区地表环境产生巨大破坏。第二,煤炭的使用会直接产生二氧化硫、氮氧化物、可吸入粉尘等物质,会形成酸雨造成环境污染。

3. 核工业

相对而言,核能的开发利用对环境的影响较小,在铀矿的开采、运输、浓缩和核反应堆燃料制作过程中,基本不会产生环境污染。但是在核反应堆的运行过程中,一旦发生事故,对环境的破坏将是永久性的。最著名的核事故当属 1986 年苏联发生的切尔诺贝利核电站事件,该核电站的第 4 号核反应堆在进行半烘烤实验中突然失火,引起爆炸,辐射当量相当于美国投在日本广岛的原子弹的 400 倍以上。事故直接导致 31 人当场死亡,上万人由于放射性物质远期影响而致命或重病,至今仍有被放射线影响而导致畸形胎儿的出生。此外,核废料的处理也会带来环境问题,必须采用严格的永久性封闭措施,并深埋在地下,才能确保不发生泄漏。但是核废料填埋场一旦发生地质灾害,还有可能产生核泄漏、污染地下水等环境问题。此外,苏联解体后,其废弃的大量核动力潜艇至今还未进行无害化处理,停留在各海军基地,造成潜在的核污染威胁。

4. 电力行业

抛开发电所使用的不同燃料对社会和环境造成的影响不说,电力行业在运作机制上就会对环境产生影响。第一,在电力生产过程中,其使用的一次能源(火电、核电)消耗会以热传导的形式将部分能量排放到环境中,造成环境的热污染。电厂的冷却水一旦直接进入自然界,就会直接破坏其热平衡,破坏湖泊、河流生态圈,即使采用冷却池进行处理,也会对当地的微观气候产生影响。第二,在输配电环节,高压输配电网络产生的电磁波污染会改变局部的微观磁场,人类或动物一旦处于其影响范围内,会产生电磁辐射,影响身体健康,破坏生态平衡。第三,水电技术也会对环境和社会造成不利影响,会改变江河的生态环境,造成物种灭绝,而水电站则会诱发地震等地质灾害。

（二）能源与全球气候变暖

2007 年政府间气候变化专门委员会[①]（IPCC）发布的第四次评估报告[②]（AR4）——《气候变化 2007：减缓气候变化》表明：从全球平均气温和海温升高、大范围积雪和冰融化、全球平均海平面上升的观测中可以看出，全球气候变暖的趋势是相当明显的。第一，全球温度普遍升高，且呈现加速形态（见图 0-5a）。1995—2006 年，有 11 年位列最暖的 12 个年份之中。最近 100 年（1906—2005 年）的温度线性趋势为 0.74℃，大于第三次评估报告给出的 0.6℃的相应趋势（1901—2000 年）。

第二，海平面的逐渐上升与变暖相一致（见图 0-5b）。自 1961 年以来，全球平均海平面上升的平均速率为每年 1.8mm，而从 1993 年以来平均速率为每年 3.1 mm，热膨胀、冰川、冰帽和极地冰盖的融化是海平面上升的主要原因。

第三，积雪和海冰面积减少也与变暖相一致（见图 0-5c）。从 1978 年以来的卫星资料显示，北极年平均海冰面积已经以每 10 年 2.7%（2.1%～3.3%）的速率退缩，夏季的海冰退缩率较大，为每 10 年 7.4%（5.0%～9.8%）。南北半球的山地冰川和积雪平均面积已呈现退缩趋势。

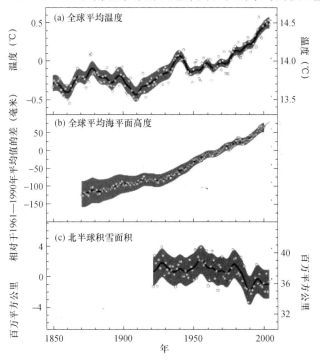

注：所有变化差异均相对于 1961—1990 年的相应平均值。各平滑曲线表示 10 年平均值，各圆点表示年平均值。阴影区为不确定性区间，由综合分析估算得出。

数据来源：IPCC-AR4

图 0-5　1850—2006 年温度、海平面和北半球积雪变化

---

① 政府间气候变化专门委员会（Intergovernmental Panel on Climate Change，IPCC）是由世界气象组织（WMO）和联合国环境规划署（UNEP）于 1988 年共同建立的政府间组织，其作用是在全面、客观、公开和透明的基础上，对全球气候变化进行评估。IPCC 设三个工作组：第一工作组评估气候系统和气候变化的科学问题；第二工作组为气候变化导致社会经济和自然系统的脆弱性制定应对方案；第三工作组评估限制温室气体排放和减缓气候变化的方案。

② IPCC 于 1990 年发表第一次评估报告，明确有关气候变化问题的科学基础，促使联合国大会做出制定《联合国气候变化框架公约》（UNFCCC）的决定。1995 年提交给 UNFCCC 第二次缔约方大会的第二次评估报告为国际气候谈判的京都机制的提出做出了贡献。2001 年发表第三次评估报告，包括了"科学基础"、"影响、适应性和脆弱性"和"减缓"三部分，侧重科学技术与政策协调研究。2007 年发表的第四次评估报告，不仅成为 UNFCCC"巴厘岛路线图"的科学基础，而且为 2012 年以后新的国际温室气体减排行动框架谈判提供科学依据。

全球气候变暖会对人类赖以生存的自然环境、水资源、生态系统、海岸线和粮食生产，甚至人类的健康产生影响，如果不采取减缓和适应温室效应的措施，未来全球变暖将给人类社会的生存和发展带来非常不利的后果（见图 0-6）。

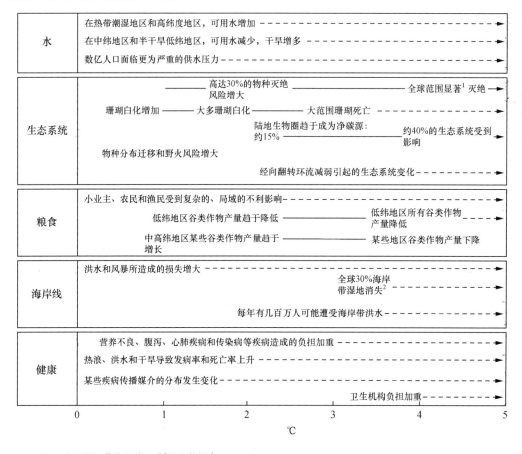

注：1.这里的显著定义为40%以上的概率；
　　2.2000—2080 年海平面平均上升速度为 4.2 毫米/年。
资料来源：IPCC. AR4

图 0-6　全球气温变化对人类社会的影响

近年来全球持续不断发生的极端气候事件，如破坏性洪涝、持续性严重干旱、雪暴、热浪和寒潮，也迫使国际社会积极采取措施，通过国际合作等方式进一步应对和减缓全球气候变化对人类社会长期发展的影响。而根据科研机构对南极冰芯记录的研究发现，自从 18 世纪工业化革命以来，人类活动导致的温室气体[①]（Greenhouse Gas，GHG）排放增加远远超出了测定的工业化前几千年中的浓度值。在 1970 年至 2004 年的三十多年间，大气中温室气体的浓度就增加了近 70%，而人类对能源（化石燃料）的开发利用是造成二氧化碳浓度增高的主要原因之一。其中，甲烷和氧化亚氮浓度的变化主要来自于化石燃料的使用和农业生产中有机化肥、农药的使用，而二氧化氮浓度的增加则主要是来自于农业生产（见图 0-7）。

[①]　根据 IPCC 的定义，温室气体（GHG）是指大气中自然或人为产生，具有吸收和释放地球表面、大气和云发出的热红外辐射光谱内特定波长辐射的特性，进而导致地球表面产生温室效应的气体，包括二氧化碳、甲烷、氧化亚氮、臭氧和卤烃和其他含氯和含溴物质（六氟化硫、氢氟碳化物和六氟化碳等）。

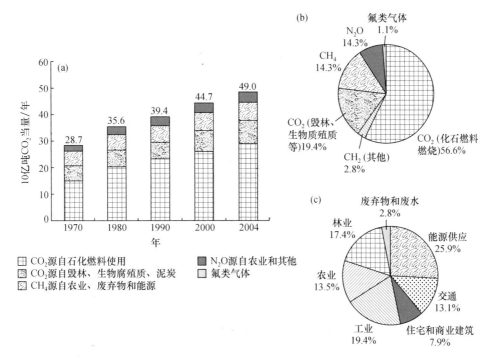

注：(a)1970 年至 2004 年间全球人为温室气体年排放量；
　　(b)按碳排放当量计算的不同温室气体占总排放的份额；
　　(c)按碳排放当量计算的不同行业排放量占总人为温室气体排放的份额。
数据来源：IPCC, AR4

图 0-7　全球碳排放情况

IEA 的分析结果(见图 0-8)也显示,能源领域的二氧化碳排放占了全球人为温室气体排放的大部分,工业生产过程、土地用途改变、农业生产过程的碳排放较低。此外,甲烷也是温室气体的主要构成,虽然大气中甲烷的含量仅有二氧化碳的千分之几,但是对于同等量的气体,甲烷的温室效应比二氧化碳高上几百倍。甲烷的来源基本上都是来自生物圈(如湿地、稻田、生物质厌氧发酵等)和农业生产中有机化肥和农业的使用,与化石燃料的使用基本上没有关系。

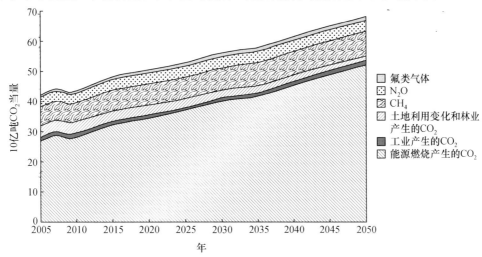

数据来源：IEA. World Energy Outlook 2009

图 0-8　2005—2050 年全球温室气体排放情况

（三）可持续发展的能源经济系统

20 世纪 70 年代的石油危机后，随着全球经济的不断增长和城市化进程的加快，出现了人口急剧膨胀、资源逐渐耗竭、生态环境日益恶化等发展问题。石油峰值、增长极限[①]等理论的出现，开始迫使人们开始重新认识能源、经济、环境三者间的关系，反思传统的经济增长模式。1987 年，联合国世界与环境发展委员会发表了一份报告《我们共同的未来》，正式提出可持续发展概念，并在 1992 年联合国环境与发展大会上获得与会者的共识与承认。

可持续发展的内涵非常丰富，其核心就是在兼顾公平与效率的前提下，实现全球经济、社会、资源、环境的协调发展，解决目前人类社会发展面临的困境。而对于一个可持续发展的能源经济系统，其核心目标就是确保能源安全、保持经济增长和保护生态环境，也就是实现"能源—经济—环境"的协调发展。

能源、经济、环境三个子系统并不是孤立的，而是彼此冲突又相互依赖的一个有机整体。首先，三个子系统间都存在着相互矛盾。第一，是能源与经济之间的矛盾，社会经济的发展是以能源为基础的，能源供应如果不能满足能源需求，就会影响甚至抑制经济发展的速度。第二，是能源与环境之间的矛盾，能源的开发利用是造成环境污染、气候变化的重要原因，如果不对能源消耗加以节制并优化能源结构，不仅能源资源会枯竭，而且生态环境也会威胁到人类的生存和发展。第三，是经济与环境之间的矛盾，社会经济的发展必然伴随着人口的膨胀、城市化和工业化的进程，这不仅需要耗费大量的资源，而且会产生大量的环境污染，而这两者就成为经济发展的硬约束。其次，三个子系统间都具有相互依赖的关系。第一，能源安全和环境保护是以社会经济发展为基础的，不能孤立地讨论能源安全和环境保护问题，只有在相应的技术、经济、制度保障下，才能真正实现。第二，在经济发展的过程中，适度的经济增长速度和优化的经济结构，不仅可以降低能源消耗，而且可以减少环境污染和资源浪费。第三，在能源开发利用的过程中，提高能源效率，发展替代能源，不仅可以产生经济效益，还可以减少污染物或温室气体排放。

能源、经济、环境三者的协调发展，关键是如何解决作为公共品的资源、环境在开发利用的过程中广泛存在着的外部不经济性。建立在明晰的产权安排基础上的市场化机制是最有效的解决办法。一是能源市场体系，即通过建立一个合理的能源价格形成机制，一方面实现能源资源的优化配置，保证能源市场供求平衡；另一方面还可以鼓励提高能源利用效率，开发新能源和可再生能源，形成传统化石燃料的替代。二是环境市场体系，即通过建立一个有效的生态环境补偿机制，一方面实现环境资源的优化配置，保证经济发展有足够的空间；另一方面还可以克服能源经济系统的外部性，弥补能源资源开发利用带来的生态环境损失。

四、能源金融

（一）能源市场

但是人类真正大规模利用能源并形成能源工业是从蒸汽机的使用开始的。1840 年英国率先完成工业革命，最早将煤炭作为本国工业主要能源，并向欧洲大陆出口，并形成欧洲煤炭市场。随着欧洲国家先后完成工业革命，重工业迅速发展起来，对煤炭的需求猛增。煤炭成为近代工业的食粮，英国也一跃成为最大的煤炭出口国。与此同时，18 世纪末英国的伦敦代替阿姆斯特丹成为最重要的金融中心，英镑也逐渐成为国际贸易的主要货币。19 世纪中叶，英国的煤炭产量占世界总产量的 2/3 左右，成为欧洲煤炭的主要来源，并左右了欧洲煤炭市场。

---

① 增长极限理论也称为零增长理论。1972 年，美国麻省理工学院的丹尼斯·麦多斯（Meadows, D. L）领导的 17 人小组向罗马俱乐部提交《增长的极限》报告，该报告从人口、资源、环境等方面论证经济增长的"极限"，指出按当时的生产技术、生产能力，如果经济不受阻碍地继续增长下去，那么到 2100 年，将会出现极度环境污染，粮食匮乏，人口过多，自然资源耗尽，从而进入"世界的末日"，人类将最终毁灭。西方许多学者以此为基础，对人类社会经济增长的极限问题进行探讨，因此也被称为增长极限理论学派。

19 世纪后半期内燃机的出现,掀起工业革命的新高潮,也引起了能源结构的重大转变,石油开始登上历史舞台,成为工业的血液。20 世纪 20 年代,内燃机开始普及,对石油需求量迅速增加,欧洲开始从中东地区大量进口原油。20 世纪 30 年代末,石油国际贸易也迅速扩大,开始形成国际石油市场。英国控制了中东地区产油国,从而控制了国际石油市场。1965 年,石油在一次能源消费结构中的比例首次超过煤炭,成为主要能源。这一时期,通过布雷顿森林体系,美元取代英镑成为主要的国际货币,美国也确立了世界霸权的地位,开始操纵国际石油市场。

1973 年爆发的中东战争,欧佩克通过石油限产禁运来打击支持以色列的西方国家,持续三年的高油价和原油供应短缺直接导致了西方国家二战以后最严重的一次经济衰退。这段时期也被称为第一次石油危机,此后欧佩克采取将油田收归国有等措施,逐渐控制了中东石油供应,并通过官方定价机制,和欧美跨国石油公司争夺国际石油市场的定价权。为了维持对国际石油市场的控制,美国开始采用金融手段控制中东产油国。1974 年,美国与沙特达成一项"不可动摇"的协议,即将美元作为沙特石油贸易的唯一计价货币,随后欧佩克其他成员国也加入了这一行列。这使得任何想同欧佩克进行石油交易的国家,都不得不把美元作为交易结算的货币。由于欧佩克控制了相当大部分的国际原油供应,因此世界上几个最重要的石油现货交易市场都以美元作为交易计价货币。这不仅巩固了美元作为国际货币的地位,更为美国控制国际石油市场提供了条件。

20 世纪 80 年代初,出现了国际石油期货市场,由纽约商品交易所(NYMEX)、伦敦国际石油交易所(IPE)推出的西得克萨斯中质原油(WTI)期货合约和北海布伦特原油(Brent)期货合约逐渐成为国际石油市场的定价基础,由于期货合约以美元作为计价和结算货币,更进一步地巩固了美国对国际石油市场的控制。

从国际石油市场的发展历史可以看出,作为现代工业的基础,石油已经不再是一般的资源商品,而是逐渐演变成为一种准金融资产。石油具有的可耗竭资源的商品属性和越来越明显的金融属性,使之成为国际金融资本投机牟利的工具。国际金融资本大规模介入,使得石油价格震荡更加剧烈、趋势更难预测,而国际石油市场逐渐变成国际金融市场的一个重要组成部分。尤其是国际石油期货市场,已经脱离了原有套期保值的目的,成为国际资本角逐的场所。仅在纽约商品交易所,平均每日交易的原油期货合约的成交量就是全球正常石油需求的几倍。国际金融资本不仅大肆投机能源衍生金融产品,而且积极介入能源产业的发展中,从历次跨国石油公司的并购和重组浪潮中都可以看到国际金融资本的身影。

随着人类对石油、煤炭等化石燃料依赖的日益加深,能源资源的日益枯竭,以及在能源开发利用过程中对环境污染和由此导致的气候变化问题,对国际社会提出严峻的挑战。能源安全和环境污染问题逐渐显现,发展新能源和节能减排逐渐成为世界各国能源战略的重要组成部分。而随着以碳排放交易为代表的环境金融创新的出现,能源市场的边界和内涵也随之扩大,创新模式正在成为未来发展的方向。这些创新模式的发展更是离不开金融市场的支持,而能源市场与金融市场的联系越来越紧密,两者不断相互渗透与融合,逐渐形成了新的金融形态——"能源金融"(Energy Finance)。

(二)能源金融

目前学术界对于能源金融尚没有统一的定义,基于对能源市场和金融市场的认识,我们认为能源金融内涵包括利用金融市场来完善能源市场价格信号的形成与传递,管理和规避能源市场风险,解决能源开发利用的融资问题,优化能源产业的结构,促进节能减排和新能源开发利用等方面,而其核心是能源的市场化定价机制。总体而言,能源金融体系基本上由以下 4 个层面组成。

1. 能源金融市场

传统的能源定价机制是在能源国际贸易长期合同或现货交易的基础上形成的,但是随着国际能源市场的发展,市场参与者对规避自然灾害、突发事件等风险的要求越来越急迫。能源期货、期权以及其他场外衍生交易品应运而生,为国际能源市场提供新的价格发现和风险规避的工具和手段,由此形成了场内和场外的能源金融产品交易市场。能源金融市场是在国际金融市场的基础上能源市场和货币市场、外汇市场、期货市场及场外交易市场等传统的金融市场相互联动、融合、渗透而构成的复合金融体系,也是国际金融市场的一个重要组成部分。目前,以美国纽约商品期货交易所(NYMEX)、伦敦国际原油交易所(IPE)为中心的国际石油期货市场的期货合约价格已经成为国际能源市场的风向标,同时全球各主要金融市场都有与能源商品相关的金融产品交易。从某种意义上来说,能源商品的"金融属性"越强,国际金融体系对国际能源市场的影响也就越大。

2. 能源金融创新

金融机构除了为传统的国际能源贸易提供金融产品和风险管理服务外,还针对全球能源产业发展过程中面临的诸如资源耗竭、环境污染、温室气体排放、新能源开发利用等问题积极进行金融创新,开发一系列相关金融产品,以服务于能源产业,同时也扩展金融业的发展空间。能源金融创新就是借助可持续发展的理念,为节能减排提供投融资平台以及规避、转移环境风险的金融工具,促进环境友好型社会的发展。目前,能源金融创新涉及的领域包括温室气体排放权交易、节能量交易(白色证书交易)和可再生能源配额交易(绿色证书交易)等方面,以碳排放交易为代表的能源金融创新有望成为和传统能源商品及其金融衍生品交易并肩的能源金融市场重要组成部分,甚至超越传统能源金融的范畴,成为引导未来人类社会新经济发展模式的重要途径。能源金融创新将对未来全球能源产业、金融产业的发展产生巨大的影响,而西方发达国家很早就认识到这是人类社会一次跨越传统发展模式的契机,纷纷抢占先机。目前以欧盟排放权交易体系(EU ETS)和众多自愿减排交易市场构成的全球碳金融体系正在逐步成形,场外、场内、现货、衍生品交易等多层市场体系也在不断完善中。对于发展中国家,尤其是新兴市场国家而言,传统能源金融市场尚未能完善成熟,但仍无法回避新的挑战,需要采取积极的措施加以应对。

3. 能源货币体系

能源货币体系就是围绕国际能源贸易及相关衍生金融产品的计价及结算货币的国际规则与制度安排,也是复杂的国际政治经济形势长期演变的产物。目前的能源货币体系就是以"石油美元"(petro-dollar)为核心的石油货币体系,这是与第二次世界大战后的全球政治经济格局演变密切相关的历史产物。能源货币体系之所以重要,之所以是能源金融的最重要的组成部分,就在于现有的"石油美元"体系不仅左右了国际石油市场,而且对整个全球能源产业链的利益分配具有重要的意义。对美国而言,美元作为国际石油贸易的主要支付手段,是由美国在国际政治经济体系中的主导地位决定的,而维护"石油美元"体系就是维持美元在国际货币体系中的地位,巩固美国对国际石油市场的控制。但是,对世界经济的发展来说,石油美元计价机制不仅影响了国际分工格局,也影响了国际货币体系,更重要的是"石油美元"增加了国际石油市场的风险和不稳定性,虽然目前仍未有更好的替代"石油美元"的方案,但是未来能源金融的发展,尤其是以碳金融为代表的能源金融创新,有可能出现所谓的"碳货币"和碳本位,进而改变现有的"石油美元"主导下的国际能源货币体系。

4. 能源产业资本运作

能源产业是一个讲究规模效应和准入门槛极高的行业,无论是勘探开发,还是油气管道或销售网络,都需要投入大量的资金,且投资的回收期很长,期间还要面临国际能源市场的波动带来的风险。因此,通过兼并、收购和重组等资本运作手段,可以极大地提高能源公司的整体规模和运营能力,扩大市场占有率,提高全球竞争力。作为国际能源市场的主体,跨国能源公司借助国际资本市场来实现能源产业链整合与优化,不仅有利于企业发展壮大的需要,而且也有利于各国能源战略的贯彻实施,因此能源产业资本运作是能源金融的一个重要环节。

第一章

能源金融与能源战略

　　20 世纪 70 年代两次石油危机的打击,迫使西方国家开始重视能源供应对经济发展、社会稳定和国家安全的影响。1974 年国际能源署(IEA)的成立,标志着国际能源安全多边合作机制的形成。IEA 最先提出了以稳定原油供应和价格为核心的"能源安全"概念,并据此制定相应的策略。随着经济全球化的进一步发展,人类社会对石油等化石燃料的依赖日益加深的同时,也面临资源枯竭、环境污染、气候变暖等问题。而能源安全作为一个动态演化的概念,其内涵和外延也在不断丰富和发展。新的能源安全概念已经由传统的保障供应稳定、维持合理价格转向能源经济系统的可持续发展。

　　能源安全不仅关系到一个国家的经济发展和社会稳定,而且对世界经济政治格局、乃至军事形势都会产生深远的影响。围绕着能源安全,世界各国都制定了相应的能源战略,其体系涵盖非常广泛,包括:以保障石油天然气稳定供应为目标的能源外交和军事政策,以争取国际能源市场定价权为目标的能源金融化政策,以提高能源利用效率和减少温室气体排放为目的节能减排政策,以发展清洁、高效的新能源和可再生能源为目标的能源替代政策等。

　　能源金融作为一种新的金融形态,不仅是国际能源市场和国际金融市场不断相互渗透与融合的产物,更是以西方发达国家能源战略体系不断演变发展的产物。能源金融不仅仅被视为能源战略的一个重要手段和工具,而且被作为能源金融的一个重要组成部分。它不仅涵盖了整个能源产业的各个环节,还涉及国际金融体系的各个层面,包括利用金融市场来完善能源市场价格信号的形成与传递,管理和规避能源市场风险,解决能源开发利用的融资问题,优化能源产业的结构,促进节能减排和新能源开发利用等,而其核心是能源的市场化定价机制。

　　中国作为新兴市场国家,对能源的需求不断上升,而受制于自身的资源禀赋和外部的国际形势,如何以合理的价格获得稳定的能源供应以及应对环境污染和全球气候变化问题便成为中国社会经济可持续发展过程中面临的一个重要课题。

　　本章首先介绍世界各主要国家能源安全观以及相应能源战略体系的构建;其次分析能源金融作为能源战略的一种重要手段和工具,如何对国际能源市场进行影响和控制;再次针对中国目前面临的能源安全问题,就中国的能源战略体系的构建和能源金融的创新发展进行探讨。

第一节　能源安全与能源战略

一、能源安全

(一)能源安全概念的演化

　　第一次石油危机中,欧佩克(OPEC)通过采取限产禁运以及官方定价等政策,逐渐控制了国际石油市场,并沉重打击了西方主要石油消费国的经济,也引发了第二次世界大战后最严重的全球经济衰退。国际能源市场格局的改变迫使西方国家开始重视能源供应对经济发展、社会稳定和国家安全的影响。1974 年,为了抗衡 OPEC 对国际石油市场的控制,应对石油供应短缺和油价暴涨，由 15 个经合组织（OECD）成员国发起成立了国际能源署[①]（IEA）。在促成 IEA 成立的纲领性文件《国际能源纲领协议》（Agreement on an International Energy Program，IEP）中就提出了"在任何情况下，以各种方式，在可承受的价格下获得充足的能源"的"能源安全"（Energy Security）概念。1977 年，IEA 提出了"12 项能源政策原则"，包括了减少石油消耗、石油供应多元化、鼓励节能和能源替代、扩大核能利用、提供适宜的投资环境、加大能源研发和新能源技术投入以及与产油国进行对话与合作等政策措施。

能源安全问题早在石油成为主要能源形式之后就已经显现出来了，并体现在军事领域，是军事战略的一个组成部分。第二次世界大战期间，不论是欧洲战场、苏德战场还是太平洋战场，石油都是影响战争进程的关键因素。在很长的一段时期内，能源安全对国际关系的影响主要通过战争或冲突的形式得到进一步的强化。随着石油危机的爆发，能源安全对国际关系的影响从军事领域逐渐转向经济领域，以美国为代表的西方发达国家对全球石油资源的控制也转向通过经济、金融手段控制国际石油市场。正如美国剑桥能源委员会[②]主席、能源问题专家丹尼尔·耶金在其著作《石油博弈》中所指出的那样，"能源安全的目标就是以合理的价格，通过不损害国家主要价值和目标的方式，确保充足、可靠的能源供应。"

IEA 提出的"能源安全"的概念是从能源供应和能源价格的角度出发进行诠释的。但是，20 世纪 80 年代以后，随着全球环境污染和气候变暖问题的日益严重，国际社会开始逐渐达成一个共识，即能源的开发利用不应对人类赖以生存与发展的自然生态环境构成威胁。由于能源问题不再仅仅是一个单纯的经济问题，能源安全也就被赋予了新的内涵，也就是将环境保护和可持续发展的观念注入能源安全概念中，从环境保护的角度对能源安全添加新的诠释。

新的能源安全的概念包含了供应安全、经济安全（价格）和环境安全三个层面。1993 年，美国对外关系委员会出版的安全问题专家约瑟夫·罗姆的著作《对国家安全的重新界定》中就指出："能源安全的目标是增加经济竞争力和减少环境恶化，并确保充足可靠的能源服务"。1993 年，IEA 提出了新的能源政策——"共同目标"（shared goals），试图把所有影响能源安全的要素综合起来，并对其进行充分界定。该目标指出，为确保成员国的能源安全，应从以下几方面做出努力：(a)能源供应的多元化，提高能源部门的运作效率和灵活性；(b)能源集体应急机制的完善，增强能源市场信心，稳定能源价格；(c)提高能源效率和节能，继续鼓励研发和推广新能源技术，促进环境保护和能源可持续发展。1997 年《京都议定书》的签订则标志着能源安全概念的重新界定和诠释，环境保护和减少温室气体排放等问题被纳入能源安全的范畴。2006 年，欧盟委员会发布的能源政策绿皮书就将可持续性与竞争力、供应安全并列为其能源战略的核心，也是其能源政策的三个重要支点。

（二）能源安全的内涵

能源安全的内涵包含了三个层次，即能源供应安全、能源经济安全（价格合理）和能源环境安全。

[①] 1974 年 2 月，比利时、加拿大、丹麦、法国、联邦德国、爱尔兰、意大利、日本、卢森堡、荷兰、挪威、英国和美国 13 个主要石油消费国的能源部长和欧洲经济共同体以及经济合作与发展组织（OECD）的高级官员出席了"华盛顿能源会议"。会议决定成立"能源协调小组"（Energy Coordinating Group），指导和协调与会国的能源工作，以应对世界能源形势。1974 年 9 月，能源协调小组为 OECD 理事会起草了《国际能源纲领协议》（IEP）。同年 11 月 15 日，OECD 各国在巴黎签署了 IEP，并通过了建立 IEA（International Energy Agency，国际能源机构，简称 IEA）的决定，正式宣告 IEA 成立。IEA 总部设在法国巴黎，目前共有 28 个成员国。IEA 的组织结构包括理事会、管理委员会、常设小组和秘书处。理事会由各成员国的能源部长或高级官员为代表的一名或一名以上代表组成，负责制定政策和承担该机构的组织领导工作。管理委员会由各成员国的主要代表一人或一人以上组成，是理事会的执行机构，包括非成员国家委员会、能源研究和技术委员会（CERT）以及预算和支出委员会。常设小组有四个，即紧急情况常设小组（SEQ）、石油市场常设小组（SOM）、长期合作常设小组（SLT）与国际关系常设小组（SPC）。秘书处包括五个办公室，即经济、统计和情报系统办公室、石油市场和紧急防备办公室、长期合作和政策分析办公室、非成员国家办公室和能源技术和研究与发展办公室，具体负责日常事务处理及协调工作，执行理事会的决议。

[②] 美国剑桥能源委员会（CERA）成立于 1983 年，总部设在美国波士顿，是一家全球著名的能源咨询机构，主要为国际能源公司、各国政府和跨国金融机构提供能源领域的信息咨询服务。

1. 供应安全

供应安全是指维持能源的稳定供给,满足社会经济发展的正常需求。按照 IEA 的应急响应机制的标准,当石油的短缺达到上一年度进口量的 7% 时,称为供应中断,也就意味着石油供应安全受到严重威胁,随之进入应急状态,各成员国必须采取联合应急响应措施,如增加消费国的原油和油品生产,对一些可使用替代品的部门实施燃料转换,进行需求限制,动用储备等,以共同应对局势。

供应安全可能面临的风险主要发生在能源的生产、运输、加工(炼化)三个环节。自 20 世纪 60 年代以来,世界上发生过的 10 多次石油天然气供应中断事件,其中多数是由于地缘政治原因导致的战争或冲突导致的(如第四次中东战争、两伊战争、海湾战争、伊拉克战争、俄罗斯乌克兰天然气管道之争等),也有自然因素(如墨西哥湾飓风)和社会因素导致(如沙特、尼日利亚等国恐怖主义分子袭击油田和炼油厂,委内瑞拉石油工人罢工等)的。

2. 经济安全

经济安全是指在全球石油供求总量平衡的前提下,国际石油市场价格波动被控制在一个合理的范围内。由于石油是世界最重要的能源,其他能源的价格都与石油价格具有高度相关性,所以石油价格的稳定对于能源价格稳定具有非常重要的意义。

能够影响国际石油市场的因素非常多,从自然灾害、地缘政治导致突发事件等外部不确定性冲击,到库存变动、汇率波动、流动性过剩等市场内部异常都有可能影响石油价格。当然,更多的时候,石油市场是在众多因素的共同作用下运行的。尽管传统的资源可耗竭性、边际生产成本、能源替代和市场供求关系以及相配套的国际货币体系决定国际石油市场价格的长期趋势,但是这些都无法解释石油金融属性日益增强背景下国际石油市场的价格波动,而金融市场理论的发展,特别是行为金融学理论的发展,为认识国际石油市场价格的形成机制提供了一个新的视角。因此,从宏观层面上讲,国际石油市场价格波动是以“石油—美元”为核心的国际能源市场格局决定的;从微观层面上讲,国际石油市场价格波动尤其是短期剧烈波动与市场投资者的行为密切相关,诸如过度投机、羊群效应、交易者异质性信念[①]等都有可能是市场剧烈震荡的原因。

3. 环境安全

环境安全是指能源的生产、运输、加工、使用以及废弃物处理等环节不应对人类自身赖以生存与发展的自然生态环境构成威胁。任何一种能源的开发利用都会对环境造成一定的影响,其中不可再生能源对环境的影响最为严重,尤其是煤炭、石油、天然气等可耗竭的化石燃料。比如煤炭不仅在开采后残存废矿渣会影响或损害土地和地下水资源,而且在使用过程中会排放二氧化硫、氮氧化物等气体污染大气,造成酸雨等环境破坏,尤其是会产生大量的二氧化碳,而二氧化碳是造成全球气候变暖的主要温室气体。石油的开采和运输过程如果发生泄漏的话,对周边环境的污染将是一场灾难,而使用过程同样会产生二氧化硫、氮氧化物和二氧化碳。此外,不可再生能源能源利用还会产生气溶胶、光化学烟雾等污染物。相对“清洁”的水电和核电同样存在的副作用,水库在建设过程中和建成使用后都会对周边自然生态环境造成严重影响,而核燃料废弃物也存在着放射性物质泄漏的潜在污染威胁。因此,环境安全作为能源安全的一个重要组成部分,关键并不是绝对限制能源的开发利用,而是促使人类社会在能源开发利用的过程中尽量减少各个环节可能对环境造成的影响,同时尽量提高能源利用的效率,节约能源。而解决环境安全问

---

① 异质性信念(heterogeneous beliefs)通常是指不同投资者对相同资产相同持有期下收益分布有不同的期望或判断。传统资产定价模型一般假设所有的投资者对于相同资产未来收益的概率分布具有相同的预期或判断,称之为同质期望或同质信念(homogeneous beliefs)。这一假设暗含着两个前提:所有信息对所有的投资者免费同时到达;所有投资者处理信息的方式相同。而金融市场大量的异常现象,如收益异象(即股票收益在中短期内具有持续性,长期内存在反转,过去的价格对未来具有一定的预测性,包括动量效应、盈余漂移、IPO 长期弱势和封闭式基金折价等)和交易异象(包括巨量交易和量价关系等)使得传统资产定价模型无法很好地解释。因此,Miller(1977)最先引入异质性信念对资本市场的异常现象进行解释。异质性信念理论认为由于市场交易者之间存在着渐进信息流动(gradual information flow)、有限注意(limited attention)和先验的异质性(heterogeneous priors),而导致市场资产价格异常波动。

题的最终办法,是改变目前的能源结构,从碳基能源转向更为清洁、高效的由氢基能源和可再生能源(如太阳能、风能、地热能、生物质能等)、核能共同构成的复合能源系统[①]。

二、能源战略体系

能源战略体系就是围绕能源相关领域制定的一系列规划和政策,并通过政治、法律、外交、军事、经济等多种手段来实现。纵观目前世界主要国家的能源战略,可以归纳为两大核心任务:保障能源安全和应对全球气候变化。

能源安全是国家安全的重要组成部分,也是国际政治关系斗争的焦点。由于经济发展水平、技术水平、资源禀赋、国际政治地位不同,各国的能源战略侧重点也不相同。以石油战略为例,美国作为冷战后唯一的超级大国,同时也是全球最大的石油消费国,石油的对外依存度超过 60%,因此在全球争夺油气资源,控制世界主要的产油地区和供应线就成为美国能源战略的核心,更为重要的是,这也是美国霸权政治的基础和重要手段;对其他 OECD 等西方发达国家而言,其作为全球能源的最主要消费国群体,其石油也主要依赖进口,其能源战略的主要目标是保障能源供应安全和减少对传统化石燃料的依赖,并通过政治、军事、经济、金融等手段控制国际能源市场,使自身的利益最大化;对中东和拉美产油国以及俄罗斯而言,其能源战略的主要目标是将国际能源价格维持在较理想的位置,并通过控制石油产能、流向(主要是油气管线铺设)等手段,提升其在国际社会上的政治地位;对于中国、印度等新兴市场国家而言,随着经济快速发展,对能源的需求也随之增大,由于自身资源禀赋和外部国际形势的局限,其能源战略的主要目标是保障能源供应安全,并通过外交、经济手段尽可能多地扩大能源供应渠道,争取在国际能源市场上获得话语权,使能源供应满足经济增长的需求。

尽管世界各国的能源战略在具体的政策措施上存在一定的差异,但是综合而言,能源战略体系基本涵盖了以下几个方面。

1. 多元化供应

能源多元化供应战略的核心可以概括为"立足国内,面向国际"。首先,提高国内能源自给能力,除了常规油气的储量资源(石油、天然气、煤炭)外,目前许多油气资源较为贫乏的国家也重新重视煤炭的利用(清洁煤技术)。此外,常规油气资源增储增产难度也越来越大,非常规油气的开发利用开始具有一定的经济性,各国也加大了非常规油气资源的技术开发,美国、加拿大等国甚至已形成一定的生产能力。根据 IEA 的估计,当国际原油价格在 40 美元/桶左右,油砂、油页岩、页岩气、煤层气等非常规油气资源的开发利用就具备了与常规油气资源相竞争的可能。其次,面向国际市场,尽量增加能源供应来源的多样性。能源供应的全球化和市场化程度越高,能源供应的稳定性就越强,能源供应受地缘政治因素影响的程度就越小。保障能源供应国和供应通道的供应安全,或者借助政治、外交和军事手段,或者加强与能源供应国家合作,通过投资其能源项目,或吸引其参与石油工业下游产业链等手段,来降低国际地缘政治风险。

2. 节能减排

尽管由于国情不同,不同国家能源政策的着眼点和倾向也不同,但是节能减排一直是各国能源战略的重要组成部分。这是因为通过降低单位经济产出的能源消耗和污染物(温室气体)排放,不仅可以达到保障能源安全和应对全球气候变化的双重目的,其也是最为经济、环保的措施和手段。节能减排的政策演化是一个循序渐进的过程。20 世纪 70 年代的石油危机之后,OECD 国家开始把节约能源作为实施能源战略的重要组成部分,通过法律、法规等命令控制型政策,强

---

① 氢基能源是指以氢及其同位素为主导的反应中或在状态变化过程中所释放的能量。"氢—太阳能"复合能源系统是指通过太阳能与化学能转换,电解水制氢;太阳能转变为热能,热化学循环分解水制氢;或是直接利用紫外光光解制氢,进而有效地实现"氢—电能"共生体系,优化太阳能的利用。"氢—核能"复合能源系统则是通过利用核聚变产生热能、电能高温电解水蒸气,可从每 50 吨水中电解产生 5 吨氢,其中有 1 公斤的氘,将氘引人核聚变反应中,可产生 1.8 亿千瓦的能量,有效实现核聚变的能量循环。

化能源管理与规划,目标是减少能源的消耗,遏制能源消费量上升势头,保证能源的供应安全。进入20世纪80年代后,欧美发达国家普遍推行经济激励型政策,通过现金补贴、税收减免和低息贷款等财税政策鼓励节能技术的研发和推广以及相关项目的投资。20世纪90年代后,环境问题尤其是温室气体引发的全球气候变暖则成为国际社会关注的新焦点,OECD国家逐渐节能减排作为各国能源战略的核心,从单纯的关注能源供应安全,转向以能源环境安全为主导的新能源战略。新能源战略更加注重基于市场的政策组合工具,提倡综合使用多种手段,发挥市场在资源配置中的作用。随之产生的合同能源管理、白色证书交易(针对节能量配额)、绿色证书交易(针对可再生能源发电配额)和碳排放权交易等市场化机制,在节能减排领域取得显著成效。

3. 石油储备

石油储备始于20世纪70年代的石油危机,是稳定国际能源市场供求关系,平抑油价,应对突发事件的最直接、最有效的手段,是保障国家能源安全的核心措施。石油储备体系是一个复杂的系统,涉及库存布局、设施规模、管线布设、资金筹集等环节,有一系列法律和管理制度与之配套。一般的国际惯例,是把石油储备划分为政府战略储备(国家储备)和商业机构及石油企业拥有的商业储备,不仅包括了库存的原油和主要石油制品,还包括管线和中转站中的存量。其中,商业机构和石油企业的商业储备必须维持一定的最低比例,也称为法定储备。IEA把政府储备、商业机构和石油企业的法定储备称为公共储备,其目的是抵御"石油供应中断"的威胁,只有在发生战争和突发事件时才允许动用,实施关键性调节,不担当在市场机制正常发挥作用条件下调节国际、国内市场石油价格和供求关系的职责。正常的市场供求关系和油价波动,应该由一般的商业储备进行调节。这种功能区分非常重要,否则很可能发生国家频繁动用公共储备调控石油市场,或者行政干预企业动用商业储备的行为,最后不仅达不到调控市场的目的,还可能扰乱市场并使财政背上沉重的包袱。根据IEA的规定,其成员国的石油储备必须达到上一年度本国90天石油净进口量,才算是达标。在实际执行中,各成员国所建立的石油储备已远超过IEA规定的最低限。目前,美国是世界上最大的石油消费国,也是世界最大的石油战略储备国。

4. 能源替代

发展替代能源,推动太阳能、风能、生物质能等新能源和可再生能源的开发利用,不仅能够改善本国的能源结构,还可以减少能源的对外依存度,一方面有助于提升国家能源安全,另一方面更有助于解决全球气候变暖等环境问题。根据欧洲联合研究中心(JRC)的预测,新能源和可再生能源在全球能源供应的比重有望在2030年达到30%以上,2040年达到50%以上,2100年左右达到80%以上,基本上完成对传统化石燃料的替代。2008年,全球新能源和可再生能源的总装机容量达到280吉瓦,占总发电能力的6.2%,而供电量占4.4%。许多国家都制定了新能源和可再生能源的发展战略规划,并且通过立法确定了未来新能源和可再生能源在能源结构中的比例。

5. 能源补贴

根据联合国环境规划署(UNEP)的定义,任何与能源部门相关的政府行为,只要满足降低能源生产成本,提高能源生产者的市场价格,或者是降低能源消费者的购买价格三个条件的其中之一,就是能源补贴。能源补贴是政府对能源市场的干预手段,也是政府能源政策的一个重要组成部分。能源补贴的形式有很多,根据补贴对象的不同,可以分为生产侧补贴和消费侧补贴,前者是指对生产者进行补贴,后者则是对消费者进行补贴;根据补贴对能源价格和成本的影响途径,能源补贴又可以分为直接补贴和间接补贴两种类型,前者是指诸如财政拨款或税收政策等直接对价格或成本产生影响的手段,后者则是指诸如资助研发等隐性措施。一国政府选择能源补贴的重点和手段都不同,需要综合考虑许多因素,如补贴的总成本、涉及的交易费用和管理费用,还有补贴的成本对不同社会阶层的影响等。一般来说,发达国家倾向于对化石燃料征收能源税或碳税,以此来鼓励使用清洁能源;而在发展中国家,与能源消费相关的问题主要涉及能源供给、环境保护和能源安全方面。政府多将重点放在保证能源的低价供给上,同时比较倾向于鼓励电网和天然气管线等能源基础设施的投资。能源补贴的主要形式,可具体参考表1-1。

表 1-1　能源补贴的主要形式

政府干预的形式	典型例子	补贴发挥作用的途径		
		降低产品成本	提高能源生产者获得的价格	降低能源消费者支付的价格
直接资金调拨	给生产者拨款	•		
	给消费者拨款			•
	低息或者优惠贷款	•		
优惠税收待遇	税收返还或免税	•		
	投资的税收抵免	•		•
	增加折旧补助	•		
贸易限制	配额和贸易限运		•	
由政府直接提供的那些未按全额计算的有关能源的服务	直接投资基础设施	•		
	公共研究与发展	•		
	责任保险及报废	•		
管理能源部门	需求担保	•	•	
	价格控制		•	•
	市场准入限制		•	

资料来源：UNCP. Reforming Energy Subsidies：Opportunities to Contribute to the Climate Change Agenda，2008

　　发达国家和发展中国家几乎都存在能源补贴，这从一个侧面反映出能源补贴实际上对经济和社会发展是有利的，比如可以弥补由于外部性导致的市场失灵，提高贫困人群的生活水平以及保护环境，保护本国能源企业不受国际竞争的影响等。对发展中国家来说，能源补贴是政府能源战略乃至国家发展战略的一个重要组成部分，适当的能源补贴不仅是合理的，而且是必须的，其不仅有助于实现社会公平，而且有利于发展能源产业。但是也应注意补贴的方式和适用的范围及程度，并且要随着社会经济和能源市场的发展进行适当调整。

三、国际能源合作

　　一国的力量是相当有限的，即使是作为冷战后唯一超级大国的美国，也无法单独解决全球性的能源问题。只有强化能源领域的国际合作，才能真正保障能源安全和应对全球气候变化等问题。长期以来，IEA 的成功运作为开展能源领域的国际合作提供了很好的示范和参照。

　　IEA 的宗旨就是在公平合理基础上保障石油供应安全，具体措施包括：共同采取有效措施以满足紧急情况下的石油供应；通过有目的的对话或其他形式，促进成员国之间，成员国与石油生产国和其他石油消费国的合作；通过建立广泛的国际能源情报系统，与成员国分享有关信息，提高决策水平；通过建立石油公司的协商机制，在石油工业领域发挥更加积极的作用；通过开展长期合作计划，加速替代能源、节能减排、新能源等领域的研发和技术推广，以减少对石油的依赖。IEA 不仅为 OECD 国家政府间在能源领域的协调与合作提供一个平台，更重要的是建立了一整套应对能源安全的国际合作机制。这套机制包括以下几个层面。

1. 应急机制

　　建立应急机制的目的是降低成员国在石油供应出现短缺时的风险以及由此带来的损失。为此，IEA 设立了紧急问题常设小组（SEQ），专门负责处理有关能源供应的紧急问题，并于国际石油产业界和各成员国政府协调，共同进行应急响应。IEA 责成各成员国履行"紧急储备义务"（Emergency Reserve Commitment），即每一个成员国保证储备不低于 90 天的石油净进口量（欧盟各国则要求以消费量为基准），当国际石油供应量下降到成员国上一年度进口量的 7％时，就要启动响应机制,即动用储备向市场抛售库存、限制需求、释放备用油田生产、转换燃料、共享有效的石油供应等。为保证应急机制的有效运作,IEA还会定期对其成员国的储备情况要进行惯例检查和咨询。

2. 对话机制

能源合作是各国能源政策协调过程的结果,而IEA提供的对话机制则为各国信息交流与政策协调提供舞台。在成员国内部,每隔四年,IEA秘书处和各成员国的能源专家都会进行对话,并全面回顾总结能源政策的运行效果;而IEA的专家每年都会定期或不定期地访问成员国并就各国的能源政策提出建议,协调各国能源政策。IEA设立了与石油生产国和其他石油消费国关系常设小组(SPA),具体负责成员国与石油生产国和其他石油消费国之间的对话与合作。此外,IEA还设立了争议解决中心解决履行石油供应应急响应机制的石油交易,以及当事人之间的特殊供应交易中石油贸易双方的任何纠纷,以保证IEA目标和任务的实现。

3. 信息机制

建立信息机制的目的是为了增强国际能源市场的透明度,减少由于信息不对称导致的市场波动。IEA建立了"国际石油市场信息系统"(Information System on the International Oil Market),规定各成员国有义务提供石油产业的相关企业有关公司治理和财务结构、投资、合同、生产指标、股票的信息,以及原油和成品油的贸易流量以及价格等信息,并将这些信息汇编后在各成员国之间进行交流。同时,IEA还定期由秘书处发布国际能源领域相关的研究报告,包括每月发行一期石油市场报告,一年发行一期全球能源展望。这些研究报告在世界上颇具影响力,不仅为各国制定能源政策提供依据,而且使得IEA逐渐成为全球能源统计的权威,增强了其对国际能源市场的影响力。

4. 协商机制

IEA设立了石油市场常设小组(SOM),通过与石油公司的个别协商,获取"国际石油市场信息系统"不能得到的信息,集中汇总后,由管理委员会呈送给理事会作为决策参考,反馈意见或理事会的相关决议下达后,SOM再与石油公司进行协商,落实具体的政策实施。

5. 技术合作

IEA通过实施"长期的能源合作计划"(Long-Term Cooperation on Energy),以促进成员国之间在能源相关领域的技术合作。为此,IEA设立了能源技术研究委员会(CERT)的常设机构,协调各成员国联合开发、推广能源技术,推动提高能源效率和新能源的研究及应用。CERT建立了4个由来自不同成员国专家组成的专家组(即化石燃料工作组、可再生能源技术工作组、能源终端用户技术工作组和核电协调委员会)对相关领域的技术研发或实验项目的效果、可靠性等进行评估和筛选,以便更好地在各成员国间推广。此外,IEA每年发行一期能源技术展望,向各国政府推广有潜力的可再生能源技术和节能技术,并评估相关技术对未来减排的影响。

自1974年成立以来,IEA的运作基本正常。尽管也还存在一些问题,但在一些特定时期其倡导的国际合作机制还是起到了应有的作用,尤其是在两次石油危机后,IEA的运作机制越来越成熟,对国际石油市场的影响力也越来越大。迄今为止,IEA有过四次准备动用和两次动用石油储备的情况。第一次是在海湾战争其间,当时OECD国家政府和企业的所有石油储备量只能满足99天需求,在这种情况下,IEA准备在15天里每天额外增加250万桶石油供给(其中200万桶来自各成员国的石油储备,40万桶来自石油节约,10万桶来源于石油之外的燃料转换和剩余能力的利用)。考虑到当时的石油供应情况仍较正常,伊拉克和科威特石油禁运带来的影响较轻,所以没有采用紧急情况响应机制,而只是动用了石油储备。在伊拉克入侵科威特的8个星期后,国际石油市场的供给仍然充足,这次动用石油储备有效地抑制了石油价格上涨,起到了稳定石油市场的作用。第二次是在2005年"卡特里娜"飓风摧毁了美国墨西哥湾沿岸的原油生产以及炼化设备,致使每天丧失约160万桶炼油产能,约占美国总产能的10%。国际油价随之大幅攀升,IEA当即宣布在未来30天每天将释出200万桶原油以及部分紧急汽油库存供应国际市场。

当时 IEA 成员国共拥有 40 亿桶的原油储备，其中政府拥有 14 亿桶，在释放的 6 000 万桶原油中，一半来自美国能源部紧急储备的库存。IEA 宣布动用石油储备后，立即令国际油价从高位急挫 3%～4%。虽然由于当时全球石油产能已经逼近极限，所以释放储备的效果不如第一次，但是仍然在一定程度上抑制了油价的过快上涨。

IEA 建立的国际合作机制对于增加国际能源市场透明度，促进能源供应国和消费国之间的对话与协商提供了良好的环境。但是，国际能源市场格局和国际政治经济形势的不断变化，影响能源安全的因素越来越多。传统的地缘政治斗争仍在影响国际能源市场，但是诸如恐怖主义、环境污染、发展中国家尤其是新兴市场国家（如中国、印度等）的石油消费快速增长等新挑战，都在考验现有的以西方发达国家为主导的国际合作机制。国际社会对保障能源安全和应对气候变化的愿望越来越强烈，亟待新的国际合作机制的出现，在充分尊重各国主权的基础上，开展更广泛的交流和协商，进一步加强国际合作，促进共同发展，最终实现共同的安全。新的国际合作机制中，发展中国家作为当前世界经济发展的重要组成部分，应该发挥更大的作用。

第二节　世界主要能源消费国的能源战略

在经历了两次石油危机、海湾战争、阿富汗战争、伊拉克战争后，西方主要能源消费国家在能源安全方面的理论建构、政策法规、体制保障及其战略实践方面积累了丰富的经验。尽管各国能源战略的目标及侧重点有所不同，涉及的具体政策措施和法律法规也有所差异，但是其基本架构和指导思想却非常接近。概括而言，传统的能源战略侧重从政治经济学的视角，通过如能源安全与全球争夺、国家权力、地缘政治、能源外交之间的关系命题来阐释其内涵。而随着气候变暖、资源枯竭和环境污染等全球性问题的出现，新的能源战略则逐渐注入可持续发展的新内涵，节能减排、能源替代及开展国际合作成为各国能源战略新的支点。

一、美国的能源战略

（一）美国能源战略的演变

美国的能源战略历经了不同时期的转变，从最初的保守主义到现在的奥巴马能源新政，不论其外在形式和文字表述如何变化，对美国而言，能源战略早已超越"能源安全"的范畴，不仅是美国国家安全的重中之重，而且是美国实现其全球战略的基础和重要手段。美国的能源战略大致经历了三个阶段。

1. 保守主义时期

20 世纪 50 年代到 20 世纪 80 年代初，美国政府的保守主义能源战略是以石油进口和价格管制的政策为核心的。20 世纪 50 年代初，美国还是石油净出口国，其石油的剩余产能足以保证西欧国家应对石油供应出现的临时性短缺。但是，随着美国经济的发展，石油的进口量不断上升，逐渐由石油净出口国变成石油进口国。美国本土的石油生产商纷纷要求政府对石油进口加以管制，以保护本国石油工业。1957 年和 1959 年，艾森豪威尔政府先后颁布了《限制石油进口计划》和《强迫限制石油进口计划》，对进口石油采取进口配额制，以限制石油的进口。但在第一次石油危机爆发前，美国的石油进口量已经占到总消费量的 36%。1973 年，尼克松政府为了鼓励国内石油生产，减少石油进口，提交国会通过了《石油紧急配置法案》(*Emergency Petroleum Allocation Act*，EPAA)，使得联邦政府有权对石油价格、生产、调配和销售进行管制。

2. 自由主义时期

从 20 世纪 80 年代中期到 20 世纪 90 年代末，美国政府放松了对国内石油工业的管制，强调市场机制的作用，同时将能源战略的重心转向海外，尤其是中东地区。1980 年，卡特政府正式将能源安全作为国家安全和外交战略的一部分，并在《国情咨文》中指出，确保海湾石油的供应畅通是美国的"关键利益",任何敌对国家企图破坏美国在该地区的石油供应安全,美国将使用包括武力在内的一切必要手段予以反击。1981年,里根政府提出市场机制主导下的能源工业发展政策,强调政府的主要职责,提出目标和原则,并扫除阻碍市场运作的障碍。之后的布什政府和克林顿政府延续了这一政策,并将其写入1991年颁布的《国家能源战略》。

3. 多元化时期

从小布什政府上台到奥巴马的能源新政,美国的能源战略开始转型,其核心是在减少对石油进口的依赖,改变能源结构的同时,强化对全球能源资源的控制,使能源战略继续为美国的全球战略服务。2001年上台小布什政府提出的多元化战略,具体包括:增加国内油气产量,同时发展新能源和可再生能源,以提高能源供应的自主性;扩大对非洲、中亚地区的开发,强化对海外油气资源的控制,提高能源供应的多元化,确保能源安全。2009年,奥巴马政府上台,在延续多元化能源战略的基础上,提出了发展新能源经济的思路,一改小布什政府在全球气候变化问题上的态度,提出新的温室气体减排目标以及巨额的新能源投资计划,不再将能源战略的重点仅局限于保障能源安全,而是希望通过参与全球应对气候变化的国际合作,发展新能源技术和产业,希望通过新能源经济的发展来带动美国经济的复苏和发展。

(二)美国的国内能源战略

1973年爆发的第一次石油危机使得美国政府第一次认识到对进口石油依赖所带来的脆弱性,此后美国的国内能源政策一直围绕着保障能源安全这一核心,具体可以归结为以下几个方面。

1. 支持国内石油产业的发展

第一次石油危机前,来自中东和委内瑞拉的廉价进口石油已经成为支撑美国石油消费的重要来源。考虑到进口石油的不断增长不利于美国本土石油工业的发展,美国政府采取石油进口配额制进行管制。直到尼克松政府上台后,迫于石油供应的压力和美国本土廉价石油资源已近枯竭的形势,才不得不放松对石油进口的管制,并最终终止了进口配额制。但是,由于美国政治体制下石油消费者、石油生产者、环保主义者等不同利益集团的博弈,导致尼克松、福特、卡特三届政府先后颁布的多项法律中提出的减少石油消费和增加国内石油生产的目标都未能实现,而石油价格的管制一直持续到里根政府上台才废除。价格管制直接导致美国国内油价较国际市场低廉许多,不仅抑制了国内生产商的积极性,而且由于价格扭曲导致资源的浪费和进口依赖的加重。里根政府的政策深受供应学派和货币主义的影响,主张采取自由放任的市场经济,在能源政策上也采取一系列放松管制的措施,包括取消价格管制、对石油公司减税等。同时,里根政府对20世纪80年代初的第一次跨国石油公司全球并购风潮也采取放任的态度,甚至通过立法豁免了《反托拉斯法案》(Antitrust Laws)对跨国石油公司并购的限制。但是,受20世纪80年代国际石油价格暴跌的影响,美国石油生产商严重受创,国内石油生产持续下降,石油进口持续攀升。1989年上台的布什政府延续了里根政府的能源政策,并在其任内通过了《1992年能源政策法案》(Energy Policy Act of 1992)。但是,该法案中布什政府提出的增加美国石油、天然气生产,发展核能,以及在阿拉斯加国家野生动物保护区进行油气勘探等内容被国会否决。通过的法案更倾向于节能和开发可再生能源,这也成为后来的克林顿政府的国内能源政策的基调。整个20世纪90年代,国际石油市场供应充足,价格比较稳定,克林顿政府提出的节能、可再生能源开发、环保等政策受到传统能源产业和能源消费者的反对,而在国会中代表这些利益集团的共和党占多数,因而无法落实。这直接导致美国对进口石油的依赖日益严重。进入21世纪后,国际石油市场供大于求的局面发生逆转,新兴市场国家对能源的需求,加上"911恐怖袭击事件"后中东局势的持续动荡,导致国际石油价格持续攀升。为了解决能源短缺问题,小布什政府提交国会并通过了《2005年能源政策法案》,确定了美国未来一段时期能源政策的基调,即开源节流,增加储备。在国内"开源"政策中,小布什政府提出通过减税、补贴等方式鼓励深海、深层和边远地区的油气资源开发,同时出台了一系列相关法案,包括允许在阿拉斯加国家野生动物保护区开采石油、解除墨西哥湾近海石油开采禁令等。但是,扩大国内能源供应并不能解决美国石油进口的依赖问题,小布什政府也意识到了这点，并提出加强与主要油气生产国的关系，扩大油气资源的供应渠道，以确保油气供应的稳定。奥巴马政府上台后，则提出将发展清洁能源作为美国能源战略的长期目标，而作为近期目标，美国应更多依赖于自产的油气，因此美国政府将继续开放东部和东南部沿海、墨西哥湾东部以及阿拉斯加部分海域多个油气田的开发。

2. 支持节能和替代能源的发展

一直以来，美国都是世界上石油消费最大的国家，目前平均每天消耗将近全球 1/4 的石油供应。因此发展替代能源一直是美国能源战略的重要组成部分。在 20 世纪 90 年代前，美国主要通过发展天然气、核能和煤炭发电以减少石油消耗。1975 年，福特政府向国会提交了《能源政策与储备法案》(*Energy Policy and Conservation Act*, EPCA)草案，除了建议取消价格管制，提高能源价格外，还建议发展核电、煤电以及设立政府能源基金以推广节能、开发核电、太阳能等替代能源，但其中的大部分内容被否决，最终只确立了建立石油战略储备制度、对汽车实行强制节能和要求发电厂从燃油发电转为燃煤发电等政策。1977 年，卡特政府向国会提交了《能源法案》草案，建议通过税收、取消价格管制等手段提高能源价格以促进节能，增加对太阳能、核能等项目开发的投资。最终国会只通过了其中关于解除对新开发天然气的价格管制，并规定新的电厂必须以煤炭为燃料，到 1990 年停止天然气发电，提出新的家电和汽车能耗标准，对未达标的汽车征收能源税等措施。里根政府在自由主义思想的指导下，大幅削减了在能源领域的投资，也不再提出新的节能标准等。1991 年，布什政府提交国会的《能源政策法案》草案中，其核心原本是强调能源供应，但由于海外战争后，石油供应很快恢复正常，油价也迅速回落，公众对未来高油价和石油短缺、进口依赖等问题的关注迅速减少，国会最终通过的《1992 年能源政策法案》更多地倾向于通过税收和政府补贴来鼓励提高能源效率和开发可再生能源技术，具体措施包括：推行公共建筑和居民建筑节能标准、家用电器能效标准，资助节能和可再生能源项目研发和商业化，通过税收和政府补贴手段来鼓励使用节能或可再生能源设施，资助新能源汽车、清洁煤、核聚变等新技术研发等。但是由于代表石油生产商利益的共和党在国会占据多数席位，因此其后的克林顿政府提出的诸如征收能源税、补贴可再生能源等政策都被国会否决。克林顿政府只能发动企业开展自愿的环保、节能项目，但收效甚微。小布什政府任内通过的《2005 年能源政策法案》(*Energy Policy Act of 2005*)，基本继续前任政府的政策，也采取了一系列鼓励节能和支持可再生能源发展的措施。但是事实上，小布什政府对节能和可再生能源的发展重视的程度并不高，甚至还向国会提议减少有关方面的研究经费拨款。奥巴马上台后，一改小布什政府的做法，将能源改革放在其各项政策的优先位置上，提出通过发展新能源和可再生能源，来实现减少温室气体排放，提高能源安全并刺激经济增长的能源政策新目标。奥巴马政府计划在未来的 10 年中向清洁能源领域的研发投资 1 500 亿美元，创造 500 万个就业机会，同时希望可再生能源发电的比例在 2012 年达到 10%，在 2025 年之前占到 25%。2009 年奥巴马政府上台后不久，美国国会就通过了《恢复与再投资法案》(*Recovery and Reinvestment Act*, RRA)，在总额 7 890 亿美元的预算中，就有约 500 亿美元被用来投资于实施提高能效的措施和扩大可再生能源的生产，希望以此创造至少 46 万个新的就业机会。2009 年，奥巴马政府向国会提交了《清洁能源安全法案》(*Clean Energy and Security Act*, ACES)草案，旨在通过节能增效、发展智能电网①和推广新能源和可再生能源等手段减少温室气体排放，摆脱对进口石油的依赖，并规划未来新能源经济的发展。该法案不仅是新世纪美国能源战略的第一个最重要的法律文件，而且是美国第一个关于温室气体减排的法案。但是，由于利益集团的反对，2009 年 6 月该法案在众议院获得通过后，于 2010 年 7 月在参议院被搁置，最终结果仍有待进一步观察。

---

① 智能电网(smart power grids)是建立在集成的、高速双向通信网络的基础上，通过先进的传感和测量技术、控制方法以及决策支持系统，实现电网的可靠、安全、经济、高效和环境友好，其主要特征包括自愈、激励和包括用户、抵御攻击、提供满足用户需求的电能质量、容许各种不同发电形式的接入并高效运行。

3. 排斥履行全球温室气体减排的义务

在温室气体减排方面,美国政府一直对 1992 年联合国通过的《联合国气候变化框架公约》[①](UNFCCC)持排斥态度,特别是在《京都议定书》[②]谈判的关键时刻,美国参议院于 1997 年 7 月 25 日通过了《伯瑞德-海格尔决议》(*Byrd-Hagel Resolution*),提出了美国在全球气候变化问题上的基本立场,即:如果发展中国家缔约方不同时承诺承担限制或者减少温室气体排放义务;或者签署该议定书或协定将会严重危害美国经济的情况下,美国不得签署任何与 UNFCCC 有关的议定书或协定。该决议实际上反映了美国国内不同利益集团在气候变化问题上的共同观点,并成为美国政府制定气候变化政策的纲领性文件。1998 年 8 月,克林顿政府宣布,由于《京都议定书》是"有缺陷的和不完整的",因此不会将其提交参议院审议。而小布什政府在温室气体减排问题上的立场更加强硬。2001 年 3 月,美国宣布退出《京都议定书》,理由是它没有对中国、印度等发展中国家提出温室气体减排要求,而且如果履行《京都议定书》规定的义务将会造成国内失业增加和消费品价格上涨等负面影响。在《2005 年能源政策法案》中,其更明确规定今后制定与温室气体排放有关的政策时,"不得显著地损害美国经济"。

但是,值得关注的是,奥巴马政府在温室气体减排方面采取了与前任历届政府完全不同的积极态度。奥巴马政府在提交给国会的《清洁能源安全法案》草案中,提出了美国到 2020 年将温室气体排放量在 2005 年的基础上减少 20%(众议院通过时被改为 17%),到 2050 年减少 80%(众议院通过时被改为 83%)的减排目标。尽管这一减排目标较美国在《京都议定书》承诺的减排目标大大缩水,和美国在全球温室气体排放中所占的比例(25%)更是差距甚远,但这仍是一个进步。《清洁能源安全草案》拟采取市场化的措施,参考欧盟排放交易体系(EU ETS),引入碳排放权交易机制,即"总量控制与交易"(cap and trade),通过对电力、钢铁等行业设定排放限额,迫使其进入碳交易市场进行排放权交易。

4. 完善石油战略储备体系

1975 年,《能源政策与储备法案》(EPCA)获得国会通过,授权能源部建设和管理战略石油储备系统,并明确了战略储备的目标、管理和运作机制。美国的石油战略储备体系(SPR)分为政府储备和商业储备两部分,两种原油库存分工明确,相对独立。政府储备由联邦政府所有,从建设储库、采购石油到日常运行管理费用均由联邦财政支付,其库存只有总统才有权下令动用[③]。政府储备点全部集中在得克萨斯和路易斯安那两个州的沿海地区,主要是利用巨型盐洞改造而成。商业储备则属于企业市场行为,既没有法律规定的义务,也没有政府干预,企业根据市场供求和实力自主决定石油储备量和投放时机。政府主要通过公布石油供求信息来引导企业,免除石油进口关税和进口许可费等政策,鼓励企业增加石油储备。石油储备的采购和投放基本上采取市场招标机制,政府储备由政府向石油公司招标,再由石油公司按市场价格销售,回收资金交财政部的石油储备基金专门账户,用来补充石油储备。美国决定战略石油储备规模时主要考虑进口绝对量、经济对石油价格的敏感性和储备成本等因素,同时要考虑石油中断的可能性。政府和国

---

① 《联合国气候变化框架公约》(UNFCCC)于 1992 年 5 月在巴西里约热内卢举行的联合国环境与发展大会上通过,用于控制温室气体排放,应对全球气候变暖。公约对发达国家和发展中国家规定的义务以及履行义务的程序有所区别,要求发达国家采取具体措施限制温室气体的排放,并向发展中国家提供资金以支付他们履行公约义务所需的费用。而发展中国家只承担提供温室气体源与温室气体汇的国家清单的义务,制订并执行含有关于温室气体源与汇方面措施的方案,不承担有法律约束力的限控义务。

② 《京都议定书》是 1997 年在日本京都召开的《联合国气候变化框架公约》第三次缔约方大会上通过的国际公约,为各国的二氧化碳排放量规定了标准,即:在 2008 年至 2012 年间,全球主要工业国家的工业二氧化碳排放量比 1990 年的排放量平均要低 5.2%。

③ 联邦政府向市场投放战略储备的方式主要有三种:一是全面动用,即当"严重能源供应中断"时动用;二是有限动用,储备石油低于 5 亿桶时不能动用,动用总量不能超过 3 000 万桶,动用时间不能超过 60 天;三是测试动用,动用总量不得超过 500 万桶。全面动用和有限动用都需要总统决定,测试性动用和分配授权能源部部长决策。除此之外,还有一种"轮库"形式,即在解决因油品品质或区域性能源短期内短缺造成石油供应紧缺时,用联邦储备与企业储备进行临时交换,事后按要求时间归还。

会根据国内需求和国际局势适时调整战略石油储备量。EPCA 授权的最大联邦战略储备规模为 10 亿桶，但从 1977 年开始正式储油，迄今从未接近过这个极限。而自建立石油战略储备以来 25 年间，美国政府仅在 1991 年海湾战争期间动用过政府储备，向市场投放了 3 300 万桶储备原油。海湾战争结束后，美国面临石油供应中断的威胁大大减小，克林顿政府改变了石油战略储备政策，为了减少财政赤字，不仅暂停了石油战略储备的补充，并且频繁动用战略储备对国际石油市场进行调控。到 2000 年底，美国的石油战略储备由 1995 年的 5.92 亿桶降至 5.41 亿桶。小布什政府上台后，对石油战略储备政策进行调整，迅速恢复增加石油储备量。美国国会还批准了拨款增加库存设施，扩大储油容量，使之达到 10 亿桶的水平。2005 年 7 月，美国的战略石油储备达到创历史记录的 7.2 亿桶，其中政府储备相当于约 60 天的石油进口量，加上商业储备可以达到 160 天的水平。小布什政府还严格控制动用储备，仅在 2005 年 8 月"卡特里娜"飓风导致墨西哥湾大部分炼油厂关闭时，才释放 3 000 万桶的战略石油储备。但是，过高的石油战略储备也遭到国内如航空业、运输业等石油消费大户的反对，奥巴马政府上台后就以金融危机和财政赤字为由，暂缓了增加石油战略储备。

（三）美国的海外能源战略

不同于国内政策，美国的海外能源政策重要体现在美国的政治、军事、外交领域，根据不同历史时期的不同目标，大致可以分为三个阶段，在第一次石油危机前，其核心是确保美国石油公司在国际石油体系中的垄断地位，维护美国及其盟国的石油供应安全；第一次石油危机爆发后，美国的能源战略重点转向确保自身能源供应安全，通过与石油消费国的合作，加强其应对石油供应中断的能力，同时强化对石油生产国特别是中东产油国的分化和控制，保证石油供应的稳定；小布什政府上台后采取的多元化战略，战略的重点从以外为主转向内外兼顾，其海外政策虽然没有放弃对中东地区的控制，但将视野转向全球多个新兴起的石油产区，强调通过构建新的能源布局，为其全球战略服务。奥巴马政府延续了多元化战略的思想，但将重心更多地引向构建更有利于美国的应对全球气候变化的国际合作机制。具体而言，美国的海外能源战略包括了以下几个方面。

1. 应对能源安全的国际合作机制

第一次石油危机中，阿拉伯产油国对支持以色列的国家采取选择性禁运措施，使得西方各石油消费国纷纷与美国拉开距离，采取不同的立场以改善和阿拉伯国家的双边关系，换取其石油供应。此时，美国不再有能力保证西方盟国的石油供应，而且美国的石油公司也失去了对中东石油资源的控制。当时的美国国务卿基辛格提出组建石油消费国联盟以对抗 OPEC、增强西方同盟国应对石油供应短缺的能力。1974 年，IEA 成立，美国拥有其理事会（决策机构）中 43％的投票权，具有控制 IEA 政策方向的能力。美国通过这一平台，协调各西方主要石油消费国的立场，以削弱 OPEC 等产油国组织对国际石油市场的影响力。

2. 控制国际石油市场的石油美元体系

美元作为国际石油贸易计价和结算的主要货币，不仅是美国能源金融体系的基础，也是美国能源战略的一个重要组成部分。"石油美元"（Petro-dollar）源于 1974 年美国和沙特达成的一项"不可动摇"的秘密协议，沙特同意把美元作为其石油贸易的唯一计价货币，随后 OPEC 其他成员国纷纷以美元作为贸易结算的计价货币。中东产油国出售石油获得美元后，要么从西方发达国家进口消费品，要么储蓄起来转而在国际金融市场上进行投资。这样，不仅为石油进口国的经常账户逆差提供资金，而且增加了对外国金融资产的需求，会提高资产价格，压低石油进口国的债券收益率，有助于刺激石油进口国的经济活力。因此，"石油美元"拯救了布雷顿森林体系崩溃后的美元作为国际货币的地位，通过这种实质上的"石油美元本位"，美国重新控制了国际货币体系，同时也为石油这种战略商品注入了"金融属性"，并由此控制了国际石油市场。根据国际货币基金组织（IMF）的估计，石油出口国的真实石油收入在 2005 年就接近 8 000 亿美元，大大高于 2002 年的 3 300 亿美元。根据国际清算银行的估计，1998 年至 2005 年，OPEC 国家因油价上涨带来的额外的石油出口收益超过 13 000 亿美元。考虑到 OPEC 国家的边际进口倾向仅有 40%左右,本国金融系统又欠发达,国际资本市场上由此增加近万亿美元的资金,并带来所谓的"流动性过剩"问题。而美元供给的过剩,直接导致了近年来国际石油市场原油价格的持续暴涨。

3. 超越保障能源安全的多元化能源布局

冷战结束以后,中东地区的安全局势仍长期处于不稳定状态,而其他地区的油气资源被不断发现,所以在巩固中东、北美地区的石油供应外,利用其政治、军事、经济上的优势,开发新兴油气产区,争夺油气资源,控制油气运输管线和通道,实现供应来源多元化就成为美国海外能源政策最主要的内容。在北美地区,即使在美国实施石油进口配额制的时候,对加拿大和墨西哥的石油进口也是采取豁免政策的,而北美自由贸易区(North American Free Trade Area,NAFTA)成立后,在经济一体化的基础上逐步实现能源市场一体化①。在拉美地区,20 世纪 90年代以来,拉美各国采取了一系列优惠政策鼓励外资投资能源领域,并逐步减少政府管制。但拉美地区新兴市场国家对能源的需求也在迅速增长,因此美国除了扩大对委内瑞拉等主要石油出口国的投资外,还鼓励巴西等国开发本国资源,满足本国需求。在非洲地区,尤其是位于几内亚湾附近的尼日利亚、安哥拉、赤道几内亚、加蓬、刚果(布)、科特迪瓦等国,虽然拥有丰富高质的石油资源(已探明的石油储量至少占世界石油储量的 9%),但是该地区政治、社会局势动荡,存在腐败、部族和宗教冲突等深刻矛盾,使得石油公司的投资风险加大,也干扰了石油的稳定供应。对此,美国政府采取了一系列组合政策以改善产油国的投资环境,包括:帮助提高政府管理水平,要求石油收入透明化,促进民主化转型(减少腐败),给予出口商品免税优惠,加强军事援助等。美国政府通过美国进出口银行、美国国际开发署和它控制的国际金融机构为石油公司提供信贷担保或贷款,支持其开发活动(如世界银行贷款 35 亿美元给埃克森美孚公司以支持其"乍得—喀麦隆"的输油管道项目)。2006 年非洲对美国的石油供应首次超过中东地区,由于几内亚湾的石油资源多为海上或沿岸油田,且运输过程中不存在不可控因素(不需要经过海峡),因此该地区正成为美国海外能源战略关注的重点地区。2007 年 2 月,美军还组建了非洲司令部,以保障该地区石油开采和供应的安全,加强对该地区的控制。在"中亚—里海"地区,由于该地区的探明石油储量超过北海油田和美国,正成为美国海外能源战略关注的另一个重要地区。美国政府主要通过外交、经济手段,以签订政府间能源合作协定,建立政府间能源磋商机制,支持建设摆脱俄罗斯、伊朗等地区大国影响的输油管道②,建立军事合作关系等方式实现对这一地区石油资源的控制和开发。

4. 实施从对抗到合作的海外石油战略

第一次石油危机后,OPEC 国家从国际石油公司手中夺取了国际石油市场定价权,一直到1985 年,OPEC 国家都通过控制产量和价格支配国际石油秩序。在海湾战争之前,美国对 OPEC国家采取的是对抗政策,在 IEA 的框架下,通过应急机制、信息机制等应对短期石油供应中断,同时借助市场力量,通过鼓励非 OPEC 产油国扩大产能等措施削弱 OPEC 国家"限产保价"政策的效力。此外,美国对 OPEC 国家还采取分化瓦解的政策,对沙特等持温和态度的国家通过加强经济合作和提供军事安全保障,使其在 OPEC 国家制定有关政策时做出对美国有利的决定;对利比亚、伊朗等持强硬态度的国家则通过经济制裁、军事威胁等手段加以打击。

冷战结束后,国际政治格局发生重大变化,尤其是海湾战争后,OPEC 国家间的分裂更加明显。1998 年亚洲金融危机导致国际石油市场价格暴跌,不仅使产油国经济受到严重损害,也使得美国本土 16.3 万口油井被迫关闭,严重威胁美国的石油安全。OPEC 国家和非 OPEC 国家俄

---

① 《北美自由贸易协定》中第 606 条款规定:各国不得对相互间的能源、石化产品的进出口在税收和进出口管制上执行高于本国国内贸易的标准,即享受国民待遇。

② 由于该地区没有出海口,油气管道的走向直接关系到油气资源的控制权和战略主动权,为打破输油管线被俄罗斯控制的局面,美国力主建设两条新的石油管线:一条是从阿塞拜疆的巴库经格鲁吉亚进入土耳其地中海港口杰伊汗,已于 2003 年动工;另一条是从土库曼斯坦经阿富汗通往印度洋,该条石油管线仍在探讨中。

罗斯、墨西哥等达成减产协议,并确定相应的"价格带",美国对此公开表示支持,认为这一策略与美国利益相符。随后,美国对 OPEC 国家的态度逐渐从对抗转向对话与合作,通过推动如"联合石油数据倡议"项目,使得 IEA 的石油市场信息范围扩展到 OPEC 国家和其他独立产油国,并以研讨会形式来协调能源市场供求关系,提高市场可预测性。美国对 OPEC 国家的政策态度转变,主要原因是国际石油市场参与者的多元化和影响因素增多,无论是 OPEC 国家还是美国都无法单独控制市场,因而合作变得更加迫切;同时美国对主要 OPEC 国家(如沙特等)的控制能力增强,而这些国家在 OPEC 石油政策的决策过程中占主导地位,而持强硬态度的 OPEC 成员国由于多年的战争和经济制裁,石油生产受到严重约束,在 OPEC 国家中的决策影响力也逐渐下降。

5. 争夺国际气候谈判的主导权

奥巴马政府上台后,一改历届美国政府在全球气候问题上的态度,采取更加积极的态度高调参与到国际气候谈判中。在 2009 年 12 月的哥本哈根全球气候大会上,美国抛开"巴厘岛路线图"①中确定的"双轨制"框架,先是和一些发达国家抛出"丹麦文本",企图逼迫中国等发展中国家进行强制减排,在一片反对声中,又提出 1 000 亿美元的对发展中国家减排资金援助方案,但要求中国等发展中国家需要向国际社会保证其减排的透明性。从哥本哈根会议上美国的表现可以看出,美国气候变化政策仍是其能源战略乃至全球战略的一个组成部分,仍是基于其减排遏制发展中国家(尤其是对美国潜在的竞争者中国和印度)的发展,继续维持在国际事务中主导地位的战略意图。美国气候政策中发展能源环保等新兴产业的意图居多,而且还企图通过其在国际社会的影响力,占据道义制高点,掌控能源和环境问题的主动权,谋取在未来能源、环境领域的战略优势。

美国在国际气候谈判的战略意图有三个:一是成为减排规则的制定者,围绕"总量控制与交易"的模式建立全球碳排放交易市场,利用其在金融领域,尤其是衍生产品方面的优势,主导减缓和应对气候变化的全球行动;二是成为技术创新的垄断者,围绕新能源和节能减排技术领域,加大研发和技术推广力度,不仅有利于刺激美国经济增长,创造大量就业岗位,转变现有经济模式,而且通过掌握相关领域的核心技术,可在向发展中国家转让技术的过程中获得高额的垄断利润;三是成为石油资源的真正控制者,一旦美国新能源和可再生能源在能源消费中达到一定比例,逐步实现能源自主,美国就可以减少对石油供应中断的担忧,减少外交领域中"石油政治"的制约,并且利用其手中掌握的石油资源,遏制潜在竞争对手的发展,更好地推广其价值观和意识形态,更好地维护美国的全球利益。

综上所述,未来美国的能源战略的目标就是通过推动新能源经济的发展,占领未来世界经济增长的制高点,把握世界经济的主导权。在减少对进口石油、天然气的依赖的同时,加强对全球油气资源的控制,在实现对全球能源的重新布局之后,通过能源和环境问题对其他主要经济体实施战略牵制,以维持其霸主地位。

二、欧盟的能源战略

欧盟(European Union,EU)是由欧洲共同体(European Communities,EC)发展而来的,是一个区域政治、经济一体化组织。欧盟能源安全概念形成于第一次石油危机,并伴随着欧洲一体化进程不断演进。与美国不同,欧盟的能源战略对外注重通过成员国的政策协调采取一致立场确保能源供应安全,对内寻求以市场化手段提升能源产业竞争力及减少对环境的影响。

---

① 2007 年 12 月在印尼巴厘岛召开的联合国全球气候变化大会,会议确立了实施《京都议定书》的基本框架,并达成了相关协议,称为"巴厘岛路线图"(Bali Roadmap)。"巴厘岛路线图"强调通过国际合作进行温室气体减排,但要求落实发达国家和发展中国家在减排领域"共同但有区别的责任"的原则,即发达国家有义务进行强制减排,而发展中国家在得到资金与技术支持的情况下采取的减缓行动要接受 MRV(即要求二氧化碳排放量实现可测量、可报告和可核实),但发展中国家自愿采取的行动不接受 MRV。

（一）欧盟能源战略的演变

1. 欧洲一体化的开端(1951—1957 年)

由于大多数欧洲国家的能源资源相对匮乏且分布不均衡,自给率低,能源问题一直是制约欧洲经济发展的主要因素。在不同的历史发展阶段,能源需求对欧洲的发展产生不同的压力,也推动了欧洲的一体化进程,从某种意义而言,能源问题也是欧盟产生的主要动力之一。

在战后欧洲一体化的启动上,能源政策发挥了决定性作用。在促成欧共体诞生的三个主要条约中,有两项直接与能源问题有关,分别是《欧洲煤钢共同体条约》和《欧洲原子能联营条约》。战后煤炭在当时欧洲的能源消费中占了80％的比例,为了稳定煤炭市场,加强各国经济联系。1951 年 4 月 18 日,在法国的提议下,法国、西德、意大利、比利时、荷兰和卢森堡六国在巴黎签署《欧洲煤钢共同体条约》(《巴黎条约》),通过组建超国家的管理机构——欧洲煤钢共同体,负责管理煤炭、钢铁企业的一体化联营,包括制定最低价格和投资政策,规定生产限额以及征税权等。《巴黎条约》直接促成了欧洲煤炭共同市场,也是欧洲各国在能源领域开展合作的最早形式。1957 年 3 月 25 日,法国、西德、意大利、比利时、荷兰和卢森堡六国在罗马签署了《欧洲经济共同体条约》和《欧洲原子能共同体条约》(统称为《罗马条约》),前者的核心是建立关税同盟和农业共同市场,逐步协调各项经济和社会政策,实现商品、人员、服务和资本的自由流通。而后者的核心则是和平利用核能,联合发展欧洲核工业,从而改善成员国的能源状况,为经济增长提供稳定的能源基础。1958 年 1 月 1 日,《罗马条约》生效,标志欧洲经济共同体和共同市场正式成立,这也是欧洲一体化的开端。尽管《欧洲煤钢共同体条约》和《欧洲原子能共同体条约》都涉及能源领域的合作,但是它们针对的只是特定的能源部门,欧共体还未形成统一、有效的能源政策框架。

2. 从消极走向积极的欧共体能源政策(1960—1985 年)

20 世纪 60 年代至 20 世纪 70 年代初,欧洲的能源结构也从煤炭转向石油,由于欧共体国家石油资源普遍匮乏,主要依赖从中东地区进口。1965 年,随着《布鲁塞尔条约》的签订,欧洲煤钢共同体、欧洲原子能共同体和欧洲经济共同体被合并为欧洲共同体[①]。1968 年 8 月,欧共体理事会[②]颁布了"关于原油及油品最低储备的指令",规定成员国有义务储备相当于上一年度90 天消费量的石油产品,以便在石油进口出现中断或价格暴涨的情况下应急使用,这标志着欧共体开始为保障能源供应安全采取集体能源战略。1968 年 12 月,欧共体委员会发表了一份能源政策报告,确定了石油的地位,并提议在保证自由市场、促进供应稳定和开发选择性能源等方面进行合作,采取共同行动以保障能源安全。但是,由于荷兰及英国的反对,这一共同干预石油市场的政策没有得到欧共体理事会的接受。这一时期,欧共体在能源领域的合作进展不大,一直未能形成共同、一致、积极的能源政策。

第一次石油危机为欧共体共同能源政策的形成提供了一个契机。在处理危机问题上,欧共体各国的立场和做法存在差异,法国和英国站在阿拉伯产油国一方,通过签订双边协定来保证供应安全,而荷兰、丹麦及德国则要求建立共同体内部石油分配政策,通过完善市场化机制来保证供应安全。由于没有通过共同体渠道采取一致行动,导致了欧共体内部能源政策的分裂。1974 年 1 月,欧共体理事会通过决议,成立能源委员会,负责制定共同的能源政策。而随着 IEA 的成立,欧共体各国逐渐开始形成统一对外能源政策立场的共识,而欧共体的能源战略从短期的应急机制开始转向长期的结构调整,即倾向于通过市场化机制提高能源产业竞争力、提高能效和发展替代能源来逐步摆脱对石油的过度依赖。1974 年 12 月,欧共体理事会通过了为期 10 年的能源

---

① 欧共体最初有法国、西德、意大利、比利时、荷兰和卢森堡 6 个成员国;1973 年,英国、丹麦和爱尔兰加入;1981 年 1 月 1 日,希腊加入;1986 年 1 月 1 日,葡萄牙和西班牙加入,欧共体成员国增至 12 个。

② 欧共体下设以下机构:理事会,欧共体的决策机构,拥有欧共体的绝大部分立法权,1993 年 11 月 8 日起改称为欧洲联盟理事会;委员会,常设执行机构,负责具体政策的实施,处理欧共体日常事务,代表欧共体进行对外联系和贸易等方面的谈判;欧洲议会,欧共体监督、咨询机构;欧洲法院,欧共体的仲裁机构,负责审理和裁决在执行欧共体条约和有关规定中发生的各种争执。

计划,为共同能源政策奠定了初步基础。具体措施包括:完善应急机制,制订危机情况下的分配计划;对能源领域的技术研发进行补贴;对核电的建设和技术升级进行补贴;实施强制性节能等。

3. 逐步成熟的欧盟共同能源政策(1986—2000 年)

从 20 世纪 80 年代开始,英国开始实行能源部门的私有化,在英国的影响下,其他欧共体成员国也开始倾向采取市场化机制提高能源部门的效率。这种趋势也与欧共体逐步形成内部统一市场的构想相吻合。1986 年,欧共体各国在卢森堡签署了《单一欧洲法令》(Single European Act),使得欧洲一体化进程又向前迈进了一步。该法令提出在 1992 年年底前建成统一的内部大市场,增加了经济货币合作的内容,正式将政治一体化纳入共同体的目标范围,并且限定实行全体一致通过的决策方式,扩大了特定多数通过共同立场的范围。该文件以法律的形式明确了"单一欧洲"的新目标,也为欧洲联盟的成立做好法律上的准备。而随着欧洲一体化步伐的加快,欧共体也将建立内部统一的能源市场的设想纳入其市场一体化中。1990 年,欧共体理事会颁布了《关于改善产业最终用户天然气和电力价格透明度的指令》(90/37/EC),拉开了欧洲天然气和电力市场统一的序幕。1991 年,欧共体成员国在荷兰马斯特里赫特签署了《欧洲经济与货币联盟条约》和《政治联盟条约》(统称为《马斯特里赫特条约》),欧共体开始向欧盟过渡;1993 年 11 月 1日,《马斯特里赫特条约》正式生效,欧盟[1]正式取代欧共体。

在市场化改革方面。欧盟通过一系列法律法规[2],围绕能源市场一体化、能源外交、能源税收、能源环境等领域,逐渐形成较为完善的能源战略体系。1996 年 12 月欧盟委员会[3]颁布了《关于电力市场化改革的指令》(96/92/EC),这是欧盟第一个关于电力市场的指令,对欧盟电力行业的组织、生产、输送、配送及市场信息透明化等方面做了具体的规定,并要求各成员国在 1999 年 2月必须开放电力市场,允许第三方进入和用户自由选择。1998 年 6 月,欧盟委员会又颁布了《关于天然气市场改革的指令》(98/30/EC),为欧盟天然气行业的生产、输送、储存、分配和供应等环节制定了类似的规定,并要求各成员国在 2000 年 8 月以前采取相应的立法措施以实施该指令。

在能源外交方面,欧盟一直是美国海外能源战略最重要的盟友,不仅派兵参与美国主导的海湾战争,而且积极参与美国主导下的中东和平谈判,力图稳定中东原油供应。1991 年欧共体就同苏联的 15 个加盟共和国、美国和日本等在内的 49 个国家签署了《能源宪章》,希望通过一系列措施帮助苏联、中欧和东欧各国开发自然资源、吸引外资和资助能源回收项目的建设。在此基础上,1994 年,包括欧盟各国在内的 51 个国家签署了《能源宪章条约》,以期建立一个开放的非歧视性的国际能源市场。此外,欧盟还积极开展多边能源外交,利用国际组织和国际条约最大限度地影响国际能源秩序,维护自身能源利益。

在能源税收方面,1989 年欧共体就决定对能源消费税设定"最低税率"和"目标税率",允许

---

① 1995 年,奥地利、瑞典和芬兰加入欧盟;2004 年,波兰、匈牙利、捷克、爱沙尼亚、拉脱维亚、立陶宛、马耳他、塞浦路斯、斯洛伐克和斯洛文尼亚等 10 国加入欧盟;2007 年,罗马尼亚和保加利亚加入东盟。欧盟东扩后,成员国达到 27 个,面积约 400 多万平方公里,人口约 4.5 亿。

② 欧盟的法律体系包括有条约、协议和法令等,其中条约是基本法,相当于欧盟的宪法。欧盟颁布的法令是从属法,有 4 种形式。第一种形式是法规(regulation),具有完全的法律效力,成员国必须依法执行。第二种形式是指令(directive),即对成员国具有约束力的立法,但指令只强调目的,至于如何执行,由成员国自定。指令一般有一个限期,在此限期内,允许成员国参照执行或把指令纳入本国立法,逐步实行。第三种形式是决定(decision),这是一种执行决议,是执行欧盟法令的一项行政措施,目的在于提高欧盟法令的公开性和透明度,约束有关成员国、公司或某个人。决定可由理事会或委员会发布,往往涉及有关协议规定的某个领域,对企业或个人行为产生直接影响。第四种形式是推荐和意见(recommendation and opinion),对于某个问题,理事会未能达成一致意见,就会形成指令,对成员国提出推荐或意见,以作为欧盟的立法趋势和政策导向,供成员国参考。另外,欧盟还发布"通讯"(communication),是欧盟委员会为起草法案征求意见的一种形式。

③ 欧盟的主要组织机构包括:欧洲理事会,即欧盟首脑会议,是欧盟的最高决策机构;欧盟理事会,即欧盟各国部长理事会,是欧盟的决策机构;欧盟委员会,是欧盟的执行机构,负责起草欧盟法规,实施欧盟条约、法规和理事会决定、向理事会提出立法动议并监督其执行情况,代表欧盟负责对外联系及经贸谈判;欧洲议会,是欧盟的立法、监督和咨询机构;外交署,欧盟层面单一的处理日常对外事务的部门,负责协调欧盟各国外交政策。此外,还有欧洲法院和欧洲审计署等机构。

成员国在最低限度上实行有差别的税率。1992年10月,欧共体理事会颁布了对矿物燃油统一征收最低消费税的指令。1997年,欧盟委员会公布了碳税/能源税提案,提出新的最低税率框架。2003年10月,欧盟颁布了《关于重构对能源产品和电力征税框架的指令》(2003/96/EC),对欧盟各成员国能源税的征收范围、最低税率、差别税率和减免政策做出了规范。

在能源环境方面,在《马斯特里赫特条约》中,就提出了"可持续发展"的目标,并规定"环境保护要求必须纳入其他欧盟政策的界定与执行之中"。1995年12月,欧盟发表的《能源政策白皮书》将能源问题提到了与环境保护和可持续发展相关的战略高度,被认为是欧盟能源战略发展中具有里程碑意义的文件。1997年,欧盟签署了《京都议定书》,开始承担温室气体减排的义务,并承诺到2012年在1990年的排放水平上减排8%。1997年6月,欧盟在进一步深化一体化进程的《阿姆斯特丹条约》中,正式将可持续发展作为欧盟的优先目标,并把环境与发展综合决策纳入欧盟的基本立法中,为欧盟环境与发展综合决策的执行奠定了法律基础。同年,欧盟委员会发布了《未来的能源:可再生能源—欧盟战略与行动计划可再生能源白皮书》(COM/1997/599),提出到2010年可再生能源发展的目标是将可再生能源在全部能源消费中所占的比重从1997年的5.7%提高到12%。2000年11月,为了应对气候变化政策对能源战略的影响,欧盟委员会又推出《迈向欧洲能源供应安全战略绿皮书》(COM/2000/769),确定了统一的欧盟能源战略的基本框架:加强政策协调确保能源供应安全,建立统一的内部能源市场,减少能源消费对环境的影响以及加快新能源和可再生能源的发展。

(二)欧盟能源战略体系

尽管欧盟在不同的历史时期能源战略的侧重点也不同,但是其能源政策仍具有较强的延续性。进入21世纪后,随着欧洲一体化进程的发展,欧盟的能源战略体系逐渐完善,形成了可持续、多元化的架构。2006年3月,欧盟委员会发布了《安全、竞争和可持续的欧洲能源政策绿皮书》(COM/2006/105),确立未来欧盟能源战略的基本框架:保障能源供应安全,能源可持续发展和能源市场开放。

1. 保障能源供应安全

作为仅次于美国的第二大能源消费区域,欧洲的能源对外依存度更高。一直以来,欧盟把能源供应多元化作为其能源战略的重要组成部分。虽然欧盟能源进口来源比较广泛,但是欧盟仍采取协商一致的对外能源政策,积极开展全方位的能源外交,以保证能源供应的持续和稳定。2006年10月,欧盟委员会向欧洲理事会提交了名为《对外能源关系:从原则到行动》的报告,系统地阐述了欧盟对外能源战略框架。2007年1月,《欧盟能源政策》出台,为欧盟能源外交指明了方向和重点。一是建立泛欧能源共同体,在欧盟周边形成统一的、透明的市场。2005年10月,欧盟与阿尔巴尼亚、克罗地亚等东南欧国家签署了《能源共同体条约》,将这些国家纳入其泛欧能源共同体的范围。二是巩固与俄罗斯的能源战略伙伴关系,由于俄罗斯到欧洲的天然气管道①要过境乌克兰、白俄罗斯等及东欧地区(其中的80%要经过乌克兰),这些国家的冲突和矛盾(如俄乌天然气争端、俄格冲突等)就会影响到欧盟的天然气供应,因此欧盟希望把从俄罗斯进口的天然气纳入到泛欧能源市场中,试图通过俄罗斯加入世贸组织等谈判对俄罗斯施加外交压力,迫使其将出口能源去政治化。三是加强同中亚、里海地区国家的能源合作,通过新的油气管线拓展能源供应渠道。2006年,欧盟与哈萨克斯坦签署了深化能源合作的谅解备忘录;2007年3月,在哈萨

---

① 俄罗斯通往欧洲的天然气管道主要包括三条线路:一是由东至西横穿乌克兰的多条管道,这些管道经乌克兰后,向西通往斯洛伐克、捷克、德国和奥地利,向南通往摩尔多瓦、罗马尼亚、保加利亚,年输气量约为1 200亿立方米;二是绕过乌克兰,由东至西穿越白俄罗斯和波兰,进入德国的"亚马尔—欧洲"管道,年输气量为300亿立方米;三是经过乌克兰东部,由北至南穿越黑海至土耳其的"蓝溪"管道,年输气量为160亿立方米。此外,俄罗斯还在积极修建绕开乌克兰和白俄罗斯的"南溪"和"北溪"两大管线,前者从俄黑海岸边城市新罗西斯克市开始,向西跨过黑海至保加利亚,此后分两路经过巴尔干半岛通向意大利和奥地利,总长500公里,计划2013年完工,计划年输送量为300亿立方米,后者是从俄罗斯的列宁格勒州经波罗的海后抵达德国北部,总长1 200公里,于2010年开工,计划年输送量为550亿立方米。

克斯坦的阿斯塔纳召开的欧盟及中亚五国外长会议,欧盟承诺在未来 6 年内将对中亚的援助额增加一倍;2008 年,欧盟与中亚国家土库曼斯坦签订协议,由其提供每年 100 亿立方米天然气。此外,欧盟还积极推动从"中亚—里海"地区通往欧洲的纳布科输气管线项目①,进一步减少对俄罗斯的能源依赖。四是与美国协调中东政策,通过参与美国的反恐战争,以期获得中东地区新秩序构建中的主导权,稳定中东原油供应。欧盟还不断寻求加强与海湾国家在天然气领域的合作,积极推动纳布科天然气管道项目建设,希望该管线能将中东地区的天然气输送到欧洲。

2. 能源可持续发展

虽然欧盟各成员国经济发展水平、技术研发能力和资源禀赋上存在着一定的差异,但是在利用市场化手段提高能源效率、发展新能源和可再生能源以及减少温室气体排放方面已经基本形成较为一致的共识。

在能效方面,2005 年 6 月,欧盟委员会发布了《关于提高能源效率的绿皮书》(COM/2005/265),提出把能源效率及其相应政策作为应对未来能源安全问题的一项重要措施。2006 年 5 月,欧盟委员会又颁布了《关于提高能源利用效率和促进能源服务的指令》(2006/32/EC),明确 2006 年至 2012 年欧盟各国在能效管理方面的责任和义务,以及《能源效率行动计划》(COM/2006/545)。该行动计划提出了到 2020 年减少一次能源消耗 20% 的目标,提出了涵盖建筑、运输和制造等行业的 75 项具体措施。此外,欧盟还通过出台多项指令规范家用电器、照明、办公设备、建筑等多个领域的节能标准。

在减排方面,在 1997 年签订的《京都议定书》中,欧盟承诺在 2008 年至 2012 年间将温室气排放量在 1990 年的水平上减少 8%。为了减低减排成本,欧盟借鉴参考美国二氧化硫排放权交易市场的经验,提出基于市场的减排方案。2000 年,欧盟委员会发布了《关于温室气体排放的绿皮书》(COM/2000/87),正式提出将二氧化碳排放权交易作为欧盟气候政策的主要部分。2001 年 10 月,欧盟委员会公布了关于建立碳排放权交易市场的草案,在经过两年多的讨论和修订,于 2003 年 10 月 13 日正式颁布《排放权交易指令》(2003/87/EC),为欧盟排放交易体系(EU ETS)的建立奠定了法律基础。2005 年 1 月,EU ETS 正式启动,是全球最大、体系最为完善的温室气体排放权交易市场,拥有场外、场内、现货、衍生品等多层次的市场体系。EU ETS 还通过与其他国际碳市场的联动,对全球减排行动产生了积极的影响,推动整个国际碳交易市场的融合与发展。

在发展新能源及可再生能源方面,欧盟一直将其视为解决能源供应安全和环境安全的重要手段,在 1997 年的《可再生能源白皮书》的基础上,2001 年,欧盟委员会颁布了《促进可再生能源电力生产的指令》(2001/77/EC),进一步规定到 2010 年欧盟发电量的 21% 必须来自可再生能源,可再生能源在能源结构中的比例达到 12%,2020 年增加至 20%。2003 年,欧盟出台的《促进生物燃料生产的指令》(2003/30/EC),提出了按所有销售燃料的能值计算,到 2010 年 12 月 31 日生物燃料占比要达到 5.75%,以此作为各国制订国内目标的参考。此外,欧盟在税收、并网、电价补贴等方面也出台了许多鼓励新能源和可再生能源的政策。尤其是根据欧盟研究计划框架(RTD),在相关技术领域的研发方面投入大量资金,其中第六个框架计划(2002—2006 年)中投入 8.1 亿欧元用于可持续发展能源系统的中长期研究和中短期示范项目,第 7 个框架计划(2007—2012 年)在能源领域的预算达到 23 亿欧元,其中涉及新能源和可再生能源的项目包括:氢能和燃料电池、可再生能源发电,生物燃料、清洁煤技术等领域。

---

① 纳布科(Nabucco)管道的走向是:在已建成的"巴库—第比利斯—埃尔祖鲁姆管道"(BTE) 的基础上,经过阿塞拜疆、格鲁吉亚、土耳其把中亚和里海国家(土库曼斯坦、哈萨克斯坦、阿塞拜疆及俄罗斯)的天然气输往东中欧的保加利亚、匈牙利、罗马尼亚和奥地利。管道分别以格鲁吉亚和土耳其/土耳其和伊朗边界为起点,与巴杰(BTC)石油管道平行建设,长度 3 300 公里,其 2/3 的管线经土耳其过境。管道计划于 2011 年开工、2014 年竣工,年输气量为 310 亿立方米。2007 年 6 月 25 日,欧盟能源委员与中欧过境国签署了跨里海天然气管道(TCGP)建设条约。跨里海天然气管道是纳布科天然气管道的起点,还计划修建到乌克兰和摩尔多瓦的支线。管道南部支线还可吸纳伊拉克、伊朗等国的天然气。目前,由于土耳其要求采用优惠价而非过境国价格购买供气总量的 15%,甚至将管道建设与加入欧盟问题挂钩,导致谈判仍未达成结果。

2009年4月,欧盟理事会通过了《气候行动和可再生能源一揽子计划》,计划提出了"3个20%"的目标,即承诺到2020年将欧盟温室气体排放量在1990年基础上减少20%,若能达成新的国际气候协议,则减排量提高到30%;可再生能源在总的能源消费中的比例提高到20%,其中生物质燃料占总燃料消费的比例不低于10%;将能源效率在现有基础上再提高20%。

3. 开放能源市场

由于天然气和可再生能源在欧盟能源消费结构中的比重不断上升,欧盟对电网和天然气管线的天然垄断的担忧也在不断增加。由于欧盟的电网和油气管线不是局限于某一个单个国家,而是跨越几个成员国的泛欧能源网络,因此欧盟将发展泛欧能源网络作为推动开放欧盟内部能源市场的基础。目前,欧盟优先发展的泛欧能源网络项目包括7个跨国电力传输线路和5个跨国输气线路。这些能源输送网络不仅覆盖整个欧盟地区,而且包括巴尔干地区、波罗的海地区、地中海地区、中东地区以及俄罗斯等欧盟能源进口地。为了进一步提高能源产业的竞争力,保障能源供应安全,2001年3月,欧盟委员会宣布了全面开放电力和天然气市场的计划,提出在5年内彻底消除能源产业垄断的构想。2003年6月,欧盟发布《关于内部电力市场共同规则的指令》(2003/54/EC)和《关于内部天然气市场共同规则的指令》(2003/55/EC),要求加快开放电力和天然气市场的进程。按照欧盟的指令,能源企业按功能进行拆分,即输送与分配分离,生产与供应的分离。能源公司必须将生产和运输部门分割成单独的法人实体,将投资决策和日常管理分开,比如垂直一体化电力企业可以拥有输电系统的产权,也允许存在输电、配电系统联合运营机构,但是必须为输电、配电业务设立单独的账户。欧盟开放能源市场的目标是:通过提高电气生产和输送领域的竞争和效率,逐步建立统一的内部能源市场;降低能源价格,保护消费者权益。其核心就是在能源市场的输配送环节引入第三方,使消费者能够自由选择供应商和管线运营商。

根据2007年欧盟委员会的调查报告,多数欧盟成员国都相继开放了能源市场,特别是电力市场开放程度较高,各成员国国内和跨国的电力交易活跃,各国电力工业初步实现了优势互补,与其他能源行业相比,电力价格上涨幅度较低。多数成员国对本国能源市场体系进行改革,建立了独立的能源监管部门,提高了市场透明度和竞争,消费者获得自由选择供应商的权利。除极少数国家外,欧盟各成员国对所有终端用户开放了电力和天然气选择权,提高了内部能源市场的供应能力。但是能源市场开放过程中也存在一些严重的问题:只有11个成员国按照要求对电力行业进行拆分,7个成员国对天然气行业进行拆分;能源市场集中化程度仍然较高,能源企业垂直一体化为新企业进入市场造成障碍,缺乏竞争,市场扭曲;成员国之间能源网点连接程度较低等。2007年9月,欧盟委员会向欧洲议会和欧洲理事会提交新的关于能源市场开放的草案,提出了一些能源市场自由化改革的新措施,包括:通过立法迫使进入泛欧能源市场的企业进行拆分,拆分后的能源生产部门和运输部门法律上完全独立,避免一家公司控制上下游产业所形成的垄断局面;提高欧盟委员会的监管权力和跨国协调能力,建立欧盟层面的监管机构,为成员国之间的监管合作提供平台;组建泛欧能源网络运营商,以便统一能源输送系统的技术规范,确保跨国能源贸易的有效开展。

三、亚洲主要能源消费国的能源战略

(一)日本的能源战略

日本作为一个岛国,资源匮乏,能源严重依赖进口。因此,能源安全不仅事关日本的经济发展,更是攸关其国家存亡的重大问题。战后日本作为美国的盟国,其石油供应相对比较稳定。第一次石油危机后,日本意识到其能源系统的脆弱性。对能源安全的忧虑促使日本政府出台了一系列的节能法规政策,以节能作为其能源战略的首要任务;同时,日本也积极寻找新的能源供应来源,试图实现能源供应的多元化。

1. 福岛核事故前的能源政策

1992年,日本政府在联合国环境与发展大会上提出"3E"的新能源战略观,即实现能源安全、经济效益和环境保护为目标的能源战略。2005 年,日本自然资源和能源部发布的能源政策基本框架,提出 5 个必要措施:发展新的能源供应渠道,实现能源供应多元化;加大石油战略储备;节能;加大核能、可再生能源的开发力度;改革能源市场结构以适应全球能源市场变革。2006 年,日本经济产业省颁布新的国家能源战略,其基本框架仍以保障能源安全为核心,兼顾能源与环境的协调发展。该框架提出了到 2030 年 5 个能源战略目标:一是在当前基础上再实现提高能源效率 30%;二是将目前对进口石油的依存度从 50%降到 40%;三是降低运输部门对石油的依赖,从目前的 100%降到 80%;四是提高核电比例,从目前的 30%提高到 40%;五是提高日本企业在海外自主开发能源资源的比例,从目前的 15%提高到 40%。

为了实现 25%温室气体削减的目标,日本经产省能源厅又制定了《能源基本计划(2010年)》:计划到 2020 年将新建 9 座核电机组,核电比率将从 30%提高到 40%,核电站设备利用率达到 80%;到 2030 年再新建 5 座核电机组,将核电比例进一步提高到 50%,核电站设备利用率达到 90%(见表 1-2)。

表 1-2　日本核电发展计划(2010 年)

公司名称	核电站名称	发电量(千千瓦)	震时在建电站	2020 年起发电站电	2030 年起发电电站
东北电力	浪江・小高	825			（○）
	东通 2 号	1 385			（○）
东京电力	福岛—7 号	1 380		○	（○）
	福岛—8 号	1 380		○	（○）
	东通 1 号	1 385		○	（○）
	东通 2 号	1 385			（○）
中部电力	浜冈 6 号	1 400			（○）
中国电力	岛根 3 号	1 373	○	○	（○）
	上关 1 号	1 373		○	（○）
	上关 2 号	1 373			（○）
九州电力	川内 3 号	1 590		○	（○）
电源开发	大间原子力	1 383	○	○	（○）
日本原子能发电	敦贺 3 号	1 538		○	（○）
	敦贺 4 号	1 538		○	（○）
合计		19 308	2 756	12 940	（○）

注:符号"○"表示不确定。

资料来源:日本经产省能源厅. 能源基本计划,2010

2."福岛核电站事故"后的能源战略调整

2011 年 3 月 11 日,日本东北部发生 9.0 级大地震,地震严重破了位于福岛县的福岛核电站,造成大量放射物泄漏。福岛核事故粉碎了日本的"核电安全神话",使得日本的 54 座核电机组一度全部停止运行,日本首次出现"无核电"局面。这一事件造成日本电力供给危机,严重影响了日本的核能发展计划。日本是一个经济大国,也是一个依靠能源进口的大国,因此日本的能源政策调整不仅对其自身有重大影响,也会对世界能源政策及能源安全产生影响。

(1)公布核电站安全评估方案

2011 年 7 月 11 日,日本政府公布了对其境内所有的核电站进行安全评估的方案。第一阶段将针对目前已停堆进行例行检查的 35 座核电站实施安全评估,将对核电站的设施和设备进行评估,以判断其是否能够承受超过设计基准事件的灾难,比如大地震和海啸,政府将在此基础上决定这些核电站能否重启运行;第二阶段将参考欧盟"压力测试"案例,对日本境内全部的 54 座核反应堆进行全面的安全评估,测试结果将决定核电站是否可以继续运行。

(2)发布能源环境创新战略中期报告

2011年7月底,日本能源环境会议发布了重建能源环境创新战略的中期报告,作为讨论最佳能源构成和新型能源体系具体实施方案的起点。报告总结了日本大地震后面临的挑战、未来战略愿景、基本宗旨、战略议程以及重点推进领域,强调新的能源环境创新战略要建立在充分汲取福岛核电站事故的经验教训基础之上。报告指出,日本将在高安全水准的基础上继续利用核能,但会逐步降低对核能的依赖程度,未来拟建立分布式新型能源体系。报告还指出,为确定最佳能源构成的新结构,日本政府将在六大重点推进领域确定明确的目标(使命)和近中长期优先事项(见表1-3)。

表 1-3　日本能源环境创新战略六大重点推进领域

推进领域	优先事项
节能:社会意识提升、生活方式改变和能源需求改革的挑战	近期:开始依靠技术和产品支撑的以消费者为中心的能源需求管理
	中期:普及以消费者为中心的能源需求管理
	长期:实现绿色创新
可再生能源:通过创新和市场扩张建立更加实用的可再生能源的挑战	近期:通过鼓励导入可再生能源使之供应多样化
	中期:通过创新和市场扩张加速导入可再生能源
	长期:实现绿色创新
化石燃料资源:通过更高效利用和加强环境友好程度,战略性利用化石燃料资源的挑战	近期:稳定供应和战略性利用
	中期:加速化石燃料的清洁利用和战略性应用
	长期:实现绿色创新,推进国际化战略
核能:保持高水准安全性、减少对核能依赖的挑战	近期:保持高水准安全性利用核能,基于全国讨论决定减少对核能的依赖
	中期:在进行全国范围讨论后,采取行动减少对核能的依赖
	长期:基于全国范围辩论,做出减少对核能依赖的决策
电力系统:电力供需稳定、成本降低和风险管理的持续挑战	近期:改革传统体系,通过早于原定日程实施新体系来稳定供需,同时避免成本剧增
	中期:普及分布式新型能源体系,与集中式传统体系并存/竞争
	长期:实现分布式新型能源体系
能源与环境产业:实现强大的产业结构和创造就业机会的挑战	近期:培育跨部门全能源服务产业,能够开展所有能源业务(电力、燃气和供热)
	中期:提升跨部门(电力、燃气和供热)综合性能源产业实力
	长期:创造新的产业和就业机会

(3)大力推广燃料电池汽车

2011年1月13日,本田、丰田和日产联合10家日本能源供应商发表声明,计划于2015年开始大量生产燃料电池汽车(FCVs),并且为该类新能源车型增设配套的基础设施。以东京、爱知、大阪和福冈这四大城市为中心,上述企业将从2013年前后开始建设氢气站,2015年之前建设约100个氢气站。13家公司将在这些地区分别设置小组,商讨氢气站的具体建设地点,还将通过政府放宽限制及技术研发来降低建设成本。日本政府表示届时将协助这一工作,必要时采取相应措施。

(4)国际合作

其一,日美合作开展偏远岛地区的智能电网示范项目。日本新能源产业技术综合开发机构(NEDO)于2011年2月8日宣布将和美国合作,在美国夏威夷州开展一项智能电网的示范合作项目,主要是进行可行性研究和示范。项目的目标是通过在NEDO(日本新能源产业技术综合开发机构)、夏威夷州政府、夏威夷电力公司、夏威夷大学以及西北太平洋国家实验室之间达成合作,建立一套利用清洁能源的社会模型。项目的可行性研究将在2011年4月至6月之间开展,示范项目将在2011年7月至2014财年之间开展。

其二，日美合作研究核能材料和核辐射问题。2011年8月16日，美国电力研究院（EPRI）宣布与日本中央电力研究所（CRIEPI）签署了三年期合作协议，共同研究核电厂相关的材料科学、组件性能和辐射安全问题。

其三，日欧联合研发高效聚光型太阳电池。NEDO（日本新能源产业技术综合开发机构）于2011年5月31日宣布，在日欧能源技术协定框架下，将与欧盟开展第一个合作项目，着手研发世界最高水准（预计单元转换率超过45%）的聚光型太阳电池。具体研发项目包括：太阳电池单元和模块的开发及评测，太阳电池新材料和新结构的开发，聚光型太阳电池测量技术相关的标准化活动等。

3. 海外能源政策

日本海外能源政策还隐藏着其实现"政治大国"的深层次目标，在积极参与国际能源合作的同时，还试图提升日本的国际影响力，同时争夺能源资源来遏制中国经济增长，减轻中国对其发展的"威胁"。日本能源外交的重点在中东、俄罗斯和中亚。在中东地区，日本作为美国的盟友，不仅派兵参与了伊拉克战争，而且试图通过对伊拉克战后重建的经济援助，获得未来伊拉克石油开采权；对于传统的沙特等欧佩克国家，日本则采取鼓励其投资日本的石化产业，以此来巩固其合作关系；试图加强与伊朗的能源合作，以贷款和投资为诱饵，同中国、俄罗斯等争夺伊朗油田的开采权。在中亚地区，日本仍是以贷款和投资为诱饵，试图强化与中亚国家的能源合作，以获取新的能源供应来源。和俄罗斯的能源合作的重点是横跨西伯利亚的俄罗斯石油管线项目[①]和"萨哈林"油气开发项目[②]。日本还积极推动亚洲能源安全合作机制，试图通过建立共同战略石油储备体系来确保其周边国家能源供应稳定，以免影响日本经济。

（二）印度的能源战略

作为新兴市场国家，印度是目前能源消费增长最快的国家之一，而且印度的能源消费结构与中国类似（见图1-1），也是以煤炭为主，而石油、天然气则主要依赖进口。除了能源需求大幅提高与能源实际供给能力两者间的结构性失衡外，印度的能源安全还存在另一个严重挑战：能源基础设施薄弱，能源管理机制缺乏。目前，印度政府仍缺少一套统一的国家能源战略，在制定、实施能源政策方面还许多问题。印度目前开始实施的涉及能源领域的重要措施包括：减少行政干预，强调利用法律、金融、市场等宏观调控手段解决能源问题，以鼓励外资和私人资本在能源领域的投资；加强油气管道、炼油厂、发电厂等能源基础设施建设，改善其能源供应的条件；积极推进能源外交，加强同中东、俄罗斯和中亚地区国家的能源合作，参与全球油气资源的直接开发，拓展能源供应的渠道；鼓励大规模发展太阳能、风力等可再生能源；制订石油供应应急方案，加强石油战略储备等。

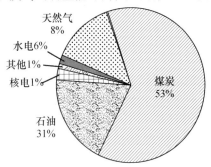

图1-1 印度2010年能源结构

---

① 在日本的搅局下，俄罗斯改变原来的管线设计方案，先由安大线（安加尔斯克油田至中国大庆）改为安纳线（安加尔斯克油田至远东纳霍德卡港，中间再延伸一条到中国大庆的分支管线），最后又确定为泰纳线（东西伯利亚的泰舍特至远东的纳霍德卡港），而且泰纳线方案没有再设计通往中国的支线。

② "萨哈林"油气开发项目是日、美、俄、欧多方合作的产物，其中"萨哈林1号"项目由日本伊藤忠商事、丸红商社与美国埃克森美孚石油牵头开发，日方占股本30%，2007年开始向日本出口天然气；"萨哈林2号"项目则是由壳牌石油、日本三井物产和三菱商社一起共同开发，日方占股本40%。

1. 印度的国内能源战略

印度国内的能源发展政策主要是希望通过市场化机制来提高能源自给率。2002 年,印度石油和天然气部推出《2025 年印度碳氢产品发展规划》,提出最大限度地挖掘和利用国内石油资源,加大勘探力度,摸清国内资源储量,尤其是海洋石油资源情况。印度还采取公开招标的形式,对外资和私人资本开放本土油气资源,以加快开发进度。同时,印度也开始建设石油战略储备体系,2007 年,印度动工兴建第一个战略石油储备基地,储油能力 100 万吨。

印度于 2008 年 4 月召开了第 11 届新能源和可再生能源五年计划会议,确立了新能源的基本目标、新能源激励政策、新能源管理部门、新能源技术开发政策、新能源国际合作与国家安全等方面的内容,来阐述印度政府在新能源产业方面的政策主张。印度新能源政策的主要内容包括:确立新能源发展战略目标;进行新能源补贴政策和激励制度;设立专门的新能源管理部门;加大新能源科技投入,确定新能源技术路线;开展国际合作加大对新能源的开发力度。

(1)确立新能源发展战略目标

印度的第 11 届新能源和可再生能源五年计划,确立了其 2008—2012 年新能源发展的战略目标:到 2012 年可再生能源(如太阳能光伏电池发电)将占印度电力需求的 10%,在电力构成中将占 4%～5%。可再生能源的增速将快于常规发电,可再生能源将占 2008—2012 年总增加能源 70 000 兆瓦的 20%。预计风能发电能力到 2012 年将增加超过 10 000 兆瓦,其次是水力(1 400 兆瓦)、联产(1 200 兆瓦)和生物质能(500 兆瓦)。

(2)进行新能源补贴政策和激励制度

印度政府采取补贴政策加大对新能源的支持力度。采用多种激励制度来鼓励多用可再生能源发电。例如把发电量代替装机容量作为衡量指标;根据实际发电量通过可贸易税收折扣政策(TTRC)给予一定优惠;规定不同能源种类的不同价格;鼓励企业用风能和小水电发电等。

(3)设立专门的新能源管理部门

印度的 48 个部级政府机构中,有 7 个部门与能源直接和间接相关,占整个机构 1/7 的席位,其中新能源与可再生能源部(MNRE)尤为引人注目。MNRE 旗下设有 3 个新能源技术研究中心和 1 个专业的金融研究中心,全面负责印度新能源和可再生能源领域的所有事物,包括相关政策的制定和执行、新能源研发项目的组织和协调、新能源的国际交流合作等。近些年来,国际油价的起伏不定以及愈发严重的全球气候变暖问题,让印度政府更加重视新能源的开发,MNRE 的重要性也同步增加。在 MNRE 的带领下,印度在包括生物能、风能、核能、太阳能、垃圾转能源以及甘蔗渣发电等新能源领域均取得了一定进展。在印度"国家太阳能计划"中,MNRE 任务重大,它将负责指导和监管拟成立的太阳能管理局。随着印度新能源战略的不断深化,MNRE 势必将发挥更加重要的作用。

(4)加大新能源科技投入,确定新能源技术路线

2006 年 8 月,印度计划委员会组织专家起草了一份长达 182 页的印度《能源综合政策报告》,作为印度"第十一个五年(2007—2012 年)计划"制定能源发展政策的指南。其中明确了新能源的技术路线,以提高能源生产和利用效率,最终解决自身能源安全和实现能源独立。报告指出要通过鼓励接近商业化和有明确时间进度的新能源技术开发,包括太阳能技术(太阳热能技术和光伏太阳能技术)、生物燃料技术(生物柴油、生物乙醇、生物质材种植技术、木炭气化技术和社区沼气池建设等)、核能综合利用技术,混合燃料汽车技术,高能电池技术,气水化合物技术等。报告认为,为了解决上述技术难题,印度应由国家投资和建立国家能源基金来提供资金支持。

(5)开展国际合作加大对新能源的开发力度

在发展新能源的过程中,印度意识到只有开展国际合作,才能加大新能源的开发力度和发展速度,于是在全球范围内开展新能源的合作。如 2008 年 4 月 10 日,印度联邦产业部宣布印度和以色列产业部将合作开发可再生能源相关技术。相关的合作领域涉及水资源、太空技术开发、生物能源技术和纳米技术研发。

2. 印度对外能源战略

印度对外能源政策的核心是借助其国内巨大的市场潜力，同时利用国际政治形势，在大国间搞平衡战略，获取最大利益。

首先，印度试图构建周边地区油气资源供应网络，拟建中的三条天然气管线①将极大地缓解印度的能源供应紧缺情况，并改善其能源结构。

其次，印度还不断加强同伊朗、沙特、科威特、委内瑞拉等 OPEC 产油国以及俄罗斯、中亚国家的能源合作，通过合资、参股等形式获得份额油和份额气，保障其能源供应的稳定。同时，印度还准备将国内印度石油天然气公司（ONGC）、印度石油公司（IOC）等 14 家大型能源企业整合为 1～2 家超大型跨国石油公司，以贯彻其海外能源战略。

第三，印度还利用国际形势的变化，积极同美、俄、英、法等国开展核能合作②，希望以其庞大的市场潜力，吸引外资和技术。

第四，在应对全球气候变化的问题上，作为世界第四大温室气体排放实体和主要的发展中国家，印度采取的是一种超脱于主流的立场，即倾向于从保卫自身发展权益的角度出发，强调其作为发展中国家，在"共同但有区别的责任"原则下承担相应的义务，但拒绝承担带有约束性的减排义务。2009 年，迫于国际压力，印度宣布到 2020 年将排放强度在 2005 年的基础上降低 20%～25%。

第三节 世界主要能源供应国的能源战略

与能源消费国不同，能源供应国的能源战略重点在于稳定国际能源价格，并从中获取尽可能多的经济利益和政治利益，一方面可以促进经济发展与多样化，另一方面还可以提升国际地位和影响力。

一、中东产油国的能源战略

中东海湾国家的石油供应在国际石油市场上占据着举足轻重的位置，即使在目前主要能源消费国采取诸如节能减排、开发替代能源等措施，仍不能撼动其无可替代的战略地位。

1973 年第四次中东战争中，中东阿拉伯产油国不仅通过国有化收回石油资源开采权，而且也开始了自主制定能源战略的新时期。在第一次石油危机中，OPEC 采取的是限产、禁运、提价等强硬手段，对支持以色列的西方国家进行制裁。之后，OPEC 主动采取运用产量调整和官方价格等手段，控制国际石油市场的定价权，以期获得更多的石油收益，并提升其国际影响力。但是，维持高油价对 OPEC 来说也会产生负面影响，一方面是高油价导致西方发达国家经济长期"滞涨"，进而减少了石油需求；另一方面高油价也迫使西方发达国家采取节能、开发替代能源及扶持非 OPEC 国家增加石油生产等措施，最终导致国际石油市场出现供过于求的局面，油价暴跌，严重损害了中东产油国的利益。而且，OPEC 内部各国之间在生产配额上也存在矛盾，1983 年，沙特提出充当 OPEC 机动产油国的角色，以此来控制 OPEC 的生产量。但是，油价走低反而会迫使其他 OPEC 国家大量增产以抢占国际市场份额，弥补由于油价下跌所造成的损失。最终，沙特不得不放弃牺牲产量维持油价的政策，转向以更低价格夺回市场份额，而 1988 年 OPEC 放弃官方定价后，各成员国更是竞相削价，致使国际石油价格持续低迷。

---

① 三条天然气管线分别是："伊朗—巴基斯坦—印度"天然气管线（IPI）、"缅甸—孟加拉—印度"天然气管线（MBI）和"土库曼斯坦—阿富汗—巴基斯坦—印度"天然气管线（TPI）。

② 2008 年 10 月，美印正式签订了民用核能合作协议，美国对印度 34 年的核贸易禁令才彻底解除。根据协议，印度可以在不签署《核不扩散条约》的情况下，获得美国的核技术及核燃料。2009 年，法印也签订了民用核能合作协议，双方同意由法国公司向印度民用核能开发提供必要的技术和物质帮助。随后，印度和俄罗斯也签订了民用核能合作协议，由俄罗斯为其建造 16 座核电站，并提供新一代核能技术。2010 年，印度又和英国签订了民用核能合作协议，允许英国企业向印度出口民用核技术和设备。

进入 21 世纪后,受全球经济增长的带动,国际石油价格持续攀高,并且在美元贬值、国际游资炒作、地缘政治关系等多重因素影响下,突破百元大关。面对高油价,中东产油国在享受由此带来的经济高速增长的同时,也担忧高油价带来的负面效应,因此也积极调整其能源战略,力图以适当增加供应来稳定市场。由此可见,中东产油国的能源战略的核心目标就是在保证市场供求均衡的同时,尽量将国际石油价格维持在一个"合理"的区间,既保证其收入最大化,又要巩固其所占的国际市场份额。

中东产油国的国内能源政策的重点一是加强对上游石油资源的控制,发展下游炼化和石化工业,完善本国的石油产业链,提升产业整体竞争力;二是大力开发天然气,建立综合的天然气产业体系。经过 20 世纪七八十年代的国有化以后,中东产油国基本上控制了本国的石油资源的勘探开采权,但是为了利用外国石油公司的先进技术,有的国家在一定范围内会允许外国石油公司参与某些区域的勘探开发,并以份额油作为回报,但是基本上要求国家石油公司在上游项目中至少拥有 51% 的股份。长期以来,除了巴林等少数国家外,中东产油国大都以出口原油为主,而所需成品油仍依赖进口。为了提升石油产业的竞争力,近年来中东产油国大力发展下游炼化工业,而国际石油市场上炼化能力的不足也给中东产油国加快提升炼化能力提供了机会。2005 年,沙特的原油加工能力已经达到 1.1 亿吨,未来仍将大幅度提升。此外,中东产油国还大力发展石化工业。据海湾化工和石油化工联盟统计,到 2012 年中东地区的乙烯产量将从 2007 年的 1 300 万吨增加到 2 900 万吨,增长量占全球总增长量的一半。为了出口更多的原油,中东产油国在国内能源消费中尽可能以天然气代替石油。目前,沙特的天然气消费占国内能源总消费量的 40%,并且建成连接油气田、炼化厂和消费终端的天然气管网。伊朗的天然气消费量已经超过了石油,而且还向土耳其等国出口,并希望构建通过土耳其往欧洲输送天然气。在满足国内能源需求的同时,液化天然气(LNG)也成为国际能源贸易的新品种,卡塔尔是世界上最大的液化天然气生产国,而阿联酋正在迪拜兴建全球最大的液化天然气储藏中心,容量达到 18.6 亿立方米,预计 2013 年竣工。

中东产油国的海外能源政策的重点一是建立并完善与其他石油生产国、主要石油消费国的对话和协调机制,以稳定市场供求平衡;二是拓展市场,实现出口多元化,以维持其在国际市场中的份额。除了加强与其他 OPEC 成员国的合作外,中东产油国还与委内瑞拉、墨西哥、俄罗斯等主要石油生产国建立多变协调机制,改善与伊朗的关系,稳定国际石油市场的供求平衡。同时,中东产油国还通过"国际能源论坛"等平台,建立与主要石油消费国的对话协商机制,以平抑国际石油市场波动;中东产油国还积极与国际能源署建立信息交流机制,以增加市场透明度。近年来,欧盟、美国在中东出口石油中所占比重逐年下降,中东产油国出口市场的重心开始东移,转向亚太地区。为了带动能源贸易,中东产油国还积极投资海外市场的石油下游产业,试图以此突破仅仅出口原油的局限,实现产业资本的增值,同时稳定和增加海外用户。比如沙特就通过收购、参股和长期供应合同等方式在美国、韩国、菲律宾、中国等投资合资炼油厂、加油站及石化企业,带动其油气出口。

二、俄罗斯的能源战略

俄罗斯是世界油气资源大国,也是能源产业大国,其能源出口既是其国内经济发展的基础,也是其维持大国地位的重要手段。虽然苏联解体后,俄罗斯的能源生产能力大幅下滑,对能源领域的投资也是江河日下,但是苏联留下的相对完善的能源基础设施和布局广泛、配套齐全的能源工业体系,使得俄罗斯在进入 21 世纪后很快就恢复了能源生产能力,而随着国际石油价格的不断上涨,能源产业成为拉动俄罗斯经济发展的主要动力。

苏联解体后,俄罗斯在 1994 年、2000 年和 2003 年分别制定过三份能源发展战略,其战略目标和发展方向也逐渐清晰。2003 年 5 月,俄罗斯联邦政府批准了《2020 年前俄罗斯能源战略》,阐述了俄罗斯能源战略的框架,即战略总目标是使俄罗斯成为国际能源市场的主导力量,借助能源外交助推俄罗斯的复兴和大国地位的确立。对内战略以保障国内能源供应安全、提高能源利用的效率和经济性以及保障环境安全；对外战略则以能源供应控制独联体国家、争夺里海资源及流向、稳定欧洲市场、开拓亚太市场、进军北美市场、参与国际能源合作以及开展同其他主要能源生产国的对话与协调。

俄罗斯的国内能源政策的重点一是吸引外资投资能源产业，扩大能源生产能力，其战略预期是到 2020 年，俄罗斯石油出口量由 2004 年的 1.5 亿吨增加到 3.1 亿吨，天然气由 1 600 亿立方米增加到 2 300 亿立方米左右。二是发展能源基础设施，尤其是油气管线的建设，目前正在建设或即将投入建设的管线有：波罗的海石油管线二期工程（绕过乌克兰通往欧洲，年输油能力为 6 200 万吨）、"南溪"和"北溪"管线项目（前者从黑海岸边城市新罗西斯克市跨过黑海至保加利亚，此后分两路经过巴尔干半岛通向意大利和奥地利，总长 500 公里，年输送量为 300 亿立方米；后者是从俄罗斯的列宁格勒州经波罗的海后抵达德国北部，总长 1 200 公里，年输送量为 550 亿立方米）、俄罗斯和保加利亚、希腊三国石油管线（经保加利亚到希腊地中海港口亚历山德鲁波里斯，总长 300 公里，年输油能力为 5 000 万吨）、东西伯利亚至太平洋石油管线（泰纳线，总长为 4 100公里，年输油能力为 8 000 万吨）等。三是积极开展能源金融，为争夺国际能源市场的定价权奠定基础。2006 年 6 月，以卢布为计价和结算货币的俄罗斯石油交易所正式成立，并于 2007 年 6 月推出柴油、重油和航空煤油期货和期权产品。此外，还筹划建立天然气交易所，开展天然气衍生金融产品的交易。为了扩大俄罗斯石油产品对国际石油市场的影响，2006 年俄罗斯还将乌拉尔原油[①]（Urals）更名为布科原油（Rebco），在纽约商品交易所（NYMEX）上市交易。

俄罗斯海外能源政策的重点在于保障能源过境运输安全，协调俄罗斯的国家战略，即以多元化、政治化的能源外交来实现俄罗斯经济、政治利益的最大化。为了实现油气出口多元化，俄罗斯全方位地拓展其油气管线。在东面，积极开发面向亚太市场的东西伯利亚和萨哈林地区油气资源，同时利用中日石油管线之争，最终确定最有利于自己的泰纳线。在西面，通过俄德天然气管线减少对乌克兰、波罗的海三国、波兰等非友好国家的依赖，稳定并不断扩大欧盟市场，同时利用能源问题，争取欧盟在国际政治与经济问题上的支持与合作，提升其在欧洲地缘政治格局中的地位。在南面，为了抗衡美国倡议的跨里海天然气管线，阻挡土库曼斯坦的天然气进入欧洲，也为了开拓东南欧市场，俄罗斯于 2003 年建成了穿越黑海海底至土耳其的"蓝溪"天然气管线，同时还加强同伊朗的能源合作，并试图重返伊拉克，参与战后伊拉克石油生产。在北面，试图进军美国能源市场，但由于两国在"中亚—里海"、独联体地区的利益冲突，两国能源合作的前景不明。

此外，俄罗斯还试图牵头构建"天然气欧佩克"，争夺国际天然气市场的定价权。2008 年，俄罗斯、卡塔尔和伊朗在三国能源部长会议上首次提出构建"天然气欧佩克"的设想，希望以此发展天然气出口国之间的合作，改善天然气出口国对国际天然气价格的影响力。由于三国的天然气出口量占全球天然气贸易量的 62%，如果考虑到阿尔及利亚和利比亚等国也有加入的可能，未来该组织对国际天然气市场的控制能力将达到前所未有的程度。

三、中亚、拉美地区国家的能源战略

（一）中亚地区

中亚地区国家的能源资源丰富，尤其是哈萨克斯坦、土库曼斯坦和乌兹别克斯坦三国的石油、天然气储量丰富，开采潜力较大；哈萨克斯坦、乌兹别克斯坦两国还拥有丰富的铀矿资源（2006 年铀矿产量分别占全球的 9% 和 5%，分居第 3 位和第 7 位）。苏联解体后，中亚各国纷纷独立，但是由于经济发展水平较低，工业基础薄弱，在短时间内难以改变整体状况，因此能源部门和能源出口就成为其加速国家经济发展的重点。中亚各国的油气出口在 GDP 中所占比重很大，是其财政收入的主要来源。因此，中亚各国均制定了本国能源发展的长期计划。哈萨克斯坦将

---

① 乌拉尔原油（Urals）产自俄罗斯伏尔加—乌拉尔油田（位于乌拉尔河和伏尔加河流域区，又称"第二巴库"），目前其产量逐年下降，但仍保持在 1.2 亿吨～1.5 亿吨之间，API（空气污染指数）为 31.8，含硫量 1.35%。

能源工业作为国民经济的支柱产业加以扶持,同时把国际能源合作作为其外交政策的核心。哈萨克斯坦努力拓展油气出口渠道,积极同欧盟、中国、日本等开展能源合作,尤其是铺设新的油气管道,以减少在能源运输方面对俄罗斯的依赖。土库曼斯坦优先开发的能源项目主要是里海大陆架油气资源,同时寻求建设新的油气管道[①]连通欧洲、中国和南亚市场,以减少在能源运输方面对俄罗斯的依赖。乌兹别克斯坦也同样希望开拓石油天然气的出口渠道,尤其是开展与中国的能源合作[②]。

由于中亚在国际能源市场中的重要性日渐突出,全球各主要经济实体都开展了对中亚能源的争夺。从20世纪90年代开始,美国就涉足"里海—中亚"地区的能源项目,为了打破俄罗斯对该地区的控制,美国和欧盟积极修建撇开俄罗斯的新油气管道。2005年5月,美国力主修建的"巴库—第比利斯—杰伊汗"石油管道开通,俄美两国对该地区能源的争夺进入新的阶段。俄罗斯一直以来都把该地区视为自己的势力范围,极力维持掌控该地区油气供应走向的局面。2007年,俄罗斯、哈萨克斯坦、土库曼斯坦、乌兹别克斯坦四国发表联合声明,宣布将共同建设天然气输气设施并对现有管线进行改造,俄罗斯以此进一步提高了其作为欧洲能源供应方的地位。欧盟、中国、日本以及韩国和印度也在积极拓展与中亚国家的关系,以期建立更紧密的能源合作。

(二)拉美地区

拉美地区拥有丰富的石油和天然气资源,目前已探明的石油储量为1195亿桶,占全球石油总储量的12%左右,2008年日产量超过1030万桶,储量和产量都仅次于中东,居世界第二位。拉美的油气资源主要集中在墨西哥和委内瑞拉。近年来,随着新技术的应用和投资的增加,哥伦比亚、阿根廷和巴西等国也相继发现了新的大油气田。拉美产油国通过国有化等手段在重新收回或控制本国油气资源,逐渐摆脱了对西方国家特别是美国的资金和技术依赖之后,能源战略的重心转向构建拉美一体化的能源市场,并以此为契机,利用石油和天然气资源的共享来促成拉美政治经济一体化目标的实现。拉美能源市场一体化并不仅仅只是为了吸引更多的能源投资和实现出口多元化,更重要的是通过本地区产油国向非产油国提供充足、价格合理的油气供应,带动区域社会经济发展,实现共同繁荣。

拉美国家开始逐渐意识到,油气资源对于未来本地区经济发展的重要性,特别是以查韦斯为代表的左派或中左派上台后,拉美国家能源合作越来越频繁。委内瑞拉不仅先后与巴西、阿根廷、乌拉圭、巴拉圭和玻利维亚等南美国家签订一系列石油协定,兴建炼油厂,联合勘探油气资源,以及建设加油站等。2005年,委内瑞拉与巴西、阿根廷着手联合组建了"南方石油公司",旨在联合开展石油勘探、加工、运输和油轮建造项目,还准备成立南方天然气市场,实现三国电力一体化。委内瑞拉还将触角伸向加勒比地区。委内瑞拉还与古巴等13个加勒比国家一道成立了"加勒比石油公司",负责将委内瑞拉的原油按优惠价格和灵活的付款条件向加勒比地区国家出口。2005年12月,委内瑞拉与巴西和阿根廷签署了关于铺设南美天然气管道[③]的谅解备忘录,玻利维亚、乌拉圭和巴拉圭也于2006年正式加入,该管道建成后将保证这些国家今后的天然气供应。委内瑞拉甚至计划建立南美能源圈,以抵制美国所倡导的美洲自由贸易区方案。但是,拉美能源一体化也存在着一定的内部障碍和阻力,以墨西哥为代表的右翼阵营,在中美洲和哥伦比

---

① 目前在建或计划中的新油气管道项目包括:(a)土库曼—伊朗—土耳其—欧洲;(b)土库曼—阿塞拜疆—亚美尼亚—土耳其—欧洲;(c)土库曼—阿富汗—巴基斯坦—印度;(d)土库曼—中国。其中,通往欧洲的管线已经过论证,准备开工,通往中国的天然气管线已完工,并于2009年投入正式运营,计划在30年内每年向中国提供400亿立方米的天然气。

② 2009年,中乌天然气管道开通,每年向中国提供100亿立方米的天然气。中乌天然气管道是中国-中亚天然气管道的一部分,管道西起土库曼斯坦和乌兹别克斯坦边境,穿越乌兹别克斯坦中部和哈萨克斯坦南部地区,在新疆霍尔果斯入境后与西气东输二线相连,全长1833公里。

③ 南美天然气管道将联通委内瑞拉、阿根廷、玻利维亚、巴西、巴拉圭、乌拉圭等国,总长达8000多公里,堪称世界最长的能源管道。该项工程完工需要5~7年的时间,投资金额在200亿~250亿美元,管道建成后将保证这些南美国家今后的天然气供应。

亚颇有影响,他们立场相对比较亲美,更倾向于美国提出的"华盛顿共识"①,即与美国签署自由贸易协定,建立美洲自由贸易区。

第四节 能 源 金 融

能源金融(Energy Finance)是一种新的金融形态,是国际能源市场与国际金融市场相互渗透与融合的产物。通过对全球主要经济体和能源生产国的能源战略及其演变过程的分析可以发现,能源金融在能源战略体系中的作用越来越受到各国的重视,已经不仅仅是服务于能源战略的一种手段和工具,而是国家战略的一个重要组成部分。

一、能源战略与能源金融

能源战略的核心目标可以用保障能源安全和应对全球气候变化来概括,而能源金融市场在具体能源政策的实施过程中发挥了巨大的作用,不仅为传统能源商品市场应对地缘政治斗争、自然灾害、突发事件等市场风险提供风险规避的工具和手段,而且为应对由能源消费产生的环境污染、全球气候变化等环境风险提供了创新的途径和方式。更重要的是,能源金融是全球能源产业链利益分配中的一个重要环节,涉及国际能源产业的方方面面。因此,能源金融的发展与能源战略的实施息息相关,透过对西方发达国家能源战略体系的分析,可以把两者的关系归结为以下四个方面。

第一,借助国际金融市场来影响国际能源市场中能源商品的价格形成。虽然能源金融的边界与内涵随着全球社会经济的发展而不断演变,但是其核心仍是对于能源商品尤其是石油的定价权的争夺。西方发达国家尤其是美国通过其在国际货币体系中的优势地位,加上其成熟的金融市场体系,逐渐形成了以能源商品期货市场为主导的能源金融市场,强化了其对国际石油价格的控制。目前,国际石油市场已经形成了包括现货、远期、期货等在内的较为成熟、完善的市场体系,期货交易逐渐替代现货贸易和长期合同成为国际能源市场的定价基础。以美国纽约商品期货交易所(NYCME)、伦敦国际原油交易所(IPE)为中心的国际石油期货市场的期货合约价格已经成为全球石油贸易现货交易、长期合同的主要参考价格。而随着国际金融资本的介入,能源商品尤其是石油的"金融属性"不断增强,市场投机风气也越来越重,这不仅导致国际能源价格波动加剧,影响到全球能源安全,而且影响到了全球经济的发展。

第二,通过一系列金融创新手段来实现节能减排的市场化运作和向低碳经济发展模式的转变。OECD国家很早就认识到目前面临的环境问题、全球气候问题既是人类可持续发展的障碍,也是一次人类跨越传统发展模式的契机,以碳排放交易市场为代表的能源金融创新逐渐成为国际金融体系发展的趋势,也成为西方发达国家能源战略新的组成部分。2006年启动的欧盟排放交易体系(EU ETS)是在《京都议定书》规定的灵活机制基础上建立起来的全球第一个采取强制性减排措施的温室气体排放权交易市场。目前 EU ETS 已经形成了场外、场内、现货、衍生品等多层次市场体系,以及伦敦能源经纪协会(LEBA)、欧洲气候交易所(ECX)等多个交易中心,2008年的交易额占全球碳排放市场交易额的近80%。而据 IEA 的估计在 2008－2012 年间,全球碳排放权交易规模每年可递增 300 亿美元,2012 年达到 1 900 亿美元,有望成为与国际石油市场并肩的碳排放权交易市场。能源金融创新不仅是为节能减排提供金融工具和手段,更重要的是引导了全球未来经济发展的方向,即绿色低碳的可持续发展模式。

第三,通过将本币作为国际能源贸易的主要计价及结算货币,一方面可以维持本币在国际货币体系中的地位,另一方面还可以争取在全球能源产业链的利益分配中获得有利的位置。由于

---

① 华盛顿共识(Washington Consensus)是 1990 年由美国国际经济研究所组织在华盛顿召开的研讨会中就拉美经济调整和改革的政策方针所形成的共识,其中就包含了建立自由贸易区的构想。

美国长期以来在国际政治经济格局中的主导地位,美元一直维持强势地位,但是随着近年来美国经济持续低迷,国际收支长期处于不平衡状态,美元在国际货币体系中的地位也开始受到欧元为首的其他国际货币的挑战。特别是与美国处于对峙关系的伊朗、委内瑞拉等世界主要产油开始转向使用欧元进行石油贸易的计价与结算,而俄罗斯也一直希望通过采用卢布作为石油贸易计价及计算货币来稳定和提高卢布在国际货币体系中的地位。不管是欧元还是卢布,目前仍无法在大规模取代美元作为国际能源贸易的主导计价及计算货币,但是围绕这一主题各主要经济体之间的博弈仍将持续。

第四,通过兼并、收购等资本运作手段来实现能源产业链的整合与优化,提高跨国能源公司的整体规模和竞争力。进入 20 世纪 90 年代后,跨国石油公司为应对国际石油市场的新形势,普遍采取并购重组策略,实现其一体化的发展战略,最终形成以英国石油、埃克森美孚等为代表的超级跨国石油公司。作为能源战略的重要一环,跨国石油公司借助资本市场通过得以巩固其在国际石油市场上的优势和垄断地位,也为西方发达国家的全球能源战略的实施奠定了基础。

二、国际金融市场与能源金融

能源金融的发展离不开国际金融市场,这主要表现在市场体系、风险传导和产业融合三个方面,可以说,国际金融市场是能源金融发展的基础,它不仅为能源金融的参与者提供必要的交易平台,还提供流动性和避险工具。

(一)市场体系

能源金融市场主要是针对某一特定能源商品(如石油、天然气、煤炭和电力等)的衍生金融产品交易,也是国际大宗商品交易市场的重要组成部分。能源金融市场体系包括场内交易和场外交易两种模式,场内市场是由证券交易所组织的集中交易市场,有固定的交易场所和交易活动时间,采取公开竞价和严格的监管制度,交易对象是标准的能源期货、期权合约;场外市场也称为 OTC(over the counter)市场或柜台市场,没有固定、集中的交易场所,采取一对一的议价方式,是一个受到监控但不受监管的市场,交易对象主要是非标准化的场外衍生产品,具体如表 1-4 所示。

表 1-4　场内交易市场和场外交易市场比较

交易特点	场内交易市场	场外交易市场
交易地点	交易所集中交易	场外一对一交易
合约特征	标准化合约,由交易所统一规定具体格式	非标准化合约,双方自行协商确定合约相关的条款
交割方式	由交易所规定交割方式、数量、品质、时间和地点	由买卖双方自行协商交割方式,大多采用现金交割
议价方式	公开、集中竞价	一对一议价
结算方式	交易所结算所或结算公司负责,实行每日无负债结算制度	由买卖双方直接结算
信用基础	保证金制	基于信用
履约风险	由交易所或结算公司担保合约履行	由买卖双方自行承担违约风险
法律框架	交易所制定有关交易、交割以及结算规则、风险控制方法	ISDA 协议①
监管体系	接受证券期货监管部门的严格监管	遵循一般的商业合同法律和惯例

国际能源金融衍生品市场的兴起是在 20 世纪 70 年代的石油危机爆发后。第一次石油危机

---

① 国际互换与衍生产品协会(The International Swap and Derivatives Association,ISDA),成立于 1985 年,是衍生产品场外交易(OTC)市场的国际性行业组织,致力于规范市场、加强风险管理。

不仅给国际石油市场带来巨大的冲击，也直接导致了石油期货的产生。1982 年纽约商品交易所（NYMEX）推出了世界上第一份原油期货合约——西得克萨斯轻质低硫（WTI）原油期货合约，并在随后的二十多年中发展成为全球交易量和交易金额最大的商品期货品种。原油期货的成功，不仅仅对国际石油市场的发展具有重要意义，它还使得能源金融成为国际金融市场关注的新的焦点。而美国利用其在国际金融市场上的主导地位，美国的跨国能源企业通过与金融资本的合作，控制石油期货市场的定价权，进而重新获得了国际石油市场的主导权。可以说，石油期货市场不仅为美国能源企业提供了规避市场风险的渠道，而且支持美国经济的持续稳定发展。

目前，全球能源金融市场已经发展成为一个成熟、完善的多层次市场体系，能源金融市场逐渐替代现货贸易和长期合同机制成为国际能源市场的定价基础。除了传统的石油、天然气、煤炭等大宗能源商品的衍生品交易外，天气指数、航运指数、碳排放权、节能量指标等与能源、环境、气候等人为创设的"概念"也成为新的交易对象，为能源金融市场参与者提供了更为丰富的避险工具。

（二）风险传导

能源金融市场是国际能源市场的风险管理平台，其关注的核心是全球能源价格的波动。作为国际金融市场的一个组成部分，能源金融市场不可避免地会受到国际金融市场的影响，其中最为明显的表征就是能源商品的"金融属性"大大增强，吸引了大量的资金投入到能源金融领域，这一方面既为能源金融市场提供了流动性，同时加剧了能源衍生金融产品的价格波动，而衍生品的价格波动又通过能源金融市场参与者的套期保值、套利或投机行为传导到国际能源市场，进而加剧了能源商品的价格波动。

随着这种能源商品金融化趋势的演进，能源价格波动的因素变得更加复杂，除了传统的生产供应、商品库存等市场内部因素的影响外，全球政治经济形势、环境气候、金融投机等市场外部因素都会引发能源价格的剧烈波动。国际金融市场对能源金融市场的风险传导途径主要是以下几个方面。第一是国际金融市场的信息溢出效应，由于全球金融管制的逐步放松和信息技术的高速发展，全球经济一体化趋势不断加强，信息在国际金融市场间的传播和溢出更为迅速。能源商品作为战略物质和现代工业的基础，其供求关系极易受到经济形势的影响，而能源衍生品的价格对经济波动等相关信息（诸如就业率、利率等）的反应更为敏感，因此也更容易受到影响。第二是国际金融市场的资金溢出效应，由于美元是国际能源市场的主要计价及结算货币，因此美元贬值以及由此带来的流动性过剩导致大量的资金转向具有保值功能的能源商品，国际金融市场的资金溢出效应加剧了能源金融市场的价格波动，特别是大量的国际游资，其投机性强、流动性快、隐蔽性高，往往给能源市场及能源产业造成巨大冲击。第三是国际金融市场的风险溢出效应，由于国际金融市场的全球化趋势不断加强，国际投资者可以于 24 小时内在不同国家的市场间或不同交易品种之间寻找套利或投机的机会，因此跨市场风险溢出成为能源金融市场的风险来源之一。

（三）产业融合

所谓的产业融合是指不同产业或同一产业不同行业相互渗透、相互交叉，最终融合为一体，逐步形成新产业的动态发展过程。不断增强的跨国能源战略合作是全球能源产业的发展趋势，但是在这一过程中，能源企业面临的地缘政治冲突、资源勘探开发和新能源技术开发等方面的风险也越来越频繁，能源行业急需和金融行业开展合作，实现产业融合。产业融合可以提供能源市场的效率，促进能源产业创新，促使市场结构（市场集中度）在企业竞争合作关系的变动中不断趋于合理化，进而推进能源产业结构优化与发展。

能源、金融两个产业间的关联性和对效益最大化的追求是产业融合的内在动力，其主要模式可分为三类。第一是产业渗透，一方面是能源企业的产业资本通过参股、控股金融机构等方式直接向金融产业渗透；另一方面是传统的投资银行、对冲基金等金融机构直接介入到能源市场中，成为能源市场的主要参与者，并发挥其信息和资金优势，引导能源产业的发展方向。第二是产业交叉，也就是通过产业间的互补和延伸来实现产业间的融合，金融机构通过为能源企业提供急需的风险管理、风险投资以及相关的金融、法律等服务，使得两者间逐渐融合形成新型产业体系。第三是产业重组,由于国际能源市场的竞争日益激烈,跨国能源企业间的并购与重组更为激烈,金融机构不仅能够为能源企业并购与重组提供必要的资金,而且主动介入能源行业的并购重组中,利用自身的信息及资金、管理等方面的优势,撮合能源企业间的并购与重组,加速能源行业的资源整合。

第五节 中国的能源战略与能源金融

一、中国能源发展的现状

(一)能源资源

中国拥有较为丰富的化石能源资源,其中已探明的煤炭储量较为丰富,而石油、天然气资源的储量相对不足,油页岩、煤层气等非常规油气资源储量潜力较大。根据 BP 的统计数据,2008年中国的已探明煤炭储量约为 1 145 亿吨(采储比为 41),占全球已探明煤炭总储量的 13.9%;已探明石油储量约为 21 亿吨(采储比为 11.1),占全球已探明总储量的 1.2%;已探明天然气储量约为 2.46 万亿立方米(采储比为 32.3),占全球已探明总储量的 1.6%。但是,考虑到人口因素,中国的人均能源资源占有量远低于世界平均水平。中国的可再生能源资源如水力、风力等较为丰富,西北地区的光照资源较丰富,尤其是青藏高原,而作为传统的农业大国,中国的生物质能资源十分丰富,有待进一步开发利用。

中国能源资源的分布广泛但不均衡,并且优质能源缺乏;资源富集区与主要消费区相距甚远,开发难度较大。煤炭资源主要集中在华北和西北地区,已探明的煤炭储量中,烟煤约占75%,无烟煤(优质动力煤)约占 12%,褐煤约占 13%;尚未开发的经济可采储量中约有 86%集中在干旱缺水、远离消费区的中西部地区;地质开采条件较差,大部分需要矿井开采,极少数可以露天开采。石油资源主要集中在经济欠发达的边远地区,且储量中约 95%为蜡状重质原油,运输和炼化成本高。在已开发的油田中,除了大庆、胜利等油田外,大部分地质条件十分复杂;已探明有待开发的油田主要分布在准噶尔、塔里木、鄂尔多斯、柴达木四大盆地和渤海、南海、东海海域。天然气资源的分布相对集中,主要分布在西部四大盆地和四川盆地,东部的松辽、渤海湾盆地,以及渤海、东海近海海域,但是天然气资源埋藏深,储量丰度低,勘探开发难度大,成本也相对较高。

(二)能源结构

目前,中国一次能源结构仍以煤炭为主体,但是石油、天然气的比重在逐年上升(见图1-2)。2009 年,中国的能源消费总量约 30.66 亿吨标准煤[①],其中煤炭占 68.7%,石油占 18%,天然气

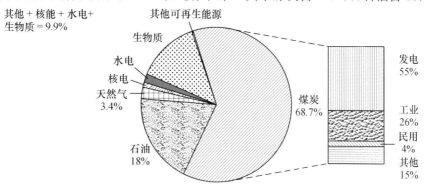

图1-2 2009 年中国的一次能源消费结构

---

① 凡是能产生 29.27MJ(相当于 7 000 千卡)热量的燃料就可以折合为 1kg 标准煤。

占 3.4％，其他可再生能源和核能占 9.9％。电力装机容量和发电量居世界第二，2009 年总装机容量达到 8.74 亿千瓦，其中，水电为 1.96 亿千瓦，火电为 6.52 亿千瓦，核电为 908 万千瓦。

中国高度重视能源结构的优化，虽然受制于资源禀赋和经济发展的客观条件，在未来较长一段时期内仍将维持以煤炭为主体的能源结构，但是通过提升能源领域的技术水平和完善能源基础设施，将进一步提高能源资源的利用效率和减少排放。目前，中国能源技术的总体水平与国际领先虽仍有一定差距，但在某些领域已步入国际先进水平行列。煤炭工业已具备设计、建造、管理千万吨级大中型露天矿和矿井的能力，综合机械化采煤等先进技术在大型矿场中已普遍采用；石油天然气工业已形成较为完整的技术体系，复杂地质条件下的勘探开发和提高油田采收率等技术也已达到国际领先水平。中国的电力技术在国际上是处于领先地位的，新建的煤电机组中百万千瓦超临界、超超临界机组已经成为主流；而新建的核电站将全面采用以 AP1000 型[①]压水堆为代表的第三代核反应堆技术。由于中国的主要能源消费地区集中在东南沿海地区，因此需要进行大规模、长距离的能源运输，随着"北煤南运、西煤东运"铁路专线及港口码头、西气东输管线、西电东送特高压电网和六大区域电网互联等基础设施的完成，覆盖全国的能源综合运输体系已逐渐形成。

（三）能源需求

目前中国正处于工业化阶段的重要时期，伴随着重化工业的发展和城市化的进程，对能源的需求也处于一个快速增长的阶段。根据西方发达国家的经验，处于工业化后期的国家，能源消耗将会是一个加速上升的过程。而考虑到目前国际能源市场的形势和中国的资源禀赋，未来中国能源需求仍将以煤炭为主，当然对石油和天然气的需求也将持续上升。根据 IEA 的估计，到 2030 年中国一次能源需求量将达到 38 亿吨油当量，而煤炭仍是最主要的一次能源（见图 1-3）。

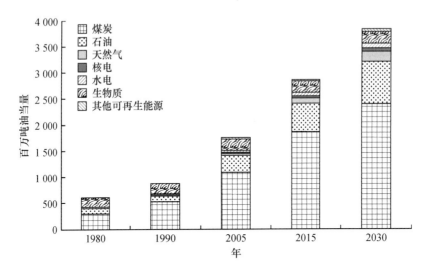

数据来源：IEA. World Energy Outlook 2007

图 1-3　参考情景中的中国一次能源需求及能源结构

尽管中国的能源消费总量增长迅速，但是人均能源消费量仍不及经合组织（OECD）国家平均值的 20％（见图 1-4），未来仍有较大的增长空间。

---

① AP1000 型是由美国西屋公司研发的代表第三代核电技术先进水平的"非能动型压水堆"。

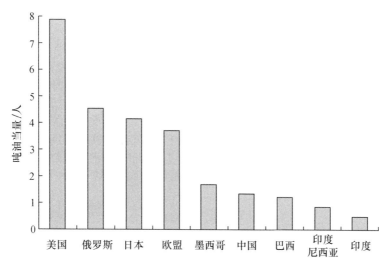

数据来源：IEA. World Energy Outlook 2007

图 1-4　2006 年全球主要国家的人均一次能源消费量

（四）能源供应

从总量上来看,中国的能源生产和能源消费基本上是平衡的,根据国家能源局的统计数据,2008 年中国的能源自给率为 91.2％,能源消费仍主要依靠本国能源供应。但是受到资源禀赋的影响,主要一次能源的供需结构很不平衡。煤炭作为中国能源体系的支柱,中国将近 70％ 的一次能源需求是由煤炭来满足。但是由于中国区域经济发展水平、资源禀赋差异巨大,90％ 以上的煤炭资源都位于内陆省份,而能源需求则大多来自于沿海地区。受国内煤炭运输能力的限制,沿海省份从海外进口煤炭更具有竞争力。中国煤炭生产一直维持在较高水平,除了 2001 年前后,由于国家宏观调控政策和行业整顿,产量有所回落外,从 2003 年开始每年均保持 10％ 以上的高速增长,2008 年全年产量达到 27.16 亿吨,占全球总产量的 42.5％,稳居世界第一位。2008 年中国石油的年产量为 1.89 亿吨,且已在 1.8 亿吨水平线上徘徊多年,在此之前的 10 年间,中国的石油消费量年均增长 6.7％,而同期石油的产量年均增速仅为 1.8％,两者之间的巨大缺口只能通过进口来解决。中国天然气生产也一直稳步增长,"九五"期间年均增长率为 9.1％,"十五"年均增长率为 12.5％,2008 年中国的天然气产量为 761 亿立方米,消费量为 807 亿立方米。除了进口天然气外,如果要进一步提高天然气产量的话,只有实现了非常规天然气的商业化和规模化开发才有可能。可再生能源方面,除了水电开发较为成熟外,风能、太阳能等新能源和可再生能源的开发利用仍处于初级阶段,在总的能源供应中的比例仍非常低。2008 年,中国累计水电装机容量为 171.52 吉瓦,风电装机容量为 12.15 吉瓦,光伏发电装机容量刚超过 100 兆瓦,按当时全国发电装机容量为 792.53 吉瓦来算,可再生能源(含水电)所占比例仅在 23％ 左右。

（五）能源效率

能源效率分为能源经济效率和能源技术效率,前者表现为能源强度(单位:GDP 能耗),后者表现为单位产品能耗。能源经济效率会受能源技术效率的影响,同时也受到经济结构的影响。随着经济发展,技术进步和经济结构的调整和优化,中国的能源效率不断提高,2009 年中国的能源强度为 1.077 吨标准煤/万元,较 2008 年降低可 3.61％。2005 年至 2008 年全国单位 GDP 能耗分别修订为 1.276、1.241、1.179、1.118(吨标准煤/万元)。与西方发达国家相比,仍有较大的节能空间。主要耗能行业的单位产品能耗水平明显则明显比国外平均先进水平高出许多,有的产品耗能水平甚至是世界先进国家的两倍。目前中国的整体能源技术效率大致相当于欧洲 20 世纪 90 年代的水平。根据国家发改委 2004 年颁布的《节能中长期专项规划》,到 2010 年平均年节能率要达到 2.2％,形成 4 亿吨标准煤的节能量,而到 2020 年平均年节能率要达到 3％,形成

14 亿吨标准煤的节能量。

（六）能源与环境

传统的化石燃料对环境的影响是多方面的,但目前全球关注的焦点是能源开发利用所带来的温室气体排放问题。2005 年,中国的人均二氧化碳排放量大约为 3.9 吨,仅为经合组织（OECD）国家的 35%。即使考虑到随着经济结构重心逐渐向能源密集度较低的行业转移以及能效不断提高,中国的碳排放强度有望持续下降,但总的排放量仍将是一个非常庞大的数字。根据 IEA 的估计,2004 年中国的温室气体排放量就超过了整个欧盟的温室气体排放量,而到 2007 年中国有可能超过美国成为全球第一大温室气体排放国,而到 2030 年,中国的温室气体排放量有可能等于美国、欧盟和日本的温室气体量的总和,达到约 118 亿吨二氧化碳排放当量[①]的水平（见图 1-5）。

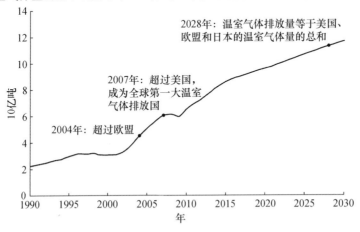

数据来源：IEA. World Energy Outlook 2009

图 1-5　参考情形下未来中国的温室气体排放量

其中,能源消费是温室气体排放的最主要来源（见图 1-6）,而对与中国以煤炭为主的能源消费结构来说,相比于其他国家,中国的温室气体减排难度更大。

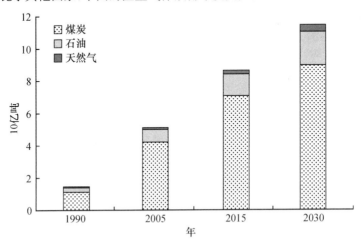

数据来源：IEA. World Energy Outlook 2007

图 1-6　参考情形下未来中国与能源消费有关的碳排放

---

　　①　二氧化碳排放当量（CO_2e）是指对于给定的二氧化碳和其他温室气体的混合气体,相当于多少能够引起同样的辐射强迫的二氧化碳的浓度,是用于比较不同温室气体排放的标准。其换算方法为,在特定时间内,某种温室气体排放量乘以全球变暖潜势（GWP）等于其二氧化碳排放当量,单位为 ppm（parts per million,100 万体积的空气中所含污染物的体积数）。

二、中国的能源安全状况

中国是目前世界上第二大能源消费国和温室气体排放国，而且正处在工业化和城市化的重要发展时期，能源和环境问题对中国社会经济可持续增长形成的双重制约日益突出，能源安全和环境安全是当前国家可持续发展战略的重要支点。目前，中国的能源领域面临的主要挑战可以概括为以下几点。

第一，能源生产无法满足能源消费的持续快速增长，能源供应的缺口不断扩大。虽然中国是世界第二大能源消费国，但是人均能源消费水平仍较低，仅相当于世界平均水平的55%，不及OECD国家平均水平的1/5和美国的1/10，未来仍有较大的增长空间，但是中国的资源禀赋决定了未来能源供应增长空间有限。根据中国煤炭工业发展研究中心的预测，到2010年全国煤炭需求量约为18.2亿吨，2020年为20.5亿吨~22.1亿吨，2010年、2020年煤炭供应量分别约为15.5亿吨和14.3亿吨，两者间存在着较大的缺口；根据国家能源局的估计，2008年中国石油的年产量为1.89亿吨，且已在1.8亿吨水平线上已经徘徊多年，1.8亿~2亿吨之间很可能就是中国石油生产的峰值，而保守估计到2020年石油需求量在4亿~4.3亿吨左右(EIA估计约为6亿吨，IEA估计约为6.39亿吨，中国石油经济研究院估计在5.7亿~6.2亿吨之间)，这意味着至少存在近2亿吨的缺口；根据国家发改委能源研究所的估计，未来10年天然气需求平均年增速达到11%~13%，2010年天然气需求量将达到1 000亿立方米，而产量约900亿立方米，2020年需求量将超过2 000亿立方米左右，而产量也仅在1 000亿立方米左右。

第二，能源对外依存度不断加深，能源供应安全的风险不断增加。虽然中国的能源资源(主要是煤炭)丰富，但仍不足以满足自身能源需求的增长，需要大量进口。从1993年起，中国就成为成品油净进口国，1996年起就成为原油净进口国，而且进口量持续攀升，在2004年超越日本，成为全球第二大的石油进口国。2009年中国石油进口量超过2亿吨，对外依存度达到52%，超过50%的国际公认警戒线。而根据国土资源部的预测，2020年中国原油对外依存度将达到60%(EIA的估计是65%，IEA的估计则高达76%)。中国的煤炭资源虽然较为丰富，一直以来也都是亚太地区的主要出口国，但是受制于资源储量分布的不均衡，煤炭运输能力的不足，沿海经济发达省份需从东盟和澳大利亚等国进口动力煤。2007年中国成为煤炭净进口国，2009年净进口量超过1亿吨，仅次于日本。随着温室气体减排的压力增大，未来中国天然气消费的比重将不断扩大，未来一段时期内(10年)国内生产的天然气无法满足市场需求，需要从中亚地区、缅甸和俄罗斯远东地区大量进口天然气。中国能源供应日益依赖进口，导致世界能源市场的变化对中国的影响也越来越明显。在全球能源需求较强劲的情况下，如果供应侧的投资没有相应增长，或者没有通过更有力的政策举措来抑制所有国家的需求增长，那么中期到长期都将面临较高能源价格。而随着全球剩余的石油储量越来越集中在小部分国家中(欧佩克和俄罗斯)，其市场中主导地位将越来越高，也就越有可能寻求从出口中获取更高经济收益，并且有可能通过延迟投资和限制产量来维持较高的石油价格。

第三，能源消费带来环境污染和温室气体排放问题，节能减排的压力不断上升。根据发达国家的经验，环境污染、碳排放与经济发展阶段密切相关，一个国家工业化、城市化过程往往伴随着能源消耗和环境污染同步增加的情况，通常要经历一个倒U型曲线，而且在没有强制减排措施和外部支持条件不足的情况下，可能需要较长的时间才能达到碳排放的顶点。当然，不同的国家由于资源禀赋不同，发展阶段所处的世界经济环境不同，经济发展与能源消耗、碳排放之间的演变规律也存在着较大的不确定性。考虑到目前中国所处的经济发展阶段，工业化、城市化的进程仍将持续10~20年，而现有经济结构和能源结构导致中国的单位GDP能耗远高于OECD国家，主要工业产品能耗与国际先进水平仍存在一定的差距，能源消耗和二氧化碳排放量仍将持续上升，并且碳排放量的增速已超过能源消费的增长速度。但是，目前的国际国内环境不允许中国重复西方发达国家走过的发展道路，一方面是国际能源价格持续上涨，而国际社会对全球气候变化问题也日益关注,中国面临巨大的能源供应压力和减排压力,另一方面是国内环境污染问题的恶化,可能会突破自然环境可以承受的阀值,在这双重压力下,中国的工业化和城市化进程中将受到更多的能源和环境约束。同时,随着国际气候谈判的深入,中国面临来自欧盟和美国等OECD国家的减排压力也越来越大,尤其是在欧盟建立了市场化的温室气体减排机制（EU ETS）后,美国也开始在积极筹划碳减排交易市场,一旦形成碳排放的国际定价机制后,中国的碳减排成本也将随之增加,且会逐渐丧失在国际气候谈判中的主动权。因此,节能减排将不仅仅是中国能源发展的问题,还是关系到长远发展的战略问题。

第四,能源市场体系不完善,缺乏有效的定价机制,能源资源的配置不合理,不能完全反映资源稀缺性、供求关系和环境成本。尽管政府的管制政策逐渐宽松,但是由于能源是一种战略性商品,能源价格仍然是一个敏感问题。虽然从1990年后多数能源产品价格的增速快于工业品价格的增速,能源补贴逐步减少（见图1-7）,能源价格也开始逐渐反映真实生产成本,但是中国的能源市场改革仍采取较为保守的政策,市场化进程仍显缓慢。

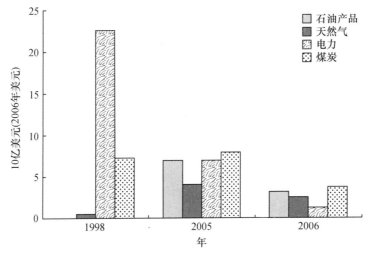

注:能源补贴是通过对终端消费者价格与参考价格进行比较的差价进行计算的,并根据运输和配送成本做出调整。参考价格相当于全部供应成本或国际市场价格。

数据来源:IEA. World Energy Outlook 2007

图1-7　中国的能源补贴

中国政府在其"十一五"规划中就提出进行能源定价和税收体制改革,但是由于种种原因,各类能源产品市场的改革进程存在较大差异。目前,煤炭市场的改革进展较快,虽然电煤仍存在煤电联动机制的约束,但煤炭价格在很大程度上由市场决定,政府仅对煤炭的长途运输和电煤供应进行控制。石油市场的改革仍停留在成品油定价机制的完善阶段,但目前国内成品油价格仍未与全球市场接轨,原油市场仍未开放,相关的市场壁垒仍在保护三大国有石油公司,使其不会受到国际竞争的威胁。天然气市场的改革进展缓慢,市场中各个环节的定价仍由发改委进行统一协调,这不仅导致国内外天然气价差拉大,而且效率低下,制约了国内天然气产业的发展。电力市场的改革在进行厂网分离后就陷入停滞,虽然引入了竞价上网的试点,但是销售电价仍由国家统一规定,阶梯电价的实施仍在征求意见阶段。完善的市场化定价机制对于整个能源产业链的发展具有至关重要的意义,中国能源市场的改革将对未来能源供应和节能减排产生深远的影响,而这也是中国能源安全关注的重点和能源战略的主要目标。

三、中国的能源战略体系

1. 能源战略体系基本框架

2005 年 5 月,国家能源领导小组办公室成立,标志着中国开始重视能源战略问题,并将能源问题的管理协调上升到国家最高管理层面;2008 年 8 月,国家能源局①成立,作为国务院专门的能源管理机构,国家能源局不仅肩负能源行业的行政管理职责,而且负责为国家能源战略的规划、制定提供咨询;2010 年 1 月,国家能源领导小组升格为国家能源委员会,负责统筹协调国家能源开发与节约、能源安全与应急、能源对外合作等方面的重大政策,成为中国能源战略的最高决策机构。

总体而言,中国能源战略的目标仍是以保障能源供应安全为核心,同时兼顾应对气候变化和环境安全问题。当然,中国的能源战略是综合考虑国情和外部国际环境下的产物,也具有一定的特殊性。其中,最突出的一点是在落实上述战略目标的同时,还必须进行能源市场的改革,完善市场化定价机制。

目前中国的能源战略体系主要包括三个政策层面:一是法律法规,主要是以《能源法》(即将出台)为核心,包括《煤炭法》、《矿产资源法》、《节能法》、《可再生能源法》(已经出台)和《石油天然气管道法》、《原子能法》(规划中)等在内的能源法律体系;二是由国务院出台的各种中长期规划,包括“五年发展规划”、“中长期能源规划”、“中长期节能规划”等;三是由政府职能部门(发改委等)制定的计划、指标和配套的政策。

2005 年,国务院通过的《能源中长期规划纲要(2004—2020 年)》可以视为中国能源战略的基本框架,包括:要高度重视能源安全,搞好能源供应多元化,加快石油战略储备建设,健全能源安全预警应急机制。落实到具体的能源政策措施,可以归纳为以下几方面。

(1)完善能源战略储备体系

一直以来,中国都没有建立战略石油储备的举措,即使中国逐渐成为石油消费和进口大国。直到进入 21 世纪,由于国际原油价格开始持续上涨,中国才提出了建立石油战略储备体系的方案。根据中国政府“十五”规划中提出的设想,中国将从 2003 年开始,用 15 年时间分三期完成石油储备基地的硬件设施建设,预计总投资将超过 1 000 亿元,其储量安排大致为:第一期为 1 200 万吨,第二、三期各为 2 800 万吨。2007 年 12 月 18 日,中国国家石油储备中心正式成立,标志着中国石油战略储备体系开始走向系统化和制度化。2008 年,由中国政府投资的第一期 4 个战略石油储备基地(分别位于浙江舟山和镇海、辽宁大连及山东黄岛)全面投入使用,储备总量 1 640 万立方米,约合 1 400 万吨(按照 BP 统计资料的换算标准,1 立方米原油相当于 0.858 1 吨),相当于中国 12 天原油进口量,加上国内 21 天进口量的商用石油储备能力,石油中国石油战略储备能力初步达到 30 天原油净进口量的水平。2010 年底,新疆独山子国家石油储备项目开工,标志着第二期石油储备基地建设全面展开。根据计划,中国将开建 8 个二期战略石油储备基地,包括广东湛江和惠州、甘肃兰州、江苏金坛、辽宁锦州及天津等。到 2020 年整个工程项目一旦完成,中国的储备总规模将达到 100 天左右的石油净进口量,将国家石油储备能力提升到约 8 500 万吨,相当于 90 天的石油净进口量。

需要指出的是,国家石油战略储备库存并不是以平抑油价波动为主要目的,而是为了保证在战争或自然灾难时国家石油的不间断供给。因此,以稳定石油市场供应,平抑油价波动为目的的商业库存建设也必须进一步纳入石油战略储备体系中。未来石油战略储备体系的建设还必须进一步完善相关的法律法规,明确市场主体和政府机构的储备责任和义务,落实储备油品和储备资

---

①　国家能源局主要职责包括原国家能源领导小组办公室的职责、国家发改委的能源行业管理有关职责,以及原国防科工委的核电管理职责等。其具体包括:拟订能源发展战略、规划和政策,提出相关体制改革建议;实施对能源行业的管理;管理国家石油储备;提出发展新能源和节能的政策措施;开展能源国际合作。

金的来源，以及确定符合中国需求的储备规模和层次。

（2）实现多元化的能源供应

在中国经济的快速发展过程中面临的能源紧缺迫切要求中国积极开展能源外交，拓宽石油进口渠道，实现能源供应的多元化。目前，中国能源供应多元化的主要方向在中亚地区以及非洲地区。2006 年，中哈石油管道[①]（KCPP）开通，按计划每年至少向中国输送 1 000 万吨的石油，二期项目完工后可以提高到 2 000 万～5 000 万吨的水平。2009 年 12 月，中哈天然气管道[②]（KCGP）一期工程完工，二期工程为哈国境内管道，将横跨哈萨克斯坦，并最终连接上中国西气东输管道。包括在建的中俄石油管道[③]、中俄天然气管道[④]和中缅石油天然气管道[⑤]，以及东部沿海港口的 LNG 项，中国东北、西北、西南陆上和海上四大油气进口通道的战略格局已初步成型。

（3）保障能源运输通道安全

中国能源战略面临的最大挑战就是如何保障能源运输通道的安全。众所周知，中国面临的国际政治经济形势并不乐观，而中国从中东、北非等地区进口的石油必须经过的马六甲海峡。海上航线途径的霍尔木兹海峡、印度洋、马六甲海峡、南海等都是高危地区，考虑到与中国存在领土争端的印度、越南等国不断增强的海军实力，以及美国对太平洋和印度洋的军事控制，在台湾问题、南海问题、藏南地区问题没有得到彻底解决之前，这些航线都有非常大的风险，而中国海军的实力和威慑力在未来一段时期内仍不足以保障这些航线的安全。

确保能源运输通道的安全更多地依赖于中国外交工作的开展，包括积极与中东、北非、中亚等资源国建立战略合作关系，扩大在这些国家和地区的基础设施投资，稳定石油供应来源；与印度和越南等国积极开展划界谈判，以和平手段解决边界领土争端，缓和周边国家对中国实力不断扩大的紧张情绪；加紧海峡两岸经贸合作，增进两岸互信，减少两岸军事冲突的可能；与美国开展战略领域的交流合作，减缓东北亚地区的紧张局势，避免潜在的冲突影响能源运输通道的安全。

（4）提高能源效率，强化节能减排

节能一直是中国政府宏观调控的主要内容，作为转变发展模式和优化结构的突破口，在 20 世纪 80 年代初，就提出了能源开发与节约并举，节约优先的方针。2004 年中国政府又制定了第一个《节能中长期专项规划》，确定了"十一五"期间能耗降低目标，并将节能任务落实到各省市、自治区及重点企业。为了进一步加快技术进步和调整结构有机结合起来，2006 年中国政府还出台了《促进产业结构调整暂行规定》和《产业结构调整指导目录》，限期淘汰落后的高能耗生产工艺装备和产品。此外，相关能效标识、节能工程、政府节能采购和能效市场建设等节能措施也在

---

① 中哈石油管道于 2004 年 9 月开工，一期工程规划年输油能力为 2 000 万吨/年，西起哈萨克斯坦阿塔苏，途经阿克纠宾，经过中哈边界的阿拉山口口岸进入中国，最后到达中国石油独山子石化分公司，全长 2 798 公里，2006 年 6 月正式投入商业运营，2009 年输油量为 773 万吨，累计输油量已超过 2 000 万吨。二期工程规划输油能力为 2 000 万吨/年到 5 000 万吨/年，西起哈萨克斯坦阿塔苏经阿拉山口口岸进入中国，全长约 1 300 公里，于 2007 年 12 月开工，预计 2012 年 12 月完工竣工投入使用。二期工程第一阶段"肯基亚克－库姆科尔"石油管道已于 2009 年 9 月 14 日投入运营，输油能力为 1 000 万吨/年。

② 中哈天然气管道是中亚天然气管道的重要组成部分，一期工程起始于"土库曼斯坦－乌兹别克斯坦"边境，经乌兹别克斯坦、哈萨克斯坦到达中国霍尔果斯，全长约 1 300 公里，与中国西气东输二线相连，单线已于 2009 年 12 月竣工投产。二期工程为哈萨克斯坦境内管道，从哈萨克斯坦西部别依涅乌起至中哈天然气管道一期的齐姆肯特四号压气站，管道长度约 1 400 公里，计划于 2012 年完成。

③ 中俄石油管道是俄罗斯泰纳线分支，起自俄罗斯远东管道斯科沃罗季诺分输站，经中国黑龙江省和内蒙古自治区，止于大庆，管道全长约 1 000 公里，俄罗斯境内 72 公里，中国境内 927 公里。按照双方协定，俄罗斯将通过中俄石油管道每年向中国供应 1 500 万吨原油，合同期 20 年。2010 年 8 月开通，11 月 1 日进入试运行阶段。管道输油能力最高可升至每年 3 000 万吨。

④ 中俄天然气管道主要有两条规划管线，一是西线管道将从俄罗斯的西伯利亚经阿尔泰边疆区进入中国新疆，全长 2 800 公里，年输气量达到 300 亿到 400 亿立方米，最终与西气东输管道连接，运送西西伯利亚开采的天然气向中国沿海地区供气；二东线管道从萨哈林地区经哈巴罗夫斯克（伯力）进入中国境内。俄国最初的设想是首先建设全长约 3000 公里的西线管道，预计 5 年之内建成通气。但是，由于价格、气源和政治上的一些利益问题，中俄天然气管线建设进展缓慢。

⑤ 中缅石油天然气管道缅甸从马德岛出发，经云南瑞丽进入中国，管道全长 771 公里，一期工程规划输油能力为 1 200万吨/年，年输气能力为 120 亿立方米/年，已于 2010 年 6 月正式开工，计划在 2012 年完工。

稳步推进。

作为世界上最大的发展中国家,中国也是世界上第二大温室气体排放国。中国不仅积极参与应对全球气候变化的国际气候谈判,而且确立了发展低碳经济的可持续发展战略。近年来,中国政府先后发布了《国家中长期科学和技术发展规划纲要》《气候变化国家评估报告》以及《国家环境保护"十一五"规划》等纲领性文件,提出了加快建设资源节约型、环境友好型社会的构想,客观上为低碳经济的发展起到了推进作用。中国经济的快速发展和以煤炭为主的能源消费结构特点共同决定了中国碳排放的特点。虽然随着经济结构调整以及能效不断提高,中国的碳排放强度有望持续下降,但是中国目前的人均碳排放仍明显低于主要发达国家和世界平均水平,碳排放总量仍有较大的增长空间。但是,为了履行国际责任和体现中国负责任的大国形象,2009 年哥本哈根会议上,中国提出了到 2020 年将碳排放强度在 2005 年的基础上降低 40%～45%的相对减排承诺。

(5)发展新能与可再生能源

中国政府十分重视新能源和可再生能源的开发利用,2006 年开始实施的《可再生能源法》就是指导可再生能源开发利用的法律基础。随着与之配套的法规和政策的陆续出台,包括可再生能源发展中的长期发展目标规划,鼓励可再生能源发电的激励政策(电价机制、投资补贴、税收优惠等),以及颁布相关的技术标准,都将有力地推动中国可再生能源发展的进程。国家发改委 2007 年 9 月发布的《可再生能源中长期发展规划》提出了的发展目标是争取到 2010 年使可再生能源占能源消费比重达到 10%,到 2020 年达到 15%。

(6)推进能源市场化改革

2007 年 12 月中国政府发布的《能源状况与政策(2007)》白皮书中就提出未来将充分发挥市场配置资源的基础性作用,鼓励多种经济成分进入能源领域,积极推动能源市场化改革。而在此之前公布的《能源法草案意见征集稿》中也提出,中国能源价格形成机制将以市场调节为主导,实行市场调节与政府调控相结合。中国能源市场改革的重点是推进价格机制改革。价格机制是市场机制的核心。在妥善处理不同利益群体关系、充分考虑社会各方面承受能力的情况下,积极稳妥地推进能源价格改革,逐步建立能够反映资源稀缺程度、市场供求关系和环境成本的价格形成机制。深化煤炭价格改革,全面实现市场化。推进电价改革,逐步做到发电和售电价格由市场竞争形成、输电和配电价格由政府监管。逐步完善石油、天然气定价机制,及时反映国际市场价格变化和国内市场供求关系。

(7)推动能源金融一体化

推动能源金融一体化,也就是构建一个多层次、全方位的能源金融市场体系和产品服务体系。目前,中国政府对于能源金融一体化仍然没有一个较为成形的计划,但是随着能源市场化改革的推进,未来能源金融市场的建设将从以下三个方面展开。

一是在能源价格市场化改革的过程中,引入能源期货、期权等衍生品交易。能源价格改革的推进,使得能源市场的参与者越来越广泛,急需应对价格风险的金融工具。中国燃料油期货市场的成功运行经验表明,只有逐步放松对能源产业的管制,吸引更多资本进入,才能促进市场推出更多的能源衍生品交易。

二是在能源产业发展的过程中,加大金融机构对能源企业的支持,促进能源产业资本与金融资本的融合。能源企业在海外能源开发、产业链整合等方面遭遇到的诸如国际地缘政治冲突、资源勘探开发不确定性等风险需要分散、对冲的平台和工具,新能源的开发和利用也需要投融资渠道。目前,设立国家能源专项发展基金支持能源企业到海外收购、资源开发及新能源的开发的设想已经基本形成共识,将会很快付诸实施。

三是利用人民币国际化的趋势,尤其是近来与多国货币互换协议的签署以及跨境人民币结算的有利条件,鼓励国内企业在对外能源商品贸易中推动人民币作为计价货币或结算货币,推动能源贸易的"中国市场价格"体系。

2. 新形势下的能源战略和政策架构调整

未来一段时期(2012—2020 年)中国社会经济发展仍将处于工业化、城镇化加快发展阶段,而美国页岩气革命等国际能源市场的新形势,对我国能源战略提出了新的挑战。为了适应新形势发展的需求,2012 年 10 月,国务院发布了《中国的能源政策(2012)》白皮书,作为对原有能源战略和政策架构调整的指导性文件。

未来中国能源发展面临的主要问题包括以下几点。

- 资源约束矛盾突出。中国人均能源资源拥有量在世界上处于较低水平,煤炭、石油和天然气的人均占有量仅为世界平均水平的 67%、5.4% 和 7.5%。虽然近年来中国能源消费增长较快,但目前人均能源消费水平还比较低,仅为发达国家平均水平的 1/3。随着经济社会发展和人民生活水平的提高,未来能源消费还将大幅增长,资源约束不断加剧。
- 能源效率有待提高。中国产业结构不合理,经济发展方式有待改进。中国单位国内生产总值能耗不仅远高于发达国家,也高于一些新兴工业化国家。能源密集型产业技术落后,第二产业特别是高耗能工业能源消耗比重过高,钢铁、有色、化工、建材四大高耗能行业用能占到全社会用能的 40% 左右。能源效率相对较低,单位增加值能耗较高。
- 环境压力不断增大。化石能源特别是煤炭的大规模开发利用,对生态环境造成严重影响。大量耕地被占用和破坏,水资源污染严重,二氧化碳、二氧化硫、氮氧化物和有害重金属排放量大,臭氧及细颗粒物(PM2.5)等污染加剧。未来相当长时期内,化石能源在中国能源结构中仍占主体地位,保护生态环境、应对气候变化的压力日益增大,迫切需要能源绿色转型。
- 能源安全形势严峻。近年来能源对外依存度上升较快,特别是石油对外依存度从 21 世纪初的 32% 上升至目前的 57%。石油海上运输安全风险加大,跨境油气管道安全运行问题不容忽视。国际能源市场价格波动增加了保障国内能源供应难度。能源储备规模较小,应急能力相对较弱,能源安全形势严峻。
- 体制机制亟待改革。能源体制机制深层次矛盾不断积累,价格机制尚不完善,行业管理仍较薄弱,能源普遍服务水平亟待提高,体制机制约束已成为促进能源科学发展的严重障碍。

中国能源发展面临的这些问题,是由国际能源竞争格局、中国生产力水平以及所处发展阶段决定的,也与产业结构和能源结构不合理、能源开发利用方式粗放、相关体制机制改革滞后密切相关。因此,未来中国能源政策的基本框架是坚持"节约优先、立足国内、多元发展、保护环境、科技创新、深化改革、国际合作、改善民生"的能源发展方针,推进能源生产和利用方式变革,构建安全、稳定、经济、清洁的现代能源产业体系,努力以能源的可持续发展支撑经济社会的可持续发展。

(1)全面推进能源节约

2011 年,在《"十二五"节能减排综合性工作方案》中提出"十二五"期间节能减排的主要目标和重点工作,把降低能源强度、减少主要污染物排放总量、合理控制能源消费总量工作有机结合起来,形成"倒逼机制",推动经济结构战略性调整,优化产业结构和布局,强化工业、建筑、交通运输、公共机构以及城乡建设和消费领域用能管理,全面建设资源节约型和环境友好型社会。

(2)大力发展新能源和可再生能源

到"十二五"末,非化石能源消费占一次能源消费比重将达到 11.4%,非化石能源发电装机比重达到 30%。首先,要积极发展水电,中国水能资源蕴藏丰富,技术可开发量 5.42 亿千瓦,居世界第一。按发电量计算,中国目前的水电开发程度不到 30%,仍有较大的开发潜力。未来要做好水电开发流域规划,加快重点流域大型水电站建设,因地制宜开发中小河流水能资源,科学规划建设抽水蓄能电站,到 2015 年,中国水电装机容量将达到 2.9 亿千瓦。其次,安全高效发展核电,目前中国核电发电量仅占总发电量的 1.8%,远远低于 14% 的世界平均水平。未来要加大核电科技创新投入,推广应用先进核电技术,提高核电装备水平,重视核电人才培养,到 2015 年,中国运行核电装机容量将达到 4 000 万千瓦。第三,有效发展风电,坚持集中开发与分散发展并举,优化风电开发布局。有序推进西北、华北、东北风能资源丰富地区风电建设,加快分散风能资源的开发利用。稳步发展海上风电,到 2015 年,中国风电装机将突破 1 亿千瓦,其中海上风电装机达到 500 万千瓦。第四,积极利用太阳能,坚持集中开发与分布式利用相结合,推进太阳能多元化利用。在青海、新疆、甘肃、内蒙古等太阳能资源丰富、具有荒漠和闲散土地资源的地区,以增加当地电力供应为目的,建设大型并网光伏电站和太阳能热发电项目。鼓励在中东部地区建设与建筑结合的分布式光伏发电系统。到 2015 年,中国将建成太阳能发电装机容量 2 100 万千瓦以上,太阳能集热面积达到 4 亿平方米。第五,开发利用生物质能等其他可再生能源,坚持“统筹兼顾、因地制宜、综合利用、有序发展”的原则,发展生物质能等其他可再生能源。第六,促进清洁能源分布式利用,坚持“自用为主、富余上网、因地制宜、有序推进”的原则,积极发展分布式能源。制定分布式能源标准,完善分布式能源上网电价形成机制和政策,努力实现分布式发电直供及无歧视、无障碍接入电网。“十二五”期间建设 1 000 个左右天然气分布式能源项目,以及 10 个左右各类典型特征的分布式能源示范区域。

（3）推动化石能源清洁发展

统筹化石能源开发利用与环境保护,加快建设先进生产能力,淘汰落后产能,大力推动化石能源清洁发展。首先,安全高效开发煤炭资源,按照控制东部、稳定中部、发展西部的原则,推进陕北、黄陇、神东等 14 个大型煤炭基地建设。实施煤炭资源整合和煤矿企业兼并重组,发展大型煤炭企业集团。优先建设大型现代化露天煤矿和特大型矿井。实施煤矿升级改造和淘汰落后产能,提高采煤机械化程度和安全生产水平。其次,清洁高效发展火电,鼓励煤电一体化开发,稳步推进大型煤电基地建设。积极应用超临界、超超临界等先进发电技术,建设清洁高效燃煤机组和节能环保电厂。继续淘汰能耗高、污染重的小火电机组。鼓励在大中型城市和工业园区等热负荷集中的地区建设热电联产机组。在条件适宜的地区,合理建设燃气蒸汽联合循环调峰机组,积极推广天然气热电冷联供。第三,加大常规油气资源勘探开发力度,推进原油增储稳产,稳步推进塔里木盆地、鄂尔多斯盆地等重点石油规模生产区勘探开发,推进海上油气田勘探开发,逐步提高天然气在一次能源结构中的比重。第四,积极推进非常规油气资源开发利用,加快煤层气勘探开发,增加探明地质储量,推进沁水盆地、鄂尔多斯盆地东缘等煤层气产业化基地建设。加快页岩气勘探开发,优选一批页岩气远景区和有利目标区。加快攻克页岩气勘探开发核心技术,建立页岩气勘探开发新机制,落实产业鼓励政策,完善配套基础设施,实现到 2015 年全国产量达到 65 亿立方米的总体目标。第五,加强能源储运设施建设,综合考虑目标市场,产业布局调整,统筹谋划能源输送通道建设。进一步扩大西电东送、北电南送规模,完善区域主干电网,发展特高压等先进输电技术,提高电网资源优化配置能力。加强原油、成品油和天然气主干管网建设,提高油气管输比例,完善区域运输网络,建设沿海大型油气接卸站。统筹资源储备和国家储备、商业储备,加强应急保障能力建设。

（4）加快推进能源科技进步

2011 年,国务院发布《国家能源科技“十二五”规划》,作为首部能源科技专项规划,确定了勘探与开采、加工与转化、发电与输配电、新能源等四大重点技术领域,全面部署建设“重大技术研究、重大技术装备、重大示范工程及技术创新平台”四位一体的国家能源科技创新体系。

（5）深化能源体制改革

积极推进能源法律制度建设,目前正在研究论证制定能源法以及石油储备、海洋石油天然气管道保护、核电管理等方面的行政法规,修改完善《煤炭法》《电力法》等现行法律法规,推进石油天然气、原子能等领域的立法工作。

同时,还将进一步完善市场体制机制,鼓励民间资本参与能源资源勘探开发、石油和天然气管网建设、电力建设,鼓励民间资本发展煤炭加工转化和炼油产业,继续支持民间资本全面进入新能源和可再生能源产业。逐步取消重点合同煤和市场煤价格双轨制,完善煤炭与煤层气协调发展机制。深化电力体制改革,稳步开展输配分开试点。积极推进电价改革,逐步形成发电和售电价格由市场决定、输配电价由政府制定的价格机制。理顺煤电价格关系。探索建立可再生能源配额交易等制度。成功实施成品油价税费联动改革,运用税收手段合理引导能源消费。不断完善理顺成品油价格形成机制,开展天然气价格形成机制改革试点。完善能源市场体系,发展现货、长期合约、期货等交易形式。

（6）加强能源国际合作

加强双边合作,与美国、欧盟、日本、俄罗斯、哈萨克斯坦、土库曼斯坦、乌兹别克斯坦、巴西、阿根廷、委内瑞拉等国家和地区建立了能源对话与合作机制,在油气、煤炭、电力、可再生能源、科技装备和能源政策等领域加强对话、交流与合作。扩大多边合作,利用亚太经济合作组织、二十国集团、上海合作组织、世界能源理事会、国际能源论坛等组织和机制,在国际能源市场中发挥积极的建设性作用。进一步扩大在能源领域的对外开放,鼓励外商以合作的方式,进行石油天然气勘探开发,开展页岩气、煤层气等非常规油气资源勘探开发。鼓励投资建设新能源电站、以发电为主的水电站和采用洁净燃烧技术的电站,以及中方控股的核电站。鼓励中国能源企业遵循平等互惠、互利双赢的原则,积极参与国际能源合作,参与境外能源基础设施建设,发展能源工程技术服务合作。

参 考 文 献

[1] 王波.美国石油政策研究[M].北京:世界知识出版社,2008

[2] 魏一鸣,范英,韩志勇等.中国能源报告(2006)——战略与政策研究[M].北京:科学出版社,2006

[3] 修光利,侯丽敏.能源与环境安全战略研究[M].北京:中国时代经济出版社,2008

[4] 于立宏.能源资源替代战略研究[M].北京:中国时代经济出版社,2008

[5] 中国科学院可持续发展战略研究组.2009 中国可持续发展战略报告——探索中国特色的低碳道路[M].北京:科学出版社,2009

[6] 林伯强,牟敦国.高级能源经济学[M].北京:中国财政经济出版社,2009

[7] 夏义善,傅全章.中国国际能源发展战略研究[M].北京:世界知识出版社,2009

[8] 林伯强.中国能源发展报告 2010[M].北京:清华大学出版社,2010

[9] 谢文捷.世界能源安全研究[D].北京:中共中央党校,2006

[10] 杨维新.国际能源环境下的中国能源安全[D].北京:世界经济研究所,2006

[11] 郭志俊.欧盟共同能源政策——新功能主义理论的视角[D].山东:山东大学,2008

[12] 刘传哲,何凌云,王艳丽,何丽娜.能源金融:内涵及需要研究的问题[J].中国矿业大学学报(社会科学版),2008(3):59～63

[13] 杨泽伟.国际能源机构法律制度初探——兼论国际能源机构对维护我国能源安全的作用[J].法学评论(双月刊),2006(6):77～84

[14] 朱玲.论全球性食品和能源危机的应对策略[J].经济研究,2008(9):22～31

[15] 樊瑛,樊慧.美国 2007 新能源法案的政治经济学分析[J].亚太经济,2008(3):59～64

[16] 罗振兴.美国与东亚能源安全[J].美国研究,2008(3):79～99

[17] 杨光.欧盟能源安全战略及启示[J].欧洲研究,2007(5):56～70

[18] 扈大威.欧盟的能源安全与共同能源外交[J].国际论坛,2008,10(2):1～8

[19] 程春华.欧盟新能源政策与能源安全[J].中国社会科学院研究生院学报,2009(1):113～119

[20] 吴磊.能源安全体系建构的理论与实践[J].阿拉伯世界研究,2009(1):36～45

[21] 罗英杰.俄罗斯与欧盟能源合作评论[J].2005(7):55～60

[22] 庞昌伟.俄罗斯能源战略框架中的对外能源合作[J].国际经济评论,2004(11):24～30

［23］袁新华.俄罗斯能源战略与外交实施的制约因素［J］.俄罗斯中亚东欧研究,2006(5)：29～40

［24］何一鸣.日本能源战略体系［J］.现代日本经济,2004(1):50～56

［25］张力.印度的能源安全:挑战与应战［J］.南亚研究季刊,2004(2):29～37

［26］何建坤,张阿玲,刘滨.全球气候变化问题与我国能源战略［J］.清华大学学报(哲学社会科学版),2000,15(1):1～7

［27］吴宗鑫,吕应运.以煤为主多元化的清洁能源战略——我国未来能源可持续发展战略的探讨［J］.清华大学学报(哲学社会科学版),2000,15(6):72～78

［28］夏立平.当前美国国际能源战略及中美能源合作趋势［J］.当代亚太,2005(1):25～37

［29］黄季焜,杨军.中国经济崛起与中国食物和能源安全及世界经济发展［J］.管理世界,2006(1):67～78

［30］江泽民.对中国能源问题的思考［J］.上海交通大学学报(哲学社会科学版),2008,42(3):345～360

［31］王亮方.美国能源发展战略的动向及其对我国的启示［J］.系统工程,2006,24(3):93～101

［32］李卓.石油战略储备计划与石油消费的动态路径分析［J］.管理科学学报,2008,11(1):22～31

第二章

石油市场与石油金融

在可预见的未来 30 年内,虽然太阳能、风能等可再生能源的比重会逐渐上升,但是石油等化石燃料仍将是世界能源的主要组成。石油的主要产地仍是中东、俄罗斯等少数国家和地区,但随着全球经济一体化的发展,以及全球产业转移的趋势,亚洲尤其是中国和印度开始逐渐取代欧洲和日本成为新的传统能源消费大国。全球石油生产与消费格局的巨大变化,必然会引起国际石油市场新一轮的挑战,不仅是在市场范围和规模上的进一步扩张,而且在市场层次结构和体系上更是日臻完善。石油市场对全球经济的影响也越来越大,某种程度上已经成为全球经济的风向标。

目前,国际石油市场已经形成了包括现货、远期、期货等在内的较为成熟、完善的市场体系,期货交易逐渐替代现货贸易成为国际能源市场的定价基础。虽然现货市场仍是能源价格形成的基础,但是期货市场具有更好的价格发现功能,流动性也更强,因此国际原油期货价格逐渐成为国际石油价格形成的参照基准。国际石油价格形成过程中,石油的金融属性日益突出,而石油的资源商品角色被逐渐淡化,金融资产的角色却越来越凸显。国际金融资本对石油商品及其金融衍生品的过度投机行为使得国际石油价格逐渐脱离供需基本面,其剧烈的波动严重干扰国际经济的正常运行。

中国作为一个能源消费大国,随着经济的快速增长,国内石油供应已不能满足需求,依托国际石油市场,寻找长期稳定的石油供应渠道成为中国能源战略的重要组成部分。但是,随着中国能源对外依存度的提高,国际石油市场价格波动对中国经济发展的影响也越来越大。由于能源价格市场化改革的滞后,国内尚未形成较有效的定价机制,在争夺国际能源定价权中处于不利地位,"中国需求"因素不仅未能影响国际能源定价,反而成为国际金融投机资本炒作的借口。

本章首先对石油的价格形成机制进行全面阐述和分析,尤其是对国际石油市场格局的形成和交易体系的构建进行重点剖析,其次,从国际金融的角度来反思国际石油定价机制背后的深层问题,分析石油的金融属性及其对国际石油市场的影响。再次,针对中国石油价格机制的演变和发展、国际国内石油价格的传导渠道和相互作用、中国能源政策对国际石油价格的影响等问题进行探讨,以期为未来中国石油市场机制和石油金融体系的构建提供参考意见。

第一节　石　油　市　场

石油也称为原油[①],是一种深褐色、可燃、黏稠液体,属于碳氢化合物,沸点范围在 30℃～600℃,其主要组成成分是烷烃,此外还含硫、氧、氮、磷、钒等元素以及其他杂质,主要储存在地壳

---

① 石油也称为原油,但是这两者并不是完全等同的概念,这一点可以从原油的英文名称"crude oil"看出来。一般来说,"原油"是特指从地层中取出、未经任何提炼的黑色或深棕色的稠厚、有粘度的油状物质,它除了叫"原油"外,也可以称之为"石油"。而当"原油"送交炼油厂去加工炼制后,得到的新物质仍可以叫做"石油",更确切地说,是"石油产品",但习惯上不能再被叫做"原油"。也可以说,石油是天然原油和人造石油及其成品油总称。

上层部分。不同地区生产的原油的物理化学性质也不同，包括颜色、密度①、粘度②、凝固点③、闪点④、含蜡量⑤、含硫量⑥和含盐量⑦等特性都会存在差异。原油按密度（API 重度⑧）分为轻质、中质和重质原油三类；按按含硫量分为低硫、含硫和高硫原油三类；按组成分为石蜡基、环烷基和中间基原油三类。

在目前技术经济条件下，石油的炼化加工技术工艺日益成熟，原油经过炼化加工后的产品主要包括成品油、三大合成材料⑨和各种有机化工原料。成品油则包括石油燃料、石油溶剂与化工原料、润滑剂、石蜡、石油沥青、石油焦等六类。其中，各种石油燃料产量最大，接近原油炼化加工产品总产量的 90%；各种润滑剂品种最多，产量约占 5%。日常所指的成品油主要是石油燃料，包括汽油⑩、柴油⑪、煤油⑫和燃料油⑬等。

石油资源的分布从总体上来看极端不平衡：从东西半球来看，约 3/4 的石油资源集中于东半球，西半球占 1/4；从南北半球看，原油储量主要集中于北半球；从纬度分布看，主要集中在北纬 20°～40° 和 50°～70° 两个纬度带内。中东的波斯湾及美国墨西哥湾两大产油区和北非油田均处于北纬 20°～40° 内，该带集中了 51.3% 的世界石油储量；北纬 50°～70° 内则有著名的英国北海油田、俄罗斯伏尔加及西伯利亚油田、外高加索油田和美国阿拉斯加湾产油区。

根据英国石油公司（BP）的统计数据，在过去的 20 年里，全球常规石油资源的探明储量呈现缓慢上升趋势。如图 2-1 所示，1991 年全球石油探明储量约为 10 327 亿桶，2001 年增加到 12 674 亿桶，2011 年达到 16 526 亿桶。从产销情况来看，2011 年世界石油产量增加了 110 万桶/日，尽管利比亚石油产量减少了 120 万桶/日，世界新增石油产量仍然几乎全部来自石油输出国组织。美国石油供应量的增长连续第三年在非石油输出国组织国家中位列翘首。世界石油消费量约增

---

① 原油相对密度（水）一般在 0.75～0.95 之间，少数大于 0.95 或小于 0.75，相对密度在 0.9～1.0 的称为重质原油，小于 0.9 的称为轻质原油。

② 原油粘度是指原油在流动时的内部摩擦阻力，大小取决于温度、压力、溶解气量及其化学组成。温度增高粘度降低，压力增加粘度增大，溶解气量增加粘度降低，轻质油组分增加粘度降低。原油粘度变化较大，一般在 1～100mPa·s 之间，粘度大的原油俗称稠油，流动性差，开发难度大。

③ 凝固点是指原油冷却凝固的温度，大约在 −50～35℃。凝固点的高低与石油中的组分含量有关，轻质组分含量高，凝固点低，重质组分含量高，尤其是石蜡含量高，凝固点就高。

④ 闪点是指特定的标准条件下，油品表面产生的蒸气在试验火焰作用下被闪燃时的最低温度。

⑤ 含蜡量是指在常温常压条件下原油中所含石蜡和地蜡的百分比。石蜡是一种白色或淡黄色固体，由高级烷烃组成，熔点为 37℃～76℃。石蜡在地下以胶体状溶于石油中，当压力和温度降低时，可从石油中析出。地层原油中的石蜡开始结晶析出的温度叫析蜡温度，含蜡量越高，析蜡温度越高，油井容易结蜡，对油井管理不利。

⑥ 含硫量是指原油中所含硫（硫化物或单质硫分）的比例。原油中含硫量较小，一般小于 1%，但对原油性质的影响很大，对管线有腐蚀作用，对人体有害。

⑦ 原油从油井采出，其中含有大量的盐分，最高可达 1 000ppm（百万分之一千），它们多为钠、钙、镁和氯化物的混合物。通常原油含盐量在 0.02%～0.055% 之间。

⑧ API 重度（American Petroleum Institute Gravity，API Gravity），美国石油学会重度，该指标是衡量一种油品相对于水的轻重程度。计算公式：API＝141.5/p−131.5（p 为石油密度）。API 重度主要用处就是能基本判断原油品质的好坏。原油分轻质、中质、重质（light，medium，heavy）三类，分类的标准就是 API 重度。绝大多数的原油的 API 重度在 10～70 之间，API 重度高于 31.1 的原油是轻质原油；API 重度介于 22.3 到 31.1 之间的原油是中质原油；API 重度在 22.3 之下的，是重质原油。还有一种原油 API 重度很低，甚至低于 10（比水重，混合后会沉于水底），叫做超重油、稠油或沥青油。对于原油的商业价值和炼油工艺来讲，最好的原油 API 重度介于 40～45 之间，这个重度间的原油最容易加工，生产出来的主流油品也最多（采收率最高）。

⑨ 三大合成材料是指定塑料、合成橡胶和合成纤维。它们是用人工方法，由低分子化合物合成的高分子化合物，又叫高聚物，相对分子量可在 10000 以上。

⑩ 汽油的沸点范围（又称馏程）为 30～205℃，密度为 0.70～0.78 克/立方厘米，商品汽油按辛烷值进行标记，标号为 70、80、90 或更高。标号越大，在汽缸中燃烧时抗爆、抗震、燃烧性能好。

⑪ 柴油的沸点范围有 180～370℃ 和 350～410℃ 两类。沸点低的称为轻柴油，沸点高的称为重柴油。商品柴油按凝固点分级，如 10、0、-10、-20 等，柴油广泛用于使用柴油内燃机以及柴油锅炉。

⑫ 煤油的沸点范围为 180～310℃，主要供照明、生活炊事用，高级煤油也可作为航空燃料。

⑬ 欧洲的燃料油一般是指原油经蒸馏而留下的黑色粘稠残余物，或它与较轻组分的掺和物，主要用做蒸汽炉及各种加热炉的燃料或作为大型慢速柴油机燃料及作为各种工业燃料。美国的燃料油则一般是指任何闪点不低于 37.8℃ 的可燃烧的液态或可液化的石油产品，既可以是残渣燃料油（Residual Fuel Oil），也称重燃料油（Heavy Fuel Oil），也可以是馏分燃料油（Heating Oil）。

长了 600000 桶/日（见图 2-2）。所有净增长均来自亚洲、中南美洲和中东等新兴经济体，超过了欧洲和北美洲的石油消费量的下降。但是石油峰值研究协会（ASPO）认为 BP 高估了石油的可采储量，其数据存在一定误导。ASPO 认为应从经济因素和已知技术水平出发，确定探明石油资源中的"剩余经济可采储量"，这一数据才是真正可供未来使用的石油资源的数量。

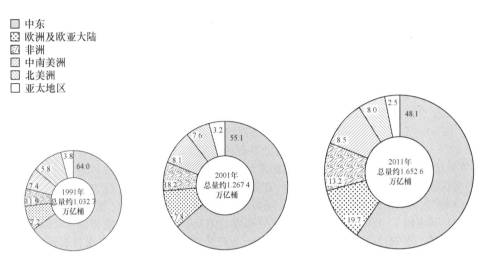

数据来源：BP Statistical Review of World Energy 2011

图 2-1　全球原油已探明储量（1991、2001、2011 年）（单位：百万吨）

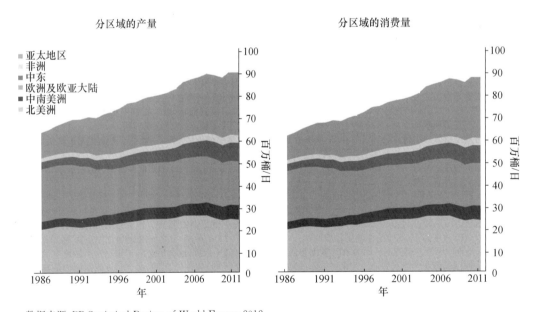

数据来源：BP Statistical Review of World Energy 2012

图 2-2　全球原油分区域产量和消费量

一、国际石油市场的形成与发展

1859 年，美国宾夕法尼亚州钻成第一口商业性油井，开辟了现代石油工业先河。现代石油工业诞生至今已有 150 多年的历史，但是真正意义上的国际石油市场是在 20 世纪 70 年代后期才出现的。此前,国际石油市场大致经历由欧美石油公司垄断和欧佩克(OPEC)官方控制两个阶段;此后,开始形成以市场供求为基础的定价机制,并随着 20 世纪 90 年代国际石油期货市场的迅速发展,逐渐形成了以市场供求为基础,以期货市场价格为主导的国际石油市场新格局。

(一)欧美跨国公司垄断时期(1928—1973 年)

第一次世界前后至 1939 年,当时处于世界霸主地位的英国控制了世界主要石油市场。1918 年第一次世界大战结束后,英国控制了奥斯曼土耳其帝国在中东的大片领土,从而控制了世界上最重要的产油区。英国政府通过英波石油公司①及英荷壳牌石油公司②(Shell),实际控制了中东绝大部分的石油资源(主要是在伊朗和伊拉克)。第一次世界大战期间英国就制定了《石油条例》,规定本土以及所属殖民地的石油生产均受英国政府管制,也就是所谓的"英国控制条款"。1929 年,英国控制了 100% 的中东和 90% 的远东石油生产。1939 年,虽然在上述两个主要产油区,英国所占份额下滑到 79% 和 73%,但仍不影响其控制地位。

1870 年,洛克菲勒创建了标准石油公司(Standard),并于 1882 年创立了世界第一个石油垄断组织——标准石油托拉斯,控制了全美 90% 以上的炼油生产。美国作为世界主要的产油国,不仅石油产量较大,并且最早形成了完整的石油工业体系。但碍于美国当时的整体经济实力,无力控制全球石油体系。20 世纪 20 年代末,美国的石油公司已经进入中东地区并获得了勘探和开采石油的权利③。同时,美国国内也发现了新的大油田。原来供不应求的世界石油市场出现了供大于求的趋势,这就使得英美两国更容易达成妥协,一起控制国际石油市场。

1928 年,美国的埃克森石油公司④和英波石油公司、壳牌石油公司签署的《阿克纳卡里"按现状"协定》(The 'As-Is' Agreement of Achnacary),该协议内容包括:维持原油价格稳定;限制石油产品在国际市场的竞争;控制油制品的销售;以"单一原油价格制"决定石油价格等。三巨头企图以此结束石油市场的无序竞争、划分各石油公司的市场范围。同年,美、英、法、荷四国政府和三家石油公司签署了《红线协定》(The Red Line Agreement),之后在 1930 年至 1934 年间,又陆续签署了三个执行《红线协定》的附属协定。这一系列协议沿着奥斯曼土耳其帝国的边界,把中东石油主要产地划入其势力范围,规定参与协议各国除了与土耳其石油公司(TP)的会员国合作外,不得在红线内私自进行石油开发。1934 年,埃克森石油公司和英伊石油公司、英荷壳牌石油公司一起制定了海湾原油定价体制,即海湾基价加运费的计价制度。

这一系列规则的制定解决了欧美石油公司间有关石油价格、生产份额、市场份额以及对进入中东未开发油田准入等问题上的争议,为其共同垄断国际石油市场铺平了道路。上述一系列协议促成了石油卡特尔⑤(Cartel)的形成和以英国为主导的国际石油秩序的确立,也标志着欧美石油公司垄断定价体系的开始。

20 世纪 30 年代经历经济大萧条后,美国开始逐步取代英国的霸主地位,这一时期(1939—

---

① 英波(波斯)石油公司(Anglo-Persian Oil Company)成立于 1909 年,1927 年改名英伊(伊朗)石油公司(Anglo-Iranian Oil Company),1953 年改名英国石油公司(British Petroleum,BP)。英波石油公司通过持有土耳其石油公司(Turkish Petroleum,TP)50% 的股权,控制中东石油资源。

② 壳牌石油公司(Shell)全称为皇家荷兰/壳牌公司(Royal Dutch Shell),由皇家荷兰公司(60% 股权)和英国壳牌运输贸易公司(40% 股权)在 1907 年合并而成。

③ 1922 年英国政府允许美国近东开发公司(多家石油公司组成的财团)取得土耳其石油公司(TPC)23.5% 的股权。至此,土耳其石油公司(TPC),股权的分配如下:英波石油、壳牌、法国石油公司、美国近东开发公司各占 23.75%。1929 年土耳其石油公司改名为伊拉克石油公司(Iraq Petroleum Company,IPC)。

④ 1911 年 5 月 15 日,美国最高法院依据 1890 年的《谢尔曼反托拉斯法》,以反垄断的名义,判决将标准石油公司拆分为 37 家地区性、专业性的石油公司。原俄亥俄标准石油后被并入英国石油公司;原印第安纳标准石油改名为阿莫科石油(Amoco),后来也被并入英国石油公司;原纽约标准石油改名为美孚石油(Mobil),后被并入埃克森美孚(Exxon Mobil)石油公司;原德克萨斯公司后来发展成德士古(Texaco)公司,后被并入雪佛龙德士古(Chevron Texaco)公司;原新泽西标准石油改名为埃克森(Exxon)石油,后兼并美孚石油;原加利福尼亚标准石油改名为雪佛龙(Chevron)石油,后兼并德士古公司,成立雪佛龙德士古公司;原肯塔基标准石油被加利福尼亚标准石油并购,也是现在雪佛龙德士古公司的一部分。

⑤ 卡特尔(cartel)是垄断组织形式之一,由生产类似产品的企业,为垄断市场,获取高额利润,通过订立协定形成同盟,在价格、产量和销售等方面采取集体行动,控制市场。

1954 年），开始形成由美国主导的垄断寡头下的国际石油市场新秩序。第二次世界大战使世界格局发生了根本的变化，石油市场随之发生了根本性变革。海湾原油定价体制在 1947 年和 1949 年分别两次修改，英国主导的《红线协定》也在 1948 年被废弃。随着旧的市场配额限制和中东石油开采市场准入限制被打破，原来三巨头把持的石油卡特尔逐渐演变为八大石油巨头①控制的寡头垄断组织。英国在美国和苏联以外的地区所控制的石油产量从 1938 年的 53％下降到 1953 年的 33％，而同期美国控制的份额则从 33％上升到 53％。

1953 年，美国中央情报局参与推翻了伊朗穆萨迪格民选政府，扶持建立了巴列维王朝。1956 年，英法干预苏伊士运河危机②失败，英法势力退出中东地区，这使得美国在中东处于优势控制地位。当时正处于美苏两极对立时期，中东地区的阿拉伯国家与以色列的矛盾也日趋激烈，但美国石油公司在国际石油体系中的主导地位得到进一步确立。美国政府宣布不再直接干预国际石油体系，而是间接地为其提供安全保护。这一时期（1954—1970 年），美国主导下的世界石油体系主要是通过逐步建立稳定运行秩序，形成一种非契约性的运作规则（见表 2-1）。

表 2-1　1954—1970 年美国主导下世界石油体系的非契约性规则

功能 领域	生产		分配	
	经济	安全	经济	安全
原则	垄断	充足生产	合理的垄断价格	确保供应
规范	由垄断寡头组成的有限竞争的市场架构应当得到承认	石油的充分、高效生产；政府和政府间国际组织不应该对市场进行干预	寡头有限竞争垄断的市场架构；有限的市场导向和现货市场	经济收入预期应该是分配的基础

这一时期，世界石油市场的发展状况是可以用"供过于求"和"石油依赖加重"来概括。需求方面，石油逐渐取代煤炭成为西欧和日本主要能源，并且其石油进口依赖越来越加深，进口来源逐渐从美国和委内瑞拉转移到中东地区；世界石油市场由于产能过剩导致的价格低迷，加上中东地区的石油资源储量大、品质高、易开采、生产成本低，导致大批规模较小的独立石油公司和国家石油公司竞相到中东寻求发展，也加大了跨国石油公司的竞争压力，其在炼化、运输和产品市场开发等下游产业领域的地位也遭到削弱。对于产油国来说，新石油公司的出现增强了它们在同国际石油公司谈判时的筹码，而西方国家对进口石油依赖的加深使产油国对国际石油市场的支配能力大大加强。供应方面，20 世纪 50 年代末，由于中东连续发现特大油田，产量持续上升，而苏联开发了外高加索地区油田（第二巴库），把大量原油以低于中东石油 0.6 美元/桶的价格投放到国际原油市场，直接导致了世界石油市场供过于求，石油公司纷纷压低油价，使产油国蒙受经济损失。此外，在 20 世纪 60 年代中期之前，美国的剩余石油产能一直是西方国家可替代的石油供应来源，而到了 1966 年，中东主要石油出口国的石油出口首次超过美国的剩余石油产能，美国的剩余石油产能开始迅速下降。

1950 年，欧美跨国石油公司控制了除美国本土和社会主义阵营以外的世界石油产量的98.3％，而到 1969 年这一比例下降到 76.1％。导致这一变化的主要原因是美国在国际政治体系中的位置开始有所衰落，由美国主导的国际货币体系——布雷顿森林体系出现严重危机，世界经济出现停滞。加上美苏两大阵营的对垒中苏联占据了一定的战略主动性，因此美国对国际石油体系的控制力开始下降，而国际石油市场的供求状况及不合理的定价机制直接导致石油输出国组织的出现。

---

① 在新的石油权力格局中，美国增加了四个席位，即海湾（Golf）、美孚（Mobil）、雪佛龙（Chevron）和德士古（Texaco），加上前述三家家石油巨头也就构成了通常所说的"石油七姐妹"，另外还有法国石油公司（FP），即现在的道达尔（Total）石油公司的前身。

② 1956 年 7 月 26 日，埃及政府宣布将苏伊士运河公司收归国有。英法为夺得苏伊士运河的控制权与以色列勾结，于 1956 年 10 月 29 日，对埃及发动了突然袭击，由此爆发第二次中东战争。

（二）欧佩克官方定价体系（1973—1986 年）

1960 年 9 月，由伊朗、伊拉克、科威特、沙特和委内瑞拉的代表在巴格达召开会议，决定联合起来共同对付西方石油公司，维护石油收入。五国宣告成立石油输出国组织欧佩克[①]（OPEC），协调和统一各成员国的石油政策，并确定以最适宜的手段来维护它们各自和共同的利益。1968 年 1 月，科威特、利比亚和沙特等国还发起成立了阿拉伯石油输出国组织[②]（OAPEC），以协调阿拉伯产油国间的石油政策，维护阿拉伯民族的集体利益。但是，在 1970 年以前，无论是 OAPEC 还是 OPEC 都还没有能力改变国际石油秩序，这主要是由于产油国对自己的能力和目标有一个学习的过程，而产油国间的竞争和博弈也削弱了联合行动的能力。

从 1970 年以利比亚[③]为首的产油国与跨国石油公司提价谈判到 1973 年 10 月 OPEC 宣布单方面决定石油价格为止，美国主导的国际石油秩序经历了一个快速的衰落的时期（1970—1973 年）。以利比亚和伊朗为首，中东和非洲的产油国开始不断挑战旧的石油市场秩序。1970 年，OPEC 成员国召开加拉加斯会议[④]，第一次紧密地团结起来，同以"石油七姐妹"为首的欧美石油公司进行斗争，要求原油标价（跨国石油公司的原油收购价）反映汇率变化，同时要求进一步提高税率，增加利润分成。随后签订的 1971 年的《德黑兰协定》[⑤]、1971 年的《的黎波里协定》[⑥]和 1972 年的《日内瓦协定》[⑦]，OPEC 要求跨国石油公司接受它们所提出的基本原则：拥有对本国自然资源的控制权，包括对石油生产的控制权和定价权；拥有进入石油勘探、开发和冶炼领域的权利。这一系列协议是世界石油价格体系的转折点，意味着石油定价的主动权从此转到了产油国手中。

通过上述签订的一系列协定，产油国逐渐掌握了国际原油定价的主动权，而欧美石油公司开始逐渐失去对国际石油价格体系的控制。此外，OPEC 国家还采取接管或参股等形式的国有化措施，开始逐渐掌握本国的石油产业。1972 年，沙特石油大臣亚马尼率领海湾国家石油部长同欧美石油公司在纽约签订参股总协议[⑧]。1976 年，OPEC 成员国就已经完成或基本完成了石油工业国有化。

通过上述行动，OPEC 终于打破了几十年来国际石油公司垄断定价的特权，并形成新的石油卡特尔，而随后爆发的第一次石油危机，则使得国际石油定价权开始转移到 OPEC 手中。1973 年 10 月 6 日第四次中东战争爆发，为打击以色列及其支持者，OPEC 开始对西方国家实行石油限产及禁运[⑨]，并于当年 12 月宣布收回原油标价权，将石油价格从 1973 年 9 月的 2.59 美元/桶

---

① 目前欧佩克共有 12 个成员国，除创始国外，按加入时间先后分别是：卡塔尔（1961 年）、利比亚（1962 年）、阿联酋（1967 年）、阿尔及利亚（1969 年）、尼日利亚（1971 年）、厄瓜多尔（1973 年）和安哥拉（2007 年）。此外，过往成员包括印度尼西亚（1962—2008 年）和加蓬（1975—1994 年）。

② 阿拉伯石油输出国组织（Organization of Arab Petroleum Exporting Countries，OAPEC）共有 11 个成员国，即阿尔及利亚、利比亚、巴林、埃及、伊拉克、科威特、卡塔尔、沙特阿拉伯、叙利亚、突尼斯、阿联酋。

③ 1969 年利比亚成立了秘密的"自由军官组织"并在卡扎菲领导下发动政变，推翻伊德里斯王朝，1970 年 1 月建立了阿拉伯利比亚共和国。此后卡扎菲一直奉行独立自主的政策，并逐渐将石油产业收归国有。

④ 1970 年 12 月 9 日，欧佩克在委内瑞拉首都加拉加斯召开会议，决定对出口石油征收 55% 的最低税率，同时要求在石油标价中反映汇率的变化。

⑤ 1971 年 2 月 14 日，在海湾国家开采石油的国际石油公司与欧佩克六个海湾地区成员国，签订了著名的《德黑兰协议》。协议规定，海湾各国石油税率从 50% 提高到 55%；根据原油质量，立即将原油标价每桶提高 30～40 美分；取消以前产油国付给国际大石油公司每桶 3～4 美分的销售补贴；在 1971 年 6 月 1 日、1972—1975 年每年的 1 月 1 日，将标价提高 5%；为抵消通货膨胀和美元贬值的影响，每年额外再提高石油标价 2.5%。协议的上述条件在五年内不变。

⑥ 1971 年 4 月 2 日国际石油公司与欧佩克地中海成员国在利比亚首都的黎波里签订协议。协议规定，立即将每桶原油的标价提高 90 美分到 3.45 美元；为抵消通货膨胀和美元贬值的影响，每年提高石油标价 2.5% 加上通胀补贴；将石油标价的税率从 50%～58% 提高到 60%。

⑦ 1972 年 1 月，欧佩克同国际石油公司签订了《日内瓦协定》，把石油标价再提高 8.49%。

⑧ 该协议规定，从 1973 年 1 月 1 日起，各产油国在相关石油公司中参股 25%，稳定 5 年；1979—1982 年，每年增加参股 5%，1983 年增加 6%，达到 51%，然后保持到租借权期满（1990—2000 年）。

⑨ 1973 年 10 月 6 日第四次中东战争爆发，阿拉伯石油输出国组织部长级会议决定实行限产及选择性禁运（对象分为：友善国家、禁运国家及中立国家），以 1973 年 9 月为基准每月递减石油产量 5%，日产原油也由原来的 2 080 万桶减少到 1 580 万桶。随后其他欧佩克国家也加入限产行列。

升至 1974 年 1 月 1 日的 11.65 美元/桶。由于短期内石油供求弹性难以调整过来，供应短缺导致原油价格不断攀升，到 1979 年初已升至每桶 15.85 美元。持续三年的高油价和原油供应短缺造成了"二战"后最严重的全球经济衰退，这段时期也被称为第一次石油危机。为了削弱 OPEC 对国际原油市场的控制，1974 年 15 个 OECD 成员国发起成立了国际能源署（IEA），旨在通过石油消费国的合作，共同采取诸如石油战略储备、节能、开发新能源、援助非 OPEC 产油国石油开发等措施，减少对中东地区石油的依赖性。

1975 年 1 月，OPEC 宣布取消原油标价和市场价的双重价格制，实行单一价格制——OPEC 官方价格。1975 年 3 月，OPEC 发布宪章，确认 OPEC 对原油产量与价格的决定权。1979 年伊朗发生伊斯兰革命，随后 1980 年伊朗和伊拉克又爆发两伊战争。这一期间伊朗石油产量锐减，其 1979 年的石油日产量比 1978 年减少 200 万桶。而国际石油市场供不应求，OPEC 几次调整官价，从 1978 年的 12.6 美元/桶到 1980 年 7 月的 32 美元/桶，同时允许 5～9 美元/桶的差价，国际石油价格在 1980 年 7 月达到历史最高峰 39.5 美元/桶，这段时期也被称为第二次石油危机。

这一时期（1973—1980 年），OPEC 逐渐成为国际石油市场的支配性力量。从 1973 年 OPEC 发动石油提价后，OPEC 成员国的石油总产量持续稳定增长，维持在约 3 100 万桶/日的产能，1980 年达到高峰，占世界石油总产量的 48%；而 OPEC 成员国出口的石油占世界石油贸易量的 60%，对国际石油市场具有很强的影响力，特别是当其决定减少或增加石油产量时。同期非 OPEC 产油国石油生产增长缓慢，基本维持在 1 800 万桶/日的水平。跨国石油公司逐渐淡出石油上游产业，其在国际石油市场上所占的份额由 1973 年超过 90% 下降到 1980 年的 55%。

OPEC 采取的高油价政策促使世界其他国家纷纷投资开发新的油田（如北海油田），尤其是西方发达国家不断加大对非 OPEC 国家石油资源开发的援助，刺激了原油供给。从 1980 年开始，OPEC 的石油产量迅速下降，而非 OPEC 国家的石油产量则迅速上升，到 1981 年 OPEC 和非 OPEC 国家的产量开始持平，到 1985 年 OPEC 的石油产量竟跌至 1 500 万桶/日的历史低位，而非 OPEC 的石油产量迅速增至 2 300 万桶/日的历史高位。为维持官方价格，1983 年 OPEC 决定将其总产量上限定为 1 750 万桶/日，并采取生产配额制。由于成员国产能高峰时已达到 3 100 万桶/日，各成员国都不愿意按配额限产，甚至折价销售，使得 OPEC 的限产保价措施失败。1983 年 3 月，OPEC 首次将官方价格降至 29 美元/桶，并由沙特充当机动产油国，仍企图通过限产以维持原油价格水平。1985 年 2 月，OPEC 再次降低官方价格至 28 美元/桶，之后原油价格更加疲软，虽然沙特持续削减产量，但其努力仍被其他成员国的连续超产所破坏，最终于 1985 年底放弃其机动产油国的角色。为夺回市场份额，沙特不得不采取净回值计价[①]（netback pricing）方法，进行变相降价。其他 OPEC 成员国纷起效仿，最终引起国际原油价格暴跌，1986 年 7 月跌至 11.58 美元/桶的价位，从而结束 OPEC 官方定价机制对国际原油市场的控制。

这一时期，由于产油国的一系列国有化措施，欧美石油公司逐渐丧失了对石油资源的控制，开始转变经营策略，实施"多元化"的大规模扩张战略，通过资本运营实现真正意义上的跨国经营。当时欧美石油公司的投资重点由中东地区转向母国或非 OPEC 国家，在阿拉斯加、北海、拉美、西非等地区展开了大规模的勘探开发活动，以及加强了对非常规石油资源开采利用技术的研究和实验。同时，欧美石油公司在完善产业链方面也投入大量资本，扩大了运输、炼油、石化等下游产业的生产能力。

（三）以市场供求为基础的多元化国际石油市场（1987—2000 年）

这一阶段（1987—2000 年）国际原油价格的特点是形成了 OPEC 官方定价、国际期货市场、

---

① 净回值计价（netback pricing），又称为倒算净价格，是以消费市场上成品油的现货价乘以各自的收率为基数，扣除运费、炼油厂的加工费及炼油商的利润后，计算出的原油离岸价。

现货市场三者共同作用的多元化国际石油市场体系,而欧美石油公司通过一系列的兼并与重组,形成 6 个超级跨国石油公司[①],进一步加强了对全球石油产业的控制。

1986 年底,OPEC 成员国达成减产协议,并决定于 1987 年 1 月 1 日恢复固定的官方价格。为此,OPEC 价格委员会制订了包括 7 种原油[②]在内的一揽子价格方案,其加权平均价格为 18 美元/桶(轴心价格)。然而,固定官方价格并不能消除国际原油市场价格不稳定性,1991 年海湾战争、1994 年墨西哥比索危机和 1998 年亚洲金融危机导致了三次石油价格暴跌。产油国为了稳定油价,转而采取让长期合同价格与现货市场价格挂钩的计价办法[③]。

20 世纪 80 年代,国际石油商品远期合约和期货合约开始出现。1983 年,美国纽约商品期货交易所(NYMEX)推出西得克萨斯中质原油(WTI)期货合约。1988 年,英国伦敦国际石油交易所(IPE)推出北海布伦特原油(Brent)期货合约。由于国际石油期货市场参与者众多、流动性充足、价格发现及时且能较好地反映了市场供求状况,从而使交易各方开始逐渐接受以国际期货价格为国际原油市场的参照基准价,再通过适当升贴水来确定长期合同价格。

1998 年 12 月油价跌至 20 世纪 80 年代以来最低点 11.28 美元/桶后,国际石油体系出现了新趋势:OPEC 和非 OPEC 成员国之间、产油国和石油消费国之间在稳定石油供应、石油价格问题上出现了空前的共识,达成了一系列的合作协议。

首先,OPEC 成员国间、OPEC 和非 OPEC 产油国之间达成了以减产来稳定价格的共识。1998 年的亚洲金融危机使该地区的经济受到严重打击,石油需求减少,原油价格急剧下跌,一度跌到 10 美元/桶的水平。1999 年 3 月主要的 OPEC 成员国沙特和委内瑞拉与非 OPEC 产油国墨西哥、俄罗斯和挪威达成石油减产协议,以制止油价下跌。2000 年 3 月,OPEC 通过了减产协议,将油价定在 22~28 美元/桶的范围内。而由于 1999 年底全球经济出现好转,石油需求增长迅速,供应相对减少,库存持续下降,导致油价急剧回升,1999 年 12 月达到 25 美元/桶,2000 年 3 月 7 日突破 30 美元/桶大关。为了稳定市场,避免国际原油价格的暴涨暴跌,OPEC 决定采取“增产抑价”措施,并且制定了“自动平衡机制”,即在 OPEC 一揽子油价连续 20 天不在 22~28 美元/桶的价格带内时,OPEC 日产量自动增加或减少 50 万桶/日,并力争把油价稳定在 25 美元/桶左右。

其次,产油国与石油消费国之间也达成了一定的共识,石油消费国对产油国对石油价格和供应管理从原来持反对的立场转变为支持。2000 年 12 月的国际能源论坛上,美国公开支持沙特和 OPEC 执行的价格带政策。双方达成了管理石油的供应协议,由沙特负责协调国际石油市场供应。尽管没有正式的文本协议,但是石油生产国组织和石油消费国组织在石油供应管理上达成一致显然是一个具有里程碑意义的事件。2003 年以来虽然国际油价不断上涨,但是 OPEC 不再执行高油价政策,而是一再提高产量,试图通过供求平衡来平抑油价。2003 年成立的国际能源论坛秘书处成为石油生产国和消费国对话与合作的常设机构,虽然只是为产油国和消费国提供交流石油市场信息的平台,并没有规则和规范的作用,但它是国际石油体系中首次出现的全体行为体自愿参与的合作。

---

① 这六家巨头分别是埃克森美孚(Exxon Mobil)、英国石油公司(BP)、壳牌(Shell)、雪佛龙-德士古(Chevron Texaco)、道达尔(Total)和康菲(Conoco Phillips)。1998 年 12 月 1 日埃克森和美孚宣布合并成立埃克森美孚公司,埃克森占股 70%,美孚占股 30%;1998 年 8 月,英国石油公司以 563 亿美元收购阿莫科石油(Amoco),1999 年 4 月又以 303 亿美元收购了阿科石油(Arco);2001 年 10 月,雪佛龙以 390 亿美元兼并德士古,成立雪佛龙-德士古;法国道达尔公司(Total)的前身是法国石油公司(FCP),1998 年 11 月与比利时菲纳石油公司(Fina)合并,2000 年 3 月道达尔菲纳石油公司又以 511 亿美元收购了法国埃尔夫石油公司(Elf),并组建了道达尔菲纳埃尔夫石油公司,2003 年更名为道达尔;2002 年 8 月,由美国康纳石油公司(Conoco)和菲利普斯石油公司(Phillips)合并而成康菲石油公司,是全美第一大的炼油企业。

② 一揽子原油包括:沙特轻油(Arab Light, API·34MYM17.52/b)、阿尔及利亚撒哈拉混合油(Sahara Blend, API·44MYM18.87/b)、印尼米纳斯原油(Minas, API·34MYM17.56/b)、尼日利亚邦尼轻油(Bonny Light, API·37MYM18.92/b)、阿联酋迪拜原油(Dubai, API·32MYM17.42/b)、委内瑞拉帝朱纳轻油(TiaJuana Light, API·31MYM17.62/b)和墨西哥依斯莫斯轻油(Isthmus, API·36MYM18.07/b)。

③ 一般采用两种挂钩方式,一种是指按周、按月或按季度通过谈判商定价格的形式,另一种是以计算现货价格平均数(按月、双周、周)来确定合同油价。

这一时期,由于油价高企,加上周期性经济危机的影响,全球石油需求量锐减,整个石油市场出现供过于求的局面。欧美石油公司的下游业务开始出现产能过剩的局面,经营状况严重恶化,不得不调整发展战略,放弃多元化战略,转而将经营范围收缩于核心业务。具体的策略包括:撤销对非常规油气资源开发利用技术和新能源项目的研发投资;对下游业务进行整合,大量剥离技术落后、规模较小的炼油厂,压缩炼油能力,加强对规模较大的炼油厂和化工厂的技术升级和改扩建,使其更加适应市场需求;通过收购、出售和互换,对勘探、运输、炼化和销售网络等环节进行优化整合等。进入 20 世纪 90 年代后,由于国际石油市场价格波动剧烈,跨国石油公司又被迫采取"一体化"的战略,强调上中下游业务的整合,通过联营等形式完善其产业链条。这一战略转变,直接导致了国际石油行业两次重组与兼并浪潮,1994 年前后的兼并以收购下游产业为主,1998 年后则出现超大规模的全面并购,并逐渐形成了以埃克森-美孚(Exxon Mobil)、英国石油公司(BP)、壳牌(Shell)、雪佛龙-德士古(Chevron Texaco)、道达尔(Total)和康菲(Conoco Phillips)为代表的 6 个超级跨国石油公司。

(四)新兴市场国家与国际石油市场新格局的形成(2001 年至今)

进入 21 世纪后,以中国、印度、俄罗斯、巴西等金砖国家为代表的新兴市场开始迈入工业化、城市化快速发展阶段,对石油的需求也在急剧增长。这一新趋势的出现,不仅推高了国际油价、加剧了油价波动,而且也对国际石油市场的格局产生了巨大的影响。

近年来,国际原油价格风向标——布伦特(Brent)原油期货价格和西得克萨斯轻质原油(WTI)期货价格出现溢价逆转问题,直接影响国际原油市场的定价。比如 2011 年年初,布伦特原油期货合约价格(94.80 美元/桶)相对 WTI 原油期货合约价格(91.60 美元/桶)每桶溢价 3 美元,尽管二者从 2011 年 2 月开始都处在上升空间,并在 4 月到达高点后不断下跌,但 WTI 已经降到每桶 90 美元以下,而布伦特的成交价依然坚守在 114 美元左右,两者之间的差距更越来越大,到了 2011 年 9 月 1 日,二者之间的溢价达到 26.04 美元/桶。WTI 是北美地区的基准原油,在美国纽约商品交易所交易的期货合约交割地位于俄克拉何马州,实物交割率比较高;布伦特原油是欧洲地区的基准原油,由产自北海的 15 个不同油田的石油调和而成,同样是轻质低硫的原油,其期货合约主要在洲际交易所交易,通常情况下 WTI 比布伦特价格要高。

造成两者溢价逆转的主要原因可能是生产区域不同,供给条件的变化各自不同。利比亚局势动荡,北海油田钻井设备维修、尼日利亚动乱等,都扰乱了布伦特原油的供给,而 WTI 原油期货合约交割地俄克拉何马州库欣充足的石油供给有效地平抑 WTI 价格。WTI 与布伦特之间日益扩大的价格差也让 WTI 是否依然是一个国际石油市场的基准价格成为争议。

但是一个更重要的原因可能是全球石油市场的需求日益呈现多元化,以金砖四国为代表的新兴市场的原油消费在很大市场上弥补了欧美原油需求的下降。伴随着发展中国家市场需求日益增长,美国能否成为国际原油市场价格的主要推动因素将打上一个问号。现在只看美国每周的存货变化根本无法分析全球市场的需求。中国、印度和其他发展中国家日益增长的需求扮演着更重要的角色。IEA 的统计数据显示,OECD 国家每天汽油消费总量从 2007 年的 4 957 万桶桶下降到 2010 年的 4 637 万桶,中国则从 753 万桶迅速攀升到 919 万桶,印度也同样经历了从 269 万桶到 318 万桶的上升过程。

另一个原因是全球石油供给也在发生变化,非洲的原油产量约占到全球市场的 11% 左右,其未开发的石油储备约占到全球的 10% 左右,越来越多的国家和跨国石油公司正在投资非洲石油产业,不仅是在上游开采行业而且还扩散到了下游炼化行业。非洲石油的开发只是全球石油供给版图变化的冰山一角,中东主导的 OPEC 力量正在下降。美国能源信息署(EIA)的数据显示,2008 年 6 月,OPEC 出口到美国的原油为 556 万桶/日,而 2010 年 1 月仅为 425 万桶/日,下降了 23%。与此同时,2010 年 1 月美国从非 OPEC 国家进口的石油达到 421 万桶/日,几乎与 OPEC 进口持平。

此外,国际石油勘探开发行业竞争格局也发生了根本性变化,随着国家石油公司地位快速上升,国际石油市场被几大巨头垄断的局面也逐渐被打破。当前世界石油勘探开发市场已基本形成以国际大石油公司、国家石油公司为主,独立石油公司参与的竞争局面。2010年世界最大50家石油公司的排名,其中26家国家石油公司中共有12家排名上升。伊朗国家石油公司超过埃克森-美孚,名列第2位。俄罗斯天然气公司列第12位,上升3位。中国石油天然气集团公司列第7位,维持去年的排位。众多国家石油公司为了满足本国石油需求快速增长和自身发展的需要,不断加快"走出去"步伐。在国家石油公司和国际石油公司的竞争中,资源已经代替资金和技术成为最主要的因素,拥有资源的国家石油公司主动性进一步提高。

二、国际石油市场的现状与格局

(一)国际石油市场的现状

进入21世纪以后,世界经济全球化带来的全球经济区域结构变化不仅推动了国际石油贸易持续快速增长,而且也给国际石油市场格局带来新的变化,来自新兴市场经济国家的需求开始改变国际石油贸易的结构。目前世界最主要石油消费地区依次是亚太、北美和欧洲,主要石油产区是中东、独联体、非洲和拉美,中东、独联体和非洲的出口去向受地理位置的影响比较大,全球原油生产和消费的地理分割决定了国际石油贸易的流向(见图2-3)。超过73%的中东石油流向了亚太地区,其中,日本和中国占了将近一半。独联体和北非的石油主要出口到欧洲,分别占其出口量的69.6%和52.1%;西非的石油主要出口美国(29.5%)、欧洲(24.9%)和中国(18.2%);拉美的石油出口则有59.9%流向美国。

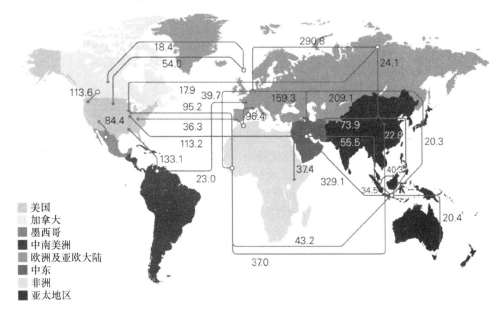

数据来源:BP Statistical Review of World Energy 2012

图2-3 2011年原油国际贸易主要流向(单位:百万吨)

国际石油贸易的区域分布格局和石油在世界能源结构中的主导地位在可以预见的未来不会发生根本性变化,但是随着一些新兴经济体的高速增长和对石油消费需求规模的扩大,供需地域不平衡的矛盾会更加突出,国际石油贸易规模在持续增长的同时,国际石油贸易结构也在发生较大变化,形成了一些新的特点。

首先,石油消费国的进口渠道多元化趋势越来越明显。由于全球60%的石油贸易是通过海上运输来进行的,但是世界石油运输也越来越依赖少数几个航运通道,如果该航道运输受阻,势必会造成全球石油市场的巨幅波动。因此,各石油消费国纷纷采取措施,拓宽原油进口渠道,保证能源供应安全。在这一趋势下,俄罗斯等独联体国家和委内瑞拉等拉美国家的石油生产和出口大幅提升,在国际市场上的地位日渐增强。

其次,石油生产国的出口渠道也呈现多元化的趋势。自 2003 年以来全球石油需求的新一轮增长主要来自中国、印度等新兴经济体,这些国家和地区对石油消费的需求增长速度较快,和日渐成熟且由于大量采用替代能源的欧美国家相比较,市场潜力更大,因此各产油国都加紧同这些新兴经济体开展石油贸易。比如独联体国家通向亚太地区的新石油管道正加紧建设,其中中哈("中国—哈萨克斯坦")线已建成投入使用,俄罗斯远东石油管线"泰纳线"(ESPO)一期工程已经完工,管线从西伯利亚中部的泰舍特(Taishet)延伸到靠近中国东北边境的斯科沃罗季诺(Skovorodino),于 2008 年 11 月开始使用,其年输油能力达 3 000 万吨。ESPO 二期工程也于 2012 年年底竣工,从 2013 年起,俄罗斯对亚太地区的原油出口将大幅增加,俄罗斯有望成为该地区的主要供油国。

第三,国际石油贸易方式也在不断向多样化、体系化方向演变,而石油的金融属性日益凸显。主要表现在:现货交易中心规模化、功能化日益突出,形成了现货合同、远期合同、中长期合同等在内的体系化交易方式;尽管现货市场仍是形成国际石油贸易基准油价格的基础,但是随着期货转现货、期货转掉期和差价合约等新的衍生工具的出现,石油期货在整个石油市场交易体系中的作用越来越大,石油的金融属性日益突出。2003 年 11 月,国际原油价格开始一路走高,到 2008 年 1 月,首次攀上 100 美元/桶的高位,并于 2008 年 7 月 11 日达到 147.25 美元/桶的历史最高价位。这一波暴涨行情,要归功于国际金融资本的过度投机炒作,以及原油期货市场对全球石油价格体系的影响不断增大。

第四,国际石油贸易产品结构也在朝多样化方向发展,随着中东、非洲等产油国纷纷开建炼油项目,更多的原油留在本地加工,而更多的油品出口以获得较高的产品附加值,原油贸易在全球石油贸易中所占比例不断下降,成品油的贸易比例不断上升,诸如液化石油气[1](LPG)等石油产品贸易日渐活跃。

第五,在未来相当长的一段时期内,亚太地区的经济发展速度将是全球最快的,因此石油消费的增长也是最快的。由于亚太地区石油资源的储量及开发远远不能满足区域经济发展的要求,亚太地区的原油进口量不断上升,1992 年就已超过欧洲,成为世界第二大石油消费中心。在未来的10～15 年中,亚太地区的石油贸易结构的变化将对世界石油市场产生重大的影响。目前,中东地区石油产量增长的绝大部分都出口到了亚太地区,而且亚太地区还将从西非、北海和拉丁美洲进口更多的原油。虽然,新加坡国际金融交易所[2](SIMEX)于 1999 年就推出中东原油期货(后由于交易量太小而暂停),而日本东京商品交易所(TOCOM)于 2001 年也推出了中东原油期货。但是,目前亚太地区的原油期货市场还不够成熟,也未能形成有效的原油基准参考。因此近年来,伦敦国际原油交易所和纽约商业交易所纷纷加紧了与亚太地区交易所开展合作,相继上市中东原油期货。围绕着亚太地区石油定价权的争夺愈趋激烈,大家纷纷争夺亚太石油市场的主导权。

(二) 国际石油市场的格局

目前国际石油市场已形成了西北欧、地中海、加勒比海、新加坡、美国五大现货市场和纽约商品交易所(NYMEX)、伦敦国际石油交易所(IPE)、东京商品交易所(TOCOM)三大期货交易市场,其中期货市场价格在国际石油市场定价中扮演了关键角色。

---

① 液化石油气(Liquefied petroleum gas,LPG)是炼油厂在进行原油催化裂解与热裂解时所得到的副产品,主要用做石化原料,用于烃类裂解制乙烯,或生产合成气,可作为工业、民用、内燃机的燃料。LPG 具有污染低、发热量高、易于运输、储存方便等特点,是目前国际石油贸易中发展最为迅速的产品。

② 1999 年 12 月 1 日,新加坡证券交易所(SES)与新加坡国际金融交易所(SIMEX)合并成立新加坡交易所(Singapore exchange,SGX)。

1. 国际石油现货市场

（1）欧洲现货市场

欧洲石油现货市场主要分布在 ARA（阿姆斯特丹-鹿特丹-安特卫普）地区的西北欧市场（以鹿特丹为中心）、伦敦市场和地中海市场。西北欧市场主要为德国、英国、荷兰、法国服务，这一地区集中了西欧重要的油港和大量的炼油厂，原油及油品主要来源于俄罗斯和其他苏联地区，另外还有北海油田的原油和 ARA 地区炼油厂的油品。地中海市场主要分布在意大利地中海沿岸，供应源是意大利沿海炼油厂，另外还有一部分经黑海来自高加索石油产区，是这一地区重要的油品集散地。伦敦石油现货市场主要的交易品种是北海布伦特混合原油，主要为远期合约的实物交割服务，远期交易市场最终需要实物油的交割，但大多数交易是出于套期保值的目的，在实物交割前，一批货会多次转手，因此交易十分活跃。欧洲现货市场的交易形式主要包括驳船和油轮两大部分。驳船交易主要是 1 000～2 000 吨级批量油品，经莱茵河到德国和瑞士。也有少量油品经这种方式流入英国和法国。驳船市场以鹿特丹为中心，大多数在 ARA 地区以 FOB① 价格进行交易。油轮交易也是以鹿特丹为中心，但以跨国贸易为主，油轮批量通常在 18 000～30 000 吨，以 CIF② 为报价依据。欧洲现货市场交易油品结构和美国不同。美国市场交易量最大的油品是汽油，其次是取暖油；欧洲市场汽油只排第二位，柴油才是欧洲现货交易量最大的油品③，约占市场总交易量的一半。

（2）美国现货市场

美国是世界上第三大原油生产国，但由于消费需求上升和炼化生产能力的下降，目前已转变为进口大国，其 61% 的原油需要进口，而且还要大量进口成品油。美国进口原油主要来自南美和加拿大，其次是中东和西非地区。美国石油现货市场主要是在墨西哥湾沿岸和纽约、南加州等地，于是在美国毗邻墨西哥湾的休斯顿、大西洋沿岸的波特兰港和纽约港形成了一个庞大的石油现货市场。美国市场与欧洲市场不同之处在于，由于美国拥有覆盖范围广泛的、完善的输油管道系统，可以在全国范围内运输原油，其货物批量的大小比欧洲用船运进行贸易灵活得多，使得美国石油现货市场参与者更多，交易活动更活跃。20 世纪 80 年代以前，为了保护本土的石油产业，美国政府除了一些特殊领域外，禁止石油出口，同时对石油产品采取进口配额的限制。结果美国石油市场不仅没有成为国际性的石油市场，而且由于本土石油企业不能参与国际原油市场竞争，直接导致了国内石油市场价格偏低，效率低下。解除进口限制后，美国市场才逐渐成为一个重要的国际市场。

（3）亚太现货市场

20 世纪 80 年代以来，亚太地区，特别是东亚的石油市场伴随着经济的持续发展迅速扩大，中国、印度等国的石油消费持续增加。20 世纪 90 年代世界石油需求的年平均增长速度为1.3%，而亚太地区的年均增长速度为 3.6%。进入 21 世纪，亚太地区的原油需求增长速度继续高于世界原油需求的平均增长速度。由于地处马六甲海峡国际航道的地理优势，新加坡市场逐渐成为亚太地区石油现货交易的中心，其油品供应主要来自中东和东南亚（主要是印尼、马来西亚、文莱等国）。燃料油和石脑油传统上是这一地区的主要交易品种，石脑油主要是满足日本的进口需要，同时柴油、航空煤油和汽油也是交易品种之一。

2. 国际石油衍生品市场

目前，全球主要的国际石油期货市场有三个，即纽约商品交易所 NYMEX)、伦敦国际石油交易所（IPE）以及东京商品交易所（TOCOM）。NYMEX 能源期货和期权交易量全球最大，占到三

---

① FOB(Free On Board)，即"离岸价"，由买方负责派船接运货物，卖方应在合同规定的装运港和规定的期限内，将货物装上买方指定的船只，并及时通知买方。货物装船越过船舷，风险即由卖方转移至买方。

② CIF(Cost Insurance and Freight)，即成本加保险费加运费，按此术语成交，货价的构成因素中包括从装运港至约定目的地港的通常运费和约定的保险费。

③ 差异原因是欧洲的柴油市场下游分销链具有高度的竞争性，比较容易进入，壁垒较低；此外在美国，汽油规格有统一的标准，而在欧洲，汽油规格多种多样，从而限制了其市场。

大能源交易所总量的 60%,其上市交易的西得克萨斯轻质低硫原油[1](WTI)期货合约是全球交易量最大的商品期货合约,也是全球最重要的定价基准之一。IPE 交易的北海布伦特原油[2](Brent)期货合约也是全球最重要的定价基准之一,全球原油贸易的 50%左右都是参照布伦特原油价格体系定价的。

进入 21 世纪,亚太地区的石油期货市场蓬勃发展,以日本、新加坡、印度、阿联酋、中国为代表的亚洲和中东国家都在积极建设本国的石油期货市场,争夺亚洲石油市场区域定价中心的地位。日本石油期货市场起步较晚,东京商品交易所(TOCOM)于 2001 年推出中东石油期货,凭借透明的交易环境、严格的监管体系,已发展成为亚洲比较成熟的市场。由于不用美元结算,外国投资者难以操作,虽然减少了汇率结算方面的麻烦,但对市场的国际化形成制约。因此,TOCOM 不仅全球影响力远逊于 NYMEX 和 IPE 两个市场,而且也未能成为亚太地区石油定价的中心。新加坡交易所(SGX)也曾推出燃料油和中东原油期货合约,但最终以失败告终。不过新加坡的石油现货贸易和场外石油衍生品交易非常活跃,亚太地区的石油贸易大多参照普氏公司在新加坡的报价(MOPS)作为结算的依据,因此目前在亚太石油市场中仍然占据举足轻重的地位。印度孟买大宗商品交易所(MCX)于 2005 年 2 月 9 日上市交易了原油期货合约,同年 9 月 15 日印度的国家商品和衍生品交易所(NCDEX)也上市了原油和燃料油期货合约。2007 年 6 月 1 日,迪拜商品交易所(DME)上市阿曼原油期货合约,开创了在中东原油产地开展原油期货交易的先河。在 2004 年 8 月推出燃料油期货合约之后,中国也在积极筹备推出原油期货,预计原油期货将于 2013 年底或 2014 年上市。中国的原油期货可能以人民币结算,有利于人民币国际化运作,同时提升中国在国际原油市场上的定价话语权。

3. 原油长期合同价格机制

由于原油产地、集散地不同,品质也存在较大差异,国际原油市场长期贸易合同价格通常采用公式计算法,即选用一种或几种国际基准原油的价格,以此为基础,根据不同油品之间标准差异加上适当的升贴水来获得。

其基本公式为:$P=A+D$

其中,P 为原油结算价格,A 为参照基准价,D 为升贴水。

以沙特为例,出口到欧洲市场,参考基准选择北海布伦特原油现货价(dated Brent),卸货日计价;出口到美国市场,参考基准为下个月纽约商品交易所的轻质低硫原油期货合约价,装船后50 天计价;出口远东市场,参考基准为普氏报价[3](Platts)的阿曼原油或迪拜原油均价,全月计价。其公式如下(2012 年 3 月沙特轻油)所示。

出口西北欧市场:$P=$ICE BWAVE-0.85 美元/桶。

出口美国市场:$P=$Argus ASCI 指数-0.05 美元/桶。

出口亚洲市场:$P=$普氏 Dubai/Oman 均价$+1.55$ 美元/桶。

可以看出,参照价格并不是某种原油某个具体时间的具体成交价,而是与约定的计价期内的现货价格、期货价格或某价格评估机构的价格指数相联系而计算出来的价格。计价期一般是以装船提单日(bill of landing,B/L)为基础,与运输距离有关。不同贸易地区所选择的基准油也不同,出口到欧洲或从欧洲出口的原油,基本上选择布伦特原油;出口到北美的选择 WTI 原油;出

①　西得克萨斯轻质原油(West Texas Inter-medium,WTI)是美国得克萨斯州出产的轻质低硫原油(Inter-medium 指中间基),API 重度为 39.6,含硫量 0.24%,平均日产量在 30 万桶左右。

②　英国北海布伦特原油是轻质低硫原油,是由北海 15 个油田开采后输送到设得兰(Shetland)群岛终端油库的混合油,API 重度为 38.1,含硫量 0.37%,平均日产量在 50 万桶左右。

③　普氏能源信息公司(Platts)是麦格劳-希尔公司(McGraw-Hill Companies)(NYSE:MHP)旗下子公司,也是世界领先的能源信息提供商。自 1923 年成立以来,Platts 凭借其公正独立的市场价格评估体系而获得国际认同。目前,普氏报价是公认的世界能源市场价格基准。

口到亚太地区(远东)的基本上选择阿曼①(Oman)或迪拜②(Dubai)原油。不同原油品种之间由于原油石油种类和品质、不同地区之间的运费、相对供求情况、炼油厂产能、消费习惯等之间存在较大的差异而保持一定的价差。在市场相对平稳的情况下,可以通过一定的升贴水来确定不同原油的价格。

整体而言,欧洲市场的原油定价是以洲际交易所 ICE 的 BWAVE 指数(Brent Weighted Average)为基准的;亚洲市场虽然以普氏阿曼/迪拜均价作为定价基准,但阿曼/迪拜均价的评估很大程度上依赖 Brent 期货产生,尤其是近年来,由于迪拜原油产量日渐下降,其作为基准油价的地位也引起了一些争议;北美市场的原油定价虽然从 WTI 原油期货转向 ASCI 指数(Argus Sour Crude Index),但 ASCI 指数的评估也离不开 WTI 原油期货(见表 2-2)。

表 2-2 主要石油出口国原油定价参考基准

国家	原油流向		
	亚洲	欧洲	美国
沙特	普氏阿曼/迪拜均价	2000 年 7 月起参照 ICE 交易所 BWAVE;此前参照采用即期布伦特价格	2010 年 1 月起参照 Argus 公司的 ASCI 指数;2010 年以前参照 NYMEX 交易所 WTI 期货价格
科威特	普氏阿曼/迪拜均价	2000 年 7 月起参照 ICE 交易所 BWAVE;此前参照采用即期布伦特价格	2009 年 12 月起参照 Argus 公司的 ASCI 指数;此前参照 NYMEX 交易所 WTI 期货价格
伊朗	普氏阿曼/迪拜均价	2001 年 1 月起参照 ICE 交易所 BWAVE;2000 年 12 月以前参照采用即期布伦特价格	
伊拉克	普氏阿曼/迪拜均价	即期布伦特	2010 年 4 月起参照 Argus 公司的 ASCI 指数;此前参照 NYMEX 交易所 WTI 期货次行合约价格
尼日利亚		即期布伦特	即期布伦特
墨西哥	普氏阿曼/迪拜均价	加权价格:布伦特现货交易×0.527+3.5%HSFO×0.467+(3.5%HSFO−1%FO)×0.25	加权价格:WTS×0.4+3%HSFO×0.4+LLS×0.1+布伦特现货交易×0.1

第二节 石 油 价 格

一、国际石油市场的价格形成机制

(一)欧洲市场的定价基准

欧洲石油市场发育比较成熟,其原油交易基本上都参照布伦特原油的市场价格体系进行定价。布伦特原油价格体系包括现货交易、远期交易、期货交易和场外掉期交易。布伦特原油市场体系作为一个整体,各个市场之间具有密切的联系,能够为市场参与者提供比较完善的风险规避机制,因此,在欧洲交易或向欧洲出口的原油定价都是参照布伦特原油市场体系进

---

① 阿曼原油是阿曼出产的轻质含硫原油,API 重度为 33.34,含硫量 1.04%。

② 迪拜原油是阿联酋出产的轻质含硫原油,品质不如阿曼原油,API 重度为 30.4,含硫量 2.13%。高峰时(1990—1995 年)日产量约为 40 万桶,目前平均日产量在 10 万桶左右,也是三种国际基准原油之一。

行的。

现货交易：布伦特原油现货交易（dated Brent）20 世纪 70 年代初，现货交易价格是在指定时间范围内指定船货的价格。现货交易一般是是现金交易，在交割期前 15 天设定好装货日期，货物有三天的装货时间。

远期交易：随着布伦特原油现货市场的发展，一些投资银行也参与了现货市场活动，并且和一些主要的石油公司和石油交易者，发展形成了布伦特原油远期市场。布伦特原油远期市场形成还有一个最基本的原因，英国政府鼓励英国联合北海石油公司通过远期合约稳定石油销售价格，并把石油交易控制在安全范围内，以便于收税。1981 年，英国出现了 15 天布伦特原油远期合约（15-day Brent）交易市场，合约价格是指定交货月份但具体交货时间未确定的船货价格，其具体交货时间需由卖方提前 15 天通知买方。2000 年 10 月，15 天远期布伦特原油远期合约交易演变为 21 天远期合约（21-day Brent）交易。

期货交易：1988 年 6 月，IPE 推出布伦特原油期货合约，该合约标的物是三种国际基准原油之一的英国北海布伦特原油（Brent）。该合约上市后取得了巨大成功，也使得 IPE 成为国际原油期货交易中心之一。2002 年，为解决布伦特原油产量下降给估价带来的问题，普氏报价将福蒂斯原油（Forties）和奥斯伯格原油（Oseberg）引入布伦特原油价格体系，形成了 21 天 BFO（Brent-Forties-Oseberg，BFO）远期合约报价机制。目前组成 BFO 的三种不同等级的原油日产量在 150 万桶左右（分别大约为 40 万桶/日、40 万桶/日和 90 万桶/日），但是最高峰时，IPE 的布伦特原油期货合约日交易量高达 1.5 亿桶左右，杠杆系数在 100 倍左右。虽然布伦特原油只占世界总产量的 0.4%，但是布伦特原油期货合约却决定着全球近 60% 原油贸易的价格。布伦特原油期货合约可以选择进行实物交割，也可以选择期货转现货[①]（EFP）方式，由伦敦清算所[②]（LCH）负责保证期货合约交易的安全性。

场外掉期[③]（swap）交易：原油掉期交易是指把所有同一种原油或原油价格指数相关的收益同与另一种原油或原油价格进行收益（未来现金流）互换的协议。原油掉期交易本来是用来转换原油实物、远期、期货之间的价差，对不同原油产品之间的价差风险进行管理。但是由于原油掉期交易是以保证金形式进行的，所以受到市场投机者的青睐而成为原油市场最主要的投机工具。此外，还有针对零售投资者的差价合约[④]（CFD）交易市场。

（二）北美原油定价基准

北美地区原油交易则主要参考 WTI 原油的市场价格体系进行定价，这也是全球交易最为活跃、流动性最大、成交量最大的商品期货品种之一。WTI 原油的现货交易仅限于在美国本土进行，但受益于美国完善的石油输送管网，相关的交易、运输、交割等环节都非常便利，价格透明，成为北美地区的原油现货交易或向北美出口原油的参照基准；1983 年，纽约商品交易所（NYMEX）推出的 WTI 原油期货合约，则是目前世界最主要的原油参考基准。NYMEX 还推出了取暖油、汽油等成品油期货合约以及基于"取暖油－原油价差和汽油－原油价差（裂解价差）"的一系列场

---

① 期货转现货（Exchange for Physicals，EFP）也被称为期现对调（Against Actual，AA）等，是指持有同一交割月份期货合约的多空双方之间达成现货买卖协议后，变期货部位为现货部位的交易。具体的方法是协议双方向交易所提出申请，获准后分别将各自持仓按双方商定的平仓价格由交易所代为平仓（现货买方在期货市场需持有多头部位，现货卖方在期货市场需持有空头部位），同时双方按达成的现货买卖协议进行与期货合约标的物种类相同、数量相当的现货交换。

② 伦敦清算所（London Clearing House，LCH）由伦敦国际金融和期货交易所（LIFFE）、伦敦金属交易所（LME）和国际原油交易所（IPE）出资组建第三方清算行，采取会员制，各交易所的清算会员均为清算所会员。清算所为非盈利性质，采取保证金制和董事会管理制。清算所是会员每一笔的买方或卖方，从而保证了合同的履约。清算所的主要功能包括结算交易账户、清算交易、收取履约保证金、监督现货交易交割、报告交易情况等。

③ 掉期（Swap）也称互换，是交易双方根据预先约定的协议，在未来的确定期限内，相互交换一系列现金流量或者支付的交易。

④ 差价合约（Contract for Differences，CFD）的原理与掉期类似，但所需资金更少，可以进行杠杆投资。由于机构掉期交易市场中存在较高的起始交易规模的限制，零售投资者无法进入，而差价合约作为一种杠杆投资工具，可以使零售投资者获得参与掉期市场的机会。

外衍生产品,场内交易通过票据交换所进行清算,场外交易则通过 Clear Port 清算网站进行清算。

(三)亚太原油定价基准

随着亚太地区石油消费的快速增长,其在世界石油消费市场的比重越来越大,但是由于亚太地区的原油期货市场不成熟,原油价格不能通过期货市场形成公开透明的价格形成机制,因此目前亚太地区仍缺乏一个能够反映本地区石油市场状况的定价基准。亚太地区虽然也有几种本地的基准油,如阿曼原油(Oman)和迪拜原油(Dubai)、印尼米纳斯原油(Minas)和杜里原油[1](Duri)、马来西亚塔皮斯原油[2](Tapis)等,但是仍未能形成具有国际影响力的基准原油。

由于亚洲地区目前还没有成熟的原油期货市场,也就缺乏一个区域性的基准原油,因此亚太地区的原油贸易长期合同价格主要是参照评估机构根据现货市场每日交易情况而评估出来的一个价格指数制定的。比如销往亚太地区的中东原油与新加坡普氏报价(Platts)中的阿曼原油、迪拜原油价格联动,普氏报价每月公布一次官价(或贴水),以提单日所在月份计价。除应用最为广泛的普氏报价外,还有阿格斯报价[3](Argus)、RIM 报价[4]、路透社终端(Reuters)、美联社终端、亚洲石油价格指数[5](APPI)、印尼原油价格指数[6](ICP)以及远东石油价格指数[7](FEOP)等多个机构报价。然而,由于亚太地区现货市场的参与主体较少、成交量小、易被操纵,机构报价难以客观、真实地反映亚太市场真正的供求情况,所以导致中东销往亚太地区的原油价格普遍偏高,即一直以来都存在的"亚洲溢价"[8](Asian Premium)。导致这问题的原因虽然涉及政治、经济诸多方面,但是最直接的原因还是由于亚太地区目前还没有成熟的原油期货市场,缺乏一个权威的竞价基准,导致中东国家可以对销往亚太和欧美地区的原油采取了不同的计价公式,而现有的参考基准不能反映亚太市场的真实供求情况,定价主动权被中东产油国掌握。

而随着俄罗斯能源战略中心的东移,亚太地区缺乏基准原油定价的现状有望得到改变。2012 年年底,俄罗斯通往亚洲的干线管道,即"东西伯利亚—太平洋(ESPO)"管道二期工程竣工,这使得俄罗斯对亚太地区原油出口将大幅增加,俄罗斯有望成为该地区的主要供油国,而由于亚太地区缺乏统一的地区性基准油,该石油管道所用原油品种 ESPO 有望继美国的 WTI 原油和英国的布伦特原油之后,成为全球第三大基准油,以及亚太地区的基准油。

国际能源署(IEA)认为,俄罗斯的 ESPO 混合原油可能会成为亚洲地区的基准原油,目前 ESPO 混合原油已经获得了一个稳定的客户群,其中不乏雪佛龙公司、埃克森美孚、英国石油公司、法国道达尔公司和荷兰皇家壳牌有限公司等石油巨头。同时 ESPO 混合原油已输往日本、韩国、中国、泰国、新加坡、菲律宾、印尼和越南,最远已输送至美国西海岸地区。

一旦 ESPO 混合原油成为亚洲地区的基准原油,改写的将不仅仅是世界能源格局与秩序,原油的计价方式也有可能发生重大改变。随着北美地区产量的不断增长、欧洲石油需求前景因经

---

[1] 印尼出产的米纳斯原油,API 重度为 36,含硫量 0.08%,平均日产量在 40 万桶左右;印尼出产的杜里原油,API 重度为 21.5,含硫量为 0.14%,平均日产量在 25 万桶左右。

[2] 马来西亚出产的塔皮斯原油,API 重度为 46,含硫量 0.03%,平均日产量在 30 万桶左右。

[3] 英国阿格斯能源咨询公司(Argus Media)成立于 1970 年,是一家全球领先的独立能源报价和分析的专业公司,其提供的阿格斯原油报价在全球现货、长期合同及纸货交易中被广泛用做指导价。

[4] 1984 年成立的日本 RIM 信息株式会社提供的亚太地区原油交易报价。

[5] 1986 年 1 月,亚洲石油价格指数开始报价,含有 21 种原油价格数据。该价格指数每周公布一次,报价基地为香港,报价系统由 SeaPac Services 公司进行管理和维护,数据处理由毕马威香港负责。

[6] 该指数是印尼国家石油公司(Pertamina)根据普氏、日本 RIM 和亚洲价格指数三种估价的平均价格来计算的,相应的权重分别为 40%、40% 和 20%。

[7] 远东石油价格指数的报价时间为早上 5:45—8:00,在这段时间内,该指数的"石油报价组"将有关原油和油品价格通过计算机网络转给路透社新加坡公司处理,指数价格为报价的简单平均。

[8] 亚洲溢价是指在不考虑运费差别的情况下,亚洲主要的石油消费国对中东石油生产国支付的价格比从同地区进口原油的欧美国家每桶要高出 1~1.5 美元。

济增长低迷而不振,且亚洲新兴经济体保持增长,如果 ESPO 混合原油成为亚洲地区的基准原油,那么 WTI 和布伦特原油的全球影响力势必将下滑,其影响估计会更趋向于地区性。另外,石油美元时代将终结。ESPO 混合原油的计价方式会倾向于逐渐用卢布取代美元。

此外,作为全球最大的石油消费国之一,中国也在积极筹备推出原油期货,预计将于 2014 年上市,以争取成为亚太区原油定价基准之一,并形成全球性原油期货市场。

（四）中东原油定价基准

中东地区的基准原油是迪拜原油,这是中东地区唯一可以自由交易的原油品种,也是中东地区向亚太地区出口原油的参考基准。由于迪拜原油产量不断下降,交易规模也日趋缩小,市场容易受到操纵,价格的权威性受到影响。2001 年,普氏报价将阿曼原油作为迪拜原油的替代品引入其报价体系中。由于中东原油主要以高硫原油为主,由于品质差异大、价差不稳定,同时缺乏一个市场交易形成的基础价格,因此无法与轻质低硫原油争夺国际原油市场的定价权。

中东原油主要出口北美、西欧和远东地区,中东产油国出口原油定价方式可以分为两类:一是与其出口目的地基准原油挂钩;二是根据出口国自己公布的官方价格(OSP)。比如阿曼公布的 MPM 指数,卡塔尔公布的 QGPC 指数,阿布扎比(阿联酋)公布的 ADNOC 指数,这些指数每月公布一次,具有滞后性。

2007 年 6 月,迪拜商品交易所[①](DME)也推出阿曼原油期货合约。DEM 推出的期货合约品种有三个:一个是阿曼原油期货合约,这也是中东地区唯一采用实物交割方式的能源期货合约;另外两个是非实物交割的差价合约,即"西得克萨斯轻质原油—阿曼原油"差价合约和"布伦特原油—阿曼原油"差价合约。虽然目前阿曼原油期货合约的成交量比较小,但是 DME 所处的地理位置非常有利,一是地处全球最重要的产油区——中东地区;二是地处最主要的石油消费地区——欧美地区与亚太地区之间。这样,一方面可以为中东原油提供一个全球性的参考基准价格,进一步提升中东国家在国际石油定价体系中的影响力;另一方面还可以弥补欧美地区与亚太地区期货交易市场之间存在的时间差,对于形成全球一体化的石油价格体系具有非常重要的意义。

（五）成品油定价机制

由于原油加工过程会受到原油质量、炼化技术等因素的影响,生成成品油时各类油品的比例也不同。不同成品油价格不同,一般沸点低的成品油(如汽油、轻柴油)价格较沸点高的成品油(如燃料油)高,同一种类成品油又分不同等级,如汽油按辛烷值分不同牌号,柴油按凝固点分牌号,不同牌号之间的成品油价格也有差异,但这一价差较为稳定。

由于成品油生产成本的 80% 来自原油,因此成品油价格变化最大的影响因素是原油价格的变化。季节性需求也是引起成品油价格变化的一个重要因素,通常情况下,夏季对汽油需求量会增大,而冬季对取暖油的需求量会增大。此外,成品油炼化产能也是影响成品油价格的重要因素,由于环保压力和预期回报率低的原因,欧美发达国家的炼油能力不断下降,比如美国自 1976年以来就没有再兴建过新的炼油厂,而发展中国家炼油厂的技术水平有限,产能不稳定。在需求旺盛时,炼油能力对成品油价格的影响就会凸显出来。

相对原油市场而言,国际成品油市场的发展历史较原油市场短,定价方式的国际化程度相对较低。目前国际上主要有三大区域成品油市场,即欧洲的荷兰鹿特丹、美国的纽约以及亚太地区的新加坡市场,各区域的成品油国际贸易都以三大市场的主要交易品种作为定价基准,比如汽油

---

① 迪拜商品交易所(DME)由迪拜控股公司、纽约商品交易所、阿曼主权投资基金(OFI)三方共同建立,也是中东首个国际能源期货及商品交易所。

以石脑油或 93 号汽油为参照基准；柴油以含硫量 0.5% 的柴油为基准；燃料油以粘度① 180（180CST）或 380（380CST）的燃料油价格为基准。

以新加坡燃料油市场为例，对国际成品油价格形成机制进行分析。新加坡燃料油市场主要由三部分组成：一是传统意义上的现货市场，其规模大约在每年 3 000 万～4 000 万吨左右，是以实物交割形式进行的交易；二是普氏（Platts）公开市场，是指每个交易日下午 5：00—5：30 在普氏公开报价系统（PAGE 190）上进行公开喊价的交易，交易的目的不是进行实物交割，而是为了形成当天的市场价格；三是场外交易的新加坡纸货市场（paper market），包括燃料油（380CST）及柴油、汽油、石油脑等六个品种，其市场规模是现货交易的数倍，市场参与者主要是投资银行、跨国石油公司、贸易商和投机商等，采取对冲平仓、现金结算的形式进行交易。新加坡交易所于 2010 年 2 月 22 日正式推出 380 CST 燃料油期货合约交易。合约标的为船用残余燃料油 380 CST 国际标准 ISO8217。实物交割通过 FOB 或者在新交所指定的新加坡储油码头进行储罐间交接工作。该合约的推出弥补了现有纸货合约无法进行实物交割、合约单位过大等问题，巩固其亚太地区燃料油市场的定价权。

二、国际石油价格波动及其影响因素

（一）国际石油价格波动特征

20 世纪 70 年代以来的国际石油价格波动大致分四个阶段（见图 2-4）。

第一阶段，20 世纪 70 年代油价稳步提高的阶段。其间 OPEC 各国开始协调行动，其官方价格逐渐开始对国际石油市场发挥影响。石油价格从 20 世纪 70 年代初的 3.35 美元/桶逐步上升，其中尤为突出的是 1973 年 12 月至 1974 年 1 月的第一次石油危机，每桶油价从 4.31 美元跳升至 10.11 美元。此后由于石油生产和消费的调整在短期内难以完全发挥效应，石油市场的供求紧张没有明显地缓解，石油价格不断提升，到 1979 年初提高至每桶 15.85 美元。

第二阶段，1979—1986 年的油价高位震荡阶段。1978 年底伊朗革命造成伊朗石油产量大幅度下降，暂时性短缺引起石油价格新一轮上涨。随后爆发的两伊战争将油价在 1980 年 7 月间推高到历史最高峰 39.5 美元/桶。由于高油价促使世界石油消费下降，从而使石油市场从供不应求发展到供过于求，油价开始不断下跌。OPEC 对国际石油市场的控制力开始减弱，1985 年底沙特放弃其机动产油国的角色，并采取净回值计价以争夺市场份额，从而导致了国际石油价格在 1986 年 7 月间跌至 11.58 美元/桶的低位，从而结束了此次油价的高位盘整。

第三阶段，1986—2000 年的油价相对平稳阶段。其间，1991 年的海湾战争曾带来国际油价短暂地冲高，但战争的迅速结束使油价重归平稳。1998 年的亚洲金融风暴使得国际油价跌至 20 世纪 80 年代以来最低点的 11.28 美元/桶之后，OPEC 持续减产政策逐渐发挥效应，国际油价开始新一轮上涨，在 2000 年 11 月上涨到 34.34 美元/桶的高位。

第四阶段，2000—2008 年的高油价阶段。2001 年的美国"911"事件一度重挫了国际石油市场，但随着美国连续打赢了阿富汗和伊拉克两场战争，美国对中东地区的控制力大大加强。随后，国际油价开始新一轮上涨，从 2003 年委内瑞拉石油工人罢工、2005 年墨西哥湾飓风等事件，每一次可能的短暂石油供应紧张都会将国际油价推高到一个新的高度，最终在 2008 年 7 月 11 日达到 147.25 美元/桶的历史最高价，随后而来的美国次贷危机引发了全球金融风暴，导致欧美经济陷入困境，国际油价在经历一轮暴跌之后，一直在 60～80 美元/桶之间持续徘徊。

---

① 粘度是燃料油最主要的性能指标，是划分燃料油等级的主要依据。它是对流动性阻抗能力的度量，它的大小表示燃料油的易流性、易泵送性和易雾化性能的好坏。油品运动粘度是油品的动力粘度和密度的比值。运动粘度的单位是 Stokes，即斯托克斯。当流体的运动粘度为 1 帕（Pa），密度为 1g／cm³ 的运动粘度为 1Stokes。CST 是厘斯（Centistokes）的缩写，即 1Stokes 的 1%。国内燃料油的标准按 100℃ 运动粘度来划分牌号，国外燃料油的标准则基本按 50℃ 运动粘度分为两类，即≥180mm²／s（180CST）和≥380mm²／s（380CST）。

第五阶段,2008 年至今。受金融危机影响,2009 年世界石油需求继 2008 年后进一步下降,出现了 20 世纪 70 年代两次石油危机以来最严重的负增长。石油价格则在国际石油市场供需基本面相对宽松,且经济复苏和美元贬值预期的作用下,逐渐恢复上涨。国际油价在 2009 年 2 月 12 日达到年内最低的 33.98 美元/桶后强劲反弹,下半年持续徘徊在 70～80 美元/桶左右。2010 年的石油价格延续了 2009 年的上涨态势,并且在 2011 年 4 月时,最高涨至 125 美元/桶上方。总体来说,2008 年之后,国际油价走出了约两年时间的牛市行情,在此期间,美国推出的两轮量化宽松政策(QE1 和 QE2)释放了大量的流动性,均不同程度地推升了国际原油价格。此后,国际油价进入区间震荡,多数时间保持在 100 美元/桶下方。从经济周期的角度来看,全球经济持续低迷,欧洲债务危机又如慢性疾病般间歇性地打击市场信心,疲软的下游需求难以支撑原油价格的上涨,有可能对原油价格形成长期压制。

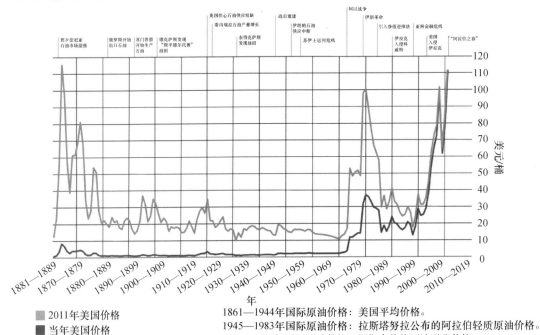

图 2-4　国际原油价格走势和标志性事件

根据 IEA 的预测,2013 年全球宏观经济面情况依然十分萧条,国际石油价格则将呈温和下滑态势。一些发达国家经济体 2013 年石油消费确实是在下降,抵消了发展中国家石油需求上升的利好效应。IEA 对全球 2013 年原油需求增幅预期下调 0.5 万桶/日,为 78.5 万桶/日;对 OPEC 原油需求预期下调 20 万桶/日,至 2 980 万桶/日;中国石油需求增幅预期则从 3.9% 下调至 3.8%。

需要特别指出的是,根据 IEA 的预测,美国将在 2017 年成为世界头号石油生产国,并超越沙特阿拉伯和俄罗斯。2030 年美国将从石油进口国转为石油净出口国,2035 年美国石油将自给自足。2035 年美国将更多地依赖天然气取代石油和煤炭以满足其国内的能源需求,从而减少对石油的需求量。长期以来,美国原油进口量高达 900 万桶左右,为美国石油需求量的一半,与世界头号石油出口国沙特阿拉伯原油日产量相近,美国市场石油供求关系的巨大变化成了国际石油价格未来变化最不易把握的影响因素。

（二）国际石油价格波动的影响因素

影响国际石油价格波动的因素,可以分为长期因素和短期因素,前者通过改变国际石油市场的基本供求关系而影响石油价格的长期走势,后者通常是以突发事件的形式发生,并通过影响市场心理预期而对石油价格的短期波动产生影响。

1. 长期影响因素

(1)石油供给的不确定性

石油的储量和产量变化都有较大的不确定性,从而影响市场对石油长期供应状况的判断。首先,石油资源的探明可开采储量是不确定的,是一个相对的、动态的概念。目前全球石油资源的储量和分布情况一直缺乏一个统一的统计方法和清晰的界定,数据也缺乏相应的透明性,由于各类机构对石油生成的地质条件、开采技术的经济可行性等问题存在着不同的看法,石油的探明可开采储量会随着技术经济的发展而产生较大的变化。其次,石油资源的开采也存在较大的不确定性,石油勘探开发的前期投资和沉没成本较大,油田是否值得进行开采取决于石油资源赋存条件(地层含油层次、厚度和埋藏深度等)和空间分布(运输便利性、成本等),如果石油价格维持在较高水平,那些赋存条件不是很理想或者远离石油消费区的油田才会进行开采。第三,石油工业是一个资金、技术密集型产业,受制于其专业化、规模经济和自然垄断的特性,石油生产往往滞后于市场变动,长期供应和市场周期并不同步。因此,长期而言,石油的储量和产量变化所具有的不确定性直接影响石油市场价格的长期走势。

(2)石油消费的相对稳定性

石油消费与经济发展水平及人均收入是密切相关的,所以一般而言,石油消费量会随着经济发展而持续增加,与价格的变化相比较,需求的变化相对平缓许多。随着技术进步和经济发展,经济结构和能源结构会发生相应的调整,会导致石油消费的需求弹性发生相应的变化(见图2-5)。经济学上一般采用石油消费弹性系数来表示经济增长与石油消费增长之间的关系,即:石油消费弹性系数=石油消费增长率/GDP增长率。短期而言,突发的石油供应中断、石油价格大幅上涨等因素都会破坏石油消费弹性系数的稳定结构,但是从长远来看,一国经济发展到一定程度以后,在一段相对时期内,其石油消费的弹性系数会保持在一个相对稳定的水平。但是由于各国和地区的经济发展、能源结构、技术水平存在较大的差异,石油消费弹性系数并不具有可比性。比如,美国的石油消费弹性系数基本保持在0.3～0.5之间,而中国的石油消费弹性系数却呈现波动上升的趋势。这是由两国处于不同的经济发展阶段,各自的产业结构、技术水平、能源结构等方面存在较大的差异所决定。

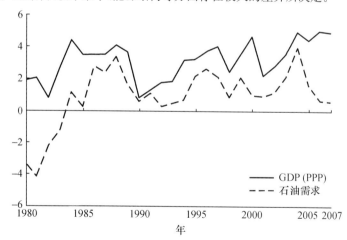

数据来源:IEA. World Energy Outlook 2008

图 2-5　全球经济增长与石油消费增长的关系

(3)国际石油市场格局的演化

进入多元化市场阶段后,国际石油市场的供求格局也发生了新的变化,进入石油消费量逐步攀升,石油供给与需求之间维持着一种脆弱的平衡状态,而石油价格则不断攀升。由于过高的成品油价格会抑制市场需求,甚至会导致世界经济的衰退,造成对整个石油产业链的打击;同时,过高的成品油价格会加快替代品的出现。因此,在能够真正替代石油的新能源出现前,石油产业链的下游厂商还是更倾向于通过提高生产效率、管理水平等方式,尽可能少地将资源成本上升转嫁到最终消费者身上。而从产油国的角度,出于类似的原因,也不愿意油价维持在太高的水平,因为这样会影响其长期的利益;同时,油价一旦下跌,石油产业链上游的经济价值会下降,而产业链下游能够维持较平稳的利润水平,分配的利益会增加,这一样会使产油国利益受损。

因此,在新的国际石油市场供求格局下,产油国和跨国石油公司出于控制市场价格,维护各自长远利益的目的,两者的关系开始从上游资源环节的竞争转变为下游炼化环节的合作,以取得对整个石油产业链的控制,进而影响国际石油市场价格,将其稳定在一个双方都比较满意的价格水平,以避免石油价格不确定性带来的风险。

(4)石油替代能源的发展

经济系统对能源的需求主要受到价格的影响,当能源价格的不确定性增大时,企业或居民会对此做出反应,或者减少使用量,或者寻求替代品。从经济学的角度而言,能源替代可以通过资本、劳动力、技术和能源之间的替代来实现,比如投资进行节能技术改造等;也可以通过不同形式能源之间的替代来实现,比如使用生物乙醇来代替汽油。后一种的能源替代其实质就是能源结构的调整,是不同形式能源之间的选择性替代,它既可以是传统化石燃料之间,如煤炭、天然气、煤层气等对石油的替代,也可以是太阳能、风能、生物质能等新能源和可再生能源对传统化石燃料的替代。但是,不管是何种形式能源间的选择性替代,都取决于不同能源资源的相对价格,通常采用替代弹性或交叉价格弹性来衡量。

一般来说,短期内由于技术、设备使用存在一定的惯性,尤其是不同化石燃料间相对价格会维持在一个较为稳定的水平上,因此选择性替代对能源结构的调整很难产生较大影响。但是,从长期而言,如果社会对某种能源的价格可能维持在高位产生了心理预期,形成了调整能源结构的趋势,那么即使被替代能源的价格停止了上涨,这种选择性替代也会持续很久,甚至可能出现永久性的替代。因此,石油替代品的发展,尤其是新能源的发展,必然会对石油长期价格产生影响。虽然目前新能源在全球能源结构中所占比例仍较低,但是在高油价的刺激下,各国纷纷出台扶持新能源和可再生发展的政策,无形中加快新能源对石油的替代。

2. 短期影响因素

一般认为,短期而言,石油是一种需求和供给都缺乏价格弹性的商品,即石油的供需在短期内具有一定的粘性,无法适应价格变化而进行及时有效的调整,这是造成石油价格剧烈波动的根本原因。此外,突发事件、市场干预、库存变化、美元汇率和市场投机等因素都会对市场心理产生影响,造成短期价格的波动。

(1)突发事件

历史经验表明,重大政治经济事件对国际石油市场的影响是不容忽视的,几乎任何一次突发事件都会不同程度地影响市场交易者的心理预期,进而导致市场在较短的时间内出现巨幅激烈波动。

(2)市场干预

国际石油市场上最具有影响力的两个能源组织是 OPEC 和 IEA,前者控制了全球剩余石油资源的大部分,而后者则拥有全球最大的石油库存体系,两者都具有短时间内扭转市场供应格局,改变市场预期的能力。OPEC 和 IEA 的政策出发点不尽相同,但是对于将油价稳定在一个合理的价格区间上的认同还是基本一致的,前者通过释放剩余产能,而后者则通过释放战略储备的库存来抑制油价短期内过快上涨。

(3)商业库存

商业库存作为石油战略储备体系的组成与补充,对国家油价的影响是复杂的,一方面商业库存可以对紧张的供求关系起到缓冲作用;另一方面,商业库存存在追涨杀跌的动机,会对油价波动起到推波助澜的作用。虽然石油战略储备的库存量占了整个市场库存量的大部分,但是其库存量较为稳定,释放库存的条件也较为苛刻,一般不参与商业贸易,对市场的影响力仅限于一些特殊情况。但是,商业库存则不同,石油公司一般根据期货价格的走势来调整库存水平。当期货价格高于现货价格一定水平后,石油公司就会增加商业库存,持仓待涨;反之,则会减少库存,持币观望。因此,商业库存的信息一直是分析国际石油市场价格走势重要工具。美国石油协会(API)、美国能源部下属的能源信息署(EIA)每周都会公布商业库存和市场需求信息,2009年6月,欧盟也同意此后每月公布石油的商业库存数据。商业库存信息的不断透明化,虽然有助于减少信息不对称产生的不必要的市场波动,但也可能影响市场预期,加剧市场波动。

(4)国际金融投机

石油衍生产品市场的发展使得国际石油市场与国际金融市场的关系日趋紧密,特别是石油期货市场的迅猛发展,国际金融投机资本不断介入国际石油市场,使得石油价格的短期走势可以在一定程度上摆脱正常的石油市场供求关系的束缚,而呈现出自身价格波动规律。而且近年来美元持续贬值,而美联储采取的低利率政策,导致国际货币体系流动性过剩①,更是导致国际金融资本大量涌入国际石油市场进行投机。石油"金融属性"不断提高,石油金融市场的投机泡沫严重加剧了市场的动荡。

根据美国商品期货交易委员会(Commodity Futures Trading Commission,CFTC)的统计报告,在2008年的石油价格暴涨时期,投机商持有的多头头寸远远高于正常的贸易商,而当价格达到高位后,投机商又反手做空,仓位的巨幅改变导致市场价格波动被急剧放大,严重影响石油市场的正常运行。

(5)美元汇率

美元作为国际石油市场的主要计价货币,即使国际石油市场上的需求与供给没有变化,美元汇率的波动也会造成国际石油价格的波动,而美元汇率不仅受到美国经济状况、财政政策、利率等国内因素的影响,而且国际金融市场的波动也会影响美元汇率,通过风险溢出加剧国际石油价格的波动。

这里我们以美元指数来衡量美元汇率的变动。美元指数(US Dollar Index)是综合反映美元在国际外汇市场汇率情况的指标,用来衡量美元对一揽子货币的汇率变化程度。它通过计算美元和对选定的一揽子货币的综合的变化率,来衡量美元的强弱程度。

从图2-6中可以看出,从2002年初至2008年6月,美元指数处于持续下跌的状态之中,而同期的WTI原油价格则一路上扬,从20美元/桶的价格涨至最高的147美元/桶,涨幅超过600%。因此,美元汇率的走势在很大程度上影响了国际石油名义价格的波动,两者呈现较强的负相关关系。

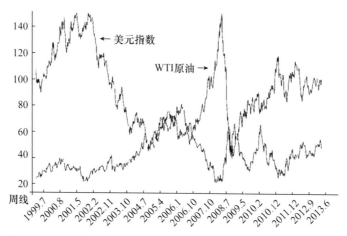

资料来源:博易大师(期货行情软件)

图2-6 WTI原油价格和美元指数走势图(2000—2012年)

---

① 流动性过剩(excess liquidity)是指一种货币现象,按照欧洲中央银行(ECB)的定义,流动性过剩是指实际货币存量偏离了预期均衡水平。

三、相关研究

石油作为一种可耗竭资源[①]（depletable resource），对其价格形成机制的研究，最早可以追溯到霍特林（1931）提出的可耗竭资源模型，而在第一次石油危机后，研究的重点则转向了国际石油市场结构对国际石油价格形成机制的影响上。

（一）可耗竭资源模型

霍特林（1931）在忽略开采成本的前提下，建立了可耗竭资源开采最优路径的霍特林模型，其后不断有研究者沿着这一思路，通过引入技术进步、资本积累等因素，对模型进行拓展，从不同的角度来阐释可耗竭资源的价格形成机制。

1. 霍特林模型及其扩展

霍特林指出可耗竭资源与一般商品不同之处在于，可耗竭资源存量会随着开采活动的进行而不断下降，因而存在一个最优路径，使得资源的利用带来的社会福利最大化，即：

$$\max \int_{t=0}^{\infty} U(c_t) e^{-rt} dt \tag{2-1}$$

$$\text{s. t. } S_t = S_0 - \int_{t=0}^{\infty} c_t dt, \dot{S}_t = - c_t, S_t \geqslant 0$$

其中，$U(c_t)$ 是效用函数，严格为凹；c_t 是资源开采速率；S_t 是资源存量；S_0 是初始资源总量。通过建立汉密尔顿函数，可以获得最优解的必要条件：

$$H = e^{-rt} U(c_t) + e^{-rt} p_t(- c_t) \tag{2-2}$$

$$p_t = U'(c_t), \dot{p}_t / p_t = r \tag{2-3}$$

其中，p_t 代表资源的价格。式（2-3）给出了可耗竭资源开采的霍特林法则（Hotelling Rule），即如果不考虑可耗竭资源开采成本的变化，那么资源的价格将以相等于市场利率的增长率连续上升。虽然后来的许多实证检验表明霍特林模型在解释国际石油市场的价格形成时遇到了困难，但是它为后续研究石油价格的形成提供了基础。在霍特林之后，许多研究都试图突破模型的局限，通过放宽严格的模型假设条件，对基础模型进行扩展。Dasgupta 和 Heal（1974）结合拉姆塞（Ramsey）最优经济增长模型，将资本存量引入到霍特林模型中。

假设产出是资本和资源的函数，即 $Y = F(K_t, R_t)$，其中，K_t 是资本投入，R_t 是资源消费，可耗竭资源的最优开采路径问题转化为：

$$\max \int_{t=0}^{\infty} U(c_t) e^{-rt} dt \tag{2-4}$$

$$\text{s. t. } \dot{K} = F(K_t, R_t) - c_t, S_t = S_0 - \int_{t=0}^{\infty} c_t dt, \dot{S}_t = - c_t;$$

通过建立汉密尔顿函数可以获得最优解的必要条件：

$$H = e^{-rt} U(c_t) + e^{-rt} p_t(- c_t) + e^{-rt} q_t [F(K_t, R_t) - c_t] \tag{2-5}$$

$$q_t = U'(c_t), p_t = q_t F_R, \dot{p}_t - r p_t = 0, \dot{q}_t - r q_t = - q_t F_K \tag{2-6}$$

其中，p_t 代表 t 时刻资源的价格，其遵循霍特林法则，即 $\dot{p}_t / p_t = r$；q_t 代表边际效用，令 $x = K/R, f(x) = F(K/R, 1), \sigma$ 是资本和资源之间的替代弹性，η 是边际效用弹性，那么资源的最优开采速率满足以下条件：

$$\dot{c}/c = (F_K/\eta) - (r/\eta); \dot{x}/x = \sigma f(x)/x \tag{2-7}$$

令 $\gamma = p/q$，代表用产出表示的资源价格，可得：

$$\dot{\gamma}/\gamma = (\dot{p}/p) - (\dot{q}/q) = F_K \tag{2-8}$$

[①] 可耗竭资源（depletable resource）的定义：只要资源正被开发，其存量就会不断减少；在一定时期内，其存量不会增加；资源存量的减少速度是资源使用速度的单调递增函数。$S_t = S_{t-1} - h(E_t)$，其中，$S_t \geqslant 0$ 表示 t 期的资源存量，$E_t > 0$ 表示开采率，$h(E_t) \geqslant 0$ 表示开采程度，是凸函数 $[E'_t > E_t, h(E'_t) > h(E_t)]$。

式(2-7)和(2-8)表示可耗竭资源的最优开采率的增长路径取决于贴现率、边际效用弹性和用产出表示的资源价格的变动。此外,Kamien 和 Schwartz(1978)、Pindyck(1978)、Dasgupta(1982)引入技术进步、勘探和贴现率变动等因素,对霍特林模型进行了拓展。

2. 考虑存量效应的可耗竭资源模型

霍特林模型的缺陷在于没有考虑到给定储量的情况下,经开采后的资源存量是否会影响到开采成本,也就是是否存在"存量效应"(stock effects)。Sweeney(1977)从市场结构的角度对可耗竭资源的最优开采路径进行研究,其前提假设是资源所有者开采生产行为的选择是以跨期收益最大化而不是当期收益最大化为目标的。最简单的情形是:在一个竞争性资源市场,资源所有者可自由选择开采时间安排。假设 P_t 和 E_t 分别表示 t 期的资源价格和开采率,资源开发收益 $R_t = P_t E_t$。一段时期内资源所有者所付出的成本取决于开采量,也可能取决于上一期留下的存量,即开采成本 $C_t(E_t, S_{t-1})$,S_t 表示 t 期资源存量,那么使得跨期收益 $\prod$ 最大化的最优开采路径可以通过贴现(贴现率为 r)来获得,即:

$$\max \prod = \sum_{t=1}^{T} [P_t E_t - C_t(E_t, S_{t-1})] e^{-rt} \tag{2-9}$$

s. t. $S_t = S_{t-1} - E_t, S_T \geqslant 0, E_t \geqslant 0$(其中,$S_T$ 是总的资源存量)

当不考虑存量效应的时候,假设开采成本与资源存量无关,即开采成本为 $C_t(E_t)$,则(2-9)可简化为:

$$\max \prod = \sum_{t=1}^{T} [P_t E_t - C_t(E_t)] e^{-rt} \tag{2-10}$$

求解最优路径的方法有很多,通过库恩-塔克定理[①](Kuhn-Tucker Theorem)就可以推导出最优解的一阶必要条件,并转化为无约束下最优化问题:

$$\max L = \sum_{t=1}^{T} [P_t E_t - C_t(E_t)] e^{-rt} - \sum_{t=1}^{T} [S_t - S_{t-1} + E_t] \lambda_t + \mu S_T \tag{2-11}$$

其中,L 表示拉格朗日函数,对于每个 S_t 和 E_t,求偏导数,可得:

$$\partial L / \partial E_t = [P_t - (dC_t / dE_t)] - \lambda_t; \partial L / \partial S_t = -\lambda_t + \lambda_{t+1}; \partial L / \partial S_T = -\lambda_T + \mu = 0;$$

其中,dC_t / dE_t 表示边际开采成本,λ_t 表示资源存量的影子价格[②],由于与时间无关,可以用 λ 来表示。那么获得最优解的一阶必要条件:

$$P_t = (dC_t / dE_t) + \lambda e^{rt}, E_t > 0; \ P_t \leqslant (dC_t / dE_t) + \lambda e^{rt}, E_t = 0; \lambda S_T = 0 \tag{2-12}$$

式(2-13)的含义是资源价格应不低于资源开采的机会成本(边际成本与资源影子价格之合),开采活动才会进行。假设开采成本与资源存量无关,边际开采成本与开采率无关,可得:

$$P_t = c_t + \lambda e^{rt}, E_t > 0; P_t \leqslant c_t + \lambda e^{rt}, E_t = 0 \tag{2-13}$$

其中,c_t 为边际开采成本,随时间变化,但与资源存量无关。忽略开采成本变化,$\dot{c} / c_t = 0$,则可得:

$$\dot{P} / P_t = r \tag{2-14}$$

(2-14)也就是霍特林法则。

[①] 库恩-塔克定理:考虑最优化问题,$\max f(x)$ under $G_i(x) \leqslant 0, i=1, \cdots, k$,假设 x^* 为最优解,$\nabla G_i(x^*)$ 表示约束条件的斜率,那么必然存在一组对偶变量 $\lambda_i \geqslant 0$,使得 $\nabla f(x^*) = \sum_{i=1}^{k} \lambda_i \nabla G_i(x^*)$,对于每一个 i,互补松弛条件成立,即 $\lambda_i G_i(x^*) = 0$。如果 x^* 可行,只要找到满足上述条件(库恩-塔克充分条件)的对偶变量,x^* 就是最优解。定义拉格朗日函数如下:$L(x, \lambda) = f(x) - \sum_{i=1}^{k} \lambda_i G_i(x)$,通过寻找拉格朗日函数的稳定点就可以获得最优解的必要条件,稳定点的梯度为 0,即:$\nabla_x L(x^*, \lambda) = \nabla f(x^*) - \sum_{i=1}^{k} \lambda_i \nabla G_i(x^*) = 0$。其中,$t$ 期的约束对偶变量 λ 在经济学中的含义为影子价格(shadow price)现值或机会成本现值。

[②] 影子价格(shadow price)是在 20 世纪 50 年代由荷兰经济学家丁伯根(Tinbergen)提出的,他认为影子价格是指"在均衡价格的意义上表示生产要素或产品内在的或真正的价格",也就是资源合理配置和优化组合的预测价格,用于反映资源稀缺性和价格的关系,也可视为资源的租金。

图 2-7 表明 λ 固定时的开采率的最优选择，即最优开采率出现在边际成本加上影子价格现值与资源价格相等的时候。而资源价格越高，边际开采率就越高；影子价格越高，每个时期的开采率就越低。图 2-8 说明资源开采的机会成本取决于资源的最初存量、被开采资源的影子价格和各时期的边际生产成本。如果 λ 足够大，资源不会被开采；如果 λ 足够小，当期所有的资源会被开采光。如果市场对未来价格的预期发生变化，比如当替代或互补资源的技术发生变化、开征资源税或者国际政治形势发生变化的，最优开采路径的变动如图 2-9 所示。

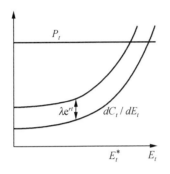

图 2-7 λ 固定时的最优开采率

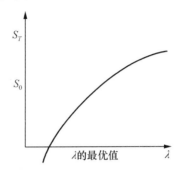

图 2-8 最优开采路径下 λ 的选择

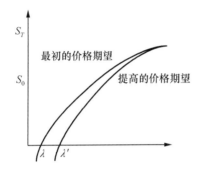

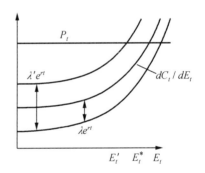

图 2-9 市场预期未来价格变动导致 λ 变化后最优开采率的变化

当存在存量效应时，开采成本对资源存量的依赖取决于两方面，一是剩余资源开采的地质条件恶化，开采成本及边际成本会持续增加；二是随着开采经验的增加，"干中学"可以降低开采成本，而设备等固定投资折旧也会降低边际成本。假设开采成本与资源存量相关，为凸函数，通过库恩-塔克定理推导出最优解的一阶条件，即：

$$\max L = \sum_{t=1}^{T} [P_t E_t - C_t(E_t, S_{t-1})]e^{-rt} - \sum_{t=1}^{T} [S_t - S_{t-1} + E_t]\lambda_t + \mu S_T \tag{2-15}$$

机会成本函数为 $\Phi_t = \lambda_t e^{rt}$，求偏导可得最优解的一阶必要条件：

$$E_t > 0, P_t = (\partial C_t/\partial E_t) + \Phi_t; E_t = 0, P_t \leqslant (\partial C_t/\partial E_t) + \Phi_t;$$
$$\Phi_t = \Phi_{t-1} e^r + (\partial C_t/\partial S_{t-1}), t < T; \Phi_T S_T = 0, \Phi_t \geqslant 0, S_T \geqslant 0 \tag{2-16}$$

虽然最优开采率也是出现在边际成本加上机会成本现值与资源价格相等的时候，但与没有存量效应的模型相比，影子价格会随时间发生变动。通过递推法可以得到关于机会成本现值的一般解，即：

$$\Phi_t = -\sum_{\tau=t+1}^{T} \frac{\partial C_\tau}{\partial S_{\tau-1}} e^{-r(\tau-t)} \tag{2-17}$$

上式表明随着资源存量下降，开采成本也随之上升，即 $\partial C_t/\partial S_{t-1} < 0$，而机会成本也会上升，但是如果接近耗竭时，机会成本的值就会下降。这是因为当 S_t 很大时，开采成本对剩余存量相对不敏感，而当接近不经济边界时，开采成本就会非常敏感。甚至如果随着存量的减少，边际开

此成本急剧增高的情况下,最终开采的资源会远少于其原始存量。因此,最优开采路径需要借助相位图(phase diagram)来进行动态分析(见图 2-10)。比如,当关于未来价格的预期发生变化时,在低价情况下,稳态为 $(\hat{\varphi}, \hat{S})$,高价情况下,稳态为 $(\hat{\varphi}', \hat{S}')$,当预计未来价格走高时,开采率会下降,其动态开采最优路径变动如图 2-11 所示。

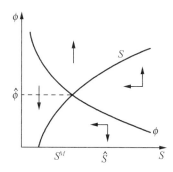

图 2-10 最优开采路径的相位图

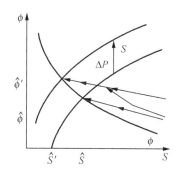

图 2-11 价格预期变化的动态最优路径

3. 存量不确定的最优开采路径

霍特林法则成立的先决条件之一是资源初始存量是已知的,但实际上,石油储量总是随着世界范围内的勘探活动而不断变动,未来储量的变动是不确定的。1956 年,美国石油地质学家哈伯特(Hurbbert)提出石油产量的峰值理论,对美国石油开采周期进行了预测,并指出美国的石油生产的峰值会在 1970 年左右达到。尽管当时美国的石油生产正处于鼎盛时期,但是随后的发展证明,美国本土的石油生产确实在 1970 年达到顶峰,然后持续递减。哈伯特(1967)构建了用于预测累积产量和最终可开采储量的 Logistic 增长模型,并利用实际数据进行拟合,获得了所谓的哈伯特曲线(Hurbbert curve),如图 2-12 所示。

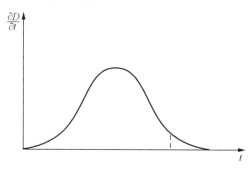

图 2-12 理论哈伯特曲线

石油峰值理论对石油价格的影响是长期而且是根本性的,Campbell(1998)提出廉价石油即将终结的预测,而随后石油价格的高企,无疑印证了他的观点。但是,从全球范围来看,已探明的石油储量仍在缓慢增长,其峰值也仍未出现。因此,对于如何确定石油峰值,学术界一直存在争论。Maugeri(2009)就指出探明储量是在当前的技术条件下具有经济价值的预估开采量,而随着技术的发展和石油价格的上涨,这一数字也会不断变化。而且目前油田的平均采收率只有 35%,如果到 2030 年采收率可以提高到 50% 的话,算上新发现的储量,石油供应至少可以维持到下个世纪。

可耗竭资源的不确定性问题还不仅是资源存量的不确定性,其需求也具有波动性,要受到市场供求、技术进步、替代资源、环境保护等多方面的制约。Pindyck(1980)就针对可耗竭资源市场中存在的未来需求的不确定性和资源存量的不确定性建模,研究结果表明在资源存量不确定性的情况下,最优开采路径仍遵循霍特林法则。同时,其还给出了优化的两种方式:改变平均开采成本或者将存量作为一种期权,通过比较现在和未来收益的高低来选择最优路径。Arrow 和 Chang(1982)假设资源的空间分布是随机的,单位面积的资源储量服从 Poisson 分布,资源存量的变化取决于资源消耗和勘探的速率,最优化开采路径下的影子价格是一个随机过程,不再遵循霍特林法则,但是仍无法解释现实石油市场价格的形成与波动现象。Deshmukh 和 Pliska(1983,1985)构建了资源存量和外部经济环境不确定(影响资源消耗和勘探投资)情况下的可耗竭资源模型,证明了其价格过程是一个鞅过程[①],并给出资源价格以高于贴现率增长的充要条件。

（二）市场结构与石油价格

在霍特林模型及其扩展模型中,市场结构对其结论没有影响。在自由竞争的情况下,厂商是市场价格的接受者,但厂商不同时期相同数量的石油产出的贴现值应相等,否则他将选择在贴现值最大的时期把石油全部开采出来,假若石油开采不集中在一个时期,石油价格的上升必须大于等于利率;在完全垄断的情况下,价格是垄断厂商产出的函数,厂商选择一个最优产出路径使总收益现值最大化,即使不同时期石油开采量的边际收益上涨速度大于等于利率。但是,大量的实证检验[如 Miller 和 Upton(1985)、Adelman(1993)]表明,霍特林法则往往会高估石油的价值,使其偏离市场实际价格。

可耗竭资源的机会成本包括边际生产(开采)成本和资源的影子价格(稀缺价值或租金),相对丰富、开采成本相对较高的资源,在其机会成本中租金所占的比例小;反之,相对稀缺、开采成本较低的资源,在其机会成本中,租金所占的比例很大。如果在市场中占据支配能力的参与者人为地造成资源稀缺,那么就会抬高租金,影响资源价格。第一次石油危机后,随着 OPEC 逐渐掌握控制石油供给和定价,大量文献对市场结构与石油价格的关系进行了研究。

1. OPEC 垄断定价模型

Salant(1976)分析了国际石油市场结构,认为市场的供应方是由卡特尔(OPEC)和竞争性产油国(非 OPEC 产油国)组成,而卡特尔在制定产量和价格策略时,只考虑消费者对价格的反应(价格弹性),而不考虑边际成本的变化。

Pindyck(1978)使用了斯塔尔伯格(Stackeberg)寡头垄断模型来描述 OPEC 以跨期利润最大化为目标的定价策略,OPEC 拥有世界石油储量的较大份额,市场的供应方由卡特尔(OPEC)和竞争性产油国(非 OPEC 产油国)组成,由于 OPEC 拥有市场定价权,而非 OPEC 产油国只能接受市场价格,并根据其边际生产成本确定其供应量。OPEC 的产量 Q^{OPEC} 取决于市场价格 P_t 和非OPEC 国家的产量,等于市场总需求量 Q^W 减去非 OPEC 国家的供应量 Q^{N_0},即:

$$Q^{OPEC} = f(P_t, Q^{N_0}_{t-1}) = Q^W - Q^{N_0} \tag{2-18}$$

跨期利润最大化,则:

$$\max \prod_{OPEC} = \sum_{t=1}^{T} \frac{1}{(1+r)^t} [P_t - \frac{m}{R_t}] Q^{OPEC}_t \tag{2-19}$$

其中,r 为贴现率,m/R_t 为平均生产成本。

这类模型也被称为单一卡特尔模型,初期的模型为静态模型,没有考虑到市场需求和非OPEC 国家对价格的滞后反应,后续模型通过在自变量中加入滞后变量,将静态模型拓展为动态模型。但是,这类模型存在明显的不足:市场的参与者不可能拥有完全的信息,诸如市场需求量、非 OPEC 国家的供应函数、消费者的需求弹性等信息都是难以获知的,而最优的价格策略又严重依赖于具体函数形式和设定的参数值,而模型设定与实际市场间的差异严重影响了模型的可靠性。

也有研究认为 OPEC 成员国在资源特征(储量、开采成本等)和在生产定价政策方面存在不同,应该划分为若干个集团。Hnyilicza 和 Pindyck(1976)根据对石油收益的迫切程度将 OPEC 分为富国集团(沙特、科威特、阿联酋、卡塔尔、利比亚和伊拉克)和穷国集团(其他 OPEC 成员国),OPEC

---

① 鞅过程(martingale process)是一类特殊的随机过程,其含义是根据目前所得的信息对未来某个资产价格的最好预期就是资产的当前价格,即:$E(P_{t+1} \mid P_t, \mid P_{t-1}, \cdots) = P_t$。

的最优价格则取决于两集团之间博弈的结果。模型证明,由于穷国集团的主观贴现率要高于富国集团,更重视当期收益,因此会选择尽可能快地开采石油。这表明 OPEC 内部存在着竞争,因而寻求 OPEC 利益最大化是不可能的,这从国际石油市场演化过程中也可以得到证明。

Geroski 等(1987)也认为 OPEC 并不是严格意义上的卡特尔组织,其成员国的行动并不一致,会根据各自的政策目标、对长短期利润的选择和相互容忍程度来进行决策。长期而言,市场对 OPEC 的需求为:

$$q_{it}^* = \alpha_{i0} + \sum_{j=1}^{n} \alpha_{ij} P_{jt} + \sum_{k=1}^{m} \beta_{ik} Y_{kt} \tag{2-20}$$

其中,q_{it}^* 为成员国的需求量,市场 P_{jt} 为 OPEC 价格,Y_{kt} 为外生的环境变量。

短期 OPEC 各成员国的石油供给量为:

$$q_{it} = \gamma_{i0} q_{it}^* + \sum_{j=1}^{n} \gamma_{ij} q_{jt-1} + D_t \tag{2-21}$$

其中,D_t 为供给干扰因素虚拟变量,q_{it} 和 q_{it-1} 为短期需求和上一期的产量。假设各成员国的生产成本相同,OPEC 长短期的收益为:

$$\prod_{i}^{S} = (P_1 - C_i)q_i ; \prod_{i}^{L} = (P_1 - C_i)q_i^* \tag{2-22}$$

各成员国之间通过博弈,可以获得纳什均衡,各产油国的目标函数为:

$$V_i(P_t) = \delta_i \prod_{i}^{L}(P_t) + (1 - \delta_i)\prod_{i}^{S}(P_t) + \theta \sum_{j=1}^{} \prod_{j}^{L}(P_t) \tag{2-23}$$

其中,方程显示不同产油国的生产目标,δ_i 为长期利润权重,$1 - \delta$ 为短期利润权重,两者比例取决于各产油国的财政情况,而 θ 是反应各成员国之间的合作程度,如果 $\theta = 0$,则表明没有合作均衡,生产取决于各个产油国的产能。沙特作为 OPEC 的机动产油国,也就是最后的生产国,对 OPEC 整体的石油产量具有决定性的影响。Griffin 和 Teece(1982)就指出 OPEC 的定价策略和组织的稳定,与其说取决于各成员国的合作,不如说取决于沙特对 OPEC 政策的支持程度。

上述模型是以卡特尔利润最大化为目标进行建模的,还有的研究认为 OPEC 的定价策略是以产能利用率为目标的。Gately 和 Kyle(1977)、Gately(1983)就假设 OPEC 通过设定产能利用率(代表石油市场紧缺度)为目标,来决定产出调整的方向和幅度,制定最优价格策略,实现利润最大化。以产能利用率为目标就是通过把下一期的价格变化定义为本期产能利用率的增函数,设定目标产能利用率定为 85%,若本期的实际产能利用率低于目标区,下一期将降低价格;若高于目标区,下一期将提高价格。但是考虑生产能力的变化、目标设置的合理性、价格变化和产能利用率之间的函数关系等假定条件与实际情况之间的差距,可以判断信息不完全,将导致据此制定的最优价格策略是无法成功的。

2. OPEC 的目标区定价模型

20 世纪 80 年代,OPEC 为了其利益最大化,试图通过控制产量将国际石油价格稳定在一个目标区内。根据 Krugman(1991)提出的汇率目标区理论,目标区必须满足:目标区可信,而对目标区的干预是有限的。Hammoudeh 和 Madan(1995)建立了一个 OPEC 干预定价目标区模型,从两个方面考虑 OPEC 的价格策略,一是市场需求与 OPEC 生产配额的上限和库存之间的差额;二是目标价格与市场价格之间的差额。OPEC 的价格策略如下:

$$P_t = g(q_t) = \gamma(q_{1t}' + q_{2t}) + \theta E_t(dP_t/dt) \tag{2-24}$$

其中,q_{1t}'是 OPEC 石油生产配额的上限,也是干预市场的调控工具,而 q_{2t} 是 t 期 OPEC 的库存,是一个随机分布的函数,$\gamma < 0$ 是市场价格调整的速度,意味着 OPEC 生产配额的上限越高,库存量越高,市场价格就越低;$E_t(dP_t/dt)$为市场预期,$\theta > 0$ 是市场价格对预期的反应,也意味着预期的自我实现。

OPEC 定价策略是在必要时通过控制生产配额的上限或调整库存来干预市场供应,进而使得价格在目标区内运行。Tang 和 Hammoudeh(2002)以 OPEC 一揽子石油价格为参照,研究了 OPEC 干预市场的行为,结果发现,在样本区间内,当价格低于 15 美元/桶时,OPEC 会降低其日产配额上限,但是 OPEC 对于价格上限基本上没有采取干预措施。而且有的时候价格下降反而引起 OPEC 产量的上升,说明 OPEC 成员国之间的合作程度有限,存在着相互欺骗行为。

3. 竞争市场模型

也有研究认为 OPEC 影响国际油价的能力介于卡特尔和价格接受者之间,也就是说虽然 OPEC 并不具备完全控制油价的能力。事实上,OPEC 维持石油卡特尔的地位存在许多问题,它不仅面临来自非 OPEC 产油国的外部挑战,而且面临来自成员国的内部挑战。由于卡特尔成员之间存在着生产成本与市场需求信息等方面的不对称,因此在市场诱惑前这种合谋会表现出很大的脆弱性,如何计算最优的卡特尔产量、分配生产配额、监控和阻止成员之间的欺骗和作弊行为等将考验 OPEC 的内部管理机制。

MayAvoy(1982)指出石油价格的增长仅仅反映了市场供需条件的基础发生了变化,由于短期内石油生产缺乏弹性,所以紧缩的供应和需求的增长导致了市场恐慌性投机需求,造成 20 世纪 70 年代石油价格的上涨,而且更明显的是第二次石油危机是由于伊朗革命导致的石油减产,而不是 OPEC 控制市场价格的结果。同时,他的研究还发现,需求和资源储量变化对石油价格具有更重要的影响,通过模拟在一系列资源储量、需求弹性、收入变动情形下的均衡价格,研究发现 OPEC 不应该在减产方面做出承诺,而应该抑制成员国的供给扩张,减少全球经济对石油消费的依赖性。此外,即使非 OPEC 产油国是石油市场价格的接受者,但是否按照市场价格来决定其产量水平也存在着疑问。

Krugman(2000)认为 OPEC 不是卡特尔,也是国际市场价格的接受者,不能控制国际油价。因为 OPEC 会考虑到资源的可耗竭性,希望获得跨期收益的最大化,油价高时没有增产的动机(预期价格会进一步提高),油价低时反而可能扩大生产(恐惧价格进一步下跌)。因此,产油国的供给曲线是向后弯曲的,而加总后的世界市场的石油总供给曲线也是向后弯曲的(图 2-13)。利用多重均衡模型,Krugman 成功地预言了新一轮国际油价上涨周期的到来。

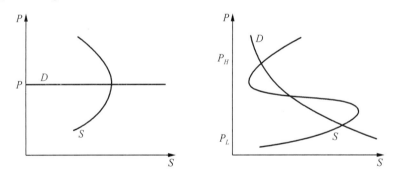

图 2-13 竞争市场中单一国家和世界石油的供求曲线

但是在关于产油国的供给曲线是否向后弯曲的问题上,多重均衡模型一直备受质疑。Alhaji 和 Huettner(2000)利用 1973—1996 年的数据对模型的适用性做了检验,结果发现只有石油资源属于国有且高度控制、经济严重依赖石油的产油国才完全符合这一条件,其他石油产出国的石油供应只符合假定中某些方面,石油供应曲线并非完全为向后弯曲的曲线。此外,即使考虑到 OPEC 作为卡特尔获得市场定价权,但是非 OPEC 产油国的生产是否仅取决于石油价格也存在争议。Kaufmann 和 Cleveland(2001)就指出非 OPEC 产油国虽然是市场价格的接受者,但也没有明显证据表明非 OPEC 产油国的石油生产与价格之间存在简单的线性关系,产能、技术、经济状况和政治动机等因素都会影响石油生产,而且由于石油产业自身的特点,其生产供应也会具有一定的惯性,即使市场价格发生大幅波动,产量也不可能马上进行调整。

（三）石油价格与供求弹性

一般认为,石油是一种需求和供给都缺乏弹性的商品,但是随着技术进步和经济发展,经济结构也随之发生了大的变化,这就会导致石油需求或供给价格弹性等发生变化,继而影响石油价格。

　　Gately 和 Huntington(2002)对不同国家石油需求的价格弹性和收入弹性进行了分析,表 2-3 给出估算的结果。研究结果发现,石油价格和收入变动对石油需求存在着非对称性的影响,如果忽略这一非对称性的影响,将会低估需求的价格弹性和收入弹性。由于社会经济发展的不同水平,其石油需求的价格弹性和收入弹性也不同,但存在一定的演化规律。由于 OECD 国家经历了两次石油危机,其适应高油价的能力较强(节能技术、新能源、经济结构转化等),故其石油需求的价格弹性不断提高,到 20 世纪 90 年代末已经达到−0.6(见图 2-14)。对于非 OECD 国家(见图 2-15),石油输出国和新兴经济体的收入弹性在 1 左右,远高于 OECD 国家(0.55 左右),这是经济发展经历的必然阶段,而其他经济不发达的发展中国家其对石油的收入弹性很低,收入变化对石油需求的影响非常大。但是除了石油输出国外,非 OECD 国家的价格弹性都远低于 OECD 国家,高油价对发展中国家的需求影响较大。

表 2-3　OECD 和非 OECD 国家能源(石油)长期需求弹性估算表

国家区分	燃料	弹性		主要现象
		收入	价格	
OECD 国家	能源	0.59	−0.24	求对价格变化的反应是不对称的,也就是价格上涨需求会下降,但价格下跌,需求下降的程度要更低
	石油	0.55	−0.60	
所有非 OECD 国家	能源	0.44	−0.1~−0.16	存在需求对收入变化的反应不对称现象,即当收入增加时,需求会增加,但是当收入下降时,需求下降缓慢
	石油	0.53	−0.18	
非 OECD 国家石油进口国	能源	0.82~1.0	—	求对收入变化的反应是不对称
	石油	0.91	—	
收入增长的非 OECD 国家	能源	1.08	−0.08	求对收入和价格变化的反应都是不对称的
	石油	0.95	−0.12	
其他非 OECD 国家	能源	0.5~0.7	−0.09	求对收入变化的反应更明显
	石油	0.24	−0.25	

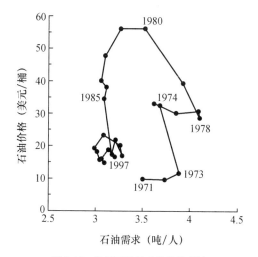

图 2-14　美国石油需求的价格弹性

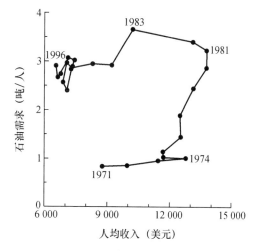

图 2-15　沙特石油需求的收入弹性

第三节 石油金融

两次石油危机中,作为主要石油消费国的西方发达国家都出现了严重的经济衰退现象。当然,油价大幅持续上涨可能只是造成经济衰退的间接成因,直接原因更可能是各国政府为了抑制高油价带来的通货膨胀而采取了过度紧缩的货币政策。但是,由于国际石油价格的变动更为频繁和剧烈,市场参与者对借助金融工具规避石油价格风险的需求越来越强烈。在这样的背景下,国际石油金融市场得到了迅速发展,并形成了以纽约商品交易所(NYMEX)和伦敦国际石油交易所(IPE)为中心的国际能源衍生金融产品交易市场。大量石油衍生金融产品的出现吸引了大量国际金融资本加入并参与到国际石油市场中,石油的"金融属性"也就越来越明显,国际石油价格再也不仅仅由现货市场的供求关系来决定,更多地要受到石油金融市场的影响。对于"石油金融"(Petroleum Finance),目前尚没有形成统一的定义,但其核心主要是借助国际金融市场来完善国际石油市场的价格发现功能和实现风险规避功能。

一、石油衍生金融产品交易

国际石油衍生金融产品除了期货、远期、互换、期权外,还有较为特殊的上(下)限期权、裂解价差期权、跨期价差期权等产品。场内市场交易的产品主要是期货和期货期权[①](option on futures)合约,是国际石油市场石油价格形成的基础,也是场外交易市场的议价基础;场外市场交易的产品则非常丰富,包括远期、期权、互换(掉期)及价差合约等众多产品,交易方式也更为灵活,可满足个性化风险管理需求,对场内交易市场是重要补充。

（一）场内交易市场

1. 纽约商品交易所

纽约商品交易所[②](NYMEX)是目前世界上最大的商品期货交易所,全球能源及贵金属的现货和期货价格就主要以 NYMEX 的期货合约价格为参照的。合约通过芝加哥商品交易所(CME)的 GLOBEX 电子贸易系统进行交易,通过 NYMEX 的票据交换所清算。在交易场所关闭的 18 个小时里,合约交易仍可以通过互联网上的 NYMEX ACCESS 电子交易系统来进行,实现全球化交易。1978 年,NYMEX 正式推出了全世界第一个石油产品期货合约——取暖油期货合约;1981 年,推出汽油期货合约;1983 年,推出 WTI 原油期货合约(附表 2-1);1984 年,推出无铅汽油期货合约(附表 2-2);1986 年,推出 WTI 原油期货期权合约(附表 2-3);1987 年,推出取暖油期权合约(附表 2-4);1994 年,推出裂解价差合同(crack spread contracts)以及裂解价差期权[③](crack spread option)合约。2004 年,随商品基金和对冲基金投资范围全球化的影响,NYMEX 也开始交易布伦特原油期货,并在这个基础上推出了 WTI 和布伦特原油的互换(WTI-Brent bullet swap)和价差期权[④](WTI-Brent crude oil spread options);2007 年,NYMEX 还推出 WTI 原油和布伦特原油日历价差期权[⑤](calendar spread option)合约,这一系列新的衍生产品,简化了跨市

---

① 期货期权(option on futures)是对期货合约买卖权的交易,包括商品期货期权和金融期权。普通的期权是指现货期权,而期货期权则是指"期货合约的期权",期货期权合约表示在到期日或之前,以协议价格购买或卖出一定数量的特定商品或资产期货合约,并获得协议价格与当时期货价格之间价差的损益。

② 1994 年,纽约商品交易所(NYMEX)和纽约商品期货交易所(COMEX)合并,仍称为纽约商品交易所(NYMEX)。合并后,NYMEX 的期货交易仍分为 NYMEX 及 COMEX 两大部门,NYMEX 分部主要负责能源期货及期权交易,COMEX 分部主要负责金属期货期权交易。

③ 裂解价差(crack spread)是指汽油或燃料油等成品油与原油的价差。当裂解价差扩大时,炼油商的利润就会增加。裂解价差期权(crack spread option)就是以裂解价差为标的物的期权。

④ 价差期权(spread option)是指以不同的资产的价差为标的物的期权。

⑤ 日历价差期权(calendar spread option)是指标的物为同一资产不同到期日之间价差的期权。

场套利流程,为国际原油价格一体化创造了更为便利的条件。近年来,NYMEX 还积极尝试在其欧洲分部上市俄罗斯乌拉尔原油(Urals)期货。同时,与迪拜商品交易所(DME)合作上市中东原油期货,与东京商品交易所(TOCOM)合作推出日元计价的中东原油期货,与新加坡交易所(SGX)合作上市燃料油期货,加快扩展其在亚太地区的业务。

2. 伦敦国际原油交易所

伦敦国际原油交易所(IPE)成立于 1980 年,虽然其规模与交易额只有 NYMEX 的 1/3,但却是欧洲唯一的石油期货交易所,也是最重要的能源衍生品的交易场所。2001 年,IPE 被美国洲际交易所①(ICE)收购,成为其全资子公司。1981 年,IPE 推出了重柴油(gas oil)期货合约(附表 2-5),重柴油在质量标准上与美国取暖油接近,该合约是欧洲第一个能源期货合约;1987,推出重柴油期权合约;1988 年,推出布伦特原油期货合约(附表 2-6);1989 年,推出布伦特原油期权合约(附表 2-6);2006 年,推出 WTI 原油期货合约;2007 年 5 月,又推出了中东原油期货合约。这一系列新的期货合约的上市,使得 IPE 期货合约品种更加丰富,在国际石油市场中的影响力进一步提高。

3. 东京商品交易所

东京商品交易所(TOCOM)成立于 1984 年 11 月 1 日,是由东京纺织品交易所、东京橡胶交易所和东京黄金交易所三家交易所合并而成的,也是目前世界上最大的铂、汽油、煤油和橡胶期货交易市场,同时还是黄金和汽油的第二大期货交易市场。1999 年底,TOCOM 推出了汽油和煤油期货交易;2001 年,TOCOM 推出日元计价的原油期货合约,该合约以中东地区阿曼原油和迪拜原油为标的物,以新加坡普氏(Platts)公开市场同种原油报价的月度平均值作为结算价格,期货合约到期后并不采用实物交割,而是使用现金进行结算。2002 年 11 月,TOCOM 还与新加坡交易所(SGX)合作推出中东原油期货合约,希望以此成为亚太地区中东含硫原油的定价基础。从目前的交易情况来看,TOCOM 推出的中东原油期货依然是目前最成功的亚洲原油期货品种,对国际油价的影响度也在增加。但是,目前 TOCOM 推出的中东原油期货合约的市场影响力仍然有限,未能形成亚太地区原油有效定价机制,具体见表 2-4。

表 2-4　原油期货期权年度交易量及市场份额

年交易量(手)	2007 年		2006 年		2005 年	
	交易量	比例	交易量	比例	交易量	比例
NYMEX	111 466 156	64.47%	87 361 476	65.36%	73 818 230	65.81%
IPE/INC	59 928 041	34.66%	44 345 927	33.18%	36 366 257	32.42%
TOCOM	1 489 018	0.86%	1 961 190	1.47%	1 981 389	1.77%
年度交易总量	172 883 215	100.00%	133 668 593	100.00%	112 165 876	100.00%

数据来源:三个交易所网站公布的年度交易数据汇总

(二)场外交易市场

随着石油衍生金融产品交易市场竞争的日趋激烈和技术进步带来的电子化、全球化交易机制创新,清算所也开始允许场外衍生金融产品通过现有场内清算系统进行清算,场外交易和场内交易在产品、交易方式、清算等方面越来越趋于同化。场外石油衍生金融产品除了远期、互换、期权外,还有一些较为特殊的产品。

1. 一般产品

(1)远期(forward)

远期合约是最早出现的场外交易的衍生产品,交易双方约定在未来某一日期,按约定的价

① 美国洲际交易所(Intercontinental Exchange,ICE)成立于 2000 年 5 月,总部位于美国亚特兰大,最初由 7 家大宗商品批发商投资组建,后被美国 6 家天然气及电力公司联合收购。

格、约定数量进行交易,或者以现金形式结算差价。由于没有采取保证金制,违约的风险较大。远期合约在石油市场发展中发挥了重要的作用,具有更加灵活的合约条款,对期货市场是非常重要的补充。

（2）互换（swap）

互换也称为掉期,是交易双方依据预先约定的协议,在未来的确定期限内,相互交换一系列现金流或支付的交易。商品互换是指交易双方当事人按合约条款商定的条件,在约定的时期内,根据同一商品按不同支付方式或者不同商品之间产生的价差,以此交换一系列现金流的合约。由于具有与远期相似的特征且不必进行实物交割,互换合约正逐渐取代远期合约成为场外交易的主流。

（3）期权（option）

期权是指是一种能在未来某特定时间以特定价格买入或卖出一定数量的某种特定商品的权利。期权的持有者可以在期权规定的时间内选择实施或放弃权利,而期权的卖出者只负有期权合约规定的义务。常规的标准期权按有效期分为欧式期权和美式期权[1];按交易方向分为看涨期权（calls）和看跌期权（puts）;其他更复杂的期权模式也被称为奇异期权[2]（exotic options）。

2. 特殊产品

（1）价差互换（spread swap）

价差互换一般是在固定价格及浮动价格之间进行（fixed to float swap）。比如炼油商和生产商签订每月支付的 3 年期互换合约,约定炼油商购买原油的固定价格和额度,并以每月最终交易日纽约商品交易所 WTI 原油期货合约结算价格（浮动市价）作为参照基准,当期应付金额多的一方将把净付款支付给另一方,当浮动价格高于固定价格时,由生产商向炼油商支付差额;当浮动价格低于固定价格,由炼油商向生产商支付差额。这样,生产商可以获得固定的销售收益,而炼油商则可以锁定购油成本,规避市场价格波动带来的风险。

（2）分享互换（participating swap）

分享互换合约与普通的互换合约不同,石油消费者（如航空公司等）通过与投机商（如投资银行等）签订分享互换合约,以固定价格来锁定购油成本以规避石油价格上涨的风险,同时以一定的比率分享对方由于石油价格下跌产生的价差收益,即:互换到期时,若固定价格低于浮动价格（如纽约商品交易所原油期货在一定时期内的结算价的算术平均价）,消费者就以固定价格买入石油;若固定价格高于浮动价格,买入价格为“（固定价格－浮动价格）×分享比率”。这样,虽然分享互换的价格稍高于正常互换合约,但是在锁定远期石油采购成本的同时,还可以减少由于石油价格突然下跌而带来的意外损失。

（3）障碍期权（barrier option）

障碍期权是指在其生效过程中受到一定限制的期权,也就是一种附加条件的奇异期权,此类期权按是否有效取决于标的资产的市价是否触及确定的障碍（barrier）,可以分为触碰生效/敲出（trigger/knock-in）或触碰失效/敲入（knock-out）;按交易方向分为上限期权和下限期权[3]。近年来,欧美场外交易市场推出的油价顶（上限触碰失效）和油价底（下限触碰失效）等创新产品都属于障碍期权。石油生产商通常会卖出向上触碰失效型下限期权进行套期保值,与标准的下限期权/看跌期权相比,不仅可以提供类似的规避价格下跌的风险的保护,而且当市场价格上升到触碰点时,期权合约就终止失效。这时,生产商可以重新考虑进入市场,以一个更高的敲定价格卖出新的下限期权进行套保。

---

① 欧式期权（European options）只在期满时才可执行;美式期权（American options）在有效期内任何时候都可以执行。

② 奇异期权（exotic options）可以归为三类。一是合约条件变更型,即改变了标准期权的某些条件。二是路径依赖型,即期权的最终结算根据基础资产价格在一段时期内的变化来确定,而不是根据到期日的价格来决定,如亚式期权（Asian options）就是在到期日确定期权收益时,不是采用标的资产当时的市场价格,而是用期权合同期内某段时间标的资产价格的平均值的期权,而回望期权（lookback options）的收益依附于期权有效期内标的资产达到的最大或最小价格。三是多因素类型,即期权的最终结算是根据两种或两种以上基础资产的价格来决定,如裂解价差期权等。

③ 上限期权（capped option）是指设有预定收益上限的期权;下限期权（floor option）是指设有预订损失限制的期权。

（4）裂解价差期权（crack spread option）

炼油商更加关注所谓的裂解价差（crack spread）带来的风险。解决的办法就是买进原油期货（期权）并售出成品油期货（期权），锁定裂解价差。但是，这样比较复杂而且需要大量的对冲资金。1994 年，NYMEX 推出了裂解价差合约，即以 WTI 原油为基础，按照石油炼化成品油的比率，将买入三份 WTI 原油期货和出售一个月之后的两份无铅汽油期货及一份取暖油期货捆绑起来组成一个裂解价差合约。合约的买方和卖方都只需满足这份裂解价差合同的保证金要求，而不必担心各个标的物期货合同中的保证金要求。同时，为了迎合市场除了炼油商之外的交易者的方便，还推出裂解价差期权（crack spread option）。裂解价差期权被标准化为 1:1 的取暖油或汽油与原油之间的裂解价差选择权。炼油商可以通过期权的组合来构建 3:2:1 的对冲比率，一般的做法是买进或卖出两个汽油裂解价差期权，同时买进或卖出一个取暖油裂解价差期权，对应裂解价差合约的组合。然而，建立在 WTI 原油基础上的成品油炼化比率并不一定适用于所有的炼油商，而场外交易提供的裂解价差合同或裂解价差期权则能够更好地适应炼油商的具体情况，其产品组合可以更接近于炼油商成品油炼化的实际比率。

（5）日历价差期权（calendar spread option）

日历价差期权为拥有存储设施的石油交易商提供了管理不同月份之间的价格风险，同时创造额外收益的工具。如果市场呈远期升水（即当期期货价格低于远期期货价格）时，交易商可以购买即期期货合同，出售远期期货合同，通过套利来降低存储成本；也可以购买日历价差看涨期权来锁定存储利润或套利多于其存储成本的价差。如果市场处于远期贴水（即当期期货价格高于远期期货价格）时，交易商就不可能进行套利，但可以出售日历价差看跌期权，并从中获得收益来降低存储成本。如果期权的购买者行使权利，交易商可以得到当月期货多头头寸和远月期货空头头寸，在当月和以后时间交割合约。如果期权的购买者没有行使权利，交易商则可以不承担更多的义务以保持期权收益。总的来说，交易商可以通过使用期货合约和日历价差期权，在期货合同的不同月份对价差进行套利使其收益优化。

（6）混合型策略

除了上述已经较为标准化的产品外，OTC 市场上的机构投资者还可以设计和提供更加复杂的、结构化的石油衍生金融产品，满足交易者的个性化风险管理的需求。如混合型策略（hybrid strategies），就是将基本的互换与期权进行组合，创造高度结构化的金融产品和风险组合，来满足客户的特殊保值需要的风险对冲策略。混合型策略的组合方式极多，主要的产品很多，石油市场中，较为常见的是互换期权（swap option），就是按照设定的敲定价格买入或卖出一份互换的期权，其可以是美式期权，也可以是欧式期权。

（三）其他相关的衍生金融产品

由于国际石油贸易仍然依赖于远洋航运，国际航运市场的运费价格波动也会影响到国际石油价格，因此贸易商、跨国石油公司、油轮船东都有规避航运运费价格波动风险的需求，而这就必须依靠相关的衍生金融产品来进行对冲。

1. 航运价格指数

国际上通常采用波罗的海航运价格指数来衡量国际航运运费的风向标。波罗的海航运指数是由波罗的海航运交易所[①]（Baltic Freight Exchange，BFX）发布的，其发布的航运价格指数是国际航运市场的风向标。1985 年 5 月 1 日，波罗的海航运交易所发布了第一个国际航运价格指数——波罗的海航运指数[②]（Baltic freight index，BFI）。1998 年，BFE 又发布了波罗的海国际油

---

① 波罗的海航运交易所（Baltic Freight Exchange）是世界第一个航运交易所，1794 年诞生于美国弗吉尼亚州一家名为波罗的海的咖啡馆，后迁至英国伦敦。其发布的波罗的海航运价格指数是衡量国际海运情况的权威指数，也是反映国际间贸易情况的领先指数。

② 波罗的海航运指数（Baltic freight index，BFI）是由 11 条不同干散货船型不同航线的运价，按照各自在航运市场上的重要程度和所占比重构成的综合性指数。

轮运费指数①（Baltic international tanker routes，BITR）。1999 年的 9 月 1 日，BFI 指数被分解成 BCI（巴拿马型船运价指数）和 BPI（好望角型船运价指数）两个指数，与已设立的 BHI 指数（大灵便型船运价指数）共同组成三大船型运价指数，指数构成的航线达到 24 条。同年 11 月 1 日，波罗的海航运交易所在这三个指数的基础上推出波罗的海干散货航运指数②（Baltic dry index，BDI）并取代 BFI 指数，成为代表国际干散货运输市场走势的晴雨表。2001 年 10 月，波罗的海航运交易所推出波罗的海原油航运指数（Baltic dirty tanker index，BDTI）和波罗的海成品油航运指数（Baltic clean tanker index，BCTI）取代原有的 BITR 指数。其中，BDTI 指数的成分航线包括了 7 条航线 4 种船型，而 BCTI 指数的成分航线包括了 5 条航线 3 种船型（见附表 2-7、附表 2-8、附表 2-9、附表 2-10）。2003 年 3 月，波罗的海航运交易所又推出了波罗的海液化石油气（LPG）航运价格指数（Baltic liquefied petroleum gas routes，BLPG），具体如图 2-16 所示。

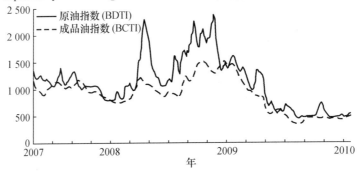

数据来源：WIND 咨询

图 2-16　波罗的海原油航运指数和成品油航运指数（2007—2010 年）

2. 航运衍生金融产品

1985 年 5 月，与 BFI 指数同时出现的波罗的海航运指数期货合约在新成立的波罗的海国际运费期货交易所③（Baltic International Freight Futures Exchange，BIFFEX）开始交易。虽然相关期货合约标的物随着波罗的海交易所对运费指数里的样本航线的调整和航线里的船型④而不断改变⑤，并且从即期运费发展到包括期租⑥运费，但仍无法吸引足够的市场参与者，对冲比率很低，而远期运费合约（forward freight agreements，FFA）的交易逐渐兴起使得波罗的海航运指数期货合约的交易活动渐渐冷清。最终，伦敦国际金融期货交易所⑦（LIFFE）于 2002 年 4 月决定

---

①　波罗的海油轮运费指数（Baltic international tanker routes，BITR）是由 12 条不同船型不同航线（7 条原油油轮航线和 5 条成品油轮航线）的原油和成品油航运运价，按照各自在原油运输市场上的重要度和所占比例构成的综合指数。

②　BDI 指数是将 BPI、BCI 和 BHI 指数相加，取平均数，然后乘以一个固定的换算系数得出。2001 年初 BHI 指数调整为 BHMI（灵便型）指数，2006 年 BHMI 指数又调整为 BSI（超灵便型）指数，2008 年 BSI 指数又调整为 BHSI（超轻灵便型）指数。

③　1991 年 BIFFEX 并入伦敦商品交易所（LCE），1996 年 9 月 LCE 又并入伦敦国际金融期货交易所（LIFFE）。

④　按照载重吨位从大到小，运输干散货船型分为：好望角型（Capesize），巴拿马型（Panamax），超灵便型（Supramax）等。原油油轮船型分为：超大型（ULCC），巨型（VLCC），苏伊士型（Suezmax），阿芙拉型（Aframax），巴拿马型（Panamax）等。成品油轮船型分为：LR2 型，LR1 型，MR 型等。

⑤　1985 年的样本航线只有即期的航线运费价格，直到 1990 年 8 月 6 日才把期租航线加入到运费指数中。而样本航线里面的船型的变化是，最初包括灵便型、巴拿马型和好望角型船，到 1993 年 11 月有巴拿马型和好望角型船，到最后的 1998 年 12 月仅有巴拿马型船。1999 年 10 月，BPI 就替代 BFI 成为期货标的。

⑥　定期租船（time charter）简称期租，是指远洋运输企业将配备有操作人员的船舶承租给他人使用一定期限（短则几个月，长则 5 年以上），承租期内听候承租方调遣，不论是否经营，均按天向承租方收取租赁费，发生的固定费用均由船东负责的业务，租金一般规定以船舶的每载重吨每月若干金额计算。

⑦　伦敦国际金融期货交易所（London International Financial Futures Exchange，LIFFE）成立于 1982 年 9 月 30 日，交易的品种包括外汇期货、利率期货以及各类指数期货等衍生金融产品，该交易所的结算由独立的国际商品结算公司（ICCH）负责。LIFFE 是目前欧洲交易最活跃的金融期货交易中心。

从市场上撤销相关期货合约的交易。

FFA主要针对较为活跃的干散货或湿货国际航运航线,对特定货载数量或船型在未来某一确定日期结算运费或租金。FFA的标的物是波罗的海航运交易所产生构成各种运费价格指数中任何航线,在合约价格与适用结算价格间之差额以现金结算,为此经常采用结算月份的最后7个交易日之航线平均费率,或者针对期租船航线则以结算月份的平均租金为准。远期运费合约属于场外交易衍生产品,合约文本是由运费远期合约经纪商协会(FFABA)制定的标准化文本。目前,IMAREX-NOS、LCH Clearnet、NYMEX和SGX等多家国际商品交易所都有提供FFA交易服务,方便全球投资者进行交易。

2005年6月,奥斯陆国际海事交易所[①](IMAREX)联合挪威期货和期权结算所(NOS)推出最有流动性的湿货航运运费远期(FFA)的期权合约,即波罗的海原油航运指数成分航线中的TD3(MR型,欧洲大陆—美国东海岸,33 000吨级)和TC2(巨型,海湾地区—日本,260 000吨级)的认购和认沽的亚式期权合约[②];同时针对运费波动较大的巴拿马型货船航线,推出了世界上第一个干散货运费远期PM4TC(巴拿马型,期租平均)的亚式期权期权合约。随后,IMAREX又不断推出基于波罗的海干散货、油轮(成品油)航运指数成分航线的多种航运期权合约(freight options),见表2-5。

表 2-5　国际上主要的航运衍生金融产品比较

类型	交易对象	交易方式	结算方式	交易地点	保证金
期货	BFI指数	以未来到期日之指数合约为航运交易双方买卖标的物	按合约指数点数与到期日指数点数的差额进行现金结算	场内交易	双方都交
远期	标准型船航线指数及其组合	透过经纪商洽询对家,双方选定指数组合航线中特定航线,约定到期日交易价格	按到期日的现货价格为参考基准合约价差进行现金结算	场外交易为主	场外交易不需要交
期权	标准型船航线指数及其组合	透过经纪商洽询对家,双方选定指数组合航线中特定航线,按约定卖权或买权价格,由买方给付卖方期权金	由期权买方视价差决定是否行使期权或进行现金结算	趋势是向场外交易发展	卖家交付保证金,买家交付期权金

二、石油货币体系

石油货币体系就是围绕国际石油贸易及相关衍生金融产品的计价及结算货币的国际规则与制度安排,是复杂的国际政治经济形势长期演变的产物。石油货币体系不仅与国际石油市场的发展有关,而且深受国际货币体系[③]的影响。

(一)石油计价机制的演化

19世纪中叶,英国成为第一个全球霸权国家,出于国际贸易的需要,英国率先实行金本位

---

① 奥斯陆国际海事交易所(IMAREX)是全球唯一的经所在国政府授权的运价指数期货合同交易和结算场所,也是全球唯一的远期运价合约场内交易市场。

② 运费期权是亚式期权,即期权的执行价格是合约存续期间航线运费(运费指数)的平均价格,一般存续期的计算是指合约生效日到到期日之间。而远期生效的亚式选择权的执行价格是合约生效日后的某一时点开始至到期日的平均标的价格(或者到期前某一时段的平均价为执行价格)。确切地说,运费期权是远期生效亚式期权,采取这种形式的好处有:防止人为短期操纵而产生不合理的价格;如果运费指数能在一定的时期内平均稳定在某一价位上,那么参与者的规避风险的损益可以不受运费指数的起伏而有异常的波动。

③ 国际货币体系(International Currency System)的目的是调节各货币关系的国际秩序,体现在货币兑换、跨国资金流动及债权债务关系清算所涉及的规则和安排。

制①，并通过货币的法定含金量确定了各国的货币关系，形成了最初的国际货币体系。这一阶段，全球石油工业正处于发展初期阶段，国际石油贸易的计价及结算货币也是多元化的。金本位制的局限性②加剧了资本主义国家发展的不平衡性，"一战"爆发又使得这种矛盾进一步凸显，从而严重破坏了金本位制的根基，国际货币体系转向金汇兑本位制③。1931 年，英国被迫放弃金本位制，随后各国也纷纷废除金本位制，随着经济大萧条的来临，以黄金为本位货币④的国际货币体系也宣告结束。这一阶段，英美石油公司垄断定价体系开始形成，英国利用其强大的政治经济实力和对中东产油国的控制，把英镑作为当时国际石油贸易的主要货币，并形成了以英国为主导的国际石油秩序。

从 20 世纪 30 年代到"二战"前，国际货币体系进入了长达十几年的混乱时期，其间英、美、法三国展开了世界范围内争夺国际货币主导权的斗争，这种局面一直持续到"二战"结束。这一阶段，美国开始逐步取代英国的霸主地位，英镑作为最主要的国际货币，仍维持在国际石油贸易结算中一定的比例，国际石油贸易计价及结算以"英镑—美元"双重主导。

"二战"后，随着美国政治经济实力的增长和布雷顿森林体系⑤的建立，美元与黄金挂钩、各国货币与美元挂钩，固定比价关系的"双挂钩"体制逐渐形成。这一时期，国际石油市场在美国的主导下，逐步建立起较为稳定的运行秩序，形成非契约性的运作规则，而美元也取代英镑成为国际石油贸易的主要计价及结算货币，开始确立其作为国际货币的主导地位。

布雷顿森林体系存在自身无法克服的内在矛盾，即所谓的"特里芬两难"⑥。从 20 世纪 60 年代开始，由于美国国际收支逆差不断扩大，美元贬值导致黄金储备外流，美元无法再维持与黄金挂钩的义务，因此持续出现美元危机。1971 年 7 月第七次美元危机爆发，尼克松政府宣布实行"新经济政策"，停止履行外国政府或中央银行可用美元向美国兑换黄金的承诺，美元与黄金实现脱钩。1973 年 3 月，欧洲共同体 9 国在巴黎举行会议并达成协议，对美元实行"联合浮动"，固定汇率制宣告终结，也意味着布雷顿森林体系的崩溃。1973 年 10 月，第一次石油危机爆发，西方发达国家经济陷入混乱。1976 年，国际货币基金组织成立，宣布放弃重建固定汇率，并确立了固定汇率制和浮动汇率制并存的牙买加体系⑦。

进入 20 世纪 70 年代后，西方发达国家对石油的依赖性越来越大，石油对经济的影响也越来

① 金本位制（gold standard）就是以黄金为本位币的货币制度，即货币价值取决于货币含金量；当不同国家使用金本位时，国家之间的汇率由它们各自货币的含金量之比——铸币平价（mint parity）来决定。

② 金本位制的局限性主要是：一是黄金作为自然资源，其生产和供应具有不稳定性，使其难以满足世界经济和贸易快速增长的需要，影响其作为稳健货币制度的基础；二是对外平衡与国内经济稳定的矛盾，一国国际收支不平衡时必须付出通货膨胀或经济紧缩的代价，影响国内的经济福利；三是金本位制的运行缺乏国际监督和保障机制，仅仅依靠各国自发承认国内经济服从对外平衡的运行规则。

③ 金汇兑本位制（gold exchange standard）也称为虚金本位制，即黄金仍是国际货币体系的基础，各国纸币仍规定有含金量，代替黄金执行流通、清算和支付手段的职能；本国货币与黄金直接挂钩或通过另一种同黄金挂钩的货币与黄金间接挂钩，与黄金直接或间接地保持固定的比价；间接挂钩的条件下，本国货币只能通过兑换外汇来获取黄金，而不能直接兑换黄金；黄金只有在最后关头才能充当支付手段，以维持汇率稳定。

④ 本位货币（standard monetary）是在国际上占据中心地位的可自由兑换的货币，必须充当国际商品的价值尺度或价格标准，具有无限法偿的能力。充当过国际本位货币的只有黄金和美元。

⑤ 布雷顿森林体系是指战后以美元为中心的国际货币体系。1944 年 7 月，44 个国家或政府的经济特使聚集在美国新罕布什尔州的布雷顿森林，商讨战后的世界贸易格局。会议通过了《国际货币基金协定》，决定成立一个国际复兴开发银行（即世界银行）和国际货币基金组织（IMF），以及一个全球性的贸易组织。《国际货币基金协定》确立了以美元为中心的国际金汇兑本位制，具体包括：（a）官价为 35 美元＝1 盎司黄金；（b）美国准许各国政府或中央银行随时按官价向美国兑换黄金；（c）其他国家的货币不能兑换黄金。其他货币与美元挂钩：（a）各国货币与美元保持固定比价，通过黄金平价决定固定汇率；（b）各国货币汇率的波动幅度不得超过金平价的 1％上下，否则各国政府必须进行干预。

⑥ 1960 年，美国经济学家特里芬在其著作《黄金与美元危机》一书中指出布雷顿森林体系的运转必须具备三个基本条件：美国国际收支必须顺差，美元对外价值才能稳定；美国的黄金储备充足；黄金必须维持在官价水平。而实际上，这三个条件不可能同时具备，这一内在矛盾也称为特里芬难题（Triffin Dilemma）。

⑦ 1976 年 1 月，国际货币基金组织（IMF）理事会在牙买加首都金斯敦达成了《牙买加协议》，正式确认固定汇率制与浮动汇率制并存的牙买加体系。同时，还做出了逐步使黄金退出国际货币的决定，废除黄金条款，取消黄金官价，成员国中央银行可按市价自由进行黄金交易；取消成员国相互之间以及成员国与 IMF 之间需用黄金清算债权债务的规定。国际储备货币实现多元化，美元、马克、日元、特别提款权均可作为国际储备货币。

越大,石油成为最重要的战略物资。布雷顿森林体系的崩溃动摇了美元资产作为主要外汇储备[①]的地位,马克、日元等货币开始取代美元成为新的外汇储备,而且随着西欧和日本对中东石油需求的不断增长,国际石油贸易的计价及结算货币开始呈现多元化的趋势。为了维护美元的国际地位,1974 年,美国和沙特签订了所谓的"不可动摇的协议"[②],沙特承诺以美元作为国际石油贸易的唯一计价及结算货币,而美国则为沙特提供安全保障。由于沙特在 OPEC 的特殊地位,随后其他 OPEC 成员国也逐渐接受美元作为其国际石油贸易的唯一计价及结算货币。美元成功地实现了与石油的"挂钩",形成了以"石油美元"(Petro-dollar)为核心的石油货币体系。进入 20世纪 80 年代后,随着国际石油期货市场的发展,以纽约商品交易所(NYMEX)和伦敦国际石油交易所(IPE)为中心的国际金融市场逐渐获得国际石油定价权,而两个交易所交易的石油衍生金融产品都是以美元计价的,这无疑进一步巩固了美元的国际地位。

1999 年 1 月 1 日,作为欧盟一体化进程的重要组成部分,欧元开始在欧盟 11 个成员国流通,并逐渐取代原有各国的货币。欧元使得欧盟具备了实施统一货币政策的条件,其国际影响力不断提升,对国际货币体系也产生了深远的影响。进入 21 世纪后,国际石油市场也进入了多元化发展阶段。这一时期,美元的国际石油贸易计价货币的主导地位开始受到挑战。2006 年,第四大石油出口国的伊朗成立了全球首个以欧元计价的石油交易所。目前,已有伊朗 85% 的石油交易用非美元结算,并已将 70% 的石油收入转为非美元货币。委内瑞拉则与拉美国家建立石油易货贸易机制,并且积极推动欧元代替美元作为外汇储备和石油交易的计价货币。2008 年,俄罗斯成立了圣彼得堡石油交易所,采用卢布作为交易的石油、天然气的计价及结算货币,借以提升卢布的国际地位,同时,在卢布参考的一揽子货币中,欧元比重从 2005 年的 10% 调高至 45%(美元权重 55%)。海湾合作组织国家正考虑从盯住美元转换为盯住包括欧元的一揽子货币。但是,目前欧元在全球央行的外汇储备中只占 25% 左右,一时还难以动摇美元强大的根基;而卢布的流通范围仍局限在独联体内部,缺乏国际社会的普遍认可。但是不管是欧元还是卢布,任何一种货币想在短期内大规模取代美元都是不现实的;即使采用一揽子货币来代替美元,只能使情况更加复杂,仍无法获得一种稳定的"石油货币"。

(二)石油美元计价机制

1. 美元的国际地位

美元作为国际石油贸易的主要支付手段,是由其在国际货币体系中的主导地位决定的。目前,美元在全球官方外汇储备的比例占到了近 2/3,超过 4/5 的外汇交易和超过 1/2 的全球进出口贸易是以美元进行结算的(见表 2-6)。

表 2-6　全球官方外汇储备的货币构成(%)

货币 ＼ 时间	1999 年	2000 年	2001 年	2002 年	2003 年	2004 年	2005 年	2006 年	2007 年
美元	70.98	71.10	71.58	67.04	65.90	65.81	66.75	63.9	63.9
英镑	2.89	2.76	2.71	2.82	2.77	2.39	3.62	4.4	4.7
日元	6.38	6.07	5.05	4.36	3.95	3.85	3.61	3.1	2.9
欧元	17.91	18.31	19.21	23.82	25.18	24.91	24.21	25.1	26.5

资料来源:曹勇.国际储备货币竞争:基于货币职能分类的市场数据分析[J].投资研究,2010(3)

---

① 根据 IMF 的定义,外汇储备是指货币当局可随时获得并能控制的国外资产,拥有这些资产的目的主要是为了直接提供融资以弥补国际收支的不平衡,或者通过干预外汇市场、影响汇率而间接调控国际收支失衡。

② 这项协议的内容已经广为人知,但其具体出处却无从考证。国际上普遍认为,美国与沙特达成的可能是一项"君子协定",即美国为沙特提供安全保障(国土安全和资金安全),沙特口头认可和维护美元作为唯一石油贸易计价及结算货币的地位。

布雷顿森林体系崩溃后，主要国际货币间的汇率波动剧烈。一些国家，特别是发展中国家希望以国际货币为名义锚，让本国货币通过某种机制直接或间接与其挂钩，从而达到稳定本国货币的目的。名义锚的竞争，基本是在美元与欧元之间展开（见表2-7）。盯住美元的国家分布更广泛，且多是拥有巨额外汇储备的新兴经济体，而盯住欧元的主要是欧洲和非洲小国[①]，所持的外汇储备规模较小。

表2-7　采取不同程度盯住主要国际货币的汇率制的国家数目

	1994—1998 年	1999—2000 年	2001—2004 年	2005—2006 年
超强盯住美元	18	20	20	28
强盯住美元	3	4	3	6
弱盯住美元	3	17	60	17
超强盯住欧元	0	21	21	21
弱盯住欧元	0	7	4	8
弱盯住欧元	39	35	20	7

资料来源：曹勇. 国际储备货币竞争：基于货币职能分类的市场数据分析[J]. 投资研究，2010(3)

此外，美元非政府债券市场规模是欧元同类市场规模的2倍，而且由于美元债券中各类资产支持的抵押证券比率很高，其信用质量也更高。2005年，美元非政府债券中AAA级的比率为60%，欧元债券仅为49%。根据美国主权财富基金研究所统计，截至2010年3月，全球主权财富基金[②]（SWFs）管理的资产高达3.8万亿美元，其中对美投资总额中的比重达到35.2%，位居首位。即使是在2008年美国爆发金融危机后，欧元也没有表现出比美元更为稳定和安全的迹象，而2010年爆发的希腊主权债务危机更是重创了欧元的国际货币地位。因此，无论是从国际货币的稳定性、流动性和安全性角度出发，还是从目前国际政治经济形势的现实考虑，美元仍然是国际石油交易计价最现实的选择。

2. 石油美元对世界经济的影响

对美国来说，维护石油美元计价机制，不仅对其控制国际石油市场具有战略意义，而且对于维持美元在国际货币体系中的地位，巩固美国全球霸权也具有深远的意义。美国从石油美元计价机制中可以获得以下好处。

第一，征收国际铸币税[③]，当美元作为国际石油贸易的主要媒介后，美国可以通过输出美元来换取石油资源，而美元的发行流通量是受美国政府控制的，这样美国就获得了额外的收益。

第二，影响和控制油价，由于国际石油贸易以美元计价，美国可以基于国内经济情况和对外政策的考虑来调整其财政货币政策，进而影响美元汇率，并直接影响国际石油价格，这就意味着美国能够有效地部分控制国际石油市场，为其全球战略服务。

第三，确保美元地位，由于许多国家需要大量进口石油，为了支付石油进口费用就必须保证在外汇储备中有相当一部分的美元。目前，每年全球的石油贸易超过6 000亿美元，大约占全球贸易总额的10%，这样无形中维护了美元作为国际货币的主导地位。

---

① 欧盟国家中，丹麦、波罗的海三国、斯洛伐克实行"欧洲第二汇率机制"（ERM2），即与欧元间的波动幅度保持在15%以内；保加利亚实行欧元货币局制；捷克、罗马尼亚采取盯住欧元的浮动汇率制；匈牙利、波兰、瑞典趋向实行ERM2。欧盟候选国中，科索沃、黑山直接采取单边欧元制，波黑实行欧元货币局制；克罗地亚、马其顿、塞尔维亚采取盯住欧元的浮动汇率制。非洲国家中，摩纳哥直接采取欧元化，西非法语国家实行以欧元为参考的管理浮动制；利比亚、摩洛哥、突尼斯等国则采取盯住欧元的浮动汇率制。

② 主权财富基金（Sovereign Wealth Funds，SWFs）是指为管理主权财富而建立的由专业投资机构管理的基金。主权财富是由政府控制与支配的，通常以外币形式持有的公共财富。主权财富基金的市场化程度很高，其投资组合非常广泛，包含固定收益证券、股票和其他风险资产。

③ 铸币税（Seigniorage），也称为"货币税"，是指发行货币的组织或国家，在发行货币并吸纳等值黄金等财富后，货币贬值，使持币方财富减少，发行方财富增加的经济现象。

第四,形成"石油美元环流",石油输出国通过国际石油贸易获得的美元收益又必须寻找投资渠道,而美国拥有强大的经济实力和发达的资本市场,石油输出国拥有的美元自然以回流方式变成美国的银行存款以及股票、国债等证券资产,填补美国的贸易与财政赤字,从而支撑美国经济在长期呈现消费膨胀、外贸逆差的同时,还能够大量吸收外资,维持经济增长。

对世界经济的发展来说,石油美元计价机制不仅影响了国际分工格局,也影响了国际货币体系,更重要的是石油美元增加了国际金融市场对国际石油市场的影响,并成为两者之间风险传递的重要渠道。

首先,石油美元计价机制形成了新的国际分工格局。石油美元形成了以美国为中心的资金环流,欧洲国家、日本向美国出口产品后获得的美元以购买美元计价的金融资产形式作为财富储存起来,而东亚国家和石油输出国组织通过向美国出口劳动密集型产品和原油等初级产品获得的美元,大部分以购买债券的形式流回美国,其余部分美元则在欧洲形成一个巨大的离岸美元市场,这一市场中的美元也以购买美元金融资产的方式回流美国。为了避免大量美元在海外以现金形式存在,并出现集中抛售的情况,美国必须将国内的金融市场做大,提供具有足够流动性、收益性和安全性的投资工具,吸引和吸纳这些美元。因此,美国需要鼓励金融创新,为投资者提供数量和品种更多的投资工具,更低的准入门槛,更为宽松的金融环境等。金融自由化使得美国经济的虚拟化程度大大提高,金融服务业和房地产服务业成为支柱产业,也就形成了新的国际分工格局。而且金融业与制造业在生产方式上存在很大的不同,金融业是资本和人力密集的产业,需要大规模的资金和高素质的人力资本投入,美国在这两方面生产要素上都具有明显的比较优势,这样就进一步巩固了这种国际分工格局。

其次,石油美元计价机制增加了国际货币体系的不稳定性。美元与石油的"挂钩",而各国必须持有一定的美元储备,使得本国货币与美元挂钩,这就形成了某种意义上的"美元本位制",类似于布雷顿森林体系的"双挂钩"体制。但是,这种"美元本位制"体制非常脆弱。"双挂钩"体制会存在"特里芬两难"问题,"美元本位制"也存在同样问题。随着全球对美元需求的不断增加,对美元的需求也就随之增加。2009 年美国 GDP 不到 14.5 万亿美元,经常项目赤字为 4 200 亿美元,美国的货币供应量(M2)在 2010 年 7 月是 8.6 万亿美元。全球 2009 年外汇储备是全球 GDP 的 13%,其中 60% 以上是美元资产,而根据国际货币基金组织(IMF)的估计,按照目前的增长速度,全球外汇储备到 2035 年将达到美国 GDP 的 690%;而如果按每桶石油价格为 70 美元计算,目前全球已知石油储量约值 85 万亿美元,仅石油输出国每年至少要收入 1.5 万亿美元。要满足市场对美元的需要,就必须输出大量的美元,这样必然造成美国经常项目①的国际收支逆差,又必须通过资本项目②的国际收支顺差来弥补。美国在经常项目上的国际收支逆差越大,就越需要吸引更多的投资进入美国市场。吸引投资只有两种方法,要么提高利率,国际资本在逐利动机下将从发展中国家流向美国,这样会造成发展中国家的资本项目发生逆转,给发展中国家的货币造成贬值压力,而且由于发展中国家的汇率制度往往缺乏弹性,不能进行及时地调整,形成汇率高估,给国际金融投机资本提供机会(如 1998 年东南亚金融危机),进而扰乱国际金融秩序;要么放松金融管制,这样则会使得衍生金融产品泛滥,加剧金融市场投机氛围,产生巨大的资产泡沫,最终导致美国爆发金融危机,对国际经济造成巨大冲击。

第三,石油美元计价机制增加了国际石油市场的风险。一方面,由于美元汇率不仅受到美国国内财政货币政策的影响,而且还要受到国际外汇市场的影响。国际外汇市场是一个投机性非常强的市场,根据汇率超调理论③,汇率变化的速度要比商品价格的变化快得多,汇率波动往往

①　经常项目(current account)指本国与外国进行经济交易而经常发生的项目,是国际收支平衡表中最主要的项目,包括对外贸易(商品和服务)收支盈亏、非贸易往来和无偿转让三个项目。

②　资本项目(capital and financial account),又称资本和金融账户,反映的是本国和外国之间以货币表示的债权债务在国际间的变动,是一国为了某种经济目的在国际经济交易中发生的资本跨国界的收支项目。

③　1976 年,德国经济学家多恩布什(Dornbusch)提出了汇率超调模型(Overshooting model),并创立了汇率超调理论,又称为汇率决定的粘性价格货币分析法(Sticky-Price Monetary Approach)。所谓超调通常是指一个变量对给定扰动做出的短期反应超过了其长期稳定均衡值,并因而被一个相反的调节所跟随。汇率超调的前提条件是商品价格具有粘性。

反映的是市场投机者对未来世界宏观经济基本面的看法,这就使得美元计价不仅不能反映国际石油市场真实的供求关系,而且往往脱离了市场基础,进一步扭曲国际石油价格。另一方面,由于欧美国家经济持续低迷,美联储和欧洲央行一直采取低利率的宽松货币政策,而新兴市场国家美元外汇储备不断增加也导致了其基础货币发行量的增加,因此整个国际货币市场存在严重的流动性过剩。2001 年以来,美元汇率的持续走低是造成国际油价暴涨的重要原因。2001-2006 年美元指数下跌了 13%,同期国际原油名义价格上涨了 170%。美元持续贬值,拉抬了基础商品(能源、金属、农产品等)的价格,也进一步加剧了国际石油价格的波动。

三、石油价格风险管理

金融市场上的价格风险管理是指在认同资产价格波动客观性的基础上,借助适当的风险管理工具和手段,锁定资产价格波动的范围,减少由于价格波动带来的影响并从中获得收益。石油价格的风险管理主要指以场内交易的石油期货、期权合约为基础,结合场外交易的远期、互换和期权等其他衍生品,进行的风险对冲(hedge)活动。

(一) 风险对冲

风险对冲是指通过投资或购买与标的资产收益波动负相关的某种资产或衍生产品,来冲销标的资产潜在的风险损失的一种风险管理策略。金融市场中常见的资产组合、套期保值、基差套利、期权对敲等都是风险对冲的手段。

1. 套期保值

传统意义上的套期保值(hedging)是指交易者在期货市场买进或卖出与现货市场交易品种、数量相同,但方向相反的期货合同,以期在未来某一时间通过卖出或买进此期货合同来补偿因现货市场价格变动带来的实际价格风险。套期保值的实现是基于以下的假设和理论基础:影响期货和现货市场的因素基本相同,虽然影响的幅度和时效性可能不一样,但是由于交割机制的存在,期货与现货价格随着合约到期日的临近趋于一致。因此,在相关的两个市场中,分别做交易方向相反的买卖,以一个市场上的盈利来弥补另一个市场的损失。

但是,在现实市场中,套期保值并不能完全规避价格风险,Working(1949)就指出套期保值的结果不一定会将价格风险全部转移出去,只是将价格波动的风险转变为基差(spread)变动的风险,而在实现减少、消除基差风险的同时也存在从中获利的可能。从这个意义上来说,套期保值者与投机者的差别仅在于前者承担的价格波动幅度较小而已,在动机上没有根本性的区别。

因此,现代意义上的套期保值被认为是套期保值者在承认风险无法完全规避的基础上,在承担一定水平的风险同时获取最大收益,即带有套利(arbitrage)的色彩,也可以被视为是基差套利。套期保值者可以在不同的商品种类、期货合约到期月份、多空头寸(交易方向)及持仓数量(套期保值比率)等四个方面做出适当的选择或调整,通过资产组合的手段,来实现期现套利、跨商品套利、跨期套利和跨市场套利。

2. 基差套利

基差是某一特定商品在某一特定时间和地点的现货价格与该商品在期货市场的期货价格之差,也就是期货的持有成本,即:

$$B = S - F \tag{2-25}$$

其中,B 代表基差,S 代表现货价格,F 代表期货价格。由于期货价格和现货价格波动的幅度不一,在期货合约的有效期内,基差也会变动,由此带来的不确定性也被称为基差风险。因为存在着持仓成本,因此正常情况下基差应该为负,也称为期货溢价(cantango)或正向市场;如果基差为正,则称为现货溢价(backwardation)或反向市场。

假设套期保值者持有期货多头头寸,在合约到期前 t 时刻平仓了结,其盈利为:

$$\pi = \triangle B_t = \triangle S_t - \triangle F_t \tag{2-26}$$

其中，π表示套期保值的盈利或亏损，$\triangle B_t$表示基差波动，$\triangle S_t$、$\triangle F_t$分别表示现货和期货市场的价格波动。如果π＝0，则称为完美套期保值；如果期货价格和现货价格出现的基差超过持有成本（包括运输成本、仓储成本、税收、交割成本等），就可以进行期现套利，则π＞0。

基差套利是指交易者利用不同的交割期、不同市场、不同商品之间出现的反常价差，同时建立买和卖两种相反方向的双边头寸，并择机平仓获利了结。基差套利交易的形式包括：跨期套利、跨市套利和跨商品套利。跨期套利是在同一交易所内利用同一商品不同月份合约之间的差价出现异常变化时进行对冲获利的模式，包括牛市套利[①]、熊市套利[②]和蝶式套利[③]三种方式；跨市套利是利用同一商品不同市场间的期货合约差价进行对冲获利的模式；跨商品套利则是利用两种相互关联的不同商品间的期货合约差价进行对冲获利的模式。

3. 期权对敲

期权同样可以用来对冲风险，而且与场内期货合约或场外互换合约相比，期权的机会成本较小，既可使交易者规避价格变动的风险，也保留了从有利的价格变动中获利的机会。针对市场价格波动的期权风险对冲的基本策略如表2-8所示。

表2-8　期权套期保值基本策略

空头	多头
买入看涨期权或上限期权	卖出看涨期权或上限期权
卖出看跌期权或上限期权	买入看跌期权或上限期权
买入看涨期权跨价组合	卖出看涨期权跨价组合
卖出看跌期权跨价组合	买入看涨期权跨价组合

另外，期权的交易还可以使不完全确定资产价格变动方向的交易者，选择价格波动率[④]（volatility）而非市场价格作为交易策略的基础。所谓的波动率交易的核心就是建立一个Delta值[⑤]中性的投资组合，可以采取的交易策略包括：同价对敲和异价对敲。同价对敲是在同一市场上同时卖出敲定价格和到期日相同的一个看涨期权（上限期权）和一个看跌期权（下限期权）；异价对敲也称为跨价组合，与同价对敲的区别在于两个期权的敲定价格。期权组合策略在标的资产价格突破（升破或跌破）某一区间时就可以获利。如果认为波动率会上升则可以买入同价对敲或异价对敲，反之可以卖出同价对敲或异价对敲。如果考虑到跨价组合仍存在无限损失的可能性，还可以采用蝶式策略锁定潜在的风险和收益。在预计波动率下降时，可以卖出蝶式策略，即买入两个一高一低差价的看涨期权，同时卖出两个处于中间价格的相同敲定价格的看涨期权；在预计波

---

① 牛市套利（bull Spread）：正向市场中，如果供给不足，会导致近月合约价格的上升幅度大于远月合约，或者近月合约价格的下降幅度小于远月合约，交易者可以通过买入近月合约的同时卖出远月合约进行套利，其特点是损失有限而获利潜力巨大，只要价差缩小就可获利；反向市场上则只要价差扩大，就可以获利。

② 熊市套利（bear Spread）：正向市场中，如果供给过剩，则会导致近月和约价格跌幅大于远月或近月和约价格涨幅小于远月，交易者通过可以卖出近月和约的同时买入远月和约进行套利，其特点是收益有限而损失无限，只要价差扩大就可以获利；反向市场中的熊市套利与反向市场的牛市套利相反。

③ 蝶式套利（butterfly Spread）是利用不同交割月份的价差进行套期获利，由两个方向相反、共享居中交割月份合约的跨期套利组成，即由一手牛市套利和一手熊市套利组合而成的。它是一种期权策略，风险有限，盈利也有限，其原理是中间交割月份的期货合约与两旁交割月份的期货合约之间的价差出现异常。

④ 价格波动率有两种类型：历史波动率和隐含波动率（implied volatility）。前者是指一年中期货或互换合约价格变动的标准差；后者是期权合约报价代入布莱克-斯托克斯期权定价模型（Black-Scholes Model）中推算出来的波动率，反映的是交易者对标的资产未来价格波动率的预期。隐含波动率越大，期权价格就越高，通过比较市场价格波动和期权的隐含波动率，可以判断期权的价格是否合理。如果购买的期权合约的隐含波动率很大，但随后市场走势较为平稳，使得期权的隐含波动率降低，那么期权的内在价值就下降。

⑤ Delta值是用于衡量当每单位基础资产价格变动所引起的期权价值的变动（敏感度）。它同期权到期是否能够执行密切相关，尤其是在构建风险中性的组合时。Delta值变化的速率用Gamma值来表示。此外，Theta值用来衡量期权时间价值随着到期日的临近而出现的衰减速率，Vega值则用来衡量期权价格相对于基础资产价波动性的敏感度。

动率上升时,可以买入蝶式策略,即卖出两个一高一低差价的看涨期权,同时买入两个处于中间价格的相同敲定价格的看涨期权。

（二）石油市场参与者的风险规避策略

国际石油市场的参与者可以分为拥有石油相关业务的商业机构和没有石油相关业务的金融机构,前者主要是生产商、贸易商、交易商和消费者;后者主要是机构投资者,包括共同基金、养老基金、保险基金以及商业银行和投资银行等。

1. 商业机构

国际金融市场为石油价格风险管理提供了多层次、全方位的风险对冲工具和手段,国际石油市场上的不同交易者可以根据其不同需求,采取不同的风险对冲策略。对于石油产业链而言,生产商、炼油商、交易商和消费者都可以进行风险对冲,克服各个环节中石油价格波动带来的影响(见表 2-9)。

表 2-9　期权套期保值基本策略

交易者	价格风险	策略及工具
生产商	低原油价格	卖出原油期货或互换,买入原油看跌期权
炼油商	高原油价格、低成品油价格、低炼油利润	买入原油期货或互换,买入原油看涨期权卖出成品油期货或互换,买入成品油看跌期权卖出成品油期权或互换,同时买入原油看涨期权或互换;买入裂解价差期权或互换
交易商(仓储、贸易商等)	高买入价低卖出价	买入石油期货或互换,买入石油看涨期权卖出石油期货或互换,买入石油看跌期权
消费者(航空公司等)	高油价	买入期货、互换、看涨期权

除了采用这些标准化的衍生品进行风险对冲外,以高盛、摩根斯坦利、巴克莱银行等为代表的国际投资银行还为商业机构提供复杂的结构化衍生品,并充当交易对手。比如生产商可以借助互换与敲出期权的组合,对冲原油价格下跌带来的风险,炼油商可以借助双升或双降型互换[①](double-up or double-down swap)来锁定炼油利润,而航空公司则可以借助区间互换[②](range swaps)策略来锁定燃油成本,在不同的价格区间获得不同程度的风险对冲。

2. 非商业机构

进入 21 世纪后,由于美元的持续贬值和西方发达国家为刺激经济而维持低利率政策,国际商品市场进入一轮大牛市,传统的国债、股票市场的表现远逊于商品市场,大量的金融资本开始进入商品市场领域。金融投机资本虽然在一定程度上为商品市场及其衍生品交易提供了必须的流动性,但是巨量的交易和由此产生的额外需求进一步放大并加剧了市场波动的风险,存在"过度投机"和操纵市场等诸多问题。据英国《银行家》杂志的统计,2007 年全球对冲基金总资产额已经达到 11 000 亿美元,其中直接参与全球商品期货市场的投资金额已经达到 1 500 亿美元左右。

虽然目前无法获得国际金融资本在石油等能源商品市场上的资金投入及流向的完整、真实的数据,目前唯一的数据来源是美国商品期货交易委员会(CFTC)提供的交易商持仓报告(COT)。CFTC 把原油期货市场的交易者分为商业交易者、非商业交易者和非报告交易者三类,

---

① 双升型互换(double-up swap)是指炼油商以比市场上炼化价差更高的毛利向投资银行卖出互换合约,如果市场上炼化价差不断升高,高于毛利,则炼油商放弃额外利润,而且还要按互换合约出售成品油给投资银行(现金差价结算);如果市场上炼化价差下降了,炼油商仍能锁定利润。双降型互换(double-down swap)与双升型互换运作方式则正好相反。

② 区间互换(range swaps)是指航空公司以低于市场价的价格向投资银行买入一个互换,每月按某一参考价格进行结算,同时设定一个保护价格和两个高低不同触碰价格(trigger price),在不同的区间设定不同的交易方式,但是当市场价格超过最高的触碰价格后,互换合约自动失效。

商业交易者主要是利用期货进行套期保值的交易者,包括生产商、炼油商、商品交易商、互换交易商和其他商业交易者;非商业交易者由于不涉及潜在的现货交易,主要是金融机构、投机商、场内经纪商和交易商。相对于商业交易者而言,各类非商业交易者的交易策略存在较大的差异,而随着非商业交易者持仓规模的持续扩大,逐渐改变了整个石油衍生品交易市场的结构。共同基金、养老基金和保险基金等较为稳健的机构投资者,其进入石油衍生金融产品交易市场的目的在于获得长期稳定的收益,同时也是作为与股票、债券等构成资产组合的一种投资策略,所以他们投资于对冲基金①、期货投资基金②或商品指数基金③,采取长期持仓的方式,以满足分散投资和长期获利的要求。国际投资银行在国际能源市场中具有举足轻重的地位,不仅是全方位的市场参与者,而且从某种程度上讲,是市场的创造者。如摩根斯坦利、高盛、德意志银行、法国兴业银行、巴莱克银行等国际投资银行不仅设立专门的能源投资部门来参与石油衍生品交易市场,进行各种套利与投机活动,而且设计一系列结构化的石油衍生品组合为商业机构提供风险对冲的工具,并充当交易对手(做市商④)。商业银行则主要通过发行与商品市场挂钩(投资于各类商品指数基金)的理财产品,来参与石油市场。

　　CFTC 规定非商业交易商通常只需按标准的报告格式提出申请,即可列入商业交易商。同时,CFTC 还规定如果交易商通过期货合约对标的商品进行对冲,那么该交易商的所有商品期货持仓都将被列为商业持仓。这种定义主要反映期货持仓与商品市场风险相匹配的原则,而不考虑其对冲的动机。将交易商按商业和非商业分类,而不是按对冲和投机分类,主要由于商业或非商业交易商们的最终交易动机无法进行准确甄别。这一缺陷,使得交易商持仓报告难以准确地反映交易活动的真实情况。2008 年 7 月,CFTC 就发布特别公告,对自 2007 年 7 月 3 日以来的持仓数据进行修订,将部分互换交易者的身份从原来的商业交易者重新划定为非商业交易者。

　　CFTC 的交易商持仓报告提供了石油衍生品交易市场中资金规模和流向的最接近市场实际情形的参考和提示。CFTC 在每周公布的交易商持仓报告中,主要披露前两类交易者的持仓情况,并将其持仓细分为多头、空头和套利持仓。图 2-17 和图 2-18 给出了从 2004 年到 2010 年 NYMEX 的 WTI 原油期货合约的持仓情况,从中可看出商业交易者和非商业交易者在总未平仓量⑤(open interset)中所占比例(部位)的变化情况,以及套利交易的变化情况。根据 CFTC 的统计数据,NYMEX 的 WTI 原油期货合约的日持仓量从 1995 年的约 7 万手增长到 2007 年的约 200 万手,非商业交易者的持仓比例从 10%～15%上升到 45%左右,其中,对冲基金持仓量增长

---

　　① 对冲基金(hedge funds)是基于最新的投资理论和极其复杂的金融市场操作技巧,充分利用各种金融衍生产品的杠杆效用,承担高风险,追求高收益的一种投资基金。

　　② 广义上的期货投资基金(Futures Funds)是由专业的商品交易顾问(CTA)管理的投资基金,其具体运作与共同基金相类似,投资对象主要是在商品期货市场上的期货、期权及其他衍生产品。

　　③ 商品指数基金(Commodity Index Funds)也是投资基金的一种形式,主要是通过跟踪一系列国际商品指数,以不同的权重买入并持有各种商品期货或商品指数期货等与商品相联系的衍生金融产品进行投资。因为商品指数基金采用的消极投资策略,通过直接购买或复制某商品指数来进行投资,故其风险远低于对冲基金和期货投资基金。目前主要国际商品指数包括路透商品研究局指数(CRB)、高盛商品指数(GSCI)、罗杰斯世界商品指数(RICI)、道琼斯-AIG 商品指数(DJAIG)、德意志银行流通商品指数(DBLCI)和金融时报商品价格指数等。目前国际能源市场跟踪量最大的商品指数是高盛商品指数(GSCI)。GSCI 由高盛投资(Goldman Sachs)于 1991 年创建,与其他商品指数相比,能源在高盛商品指数中占据很高的权重,其走势更能代表国际能源市场的演进。

　　④ 做市商(market maker)是采取双向报价方式接受投资者的买卖要求,提供证券交易报价为并以其自有资金和投资者进行证券交易的券商,做市商制不同于公开竞价制,一般为场外交易市场所采用,做市商一般由具备一定实力和信誉的券商充当。

　　⑤ 未平仓量(open interest)是指某特定市场在某交易日结束时,市场当时所存在的合约数量,未平仓量等于多头的总部位(position)或空头的总部位。未平仓量可以反映多空双方之间的冲突强度,即多方继续持有多头部位的意愿与空方继续持有空头部位的意愿。如果多方与空方认为行情不会朝有利方向发展,他们将结束部位,未平仓量也随之下降。如果有新的买盘(同时有新的卖盘)则未平仓量就会增加,如果空头回补(同时多头平仓)则未平仓量就会减少,如果有新的买盘而多头平仓,或者有新的卖盘而空头回补,则未平仓量就会增加。未平仓量的增加代表多空双方的冲突更加尖锐,既有的趋势将继续发展,未平仓量在价格涨势中增加,多头可以加码;未平仓量持平,显示新资金进场的意愿不高,既有的趋势开始老化,应该获利了结;未平仓量下降代表资金离场,趋势即将结束,甚至发生反转。

最快,占总持仓量的比例大幅增加,持仓比例从 1991 年的不足 5％上升到 2007 年的 30％,而且对冲基金交易活跃,净头寸变化剧烈,而期货合约价格也开始剧烈波动。

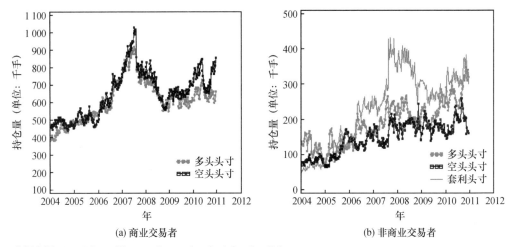

数据来源:CFTC. http://www.cftc.gov/oce/web/crude_oil. htm

图 2-17　CFTC 持仓报告——未平仓量情况

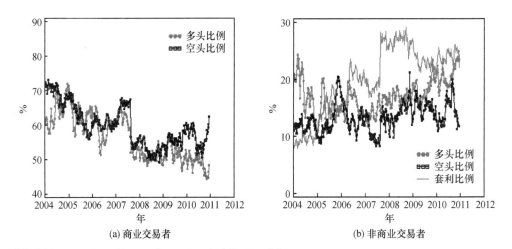

数据来源:CFTC. http://www.cftc.gov/oce/web/crude_oil. htm

图 2-18　CFTC 持仓报告——商业交易者与非商业交易者的未平仓量占比

　　2008 年,CFTC 和美国农业部、能源部、财政部等联邦机构联合发布对原油市场的调查报告,对 2003—2008 年 WTI 原油期货合约价格波动与各类交易商每日净持仓变化之间的相关性进行分析。图 2-19 的上半部分显示,商业交易者的净持仓变化与原油价格的变化呈较明显的负相关性,而非商业交易者的则呈较明显的正相关性;图 2-19 的下半部分显示,非商业和商业交易者中的两个最大的子类——对冲基金净持仓变化和原油价格变化之间的相关性与非商业交易商的情况类似;而互换经纪商与商业交易者的情况则明显不同,其相关性较低。

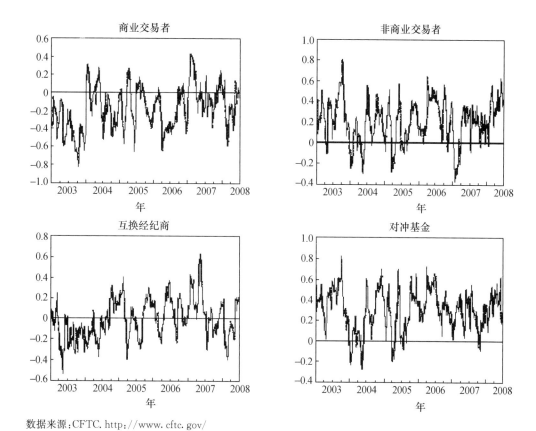

数据来源:CFTC. http://www.cftc.gov/

图 2-19 WTI 原油期货价格和不同种类交易商的每日净持仓变化之间的相关性

持仓与价格变化之间的相关性仍不足以证明投机对价格的影响,可以采用的方法就是证明交易商持仓变化是否超前于价格的变化。因为相应仓位必须在价格变化之前建立,才能从价格的变化中盈利。但是在整个期间里,很少有证据显示,有交易商的每日持仓变化系统性地超前于价格的变化。只有在一些情况下,商业持仓(不包括互换持仓)的变化偶然会对价格的变化产生影响。调查报告虽然认为对冲基金等并不能影响价格波动,但是仍承认其有会放大价格波动的可能,因为其持仓变化与价格波动的相关性明显高于其他类型的交易者。

四、相关研究

由于无法获得场外交易市场的数据,石油金融的研究对象主要是针对石油期货市场,研究的重点是石油期货的价格形成机制、市场功能实现和石油金融风险。

(一)石油期货价格

1. 期货价格理论

经典的期货价格模型按照对期货溢价或是现货溢价成因的解释可以分为两大类:仓储成本理论和风险溢价理论。

Keynes(1930)提出了仓储成本理论,认为期货价格实际上等于现货价格与仓储成本之和,并以此解释期货溢价现象。Working(1949)在此基础上提出了持有成本定价理论(cost of carring pricing),认为期货和现货间的价差(基差)或不同到期日期货合约的价差取决于存储(持有)成本、便利收益[1]（convenience yield）和持有存货的风险溢价（risk premium），预期的未来现货价格 $E(S_T)$ 是当前现货价格 S_t 和存货水平 I_t 的函数（见图 2-20），即：

$$[E(S_T) - S_t]/(T - t) = f_{T-t}(I_t) \tag{2-27}$$

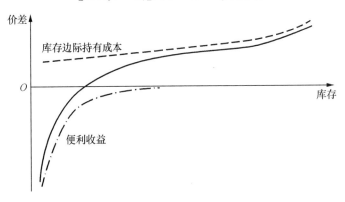

图 2-20　存货供应曲线

Brennan（1958）对存货在解释便利收益对期货和现货间价差的影响进行了检验，同时指出，存货供给是相对固定的，但是需求却是随时间而变动的，需求的改变决定了存货供给，从而确定了期货和现货的价格关系，即：

$$\ln(F_{t,T}) = \ln(S_t) + r_f + \gamma^* + \alpha\ln(I_t) \tag{2-28}$$

其中，I_t 为存货水平，r_f 表示无风险利率收益，$\gamma^* = w_{t,T} - \gamma$，表示调整后的便利收益，$w_{t,T}$ 为存储成本，γ 为调整参数。

持有成本理论解释了期货价格与现货价格为什么在期货交割期能够趋于一致，以及为什么存在期货溢价和现货溢价现象，并说明了期货市场对现货市场供求关系的调节作用。但是持有成本理论只强调了存货供给变量的作用，忽视了与需求相关的变量，因而不能解释为何在库存量保持稳定水平时，也会出现期货价格和现货价格的背离现象。

风险溢价理论也是由 Keynes（1939）提出的，他认为期货价格是由投机者对风险的厌恶程度和套期保值者愿意付出的风险补偿的大小的均衡决定的。Hicks（1946）在此基础上提出了预期价格模型，他认为期货价格应该等于投资者期望的未来的即期现货价格，如果考虑对其中存在的不确定性进行风险补偿，那么调整后的期货价格应该等于预期未来即期价格的风险折现值，设 k 为风险调整后的折现率，则：

$$F_{t,T} = E(S_T) \cdot e^{(r-k)(T-t)} \tag{2-29}$$

依托于现代资产定价理论[2]的发展，风险溢价理论的研究也逐渐成熟起来。由于期货合约本质上也是一种金融资产，而期货市场上的不同期货合约的组合与金融市场上风险资产组合并没有什么区别，现代资产定价理论中的经典模型经过简单改造后往往可以直接成为期货定价模型。比如资本资产定价模型（capital asset price model，CAPM），其核心思想是：在均衡条件下单个风险资产的期望收益率等于无风险利率加上资产在组合中所占比例的风险收益之和，即：

$$E(\widetilde{R}_i) - R_f = [E(\widetilde{R}_w) - R_f]\beta_i, \beta_i = \mathrm{cov}(\widetilde{R}_i, \widetilde{R}_w)/\sigma^2(\widetilde{R}_w) \tag{2-30}$$

其中，$E(\widetilde{R}_i)$ 是单个风险资产的期望收益率，$\widetilde{R}_w$ 表示市场的资产组合，R_f 是无风险利率。β_i 表示资产 i 的相对风险。由于期货交易是通过保证金形式进行的，而保证金并不符合风险资产

---

① 便利收益最早是由 Kaldor（1939）提出，是指持有商品库存而获得的收益，便利收益随库存水平的降低而增大。Brennan 和 Schwartz（1985）将其定义为因提供流动性而使存货持有者增加的收益。Brennan（1991）提出，现货溢价等于商品存货边际便利收益的现值。

② 现代资本资产定价理论源于 Markowtitz（1952）关于资产组合理论的研究，在此基础上，Sharpe（1964）、Lintner（1965）、Mossin（1966）提出并发展完善了资本资产定价模型（CAPM），Ross（1976）提出了套利定价理论（APT），这些研究成果共同构成了现代资产的理论框架体系。

条件,但可以用期货价格变动比率来解释风险收益,即 $\tilde{R}_i - R_f$。$\tilde{R}_i$ 对应于净存储成本,是持有现货的投资者应获得的收益,包括利率加上商品价格波动带来的收益,若进行套期保值,则仅获得高于无风险利率的那部分收益。Dusak(1973)与 Bodie 和 Rosansky(1979)的实证结果发现不同商品之间构成组合具有系统风险,单个商品 i 期货合约的期望收益可以视为无风险利率和 i 在整个商品组合中所占比例的风险收益之和。

Breeden 和 Litzenberger(1978)与 Breeden(1979)建立了跨期的资产定价模型,推导出资产的均衡期望超额收益与资产收益和商品消费总量变化的协方差成正比。Breeden(1980)以此为基础,建立了基于消费的资产定价模型(CCAPM),并对 20 多种商品期货合约进行实证检验,发现商品期货市场存在着显著的系统性风险。根据 CCPAM,尽管多数商品期货合约价格的波动与库存水平和市场投资组合收益无关,但如果与消费总量变化相关,则仍可获得风险收益。也就是说,如果商品消费量增加,则会导致更多的消费需求,并带来价格上涨,期货价格和商品消费量成正相关。假设商品组合总的期望收益为 $E(S_i I^{-1})$,其中 S_i 为第 i 种商品未来价格,而 I 为价格指数,则该组合当前价格为 $f_i/(1+R_F)$,f_i 表示第 i 种商品交割时的期货价格,R_F 是名义利率,r_f 是实际利率,设 $\tilde{r}_c$ 是消费商品组合的收益率,$\beta_k = \text{cov}(r_i, r_c)/\text{var}(r_c)$,$r_i = [E(S_i I^{-1})(1+R_F)]/f_i$,表示第 i 种商品的期货合约收益率,则:

$$r_i - (1+r_f) = [E(\tilde{r}_c) - r_f]\beta_k \tag{2-31}$$

相对于上述经典的期货定价理论,相对定价法则是假定现货价格外生给定,然后运用风险中性定价[①](risk neutral pricing)或无套利定价[②](arbitrage-free pricing)的方法为期货合约进行定价。其优点在于避免引入风险偏好等主观变量,较容易进行量化,且具有较强的实用性,一旦市场价格偏离理论值,即意味着存在无风险套利的机会。

以跨期套利定价为例,套利取决于不同月份期货合约之间的价差,而非期货合约的绝对价格。假设市场完全竞争,没有交易成本,商品可以储存,而市场参与者都是理性的风险厌恶者。短期内无风险利率 r_f,存储成本 $w = w_{t,T_1} = w_{t,T_2}$,可以认为是固定不变的,且不考虑便利收益。

根据风险中性的假设,在 t 时刻,到期日为 T_1 的近期合约价格为:

$$F_{t,T_1} = S_t e^{(r_f+w)(T_1-t)} \tag{2-32}$$

同理,到期日为 T_2 的远期合约价格为:

$$F_{t,T_2} = S_t e^{(r_f+w_{t,T_2})(T_2-t)} \tag{2-33}$$

跨期合约的价格关系为:

$$F_{t,T_2} = F_{t,T_1} e^{(r_f+w)(T_2-T_1)} \tag{2-34}$$

在正向市场,如果 $F_{t,T_2} > F_{t,T_1} e^{(r_f+w)(T_2-T_1)}$,则市场参与者可以在 t 时刻卖出远期合约,买入近期合约,进行价差套利,而且是无风险的。而正是由于无风险套利机会的存在,使得跨期价差不多会超过总的持有成本。在反向市场,由于商品供应紧张,库存量减少,持有存货的便利收益增加,使得近月合约价格上升大于远月合约,则需要进行修订,增加便利收益 c,则 $F_{t,T_2} = F_{t,T_1} e^{(r_f+w+c)(T_2-T_1)}$。如果等式不成立,则表明存在无风险套利机会。

Litzenberger(1995)使用变量自回归(VAR)检验了原油库存变动与原油期货价格的关系,结论表明两者间存在负相关关系,这在一定程度上证明了持有成本理论的合理性,但检验的结果并

---

① 风险中性定价方法(risk neutral pricing)认为即在市场不存在任何套利可能性的条件下,如果衍生产品的价格依然依赖于可交易的基础产品,那么这个衍生证券的价格是与投资者的风险态度无关的。这个结论在数学上表现为衍生产品定价的微分方程中并不包含有受投资者风险态度的变量,尤其是期望收益率。

② 无套利定价是无风险套利定价的简称,金融产品在市场的合理价格是这个价格使得市场不存在无风险套利机会,这就是无风险套利定价原理或者简称为无套利定价原理。无套利定价采用所谓的"复制"技术使复制组合的现金流特征与被复制组合的现金流特征完全一致,复制组合的多头(空头)与被复制组合的空头(多头)互相之间应该完全实现头寸对冲。由此得出的推论是,如果有两个金融工具的现金流相同,但其贴现率不一样,它们的市场价格必定不同。这时通过对价格高者做空头、对价格低者做多头,就能够实现套利的目标。这种套利活动推动市场走向均衡,并使两者的收益率相等。因此,在金融市场上,获取相同资产的资金成本一定相等。产生完全相同现金流的两项资产被认为完全相同,因而它们之间可以互相复制;而可以互相复制的资产在市场上交易时必定有相同的价格,否则就会发生套利活动。

不能说明两者间的因果关系。按照仓储成本理论,原油期货的价格必须高于当前的现货价格,以弥补现货储存成本,这不能解释为什么在预期现货价格下降时,厂商还愿意保留原油库存。同时,由于原油市场参与者众多且分散,交易目的差异非常大,造成模型中的持有成本和便利收益这两个关键解释变量在现实中难以量化或找到相应的数据,因此持有成本定价理论很难得到实证支持。而风险溢价理论则认为期货价格并不是未来现货价格的无偏估计,而是取决于市场参与者愿意为套期保值支付的成本,也就是说当套保者持有空头时,为了吸引投机者在期货市场上持有多头,成为其交易对手,那么期货价格应该低于未来期望的现货价格,这种有偏的价格就是对投机者承担风险的补偿。Ederington 和 Lee(2002)就将取美国暖油期货市场的交易者划分为炼油厂商、销售商、商品投资基金等七种类型,通过分析这七类交易者的交易头寸部位、大小、持有期长短等方面的数据,证明石油企业和贸易商等套保者在持有的期货合约部位和头寸都相对稳定,而商品投资基金等投机者的交易非常频繁,为市场提供流动性。Moosa(2002)采用 Garbade 和 Silber(1983)的模型框架对原油期货市场的价格发现和风险规避功能进行分析,结果发现原油期货价格是未来现货价格的有偏估计,而套期保值的需求越大,期货价格的风险溢价就越高。Ripple 和 Moosa(2005)检验了 NYMEX 的 WTI 原油期货套期保值的效率,发现利用近月合约进行套期保值的效率要高于利用远月合约进行套保,也就是说近月合约与现货价格相关性更高,而远月合约由于持有的风险更大,风险溢价也更高,与现货价格的相关性越低。

（二）石油期货市场

石油期货市场作为国际石油价格体系基准定价的载体,对国际石油价格的形成有着重要意义,也是石油金融研究的重点。

1. 价格发现

传统的研究一般将期货市场的价格发现功能理解为期货价格可以预测(或发现)未来(期货到期时刻)的现货价格,即期货价格是未来现货价格的无偏估计,价格发现过程是指期货市场中的投资者通过交易行为将新信息反映到期货价格的过程,并以此来定义期货市场的有效性。因此,期货市场价格发现功能的研究主要基于 Fama(1970)提出的有效市场假说[①](efficent market hypothesis,EMH)理论和 Robers(1967)提出的证券市场效率的三种形态[②](弱式、半强式和强式)的假设。国外学者对石油期货市场的有效性进行了大量的研究。Bopp 和 Sitzer(1987)证明了 NYMEX 的取暖油期货合约价格是对现货价格的无偏估计。Serletis 和 Banack(1990)使用 NYMEX 的 2 个月到期的原油、汽油和取暖油期货价格和与之对应的现货价格日交易数据,研究石油期货市场效率问题,证明这三个品种的石油期货具有价格发现作用。Gülen(1998)证明 NYMEX 的 WTI 期货价格是现货价格的无偏估计。但是,也有部分研究认为石油期货市场不具有价格发现功能。Quan(1992)采用两阶段测试研究石油期货价格发现功能,研究认为原油期货不具有价格发现功能,在石油价格市场中由现货价格引导期货价格。Moosa 和 Al-Loughani(1994)用协整方法检验发现 NYMEX 的 WTI 期货价格对现货价格的预测既不是无偏的,也不是有效的。

较新的研究认为由于期现套利并不能完全实现,同时由于套期保值者更注重风险的转移而非价格的确定,投机者对期货价格的形成具有更大的影响,因此,期货价格不再是未来价格的无偏估计,而应该将期货市场的价格发现功能定义为期货价格对当前现货价格的引导作用(陈蓉、

---

① 　有效市场理论(efficent market hypothesis,EMH)认为如果所有投资者都是理性的,如果证券价格不会因为新信息的公布而受到影响,则市场对信息的反映是有效率的。对信息反映有效率意味着以该信息为基础的交易不可能获取超常利润,证券资产价格是随机游走的,呈独立同分布(IID)状态。

② 　弱式有效(weak form efficiency)是指证券价格能够充分反映价格历史序列中包含的所有信息,技术分析无效,基本分析则可获得超额利润;半强式有效(semi-strong form efficiency)是指证券价格不仅能够体现历史信息,而且反映了所有与公司证券有关的公开有效信息,技术分析和基本分析无效,内幕消息可能获得超额利润;强式有效(strong form efficiency)是指有关证券的所有信息,包括公开信息和内部信息对证券价格变动都没有任何影响,没有方法能获得超额利润。

郑振龙,2007)。要检验期货市场是否有效,有两种思路可行:一是检验未来现货价格(取对数)期望值是否等于期货价格(取对数)与标的资产风险溢酬之和;二是检验期货价格与当前现货价格之间是否存在长期均衡关系。前一种思路类似于引入漂移趋势项后的股票市场有效性检验,可以看做对期货市场信息效率的检验;后者则是对期货市场套利效率的检验,通常采用协整(Co-integration)的方法进行检验。

Schwartz 和 Szakmary(1994)采用协整方法检验了 NYMEX 的 WTI 原油、取暖油和无铅汽油的期货价格与现货价格的关系,认为石油期货市场能够引导现货市场,具有价格发现功能。Silvapulle 和 Moosa(1999)检验了 NYMEX 的 WTI 原油期货和美国原油现货价格之间的线性和非线性因果关系,认为期货价格可以引导现货价格,并且它们之间的影响是相互的,期货市场和现货市场对新的信息的反应是同步的。Gülen(1999)采用协整方法检验了 1987—1997 年间的 NYMEX 的 WTI 原油期货合约交易数据,认为期货市场和现货市场的波动日渐趋于一致。Ripple 和 Moosa(2005)运用 G-S 模型检验 NYMEX 的 WTI 原油期货合约的价格发现和风险规避功能,得出期货价格对现货价格的引导作用大于现货价格对期货价格的引导作用,期货市场具有一定的价格发现作用。宋玉华等(2007)利用误差修正(Error correction)模型对 NYMEX 的四种 WTI 期货价格与现货价格之间的动态关系进行实证研究。国际石油期货价格和现货价格之间存在长期稳定的均衡关系,但是期货价格单方面引导了现货价格,期货市场在价格发现中处于绝对的主导地位。焦建玲等(2008)运用 EG 协整理论和信息份额模型,研究了中国燃料油期货与现货价格的长期关系,研究表明燃料油期货市场已经具有价格发现和套期保值功能。

2. 风险溢出

金融市场间的风险溢出效应(risk spillover effect),也称为市场间信息传递效应,其产生的原因在于市场间跨市/跨品种套利机会的存在,市场共同信息会影响到各个市场的市场参与者的预期时,当一个市场发生大幅波动时就会通过投资者的跨市套利交易将风险传递给另一个市场或其他品种。

(1)跨市场风险溢出

Tse 和 Booth(1997)采用协整方法与向量误差修正模型(VEC)检验了 NYMEX 燃料油期货合约和 IPE 汽油期货合约之间的信息传递作用,分析表明,NYMEX 燃料油期货合约对 IPE 汽油期货合约的影响更大,风险溢出的效应更激烈。Brunetti 和 Gilbert(2000)采用分数维 GARCH(FIGARCH)模型研究了 IPE 和 NYMEX 之间期货价格波动的协整关系和溢出效应,研究发现波动溢出的方向主要是从 NYMEX 到 IPE,NYMEX 具有主导地位。Lin 和 Tamvakis(2001)研究了 NYMEX 和 IPE 两个市场原油期货合约之间的信息传递机制,认为 IPE 早盘开盘价格受前两个交易的 NYMEX 收盘价格信息影响,NYMEX 是国际原油价格市场的主导者,IPE 午盘交易受到 NYMEX 日交易的影响,市场间风险溢出效应显著。Hammoudeh 和 Li 等(2003)通过分析 NYMEX 的 WTI 原油期货合约、汽油期货合约、燃料油期货合约的价格与鹿特丹和新加坡等国际石油市场之间的现货价格的信息传递效应,认为 NYMEX 在国际原油市场中具有主导作用,在国际汽油市场上 NYMEX 期货市场与新加坡现货市场价格之间存在双向因果关系,但是 NYMEX 期货市场与鹿特丹现货市场价格间只存在单向因果关系,国际燃料油市场没有引导者,但是存在信息溢出效应,价格波动在三个市场间相互传递。Lin 和 Tamvakis(2004)利用自回归条件期间模型(ACD)检验了 IPE 与 NYMEX 的风险溢出,认为 NYMEX 的 WTI 期货价格反应速度相对于 IPE 的 Brent 期货价格更快,且前者对后者的影响更大。Hammoudeh 和 Li(2004)的研究表明亚洲金融危机没有改变 NYMEX 在国际原油市场的主导地位,NYMEX 仍然引导国际石油期货市场的价格走势。

(2)跨品种风险溢出

Girma 和 Paulson(1999)发现原油、燃料油、无铅汽油价格序列之间存在一定的协整关系,在原油和石油产品之间的价差是相对稳定的、可测的。Asche 等(2003)的研究认为原油价格对于成品油价格而言是弱外生的,即原油价格变动引导成品油价格变动。陆凤彬等(2008)使用基于协相关函数(CCF)研究了全球成品油期货和现货价格,以及成品油期货与原油期货价格之间的信息溢出效应,实证检验的结果表明,NYMEX 的 WTI 原油期货与柴油、无铅汽油和取暖油三种成品油期货价格之间存在协整关系和非常迅速的信息溢出效应。

国内学者对国内外石油价格的信息溢出效应也开展了大量的研究工作。在原油方面,焦建玲、范英(2004)通过对中国油价与国际油价的走势、波动进行分析与检验,表明中国原油价格与国际原油价格之间存在双向因果关系,但国际原油价格对中国原油价格的影响迅速而长远,中国油价对国际油价的影响相对迟缓和短暂。魏巍贤、林伯强(2007)分析了 IPE 的 Brent 期货价格与中国大庆原油现货价格的关系,研究表明,国内外油价波动性都存在集聚性、持续性和风险溢出效应等特征,国际油价的波动对国内油价具有导向作用,两地市场油价存在长期协整关系,但短期波动过程相异。在成品油方面,虽然汽油、柴油仍由国家发改委定价,但是燃料油基本已经形成了市场化定价。高辉(2005)采用协整方法分析发现上海期货交易所燃料油期货价格受WTI 原油期货价格、新加坡燃料油现货价格、美元汇率影响较大;而黄埔现货价格对其影响较小;上海期货交易所燃料油期货价格对现货价格已经具有价格发现作用。唐衍伟等(2007)的实证研究结果显示,上海燃料油期货价格与黄埔燃料油现货价格、新加坡燃料油现货价格、美国WTI 原油期货价格的走势保持了较强的相关性,同时,上海燃料油期货价格走势也表现出一定的独立性,较新加坡燃料油现货价格相比短期波动幅度更小、更稳定,而且与黄埔燃料油现货价格的关联性更高,能够更好地反映中国国内燃料油市场的供求情况。马超群等(2009)采用改进的信息溢出模型对上海燃料油期货市场与国际石油市场的信息溢出关系进行了研究,实证结果表明,NYMEX 石油期货市场对亚洲燃料油市场存在稳定的信息溢出,上海燃料油期货市场与新加坡燃料油现货市场有双向的均值溢出,上海燃料油期货市场的影响力正在增强,但尚不能替代新加坡燃料油市场的主导地位。

3. 套期保值

这方面的研究主要是将金融工程领域成熟的理论模型应用于国际石油期货市场的诸如最优套期保值比率(optimal hedge ratio,OHR)等问题进行研究。套期保值比率是指持有期货合约的头寸与风险暴露资产之间的比率,传统的套期保值理论认为套期保值比率应为 1:1,也被称为完美套期保值,现代的套期保值理论则认为套期保值比率是可以变化的,最优的套期保值比率取决于套期保值的交易目的以及现货市场与期货市场价格的波动性、相关性。通过将资产组合理论引入到最优套期保值比率的研究,现代的套期保值理论形成了两大研究范式:一是从组合收益风险最小化的角度研究基于最小方差(Risk Minimization)的套期保值比率;二是从效用最大化的角度研究基于均值/方差(Mean-Variance)的套期保值比率。其中,基于最小方差的套期保值策略的应用最为广泛。

基于最小方差的研究方法就是将套期保值视为现货和期货的资产组合,则整个投资组合预期收益(对数收益率)及风险(方差)为:

$$E = E(\triangle S_t) - hE(\triangle F_t) ; \mathrm{Var} = \mathrm{Var}(\triangle S_t) - 2h\mathrm{Cov}(\triangle S_t, \triangle F_t) - h^2 \mathrm{Var}(\triangle F_t) \quad (2\text{-}35)$$

如果以组合风险(方差)最小化为目的,则最优套期保值比率为:

$$h^* = -\frac{\mathrm{Cov}(\triangle S_t, \triangle F_t)}{\mathrm{Var}(\triangle F_t)} = \rho_{s,f} \frac{\sigma_s}{\sigma_f} \quad (2\text{-}36)$$

Ederington(1979)提出 JSE 模型是最常用的静态 OHR 计算方法,即通过将现货价格的变化对期货价格的变化进行 OLS 回归来获得 OHR,即:

$$\triangle S_t = \gamma_0 + \gamma_1 \triangle F_t + \mu_t, \mu_t \sim \mathrm{iid}(0, \delta^2) \quad (2\text{-}37)$$

其中,$\triangle S_t$ 是套期保值期内,现货价格的变动,$\triangle F_t$ 表示相应的期货价格变动,μ_t 是随机扰动项,而 γ_1 的无偏估计 h^* 就是最优套期保值比率。

尽管 OLS 方法在使用上简明了,但它存在着很大的局限性,其最大缺陷就是在对最小方差套期保值比率的估计中,OLS 回归的残差会遭遇序列相关的问题,而且该模型并未考虑到历史信息对当前价格变动的影响。为了消除残差项的序列相关和增加模型的信息量,Herbst 等

(1989)和Myers等(1989)利用向量自回归模型(VAR)进行套期保值比率的计算。Ghosh(1993)根据协整理论,提出了估计套期保值比率的误差修正模型(VECM),同时考虑到了现货价格和期货价格的非平稳性以及长期均衡协整关系等问题。Lien(1996)把广义自回归条件异方差(GARCH)模型应用于最优套期保值比率的计算,不仅考虑了二阶矩期货价格变动的方差与现货价格变动方差相互影响,并且不再限制期货价格变动的条件方差以及期货价格变动与现货价格变动的条件协方差为一常数。

Wilson和Aggarwal(1996)的研究表明,石油期货价格常因突发事件发生而产生异常的波动,因此不适合采用JSE模型确定石油期货最优套期保值比率。Alizadeh和Nomikos(2008)提出可以将MRS-GARCH模型应用于NYMEX石油期货市场动态最优套期保值比率的确定。

(三)石油金融风险

随着石油金融衍生品的金融属性越来越高,其受到国际金融市场的影响也就越来越大。国际金融市场是国际经济形势的晴雨表,而石油作为重要的工业生产资料和能源产品,也是国际资本的重点关注对象。

1. 国际货币体系对石油金融的影响

作为国际原油的主要计价和结算货币——美元的汇率变动,对原油价格也造成了一定的影响。Finn(2000)就指出,原油价格与美元汇率之间存在负相关关系,美元贬值使得外币升值,扩大美国以外国家对原油的需求。同时,由于原油用美元计价,美元贬值促使原油价格上涨。但美元贬值对原油价格上涨的影响程度并不确定,尤其是美元贬值往往伴随着美国经济下滑,占国际原油总消费量近1/4的美国在经济衰退的影响下,减少对原油的进口,也有可能直接削减原油的总需求量。同时,鉴于美国的经济地位,美国经济衰退在多大程度上会减缓国际经济的增长速度,并间接带动对原油的需求,都需要展开更深入的研究。Sadorsky(2000)对NYMEX的WTI原油、取暖油期货与美元指数之间的关系进行了协整分析,研究发现美元指数和石油期货之间存在长期均衡关系,而且美元指数波动对原油期货价格的影响要高于取暖油期货。Zhang(2008)采用包括协整、VAR模型、GARCH类模型等方法来检验美元汇率波动对石油期货市场的风险溢出效应,指出两个市场的波动溢出效应并不显著,两者的价格波动相对独立,也就是说美元汇率波动不会造成即时的石油市场发生重大变化。但是,长期而言,美元汇率波动是石油期货价格波动的重要原因,美元贬值是推动了国际原油价格走强的关键因素,而石油期货价格波动对长期美元汇率走势影响不大。

2. 金融机构与石油金融

金融机构在石油金融市场上的交易目的不同,持有头寸的规模和期限也不同,对石油期货价格的影响也不同。比如作为套期保值者的主要交易对手,商品指数基金和对冲基金的交易策略不同,对市场的影响也不同。商品指数基金的交易目的在于通过持有原油、农产品等商品期货来规避通货膨胀等经济风险并获得长期稳定收益,其交易策略较为消极,且倾向于做多,主要通过买入近月合约,并在交割月临近时迁仓,将持仓移至较远的月份,其收益来源于长期持仓及合理的期限结构。虽然从投资组合的角度来看,对冲基金进入石油金融市场的目的也是回避或对冲通货膨胀和美元汇率风险等,但是对冲基金采用的资金杠杆更高,投资策略更为积极,且不局限于做多,会主动调整投资策略,在市场多头和空头之间频繁转换。

对于商品指数基金、对冲基金等金融机构在石油金融市场中的交易行为对石油期货价格的影响,各种研究得到的结论不尽相同。虽然相当一部分学者认为投机交易是引起国际石油期货价格大幅上涨和剧烈波动的重要原因,但是也有一部分学者认为投机活动有助于提高国际石油期货市场的流动性,实现价格发现和风险规避的基本功能,并降低国际油价波动。Haigh等(2006)就指出对冲基金不像套期保值者那样频繁改变仓位,且对冲基金与套期保值者的持仓量之间具有显著的负相关关系,因而对冲基金为套期保值者提供了市场流动性,而且对冲基金持仓量的变化和价格变化之间有显著的负相关关系。Milunovich和Ripple(2006)采用动态条件相关模型（Dynamic Conditional Correlation，DCC）和 EGARCH 模型分析了 CFTC 的石油期货持仓报告，证明了 Haigh 等（2006）的观点，即商业交易者比非商业交易者更容易频繁地改变头寸和交易方向，对冲基金等投机者并没有放大市场风险，而是为市场提供了流动性，而且对冲基金交易主要从事即将到期的短期合约交易，必须在最近的交割月清算所有头寸，所以其交易行为对国际石油期货价格的影响十分微弱。Sanders 等（2004）就提出一个折中观点，即通过格兰杰因果检验等方法虽然可以证明非商业交易者是价格的跟随者，而其净持仓量会随着价格波动或趋势进行调整，并且持仓量变化的速度非常快，但是无法证明石油期货价格的波动与这种持仓量头寸变化之间的关系，因此投机交易对价格波动会有一定的影响，但不是最重要的。

第四节　中国石油市场与石油金融

一、中国的石油供求情况

根据 BP 的统计数据，2011 年中国石油消费量为 975.8 万桶/日。根据 IEA 的估计，2010—2015 年，中国的能源需求年均增长率为 5.1%，这主要是由持续蓬勃发展的重工业所推动的。到 2015 年，全球石油需求将达到 9 850 万桶/日，而到 2030 年，将达到 1.163 亿桶/日，其中，需求增长中大约有 42% 来自中国和印度。虽然印度的需求增长最快，预计年均增长 3.9%，而中国紧随其后，预计年均增长 3.6%，但是从绝对量来看，中国的石油需求增量是最高的，到 2015 年石油消费量将达到 1 110 万桶/日，到 2030 年将达到 1 650 万桶/日。

在大多数国家和地区，交通运输业是推动石油需求增长的主要力量，工业、农业和服务业对石油的需求较为稳定，所占比例也较低。根据根据 IEA 的估计，2011—2030 年间全球交通运输业的石油消费量预计年均将会增长 1.7%，其中发展中国家的相关需求增长最快，这与不断提高的收入水平和不断加大基础设施投资的社会经济发展趋势是一致的。对中国而言，这一问题同样存在。根据 IEA 的估计，2011—2030 年，中国的机动车数量将增加 6 倍，达到近 2.7 亿辆，相应的石油需求将会翻两番，占到中国石油需求增长总量的 2/3 以上。实际上，中国汽车销售量在 2010 年就达到 1 800 万辆，超过美国成为世界第一大汽车销售国，而根据国家发改委的估计，2020 年中国机动车保有量将超过 2 亿辆（见图 2-21）。

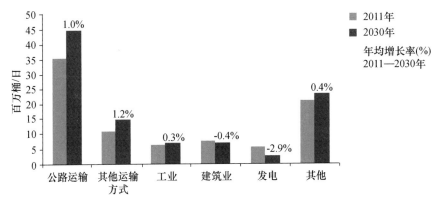

数据来源：IEA. World Energy Outlook 2012

图 2-21　参考情景下全球主要国家和地区原油需求增长的结构（2011—2030 年）

根据 BP 的统计，截至 2011 年底，中国已探明的常规石油储量是 147 亿桶，采储比为 9.9。中国在 1997—2006 年发现了 230 个油田，探明储量增加了 71 亿桶，虽然新油田的数量约为已发现油田数量的 1/3，但储量仅相当于 1997 年之前所发现油田的 14%，且有 3/4 集中在渤海湾、准噶尔和塔里木三个盆地。2011 年中国的石油产量为 409 万桶/日，其中约有 90% 来自陆上油田，而且集中在几个油田群,而其中大多数油田群的枯竭率已经超过 50%(见表 2-10)。根据 IEA 的预计,2012 年之后,中国的常规石油产量将逐渐下降,2030 年将降至 270 万桶/日。根据国家能源局的统计,2011 年中国的石油产量约为 2.04 亿吨,且在 1.8 亿吨水平线上已经徘徊多年,1.8 亿~2 亿吨之间很可能就是中国石油生产的峰值。

表 2-10 2003—2011 年中国原油供求状况(单位:百万吨)

年份	表观消费量	同比增长(%)	国内产量	进口量	出口量(万吨)	依存度(%)
2003	271.72	9.78	169.59	7.80	91.10	83.3
2004	318.88	17.36	174.05	5.70	122.70	117.0
2005	327.84	2.81	181.35	6.70	127.10	120.4
2006	351.25	7.14	184.77	9.60	145.80	136.2
2007	369.28	5.13	186.32	3.62	163.17	159.5
2008	376.03	1.83	190.44	3.72	178.81	175.1
2009	388.18	3.23	189.49	4.69	203.49	198.8
2010	437.75	12.77	203.01	2.03	234.56	232.5
2011	461.83	5.50	203.65	1.48	252.94	251.5

资料来源:中国统计年鉴

　　原油供需之间的缺口主要通过进口来满足,从 2003 年开始,中国的原油进口量呈跳跃式增长,年均以近 3 000 万吨的速度增长,2008 年,中国石油净进口量更是达到了 1.99 亿吨,对外依存度达到 51.3%,超过了国际上公认的 50% 的警戒线水平。如果未来几年中国的原油需求按照这个速度增长下去,那么石油对外依存度升至 IEA 所预测的 80% 的可能性是存在的。当然,中国的石油需求以及这些需求将如何得到满足还取决于经济发展的状况及全球经济和能源体系的整体发展状况。另一方面,按 IEA 的估计,到 2030 年,原油价格有可能到达甚至超过 200 美元/桶,而中国的能源如果转向以石油为主,同时又过度依赖进口,那么国际石油市场价格的持续走高将会对中国社会经济长期、可持续发展产生非常不利的影响。

二、中国的石油工业发展现状

(一)中国的石油工业

　　中国石油天然气工业中占据着主导地位是三大国有石油公司,即中国石油天然气集团公司(CNPC)、中国石油化工总公司(Sinopec)和中国海洋石油总公司(CNOOC)。三家公司都是在 20 世纪 80 年代成立的,分别承担着不同的特定职责。中石油负责勘探和开采陆上及近海的石油天然气;中海油负责所有其他的海上区域石油和天然气的勘探和开采;中石化则主要负责成品油炼制、石油化工和其他下游业务。1998 年,中国石油行业进行了第二轮重组,中石油和中石化完成了纵向产业链整合,并按地理位置划分了国内市场。其中,中石油控制北部和西部省份;中石化控制南部省份。随后三家公司都制定了面向国际的发展战略,尤其是上游勘探开发业务,开始中国石油行业国际化发展的步伐。2000—2002 年,三家公司都通过首次公开募股(IPO)方式在国内或海外证券市场上市。

　　中国的成品油炼化基本控制在中石化和中石油手中,原油加工量的近 90% 是由这两家国有石油公司进行的。根据 IEA 的估计,2007 年中国的成品油炼化能力达到 750 万桶/日,预计未来 5 年的年均新增产能约为 46 万桶/日,到 2012 年总产能将达到 990 万桶/日。在新增产能中,将有约 55% 来自中石化,27% 来自中石油(见图 2-22)。

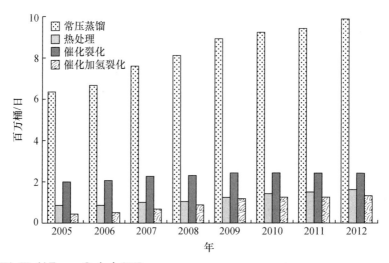

数据来源：IEA. World Energy Outlook 2007

图 2-22　2006—2012 年中国石油行业炼化能力预测（单位：百万桶/日）

实际上，2011 年中国的成品油炼化能力已经达到 1083.4 万桶/日。按目前的规划，2012—2030 年，中国的成品油炼制产能增速还会略高于需求增速，产品结构也会进行相应的调整，提高汽油产量并满足更严格的燃料质量要求（见图 2-23）。考虑到中东中质到重质原油供应比例会持续增加，要求未来中国的炼油厂必须进一步增强自身的综合炼化能力。

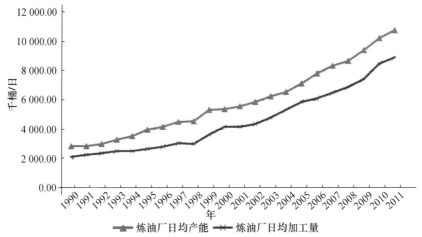

数据来源：Wind 数据

图 2-23　1990—2011 年中国石油行业炼化能力

（二）中国的石油贸易

随着中国社会经济的发展，中国的石油贸易结构也在不断演化。20 世纪 80 年代到 20 世纪 90 年代初，中国的石油贸易形势是以相对低廉的价格出口原油，而以相对较高的价格进口成品油。从 1993 年起，中国就成为了石油净进口国，以后净进口量逐年增加，从 1997 年起，更是成为了原油的净进口国。石油贸易开始以原油进口为主，成品油进口比例不断下降，同时原油出口不断下降，成品油出口持续上升。2004 年，中国原油和成品油净进口量达到 9 739 万吨，成为继美国之后的第二大石油消费国和进口国。

20 世纪 90 年代初，中国进口原油主要来自于亚太地区，其中以东南亚地区居多。1994 年仅从印尼进口的原油占进口总量的 38.3%。1997 年之后,中东成为中国新的主要原油进口地区,阿曼、伊朗、沙特等国都曾是中国的第一大原油进口国。目前中国进口的原油主要来自于中东和非洲地区(见图 2-24)。在中国进口的成品油中,燃料油所占的比重较大,目前仍占有成品油进口比重的 2/3 左右。20 世纪 90 年代初,中国进口成品油主要来自于新加坡、日本和韩国。其中,燃料油主要从亚太地区进口,新加坡和韩国为主要的进口国。1998 年,韩国超过新加坡,成为中国国最大的燃料油供应国,占中国燃料油进口量的 50% 以上。目前从俄罗斯进口燃料油的份额也在不断上升,位居第三。

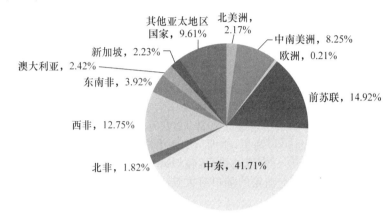

数据来源:BP Statistical Review of World Energy 2012

图 2-24　2011 年中国原油进口情况(单位:万桶/日)

20 世纪 90 年代,中国的石油出口主要是原油,其次是汽油和石脑油。原油的 80% 都出口到日本、美国和韩国,而日本占到了 65% 以上。但是进入 21 世纪后,原油出口持续下降,到 2011 年仅为 148 万吨,成品油出口仍保持一定水平,主要是向韩国、新加坡、越南等国出口汽油,向日本出口石脑油。

20 世纪 90 年代,中国的石油出口主要是原油,其次是汽油和石脑油。原油的 80% 都出口到日本、美国和韩国,而日本占到了 65% 以上。但是进入 21 世纪后,原油出口持续下降,到 2008 年仅为 18.7 万吨,成品油出口仍保持一定水平,主要是向韩国、新加坡、越南等国出口汽油,向日本出口石脑油。

(三)中国的石油物流

进口石油一般有三种运输方式,即海运、管道运输和铁路运输。其中,中国从中亚、俄罗斯进口的原油主要通过管道运输和铁路运输方式;从中东和非洲进口的原油主要采取海运方式。

中国的跨国石油管道目前主要有中哈石油管道、中俄石油管道和中缅石油管道三条,其中,中哈石油管道是中国第一条跨国石油管道,一期工程已于 2006 年 7 月投入商业运营,设计年输送量为 2 000 万吨,当年输油 176 万吨,到 2009 年则达到 773 万吨;中俄石油管道已于 2010 年 8 月开通,按中俄两国协议,俄罗斯将通过中俄石油管道每年向中国供应 1 500 万吨原油,合同期 20 年;中缅石油管道正在建设中,设计年输送量为 1 200 万吨。三大输油管道的全面开通后,届时中国通过跨国石油管道的年输油量将达到 4 700 万吨,而 5 年之后中哈石油管道二期工程等一些新的复线工程一旦完成,通过跨国管道入境的原油量有望达到 8 000 万吨左右。

目前,中国国内的原油输送管网经过多年建设,已经初步形成了东部输油管网和西部输油管网[①]互联,基本实现了西部油气资源与东部消费市场的对接。截至 2008 年,中国已投入运营的长

---

① 西部石油管道于 2007 建成投入使用,是目前国内设计输送量最大、距离最长、压力等级最高的输油管道,全长近 4 000 千米,包括原油、成品油两条管线,与中哈原油管道共同组成西油东送的战略通道,把新疆和甘肃境内的输油管道与东部、西南地区的输油管道及石油石化企业连接起来。

距离输油气管道有6万多千米。其中,建成原油管道1.7万千米、成品油管道1.5万千米、天然气管道3.3万千米、海底管道3 000千米。中国已在西北、西南和珠三角地区分别建设了骨干成品油输油管道,但区域性的成品油管道供应体系的建成仍需时日。"十一五"期间,中国成品油管道已建设"兰州—郑州—长沙"、"锦州—石家庄—长沙"成品油干线管道以及华北、长三角、东南沿海和沿江地区等区域成品油管道工程,其间新建的成品油管道约1万千米,新增输油能力约8 400万吨/年。

但是,目前中国进口石油的90%仍需要通过海上运输实现,而中国航运公司仅承运了进口石油海上运输量的10%,特别是在中东东行和西非东行航线上,承运的份额更少。究其原因,首先与航运公司的承载能力不足有关,相对于集装箱和散货船航运,中国的油轮运输规模不大。截至2007年底,三大航运集团中远集团、招商局和中国海运共有油轮176艘(包括LNG运输船),每年的原油承运能力约在3 000万～4 000万吨。其次,与石油公司和远洋运输集团缺乏合作有关,两者至今仍没有建立起长期的策略伙伴关系,而远洋运输集团的相当大部分运力是投入到国际市场,而不是为国内石油公司服务。此外,目前中国大型油轮码头的接卸能力也不能满足中国进口石油的需要。2008年,中国从中东进口原油9 200万吨,从非洲进口5 390万吨。由于中东至中国沿海港口的平均运距约6000海里,非洲至中国沿海港口的平均运距在10 000海里以上需要采用超大型油轮(VLCC,20万～30万吨级)运输以降低进口石油运输成本。而截至2008年,中国沿海具有接卸20万吨级以上油轮的港口有大连、茂名、青岛、舟山和宁波5个港口,6个泊位,年总接卸能力仅为6 619万吨。

（四）中国的石油储备

1. 总体规划

中国的石油储备体系主要由国家战略储备和商业储备组成。根据石油战略储备建设计划,2020年三期项目全部完成,总投资额约为1 000亿元,届时中国储备总规模将达到100天左右的石油净进口量,国家石油储备能力提升到约8 500万吨,相当于90天的石油净进口量,这也是IEA规定的战略石油储备能力"达标线"。

2011年,中国石油储备规模达3.62亿桶,初步形成约40天消费量的储备能力,这一储备规模与欧美国家相比仍有差距。在3.62亿桶石油储备中,战略石油储备1.42亿桶,企业商业石油储备能力为2.2亿桶。商业石油储备是石油储备体系的重要补充。中国石油经济技术研究院统计显示,截至2011年底,全国共建成商业石油储备基地19个,储备规模3 495万立方米,约2.20亿桶。

目前,已通过论证的第二期国家石油战略储备基地正在加速建设,广东湛江、甘肃兰州、江苏金坛等8个基地已于2012年底全部建成注油,战略石油储备量可达到2.74亿桶。第三期战略石油储备工程仍在选址论证中,工程建设将在2020年完成,届时国家石油储备能力将提高到8 500万吨(5.35亿桶),相当于100天石油净进口量。地下储气库建设规划已经确定,部分项目已经启动,预计到"十二五"末期,环渤海、长三角、中南等地区地下储气库总数将超过20座,供气安全性将大为提高。

2. 建设情况

(1)第一期国家石油战略储备基地

第一期国家石油战略储备基地项目主要集中于东部沿海城市,第一期工程的原油储备能力为1.03亿桶,列入国家石油储备一期规划的有镇海基地、舟山基地、黄岛基地、大连基地等四个项目,储存容量分别为520万立方米、500万立方米、320万立方米和300万立方米,一期四大基地库容共计1 640万立方米。根据2008年的国内石油消费水平,可供全国13～14天石油消费量,或25～26天石油净进口量。一期工程选址主要出于下面几个考虑:注油的方便程度,交通便利,离炼油设施的距离,对突发事件迅速反应的能力。选址镇海兴建首个石油储备项目就很好地符合上述标准。它坐落在长江三角洲地区,为中国经济最为发达的地区,拥有大量的仓储和物流设施,毗邻各大国有炼油厂项目,如中国石化上海石化公司、扬子石化和仪征化纤。另外镇海项目也毗邻正在兴建计划中的中石化石油商业存储基地,镇海石油基地的建设对于稳定长三角地区原油供应有着重要的战略意义,如表 2-11 所示。

表 2-11 第一期国家石油战略储备基地

公司	地点	储量(百万桶)	储量(百万立方米)	完成时间
中石化	镇海	32.7	5.2	2006.8
中化	舟山	31.5	5	2007.12
中石化	黄岛	20.1	3.2	2007.12
中石油	大连	18.9	3	2008.12
合计		103.2	16.4	

(2)第二期国家石油战略储备基地

继第一期石油战略储备的四个基地全部投产之后,第二期石油战略储备基地已经陆续开工建设。目前在建及规划中的第二批战略储备基地包括辽宁锦州、山东青岛、江苏金坛、浙江舟山、广东惠州、新疆独山子和甘肃兰州等,总储能预计将达到 2 670 万立方米,可以储存原油的数量约为 1.68 亿桶,相当于中国 21 天原油净进口量,二期工程完成将使国家石油战略总库容比一期增加 163%。

与一期储备基地相比,二期国家战略石油储备在新疆、甘肃布点,开始向中西部倾斜,一期战略石油储备基地布局在沿海,考虑其经济功能多一些,是为了保证我国能源供应的充足,确保经济发展之需。而布局在中西部地区则可能更多是出于战略战术层面的考虑,以备应对突发的能源安全问题,比如战争等极端事件。储备成本、运输成本也是考虑的因素,从中亚和俄罗斯进口的原油可以直接在甘肃、新疆等地存储。并且一旦发生石油紧缺,将是全国性的,考虑到中国的幅员辽阔,运输耗时并需要巨额成本,因此在各地建立储备应符合国情实际需要。

二期原油战略储备选址有部分是地下油库,与地上储存基地相比,地下油库建造成本较低,存储空间大,维护费用低。20 世纪五六十年代至今,北欧的瑞典、芬兰,亚洲的日本、韩国和新加坡等很多国家都将地下岩洞作为国家原油战略储备库。该方式储存量大,埋藏深度大,一般达500~1 500 米,造价低被具有盐层建库地质条件的国家广泛采用。美国、德国、法国等国家的地下石油储备方式就主要采用地下盐穴储存方式。江苏金坛利用现有存储天然气的盐穴溶腔,改造成 250 万立方米的原油储存基地,另外广东湛江也为地下油库。

新疆独子山是第一个完成建设的基地。兰州是预计第二个完成的工程,预期 2011 年上半年完工并开始注油(见表 2-12)。我国对石油进口具体相关用途严格保密,因此外界也对此有所猜测。业内人士称,不排除二期已经建完,但是有关注油的数据目前还尚未有公开信息。

表 2-12 第二期国家石油战略储备基地

公司	地点	储量(百万桶)	储量(百万立方米)	完成时间
中石油	新疆独子山	18.9	3	2010 年注油
中石油	甘肃兰州	18.9	3	2011—2012 年
中石油	锦州	18.9	3	2011—2013 年
中石油	江苏金坛	15.7	2.5	2012—2013 年
中石化	天津	20.1	3.2	2013 年上半年
中石化	广东湛江	44	7	2012—2013 年
中石化	山东青岛	18.9	3	2012—2013 年
中海油	惠州	12.6	2	2012 年
合计		167.9	26.7	

（3）第三期国家石油战略储备基地

第三期战略库存仍在规划中，规模略高于二期，预计总数为 3 620 万立方米，约 2.32 亿桶。三期全部工程将使中国战略总库存提升至 5 亿桶能力，达到 90 天原油净进口量（见表 2-13）。

表 2-13　第三期国家石油战略储备基地可能选址方案

三期工程可能选址处	储量（百万桶）	储量（百万立方米）
新疆善鄯	39.1	6.2
甘肃兰州		
广东广州		
重庆万州	6	0.8
海南		
河北曹妃甸		
库存能力总计	232	36.2
储存能力（天数）		34

资料来源：中国石油经济技术研究院. 国内外油气行业发展报告（2012），2013

三、中国石油价格体系的改革与石油金融的发展

（一）中国石油价格体系的改革

1. 改革进程

1998 年迄今，中国对石油价格形成机制进行了三次重大改革，最终的目标是使国内石油价格与国际接轨，实现市场化的定价机制。

1998 年 6 月，为配合中石油、中石化集团公司的改革和重组，国家计委出台《原油成品油价格改革方案》，对原油、成品油价格形成机制进行了重大改革，改变政府单一定价模式，开始实行国内原油与国际原油价格的联动机制。方案规定在国内陆上原油运达炼油厂的成本与进口原油运达炼油厂的成本相当的基础上，中石油和中石化之间原油交易结算价格由双方协商确定，价格由原油基准价和贴水两部分构成。其中原油基准价由原国家计委根据国际市场相近品质原油上月平均价格确定，贴水由购销双方协商确定。同时，成品油定价实行政府指导价制，由国家计委按进口到岸完税成本为基础加国内合理流通费用制定各地零售中准价，两大石油集团公司在此基础上在上下 5%（后调整为 8%）浮动的幅度内确定具体零售价格。

2000 年 6 月，中国对国内成品油价格形成机制进行了进一步深化改革，国内成品油价格开始参考国际市场价格变化相应调整，成品油价格每月一调，当时参考的是新加坡成品油市场价格，以上月新加坡期货市场同类油品的收盘价为基础，再加上供求双方自行商定的升贴水，最终确定国内成品油，尤其是汽油、柴油的市场零售价。2001 年 11 月，中国再次进行成品油定价机制改革。改革的主要内容是：成品油价格从紧跟新加坡市场每月调整的定价方式，改为以纽约、鹿特丹、新加坡三地市场一揽子价格的加权平均值为定价基础（三地价格权重保密，价格不定期调整），两大石油集团有上下 8% 的浮动权利。为保证国内成品油市场价格的稳定，国家计委还发布了《关于完善石油定价机制相关办法的通知》，规定了"国内成品油价格在国际油价短期上涨时不涨，而在国际油价下降时不降"。这一阶段的改革从根本上突破了长期以来政府行政定价的局面，开始注重市场机制在价格形成中的基础性作用，是几次石油价格改革中力度最大的一次。

2008 年 12 月，国务院发布了《关于实施成品油价格和税费改革的通知》，并于 2009 年 1 月 1 日起开始实施新的成品油价格形成机制。2009 年 5 月，国家发改委正式发布《石油价格管理办法（试行）》，进一步明确了我国成品油价格与国际原油价格有控制地间接接轨的价格管理办法。

根据新的价格形成办法,国际油价连续 22 个工作日日均涨幅或跌幅超过 4%,就应考虑对国内成品油价格进行调整,以使成品油价格能够更真实、更灵敏地反映市场供求关系。2013 年 3 月 26日,国家发改委宣布对原有成品油定价机制进行完善。完善后的成品油定价机制将调价周期缩短至 10 个工作日,取消上下 4% 的幅度限制。今后将调整国内成品油价格挂靠的国际市场原油品种,但出于国家能源安全,挂靠油种不公布,以防国外资金热炒。今后当汽柴油的涨价或降价幅度低于每吨 50 元,折合到每升调价金额不足 5 分钱,为节约社会成本,零售价格暂不做调整,纳入下次调价时累加或冲抵。此外,当国内价格总水平出现显著上涨或发生重大突发事件,以及国际市场油价短时内出现剧烈上涨等特殊情形要对成品油价格进行调控时,由国家发改委报请国务院同意后,可以暂停、延迟调价,或缩小调价幅度。

2. 存在的问题

国际石油市场上,成品油价格与原油价格的走势是趋同的,两者间的价差一般会维持在一个较为合理的区间水平,并充分反映成品油市场的实际供求情况。成品油定价机制的改革作为中国石油定价机制渐进式改革中的重要一环,虽然新的成品油价格形成机制比较明确地规定了国内油价的浮动规则,但是在实际运作中仍存在一定的问题,有待进一步改进和完善。

首先,成品油调价存在跟涨不跟跌的情况,且调价幅度的设定也不合理。从 2009 年 1—12月,国家发改委共进行了 8 次成品油调价,包括 3 次下调和 5 次上调。在调价过程中,价格上调次数多于下调次数,且上调幅度大于下调幅度。因此,从总体上看,国内成品油价格呈现阶梯式上涨态势。此外,国际石油价格的波动幅度远超过调价规则设计的波动幅度范围。比如,从2009 年 4 月 30 日到 5 月 29 日,连续 22 个工作日国际原油价格波动累计幅度都超过 10%,甚至在 2009 年 5 月 21 日累计幅度超过了 20%,而平均变动幅度也已达到 18.6%。国际油价的波动幅度可以在短时间内就远超过 4% 的水平,使得调价无法真实反映市场情况。

其次,调价规则的自身限制使得成品油价格的调整幅度难以到位,导致国际油价向国内成品油价格传导的过程产生较长的时滞。由于价格调整是对已过去的 22 个工作日里国际油价涨跌的事后反映,而不是对未来国际油价走势的提前预测,加上政府干预机制本身的限制,成品油调价存在滞后于国际油价变化的问题。通常会出现要么调价难以跟上国际油价上涨的步伐,要么调价后国际油价又大幅回落,人为造成国内成品油价格与原油价格的价差偏离合理区间,进而出现较大的市场套利机会。当国际油价不断上涨,贸易商会尽可能增加库存,一旦国内上调价格就能在短时间内获利丰厚,反之,贸易商会抛售库存,减少下调价格带来的损失,这些行为必然会干扰正常的市场秩序,引起不必要的供求矛盾。当然,新的调价规则政策相对明朗,不容易形成强烈预期,市场投机活动仍在可控范围。

第三,如果国际油价进一步攀升,超过 80 美元/桶时,目前的调价规则将失效,政府如何在理顺成品油价格与兼顾社会经济发展之间进行平衡,仍有待进一步出台相应的政策。新价格机制中规定:当国际油价高于 80 美元/桶时,开始扣减加工利润率,直至按加工零利润计算成品油价格;高于每桶 130 美元时,按照兼顾生产者、消费者利益,保持国民经济平稳运行的原则,采取适当财税政策保证成品油生产和供应,汽、柴油价格原则上不提或少提。但是这一表述较为含糊,也并未明确当油价位于 80~130 美元/桶的区间时价格调整的根据和标准。

3. 进一步改革的方向

成品油价格体制的改革不仅仅是简单地制定调价规则,而是需要其他配套政策措施予以支撑,采取循序渐进的原则,推动整个石油行业的市场化进程。这一点,韩国成品油价格体制改革可以提供很好的借鉴作用。韩国的成品油价格体制改革的起点、路径和目标与中国的极为相似,但是只用了三年时间就完成成品油定价机制的改革。韩国的做法是首先鼓励加大零售环节配套设施的建设,然后逐步取消对进口成品油的限制和放松对成品油价格的管制,最后开放成品油炼化业务,逐渐形成从下而上的市场竞争环境。1995 年 11 月,韩国取消了加油站建设间距的限制;1997 年 1 月,韩国对石油产品的进出口完全放开,并对成品油零售业务放松管制;1998 年 5 月,韩国对外国公司开放油品零售业务开始;1998 年 10 月,韩国开始对炼油业务放松管制,外国公司可以投资炼油企业。1999 年,韩国就基本实现了成品油的市场化定价。

中国成品油价格体制的改革思路也应该脱离单纯的调价机制,通过完善配套机制的改革来实现市场化定价的目标。首先应该从实现供给主体多元化入手,放松对石油进口的管制,扶持民营企业和外资石油公司进入零售市场,目前已取得一定的成效①;其次,进一步改革成品油的价格形成机制,解决油价滞后问题,缩短调价时间窗口,并逐渐采取自动调价机制代替发改委人为调控机制;第三,放开成品油批发环节,改变由中石油和中石化两大集团公司集中批发的现状,允许民营企业和外资石油公司进入批发市场;第四,逐渐开放成品油炼化业务,将中石油和中石化的部分炼油业务剥离,并吸引民营企业和外资进入,进一步扩大成品油供应来源和灵活性。此外,中国还应尽可能争夺国际石油市场的定价权,通过开展以人民币计价的石油期货交易,影响国际原油价格走势,使中国的供求信息能够更好地得到国际市场反馈。

（二）中国石油金融市场的发展

1. 燃料油期货市场

2004 年 8 月,上海期货交易所(SHFE)推出燃料油(180CST)期货,目前的交易量已经仅次于 NYMEX 上市的 WTI 轻质低硫原油期货和 IPE 上市的布伦特原油期货,成为全球第三大能源期货期权品种。目前,上海燃料油期货价格与国际石油价格和国内现货价格形成一定的联动,在国际石油市场的影响力开始显现,尤其是在与新加坡燃料油市场的竞争中逐渐占据主动权,并形成有力的竞争,一改过去中国企业只能以新加坡纸货市场的普氏报价作为进口结算参考基准的局面,逐渐形成了反映中国市场供求实际状况的"中国价格"和"中国标准"。国内大量的研究结果表明,上海燃料油期货市场的运行是成功的,市场是有效的,并且为中国争取国际石油市场定价权迈出重要的一步。但是未来仍需吸引更多的境外交易者参与,提高燃料油期货市场的信息承载量和辐射能力,争取成为亚洲的燃料油定价中心,进一步提高对国际石油市场的影响力。

2. 石油金融市场建设

燃料油期货的成功运行为维护国家能源安全积累了有益的经验,同时为下一步推出更多的石油期货合约品种,发展和完善石油金融体系创造了条件。但是,目前国内石油期货市场的建设还面临以下客观条件的约束。第一,石油储备体系尚不完善,容易出现期货市场与现货市场脱节的现象,使得期货市场不能反映真实市场供求状况。这一点在燃料油期货交易初期就曾出现过,导致燃料油期货价格很长一段时间不能与国际市场价格同步。第二,石油产品的现货交易量还不足够大,不足以支撑期货市场的交易。缺乏牢固的石油现货交易的基础,不仅会造成实物交割的困难,而且还无法发挥风险规避的功能。第三,最关键的问题仍是石油行业的高度垄断,国内石油定价缺乏竞争性。一是现行的原油和成品油定价机制很大程度上是针对三大国有石油公司的,其市场化程度较低;二是市场参与主体单一,比如在原油市场中,尽管目前国内原油价格已逐步与国际接轨,有资格参与国际原油贸易的企业仍限于三大国有石油企业和一些大型国企,虽然有 16 家非国有企业拿到了原油进口牌照,但其所占市场比重微乎其微。第四,资本项目下人民币不可自由兑换,影响未来国际投资者参与国内石油期货市场的意愿,制约了石油期货市场的国际影响力的发挥。

未来中国石油金融市场的发展,取决以下几个方面。首先,应加快石油流通体制改革,建立现代石油市场机制,成品油价格体制改革实现市场化定价后,则可以优先考虑汽油、柴油等石油产品的期货合约上市交易,原油价格的改革可以在石油产业发展过程中逐步解决。其次,改革现有的石油产业管理体制和市场准入机制,加快对民营资本开放炼化、勘探开采等上游业务,放松

---

① 截至 2006 年底,全国共有成品油批发企业 2 505 家。其中,中石油、中石化全资和控股批发企业 1 682 家,占总数的 67%;全国共有加油站 9.5 万座,其中,中石油、中石化全资、控股及特许加油站数量占加油站总数的 51%。规划建设中的外资加油站、包括油气合建站共有 1 770 座,占加油站总数的 2% 左右。

石油进出口管制,打破石油供应的垄断局面,培育市场主体,促进有效竞争。第三,制定专门的石油金融货币政策,对战略性期货储备所需的长期融资和短期投机运作所需的短期融资制定不同政策,培育期货市场交易主体。同时将石油等资源实物储备和期货储备纳入到国家外汇储备体系中,提高外汇储备灵活性和应对危机的能力。

参 考 文 献

[1] 杨景民等.现代石油市场——理论、实践、研究、创新[M].北京:石油工业出版社,2003

[2] 褚珙海.石油期货交易[M].北京:中国金融出版社,2006

[3] 唐衍伟.商品期货价差套利[M].北京:经济科学出版社,2006

[4] 范英,焦建玲.石油价格:理论与实证[M].北京:科学出版社,2008

[5] 卡罗·A.达哈尔著.丁晖,王震,郭海涛译.国际能源市场:价格、政策与利润[M].北京:石油工业出版社,2008

[6] 张宏民.石油市场与石油金融[M].北京:中国金融出版社,2009

[7] 林伯强,牟敦国.高级能源经济学[M].北京:中国财政经济出版社,2009

[8] 阿兰·V·尼斯,詹姆斯·L·斯维尼主编.李晓西、史培军等译.自然资源与能源经济学手册第3卷[M].北京:经济科学出版社,2010

[9] 魏巍贤,林伯强.国内外石油价格波动性及其互动关系[J].经济研究,2007(2):146~158

[10] 林伯强,牟敦国.能源价格对宏观经济的影响——基于可计算一般均衡(CGE)的分析[M].经济研究,2008(11):88~102

[11] 李猛.不同汇率机制下石油价格波动的金融CGE模型分析[J].数量经济技术经济研究,2009(4):45~58

[12] 李畅,杨再斌.国际石油价格波动特点及影响因素的实证分析[J].资源科学,2007,29(1):178~184

[13] 彭民,孙彦彬.国际石油期货价格与美元指数动态关系的实证研究[J].中国石油大学学报(社会科学版),2009,25(3):1~5

[14] 宋玉华,林治乾.国际石油期货价格与现货价格动态关系的实证研究[J].中国石油大学学报(社会科学版),2007,23(5):1~7

[15] 董秀成,曹文红.国际油价预测中的各种不确定因素分析[J].中国石油大学学报(社会科学版),2000,16(2):6~11

[16] 管清友.加入预期因素的多重均衡模型:市场结构与权力结构——国际油价波动的政治经济学分析[J].世界经济与政治,2007(1):69~78

[17] 焦建玲,范英,魏一鸣.石油价格研究综述[J].中国能源,2004(4):33~40

[18] 李纪建,管清友.石油双重属性与国际油价波动分析——一个国际政治经济的视角[J].国际石油经济,2007(1):44~51

[19] 管清友,张明.国际石油交易的计价货币研究[J].国际经济评论,2006(7):12~21

[20] 管清友,张弛.投机、操纵与国际油价[J].国际石油经济,2008(9):1~10

[21] 程伟力.影响国际石油价格因素的定量分析[J].国际石油经济,2005(8):40~45

[22] 张燕宇,管清友.世界能源格局与中国的能源安全[J].世界经济,2007(9):17~31

[23] 张珣,余乐安,黎建强,汪寿阳.重大突发事件对原油价格的影响[J].系统工程理论与实践.2009,29(3):10~16

[24] 曹勇.国际储备货币竞争:基于货币职能分类的市场数据分析[J].投资研究,2010(3):2~8

［25］林伯强,何晓萍.中国油气资源耗减成本及政策选择的宏观经济影响[J].经济研究,2008(5):94～105

［26］黄学军.海运风险管理创新:运费衍生品发展的启示[J].证券市场导报,2006(12):60～68

［27］陈蓉,郑振龙.期货价格能预测未来的现货价格吗?[J].国际金融研究,2007(9):70～75

［28］陆凤彬,汪寿阳,洪永森.全球成品油交易信息溢出研究——基于检验和协整理论[J].系统科学与数学,2008,28(11):1364～1384

［29］宋玉华,林治乾.国际石油期货价格与现货价格动态关系的实证研究[J].中国石油大学学报(社会科学版),2007,23(5):1～5

［30］焦建玲.范英.中国原油价格与国际原油价格的互动关系研究[J].管理评论,2004,16(7):48～53

［31］高辉.国内外燃料油价格关联度及动态滚动预测的模型研究——基于日数据的实证分析[J].国际石油经济,2005(12):9～18

［32］唐衍伟,陈刚,李海英.我国与国际燃料油期货市场长期均衡的实证研究[J].系统工程,2007,25(10):51～59

［33］焦建玲,廖华.燃料油期货市场运行效率实证分析[J].中国能源,2008,30(2):35～38

［34］马超群,佘升翔,陈彦玲,王振全.中国上海燃料油期货市场信息溢出研究[J].管理科学学报,2009,12(3):92～102

［35］马瑾.油价理论回顾与展望[J].国际石油经济,2007(4):36～45

［36］宋玉华,林治乾,孙泽生.期货市场、对冲基金与国际原油价格波动[J].国际石油经济,2008(4):9～19

［37］谢飞,韩立岩.对冲基金与国际资产价格的波动性传递[J].管理科学学报,2010,13(11):94～104

［38］Adelman, M. A.. Modeling World Oil Supply[J]. Energy Journal,1993,14(1):1～32

［39］Alhajji, A. F.,D. Huettner. The Target Revenue Model and the World Oil Market: Empirical Evidence from 1971 to 1994[J]. The Energy Journal,2000,21(2):121～144

［40］Alhajji, A. F.,D. Huettner. OPEC and World Crude Oil Markets from 1973 to 1994: Cartel, Oligopoly, or Competitive?[J]. The Energy Journal,2000,21(3):31～60

［41］Arrow, K. J.,Chang, S. S.. Optimal Pricing, Use, and Exploration of Uncertain Natural Resource Stocks[J]. Journal of Environmental Economics and Management,1982,9(1):1～10

［42］Bopp A. E.,Sitzer S.. Are Petroleum Futures Prices Good Predictors of Cash Value[J]. Journal of Futures Markets,1987(7):705～719

［43］Campbell Clooin. The End of Cheap Oil[J]. Scientific American, 1998,278(3):78～83

［44］Cobham, David. Euro Versus Dollar:Who Goes with Which?[J]. Mimeo:Heriott-Watt University,2007

［45］Dasgupta Partha, Geoffrey Heal. The Optimal Depletion of Exhaustible Resources[J]. Review of Economic Studies,1974,41(2):3～28

［46］Dasgupta Partha. Resources Depletion, Research and Development and the Social Return Rate[J]. R. C. Lind(ed.)Discounting for Time and Risk in Energy Policy,1982

［47］Deshmukh, S. D., Pliska S. R.. Optimal Consumption of a Nonrenewable Resource with Stochastic Discoveries and a Random Environment[J]. The Review of Economic Studies,1983,50(3):543～554

[48] Deshmukh,S. D. , Pliska S R.. A Martingale Characterization of the Price of a Nonrenewable Resource with Decisions Involving Uncertainty[J]. Journal of Economic Theory,1985,35 (2) :322~342

[49] Ederington L. , Lee J. H.. Who Trades Futures and How: Evidence from the Heating Oil Futures Market[J]. The Journal of Business,2002,75(2): 353~373

[50] Finn M. G.. Perfect Competition and the Effects of Energy Price Increases on Economic Activity[J]. Journal of Money Creadit and Banking,2000,32(3): 400~416

[51] Gately, D. , J. F. Kyle. Strategies for OPEC's Pricing Decisions[J]. European Economic Review,1977(10):209~230

[52] Gately, D.. OPEC: Retrospective and Prospects 1972—1990[J]. European Economic Review,1983(21): 313~331

[53] Gately, D. , Huntington H. G.. The Asymmetric Effects of Changes in Price and Income on Energy and Oil Demand[J]. Energy Policy,2002,23(1):19~55

[54] Geroski, P. , Ulph, A. , Ulph, D.. Model of the Crude Oil Market in Which Market Conduct Varies[J]. Journal of Economic,1987(97):77~86

[55] Griffin, J. , Teece, M.. OPEC Behavior and World Oil Prices[M]. London: George Allen and Unwin,1982

[56] Haigh, M. S. , J. Hranaiova, J. Overdahl. Price Volatility, Liquidity Provision and the Role of Managed Money Traders in Energy Futures Markets[D]. Macquarie University CFTC Papers,www. cftc. gov/files/opa/press05/opacftc-managed-money-trader-study. pdf,2006

[57] Hammoudeh, S. , Madan, V.. The Dynamic Stability of OPEC's Price Mechanism[J]. Energy Economics,1995(14):65~71

[58] Hicks, J. R.. Value and Capital,Second Edition[M]. London: Oxford Univeresity Press,1946

[59] Hnyilicza Esteban, Pindyck R S.. Pricing Policies for a Two-part Exhaustible Resource Cartel:The Case of OPEC[J]. European Economic Review,1976,8(2):139~154

[60] Hotelling, H.. The Economics of Exhaustible Resources[J]. Journal of Political Economy, 1931,39(2): 137~175

[61] Hubbert, M. K.. Degree of Advancement of Petroleum Exploration in the United States [J]. AAPG Bulletin 1967,152(11): 2207~2227

[62] Kamien Morton,Nancy Schwartz. Optimal Exhaustible Resource Depletion with Endogenous Technical Change[J]. Review of Economic Studies,1978,45(1):179~196

[63] Kaufmann R. K. , Cleveland C. J.. Oil Production in the Lower 48 States: Economic, Geological and Institutional Determinants[J]. The Energy Journal,2001,25(4):112~119

[64] Keynes,John Mannered. Treatise on Money,Second Edition[M]. London: Oxford Univeresity Press,1946

[65] Krugman, P.. Target Zones and Exchange Rate Dynamics[J]. Journal of Economics, 1991(106):669~682

[66] Krugman, P.. The Energy Crisis Revisited. http://web. mit. edu/krugman/www. opec. html,2000

[67] Leonardo Maugeri. Squeezing More Oil from the Ground[J]. Scientific American, 2009,301(4):56~63

[68] Litzenberger R. H. ,Rabinowitz N.. Backwardation in Oil Futures Markets: Theory and Empirical Evidence[J]. The Journal of Finance,1995,50(5): 1517~1545

[69] MacAvoy, P.. Crude Oil Prices as Determined by OPEC and Market Fundamentals [D]. Cambridge University,1982

［70］Miller Merton H. , Charles W. Upton. A Test of the Hotelling Valuation Principle［J］. Journal of Political Economy,1985,93(1):1～25

［71］Milunovich G. , Ripple R. D. . Hedgers, Investors, and Futures Return Volatility:the Case of NYMEX Crude Oil［D］. Macqarie Univeresity Research Paper,http://www. econ. mq. edu. au/research/2006/07Milunovich-Ripple-Hedgers. pdf,2006

［72］Moosa Imad A. . Price Discovery and Risk Transfer in the Crude Oil Futures Markets: Some Structural Time Series Evidence［J］. Economic Notes, 2002,31(1): 155～166

［73］Pindyck, RS. . The Optimal Exploration and Production of Non-renewable Resources ［J］. Journal of Political Economy,1978,86(5):841～861

［74］Pindyck, R. S. . Gains to Producer from the Cartelization of Exhaustible Resource［J］. Review of Economics Statistics,1978,60(2):238～251

［75］Pindyck, R. S. . Uncertainty and Exhaustible Resource Markets［J］. The Journal of Political Economy,1980,88(6):1203～1225

［76］Quan J. . Two-step Testing Procedure for Price Discovery Role of Futures prices［J］. Journal of Futures Markets,1992,12: 139～149

［77］Ripple Ronald D. , Moosa Imad A. . Futures Maturity and Hedging Effectiveness: the Case of Oil Futures［J］. Applied Financial Economics,2005,17(9): 683～689

［78］Ruth A. Judson, Richard Schmalensee, Thomas M. Stoker. Economic Development and the Structure of the Demand for Commercial Energy［J］. The Energy Journal,1999,20(2):29～57.

［79］Sadorsky P. . The Empirical Relationship between Energy Futures Prices and Exchange Rates［J］. Energy Economics,2000,22(2):253～266

［80］Salant S. . Exhaustible Resources and Industrial Structure: a Nash Cournot Approach to the World Oil Market［J］. Journal of Political Economy,1976,84: 1079～1093

［81］Sanders D. R. , Boris C. , Marfredo M. . Hedgers, Funds and Small Speculators in the Energy Futures Markets: an Analysis of the CFTC's Commitments of Traders Reports［J］. Energy Economics, 2004(26):425～445

［82］Serletis A, Banack D. . Market Efficiency and Cointegration: an Application to petroleum markets［J］. Review of Futures Markets,1990,9(2):372～385

［83］Sweeney, J. L. . Economics of Depletable Resources: Market Forces and Intertemporal Bias［J］. The Review of Economic Studies,1977,44(2):125～141

［84］Tang Liuhui,Hammoudeh S. . An Empirical Exploration of the World Oil Price under the Target Zone Model［J］. Energy Economics,2002(24):577～596

［85］Uhler, R S. . Costs and Supply in Petroleum Exploration: the Case of Alberta［J］. Canadian Journal of Economics,1976(19):72～90

［86］Garbade K. D. ,Silber W. L. . Price Movement and Price Discovery in Futures and Cash Markets［J］. Review of Economics and Statistics,1983(65): 289～297

［87］Zhang Yue-Jun et al. . Spillover Effect of US Dollar Exchange Rate on Oil Prices［J］. Journal of Policy Modeling,2008,30(6):973～991

附　　录

附表 2-1　纽约商业交易所(NYMEX)WTI 轻质低硫原油期货合约

交易单位	1 000 桶/手(约 42 000 加仑)
报价单位	每桶以美元和美分计价

（续表）

交易时间 （纽约时间）	场内公开竞价交易（周一到周五）从上午 10:00 至下午 2:30,场内交易结束后,可通过在纽约商业交易所 ACCESS 交易平台上进行交易,每周一至周四下午 3:00 开始,次日上午 9:30 结束,周日始于下午 7:00
交易月份	30 个连续月份,加上最初挂牌的,距到期日较远的 36、48、60、72 和 84 个月的期货合约
最小价格波动	0.01 美元/桶
最大价格波动	除前两个月份外,其他月份合约最初限幅为 3.00 美元/桶;如果出现 3.00 美元/桶的涨幅,则下一个交易日升值 6.00 美元/桶,如果前两个月合约中的任一个出现了价格波动,则停止交易 1 小时,然后所有月份的价格限幅均扩大到 7.50 美元/桶
最后交易日	交割月前一个月的第 25 个公历日之前的第 3 天交易收盘时,如果第 25 个公历日是非工作日,则终止于第 25 个公历日之前最后一个工作日之前的第 3 天收盘时
交割	以 FOB 卖方设施,在俄赫拉何马州的库欣,以罐装、管道、权力凭证转移或设施间转移的方式进行实物交割,交割应自交割月的第 1 个公历日当日或之后开始,并于交割月最后一个公历日前结束
交割期限	整个交割月即当月的第一天至最后一天均可进行交割
期货转现货	买卖双方可以向交易所申请互换手中的期货及现货头寸,交易所在收到申请之后会协助建立或清算其期货头寸
交易等级	含硫量不高于 0.42%,API 在 37~42 之间,可交割的本土原油品种包括西得克萨斯中质原油(WTI)、低硫混合油、新墨西哥低硫原油等,上述原油均按结算价格进行交割;海外原油可交割品种包括英国北海布伦特原油和挪威的奥斯博格混合原油,卖方应该按最后结算价每桶 30 美分的折扣进行交易,尼日利亚和哥伦比亚原油交割应有每桶 15 美分的贴水,尼日利亚夸伊博原油交割则只有每桶 5 美分的贴水
持仓限额	对于正在交易的不同月份到期的各个合约,其总持仓量不得超过 20 000 个净头寸,对于单个合约,持仓量也不得超过 10 000 个净头寸,对于当前交割月合约,在其最后 3 个交易日内持仓量不得超过 1 000 个净头寸
保证金要求	按未平仓合约逐日盯市

附表 2-2　纽约商业交易所(NYMEX)无铅汽油期货(期权)合约

交易单位	1 000 桶/手(约 42 000 加仑);一份无铅汽油期货合约(美式期权)
报价单位	每桶以美元和美分计价
交易时间 （纽约时间）	场内公开竞价交易（周一到周五）从上午 10:00 至下午 2:30,场内交易结束后,可通过在纽约商业交易所 ACCESS 交易平台上进行交易,每周一至周四下午 3:00 开始,次日上午 9:30 结束
交易月份	12 个连续月份
最小价格波动	0.000 1 美元/加仑
最大价格波动	期货:除前两个月份外,其他月份合约最初限幅为 0.06 美元/加仑,如果出现 0.06 美元/加仑的涨幅,则下一交易日升值 0.09 美元/加仑,如果前两个月合约中的任一个出现了价格波动,则停止交易 1 小时,然后所有月份的价格限幅均扩大到 0.20 美元/加仑;期权没有价格限制
最后交易日	期货:交割月前一个月的最后一个工作日收盘时; 期权:该期权合约对应的期货合约提早 3 个交易日结束
交割	以 FOB 卖方设施,纽约港,离岸,支付所有的义务、权力、税收和费用;一般采用驳船,买方也可以要求用汽车,但需支付额外费用,也可以以罐装、管道、权力凭证转移或设施间转移的方式进行实物交割
交割期限	整个交割月即当月的第 5 个工作日之后至最后一天均可进行交割
期权行权价格	共有至少 61 个行权价,居中的是平值行权价,然后以该价格为基础向上下每变动 1 美分/加仑为一档,上下各 20 档,然后对于目前最高(最低)的行权价为基础向上(向下)每增加(减少)5 美分/加仑为一档,各 10 档;根据标的期货合约价格的变动,期权行权价格的边界也随之改动
交割标准	通常符合成品油欧 II 标准

（续表）

持仓限额	所有月份：净持仓不得超过 7 000 份合约，但在当月的最后三天不得超过 1 000 份合约
保证金要求	期货和卖空期权需交保证金，买入期权的保证金不超过其权利金

附表 2-3　纽约商业交易所（NYMEX）WTI 轻质低硫原油期货期权合约

交易单位	一份 WTI 轻质低硫原油期货合约（美式期权）
交易月份	12 个连续月份，加上最初挂牌的，距到期日 18、24、36 个月的期权合约
价格波动范围	没有限制
最后交易日	该期权合约对应的期货合约到期日之前的工作日收市时结束
期权的行使	当日当比标的期货合约结算价公布 45 分钟内，或当天下午 17:30 之前，通过 NYMEX 清算行的一个清算会员行权，直到该期权到期日为止
期权行权价格	共有至少 61 个行权价，居中的是平值行权价，然后以该价格为基础向上下每变动 0.50 美元/桶为一档，上下各 20 档，然后对于目前最高（最低）的行权价为基础向上（向下）每增加（减少）2.50 美元/桶为一档，各 10 档；根据标的期货合约价格的变动，期权行权价格的边界也随之改动
保证金要求	卖空期权需交保证金，买入期权的保证金不超过其权利金

附表 2-4　纽约商业交易所（NYMEX）取暖油期货（期权）合约

交易单位	1 000 桶/手（约 42 000 加仑）；一份无铅汽油期货合约（美式期权）
报价单位	每桶以美元和美分计价
交易月份	18 个连续月份
最小价格波动	0.000 1 美元/加仑
最大价格波动	期货：除前两个月份外，其他月份合约最初限幅为 0.06 美元/加仑，如果出现 0.06 美元/加仑的涨幅，则下一交易日升值 0.09 美元/加仑，如果前两个月合约中的任一个出现了价格波动，则停止交易 1 小时，然后所有月份的价格限幅均扩大到 0.20 美元/加仑；期权没有价格限制
最后交易日	期货：交割月前一个月的最后一个工作日收盘时； 期权：该期权合约对应的期货合约提早 3 个交易日结束
交割	以 FOB 卖方设施，纽约港，离岸，支付所有的义务、权力、税收和费用；一般采用驳船，买方也可以要求用汽车，但需支付额外费用，也可以以罐装、管道、权力凭证转移或设施间转移的方式进行实物交割
交割期限	整个交割月即当月的第 5 个工作日之后至最后一天均可进行交割
期权行权价格	共有至少 61 个行权价，居中的是平值行权价，然后以该价格为基础向上下每变动 1 美分/加仑为一档，上下各 20 档，然后对于目前最高（最低）的行权价为基础向上（向下）每增加（减少）5 美分/加仑为一档，各 10 档；根据标的期货合约价格的变动，期权行权价格的边界也随之改动
持仓限额	对于正在交易的不同月份到期的各个合约，其总持仓量不得超过 7 000 个净头寸，对于单个合约，持仓量也不得超过 50 000 个净头寸，对于当前交割月合约，在其最后 3 个交易日内持仓量不得超过 1 000 个净头寸
交割标准	符合 No.2 替代取暖油的行业标准
保证金要求	期货和卖空期权需交保证金，买入期权的保证金不超过其权利金

附表 2-5　国际石油交易所（IPE）柴油期货（期权）合约

交易单位	100 吨/手；一份 IPE 柴油期货合约（美式期权）
报价单位	每桶以美元和美分计价
交易时间	电子交易时间：8:00 至 9:00； 公开喊价交易时间：9:15 至 17:27
价格波动范围	期货：最小价格波动 25 美分/吨，无最大价格波动限制； 期权：最小价格波动 5 美分/吨，无最大价格波动限制

（续表）

交易月份	期货:12 个连续月份; 期权:期货合约的前 11 个月份合约,一旦到期,马上引入新的月份合约,保持 11 个月份合约
价格波动范围	最小价格波动 0.01 美元/桶,无最大价格波动限制
最后交易日	期货:交割月前一个月的最后一个工作日收盘时; 期权:该期权合约对应的期货合约提早 3 个交易日结束
交割	来自 ARA 地区的炼油厂生产的柴油
期权行权价	由于期货使用保证金形式,根据期权价值变化,每日结算保证金账户,只有平仓时才能了解支付或收取的总价值

附表 2-6　国际石油交易所(IPE)布伦特原油期货(期权)合约

交易单位	1 000 桶/手(约 42 000 加仑);一份布伦特原油期货合约(美式期权)
报价单位	每桶以美元和美分计价
交易时间	电子交易时间:8:00 至 9:00; 公开喊价交易时间:10:02 至 19:30
交易月份	期货:12 个连续月份; 期权:期货合约的前 6 个月份合约,一旦到期,马上引入新的月份合约,保持 6 个月份合约
价格波动范围	最小价格波动 0.01 美元/桶,无最大价格波动限制
最后交易日	期货:交割月前一个月的最后一个工作日收盘时; 期权:该期权合约对应的期货合约提早 3 个交易日结束
交割	现金结算
期权价格	由于期货使用保证金形式,根据期权价值变化,每日结算保证金账户,只有平仓时才能了解支付或收取的总价值
最后交易日	比该期权合约对应的期货合约提早 3 个交易日结束期权交易
交割标准	通过管道运送到萨洛姆湾的布伦特混合油
持仓限额	没有持仓数量限制
保证金要求	按未平仓合约逐日盯市,期货和卖空期权需交保证金,买入期权的保证金不超过其权利金

附表 2-7　波罗的海航运指数(BPI)的航线组成(1999 年 11 月)

航线(Route)	商　品	权重(%)
1. 美湾—鹿特丹	谷物	10
1A. 环大西洋(期租)	谷物,矿石,煤	20
2. 美湾—日本南	谷物	12.5
2A. 斯卡和帕塞罗到日本/中国台湾(期租)	谷物,矿石,煤	12.5
3. 美国北太平洋—日本南	谷物	10
3A. 环太平洋(期租)	谷物,矿石,煤	20
7. 美西—日本(期租)	谷物,煤,石油焦	15

附表 2-8　波罗的海航运指数(BFI)的航线组成(1998 年 5 月)

航　　线	商　品	权重(%)
1. 美湾—鹿特丹	谷物	10
1A. 环大西洋(期租)	谷物,矿石,煤	10

（续表）

航　　线	商　　品	权重（%）
2. 美湾-日本南	谷物	10
2A. 斯卡和帕塞罗到日本/中国台湾（期租）	谷物，矿石，煤	10
3. 美国北太平洋—日本南	谷物	10
3A. 环太平洋（期租）	谷物，矿石，煤	10
6. 汉普顿港群—鹿特丹	煤	7.5
7. 美西—日本（期租）	谷物，煤，石油焦	10
8. 图巴朗—鹿特丹	铁矿石	7.5
9. 图巴朗—北仑	铁矿石	7.5
10. 理查德湾—鹿特丹	煤	7.5

附表 2-9　奥斯陆国际海运交易所上市交易远期合约的标的物一览表

	标的物(现货)—航线	发布单位	交易量
干货	单个航线		
程租	211：C4，好望角型，理查德湾—鹿特丹，150 000 吨		
	212：C7，好望角型，玻利维亚—鹿特丹，150 000 吨		
	213：C4 AVG：好望角型，理查德湾—鹿特丹，150 000 吨		
	214：C7 AVG：好望角型，玻利维亚—鹿特丹，150 000 吨		
期租	241：P2A，巴拿马型，期租，直布罗陀—远东		
	242：P3A，巴拿马型，期租，韩国—日本（环太平洋航线）		最大
干货	一揽子航线		
	220：CS4TC，好望角型，期租平均		
	250：PM4TC，巴拿马型，期租平均	波罗的海航运交易所	最大
	290：SM5TC，超灵便型，期租平均		
原油油轮	单个航线(TD 为 Tanker Dirty 的简写,意为原油轮)		
	101：TD7，阿芙拉型，北海—欧洲大陆，80 000 吨		
	102：TD9，阿芙拉型，加勒比海—美湾，70 000 吨		
	103：TD5，苏伊士型，西非—美东，130 000 吨		
	104：TD3，巨型，海湾—日本，260 000 吨		最大
	105：TD4，巨型，西非—美湾，260 000 吨		
	106：TD12，巴拿马型，欧洲西北岸—美湾，55 000 吨		
	107：TD8，阿芙拉型，科威特—新加坡，80 000 吨		
成品油油轮	单个航线(TC 为 Tanker Clean 的简写,意为成品油轮)		
	151：TC4，MR 型，新加坡—日本，30 000 吨	波罗的海	
	152：TC2，MR 型，欧洲大陆—美东，33 000 吨	波罗的海	最大
	153：TC1，LR2 型，海湾—日本，75 000 吨	普氏报价	
	154：TC5，LR1 型，海湾—日本，55 000 吨	普氏报价	
	155：TC6，MR 型，阿尔及利亚—地中海，30 000 吨	波罗的海	

附表 2-10 其他三大交易所货运远期上市交易合约的标的物一览表

交易所	湿货(包括原油 TD 和成品油 TC)	干 货
纽约商品交易所	TC1,TC2,TC4,TC5,TD3,TD5,TD6(跨地中海),TD7,TD9,TD10D(加勒比海到海湾);主要是与石油消费大国美国和日本有关的航线	
伦敦结算所	TD3,TD5,TD7,TC2	C4,C7,C3(巴西到宝山/北仑的铁矿石运输航线),C5(西澳到宝山的铁矿石运输航线),P2A,P3A,CS4TC,PM4TC,SM5TC
新加坡交易所	TD3,TC4	与伦敦结算所同

第三章

天然气市场与天然气金融

　　天然气作为一种高效、安全、清洁的能源,对于全球温室气体减排具有非常重要的意义,也是目前国际能源贸易的新宠。从长远看,未来10～20年内天然气在全球能源结构中的比重将会超过煤炭和石油,居于第一位。

　　国际天然气市场以管道交易为主,具有非常强的地域性特点,国际天然气贸易目前主要分为北美、欧洲和亚太三大区域市场,而且交易多以长期合同为主。未来建立全球性的天然气市场更多地依赖于液化天然气(LNG)的发展,液化天然气具有运输、储存等方面的便利,更重要的是它使得天然气交易脱离了地域限制,具备了进行全球化贸易的条件。目前LNG贸易占全球天然气贸易的30%左右,各国都在加大对基础设施和配套设备(LNG工厂、LNG运输船、LNG接收站等)的投入,未来发展前景较为乐观。

　　国际天然气市场价格明显地受到国际石油、煤炭市场价格的影响,由于全球能源结构中仍以石油、煤炭为主,天然气作为替代能源,其定价的独立性相对有限,而且再加上天然气市场相对分散、天然气合同的长期性等,天然气的价格形成机制还有待进一步完善。作为规避天然气市场价格波动的风险对冲工具和手段,天然气金融发端于1990年纽约商品交易所(NYMEX)推出的天然气期货合约交易,目前已经形成了以期货、期权等标准合约为主的场内交易市场和以互换、指数交易等为主的场外交易市场。

　　目前,由于美国对非常规天然气资源的开发取得了革命性的技术突破,以及本土天然气产量的迅猛增长,同时由于金融危机导致的需求萎缩,美国天然气进口量大幅度下降,国际天然气市场进入一个持续低迷的阶段。这对于中国来说,无疑是一次非常良好的时机,不仅有助于在国际天然气市场上获取更加低价优质的天然气资源,优化能源消费结构,推动实现低碳经济发展,而且可以借此机会,启动中国的能源市场化改革进程,推动能源价格形成机制的进一步完善,以优化国内资源配置,同时为争取国际能源市场的定价权打下基础。

　　本章首先分析了国际天然气市场的形成和价格机制;其次介绍了如何利用天然气衍生金融产品进行风险对冲;再次,对中国未来天然气行业的演变和发展、市场化价格机制的形成等问题进行探讨,以期为未来中国天然气市场的构建和相关衍生品市场的发展提供参考意见。

第一节　天然气市场

一、国际天然气市场的现状概述

1. 天然气

　　天然气(natural gas)是一种多组分的混合气体,主要成分是烷烃,其中甲烷占绝大多数,另有少量的乙烷、丙烷和丁烷,此外一般还含有硫化氢、二氧化碳、氮、水,及微量的惰性气体(如氦气和氩气等)。常态下,甲烷至丁烷以气态存在,戊烷以上为液态。天然气在燃烧过程中产生的能影响人类呼吸系统健康的物质极少(几乎不产生二氧化硫和粉尘),与煤炭相比能减少60%的二氧化碳排放和50%的氮氧化合物排放,产生的二氧化硫也很少。天然气燃烧后无废渣、废水产生,相较于煤炭、石油等能源具有使用安全、热值高、清洁等众多优势。

天然气的分类方法很多,按产出气层①的不同可分为伴生气和非伴生气,非伴生气又可分为纯气田和凝析气田②;按烃类组分关系可分为干气、湿气、贫气和富气③;按硫化氢、二氧化碳含量可分为甜气和酸气④;按开采的难度可分为常规天然气和非常规天然气。

天然气的组分并非固定不变,由于生成的地质条件不同,不同地区开采的天然气组分不同,同一气层的不同气井开采出的天然气组分也会有差别。国际标准化组织(ISO)在1998年通过了《天然气质量指标》(ISO13686-1998)文件,列出了描述管输天然气质量的典型指标和相应的测试方法,但没有对各类指标做定量规定。中国对天然气品质要求有三个国标,即GB17820-1999《天然气》、GB18047-2000《车用压缩天然气》和GB/T13611-92《城市燃气分类》。

2. 天然气储量

世界常规天然气资源的分布并不均衡,天然气主要产区分布在北美、欧洲及欧亚地区,其中,中东和俄罗斯的探明天然气储量占全球天然气已探明储量的2/3以上。根据英国石油公司(BP)的统计(见图3-1),1991年全球天然气探明储量约为131.2万亿立方米,2001年增加到168.5万亿立方米,2011年达到208.4万亿立方米,呈现缓慢增长趋势。

□ 中东
⊠ 欧洲及欧亚大陆
▨ 亚太地区
▧ 非洲
▩ 北美洲
□ 中南美洲

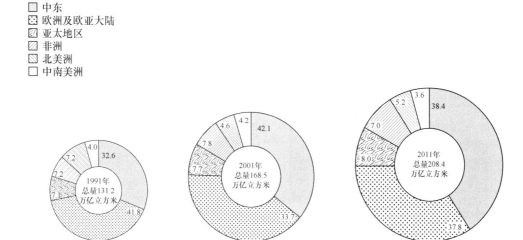

数据来源:BP Statistical Review of World Energy 2012

图3-1　全球天然气已探明储量(1991、2001、2011年)(单位:万亿立方米)

从储产比来看,截至2011年末,全球天然气探明储量足以保证63.6年的生产需求。土库曼斯坦天然气储量大幅增长,将欧洲及欧亚大陆的储产比拉高至75.9年。中东地区仍然拥有最大规模的天然气储量(占全世界天然气总储量的38.4%,而欧洲及欧亚大陆则占37.8%),其储产比超过150年。

---

①　伴生气(associated gas)产自含油储集层,也被称为油气田,与石油同时开采,经油气分离后获得;非伴生气(non-associated gas)产自含气储集层,也称为气田气。两者在气层中都以气态存在,但前者采出地面后仍以气态存在,而后者在开采过程中当气体温度、压力下降到一定程度时会析出凝析油。

②　凝析气是在地下呈气态,到地表呈液态的低分子烃类,它在地下储量如不单独计算,则可合并为泛指的气储量;在地表作为商业性生产时,如不单独计算时则为泛指的石油(所以也称凝析油)。凝析气田天然气从地层流出井口后,随着压力和温度的下降,分离后,气态的就是凝析气,液态的就是凝析油。

③　在20℃及101.325kPa状态下(中国标准),每立方米气中,戊烷以上烃类按液态计小于10ml的天然气称为干气,开采后不会析出液态烃;如果大于10ml则称为湿气,开采后会有液态烃析出。如果每立方米气中,丙烷以上烃类按液态计小于100ml的天然气称为贫气,大于100ml的称为富气。

④　甜气(sweet gas)指不含硫化氢和二氧化碳或含量甚微,不需要脱除即可输送的天然气,如果硫化氢和二氧化碳等含量超过一定标准,需要专门脱除才能输送的天然气称为酸气(sour gas)。

3. 天然气生产和消费

2011年,世界天然气产量增长3.1%。从国别来看,美国的增幅位居各国之首,而在区域层面,中东是增幅最大的地区。俄罗斯和土库曼斯坦产量增长超过了欧洲产量的大幅下滑。2011年,世界天然气消费量增长了2.2%,除了北美洲外,所有地区均低于平均增长水平。欧盟出现了有史以来天然气消费量的最大跌幅,达到-9.9%。根据BP的预估,2011—2030年期间,天然气需求的年均增幅为2.0%,在传统的一次能源中增速是最快的(见图3-2)。

近年来,随着开采技术的突破和生产成本的下降,北美地区非常规天然气的产量快速上升,开始呈现规模化、集约化的特点。2008年,美国的非常规天然气产量就已超过其天然气总产量的50%,且根据IEA的预测,到2035年该比例有望达到70%。北美地区非常规天然气的蓬勃发展,以及全球经济持续低迷和全球金融危机造成的需求下降,导致国际天然气市场形势从2005年开始发生逆转,从卖方市场变为买方市场。而根据IEA的分析,非常规天然气的发展将影响市场供需平衡,改变天然气国际贸易格局,未来相当长一段时期内(至少持续到2015年左右)世界天然气供应将出现持续过剩,这将对国际天然气市场结构和运作机制产生深远影响。

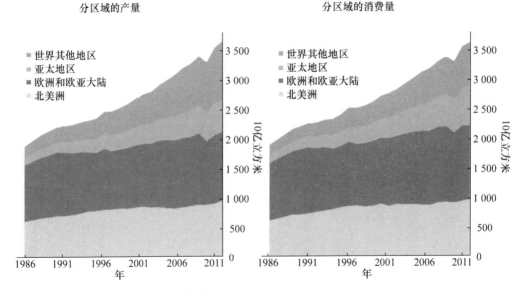

数据来源:BP Statistical Review of World Energy 2012

图3-2 世界各地区天然气产量和消费量

4. 天然气贸易

2011年世界天然气贸易量达10 254亿立方米,其中管道天然气贸易量占总贸易量的67.7%,液化天然气贸易量占总贸易量的32.3%。图3-3给出2011年全球天然气贸易的流向和贸易量概况,欧洲管道天然气主要来自俄罗斯,LNG来自西非和北非。随着页岩气的成功开发,美国的天然气进口量已经大幅下降,只从加拿大进口部分管道天然气。而产自卡塔尔、印尼、马来西亚和澳大利亚的LNG则主要是通过远洋航运出口到日本、韩国、中国台湾等东亚国家和地区。另外,中国从俄罗斯、哈萨克斯坦和缅甸引入的天然气管道在2013年基本完工,这三个方面的天然气进口支撑了中国天然气"西气东输"工程的气源,也对国际天然气贸易格局产生了较大的影响(见图3-3)。

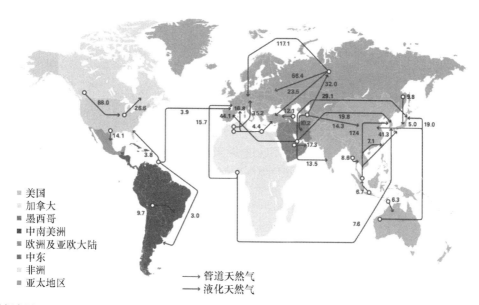

数据来源：BP Statistical Review of World Energy 2012

图 3-3　2011 年全球天然气国际贸易流向（单位：10 亿立方米）

二、国际天然气市场的形成与发展

　　天然气工业及其市场特征与石油市场明显不同，主要表现在：第一，天然气不能低成本地大量储存，需要由复杂而且昂贵的储存设施和输送管道才能将天然气送到终端消费市场（世界70%的天然气都是通过长距离油气管道进行输送的），天然气的输送费用占到终端用户价格的50%以上，而石油的运输费用仅占5%～10%左右；第二，天然气的运输、配送管网系统具有明显的规模经济效应，缺乏灵活性，其投资只有在生产者与潜在消费者达成长期供应合同后才能进行，不同于石油投资可以单方面、逐步进行；第三，在天然气的输送、配送环节容易形成自然垄断，特别是城市配送环节，一旦管线布设完成，一般终端用户不容易因为气价变动而采用其他能源进行替代（见图 3-4）。

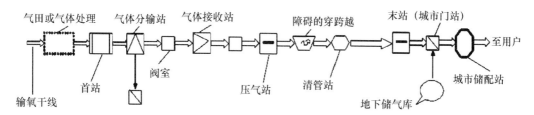

图 3-4　天然气输气管道系统构成

　　早期天然气输气管道的输气动力全靠天然气井口压力。19 世纪 90 年代美国最先采用钢管作为输气管，并使用蒸汽驱动的压气机作为输送动力。20 世纪二三十年代美国开始采用双燃料发动机驱动的压气机给天然气增压，输送距离不断延长，并逐步建成州际输气管网，形成国内天然气市场。随着现代科学和工程技术的发展，以及市场对天然气需求量的日益增加，输气管道不断朝着大口径、高压力方向发展，并出现了规模巨大的管网系统①。20 世纪 60 年代开始，欧美和苏联相继建成了超长距离输气管道，管道天然气的国际贸易开始兴起，并逐渐形成欧洲、北美两大区域市场。由于天然气的运输成本非常高，限制了天然气在全球范围内的流动，因此管道天然气的生产与消费具有很强的地域性。1941 年，美国克利夫兰建成了世界第一套工业规模的液化天然气(LNG)装置；1964 年，LNG 的商业贸易开始出现(从阿尔及利亚出口到英国)。随着天然气低温液化、储存和 LNG 船舶技术的进步和远洋运输成本的下降，LNG 逐渐具备了与石油产品竞争的条件，LNG 国际贸易的范围越来越大。

从市场范围的角度来看，随着技术的不断进步，天然气长距离运输问题的解决，世界天然气市场的发展经历了从国内市场、区域市场到全球市场的过程；从市场结构的角度来看，随着政府管制的放松和价格开放，世界天然气市场的发展经历了垄断性市场到竞争性市场过程。20 世纪 60 年代之前，天然气作为能源商品，主要在产气国国内使用。随着大型气田的相继发现，天然气探明储量、产量都呈现快速增长的趋势，产气国政府也逐渐放松对天然气市场的管制，天然气生产商开始向周边消费国出口天然气，但是受管道运输的限制，天然气国际贸易带有很强的区域性特点，形成三大区域市场，即北美、欧洲和亚太市场。其中，北美和欧洲市场以管道天然气贸易为主，LNG 贸易为辅；亚太市场的情形较为复杂，目前中国仍是以管道天然气贸易为主，但同时也在积极开展 LNG 贸易，而日本、韩国和中国台湾地区则完全依赖 LNG 贸易维持天然气产业的发展。

目前国际天然气市场仍是以管道天然气贸易为主，液化天然气(LNG)贸易为辅的格局，但是 LNG 市场的发展潜力非常大(见表 3-1)。

表 3-1　国际天然气市场结构(单位：10 亿立方米)

	2010 年				2011 年			
	管道	LNG	管道	LNG	管道	LNG	管道	LNG
	进口		出口		进口		出口	
美国	93.3	12.2	30.3	1.6	88.1	10	40.7	2
加拿大	20.9	2.1	92.4	—	26.6	3.3	88	
墨西哥	9.4	5.7	0.9	—	14.1	4	0.1	—
特立尼达和多巴哥	—	—	—	20.4	—	—	—	18.9
其他中南美洲国家	14.3	9.2	14.3	1.8	15.6	10.9	15.6	5.1
法国	34.6	14.2	1.5	—	32.3	14.6	2.2	
德国	91.7	—	14.9	—	84	—	11.7	
意大利	65.8	9.1	0.1	—	60.8	8.7	0.1	
荷兰	16.8	—	53.3	—	13.6	0.8	50.4	
挪威	—	—	96.3	4.71	—	—	92.8	4
西班牙	8.9	27.9	0.5	—	12.5	24.2	0.5	0.7
土耳其	28.4	8	0.7	—	35.6	6.2	0.7	
英国	35	18.7	15.7	—	28.1	25.3	16.3	
欧洲其他国家	98.9	10.6	11.3	0.6	101.8	10.9	6.2	0.6

---

①　输气管道可按其用途分集气管道、输气管道、配气管道等三种。(a)集气管道：从天然气田井口经集气站到气体处理厂或起点压气站的管道，用于收集从地层中开采出来未经处理的天然气。由于气井压力很高，一般集气管道的压力在 100kgf/cm² (千克力/平方厘米，1 千克力表示 1 千克物体在北纬 45 度海平面上所受重力，1 兆帕＝10.2 千克力/平方厘米)以上，管径为 50～150mm。(b)输气管道：从气源的处理厂或起点压气站到各大城市的配气中心、大型用户或储气库的管道，是整个管网系统的主体。输气管道的管径比另两类管道管径大，最大可达 1 420mm。天然气依靠起点压气站和沿线压气站加压输送，输气压力为 70～80kgf/cm²，管道全长可达数千公里。(c)配气管道：从城市调压计量站到用户支线的管道，压力低，分支多，管网稠密，管径小，除大量使用钢管外，低压配气管道也可用塑料管或其他材质的管道。

（续表）

	2010 年				2011 年			
	管道	LNG	管道	LNG	管道	LNG	管道	LNG
	进口		出口		进口		出口	
俄罗斯	32.7	—	189.5	13.4	30.1	—	207	14.4
乌克兰	33	—	—	—	40.5	—	—	—
苏联其他国家	32.2	—	51.5	—	30.4	—	62.5	—
卡塔尔	—	—	19.2	76.1	—	—	19.2	102.6
其他中东国家	31.5	2.9	8.4	25.3	31.6	4.6	9.1	27.8
阿尔及利亚	—	—	37	19.3	—	—	34.4	17.1
其他非洲国家	4.9	—	18	39.5	5.7	—	8.3	39.8
日本	—	95.1	—	—	—	107	—	—
印度尼西亚	—	—	9.9	31.8	—	—	8.7	29.2
韩国	—	44.4	—	—	—	49.3	—	—
其他亚太地区国家	33.4	40.4	19.9	66.1	43.2	51	20.3	68.6
世界总计	685.5	300.6	685.5	300.6	694.6	330.8	694.6	330.8

数据来源：BP Statistical Review of World Energy 2012

根据 IEA 的估计（见图 3-5），到 2030 年，LNG 贸易量将从目前全球天然气贸易总量的 15％上升至 40％。世界天然气市场将逐步由以管道为主的区域性市场过渡到管道和 LNG 并进的全球性市场。

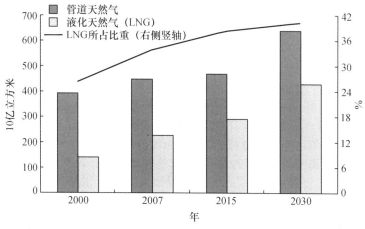

数据来源：IEA. World Energy Outlook 2009

图 3-5　国际天然气市场结构

（一）国内市场

美国作为全球第一大天然气消费国，其管道天然气市场的发展大体上经历了 4 个阶段。

第一阶段：形成和初步发展阶段（20 世纪 30 年代以前）

这一时期美国天然气市场处于形成和发育阶段，早期天然气主要用于民用照明，以后逐渐扩展到灶具、供暖等领域。当时政府对天然气市场管理非常松散，联邦政府没有统一的管理，只有一些州或市立法部门向天然气公司颁发执照和特许证，也就是默认天然气配送环节为自然垄断，政府通过授予特许经营权、设定天然气零售价格来管理市场。

第二阶段：加速发展阶段（20 世纪 30 年代初期至 20 世纪 40 年代末期）

以 1931 年建成的得克萨斯潘汉德至芝加哥（长度超过 1600 公里）的输气管道为标志，美国迎来了天然气第一次管道建设浪潮，随着长距离输送取得突破，天然气逐步取代煤制气成为城市和工业生产的主要燃气，跨州的天然气贸易也开始迅速发展起来。1938 年美国出台了《天然气法案》（Natural Gas Act，NGA），联邦政府开始直接介入跨州天然气贸易的管理。该法授权联邦动力委员会（FPC）负责监管天然气行业，包括从勘探开发、管道铺设到输配送等环节，并为跨州的天然气贸易制定价格体系。NGA 的出台打破了天然气州际贸易的壁垒，但其实行的市场准入制却使管道公司发展成为天然气的垄断经营者。NGA 规定天然气价格必须公平、合理，但并没有对各环节的价格进行明确的规定。这一阶段，美国政府采取低价政策来促进天然气消费，培育天然气市场。1945 年，天然气在美国一次能源消费中已占 14.1%，而管网也不断拓展，输气能力大幅提升。

第三阶段：快速发展阶段（20 世纪 50 年代初期至 20 世纪 70 年代末期）

"二战"后，随着天然气工业的发展，基础设施不断完善，开始了持续到 20 世纪 50 年代中期的第二次管道建设浪潮，完成了连接产气区和东西岸天然气消费市场的横跨美国大陆的天然气管道，美国天然气市场进入迅速发展的阶段。而 20 世纪 50 年代末到 20 世纪 60 年代中期的第三次管道建设浪潮，完成了连接加拿大和墨西哥天然气产区的跨境输气管道，并发展了北美天然气区域市场。1967 年美国天然气探明储量达到历史高峰，1972 年美国天然气消费量和产量达到了历史高峰，天然气占一次能源消费的比例达到 35.9%。但是美国的天然气储采比在 1945 年达到高峰后开始迅速下降，开始大规模从加拿大和墨西哥进口天然气。这一时期，美国天然气消费结构也一改以前以工业用户为主的局面，天然气发电和城市燃气在天然气消费中的比例不断提高，尤其是电力部门，是这一阶段推动美国天然气市场发展的最主要力量，在 1970 年，天然气发电达到高峰，占全美总发电量的 24.7%。

这一阶段，美国政府进一步加强了对天然气市场的管理。以 1954 年美国最高法院对菲利浦斯石油公司的判决[1]为基础，联邦政府加紧了对天然气价格的管制，FPC 推出以服务成本法为基础的天然气产供销价格体系，对生产价格（井口价）、运输价格（城市门站价）和零售价格（城市配送价）都进行了严格规定。这一时期美国天然气市场的运行模式是价格管制下的长期合同模式，即管道公司先与天然气生产商以受管制的井口价（wellhead price）签订长期合同，通过"照付不议"[2]（take or pay）条款保证天然气供应，管道公司再以 FPC 许可的管制费率（rate base）按城市门站价（city gate price）销售给地方配气公司，而地方配气公司拥有各自专属市场，以当地政府许可的城市配送价零售给消费者，一般终端用户可选择余地有限或者根本没有选择。

美国政府的管制政策（regulation）对于稳定天然气价格起到一定的作用，推动了天然气市场的发展。但是天然气管道公司的垄断地位，导致天然气市场运行效率较为低下，而 FPC 对井口价实行的较低定价政策，打击了生产商的积极性，导致美国在 20 世纪 70 年代末出现天然气供应能力严重不足的情况。

第四阶段：市场化转型阶段（20 世纪 80 年代至今）

1978 年，国会通过了《天然气政策法案》（Natural Gas Policy Act，NGPA），授权成立联邦能源管制委员会（FERC）接替联邦动力委员会（FPC）来管理天然气市场。NPGA 首先改变了井口价管制的形式和范围，建立天然气井的分类体系，为各类别的气井规定了新的井口价，并确定了解除管制的时间表；其次，规定取消了就生产者向管道公司销售天然气的许可证制，但保留长期合同机制；第三，颁布《发电厂和工业燃料使用法案》（Fuel Utility Act，FUA），规定提供给电力和工业用户的

---

① 菲利普斯石油公司（Phillips Petroleum）是全美最大能源跨国公司之一康菲（Conoco Phillips）石油公司的前身。1954 年，美国联邦最高法院对菲利普斯石油公司诉威斯康星（Wisconsin）案进行裁定，判决要求联邦电力委员会必须对天然气的井口价格进行管制。

② 天然气市场供应合同中所谓"照付不议"（take or pay）的条款，是指当市场发生变化时，付费不得变更，用户用气未达到此量，仍需按此量付款；供气方供气未达到此量时，要对用户做相应补偿。

新气井采取"增量定价",而对普通用户则采取新、老气井的均价。通过随后的一系列法令①和相关法案②,美国政府逐渐放松了管制,并进行了两次产业结构重组。第一次结构重组针对的是销售环节,在 NGPA 颁布后,逐步解除了对天然气井口价的管制,同时迫使天然气管道公司放弃对市场的垄断,建立"气对气"的市场机制,允许地方配气公司和大用户直接与天然气生产商签订长期合同或者从现货交易中心购买同时允许其他的经销商(包括营销商、地方配气公司和生产商)进入二级销售市场。第二次结构重组针对的是管道输送和配送环节,通过引入"第三方准入"(third-part access,TPA)原则,建立"管对管"的市场机制,实现天然气运输与销售分离,由不同的经营者单独进行,管道公司主要从事天然气承运业务,并且对所有托运人提供无歧视的运输服务。

美国天然气市场经过两次结构重组后,逐渐形成了较为开放、灵活的市场结构(见图 3-6),天然气价格主要通过合同机制和现货市场、期货市场来调节,实现了天然气价格形成机制的市场化。

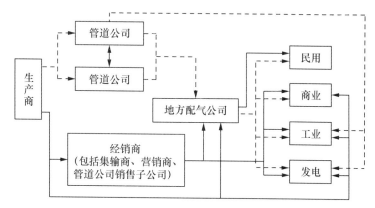

注:实线代表结构重组后,虚线代表结构重组前。

图 3-6　两次结构重组前后的美国天然气市场结构

(二)区域市场

欧洲市场是以天然气管道贸易为主,欧盟一半以上的天然气依靠进口,且主要来自挪威(北海油田)、俄罗斯和阿尔及利亚等国。为了保证能源供应安全,降低对俄罗斯天然气的依赖,欧盟一直致力于建立统一的管道天然气市场,希望通过引入市场竞争机制,拓宽天然气供应渠道,降低天然气价格。可以说,欧盟的天然气市场改革代表了管道天然气国际贸易未来的发展方向,对未来天然气市场的发展具有非常重要的指导意义。

---

① FERC 颁布的法令主要有 4 个,即 1984 年 380 号令[免除地区配送公司必须向管道运输公司购买天然气的义务,允许其在现货市场上直接向生产商购买天然气,但是,管道运输公司仍被要求兑现与生产商签订的长期附付不议合同中的销售给地区销售公司的气量];1985 年 436 号令[要求管网公司对所有天然气用户(包括下游的销售公司、分销商以及各类终端用户)开放输送天然气的功能,允许用户直接和生产商确定价格并且与管网公司签订输送服务合同],该法令的颁布促使了州际管道公司的输送与销售职能逐步分离,在天然气供应方面引入市场竞争机制,从而给予地方配送服务商、大型终端用户更多的选择自由;1986 年 497 号令[禁止没有一揽子输送许可证(根据 436 号令)的管道公司对其关联公司实行输送费率折扣,并要求其保证管输市场信息的公开透明];1992 年 636 号令[规定了管网重组运作的方向,特别规定将销售天然气业务从输送管网剥离,管网公司不再允许从事天然气批发、零售业务,只能从事单一的天然气输送服务,以保证其他天然气供应商能够享受的相同质量的运输服务],该法令的颁布导致了管道公司的重组,通过强制要求所有的管道公司提供公开准入服务,将销售和输送服务分离,用户可以自由选择供应商和管道输送公司。其他比较重要的法令还有 1987 年 500 号令[修补天然气销售合同中的照付不议条款,进一步允许各市场主体共享照付不议合同便利]和 2000 年 637 号令[要求提高燃气公司转让其持有的管道运输能力的价格上限;允许管输公司调整用气峰谷的费率;要求管输公司与公用企业分享其利润超过 FERC 规定标准的部分]。

② 1989 年国会通过《天然气井口价反控制法案》,该法案的出台标志着天然气井口价格管制的结束。它规定取消所有对天然气井口价格的控制,从 1993 年 1 月 1 日起,允许井口价格由市场定价,引入自由竞争。

1. 欧盟主要国家国内天然气市场改革

(1)英国

英国天然气市场是目前欧洲规模最大、市场化程度最高的国内天然气市场。1986年之前，依托北海油气田的开发，英国天然气上游市场基本形成多家跨国石油公司竞争的局面，但天然气运输、储存和配气等下游领域的业务则完全由国有的英国天然气公司[1]（BG）独家垄断。1986年，英国通过《1986年天然气法案》改革天然气市场，将其划分为批发市场（wholesale market）、合同市场（contract market）、零售市场（tariff market）。批发市场是天然气生产商向天然气供应商批发天然气的市场，天然气供应商不但有BG，还有其他的托运商、独立供气商等；合同市场是大用户[2]以合同的形式购买天然气的市场，大用户有权直接向天然气生产商购买，也可以自由选择BG或其他托运商、独立供气商等作为供气方；收费市场由BG按照定期调整并公布的监管价格向中小用户供气。英国政府还成立了专门的天然气行业管理机构——天然气供应办公室（OFGAS），负责具体的监管工作。1994年，BG经过内部重组将输气管道及配气管网运营、储存业务与贸易、供应等业务进行了分离，并根据OFGAS的价格上限公式确定运输和收费市场费率，定期公布固定及可间断供气费率。1995年，英国通过《1995年天然气法案》，引入管网系统的"第三方准入"机制，并确立了以许可证为基础的行业监管框架。新法案授权监管机构为下游企业发放三种许可证，即天然气管道公司的经营许可证，托运商的管网使用许可证和供气商的供气许可证，并根据规定和实际需要对这些许可证的延期进行审批。凡是符合国家法定行业经营资质要求的潜在参与者都有权申请上述许可证。获得许可证的经营者必须依照许可证的规定开展相关业务，并接受天然气与电力市场办公室[3]（OFGEM）的监督检查。英国天然气市场解除管制后，整个市场结构如图3-7所示。英国国家电力供应公司[4]（National Grid Transco，NGT）统一负责天然气干线管道的管理和运营，配气管网则主要由六家公司[5]管理和运营（租借国家电力供应公司管网）；供应商从托运商购买天然气后转卖给终端用户，大用户也可以直接向托运商或生产商购买天然气；此外，市场上还有经营储存设备的储存商和在现货市场的贸易商。

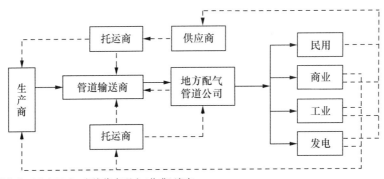

注：实线代表天然气流向，虚线代表现金（收费）流向。

图3-7 英国天然气市场结构

---

① 英国天然气公司（British Gas，BG）成立于1969年，其前身是英国燃气理事会（后改组为英国天然气署），1986年私有化改革后，变为英国天然气股份公司；1999年经过资产重组后，变为英国天然气集团；2000年英国天然气集团再次一分为二，将天然气运输、电讯、技术服务等业务划归新成立的上市Lattice公司，仅仅保留了天然气勘探、生产、储存、配气和国外天然气市场下游市场领域的业务。

② 英国政府规定年用气量25000英热单位以上的为大用户。1992年降低了门槛，2500英热单位的用户即可进入合同市场。

③ 根据2000年出台的公用事业法案，将天然气供应办公室和电力供应办公室合并重组为天然气电力市场办公室（OFGEM），统一负责制定监管战略和政策，协调两个公用事业领域的监管工作。

④ 2002年4月27日，英国国家电网公司（National Grid）和原属于英国天然气集团（BG Group）的Lattice公司合并，创建英国最大的公用事业公司——英国国家电力供应公司（National Grid Transco）。

⑤ 即英国天然气集团（BG Group）、法国燃气苏伊士集团（GDF Suez）、英国煤气公司（Npower）、苏格兰电力集团（Scottish Power）、德国意昂集团（E.ON）和苏格兰及南方能源公司（SSE）。

（2）法国

法国的天然气资源有限，主要依靠进口来满足国内消费需求。法国一直被认为是欧盟统一天然气市场的最大障碍，其天然气市场开放程度仍是欧盟最低的。1946年，法国成立国有的法国燃气公司（GDF），并几乎垄断法国天然气的进口、输送、分销等各个环节。1998年，欧盟开始天然气市场改革后，法国才被迫开始引入市场化机制。2000年4月，GDF被重组为服务、分销、基础设施、贸易和勘探开采等五个业务部门。目前，法国天然气市场的生产、贸易和销售领域基本对外开放，但是天然气管网无论是干线还是配气管网基本上由国有的法国燃气苏伊士集团[①]（GDF Suez）经营（法国96％的天然气流量是由其子公司——法国燃气公司分销部分配的，此外还有23家特许经营商或所有的地方配送服务商），存储则是以第三方身份进入市场，不受监管。天然气的传输和分配依然受管制，由法国能源监管委员会（CRE）制定管网准入、运作规则和规范管网运输费率的设置。

（3）德国

1989年两德统一后，德国天然气管网建设发展迅速，并迅速完成了以天然气置换煤制气的进程。现在的德国是全球第二大管道天然气进口国，其天然气行业不仅基础设施完善，而且基本实现了供应多元化和市场自由化。目前，德国从事天然气生产、进口、运输和配送业务的国内外企业多达750家，所有公司都属于私营性质，这些企业大致可以划分为三类：第一类主要是四家（E. ON、Wingas、Ruhrgas、Wintershall）从事天然气生产和进口供应业务的公司，这类公司大多拥有自己的长输管网系统，属于集生产、进口、贸易和运输业务以及电力、供水等跨行业经营于一身的大型上下游一体化公司，而且由于各自进口的天然气来源、质量和热值不同，长输管网的建设和输气标准也各有差异，因此在自己的管网覆盖区域内具有垄断性经营地位；第二类是国内天然气跨区域性长距离运输配送企业，主要有15家，负责向地区性供应企业输气；第三类是区域性的地方配气公司，这些公司都有各自固定的配气管网和配送服务区域，并在该区域内具有垄断地位。2005年7月，德国批准了一项新的能源法案，授权德国联邦网络管理局（BNA）监督管理天然气行业。

2. 欧洲天然气管网建设

欧洲天然气管网具有以下的特点。第一，集成控制，英、法和德等主要欧洲国家建立了多个管网控制中心，通过预测管道流向流量，平衡用户与各中心之间的气量，进行运力分配，保障天然气的灵活调度。第二，双向输送，欧洲天然气管网中，不少联络线管道具有双向输送功能，从而大大提高了天然气调配的灵活性，天然气的流向取决于管道两端市场的气价、资源、市场和应急情况等因素，对于平衡天然气市场的短期供需，扩大地区间贸易具有重要作用。第三，高储备率，欧洲天然气管网基本形成以地下储气库为主，多种储气方式共存的调峰模式；整体的储备率较合理，多数欧洲国家的天然气储备率都达到了15％～25％[②]。第四，统一的质量标准体系，欧洲天然气管网的气源呈现多元化，既有北海生产的天然气，也有来自俄罗斯和北非的管道天然气。各种气源的质量不同，但进入欧洲天然气管网中，就要执行统一的管输天然气质量标准。第五，多样化的运营模式，目前欧洲主要天然气消费国国天然气管网的运营模式各不相同，市场化程度不一。

3. 欧盟统一天然气市场进程

1990年，欧共体理事会颁布了《关于改善产业最终用户天然气和电力价格透明度的指令》（90/37/EC），拉开了建立统一的天然气和电力市场的序幕。1998年，欧共体理事会同时发布第30号指令（98/30/EC），试图通过引入"第三方准入"机制来增强市场竞争，创建一个开放和统一的欧洲天然气市场。虽然此后欧共体天然气市场的开放程度大大提高，一些成员国选择将"规定的第三方准入"纳入本国法律，并采取了一定措施促使天然气管道公司进行业务分离，但是实际效果并不理想。欧盟委员会自从2001年起就每年出版一份关于天然气和电力的内部市场标准化报告，用于评估欧盟内部市场整合的程度和效率。2002年的欧盟委员会的调查报告显示，欧

---

① 2008年法国苏伊士集团（Suez）与法国燃气集团（GDF）组建法国燃气苏伊士集团（GDF Suez）。

② 法、德等国由于对进口天然气依赖性较强，储气规模较大，储备率约占消费量的20％～25％；英国天然气供应以自产为主，主要由北海气田调峰，储备率仅为5％。

洲天然气市场的自由化进程进展缓慢,主要问题包括:地区间的天然气输配价格差距很大;天然气市场信息缺乏透明度;天然气生产和进口业务集中在少数公司,新的市场进入者很难以合理的条件买到大量天然气等。

2003 年 6 月,欧洲议会和欧盟理事会发布《关于内部天然气市场共同规则的指令》(2003/55/EC),宣布废止 1998 年第 30 号指令(98/30/EC),重新确立关于天然气内部市场的规则,加快欧盟建立统一的内部天然气市场的进程。上述指令规定,最迟应该从 2004 年 7 月开始,欧盟各成员国的天然气市场应当对欧盟内所有非家庭用户开放;管道公司的天然气业务分离,天然气输送公司和配送公司分别成为独立法人。但是,2005 年和 2007 年的欧盟委员会的调查报告显示,在大多数欧盟成员国天然气市场仍存在垄断现象,3/4 以上的市场份额被少数公司控制,仅有爱尔兰、西班牙和英国低于 50%;欧洲天然气市场的价格要高于其他 OECD 国家,且各国的价格仍参差不齐,市场仍处于一种分割状态。

欧盟天然气市场改革之所以难以取得突破,主要是存在以下几个原因。

第一,上游供应来源有限,被少数天然气供应商垄断。欧盟天然气市场上有超过一半的天然气来自俄罗斯天然气工业公司[①](Gazprom)、挪威国家石油公司[②](Statoil)和阿尔及利亚国家石油天然气公司[③](Sonatrach)(三家公司 2009 年在欧洲市场上所占的份额分别为 28.4%、18.5% 和 13.1%),而且这种依赖性还呈现出加剧的趋势。这种局面决定了欧盟天然气市场的相关指令和法规无法有效改变上游市场结构,而且还面临上下游市场不对称带来的市场势力失衡的风险,即上游生产商可以通过欧盟指令的实施进入下游市场,强化其市场势力,而下游销售商却不能自由进入被少数外国公司所控制的资源市场。

第二,面对上游企业开始纵向兼并下游企业以获得更大的垄断利润的局面,下游企业为保护自身利益也开始横向兼并以获取更大的市场份额,这就使得少数大企业控制了大部分欧盟下游市场,加剧了垄断。

第三,欧盟成员国之间的天然气管道存在着瓶颈,尤其是英国、比利时、荷兰等国天然气短期交易中心(gas hub)的网络堵塞现象更加严重,这不仅制约了欧盟内部贸易量的提高,而且使得管道公司获得类似垄断的地位,从而人为提高天然气运输的价格。

第四,欧盟对天然气市场缺乏有效监管措施和违规制裁,欧盟各成员国的天然气监管体系和相关法律存在较大差异,监管机构的权力和独立性也有限,无法对天然气市场的实际情况和市场透明度进行及时有效的监控。而欧盟对天然气市场改革的相关指令并没有赋予监管机构或其他有关机构实施违规制裁的权力,所有违规处理都必须提交到欧洲法院,由其决定制裁的方式。

第五,欧洲的天然气交易通常采用长期合同的方式,在出口国和进口国之间分担风险,进口国为了稳定天然气供应,一般将合同期限设定在 15～25 年,而出口国为了确保巩固市场份额,一般还设定了最终目的地条款,限制转卖。欧盟的天然气市场改革之前签署的长期合同目前仍有效,到 2010 年这些长期合同仍可满足欧洲市场 90% 的需求,这种刚性的贸易联系导致了天然气市场改革进程受阻。

为了解决目前天然气市场改革中存在的诸多问题,欧盟从以下几方面进行了政策调整。首先,欧盟积极需求新的天然气供应来源,以改变天然气供应对俄罗斯过度依赖的情况。筹建中的纳布科天然气管道将把"中亚—里海"地区甚至海湾地区的天然气输送到欧洲,同时由于挪威和俄罗斯在 2010 年签订了关于巴伦支海划界协议,欧盟计划逐步减少从俄罗斯购买天然气,同时增加对挪威巴伦支海新油气田的开发。其次,加大对 LNG 基础设施的投资,利用其可远距离运

---

① 俄罗斯天然气工业公司(Gazprom),是苏联解体后在原苏联天然气工业部的基础上建立起来的俄罗斯最大的天然气生产企业,也是世界最大天然气公司。其主要从事天然气勘探、开发、生产、加工、储运以及销售,欧洲进口的天然气中有近 1/4 是其提供的。目前俄罗斯政府持有 40% 的股权,未来将进一步实现完全私有化。

② 挪威国家石油公司(Statoil)是挪威国有综合性的石油和天然气公司,是世界第三大原油出口商和北海最大的原油生产商。挪威国家石油公司是英国最大的天然气供应商,也是欧盟最主要的天然气供应来源。

③ 阿尔及利亚国家石油天然气公司(Sonatrach)成立于 1963 年,是阿尔及利亚唯一的国有综合性的石油和天然气公司,主要从事油气勘探、生产、油、气与化工产品销售、运输、LNG 和 LPG 营销等业务。

输、储存效率高等优点,缓解欧盟由于管道拥堵对内部天然气贸易的影响,减少上游市场垄断。第三,加快欧盟内部管网建设。2007年9月,欧盟委员会向欧洲议会和欧洲理事会提交新的关于能源市场开放的草案,其中就提出了"对达到要求的能源基建投资项目可以免除规定的第三方准入条款"的建议,以鼓励从原有能源大公司中独立出来的管道输配公司兴建新的天然气输配网络以满足市场需要。总之,只有在各成员国的天然气市场逐步完善基础设施,并形成由自由竞争市场环境后,欧盟才有可能实现真正的、统一的天然气市场。

(三)全球市场

近年来,随着LNG相关技术领域不断取得进步,LNG的生产、运输和储存成本也随之不断降低,LNG国际贸易的格局也在逐渐发生变化,这对于正在形成中的全球天然气市场具有非常重要的影响。虽然LNG贸易的全球化趋势日渐凸显,但是目前全球LNG市场的区域特征仍然很明显。全球LNG市场主要分布在亚太、欧洲和北美地区,其中亚太地区LNG市场交易量占全球LNG贸易量的2/3。IEA的数据显示,自1995年以来,全球LNG市场的规模一直保持平均每年7.5%的增长率,而这些增长主要集中在亚太地区。LNG贸易对于欧洲和北美地区市场的意义在于弥补其管道天然气某些方面的不足,利用LNG便于运输和储存的特点,在冬季等用气高峰期进行调峰,实现天然气市场的供求平衡。

LNG产业发展的特点决定了LNG国际贸易的形式。LNG产业属于资本密集产业,项目的投资额相当可观。在LNG市场发展的初期,LNG项目投资方需要通过签订长期合同以便于项目融资和保证投资回报。所以,早期LNG贸易合同期都在20年以上。但是,进入21世纪后,由于市场的逐渐发展成熟,LNG国际贸易合同也出现了变化,不仅履约期限逐渐变短,开始出现合同期为3~10年的中期合同(见图3-8),而且合同条款更为灵活,甚至原有的"照付不议"条款也出现了松动。

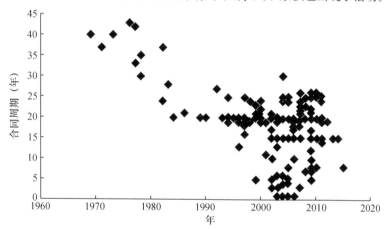

数据来源:IEA. World Energy Outlook 2009

图3-8　LNG国际贸易长期合同的履约期限情况

由于LNG市场的供求状况难以预测,不仅呈现季节性波动的特征,而且还会受到全球经济发展状况、国际石油价格波动等因素的影响,加上亚太地区供应短缺,20世纪90年代中期,LNG短期贸易市场开始出现。进入21世纪后,LNG的短期贸易迅速发展起来。根据国际LNG进口商组织(GIIGNL)的统计,1999年之前,短期贸易量一般不超过当年LNG贸易总量的3%;1999年之后,短期贸易开始呈现快速增长趋势,2011年贸易量达到830亿立方米,超过LNG贸易总量的25%(见图3-9)。LNG短期贸易的迅速发展,以及随之产生的基于LNG短期贸易的互换、期货、期权等衍生金融产品的出现,大大推动LNG国际贸易的发展,虽然长期合同仍将在LNG国际贸易中占主导地位,但是将来可能会出现更多的贸易模式创新,LNG国际贸易市场将从当初的单一的、双边的长期合同演变成为一个更加灵活、对市场信息反应更灵敏的、多层次的交易体系。

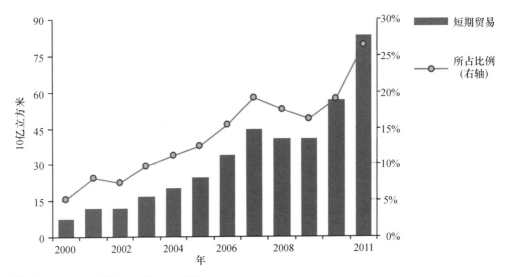

数据来源：IEA. World Energy Outlook 2012

图 3-9 2000—2011 年全球天然气短期贸易

LNG 国际贸易对天然气全球市场的构建具有非常重要的意义，特别是 LNG 短期贸易的开展为协调全球天然气市场的供求平衡提供了重要途径。但是，天然气全球市场的实现，还需要创造一些必要的条件。在管道天然气贸易方面，中东和中亚地区的天然气储量以及非常规天然气资源应得到更加广泛、有效的开发利用，以增加管道市场的供应来源；应加大输气管道和配气管网的投资，扩大管道市场的覆盖范围。在 LNG 贸易方面，应加大对 LNG 基础设施和配套设备的投资，以形成覆盖全球的 LNG 生产、运输和销售的一体化网络，以便更好地开展 LNG 短期贸易。总之，全球天然气市场的形成还需要进一步加强资源勘探开发和基础设施建设，妥善解决产气国和消费国的利益分配，并开展更为广泛的国际合作。

二、国际天然气市场的现状与格局

（一）全球非常规天然气开发利用

天然气可以分为常规天然气和非常规天然气。随着非常规天然气资源开发技术的日渐成熟，在天然气生产中，非常规天然气资源将占据越来越重要的地位。目前，全球共有 30 多个国家正在进行页岩气勘探开发工作，但从总体上看世界页岩气产业发展仍处在初级阶段，除美国等少数国家取得实质性突破以外，多数国家的进展仍然较为缓慢。

根据 IEA 的预测，全球非常规天然气资源（除去天然气水合物外[①]）储量约为常规天然气资源储量的 5 倍，到 2035 年，几大主产国非常规天然气的产量比例均超过 50%。美国将成为世界上最大的非常规天然气生产国，其次是中国、加拿大、澳大利亚（见图 3-10）。

在非常规天然气资源中，页岩气（shale gas）是最主要的组成部分。根据 BP 的报告，在 2010—2030 年期间，全球页岩气产量预计每年增长 7%（540 亿立方英尺/日），到 2030 年达到 740 亿立方英尺/日，占天然气供应增长的 37%。

为了弄清全球页岩气资源的分布情况，2011 年，由美国国务院牵头，包括美国内政部地质调查局（USGS）、环境保护署（EPA）、能源信息署（EIA）等多家政府机构组成的研究团队对世界 32 个国家、48 个页岩气沉积盆地进行"全球页岩气资源分布情况初评"。这次初评并未考虑常规天

[①] 根据据 IEA 的估计，全球天然气水合物陆地资源储量约为 2.83 千万亿立方米，海洋资源储量约为 8.5 万万亿立方米。

然气资源丰富而对页岩气不够重视的苏联、中东等地区。结果显示,全球页岩气技术可采资源量为 187.40 万亿立方米,与常规天然气探明可采储量相当。其中,北美洲页岩气资源最为丰富,占全球总量的 29.2%;亚太地区页岩气技术可采资源量达到 50.52 万亿立方米,占全球总量的27.0%。从国家来看,中国页岩气资源居世界首位,与美国、阿根廷、墨西哥、澳大利亚和加拿大一起,成为页岩气技术可采资源量超过 10 万亿立方米的 6 个国家之一。

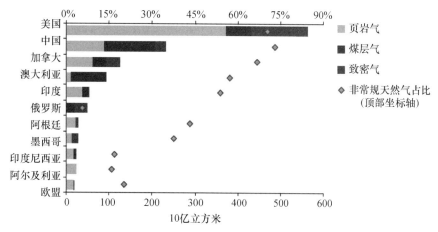

数据来源:IEA. World Energy Outlook 2012

图 3-10　主要国家非常规天然气产量预测(新政策情景,2035 年)

页岩气产量的快速增长主要集中在北美地区,但基于现有的资源评估,该区域的产量增长在2020 年后预计将趋缓。从全球角度而言,页岩气在 2020 年后将保持增长势头,因为其他区域也将开始开发页岩气,最为显著的是中国。

天然气总产量预计每年增长 2%,到 2030 年达到 4 590 亿立方英尺/日。增长大多来自非OECD 国家(每年增长 2.2%),占全球天然气产量增长的 73%。OECD 国家产量也呈现增长(每年 1.5%),因为北美和澳大利亚强劲增长的产量超过欧洲的下滑产量。到 2030 年,非 OECD 国家天然气生产将占全球供应总量的 67%,而 2011 年为 64%。同时,OECD 国家的页岩气也将在总供应中占 12.5% 的比重,而 2011 年的份额仅为 6%(见图 3-11)。

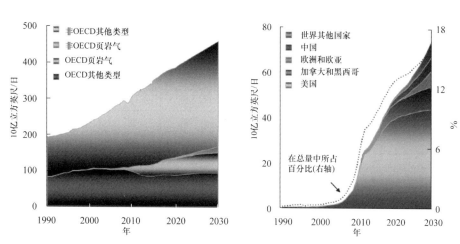

数据来源:BP. Energy Outlook 2030

图 3-11　页岩气产量预测

（二）国际天然气市场的格局

1. 北美市场

北美市场的天然气贸易基本上是在美国和加拿大之间进行的,两国天然气管网通过多条线路相连①。美国是全球第二大天然气生产国,也是全球最大的天然气进口国,每年有近 20％的天然气消费量(约 900 亿立方米)需要进口。加拿大是全球第二大天然气出口国,2009 年出口了922.4 亿立方米的管道天然气,几乎全部出口到美国,占美国全年天然气总消费量的 15.7％和天然气进口总量的 90.4％(其余为从阿尔及利亚、阿联酋等国进口的 LNG),具体如图 3-12 所示。

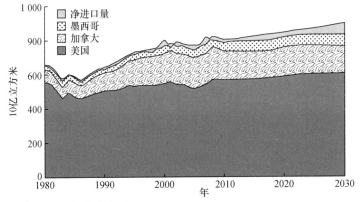

数据来源:IEA. World Energy Outlook 2009

图 3-12　北美天然气市场生产情况及其预测(单位:10 亿立方米)

但是,美国非常规天然气(尤其是页岩气)开采技术上取得的突破,改变了北美天然气市场格局。2008 年,美国的天然气净进口量为 848 亿立方米,比 2007 年减少了 223 亿立方米,同比下降20.9％。2009 年,美国天然气供应实现了历史性突破,天然气总产量达到 6 240 亿立方米,首次取代俄罗斯成为世界上最大的天然气生产国。2011 年,美国的天然气净进口量为 554 亿立方米,比 2010 年减少了 1 822 亿立方米,同比下降 24.7％。2012 年美国天然气产量中的 37％为页岩气。根据 IEA 的估计,未来 20 年美国常规天然气产量将稳定在每年近 250 亿立方米的水平,美国天然气进口量将不断下降,甚至有可能出现成为净出口国的情况。随着开采技术的不断成熟,北美非常规天然气所占的比重将越来越大,并且对全球天然气市场乃至全球能源和经济的格局都会产生巨大的影响(见表 3-2、图 3-13)。

表 3-2　北美天然气市场生产情况及其预测(单位:10 亿立方米)

	1990 年	2010 年	2015 年	2020 年	2025 年	2030 年	2035 年	年均增长率(％)
北美	643	816	893	970	993	1 026	1 067	1.10
加拿大	109	160	165	171	169	174	188	0.70
墨西哥	26	50	47	51	57	66	75	1.60
美国	507	604	679	747	765	784	800	1.10

数据来源:IEA. World Energy Outlook 2012

---

① 主要天然气管线:西北管线,从加拿大不列颠哥伦比亚省到美国爱达荷州,长 1 300 英里,日输送 19 亿立方英尺;大湖管线,从加拿大安大略省到美国明尼苏达州,全长 2400 英里,日输送 24 亿立方英尺;易洛魁管线,从加拿大安大略省到美国纽约长岛,全长 400 英里,日输送 9 亿立方英尺;波特兰管线,从加拿大魁北克省到美国新英格兰地区,全长 280 英里,日输送 2 亿立方英尺;滨海和东北管线,从加拿大大西洋天然气田到美国马萨诸塞州,全长 780 英里,日输送 6.5 亿立方英尺。此外,美国还将建设两条跨境管线:从阿拉斯加北坡出发的阿拉斯加天然气管道(全长 1 700 英里,日输送 45 亿立方英尺)和从波弗特港出发的麦肯奇河谷天然气管道(全长 800 英里,日输送 15 亿立方英尺),在加拿大西阿尔伯塔省汇合后向美国供气。

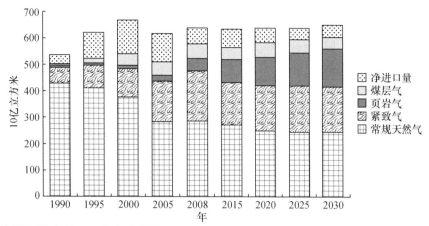

数据来源：IEA. World Energy Outlook 2009

图 3-13　美国天然气市场生产和进口情况及其预测

北美地区的天然气管网系统非常发达，形成了完善的天然气管网系统。其中，美国的天然气管网系统的规模居全球第一。截至 2008 年底，全美共拥有输气干线管道约 50 万公里，配气管道约 300 万公里，这个网络系统由 210 个以上的天然气管道，超过 1 400 个天然气压缩站以保持天然气管网的压力确保连续不断的天然气供应，以及超过 11 000 个传输点、5 000 个接收点和 1 400 个联网点组成，保证了全美 48 个州的天然气传输的安全稳定。同时，美国还高度重视天然气储备，地下储气库①与管网同步建设。目前，美国的地下储气库数量居世界第一，共有 415 个地下储气库，库存量约占全年消费量的 1/3。另外，美国还有 49 个管道天然气进出口港口，8 个 LNG 进口接收站和 100 个 LNG 调峰设施。为了应对可能的天然气供应不足和调峰处理，近年来，美国油气公司还加大了对 LNG 接收站等基础设施的投资，其中，计划在大西洋沿岸建设 6 座，在墨西哥湾沿岸建设 14 座，在太平洋沿岸建设 1 座 LNG 接收站，总容量将近 250 亿立方米。但是，随着美国页岩气革命的到来，这些接收站可能转变为美国对外出口天然气的重要基础设施。

2. 欧洲市场

欧洲市场是以天然气管道贸易为主，经历了十多年市场化改革之后，欧盟天然气市场目前仍处于向自由市场转变的过渡阶段。由于欧盟各成员国国内天然气市场的市场化程度不同，从而使欧盟内部天然气市场呈现出多层次的特点。在市场化程度较高的国家，如爱尔兰、英国、西班牙、德国等国，无论是在市场的开放性和透明性上，还是在参与者的广泛性上，都已在一定程度上接近欧盟相关指令的要求，在天然气生产、管道输送和配送这三个层面上，虽然还有不同程度的差别，但是基本上形成了若干厂商相互竞争的局面。市场化程度最低的国家是法国和基建设施不完善的中东欧国家，天然气市场仍被政府和少数大企业控制，市场开放度不高，短期交易仍不是很广泛。

从 1998 年欧盟开始构建统一的天然气市场以来，欧盟各成员国之间的天然气短期贸易规模也越来越大，形成了荷兰的 TTF、比利时的 Zeebrugge、奥地利的 CEGH、意大利的 PSV 和德国的 EGT 和 BEB 等多个天然气短期交易中心——现货市场，在优化管网资源配置、确保市场供求平衡等方面发挥着重要作用，对于促进欧盟统一的天然气市场的形成具有非常重要的意义（见图 3-14）。

---

① 美国地下储气库主要分为三种类型：枯竭油气田、含水层、盐穴。其中枯竭油气田储气库占 86%，集中在美国的东部、中部和西部；含水层储气库占 10%，主要集中在美国中部偏东地区；盐穴储气库占 4%，多位于美国南部。

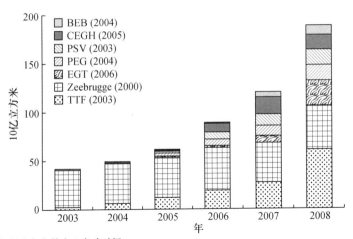

注：括号后年份为各交易中心启动时间。

数据来源：IEA. World Energy Outlook 2009

图3-14 欧洲主要管道天然气交易中心的交易情况

目前，欧洲天然气市场不稳定因素的主要是来自俄罗斯。俄罗斯是欧洲最大的管道天然气供应国，目前主要有三条线路通往欧洲，一是由东至西横穿乌克兰的多条管道组成，这些管道经乌克兰后，向西通往斯洛伐克、捷克、德国和奥地利，向南通往摩尔多瓦、罗马尼亚、保加利亚，年输气量为1 200亿立方米；二是绕过乌克兰，由东至西穿越白俄罗斯和波兰，进入德国的"亚马尔—欧洲"管道，年输气量为300亿立方米；三是经过乌克兰东部，由北至南穿越黑海至土耳其的"蓝溪"管道，年输气量为160亿立方米。此外，俄罗斯还在积极修建绕开乌克兰和白俄罗斯的"南溪"和"北溪"两大管线，前者从俄黑海岸边城市新罗西斯克市开始，向西跨过黑海至保加利亚，此后分两路经过巴尔干半岛通向意大利和奥地利，计划年输送量为300亿立方米；后者是从俄罗斯的列宁格勒州经波罗的海后抵达德国北部，计划年输送量为550亿立方米。按俄罗斯的计划，到2020年俄罗斯每年向欧洲供应的管道天然气可以达到3 300亿立方米（见图3-15）。

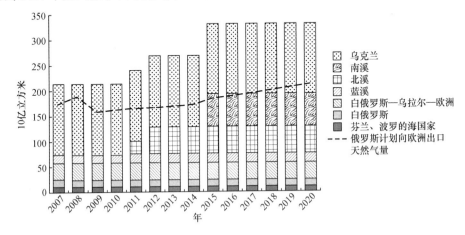

数据来源：IEA. World Energy Outlook 2009

图3-15 俄罗斯通往欧洲的主要管道输气现状及预测

虽然俄罗斯一直宣称会保证欧洲的能源供应安全，但是同时也要求欧洲许多国家接受俄罗斯的苛刻条件：签署长期供货合同，且附带"照付不议"条款，且天然气价格与石油价格挂钩，定期调整。这种状况欧洲显然是不能接受的，欧洲多年来一直在试图摆脱对俄罗斯的依赖性，寻找能源供应多样化的途径，以确保能源供应的安全。欧盟一方面减少从俄罗斯天然气工业公司购买天然气(2009 年比 2008 年减少了 14%,在欧洲市场上的份额从 25% 降到 22%),同时增加了从挪威国家石油公司(Statoil)和卡塔尔天然气公司(Qatar Gas)的购气量;另一方面,积极推动纳布科输气管线项目,从"中亚—里海"地区和中东海湾地区获取新的管道天然气供应来源(见图 3-16)。近年来北非的阿尔及利亚、利比亚、埃及,中亚的土库曼斯坦、哈萨克斯坦等国的天然气产业发展极为迅速,铺设通往欧洲的天然气管道正是这些新兴天然气出口国的优先发展策略。这将对俄罗斯和卡塔尔等欧洲传统天然气供应国产生非常大的市场竞争压力,也有利于欧洲市场打破天然气供应对少数国家的过度依赖,实现供应来源将更加多元化,价格也将更为合理。

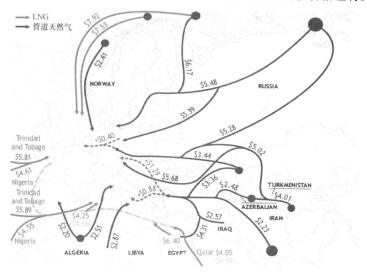

数据来源:IEA. World Energy Outlook 2009

图 3-16　2020 年欧洲的天然气供应情况及单位价格(单位:美元/百万英热单位[①])

需要指出的是,欧洲的非常规天然气资源也比较丰富,其中页岩气储量约为 15 万亿立方米,德国、法国、波兰、匈牙利等国都有丰富的页岩气,如果未来引进美国的页岩气开采技术,将会大大改变欧洲天然气市场格局,对欧盟建立统一的天然气市场具有重要意义。但是,目前欧盟更多地考虑到页岩气等非常规天然气资源开发存在的环境风险,仍未打算大规模开发非常规天然气资源。

3. 亚太市场

亚太天然气市场的情况比较复杂,日本、韩国和中国台湾地区的天然气工业完全依靠进口 LNG(主要来自中东和东南亚),其贸易量占世界 LNG 总贸易量的 50% 以上;中国出于经济的快速增长和改善能源结构的要求,对天然气资源的需求越来越大,但较为侧重天然气管道项目的建设,希望以此能够获得来自俄罗斯、中亚和缅甸等国家和地区的较为稳定的天然气供应。2011年,全球 LNG 的贸易规模为 3 308 亿立方米。亚太地区的 LNG 进口量达到 2 073 亿立方米,占全球 LNG 总贸易量的将近 2/3。主要的进口国家和地区有日本、韩国、中国、印度、中国台湾;其中,日本和韩国是世界上前两位 LNG 进口大国。但是,中国、印度的 LNG 市场也将开始进入快速发展时期,过去以日本和韩国为主导的亚太地区 LNG 消费市场格局正在发生明显变化。根据 IEA 的预测,作为 OECD 成员国,到 2035 年日本的天然气消费量将达到 1 230 亿立方米,年均增长 0.7%。而亚太地区最主要的增长则来自中国和印度。到 2035 年,中国和印度的天然气消费量将分别达到 544 亿立方米和 178 亿立方米,年均增长率为 6.6% 和 4.2%,如图 3-17 所示。

---

　　① 百万英热单位,英文是 Million British Thermal Unit,缩写是 Mbtu, 1btu=1.055J。天然气的标准计价方式是以美元(或美分)/百万英热单位来计算的。

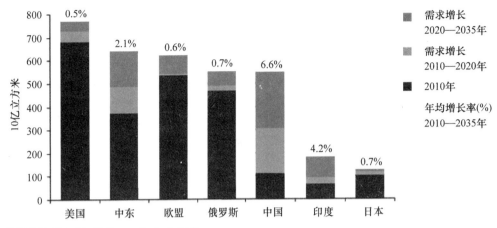

数据来源：IEA. World Energy Outlook 2012

图3-17　全球天然气市场的需求预测（新政策情景）

2008年，全球LNG的贸易规模为2 265.1亿立方米。亚太地区的LNG进口量达到1 559.8亿立方米，占全球LNG总贸易量的2/3以上。主要的进口国家和地区有日本、韩国、中国、印度、中国台湾；其中，日本和韩国是世界上前两位LNG进口大国。但是，中国、印度的LNG市场也将开始进入快速发展时期，过去以日本和韩国为主导的亚太地区LNG消费市场格局正在发生明显变化（见图3-18）。

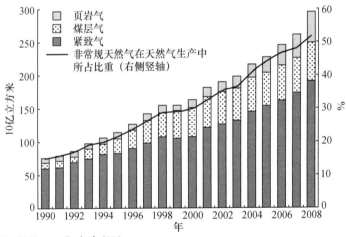

数据来源：IEA. World Energy Outlook 2009

图3-18　LNG国际现货贸易情况（1995—2008年）

亚太地区LNG的主要供应国是澳大利亚、马来西亚、印度尼西亚和文莱。2011年，澳大利亚出口259亿立方米LNG，到2015年澳大利亚的LNG年生产量将扩大4倍至6 000万吨。马来西亚是目前世界上仅次于卡塔尔的第二大LNG出口国，2011年，马来西亚的LNG出口量达到了333亿立方米，主要出口到日本、韩国和中国台湾。2006年之前，印尼曾是世界上最大的LNG出口国，之后被卡塔尔取代，现在是世界上第三大LNG出口国。2011年，印尼LNG的出口量为292亿立方米。尽管印尼天然气资源丰富，并且一度称雄世界LNG市场，但是其国内天然气管网设施落后，限制了国内的天然气消费，近年来印尼试图加大对天然气的开发和利用，LNG消费量有所上升。此外，缅甸的天然气资源也很丰富，未来开发利用的潜力巨大（见图3-19）。

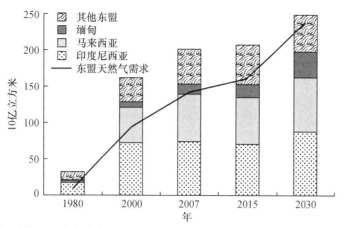

数据来源：IEA. World Energy Outlook 2009

图 3-19　东盟对 LNG 的需求及主要生产国生产情况及预测

三、美国页岩气革命对国际天然气市场的影响

（一）美国页岩气革命的发展现状及趋势

1. 美国页岩气资源的开发历程

页岩气是指赋存于有机质丰富的泥岩或页岩及其夹层中的，以吸附或游离的形式存在于泥页岩内部的天然气资源。页岩亦属致密岩石，故也可归入致密气层气（tight gas）。在适当的外部条件出现时，泥页岩中的有机质以及已经生成的液态烃经过裂解或降解形成气态烃，或游离于孔隙和裂缝中，或吸附于有机质和黏土矿物表面，并在一定地质条件下聚集形成页岩气藏。与常规天然气藏不同，泥页岩既是页岩气生成的烃源岩，又是页岩气聚集和储藏的储层，这种"自生自储"的特点决定了页岩气所赋存的环境自然压力较低，孔渗性能较差，开采的难度大，技术要求高，因此页岩气属于非常规油气资源。

美国的页岩气开采历史悠久，早在 1821 年美国就在阿巴拉契亚盆地成功钻取第一口商业页岩气井，拉开页岩气开采的序幕，也开启了美国天然气开发的序幕。阿巴拉契亚盆地的泥盆系页岩，为暗褐色和黑色，富有机质，可大量生气。储集空间以裂缝为主，并以吸附气和水溶气形式赋存，为低（负）压、低饱和度（30％左右），因而早期开发的产量很低。但在裂缝发育带可获较高产量，井下爆炸和压裂等改造措施效果也好。20 世纪 70 年代爆发的两次石油危机是页岩气开发的直接诱因。在吉米·卡特担任美国总统期间，发起了东部页岩气计划（Eastern Shale Gas Project），旨在通过能源部提供资金支持，研究如何从页岩中提取天然气，目的是为了实现页岩气的商业开发。但是当时政府对页岩气开发的投入并不多，因为前景并不明朗，对于是否能够成功实现商业开发存在较多的不确定性。页岩气的成功开发要归功于美国的房地产商乔治·米歇尔（George Mitchell），其创办的米歇尔能源开发公司在 17 年的时间里，先后钻了 30 多口试验井，测试了多种钻井和地层压裂方法后，终于在 21 世纪初实现了页岩气的大规模商业化开采。

20 世纪 90 年代中期，美国的页岩气开采已扩大到密歇根和伊利诺伊盆地，产层扩大到下石炭统页岩，产量达 84 亿立方米。2001 年，美国页岩气的产量为 126 亿立方米，仅占天然气总产量的 2.3％。但是，2005 年之后，大企业开始大规模收购从事页岩气开采的小企业，页岩气资源开发由此进入了一个新的阶段，并直接推动了美国在 2009 年重超俄罗斯，再次成为世界第一大天然气生产国。

2. 美国页岩气开发的趋势

得益于水力压裂技术的大面积应用，近年来美国页岩气开采量的增长惊人，2010 年，美国页岩气开采量达到 1 378 亿立方米，占天然气总产量的 23％；2011 年，美国页岩气的开采量已达

1 820亿立方米，占天然气总产量的比例达27.9%，近10年来年均增速超过25%。由于天然气价格走低，美国2012年的开采量略有下降，但预计全年也会达到开采总量约24万立方英尺，净生产量约20万立方英尺。美国能源信息署（EIA）预计，到2035年，美国页岩气的产量将达到3 885亿立方米，占天然气总产量的比重将提高到49%（见图3-20）。

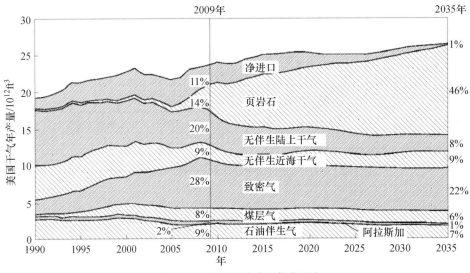

图3-20 美国天然气产量构成预测

页岩气资源的开发利用推动了美国能源消费的结构性变化，也改变了美国长期依赖能源进口的格局，美国有望到2020年前后实现能源的自给自足，即所谓的"能源独立"，因此，页岩气开发也被称为"页岩气革命"。

页岩气开发完全逆转了美国天然气价格趋势，美国天然气市场的价格已至近10年最低水平，2012年平均每百万英热单位不足2美元，相比较，日本2012年1月从也门进口的天然气价格高达每百万英热单位20.87美元，相差10倍的价格为美国LNG出口创造了巨大的潜在利润空间。

美国天然气业界认为，出口LNG的最佳时机是在2018年之前，因为全球LNG市场总体供应偏紧的趋势在此之前仍将继续，这将保证出口有利可图，而到了2018年，随着澳大利亚新上马的一批大型LNG出口项目投产，市场的供需关系将得到极大调整。

（二）页岩气开发对世界经济和能源市场的影响

1. 对美国经济的影响

首先，加速美国的再工业化进程。金融危机以来，奥巴马政府提出了"制造业促进法案"、"重振美国制造业政策框架"和"出口倍增计划"等一揽子"再工业化"政策，美国制造业正进入一个缓慢而艰难的再振兴时期。在这一关键时期，"页岩气革命"像一场及时雨，带来了能源价格的大幅下降，进而大幅度降低了制造业成本，吸引了许多企业重归美国，从而推动美国制造业的复兴。

目前，美国整个高能耗行业竞争力都因页岩气革命带来的低能源价格得到了不同程度的修复。其中，受益最大的是美国的基础化工行业，其全球竞争力在2008年与2009年几乎还位居末席，今天则成为世界最强。据统计，2011年欧洲、亚洲的大宗基础化学品几乎全行业亏损，而美国同行业平均开工率则由三年前的不到60%快速上升到93%，产品出口增长了11%，盈利水平甚至超过了中东的初级能源加工业。

其次，降低美国石油对外依存度。长期以来，美国既是全球最大的石油消费国，也是全球最大的石油进口国。美国石油对外依存度由1970年的11%一路上升至2005年的64.2%；但是随后逐渐下降，至2010年降为49.3%，与五年前相比下降达15个百分点。美国石油对外依存度的戏剧性变化正是得益于页岩气开采规模的爆炸式增长。由于大量石油需求被天然气所替代，美国石油进口量得以逐年减少。根据 BP 的估计，美国有望于 2030 年实现"能源独立"。

第三，推动经济与就业增长。根据美国天然气协会的一份研究报告，到 2015 年页岩气产业将为美国 GDP 贡献了 1 180 亿美元，占美国 GDP 的 0.7%，并为美国提供 80 万就业岗位。

第四，改善美国能源消费结构。2010 年美国石油消费比重已降至 37%，比 2003 年降低 11 个百分点。美国能源信息署预计，到 2035 年这一比例会降至 31%。

2. 对国际能源市场的影响

首先，北美地区可能成为能够与中东地区相抗衡的油气供应方。北美地区非常规天然气储量在世界上排名第一。非常规天然气主要包括页岩气、煤层气和致密砂岩气。北美地区仅页岩气储量就达到 108.7 万亿立方米，占世界所有非常规天然气储量的 11.8%，如果再加上煤层气和致密砂岩气，这一比例将上升至 25.3%。其中，美国、墨西哥和加拿大的技术可采页岩气资源量 24.1 万亿立方米、19.1 万亿立方米和 10.9 万亿立方米，分别位居世界第二、第四和第七位。巨大的储量保证了北美页岩气开发将在未来相当长时期内持续快速发展。除了非常规天然气之外，美国生物质能源和加拿大油砂矿都呈现快速增长之势。在生物质能方面，美国国会在 2000 年通过了《生物质研发法案》开启了生物质能发展之路。2008 年，生物质能占美国能源供给的 3%，成为国内最大的可再生能源来源。按政府计划，到 2020 年，美国生物能源将达到能源总消费量的 25%，2050 年达到 50%。在油砂方面，加拿大拥有世界上约 85% 的油砂资源，是世界唯一实现了大规模开采的国家，并形成了完整的上中下游产业链。目前，加拿大油砂产油量达到 150 万桶/日。根据加拿大 ARC 能源公司预测，2015 年加拿大油砂产油量将达到 210 万桶/日，2035 年增至 510 万桶/日。这一增加的产量，外加其他石油产量，将使加拿大超过伊朗，成为世界上仅次于俄罗斯、沙特、美国和中国之后的第五大产油国。

其次，中东地区在国际能源市场的战略地位将下降。长期以来，中东都是世界能源版图的中心。然而，随着北美能源地位的提高，中东未来将退居为亚洲的能源中心，而不再是世界能源中心。近几年来，美国一方面借助整个美洲（包括北美与南美）能源供应增多的有利形势，加大从周边地区的石油进口；另一方面依托页岩气的快速发展，进一步减少进口中东石油。1977—2010 年，美国来自美洲进口原油占总进口规模的比例由 10.7% 大幅增至 71.1%，而来自中东进口原油则由 27.8% 下降到 14.9%。预计到 21 世纪 30 年代中期，美国经济基本上可以与中东石油脱钩。随着美国能源需求渐渐回归美洲，欧洲能源需求也越来越趋于多元化来源，中东将越来越依赖亚洲市场，尤其是以中印为代表的发展中国家将逐渐成为中东能源消费的主力。根据 BP 的预测，未来 20 年全球能源消费增长的 96% 将来自以亚洲新兴国家为代表的非 OECD 国家，到 2030 年这些国家能源消费将占全球总量的 65%。

3. 对国际能源政治的影响

突如其来的"页岩气革命"不仅影响了美国经济与世界能源市场，而且影响了国际能源政治。

首先，美国在国际能源市场中的战略地位得到进一步提升，逐渐占据国际能源市场的定价权和战略主动权。长期以来，美国的能源战略除了对内保障能源供应安全之外，还具有对外图谋全球霸权的目标导向。历史上，美国曾经两次利用能源作为武器成功地实施其战略意图。第一次是 1941 年对日石油禁运，由于当时日本所需石油的大约 85% 都来自美国，石油禁运加速了日本的战败。第二次是 1986 年对苏联实施能源战，一方面与沙特合作压低石油价格，另一方面阻止欧洲进口苏联的天然气，极大削弱了苏联的经济实力，并成为引发其解体的重要原因。随着页岩气快速发展，美国国内能源供给的安全得到了极大保障，为其实现"外谋霸权"的战略意图腾出了更大的空间。这一点并非臆测，证据就是：美国本来就有能源部，但是在 2011 年 11 月在希拉里领导下的国务院又成立了一个能源资源局，专门负责从外交角度制定美国的国际能源政策，与军事部署、外交政策等相配合，以打造全新的一体化战略，服务于美国国家战略。

其次，俄罗斯在欧洲天然气市场的统治地位将被削弱，战略重心东移速度将加快，在国际能源市场中的战略地位受到威胁，并且将逐渐丢失定价权和战略主动权。在北美页岩气发展未发生之前，欧洲对俄罗斯天然气的依赖一直是世界能源地缘政治中的一大特点。未来随着美国页岩气大量出口至欧洲市场,以及欧洲自身页岩气的发展,欧洲对俄罗斯天然气依赖程度将急剧下降。根据美国莱斯大学贝克研究所的预测,到 2040 年俄罗斯在西欧天然气市场所占的份额将从 2009 年的 27％降至 13％。这一变化将极大地改变俄罗斯和欧盟之间的力量平衡,增强欧洲抵制俄罗斯对欧洲事务进行干涉的能力。相比之下,亚太地区将成为俄罗斯油气出口的主要方向,俄罗斯必然加速战略重心东移,以提高自身在亚太地区的影响力。

第三,国际天然气卡特尔组织难以形成,在页岩气革命出现之前,作为当时世界天然气头号产生大国,俄罗斯从不掩饰其利用在国际天然气市场中的战略地位发挥其政治影响力的意图,并与伊朗、卡塔尔等国一起,试图创建一个天然气生产者的卡特尔组织——另一个欧佩克。在俄罗斯的推动下,2008 年底在莫斯科召开的世界天然出口国论坛第七届部长级会议通过了组织宪章,并规定组建执委会和秘书处。组建执委会和秘书处的目的是仿照欧佩克那样协调和统一成员国之间的天然气产量及价格。然而,页岩气革命的出现不仅提高了天然气出口国论坛以外国家的天然气供应能力,更大幅降低了天然气的价格,天然气出口国论坛国家对世界天然气市场的影响力被迅速削弱,天然气卡特尔组织成立的可能性随之明显降低。

（三）页岩气革命后的全球油气市场

首先,页岩气革命将加快了全球油气生产中心西移、消费中心东移的趋势。传统的油气生产中心集中在东半球的俄罗斯、中东、西非一带,但随着近年来美国页岩气、加拿大油砂、委内瑞拉重油、巴西盐下石油的崛起,西半球逐渐成为世界油气供给的另一极。在美国油气进口逐渐降低和以中国、印度为代表的东方大国油气消费迅速上涨的双重作用下,世界油气消费向东流动的趋势更加明显。

其次,全球油气市场上的竞争将越来越激烈。美国本土天然气长期低价使其油气资源在国际市场上具有较强的竞争优势。如果美国实现天然气出口,将会挤占传统油气生产国的目标市场,加剧不同天然气气源之间的竞争,同时给供应已经较为充足的世界天然气市场增加更多的气源,导致一些以高价签订的天然气供应合同存在毁约风险。这对油气消费国来说是一个利好消息,油气消费国增加了油气进口来源,降低了进口风险。比如,西欧国家可以降低对俄罗斯昂贵天然气的依赖,转而进口较为廉价的美国液化天然气(LNG)。同时,传统的产油国由于受到来自美国油气的竞争压力,将会积极寻找资源的潜在买家,因此会变得更加容易合作,这对油气消费国海外资源的获取将更为有利。

第三,全球天然气市场将迎来新的发展时期。目前,全球原油产量保持在 39 亿吨左右,已经进入峰值平台期;煤炭不能满足应对气候变化的需要,加上新一轮“去核化”,天然气已经成为发达国家追求清洁发展的最佳选择。美国页岩气出口将推动世界天然气资源的开发和利用,同时也让人们更加重视非常规油气资源的作用。

第四,其将进一步强化美元的全球主导货币地位。1974 年,美国与中东国家达成“石油单一使用美元计价”的协议。石油美元计价成为美元霸权主义的重要组成部分,为石油市场全球化创造了条件,尽管一些产油国深受其苦。世界天然气市场区域性比较明显,主要有北美、欧洲和亚太三个市场,每个市场的定价机制各不相同。随着天然气日益重要的作用和日渐活跃的贸易,全球天然气市场趋同极有可能,特别是 LNG 市场。LNG 将成为继石油之后又一个全球化的商品。由于天然气区域分割导致国际贸易计价货币并不统一,因此在这个过程中,天然气定价货币的争夺也会愈演愈烈。从目前来看,美元依然是最有可能的计价货币,美元的霸权地位将因为页岩气革命而更加稳固。

第二节　天然气价格

一、国际天然气价格的形成机制

天然气工业是一个完整的产业链,只有使产业链中的各环节的收益保持一个合理的比例,才能保证天然气市场的协调发展。因此,国内天然气价格体系的发展取决于国内天然气市场结构的演变,而国际天然气市场价格的影响因素更为复杂,不仅要综合考虑开采、生产、运输、储存等环节的成本和市场的供求关系,而且从等价热值①的角度考虑替代能源的影响,当然国际天然气市场价格主要是受到国际石油市场价格的影响。

(一)管道天然气的价格形成机制

1. 管道天然气产业链

天然气工业上、中、下游各个环节,从勘探开发、处理、运输、储气、配送网络等,都需要巨额投资,而且每一个环节都相互依存,需要相互协调。由于这一链条很容易断裂,所以必须通过合理的价格机制来保证稳定的供求关系。

(1)上游勘探开发

天然气生产商不仅负责天然气勘探开发,也负责处理和加工其所生产的天然气。由于天然气运输缺乏灵活性,通常只能用于地区消费,天然气生产依赖于特定市场的消费需求,由消费驱动供应。

(2)中游管道运输

天然气管道运输是连接特定天然气产地和消费区的主要渠道,管道公司根据特定的项目铺设管道控制特定的天然气流向,保证天然气运输过程的安全可靠。管网公司一方面要按长期合同承诺,按井口价向上游生产商购买天然气;另一方面要获得政府批准(管制情况下)以城市门站价向下游地方配送公司出售天然气。管网公司同样依赖于特定的资源和市场,要综合权衡上游生产商生产成本、自身投资收益和管网维护费用、下游城市燃气供应商市场容量开发和替代燃料竞争等因素进行定价。

(3)下游配送服务

地方配气公司不需要向上游生产商和中游管网公司那样投入大量资金建设生产设施和运输管网,而且也不依赖于特定的供应来源。城市管网扩容和终端用户管线布设的投资相对成本较低,而且铺设完管网后其服务的终端用户一旦选择使用天然气作为燃料,必然要考虑其在燃气设备的投资,所以城市燃气供应商的用户被称为"被捕获用户"(captive customers),其价格弹性小,即使其他燃料比天然气便宜,也难以在短期内转向使用其他燃料。

2. 管道天然气的定价机制

天然气的价格形成方式与天然气市场发育状况密切相关。国外天然气市场长期发展过程中形成了垄断市场和竞争市场两种不同的市场结构,市场类型不同,天然气产业链中各个环节采取的定价方式和经营模式也不同(见表3-3)。

表 3-3　不同市场结构下的天然气定价方式比较

市场结构		定价方式		采用国家
垄断市场	完全垄断	用户之间有价格差,市场净回值、固定成本加合理利润等定价方式同时存在		法国、荷兰、比利时、意大利、西班牙、日本等国及大多数发展中国家
竞争市场	管网间竞争	根据竞争程度采用受限制的市场净回值法		德国
	强制性第三方进入	与替代燃料竞争或气与气的竞争	批发市场的竞争(第三方进入高压输气管道)	美国、加拿大
			零售业全面竞争(第三方进入全部输配系统)	英国

资料来源:胡奥林.国内外天然气价格与定价机制[J].国际石油经济,2002(2)

---

① 等价热值是指加工转换产出的某种二次能源与相应投入的一次能源的当量,即获得一个度量单位的某种二次能源所消耗的,以热值表示的一次能源量。也就是说消耗一个度量单位的某种二次能源,等价于消耗以热值表示的一次能源量。1千克(每立方米)某种固体(气体)燃料完全燃烧放出的热量称为该燃料的热值,符号是 q,单位是焦耳/每千克(J/kg),或焦耳/每立方米(J/m³)。

（1）垄断市场

在天然气工业及市场发展的早期，垄断一般被认为是适当的，其特点就是将天然气运输和配送（销售）进行捆绑（输气管网不向第三方开放），并对其所服务的市场实行垄断经营。这种垄断市场结构，以20世纪80年代的美国、加拿大为代表。当时美国的天然气生产商按照美国联邦能源管理委员会（RERC）确定的井口价将天然气出售给州际管道公司，管道公司将天然气输送到城市配送站，按门站价批发给地方配气公司或电力、工业等大用户。地方配气公司再通过配送管网输送给终端用户，其零售价格受到地方公共事业委员会（PUC）的监管。当然，不同国家之间的垄断市场结构也有所不同，但其定价机制基本类似。

① 上游供气价格

上游供气价格的形成主要有两种机制，政府管制和买卖双方谈判。政府管制的情况下，供气价格的确定采用的是成本加成的办法，即天然气生产商勘探开采成本加上合理利润。买卖双方的谈判方式则是在上游生产商和管道公司之间通过谈判方式形成供气价格，上游生产商谈判的价格基础是上游生产商按成本加成法确定的价格底线，而管道公司的底线是按市场净回值法①确定的天然气市场价值，两者之间是价格谈判的空间（见图3-21）。由于长期合同中，一般有管道公司向生产商承诺的"照付不议"条款，因此双方还要谈判确定一个与竞争性替代能源的价格挂钩的调价公式，以便双方共同承担能源市场价格波动的风险。

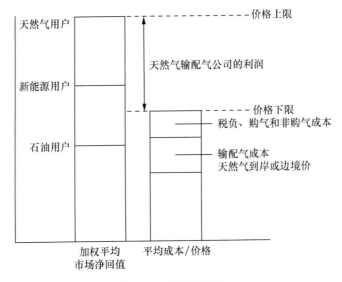

图 3-21　市场净回值法

垄断情况下的上游天然气价格也不是固定不变的，为了应对市场环境的变化，长期合同往往会带有定期调整条款，或者采取指数化定价方法定期或不定期地进行调整。指数化定价的调价公式可以是简单地将天然气价格同某种能源价格指数（如燃料油或原油）或商品价格指数（反映通胀率）相联系，也可以是和多种指数关联。但是，指数化定价往往存在滞后问题，无法真正反映市场供求关系。

② 门站批发价格

管道公司为地方配气公司或大用户提供销售与运输的捆绑服务，并通过谈判形成门站批发价格。管道公司的谈判底线是上游供气价格加上合理的管道运输管理成本，城市燃气供应商的谈判底线是天然气的市场价值减去其配送气的成本。

---

① 市场净回值（netback）是天然气在终端消费市场中用户愿意支付的最高价格（要低于其他竞争性燃料价格）减去从上游交气点到消费市场终端用户所发生的所有运输、存储及配送成本（包含合理的利润）。

③ 终端零售价格

垄断市场中,终端零售价格是受管制的,这是因为城市配送管网更具有自然垄断性。一般城市燃气供应采取的是政府经营或政府特许经营的方式,从而形成地方配气商的垄断,由于其所服务的主要是居民、商业用户和一些中小工业用户,其价格需求弹性非常小,因此必须通过政府价格监管来保护终端消费者的利益。

(2)竞争市场

竞争市场结构是天然气工业及其市场发展成熟的标志。在竞争市场中,管道公司对第三方开放输气管网,下游配送方可以自由选择上游生产商供应天然气并委托管道公司运输。这样,上游生产商之间为争夺市场而进行竞争,而管道公司的管网容量也成为一种可交易的商品,有利于提高天然气生产效率和管网运输系统的利用效率。美国、加拿大、英国最早引入第三方准入机制建立天然气竞争市场,欧盟则是在1998年才通过相关的指令,引入第三方准入机制以增强欧洲天然气市场的竞争。

天然气运输带有自然垄断的性质,因此天然气市场改革的核心就是消除天然气供应方和消费者之间在运输上所受到的限制,建立一个开放透明、交易成本较低的竞争市场。具体的形式有两种:一是管网间的竞争,即引入两个或更多的管道公司向同一目标市场输送天然气,加大管道公司的竞争压力,但是因为大用户多采取长期合同的形式购买天然气,因此这种竞争十分有限;二是强制性第三方进入,即要求管道公司向第三方提供运输服务准入,在天然气生产者和消费者之间建立直接的买卖关系,这就要求管道公司切割天然气输送与销售之间的捆绑经营活动,在批发和零售环节进行充分的竞争。在批发市场,地方配气公司、大用户、燃气电厂等共同参与天然气的批发竞价,所有的市场参与者原则上都有机会在短期和长期转售天然气。

① 上游供气价格

在竞争市场中存在许多天然气供应者和买家,任何一个买方或卖方的成交量都只占很小的市场份额,其交易行为无法影响整个天然气市场的供气价格。因此,上游供气价格仍是通过谈判方式形成的,但谈判的对象发生变化,由垄断市场中的上游生产商和管道公司之间的谈判转变为上游生产商与下游用户(如地方配气商、大用户等)的直接谈判,根据市场供求来确定供气价格。

② 管道输送价格

实行管道第三方准入后,下游用户可以自己选择上游生产商,然后通过与管道公司签订合同购买管道容量,委托其运输。用户的合同需求通常表现为用户的最大日流量(峰值),而管道公司的固定成本主要是为提供(和维持)一定的管道运输容量而付出的管道建设投资和维护成本,虽然管道公司的固定成本和可变成本会随输气量变化而变化,但是考虑到效率和公平问题,高峰期管道运输容量的价值要高于非高峰期。对于流量变化问题,管道公司有不同的处理方式,峰值法是根据用户的最大日流量作为管道输送费用的计算基础,而气量法则是以用户实际的输气量作为管道输送费用的计算基础。前者更注重效率,有利于提高管道利用率,降低管道公司风险;而后者更注重公平,可以降低用户的管道运输费用。解决这一矛盾的途径有两种:一种是采用折中方法,即所谓的混合模式。比如1953年FERC即规定管道运输计价按50%的固定成本和所有的可变成本通过峰值法计价回收,余下的采用气量法计价回收,1983年又改为采用修订的固定变动(MFV)计价,即将除股权资本收益及相应的所得税之外的所有固定成本采用峰值法计价回收,其余成本采用气量法计价回收。另一种方法就是采用直接的固定变动(SFV)计价,即直接按与输气量相关的管道成本(主要是压缩机燃料费用和管理成本)计价。比如在实行管道运输第三方准入之前,美国管道输送价格的确定就完全采用峰值法,但允许用户预订的管道容量在管道容量二级市场进行转让,这样一方面可以增加天然气运输环节的效率,另一方面用户可以通过转让容量的所得降低其管道输送费用,而且也有助于为管道容量建立市场价格。

上述方法是在政府监管下通过将管道收费与管道公司服务成本及投资回报直接挂钩来进行管道运输计价,此外有的国家是通过限价模式来实现管道运输定价的控制,比如英国采用的就是通过政府与管道公司协商,在考虑管道公司投资回收和未来新建投资等因素的基础上,在一定年限内（5 年）确定一个收费基准，并与某个价格指数挂钩，每年进行适当调整。

③ 储存价格

管道系统会因为用户对需求的不同和负荷变化而使得产生失衡，因此必须借助天然气增压、储气等辅助设施维持管道系统必需的压力水平和输送流量。在美国天然气市场放松管制前，管道公司对管道系统拥有控制权，在承担服务责任的同时，也保证管道系统输入输出平衡；放松管制后，形成了管道公司、地方配气公司和独立的储气组成的多元化储气市场。管道公司只具有合同管理和系统管理的权利，不再拥有所传输天然气的所有权，也不再垄断储气服务，只能采用诸如运行流动命令①（OFO）和失衡罚金机制②来维持管道系统平衡；独立出来的储气商也可以进入市场通过调峰来实现供求平衡。与运输服务一样，天然气储气服务也具有区域天然垄断特性，因此也需要政府采取监管措施。

储气服务包括两种方式：固定储气服务是一种约定服务，一方面要求储气服务方确定它有足够可获得的、未指定用途的储气容量来完成用户所要求的服务，另一方面也要求用户安排和指定注入气库和从气库中采出的气量，包括最大日注入量和采出量以及最大储气量。其收费价格包括采出流量费③、容量费④和注入（采出）费⑤；可中断储气服务也是一种约定服务，但是相对于固定储气服务，可中断储气服务允许服务方拥有中断储气服务的权利，用户在被告知中断储气服务时，要求在 30 天内采出已储气量，未采出部分将无偿地转归储气服务方所有。可中断储气服务的收费价格由储存费⑥和注入（采出）费构成。

④ 城市配送价格

天然气城市配送业务与管道运输环节一样，也具有比较明显的自然垄断特点，因此政府也有必要对配送管道进行监管。通常，政府会授予天然气配送企业一定的垄断地位，以便有效利用资本，并减少配气管网拥堵。根据用户需求负荷的差异，城市配送费率也有所不同，包括以下几种方式：直接按表费率，即单位天然气费率不变，用户根据实际用量计算总费用；按表折扣费率，即用户所使用的天然气量按其所处的不同水平，按不同费率收费，一般使用量越高，费率越低，这主要是为了鼓励使用天然气而采取的政策；按表分段费率，即用户所使用的天然气量按不同的区段计费，不同区段的费率不同（越高区段费率越低），避免了按表折扣费率造成的价格歧视；需求费率，对于负荷变化较大的大用户，同时考虑需求与负荷，因此先按收取其最大负荷收取一定的需求费，再根据实际使用的气量计费；最低费用，对小用户，其管理成本在其服务总成本中比例相对较大，因此先收取固定最低费用，再按实际使用量计费；可变费率，即对具有燃料转换能力的大用户采取根据替代燃料价格调整的动态费率。

3. 管道天然气的交易方式

在竞争市场环境中的，天然气市场的交易方式也就更为复杂，长期合同逐渐让位给短期合同和现货交易，天然气的市场价格具有更大的灵活性。

（1）合同机制

在竞争性市场中，长期合同虽然不再是交易的主要形式，但是不同类型的交易者也会选择不同期限的合同进行组合，以获取收益最大化。短期合同一般用于以年或季度为基础的负荷平衡或者满足需求上的突然变化，中长期合同则用于保障供气来源的稳定，中期合同一般在 1～3 年，长期合同 3～10 年。比如，地方配气公司就会寻求短期合同和中长期合同的组合，以便在保证市

---

① 运行流动命令（OFO）是指管道公司可为托运商在指定出入口在遭受不可抗力时减量输气。

② 当托运商提取的天然气超过注入的流量时，这部分超额流量必须按当月的现货价格支付，同时加上按失衡气量计算的罚金，如果注入量高于提取量，管道公司只按折扣价支付，折扣率随失衡量增加。

③ 储气库每日采出的气量受限于最大日采出流量，因此用户必须预订最大日采出流量，并按月支付采出流量费。用户每月支付的采出流量费等于该用户所适用的采出流量费率乘以它的最大日采出量。

④ 储气库向用户提供的储气量受限于其最大容量，因此用户必须预订储气容量，并支付容量费。

⑤ 储气服务方每月代表用户向气库注入或采出气体，用户需按该月实际注入或采出量支付注入（采出）费。

⑥ 可中断储气用户要为它每月在气库中的平均储气量支付储存费。用户每月支付的储存费等于储存费率乘以用户在该月份的平均库存量。平均库存量取该用户在该月份最高库存量与最低库存量的平均值。

场最低需求的同时,利用短期合同的灵活定价以降低其长期运营成本。

(2)现货市场

现货市场通常是指以固定气量和价格进行的 30 天以内的短期交易,属于场外交易。目前,在北美和欧洲,现货市场通常位于天然气产区的管道干线入口或不同管道的交汇点,或者管网调度枢纽。现货市场的出现不仅增加了天然气市场的流动性,也提高了市场效率。现货交易合同包括三种类型,可停输气合同、基准量合同和连续输气合同。可停气合同也称为"摆动交易"(swing),合同对交易双方不具有法律约束力,双方都没有义务交割或接收交易的气量,相当于只是交易意向;基准量合同则约定交易双方不能限制对方的交割或接收行为,必须尽量交割或接受,合同的法律义务相对宽松;连续输气合同则是真正的具有法律效力的合同,相当于短期的"照付不议"合同。

(3)期货市场

相对于长期合同,短期合同和现货交易具有更大的价格波动性,而这正是产生天然气衍生金融产品的主要原因。1990 年 4 月,纽约商品交易所(NYMEX)开始交易天然气合约,交割地点设在路易斯安那州的 Henry Hub。随后,指数交易、互换合约、期权等天然气衍生金融产品纷纷出现。目前,北美和欧洲的天然气中长期合同的价格不再是以竞争性替代燃料的价格建立指数化关系,而是主要和现货、期货价格建立指数化关系,然后在每月交割时,相应的价格就可以在合同规定的参考基准的基础上,根据公布的现货或期货价格进行灵活调整。

(二)LNG 价格的形成机制

1. LNG 产业链

整个 LNG(liquefied natural gas 的缩写,即液化天然气)产业链的上游包括开采、净化和液化等环节,中游包括运输、终端接收和再气化等环节,而下游的最终用户大部分可以通过天然气管网供气或者通过冷储罐车运输再气化供气。整个产业链的项目投资主要集中在上游和中游的相关设施,而 LNG 供应的成本则主要由天然气开采费用、净化和液化费用、运输费用以及接收和再汽化等费用构成。根据资源状况、运输距离等的不同,各项费用所占比例变化范围很大(见表 3-4)。表 3-5 给出了欧盟从不同渠道进口 LNG 的价格范围,可以看出 LNG 进口价格构成中,运输成本的比重变动,而卡塔尔的 LNG 价格最具有竞争力,主要原因不是运输成本,而是其开采成本很低。

表 3-4　LNG 成本组成

环节	开采	净化液化	运输	接收再气化
所占成本比例(%)	15～20	30～45	15～45	15～25

资料来源:华贲.LNG 产业链的成本分析及定价策略[J].国际石油经济,2007(3)

表 3-5　欧盟进口 LNG 的渠道和价格

来源国	转运点	生产成本(美元)	LNG 报价(美元)	运费(美元)	总价(美元)
阿根廷	地中海	0～1.80	3.17	0.185	3.35～5.15
埃及	地中海	2.50～3.50	3.17	0.23	5.90～6.90
尼日利亚	地中海	0～0.30	3.17	1.23	4.40～4.70
挪威	英国	3.80～4.20	3.17	0.37	4.40～4.70
卡塔尔	地中海	0～0.15	2.83	1.14	3.98～4.13
俄罗斯	英国	4.00～4.50	3.17	0.50	7.67～8.17
特立尼达和多巴哥	地中海	1.25～1.75	3.17	1.22	5.64～6.14

资料来源:IEA,World Energy Outlook 2009

（1）LNG 工厂

天然气开采后经过预处理后必须在 LNG 工厂进行净化和液化处理,净化过程是脱除原料气中的有害杂质和深冷固化中产生的杂质,液化过程是以 APCI 技术(丙烷预冷混合制冷剂液化流程技术)对天然气进行低温液化,由于天然气主要成分为甲烷,其临界温度为 190.58K,因此 LNG 经液化后要储存在温度为 112K(−161℃)、压力为 0.1 兆帕左右的低温储罐内。LNG工厂分为基本负荷型和调峰型两类,基本负荷型是指生产供当地使用或外运的大型 LNG 工厂,而调峰型则是为管网系统调峰设置的小型 LNG 工厂,生产规模较小,非常年连续运行(见图 3-22)。

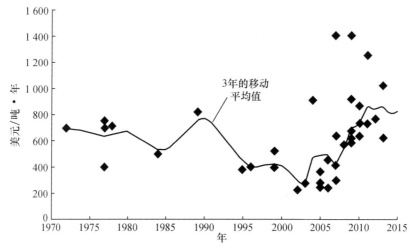

数据来源:IEA. World Energy Outlook 2009

图 3-22　LNG 工厂的投资成本

（2）LNG 运输

LNG 运输工具可分为车载和船运,两者都需要专门的设备(罐式集装箱或罐车),车载用于短途运输(一般运输半径不超过 150 千米),其费用变动不大。LNG 船运一般采取期租方式(定期租船),目前全球投入运营的 LNG 船[1]已经超过 300 艘,而根据英国航运咨询机构(OSC)预测,到 2030 年,世界 LNG 船队规模需从 300 艘增加到 700 艘以上才能满足全球市场对 LNG 航运的需求,但是 LNG 航运运费受国际航运市场的影响很大。LNG 航运费率通常参考波罗的海液化石油气航运指数[2](Baltic Liquefied Petroleum Gas Routes,BLPG),当然也可以通过奥斯陆国际海事交易所(IMAREX)、纽约商品交易所(NYMEX)等交易所提供的航运运费远期合约(FFA)来规避相应的航运风险。

（3）LNG 接收站

LNG 接收站是用于进口 LNG 的终端接收设施,对 LNG 进行储存和再气化后分配给用户。LNG 接收站主要由专用码头、卸气装置、LNG 输送管道、LNG 储槽、再气化装置及送气设备、气体计量和压力控制站、蒸发气体回收装置等组成。LNG 接收站的运营成本主要是设施的折旧、再汽化成本及管理费用。

---

① 　LNG 船是指将 LNG 从液化厂运往接收站的专用船舶,是一种技术含量很高、设计和制造难度都很大的船型。目前世界上具有 LNG 船舶建造能力的造船厂家不到 15 家,其中仅有法国和挪威的造船企业拥有自行研发的 LNG 存储舱制造技术专利。LNG 船按货物运输方式分为全压式、半冷半压式(冷压式)和全冷式三种船型,按储罐系统不同分为自撑式和薄膜式两种。LNG 船的船型尺度不断增大,装载能力逐步提升,已经从 2000 年前后的大型(13.5 万立方米)发展到目前的超大型(25 万立方米以上)。

② 　波罗的海液化石油气航运指数(BLPG)是由波罗的海航运交易所在 2004 年 3 月推出的,目前仅有一种船型一条航线(LPG1),即载重量 44 000 吨的、装载 1 至 2 级 LPG 的、从沙特到日本的液化石油气船。

2. LNG 国际贸易的交易方式

在 LNG 国际贸易中,买方通常采取把中、短期合同与长期合同相结合的方式,对基本需求量采用长期合同以"照付不议"形式进行交易,而对于额外需求或季节调峰等需求则通过中、短期贸易合同来满足。

(1)传统的 LNG 长期贸易合同

20 世纪 70 年代,传统的 LNG 贸易合同的突出特点是合同期限长,往往带有"照付不议"、固定交货地等条款,交易风险大部分由买方承担。首先,出于保证 LNG 项目投资的回收和供气的稳定的目的,合同的期限通常在 20 年以上,这是因为对 LNG 供应方而言,LNG 项目在初始阶段的投资大、风险高、融资难;而对 LNG 购买方而言,接收和再气化等下游设施的建设也面临相同的问题,而且还要保证向终端用户稳定供气,所以必须以长期合同的形式确保双方的利益。其次,照付不议条款可以确保买卖双方分别获得稳定的资源供应和现金流。合同气量中可下浮气量比率非常低(通常只有 5%),而照付不议系数往往达到 100%,买方基本上承担了全部的价格和供气风险。第三,目的港船上交货①(DES)、离船价结算等条款则严格控制 LNG 的流向,在"目的地条款"的约束下,买方不得自行向第三方转卖过剩的 LNG,避免对市场产生冲击。第四,采取与原油价格直接挂钩、按等热值计算的定价机制,LNG 价格随原油价格波动而被动波动。

(2)变革的 LNG 国际中长期贸易

进入 20 世纪八九十年代后,LNG 市场出现供大于求的趋势,LNG 贸易逐步由卖方市场变成买方市场,LNG 贸易合同也开始发生变化。首先,合同期小于 10 年中期合同逐渐取代长期合同,而合同的条款也开始变得更为灵活。其次,合同中的 DES 条款逐渐被装运港交货②(FOB)条款取代,货物的运输费用和风险由买方转向卖方。这种形式的转变一方面是由于 LNG 船舶的造价不断降低,运费和运输风险也随之下降,另一方面是由于在买方市场中,FOB 贸易方式可以使买方在调度船队上掌握主动权和灵活性。第三,价格机制采用双期权方式以原油价格的长期预期均价为基准,LNG 价格固定在一个浮动区间,通过嵌入期权,以控制价格波动风险。此外,LNG 中长期合同的条款也更趋灵活,大大降低了买方风险。例如,在合同中设定每 3～5 年重新回顾价格条款;增加合同中可下浮气量比例,放松对买方的相应限制;加强卖方补提义务;降低"照付不议"的比例要求;取消"目的地条款"(欧盟已明确规定合同中禁止采用),允许买方自主销售过剩天然气,以规避"照付不议"条款带来的供应过剩的风险。

(3)新兴的短期贸易机制

20 世纪 90 年代中期,LNG 短期贸易开始出现,随后迅速发展起来并开始成为 LNG 国际贸易的主流。短期贸易能够在短时间内获得迅猛发展的主要原因包括:LNG 生产商出现产能过剩;欧洲和美国的 LNG 接收站建设持续增长,开始出现处理能力的过剩;市场短期需求出现缺口,尤其是欧洲和美国由于管道天然气供应不稳定,在用气高峰期需要紧急在市场采购 LNG 进行调峰,及时满足终端用户需求以平衡市场供求;随着单船容量的扩大、船只推进系统效率的提高、船队的扩编,全球 LNG 的运输条件大幅提高,而 LNG 合同更为灵活的目的地条款,也为短期贸易的发展提供了市场环境。

短期贸易主要是为了解决买方的短期需求过量和卖方的短期供应富余问题进行的、合同履约期限在 3 年内的交易。具体的短期贸易形式包括:合同期在 2 年内每笔多船的短期合同或合

---

① 目的港船上交货(Delivered Ex Ship,DES),按 DES 术语成交,卖方应将出售的货物运至约定的目的港,并在船上交货,买卖双方责任、费用和风险的划分,以目的港船上办理交接手续为界,卖方承担在目的港船上将货交由买方处置前的费用和风险,买方承担此后的费用和风险,包括卸货和货物进口结关手续。

② 装运港船上交货(Free On Board,FOB),按 FOB 术语成交,由买方负责派船接运货物,卖方应在合同规定的装运港和规定的期限内,将货物装上买方指定的船只,并及时通知买方。货物在装船时越过船舷,风险即由卖方转移至买方。卖方负担风险和费用,领取出口许可证或其他官方证件,并负责办理出口手续。

同期在 1 年内每笔单船的现货交易[①]；在买方之间或卖方之间进行的一船或多船的 LNG 互换交易[②]；在长期合同许可的"上浮宽限量"范围内，买方额外提取一船或多船 LNG 以满足市场需求；卖方根据市场的变动，将一船或多船 LNG 转往其他市场销售的转卖交易。在实际操作中，LNG贸易中的买方往往把短期贸易与中长期合同相结合，互为补充，对于基本 LNG 需求量采用中长期合同以保证供应，而对于额外需求或季节调整等需求通过中短期合同或现货交易来满足，从而降低"照付不议"条款下的风险。

3. LNG 的定价机制

LNG 的定价机制与市场的发展演变关系非常密切，尤其是市场规模大小和流动性密切相关。由于 LNG 的全球市场规模仍不够大，流动性也不是很强，因此，目前 LNG 的贸易价格以单位英国热值计价（美元/百万英热单位），与竞争燃料价格和区域天然气价格相挂钩，并通过定价公式来进行调整。LNG 的贸易价格参照的区域天然气价格体系主要是日本对外公布的 LNG 到岸价、美国 Henry Hub[③] 交易中心的现货价格和英国国家平衡点[④]（National Balancing Point，NBP）的现货价格，三者共同构成了世界天然气贸易参考价格体系。这一体系也是国际 LNG 价格水准的最重要参考基准和价格涨跌的风向标。将来随着全球市场规模的扩大，LNG 将会形成更加独立的定价机制和价格体系。

北美地区由于拥有完善的国内天然气管网及健全市场化的交易体制，目前进口的 LNG 主要供应现货市场，LNG 合同价格主要参照 Henry Hub 的现货价格。欧洲地区进口 LNG 主要是为了实现能源供应的多元化，因此短期合同价格则主要参考英国的 NBP、比利时的 Zeebrugge 和荷兰的 TTF 三个交易中心的现货交易价格，长期合同则通常参考低硫民用燃料油、汽油等竞争燃料价格。由于早期的世界 LNG 贸易的主要买方市场在亚太地区，因此而形成的议价方式对后来 LNG 的定价机制产生了很大影响。LNG 进口价格公式从早期单一与原油直接挂钩的公式发展到现在的直线价格公式、S 曲线价格公式，是一个不断演变的过程。亚太地区进口 LNG 则是以保障天然气长期稳定供应为目的，LNG 贸易以长期合同方式为主，主要与日本进口原油综合价格[⑤]（JCC）挂钩，现在也有部分与印尼官方石油价格即印尼出口原油价格加权平均值（Indonesian crude oil price，ICP）挂钩。但是，亚太地区仍缺少国际权威的能源定价中心，使得 LNG 进口国的议价能力较弱，大部分长期合同仍采用 DES 贸易方式，价格要比欧美地区高出 1 美元/百万英热单位左右。

（1）直接挂钩

1975—1986 年，日本 LNG 进口价格采取与原油价格直接挂钩的方式，按等热值计算，即：

$$P_{LNG} = A P_{oil} \tag{3-1}$$

其中，P_{LNG} 为 LNG 进口价格，P_{oil} 为原油价格，A 为与原油挂钩的系数，按等热值原则进行换算，比如当 1 桶原油高热值取 5.81 百万英热单位时，A 为 17.2。

---

① 美国能源部定义的 LNG"现货交易"为一年以内的单船 LNG 交易；"短期合同"为两年以内每笔两船以上的 LNG交易。国际 LNG 进口商组织（GIIGNL）统计的 LNG "现货交易"和"短期合同"，则包括一年以内的单船 LNG 交易和四年以内的每笔两船以上的 LNG 交易。

② 互换交易通常是指气量交换，一般不考虑价格因素。互换交易有两种情况：一是为了缩短船运距离，包括两个不同出口终端的卖家和两个不同接收终端的买家之间交换货物以减少交易参与各方的船运成本，并且释放出多余的船运能力；二是满足买方之间互补需求，比如，一方按长期合同中"照付不议"条款购入量存在过剩，而另一方此时 LNG 需求量大，存在供需缺口，进行的跨期互换，以消除双方在提货时间上的差异，增加市场灵活性。

③ Henry Hub 位于美国南方的路易斯安那州，是 16 条州（州际）天然气管道系统的交汇点，在此形成了美国最大的天然气现货交易中心，同时也是 NYMEX 的天然气期货的交割地点。

④ 国家平衡点是英国国家电网公司的一个虚拟现货交易中心，也是欧洲最大的天然气交易点，其天然气现货交易价格也是 ICE 天然气期货合约参照基准。

⑤ 日本原油综合价格（Japan crude cocktail price，JCC）是日本进口原油均价，也称为日本原油鸡尾酒价格，是采用日本及进口原油 CIF 报关价作为基础加权计算获得的。

（2）直线价格公式：

1986 年后，日本 LNG 进口价格开始发展出直线价格公式，LNG 价格不再 100％ 与原油价格挂钩，但比例仍较高，即：

$$P_{\text{LNG}} = AP_{\text{oil}} + B \tag{3-2}$$

其中，P_{LNG} 为 LNG 进口价格，A 为与原油挂钩的系数，B 为调整量，谈判确定。另外，在合同中往往规定了公式适用的油价范围，如果油价超出此范围，则另行谈判调整。

（3）S 曲线价格公式：

20 世纪 90 年代以来，为了避免国际油价剧烈波动对 LNG 价格的影响，澳大利亚和日本的 LNG 贸易合同开始采用 S 曲线价格公式。2000 年后，欧洲进口 LNG 合同也开始采用这一定价模式。

$$P_{\text{LNG}} = AP_{\text{oil}} + B + S \tag{3-3}$$

其中，S 代表当油价过高或过低时的曲线部分。由于合同中规定了公式适用油价范围，如果油价超出此范围，则另行谈判调整。S 曲线部分能有效保护合同各方免受油价高幅震荡带来的影响。按照此公式，当油价过低时，LNG 价格高于直线公式价格，保护卖方的利益；而当油价过高时，LNG 价格则低于直线公式价格，以保护买方利益；当油价在中间幅度时，LNG 价格等同直线价格公式。具体的合同谈判的焦点是油价区段的划分和调价常数的确定。2000 年后许多欧洲合同也都采用了这个模式。此外，目前有的地区还出现了所谓的电力价格指数公式，即与电力挂钩的计算公式，以电力价格作为 LNG 价格的参照。该方法主要适用于与电力竞争的地区。直线价格公式、S 曲线价格公式、电力价格指数公式各有其特点，依据当地的主要竞争能源，价格公式适应的对象有所不同。

一般来说，直线价格公式参照原油、燃料油等价格的比重较大；S 曲线价格公式参照煤炭、管道天然气等其他能源价格的比例相对大一些；而电力价格指数公式则参照电力的价格指数。三者比较，很难直接判断哪个公式对买卖哪一方有利。由于直线价格公式与 S 曲线价格公式相对来说更能满足买卖双方对减少 LNG 价格波动的要求，因此，目前的 LNG 贸易中普遍采用这两种形式（见表 3-6）。

表 3-6　全球 LNG 市场规模及定价机制演变历程（单位：10 亿立方米）

<table>
<tr><th colspan="2">时间</th><th>20 世纪 60 年代</th><th>20 世纪 70 年代</th><th>20 世纪 80 年代</th><th>20 世纪 90 年代</th><th>2000 年至今</th></tr>
<tr><td rowspan="5">市场规模</td><td>市场发育</td><td>起步阶段</td><td>逐步发展</td><td>逐步发展</td><td>快速发展</td><td>快速发展</td></tr>
<tr><td>新加入买方</td><td>英国、法国、意大利、西班牙、日本</td><td>美国</td><td>韩国、比利时</td><td>中国台湾</td><td>中国、印度、英国</td></tr>
<tr><td>新加入卖方</td><td>阿尔及利亚、美国阿拉斯加</td><td>利比亚、文莱、印尼、阿布扎比</td><td>马来西亚、澳大利亚</td><td>卡塔尔、特立尼达、尼日利亚</td><td>阿曼、埃及</td></tr>
<tr><td>贸易量</td><td>1.4～3</td><td>3～3.5</td><td>35～78</td><td>78～140</td><td>140～226</td></tr>
<tr><td>流动性</td><td>几乎没有</td><td>几乎没有</td><td>几乎没有</td><td>流动性较小</td><td>流动性较高</td></tr>
<tr><td rowspan="3">定价机制</td><td>定价方式</td><td>固定价格等热值法</td><td>等热值法直线价格法</td><td>直线价格法"S"曲线法</td><td>直线价格法"S"曲线法</td><td>直线价格法"S"曲线法价格重定条款</td></tr>
<tr><td>贸易合同</td><td>25～30 年长期合同</td><td>中长期合同为主</td><td>中长期合同为主</td><td>短期、现货、互换、期货</td><td>多样化</td></tr>
<tr><td>挂钩</td><td>100％</td><td>90％左右</td><td>80％～90％</td><td>80％左右</td><td>70％～80％</td></tr>
</table>

资料来源：王震. 全球液化天然气定价机制：演进、趋势和基准价形成[J]. 价格理论与实践，2009(8)

二、国际天然气价格波动及其影响因素

（一）国际天然气价格波动特征

近十年来,国际市场上天然气的价格随石油价格波动,两者的价格变化呈较强的正相关关系。随着石油价格的不断上涨,天然气价格也呈现出整体上涨的趋势,但是上涨幅度要小于石油。LNG 国际贸易的长期合同价格一直低于国际石油价格,高于管道天然气价格。但是,近年来随着欧盟碳排放权交易市场的建立和温室气体减排活动的推进,整个欧洲市场对天然气的需求迅速增长,加上来自俄罗斯的管道天然气供应存在不稳定造成对 LNG 调峰的需求,欧盟的管道天然气价格逐渐超过了 LNG 的价格。虽然 2008 年的金融危机导致了全球经济衰退和市场萎缩,对国际天然气市场造成了很大冲击,但是危机过后,天然气价格又重新恢复上涨。而且随着全球气候变化和节能减排越来越成为国际社会关注的热点,天然气作为一种清洁高效的能源,其在国际能源市场中的份额将不断扩大,价格也将持续走高(见图 3-23)。

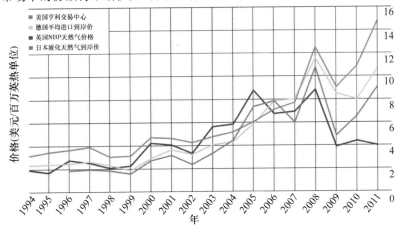

数据来源：BP Statistical Review of World Energy 2012

图 3-23　1994—2011 年全球天然气贸易价格的历史走势

在国际能源市场中,石油和天然气的价格不仅由成本决定的,也受到地缘政治、供需格局等多种外部因素影响。相对而言,由于石油产业链较短,发生的沉没成本较小,非成本因素极易导致石油价格的大幅度波动,而管道天然气的开发要经过从井口开采到净化、管输、配送等环节,LNG 还要加上液化、船运、再气化等环节,因此天然气产业链冗长,沉没成本远高于石油,因而外部市场环境影响导致的价格波动幅度较小。

国际天然气价格与石油价格的联动非常密切,两者存在着一定的替代性,而按照等热值原则计算的石油与天然气的比价应在 0.6 左右,而且国际天然气贸易中存在天然气和石油价格的联动机制。日本、韩国进口的 LNG 和欧洲进口的管道天然气,在贸易合同中一般会约定,LNG 或管道气的交易价格与原油或石油产品的价格联动,这样,当原油价格变化时,天然气价格会与原油价格按相同趋势发生变化;以北美为目的地的 LNG 贸易,虽然是以北美几个主要的天然气现货交易中心的报价为定价基础,但考虑到天然气与石油之间存在的替代性,仍与原油价格之间存在一种内在联系。相对而言,由于北美地区天然气供应更加充足与稳定,其管道天然气与石油比价接近 0.6,且较为稳定;而欧盟的天然气供应主要依赖于俄罗斯和北非的阿尔及利亚,受地缘政治及国际经济形势的影响加大,故两者比较一般高于 0.6,且波动幅度较大;亚太地区以 LNG 贸易为主,价格高于管道天然气,比价在 1 之间,且波动幅度非常大。虽然这一比价关系并不稳定,但是仍可作为天然气定价的基础。随着这两年天然气市场出现的供应过剩现象,管道天然气和 LNG 的价格都有所下降,比价又开始稳定在 0.6 左右(见图 3-24)。

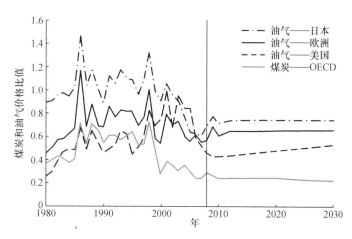

数据来源：IEA. World Energy Outlook 2009

图 3-24 全球各主要地区的天然气与石油比价关系

(二)天然气价格波动的影响因素

1. 长期影响因素

(1)天然气资源丰度

天然气价格与国内天然气资源的丰富程度有很大关系,在天然气储量丰富的国家,如俄罗斯、挪威等国,天然气资源的价格一般较低,反之,则价格较高。比如天然气资源极度匮乏的日本,终端用户天然气价格为俄罗斯的 50 倍以上。

(2)经济发展程度

天然气需求量的高低,不仅与天然气工业基础设施的建设密切相关,而且与社会经济发展水平密切相关。因此,社会经济发达的国家更倾向于使用较为清洁的天然气作为燃料,其天然气的价格也会随之走高。例如西欧地区是全球经济最活跃的地区之一,其天然气需求量逐年攀升,在全球消费量中的比例已从 1970 年的 7.5% 上升到 2008 年的 15.8%,同时,西欧地区的天然气终端价格也是世界天然气平均价格最高的。

(3)市场开放程度

虽然世界天然气工业发展很快,但是目前天然气需求的增长速度仍不及 20 世纪 70 年代时的石油需求发展迅速,国际市场仍然呈现区域性特点。在区域市场中打破垄断,形成竞争性格局已经成为趋势。天然气市场结构直接影响了天然气的供应,欧美国家天然气市场改革的进程就揭示了这一影响。第三方准入机制的引入直接增加了市场供应的灵活性,对及时满足市场需求起到重要作用。

(4)非常规天然气的开发

随着非常规天然气的生产技术的成熟,开采成本也随之不断下降,竞争优势开始显现(见图 3-25)。非常规天然气的突破对国际天然气市场的长期供需平衡和贸易格局产生了深远的影响。由于美国对天然气进口需求大幅度下降,中东天然气出口国只能将出口重点转向欧洲,对传统的天然气出口国(如俄罗斯、阿尔及利亚等)产生冲击。

(5)LNG 的发展

虽然 LNG 项目比石油项目的资本强度大(短期内投资额较大),但是随着能源消费增长和节能减排的要求,LNG 的需求将会不断增长,进而使得 LNG 设施数量不断增加,LNG 船队的规模不断扩大,远途航运的风险将被大大降低,市场普及程度将不断加深。LNG 有望成为全球最大的投资领域之一。因此,从长期来看,LNG 的发展有助于稳定全球天然气价格,降低需求国对单一市场的过度依赖。

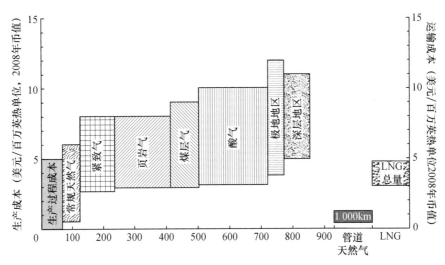

数据来源：IEA. World Energy Outlook 2009

图 3-25　常规天然气、LNG、非常规天然气的生产成本比较

2. 短期影响因素

由于天然气的价格弹性较大，因此与石油相比，天然气市场短期供需平衡对价格影响更大，在天然气管网及储气库体系较为完善的市场中，可以通过储气来应对突发性短期供应不足或短期需求上升，缓解季节性或临时性的市场价格波动。但是，由于大规模存储天然气的成本相当高，因此突发性的供求失衡可能会造成天然气现货价格的暴涨暴跌。Serletis 等（2004）就指出在解除管制后，美国天然气 Henry Hub 现货价格的短期波动比 WTI 原油现货价格更为激烈，其价格时间序列的尖峰肥尾特征也更为明显（见图 3-26）。

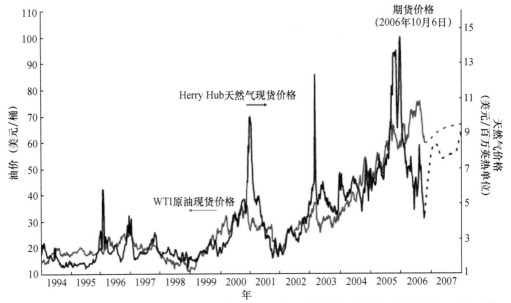

资料来源：Stephen P. A. Brown，Mine K. Yücel. Deliverability and Regional Pricing in U. S. Natural Gas Markets. Energy Economics，2008，30(5)：2441～2453

图 3-26　美国 Henry Hub 天然气现货价格与 WTI 原油现货价格比较

（1）替代燃料价格

竞争性替代燃料对天然气短期需求的影响强度与用户在短时间内转换燃料的能力相关,但是市场对竞争性燃料价格波动的信息反应要更为敏感,竞争性替代燃料和天然气之间存在明显的相关性和趋同趋势。

（2）天气变化

天气变化因素对天然气短期需求的影响取决于天然气在城市供暖系统中所占的比重,居民和商业用户取暖对天然气的依赖程度越大,那么天气因素对天然气短期需求变化的影响就越大,进而影响天然气市场短期价格波动。

（3）国际地缘政治

突发性的国际地缘政治事件有可能会对天然气短期供应产生非常大的影响,尤其是像欧洲这样天然气进口来源较为单一或某一进口来源国比重过大,而输气管道又过境多个国家的情况,及其容易因为产气过和管道过境国的政治冲突导致短期天然气供应大幅下降甚至出现中断情况,进而引发天然气价格暴涨。

（4）国际航运市场

与石油相比,LNG 供应成本中,运输费用所占的比例要大得多,LNG 远洋运输受到国际航运市场的影响较大,当国际航运市场随经济形势发生变化时,LNG 的运价也会随之波动。尤其是近年来国际航运衍生金融产品的投机性越来越大,LNG 的运价波动也随之加大,进而影响短期天然气市场价格。

三、相关研究

国外对于天然气市场及天然气价格的研究主要集中以下三个方面,一是放松管制后天然气市场的效率问题;二是天然气市场的价格形成机制问题;三是跨区域天然气市场价格的相互作用问题。

（一）天然气产业管制的效率问题

政府对带有自然垄断性质的产业进行管制手段包括:限制进入,保护自然垄断产业的资源配置效率;价格管制,控制垄断企业的利润水平,减少对消费者和社会福利的影响。20 世纪 90 年代开始的以欧美为代表的、以放松天然气市场管制为目标的天然气市场化改革一直是国际学术界关注的目标。

美国在 1978 年《天然气政策法案》(NGPA)颁布后,政府不断放松管制的过程中,天然气市场的结构也随之发生演变,对社会福利及天然气产业发展产生了非常大的影响。Weiss 和 Strickland(1982)对天然气费率的设置方法进行了探讨,总结了管制体制下的天然气计价方式,认为管制导致天然气与石油的比价长期偏低,市场价格不能够反映天然气开发的经济成本和资源价值。Broadman(1985)对美国放松天然气市场管制后,天然气产业中生产商、管道公司、中间贸易商等市场主体角色的转化以及天然气交易机制中商品和服务的分离情况进行了假设,分析了不同市场结构对市场效率的改进程度。Sickles 和 Streitwieser(1989)对美国放松天然气市场管制的改革模式进行了分析,从社会福利的角度来看,分时段、分类别的逐步渐进式放开价格管制造成的负面影响远远高于一步到位式的市场改革,其中对于管道运输中引入"第三方准入"机制的争议是最大的,尤其是管道运输费率的制定与确保管网安全运营之间的矛盾。De Vany 和 Wall(1993)考察美国 1985 年颁布的 436 号令对促进天然气市场竞争所起的作用,通过协整方法评估位于传输网络节点的现货市场间的竞争程度。研究检测 20 个生产地和管道互接点的 190 个市场的现货市场价格,结果发现到 1991 年超过 65％的现货市场出现了价格趋同,市场整合的趋势增强,说明管道开放后天然气市场的竞争程度有了很大的提高。Thomas 和 Dennis(1995)就对美国放松对天然气产业管制过程中最重要的 636 号令进行讨论,指出虽然 636 号令要求管道公司解除捆绑,通过一揽子销售许可证将捆绑式的销售合同转化为独立的同等气量销售和输气服务合同,同时实现平等输气的原则,但是在这一过程中,管道公司将不再拥有天然气的所有权,也不能控制储气能力,在保证管道系统平衡方面将面临严峻考验,需要引入强制执行天然气接收计划、颁布运行流动命令(OFO)等方式来实现系统平衡。Christian(2008)对放松管制后的美国天然气管网、LNG接收站及储气库等基础设施投资情况进行了分析,特别是考察了产业重组与投资之间的关系,认为放松管制不会导致基础设施的投资不足及出现供给安全问题。

Marian(1999)对欧洲建立统一天然气市场的努力进行了分析,认为天然气管网对大用户的开放后,有助于提高大用户和天然气供应商的谈判时的选择余地,对于促进欧洲天然气市场竞争程度具有重要影响。Jacques(1999)从欧盟层面和国家层面分析了开放天然气市场,引入"第三方准入"机制后,各国石油公司的应对策略和各国政府落实相关指令的情况,并指出开放管道运输市场最关键的问题是如何确定管输费率并保证管道系统的平衡。Andrew(2000)对欧洲天然气市场改革进行分析,分别检验了三种假设情形下市场化改革的绩效,认为单纯依靠欧盟相关指令和引入"第三方准入"机制并不足以提高欧洲天然气市场的竞争性,相比之下能源企业间的横向、纵向并购重组对天然气市场的影响更大,尤其是上游天然气生产商跨国并购中游管道公司、储气库和下游燃气电厂的趋势将对欧盟各成员国落实开放天然气市场指令等形成制约。Rudolf和Steven(2006)采用混合补偿均衡模型对欧洲天然气的市场力问题进行分析,提出在管道输送领域引入"第三方准入"机制,必须引入更多新的管道输送商,并且开放储气市场将有助于减轻天然气市场的市场力,增加放松管制带来的社会福利。

此外,Alberto(2004)分析了拉美和欧洲五个半工业化国家天然气产业改革的教训,并指出从长期发展观点看,完全私有化存在巨大风险,应在既有格局下坚持放松市场进入,通过竞争主体多元化促进产业绩效提高。Melissah和Alexandra(2007)也分析了巴西的天然气市场开放进程、改革效果及制约市场竞争的结构性因素。

(二)管道天然气市场的定价机制

1. 上游供气价格

长期合同一直是管道天然气市场的重要交易方式,即使在美国颁布NPGA、对井口价解除管制后,仍是天然气市场的主要交易方式。长期合同中附带的"照付不议"(take or pay)条款要求买方每月必须"提取或支付"一口井或一个气田潜在产量的一定比例,即使没有提取该合同量,仍然要预支后续的价款。长期合同中的预约用气量可以作为管道公司优化管道、压气站等设施设计的基础,保证管道的高利用率,保证合同的履行;同时,管道公司还可以优先满足稳定用户的用气量,利用其他服务方式增加营业收入,如可中断输气服务、无通知运输服务、短期固定运输服务等,这样就可以大大减少管道单位建设成本,获取更多额外利润。但是,随着20世纪70年代末的天然气供应紧缺逐渐转向缓和,而且到了20世纪80年代中期,由于天然气价格偏高,工业用户和电厂都减少了其天然气用量,导致管道公司积压了大量的天然气,而根据长期合同,他们有义务提取或至少为这些气量付款,但又不能按合同价在市场上转售。Scott和Keith(1985)采用效率违约理论[①](Efficient Breach Theory)对长期合同中"照付不议"条款进行分析,通过对管道公司和天然气生产商的交易过程中成本与风险关系的分析来重新评价合同责任的功能和价值基础。Hubbard和Weiner(1986)对解除天然气井口价管制前后,管道公司和生产商之间的长期合同中"照付不议"条款进行了比较分析,检验结果表明解除管制不会改变长期合同的性质,但可能会增加"照付不议"条款设定的"提取或支付"气井潜在产量的比例,以作为对生产商的补偿。Doane和Spulber(1994)采用格兰杰因果检验和协整方法对1984—1991年天然气井口价格的月度交易数据进行分析,研究结果表明,放松管制后尤其是管道"第三方准入"机制的引入,传统的

---

① 效率违约又称为有效违约(efficient breach),是以波斯纳(Richard Allen Posner)为代表的美国经济分析法学派提出的理论。其含义是:合同的一方当事人只有因违约带来的收益将超出己方以及他方履约的预期收益,并且针对预期收益的损害赔偿有限,使之在承担违约责任后仍有盈余,违约才是一个理性的选择。

天然气长期合同交易机制逐渐被天然气现货交易机制取代,天然气市场参与者更加广泛,天然气井口价的区域差异缩小,趋同性增强,天然气市场的整合趋势显著。引入天然气现货交易市场后,虽然可以弥补长期合同交易机制不足,为市场提供更多的竞争性,但是也并不能完全打破天然气市场中存在的区域性市场力。Kathleen 等(2008)研究了美国天然气市场管制政策变化对社会福利的影响和相应的价格效应,通过与完全竞争市场模型下的均衡价格比较分析发现,随着时间推移,放松管制的政策将逐渐生效,天然气市场的实际价格和模型估计的完全竞争下市场均衡价格将逐步趋同,而社会福利的损失也将逐步降低(见图 3-27)。

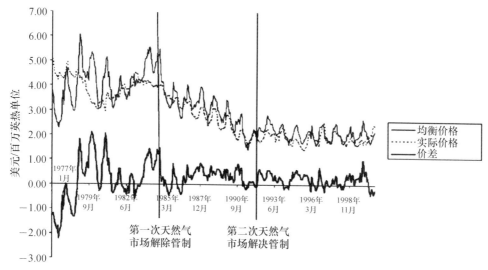

图 3-27 美国天然气市场实际价格与模型估计的均衡价格比较

2. 管道输送价格

美国在管道运输环节引入"第三方准入"后,逐渐打破了管道公司垄断购气、输气和售气的局面,实现天然气运输与销售分离,由不同的经营者单独进行,管道公司则不再提供捆绑式服务,改为主要从事天然气承运业务,并且要对所有托运人提供无歧视的运输服务。管道公司将供气服务依据服务等级的不同划分为固定供气和可中断供气服务。对于固定供气用户,管道公司必须为其预留管输容量,按用户约定的供气时间和供气量提供连续供气服务,并对用户采用两部制进行收费,一部分是按用户的合同需求来收取容量需求费,用于回收管道运输的需求成本,与实际输气量无关;另一部分是容量使用费,与实际输气量挂钩,用以维持管道公司的正常运营。对于可中断供气用户,在供气高峰、运力不足时管输公司可以减少甚至中断供气服务,其服务等级低于固定供气服务,收费也低很多,主要是容量使用费加上少量的容量需求费。Carol 和 Thomas(1998)对美国 FERC 制定的 636 号令实施后的管道输送费率问题进行了讨论,指出其制定的管输费率方法[①],虽然目的是为了建立竞争性的天然气市场,保证市场参与者能平等参与,但是这种定价方法对于管道公司而言,没有充分考虑其各自的费率基础差异(资本结构、净资产回报率等)情况,仍存在不公平的问题。Helmuth 和 Laont(2002)提出了完全竞争情形下的天然气管道运输定价基准模型,在考虑管道公司收支平衡的约束下,求解出了最优的管输费率和运输容量。同时,模型还给出了在局部区域如果存在一定垄断的情况下,输气管网如何进行调整以减少这种影响。

欧洲天然气管定价模式有三种形式:第一种是以比利时、荷兰和意大利等为代表的垄断模式,天然气管道公司提供捆绑式服务,管道运输价格是市场终端价格与天然气价格的差额,通常

---

① FERC 制定的管输费率方法是先根据管道公司提供管输服务的成本,确定基础的费率水平,并划分为固定成本和可变(随输送量变化)成本,再分派为预留容量费和使用容量费,并按地区和服务档次进行分配。

不单独计量；第二种是以英国为代表的准入式竞争模式，和美国的两部制定价类似，政府只为管道公司制定上限价，管输公司在价格上限内有较大的价格调整自由度；第三种是以德国为代表的管线对管线的竞争模式，在管道运输中建立强制性的第三方准入机制，引入竞争性的管道公司，通过管道间的价格和服务质量竞争来提高运输效率，在实际运作中，"管对管"的竞争表现为管道公司间的寡头竞争，虽然存在一定的竞争，但也存在"串谋"的可能。Egging 等（2008）针对欧洲天然气市场的特点，提出了一个管道天然气和 LNG 互补的市场模型。模型中涉及广泛的市场主体，而这些市场主体的定价决策遵循库恩-塔克最优化条件，通过模拟计算获得各国天然气市场出清价格。研究还以俄罗斯途经乌克兰到欧洲的天然气管道贸易为例，评估了这一管线的管输成本和费用情况，并讨论了如何引入 LNG 弥补管道天然气供应缺口，以减少由于俄罗斯与乌克兰在管输费用上争端带来的影响。

3. 储气价格

天然气市场的管制逐渐解除后，长期合同机制让位给更为活跃的现货交易和短期合同，而天然气产业的特点又决定了天然气短期供气的不平衡性会导致短期价格的急剧波动。因为天然气供应一般是较为持续、稳定的，但需求却是变化无常的，会随季节、气候、经济波动而发生变化，因此储气库对于平衡管道天然气输入和输出而言是非常重要的。同时，开放储气市场（open-access storage）也为平抑天然气现货价格波动提供了可能。美国 FERC 制定的 636 号令就要求管道公司必须依据合同向所有用户提供平等的无歧视储气服务，而其保留的储气能力只能用于维持系统安全运行，不能用于直接销售给下游用户。Poudou 等（2005）就对引入"第三方准入"机制后，是否开放储气市场问题进行了探讨，模型假设天然气市场由一家拥有上游资源和下游市场的综合供应商与一家单纯进行下游销售的配气商进行竞争，而综合企业销售剩余的天然气会转售给配气公司。研究发现，在这种情形下，开放储气市场有助于提高下游配气商的谈判能力，对减轻上游天然气企业的垄断有一定的作用。Breton 等（2008）在上述模型的基础上建立了一个天然气竞争市场下的两期储气竞价模型，模型假设有两家配气商、一条由独立管道公司运营的天然气管道、一个储气库位于城市门站，储气库仅用于季节调整管道供需而不用于管道的日常调峰，从而研究在两种情形下（储气库由一家配气商拥有，但也向另一家配气商提供有限服务；由独立储气商进行运营，同时向两家配气商提供无歧视服务）的最优储气竞价及对社会福利的影响。

（三）跨区域天然气市场价格的相互作用

在国际天然气市场价格体系中，主要的参照标准是美国 Henry Hub 交易中心的现货价格、英国国家平衡点（NBP）的现货价格和日本对外公布的 LNG 到岸价。这三个价格相互之间存在一定的相互作用，对不同区域的天然气贸易也会产生不同的影响。Ahmed（2005）对美国 Henry Hub 与英国 NBP 价格进行了比较，发现由于 Henry Hub 现货交易量更大，且与 NYMEX 的期货合约挂钩，所以其在国际天然气市场上的影响力更大。Siliverstovs 等（2005）对 1990—2004 年美国、欧洲、日本天然气市场价格（管道天然气价格和 LNG 到岸价）进行了主成分分析[①]（Principal Components Analysis，PCA）和协整分析。研究发现，美国天然气市场与欧洲、日本明显有区域分割的特点，跨区域市场之间的相互影响有限。欧洲和日本的天然气来源严重依赖进口，其贸易价格往往与国际石油价格挂钩，欧洲天然气市场与国际原油市场密切相关，会在国际油价的带动下发生相应的波动，日本 LNG 到岸价也会受到国际原油价格的影响，但程度上要比欧洲市场弱很多；美国管道天然气市场供应主要来自本土，受到本土市场供求关系的影响更多，价格走势与国际石油价格相关性较弱，虽然进口 LNG 会受到国际原油市场价格的影响，但是由于其市场份额很小，对整个美国市场的影响不大（见图 3-28）。

---

① 主成分分析（Principal Components Analysis，PCA）是一种简化数据集的多元统计方法，它通过线性变换将原来具有一定相关性的变量重新组合成一组新的互相无关的几个综合变量，同时根据实际需要从中取出几个较少的综合变量尽可能多地反映原来变量的信息。

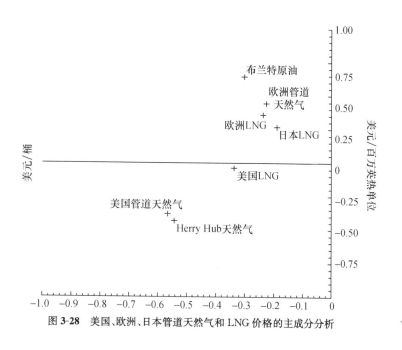

图 3-28　美国、欧洲、日本管道天然气和 LNG 价格的主成分分析

第三节　天然气金融

随着政府对天然气工业管制的放松和 LNG 国际贸易的迅速发展,整个天然气市场的结构更加复杂,竞争也更广泛、激烈,而由长期合同、现货交易、期货交易和场外交易等构成的多层次交易体系,逐渐摆脱了原来深受竞争性燃料价格波动影响的局面,更加真实地反映天然气市场的供求情况。所谓的"天然气金融"目前并没有严格的定义,但是其核心也是借助金融市场来完善天然气市场的价格发现功能,并提供规避风险的工具和手段。

一、天然气衍生金融产品交易

国际天然气衍生金融产品主要集中欧美两大天然气市场,尤其是美国的天然气金融市场非常发达。目前,纽约商品交易所(NYMEX)上市场的 Henry Hub 天然气期货合约已经成为国际天然气市场的风向标,欧洲天然气金融市场的开展较晚,目前仅有伦敦国际石油交易所(IPE)有上市基于英国国家平衡点(NBP)的天然气期货合约,但是围绕欧洲各天然气管网枢纽形成的现货交易中心的和场外市场的交易也非常活跃,其中以互换交易居多。

（一）天然气期货市场

1990 年 4 月,纽约商品交易所(NYMEX)推出交割地点在路易斯安那州的 Henry Hub 的天然气期货合约(见附表 3-1);1992 年 10 月,NYMEX 上市了 Henry Hub 天然气期货期权合约(见附表 3-2);2003 年,NYMEX 又推出了 Henry Hub 天然气的日历价差期权合约(Calendar Spread Options)。近年来,NYMEX 的 Henry Hub 的天然气衍生金融产品交易量不断攀升(见图 3-29),目前 Henry Hub 天然气期货合约已经成为全球第二大的能源期货品种,其价格走势成为国际天然气价格的标杆。1990 年 8 月,美国堪萨斯城商品交易所(KCBOT)也推出了交割地点在西得克萨斯的 Waha Hub 的天然气期货合约,但是相对于 NYMEX 的 Henry Hub 天然气期货交易,其市场规模和影响力都非常小。1997 年,伦敦国际石油交易所(IPE)才引入天然气期货合约(见附表 3-3)。2009 年 5 月,芝加哥商品交易所(CME)在其电子交易平台 Clear Port 上推出了基于英国国家平衡点(NBP)和美国 Henry Hub 交易中心的天然气互换期货和期权合约。

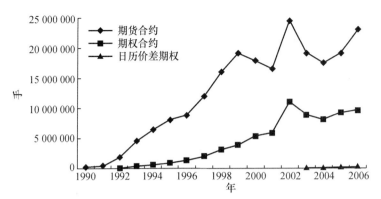

图 3-29 NYMEX 的 Henry Hub 天然气衍生金融产品交易情况（单位：手）

美国商品期货交易委员会(CFTC)也会在每周公布的交易商持仓报告中披露商业交易者、非商业交易者的天然气期货合约持仓情况（见图 3-30、图 3-31）。

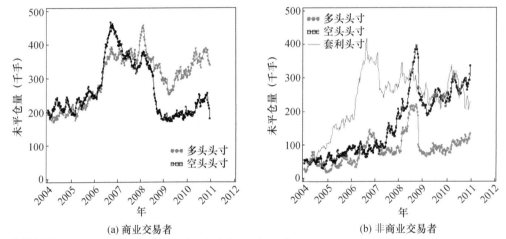

(a) 商业交易者 　　　　　　　　　　　　(b) 非商业交易者

数据来源：CFTC. http://www.cftc.gov/oce/web/natural_gas.htm

图 3-30 CFTC 持仓报告——未平仓量情况

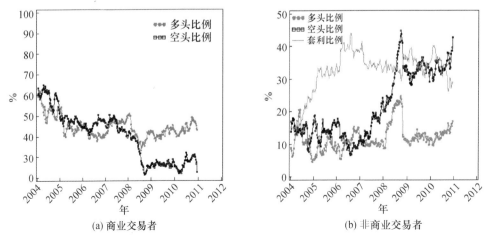

(a) 商业交易者 　　　　　　　　　　　　(b) 非商业交易者

数据来源：CFTC. http://www.cftc.gov/oce/web/natural_gas.htm

图 3-31 CFTC 持仓报告——商业交易者与非商业交易者的未平仓量占比

　　尽管目前仍没有实证研究和确凿的证据显示期货合约交易量和价格波动之间的直接相关性,CFTC还是一直坚持设立投机头寸限制的监管措施,避免持仓高度集中导致的过度投机。但是,CFTC的头寸限制政策是交由交易所执行的,1991年又推出了所谓的豁免发放和责任追究机制,交易所有权对某些机构在持仓限制上进行豁免,并进行监管。这等于为持仓限制开了一个政策缺口,出于满足市场的快速发展的需求,交易所的豁免发放规模不断扩大。从2008年7月到2009年6月,就有26家机构获得了NYMEX在天然气期货合约上的持仓限制豁免,其持仓规模平均是一般持仓限额的4倍,平均持仓时间为80天。这些被豁免持仓限制的机构如此大规模的持仓,严重背离了CFTC设立持仓限制的初衷。根据CFTC的持仓报告,从2008年7月到2009年6月的一年时间里,天然气期货单个合约未平仓量上,有13家交易商持有的头寸占总持仓的比例一度超过了10%,4家交易商的持仓超过了20%,3家交易商的持仓超过了30%;天然气期货总的合约未平仓量上,持仓量最多的4家交易商占总持仓的比例接近50%,而持仓量最多的8家交易商占总持仓的比例甚至达到了60%(见图3-32)。在这种持仓高度集中的情况下,天然气期货合约所反映的价格就会被严重扭曲,无法反映市场不同类型、观点不同的参与者的意愿。更进一步,如果某个交易商的净头寸足够大的话,就可能变成一个明显的影响市场稳定的因素,会对价格产生持续扭曲。未来,CFTC将调整持仓限制政策,解决豁免发放问题,大幅减少持仓豁免机构数量,降低它们的平均持仓规模和头寸集中度,恢复公众对期货交易制度的信心。

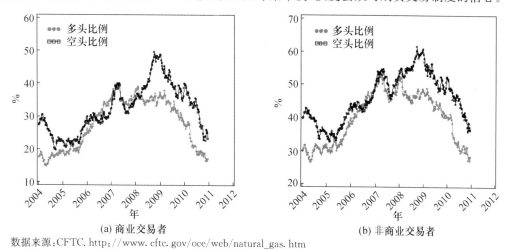

(a) 商业交易者　　　　　　　　　　　　　(b) 非商业交易者

数据来源:CFTC. http://www.cftc.gov/oce/web/natural_gas.htm

图 3-32　CFTC持仓报告——主要交易商持仓比例

(二)天然气场外交易市场

　　由于天然气场外市场的远期和现货交易大多数都是在每个月的最后一周进行的,这段时间也被称为竞价周(Bid week)。在竞价周里的交易量最大,因为生产商试图将其供应量的基本部分确定下来,以便开展下个月的生产计划,而终端用户也会希望将其需求量的基本部分确定下来,以相对固定的价格保证其天然气供应的可靠性和稳定性。在竞价周期间,一些市场信息机构通过市场调查获得相应的价格信息,在下个月的第一天公布主要交易中心的指数价格(index price),其中被广泛采用的是由FERC提供的天然气市场报道(IFGMR)月度指数价格。天然气指数价格的构成一般包括先确定管道,然后是天然气产地或消费地、特定地点(如计量站)、地区或州。FERC的天然气市场报道每月要公布约50个不同的指数价格,每一个代表同一条或不同管线上的不同点的交易价格的浮动平均值,代表了特定月份的天然气市场价格基本趋势,所以现货市场上的参与者会以指数价格为基础进行交易(会有适当的溢价或折价)。指数价格的波动(0.01~0.05美元/百万英热单位)比现货交易价格的波动(1~2美元/百万英热单位)要小很多。

1. 期货互换（future swaps）

期货互换是最活跃的互换合约，也是"固定—浮动"价格互换形式之一。期货互换的标的是期货合约的固定价和浮动价之间的价差。这里的固定价就是同月份的期货合约价，浮动价则是一个计算出来的价格，即期货合约最后 3 个交易日内期货结算价的平均值（L3D）。具体的交易过程如下：假设 A 贸易商购入一份 Henry Hub 的 12 月到期的期货合约，同时以固定价（即买入的期货合约价格）和浮动价（即买入的期货合约的 L3D 价格）与 B 贸易商进行互换交易，互换合约结算时，根据该期货合约的实际平仓价格（A 贸易商可以在最后一个交易日最后一分钟平仓，也可以在此之间的任何时间平仓）确定双方盈亏，并交换现金流。

2. 基差互换（basis swaps）

在天然气市场中，所谓的基差（basis）是指天然气在不同交割点之间的价差，参照标准是天然气期货合约交割点（如 Henry Hub）的指数价格。此外，还有所谓的远期基差，其参考标准是 NYMEX 的 Henry Hub 天然气期货合约价格。基差互换的交易过程与期货互换类似，只是其固定价是以 Henry Hub 天然气期货合约的 L3D 价格加上（或减去）基差，浮动价为某一特定地区的指数价格。

3. 指数互换（index swaps）

指数互换就是期货互换和基差互换的结合，主要用于在某地进行现货套利交易。指数互换的买方支付固定价给买方，并以指数价格从卖方买进。交易中采用的固定价以协商方式确定，浮动价则是由买卖双方认同的地点的指数价格。对于与生产商签订长期供应合同的贸易商来说，通过指数互换交易，可以根据市场变化来锁定利润。具体的交易过程如下：假设 A 贸易商在竞价周在甲地以 2.00 美元/百万英热单位的价格按 10000 百万英热单位/日的供应量从生产商购入 9 月的天然气，然后以该地区 9 月的指数价格售出。A 贸易商和 B 贸易商达成指数互换交易，B 贸易商以 2.02 美元/百万英热单位的价格支付给 A 贸易商（按 10000 百万英热单位/日的供应量×30 天），在 9 月该地区指数价格公布时，A 贸易商再以指数价格支付给 B 贸易商。

4. 摆动互换（swing swaps）

在现货市场中，摆动交易是按可停供气合同买进或卖出，而可停供气合同的气量与价格是每日谈判达成的。这种类型的交易在天然气现货交易中所占比例较大，摆动互换则为日交易提供了套期保值和交易手段。摆动互换交易的浮动价参考的是 Gas Daily 公布的日平均指数价格，该价格是当地公布的高、低价格的平均值。通常摆动互换的买方支付固定价，而收取日指数价格或日指数价格的均价。具体的交易过程如下：假设 A 生产商已经以 2.00 美元/百万英热单位的固定价格按连续供气合同将 1 月的天然气全部售出，但在 1 月上旬，由于天气变化，A 生产商判断天然气价格会上涨，因此以 2.00 美元/百万英热单位的价格向 B 贸易商买入 1 月 10 日到 31 日的摆动互换合约，如果这一期间日指数价格均价高于 2.00 美元/百万英热单位，则生产商可以获得额外的收益。对于交易商 B 来说，他可以寻找其他交易对象进行对冲掉该摆动互换的风险，甚至可以获得无风险套利机会。比如在上面的例子中，如果 B 贸易商能够以 1.95 美元/百万英热单位购买该月的基荷合同，那么就可以获得 0.05 美元/百万英热单位的无风险收益。投机商在现货市场中用摆动互换交易的形式来参与固定价格的交易（基荷合同或连续供气合同），并从中获利。

5. 摆动互换期权（swing swap options）

摆动期权和普通期权类似，但它的交易标的物不是期货合约，也不是现货交易，而是摆动互换合约。由于摆动互换期权的基础是日指数价格，期权可以按每日指数价格或某月的单日指数价格或所有日指数价格的均价来结算。若日指数价格低于敲定价格（第一个月指数价格或固定价），如果差价超出了购买看跌期权的权利金，则摆动互换交易看跌期权的买方将获利。同样，若日指数价格高于敲定价格，如果差价超出了购买看涨期权的权利金，则摆动互换交易看涨期权的买方将获利。摆动互换期权的特点就在于它可以有效地改变支付结构，比如，假设买方以 0.10

美元的价格购买了 5 天 10 000 百万英热单位/日(一份合约/日)的敲定价格为 2.00 美元的摆动互换看涨期权,那么如果这 5 天的日指数价格分别为 2.00、2.15、2.20、1.90、1.75 美元,那么按平均价,则买方损失 0.10 美元的权利金(5 000 美元),因为该期权没有内在价值;如果按第 3 日日指数价格执行,则可有 0.10 美元的盈利(5 000 美元);如果按期权到期日日指数价格执行,则无意义。

(三)其他相关的衍生金融产品

天然气现货市场价格波动较为激烈,而且由于现货交易中心分布在不同区域,区域间的气候、经济、人口、资源和管道设施、储气能力等差异都会导致区域现货价差的出现。Park 等(2008)突破传统的二元统计方法的局限,采用向量误差修正模型(vector error correction model,VECM),用多元统计的方法对 1997—2006 年美国 8 个天然气现货交易中心的日交易数据进行分析。研究发现,虽然随着天然气市场管制的逐步解除,各交易中心的价格长期趋势更加趋于一致,但是仍存在季节性的差异波动,这是由于季节性气候变化导致不同区域对天然气供气差异造成的。

为了规避天气风险,1996 年美国能源企业推出了天气衍生品的场外交易(OTC),并逐渐吸引了能源、农业、运输和金融机构的广泛参与。随着天气衍生品交易在 OTC 市场的日益发展和成熟,市场的参与主体越来越多,对标准化天气合约和流动性的要求也越来越高,为了适应市场需求,期货交易所开始引入天气的期货和期权交易。目前,全球有数个交易所——包括伦敦国际金融期货期权交易所(LIFFE)、芝加哥商品交易所(CME)和位于亚特兰大的洲际交易所(IE)等已经或者计划提供天气期货(期权)合约。天气指数期货(期权)合约是商品期货市场中的创新产品,在类别上它属于能源类商品期货交易品种。

1999 年 9 月,CME 率先将天气衍生品引入场内进行交易,推出了四个美国城市的天气期货和期权合约的交易。CME 天气衍生品主要是基于指数设计的产品,类似于股指期货、商品指数期货的天气指数期货。除了以气温为标的物外,CME 还不断推出创新产品,包括日照小时数、降雨微毫米量、降雪量、霜冻、飓风甚至空气污染物含量都成为天气衍生产品的标的物。

以最常见的温度指数[①]期货为例,目前 CME 提供了全球 47 个城市或地区的温度指数期货,主要分布在美国、欧洲、加拿大、日本、澳大利亚 5 个国家和地区,根据不同国家及地区天气衍生品 OTC 市场交易温度指数产品的特点及其市场参与者的交易习惯,CME 在合约设计上进行了相应考虑,共计有 19 种不同类型(包括月度、季度、冬季、夏季、周取暖/制冷)的温度指数期货合约。温度指数期货的基础是取暖日[②](heating degree day,HDD)和制冷日[③](cooling degree day,CDD)指数。其中,月度 CDD 指数是从合约月份中第一个自然日到最后一个自然日的 CDD 累积值;类似地,月度 HDD 指数是合约月份中每个自然日的 HDD 累积值。夏季 CDD 指数是指从所

---

① 温度指数是指日平均温度与 65 ℉(相当于 18.3℃)的偏离程度,日平均温度是从午夜到午夜的日最高温度与最低温度的平均值。由于美国工业界以 65 ℉作为启动熔炉的标准温度,因此这一温度通常出现在采暖通风和空气调节的技术标准中,并假设当气温低于 65 ℉时消费者会使用更多的能源来保持房间的温度,当气温高于 65 ℉时会耗费更多的能源运行空调来降温。日平均温度是计算各类温度指数的基础,定义为每天从凌晨到午夜日最高温度与最低温度的算术平均值,这些温度数据由地球卫星有限公司(Earth Satellite Corporation)提供。CME 温度指数期货所选择的城市都配套一个自动气象站,每个城市的气温由气象站的自动数据收集设备即自动表面观测系统(ASOS)测定,这一系统测出每日的最高和最低气温直接传输给美国国家气候数据中心(NCDC)。

② 取暖日指数(HDD)通过日平均温度与 65 ℉的比较来测量寒冷程度,也就是需要采暖的指数。HDD=max(0,65 ℉−日平均温度),如果日平均温度是 40 ℉,那么 HDD 就是 25,如果日平均温度是 67 ℉,那么 HDD 就为 0。CME 的 HDD 指数是一个月的日 HDD 指数的累积,在最后结算日每一指数点为 100 美元。例如,假设某一城市 11 月的日均 HDD 为 25(65 ℉−40 ℉),在 11 月的 30 天内,HDD 指数为 750(25 日 HDD×30),则期货合约的名义价值就为 75 000 美元(750HDD 指数×100 美元)。

③ 制冷日指数(CDD)通过日平均温度与 65 ℉的比较来测量温暖程度,也就是需要运行空调降温的指数。CDD = max(0,日平均温度−65 ℉)。与 HDD 的计算方式相同,如果日平均温度是 75 ℉,那么日 CDD 就是 10,如果日平均温度是 58 ℉,那么日 CDD 就为 0。CME 的 HDD 指数也是一个月的日 CDD 指数的累积,在最后结算日每一指数点为 100 美元。

选取的季节性连续月的第一个月中第一个自然日开始到最后一个月的最后一个自然日之间的 CDD 累积值;类似地,冬季 HDD 指数也是该季节中每个自然日的 HDD 累积值。此外,面向美国的温度指数期货还有一种周平均温度指数期货。该期货所标的周平均温度指数等于每周周一至周五的日平均温度的算术平均值。CME 在推出月度温度指数期货合约（见附表 3-4）后,于 2003 年 5 月又上市了季节性天气衍生品,季节性天气指数期货以制热日指数和制冷日指数为基础,是日温度指数期货的延伸,包括制冷季指数（SCDD）和取暖季指数（SHDD）。季节性天气期货合约的长度为 5 个月,夏季合约从 5 月到 9 月,冬季合约从 11 月到下一年的 3 月,并通过 GLOBEX 电子交易平台进行交易。季节性合约可以使交易者在一个价格上交易整个季节的温度指数,而不需要把每个月份的合约分别进行交易,从而提高交易效率并减少交易者的交易成本。在美国,居民冬季取暖、夏季制冷非常普遍,电力、天然气、取暖油等能源产品消费量很大,天气衍生品市场中能源企业是主要参与者。因此,温度指数期货合约标的城市的选取标准主要包括两方面:一是城市经济发展水平、人口数量及密度;二是城市的能源消耗水平。目前,美国温度指数期货的标的城市已基本覆盖全美范围,在东北部沿海发达城市分布偏多,在中部和南部分布较均匀,在西海岸也设置了若干大城市作为标的城市。

LIFFE 于 2001 年推出天气期货合约交易,该合约依据 LIFFE 的每月和冬季温度指数结算交割。指数的计算基础是伦敦、巴黎和柏林三地日平均气温。日本的东京国际金融期货交易所（TFE）也于 2010 年春季开始交易天气期货合约交易,合约以日本四大城市的一年前的月平均气温为基础计算。

二、天然气价格风险管理

处于天然气产业链中不同的环节的能源企业所面临的市场风险是不一样。对于处于上游的生产商而言,由于天然气的运输缺乏灵活性,通常只能用于地区消费,在大多数情况下,生产商只能将其生产的天然气出售给当地的天然气分销商,而不能直接出售给终端用户。由于对特定市场产生依赖,生产商不得不面对来自市场方面的风险:市场容量可能是有限的,或者虽然具有很大的需求潜力,却需要较长的市场培育过程;替代燃料的竞争压力,使得市场需求量在一定程度上会受到价格的影响。对于处于中游的管道输送商而言,在天然气产业链中要起到承上启下的作用,一方面要承担对上游生产商按长期合同价"照付不议"的责任,另一方面要保证对下游市场供应的连续性和可靠性。由于管道项目的建设具有投资规模大、一次性完成等特点,而下游市场的发育不能同步进行,管道输送商不仅要把握下游市场的发展趋势,而且要对用户进行合理的选择安排以便尽快启动市场需求,回收项目投资。一般在启动时,管道输送商倾向于选择电力和工业用户,但考虑到大用户对价格的承受能力较差,所要承担的其他替代燃料竞争风险也更大。对于处于下游的配送服务商而言,其投资风险较小,因为其在配送管网的投资不是一次性完成的,这就降低了扩容的成本和风险。同时,由于管道运输市场竞争机制的引入,其对特定资源的依赖较低,也较容易在市场上获得价格合适的供应来源。

天然气生产商通常可以采用产量支付合同（volumetric production payment contract，VPP）来进行项目融资,这种合同可以视为预付互换合约。不同于普通互换合约的支付方式（固定价格和浮动价格之间的价差以现金结算）,产量支付合同中的买方通常为生产商按照固定支付款项的现值提前支付。作为交换,合同卖方在一段时间后会收到合约规定量的原油或其他石油产品。在过去,通常是天然气生产商购买产量支付合同,其功能与产品清偿贷款相似。产量支付合同存在的明显问题是,合同卖方在事先投入大量款项的同时承担着合同买方违约和价格反向变动的风险。此外,产量支付合同可以当做贷款使用来隐藏负债。在安然事件[①]发生前,安然和其他能源

---

① 安然公司（Enron Corporation）是北美最大的天然气和电力批发销售商,美国天然气批发市场最主要的做市商,后由于内幕交易、虚报账目等遭到美国证券监管委员会调查,于 2001 年宣布破产。

公司经常做的就是找到愿意在产品交付前以预付款作为价格担保的产品使用者,然后用这些预付款的一部分来预先支付合同,对冲违约风险。

　　而在现货市场中,市场参与者则主要通过各种天然气衍生金融产品进行套期保值活动,即使没有现货交易能力的投机商,也可以充分利用各种金融工具在天然气市场上获利。假设 A 贸易商 10 月以浮动价(11 月 L3D+0.02 美元)在 Henry Hub 出售 11 月的天然气,然后再以价格 Y 买入 11 月的期货合约进行抵补,同时在场外交易市场卖出期货互换合约来规避价格风险,即向交易对手收取固定价 X,支付给交易对手 L3D,那么 A 贸易商的盈亏为:(X−Y)+0.02 美元,只要卖出的期货互换合约的固定价 X 比买入的期货合约 Y 的价差等−0.02 美元,就可以保证收支平衡,如果大于−0.02 美元,则可锁定利润(见图 3-33)。

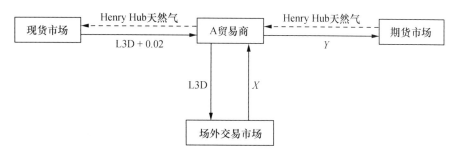

图 3-33　用期货互换进行套期保值

　　在天然气市场上,期转现交易(EFP)是非常重要的风险管理手段,其交易量占到直接在 Henry Hub 或其他交割点交割总量的 90%。EFP 交易中,交易的一方将期货合约转给另一方,然后在约定的交割地点从另一方接受现货天然气。由于 EFP 交易的交割点可以不是期货合约的交割点(也就不一定是在 Henry Hub 进行交割),所以存在基差风险,因此与基差互换交易中的基差一样,EFP 交易的价差也是由交易双方协商确定的。EFP 交易可用于为现货天然气交易尤其是交割点不是 Henry Hub 的现货交易提供套期保值。具体的交易过程如下:假设 A 贸易商和 B 贸易商进行 EFP 交易,确定协议价差为−0.30,交割地点(Permian)和牌价 Y(期货合约的从一方转到另一方的价格);A 贸易商以发票价格 Y−0.30(牌价加上协议价差)向 B 贸易商支付现货天然气现货价款,同时在 Permian 提取现货天然气,并将期货合约(牌价)转给 B 贸易商。A 贸易商可选择适当的时机买入期货合约,价格为 X,其买入现货的价格为:(Y−0.10)−(Y−X)=X−0.10,锁定异地现货交易的基差风险。EFP 交易和与之配对的期货交易没有必要按规定的顺序进行,其取决于对行情的判断和时机的把握(见图 3-34)。

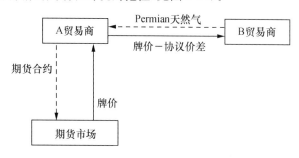

图 3-34　用 EFP 进行套期保值

　　EFP 交易实际上综合了其他交易工具,包括天然气现货合约、基差互换合约和期货合约等多种手段,因此 EFP 交易非常灵活,可以通过不同的组合来或者与其他天然气交易方式相结合,满足天然气市场参与者规避价格风险的需求。

　　天然气价格比石油价格更容易波动,因为天然气需求受季节影响大,而天然气储存能力受到转产的限制。另外,LNG生产装置投资大,一旦建成就需以最大生产能力满负荷生产。因此,有效的风险管理无论对生产者和消费者都是至关重要的。在欧美天然气金融市场中,提供的金融工具和现货交易手段非常丰富,其组合交易方式可多达上百种,便于各种类型的市场参与者(生产商、交易商和终端用户等)进行价格风险管理,并从中寻找获利机会。

三、相关研究

由于无法获得场外交易市场的数据,天然气金融的研究对象也主要针对天然气期货市场,研究的重点包括天然气期货价格的形成机制,天然气期货市场的价格发现功能的实现以及如何利用期货市场进行风险规避等。

(一)天然气期货价格

虽然放松管制后,美国天然气市场竞争程度有了较大提高,并且天然气现货市场出现了价格趋同的趋势,但是由于管道天然气的技术经济特性,各现货市场价格与期货价格间仍会存在一定的价差,这是影响天然气期货价格的基本因素。

Cuddington和Wang(2006)对1993—1997年美国76个现货交易市场的价格走势进行了比较,并且实证检验了现货市场地域分割程度和价格趋同速度之间的关系,研究发现美国东、中部地区较西部地区而言,天然气市场整合程度较高,价格趋同速度较快。究其原因,主要与美国天然气管网系统存在分布不平衡和天然气供应来源有关。东、中部地区管网密集,天然气供应来源更为多元化,储气库分布也非常密集,市场参与者不容易形成市场势力,竞争也更为激烈(见图3-35、图3-36)。Donald和Zhu(2008)对目前美国天然气市场的效率进行考察,以NYMEX的Henry Hub期货价格作为竞争性价格的基准,通过选取有代表性的天然气现货交易中心价格与之进行比较发现,不同交易中心的现货市场价格会出现系统性偏差,说明在某些现货市场中存在买方或者卖方一方占据市场优势地位的情况。

Stephen和Yücel(2008)的研究发现,由于管道运输能力的限制,天然气现货市场间的套利行为往往难以实现,这也抑制了美国天然气市场的一体化趋势。

除了区域天然气市场存在的区域分割问题外,天然气储气库的库存量变化、季节性天气、原油价格波动、电力价格波动等因素也会影响天然气期货价格。

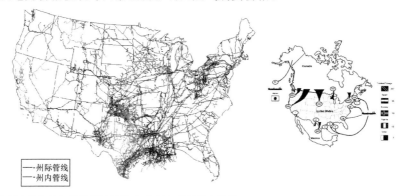

注:左图中蓝色标识的是州际管线,红色标记的是州内管线。

资料来源:EIA, Gas Transportation Information System,2009

图3-35 美国天然气管网系统分布(左)及天然气进出口流向(右)

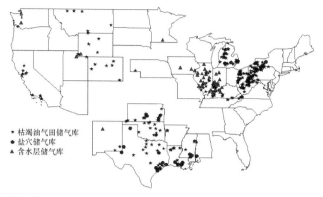

注：五角星表示枯竭油气田储气库，圆圈表示盐穴储气库，三角形表示含水层储气库。
资料来源：EIA. Gas Transportation Information System，2009

图 3-36　美国本土地下天然气储气库数量及分布

Scott 和 Zhu(2004)对美国纽约商品交易所 Henry Hub 天然气期货合约的短期价格波动的因素进行分析，研究发现天然气期货价格存在所谓的"周一效应"和"宣告效应"，即美国天然气协会[①]（American Gas Association，AGA）公布的储气库存报告对天然气期货短期价格的影响非常大，在报告发布日的合约价格的波动幅度远高于正常交易日，而报告发布的半小时内的波动幅度最大，然后逐渐减小到收盘前半小时波动又会逐渐加大，这说明市场参与者对于天然气储气库的库存量非常关注，并且其预期将直接反映到期货价格上。由于天然气的供应相对稳定，而需求会随着天气变化产生较大的变化，具有明显的季节性（见图 3-37）。Mu(2007)采用 GARCH 类模型分析了天气因素（季节性）和库存变化对天然气期货价格波动的影响，研究结果表明这两个因素对短期天然气期货价格的影响非常显著，通过脉冲响应分析发现，两者对短期天然气价格波动率的贡献率超过了 40%，而天气变化又会导致库存的波动。

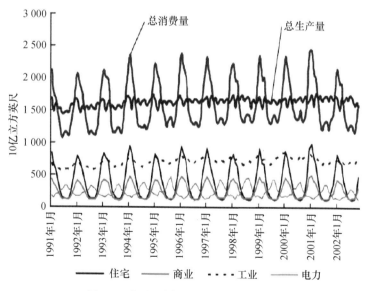

图 3-37　美国天然气生产和消费的季节效应

---

① 美国天然气协会（American Gas Association，AGA）成立于 1918 年，目前由 187 家地方公用能源公司组成，是美国最大的天然气行业组织。AGA 从 1994 年开始每周一会发布美国天然气库存统计数据的库存报告，2001 年 4 月后该报告改由美国能源部信息署（EIA）负责，每周三发布。

　　虽然作为竞争性燃料，石油价格波动仍会对天然气价格产生一定的影响，但是天然气价格和石油价格"脱钩"的趋势也越来越明显。Serletis 和 Ruiz(2004)采用 1990—2001 年的数据，比较了 WTI 原油价格和 Henry Hub 天然气价格之间的关联程度，研究发现，解除天然气市场管制弱化了原油和天然气价格之间的联系(见图 3-38)，而各天然气现货交易中心的现货价格也逐渐趋同，并以 NYMEX 的 Henry Hub 天然气期货合约为市场的风向标。

　　此外，由于许多电力公司采用天然气发电机组作为调峰机组，而在竞价上网时作为边际机组，调峰机组报价直接影响电价水平，而天然气发电机组的成本主要取决于天然气价格，因此两者存在密切关系。Gary 和 Liu(2002)对 Henry Hub 天然气期货合约与 COB(California Oregon Border)、Palo Verde(PV)电力期货合约之间的关系进行分析。研究发现，两者存在协整关系，互为格兰杰因果关系。

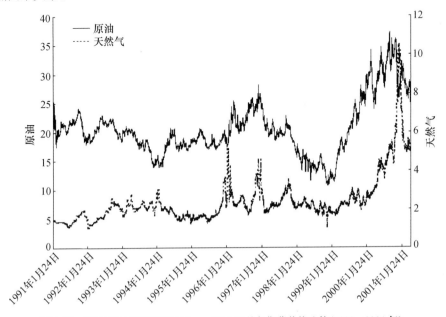

图 3-38　美国 WTI 原油期货和 Henry Hub 天然气期货价格比较(1990—2001 年)

（二）天然气期货市场

　　天然气期货价格对于整个天然气市场的意义在于其作为天然气价格体系定价基准，能够提前反映市场信息，为现货市场交易提供相应的引导。因此，天然气期货市场的价格发现和套期保值功能一直是学术界和业界关注的重点。

　　1. 价格发现

　　根据期货价格的存储理论，当库存量上升时，边际便利收益(也就是现货溢价)会下降，持有库存的便利收益也会下降，反之如果库存量下降，边际便利收益就会上升，而持有库存的便利收益也会上升。由于天然气储存较一般商品特殊，其储气库的建设投资规模较大、周期较长，因此现货市场持续波动增加会刺激市场对库存能力的长期投资。目前的研究大都支持天然气市场基本符合持有成本理论和风险溢价理论的期货价格形成机制，也就是说天然气市场解除管制后，储气库存变动对现货市场和期货市场的影响是明显的，而且持有库存的可能收益能够体现持有成本及风险补偿，天然气期货市场确实实现了价格发现的功能。

　　Susmel 和 Thompson(1997)对解除管制后的天然气市场价格波动进行分析，存储理论能够对天然气期货价格形成具有一定的解释力，同时发现随着现货价格的波动加剧，天然气库存随之上升，天然气市场对储气库设施的投资也持续上升，而这一现象隐含的经济含义是区域分割的天然气现货市场随着管网系统的融合，将被逐渐整合成一个统一的市场。Modjtahedi 和 Modjtahedi(2005)对美国天然气市场价格进行分析,发现现货价格和期货价格都是非平稳的随机过程,期货价格也不是未来现货价格的无偏估计,但是期货溢价存在,且与库存相关,这可以部分支持存储理论。Song和Zhu(2006)讨论天然气期货价格形成过程中的便利收益和风险溢价问题。研究首先分析了远期合约(视为近月的期货合约)价格与现货价格之间的差价,发现天然气远期合约存在一定的便利收益,然后检验发现远期合约价格并不是未来现货交易价格的无偏估计,远期合约的折价可以看做是对持有库存的风险进行补偿,远期合约的风险溢价也与现货价格波动率有关,而且边际便利收益和风险溢价都与现货价格的波动率有关,现货价格波动越大,边际便利收益就越大,而风险溢价也就越高(见图3-39)。Serletis和Shahmoradi(2006)也对1990—2002年美国Henry Hub的现货及期货合约价格数据进行分析,发现期货价格确实存在一定的便利收益,而且现货价格波动越大,边际便利收益也越大。此外,Mu(2007)的实证检验也证明了天然气期货合约价格存在萨缪尔森效应[①](Samuelson effect),间接验证了存储理论对天然气期货价格形成的解释力。

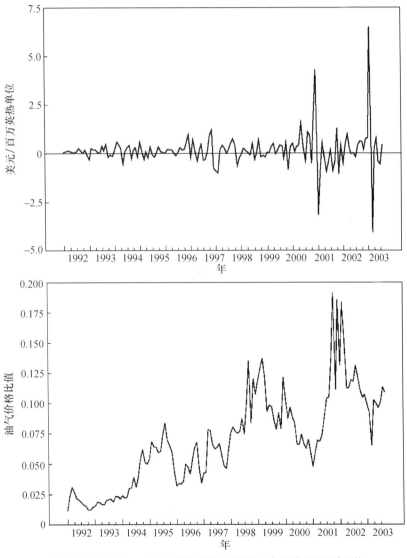

图 3-39 美国 Henry Hub 天然气期货价格的边际便利收益和风险溢价

① 萨缪尔森效应(Samuelson effect)也称为到期日效应,是指远期价格的波动性一般会随着合约到期日的临近而逐渐减小,也就是期货存储理论隐含的一个预期:尽管短期供需的不平衡会导致商品价格波动性的增加,但是在长期,供需的不平衡会逐渐减小,从而远期价格的波动性会随着合约到期日的临近逐渐减小。

2. 套期保值

天然气现货市场的区域分割带来的交割上的标准、地点、方式等一系列问题,使得天然气市场的套期保值较石油市场更为复杂。

Brinkmann 和 Rabinovitch(1995)对 NYMEX 的 Henry Hub 天然气期货合约的套期保值功能的影响进行了分析,发现该期货合约可以为从墨西哥湾沿岸、阿巴拉契亚和加拿大东部输送到美国东部,南部和中部各州的天然气交易提供很好的套期保值,但是无法对输入到落基山脉和西部及太平洋沿岸各州的天然气交易提供适当的套期保值,究其原因主要与美国天然气管网系统的分布及市场分割对管道输送能力的限制有关。Suenaga 等(2008)也对 NYMEX 的 Henry Hub 天然气期货合约的套期保值效果进行了分析。研究结果表明,天然气现货价格波动率和期货与现货间的价差变化在冬季的时候要远高于夏季,呈现非常明显的季节性,而这一因素也会直接影响套期保值的效果。

Root(2003)对天然气期货市场的最优套期保值比率问题进行了研究,试图采用门限协整模型(threshold cointegrated model)确定美国天然气市场的最优套期保值比率。研究结果发现,模型对于中长期(3~6 个月)交易的套期保值比率的确定较为可靠,对于短期(1 个月)交易的套期保值比率的确定水平较差,这主要是因为就短期而言,天然气期货和现货价格的波动趋势不一致性较高,甚至会出现背离趋势。

第四节　中国的天然气市场和天然气金融

一、中国的天然气开发利用

（一）天然气储量

BP 的统计数据显示,截至 2011 年底,中国的天然气已探明可采储量为 3.1 万亿立方米,占全球总量的 1.5%,储产比为 29.8。根据中国第三次全国油气资源评价资料显示,天然气已探明可采储量为 3.1 万亿立方米,预计可采储量可达 7 万亿~10 万亿立方米。各类气田 415 个,探明地质储量大于 300 亿立方米的大中型气田有 43 个,占全国总储量的 78.4%,形成了鄂尔多斯、塔里木、四川、准噶尔、松辽、柴达木、东海和莺琼海等九大天然气田。其中,西部的塔里木、鄂尔多斯、四川、柴达木和准噶尔盆地资源量约占 61%,将是未来天然气的主要产地;而东部的松辽、渤海湾盆地约占 8%,海域东海、莺琼海等海域资源量占 23%,由于离消费地区较近,资源的枯竭率也较高。

（二）天然气产量

2012 年,中国的天然气产量达到 1 077 亿立方米。其中,中国石油集团的天然气产量为 724.56 亿立方米,占全国天然气产量的 67.3%;中国石化集团天然气产量 169.34 亿立方米,占全国天然气产量的 15.7%;中国海洋石油总公司天然气产量 164 亿立方米,占全国天然气产量的 15.2%;其他天然气产量约占全国天然气产量的 1.8%。目前中国已经建成了塔里木、鄂尔多斯、四川、柴达木、松辽,东海,莺琼、渤海盆地等 8 个主要产区。其中,塔里木油田是中国最大的天然气产区,2012 年生产天然气 193 亿立方米,占全国天然气总产量的 1/4 左右,向西气东输供气 156.7 亿立方米。塔里木油田公司可向东部地区稳定供气 30 年以上。

（三）天然气消费量

2011 年,全球天然气消费总量是 32 229 亿立方米,中国的天然气消费量为 1 307 亿立方米,占全球总量的 4%;全球人均天然气消费量约 460 立方米/年,而中国仅为 93 立方米/年,约为全球人均水平的 1/5。但是,中国的消费潜力巨大,天然气消费量增长迅速,2011 年的增长率为

21.5%,远远高于全球 2.2% 的平均增幅。

随着环境污染和温室气体减排的压力日益增大,天然气在中国能源体系中的地位快速提升。在"十二五"(2011—2015 年)规划中,天然气占中国能源消费结构中的比重将提高至 8%。2012 年 10 月 31 日,国家发改委正式发布全新的《天然气利用政策》,政策提出将优化能源结构提高天然气在一次能源消费结构中的比重,优化天然气消费结构。提高天然气利用效率,促进节约使用,更是被政策重点强调。为了鼓励、引导和规范天然气下游利用领域,天然气用户被细分为:城市燃气、工业燃料、天然气发电、天然气化工和其他用户。新版《天然气利用政策》在 2007 年的基础上将优先使用的对象扩充为 12 类,其中城市燃气大类最靠前,而且增加了集中式采暖用户(指中心城区、新区的中心地带)和燃气空调等项目,而液化天然气汽车也被重点列出。

(四)天然气贸易

进口天然气包括管道天然气和液化天然气(LNG)两种形式。中国管道天然气进口开始时间较晚,西气东输二线是我国第一条进口管道天然气管线,西二线西段工程于 2009 年底投产,2010 年开始中国才逐步有管道天然气进口。2012 年中国进口管道天然气 221 亿立方米,占当年进口天然气总量的 51.7%。中国的 LNG 进口开始时间较早,由澳大利亚西北大陆架公司提供 LNG 的深圳大鹏 LNG 项目是我国首个进口 LNG 项目,项目自 2006 年 5 月开始进口 LNG。2012 年进口 LNG1 470 万吨(约 206 亿立方米),占进口天然气总量的 48.3%(见表 3-7)。

表 3-7　2006—2012 年中国天然气进口分析

	液化天然气(LNG)		管道天然气		合计(亿立方米)
	进口量(万吨)	折合体积(亿立方米)	进口量(万吨)	折合体积(亿立方米)	
2006 年	68.75	9.63	0.00	0.00	9.63
2007 年	291.31	40.78	0.00	0.00	40.78
2008 年	333.64	46.71	0.00	0.00	46.71
2009 年	553.18	77.45	0.00	0.00	77.45
2010 年	935.58	130.98	259.41	36.32	167.30
2011 年	1221.49	171.01	1036.65	145.13	316.14

资料来源:中国产业信息网

二、中国的天然气工业发展现状

(一)天然气工业概况

在天然气勘探开发方面,近年来中国陆上和近海天然气资源开发都取得了重大进展,中石油、中石化、中海油三大国有石油公司仍是主力。其中,中国石油天然气集团公司是天然气市场最大的参与者。中石油集团拥有约 75% 的国内天然气资源和 80% 的管网设施(包括重大省际干线)。2012 年末,中石油集团管道总长度为 66 776 公里,其中天然气管道长度为 40 995 公里。中石油集团还负责几个主要天然气进口项目,如中亚天然气管道以及江苏和大连的 LNG 进口项目。中石化的核心天然气资源和管网设施主要在山东、四川两省;中海油则通过海底管线为香港提供来自中国南方的天然气,并将中国东部的天然气运送到上海,中海油在 LNG 领域居于领先地位,其在广东、福建的 LNG 项目已经初具规模。

(二)天然气管网

1. 国内管网建设

至 2004 年西气东输管道一期投用以来,我国天然气产业进入快速发展阶段。截至 2011 年,累计建成天然气主干管线约 5 万公里,产量连续多年保持两位数增长,2011 年超过 1 000 亿立方米,消费量突破 1 300 亿立方米,消费区域扩展至所有省区市,近 2 亿人享受到了清洁高效能源带来的便利。国内干线输气管网方面,西气东输一、二线[①],川气东送[②],陕京一、二、三线[③]等干线输气管道也取得了很大的发展。在塔里木、长庆、川渝和柴达木四大气区资源互相调配的基础上,目前国内已经初步形成以西气东输、西气东输二线以及陕京线系统等管道为骨干,以兰银线、淮武线、冀宁线为联络线的国家级天然气基干管网。同时,西气东输三线路线图已经初步确定,设计年输气能力 300 亿立方米,西气东输四线,陕京四线也正在积极规划中。区域配气管网方面,中国天然气下游市场在近几年有较大的开拓,围绕全国天然气管道我国正进行城市分输支线的建设。川渝地区、环渤海地区及长三角地区已经形成比较完善的区域性天然气管道网络;中南地区、珠三角地区的区域性管网主体框架基本形成;东北天然气管网于 2009 年 5 月开工建设,覆盖整个东北地区绝大部分市场,山东天然气管网于 2009 年 9 月开工,建设总长 1 024 公里,设计年输气能力 110 亿立方米;福建、浙江、广东三网相连并对接西气东输二线的管网也正在建设中。

2. 进口管网建设

中国处于中亚天然气供应和东北亚天然气消费准枢纽的地位,在构建跨国天然气管网方面具有一定的地理优势。在中亚天然气管道、中俄天然气管道和中缅天然气管道完成后,将形成近 2 000 亿立方米的进口输气能力。

中国与中亚国家土库曼斯坦、乌兹别克斯坦、哈萨克斯坦三个国家都有天然气合作项目。"中国—中亚"天然气管道始于土库曼斯坦、乌兹别克斯坦边境,经乌兹别克斯坦、哈萨克斯坦到达中国霍尔果斯。管道分 AB 双线敷设,单线长度 1 833 公里,其中 A 线于 2009 年 12 月竣工投产,并于 2010 年 1 月初开始向新疆乌鲁木齐城市管网输气,又通过西气东输二线管道进入国内天然气输送枢纽站,再分输到国内其他城市。2010 年年底双线建成通气。中亚天然气管道进入中国境内后,将与中国西气东输二线衔接,最长延伸至广东省,总长度超过 1 万公里。全线建成通气后,将成为世界上距离最长、等级最高的天然气输送管道。

2006 年 3 月,中俄签署了《中国石油天然气集团公司与俄罗斯天然气工业股份公司关于从俄罗斯向中国供应天然气的谅解备忘录》。俄罗斯天然气工业股份公司计划修建两条通往中国的天然气管道,并从 2011 年开始向中国出口天然气。其中,西线管道将运送西伯利亚开采的天然气,由阿尔泰共和国出境,进入中国新疆,最终和中国西气东输管道连接。在完成最终的价格谈判后,将形成每年约 700 亿立方米的天然气进口量。

2008 年 12 月,中石油同缅甸有关方面正式签订了天然气购销协议,从 2013 年起,缅甸将向中国每年供应约合 1 100 万立方米的天然气,合同期为 30 年。作为我国第四条能源进口战略通道,中缅天然气管道也将于 2013 年年底建成投产,管道设计输气能力为 120 亿立方米/年。

（三）LNG 项目

随着天然气供需缺口的不断扩大,中国 LNG 进口量也急剧上升。2012 年,中国 LNG 进口量约为 206 亿立方米,是 2007 年进口量的 5 倍,占全球贸易流量的 6%。LNG 进口来源主要是澳大利亚、卡塔尔、也门、尼日利亚、印度尼西亚和马来西亚。中国的天然气消费以发电和城市燃气为主,集中在京津地区、东北地区、东南沿海和长江三角洲等东部的大中城市,加上中国沿海港

---

① 西气东输一线管道于 2004 年 10 月建成投产,项目投资为 1 200 亿元。管道西起新疆塔里木,东至上海,全长 4 200 公里,预计年输量 120 亿立方米。西气东输二线工程西起新疆霍尔果斯,东达上海,南抵广州、香港,全长 8 653 公里,预计年输量 300 亿立方米。西气东输二线的西段,自新疆霍尔果斯到靖边的 2 700 公里管线于 2009 年 12 月 31 日建成投产,向陕京二线分输天然气,工程东段预计 2011 年 6 月 30 日投产。

② 川气东送工程于 2007 年 8 月开始正式动工,于 2010 年 3 月正式投产,全长 1 702 公里,工程总投资 627 亿元人民币,设计的输气能力为每年 120 亿立方米,增压后可达到 170 亿立方米。

③ 陕京一线管道于 1997 年 9 月 10 日投产,全长 1 256 公里,年输气量为 33 亿立方米。陕京二线管道 2005 年 7 月建成投产,管道西起陕西靖边,途经陕晋冀三省,东至北京,全长 935.4 公里,设计年输气量 120 亿立方米。陕京三线管道工程于 2010 年 10 月建成投产,全长约 900 公里,设计输气量 150 亿立方米/年。

口的设施条件好,便于进口 LNG。根据天然气工业发展"十二五"规划,目前在建和筹建的 LNG 项目共有 18 个,一期的接收规模超过 5 500 万吨。预计 2015 年,中国进口 LNG 将达到每年 3 000 万吨以上。中国现已投产的 LNG 接收站主要有广东深圳、福建莆田和上海。中海油广东大鹏 LNG 项目与澳大利亚西北大陆架气田签署了 25 年的资源供应合同;中海油福建莆田 LNG 项目与印尼东固气田签署了 25 年长期供应合同,年供应量 260 万吨;中海油上海 LNG 项目与马来西亚国家石油公司签署了 25 年的合同,初期供应量 100 万吨,2012 年以后每年供应 300 万吨 (见表 3-8)。

表 3-8　已建、在建和规划中的 LNG 项目表

类别	项目名称	规模(万吨/年)	投资公司	投产或拟投产时间
已建	广东大鹏 LNG 项目	370+470	中海油	2006 年
	福建莆田 LNG 项目	260+240	中海油	2008 年、2012 年
	上海 LNG 项目	300+300	中海油	2009 年
在建和规划中	珠海 LNG 项目	300+400+300	中海油	2010 年、2015 年、2020 年
	浙江宁波 LNG 项目	300+300	中海油	2013 年
	深圳 LNG 项目	200+200	中海油	2013 年、2020 年
	海南 LNG 项目	200+100	中海油	2012 年
	粤东 LNG 项目	200+200	中海油	2012 年、2020 年
	粤西 LNG 项目	200	中海油	2014 年
	江苏 LNG 项目	350+300	中石油	2011 年
	大连 LNG 项目	300+300	中石油	2011 年
	唐山 LNG 项目	350+300	中石油	2013 年
	山东 LNG 项目	300+200	中石化	2012 年
合计		7240		

注:+号表示二期或三期工程的规模。
资料来源:邢云,刘森儿.中国液化天然气产业现状及前景分析[J].天然气技术,2009(1)

(三)天然气贸易

中国处于中亚天然气供应和东北亚天然气消费准枢纽的地位,在构建跨国天然气管网方面具有一定的地理优势。在中亚天然气管道、中缅天然气管道和中俄天然气管道完成后,将形成近 2 000 亿立方米的进口输气能力。中国与土库曼斯坦、乌兹别克斯坦、哈萨克斯坦三个中亚国家都有天然气合作项目。2006 年,中土双方签署协议,中石油获得了世界上最大的天然气田——土库曼斯坦阿姆河右岸巨型气田钻探权。2008 年,中石油与土库曼斯坦国家石油天然气公司签署 30 年的供气合约,西气东输二线西段建成后,从 2012 年起土库曼斯坦每年将向中国输送 300 亿立方米的天然气,后续还将增加到 450 亿立方米/年。2009 年,中石油与乌兹别克斯坦国家石油天然气公司签署了合作谅解备忘录,在两个油气勘探项目开展合作。2009 年,中哈天然气管道竣工,双方还签署了《中哈天然气管道二期融资安排谅解备忘录》,今后每年将向中国输送 400 亿立方米的天然气。中亚天然气管道于 2009 年 12 月正式投产,于 2010 年 1 月初开始向新疆乌鲁木齐城市管网输气,又通过西气东输二线管道进入国内天然气输送枢纽站,再分输到国内其他城市。2006 年,中俄签署了供气谅解备忘录,在完成价格谈判后,将形成每年约 700 亿立方米的天然气进口量。2008 年 12 月,中石油同缅甸有关方面正式签订了天然气购销协议,将从 2013 年起缅甸向中国每年供应约合 1 100 万立方米的天然气,合同期为 30 年。

随着天然气供需缺口的不断扩大,中国 LNG 进口量也急剧上升。2008 年,中国 LNG 进口

量为 44.4 亿立方米,2009 年,LNG 进口量达到近 50 亿立方米,同比增长 12.6%,占全球贸易流量的 2.5%。LNG 进口来源主要是澳大利亚、埃及、尼日利亚、阿尔及利亚、赤道几内亚、印度尼西亚和马来西亚。现有的 LNG 接收站主要有广东深圳、福建莆田和上海。广东大鹏 LNG 项目与澳大利亚西北大陆架气田签署了 25 年的资源供应合同;福建莆田 LNG 项目与印尼东固气田签署了 25 年长期供应合同,年供应量 260 万吨;上海中石油 LNG 项目与马来西亚国家石油公司签署了 25 年的合同,初期供应量 100 万吨,2012 年后每年供应 300 万吨。

中国是未来亚太 LNG 市场发展中不可忽视的最重要的影响因素。中国已经将开发和利用天然气资源作为能源产业优先发展的方向。LNG 作为陆地管道天然气的补充,具有非常广阔的发展空间。由于近年来国际天然气价格持续下跌,亚洲主要 LNG 进口国的需求骤降,加上目前在建和投产的大量 LNG 生产线,未来市场上 LNG 供应能力将相当可观,这对于中国来说,无疑是一个机遇,不仅可以缓解经济高速发展对能源的迫切需求,而且 LNG 高效、清洁,对于改善中国的能源结构,实现节能减排的战略目标也具有重要意义。

三、中国天然气价格体系的改革与天然气金融的发展

（一）中国天然气价格体系的现状

中国的天然气价格分为出厂价、管输价格、城市门站价和终端用户价四部分。

1. 出厂价

天然气出厂价在 2002 年以前称为井口价。2001 年,中国开始实行天然气优质优价,将天然气的净化费并入井口价,合并为现在统一的天然气出厂价。改革开放以来,中国天然气出厂价大致经历了三个阶段。

第一阶段,在 1992 年之前,实行国家单一定价机制。1987 年 10 月发布的《天然气、商品粮管理暂行办法》,将天然气分为计划内和计划外两种,两种不同的天然气价格都由政府制定。实施的方法是实行天然气商品纳入国家计划管理,由国家计委统一分配,执行国家计划价。

第二阶段,1993—2005 年间,国家定价与国家指导价并存。1993 年,国家物价局同意四川对于自销的天然气实行市场价格,1994 年正式形成新的天然气定价机制:将天然气出厂价分为计划内气和自销气,计划内天然气出厂价由国家实行分类定价,四川和其他产区之间的出厂价也不相同;计划外自销气的出厂价实行政府指导价,自销气价格可以由供应商在指导价基准上下 10% 的范围内上下浮动。从 2002 年 1 月开始,国家规定将现行天然气井口价外加收的净化费并入价内,合并为统一的天然气出厂价,不再单独收费。

第三阶段,2005 年 12 月开始执行的国家指导价。由于天然气的需求增加较快,原先的天然气定价机制逐渐暴露弊端,出厂价偏低,不利于调动生产商的积极性;计划内和自销气价格的差距较大,造成市场价格失调和不公平;供气企业也可能私自调整计划内和自销气的比例,不利于政府的监管等原因。2005 年 12 月,国家发改委下发《关于改革天然气出厂价格形成机制及近期适当提高天然气出厂价格的通知》,将天然气出厂价格改为实行政府指导定价。天然气价格简单归类为化肥生产、工业用气和城市燃气三类,将天然气出厂的价格归并为两档,计划内气量执行一档价格,包括川渝气田、长庆油田、青海油田、新疆各油田的全部天然气(不含西气东输天然气),大港、辽河、中原等油田目前的计划内天然气。除此以外,其他天然气归并为二档气,执行二档价格。从 2005 年开始,国家每年根据其他替代燃料的价格变化情况调整一次出厂基准价,按五年内原油(40%)、液化石油气(20%)、煤炭(40%)的价格变化进行加权平均。二档天然气出厂价可在国家规定的出厂基准价上浮 10%,下浮幅度不限。在 3～5 年的过渡期后,一档也将实行以替代燃料价格定价的方案,一档天然气出厂价可在国家规定的出厂基准价基础上上下浮动 10%。在公布这一定价方式的同时,政府也相应提高了天然气的出厂价格,涨幅在 50～100 元/千立方米之间。2007 年 11 月,国家下发《关于调整天然气价格有关问题的通知》,为限制工业用天然气过快增长以及汽车

用天然气的盲目发展,上游油气田供应工业用户天然气出厂基准价格上调400元/千立方米,涨幅达到50%左右。其他化肥用气和城市燃气的基准价则不变。2010年5月,国家发改委宣布天然气出厂价基准提高230元/千立方米,拉近同进口天然气的价差;同时改进天然气价格管理办法,即取消双轨制,扩大价格幅度范围,并设定了车用气与车用油的售价比。

2. 管输价格

中国的石油与天然气管道运输价格一直是按照在保证补偿成本的基础上加上合理利润的原则实行严格的政府管制定价。目前,管输价格采取的是"老线老价、新线新价"的办法。所谓的"老线老价"是指由国家拨款建设或贷款投资建设但已还清本息的油气管道,管输价格执行国家统一运价。最早收费标准是1976年由当时的石化部(76)油化财1356号文规定的,参照当时铁路货运费率按距离收费的方法定价;在1991年以(1991)价费字108号文件和在1997年以(97)财字第48号文调整了天然气管道运输价格。所谓的"新线新价"是指贷款建设的新油气管线,采用一线一价的管理办法,报国家价格主管部门批准后单独执行。1984年国家实行"利改税"、"拨改贷"政策,对新建天然气管线实行了一线一价的政策,核定的标准主要是按照补偿成本、合理盈利和有利于市场销售,同时兼顾用户承受能力的原则进行。

3. 终端用户价格

中国的天然气用户终端价格是在城市门站价(出厂价加上管输价格)的基础上加上配气费和燃气公司的适当利润,由地方政府审批,最终获得的天然气终零售价。配气费就是接受输气管线进入城市配送管网后,必须进行的除尘、加臭等处理,以及根据用户的需求,经计量、调压后输入配气管网供用户使用所产生的费用。天然气终端价格是以城市燃气公司上报的成本为依据,通过物价局组织专家评审,再经过价格听证会通过,而后经政府部门的审核和批准并最终形成(见图3-40)。

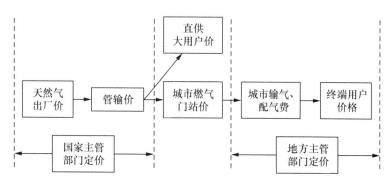

图3-40　中国现行的天然气价格体系

（二）中国天然气价格体系存在的问题

天然气是中国增速最快的一次能源,但是长期以来,天然气价格机制都没有得到理顺,政府对天然气产业的管制仍没有放松的迹象,不仅上游天然气生产、进口基本由中石油垄断,中游的输气管网也基本上控制在中石油手中,下游城市配气虽然形成了一定的竞争,但是用户终端价格也不由市场决定,整个价格体系基本上采用成本加成同时兼顾用户承受能力的办法进行定价。这种价格体系虽然考虑到成本因素和供求平衡,却忽视了最基本的市场因素,导致中国天然气价格与国际天然气市场脱节,严重影响天然气市场的发展。

首先,国内天然气出厂价格偏低,不仅与替代能源相比偏低,而且还远低于进口天然气的入境价格。根据国家统计局的数据,2008年国内天然气平均城市门站价仅为1.38元/立方米,仅相当于美国Henry Hub现货价格的42.4%,欧盟管道天然气到岸价的29.7%,日本液化天然气进口到岸价的29.9%。而随着中亚天然气管线的贯通,进口天然气比重将逐步上升,而进口天然气与自产天然气之间的价差问题也就逐渐浮出水面。以西气东输为例,西气东输一线的平均出厂价为

0.71元/立方米,到达上海的门站价格只有1.4元/立方米,终端用户价格为2.5元/立方米;而西气东输二线工程单向通气后,由于气源主要来自土库曼斯坦,到中国境内首站霍尔果斯站,气价就可能达到2元/立方米,输到中部地区价格在2.5元/立方米左右,到上海、广东等城市门站价至少是3元/立方米。如果再加上城市配气费,终端销售价格将远高于西气东输一线供气价格。

其次,天然气价格的构成不合理,下游天然气配送价格受管制约束,利润偏低。在天然气价格组成结构里,美国井口价占终端价格的25%～30%,管输费占10%～15%,下游气价毛利占到50%～60%。而以川气东送为例,2008年以1.408元/立方米的井口价到达上海时门站价为2.248元/立方米,零售价为2.50元/立方米,与门站价差价只有0.25元;而1.408元/立方米的川气井口价在四川的门站价为1.468元/立方米,现时民用售价为1.43元/立方米,甚至出现批零倒挂。

第三,天然气价格体系混乱,缺乏一个统一的价格参照体系。由于各地的天然气来源不同,消费水平各异,再加上各地区对天然气的城市配送气费用没用统一的定价标准,因而各地的天然气终端用户价格差别很大。基本上,不同省市间天然气终端价格水平呈现出西低东高的格局;同一省市不同的天然气利用领域,居民用气、工业用气、商业用气价格由低到高,但是从供应成本来看,工业用户供应成本较低,目前居民低、工业高说明两者之间可能存在交叉补贴。

随着中国天然气供应来源日益多元化,管网系统建设逐渐铺开,天然气市场格局开始逐渐形成,目前的价格体系已经越来越不能适应天然气产业的发展需求。现有的天然气价格导致进口天然气价格无法与自产天然气价格竞争,不仅抑制管道天然气企业的进口积极性,而且也抑制了LNG的进口,影响天然气产业的发展,而且下游终端价格受管制约束,可能会导致下游需求无序扩张,下游配送企业的利润空间没有保障,无法维持管网扩张和安全运行。

（三）中国天然气市场化改革

天然气市场化改革的目标就是适应未来全国"多气源、多用户、统一管网"供气格局的市场化定价机制,使天然气的价格能够与其他能源价格相匹配,能够随国际价格的浮动而在合理的区间波动,反映天然气的市场价值,实现同一个地区来自不同气源的天然气由市场定价。

1. 实现天然气供应多元化

目前,非常规天然气开发技术的成熟和规模的扩大,对国际天然气市场供需平衡和贸易格局产生了巨大冲击。对中国而言,国际天然气市场出现的这一新形势也许是一个千载难逢的能源市场改革契机。由于全球各主要天然气生产国都在急于寻找长期、稳定的出口市场,而中国经济的快速增长,对天然气等高效清洁能源的需求也快速增长,是潜在的全球最大的天然气市场,两者建立长期合作机制,对双方而言,将是一种双赢的局面。目前中国在局部区域已经初步形成了"多气源、多用户、统一管网"供气格局,随着进口天然气管道项目的陆续实施和供气管网的不断完善,国内市场的气源将更加多元化,形成进口LNG、进口管道天然气、国产气田等多种气源并存的竞争供气局面。除了多条已经投入使用和正在建设的跨国天然气管道外,未来还应进一步加大沿海港口的LNG接收站等基础设施的建设,扩大海外天然气供应来源。

2. 完善天然气价格体系

考虑到中国天然气市场处于一个快速发展的阶段,但是按等热值原则的国内天然气与石油比价仍处于偏低水平。国际市场天然气价格通常为等热值原油价格的60%左右(出厂环节),而目前国产陆上天然气平均出厂基准价格仅相当于国际市场原油价格的25%左右。与其他可替代能源价格相比,国内天然气价格相当于等热值LPG价格的1/4,燃料油价格的1/3,进口天然气价格的一半左右。如果考虑到环境污染等外部成本,天然气价格水平更不合理。合理的天然气价格既要考虑国内市场的承受力,也要保证天然气生产商和供应商的积极性,还要综合考虑未来国际温室气体减排压力下的节能减排需求。因此,随着多条建设的完成,以及国内天然气管网的逐步完善,抓住有利时机积极推进天然气市场建设,建立并完善天然气市场化定价机制就成为中国天然气工业发展的重要方向。将来天然气价格形成机制应该实现三个联动,即天然气出厂价格要和国内国际市场联动,和国际替代能源价格联动,同时实现上中下游价格联动,进一步建立统一的天然气价格参照体系,实现同地同价,即不同主干线输送进入城市管网的价格一致。未来的天然气价格体系应该实现下游城市配气商参照可替代燃料市场价格,按照等热值能源等价的原则,自动实现定期调价,以使终端用户价格更加接近能源市场的实际情况;考虑到目前国内天然气管道运营的实际情况,在引进"第三方准入"机制前,可以采取两部制定价法来完善现有的天然气管输收费方式,即将天然气管输费分为"管输容量预订费"和"管输使用费"两部分:前者是固定费率,仅根据管输用户向管输公司预订的管输容量而定,主要用于补偿天然气管道建设的固定资产投资;后者是变动费率,仅根据用户实际的输气量收取,其费率水平与天然气管输中的变动成本和相关变动费用有关。上游天然气井口价则可以利用净回值法来确定,即井口价等于城市门站价减去管输费。

　　3. 调整天然气产业结构

　　发达国家天然气市场的发展历程,是一个从垄断走向竞争、从管制走向放松的过程,即通过充分利用市场来调节天然气的供需平衡,促进天然气工业的发展,保证国内天然气市场的健康发展。但是,放松政府管制并不意味着完全由市场来主导,而是在市场可以调节的部分充分引入竞争,在市场调节不灵活的部分进行管制。无论是美国还是其他发达国家,主要是针对上游勘探开发和下游城市配送等环节放松管制,而对中游的管网输气公司虽然也引入了适当的市场竞争机制,但仍主要借助法律的手段约束其垄断行为。

　　目前中国天然气产业结构仍是以三大国有石油公司为主导,要突破这种垄断格局,必须进行天然气行业结构调整。首先,是开放上游勘探开发环节,可以以非常规天然气勘探开发为突破口,吸引民营企业进入上游环节。目前,国内已经有一些小规模属于地区政府的天然气生产商,以及民营的液化天然气生产商。1996 年成立的中国联合煤层气公司是唯一一家具有开发煤层气的国有公司。2007 年,中国煤层气业务向对外国投资者开放,中国联合煤层气公司成为中国唯一获得授权可以对外签订煤层气合作合同的公司。其次,是对中游管道输送环节实行"统一调控、建管分开"的管理模式,最终向第三方准入机制转化,改变目前中石油和中石化两大公司之间管道互不干涉,且以邻为壑的低效率运营模式。所谓"统一调控",是指把天然气管网的调度运营集中到一个中心来进行统一管理。2006 年,中国石油成立了北京油气调控中心,将所有干线管道逐渐集中到调控中心进行统一调控。统一调控有利于提高管网的运营效率,降低管网的运营成本。所谓"建管分开",是指将管道的建设和运营管理分开,由不同的部门负责。中国石油已经成立了管道建设项目经理部,专职负责中国石油旗下油气管道的建设。这种运行体制有利于调动各生产力要素,有利于资源优化配置。第三,是开放下游配送环节,尤其是允许城市燃气供应商展开竞争,允许终端用户获得自由选择供求来源的权利,降低用气成本。

　　当然,天然气价格体系的改革和市场的构建还需要其他的配套改革措施,比如在天然气管网的枢纽附近配套建设地下储气库或 LNG 接收站,以便未来在这些节点上形成的现货交易中心具有调节市场供求,抑制市场投机;进行电力价格体系改革,理顺气价与电价倒挂问题,并对燃气电厂予以适当的财税补贴等。

参 考 文 献

　　[1] 国外天然气经济研究课题组. 美国天然气工业与天然气交易[M]. 北京:石油工业出版社,2004

　　[2] 王国樑,周明春,贾忆民. 天然气定价研究与实践[M]. 北京:石油工业出版社,2007

　　[3] 张祁,张卫忠. 美国天然气行业发展的经验及启示[J]. 国际石油经济,2009(6):22～27

　　[4] 周茂荣,祝佳. 论欧盟天然气市场改革:现状、障碍和前景[J]. 资源科学,2008,30(4):572～578

[5] 李晓东. 英国天然气工业的改革发展及对我国的启示[J]. 国际石油经济,2004(11):16~24

[6] 李晓东. 德国天然气工业发展现状及对我国的启示[J]. 国际石油经济,2005(3):45~50

[7] 宦国渝,何晓明,李晓东. OECD 国家促进天然气行业竞争及监管改革的经验[J]. 国际石油经济,2005(2):38~43

[8] 胡奥林. 国外天然气价格与定价机制[J]. 国际石油经济,2002(2):40~47

[9] 郝郁. 国际 LNG 贸易合同及定价研究[J]. 国际石油经济,2004(12):31~36

[10] Guy Maisonnier,王艳. 天然气价格与原油价格的关系及其发展趋势[J]. 国际石油经济,2006(6):15~18

[11] 王震. 全球液化天然气定价机制:演进、趋势和基准价形成[J]. 价格理论与实践,2009(8):30~32

[12] 华贲. LNG 产业链的成本分析及定价策略[J]. 国际石油经济,2007(3):30~34

[13] 刘国光. 天气预测与天气衍生产品定价研究[J]. 预测,2006(6):28~35

[14] 邢云,刘淼儿. 中国液化天然气产业现状及前景分析[J]. 天然气技术,2009(1):31~38

[15] 朱凯. 美国低气价时代页岩气开发趋势分析[J]. 国际石油经济,2012(6):14~19

[16] 高辉清. 美国页岩气革命及其对我国的影响[J]. 发展研究,2012(12):24~28

[17] Ahmed E. Mazighi. Henry Hub and NBP Prices:What will be the International Gas Price Reference[J]. OPEC Review,2005,29(3):219~230

[18] Alberto Gabriele. Policy Alternatives in Reforming Energy Utilities in Developing Countries[J]. Energy Policy,2004(32):1319~1337

[19] Andrew E.,Einar B.,Kjell R.. Structural Change in Europe's Gas Markets:Three Scenarios for the Development of the European Gas Market to 2020[J]. Energy Policy,2000(28):297~309

[20] Apostolos Serletis,Ricardo Rangel Ruiz. Testing for Common Features in North American Energy Markets[J]. Energy Economics,2004(26):401~414

[21] Apostolos Serletis,Asghar Shahmoradi. Futures Trading and the Storage of North American Natural Gas[J]. OPEC Review,2006,30(1):19~26

[22] Arthur De Vany,W. David Walls. Pipeline Access and Market Integration in the Natural Gas Industry:Evidence from Cointegration[J]. Energy Journal,1993,14(4):1~19

[23] Bradley Ian,Catherine P.. The Economic Regulation of Private Industries price Constraints[J]. Journal of Industrial Economics,1998,(37):99~106

[24] Brinkmann E. J.,Rabinovitch,R.. Regional Iimitations on the Hedging Effectiveness of Natural Gas Futures[J]. Energy Journal,1995,(16):113~124

[25] Broadman H. C.,Montgomery W. D.. Field Price Deregulation and the Carrier Status of Natural Gas Pipelines[J]. The Energy Journal,1985,6(2):127~139

[26] Buchananan W. K.,Hodges,P.,Theis J.. Which Way the Natural Gas Price:an Attempt to Predict the Direction of Natural Gas Spot Price Movements Using Trader Positions[J]. Energy Economics,2001(23):279~293

[27] Carol A. D.,Thomas K. C.. Evolution of the U. S. Natural Gas Industry in Transaction Costs[J]. Land Economics,1998,74(3):390~408

[28] Christian Von Hirschhausen. Infrastructure,Regulation,Investment and Security of Supply:a Case Study of the Restructured US Natural Gas Market[J]. Utilities Policy,2008(16):1~10

[29] Cuddington,J. T.,Zhongming Wang. Assessing the Integration of US Natural Gas Spot Markets:Evidence from Daily Price Data[J]. Journal of Regulatory Economics,2006(29):195~210

［30］Donald Merry，Zhen Zhu. Asymmetric Price Responses，Market Integration and Market Power：a Study of the U. S. Natural Gas Market［J］. Energy Economics，2008(30)；748～765

［31］Egging R. ，et al.. A Complementarity Model for the European Natural Gas Market ［J］. Energy Policy，2008(36)：2385～2414

［32］Gabrielle Wong-Parodi，et al.. Comparing Price Forecast Accuracy of Natural Gas Models and Futures Markets［J］. Energy Policy，2006(34)：4115～4122

［33］Gary W. E. ，Qinfeng Liu. An Analysis of the Relationship Between Electricity Futures Prices and Natural-gas Futures Prices［J］. Journal of Futures Markets，2002，22(2)：95～122

［34］Helmuth C. ，Laont J. J.. Competition in Gas Markets［J］. European Economic Review，2002(46)：928～935

［35］Hubbard R. G. ，Weiner R. J.. Regulation and Long-term Contracting in the Natural Gas Markets［J］. Journal of Industrial Economics，1986，35(1)：71～79

［36］Jacques Percebois. The Gas Deregulation Process in Europe：Economic and Political Approach［J］. Energy Policy，1999(27)：9～15

［37］Kathleen G. A. ，Benjamin F. B.. An Expost Welfare Analysis of Natural Gas Regulation in the Industrial Sector［J］. Energy Economics，2008(30)：789～806

［38］Marian Radetzki. European Natural Gas：Market Forces will Bring about Competition in any Case［J］. Energy Policy，1999(27)：17～24

［39］Mathias M. C. ，Alexandra S.. Lessons Learned from Brazilian Natural Gas Industry Reform［J］. Energy Policy，2007(35)：6478～6490

［40］Michéle Breton，Mohammed Kharbach. The Welfare Effects of Unbundling Storage and Distribution［J］. Energy Economics，2008(30)：732～747

［41］Michael J. Doane，Daniel F. Spulber. Open Access and the Evolution of the U. S. Spot Market for Natural Gas［J］. Journal of Law and Economics，1994，37(2)：477～517

［42］Movassagh N. ，Modjtahedi B.. Natural-gas Futures：Bias，Predictive Performance，and the Theory of Storage［J］. Energy Economics，2005(27)：617～637

［43］Movassagh N. ，Modjtahedi B.. Bias and Backwardation in the Natural-gas Futures Prices［J］. Journal of Futures Markets，2005，25(3)：281～308

［44］Parka H. ，et al.. Price Interactions and Discovery among Natural Gas Spot Markets in North America［J］. Energy Policy，2008(36)：290～302

［45］Poudou，Jean，Christophe. Storage and Competition in Gas Market［J］. Economics Bulletin，2005，12(19)：1～9

［46］Raul Susmel，Andrew Thompson. Volatility，Storage and Convenience：Evidence form Natural Gas Markets［J］. Journal of Futures Markets，1997，17(1)：17～43

［47］Root T. H. ，Lien D.. Can Modeling the Natural Gas Futures Market as a Threshold Cointegrated System Improve Hedging and Forecasting Performance［J］. International Review of Financial Analysis，2003(12)：117～133

［48］Rudolf G. Egginga，Steven A. Gabriel. Examining Market Power in the European Natural Gas Market［J］. Energy Policy，2006(34)：2762～2778

［49］Scott C. Linn，Zhen Zhu. Natural Gas Prices and the Gas Storage Report：Public News and Volatility in Energy Futures Markets［J］. The Journal of Futures Markets，2004，24(3)：283～313

［50］Scott E. Masten，Keith J. Crocker. Efficient Adaptation in Long Term Contracts：Take-or-pay Provisions for Natural Gas ［J］. American Economic Review，1985，75(5)：1083～1093

[51] Sickles Robin C., Streitwieser Mary L.. Technical Inefficiency and Productive Decline in the U. S. Interstate Natural Gas Pipeline Industry Under the NGPA[D]. New York University Working Papers,1989

[52] Siliverstovs B., et al.. International Market Integration for Natural Gas? A Cointegration Analysis of Prices in Europe, North America and Japan[J]. Energy Economics,2005(27)：603~615

[53] Song Zan Chiou Wei, Zhen Zhu. Commodity Convenience Yield and Risk Premium Determination：the case of the U. S. Natural Gas Market [J]. Energy Economics，2006 (28)：523~534

[54] Stephen P. A. Brown,Mine K. Yücel. Deliverability and Regional Pricing in U. S. Natural Gas Markets[J]. Energy Economics,2008,30(5):2441~2453

[55] Suenaga H., Smith A., Williams J.. Volatility Dynamics of NYMEX Natural Gas Futures Prices[J]. The Journal of Futures Markets,2008,28(5)：438~463

[56] Thomas K. C., Dennis J. R.. Efficiency and Equity in the Transition to a New Natural Gas Market[J]. Land Economics,1995,71(3):368~385

[57] Walls W. D.. An Econometric Analysis of the Market for Natural Gas Futures[J]. Energy Journal,1995(16):71~83

[58] Weiss Leonard W., Strickland Allyn D. Regulation. A Case Approach[M]. New York:McGraw-Hill Inc.,1982

[59] Xiaoyi Mu. Weather, Storage, and Natural Gas Price Dynamics：Fundamentals and Volatility[J]. Energy Economics,2007(29)：46~63

附　　录

附表 3-1　纽约商品交易所 Henry Hub 天然气期货合约

交易单位	10 000 百万英热单位/手
报价单位	每百万英热单位以美元和美分计价
交易时间 （纽约时间）	场内公开竞价交易(周一到周五)从上午 10:00 至下午 2:30,场内交易结束后,可通过在纽约商业交易所 ACCESS 交易平台上进行交易,每周一至周四下午 3:00 开始,次日上午 9:30 结束,周日始于下午 7:00
交易月份	从下一个日历月份开始的 72 个连续月份
最小价格波动	0.001 美元/百万英热单位(10.00 美元/手)
最大价格波动	前两个交易月份合约为 0.75 美元/手,其他交易月份合约为 0.15 美元/手
最后交易日	交易终止于交割月第一个日历日的前 3 个工作日收盘时
交割	交割地点在路易斯安那州赛宾管道公司的 Henry Hub,卖方负责通过该中心运送天然气,而卖方负责接收,发生的费用由卖方支付
交割期限	所有交割应该在整个交割月即当月的第一工作日至最后一天均匀安排
期货转现货	买卖双方可以向交易所申请互换手中的期货及现货头寸,交易所在收到申请之后会协助建立或清算其期货头寸
交易等级	交割时的管道规格标准
持仓限额	对于正在交易的不同月份到期的各个合约,其总持仓量不得超过 7 000 个净头寸,对于单个合约,持仓量也不得超过 5 000 个净头寸,对于当前交割月合约,在其最后 3 个交易日内持仓量不得超过 1 000 个净头寸
保证金要求	按未平仓合约逐日盯市

附表 3-2　纽约商品交易所 Henry Hub 天然气期货期权合约

交易单位	一份 Henry Hub 天然气期货合约(美式期权)
交易月份	12 个连续月份,加上最初挂牌的,以 3 月、6 月、9 月、12 月为周期的 15、18、……、72 个月的期权合约
价格波动范围	没有限制
最后交易日	该期权合约对应的期货合约提早 3 个交易日结束
期权的行使	当日当比标的期货合约结算价公布 45 分钟内,或当天下午 17:30 之前,通过 NYMEX 清算行的一个清算会员行权,直到该期权到期日为止
期权行权价格	共有至少 61 个行权价,居中的是平值行权价,然后以该价格为基础向上下每变动 0.05 美元/百万英热单位为一档,上下各 20 档,然后对于目前最高(最低)的行权价为基础向上(向下)每增加(减少)0.25 美元/百万英热单位为一档,各 10 档;根据标的期货合约价格的变动,期权行权价格的边界也随之改动
保证金要求	卖空期权需交保证金,买入期权的保证金不超过其权利金

附表 3-3　国际石油交易所(IPE)NBP 天然气期货合约

合约单位	每份合约每日 1 000 千卡	合约规模	最少 5 份合约
交易时间	伦敦时间 09:00 至 17:30		
交易月份	• 单日合约:于一天前(D+1)至七天前(D+7)挂牌;单日合约于交割日前一天的 16:00 到期 • 月余额合约(BOM):是单个日合约的组合,具体天数取决于当前月份的剩余天数,合约的天数每天都会减少,每天收盘时,产生一个单日合约,第二天要交割;于每个月倒数第四个工作日期满 • 月合约:连续单日合约;该合约包括 28、29、30 或 31 天合约,具体天数取决于相关月份的日历天数;月合约在前 9、10 或 11 个(合约)月份中挂出,每个月倒数第二个工作日期满 • 季合约:是三个连续月份的合约 • 半年合约:6 个连续月份的合约(如 4-9 月或 10 至下一年的 3 月)		
价格波动范围	最小价格波动 0.001 便士/千卡,无最大价格波动限制		
交割地点	英国天然气网的"国家平衡点"(NBP)		
交割日	只有在到期日之前没有平仓的合约,方进行实物交割;交割必须在交割期内均匀进行,并且与到期日时的持仓数量一致		
保证金要求	LCH 向其清算会员要求先缴纳根据全部未平仓合约计算的初始保证金,用来抵偿会员平仓时违约,平仓或到期后返还;每个交易日结束后,全部未平仓合约逐日盯市结算		
持仓限额	无限制		

附表 3-4　芝加哥商品交易所 CME 月度 HDD/CDD 指数期货合约

合约标的	美国各个城市的月度 HDD/CDD 指数
合约乘数	每点 20 美元
报价单位	美元/指数点
最小变动价位	1 指数点(=20 美元/合约)
合约月份	4 月,5 月,6 月,7 月,8 月,9 月,10 月
交易时间 (中央标准时间)	CME GLOBEX 电子交易平台 周日下午 5:00-周五下午 3:15 连续交易 每天下午 3:15-5:00 暂停交易
涨跌停板幅度	无
交易保证金	通过 SPAN 系统确定,不同城市的保证金比例不一定相同,并根据各标的城市参数的变化及时调整
最后交易日	合约到期月以后至少两个自然日后的第一个交易日早上 9:00
交割方式	现金结算(参照 CME 规则 40303)
持仓限制	全部月份合计不超过 10 000 个合约,如果交易者同时持有相应期权合约的话,则依据期权头寸限制规定

第四章

煤炭市场与煤炭金融

虽然在20世纪60年代,石油就取代煤炭成为世界最主要的能源,但是煤炭作为传统的化石燃料,仍在全球能源消费结构中一直维持着较为重要的地位。进入21世纪后,由于国际石油价格居高不下,煤炭的重要作用又得以重新发挥。而随着清洁煤等新技术的出现,煤炭与其他化石燃料的比价优势开始逐步体现,并重新成为能源市场的重要组成部分。尤其是对于新兴市场国家——中国和印度来说,煤炭对其能源安全更是具有非常重要的战略意义,如表2-11所示。

煤炭作为价格低廉、体积庞大的大宗能源商品,运输成本较高,运费占煤炭价格的比重较大,因此国际煤炭市场具有非常强的地域性特点。根据目前的全球煤炭生产消费格局可以将国际煤炭市场分为北美、欧洲和亚太三个主要区域市场。传统上国际煤炭市场交易多以长期协议为主,但是由于近年来国际原油价格持续上涨,现货贸易开始出现,而且随着网络电子交易平台的发展和普及而逐渐成为市场的主流交易方式。

现货贸易的普及带来煤炭市场价格波动的加剧,为了规避市场风险,相关的衍生产品开始出现,煤炭期货合约和场外交易的互换合约成为主要的风险规避工具和手段。但是,由于煤炭市场存在的固有问题,比如品质标准不统一、远洋运输的运费差异较大等,煤炭期货合约价格并没有成为国际煤炭市场定价的最主要参考基准,反而是各类煤炭价格指数为各层次的煤炭交易提供了定价参考基准。

煤炭是中国能源体系的支柱,也是相对能够自给且较为廉价的能源。中国70%左右的一次能源需求由煤炭来满足。在可预见的20年内煤炭仍将是中国能源消费构成中最重要的组成部分。目前,国内已经形成了广州、秦皇岛、太原等三个区域煤炭交易中心,除了电煤以外的其他煤炭交易都采取市场化定价机制,但是电煤作为煤炭市场最主要的组成部分,仍然受到煤电联动机制的约束。国内煤炭市场改革的目标是建立包括长期合同、现货交易、期货交易和场外交易的多层次、全方位的市场体系。

本章首先分析了国际煤炭市场的形成和价格机制;其次介绍对应用煤炭金融衍生品交易进行煤炭市场风险对冲的相关内容;再次,针对中国现有煤炭市场和定价机制及存在的问题进行分析,同时也对未来中国煤炭市场的构建和相关衍生品市场的发展进行探讨。

第一节　煤　炭　市　场

煤炭是地球上蕴藏量最丰富、分布范围最广的化石燃料。构成煤炭有机质的主要有碳、氢、氧、氮和硫等元素,以及极少量的磷、氟、氯和砷等元素。煤化①的程度越高,煤炭的碳含量越高,氢和氧含量越低,热值越高。煤炭燃烧时,主要产生二氧化碳和二氧化硫。评价煤质的重要指标

---

① 煤炭的形成过程可分为泥炭化(由植物转变成泥炭)和煤化(由泥炭转变成褐煤,褐煤转变成烟煤,烟煤再转变成无烟煤)两个阶段。反映煤化程度的指标有镜质组的最大反射率、挥发分、镜质组碳含量、水分和发热量。

主要有硫分和磷分①、挥发分②、水分③、灰分④、发热量⑤和含矸率⑥等。煤炭分类方法很多，按成煤的原始物质和条件不同，自然界的煤可分为腐植煤、残植煤和腐泥煤等；按加工程度⑦可分为原煤、精煤、洗选煤和焦炭等。按煤的煤化度⑧可分为泥炭、褐煤、烟煤、无烟煤等。煤炭的用途十分广泛，主要分为两类：主要用于发电、锅炉和燃料等的动力煤（steam coal）和主要用于钢铁行业炼制焦炭的炼焦煤（coking coal）。

　　由于各地区出产的煤炭的物理化学特性差异较大，随着国际煤炭贸易的发展，就需要一个进行煤炭分类的国际标准化，以统一煤炭质量的信息。1949 年，欧洲经济委员会煤炭委员会就在日内瓦成立煤炭分类工作委员会，开始制定煤炭分类标准，并于 1956 年率先推出硬煤分类标准⑨，1957 年又制定了褐煤分类标准⑩，作为对硬煤分类标准的补充。1974 年，国际标准化组织（ISO）也制定了褐煤的国际分类标准⑪（ISO2950）。1988 年，欧洲经济委员会煤炭委员会固体燃料组提出了一个国际中、高煤阶煤编码系统，以代替 1956 年的硬煤分类标准。1989 年，中国国家标准局发布了《中国煤炭分类国家标准》⑫（GB5751-86），将原煤分为 14 类。1993 年，国际标准化组织（ISO）成立了国际煤分类工作组（ISO/WG18），专门从事国际煤炭分类的制定工作。目前，国际通行的煤炭分类标准是 2005 年 2 月国际标准化组织（ISO）出台的《国际煤炭分类标准草案》⑬（ISO/CD 11760），其中将原煤分为三大类和十个亚类。

---

① 硫分即含硫量，硫分越高，煤的质量越差。磷分即含磷量，是评价炼焦用煤质量的指标。
② 挥发分是指煤中的有机质在一定温度和条件下，受热分解后产生的可燃性气体（由碳氢化合物、氢气、一氧化碳等化合物组成的混合气体）。煤化程度越低，挥发分越多。如果燃烧条件不适当，挥发分高的煤燃烧时易产生未燃尽的碳粒（俗称"黑烟"），并产生更多污染物，热效率降低。
③ 水分在燃烧时变成蒸汽要吸热，因而降低了煤的发热量。煤炭中的水分可分为外在水分和内在水分，一般以内在水分作为评定煤质的指标。煤化程度越低，煤的内部表面积越大，水分含量越高。
④ 灰分是煤炭完全燃烧后剩下的固体残渣，主要来自煤炭中不可燃烧的矿物质。矿物质燃烧灰化时要吸收热量，大量排渣要带走热量，因而灰分越高，煤炭燃烧的热效率越低，质量也就越差。
⑤ 煤的发热量是指单位质量的煤完全燃烧时所产生的热量，它的工程单位是 kj/kg。
⑥ 含矸率指矿井所生产的煤中，含有大于 50mm 的矸石量占全部煤产量的百分率。煤中的矸石主要来自煤层本身的夹石层和煤层的顶底板，它常是煤的灰分增加的重要原因。降低含矸率可提高原煤质量。
⑦ 原煤（raw coal）是指从地下或地下采掘出的毛煤经筛选加工去掉矸石、黄铁矿等后的煤。煤矿生产出来的未经洗选、未经加工的毛煤也叫原煤。精煤（clean coal）是经过精选（干选或湿选）后生产出来的。洗选煤（washed coal）是指将经过洗选和筛选加工后的原煤，去除或减少原煤中所含的矸石、硫分等杂质，并按不同煤种、灰分、值和粒度分成若干等级。焦炭（coke）是烟煤在隔绝空气的条件下，加热到 950～1050℃，经过高温炼焦制成，主要用于高炉冶炼、铸造和气化。
⑧ 泥炭（peat）又称草炭，泥炭。泥炭的氮和灰分元素含量较低，略显酸性或强酸性，由于质轻、持水、透气和富含有机质，被广泛应用于生产绿色有机复合肥。褐煤（lignite；brown coal）为块状，黑褐色，质地疏松，挥发分在 40％左右，燃点低，易着火，燃烧快，火焰大，冒黑烟，含碳量与发热量较低。烟煤（bituminous coal）为粒状、块状或粉状，黑色有光泽，挥发分在 30％左右，燃点不太高，易点燃，含碳量与发热量较高，燃烧快，火焰长，有大量黑烟，燃烧时间较长，有粘性，燃烧时易结焦。无烟煤（anthracite）为煤化程度最深的煤，粉状或小块状，碳含量高（80％以上），挥发分含量低（10％以下），低硫，灰分不多，水分少，发热量高，燃点高，不易着火，发热量高，火力强，火焰短，烟少，燃烧时间长，粘结性弱，不结渣。
⑨ 硬煤（hard coal）是烟煤和无烟煤的总称，是指恒湿、无灰基、高位发热量等于或大于 24MJ/kg 的煤，镜质体平均随机反射率等于或大于 0.6％的煤。根据干燥无灰基挥发分为第一指标，表示煤的煤化程度，若挥发分大于 33％，则以恒湿、无灰基、高位发热量为辅助指标，以表示煤粘结性的坩埚膨胀系数或罗加指数为第二指标，以表示煤的结焦性的葛金焦型或奥压膨胀度为第三指标。该分类标准将硬煤分为 62 个类别，以 3 位阿拉伯数字表示，由于其分类体系主要以炼焦煤为主，存在诸多不足，折算或互换过程繁杂。
⑩ 褐煤（Lignite）是指恒湿、无灰基、高位发热量小于 24MJ/kg 的煤，该分类标准按无灰基煤的全水分含量，划分为 6 类，再把各类按无水、无灰基的焦油产率高低划分为 5 组，即 30 个组别，进行编码识别。
⑪ 该分类标准仍采用全水分和焦油产率这两个指标进行分类，分为 6 类 4 组，共 24 个组别。
⑫ 依据干燥无灰基挥发分、粘结指数、胶质层最大厚度、奥亚膨胀度、煤样透光性、恒湿无灰基高位发热量等 6 项分类指标，分为褐煤、长焰煤、不粘煤、弱粘煤、1/2 中粘煤、气煤、气肥煤、1/3 焦煤、肥煤、焦煤、瘦煤、贫瘦煤、贫煤和无烟煤等 14 类。
⑬ 国际煤炭分类标准主要包括：(a) 对什么是煤进行了限定。干基灰分 Ad ＜ 50％，水分 Mt ＜ 75％以及镜质组平均最大反射率 Rv max ＜ 810％的可以界定为煤；(b) 按煤的变质程度（由镜质组反射率来表征）将煤分为 3 个大类（低阶煤、中阶煤和高阶煤）和 10 个亚类（褐煤 C、褐煤 B、次烟煤、烟煤 D、烟煤 C、烟煤 B、烟煤 A、无烟煤 C、无烟煤 B 和无烟煤 A）；(c) 按煤的岩相组成（以镜质组含量表示）将煤分为 4 类，即低镜质组含量煤、中等镜质组含量煤、中高镜质组含量煤和高镜质组含量煤；(d) 按煤的无机物含量（以干基灰分产率表示）将煤炭分为 5 类，即特低灰煤、低灰煤、中灰煤、中高灰煤、高灰煤。

世界煤炭储量主要集中在北半球,北半球的煤炭资源居绝对优势。世界92%以上的煤炭地质储量和89%以上的经济可采储量都集中在北半球。相比之下,南半球的煤炭资源则要少得多,煤炭地质储量和经济可采储量分别仅占世界的8%和11%。北半球北纬30°~70°是世界上最主要的聚煤带,这一地区的煤炭储量占世界储量的70%以上,其中又以亚太和北美地区最为丰富,分别占全球地质储量的31.4%和29.8%,欧洲的煤炭储量仅占全球地质储量的8%左右(见图4-1)。

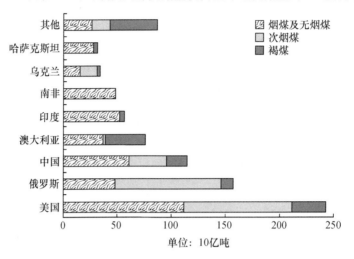

数据来源：IEA. World Energy Outlook 2008

图4-1　主要产煤国烟煤(含无烟煤)、次烟煤①和褐煤的已探明储量

2011年,世界煤炭探明储量足以满足112年的全球生产需求,是目前为止化石燃料储产比最高的燃料。欧洲及欧亚大陆是煤炭储量规模最大的地区,拥有最高的储产比。亚太地区的煤炭储量规模位列全球第二,而北美地区则拥有全球第二高的储产比。

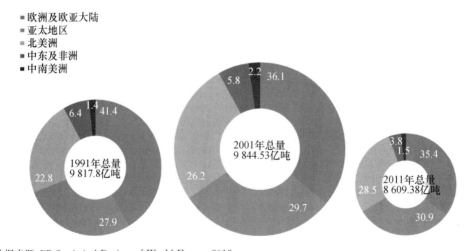

数据来源：BP Statistical Review of World Energy 2012

图4-2　1991年、2001年和2011年全球探明储量的分布

2011年,煤炭再次成为增长最快的化石燃料,全球产量增长了6.1%。亚太地区在进入21世纪之后,煤炭产量迅速增长,其中2011年占全球产量增长的85%。世界最大的煤炭供应

---

①　次烟煤(sub-bituminous coal)为挥发分含量较低的烟煤。一般发热量在每千克4 100大卡左右,挥发份25%左右,含硫量<1%。

国——中国以 8.8% 的增量一马当先。2011 年,世界煤炭消费量增长了 5.4%,所有的净增长均来自亚太地区。北美地区的煤炭消费量大幅下降,但是所有其他地区的煤炭消费量均有所增长,可谓两相抵消(见图 4-3)。

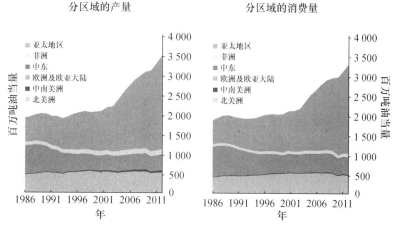

数据来源:BP Statistical Review of World Energy 2012

图 4-3　1986—2011 年全球煤炭产量和消费量

考虑到清洁煤等技术的发展和石油、天然气价格的上涨,IEA 预测未来 20 年全球煤炭的产量仍将维持较快的增长,且主要集中在动力煤的生产上(见图 4-4)。

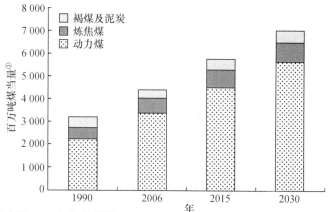

数据来源:IEA. World Energy Outlook 2008

图 4-4　全球煤炭产量及预测

一、国际煤炭市场的形成与发展

(一)煤炭工业的发展

1. 世界煤炭工业格局的演变

虽然煤炭在世界范围内分布比较广泛但不均匀,而且各国煤炭资源禀赋不同,煤质差别较大,煤炭工业发展水平也不一样,所以煤炭贸易一直存在。早在 19 世纪中期,工业革命中的英国

---

① 煤当量(coal equivalent)按标准煤(standard coal)的热值计算各种能源量的换算指标。按 1 千克标准煤的热值为 29.27MJ(7 000 千卡)来计算,不同品种煤炭可以直接换算成相应的煤当量。

不仅首先实现煤炭生产、运输的机械化,而且率先对欧洲大陆出口煤炭,并成为当时世界最大的煤炭生产和出口国。

第一阶段:1860—1913 年世界煤炭生产大发展时期。这一时期是世界煤炭生产大发展时期,此时在英国英格兰中部、德国鲁尔区、美国阿巴拉契亚区、沙俄乌克兰等地,形成了以煤炭为基础的大工业基地。而在 1886 年,在英国威尔士首府卡迪夫就出现煤炭交易所,为煤炭交易商提供金融服务。1913 年,英国的煤炭生产量达到 287 万吨,占世界总产量的 55%,出口量达到 96 万吨,此后再也没有达到过这一水平。

第二阶段:1914—1950 年稳定增长时期。这一时期是世界煤炭生产稳定增长,机械化程度不断提高,开采技术发展迅速。1950 年世界煤炭产量比 1913 年增长 39.8%,达 18.18 亿吨,占世界能源消费的 62%。煤炭生产集中在美、英、德和苏联,合占总产量的 3/4。由于欧洲国家处于经济恢复调整时期,主要依靠自产煤供应市场,全球煤炭贸易发展缓慢。

第三阶段:1951—1974 年煤炭生产萧条时期。由于世界能源结构逐渐由煤炭转向石油和天然气,加上煤炭开发历史久,开采条件恶化,投资大,效益低,世界煤炭工业走向发展困境。石油在全球一次能源生产和消费的比重分别在 1964 年和 1966 年超过煤炭,取而代之成为世界最主要的能源。这一时期,煤炭产量增长缓慢,20 多年间煤炭产量只增加 12.2%,煤炭生产消费和煤炭贸易都进入萧条期,西欧大部分的煤炭工业也随之消失,而世界煤炭生产的重心也转向了美国和苏联。

第四阶段:1974—1990 年为缓慢恢复时期。1973 年第一次石油危机以后,为保障能源供应安全,各国重新重视煤炭生产,而新技术革命(长臂采煤法等)也改善了煤炭的生产效率和安全状况,煤炭产量呈现较快增长,国际煤炭市场开始活跃起来,但仍以欧洲和美国之间的煤炭贸易为主。

第五阶段:20 世纪 90 年代,随着全球气候变暖问题的日益突出,世界能源结构面临新的变革,发达国家煤炭消费量在能源结构中的比重不断下降。世界煤炭产量缓慢下降,总产量从 1996 年的 45.2 亿吨下降到 2000 年的 41.9 亿吨。中国、印度、澳大利亚和南非等国的煤炭行业发展迅速,逐渐取代美、英、德和苏联,成为世界主要煤炭生产国。这一时期,国际煤炭贸易市场开始形成大西洋和太平洋两大区域市场,尤其是在澳大利亚自 1984 年取代美国成为全球煤炭出口第一大国,加上印尼在日本、韩国、中国台湾地区的需求刺激下,也逐渐成为世界重要产煤国后。这一时期,欧盟煤炭消费开始出现下滑,受到电力市场改革、温室气体减排等环境政策的压力,更多的燃气电厂开始替代燃煤电厂,而欧盟对煤炭生产企业的补贴取消后,欧盟的煤炭产量开始更大幅度地缩减,大量的煤炭企业关闭,煤炭消费转向以进口煤为主。

第六阶段:进入 21 世纪后,全球经济持续增长,中国等新兴市场国家能源消费增长较快,石油及天然气价格持续上涨,各国纷纷调整能源政策,再次将煤炭行业的健康稳定发展纳入本国的能源发展战略。同时,清洁煤技术的研究开发取得较大成果,使得煤炭转变为比较干净、高效和廉价的能源。2011 年,全球煤炭产量增长 6.6%,达到 76.78 亿吨;中国超过日本成为最大煤炭进口国,印尼超过澳大利亚成为最大煤炭出口国。目前,主要煤炭生产国仍是中国、美国、澳大利亚、加拿大、印尼和印度等;传统的主要煤炭消费国家中,除了美国外,欧洲国家煤炭消费逐渐趋缓,甚至出现负增长情况。未来的煤炭消费国将主要集中在电力和钢铁行业发展规模日益庞大的中国和印度等新兴市场国家。

2. 美国煤炭工业的发展

美国是世界上煤炭资源最丰富的国家,也是最主要的煤炭生产国和出口国之一,其煤炭工业的发展代表了世界煤炭工业发展的趋势。随着美国石油生产在 20 世纪 70 年代达到高峰后产量开始下降,煤炭生产对于美国能源安全所具有的重要性就不言而喻了。从长期、稳定的供应观点来看,煤炭具有明显的优势。BP 的统计数据显示,按 2011 年的开采水平,美国已探明的煤炭储量可供开采 239 年。美国的煤炭工业发展政策,非常重视对煤炭资源的有效保护和合理、均衡地利用与开发,通过提高煤炭产业技术水平、规范管理机制,借助并购重组的手段,实现煤炭工业的规模化、集约化发展。

美国煤炭工业发展的特点可以归结为以下几点：

第一，通过相关法律淘汰落后产能，不断提高煤矿的单产水平和生产安全性。1969 年，美国正式颁布《煤矿安全与健康法案》(*Coal Mine Health and Safety Act*，CMSHA)，标志着美国煤矿大型化的趋势开始出现。1977 年，美国又颁布了《联邦矿业安全与健康法案》(*Mine Health and Safety Act*，MSHA)，不少达不到安全与健康生产条件的小煤矿被关闭，不仅促使矿井单产水平迅速提高，而且大幅提高了煤炭生产的安全性，而煤矿大型化、规模化和集约化的发展趋势进一步稳固。到 1980 年，美国的煤炭生产就超过苏联，成为世界第一大煤炭生产国，而煤矿安全形势也得到彻底改观，工伤事故稳步下降。到 2002 年，美国煤炭工业百万吨死亡率下降到了 0.027，不仅好于采矿(金属)、伐木、冶炼、运输及建筑等行业，甚至比农业、食品加工和仓储的事故率还低。煤矿从业人员也逐年减少，到 1990 年煤矿工人就减少到 13 万人左右，并且以每年近万人的水平递减。与之相比，采煤机械化与自动化程度、矿井工效则不断提高，到 2002 年美国煤炭工业的人均年煤炭产量就达到了 13 000 吨以上。

第二，优化煤炭结构，减少高硫煤的生产。1990 年美国颁布了《大气修正法案》，实施污染控制措施，这对煤炭工业的生产和销售产生非常大的影响，大部分发电厂不愿再燃用硫分高的煤炭，致使东部高硫煤地区煤产量在总产量中的比重大幅下降，不适合大规模开采或转让的小块煤储量也被逐步淘汰，煤矿生产集中化和大型化的趋势更加明显，20 世纪 90 年代末美国占矿井总数 11％的大型矿井就控制着全国 3/4 的煤炭产量。

第三，借助资本市场，通过并购重组的方式，实现煤炭工业的产业结构升级。20 世纪 90 年代美国出现大型煤炭企业兼并联合浪潮，大型化、集团化的煤炭企业成为美国煤炭工业的主流。到 2002 年，美国最大的 20 家煤炭公司的产煤量已经占到了全国总产量的 80％左右，而其中最大的 5 家煤炭公司(皮博迪能源、阿齐煤炭、肯塔基能源、鲁尔美国煤炭、固本能源)的产煤量更是占到了总产量的 50％以上。

第四，保护性开采，合理开发。美国为了保护本土煤炭资源，确保其能源安全战略的延续性，采取了尽可能少开采本土煤炭资源，多进口国外煤炭的政策。而美国的大型煤炭企业也响应美国政府的能源安全战略，自觉地、有条件地减少本国煤炭出口量，适度增加煤炭进口量，积极向海外拓展煤炭开采业务。

（二）国际煤炭贸易

煤炭资源的分布状况决定了国际煤炭市场的格局，美国煤炭储量最多，品质也最好，煤炭产量相对稳定；俄罗斯和中国的煤炭储量紧随其后，但俄罗斯资源丰富，煤炭在其能源消费结构中的比例不大，以出口供应欧洲地区消费为主，中国则由于油气资源相对不丰裕，煤炭是最主要的能源供应来源，在能源消费结构中的比重都在 70％左右(见图 4-5)。澳大利亚、南非、印度典煤炭储量也较为丰富，但前两者都是以出口为主，后者则主要供应本国。

煤炭作为价格较低、体积较大的大宗能源商品，运输成本较高，占煤炭价格的比重较大。国际煤炭贸易主要是硬煤贸易，而贸易量相对于消费量而言规模很小，主要依赖远洋运输来进行，部分国际煤炭贸易也通过内陆边境贸易的方式通过铁路进行运输。但是，目前绝大部分国际煤炭贸易主要是通过干散货船远洋运输来进行的，而 6 万～8 万吨级的中型干散货船是煤炭远洋运输的绝对主力，而 1 万～3 万吨级的小型干散货船方便灵活，可被小型海港接纳，因此使用数量也不少。随着煤炭在世界能源结构中的变化，全球煤炭贸易发展也随之经历了几次较大的波动。"二战"以后，随着全球煤炭生产消费格局的演化和远洋航运市场的发展，逐渐形成了逐渐形成了太平洋和大西洋两大区域市场。目前煤炭海运的主要流向是：

(1)太平洋，从澳大利亚东海岸运往东亚等，从美国东海岸洋运往东亚，从中国东部沿海向日本、韩国运输；

（2）大西洋，从美国西海岸横渡大西洋运往欧洲；

（3）印度洋，从南非越印度洋运往亚太地区或由澳大利亚越过好望角运往欧洲。

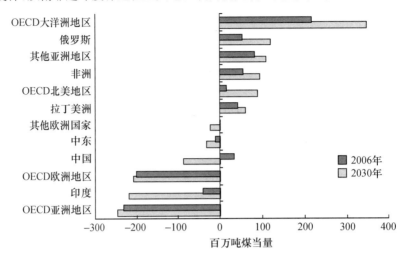

数据来源：IEA. World Energy Outlook 2008

图 4-5　2006 年全球硬煤净贸易量及 2030 年预测

1. 太平洋市场

太平洋市场的主要集中在亚太地区，传统上主要的进口国家及地区是日本、韩国、印度、中国台湾、中国香港、菲律宾和马来西亚等；主要的出口国家有澳大利亚、印尼、中国、俄罗斯、美国、越南和朝鲜等。

日本是目前世界上第二大的煤炭进口国（中国已经成为最大的煤炭进口国），由于本身煤炭资源缺乏，仅有的少量煤矿也日渐枯竭，所以日本从 20 世纪 50 年代开始进口煤炭。20 世纪 80 年代初日本政府对进口煤炭采取免税政策，虽然近年来受经济衰退的影响，进口量有所下降，但仍保持世界第一的位置。日本煤炭进口来源比较集中，主要来自中国、澳大利亚、加拿大和美国。韩国是目前世界上最大的动力煤进口国，也是世界上第二大煤炭进口国，其进口煤炭主要来自中国及印尼。印度在 20 世纪 90 年代初的煤炭进口量几乎为零，但是随着近年来印度经济的高速发展，对煤炭的需求不断增长，且以进口炼焦煤为主。印度出产的煤炭单位热量不及进口煤，灰分高，价格也偏高，所以虽然煤炭储量和产量并不低，但是进口量却不断上升，而且从中长期来看，仍有较大的增长空间。其他进口国如马来西亚、菲律宾等国由于火力发电需求导致对动力煤的进口也在不断增加。

澳大利亚 1984 年取代美国成为全球煤炭出口第一大国（2011 年又被印度尼西亚超过，变为第二大出口国），其出口量占据全球煤炭贸易量的 30％左右，澳大利亚的煤炭出口价格不仅是亚太市场可以作为国际煤炭价格走势的一个风向标。同时，由于运输距离的限制，因此出口对象相对比较稳定，其中的 80％是供给亚太地区的（占亚太地区的出口量的 50％左右）。印尼在日本、韩国等国的需求推动下，在 20 世纪 90 年代出口量迅速增长，逐渐成为亚太地区的重要产煤国，并成为世界最大的动力煤出口国。由于印尼的地理位置适中，不仅为日本、韩国、台湾地区提供了一个重要的动力煤供应来源，甚至成为南亚、中东地区的主要动力煤供应。美国曾是全球最大的煤炭生产国及重要的出口国，然而美国煤炭价格过高，大大削减了其煤炭的出口竞争力，在亚太市场中的比重逐渐下降，虽然仍是世界第二大煤炭出口国，但是其地位正逐渐被印尼、南非、哥伦比亚、新西兰、委内瑞拉等国取代。但是，近年来为了保障本国的能源需求，中国、印尼、越南等煤炭出口国都已经采取限制煤炭出口的措施。特别是中国原来是亚太市场（东南亚和日本）主要的煤炭出口国，但是由于近年来国内能源需求旺盛，加上出于安全生产的考虑大量关停了小煤矿,导致煤炭供应减少,国内煤炭价格上涨,煤炭进口量快速增长。此外,随着亚太地区煤炭需求的持续增长,价格不断上涨,对俄罗斯煤炭企业的吸引力也越来越大。虽然目前俄罗斯对亚太地区的煤炭出口量很小,但在俄罗斯远东地区港口扩建后,俄罗斯对亚太地区的煤炭出口量将会有较大增长。

2. 大西洋市场

大西洋市场的主要进口国家是英国、法国、德国、意大利、荷兰、比利时、丹麦、希腊等欧盟国家,主要出口国家是北美的美国、加拿大,南美的哥伦比亚、委内瑞拉以及俄罗斯和东欧的波兰,此外南非、澳大利亚也向欧洲出口煤炭。欧盟煤炭进口的主要来源一直是以美国为主,其次才是南非和澳大利亚。但是,近年来由于美国煤炭价格竞争力下降以及因自身发电用煤需求而开始减少煤炭出口,使得欧盟加大了从澳大利亚和加拿大进口。此外,欧洲也通过陆路从俄罗斯、乌克兰、哈萨克等独联体国家和波兰、捷克等东欧国家进口煤炭。

20 世纪 50 年代初,欧洲西北欧国家对能源的需求仍以其自产煤为主,1951 年成立的欧洲煤钢共同体(ECSC)不仅是世界第一个煤钢共同市场,也是第一个能源共同市场。随着战后经济复苏,英国、德国、法国等国虽然也出产煤炭,但已不能满足欧洲市场的需求,而随着欧盟能源结构逐渐由煤炭转向石油和天然气,加上煤炭工业自身发展问题,导致自身煤炭产能萎缩,自产煤在能源消费中的比重逐年下降,需要大量进口以弥补需求缺口。20 世纪 80 年代开始,出于成本和环保等方面的考虑,欧盟国家采取了减少核能发电,维持石油、水力发电,增加火力发电比例,关闭国内煤矿、增加进口的能源政策。1993 年,欧盟甚至明确了对煤炭的开采进行限制,导致欧洲煤炭开采量大幅下降。而由于欧洲夏天热,水量减少,风力减弱,核能又被限制使用,只能靠煤炭来补充发电缺口,因此欧盟国家对进口煤炭具有一定的依赖性。20 世纪 90 年代中期,欧盟成为全球最大的煤炭单一进口市场,1996 年欧盟煤炭进口量为 1.378 亿吨,在当年世界煤炭贸易量中占了 32%。欧盟进口的煤炭约有 70% 左右用于发电,20% 左右用于生产焦炭,10% 左右用于工业供热和民用取暖。

一直以来,大西洋市场都是全球动力煤贸易及海运市场持续增长的基础,尤其是由于欧盟各国的煤炭采购采取各自独立决策的方式,由出口国与进口国各自达成贸易协议,所以一直是全球主要产煤国竞销的目标市场。但是,随着近年来欧洲经济衰退,环境政策日趋严格,碳交易市场、碳税等控制温室气体排放的政策不断出台,加上天然气价格下跌,欧洲地区天然气以及新能源和可再生能源对煤炭的替代加强,欧洲地区煤炭进口在价格上的比较优势有所削弱,欧洲的煤炭进口量也开始逐年下降,导致国际煤炭贸易重心开始向亚太市场转移。

二、国际煤炭市场的现状与格局

(一)国际煤炭市场的现状及趋势

据世界煤炭协会(WCI)统计,2011 年全球煤炭贸易量为 9.93 亿吨。虽然目前煤炭贸易仍以两大区域市场进行划分,但是有些国家存在特殊需求或出于保证国家能源安全也会进行跨区域的煤炭贸易。这种跨区域的煤炭贸易规模不大,一般只有在供给充裕、煤炭价格高且海运费低廉的时候才会进行,一般由南非充当跨区域的中转市场。亚太地区是目前世界煤炭贸易最活跃的区域。

在 2003 年之前,中国一度是全球第二大煤炭出口国。但是随着中国对煤炭征收出口税[①]和国内需求的不断增加,2009 年中国首次成为煤炭净进口国,全年煤炭进口就达到了 1.25 亿吨(主要是发电用动力煤),仅次于日本的 1.56 亿吨,显示了巨大的进口潜力。2011 年,中国煤炭进口

---

① 自 2007 年 1 月 1 日起,中国开始对炼焦煤和动力煤征收 5% 的出口税;自 2008 年 8 月 20 日起,煤炭出口税率提高到 10%,焦炭的出口税率由 25% 提高至 40%;2008 年 1 月 1 日起,取消煤炭进口关税。

量更是达到 1.824 亿吨,超过日本成为全球第一大煤炭进口国。由于中国煤炭出口量的不断减少,而进口量持续增长,两者之和接近国际贸易量的比重的 10% 左右,使得原有国际煤炭贸易均衡被打破,直接导致煤炭贸易流向的大转变。亚太地区其他主要煤炭进口国被迫从南非进口煤炭以平衡市场供求,这就意味着更长的航行时间、船队效率的降低和更高的运输费用。这也是自 2007 年以来,国际煤炭市场价格大幅飙升的原因之一。

根据 BP 的预计,全球煤炭供应在 2011—2030 年将每年增长 1.0%,非 OECD 国家的增量将抵消 OECD 国家的减量。中国和印度的煤炭产量每年分别增长 0.9% 和 3.9%。进口的增加将推动全球煤炭市场的进一步扩大和整合。全球煤炭消费继续增长(每年增长 1.9%)。中国仍是最大的煤炭消费国(在全球煤炭消费中占比 52%),而印度(在全球煤炭消费中占比 12%)将在 2024 年超越美国成为世界第二大煤炭消费国。到 2030 年,中国和印度在全球煤炭消费增长中所占比重将分别达到 63% 和 29%。随着中国向低煤炭密集型经济活动转型以及采取增效措施,中国的煤炭需求迅速减速,从 2000—2010 年的每年 9% 降至 2010—2020 年的 3.5%,进而在 2020—2030 年降至 0.4%。印度的煤炭需求减速较为缓慢,从 2000—2010 年的每年 6.5% 逐步降至 2011—2030 年的 3.6%,因为能效提高部分抵消了工业和基础设施扩建带来的能源需求增长(见图 4-6)。

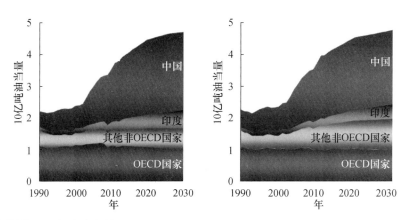

数据来源:BP Energy Outlook 2012

图 4-6　全球煤炭产量和消费以及预测(单位:10 亿吨油当量①)

政府通过能源与环境政策对煤炭需求产生影响,将在很大程度上决定煤炭的长期贸易趋势。因为硬煤的国际贸易量仅占其产量的较小比重(2010 年为 17%),需求的一个小变化就能对贸易产生很大的影响。根据 IEA 的预测,在新政策情景下,2020 年之前硬煤的国际贸易增长保持强劲,增长率仍将保持在年均 3% 左右,但是之后将趋于平缓。到 2035 年,硬煤的贸易量将达到 11.22 亿吨标准煤,比 2010 年高出 35%。而在现行政策情景下,贸易量迅速扩张,2010—2035 年从 8.33 亿吨标准煤增长到 17.02 亿吨标准煤,整整翻了一番。炼焦煤贸易则较少受到政策变化的干扰。尽管在 1996—2010 年硬煤的贸易量增加了一倍,并且在新政策和现行政策情景下,2010—2035 年仍将继续增长,但是煤炭的跨区域贸易量也仅占产量的 1/5(见表 4-1)。因此,煤炭出口国产量的小幅但是突然的变化(例如自然灾害),将会引起国际煤炭市场的大范围供应紧张。

---

① 油当量(coal equivalent)按标准油(standard oil)的热值计算各种能源量的换算指标。按 1 千克油当量的热值为 42.62MJ(7 000 千卡)来计算,不同品种石油可以直接换算成相应的油当量。

表 4-1 世界区域间硬煤贸易量(单位:百万吨煤当量)

年份	1990 年	2010 年	新政策情景		现有政策	
			2020 年	2035 年	2020 年	2035 年
动力煤	162	576	829	819	952	1 327
炼焦煤	185	260	281	321	299	377
总计	309	833	1 095	1 122	1 246	1 702
硬煤贸易占产量的比重	11%	17%	20%	19%	21%	22%
动力煤贸易占产量的比重	7%	14%	18%	16%	18%	20%
炼焦煤贸易占产量的比重	32%	33%	34%	39%	35%	42%

数据来源:IEA. World Energy Outlook 2012

从主要的进口国来看,随着印度能源需求的日益增长,其国内产量将难以满足消费需求,需要依靠进口来弥补国内产量的缺口。2010—2035 年,印度的煤炭进口量在全球贸易中的比重将会不断上升,到 2035 年将近 30%。而随着能源结构的优化,煤炭在中国的能源消费中的比重将会逐渐下降,中国对煤炭进口的需求也会随之下降,至 2035 年,中国的煤炭贸易量约占全球的7%左右,相比 2010 年有了明显的减少(见图 4-7)。

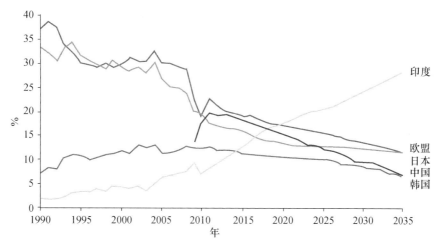

资料来源:IEA. World Energy Outlook 2012

图 4-7 主要硬煤进口国在全球贸易中的比重(新政策情景)

(二)国际煤炭市场格局

目前国际煤炭贸易已经形成了包括长期协议、现货交易、期货交易和场外交易在内的多层次市场体系。亚太、欧洲和北美三个区域市场都有各自的煤炭价格指数体系以体现市场影响力,而目前实际运作的煤炭期货市场只有美国纽约商业交易所(NYMEX)和英国伦敦洲际交易所(ICE)两家。

1. 长期协议

为了保证煤炭长期、稳定的供应,主要煤炭消费国与煤炭生产国政府之间会通过签订长期协议的方式,以一定的互惠条件开展煤炭贸易。比如 2010 年 9 月,中国政府和俄罗斯政府签署的煤炭贸易长期协议,就规定在未来 25 年合作中的前 5 年,中国每年将从俄罗斯进口至少 1 500 万吨煤炭。之后 20 年,进口煤炭量将增至 2 000 万吨。与此同时,中国将为俄罗斯提供总共 60 亿美元的贷款,帮助俄罗斯发展远东地区矿产资源开采项目,修建铁路、公路等煤炭运输通道,购买矿产挖掘设备,建立合资公司,在探矿、选矿及基础设施建设领域加强合作,共同开发远东地区的煤炭资源等。

除了政府间长期协议外,企业间也会通过长期协议建立长期、稳定的贸易关系,尤其是在发电、钢铁等用煤大户和煤炭企业之间的长期协议,对于保障用煤大户的稳定生产和煤炭企业避免短期价格波,实现投资收益的长期稳定都具有非常重要的意义。为了控制成本,这些用煤大户往往还采取联合招标议价的形式,通过多家煤炭企业之间的竞争来降低采购价格。

2. 现货市场

目前国际上的煤炭现货市场分布与全球煤炭生产消费格局一致,主要集中在欧洲、亚太、北美等地区煤炭消费国和澳大利亚、南非等煤炭出口国的港口,以及国际航运中心(新加坡等)或国际金融中心(伦敦等)。现在的煤炭现货市场一般都是在公开撮合报价的电子交易平台上进行现货议价和交易。比如,总部设在伦敦的全球煤炭市场公司①(GCM)于 1998 年 5 月推出的"全球煤炭"(Global Coal)电子交易平台,通过采取"招标采购"和"供应商拍卖"机制相结合,为煤炭生产企业、贸易商、电力企业等提供不具名的即时交易服务。而随着电子交易的发展,交易的合约等开始逐渐实现标准化,为市场参与者提供现货交易服务。

3. 期货市场

全球煤炭期货的发展历史并不长,目前真正有影响力的煤炭期货市场,只有美国纽约商业交易所(NYMEX)和英国伦敦洲际交易所(ICE)两家上市交易的煤炭期货合约。2001 年,纽约商业期货交易所推出中部阿巴拉契煤炭②(CAAP)期货合约,但是上市初期的交易情况并不理想,交易极不活跃,在全球范围的流动性更差。很大程度上该合约只是反映和影响美国煤炭市场的供求关系,并不能为全球煤炭市场提供价格发现和风险规避的手段。2006 年 7 月,洲际交易所(ICE)推出了两种煤炭期货合约,分别是以荷兰鹿特丹(Rotterdam)和南非理查德湾(Richards Bay)两地动力煤为标的物,并参照 Argus/McCloskey 煤炭价格指数以现金方式进行结算。2008 年,ICE 和 GCM 合作开发了新的煤炭期货合约,分别是以澳大利亚新南威尔士州纽卡斯尔港(Newcastle)动力煤为标的物、针对亚太地区的煤炭期货合约和以阿姆斯特丹、鹿特丹和安特卫普三个港口的(ARA 地区)动力煤为标的物、针对西北欧的煤炭期货合约,两者也都是以现金方式进行结算。IEA 还计划在 Global Coal 发布的一种指数的基础上开发煤炭价格指数期货合约。2009 年,澳大利亚证券交易所③(ASX)也宣布计划开发针对亚太市场的煤炭期货合约,该合约也是以新南威尔士州纽卡斯尔港(Newcastle)出口煤炭为标的物,但以现货交割方式进行结算。2011 年 4 月,中国大连商品交易所④(DCE)推出了焦炭期货,2013 年 3 月又推出了焦煤期货合约。这两种合约是世界上第一个同类期货品种,合约规则也极具中国特色。焦炭和焦煤期货的推出,有助于中国完善煤焦钢体系,建立煤炭定价中心,争夺国际定价权。

此外,全球范围内的煤炭场外交易市场(OTC)也有相当规模,包括隔月合约、远期合约、价差合约等在内的煤炭场外衍生金融产品的交易也很活跃。目前,国际煤炭市场已经形成以中长期合同为主导,招标采购为辅,现货和期货等其他交易形式为补充,场内、场外多种交易方式并存的局面。但是由于现有交易体系仍存在较大的局限性,目前还未能形成一体化的全球煤炭价格形成机制。

---

① 全球煤炭市场公司(Global Coal Market,GCM)成立于 2001 年,其控股股东均为国际能源、矿业巨头,包括力拓、英美矿业、E. ON、嘉能可、必和必拓等,以及一些国际投行和主要煤炭市场经纪商。

② 美国中部阿巴拉契山脉(Central Appalachian)是全世界最后几处出产优质炼焦煤和动力煤的地方之一,这里也是美国煤炭的主要产区,其煤炭产量占全美煤炭总产量的 50% 以上。

③ 澳大利亚证券交易所(Australian Stock Exchange, ASX)于 1987 年 4 月 1 日成立,是澳大利亚唯一的金融交易所。

④ 大连商品交易所(Dalian Commodity Exchange,DCE)成立于 1993 年 2 月 28 日,是经国务院批准的四家商品期货交易所之一,是目前中国最大的农产品期货交易所,全球第二大大豆期货市场。

第二节　煤炭价格

一、国际煤炭价格的形成机制

（一）国际煤炭价格指数的构建

1. 现有国际煤炭价格体系的缺陷

作为全球性的能源大宗商品,煤炭和石油的现货交易相比有较大的差异,具有一定的特殊性。煤炭贸易存在着标准化、运输、库存等诸多问题。第一,标准化问题。由于煤炭的品种多样、品质复杂,不同矿井甚至同一矿井不同煤层产出的煤炭品质不同或不稳定,所谓煤炭的主要品种如动力煤、炼焦煤等划分只是根据用途进行分类和初步筛选,谈不上深加工转换,也无法通过生产过程的质量控制达到品质统一。因此,在现实的国际煤炭现货贸易中,一般是按批按质进行交易。第二,运输瓶颈问题。煤炭国际现货贸易中,海路运输受制于国际航运市场干散货运输能力和市场供求情况,特别是近年来国际航运价格对国际经济形势的反应较强烈,运费波动较为剧烈;陆路运输也同样受制于铁路、公路的运能和季节性需求之间的矛盾。煤炭现货贸易中,运费不仅构成煤炭价格的重要组成部分,而且还需要根据交割地点确定相应的升贴水标准。第三,库存问题。煤炭堆放时间过长,容易产生氧化、自燃、热值降低等问题,因此生产和消费双方都存在库存不够或不足的情况,对生产商而言,因为经济上和生产安全上的限制,难以根据市场需求量及时地调节供应量,会陷入被动,而对煤炭用户而言,特别是电力企业的需求一般会呈现计划刚性,常通过长期协议保证稳定供应,但是一旦发生特殊情况,就要进行临时采购,也会陷入被动。

因此,与国际石油市场不同,国际煤炭市场的价格形成机制更为分散,没有一个较为权威的、有效的体系。长期协议的形成主要是交易双方谈判的结果,并不能适用于其他交易,仅具有一定的参考价值。现货市场的交易存在产品品质不能标准化的问题,加上运输瓶颈问题,其交易价格的参考性有限。煤炭期货市场的交易也才开展了几年,在全球范围的流动性不够强,交易也不够活跃,加上开展煤炭期货业务的国家只是少数,而且各自的交易标的也不同,也就是说这些煤炭期货市场很大程度上反映和作用的是区域性的煤炭供求,并不能对世界范围的煤炭供求及相关情况进行反应。

2. 国际煤炭价格指数

目前,对全球煤炭贸易价格的形成最具影响力的是各类国际煤炭价格指数。国际煤炭价格指数是在20世纪80年代产生的,最初是对各类煤炭交易价格的历史记录的原始反映形式。20世纪90年代,许多国际机构开始设计编制国际煤炭价格指数,以反映国际煤炭贸易的价格水平和变化趋势。

（1）煤炭价格指数的发布主体

煤炭价格指数发布机构大致可分为四类:一是能源信息、咨询和服务公司,例如巴洛金克公司(Barlow Junker)和普氏公司(Platts);二是直接从事煤炭贸易的经纪公司或贸易商,如传统财务公司(Traditional Financial Service,TFS);三是提供煤炭贸易服务的公司,如GSM等;四是政府部门,如德国联邦经济局发布进口煤炭价格指数。

（2）煤炭价格指数的适用范围

煤炭价格指数根据适用的场合可分为三类:一是供煤炭现货交易进行实物交割用的现货价格指数,如BJ指数;二是供场外交易市场用的指数,如环球公司的互惠交易指数RB1和普氏远期合约价格指数;三是供期货合约作为标的物的价格指数,如纽约商品交易所煤炭期货价格指标。这一分类标准并不是绝对的,部分指标既可以作为现货市场实物交割的参考指标,也可以作为场外交易的参考指标。亚太市场基本上是现货交易市场,其指标体系大多是第一类指标;欧洲市场以现货交易为主、场外交易市场为辅,故基本采用第一、二类指标;美国市场体系发育比较齐全，三种指标在美国都得到广泛采用。

（3）煤炭价格指数的数据来源

指数的原始数据主要来自三个方面：第一类，官方的统计数据，这是实际发货价格历史记录，一般比较真实，但时间滞后；第二类，对煤炭买卖双方、中间贸易商和经纪人的调查数据，调查可以通过电话、传真等形式获得；第三，交易平台即实时采集到的成交数据，如环球公司根据其电子平台记录的实际成交合同价和买卖竞价未成交部分，并用加权平均方法处理得到有关煤炭价格指数。每个煤炭价格指数都与其固定的标准合同和成立条件相对应，这些条件主要包括：产地和交货口岸，煤质指标（发热量、灰分、硫分等），交货时间（一个月、90 天等），付款时间和条件等。

（4）煤炭价格指数的构成模式

目前现在国际煤炭价格指数大致有三种构成模式：实际发货价或当期合同价或两者的组合；历史交货价、合同成交价和预期价格（政府指导价等）的加权平均价；远期合约价格[1]和期货合约价格。

（二）主要的国际煤炭价格指数

目前，世界上主要三个煤炭贸易市场都有在本区域范围内产生影响的煤炭价格指数，由于各类指数的基础构成不同，因此不同的价格指数就为不同的煤炭贸易方式提供定价依据。

1. 全球性能源信息机构发布的指数

（1）Argus/ McCloskey 指数

英国阿格斯能源咨询公司（Argus Media）以日报、月报、年报的形式，提供较为全面、权威的国际煤炭市场报价，比如《每日美国煤炭市场报告》公布美国本土 5 个主要产煤区有代表性煤种在一年之内交货的现货合同价格，交货一般以离岸价为基础，同时列出最高价、最低价和加权平均价。此外，还有《每日国际煤炭市场报告》（除美国外的国际煤炭市场价格行情）、《俄罗斯煤炭市场报告（半月）》和年度竞争性燃料报告、年度煤炭运输报告等。阿格斯公司与麦肯罗斯基出版集团[2]（McCloskey Group）每周会联合发布国际煤炭价格指数。该指数每周五公布，由三部分组成：API2 是西北欧阿姆斯特丹、鹿特丹和安特卫普三个港口（ARA 地区）煤炭到岸价格价格；API4 是南非理查德湾煤炭离岸价格；API6 是澳大利亚纽卡斯尔港煤炭离岸价格。

（2）普氏（Platts）煤炭价格指数

普氏公司发行两份周刊（《煤炭展望》、《普氏国际煤炭报告》）和两份日报（《普氏煤炭贸易商》、《普氏国际煤炭贸易商》），并发布相应的煤炭价格估价和指数信息。《普氏煤炭贸易商》每日公布美国煤炭场外交易市场的估价，对即期现货煤炭、三个远期季度和一年远期煤炭价格进行估计，用来指导套期保值和实物交割市场。《煤炭展望》每周对美国主要产煤区各季度远期和一年远期实物煤炭交割合同的煤炭价格进行估计，同时也对上一周的美国煤炭场外交易市场的煤炭价格进行估价并公布交易价格。《普氏国际煤炭报告》每周公布全球主要煤炭发运地 180 天内发货的动力煤现货价格评估值，同时还公布 180 天远期交易的炼焦煤价格和三个发运点 90 天远期交货的焦炭价格。《普氏国际煤炭报告》和《普氏国际煤炭货易商》每周还联合公布 5 个重要发货点的 3 个月远期和季度远期的重要动力煤价格估计和 8 个主要发货点 90 天内发货的现货实物交割价格。同时普氏公司与经纪商合作，公布美国市场场外交易的煤炭价格指数、不同种类能源产品间价格比较表和与欧洲不同能源产品种类价格比较表、运费价格指标或指数。

（3）环球煤炭市场公司（GCM）价格指数

GCM 以 Global Coal 电子交易平台为基础，按周或按月发布三个主要国际煤炭贸易市场的

---

[1]　这里的远期合约包括一年之内交货的现货合约和更长时间内交货的远期合约。远期合约中指定的价格等于将来货物实际交割的价格，但如果远期合约在 OTC 市场流通，则合约本身还有价格。根据两种不同的合约形式可以得出不同期限的远期合同价格，这种价格既可以作为实物交割价，也可以作为 OTC 市场合约价。

[2]　麦肯罗斯基出版集团（McCloskey Group）是英国一家专门从事煤炭研究咨询的公司，是国际煤炭市场最主要的新闻、信息、数据服务商之一。

煤炭价格指数。NEWC 指数为澳大利亚新南威尔士洲纽卡斯特港设计了出口动力煤价格指数，该指数把本周实际发生的交易价格和买卖双方当时对远期期望的煤炭价格加权综合起来考虑。该指数以离岸价、标准煤炭合同为计算基础，发表周期为周指数和月指数。环球公司设计了南非理查德湾远期合同(三个月之内发运)的离岸价煤炭价格指数，价格是实际成交价和期望价格的加权平均值，每周和月度发布价格指数，合同也是标准煤炭合同。RB 又分为互换交易的 RB 月度价格指数和实物交割 RB1、RB2 月度价格指数。环球公司还设计了阿姆斯特丹、鹿特丹和安特卫鲁三个港口(ARA 地区)的离岸价格指数(ARA1 和 ARA2)，其设计原理与 RB 价格指数类似。

(4)传统财务公司(TFS)指数

TFS 指数也称为 APis 指数系列，是目前欧洲煤炭场外交易所采用的主要指数之一。APis 系列与 RB 指数不同之处在于，RB 指数是根据实际交易后的数据计算出来的，而 APis 系列是根据估计的交易数据间接计算出来的。其中，APi1 是静态美式合约，该指数没有真实实物交易；APi2 是以目的地为 ARA 地区的进口煤炭合同 CIF 价格为基础估算的；APi3 是以装运港为澳大利亚纽卡斯尔港、澳大利亚港的出口煤炭合同 FOB 价格为基础估算的；APi4 则是以装运港为南非理查德港的出口煤炭合同 FOB 价格为基础估算的。价格数据来源于发布在《煤炭周刊》、《南非煤炭报告》、《国际煤炭报告》上的合约价格(标准煤炭合同)，每周和每月都会发布一次。

2. 地区性能源信息机构发布的指数

(1)亚太地区

① BJ 指数

澳大利亚巴洛金克公司(Barlow Junker)发布的 BJ 指数以新南威尔士州动力煤现货合约的离岸价，发货港是纽卡斯特港，目的港不定，每周发布一次，现在已经成为指导澳大利亚和东亚国家煤炭交易的重要参考价格依据。

② NA 指数

NA 指数反映的是从澳大利亚新南威尔士州出口的动力煤，目的地为日本、南韩和中国台湾地区的加权平均离岸出口价，价格来源为国家统计局提供的已经发货的合约价格，包括现货合约和长期协议，指数每月发布一次。

(2)欧洲地区

① 南非现货煤炭价格指数

南非现货煤炭价格指数(SACR)以南非出口的、并经鹿特丹港由驳船转运至欧洲内陆的驳船离岸价为基础，每月发布一次。

② 欧盟电煤价格指数

欧盟电煤价格指数以欧盟电厂的到厂煤炭价格为基础，每季度发布一次。

③ WEFA 月度现货煤炭价格指数

WEFA 月度现货煤炭价格指数是沃顿计量经济学预测联盟[①](WEFA)提供的从南非、哥伦比亚和澳大利亚出口到欧洲的动力煤离岸价格指数。该指数是以三个月之内发货的现货合约为基础计算得来的。该公司还同时发布这三个国家的综合煤炭价格指数，以及煤炭海运费价格指数。WEFA 月度价格指数现已成为实物煤炭合同和煤炭衍生品合同煤炭价格的一个基准价。

④ 标准欧洲煤炭协议价格指数(SECA)

1999 年推出的基于欧洲标准煤炭协议(European standard coal agreement，ESCA)的价格指数，是在标准合同(对煤质、数量、付款等都有严格要求，这种合同既被实物交割市场应用，也被煤炭衍生品市场采用；既可以作为现货合约，也可以作为远期合约的标准合同)的基础上，以欧洲平均动力煤等级(折算为 6000kcal/kg 标准煤)为煤炭级别标准，并以 ARA 地区离岸价为基础计算获得的。

---

① 沃顿计量经济学预测联盟(Wharton Econometric Forecasting Associates，WEFA)成立于 1969 年，是全球领先的经济预测与咨询机构，也是宾夕法尼亚大学沃顿商学院的控股公司。

二、国际煤炭价格波动及其影响因素

（一）国际煤炭价格波动特征

1991—2011 年的煤炭市场价格，按照西北欧基准价（ARA 地区 FOB 价格）计算，年均增长率为 9.46%；按照美国 CAPP 现货价格计算，年均增长率为 10.97%；按照日本进口焦煤到岸价计算，年均增长率为 9.65%；按照日本进口动力煤到岸价计算，年均增长率为 6.90%。总体来看，从 2003 年下半年开始，国际煤炭市场价格一改之前的平稳趋势，波动加剧、波幅加大，并且呈现不断上扬的趋势。煤炭与石油具有一定的替代性，因此煤炭价格与石油价格具有较强的相关性。长期以来，国际市场上同等发热量的煤炭与石油比价关系一直稳定在 1～2 之间，两者涨落大致相同，直到进入 21 世纪这一情况才发生变化，随着国际原油价格的持续走高，煤炭与原油的比价也在持续上升（见图 4-8）。

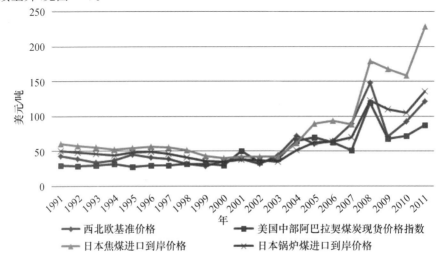

数据来源：BP. Statistical Review of World Energy 2012

图 4-8　国际主要煤炭价格比较（1991—2011 年）

（二）国际煤炭价格波动的影响因素

1. 长期影响因素

（1）经济周期

经济周期对长期煤炭市场价格的影响是非常明显的，经济增长对能源的需求是煤炭市场供求关系的基础。长期而言，煤炭的需求具有一定的弹性，一方面是更加清洁、低排放的能源逐渐取代煤炭的地位，使得煤炭的长期需求呈下降趋势，另一方面是由于煤炭价格较石油、天然气低廉，并且开发利用的技术已经非常成熟，电力、供暖等部门对煤炭仍有一定的依赖，特别是在不发达国家或地区，因此，经济周期对全球煤炭的长期需求具有非常大的影响。相对而言，虽然受到资源储量和地理分布的限制，但是煤炭的长期供应也具有一定的弹性，但相对而言其长期供给曲线较长期需求曲线更为陡峭。两者决定了煤炭的长期价格将呈现缓慢增长的趋势。

（2）能源替代

虽然煤炭的市场结构、供求关系等方面与石油有许多不同，但历史数据表明两者的价格具有高度正相关性。根据能源替代理论，各类能源之间都具有一定的可替代性，而化石燃料之间由于等热值比价关系，这种替代性就会转化成各种化石燃料价格之间的关联性。当然，现实的化石燃料间替代情况还要取决于替代成本、比价高低、替代弹性等客观条件。考虑到煤炭技术的成熟性和资源分布的均衡性，未来煤炭仍是重要的能源之一，而清洁能源和可再生能源对包括煤炭在内的化石燃料的替代仍将是一个充满未知变数的过程。

（3）市场格局

亚太地区是国际煤炭市场上最活跃的地区，覆盖了澳大利亚、中国、印度尼西亚、印度、日本、韩国等世界煤炭生产和消费大国。中国的煤炭进出口在该地区居于举足轻重的地位，中国煤炭进出口政策的变化将对亚太煤炭市场乃至整个世界市场产生深远的影响。同时，该地区其他国家煤炭产业政策或贸易政策的改变也将会对中国的煤炭行业形成冲击。亚太市场传统的煤炭出口国中国、越南、印尼等为了保障本国的能源需求，都已经或即将采取限制煤炭出口的措施。中国煤炭进出口政策经过历次调整，目前各类煤炭的进口税都已经下调为零。从 2008 年 8 月 20 日起，中国的焦炭出口暂定税率由 25％提高到 40％；炼焦煤出口暂定税率由 5％提高至 10％；并且对其他烟煤等征收出口暂定关税，暂定税率为 10％。越南也在 2006 年就对出口煤炭征收 10％的关税。

印尼在 2011 年超过澳大利亚成为最大的煤炭出口国，印尼政府为了遏制资源的过度开采，计划于 2012 年和 2013 年两年内将煤炭出口关税提高 50％，每年分别提高 25％。印尼煤炭质量较差，单位发热量偏低，其真正的优势是价格较低，提价后将大幅削弱印尼煤的国际竞争力。印尼此举对于依靠进口印尼煤炭的中国发电厂将构成一定冲击。对于中国而言，随着进口印尼煤炭失去价格优势，为了降低发电成本，一些发电厂可能不得不考虑从非洲或者澳大利亚进口煤炭，或使用国内煤炭取而代之，同时加快"走出去"兼并国外矿产资源的步伐。

澳大利亚作为亚太地区主要煤炭供应国，在亚太地区的地位举足轻重。2012 年 3 月，澳大利亚通过一直备受争议的矿产资源租赁税议案，新税增收对象为年盈利 7 500 万澳元及以上的铁矿和煤矿企业，利率为盈利的 30％。此举将在一定程度上对澳大利亚的煤炭出口产生影响，也将影响中国的煤炭进口。

印尼和澳大利亚两大煤炭出口巨头轮番提税，是因为资源产量和出口不断增加，能源矿产企业收益不断增加，资源行业与非资源行业之间的不平衡加剧，为了更好地促进其国内经济的健康发展，政府逐步提高资源产品税赋，同时在市场的份额中分得一杯羹。为缓解供应紧张状况，亚太地区的煤炭进口国已经增加了从南非、加拿大等国的煤炭进口量。

此外，俄罗斯虽然也是亚太煤炭市场的供应国，但目前其贡献并不大。未来全球煤炭市场格局的演变，也将是影响煤炭市场长期价格走向的重要因素。因为，全球主要煤炭生产国的生产成本差异较大，而如果加上海运运价的话，平均的到岸价格差异将会更大（见图 4-9）。

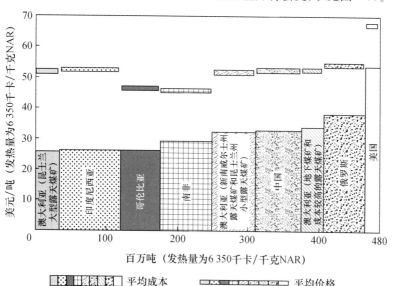

资料来源：IEA. World Energy Outlook, 2007

图 4-9　2005 年主要出口国的世界气煤离岸价格（FOB）平均成本和平均价格

（4）环境政策

考虑到煤炭开发利用对环境的影响较大，且二氧化碳排放量也是最多的。以发电为例，单位发电燃烧煤炭产生的二氧化碳是石油的113倍。因此，减少煤炭等化石燃料的使用一直是全球应对气候变化政策的重要组成部分。未来全球一次能源结构的变化趋势，必然是煤炭、石油等化石燃料在一次能源中的比例逐步降低，而天然气、核能和可再生能源的比重逐步上升。当然，煤炭退出能源利用舞台的速度将取决于全球温室气体减排的紧迫性和相关政策的实施。但是，对于发展中国家，尤其是像中国这样经济快速发展的新兴国家而言，廉价、可靠的能源供应体系仍离不开煤炭，因此，在环境保护和经济发展的均衡博弈中，煤炭的生产消费必然会受到相关政策的影响，而煤炭价格也将随之波动。

2. 短期影响因素

（1）石油价格

作为竞争性替代燃料，石油价格会对煤炭价格产生一定的影响。但是国际煤炭市场价格与国际原油市场价格的联动并不完全遵循等热值原则，一是存在着3～6个月的时滞，二是由于石油衍生金融产品更为发达，而煤炭贸易采取中长期交易的方式，两者的波动幅度不尽相似，相对而言，石油价格的短期波动比煤炭价格更为激烈。

（2）运输问题

由于煤炭资源和消费区域的分布不平衡，使得煤炭运输成为影响国际煤炭市场发展的重要因素。煤炭国际贸易中除了少数陆陆相连的国家和地区可用铁路、公路进行运输外，绝大部分的煤炭贸易都要通过海运来完成。因此，国际煤炭价格中海运费用成为重要的组成部分，而且随着近年来国际海运市场运费的不断升高，主要的煤炭进口国不得不考虑煤炭的综合使用成本，调整煤炭进口方向和渠道，从而使海运费用的变化影响煤炭国际贸易的格局。

（3）天气变化

天气因素不仅会对煤炭短期需求产生影响，而且会影响短期煤炭供应。由于冬季取暖对煤炭的需求是刚性的，而冬季气温变化会导致居民和商业用户取暖需求的波动，进而影响煤炭市场的短期需求。而异常天气也会影响到煤矿的生产，从而影响煤炭市场的短期供应。据IEA的估计，2010年底的异常天气造成澳大利亚昆士兰州持续暴雨，可能导致该国在2011年的煤炭出口量减少40%。

（4）美元汇率

考虑到国际煤炭价格指数大都以美元作为计价货币，因此美元汇率的波动也会对短期煤炭市场价格产生影响，而且美元汇率的中短期趋势（贬值）会带来通胀预期的变化，进而对煤炭价格产生推动作用。

（5）库存变化

煤炭用户一般会持有一定的库存，以便应对突发的需求。此外，贸易商也会持有一部分库存。库存持有者通常会主要根据其对近期煤炭价格变动趋势的预测和自身的库存能力来购买现货以调整库存量，而相关机构公布的市场总体库存量变化也会对短期煤炭市场价格产生影响。

三、相关研究

对于全球煤炭市场而言，煤炭价格的走势虽然受到石油等能源市场价格的影响，但是更重要的是全球煤炭市场格局演变直接影响市场的供求平衡，所以对于煤炭价格形成机制的研究主要集中在全球煤炭市场格局的演化上。

20世纪90年代中期，国际煤炭贸易市场开始形成大西洋和太平洋两大区域市场，虽然1984年澳大利亚的煤炭出口就超过了美国，但是美国作为当时全球最大的煤炭生产国，仍然掌握着全球煤炭市场的主导权（见图4-10）。

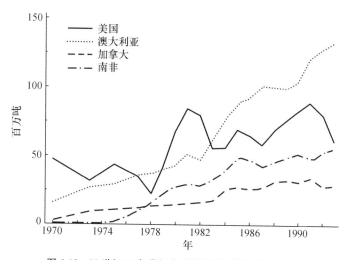

图 4-10　20 世纪 90 年代初全球煤炭贸易情况(海运贸易)

　　Ellerman(1995)总结了这一时期全球煤炭贸易的趋势,同时指出美国之所以掌握全球煤炭贸易主导权的原因主要归结于其巨大的煤炭产能、发达的国内市场以及便利的航运设施和船队,使得美国在全球煤炭贸易中获得剩余供应商(residual supplier)和价格制定者的地位。因为,美国煤炭供应商作为剩余供应者,掌握了控制全球煤炭贸易的供求平衡的筹码,并直接通过国内市场引导国际市场的煤价走势(见图 4-11)。

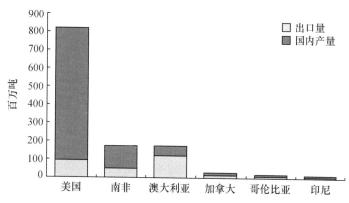

图 4-11　20 世纪 90 年代初全球煤炭生产情况

　　Koerner(1995)指出 20 世纪 70 年代石油危机后,由于中东地区的石油勘探开采权逐渐被当地政府收归国有,跨国能源企业大量投资转向煤炭产业,直接导致 20 世纪 80 年代全球煤炭产能的过剩,使得国际煤炭价格长期维持在低位。

　　20 世纪 90 年代后期,太平洋市场逐渐超过大西洋市场成为全球煤炭贸易的中心,而欧洲市场的逐渐没落与欧盟的环境政策有很大的关系,尤其是欧洲逐渐废除煤炭补贴后,欧洲煤炭工业和煤炭市场逐渐萎缩,直接导致煤炭消费量的持续下降。Radetzki(1995)就指出 1993 年欧洲(主要是西欧)的煤炭产量约为 1.6 亿吨,而按照当时欧盟的煤炭补贴政策,每生产 1 吨煤需要补贴煤炭生产企业 50~60 美元,这就使得欧洲煤炭生产成本远高于进口价格。随后欧盟逐渐取消了煤炭补贴和购买国内煤炭的义务,迫使很大一部分煤炭企业关闭,欧洲煤炭转向依赖进口煤炭,同时促使欧洲能源结构转向更为清洁的天然气(见图 4-12)。

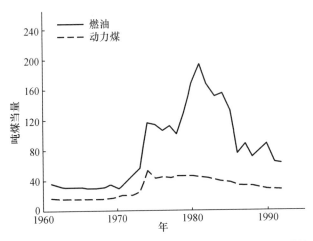

图 4-12　20 世纪 60 年代至 20 世纪 90 年代初煤炭价格与燃料油价格比较

　　亚太地区主要的煤炭进口国是日本和韩国，而供应来源则主要是澳大利亚和印尼。日本和澳大利亚的煤炭贸易一直都占据着该区域煤炭贸易的主导地位，但是扣除航运费用后，其交易价格往往低于国际市场价格。Colley(1998)对这一现象进行了分析，指出由于澳大利亚的煤炭供应商相对分散，导致其在谈判中的议价能力较弱，而日本的钢铁、电力和贸易商之间通过行业协会等组织进行协调，议价能力很强，而交易采取的年度长期合同贸易方式也有利于日方控制市场定价主导权。Hogan 等(1999)指出日本和澳大利亚煤炭年度合同谈判时间的选择、谈判顺序的安排、日本钢铁、电力企业的协作谈判能力以及由于日本在澳大利亚煤矿中参股获得有关市场信息，这些都有利于日本提高煤炭长期合同谈判中的议价能力，大大降低了澳大利亚出口煤炭的收益水平。

第三节　煤　炭　金　融

　　近年来，由于国际原油市场价格急剧波动，国际煤炭的行情走势也随之颠簸起伏，由于国际煤炭市场体系不是很完善，加上中间的流通环节较为复杂，至今也没有形成一个较为有效的定价机制来反映市场的供求情况，所以在很大程度上煤炭价格受到国际原油价格带动的影响，被动地跟涨跟跌。煤炭金融的核心也是希望通过金融市场来完善国际煤炭市场的价格发现和风险规避功能，目前煤炭金融发展的重点是煤炭期货市场的建设，以期为国际煤炭市场提供一个更加完善、有效、透明的定价基准。目前最具有代表性的煤炭期货合约是在美国纽约商品交易所(NY-MEX)上市交易的中部阿巴拉契(CAPP)煤炭期货合约(见附表 4-1)，而场外交易中最活跃的是欧洲煤炭互换合约。

一、煤炭衍生金融产品交易

（一）场内交易市场

1. 美国煤炭期货市场

　　美国是全球煤炭储量最丰富的国家，其煤炭生产也曾居于世界首位，而且煤炭质量高，尤其是中部阿巴拉契地区出产的煤炭(烟煤)是世界上少数的最优质的动力煤，也是美国煤炭出口的主力。美国 90％左右的煤炭被用做发电燃料，煤炭市场与电力市场密切相关。传统的煤炭交易一般都是以中长期协议的形式来完成的，但是进入 21 世纪后由于煤炭价格的波动较大，交易双方更愿意以现货方式进行交易。现货市场一般采取的是"招标采购"和"供应商拍卖"的交易机制,前者是指煤炭需求方发出一份列有具体数量、交割规格、交割时间(支付和交割的时间跨度可以达到1年)和地点要求的标书,由市场上的煤炭供应方进行竞价交易;后者是指煤炭供应方将一定数量、规格的煤炭在市场上以拍卖的形式进行交易,以图获取最大收益。由于现货市场主要是以场外交易的方式进行,而交易的煤炭没有统一标准和规格,而且交易的时间跨度较大,所以总体风险较大。1996年,NYMEX推出了一系列电力期货合约,为重组后的电力行业提供了风险管理工具。由于煤炭是美国最主要的发电燃料,其价格的波动也会对电力价格产生较大的影响。重组后的电力企业更倾向于通过现货市场采购来减少煤炭库存成本,因此,市场上就有了利用煤炭期货进行套期保值的需求。2001年7月,NYMEX推出中部阿巴拉契(CAPP)煤炭期货合约的交易。考虑煤炭规格、品质存在较大的区别,NYMEX对合约标的物做了严格的规定:热量至少要达到12000btu/lb;灰分不能超过总重量的13.5%;硫分不能超过总重量的1%(允许有0.05%的误差);水分不能超过总重量的10%;挥发分不能低于30%;硬度不能低于41HGI(Hardgrave Index,HGI)等。同时,考虑到煤炭交易还存在运输问题,NYMEX对合约的交割也进行了规范,不仅指定交割地点,而且还规定实物交割按FOB条件进行,也可以进行EFP交易。该合约全天24小时在NYMEX的ClearPort电子交易系统进行交易,场外交易可以通过NYMEX的ClearPort电子交易系统进行结算。自2001年CAPP煤炭期货合约上市交易以来,除了2008年,国际原油价格暴涨至140美元/桶以上的那段时间内出现过合约价格的暴涨外,合约的交易都较为平稳,和原油价格的比价也处于一个较为稳定的水平(见图4-13)。

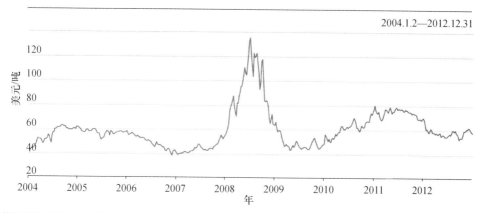

图 4-13　CAPP煤炭期货合约的价格走势(2004—2012年)

数据来源:EIA. http://www.eia.gov/coal/nymex/html/nymex_archive.cfm

2. 欧洲煤炭期货市场

欧洲的煤炭期货和美国的煤炭期货的不同之处在于,它没有对煤炭的规格、具体品质进行限定,只是以较有国际影响力的煤炭价格指数作为参考,通过在主要的煤炭交易中转地以虚拟方式来进行期货合约的交易。这主要是由于欧洲国家众多,相对分散,各国煤炭生产、消费情况差异较大,无法在某个单独的国家设立煤炭期货交易,只能在欧洲煤炭市场的集中中转地设立交易中心,也无法对煤炭规格、品质进行详细限定。2006年7月,ICE的欧洲期货分部引入了针对欧洲市场的、以现金结算的两种煤炭期货合约。一种是以在南非理查德湾装运的煤炭离岸价为标的物,以Argus/McCloskey煤炭价格指数中的API4指数为现金清算标准的期货合约;另一种是以运送到荷兰鹿特丹港的煤炭到岸价为标的物,以Argus/McCloskey煤炭价格指数中的API2指数为现金清算标准的期货合约。2008年12月,ICE又和Global Coal电子交易平台合作推出了针对亚太市场的、以纽卡斯尔港口出口煤炭的离岸价为标的物,以GCM公司的NEWC指数为现金清算标准的期货合约。ICE上市的煤炭期货合约经过两年多的运行,市场交易越来越活跃。ICE煤炭期货交易量2009年1月创新记录,共交易40 300份,相当于4 030万吨煤炭。2009年1月的煤炭期货交易量是2007年全年交易量的4倍多。ICE在2008年底推出的纽卡斯尔港煤炭期货合约，一个月的交易量就达到4 170手，是ICE当月煤炭期货合约交易量的10％。鹿特丹港煤炭期货合约仍是表现最佳期货合约品种，交易占到总交易量的一半多。

（二）场外交易市场

美国煤炭市场上也有场外交易的互换合约，其参考的浮动价格则主要是Argus/McCloskey指数的API系列。芝加哥商品交易所（CME）在2010年9月开始交易推出4种煤炭互换期货和期权合约，作为国际煤炭市场的风险对冲工具。这些合约主要是针对ARA地区煤炭CIF价格与API2指数的互换期货、期权合约，和针对理查德湾FOB价格和API4的互换期货、期权合约。这些合约也将在NYMEX进行交易，并遵循相关的规章制度。从图4-14可以看出，虽然总体上煤炭场外衍生品交易量还较低，但是其发展的趋势非常迅猛。

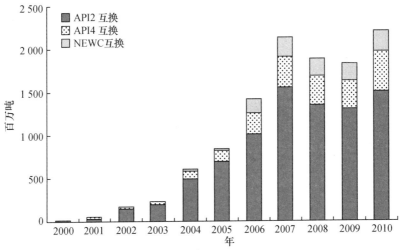

数据来源：Global Coal. http://www.coalservices.com/

图4-14　煤炭场外衍生品交易情况（2000—2010年）

近年来，由于欧盟采取对电力市场放松管制的政策，间接促进了欧洲的煤炭场外交易的发展。欧洲主要的煤炭场外衍生金融产品是煤互换合约，交易的品种是动力煤，市场的主要参与者是煤炭生产商贸易商、燃煤电力公司和钢铁企业、交易商等。欧洲煤炭互换合约交易以价差互换（spread swap）为主，也就是在固定价格及浮动价格之间进行的互换。假设欧洲的电力企业和煤炭贸易商签订每月支付的3年期互换合约，约定电力企业购买动力煤的固定价格和数量，并约定以每月最终交易日的TFS煤炭价格指数系列中的APi2（浮动市价）作为参照基准，当期应付金额多的一方将把净付款支付给另一方，当浮动价格高于固定价格时，由贸易商向电力企业支付差额；当浮动价格低于固定价格，由电力企业向贸易商支付差额。这样，贸易商可以获得固定的销售收益，而电力企业则可以锁定购买煤炭的成本，规避煤炭现货市场价格波动带来的风险。目前，欧洲煤炭场外交易市场参考的煤炭价格指数主要是GCM的RB指数系列和TFS的APi指数系列，其中以APi2为现金结算参考标准的互换合约占所有合约总数的近2/3。

二、煤炭价格风险管理

煤炭期货市场为煤炭行业和电力、钢铁等行业提供了新的价格风险管理工具。煤炭生产商通过卖出期货合约将未来几个月计划生产的煤炭收益固定在一定水平；电力、钢铁企业通过买进煤炭期货合约为即将装运的煤炭做了套期保值。同时，煤炭期货市场对于稳定煤炭市场价格也起到非常重要的作用。比如，CAPP煤炭期货合约上市交易以来，在经历了一段交易量持续低迷后，随着2004年全球能源市场的复苏，交易开始呈现稳定增长的态势。虽然国际原油市场价格的不断上涨，也带动国际煤炭价格持续攀升，但是美国的煤电市场并未受到严重影响。这是因为通过期货市场,煤炭交易双方在一个生产周期开始之前,就根据期货价格预期未来的供求状况,指导生产和消费,起到稳定供求的作用。由于投机者的介入和期货合约的多次转让,买卖双方应承担的价格风险平均分散到参与交易的众多交易者身上,减少了价格变动的幅度和每个交易者承担的风险,实现套期保值,从而避免煤炭价格周期性波动带来的风险。煤炭期货市场中形成的价格从某种程度上也真实地反映了实际供求状况,同时又为煤炭现货市场提供了参考价格,基本上发挥了发现价格的功能。

但是,煤炭期货合约的出现也只是几年的时间,整个交易机制相对其他期货品种而言仍显得不够成熟,一旦出现大规模的现货市场供求不平衡,煤炭期货市场价格必然会剧烈波动,进而对现货市场以及其他相关市场和部门造成巨大的冲击;同样,大规模的投机行为也会破坏现货市场的供求平衡,造成价格脱离现货市场不正常的波动,从而对煤炭市场造成剧烈的破坏。另外,CAPP 煤炭期货合约在全球范围的流动性不够强,很大程度上反映和影响的只是美国的煤炭供求,并不能对世界范围的煤炭供求及相关情况进行反映、测度和调控。

随着煤炭现货市场电子化交易平台的出现,煤炭现货交易与衍生金融产品交易之间界限更加模糊,国际煤炭市场中定价的不透明情况正在逐渐降低,由少数跨国能源、矿业集团垄断市场定价的情况有所改变。但是,大多数煤炭采购商和销售商仍然强烈地感到由于煤炭市场本身存在的问题,往往导致市场信息混乱,实际市场价格仍缺乏有效、透明的定价机制。首先,煤炭价格指数的构成与实际交易中的不同品质煤炭之间的差价缺乏合理的换算公式,造成市场价格的混乱;其次,煤炭衍生金融产品的标的物标准不一,欧洲和美国之间就存在较大的差异,比如美国市场对热值和硫分两项指标较为重视,而欧洲市场由于电力市场对二氧化硫排放政策较为宽松,所以对硫分的要求就比美国市场低;第三,煤炭远洋运输的运费存在较大的差异,航运市场价格波动会带来不同区域煤炭市场价格的不同程度的波动,会对形成全球性价格体系产生非常大的影响。因此,除了进一步规范煤炭价格指数体系的形成基础外,还必须形成一套不同品质、不同地区煤炭交易补偿机制,以实现各地区煤炭的公平竞争。

总之,尽快形成煤炭行业统一标准是未来全球煤炭市场进一步发展的关键。由于煤炭市场存在的固有技术问题,目前煤炭期货合约价格并没有成为全球煤炭市场定价的主要参考基准,但是,未来煤炭金融的发展仍将是进一步完善煤炭期货市场和场外衍生品交易市场,以便形成更加完善的体系,以供国际煤炭市场作为定价的基准。

第四节　中国的煤炭市场和煤炭金融

一、中国的煤炭供求情况

煤炭是中国能源体系的支柱,也是相对能够自给且较为廉价的能源。中国 60% 以上的一次能源需求由煤炭来满足,包括发电、取暖和炼焦等。实际上,中国近 80% 的发电量来自燃煤发电,由于经济增长导致的对电力的需求高涨,煤炭在可预见的 20 年内仍将是发电量构成中的最重要的组成部分。由于煤炭燃烧产生大量的二氧化硫,在未采用控硫技术或烟气脱硫(FGD)措施的情况下,会造成酸雨和酸沉降等环境污染。而煤炭不仅是造成中国空气污染的最大元凶,也是温室气体排放的最主要来源。中国与能源有关的二氧化碳排放量预计将于 2009 年超过美国,成为全球第一大碳排放国(IEA 的估计)。而其中,主要以煤炭为燃料的电力行业是二氧化碳排放第一大户。

2001—2011 年,中国占全球煤炭市场的份额大幅增长了 18 个百分点,全球约有 80% 的煤炭消费增长来自中国。根据 BP 的预测,随着中国向低煤炭密集型经济活动转型以及采取增效措施,中国的煤炭需求迅速减速,从 2000—2010 年的每年 9% 降至 2010—2020 年的 3.5%,进而在 2020—2030 年降至 0.4%。虽然中国的煤炭需求增速将不断下降,但并不会改变其在国际煤炭市场上的主导地位。根据 IEA 的报告，中国的煤炭需求将在 2020 年左右达到峰值，约为 28.50 亿吨煤当量，到 2035 年之前将保持在这一水平附近。从"十二五"规划提出的目标来看，随着能源结构的优化，中国将加大天然气、核能以及可再生能源在电力结构中的比重，燃煤发电比重将从 2010 年的接近 80%下降至 2035 年的 55%（见图 4-15）。

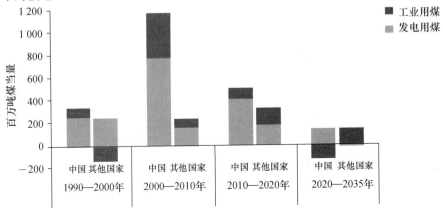

注：工业用煤包括高炉冶炼、焦炉转换和自用。
数据来源：IEA. World Energy Outlook 2012
图 4-15　中国及世界其他国家的煤炭需求增量（新政策情景）

自 1990 年以来，为了满足强劲的需求，中国的煤炭产量出现了急剧增长，2010 年全国煤炭产量就达到了 23.09 亿吨煤当量。1990—2010 年，煤炭产量的年均增长率为 10%左右。根据 IEA 的估计，在新政策情景下，中国的煤炭产量仍将进一步增长，2020 年、2030 年和 2035 年分别达到 26.45 亿、27.16 亿和 27.34 亿吨煤当量。但是在 2010—2035 年，煤炭产量的年均增长率只有约 0.7%，相比之前的 20 年，出现了大幅的下降。中国对于煤炭的实际需求将高于预期，其中的缺口需求将主要通过从国际市场上进口来满足（见图 4-16）。

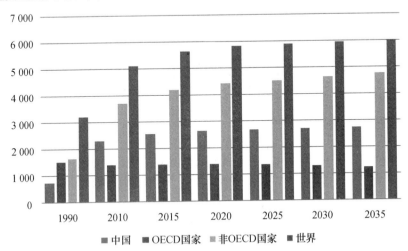

数据来源：IEA. World Energy Outlook 2012
图 4-16　新政策情景下的全球煤炭产量预测

由于中国 90%以上的煤炭资源都分布在内陆省份，考虑到中国国内的运输能力，进口煤炭对沿海省份而言将更具竞争力。2007 年中国就已经成为煤炭净进口国，2010 年的净进口量为 1.45 亿吨煤当量。而到 2020 年，中国的煤炭净进口量将达到 1.67 亿吨煤当量，占需求量的 6%。随后进口需求将逐渐下滑，到 2035 年，中国的煤炭净进口量为 7 700 万吨煤当量，占中国煤炭需求总量的 3%,其中将以动力煤为主。2009 年中国煤炭进口量达到 1.26 亿吨,比 2008 年增长 211.9%,出口 2 240 万吨,同比下降 50.7%,净进口量超过 1 亿吨(见图 4-17)。

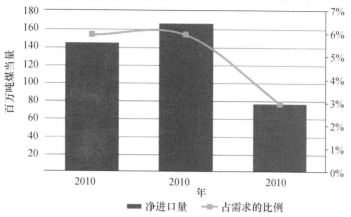

数据来源:IEA. World Energy Outlook 2012

图 4-17 中国硬煤净进口量预测

由于中国 90% 以上的煤炭资源都分布在内陆省份,因此 2030 年将有相当于近 12.5 亿吨煤当量的需要运往沿海省市,相当于中国煤炭总需求量的 36%。考虑到中国国内的运输能力,进口煤炭对沿海省份而言将更具有竞争力。2007 年中国就已经成为煤炭净进口国,而到 2030 年,中国的煤炭净进口量将达到 9 500 万吨煤当量,占中国煤炭需求总量的 3%,以及全球煤炭贸易量的 7%,其中将以动力煤为主。2009 年中国煤炭进口量达到 1.26 亿吨,比 2008 年增长 211.9%,出口 2 240 万吨,同比下降 50.7%,净进口量超过 1 亿吨(见图 4-18)。

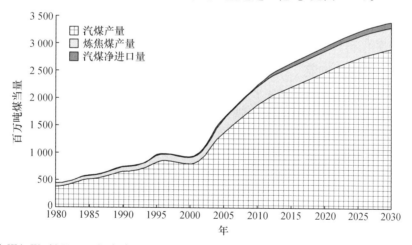

数据来源:IEA. World Energy Outlook 2007

图 4-18 中国煤炭生产和进口情况(1980—2030 年)

二、中国的煤炭工业发展现状

(一)中国的煤炭工业

中国煤炭资源的分布不均衡,资源的分布与消费区分布很不协调。在查明的资源储量中,烟煤约占 75%,无烟煤约占 12%,褐煤约占 13%,其中晋陕蒙宁占 67%,新甘青云贵川渝占 20%,其他地区仅占 13%。与其他产煤国家相比,中国煤炭资源开采条件属中等偏下水平,煤层埋藏较深，由于沉积环境和成煤条件等多种地质因素的影响，多以薄中厚煤层为主，巨厚煤层很少，可供开采的露天矿极少，除少数省区的部分煤田开采条件较好外，其他煤田开采条件较复杂。

中国的煤炭工业经过 60 年的发展，已经形成了较为完善的工业体系。"十五"期间，在国家宏观政策和各项改革措施的引导下，煤炭企业所有制结构渐趋于多元化，生产结构不断优化，生产集中度不断提高。2005 年，大中型煤矿产量占全国煤炭总产量的 54%，比 2000 年上升 7 个百分点；原煤入选率 32%，比 2000 年提高 6 个百分点；在建煤矿中，大中型煤矿规模占 82%。目前，已形成 3 000 万吨级以上的煤炭企业 10 家。其中，亿吨级特大型企业集团 2 个，5 000 万吨级的大型企业 3 个。煤炭企业与电力、化工等企业合作步伐加快，向区域化、多元化发展，23 家煤炭企业跨入全国 500 强。同时，以煤炭企业为主体的技术创新体系初步建立，在一些关键技术难题上已有所突破。年产 400 万～600 万吨煤炭的综采技术装备实现了国产化，年产百万吨级煤炭液化产业化正在进行。2005 年，国有重点煤矿采煤机械化程度达到 82.7%，比 2000 年提高8.3 个百分点。安全高效煤矿数量由 2000 年的 82 个，增加到 2005 年的 197 个。其中，建成投产10 个千万吨级煤矿。一批煤炭企业的生产和安全指标达到世界先进水平。"十五"期间，煤矿安全生产形势有所好转，全国煤炭产量增长了 69.7%，百万吨死亡率下降了 39.2%。2005 年，全国煤矿百万吨死亡率为 2.711。其中，国有重点煤矿 0.919，国有地方煤矿 1.993，乡镇煤矿 5.158。

"十一五"期间，煤炭工业经过不断整合与重组，逐渐规范矿权和调控规模，使煤炭生产更加合理、有序。新增煤炭产量以大型煤矿为主，中型煤矿为辅，重点建设 10 个千万吨级现代化露天煤矿，10 个千万吨级安全高效现代化矿井。压减小型煤矿（年产 30 万吨及以下的煤矿）产量，严格限制其超产，并将小型煤矿进一步整合和机械化改造。以国有重点煤炭企业基础，促进向煤、电、化、路、港一体化跨行业企业集团方向发展，进一步形成 6～8 个亿吨级和 8～10 个 5 000 万吨级大型煤炭企业集团，并占据煤炭产量的 50% 以上。

但是，与美国、澳大利亚等先进产煤国相比，中国煤矿的平均生产率仍较低，安全性也有很大差距。煤炭工业存在的主要问题包括：行业管理职能分散，相关监管措施不得力；资源开发秩序乱，资源回收率低；矿区环境恶化，环保投入少，综合治理滞后；安全基础依然薄弱，安全生产形势严峻；产业集中度不高，技术水平和创新能力仍有待提升。

（二）中国的煤炭物流

国家发改委对全国煤炭市场进行了规划布局，根据煤炭资源、区位、市场等情况，全国划分为煤炭调入区、煤炭调出区和煤炭自给区。调入区包括京津冀、东北、华东、中南四个规划区；调出区为晋陕蒙宁规划区；自给区包括西南、新甘青两个规划区。而维持全国煤炭供求平衡的基本运作原则是稳定调入区生产规模，增加调出区开发规模，适度开发自给区资源。这一布局导致国内煤炭运输基本上形成了北煤南运[①]、西煤东运[②]的格局，而煤炭最主要的运输方式是铁路，占全国煤炭运输量的 60%（约占全国铁路货运量的 40%～50%），沿海、内河水运占 30%，公路占 10%。目前国内已形成了以铁路的八纵八横[③]和沿海、沿江航运为基础，以铁路枢纽和港口等物流节点为核心的运输网络。

目前国内主要的煤运铁路线路有三个方向。北通道主要运输动力煤，外运铁路包括丰沙大、大秦、朔黄、京原、集通线、京包和北同蒲铁路，大同、平朔、准格尔、河保定、神府、东胜、乌达、海勃湾等矿区和宁夏的煤炭大部分依靠北通道运输。除了供应京、津、冀地区外，大部分煤炭通过天

---

① 北煤南运是指华北地区特别是山西、陕西北部和内蒙古西部的煤炭，向华东和华南地区，主要是上海、江苏、浙江、福建、广东等省市运输。北煤南运运量大、运距长，主要采用铁路、海运和内河水路运输。京沪、京九、京广、焦枝等铁路、沿海、长江和京杭运河水路运输线都是北煤南运的主要线路。

② 西煤东送是指中国西部地区煤炭向东部沿海地区运送，主要是山西、陕西、内蒙古西部的煤炭向东部沿海地区运输、贵州煤炭向广州、广西、湖南省运输，新疆煤炭向甘肃运输。

③ 八纵八横是"十五"期间提出重点建设和强化改造的铁路主通道。八纵是指京哈、东部沿海铁路、京沪、京九、京广、大（同）湛（江）、包柳、兰昆。八横是指京兰、煤运北通道、煤运南通道、陆桥铁路（陇海和兰新）、宁（南京）西（安）、沿江铁路、沪昆、西南出海通道。

津、秦皇岛、黄骅、唐山等港口转走海运,并有一定数量通过京沈铁路和京通铁路运往东北地区,是"三西"地区(即山西、陕西、内蒙古西部)煤炭外运的主要通路。中通道主要运输焦煤和无烟煤,外运铁路目前包括石太线、邯长线和太焦线,晋东、晋中产煤基地生产的煤炭主要通过中通道运往华东、中南地区以及青岛港。南通道主要运输焦煤、肥煤和无烟煤,煤炭外运主要经南同蒲线、太焦、陇海线和侯月线,陕北、晋中、神东、黄陇和宁东产煤基地生产的煤炭主要经由南通道运至中南、华东地区以及日照、连云港等港口。此外,还有少量的陕西煤炭通过西康线、襄渝线向外运送。煤炭铁路运输现状的这一特点造成国内部分沿江、沿河地区,全部沿海地区对山西省和内蒙古自治区煤炭供应能力的过分依赖。2008 年,全国铁路煤炭发送量达 13.45 亿吨,同比增加 1.24 亿吨,增长 10.1%。其中山西省外运出省煤炭就达到 5.33 亿吨,其中直接通过铁路外运出省的煤炭为 4.1 亿吨。

"铁水联运"是北煤南运的主要方式,东南地区 60% 的电煤通过北方沿海的秦皇岛、唐山、天津、黄骅、青岛、日照、连云港等港口进行运输。同时这七个北方港口也是中国最重要的煤炭出口港,其年吞吐量合计达到中国煤炭出口量的 90% 以上。内河煤炭下水港有长江四港(南京、武汉、芜湖、枝江),继京杭运河上的徐州和珠江水系的贵港。煤炭主要接卸港包括:沿海有华东地区的上海、宁波,华南地区的广州。内河有长江和运河上江阴、南通、镇江、杭州和马鞍山。2008 年,全国主要港口累计完成煤炭发运 50 951.3 万吨,同比增长 9.9%。其中,内贸煤炭发运 46 277.9 万吨,同比增加 12.7%;外贸煤炭发运完成 4673.4 万吨,同比减少 11.6%。

公路运输是对铁路运输方式的一个重要补充,在小批量、短距离的煤炭运输中有其独特的优势。2007 年,"三西"地区煤炭公路外运量高达 2 亿吨,其中山西省是国内煤炭外运量最大的省份,占该地区煤炭公路外运量的 2/3 以上。

全国煤炭物流节点可以分为 4 种类型,即集散型、转运型、配送型和综合型。集散型节点主要承担矿区煤炭集散功能,对煤炭集中外运和规模化交易具有较大作用,一般设在矿区的铁路枢纽和公路干线附近。目前在国内 13 个大型煤炭基地[①]周边已形成了一些规模不等的中小型集散中心。转运型节点主要承担不同运输方式的衔接功能,一般设在交通枢纽,特别是陆水或铁海联运的港口。目前,铁海转运型节点主要是北方七港,内河转运型节点主要是长江和运河上的几个下水港和接卸港。综合型结点则是未来煤炭物流发展的核心,也是未来开展煤炭现货交易、设置煤炭现货交易中心最好的地点。

（三）中国的煤炭贸易

传统上,中国的煤炭贸易形式主要是出口烟煤至韩国、日本,从东盟国家(主要是印尼和越南)进口无烟煤,近年来中国也积极扩大从澳大利亚进口无烟煤。2008 年,出口到日韩的煤炭占全国煤炭出口量的 89%,而从东盟进口的煤炭占全国煤炭进口量的 74%。其中,广东和广西由于距离国内煤炭主产区非常远,煤炭消费不得不以进口为主,两省的煤炭进口量约占全国煤炭进口量的 50%。2008 年,广东进口了 1 128 万吨煤炭,主要来自于印尼,而广西即通过边境小额贸易的形式从越南进口了约 900 万吨煤炭,两省进口煤炭都是以无烟煤为主。此外,浙江、福建、江苏、山东、天津等沿海省市也是主要煤炭进口地区,一般采取长期协议形式进行。2008 年,中国煤炭出口量为 4 559 万吨,主要是通过秦皇岛、天津、黄骅、唐山等北方专用码头出口到日韩两国。

由于近年来国际煤炭价格持续上涨,而国内对煤炭的需求日渐增长,而出于煤炭生产安全考虑,关停了大量小煤矿,同时大幅减少了出口配额,因此中国煤炭出口量呈现量减价增的趋势。在"鼓励进口,控制出口"的政策引导下,中国进一步加大力度控制资源性产品出口。尤其是从 2006 年 9 月以来,中国对煤炭产品相继采取了取消煤炭出口退税、征收炼焦煤、焦炭出口关税以及降低、取消动力煤进口税等一系列政策措施,使煤炭进口明显增加,出口快速下降。2007 年中国突然转变成煤炭净进口国,而煤炭进口量还可能持续高速增长(见图 4-19)。由于亚太地区是

---

① 　13 个大型煤炭基地即神东、陕北、黄陇、晋北、晋中、晋东、鲁西、两淮、冀中、河南、云贵、蒙东、宁东等。

国际煤炭市场上最活跃的地区,中国煤炭进出口政策的变化将对亚太市场乃至国际市场产生巨大影响。

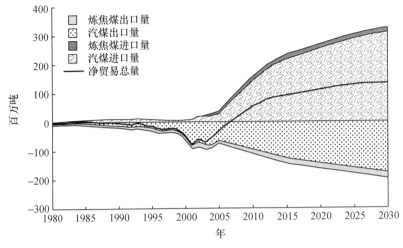

数据来源：IEA. World Energy Outlook 2007

图 4-19　中国的硬煤贸易情况及预测（1980—2030 年）

三、中国煤炭交易市场与煤炭金融的发展

（一）煤炭交易机制

传统的煤炭交易机制是延续了 50 多年的全国煤炭订货会。所谓的煤炭订货会是指国家每年组织煤炭生产企业、电力企业、运输企业等煤炭市场相关方商谈年度煤炭供需及运力配置方案,通过行政手段干预计划量、价格和运力配置,落实电力企业煤炭供应来源和重点煤炭合同及运输计划。随着国内商品交易逐渐市场化,订货会中按计划进行统一分配的比重越来越小,2000年开始实行重点订货,范围限于重点煤矿和电力、冶金等 8 个重点用煤行业之间,其他均由供需双方自主交易。到 2002 年,除电煤外其他重点用煤行业与煤炭企业之间已不再进行统配,由供需双方自行协商解决。2006 年,全国煤炭订货会改为"煤炭产运需衔接视频电话会议",煤炭供应的双轨制走向终结。2007 年,全国煤炭订货会正式取消,国家名义上完全放开煤炭价格管制,过渡到市场交易机制。

全国煤炭订货会作为煤炭行业生产、运输、销售的一个信息交流平台,对于政府发挥调控能力、集中有限的煤炭资源、保证重点用煤企业的需要、保障国民经济平稳运行具有一定的作用,但是其浓厚的计划经济色彩,在一定程度上反而长期制约了市场交易机制发挥国内煤炭市场的调节作用。全国煤炭订货会取消后,国家出台了一系列煤炭新政,规范和加强煤炭产业发展,以整合为主、新建为辅,通过清理和整顿在建项目,抓紧大中型现代化矿井的建设,支持国有大型煤炭企业引进战略投资者,通过联合、并购、重组等方式改造中小煤炭企业,提高煤炭行业集中度。随着一批大型煤炭企业集团的建立,煤炭企业对供求、价格控制力得到逐步增强,国内煤炭交易中长期、直供合同的比例也随之提高。由于煤炭企业在交易过程中掌握了一定的定价,电力企业等消费大户较为被动,因此对于建立全国多层次的煤炭交易体系的呼声也越来越大。

（二）煤炭价格机制

1993 年以前,国内的煤炭价格由煤炭部和国家计委管理,采取统配价。在此之后,煤炭逐渐转向市场定价。在最初的阶段,曾实行过"计划内"和"计划外"并存的价格体系,计划内价格即由国家计委指定一个指导性的价格范围,然后每年在这个范围内协商计划内供应的结算事宜。除电煤外,其他行业的煤炭价格开始逐步放开,1996 年开始国家通过采取政府指导价形式对电煤市场进行干预,即以指导作为参考基准,具体的交易结算价格由供需双方协商确定。

从 2002 年起,全面放开除电煤外的煤炭价格,同时取消电煤的政府指导价,但是为了促进煤、电双方顺利签订煤炭购销合同,在每年的全国煤炭订货会上仍会发布一个参考性的协调价格。由于煤炭市场体系开始形成,电煤市场的竞争格局也开始出现,而国家电力市场的改革也开始对电煤市场产生影响,发电业务与输配电业务实现了分离,为引入批发和零售竞争机制创造了条件。随着厂网分离和独立发电企业的增加,国有电力公司垄断电煤采购的状况也发生了改变。

从 2004 年 6 月开始,国家明确取消了电煤重点合同计划内外价差,价格由供需双方自主确定。同时,由于电价改革的推进,一些地区开始试行竞价上网,但总体上电价仍由政府控制,煤电市场处于一种纵向价格双轨制中,即计划电价与市场煤价并存。

2004 年 12 月,《关于建立煤电价格联动机制的意见的通知》出台,煤电联动机制正式启动。所谓的煤电联动机制就是按照市场化原则,在坚持放开煤价的基础上,对电价实行竞价上网,建立市场化的煤电价格联动机制,在全面实施竞价上网条件不具备的情况下,当周期内(六个月为一个周期)电煤出矿价的变化超过 5%后,在电力企业消化 30%的煤价上涨因素的基础上,上网电价将随煤炭价格变化进行调整;上网电价调整后,按照电网经营企业输配电价保持相对稳定的原则,相应调整电网企业对用户的销售电价。

2007 年后,随着全国煤炭订货会的取消,名义上电煤价格双轨制也走向终结。但是,由于煤电联动机制本身仍带有价格管制的色彩,仍是一种纵向价格双轨制,从根本上其还是难以解决煤电矛盾。在这种情况下,电力企业也尝试通过并购上游煤炭企业来进入煤炭供应链,从而保障自身的利益;与此同时,一些上游煤炭企业也在不断试图发展电力业务,从而延伸产业链条,提高利润率。煤电联动的意义不仅在于为电力行业提供一个相对确定的商业运行环境,而且也有煤炭价格和电力价格必须反映能源稀缺和环境成本的经济和社会意义。因此,要真正解决煤电联动的困境,就需要进一步改革电力定价机制、放开电价,推进电力市场改革,使电价能充分反映煤电成本和市场供求,提高能源市场的效率。

2012 年 12 月,务院发布了《深化电煤市场化改革的指导意见》(国办发[2012]57 号),规定自 2013 年起实施电煤价格并轨。当电煤价格波动幅度超过 5%时,以年为周期调整上网电价,电力企业消纳煤价波动的比例由 30%调整为 10%。虽然由于目前重点合同电煤与市场煤价格接近,此次电煤价格并轨后上网电价总体暂不作调整,但是国家解除电煤价格干预的措施,符合市场预期,是深化电煤市场化改革的必然举措,特别是在当下合同煤、市场煤价较为接近的市场环境下,有利于推进电煤的市场化定价。

目前,重点合同电煤与市场煤价格接近,在煤电价格并轨后,中长期合同替代了重点合同煤。签订长协合同可以在供给量上给电力企业以保证,但是并没有明确价格是否会随行就市。此次电煤价格并轨后上网电价总体暂不作调整,但是国家解除电煤价格干预的措施,符合市场预期,是深化电煤市场化改革的必然举措,特别是在当下合同煤、市场煤价较为接近的市场环境下,有利于推进电煤的市场化定价。

电煤价格并轨是电煤市场化改革的第一步,未来电煤并轨政策将进一步出台;从更大的视角来看,电煤价格市场化加速是上网电价改革的前置步骤,将有助于电力体制改革进程的提速。预计电煤并轨将加速推进,随着电煤市场化程度的深化,煤电联动成为改革的下一个步骤。

目前,中国的炼焦煤的价格已基本实现市场化交易,由国内和国际市场的行情决定价格。但是,由于电煤在中国煤炭消费中所占的比重相当高,总体上煤炭市场价格仍难以反映真实的市场供求关系,也无法真正提高能源的使用效率。由于国内仍未能建立起更有效的市场定价机制,国内煤炭价格的波动仍将是被动追随全球煤炭市场价格波动。从图 4-20 中可以看出,国内煤炭价格远低于国际市场价格,这对中国煤炭工业的发展和节能减排都是非常不利的。

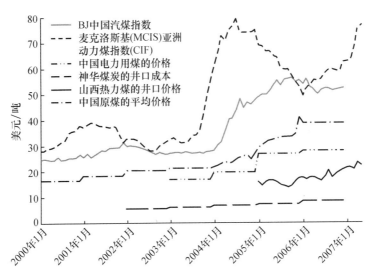

数据来源：IEA. World Energy Outlook 2007

图 4-20　中国市场与国际市场的煤炭价格对比[①]（2000—2007 年）

（三）煤炭市场体系的构建和发展

一个多层次的煤炭市场体系的构建和发展，要采取循序渐进的原则，只有在基本条件成熟后，才能实现真正的市场定价和供求平衡。

首先，必须建立和完善煤炭现货交易平台的建设。目前，广州、秦皇岛、太原等区域煤炭集散中心和物流节点，区域煤炭交易中心开始形成，出现了电子化、网络化的交易平台。2007 年先后成立的华南煤炭交易中心、秦皇岛海运煤炭交易市场和山西太原煤炭交易中心就代表了区域煤炭交易市场的形成。华南煤炭交易中心启动后，经过资质认证的交易商向该中心缴纳保证金，然后可以通过网络报价采购和订立电子合约。华南煤炭交易中心的交易方式包括现货交易及中远期合约交易。由于该交易中心地处广州，从澳大利亚、印尼、越南等地进口的煤炭比重大，目前已经成为联系国内国际市场的重要桥梁。秦皇岛海运煤炭交易市场启动后，可以依托国内煤炭铁路运输的主通道（大秦铁路和世界最大的煤炭输出港）秦皇岛港，为国内北煤南运和焦炭、炼焦煤出口东亚市场提供交易平台。而太原煤炭交易中心则按照"市场统一销售、资源集中采购、货款统一结算、公路铁路协调运输"的原则，统一经销山西省及周边省区的煤炭，吸纳包括山西省五大煤炭生产集团等大型国有煤炭企业进入市场交易，通过电子交易系统，提供现货交易、中远期合约交易等多种交易方式。上述区域煤炭交易中心的建立，进一步确立了这些区域煤炭物流节点在国内煤炭交易体系中的地位，也为进一步建立全国煤炭交易网络体系打下良好的基础。

其次，必须在适当时机抓紧推出煤炭期货合约等衍生产品交易，为规避市场价格风险提供必要的金融工具和手段。其实，早在 20 世纪 90 年代初国内就曾经有过建立煤炭期货的大胆创新尝试，即建立上海煤炭交易所[②]，开展煤炭现货和远期合约交易。但由于当时的政策环境、市场

---

① 中国汽煤指数是根据中国海关关税计算出的汽煤出口价格（离岸价格）加权平均值，其包括所有品质等级煤炭的现货贸易和合同贸易。麦克洛斯基（MCIS）亚洲动力煤指数指导价格反映的是出口到日本、韩国和中国台北港口的价格，即到岸价格。

② 1992 年，由煤炭部、内贸部和上海市政府共同组建的上海煤炭交易所正式开业，会员单位包括煤炭生产、物流、消费和金融服务的近百家企业。交易机制为集中交易、公开竞价、统一结算。交易方式为公开喊价和计算机自动撮合。交易品种为烟煤、无烟煤和洗精煤。合约品种为现货合约、隔月合约、中期合约和远期合约。交货方式为水陆联运（抵岸）、铁路直达（到站）和场地交换。但由于种种原因（主要是交割品质不统一和铁路运输瓶颈导致的交割困难），始终未能推出煤炭标期货合约和期货、期权交易。当时一天之内的价格波动幅度非常大，非法倒卖合同、转手抬价行为普遍，多空逼仓、联手操作更是频频发生。约一年半后，当时的国务院证券委员会发出通知，要求停止煤炭期货交易，上海煤炭交易所被迫关闭。

条件等诸多因素制约,最终仅维持了一年多就被迫终止上市。从国外煤炭期货市场成功的运作经验来看,为煤炭市场提供一个较为权威的、有效的煤炭价格指数是煤炭衍生产品交易的基础。目前,中国煤炭运销协会信息中心在煤炭价格指数方面已经做了一些有益的尝试,中国电煤价格指数、中联冶金煤价格指数、中国煤炭市场网市场煤价格指数、中国煤炭市场网煤炭市场预期指数等正在研究和编制中。2010 年 10 月 13 日,由国家发改委推出的国内首个区域煤炭价格指数——环渤海动力煤价格指数①开始试运行。

第三,必须形成一个全国性的煤炭电子交易市场,配合区域交易中心组成一个完整煤炭市场网络。透过全国性的煤炭电子交易市场与国际市场的信息和交易互动,使得中国的煤炭市场体系不仅能够影响国内煤炭产业发展,而且能为中国在国际煤炭市场获得一定的话语权。未来煤炭市场体系将是具有以全国性煤炭交易市场为核心、以区域现货交易市场为骨干、地方煤炭市场为补充的地理布局和以长期合同为基础、期货交易为主导、现货交易和场外交易为补充的市场格局的多层次、全方位的市场网络。

参 考 文 献

[1] 雷仲敏,杜铭华,郭明,傅经纬. 中国煤炭期货品种开发研究[M]. 北京:中国金融出版社,2007

[2] 林伯强,牟敦国. 高级能源经济学[M]. 北京:中国财政经济出版社,2009

[3] 阿兰·V·尼斯,詹姆斯·L·斯维尼主编. 李晓西、史培军等译. 自然资源与能源经济学手册第 3 卷[M]. 北京:经济科学出版社,2010

[4] 林伯强,魏巍贤,李丕东. 中国长期煤炭需求:影响与政策选择[J]. 经济研究,2007(2):146~158

[5] 林伯强,姚昕. 节能和碳排放约束下的中国能源结构战略调整[J]. 中国社会科学,2010(1):58~73

[6] 吴宗鑫,吕应运. 以煤为主多元化的清洁能源战略[J]. 清华大学学报(哲学社会科学版),2000,15(6):72~77

[7] 唐衍伟. 中国煤炭资源消费状况与价格形成机制研究[J]. 资源科学,2008,30(4):555~561

[8] 林伯强. 为什么煤电需要联动[J]. 中国电力企业管理,2008(1):19~20

[9] 张同功,雷仲敏. 煤炭价格波动的影响因素分析[J]. 中国能源,2005(12):16~20

[10] 彭成. 美国煤炭工业发展趋势[J]. 中国煤炭,2005,31(10):73~78

[11] 潘慧峰,吕文栋,郑建明. 全球煤炭供求格局与价格变动趋势分析[J]. 山西大学学报(哲学社会科学版),2008,31(4):83~90

[12] 李忠民,杨晓红. 亚太煤炭贸易格局变化对中国煤炭市场的影响[J]. 中国煤炭,2007,33(9):79~83

[13] 焦建玲. 中国煤炭需求的长期与短期弹性研究[J]. 工业技术经济,2007,26(4):108~112

[14] Anthony Swan, Sally Thorpe, Lindsay Hogan. Australia—Japan Coking Coal Trade:a Hedonic Analysis under Benchmark and Fair Treatment Pricing[J]. Resources Policy,1999,25(1):15~25

[15] Ellerman A. Denny. The World Price of Coal[J]. Energy Policy,1995,23(6):499~506

---

① 该指数通过采集环渤海地区有关港口动力煤离岸平仓价格,经统计处理后得出各港口(包括秦皇岛港、天津港、曹妃甸港、京唐港、国投京唐港和黄骅港)、各煤种(包括 4 500 大卡、5 000 大卡、5 500 大卡与 5 800 大卡四种规格)的价格水平及变化幅度,以 7 天为一个报告期,每周三下午 3 点发布。

[16] Hui-Shung Chang. Examining Hard Coking Coal Price Differentials a Hedonic Pricing Approach[J]. Resources Policy,1995,21(4):275～282

[17] Hui-Shung Chang. Coking Coal Procurement Policies of the Japanese Steel Mills：Changes and Implications[J]. Resources Policy,1997,23(3):125～135

[18] Joskow Paul L.. Price Adjustment in Long-term Contracts：the Case of Coal[J]. Journal of Law and Economics,1988,31(1)：47～83

[19] Joskow Paul L.. The Performance of Long-term Contracts：Further Evidence from Coal Markets[J]. The RAND Journal of Economics,1990,21(2)：251～274

[20] Linda W. Rrell. Defining Geographic Coal Markets Using Price Data and Shipments Data[J]. Energy Policy,2005,33(17)：2216～2230

[21] Lindsay Hogan, Sally Thorpe, Anthony Swan, Simon Middleton. Pricing of Australia's Coking Coal Exports：A Regional Hedonic Analysis[J]. Resources Policy,1999(25):27～38

[22] Marian Radetzki. Elimination of West European Coal Subsidies：Implications for Coal Production and Coal Imports[J]. Energy Policy,1995,23(6)：509～518

[23] Peter Colley. Trading Practices in the Coal Market：Application of the Theory of Bilateral Monopoly to the Australia—Japan Coal Trade[J]. Resources Policy,1998,24(1):59～75

[24] Richard Koerner，Ian Rutledge,Philip Wright. The Impact of Oil Company Investment on the World Coal Industry：Overcapacity and Price Destabilization 1973—1992[J]. Energy Policy,1995,23(8):659～667

[25] Rudianto Ekawan，Michel Duchêne,Damien Goetz. The Evolution of Hard Coal Trade in the Pacific Market[J]. Energy Policy,2006,34(14)：1853～1866

[26] Tang, C.. Structure and Price Adjustments in Long-term Contracts：The Case of Coking Coal Trade in the Asian-Pacific Market[J]. Energy Policy,1993,21(9)：944～952

附　　录

附表 4-1　纽约商业交易所（NYMEX）中部阿巴拉契（CAPP）煤炭期货合约

交易单位	1 550 吨/手		交易代码	QL
报价单位	每吨以美元和美分计价			
交易时间 （纽约时间）	周一到周五公开喊价交易从上午 10:00 至下午 2:00 结束,周六上午 7:00 至周日下午 2:30 在纽约商业交易所 ClearPort 交易平台上进行交易			
交易月份	按季度循环挂盘 24～26 个连续月份,待合约相继到期,远期第 26 月合约前移成第 23 月合约时,再新挂盘第 24、25 和 26 月合约			
最小价格波动	每吨 0.01 美元（每份合约 15.50 美元）			
最后交易日	在交割月前一个月的倒数第 4 个营业日交易终止			
交割	卖方在俄亥俄河（306～317 英里里程碑之间）或大桑迪河,以 FOB 方式将货物装至买方驳船上,交割前所发生的全部税费由卖方承担。在大桑迪河码头进行交割的,在最后结算价基础上每吨贴水 0.10 美元			
合约交割单位	卖方应按每份合约 1 550 吨进行交割,对于合约交割总量最大允许 60 吨或 2% 的装载误差			
热量值	大于每磅 12 000 百万英热单位,每磅发热值允许低于此标准 250 百万英热单位的分析误差			
灰分含量	按重量计算小于 13.50%,不允许有分析误差			
硫含量	小于 1.00%,允许有高于此标准 0.05%的分析误差			
水分含量	小于 10.00%,不允许有分析误差			
挥发物质	大于 30.00%,不允许有分析误差			

（续表）

硬度/耐磨性	哈氏耐磨性指数大于 41 点,允许低于此标准 3 点的分析误差,硬度度量的是研磨成供喷入沸腾炉用粉煤的困难程度
粒度	由机械取样系统的主切割刀切成的,最大 3 英寸,最多有 55％可通过 1/4 英寸或更小见方的金属筛
期货转现货	买方或卖方可以将期货头寸转为同等数量/质量的现货头寸,但需要告知交易所,期货转现货可用于建立或平仓,期货转现货的截止时间为交易终止后第一个营业日上午 10:00
持仓报告水平和持仓限制	任何一个月份或所有月份:净期货持仓 5 000 手,但是现货月最后三个交易日持仓不超过 200 手
保证金水平	对敞口持仓有保证金要求,非会员客户初始保证金为 6 750 美元,会员客户初始保证金为 5 500 美元,清算会员及客户的维持保证金为 5 000 美元

第五章

电力市场与电力金融

    电力系统是最重要,也是最复杂的能源系统。因而电力行业一直以来都被认为是带有较强自然垄断性质的基础产业。由于电力系统的技术经济特性,长期以来大多数国家基本上实行的都是发电、输送、配送、销售垂直一体化垄断的市场运营模式。这种模式对于电力行业的发展曾经起到积极作用,但是随着社会经济的发展和技术水平的提高,垂直一体化的垄断市场结构已经越来越不能适应电力行业发展的需要。20世纪90年代以来,世界各主要工业国开始对电力行业进行改革,其基本的指导思想是放松对电力行业的管制,引入竞争机制,提高市场效率,而改革的核心是电力市场化,通过将竞争机制引入到电力系统中电力生产、输配电服务、辅助服务等环节,形成更为公平、灵活的电价机制,以适应电力行业发展的需要,缓解电力供需矛盾,协调电力系统与国民经济发展。

    电力市场区别于其他能源商品市场之处在于,它不仅关系到电力行业的效率问题,而且还关系到整个电力系统的安全、稳定运行问题,既要强调引入竞争机制,又不能忽略协调机制的重要性。所以,电力市场化改革进程中必然会遇到许多制约和风险,为了有效规避和防范电价波动带来的影响,确保电力系统的稳定运行,欧美等西方发达国家开始出现电力衍生金融产品的交易,并逐渐形成现货交易、期货交易和价差合约交易等多层次的电力金融市场,为电力市场参与者解决由于电能不能进行大规模有效存储而导致的电价剧烈波动和出现尖峰特性等问题,提供规避风险的工具和手段。

    中国的电力市场化改革对中国的电力行业而言既是机遇也是挑战。中国的电力市场尚未成熟,仍处于改革的初级阶段。目前已初步完成了厂网分离的任务,未来将逐步加快在电力调度、电网分拆、交易机制等方面的改革进度,力图将竞争机制从发电环节推广到输电、配电、零售等各个环节。

    本章首先对目前主要发达国家的电力市场化改革进行了概述,包括市场结构和运行效果。其次,对市场化的电价形成机制进行分析,重点对实时电价理论、负荷预测与电价形成、输电服务和辅助服务的定价机制以及需求侧竞价等问题进行讨论。第三,对目前欧美等国开展的电力期货、期权等电力衍生金融产品交易进行介绍,探讨未来电力金融的发展方向。最后,对中国正在进行的电力市场化改革进程进行介绍,对中国电力市场及电力金融未来的发展进行展望。

第一节　电　力　市　场

一、电力市场的形成与发展

（一）电力系统的发展演进

    19世纪末,电力从简单的照明转向被广泛运用到工商业,世界电力工业的雏形开始显现,而输电网络和大型发电厂的出现,不仅使得供电范围和供电量不断扩大,也促使电力行业向发电、输送和供应一体化的方向发展。以1895年美国尼亚加拉复合电力系统为代表,确立了交流输电技术在电力系统中的主导地位,并形成了50赫兹和60赫兹两种电力输送技术标准。随着交流输电技术的发展,输电线路的电压不断提高,而输电容量不断扩大,输送距离不断扩大。从最初的1万伏左右电压、输送几十公里距离、几千千瓦功率发展到目前的765千伏电压、超过1 000公里的输送距离、200万千瓦以上的功率。

"二战"后,随着经济重建对电力需求的不断增加,以及当时煤炭、石油等化石燃料价格低廉,发电成本较低,电力行业发展的重点就是规模化和大型化,重点集中在大装机容量机组和远距离输电网络的建设。直到20世纪80年代,世界各国的电力行业基本上采取的都是垂直一体化的垄断经营模式。在电力行业发展初期,这种垄断经营模式对电力系统的规模化、快速发展曾经起到至关重要的作用,但是随着社会经济发展和技术进步,这种管理模式越来越不能适应新的形势。

20世纪90年代,由于信息技术的发展,电力行业面貌发生了很大变化。在发电方面,火力发电厂设备和规模已经基本定型,热效率提高已接近极限,从技术上已没有更多措施降低成本,规模经济效益下降;调整峰负荷的燃气蒸汽联合机组、小型热电联产机组受到青睐,靠近负荷中心的小型化、离网化发电方式开始流行。在输电方面,集中调度和监控技术日益成熟,调度中心收集各发电厂和变电所供需电量资料,从经济调度的角度,根据计算结果每隔数秒就发布指令,协调各发电厂发电生产,以适应电力需求的变化,并达到电力系统资源的最优化配置。在配电方面,带微处理机的自动电表替代了传统的机械表,任何时段的用电量、负荷都可以被记录下来,并通过通信网络和配电系统联结。配电中心不仅可以监控线路、侦测事故、隔离故障和快速转供,缩小停电范围,还可以利用自动记录的各时段用电量和负荷,实现需求侧管理(DSM)。这一时期,电力行业垂直一体化垄断经营的弊端也日益突出,世界各国尤其是西方发达国家纷纷开始电力市场化改革,通过引入竞争机制,进一步提高电力行业的效率。

进入21世纪后,全球电力系统掀起了新一轮技术变革。以1 150千伏和1 500千伏的特高压输电技术[①]为代表的新一代输变电技术,使得超大功率的远距离输电和跨国电力系统互联[②]成为可能;而超临界、超超临界火电机组[③]及联合循环[④]等发电新技术的出现,使得火电和水电发电机组的容量和发电效率得到进一步显著提高;水电以外的风能、太阳能、海洋能和地热能等可再生能源发电技术获得进一步推广和普及,未来20年内将占到全球电力供应能力的9%(见图5-1),而智能电网技术的发展将解决风电、太阳能等并网发电带来的稳定性问题,为电力系统提供更强的兼容性和更大的冗余性。

---

① 特高压输电技术是在超高压输电技术的基础上发展的,其目的仍是继续提高输电能力,实现大功率的中、远距离输电,以及实现远距离的电力系统互联,建成联合电力系统。据估计,1条1 150千伏输电线路的输电能力可代替5~6条500千伏线路或3条750千伏线路,节省包括变电所在内的电网造价的10%~15%。
② 交流输电线路联结起来的电力系统有以下的特征:(a)要求所有的发电机保持同步运行并且有足够稳定性;(b)要求合理的无功分布和补偿来保证系统的电压水平;(c)对邻近的通信线路的危险影响和干扰比较严重。这些固有特征在超高压以上的交流输电中更加显著,成为发展交流输电必须解决的重要技术课题。
③ 火电机组的超临界是指锅炉内工质的压力状态。锅炉内的工质都是水,水的临界压力是22.115MP,临界温度是374.15℃;在这个压力和温度时,水和蒸汽的密度是相同的,即水的临界点,炉内工质压力低于这个压力就叫亚临界锅炉,大于这个压力就是超临界锅炉,炉内蒸汽温度不低于593℃或蒸汽压力不低于31 MPa被称为超超临界。超临界、超超临界火电机组具有显著的节能、提高热效率和改善环境的效果。
④ 联合循环就是将燃气轮机排出的"废气"引入余热锅炉,加热水产生高温高压的蒸汽,再推动汽轮机做功,形成能源梯级利用的综合系统,达到极高的热效率(约60%)。

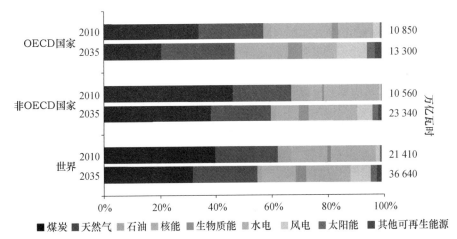

数据来源：IEA. World Energy Outlook 2012

图 5-1　全球发电装机容量和构成

（二）电力供求的趋势和前景

1. 电力需求

电力是全球能源增长的动力，电力消费与经济增长密切相关。1999—2000 年，全球电力消费每年增长 2.7%；2000—2010 年，全球电力消费每年增长 3.4%。根据 BP 的预测，电力在最终能源使用中所占的比重将继续提高，2030 年全球电力消费总量将比 2011 年提高 61%，每年增长 2.5%。2030 年，全球的电力将满足 33% 的非交通运输领域的电力需求，而 2011 年该比例为 28%（见图 5-2）。

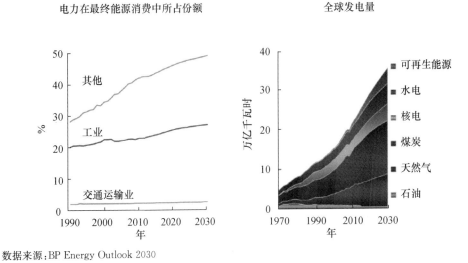

数据来源：BP Energy Outlook 2030

图 5-2　全球发电量和电力消费结构

2. 电力供应

20 世纪七八十年代，高价石油被核电取代，并在一定程度上被煤炭取代。到了 20 世纪 90 年代和 21 世纪，随着联合循环燃气轮机技术的应用，天然气比重提高，煤炭比重也有所提高，体现出亚洲煤炭密集型发电行业在全球发电格局中的权重日益提高。长期而言，全球发电燃料结构将发生巨大变化，这是相对价格、政策和技术发展造成的结果。根据 BP 的估计，2011—2030 年，煤炭比重将下降,天然气比重略有增加,而可再生能源开始大规模进入市场。2020 年后,发电用煤增加极小,与前 20 年形成强烈对比。这是总体发电增速放缓、可再生能源和核能作用增强的结果。天然气增长也会放缓,但下降程度远低于煤炭(见图 5-3)。

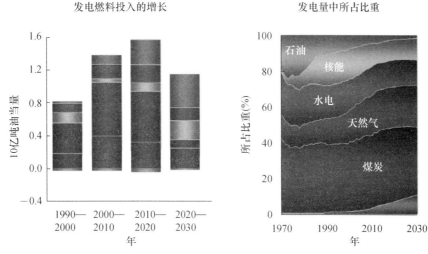

数据来源:BP Energy Outlook 2030

图 5-3　电力行业中可再生能源发电比重

根据 BP 的估计,可再生能源发电在全球发电量中的比重将持续增加。到 2030 年,包括生物燃料在内的可再生能源在全球一次能源中所占比重为 6%,而 2011 年的比重仅为 2%(见图5-4)。2020 年后美国和中国在可再生能源发电领域将取代欧洲成为新的增长来源。

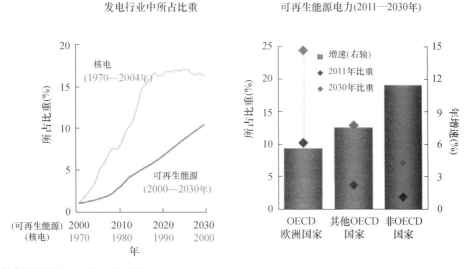

数据来源:BP Energy Outlook 2030

图 5-4　可再生能源占发电行业比重

(三)传统的电力行业管理模式

电力系统不同于其他能源系统,必须严格遵循物理学规律。首先,电力不能储存,电力的生产、传输、配送和消耗是同步的,电力的生产和消耗必须保持瞬间平衡,否则将引起频率波动,破坏设备;而电力需求会随着时间、季节和突发事件而产生较大波动,这不仅要求电网留有适当的裕度应对负荷波动,还导致发电厂必须为拥有能够实时应对用电需求变化的冗余发电容量(备用容量一般需达到装机容量的 8%～10%)。其次,电力系统的稳定运行依赖于发电和输电环节的密切协作,为了维持电力供求平衡和应对电网事故(往往是瞬间突发的),必须对电力系统进行实时监控和集中调度,以便及时进行电力调配和处理紧急情况,确保电力系统的安全。第三,电力系统的投资巨大,但是从安全和效率兼顾的角度出发,电力行业不仅要考虑规模经济效应,也必须兼顾竞争活力。同时,由于电力供应对工业生产、居民生活影响巨大,因此电力企业除了一般企业的共性外,还兼具公用事业的特点。因此,政府对电力行业必须进行宏观管理与监督。

长期以来电力系统的管理模式都是采取垂直一体化的垄断经营体制,其主要特征是:对电力行业进行严格的价格管制和市场准入,在电力生产、传输和配送等环节实施一体化的垄断经营,并由政府通过法律或行政手段来维持这一体系;同时,一体化的电力企业多具有国有(公有)性质,电力系统的建设多由国家直接投资进行。垂直一体化的垄断经营体制可以分为四种类型:(a)按行政区域划分,由政府建立垄断经营的发电和输电企业,而地方政府自己组织进行配电服务,英国和大部分英联邦国家采取的是这种模式;(b)全国性垄断经营模式,即由一家公司统一经营从发电、输配电到销售等所有环节,法国和大多数发展中国家采取的是这种模式,当然在计划经济国家,政府是直接经营电力行业的,而在法国等市场经济国家,电力企业和政府监管是分开的;(c)按区域划分,由若干家企业在各自区域内进行一体化垄断经营,日本采取的就是这种模式,即由 10 家私有化的电力公司按区域进行垄断经营;(d)按行政区域划分,由若干家企业在各行政区域内进行一体化垄断经营,美国采取的就是这种模式,当然这样的垄断企业既有私营企业,也有政府控制的企业,其运营方式较为多元化。

垂直一体化的垄断经营体制容易导致竞争机制的缺失,存在明显的制度缺陷,难以有效地提高整个电力行业的效率。其面临的主要问题包括:(a)电力供应难以满足社会经济发展对电力需求的增长,由于一体化的垄断经营模式下,电力系统的投资往往以国家为主,而政府投资的效率明显低于私营企业,特别是在发展中国家,往往存在电力投资滞后于经济发展的现象;(b)电力企业内部缺乏激励机制,而电力企业之间由于缺乏竞争,往往造成整个电力行业普遍的效率低下和服务质量低下,尤其是在输配电环节,往往由于设备老化导致线损严重,供电可靠性受到严重影响;(c)由于政府对电价实行严格的管制,造成无法真实反映电力供求情况,对于发达国家来说,电力供应存在一定的富余,但是电价水平却居高不下,造成社会福利损失,而对于发展中国家来说,电力供应存在较大的缺口,但是由于政府人为地压低电价,不仅阻碍了电力行业的发展,而且造成严重的浪费,能源效率低下,加剧了电力短缺状况;(d)由于政府直接对电力行业进行管理,往往忽略了电力行业污染造成的环境成本,导致电力企业不仅缺乏治理污染和节能减排的动力,而且严重依赖传统化石燃料发电技术,对新能源及可再生能源发电技术的推广和普及也缺乏动力,进一步阻碍了电力行业的发展。

（四）电力市场化改革

从根本上讲,电力行业垂直一体化垄断经营格局是由政府干预一手造成的。电力市场的缺失或不完善,带来的不仅是行业效率的损失,更是社会福利的损失。随着电力技术尤其是电网技术的突破,解除对电力行业的管制,减少政府干预成为一种发展趋势,而电力市场成为电力行业重构和市场化运营的必然结果。

1. 电力市场化改革的顺序和重点

电力市场化改革是指通过在电力行业的发电、输电、配电和销售等环节引入市场竞争机制,通过价格杠杆来协调供求关系,优化电力系统资源配置,实现社会福利的最大化。从 20 世纪 90 年代开始,多数发达国家和部分发展中国家纷纷采取放松监管、产权私有化等措施进行电力市场化改革,通过建立电力批发市场和零售市场来引入竞争机制。但是各国电力市场化改革的经验和教训表明,尽管电力行业不可能再回到过去垂直一体化垄断的经营模式,但是放松管制和私有化并不是引入竞争机制的唯一途径,电力市场化改革的关键在于充分考虑电力系统的技术经济特性,同时综合考虑和平衡各方面的利益,根据社会经济发展所处的不同阶段及电力技术发展水平,明确各阶段改革目标和市场模式,按照循序渐进的原则,逐步放松对电力行业的管制,建立起有序竞争的电力市场和完善的监管机制,协调电力行业的整体发展。需要指出的是,由于存在着所谓的"马歇尔冲突"①(Marshall's Dilemma),在电力行业中引入市场竞争机制会遇到规模经济与市场价值之间出现的两难选择。因此,竞争机制的引入要注意适度,既要防止垄断带来的电力行业无效率,又要防止过度竞争影响到电力系统的安全和稳定。

根据电力市场化改革涉及电力系统的不同环节及竞争程度的差异,电力市场可以分为三个发展阶段:(a)发电竞争阶段,即通过允许独立发电商(Independent Power Producer,IPP)参与市场竞争,打破发电环节的垄断经营模式,但是输、配电和售电环节仍采取垄断经营模式,拥有输配电网的电网公司是市场中唯一的电力购买者和销售者,即所谓的单一购买者;(b)电力批发阶段,即通过开放输电网络,提供有偿服务,允许配电商(及大用户)进入发电市场,从发电商(或进口电力的供电商)手中直接购买电力并通过输电网传送,配电或零售环节仍采取垄断经营模式,由独立的电网经营机构负责电网的运行调度和阻塞管理,组织辅助服务;(c)零售竞争阶段,即开放配电网络,实现电力系统所有环节的产权与经营权分离,对所有市场参与者开放,用户可以直接选择供电商。目前,多数发达国家的电力市场已发育较为成熟,但是仍处于电力批发阶段,而多数发展中国家的电力市场化改革仍处在电力竞价上网阶段。

2. 电力市场化改革的基本框架

从传统的垂直一体化的垄断经营体制向电力市场转变是一个复杂和渐进的过程。虽然各国在选择电力市场化改革的目标和具体途径上,以及改革过程中遇到的问题会存在较大的差异性,但是电力市场化改革也存在一个基本框架。

(1)运行模式

传统的电力市场按系统运行环节可分为发电市场、输电市场和配售市场,其交易的对象是电力②(power),而系统运行成本则被加总在电力价格中,然后分摊给用户。电力市场化改革的目标是引入竞争机制,而竞争机制的核心则是电力交易制度的构建。目前电力交易方式有三种:电力联营模式(power pool mode)、双边交易模式(bilateral trade model)和混合模式。

电力联营模式也称为强制电力库模式、单一购买者模式,是由电力库(pool)进行电网的资源调度和运行维护,同时根据市场参与者的报价制定交易计划,计算系统的边际电价、输电环节的阻塞管理和辅助服务费用等。电力联营模式的初级阶段,一般先开放发电侧市场,发电商之间进行竞争,而调度中心是市场的唯一购电者,将系统运行成本与购电价格加总后再转售给配电商,分摊给终端用户。随着电力联营模式的发展成熟,在输配电环节也将逐步引入竞争,允许配电商与发电商直接交易购买电力,进一步允许用户自由选择配电商或发电商。

双边交易模式下,不再强制电力供购双方参与电力库,绝大部分的电力交易由供需双方协商完成。双边交易模式最重要的特征在于输电网络通常被分为两部分,由独立调度中心(Independent System Operator,ISO)负责输电网络的安全运行和实时平衡,由电力交易中心(Power Exchange,PX)负责电力交易,开放输电环节,输电商拥有输电网络所有权,但仅作为市场参与者之一通过向用户提供输电服务并收取使用费,不参与系统调度。

混合模式采取的是电力联营和双边交易模式共存的方式,协调两者的运行,发挥各自的优势。其中,中长期交易采取双边交易方式,发挥其双向自由选择的优势;短期交易采取集中竞价的交易方式,同时整合调度功能,既满足市场参与者调整中长期合约偏差的要求,又兼顾系统实时平衡的需要,实现安全经济调度。

---

① "马歇尔冲突"(Marshall's Dilemma)是19世纪英国经济学家马歇尔提出的观点,即自由竞争会导致生产规模扩大,形成规模经济,提高产品的市场占有率,又不可避免地造成市场垄断,而垄断发展到一定程度又必然阻止竞争,扼杀企业活力,造成资源的不合理配置。"马歇尔冲突"适用于收益递增(成本递减)的行业,如电信业、银行业、电力行业等。

② 电力代表电能,是一种能量流,采用的单位是兆瓦时(即 MWh,批发时)或千瓦时(即 kWh,零售时),功率(出力)就等于在一定时间内电力系统输送的能量,比如1兆瓦=1小时×1兆瓦时。

（2）市场结构

电力市场化改革首先是在发电侧引入竞争，即不同的发电商将其生产的电力以竞价形式提供给输电网络，再由输电网络转售给配送商，由其配送到终端用户或零售商（再转售给终端用户）。

其次，是将输电网络独立出来，由独立调度中心（ISO）负责进行对输电线路资源进行调度和分配。为了能实现更加精确和有序地调度，引入短期市场——电力批发市场，由发电商和配电商在系统运行前一日、前一个小时和实时（30 分钟、10 分钟、5 分钟）提交交易计划和报价给 ISO，由其进行交易撮合和安排调度计划。因此按系统运行时序，电力批发市场可以分为日前市场、小时前市场和实时市场，三者相互衔接。其中日前市场和小时前市场也被称为现货市场（spot market），允许进行双边交易，而实时市场（real time market）也被称为平衡市场或平衡机制（Balance Mechanism，BM），由 ISO 自动撮合竞价交易。电力批发市场也有中长期（1 年以上）的双边交易，配电商或大用户也通过场外交易市场同发电商签订长期供电合同，ISO 在调度时为了保证这种稳定的供电关系，会把双边交易形成的长期供电协议的报价设置为 0，优先撮合成交并安排调度。

第三，为了提高 ISO 在分配和调度输电网络资源的效率，有必要对辅助服务和阻塞管理进行合理定价。因此又引入输电容量市场和辅助服务市场（按运行时序也可分为日前市场、小时前市场和实时市场）。输电容量市场的交易对象是输电容量（transmission capacity），也就是输电线路在规定工作条件下允许输送的最大有功功率，但并不是直接交易输电容量，而是等同于输电容量的输电权（Congestion Revenue Right，CRR）。辅助服务市场的交易对象是备用发电机组提供的发电容量，自动发电控制（Automation Generating Control，AGC）提供的调频容量以及无功备用和电压支持等服务。

第四，为了克服短期交易市场价格信号不明晰对电力系统长期投资产生的负面影响，又引入了中长期交易，即发电容量交易和输电容量交易。发电容量交易的交易对象是发电机组未来所能提供的电力，采取的是期货交易或双边交易的方式。输电容量交易的交易对象是输电权，采取的是拍卖竞价交易的方式，但也可以通过双边交易进行转让，以增加市场灵活性和流动性。中长期交易为电力系统投资者和市场参与者提供了一个长期发展规划和规避投资风险的平台。具体的电力市场框架，如图 5-5 所示。

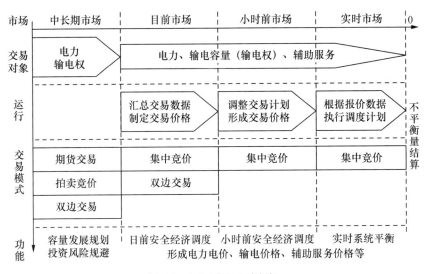

图 5-5　电力市场的基本框架

三、西方发达国家的电力市场化改革

英美两国的电力市场化改革是走在世界前列的,被称为典范;而北欧各国以及澳大利亚、新西兰、日本等发达国家的电力市场化改革则各具特色,充分体现了电力市场化改革的灵活性和持续性。

(一)英国的电力市场化改革

"二战"后,英国实行的是电力行业国有化政策,由中央电力局(Central Electric Generation Bureau,CEGB)控制绝大多数的发电厂、国家电网以及位于英格兰和威尔士的 12 个区域配电部门、2 个位于苏格兰的电力公司①以及 1 个北爱尔兰的电力公司,实行垄断经营;另由电气委员会(Electricity Council)负责电力政策和法规的制定以及相关事务的处理。1989 年,英国颁布电力工业白皮书,提出将电力企业私有化和实行自由竞争的改革政策;同时通过《1989 年电力法》(*Power Action*),成立了独立的电力监管机构——电力监管办公室(OFFER)。

从 1990 年至今,英国电力市场化改革经历了三个阶段。

1. 电力库模式(Power Pool)

英国政府首先将 CEGB 分解成三个部分:(a)发电方面,分割后组建三个独立经营的发电公司,即国家电力公司(National Power,NP)、国家发电公司(Power Gen,PG)、国家核电公司(Nuclear Electric,NE);(b)输电方面,组建国家电网公司(National Grid,NG),掌握 275 千伏、400 千伏的输电网和调度中心,并控制与法国、苏格兰的电网互联及两个抽水蓄能电站(约占总装机容量 3.59%);(c)配电方面,组建了 12 个地区性独立经营的配电公司(Regional Electricity,RE),拥有 240 伏~132 千伏的配电网络,针对 2 200 多万用户进行配电和售电业务。其次,为了推动市场竞争,防止少数发电公司垄断市场,规定任何发电公司的总装机容量不能超过系统总容量的 25%~30%,同时鼓励独立供电商(IPP)进入市场;第三,从对大用户开放供电交易再到向所有用户开放,开放的对象从最初的年耗电量 10 兆瓦,之后为 1 000 千瓦、100 千瓦,直到 1998 年取消功率限制,原则上所有用户都可自由选择供电商;第四,采取电力联营模式,建立电力库(Pool),所有的电力交易必须通过电力库完成,电力库就是一个现货交易市场,提前一天确定市场的用电量(负荷情况),并确保足够的发电量满足需求(见图 5-6)。

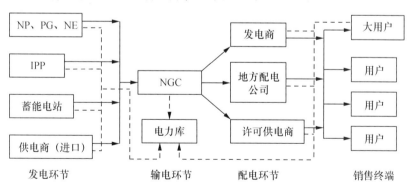

注:实线代表实际电流流向,虚线代表资金流向。

图 5-6 电力库模式下的英国电力市场结构

---

① 英国电网包括英格兰和威尔士、苏格兰以及北爱尔兰三个独立电网,后两者的用电量仅占全英的 10%。苏格兰电力公司(Scottish Power)、苏格兰和南方能源公司(Scottish and Southern Energy)一直分别在苏格兰北南两个区域实行纵向一体化垄断经营。它们控制了该地区的发电、输配送网络,还通过垄断"苏格兰—英格兰"之间的联络线路,操纵向英格兰和威尔士出口的输电容量。

电力库模式由 NGC 来承担 ISO 的职责,负责发电机组的择优排序和调度,使得发电和负荷在合理的价格直辖达到供求平衡,并组织各种输电所需的辅助服务。而 Pool 承担了市场中介的角色,维持了电力市场平衡。电力库模式运行的法律基础是《联营及结算规程》(*Pooling & Settlement Agreement*,PSA),具体交易流程如下:地方配电公司等配电商必须向电力库购买电量,提前一天提交电量需求;Pool 根据市场用电量需求向发电厂进行招标,并按购电价(pool purchase price,PPP)收购,购电价等于系统边际价格(system marginal price,SMP)加上容量费用(capacity element);Pool 在购电价的基础上加上容量费用及辅助服务费用后以销售价(pool sale price,PSP)再批发转售给配电商。在实际运作中,发电商和配电商之间也可以进行双边交易,虽然交易也是通过电力库来实现的,但是合同价格是长期稳定的,不同于电力库价格是实时的,而且可以通过价差条款来实现对实时价格波动的风险规避。实际上,在电力库模式下,电力交易的70%～80%都是以双边交易的形式进行的。

电力库模式的实施取得了较大的成功,使得电力行业的竞争局面得以形成,降低了整体用电价格,提高了电力市场的透明度,保证了电力系统运行的稳定性,提高了电力行业的整体效率。但是电力库模式下的交易制度也存在一些弊端,主要包括:(a)限制了用户和需求侧的参与,竞争仅在供电商之间进行,供电商和用户无法参与;(b)供求双方的双边合同并未直接进行议价,而是围绕电力库的定价进行协调,市场无法分享其交易信息,使得整个交易体系缺乏灵活性和透明性,定价中的竞争也非常有限;(c)输电容量及辅助服务费用由 NGC 确定,但供电商可以利用前一天申报的可用容量和实际当天可用容量之间的差值来影响容量费率,而 NGC 没有具体的制约手段,这就影响到了普通用户与其他供电商的利益;(d)在电力库模式中,占市场份额较大或影响系统运行的供电商,可以形成市场势力,控制发电投标竞价过程,从而削弱整个电力批发市场的竞争性和有效性。

2. 新电力交易协议(NETA)

1998 年 7 月,OFFER 提议引入新的市场机制和交易模式——新电力交易协议(*New Electricity Trading Arrangement*,NETA),为市场参与者提供更多的选择机会。2000 年 12 月起,NETA 模式开始运行,其目标是引入需求侧参与市场定价,促进供应侧的公平竞争,进一步降低市场势力的影响,降低电力市场批发价格,并保证即时及长期电力供应的安全与稳定。

新一轮改革中,电力市场结构也发生了相应的变化。在发电方面,供电商数目不断增加,并形成了足够多的发电市场竞争主体。在输电方面,进一步削弱 NGC 的功能,NGC 的调度中心只负责平衡市场(实时市场)和诸如系统备用、频率调整等辅助服务市场的运转,不再集中统一对电力系统进行调配,供电商可以自行调度所属发电机组。电力市场的供求平衡与交易结算工作由独立的 ELEXON 清算公司管理,所有参与市场的交易者都必须签署《平衡和结算规则》(*Balancing and Settlements Code*,BSC),并支付系统平衡服务费。在配电方面,根据 2000 年通过的《公用事业管制政策法》(PURPA),由 9 个持有配电许可证的配电商(Distribution Network Operator,DNO)负责运营 12 个配电区域,通过对无功功率的收费来促使用户提高功率因素,减少从配电网中吸收或倒送无功功率;在销售方面,所有持有售电许可证的公司都可以销售电力,售电商可以利用其他配电商的电网在任何地区售电,但需要向当地配电商支付费用,售电商通过与其他供电商签订供电合同以确保电力供应。

NETA 模式采取实时交易和双边交易两种交易方式,其中大多数电力交易以双边交易方式进行。电力交易主要发生在三个电力交易中心(PX),即英国电力交易所(UKPX)、自动化电力交易所(APX)和国际石油交易所(IPE),其中,UKPX 和 APX 进行实时交易,UKPX 和 IPE 进行双边交易。三个电力交易中心每天 24 小时开放,可通过互联网接入,所有的市场参与者都可以通过信息系统了解每日具体交易信息。NETA 交易体系是以双边交易为基础,由远期市场、现货市场和平衡市场三级体系构成(见图 5-7)。

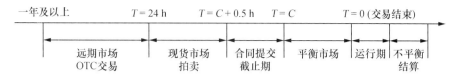

图 5-7 NETA 的交易模式

远期市场针对的是 1 年期以上的长期交易,交易双方基于对年度基本负荷的预测,以电力合同或价差合约(CFD)方式进行场外交易(OTC),交易量占整个电力市场的大部分份额,对稳定电价具有决定性作用,而且逐步向标准化合约(期货、期权)交易过渡。在远期市场和现货市场之间是基于季度、月或周的基本负荷的中期交易。中期交易是双边交易,以拍卖的方式在 OTC 或 PX 进行,交易量较大,交易产品相对标准化。现货市场是短期交易,是基于提前 1 天至合同市场在 $T=C$ 时刻[1]关闭的基本负荷预测,可以细化到半小时(或以半小时为单位的组合)的交易时段。现货市场参与者很多,但大多数交易量不大,交易产品标准化,一般在 PX 进行双边交易。双边交易在 $T=C$ 时刻关闭,转入平衡市场进行实时交易。实时交易的目的是使系统调度中心能够按照不同位置的供电商和售电商的负荷及报价情况,进行自动撮合,调整发电和负荷,从而维持系统平衡和安全运行。平衡市场的运作流程为:市场参与者在前一天的 11 时向 SO 提交已经签订的第二天每半小时的计划交易合同量及其他技术参数,称为初始报告(Initial Physical Notifications, IPN),随后可以不断调整修正,直到闭市前提交最终报告(Final Physical Notifications, FPN);在平衡市场开始前一个小时,市场参与者根据实际情况,向调度中心申报增减负荷及报价[2](包括竞买价和竞卖价),由其根据市场参与者提交的 FPN 和报价,以实现系统平衡成本最小化为目标,在交易时段前一个小时内做好各种平衡安排,包括各种辅助服务;平衡市场的交易时间为半个小时,交易量很小,由于调度中心不具有直接控制发电机制的权力,只能根据市场信息来平衡系统;当交易时段(半小时)过去后,调度中心将根据市场成员的 FPN、被接受的报价,市场参与者的实际发电量和耗电量,对平衡市场的不平衡电量[3]和不平衡费用进行结算。其中,不平衡电价[4]取决于系统买电价格(SBP)和系统卖电价格(SSP),前者是指以成交电量为权重的加权竞卖价,后者则是以成交电量为权重的加权竞买价。

NETA 交易体系的实施进一步推动了英国电力市场化改革的进程,不仅吸引了新的、有竞争力的市场参与者加入,增加了市场的竞争性,而且通过平衡市场的有效运作,为电力供应平衡提供了更好的保障,增加了系统的稳定性。最重要的是通过鼓励需求侧参与平衡市场交易,有效地减少了系统平衡费用的支出。NETA 交易体系运行过程中,电力价格未出现大的波动,电价稳步下降,由于 PX 提供了详细的市场交易信息,大大增加了市场透明度。但是,NETA 交易体系也带来了供应侧过度竞争的问题,供电商的利润很低,甚至亏本经营,打击了其长期投资的积极性。另外,由于平衡市场强调事前的计划,存在应对突发事件的能力不足问题,会影响到电力系统的安全运行。

3. 英国电力交易和传输机制(BETTA)

为了缓解电力供需矛盾,英国天然气和电力管理办公室(OFGEM)提出了新的改革设想,即对苏格兰地区的电力机制进行改革,将 NETA 交易体系在全英国范围内推行,进一步完善电力

---

① 在 NETA 实施之初,C 被设定为 3.5 小时,后来随着运行经验的积累和根据市场参与者的要求,到 2002 年 7 月 2 日 C 已减少为 1 小时。C 时刻前的半小时被称为截止期(gate closure),在截止期内,市场参与者向调度中心(SO)和结算公司 ELEXON 提交合同位置、发电方和需求方的有功功率大小等数据。

② 竞买价(bid)是指售电商增加负荷需求或发电商减少发电供给而使得系统冗余度变小的报价,竞卖价(offer)是指发电商增加发电供给或售电商减少负荷需求而使得系统冗余度变大的报价。

③ 不平衡电量产生的原因主要是负荷预测误差、发电设施突发事故、发电设施或负荷未能执行调度指令、输电约束、频率响应等。不平衡电量=实际测量电量-最终交易计划电量(FPN)。

④ SBP=[(MYMTAQ+BCA)/(TAQ+BVA)]+BPA;SSP=[(MYMTAB+SCA)/(TAB+SVA)]+SPA。其中,MYMTAQ 和 TAQ(MYMTAB 和 TAB)是 SO 接受的竞卖价(竞买价)总费用(收入)和总数量,BCA、BVA(SCA 和 SVA)为 SO 买入(卖出)系统服务的费用和数量,BPA(SPA)为订购的买进(卖出)容量的单位价格。

批发市场,促进电力市场的良性竞争。2004 年,《能源法 2004》(Energy Act 2004)通过,为进一步开展电力市场化改革提供了一个基本的法律框架。2005 年,英国开始实施电力交易和传输机制(British Electricity Trading and Transmission Arrangements,BETTA)。通过制定了新的《平衡和结算规则》《线路与系统使用规范》《电网规范》等法规,统一定价方法和电网使用合同;在 NETA 交易体系的基础上,建立了统一的电力交易、平衡和结算系统;将 NGC 的调度功能转移到新的系统运行机构——大不列颠系统调度中心(Great Britain System Operator,GBSO)统一负责电力调度分配和系统平衡,而 NGC 只是作为输电网络所有者(TO)参与市场交易。

(二)美国的电力市场化改革

美国是最早进行电力市场化改革的国家,其电力市场的改革进程是以一系列法案的颁布和实施为标志的。1978 年,美国就颁布了《公用事业管制政策法案》(PURPA),允许企业建立热电联产电厂及可再生能源电厂,并出售给地方公用电力公司,而后者必须收购,该法案等同于开放了发电市场。1992 年的《能源政策法案》(EPA)则对大用户开放了输电网络,并要求在电力批发市场引入竞争。1996 年,美国联邦能源管理委员会(FERC)颁布了第 888 号和第 889 号令,明确要求进行厂网分离,开放电力批发市场。具体改革方案及进度由各州根据电网实际情况自行确定。一般由州公用事业管理委员会向州议会提出改革方案,通过后再分析实施,改革方案大多以原有大公司为基础实施厂网分离,具体的电力交易方式也因地制宜,根据各州情况自行确定。1999 年,FERC 颁布了第 2000 号令,提出建立区域输电组织(Regional Transmission Organization,RTO)的设想,并要求拥有跨州输电设施的电力公司必须提出组建或参加 RTO。FERC 赋予 RTO 进行输电网络管理的责任,包括系统调度、潮流计算[①]、区域阻塞管理等,同时还负责电力批发市场的管理和监督,但 RTO 只有输电网络的经营权,没有所有权。2002 年 7 月,FERC 又推出了标准电力市场设计方案(Standard Market Design,SMD),试图为美国各区域电力市场建设提供一套标准化的设计方案。

美国电力市场一直都是由以私营企业为主体的多种模式的垄断电力公司控制的,联邦及地方政府所有的电力企业不以营利为目的,美国政府会给予一定的优惠政策,但大都局限在发电领域,且规模有限。私营电力公司不仅广泛参与到发电、输电、配电和营销等各项业务中,而且控制了全美的主要输电网络,即东部电网、西部电网和德州电网。由于三大电网之间各自为政,存在不同的技术标准,主要通过电力可靠性组织(Electric Reliability Organization,ERO),实施电网互联及协调的监管职能,保证全美电网的可靠性、充裕度和安全性。美国电力市场化改革是由各州采取自愿组合的方法,建立区域性的电力批发市场。因此,美国各州电力市场化改革进程及采取的市场模式相差很大,最具代表性的是加州电力市场、PJM 电力市场、德州电力市场和新英格兰地区电力市场。

1. 加州电力市场

加州是美国电力市场化改革的先驱。改革之前的加州电力行业由实施垂直一体化垄断经营的 40 多家电力公司组成,主要包括 3 家私营电力公司和 2 家市政专营机构,由加州公用事业委员会(CPUC)和加州能源委员会(CEC)进行监管。1996 年,加州通过关于电力市场化改革的方案,重点包括:成立加州电力交易所(PX)和加州独立调度中心(CAIPO)作为独立的、非营利的市场中介机构和电力系统管理机构;要求实现竞价上网,用招投标的办法确定各供电商的分时上网电量,并按节点边际电价[②](locational marginal price,LMP)确定批发电价;售电商必须 100% 从电力批发市场购电,不得与 IPP 签订长期购电合同;原有的一体化经营的电力公司必须将输电网络控制权移交给 CAISO,所有权仍归电力公司所有;鼓励电力公司放弃其发电业务,削弱可能形成

---

① 电力系统在运行时,在电源电势激励作用下,电流或功率从电源通过系统流入负荷,分布于电网各处,称为电力潮流。从电的产生到被负荷消耗,流经输配电线、节点电压电流等数据的计算就叫潮流计算。潮流计算是电力系统安全经济调度的基础。

② 节点边际价格(locational marginal price,LMP)是指系统向该节点(负荷所在位置)供应额外单位功率所带来的供应成本增加费用。节点边际价格＝发电边际成本＋输电阻塞成本＋边际网损成本。

市场势力的条件,要求三家私营电力公司除核电和水电外,必须将 50% 的发电资产转让出去;允许以缴纳竞争过度费的形式回收搁置成本,并建立一项独立收费项目用于研究开发可再生能源和节能项目及帮助低收入用户;在还清搁置成本前冻结销售电价等。1997 年 3 月,加州解除对电力市场的管制,电力市场化改革随之展开。

2002 年前加州电力批发市场的市场结构如图 5-8 所示,按运行时序可分为日前市场、小时前市场和实时市场。加州电网(GC)拥有全州 75% 的骨干输电网络,负责电网运行及输电规划,并收取过网费用;配电公司从计划协调者(Scheduling Coordinator,SC)或 PX 批发电量,并向用户供电;CAISO 负责生产排序、电网调度、系统运行及提供辅助服务,并执行 PX 和 SC 提交的电量计划。采取的交易模式是电力库和双边市场结合的混合模式。其中,PX 负责进行日前市场及小时前市场,CAISO 负责实时市场和相关的辅助服务交易①及区域间阻塞管理②,SC 负责撮合供求双方的双边交易及与 CAISO 协调输电计划。

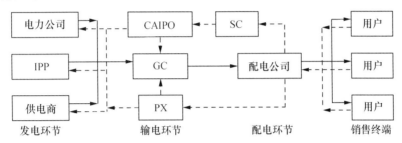

注:实线代表实际电流流向,虚线代表资金流向。

图 5-8　2002 年前加州电力市场的市场结构

2000 年爆发的加州电力危机③暴露了加州电力市场存在的问题。由于市场结构过于复杂,难以实现有效的协调运作,解决气候等外部因素恶化制度设计带来的问题,最终导致大规模停电等事件的爆发。加州电力市场存在的内在制度缺陷,主要表现在三个方面:(a)市场层次的设置不合理,加州电力批发市场只有现货交易,不允许供需双方签订长期合同,导致市场价格信号不明晰,影响发电方面的投资建设,严重制约了供电能力的提升;(b)市场体系的构建不匹配,由于仅仅解除了对电力批发市场的管制,而终端零售价格长期保持不变,而当供应紧张时,上网电价不断攀升,而增加的电力批发成本又不能转嫁给终端用户,造成配电公司长期亏损;(c)供电商凭借市场势力,利用跨市场价差进行套利,导致系统供求失衡,由于日前交易和实时交易存在价差,导致发电厂在 PX 进行日前交易时,拒绝供电或抬高出价以确保没有人能接受,而从实时交易中获得较高的溢价。

2002 年,CAIPO 提交了“市场全面设计计划”的市场改革方案,对加州电力批发市场进行深化改革。包括从 2002 年 8 月开始实施的“自动削减市场势力程序”④(Automated Mitigation Procedure,AMP)项目,从 2004 年 10 月开始实施实时市场改进措施(实时经济调度和机组组合计

①　加州电力系统的辅助服务包括 6 种,即调频(regulation)、热备份(spin reserve)、冷备份(non-spin reserve)、替代备份(replacement reserve)、无功补偿(voltage support)和黑启动(Black start)。

②　SC 在日前的上午 10 点向 ISO 提交参与日前阻塞管理市场的平衡电量增减竞价报价,CAIPO 对于系统阻塞的管理主要是针对区域间的阻塞(inter-zonal)进行的,即保证所有日前提交的输电计划不会造成区域间的传输阻塞。其基本原则是,如果 ISO 需要调整任何一个 SC 的输电计划来解决阻塞,那么这个调整必须不破坏已有的平衡,采取的方法是根据 SC 提交的报价按高低顺序调整,直到阻塞解决为止。最后一个被调整的 SC 的电量的投标价将决定该输电阻塞的价格。

③　2000 年夏季到 2001 年上半年,加州出现电价暴涨和电力紧缺的情况,经历了二次世界大战以来首次强制性的分区轮流停电,上百万户居民受到影响,严重影响了加州的社会经济发展和稳定。2001 年 1 月,PX 宣布停牌,终止日前市场和当日市场的交易,从 2001 年 3 月起大幅提高电价(涨价幅度 40% 以上)。

④　自动削减市场势力程序(automated mitigation procedure,AMP)是指在每个运行小时前,系统根据各个 SC 提交的参数及负荷预测来估算该小时每 10 分钟的电量需求及价格,如果市场批发价格超过估价,则启动 AMP,用一个历史平均价格代替这个报价。

划)和"调度偏差惩罚机制"(Uninstructed Deviation Penalty,UDP),及 2007 年开始实施的"市场重新设计及技术更新计划"(MRTU),参照 SDM 构建发电容量和输电容量市场,引入期货合约及金融输电权(FTR)等创新交易机制。

2. PJM 电力市场

PJM 是美国东部宾夕法尼亚州、弗吉尼亚州、马里兰的首字母缩写,PJM 电力市场主要是为美国东岸和中部 5 个州(上述三个州和新泽西州、特拉华州)及哥伦比亚特区供应电力。2002 年 4 月,PJM 被 FERC 正式接受为 RTO,2003 年 PJM 与中西部独立系统调度中心(MISO)签订合营协议,两大系统的服务范围扩大到美国 22 个州、哥伦比亚特区及加拿大部分地区。PJM 由联网办公室[①](Office of Interconnection,OI)则是负责 PJM 电力市场具体运营管理的执行机构,同时也负责整个电力系统集中控制与调度,其职能具体由市场成员签订的四个协议[②]来规范。

PJM 采取搭积木式的渐进式改革,通过不断创新,逐步引导电力市场走向成熟和完善。1997 年 3 月,PJM 开始运营美国第一个基于投标竞价的区域电力批发市场;1998 年,PJM 转化为 IPO,并创建了容量信用市场机制(Capacity Credit Market,CCM),进行发电容量和输电容量交易;1999 年,PJM 又率先将金融输电权[③](Financial Transmission Right,FTR)的概念引入到容量信用市场机制中,同时还和纽约商品交易所(NYMEX)合作,推出相关的电力期货、期权合约;1999 年,PJM 还开放了宾夕法尼亚州的零售市场,并逐渐向其他地区推广。2007 年,PJM 又对 CCM 市场机制进行改革,引入可靠性定价模型机制(Reliability Pricing Model,RPM),进一步提高容量市场价格的稳定性和系统的可靠性,并促使现有的装机容量与未来规划中的装机容量之间进行竞争。目前,PJM 电力市场已经发展为较为成熟、完善的市场体系,按系统运行环节分为发电容量和输电容量市场、电力批发市场和零售市场(仅限于宾州)。其中,电力批发市场的运营方式与其他区域电力批发市场类似,按运行时序可为日前市场和实时市场。

根据 PJM 电力市场的《可靠性协议》,供电商必须拥有一定的发电机组控制权来满足其相应的供电责任,所需的供电能力(发电容量)等于其正常的供电负荷加上规定的备用容量,如有不足则需支付罚金(数额为新建调峰机组的成本)。发电容量市场是为了保证供电商获得充足的供电能力,以应对出现供电设施故障的情况。发电容量市场向区域内外的成员开放,其成员包括发电商、供电商以及其他的电力交易商,采取的是 CCM 机制,即通过拍卖竞价的方式,为供电企业通过日前、月度和多月双边交易来履行根据可靠性协议规定的发电容量义务。CCM 机制中只有不到 10% 的系统要求发电容量是通过拍卖方式进行的,其余部分主要是由双边交易或备份发电来完成的。从 CCM 实施的结果来看,除了少数用电尖峰以外,其交易的电力价格在平均水平上是低于 LMP 的。

PJM 提供的输电服务包括点对点传输服务[④]和网络综合传输服务[⑤],按不同的服务类型设置

---

① PJM 由管理董事会、成员委员会和联网办公室组成。管理董事会和成员委员会对 PJM 的运作实行双重控制和管理。管理董事会由成员以外的代表组成,负责对联网公司的运作进行监督和控制,保证电网安全可靠运行和电力市场有效运行;成员委员会负责监管联网办公室的业务运作和修改相关的规则等。

② 《联网运营协议》:PJM 联网公司的设立、组织结构及职能,规定成员资格、权利和义务等。协议中还包含市场中各种交易的运营规则以及区域输电扩展规划协议。《可靠性协议》:规定输电资产所有者权利和责任。《输电网络所有者协议》:供电企业之间签订的协议,规定供电企业在规划期和运行期必须按照规定的可靠性标准拥有足够容量的发电机组控制权,以及供电企业之间支援及协调的原则。《输电服务开放价格协议》:提供输电服务种类、条件、定价方法、计量和结算以及费用在各电网公司之间的分配等事项。

③ 金融输电权(financial transmission right,FTR)也称为固定输电权,是一种事先购买的权利,市场参与者可以事先购买它,当输电网络发生阻塞时,输送电力时只需要支付固定的输电费用,而不用支付由于阻塞而产生的阻塞费用,从而规避了阻塞的风险,使得输电的价格具有稳定性。

④ 点对点传输服务(point to point transmission service)又分为固定点对点传输服务和非固定点对点传输服务。固定点对点传输服务又有长期和短期之分;固定点对点传输服务的预定遵循"先来先服务"的原则,将每个传输用户的预定请求按申请时间先后排序;固定点对点传输服务比非固定点对点输电服务有更高的预定优先级别。点对点传输服务采用固定费率制,传输用户根据预定的输电容量按月交纳输电服务收费。

⑤ 网络综合传输服务(network integration transmission service)是指网络综合传输用户可以在系统中指定多个发电资源和多个负荷为该用户的网络资源和网络负荷,在输电系统可能的情况下,还可以把购自非指定资源的电能传送到网络负荷节点,不需要另外付费。

服务的优先等级,并依此收费。为进行输电阻塞管理,PJM 还引入了输电容量市场,采取 FTR 的模式来避免阻塞成本①波动所导致的 LMP 不稳定状况。FTR 是由物理输电权②(PTR)演化而来的。而 FTR 通过赋予其持有者在系统阻塞时获得经济补偿权(输电送达节点和注入节点间 LMP 中阻塞成本差额对应的财务收益)来代替物理输电容量使用权。FTR 可以通过拍卖③或双边交易来获得,其价格一般是基于日前市场的 LMP 计算而来的,当 FTR 指定的输送路径与实际阻塞方向一致时,FTR 的持有者获得收益,反之则 FTR 持有者受损,需补足差额。

由于 CCM 没有反应出区域输电约束④对容量的需求,并影响到系统的安全性,2007 年 6 月,PJM 用 RPM 机制代替 CCM 机制。RPM 机制规定:(a)强制要求所有区域内有可用自然容量(unforced capacity)的现有机组必须参加基本拍卖市场,区域外的机组、规划筹建的机组、现有或规划中的负荷资源,获得审批的输电升级计划后可自愿选择是否参加基本拍卖市场。(b)将CCM 提前 1 年进行的发电容量基本拍卖扩展为提前 3 年。拍卖交易在每个容量交付年⑤(deliv-ery year)的前 3 年的 5 月举行,电网公司可以通过拍卖获得足够的容量,并通过地区可靠性费用(locational reliability charge,LRC)将容量购买费用按负荷大小分摊给区域内的供电商。在每个容量交付年之前,RPM 还通过 3 次追加拍卖(分别在容量交付年前 23 个月、13 个月和 4 个月举行)来修正和协调市场变化的需要。(c)RPM 允许供电商通过双边交易购买发电容量,以自供给(self supply)的形式来满足自身的需求,但必须向 PJM 申报,除了允许供电商参与双边交易市场外,还允许获得审批的输电升级计划(qualifying transmission upgrades,QTU)、规划中的装机容量参与竞争。(d)存在输电约束的区域⑥,由于必须以较高的发电容量价格刺激某些机组继续服务和新的电力供应来源加入,以保证该地区内有足够的装机容量。RPM 将整个输电区域分成一些子区域,并根据是否为受输电约束的区域而为其确定需求曲线和满足可靠性要求的目标容量水平。(e)考虑各约束地区的容量清算价会高于系统容量清算价,并由此产生不同的地区加价,RRM 还引入容量输送权⑦(Capacity Transfer Right,CTR)的概念来分配这部分差额。

3. 德州电力市场

德州电力市场是美国五大电力市场之一,也是最早开放电力零售市场的州,由德州电力管理委员会(ERCOT)管理。1995 年,德州修订《公共事业管理法案》(PURA),要求各电力公司开放电网,以促进电力批发市场的改革;1996 年,德州公共事业管理委员会正式指令 ERCOT 组建

① PJM 利用每隔 5 分钟计算 1 次的节点边际价格(LMP),并对输电阻塞进行管理,管理方式是:发电机以其节点处的 LMP 结算;负荷方以其负荷节点处的 LMP 支付;负荷需求方要支付阻塞成本,阻塞成本等于负荷需求方与发电供给方两地的 LMP 差值。

② 物理输电权(Physical Transmission Right,PTR)表示无论市场中网络的拥挤程度如何,都能保证给定区域中某特定机组所产生电能的绝对输送通道。PTR 实际定义和分配了使用端口的输电容量的权利,但由于输电系统是一个网络,电流在线路中流动服从基尔霍夫定律,因此不会按合同指定的物理路径流动。PTR 为供电商保留输电通道的绝对控制权,可以减小网络阻塞带来的不确定性,但是由于其强调的计划优先性与实时市场的经济调度相矛盾,难以保证系统安全和可靠运行,同时还会造成输电容量的浪费。

③ FTR 拍卖的目标是基于市场成员的报价来确定输电权的市场价格,报价中包括 FTR 类型、申报的容量、对应的注入和流出节点。年度 FTR 拍卖包括 4 轮,每轮提供 25% 的传输容量,在第一轮年度拍卖中购得的 FTR 可以在随后的轮次中出售。月度市场只进行一轮,供 FTR 的拥有者重新组合其输电权,用户也可以购买在年度拍卖市场未分配的FTR。

④ 输电约束是指由于网络阻塞导致的用电需求曲线变化。当输电区域内存在输电约束时,会导致从整个区域角度看有较多的容量剩余和相对低的容量价格。这个市场信号会使一些成本较高的发电机组退役和一些电源投资项目延期或放弃,但这些电源的减少将会引起某些受电约束地区的可靠性问题。

⑤ PJM 将每年的 6 月 1 日至次年的 5 月 31 日,定义为一个容量交付年。

⑥ PJM 为每个子地区设置目标输电容量(capacity emergency transfer objective,CETO)和输送容量极限(capacity emergency transfer limit,CETL)来判断是否出现输电约束,前者是以满足子地区可靠性目标所需的输入容量,而后者表示在目前的网络结构下,最多可以向该地区输入的容量。在 RPM 中,若一个 LDA 的 CETL 值小于 CETO 值的 1.05 倍,则被认为是受电约束地区。出于某些可靠性方面的考虑,PJM 有时也将一些 CETL 值大于 CETO 值的 1.05 倍的 LDA 认为是送电约束地区。

⑦ 容量输送权(capacity transfer right,CTR)以兆瓦(MW)为单位,总量为受电约束区域的可受电容量,按负荷比例大小分配给本地区的供电商。CTR 的经济价值等于容量输出与注入地区的价格差值乘以容量(MW)。

ISO，这也是美国第一个ISO；1999年，德州通过第7号法案，要求建立电力零售市场，授权ER-COT成为德州电力系统和电力市场的唯一独立管理机构，同时还要求电力公司按业务必拆分为各自独立的发电公司、输电配电公司和电力零售公司。2002年1月，德州电力零售市场投入运行，成为全美最早开放的电力零售市场。

德州电力批发市场的特点是采取分区电价制，报价单位可以由多个机组或负荷组合而成，整个电网系统分为5个阻塞区域，区域之间设有传输边界约束，市场参与者可以通过购买FTR来降低阻塞费用。德州电力批发市场按运行时序可为日前交易、调整阶段、实时前交易和实时运行阶段①。德州电力零售市场中，电力用户可以自由选择自己的电力零售商②或供电商，而电力公司或电力零售商也可以向不属于自己领域的电力用户售电。零售商的电力来源可以是自备机组，也可以向其他发电商或供电商购买，输配电公司提供输配电服务。输配电公司拥有输配电线路，负责线路的修建、维护和具体操作，不被允许参与电力零售市场，但是在未经允许的情况下任何其他公司不得在其领域内修建新的电网。ERCOT并不与零售商直接结算，而是与"合格计划体"③（QSE）进行结算，再由QSE与其下属的零售电力供应商结算，零售商再与其用户进行结算。

4. 新英格兰地区电力市场

1971年，新英格兰电力库（NEPOOL）成立，负责新英格兰地区各州电网之间的可靠性协调和控制性能考核。1997年7月，新英格兰地区独立系统调度中心（ISO-NE）成立，逐步取代NE-POOL，此后新英格兰地区经历了全网统一电价体系阶段的发展。1999年5月，ISO-NE负责的过渡性电力批发市场开始运行，采取的是节电电价体系和多结算系统（CMS/MSS）。这一阶段市场化改革的特点是采用全网统一电价，并构建了完整的辅助服务市场及容量市场，还完成了"厂网分离"。2003年3月，美国新英格兰地区④电力市场率先正式参照FERC的SMD方案进行新的市场化改革。

新英格兰地区原有的电力市场体系分为电力批发市场、自动发电控制⑤（AGC）市场、备用市场⑥、可用容量市场⑦和装机容量市场。新一轮电力市场化改革的特点可以概括为以下几点：

---

① 日前阶段是在运行前一日的0点到下午6点，ERCOT在下午6点前公布系统情况及负荷预测、辅助服务计划、阻塞管理的平衡电量增减等参数，晚上11点前各市场主体必须提交平衡的电量计划和辅助服务计划，并给予15分钟协调调整，ERCOT使用仿真模型检查，并将可能发生的区域间阻塞、潮流计算及其他情况通知各市场主体供其进一步调整计划，下午1点前，提交最后计划，下午1点30分开始辅助市场交易，并公布相关数据，下午4点前，各市场主体提交机组计划和报价，下午6点开始运行机组组合交易（针对区域间阻塞、局部阻塞及系统容量不足所需的机组服务），并计算出市场价格。下午6点后进入调整阶段，进一步进行机组组合服务报价调整。运行时段前1小时为实时前交易调整阶段，各市场主体可以对该运行时段或者之后时段更新其电量计划及报价，运行时段前15分钟开始实时交易，交易成功后信息将通知给各市场主体。

② 每个电力用户有一个电力服务登记号（ESI-ID），如果要转换其零售商，可以通过电话或上网等方式通知其选定的新零售商，由其代表向ERCOT发出转换请求，并附上相关信息。ERCOT确认后，向电力用户发出确认通知，该电力用户在10天内可以撤销转换请求，同时向输配电服务公司发出转换通知。

③ 合格计划体（qualified scheduling entity，QSE）主要负责匹配及促成发电商与零售商之间的电力交易（QSE可以不拥有发电厂或零售商，而仅作为两者的代理机构，也可以同时或单独拥有发电厂或零售商），同时负责向IPO提交其代理或所属发电商和零售商的电量平衡计划及协助报价。

④ 新英格兰地区包括美国东北部的六个州，即缅因州、新罕布什尔州、佛蒙特州、罗德岛州、康涅狄格州和马萨诸塞州。

⑤ 自动发电控制（automation generating control，AGC）也称为负荷频率控制（load-frequency control），是指利用自动化闭环控制系统，监测、调整电力系统的频率，以控制发电机出力。自动发电控制着重解决电力系统在运行中的频率调节和负荷分配问题，以及与相邻电力系统间按计划进行功率交换。AGC市场主要是为市场参与者提供调频容量，来实现供电商与电网要求的每分钟负荷变化相平衡。

⑥ 系统采用TMSR（即10分钟旋转备用，是指在线运行的机组在10分钟内能即可增加的发电量或被卸载的负荷）、TMNSR（即10分钟非旋转备用，是指非在线运行的机组能在10分钟内被启动而增加的发电量或被卸载的负荷）和TMOR（30分钟运行备用，是指30分钟内能被调度加载的备用发电量或被卸载的负荷）提供应急容量。备用市场根据不同的需求，由市场参与者投标竞价以获取备用容量。

⑦ 可用容量市场及负荷响应计划（demand response program，DRP）会带来额外容量，即需求侧提供可中断负荷，报价中标者需在接到IPO调度指令后中断响应的负荷量，收益为日前出清价格×中断负荷量。

(a)定价机制改革,电力批发市场分为日前市场和实时市场,由原来的统一出清价格①转向采取LMP的分区定价②;(b)主辅市场的联合优化,按照电力市场中商品(电量、调频容量、备用容量等)的优先级分配系统的容量资源,在保证系统安全运行的条件下,根据统一优化结果进行安全经济调度;(c)建立输电容量市场,引入金融输电权(FTR),通过短期(1个月)和长期(1年)拍卖竞价进行交易。

5. 标准电力市场设计(SMD)

2002年7月,FERC颁布了标准电力市场设计方案(standard market design,SMD),提供了一整套输电服务及电力市场设计标准。SMD的基本框架是通过设立独立输电供应商(independent transmission provider,ITP)来接管电力公司的电网调度控制权(但输电网络的所有权不变),同时负责现货市场(日前市场)和平衡市场(实时市场)的运行,为市场参与者提供相应的辅助服务和阻塞管理,并确定价格上限。SMD的市场结构可以划分为输电市场、供电市场和辅助服务市场三个层次,统一由ITP管理和控制。

(1)标准输电容量市场

(a)电网准入服务:FERC提出的"电网准入服务"运行用户在输电网络的任意点之间传输电力,收取的费用包括接入费、网损成本和阻塞成本。

(b)输电权交易:ITP向需要输电服务的用户提供等同于输电网络容量的输电权(CRR),可供参考的CRR类型为物理输电权(PTR)、金融输电权(FTR)和关口输电权③(flow gate right,FGR)。CRR将授予持有者避免阻塞成本(如果这个权利与输电交易相联系)或者获得阻塞收入(如果放弃输电权)的权利。ITP应为CRR交易建立二级市场,以供用户购买CRR以避免成本的不确定性,或者出售过剩的CRR。

(c)运行模式:SMD建议建立日前市场和实时市场两种交易模式。日前交易可以提前几小时进行,输电用户通过提交第二天要使用的输电容量和对应的时间要求提供辅助服务。拥有CRR的用户还应提交不需要输电服务所应获得的最小阻塞收益,没有CRR的用户则为输送电力需要对最大阻塞成本进行投标竞价。在日前市场任何没有用完的输电容量将转入实时市场(平衡市场)进行交易。

(2)标准电力批发市场

SDM建议ITP建立日前市场和实时市场两种交易模式。

(a)日前市场:由ITP组织,市场参与者可以自由选择是否参与日前交易的竞价。在参与交易时,市场参与者需要申报相关经济数据和技术数据,并可以多次调整电量计划和相应的报价。ITP确定系统中每个节点的LMP,并据此进行结算。在充分考虑系统和机组安全约束的基础上,以追求社会效益最大化为目标,计算日前交易计划以及相应的输电计划。

(b)实时市场:主要用来解决电力市场的实时平衡和负荷预测偏差问题。市场参与者需要在日前计划基础上,申报计划电量、所在节点以及交易时段等相关经济数据和技术数据。ITP每5分钟利用最优潮流程序,计算一次各节点上的实时电价。SMD建议采用"事后"(ex-post)方式计算市场出清价格。

(3)标准辅助服务市场

SMD建议辅助服务市场也采用日前市场和实时市场两种交易模式。

---

① 系统通过调度与计划子系统和能量管理系统(EMS)交互,来实现报价、结算和资源管理。日前市场统一出清价格生成的顺序:(a)对电力批发市场的市场参与者报价进行排序(报价分为10个时段,零价格为自发电),低价者中标;(b)对AGC市场的市场参与者报价进行排序,低价者中标;(c)解出AGC市场电量(调频容量),考虑备用市场交易情况,确定最终的市场出清价格。统一市场出清价格有利于电力资源的调度,但其存在不合理情况,即阻塞成本是按负荷大小比例分摊,而不是按线路容量资源占有情况分摊。

② ISO-NE将整个区域分为8个不同的电价区,同一区域内各节点的电价经过负荷大小的加权平均得到该区域的区域电价,在结算时,发电机组按节点电价进行结算,而负荷则按照区域电价进行结算。

③ 关口输电权(flow gate right,FGR)兼有FTR和PTR的特性,赋予权力所有者在使用指定关键路径时,不仅有获取金融补偿的权力,且有优先安排计划的权力,其出发点是输电权的设计应尽可能地使输电阻塞定价与实际功率流动相匹配。

（a）日前市场：交易标的物为次日每个时段的辅助服务。发电机组通过申报其辅助服务可用容量和价格，参与市场交易。ITP 应在考虑机组和网络安全约束的基础上，以总购买费用最低为原则，确定日前市场的交易计划。结算价格应该等于每种服务的边际成本，也就是所接受最高报价的发电商申报成本。

（b）实时市场：主要是针对日前调频辅助服务计划进行必要的调整。ITP 可以在实时市场中，按照实时价格买回日前市场计划中高成本机组提供的辅助服务，同时转售给低成本机组。此外，因为日前计划中的辅助服务可能与实际需求量不同，或者提供辅助服务的机组可能有意外故障发生，所以 ITP 还需要在实施市场中对辅助服务的偏差部分进行交易。

（4）市场监控和市场势力平抑机制

电力市场势力的主要表现形式包括：在日前计划的负荷低平段故意不发电，以便抬高高峰时段电价，牟取超额利润；几个发电商合并成为一个超过系统容量 20%的大发电商，以便合谋操纵现货市场和长期合同的电价；为了低谷时段不停机，低报电价，然后仍以市场边际电价售电；人为造成线路阻塞，并故意通过已阻塞的线路多送电，以抬高部分区域的 LMP。

平抑市场势力的措施包括：在无法获得足够需求侧响应的情况下，设定报价上限；市场运营者应确认各发电机组的运行可靠性，以有效监控发电商是否使用市场势力；限制发电商报价变动的灵活性，主要用在启动和空载报价上。

总体而言，SMD 是目前最先进的电力市场设计方案，但是在实际执行过程中，并没有获得很好的响应。这主要是因为原有电力市场的既得利益集团不愿意放弃其市场优势地位，而各方利益难以协调也是 SMD 实施的主要障碍。

（三）欧盟的电力市场化改革

1. 欧盟统一电力市场的构想

作为基础产业，电力行业在欧盟一体化进程中启动最晚，推进的难度最大。欧盟推进电力市场化改革的目的是要消除各成员国电力行业之间的壁垒，建立统一的欧洲电力市场，引入竞争机制，优化电力资源配置。欧盟通过一系列的指令来指导和规范各成员国的电力市场化改革。1996 年，欧盟委员会颁布《关于电力市场化改革的指令》（96/92/EC），对各成员国电力行业的改革目标做了具体的规定，要求在 1999 年 2 月必须开放电力市场，允许第三方进入和用户自由选择。2001 年，欧盟又颁布了《关于在内部电力市场促进可再生能源电力生产的指令》（2001/77/EC），建立"绿色准入制度"，确保绿色发电在电力市场的推广。2003 年 6 月，欧盟又颁布了《关于内部电力市场共同规则的指令》（2003/54/EC），取代 96/92/EC，重新对成员国的电力市场化改革提出了硬性规定，并要求在各成员国的电力或能源相关法律中有所体现。

（1）欧盟电力市场化改革的框架

欧盟提出的电力市场化改革的具体途径和措施涵盖发电、输电、配送和零售等环节，还涉及跨国电力交易机制。

（a）发电环节：欧盟 2003/54/EC 指令对新建发电设施的建设设置了严格的审批制度和招标程序。审批的内容包括技术、安全、环保、公众卫生与健康、土地规划利用等方面；同时要求对发电设施的建设进行公开招标，并规定具体的招标流程、文档规格和监管原则。此外，欧盟还规定输电网络必须客观、公平地对待接入电网的发电设施，不得歧视。为了保证供电安全，成员国可以要求输电网络优先考虑利用本地一次能源燃料的发电设施，但规定了一定的数量限制。为了鼓励新能源和可再生能源发电，欧盟 2001/77/EC 指令还规定输电和配电网络必须优先调度和使用绿色电力，保证给予绿色电力足够的输电容量。

（b）输电环节：欧盟 2003/54/EC 指令对输电环节做了如下规定：一是要求各成员国必须对电力批发市场开放设立明确的时间表；二是对电力市场主体独立性做出明确要求，要求在保证电力供应安全的基础上，一体化垄断经营的电力公司必须进行业务分离，输电和配电环节分别成立独立法人；三是组建独立的输电系统运营机构（TSO）负责输电网络的电力调度、阻塞管理和日常维护。

（c）配电环节：欧盟 2003/54/EC 指令规定各成员国为每个区域的配电系统指定一个配电系统运营机构（DSO），负责配电系统的运行、维护、发展及与输电系统的互联。配电公司必须按照有关监管机构确定的价格、条款和条件为终端用户提供接入服务，并承担一定的公共服务义务。

（d）售电环节：欧盟 2003/54/EC 指令规定各成员国必须从 2004 年 7 月 1 日开始允许全部非家庭电力用户拥有购电选择权，从 2007 年 7 月 1 日开始允许全部电力用户（包含家庭用户）拥有购电选择权。购电选择权允许电力用户自行选择是向本地配电、售电公司购电，还是向发电企业直接购电。

（e）跨国电力交易：欧盟法律一般不允许限制跨国收购电力企业或对跨国电力投资，但是欧盟委员会会对电力企业的跨国并购是否违反市场竞争原则进行审查，一旦发现有违规行为，可以命令有关企业停止相关行为，并采取必要措施恢复竞争。在电力跨国交易方面，2004 年 7 月 1 日生效的 1228/2003 法规确定了入网费率的制定、有关阻塞管理和提供可用容量信息等跨国输电入网规则，并提供在公平、透明和无歧视条件下进行跨国输电的监管框架。此外，2005 年欧洲电力和天然气监管机构（ERGEG）颁布了关于输电收费和阻塞管理的导则草案。这些相关规定的主要目的是规范跨国输电行为，提高经济效益和促进竞争。

（2）欧盟统一电力市场的推进情况

为了进一步推动统一电力市场的建设，欧盟重点在以下三个方面开展工作：一是加快泛欧输电网络建设的进程；二是推行统一的输电交易、辅助服务和阻塞管理机制；三是促进成员国深化市场化改革，推动各成员国电力市场之间的连接和融合，建设泛欧洲电力市场。

（a）泛欧输电网络建设：1996 年，欧盟就出台了泛欧跨国能源传输系统建设计划，提出到 2005 年各成员国拥有的跨国输电容量应该达到该国总发电容量 10% 的目标。2003 年欧盟对计划进行了修改，提出了一些优先考虑的电力联网项目，并将新加入欧盟的 10 个国家的跨国联网项目也考虑进来。根据欧盟建议的跨国输电和输气计划的建设项目，2007—2013 年将投资 280 亿欧元。

（b）市场机制构建：在统一输电阻塞管理机制、跨国输电交易机制等方面，欧盟要求各系统调度机构加强协作，逐步完善输电容量市场，包括采用明确的容量拍卖机制等，有关跨国输电成本分摊以及相应定价机制也正在研究中。

（c）市场体系建设：在推进各国电力市场融合方面，欧盟提出建立区域电力市场，并逐步向统一的泛欧电力市场过渡的目标。目前欧盟已经建成包括欧洲能源交易所（EEX）、英国电力交易所（UKPX）、荷兰电力交易所（APX）、北欧电力交易所（Nord Pool）等在内的 14 个电力交易所。欧盟提出通过增加和扩大电力现货市场中日前交易的范围和流动性，推动电力交易所的合并，同时还加紧完善现货市场和平衡市场的连接，以便更有效地促进跨国之间的交易。

（3）统一电力市场的推进面临挑战

由于欧盟各成员国在社会经济发展水平不同，电力工业结构和电力技术水平也存在较大的差异，各国电力市场化改革进程及开放程度也存在非常大的差距。欧盟委员会定期对各国电力市场化改革进程和对相关指令的执行情况进行评估。2005 年的欧盟年度电力市场评估中指出，欧盟各成员国电力市场之间仍缺乏有效的整合，表现在两个方面：一是各成员国之间的电价差异很大；二是跨国交易水平较低。阻碍统一电力市场发展的主要原因包括：一是成员国电力市场的集中度仍较高，市场仍存在准入壁垒；二是没有建立起有效的市场化机制来合理安排跨国输电容量的使用，使现有的一些基础设施使用不足；三是各成员国之间电网互联规模较小，成为统一电力市场发展的最大障碍。

2. 北欧电力市场化改革

由于北欧四国（瑞典、芬兰、丹麦、挪威，挪威不是欧盟成员国）之间的电力结构具有互补性，存在较大的跨国电力交易潜力，而且北欧地区的电网非常发达，四国均实现了电网互联，因此北欧四国经过 10 多年的发展，建立了北欧电力市场，并形成了较为完备的市场体系和制度框架。北欧电力市场不仅是欧盟区内发展最为成功的区域电力市场，也是世界上第一个跨国统一电力市场。

（1）电力市场结构

北欧四国电力批发市场的基本模式是：充分放开用户的购电选择权，买卖双方可以签订双边合同，也可以在北欧电力交易所（Nord Pool ASA）中进行电力交易（包括现货交易和期货交易），但必须参与所在国的平衡机制结算。各国电网公司的调度中心（TSO）负责各自系统的安全运行与调度控制，通过平衡市场、备用市场来解决系统实时平衡问题，而辅助服务则通过合同交易来进行。

北欧电力零售市场已经向全部的电力用户开放。其中，工业、商业和服务业等大用户通常会通过双边市场和电力零售商或直接与发电商签订购电合同；而普通居民用户则主要是在零售市场中选择自己满意的零售商和电力类型。

北欧电力交易所是北欧电力市场的核心，负责整个北欧电力批发市场的交易和清算，以及二氧化碳排放权交易活动。其中，北欧电力现货交易所（Nord Pool Spot ASA）负责现货市场交易，而 Nord Pool 拥有其 20% 股份；北欧电力金融交易所（ELBAT）负责期货、期权、差价合约等电力衍生金融产品的交易，由 Nord Pool 全资拥有；北欧电力市场咨询委员会（Cousulting AS）则主要负责为政府公共当局、监管机构等提供管理咨询服务，由 Nord Pool 全资拥有。北欧电力芬兰公司（Nord Pool Finland Oy）负责实时市场交易，由北欧电力现货交易所全资拥有。此外，北欧电力清算所（Nord Pool Clearing ASA）负责金融和实时市场的清算工作。

北欧电力市场没有一个统一的 TSO，各国的 TSO 是独立运作的机构，主要负责电力系统的发展、安全稳定运行和各自调度范围内的电力实时平衡。北欧四国的 TSO 都是 Nordel（北欧四国加上冰岛的 TSO 合作组织）成员，由其编制北欧输电系统的发展规划（包括电网投资）；协调管理电网运营阻塞；交换电力系统运行、安全和供电可靠新信息；制定输电定价和辅助服务定价的方式；推进北欧输电系统运营者的国际合作；保持和发展与各国政府电力部门和监管机构之间的联系；编制和发布有关北欧电力系统和电力市场的信息等。

（2）电力批发市场

北欧电力批发市场有现货市场和实时市场，由于在电力交易中广泛采用了金融技术，开始逐渐实现了与电力金融市场的对接。

（a）现货市场：由日前市场和小时前市场两阶段组成。日前市场主要是对第二天各个交易时段（以小时为单位）的电量进行竞价交易。交易的品种[①]主要有小时（hourly）合同、分段（block）合同和灵活小时（flexible hourly）合同。交易价格的形成则采取系统定价（system pricing）与分区定价（area pricing）相结合的方式，即首先在不考虑电网输送容量和阻塞问题前提下，根据所有电量计划和报价信息，计算出系统电价；如果按无约束条件计算出来的所有网络潮流都不超过 TSO 给出的输送容量限制，系统电价就是现货市场的唯一价格，反之，则要按输电约束区划分，形成分区电价，以调整输电计划，解决区域阻塞问题。分区电价用于现货市场的结算，而系统电价则作为北欧电力金融市场结算的参考电价。小时前市场主要是为市场参与者提供调整电量计划的机会，市场全天 24 小时连续竞价，通过基于 Web 方式的电力系统或电话备用系统，对符合自己意愿的购售电出价申报反向的购售电报价。

（b）实时市场：北欧电力市场采用分区控制方式，实时平衡由四国的 TSO 分别负责，因此有关实时平衡的规划也各不相同。从 2002 年开始，四国的 TSO 通过相互协调，开始逐渐向单一控制区方式过度，将所有的实时报价进行统一排序，实现全系统实时平衡，并采用相同的定价机制和结算方法。实时市场也提供辅助服务的交易，比如当系统频率波动超过 50 ± 0.05 赫兹时，由 TSO 启动平衡市场，反之则通过辅助服务（备用容量交易）来保持频率稳定；当出现输电阻塞时，由 TSO 进行对销交易，不影响实时电价，但 TSO 需承担由阻塞引起的不平衡费用。

（3）电力金融市场

北欧电力金融市场中的交易是无约束电力交易，即不考虑电网阻塞、输电容量限制和辅助服

---

① 三种合同主要区别在于申报方式的不同，小时合同即常规的 24 个交易时段合同；分段合同即一个连续几个小时组成的报价内包含若干组电价和电量的数据对；灵活小时合同相对于常规的小时合同，可以申报 24 个交易时段中某几个交易的数据。

务费用等问题,主要是为了实现电力价格发现和套期保值。北欧电力金融交易所挂牌交易的电力金融产品包括:(a)期货合约,交易的期货合约依据时间长短区分为周(weeks)、期间(blocks)及季度(seasons)等不同期限组合,而期限最长的合约可达三年;(b)期权合约,期权合约将允许市场参与者在未来一定期间内,拥有购买或出售电力双边合同的权利;(c)价差合约,期货合约结算时所用的参考价格是系统电价,一旦网络发生阻塞,现货结算价格就变成分区电价,市场参与者就会面对系统电价与分区电价之间的差价带来的风险,而价差合约是以这一价差为标的物的期货合约。

由于北欧四国地处气候寒冷的北欧地区,居民用电受短期气温变化的影响非常大,而且需求具有很大的刚性,因此配电商与供电商的电力交易多借助金融手段来规避价差波动风险;商业用户则更多地采用现货交易来适应短期天气变化,并辅以固定价格的双边合同来降低电力支出成本;而工业用户由于电力需求相对稳定,更多地采用固定价格的双边合同来控制用电成本,辅以现货交易保持一定的灵活性。

第二节　电　力　价　格

一、电力价格的形成基础

电力市场区别于其他能源商品市场之处在于,它不仅关系到电力行业的效率问题,而且还关系到整个电力系统运行的安全稳定。因此,电力价格的形成必须建立在满足电力系统的安全运行和特定市场目标模式的基础上。

(一)电力系统的运行特点

电力价格的形成机制非常复杂,与电力市场的结构密切相关。但是无论电力市场结构如何,电力系统的正常运行都需要统一调度(见表5-1)。早期的调度解决的是如何实现发电机组间运行的优化配置,从而达到系统发电总成本的最小化。随着电力系统规模的扩大,运行水平的提高和计算条件的改善,对于系统调度的要求不再仅局限于发电机组间运行的优化配置,而是要求全面掌握系统运行时输电网络的潮流分布及各节点负荷变化情况,将潮流计算与经济调度相结合,实现有安全约束的经济调度。

表 5-1　系统调度与电力交易的业务流程

时　段	系统调度	电力交易
年度	·制定电网运行标准 ·预测长期电力负荷 ·制定电力系统发展规划	·市场规则制定、准入审批 ·开展电力衍生金融产品交易
月前或周前	·收集和测试系统参数 ·安排网络运行计划 ·安排设备检修计划	·月度用电量竞价或双边交易 ·月度输电容量竞价或双边交易
日前	·预测负荷,进行相关系统操作 ·网际协调,制定日前调度计划 ·根据发电机组费用特性或报价曲线确定机组启停计划	·汇总供需计划及报价信息 ·制定日前系统运行调度计划
实时	·预测短期电力负荷 ·根据实际负荷、潮流计算、机组情况,确定实时安全经济调度方案 ·电压控制、频率控制、安排备用 ·处理突发事故,安排辅助服务	·收集报价数据,撮合实时交易 ·执行调度计划,实施实时调度
事后	·获取系统运行及交易数据, ·确定不平衡电量及不平衡电价	·进行不平衡电量结算

1. 安全经济调度

电力系统的首要组成是发电机组，机组运行成本可以分为固定成本和可变成本，一般在发电设施建成后，固定成本就被分摊到可变成本中，并由此生成机组的费用曲线。经济调度（economic dispatch）就是在某一负荷水平下，通过调度发电机组，使得所有发电机组总体运行费用最小，即：

$$\min \sum_{i=1}^{NG} c_i(P_{G_i}) \quad \text{s.t.} \quad e^T P_G = P_D, \underline{P}_G \leqslant P_G \leqslant \overline{P}_G \tag{5-1}$$

其中，P_D 为预测的负荷，P_G 表示机组出力，$c(P_G)$ 为其费用曲线，$\underline{P}_G$ 和 $\overline{P}_G$ 为发电机组出力的上限和下限。

借助拉格朗日乘子法可解得经济调度的最优策略是调度发电机组出力与费用曲线递增率（边际成本）相等，即：

$$\frac{\partial c_1}{\partial P_{G_1}} = \frac{\partial c_2}{\partial P_{G_2}} = \cdots = \frac{\partial c_{NG}}{\partial P_{G_{NG}}} \tag{5-2}$$

如果交流输电线路输送的电流过大（过载）会导致线路被烧断，因此输电系统的容量是受到限制的。电力系统的潮流计算非常复杂，通过引入复功率[1]的概念，可以对电网的潮流计算进行简化。潮流计算基本方法是由 Stott（1974）提出的 P、Q 分解潮流计算方法，即所谓的 BX 标准快速解耦法。

根据基尔霍夫定律（Kirchoff Law）：$\dot{I} = Y\dot{V}$，其中 $\dot{I}$ 和 $\dot{V}$ 分别表示节点电流和电压复相量，Y 表示导纳[2]矩阵。而注入节点的复功率可以表示为：

$$S_i = P_i + jQ_i = \dot{V}_i \hat{I}_i = \dot{V}_i \sum_{j=1}^{N} \hat{Y}_{ij} \hat{V}_j \tag{5-3}$$

其中，P_i 表示有功功率[3]，Q_i 表示无功功率[4]，$\hat{I}_i$ 表示节点电流流向。

通常节点注入的有功功率 P_G、无功功率 P_D，有功负荷[5] Q_G、无功负荷[6] Q_D 都是已知的；节点导纳矩阵是与系统线路参数和系统结构有关的常数矩阵；电压向量未知。采用极坐标表示节点电压，即 $\dot{V} = V \angle \theta$，则可获得：

$$P_{G_i} - P_{D_i} - V_i \sum_{j=1}^{N} (G_{ij} V_j \cos\theta_{ij} + B_{ij} V_j \sin\theta_{ij}) = 0$$

$$Q_{G_i} - Q_{D_i} - V_i \sum_{j=1}^{N} (G_{ij} V_j \cos\theta_{ij} - B_{ij} V_j \sin\theta_{ij}) = 0 \tag{5-4}$$

向量形式为：

$$P_G - P_D - P(V, \theta) = 0; Q_G - Q_D - Q(V, \theta) = 0 \tag{5-5}$$

其中，G 和 B 分别为节点导纳矩阵元素的实部和虚部；V_i 和 θ_i 表示第 i 节点复电压的模和相角，$\theta_{ij} = \theta_i - \theta_j$，

---

[1] 复功率（complex power）等于电压相量与电流共轭相量之乘积，其实部为平均功率，虚部为无功功率，模为视在功率，辐角为电压相量和电流相量间的夹角。

[2] 导纳（admittance）是在正弦电流电路中，通过电路的电流除以端电压，即阻抗的倒数。

[3] 有功功率（active power）也称为有功出力，是指一个周期内瞬时功率的积分平均值，又称为平均功率，用于做功被消耗，转化为光能、热能、机械能等有效能量，单位是瓦（W）。

[4] 无功功率（reactive power）也称为无功出力，是指由电器设备为建立交变磁场和感应磁通而需要的电功率，单位是乏（Var），无功功率不转化为有效能量；视在功率（apparent power）是指端口的电压有效值与电流有效值的乘积，单位是伏安（VA），表示电路可能提供的最大功率或负荷可能消耗的最大有功功率。有功功率和视在功率的比值称为功率因数，反映电源输出功率被有效利用的程度，功率因数越大，无功功率就越小，从而提高电能输送的效率。

[5] 有功负荷（active load）是指电力系统中能够产生机械能或热能的有用能量的负荷。但是负载中纯阻性的负荷只消耗有功功率，如电热、电炉、照明等电力负荷完全是有功负荷。有功负荷要由发电机有功功率来供应。

[6] 无功负荷（reactive load）是指在电力负载中不做功的部分。只在感性负载中才消耗无功功率，如变压器、电动机、空调、冰箱等。所以发电机组必须输出有功功率和无功功率。当无功功率不能满足电网时，系统的电压将会下降，因此必须在变电所里安装无功补偿器，来保持无功功率的平衡。

通过一系列计算可以获得调度中心在线调度计算有功潮流方程,即:

$$P_{G_i} - P_{D_i} - V_i \sum_{j=1}^{N} V_j B_{ij} \theta_{ij} = 0 \tag{5-6}$$

如果假设电压等于1,就可得到直流潮流方程,即:

$$P_{G_i} - P_{D_i} = \sum_{j=1}^{N} (-B_{ij}) \theta_{ij},$$

向量形式为:

$$P_G - P_D = B\theta \tag{5-7}$$

如果电力系统发生偶然事故(发电机组故障、线路故障、负荷超载等),就可能会出现潮流大范围转移,就必须对此进行安全性分析,建立线路潮流约束条件下的有安全约束的经济调度(security constrained economic dispatch)模型,即:

$$\min \sum_{i=1}^{NG} c_i(P_{G_i}) \quad \text{s. t.} \quad P_G - P_D = B\theta, X\theta \leqslant \bar{F}, \underline{P}_G \leqslant P_G \leqslant \bar{P}_G \tag{5-8}$$

其中,$X\theta \leqslant \bar{F}$ 是支路潮流约束方程,$\bar{F}$ 代表支路潮流上限,X 是节点关联矩阵。实际应用的有安全约束的经济调度算法过程比较繁琐,大致包括自动事故选择、对严重事故进行直流潮流分析、对严重事故中发现的约束作用进行识别、求解线性规划模型的解等若干计算步骤。

2. 辅助服务

(1)系统频率控制

现代电力系统用户群体非常庞大,因而电力系统负荷时刻变化。如果发电机组不能实时调整出力,跟随负荷变化,发电机转子速度会发生变化,导致系统频率超出规定范围,严重损害发电机组。一般电力系统正常运行时,频率偏差应在 0.05~0.15Hz 范围内。因此,电力系统发电设备必须配备控制系统进行调频,即跟踪并预测负荷变化,实时调整发电机组出力,确保系统频率波动控制在一定范围内。发电机组一般都装有调速器,如果负荷变化,则自动调整进汽(水)阀门,改变机组出力,实现一次调频。一次调频响应速度快,但频率偏差较大,即不能将频率恢复到额定功率。要消除频率偏差,就必须进行二次调频。由于输电网络潮流控制和调频控制往往是一起进行的,因此二次调频和潮流控制总称为自动发电控制(AGC)。但是,并不是每台发电机组都装有自动调频控制系统,即使装有自动调频控制系统的机组也只能在部分处理范围内实现二次调频功能。电力系统存在负荷高峰期和低谷期,对自动发电容量(调频容量)需求也不同。

(2)旋转备用

当发电设备发生故障停止运行时,系统频率会下降,而系统不允许长时间处于低频状态,所以必须有足够的能够快速启动的备用机组(也就是峰荷机组[①]),在 10 分钟或 30 分钟增加足够功率,维持系统频率。一般情况下,系统中所有机组 10 分钟备用容量总和必须大于系统备用容量需求,即:

$$\sum_i R_i \geqslant D_R \tag{5-9}$$

其中,D_R 是备用需求(一般是系统负荷的 10% 或在线最大机组容量)。

(3)机组启停计划

发电机组在启动时,需要准备环节,并产生损耗费用,而且由于机组技术参数不同,启动时间(机组爬坡率)和成本也不相同。因此,在考虑系统安全运行的基础上,制定系统运行计划时,应设计适当的节点、适当的时刻开启或停止适当的机组,使得整个系统运行时机组启停费用最小化。假设机组 i 在第 t 个小时所处状态用 $U_i^t \in \{0,1\}$ 表示,$U_i = (U_i^1, \cdots, U_i^{24})^T$ 表示机组启停向量,$c_i(P_{G_i}^t)$ 表示机组 i 在 t 时段的燃料费用。$S_i^t(U_i)$ 表示机组启停决策函数,在电力市场中其可以是一个常数即开机标价。发电机组启停计划的数学模型为:

---

① 峰荷机组(peak load power unit)也称为调峰机组,是指以非连续运行条件运行和快速适应电网尖峰功率需求的机组,一般由水电机组和燃气轮机组、蓄电站等构成。

$$\min \sum_{i=1}^{NG} \sum_{t=1}^{24} \left[U_i^t c_i(P_{G_i}^t) + S_i^t(U_i)U_i^t(1-U_i^{t-1}) \right] \tag{5-10}$$

s. t. $e^T P_G^t = P_D^t$（功率平衡约束）；$T(P_G^t - P_D^t) \leqslant \overline{F}$（线路潮流约束）；

$U_i^t \overline{P}_{G_i}^t \leqslant P_{G_i}^t \leqslant U_i^t \overline{P}_{G_i}^t$（备用约束）；$\sum_{i=1}^{NG} U_i^t \overline{P}_i \geqslant e^T P_D^t + D_R$（机组出力约束）。

3. 输电容量问题

无论是在电源电网规划阶段，还是在电力系统运行规划期间，电力调度中心都面临着估算输电界面(输电线路)输电容量的问题，也就是互联电力系统区域间功率交换能力问题。当网络拓扑结构确定后，输电界面的最大输电能力就是指线路潮流不超过热极限条件下的最大输电容量。因为线路潮流服从于基尔霍夫定律，所以只有当发电机组出力确定后才能确定线路潮流。一般情况下电力调度中心更关心输电界面的输电容量区间。输电容量区间必须满足两个条件：一是传输的总功率不能违反任何系统运行的约束条件；二是发电机组出力发生任意变化时，功率仍然能够安全传输。这样就可以描述为一个双重优化问题，即：

$$\max \sum_{i=1}^{NLI} \sum_{j=1}^{NGen} T_{ij} \cdot (P'_j - L_j)$$

s. t. $\sum_j P'_j = \sum_j L_j$，$\sum_j T_{ij} \cdot (P'_j - L_j) \leqslant \overline{F}_i$，$(i=1,\cdots,NTransC)$；

$$\overline{P}_j \leqslant P'_j \leqslant \overline{P}_j (j=1,\cdots,NGen)；\sum_j T_{kj} \cdot (P''_j^k - L_j) \leqslant \overline{F}_k。 \tag{5-11}$$

$$\max \sum_j T_{kj} \cdot (P''_j^k - L_j)$$

s. t. $\sum_j P''_j^k = \sum_j L_j$，$\overline{P}_j \leqslant P''_j^k \leqslant \overline{P}_j (j=1,\cdots,NGen)$

$$\sum_{i=1}^{NLI} \sum_{j=1}^{NGen} T_{ij} \cdot (P''_j - L_j) \leqslant \sum_{i=1}^{NLI} \sum_{j=1}^{NGen} T_{ij} \cdot (P'_j - L_j) \tag{5-12}$$

其中，P' 表示机组的出力向量；P''^k 是线路 k 最大传输功率时机组的出力向量；NLI 是输电线路数量；$NGen$ 是发电机组数目；T_{ij} 是线路 i 对于发电机 j 的分布因子；L_j 是负荷在节点 j 的有功功率；F_i 是第 i 条输电线路的输电约束。

（二）电力系统的经济特性

电力系统的经济特性集中体现在电力价格上，而电力价格与电价结构密切相关，因为电价结构直接反映了电力系统的运行机制和社会经济价值的目标取向。电价结构通常包括了电价构成和电价体系两部分，电价构成包括电力商品的成本、期间费用、利润等部分，而电价体系则是指不同电力商品之间的比价关系和同种电力商品在不同的流转环节的差价关系，及其相互之间的有机联系。电价构成是电价形成的基础，是一种相对稳定的商品价值关系，而电价体系会随着电力市场化改革进程的演化而发生变化，与电力市场结构密切相关。随着电力市场的发展，电力商品也不再仅限于电力，围绕输电网络的阻塞管理和辅助服务形成的各种容量也成为电力商品的一部分，并且通过引入竞争机制来实现市场定价，进而优化资源配置，以更低的成本维持系统的安全运行。

1. 传统的电价结构

在传统的电力行业管理模式和市场化初期的发电侧竞争市场中，电价结构可以分为供电电价、用电电价和调节电价三个层次，交易的对象是电力(power)。供电电价是指供应侧电力企业之间的电力交易形成的价格。根据交易主体不同可以分为上网电价、网间电价和转供电价。上网电价是指发电厂向电网提供上网电量形成的交易价格；网间电价是指电网间互联互供形成的交易价格；转供电价则是电网提供输电设施，为达成双边交易的供电和用电两方提供输电服务收取的补偿，按传输的电量结算。用电电价也就是销售电价，是根据终端用户对电力系统投资成本的分摊程度分为一部制电价、两部制电价和三部制电价。其中，一部制电价只与用户的用电量有关，适用于大多数用电量较少的居民用户；两部制电价由容量电价和电量电价两部分组成，容量电价①反映了供电固定成本的分摊情况,电量电价根据实际用电量来定价,反映供电可变成本的大小及回收情况;三部制电价是在两部制电价的基础上进一步将供电固定成本加以细分为电力成本和基本成本,电力成本仍为电力系统固定资产投资带来的固定成本,而基本成本是包括设施折旧、工资福利、办公费用等与系统容量和发电量没有直接关系的管理成本。调节电价是在销售电价的基础上,根据需求侧改善用电负荷情况,制定调整电力峰谷的一种差别电价,具体包括峰谷分时电价(time of use price)、季节性电价(seasonal price)等。

　　传统的电价结构中电价的计算主要集中在对电力系统成本问题上,采用的计算主要是综合成本法(embedded cost method)和长期边际成本法(long run marginal cost method)。综合成本法是根据计算期内的电力发展规划和投资计划,逐项核算供电成本,求和获得综合电力成本和电量成本,按平摊原则分摊给所有用户。长期边际成本法则是根据用户负荷增加时的供电边际成本来计算电价,容量电价等于容量成本的微增除以容量微增量,电量电价等于电量成本的微增量除以用电量的微增量。但是上述两种方法都只能反映较长一段时期内(1年以上)的生产成本和总体负荷水平,不能精确反映电力系统负荷平衡状况和供电成本变动。而分时电价也只能反映一段时间内日负荷及供电成本的统计规律,无法精确地反映各时段的系统负荷及供电成本的变化。

　　2. 市场化改革后的电价结构

　　电力市场化改革的目标就是将竞争机制引入到电力系统的各个环节,通过建立电力批发市场、输电容量市场和辅助服务市场,进行电力、输电权(CRR)和辅助服务的现货交易和实时交易,来满足系统负荷平衡和优化输电网络资源配置的需求。市场化改革后的电价结构涉及发电、输电、配电和销售四个环节,由上网电价、输电电价和配售电价三个层次组成。上网电价是由发电侧竞价上网形成的。传统的电力行业管理模式中,调度中心根据发电机组的费用曲线来进行经济调度或安全经济调度,而在竞争性的电力批发市场中,通常采取的是招投标竞价和双边交易两种交易方式,调度中心基于买卖双方的报价进行经济调度或安全经济调度。其中招投标竞价由调度中心自动撮合,如果发电商与用户(负荷)之间有双边交易,则发电商可以以零价格来确保双边合同在市场中实现。上网价格的形成基础是实时有功市场②产生的结算价格,目前国外电力市场采用的定价方法是节点边际电价(LMP)模型。输电电价是指输电服务的价格,是为了将输电成本在所有的电网使用者之间进行合理分摊。输电成本包括固定成本(电网设施固定资产投资、运行管理费用等)和可变成本(拥塞管理、电网损耗和辅助服务等)两部分组成。在垂直一体化的经营模式下,所有输电成本都是直接转嫁给终端用户的;而电力市场化改革的最重要标志就是电网开放,通过输电网络所有权和经营权的分离,来实现输电服务的市场化定价,在所有的电网使用者之间合理分摊输电成本。输电成本分摊的基本原则是“谁使用、谁付费”,采用的定价方法主要有边际成本法、嵌入成本法和综合成本法等。此外,网损成本还可以独立计算,采用二次网损公式、网损微增量和潮流跟踪等方法在所有市场成员之间分配每条支路和整个网络的功率损失;阻塞管理也可以采取对销交易方式或输电权(CRR)交易方式来单独计算费用阻塞管理,通过市场化机制引导输电网络的合理使用,减少阻塞发生的风险,并在阻塞发生后对相关用户进行补偿;对于不同的电力系统,辅助服务的需求和定义也不同,目前尚无统一的标准,辅助服务的独立定价也是市场化改革的一个重要组成部分,其定价的方法需与主市场运行模式相适应,具体的模式包括统一调度、招投标竞价和双边交易。配售电价除了传统的计量电价、两部制电价及调节电价等机制外,最重要的是通过开放电力零售市场,进一步引入需求侧竞价(demand-side bidding, DSB)机制来实现需求侧响应③(demand response),降低维持电力系统稳定的成本。

---

　　① 即使用户没有用电,供电方也应做好相应的供电准备,包括发电容量、输配电网络等固定资产投资,从而产生相应的成本,由于这部分涉及系统容量资源,故称为容量电价。

　　② 电力批发市场中的实时市场,因其交易的电力属于发电机组的有功功率,故称为实时有功市场。实时有功市场形成的电力价格是电力现货交易、远期交易和期货交易的定价基础。

　　③ 需求侧响应(demand response)是指通过经济手段鼓励用户在系统可靠性存在风险或者系统出清电价过高的时候削减用电量来降低系统负荷,维持系统稳定运行。

二、电力价格的形成机制

（一）实时有功市场

1. 实时电价理论

实时电价（real time price，RTP）是由 Schweppe(1980)提出的，即在极短的时段内（30 分钟、15 分钟、5 分钟）根据负荷所在位置（节点）、系统潮流、网络拥堵等系统运行的实时信息，计算节点的发电边际成本，进而获得电力的实时价格，指导发电机组调整发电出力，同时促进终端用户主动承担维持系统稳定运行的成本和合理用电。

Schweppe(1985)还建立了实时电价的数学模型，其表达式是：

$$p_{k,t} = \gamma_{F,t} + \gamma_{M,t} + \gamma_{QS,t} + \gamma_{R,t} + \eta_{L,t} + \eta_{M,t} + \eta_{QS,t} + \eta_{R,t} \tag{5-13}$$

其中，$p_{k,t}$ 表示第 k 个用户在 t 时段的实际电价；γ 为发电分量，变量依次为边际发电燃料成本、边际发电机组维护成本、发电质量分量和发电收支平衡项；η 为输电分量，变量依次为边际网损成本、边际网络维护成本、输电质量分量和输电收支平衡项。

实时电价模型将边际成本的概念引入到电力市场中，通过建立节点电价与时间、节点、用电量三者间的数学关系，反映短期内由负荷变化而引起的系统运行成本的变化，明确在同一时刻、不同节点间的电价应存在价差以体现不同区域的电力需求和输电网络的运行情况。但是该模型是以垂直一体化垄断经营模式为假设前提的，解决的是经济调度和直流潮流基础上的实时电价问题。由于模型涉及的变量过多，计算繁复，而且其简化了电网结构，忽略了无功功率的影响，加之没有考虑输电容量及其辅助服务的费用，不能适应新的电力市场模式的需求。

2. 统一出清电价模型

在电力市场化改革的初期，电力批发市场的重点在于实现发电侧的竞价上网，因此实时电价采取的定价方法是统一出清电价模型。调度中心一般还兼具交易中心的功能，即所谓的联营市场模式。调度中心利用发电机组报价曲线进行经济调度或有安全约束的经济调度。调度中心一般要求发电机组提供递增的报价曲线，如果发电机组与负荷有双边交易，则报零价格已确保合约实现。假设发电机组 j 的报价为 p_j，令向量 p 代表所有发电机组报价，则系统发电成本为 $p^T P_G$，P_G 是发电机组从节点注入的有功功率矩阵。

不考虑安全约束的情况下，经济调度模型可以简化为：

$$\min p^T P_G \quad \text{s. t.} \quad e^T P_G = P_D, \underline{P}_G \leqslant P_G \leqslant \overline{P}_G \text{（用功功率约束）;} \tag{5-14}$$

其中，P_D 是负荷从节点上输出的有功负荷矩阵。

如果不考虑机组的技术参数差异，可以用排队法思路解决上述的最优化问题。即报价最低的机组先出力，再按报价高低依此安排机组出力，直到满足负荷需求为止，最后一台中标机组的报价就是系统电价（见图 5-9）。

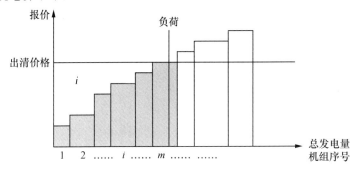

图 5-9　电力市场统一出清价格

采用拉格朗日函数求解上述带约束条件的最优化问题,即:

$$\Gamma = p^T P_G + \lambda(e^T P_G - P_D) + \sum_i \overline{\tau}_i (P_{G_i} - \overline{P}_{G_i}) - \sum_i \underline{\tau}_i (P_{G_i} - \underline{P}_{G_i}) \tag{5-15}$$

最优化条件为:

$$\frac{\partial \Gamma}{\partial P_{G_i}} = p_i + \lambda + \overline{\tau}_i - \underline{\tau}_i = 0 \ (i = 1, 2, \cdots, N_G) \tag{5-16}$$

如图 5-9 所示,一般只有一台机组的出力介于上限和下限之间,因此也称为边际发电机,设其序号为 m,根据库恩-塔克条件,则拉格朗日乘子 $\overline{\tau}_m = \underline{\tau}_m = 0$。

可得:

$$p_m = -\lambda \tag{5-17}$$

$\rho = p_m = -\lambda$,被称为边际价格或出清价格(clearing price)。对于所有参与竞价上网的中标发电机组,调度中心以此价格根据其具体发电量统一支付给发电机组,也就被称为统一出清电价。对于出力已达到上限的满发机组,$\overline{\tau} = 0, \underline{\tau} > 0, p_i + \lambda + \overline{\tau}_i = 0, p_i < -\lambda$;对于零出力机组,$\overline{\tau} = 0, \underline{\tau} < 0, p_i + \lambda - \underline{\tau}_i = 0, p_i > -\lambda$。这样,从发电机组的角度,$\rho$ 是各方面都能接受的合理结算价格。

统一出清电价虽然简单易行,但是其模型假设过于简单,机组的技术参数差距往往会导致出清价格无效,而且模型也无法体现发电机组和负荷位置(节点)对系统潮流的影响和贡献,无助于阻塞管理和输电网络资源的优化配置。

3. 节点边际电价模型

由于不仅能够合理地反映节点负荷的发电边际成本,并且能够结合最优潮流(OPF)技术解决网络阻塞问题,节点边际电价(LMP)目前在主要发达国家电力市场中得到了广泛应用。

电力系统中的节点边际电价是指节点增加额外的单位负荷时,系统向提供额外的有功功率所需的成本,也就是节点的发电边际成本。LMP模型仍假设发电机组向调度中心提供递增的报价曲线,由调度中心进行有安全约束的经济调度。

$$\min p^T P_G \quad \text{s. t.} \ e^T P_G = P_D, T(P_G - P_D) = \overline{F}, \underline{P}_G \leqslant P_G \leqslant \overline{P}_G \tag{5-18}$$

其中,T 代表线路对于发电机组的分布因子矩阵,$\overline{F}$ 代表系统的潮流约束。

采用拉格朗日函数求解上述带约束条件的最优化问题,即:

$$\Gamma = p^T P_G + \lambda e^T (P_G - P_D) + \mu^T [T(P_G - P_D) - \overline{F}] + \overline{\tau}^T (P_G - \overline{P}_G) + \underline{\tau}^T (\underline{P}_G - P_G) \tag{5-19}$$

其中,$\lambda, \mu, \overline{\tau}$ 和 $\underline{\tau}$ 为各约束条件的拉格朗日乘子,最优化条件为:

$$\frac{\partial \Gamma}{\partial P_{G_i}} = p_i + \lambda + \sum_k \mu_k T_{ki} + \overline{\tau}_i - \underline{\tau}_i = 0 (i = 1, 2, \cdots, N_G) \tag{5-20}$$

第 i 个节点的节点边际电价为:

$$\rho_i = -\lambda - \sum_k \mu_k T_{ki} \tag{5-21}$$

向量形式为:

$$\rho = -\lambda e - T^T \mu。$$

其中,T_{ki} 代表线路 k 对于发电机组 i 的分布因子。T_{ki} 反映了节点净注入有功功率变化对支路潮流的影响。若 $T_{ki} > 0$,说明该节点的发电机组增加出力会加重网络拥塞,其节点边际电价会降低,以示处罚;与之对应,增加负荷会减轻网络阻塞,用户的节点边际电价将降低,以示奖励。若 $T_{ki} < 0$,情形正好相反。

对于边际发电机组 $i, \overline{\tau}_i = \underline{\tau}_i = 0, p_i = \rho_i$,即边际发电机组的报价 p_i 等于边际节点电价;对于出力达到上限的发电机组 $i, \overline{\tau}_i = 0$,则有 $p_i - \rho_i + \overline{\tau}_i = 0, \overline{\tau}_i > 0$,所以 $p_i < \rho_i$;对于零出力的发电机组 $i, \overline{\tau}_i = 0$,则有 $p_i - \rho_i - \underline{\tau}_i = 0, \underline{\tau}_i > 0$,所以 $p_i > \rho_i$。这样,从发电机组的角度,节点边际电价 ρ_i 是能够使各方面满意的合理的结算价格,可以有效地解决电力系统的"窝电"问题。

节点边际电价能够实现系统总容量优化与技术组合优化,因此不仅能够解决电力系统的优化调度和实时市场的均衡,而且对于长期电力投资和市场均衡也起到重要作用。首先,节点边际定电价模型中,实时市场供应曲线就是发电商的边际发电成本,如果发电容量出现短缺,那么此时的短期市场出清价格将会上涨,可以吸引更多的投资,增加市场中的发电容量供应;如果发电容量过多,则效率低的机组将无法中标,市场出清价格将会降低,投资将会受到抑制。其次,在节点边际电价模型中,不同类型的发电机组得到的稀缺租金(即市场出清价格与边际成本之差)不同,一般效率高的机组,固定成本也高,如果该类机组的容量占电力系统总装机容量的比例过多,则市场的出清价格长期来看将会下降,此类机组的容量水平也会随之下降,直至达到一个合理水平。如果它们的容量水平过低,那么投资此类机组将可以获得更多的收益,所以有理由相信投资者会建造更多的高效率机组。因此,在节点定价机制下,不同技术类型机组的容量组合将会处在一个最优水平。

（二）输电服务价格

输电环节是电力系统中最基本、最重要,也是最复杂的一环。输电服务包括了电力输送、阻塞管理和辅助服务。输电服务价格反映了电网在电力系统中的价值,必须覆盖电网建设投资及正常运行的成本,满足电网长期发展的需求。广义的输电成本由固定成本(电网输变电设施的固定资产投资和运行维护费用)和可变成本(阻塞管理、网损及辅助服务的费用)构成。输电服务的定价主要包括输电成本分摊、网损成本分摊和阻塞管理费用及辅助服务费用四部分。

1. 输电服务价格的定价

（1）边际成本法

由于长期的电网建设成本和系统运行费用具有高度的不确定性,因此很少考虑计算长期边际成本。短期边际成本的计算则不考虑电网固定资产的折旧与回收,只考虑由电力交易导致的电网运行成本的微增量,涵盖网损、阻塞管理、辅助服务和运行维护等费用。短期边际成本法采用的是基于节点边际价差(LMP)的方法,即以实时电价理论为基础,借助最优潮流①(Optimal Power Flow,OPF)等手段计算出全网节点或区域的 LMP,并将节点或区域之间的 LMP 价差作为相应的系统输电网络的边际成本,并按照各市场成员从每个输电设备获得经济效益的大小来进行分摊。短期边际成本法是竞争性电力市场中的一个基本方法,考虑到了系统的安全约束,具有较好的市场导向性,可以回收电网运行的可变成本部分。但是在输电服务的成本中,固定成本远高于可变成本,如果单纯采用市场化的边际成本法,则无法回收所有的投资和运营成本。因此,其仍需通过收取附加费才能收回输电服务的固定成本,而附加费本身会影响市场机制的发挥。

（2）嵌入成本法

嵌入成本法是根据电网提供输电服务时的总成本,按一定的算法分摊到所有的电网使用者中。具体的输电成本分摊算法可以分为邮票法②、兆瓦-公里法③、潮流跟踪法④、合同路径法⑤等。嵌入成本法的优势是可以共同分摊和回收输电成本,价格稳定,易于实现,但是其本身不是市场

---

① 最优潮流(optimal power flow,OPF)是指当系统的结构参数和负荷情况都已给定时,通过调节可利用的控制变量(如发电机输出功率、可调变压器等)来找到能满足所有运行约束条件的,并使系统的某一性能指标(如发电成本或网络损耗)达到最优值的潮流分布。OPF 可以计算节点边际价格、输电容量和发电容量、阻塞管理费用,进而制定系统运行总成本最低的调度方案。

② 邮票法(postage stamp)是根据电网使用者的用电量或功率将整个电网的输配电成本平均分摊给所有用户的一种输配电价定价方法。该方法易于操作并进行计算分析,但未考虑输电的潮流分布及输送距离。

③ 兆瓦-公里法(MW-Mile)是在计算直流潮流的基础上,得到某项输电交易的潮流在所有的线路上的分布,并根据输送功率与相应线路的长度乘积确定输电费用。

④ 潮流跟踪法(flow track)则根据交流潮流的计算结果,得到每个节点的注入或流出功率在电网各线路潮流中的分布情况,进而得出相应的输电费用。潮流跟踪法假设功率在全系统混合流动,潮流在各个节点上按照比例共享的原则分布,从而计算出输电线路的功率组成和发电机与负荷间的实际功率传输关系。因此到达交易一方的功率并不全是由另一方输送的。所以潮流跟踪方法适用于电力市场联营模式,而对双边或多边交易模式则很难直接应用。

⑤ 合同路径法(contract line)假定输电业务实际发生时,其电能只在合同规定的连续路径中流过,而电网中合同未规定的部分,则认为没有影响。合同路径是指从功率注入点(发电节点)到功率流出点(负荷节点)之间一条确定的连续路径,且该路径应有足够的可用容量。合同路径法忽略了输电潮流对电网其他部分的影响,特别是对与合同路径相邻部分的影响并未得到经济补偿。

化的电网资源配置手段。

（3）综合成本法

综合成本法由此产生，通过边际成本法和嵌入成本法的组合，来取长补短。其思路是：用短期边际成本法对输电的可变成本进行定价和收费，利用市场化手段来配置电网资源；用嵌入成本法对输电的固定成本进行分摊和回收。尽管综合成本法在一定程度上解决了输电服务的定价问题，但是也存在着一些不足之处，仍会在一定程度上扭曲边际成本法的市场价格信号。

2. 网损及阻塞管理费用

（1）网损费用

输电网络的网损一般只占总电力交易量的 $3\%\sim5\%$，电力市场对网损的处理方法有两种，一是全网采取节点边际电价模型的实时市场中，由于其已涵盖了网损成本，因而无需在单独再对网损进行计算和收费；二是采用潮流二次网损法、潮流网损微增率法及潮流跟踪法等方法进行单独计算和分摊。由于算法较为复杂，故不予介绍，详细算法可以通过参考文献[1]、[3]获得。

（2）阻塞管理费用

传统的电力系统经营模式中通常由调度中心直接重新分配发电机组的出力来改变潮流分布，以达到缓解线路潮流超限的目的。在电力市场环境下，则只能通过市场的行为来缓解阻塞，阻塞管理就是电网出现拥塞时所采取的处理措施和方法。阻塞管理的主要目的是协调各个区域间的输电网络使用者对输电计划进行有效的调整，以实现网络资源优化配置和有效利用。目前，北欧电力市场采用的是对销交易方式，而北美电力市场更倾向于采用输电权交易方式。对销交易就是当调度中心发现潜在的或者已经存在的危及电网安全运行的阻塞时，通过产生与形成阻塞的潮流相反的交易来削减阻塞。输电权交易主要是金融输电权（FTR）的交易，由 Hogan（1992）最先提出，拥有 FTR 的电力市场参与者获取了拥塞盈余[①]（congestion surplus）的权利，当电力网络在输配电过程中发生阻塞时，可以获得经济补偿，以保持输电服务价格的长期稳定性。FTR 交易一般采取拍卖的方式进行，可以表述为以下约束优化问题，并通过线性规划的方法求解。

假设市场参与者希望购买节点 i 到节点 j 的输电权数量为 $\bar{Z}_l$，希望的价格为 z_l，拍卖应是尽可能满足所有市场参与者的需求。令 N_z 为输电权数目，Z_l 为中标量，拍卖的目的是使拍卖金额最大化，即：

$$\max \sum_{l=1}^{N_z} z_l Z_l \quad \text{s. t.} \quad \sum_{l=1}^{N_z}(T_{ki}-T_{kj})Z_l \leqslant \bar{F}_k, (k=1,2,\cdots,N_L);$$
$$0 \leqslant Z_l \leqslant \bar{Z}_l, (l=1,2,\cdots,N_z) \tag{5-22}$$

其中，$\bar{F}_k$ 表示第 k 条支路上的潮流约束。

（三）辅助服务市场

辅助服务的市场模式取决于以下几个因素：（a）系统协调方式，即是否有调度中心统一进行辅助服务的安排和协调；（b）电力生产结构，不同类型的发电机组的技术参数不同，对辅助服务的需求也不同；（c）电网结构，决定对辅助服务的具体需求；（d）管理模式，电力市场结构不同，辅助服务的安排与定价方式也不同；（e）系统信息管理水平，辅助服务定价采用的具体算法取决于系统的测量及监视水平和对系统运行信息的处理能力。

现行的电力市场中，辅助服务所采用的市场模式主要有三种，即统一定价、招投标竞价和双

---

① 竞争性电力批发市场采用的是节点边际电价，这会导致电力市场出现收支不平衡，如果电网出现拥堵情况，则会出现结算盈余，也被称为拥塞盈余（congestion surplus）。拥塞盈余大于零，这点可以用节点边际电价模型加以证明。

证明：$\mathrm{Sur} = \sum_{i=1}^{NB} \rho_i (P_{D_i} - P_{G_i}) = \sum_{i=1}^{NB}(\lambda + \sum_k \mu_k T_{ki})(P_{G_i} - P_{D_i})$，因为 $\sum_{i=1}^{NB}\lambda(P_{G_i} - P_{D_i}) = 0$，而 $\sum_{i=1}^{NB}T_{ki}(P_{G_i} - P_{D_i})$ $= \bar{F}_k$，所以，$\mathrm{Sur} = 0 + \sum_k \mu_k \sum_{i=1}^{NB} T_{ki}(P_{G_i} - P_{D_i}) = \sum_k \mu_k \bar{F}_k > 0$。

边交易。在加州电力市场中,其提供的辅助服务包括:AGC、旋转备用、非旋转备用、替代备用、电压支持和黑启动,其中前四种服务可由 ISO 通过日前市场招投标竞价获得,后两种服务则以长期合同方式进行交易。在新英格兰地区电力市场中,辅助服务的调度与电力调度一样,统一由 ISO-NE 安排,各种辅助服务必须事先报价,并采取招投标竞价方式进行交易。北欧电力市场中的挪威电力市场则是由电网公司兼负 ISO 功能,负责对电网进行调度和管理,其提供的辅助服务包括有功备用与频率控制、无功备用与电压控制及系统保护配置,这些服务被分为基本服务和额外服务两类,前者要求市场参与者(发电商、负荷等)必须提供,没有额外收益,后者由 ISO 提出额外的服务要求并给予提供者额外补偿。挪威电力市场采取统一调度模式的原因在于,挪威发电机组主要是水电机组,且其装机容量远大于尖峰负荷和备用容量的要求,ISO 一般要求各机组运行在最佳运行点上(各机组最大有功功率的 85%),系统基本满足安全和稳定性需求,一般不需要额外的辅助服务。各国电力市场的结构和运行模式不同,对辅助服务的需求和定价方式也不同,但目前仍以招投标竞价为多。

(1)备用市场

备用市场的运行机制是,备用发电机组在日前或小时前向调度中心申报提供的备用容量及报价,调度中心每个一个调度时段(一般是 5 分钟)采购一次备用容量,所形成的费用由所有用户分担(或包含在电价中)。电力批发市场与备用市场的统一优化调度能够在满足系统运行安全约束下,使生产成本最小化。

假设 R 为备用容量,r 为报价,$\bar{R}$ 代表机组在调度时段提供的机组出力,D_R 表示备用容量需求,联合优化问题可以描述为一个最优化问题,即:

$$\min p^T P_G + r^T R \quad \text{s. t.} \quad e^T P_G = P_D, e^T R - D_R = 0, \bar{R}_G \leqslant P_G, P_G + R \leqslant \bar{R}_G \quad (5\text{-}23)$$

采用拉格朗日函数求解上述带约束条件的最优化问题,即:

$$\begin{aligned}\Gamma = {} & p^T P_G + r^T R_G + \lambda e^T (P_G - P_D) + \varphi e^T (R - D_R) \\ & + \bar{\tau}^T (P_G + R - \bar{R}_G) + \underline{\tau}^T (\bar{R}_G - P_G) + \bar{v}^T (R - \bar{R}) - \underline{v}^T R\end{aligned} \quad (5\text{-}24)$$

其中,λ、φ、$\bar{\tau}$ 和 $\underline{\tau}$(与容量不等式对应)、$\bar{v}$ 和 $\underline{v}$(与机组爬坡速度不等式对应)为各约束条件的拉格朗日乘子,最优条件下,$\underline{v}_i = 0$,则:

$$\frac{\partial \Gamma}{\partial P_{G_i}} = p_i + \lambda + \bar{\tau}_i - \underline{\tau}_i = 0; \frac{\partial \Gamma}{\partial R_i} = r_i + \varphi + \bar{v}_i - \underline{v}_i + \bar{\tau}_i = 0 \ (i = 1, 2, \cdots, N_G) \quad (5\text{-}25)$$

市场出清时,电力价格和备用容量价格分别为 $-\lambda$ 和 $-\varphi$,可得:

$$-\varphi = r_i - \lambda - p_i + \bar{v}_i + \bar{\tau}_i > r_i - \lambda - p_i = r_i + l_i \quad (5\text{-}26)$$

其中,$l_i = -(\lambda + p_i)$ 为备用机会成本,表示电力批发市场出清价格减去机组发电报价,如果采取统一优化调度,备用机会成本将自动得到补偿。

(2)AGC(调频容量)市场

AGC 的调频容量分为上、下容量,同时 AGC 的投放还具有整数性质。假设 I 为所有在线运行的机组,对第 i 台机组,令 $w_i \in \{0, 1\}$,表示是否提供 AGC 服务,向量 w 表示所有机组 AGC 运行状态。AGC 定价就是在调度时段内,确定系统的 AGC 调整需求和有功出力,并使得总成本最小的最优化问题,即:

$$\begin{aligned}&\min \sum_i p_i P_{G_i} + \sum_i w_i a_i (A_i^+ + A_i^-) \\ &\text{s. t.} \ \sum_i P_{G_i} = P_D, \bar{R}_{G_i} \leqslant P_{G_i} \leqslant \bar{R}_{G_i} (\text{有功功率约束}) \\ &\qquad \sum_i A_i^+ \geqslant D_A, \sum_i A_i^- \geqslant D_A (\text{AGC 上、下调容量约束}); \\ &\qquad 0 \leqslant A_i^+ \leqslant 10 v_{A_i}, 0 \leqslant A_i^- \leqslant 10 v_{A_i} (\text{AGC 上、下调速度约束}); \\ &\qquad w_i (\bar{A}_i^+ + A_i) \leqslant P_{G_i}, w_i (A_i^+ + P_{G_i}) \leqslant \bar{A}_i (\text{提供 AGC 时的约束})\end{aligned} \quad (5\text{-}27)$$

可以采用 0-1 混合整数规划法求解或序列优化法求解。

(3)无功市场

无功服务主要提供无功备用和电压控制,即通过发电机组或其他无功电源(调相机组、并联电容和电抗器、变压器等)向系统注入或吸收无功功率,以维持系统无功功率水平和各节点电压的平衡。无功服务一样需要固定成本和可变成本,不同性能(如调节速度)的设备提供的无功服务的成本也不同。无功服务市场通过竞价方式,从容量和功率两方面分别对无功服务固定成本和可变成本进行补偿。一般情况下,可采取无功有功联合调度的方式,确定有安全约束的联合调度的最优化问题,即:

$$\min p^T P_G + q^T Q_G \ \text{s. t.} \ P_G - P_D - P(V,\theta) = 0, Q_G - Q_D - Q(V,\theta) = 0(潮流约束);$$
$$\underline{R}_G \leqslant P_G \leqslant \overline{R}_G(有功出力约束); h(P_G,Q_G) = 0(无功出力约束) \tag{5-28}$$

采用拉格朗日函数求解上述带约束条件的最优化问题,即:

$$\Gamma = p^T P_G + q^T Q_G + \lambda_P^T[P(V,\theta) - P_G + P_D] + \lambda_Q^T[Q(V,\theta) - Q_G - Q_D]$$
$$+ \underline{\tau}^T(P_G \overline{R}_G) + \overline{\tau}^T(\overline{R}_G - P_G) + \zeta^T h(P_G,Q_G) \tag{5-29}$$

假设,$h(P_G,Q_G)$ 近似线性化,$h(P_G,Q_G) = \alpha P_G + Q_G (\alpha \geqslant 0)$,可得:

$$\frac{\partial \Gamma}{\partial P_{G_i}} = p - \lambda_P - \underline{\tau} + \overline{\tau} + \alpha\zeta = 0, \frac{\partial \Gamma}{\partial Q_{G_i}} = q - \lambda_Q + \zeta = 0 \tag{5-30}$$

其中,λ_P、λ_Q 分别为节点有功和无功电价。

(四)需求侧竞价

在电力系统处于用电高峰时,在用户端减少用电量,即削减电力系统负荷,相当于为电力系统提供了新的电力来源,改善系统平衡状况。由用户端主动削减用电量而产生的这种新的电力来源也被称为"负瓦"(megawatts)资源,提供这些资源的用户也可以通过市场竞价的形式来获得一定的经济补偿。这种机制就被称为需求侧竞价机制(DSB)。决定需求侧竞价效果的关键因素是电力需求价格弹性的大小,而需求响应对市场的稳定效应的作用主要表现在对长期需求弹性的提升。

需求侧竞价的参与方式可分为两类:(a)完全参与,即终端用户根据自己的用电特点,提供相应的竞价需求曲线与电力公司的竞价供应曲线匹配,需求合适的价格,或者以长期合同的方式确定量价;(b)部分参与,即终端用户只参与需求改变量的竞争,通过竞价来决定增加或减少负荷需求。需求侧竞价的形式多种多样,不同发展阶段的电力市场可以找到与之相适应的需求侧竞价方式。

需求侧竞价的基本思路与发电侧竞价上网的思路是类似的,负荷向调度中心申报"负瓦"电力的竞价曲线,其成本被并入到供电公司的供电成本中,以系统供电成本最小化为目标,建立有安全约束的经济调度模型,即:

$$\min \sum_{i=1}^{NG} c_i(P_{G_i}) + \sum_{j=1}^{NDSB} c'_j(P_{DSB_j}) \ \text{s. t.} \ P_G + P_{DSB} = P_D(潮流约束),$$
$$\underline{R}_G \leqslant P_G \leqslant \overline{R}_G(有功功率约束), \underline{R}_{DSB} \leqslant P_{DSB} \leqslant \overline{R}_{DSB}(负瓦约束) \tag{5-31}$$

其中,c' 是"负瓦"电力的成本,P_{DSB} 是"负瓦"电力提供的有功功率。

采用拉格朗日函数求解上述带约束条件的最优化问题,即:

$$\Gamma = p^T P_G + p'^T P_{DSB} + \lambda e^T(P_G + P_{DSB} - P_D) + \sum_i \underline{\tau}_i(P_{G_i} - \overline{R}_{G_i})$$
$$- \sum_i \overline{\tau}_i(P_{G_i} - \overline{R}_{G_i}) + \sum_j (\underline{\omega}P_{DSB_i} - \overline{R}_{G_i}) - \sum_j (\overline{\omega}P_{DSB_i} - \overline{R}_{G_i}) \tag{5-32}$$

最优化条件为:

$$\frac{\partial \Gamma}{\partial P_{DSB_i}} = p_i + \lambda + \underline{w}_i - \overline{w}_i = 0 \ (i = 1,2,\cdots,N_{DSB}) \tag{5-33}$$

可以获得需求侧参与竞价的电力市场价格。

三、相关研究

电力市场竞价机制设计是最具挑战性的问题之一,对于电力市场中电价形成机制的研究主要集中在竞价机制、交易策略以及抑制市场力三个方面。

（一）竞价机制

1. 发电侧竞价

在不考虑输电约束的情况下，世界各国主要电力市场采用的发电侧竞价多为统一出清价格。在完全竞争的市场条件下，这种竞价机制能够实现帕累托均衡，也就是发电商在追求自身利益最大化的同时也能实现社会福利的最大化。但是，由于电力市场并不具备完全竞争的市场条件，诸如发电厂商数目不多，具有操纵市场的可能，电力供求必须随时平衡，电力需求的短期价格弹性几乎为零等原因，实际采用统一出清的电力市场表现都差强人意，会出现电价暴涨或电力短缺现象。因此美国加州电力市场危机后，美国联邦能源管理委员会（FERC）提出按报价支付（pay-as-bid）的竞价机制来替代统一出清价格竞价机制。

（1）统一出清价格

在电力市场中，发电商向交易中心提交次日某一时段的最大可发电量及相应的报价，交易中心采取从低到高的顺序选择发电商，直到获得供求平衡。最后一个被选中的发电商也被称为边际发电商，其提交的竞价就是市场出清价。但是，这种竞价机制的有效性受到很多质疑。Von der等（1993）采用双寡头垄断模型对英国电力市场中发电商的策略进行分析，在负荷不确定的情况下，假设已知负荷的概率分布和发电商的边际成本及发电容量，采用第一价格暗标拍卖方式进行竞价，结果证明电力库模式（Pool）并不完善，电力价格可能高于边际成本，而且效率差（边际成本高）的发电厂商会比效率高的发电厂商提出更低的报价，因此可能导致无效率的市场价格。Johnson等（1997）则认为将所有的机组组合集中在一起竞价是不适合的，尤其是当独立发电商相对分散时，不同的调度方案对于不同的发电商的收益有很大的影响。集中机组竞价的效率和公平都会受到影响，扭曲报价信息。相对而言，双边拍卖模式更有利于提高市场效率和公平。Wolfram（1997）也证明了在英国电力市场中，高边际成本的机组（即在其他机组投入运行以后才使用的机组）会抬高报价，而市场份额大的发电公司比市场份额小的竞争者将更多地抬高报价，对于一台给定机组，假如在它能够发电之前就有更多的机组已投入运行，也可能提出更高的报价。当发电商存在策略性报价时，拍卖机制在将是无效的。Rothkopf（1999）指出如果采用拍卖机制进行集中竞价，由于是一个重复博弈过程，会出现默契合谋（tacit collusion）现象，因此应该推迟竞价信息的发布，以减少合谋的可能性。

（2）按报价支付

按报价支付的竞价机制是指通过各发电商申报各自的报价曲线，由交易中心按满足负荷需求所需要的发电商各自的报价分别结算。Kahn等（2001）比较了两种竞价机制，指出按报价支付的竞价机制并不能提高市场效率，由于发电商会改变策略，通过预测市场出清价来进行投标，而由于大的发电商具有规模、成本、信息等方面的优势，在长期竞价过程中会形成更加有利的地位，妨碍市场竞争性的提高。Mount（1999）对澳大利亚维多利亚电力市场的研究则认为，虽然很难比较两种竞价机制的效率和价格曲线，但是采用按报价支付的供给曲线会有更高的价格弹性，因此由于负荷预测误差产生的价格波动会更小，而市场中因故障等原因产生的价格序列尖峰现象也会相应减少。当然，这一结论必须考虑到澳大利亚电力市场中发电商相对分散，单个发电商发电容量较小，竞争较充分。

（3）当量电价

当量电价的竞价机制也称为分段竞价机制，要求发电机组根据日负荷情况一日报一次价，其竞价过程如下：将所有机组的报价以容量块为单位，按照其电价在负荷轴上由低到高排序；从最后加载的边际机组的容量块开始，按段进行平衡和交易，形成出清价格。当量电价的构想来自于 Elmaghraby（1998）提出的水平拍卖（horizontal auction）的思想，即按日负荷的持续时间将负荷曲线分块，每个持续时间 t 为一个不同的负荷块，发电公司对每个负荷块进行投标，标明在 t 的持续时间内生产功率为 k 的电能时的价格。相对于垂直拍卖（vertical auction），即通常意义的分时竞价机制,水平拍卖机制更符合发电厂实际运行的特点,便于发电厂制定运行策略。Elmaghraby和Oren(1999)进一步证明不论采用各时段相同或不同的报价曲线,分时竞价都是无效率的,而在满足一定的假设条件下,分段竞价是有效率的。系统负荷大致按照持续时间分块,每个持续时间对应于不同的负荷块,发电商对每个负荷块进行投标,顺序水平拍卖指持续时间最长的负荷块最先拍卖,其次是持续时间次长的负荷块,如此类推,直到系统实现平衡。

此外,学术界还有很多学者将拍卖理论应用到电力市场的竞价机制中,而最新的研究通常采用实验经济学的方法,通过计算机仿真模拟等方式来检验不同交易机制下的发电商竞标策略、市场势力、市场效率和电网运行状态等情况,进而获得适合不同市场结构的最有效的竞价机制。

2. 输电竞价

由于输电网具有“天然的垄断”特性,即使在电力市场环境下,输电网向电力供求双方开放,也必须考虑到输电系统安全运行和阻塞管理等技术问题。输电竞价的目的在于:给出正确的价格信号,促进对输电系统的合理投资;确保输电系统的有效运行,减少电网阻塞;确保用户对输电系统资源利用的公平。在输电网络容量有限的条件下,阻塞现象是不可避免的,调度中心为了保证输电系统的安全,会对电力传输进行一定的限制和约束,因此输电容量也就成为稀缺资源,必须通过一定的竞价机制来实现资源的合理分配和有效利用。输电阻塞管理的办法包括按输电约束区划分的分区定价、削减交易合同和输电计划、输电权交易、需求侧管理等,而阻塞费用的分摊是阻塞管理的焦点问题。输电网络中的电能流动遵循基尔霍夫定律,因此电力交易的合同路径和实际路径不相符,会产生所谓的多路径潮流问题,这种外在性导致无法准确地计算电力交易所对应的具体输电成本。2002年,FERC推出的标准电力市场设计方案则建议采用更为有效的边际节点电价(LCM)来进行阻塞费用的分摊,代替按负荷比例分摊的传统做法。

但是,LCM本身也存在一些问题,Perez等(1995)和Rudniek(1995)就指出LCM机制可能存在所谓的销售盈余(merchandize surplus)或阻塞佣金(congestion rent)问题,即在阻塞发生时,市场投机者可以以输电线路的最大容量在低价区购买电能,在高价区以高价出售,从而产生额外收益;而系统调度中心的收入比支付给发电机的发电成本多,从阻塞管理而产生额外的收入。按Singh等(1998)的研究,该收益等于输电容量的影子价格和其最大输电容量的乘积。Christie等(2000)证明了这种额外收益机会的存在,并指出在电力联营模式中,允许系统调度中心保留这部分盈余不利于消除系统阻塞,而应该把这部分盈余用于支付给输电权的所有者或分配给输电系统所有者(电网公司)。

在电力市场中,输电阻塞不再只是一个技术问题,在某些情况下,输电阻塞可能会分割市场,明显改变发电商在电力市场中的竞争地位。有些发电商会因为阻塞而减少利润,也有发电公司会因为减少了竞争对手而获得额外利润。这样,预期的输电阻塞情况会对发电商的报价策略产生重要影响。Peng等(2003)在电容量不够充足、可能发生网络阻塞的情况下,对发电商的报价策略进行研究,构造了输电容量约束下发电商最优报价策略的随机优化模型,并采用蒙特卡罗仿真和遗传算法给出了最优解。

3. 需求侧竞价

随着电力工业重组和市场化改革的深入,配电环节和零售环节逐渐分离,出现以配电商和大用户为代表的需求侧一方,他们从电力批发市场直接购买电力,以供自用或转售给终端消费者。引入需求侧竞价,既可以提高电力市场中发电商(供电商)的竞争性,又可以通过终端用户的选择来提高需求侧响应,实现电价联动,提高电力市场的价格发现功能。需求侧直接购电与电力市场开放程度密切相关,对电网运行结构、自动化控制、结算机制等方面也有很高要求。需求侧直接购电电价由独立发电商(IPP)的上网电价和输电网的费用组成,其中输电网的费用分为两部分,输电费和转运费。

Contreras等(2001)设计了电力批发市场中日前市场的双向拍卖机制,所谓的双向拍卖,是指在每一个交易期,买卖双方同时报价,当买方接受卖方的要价,或卖方接受买方的出价,则交易达成。如果不能成交,在接下来的交易期中,双方进入谈判,买卖双方可以用前期报价为依据,再次出价,但是买方报价必须由低到高,而卖方报价必须由高到低,直到交易达成。电力大用户和发电商的报价谈判中,由于双方出价先后次序对博弈结果有影响,因此也被称为序贯博弈[①]。Madrigal 等(2001)设计了电力联营体(Pool)模式下的竞价拍卖机制。电力联营体在统一收购发电商的电力后,先向各投标大用户公布各时段的总的供电量和其他技术指标,然后通过公布电价的上下限,由需求侧的配电商和大用户采用密封报价的方式进行竞价。在报价谈判中,发电商和大用户都无法了解对方的相关信息,因此报价谈判是非完全信息静态博弈,又称贝叶斯博弈[②](Bayesian games)。

(三)电力市场的市场力

电力系统的技术经济特性决定了电力市场可能成为寡头垄断市场,电力市场主体有可能通过自身的优势地位影响电力价格,获得超额利润。这种影响市场的能力也被称为市场力(垄断势力)。FERC 对市场力的定义是"市场中某些成员为了阻止新的竞争者进入市场,或者为了增加竞争对手的成本,而有意限制自己的发电出力和服务,以便形成并维持市场高价格的能力"。也可以认为,市场力就是市场主体通过控制电力市场的供需平衡使电力价格偏离完全竞争情况下的市场出清价格,并从中获利的寡头垄断行为。

发电市场、电力批发市场或电力零售市场都有可能存在市场力,分析市场力的关键在于如何判别是市场主体有意控制供求的程度,或者是由于其他非成本因素引发电力供求变动。度量市场力的方法包括市场指数度量法,计量经济学方法以及基于博弈论和市场均衡理论的分析法。

1. 市场指数度量法

(1)市场集中率

测量市场力的传统方法就是计算市场集中率,通常采用市场份额、HHI 指数等指标来衡量。一般来说,市场越集中,市场主体就越有可能操纵市场。电力市场集中率取决于电力产业组织结构、电力市场结构和电网优化调度方法等因素。

HHI 指数是市场主体的市场份额的平方和,即：

$$HHI = \sum_{i=1}^{n} S_i^2 \tag{5-34}$$

其中,S_i 是第 i 个市场主体的市场份额。一般认为,HHI 指数低于 1000,市场集中度较低,在 1000～1800 属于中度集中,在 1800 以上属于高度集中。

(2)Lerner 指数

市场集中率虽然计算简单方便,但是由于没有考虑电力需求弹性、装机容量约束、输电容量约束等电力系统技术经济特性,不能很好地反映电力市场的市场力情况。Lerner 指数是由著名经济学家勒纳[③](1934)提出,通过比较市场实际价格 P 与厂商边际成本 MC 之间的差来分析市场力,即：

$$L = (P - MC)/P \tag{5-35}$$

Lerner 指数在 0 到 1 之间变动,指数越大,市场中的垄断力量越强;反之,竞争程度越高;在市场完全竞争时,指数等于 0。Lerner 指数的缺陷在于难以获得厂商的边际成本数据,而且它反映的是企业的实际行为,并不反映企业潜在的垄断或竞争行为,比如企业为了谋取或巩固垄断地

[①] 序贯博弈(sequential games)是一种较为典型的动态博弈,是指参与者选择策略有时间先后的博弈形式,某些对局者可能率先采取行动,进而占据一定的有利地位,即先行者优势。

[②] 贝叶斯博弈是指在博弈过程中,参与者对于对手的收益函数的信息是不完全的,通常将一个随机变量赋予每个参与者。这个随机变量决定了该参与者的类型(type),并决定了各个类型出现的概率或概率密度函数。在博弈进行过程中,根据每个参与者的类型空间所赋的概率分布,自然替每个参与者随机地选取一种类型,这样就可以将贝叶斯博弈从不完全信息博弈问题转化为不完美信息博弈问题。

[③] 1934 年阿巴 P. 勒纳(Abba P. Lerner)提出了计算垄断势力的方法,即价格减去边际成本再除以价格的加价率,其中由于边际成本很难测定,实践中常用平均可变成本来代替。这种方法后来被称为"勒纳的垄断势力度"。垄断势力度表明的是价格超过边际成本的幅度,取决于厂商需求弹性的倒数。决定厂商需求弹性因素有市场的需求弹性、市场中厂商的数量和厂商之间的相互作用。

位而采取的限制性定价和掠夺性定价等行为。

（3）PSI 指数

Bushnell 等（2006）采用关键供应商指数（Pivotal Supplier Index，PSI）来估计电力市场的市场力。对于发电商 i 而言，如果某一交易时段的电力市场需求比其他发电商总的发电容量大，那么发电商 i 就是关键供应商。即：

$$PSI_{it} = \begin{cases} 1, D_t - \sum_{j \neq i} Gencap_j - maxIMPORTS > 0 \\ 0, D_t - \sum_{j \neq i} Gencap_j - maxIMPORTS \leqslant 0 \end{cases} \quad (5-36)$$

其中，D_t 为 t 交易时段的电力市场需求量，$Gencap_j$ 为发电商 j 的发电容量，而 maxIMPORTS 表示总的电力输入量。由于关键供应商没有竞争对手，如果电力市场是完全无弹性的（不管电价多少，需求都不会改变），将完全控制市场价格。

通过累计关键供应商的出现次数，就可以确定电力市场的市场力情况，即：

$$PSI_i = \frac{1}{T} \sum_{t=1}^{T} PSI_{it} \quad (5-37)$$

（4）RSI 指数

Sheffrin（2002）提出剩余供给指数（residual supply index，RSI）来估计电力市场的市场力。RSI 指数等于总供给减去最大供应商的供应量再除以总需求，其中总供给包括本地区的发电商的总发电容量和进口容量，总需求包括负荷和备用容量，最大供应商的供给量则由该发电商的发电总容量减去合约发电量。当 RSI 指数大于 1 时，表示发电商对电力市场的影响很小，反之，当 RSI 指数小于 1 时，表示该发电商是关键供应商，具有一定的垄断势力。

上述指标并不完全适用于电力市场，因为电力系统的技术经济特性决定了电力市场的特殊性，由于电力不能被大规模存储，而电力系统需要实现实时平衡，那么即使某个发电商的市场份额很小，也有可能在某个交易时段具有市场力。

2. 计量经济学方法

计量经济学的方法主要是利用计量经济学模型分析电力市场运行的历史数据，以此评估市场力。

Wolak（2003）采用 1998—2000 年加州电力市场数据，通过估计剩余需求的弹性来计算 Lerner 指数，克服了由于发电商边际成本难以估计造成的无法计算电力市场 Lerner 指数的困难。

$$P_t - MC_{it}/P_t = -1/\varepsilon_{it} \quad (5-38)$$

其中，ε_{it} 表示交易时段 t 内的剩余需求弹性，可以通过发电商之间非串谋利润最大化条件获得。

Vassilopoulos（2006）采用 1997—2003 年北欧电力市场的数据，在新经验产业组织理论（NEIO）的框架下，通过引入经过弹性调整后的 Lerner 指数对市场力问题进行研究。结果表明，虽然在此期间北欧电力市场的市场集中率不断上升，但是并没有证据能说明市场力的存在。这可能是由于北欧电力供应以水电为主，基本不存在因新厂商的进入威胁等造成的。Kim 和 Knittel（2006）也应用该方法估计了 1998—2000 年的加州电力市场的市场力。

Puller（2007）利用 1998—2000 年的加州电力市场数据，检验了发电商的定价行为。研究估算了在完全竞争和完全垄断情形下的电力价格，通过和实际的市场价格比较来判断是否存在市场力。为了进一步分析市场力中是否存在厂商合谋，在 NEIO 的研究框架下，通过加入一个合谋条件作为激励相容约束，推导了市场力的动态情形，并据此判断厂商之间是否存在串谋。研究结果表明，发电商的行为更接近古诺竞争而非合谋，尽管 2000 年下半年加州电力批发市场价格急剧上升，但是这一价格水平并没有达到串谋的水平。电价急剧上升的原因是由于投入成本和电力需求的上升使得发电商面临的剩余需求曲线更加缺乏弹性，进而使得发电厂商更有动力操纵市场。

也有学者以研究市场产出而非价格的角度来分析电力市场的市场力，通过分析屯留（withholding)现象,来确定发电商是否存在操纵市场的行为。所谓的屯留现象是指在当前市场价格下,发电商供电可获取正的利润,但是其却选择不出售,而是通过种种借口限制产量来进一步抬高价格。屯留一般可以分为经济屯留(economic withholding)和物理屯留(physical withholding)两种。前者是指发电商直接提高报价,以使市场价格高于边际成本,从而减少产出的行为,可以通过"产出缺口"(即完全竞争情况下的产出与实际产出之差)来衡量;而后者是指发电厂商以停机检修等原因为借口减少投标的发电量,从而提高市场价格的行为,可以通过分析发电机组的停机数据来分析机组的停机率是否异常来衡量。

Joskow 和 Kahn(2002)最早采用屯留现象来分析电力市场的市场力问题,通过考察 2000 年加州电力市场中各发电厂最大容量和实际发电量之间的"产出缺口",发现虽然备用服务、强制停机检修和电网约束因素对这一缺口有较大的影响,但是并不能完全解释缺口的产生,由此认为加州电力市场存在市场操纵。当然对这一方法是否能够真正判断市场力的存在,学术界存在较大的争议,一方面是数据的获取不易,而且结论对数据的变化相当敏感;另一方面发电机组的停机率可能会受到使用率的影响,从而导致对市场力的错误估计。

采用计量经济学方法估计市场力需要大量详细的电力系统运行数据,一般研究者难以获得,而利用公开数据则容易造成结果的偏差。

3. 博弈论和市场均衡理论

应用博弈论和市场均衡理论分析市场力的做法,通常是在某一市场结构下,通过采用适当的寡头垄断模型,确定市场均衡情形,并与真实的市场价格或完全竞争市场价格做比较,来判断是否存在市场力。

Wolfram(1999)提出了竞争基准分析法,即在完全竞争假设下,模拟生成一个市场价格,然后和真实的市场价格做比较,如果两者的差别较大,说明存在市场力。研究采用 1992—1994 年英格兰和威尔士电力市场数据与模拟的完全竞争市场价格进行比较,发现发电商的报价确实比其边际成本要高,但是却并没有如寡头垄断模型所预测的那样高,究其原因,可能是发电商为了阻止新发电商进入而故意压低价格,或者规避管制而自动压低价格,另外长期合同也是制约发电商抬高电价的主要原因。Borenstein 等(2002)采用竞争基准分析法对加州电力市场的市场力进行分析,研究结果表明在 1998—2000 年夏季需求高峰期,加州电力市场价格远远高于竞争价格,存在显著的市场力操纵问题,在需求低谷时期,市场价格则接近竞争价格。显然在电力需求高峰期,发电商更容易操纵市场,这主要是由电力需求缺乏弹性导致的。竞争基准分析法能够较好地体现电力市场的特征,并且综合考虑了发电商成本、市场需求变化等因素。但也存在一些问题,比如 Crespo 和 Giacchino(2003)就指出竞争基准分析法中要求发电厂商按边际成本定价,这样发电商将无法收回固定成本,最终会导致电力长期投资不足。Harvey 和 Hogan(2006)也指出竞争基准分析法过于简单,忽略了电力市场的许多技术经济特性,尤其是不同电力结构,环境约束等因素。Guthrie 和 Videbeck(2006)也认为竞争基准分析法是静态模型,没有考虑机组启动成本和最小负荷效应,而且忽略了电网的输电约束条件,这些简化工作很可能由于没有考虑真实电力市场的复杂性而低估发电厂商的边际成本。

相对而言,寡头竞争模型可能更适合分析电力市场的市场力问题。完全竞争模型不适合用来刻画电力批发市场的竞争,因为模型假定发电商可以通过降低竞价占有整个市场,但是在实际的电力批发市场上,任何一个发电商的发电容量都是有限的,不可能占有整个市场。Borenstein 等(1999)就采用古诺模型模拟加州电力市场可能出现的市场力问题,研究发现在需求高峰时期(特别是在秋季和初冬月份)存在潜在的市场力问题,发电商有操纵市场的动机。发电商的数量、电力需求弹性、输电网容量等因素对电力市场的市场力都有重要的影响。

相对于纯粹的价格竞争和产量竞争而言,供给函数模型允许发电商同时选择价格和电量两个变量来进行决策,通过模拟寡头竞争情形,并将获得的均衡价格与发电商边际成本进行比较,从而判断市场力的大小。Klmperer 和 Meyer(1989)最早在研究英格兰和威尔士电力现货市场时,求解了不确定需求情况下寡头竞争的供给函数均衡解,并证明了只有在需求无限大时才有均衡解。Green 和 Newbery(1992)在双寡头竞争和线性需求的假设下,采用不确定需求情况下的供给函数对英国电力市场进行研究,分别考察了短期没有新厂商进入以及中期有新厂商进入两种情况。研究结果表明,在没有新厂商进入的情况下,发电商明显存在市场力,即使发电厂商之间不存在串谋,他们的报价也将远远高于边际成本。Green(1996)在供给函数均衡框架下进一步分析了缓解市场力的方法,包括强制最大的两家发电商出售部分装机容量,分拆和鼓励新厂商进入。

供给函数模型考虑了电力需求的不确定性,并允许发电厂商同时选择价格和产量作为竞争手段,可以较好地刻画发电厂商的市场行为。但是,供给函数模型的假设前提太强,并且存在多重均衡,导致介于完全竞争解和古诺竞争解之间的任何一个解几乎都可能是均衡解,影响分析的实际效果。

第三节　电力金融

电力市场化改革为电力系统引入市场化竞争机制,随之而来的是市场风险,尤其是电力价格波动带来的不确定性,对于短期电力市场的安全平稳运行和长期电力系统的投资建设都会产生较大的影响。建立一个电力金融市场并为电力市场的参与者提供稳定电价和规避风险的电力衍生金融产品,就成为电力市场化改革的必然结果。目前,国外成熟的电力市场都已经相继引入电力衍生金融产品交易,其成功的实践充分证明了发展电力金融市场的可行性和必要性。

一、电力衍生金融产品交易

在电力市场的发展的不同阶段,适用的电力衍生金融产品也不同,规避风险的效果也不一样。在发电竞争阶段,由于只是在发电环节引入竞争机制,市场参与者面临的风险主要是发电侧电力价格的波动带来的不确定性,规避风险所采用的主要金融工具是电力互换合约(swaps);在电力批发阶段,由于输电环节开放,配电商(及大用户)获得购电选择权,同时市场参与者的范围扩大,竞争更加激烈,需要承担的电力价格波动的风险也更大,而由于电力不能够被大规模、低成本地存储,只能通过引入电力远期合约(forwards)和差价合约(CFD)进行"虚拟"存储或支付转移,来规避电力价格波动风险。但是,电力批发市场的短期交易对于电力系统长期投资而言,其所包含的市场信息和价格信号并不明确,而中长期交易又多以双边交易形式进行,供求双方的双边合同并不公开,议价过程的竞争也不充分,市场更是无法分享其交易信息,因此引入标准化的期货、期权合约对于反映真实的价格水平和未来电力市场的供求状况就具有非常重要的意义。需要指出的是电力衍生金融产品交易是不考虑输电阻塞管理及辅助服务费用等在内的无约束电力交易。

20世纪90年代以来,欧盟、美国、澳大利亚、新西兰等国家和地区相续出现了电力衍生金融产品场外交易市场,并逐步发展出标准化的场内交易市场,并形成一套比较成熟的运作机制。其中,场内交易的合约包括期货、期权合约等,场外交易的合约包括远期、互换、期权和差价合约,此外还有较为特殊的摆动期权和价差期权等合约。

（一）场内交易市场

1.电力交易所

世界各国在电力市场化改革进程中,在建立了较为完善的电力现货交易体系后,都不约而同地引入电力期货交易,通过期货市场的价格发现功能为电力市场的中长期交易提供更好的参照基准。从各国电力金融交易的组织形式来看,基本上有两种基本模式:在传统的商品期货交易所中进行电力衍生金融合约交易的协作模式和电力现货与期货交易并存的一体化电力交易所模式(见表5-2)。

表 5-2　从事电力期货合约交易的商品期货和能源交易所

交易所	电力市场	开始交易时间
纽约商品交易所（NYMEX）	加州电力市场、PJM 电力市场	1996 年
芝加哥商品交易所（COBT）	芝加哥联邦爱迪生公司①、田纳西流域管理局②	1996 年
北欧电力金融交易所（Nord Pool）	北欧四国	1996 年
阿姆斯特丹电力交易所（APX）	荷兰	1999 年
英国电力交易所（UKPX）	英国	2000 年
欧洲能源交易所（EEX）	德国	2000 年
波兰电力交易所（PPX）	波兰	2000 年
伦敦国际石油交易所（IPE）	英国	2000 年
自动化电力交易所（APX）	英国	2001 年
悉尼期货交易所（SFE）	新南威尔士	2002 年
澳大利亚阿德里亚能源交易所（EXAA）	澳大利亚	2002 年

资料来源：施泉生，李江. 电力金融市场[M]. 北京：中国电力出版社，2008

目前，国际上开展电力衍生金融产品交易的传统商品期货交易所包括美国的纽约商品交易所（NYMEX）（见附表 5-1、附表 5-2）、芝加哥商品交易所（CBOT）（见附表 5-3）、英国的伦敦国际石油交易所（IPE）（见附表 5-4）、澳大利亚的悉尼期货交易所和阿德里亚能源交易所等。在这种协作模式下，传统的商品期货交易所通过选择特定电力市场的电力商品，以此为基础设计出电力期货、期权合约，并负责组织交易、进行现金交割及结算。

一体化模式则往往是由电力市场中的电力调度机构或电力交易中心根据市场发展的需要，开发出相应的电力金融衍生品，并在其交易平台上进行交易、交割和结算。欧洲的电力衍生产品交易采取的大多是一体化模式，包括北欧电力交易所（Nord Pool）和英国电力交易所（UKPX）等。一体化模式下，电力期货价格可以采用物理交割方式，其交易过程一般是先由用户提交用电计划，由发电商和供电商根据需求制定并提交发电计划或供电计划，经过调度中心计算达成动态平衡后，用户与发电商分别提交电力期货订单和提交电力期货合约在交易所进行竞价成交，在交易最终确认前允许期货合约转手。在交易截止日期到达前某一时刻规定终止期货合约转手，调度中心开始编排输电计划，在期货合约的规定交货日期实现电能的交付使用，并进行必要的结算工作（见表 5-3）。

表 5-3　典型的电力期货合约

期货产品	NYMEX PJM 峰荷月度电力期货	Nord Pool 日、周基荷期货 月、季、年基荷远期	EEX 月、季、年峰荷 及基荷花期货
负荷曲线	峰荷日上午 7：00 至晚上 11：00；峰荷日为周一至周五，扣除北美电力可靠性委员会规定的假期	每日 24 小时，每周 7 天	基荷：每周 7 天，每日 24 小时；峰荷：周一至周五，上午 8：00 至晚上 8：00，包括假期
交割功率	2.5 兆瓦	1 兆瓦	1 兆瓦
参考电价	PJM 互联电网公布的峰荷日峰荷时段 PJM 西部电力交易中心各节点区域边际电价的算术平均值	Nord Pool 系统现货市场电力价格	峰荷合约：交割月 EEX Phelix 峰荷电价指数；基荷合约：交割月 EEX Phelix 基荷电价指数；

---

　　① 联邦爱迪生公司（Commonwealth Edison，ComEd）拥有全美最大的电力及燃气供应商 Exelon Corporation，是伊利诺伊州最大的电力供应商，主要为芝加哥和北伊利诺伊地区提供电力。

　　② 田纳西流域管理局（Tennessee Valley Authority，TVA）成立于 1933 年 5 月，位于美国田纳西州诺克斯维尔，是负责整个田纳西河流域（即田纳西、弗吉尼亚、北卡罗来纳、佐治亚、亚拉巴马、肯塔基和宾夕法尼亚 7 个州中的 4 万平方英里土地）的水土保持、粮食生产、水库、发电、交通等的特殊行政机构。

（续表）

期货产品	NYMEX PJM 峰荷月度电力期货	Nord Pool 日、周基荷期货 月、季、年基荷远期	EEX 月、季、年峰荷 及基荷花期货
合约最长期限	3 年	4 年	6 年
结算方式	逐日盯市，现金结算	期货：逐日盯市，现金结算；远期：到期后分解为期货合约	现金结算（也可申请物理交割），季、年合约分解为月度合约交割

以 NYMEX 推出的基于 PJM 电力市场的期货及期权合约交易为例，其合约分为峰荷合约和谷荷合约，交易峰荷日的浮动价格是 PJM 西部网络中心峰荷日中 16 个交易峰荷时的当地边际价格的加权平均，交易峰荷时段是 PJM 当地时间上午 7:00 至晚上 11:00。峰荷日是周日至周五，不包括北美电力协会（NERC）的假期。非峰荷时段是从周一至周五的午夜至上午 7:00，晚上11:00 至午夜，还包括整个周六和周日以及北美电力协会的假日，所有时间均按照当地时间。当地边际价格是指在网络中某一地每增加一个单位需求所需要增加供应的边际成本。运输系统中需要考虑边际成本以及实际情况。在 NYMEX 的 ClearPort 电子交易平台就可以进行该期货合约的交易，场外交易的合约可以单独进行结算。期权交易时间是在公开叫价阶段，交易可单独提交给 NYMEX 的 ClearPort 电子交易系统进行结算。

2. 电力期货、期权合约

（1）电力期货合约

电力期货合约是指由交易所统一制定的标准化合约，在将来某一特定的时期内和某一节点按以确定的价格及负荷曲线等条件交割一定额度的电力（功率）。电力期货的特点包括：(a)交易对象：由于电力不同于其他商品，不仅不能被大规模、低成本地存储，而且电力消费必须与电力生产同步，因此电力合约的实物交割不可能一次全部集中进行，只能在交割月份分批量交付，而且出于电力系统调峰和运行安全的考虑，需要根据一定的负荷曲线（日、周、月等区间）分别设计峰荷合约（一般规定峰荷为日用电高峰的 16 个小时）、谷荷合约（谷荷为每日用电低谷的 8 个小时）和基荷合约（全天交割）及多时段合约等。(b)交易过程：由于电力是不可贮存的，这将导致电力实物交割较其他期货商品更为困难。它不可能把一大笔电力期货在交割日一次性全部集中交付（如此庞大的电量不可能全部用完）。通常可以考虑的方法是在交割月份中每天分小批量交付直至全部电力交付完毕。(c)参考电价：一般是在电力现货市场价格的基础上，由交易所结合市场主体的需求确定具有代表性的系统电价作为参考价格。(d)交割方式：为了规避电网技术条件的限制，并吸引投资者，主要采取现金交割方式，在系统运行的条件下，一体化的交易模式也可以由系统调度中心安排物理交割（见图 5-10）。

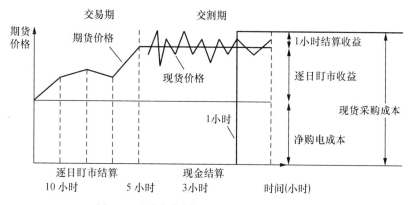

图 5-10　电力期货市场逐日盯市及现金结算机制

（2）电力期权合约

电力期权合约是赋予合约的购买者在支付一定数额的权利金之后，拥有在一定时间内以事先确定好的某一价格购买或出售一定数量的电力商品或电力期货合约服务的权利，在电力期权合约的有效期内，购买者可以行使、转卖或放弃这一权利。电力期权合约的出售者在收取一定数额的权利金之后，则必须履行在未来一定时间内以提供或购买一定数量的电力商品的义务。电力期权有亚式期权和欧式期权两种，前者的盈亏由现货电价决定，后者的盈亏由到期日相应的电力期货价格决定。目前，唯一开展电力期权场内交易的交易所是 Nord Pool，其采用的是欧式期权。

（二）场外交易市场

1. 一般产品

（1）电力互换合约

在电力互换合约中，双方在一定的时间间隔中（按月或季度等），一方根据固定电价与某一浮动电价（可以是某一浮动电价指数）之间的差价支付（或收取）另一方现金流。在电力市场化改革初期，由于缺乏市场运行的经验和数据，电力互换合约则为电力市场中长期合同的固定电价与短期现货交易的浮动电价之间提供了交换价差收益现金流，规避价格风险的工具。一般的惯例，电力互换合约的卖方，表示出售一个固定电价的电力，而承担浮动电价的风险；合约的买方购买一个固定电价的电力，而规避浮动电价的风险。合约的价格与固定电价之间有一个价差，作为补偿卖方承担浮动电价风险的补偿。

（2）电力远期合约

电力远期合约是指在未来某一时间以某一事先约定的价格、数量和交割方式购买或出售电力商品的合同，可以通过双边交易或拍卖竞价方式进行。随着电力批发市场的发展，远期与期权开始结合，出现带有期权性质的可选择远期合约。远期合约原来是必须履行的合同，但是可选择远期合约中，如果是双方可选择的远期合约给予了合约卖方在现货市场电价高于合约电价时中断给买方的供电，而将电转卖给电力市场的权利，同时也给予买方在现货市场电价低于合约电价时拒绝卖方供电，而从电力市场购电的权利，当然在远期合约中会对拒绝购电和中断供电时的惩罚量或补偿量等做出相应的约定和说明。

（3）电力差价合约

为满足尽可能多的市场主体的交易需求，增强流动性，电力期货一般采用包含多个相对独立区域的较大范围的系统现货电价作为参考电价。考虑到由于不同区域间存在输电阻塞会造成系统现货电价的区域价差，为了规避这一风险，差价合约应运而生。差价合约是以未来电力市场系统现货价格与合约敲定价格（strike price）之间的差价为交易对象的期货合约，一般适用于电力市场的电力库模式，在英国、澳大利亚、北欧等国应用较为广泛。

差价合约有单向与双向两种类型。单向（one way）差价合约[①]相当于为交易中一方提供规避风险的机会同时保留从现货价格与敲定价格之间价差中获利的机会，对于配电商（或用户）来说，相当于买入看涨期权（call），而对于发电商来说，相当于买入看跌期权（put）。双向（two way）差价合约[②]等于一个合约价格为敲定价的固定的远期合约，对于配电公司（或用户）来说相当于买入看涨期权、卖出看跌期权，等价于买入一个远期；而发电商买入看跌期权、卖出看涨期权，因

---

① 第一种情况是当合约交割时的现货价格高于合约敲定价时，则配电商（或大用户）仍以现货价格从联营体（Pool）买电，但发电商需要把现货价格与合约敲定价之间的差价支付给配电商（或大用户）；而当合约交割时的市场价格低于合约敲定价时，则配电商（或大用户）以市场价向 Pool 买电结算，但不需要把差价支付给发电商。第二种情况是当合约交割时的市场价格低于合约敲定价时，则发电商仍以现货价格将电卖给 Pool，但配电商（或大用户）需要把差价支付给发电商；而当合约交货时的市场价格高于合约敲定价时，发电商以现货价格向 Pool 卖电，但不需要把差价支付给配电商（或大用户）。

② 双向差价合约也是买电的配电商（或大用户）与卖电的发电商之间的一种远期合约。当合约交货时的市场价格高于合约敲定价时，则配电商（或大用户）仍以市场价与联营体进行买电交易结算，但发电商需要把市场价与合约敲定价之间的差价支付给配电商（或大用户）；而当合约交货时的市场价格低于合约敲定价时，则发电商仍以市场价向联营体卖电结算，但配电商（或大用户）需要把市场价与合约敲定价之间的差价支付给发电商。

而等价于卖出一个远期。如果差价合约不止一个敲定价格,而是设定了两个敲定价格时(高位敲定价和低位敲定价,即区间价差),则相当于买电方买入一个看涨期权,期权的执行价格为区间价合约的高位敲定价价格,同时卖出一个看跌期权,期权的执行价格为区间价合约的低位敲定价格;卖电方卖出一个对应的看涨期权,同时买入一个相应的看跌期权。如果高位敲定价格和低位敲定价格满足一定的关系,两项期权费则相互抵消。

2. 特殊产品

虽然一般电力衍生金融产品可以帮助市场参与者在一定程度上规避电价波动的风险,但是如果衍生品交易投机过度,交易价格容易被人为控制,超过用户或发电商(供电商)能够承受范围,进而扰乱正常的电力生产消费活动。奇异期权中路径依赖型期权(即期权的最终结算根据基础资产价格在一段时期内的变化来确定的,而不是根据到期日的价格来决定的)就可以在一定程度上避免标的资产(电力商品)价格无限制地上涨或下跌,防止过度投机。

(1)电力障碍期权(barrier options)

电力障碍期权又分为敲出期权(knock-out option)和敲入期权(knock-in option)两种类型。对于敲出期权,正常运作与普通期权一样,但当电力价格上涨达到设定的障碍水平时,该期权作废;对于敲入期权,只有当电力价格达到一个特定的水平时,该期权才生效。这样,电力障碍期权预先设定了电力价格水平区间,等于是为期权买卖双方提供了一个缓冲空间。

(2)电力回望期权(lookback options)

电力回望期权的收益依附于期权有效期内电力价格所达到的最大值或最小值,及其期权持有者可以以其持有期内对其最有利的情形来确定其期权的收益率。电力回望期权又分为回望看涨期权和回望看跌期权,前者的实质是期权持有者能够按照期权有效期内所能达到的最低电价购买电力;后者则是允许期权持有者能够按照期权有效期内所能达到的最高电价出售电力。

(3)电力亚式期权(Asian options)

电力亚式期权就是在到期日确定期权收益时,不是采用标的资产当时的市场价格,而是用期权合同期内某段时间标的资产价格的平均值的期权,由于其收益依附于期权有效期内的电力平均价格,可以避免短期价格急剧波动带来的风险。

(4)电力远期期权

电力远期期权是将电力远期合约直接作为标的物的期权合约。基于远期的期权是一项权利而非义务,持有者可以在指定日期之前以确定的远期价格取得远期合约。看涨远期期权持有者拥有按指定价格获得远期合约的权利;看跌远期期权持有者拥有按指定价格出售远期合约的权利。电力远期期权合约给予了合约买卖双方更大的自由选择权,当到期看涨远期期权被执行时,执行期权的收益就等于即期的远期价格减去期权的执行价格;当到期看跌期权被执行时,执行期权的收益就等于期权的执行价格减去即期的远期价格。远期期权到期日通常是标的远期合约的最早交割日的前几天或是同一天。

二、电力价格的风险管理

(一)电力价格风险

1. 现货市场交易

电力现货市场价格风险较大,具有明显的跳跃现象,其分布具有显著的厚尾(fat tail)特征。究其原因在于电力系统的复杂性决定了电力不同于其他能源商品的属性和电力价格风险的特殊性,具体包括:首先,电力系统具有不可存储和实时平衡的特性,是其与其他能源系统的最主要区别。目前仍没有有效的技术手段储存电力,较有效的方式是通过抽水蓄能电站进行蓄能调峰,但其整体效率仅在70%左右,且无法大规模、大范围使用。由于电力系统必须实现实时平衡,电力生产和消费必须同时进行,没有办法通过电力储备以平抑现货价格,现货电价几乎完全取决于区域电力市场的实时电力供求状态。其次,短期电力需求缺乏弹性,且与天气等外部因素密切相关。由于终端用户大多与供电商签订了固定价格的长期供电协议,其用电需求(负荷)很少会对短期电价做出反映,短期电力需求曲线接近于一条垂直的直线,但是短期电力需求仍会受到天气等外部因素的影响,存在突然大幅度变化的可能,在很大程度上存在随机性。此外,负荷还存在周期性波动,最明显的表现为季节效应(seasonality)、周末效应(weekend)等。第三,电力工业技术上的特点决定了电力供应曲线特性。在竞争性电力市场中,发电机组组合中边际机组的发电成本增长最快,在接近最大发电能力时,电力供应曲线的右端通常会变得非常陡峭(如图 5-11 所示,水电机组发电成本最低,核电机组和火力机组相对较高,而燃气轮机发电成本最高,就是所谓的边际机组,其供应曲线很陡峭)。当陡峭的供应曲线和弹性较小的需求曲线相结合时,将导致在竞争性电力市场中,即使是很小的需求波动或机组故障也可能导致电价的大幅度变化。因此,电力系统运行中的各种偶然因素,包括无法预见的发电机组停机、外部事件如突发需求导致的容量短缺或负荷尖峰等都可能引起供需失衡和电价暴涨。第四,电力系统是受到地理分割限制的,在现有的技术条件下,任意点到点的远距离、大规模输电是受物理规律的约束,会存在网损、过载等问题,电网并不具备无限制的输电能力,也就决定了电价的区域性。不仅不同区域电力市场的电价之间会有一定的差异,即使在同一区域电力市场,ISO 为了保障电力系统的稳定运行,有时也需要将整个区域电网分为多个不同的阻塞价格区。

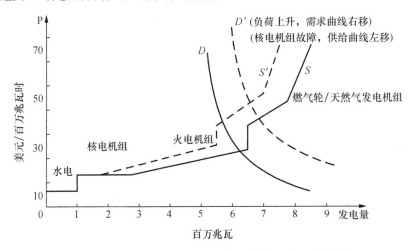

图 5-11　竞争性市场电力现货市场中供求变动对价格的影响

2. 远期合约交易

相对而言,现货市场的交易量远小于远期合约的交易量(占整个电力市场交易量的 80%～90%),而电力市场的交易一般是先签订远期合约以确保基本的电力供应,然后在现货市场上进行交易以适应供求变化的调整需要。由于电力市场的长期需求弹性远大于短期需求弹性,因此远期合约价格比现货价格更为稳定。但是,如果电力市场中存在发电商寡头垄断现象,那么现货市场价格如果无法维持稳定的话,远期合约的价格也无法维持稳定,也就是说两者的价格趋势是一致的,都取决于发电商寡头垄断的程度。当然,新厂商的进入可以削弱具有垄断地位的发电商的市场力,可以进一步稳定市场价格,但是考虑到发电设施投资的门槛和壁垒,这一影响力是有限的。

3. 期货合约交易

由于远期合约交易本质上是现货交易在时间上的延伸,并不能完全摆脱现货交易的概念,随着交易规模的扩大,其弊端也逐渐暴露。缺乏规范性导致流动性不足和价格不具有代表性,无法形成较为合理的预期价格。电力期货交易的引入,解决了远期合约存在的问题,为电力市场参与者提供了期限跨度从 1 个月到 2 年的规避电力价格波动的金融工具,对于电力市场价格的发现与形成具有非常重要的意义。另外,由于电力期货市场的参与者更加广泛,市场信息也更加透明,发电商无法利用其在现货市场中获得的市场力来控制价格的波动,因此能够更好地抑制电力市场中存在的市场力问题,这是各国电力市场发展的趋势和方向。

(二)电力市场参与者的风险规避策略

在电力市场中,市场参与者(发电商、供电商、配电商、大用户等)都可以利用电力系统的技术经济特性,通过利用其相对有利的形势和竞价策略行为来获得一定程度的市场力,并获取超额利润。但是,通过电力衍生金融产品的交易,可以为市场参与者提供规避电力市场尤其是现货市场价格波动带来的风险,同时抑制市场力的出现。但是,电力作为一种特殊的流商品,无法进行其他金融或商品市场中常见跨市场套利和跨期套利活动的,因此电力市场参与者利用电力衍生金融产品进行价格风险规避也与一般的能源商品价格风险规避不同。

1. 电力供应方

作为电力供应方对发电商,不同类型、不同容量的发电机组会有不同的边际成本曲线,并受到机组运行特点(启动成本、爬坡速率[①]、热效率曲线[②]、所用燃料和排放率等)、气候、燃料价格和质量等因素的影响(见表 5-4)。如果发电商预测未来市场出清价格会长期低于机组边际成本,机组可能会选择停机,将发电权转让给其他机组,通过差价合约获得更大收益。

表 5-4　三种发电机组的运行特性

项　目	基荷发电机组	腰荷发电机组	峰荷发电机组
启停费用	高	适中	适中
燃料	天然气、煤炭、核能	天然气	天然气(柴油)
爬坡速率	低	偏低	高
在最大容量时的机组热效率	低	适中	高

电力差价合约对于发电商而言相当于设定了一个保护范围,超出该范围的部分才直接参与市场竞争,这样既确保了市场竞争,又保护了发电商的基本利益。由于发电商在远期合约市场上更有可能行使其市场力,因此发电商更倾向于通过灵活的远期合约安排来进行交易。因为,由于物理和技术的原因,一定的电量必须在一段时期内才能交割完毕,那么在这段时间内,存在发电和用电的灵活性,而且电力市场价格在这一段时间内也是波动的,因此合约的双方都存在着套利的空间和可能。当然,发电商也可以通过期货空头头寸进行套期保值,但相对的交割方式和合约条款较为严格、规范,灵活性较差一点。此外,发电商还可以通过利用燃料(天然气等)与电力价格的联动关系,进行交叉期货套期保值。

2. 电力需求方

在电力库模式下,配电商(大用户)可以采用差价合约回避电价上涨的风险,同时保留了从电价下跌中获利的机会。配电商(大用户)与发电商签订差价合约,当合约交货时的市场价格高于合约敲定价(strike price)时,则配电商(大用户)仍以市场价从交易中心进行买电交易,但发电商必须把这一价差支付给配电商(大用户);当然如果市场价格低于敲定价,发电商仍按市场价格将电力销售给交易中心,而配电商(大用户)则必须把这一价差支付给发电商。配电商还可以和发电商签订可选择的远期合约来规避现货价格波动。合约规定了合约电价和中断电价,当合约交货时的市场电价低于中断电价时,则发电商可以不供电给配电商(大用户),而支付其中断电价(相当于放弃权利的补偿)。同样,配电商也可以和用户签订可选择的远期合约,来实现电力资源的最优配置。

---

① 发电机组的爬坡速率是指每台机组单位时间能增加或减少的出力。一般以 15 分钟为一个交易时段。爬坡单位为兆瓦/分钟。

② 热效率是衡量发电机组效率的一项指标,是指将燃料所含能量(单位为英热单位,即 Btu)转化为电能(单位为千瓦时,即 kW · h);描述发电水平和热效率之间的关系称为热效率曲线。

当然,配电商(大用户)也可以通过电力期货的多头头寸来进行套期保值,控制用电成本。

3. 电网公司

电力市场化改革后,电网公司的系统调度权和输电运营业务脱离,诸如机组的调度、辅助服务的获取逐步通过市场化的方式获得。电网公司被剥夺系统调度权后,仅拥有电网的所有权和运营权,但同时肩负电网系统的投资与日常维护的责任。在日常的输电业务开展过程中,电网公司提交给调度中心预测的负荷需求,由调度中心安排适当的机组,并通过市场竞价方式确定供电价格。而电网公司面临的主要风险是负荷预测的不确定性,这不仅会导致电网输电的不稳定,也会增加由此带来的额外的诸如阻塞管理、调频、备用启动等开销。如果电网公司试图通过电力期货市场规避这一风险,就必须负荷预测的准确度,否则如果在期货市场中负荷预测偏低,将导致在峰荷时必须通过现货市场以更高的价格购买所需的电力;如果在期货市场中负荷预测偏高,又会导致将过多的机组纳入到预调度计划中,并由此支付过多的容量成本和机组启停费用,从而影响电网的经济效益。因此,电网公司的最佳策略就是在准确的负荷预测基础上与发电商签订长期上网合同或购买适量的电力期货,而差额电量则通过实时市场来平衡。

三、相关研究

国外的理论研究和实践经验都已经表明,电力市场建设不可能靠自己形成并自我维持,诸如Hogan(1998)和Joskow(2001)等电力经济学家都认为,电力行业的可竞争性市场结构是不可能由市场和市场参与者自身来形成的,电力市场需要严格的市场设计,涵盖了市场结构、制度规则、竞争模式、交易结算、监管等方面,才能保证电力市场的效率,推动电力市场的发展并对市场参与者给予有效的激励。电力金融市场作为电力市场的一个重要组成部分,其发展与电力市场的结构密切相关,其运作的机理也相似。因此,关于电力金融市场研究的基础是电力金融市场微观结构理论,涉及的内容包括交易机制、市场效率和风险管理三个方面,主要围绕市场机制构建、衍生品定价和风险管理等三个关键问题。

(一)电力金融市场机制的构建

对电力市场设计应首先明确市场设计原则,美国联邦能源管理委员会(FERC)对电力市场设计提出的标准化框架(SDM)中,就将输电服务和输电定价作为其市场机制的核心,同时将结合电力系统的运行特点,保证电力系统运行稳定和实时平衡,为交易者提供尽可能灵活的交易方式作为设计原则。

早期的电力市场是纯粹的实物市场,但是随着电力市场的发展,这种交易模式越来越不能满足市场参与者的交易需求,于是电力衍生金融产品开始出现。最先出现的是场外交易的电力远期合约。Kaye等(1990)最先对电力远期合约的基本结构、定价方式、类型等进行了定义,并针对如何利用电力远期合约规避现货市场价格风险进行了介绍。Gedra 和 Varaiya(1993)提出了一个用户与电力公司之间、独立发电商(IPP)与电力公司之间带有期权的可选择性远期合约,但是该合约只考虑了电力公司的单边选择权利。David(1994)则进一步改进了这种带有选择权的远期合约,使之不仅能够允许电力公司拒绝接受 IPP 的供电,而且 IPP 在一定条件下也可以拒绝供电给电力公司。

1995 年,世界上第一份电力期货合约开始在北欧电力交易所交易,这是电力金融市场发展的一个突破,它的出现标志着电力金融市场成为电力市场最主要的组成部分。在场外衍生品交易的基础上发展而来的标准化期货、期权合约不仅为市场参与者提供了更具流动性和更加规范化的规避价格风险的工具,也为电力市场价格更加透明、信息更加公开提供了基础。

电力期货市场作为电力金融市场的一种高级形态,具有独特的运行机制和特有的价格发现与规避风险功能。要构建一个完善的电力期货市场,就必须对现有的电力期货市场特点有所了解,包括对其有效性、交易者行为和交易机制等方面进行分析和研究。首先对建立电力期货市场的前提条件进行研究。Amundsen 和 Singh(1995)对构建欧洲电力期货市场的可行性进行了分析,建立欧洲电力期货市场的前提是必须实施电力行业重组,推动现货市场的充分竞争,对发电商的市场势力进行控制,最好是对有垄断地位的电力企业进行分拆。其次是要考察电力期货市场的有效性,对电力期货价格与现货价格的长期均衡关系进行分析。Avsar 和 Doss(2001)采用协整检验和非线性 Phillips-Loretan 估计方法,对纽约商品交易所交易的 COB(交割地点为 California-Oregon Border)和 PV(交割地点为 Palo Verde)两种电力期货合约进行检验,发现电力期货市场符合弱有效市场假设。Zhe 和 Yang(2005)采用 ADF 检验法研究了澳大利亚电力期货市场的有效性,也证明了其符合弱有效市场假设。第三是要考察引入期货交易后对现货市场的影响,这方面的研究主要借助博弈论的方法。Elia 等(2000)和 Christopher 等(2002)就利用线性供应函数,研究了期货合约对现货市场中发电商报价策略均衡状态的影响,探讨了不同的期货合约交易模式对发电商行为策略的影响。Chung(2004)采用一个两阶段博弈模型,通过供应函数来刻画电力现货和期货市场的竞价行为,分析了在实现两个市场联合均衡的情况下交易者的策略行为,为比较引入期货合约交易后对现货市场交易者行为的影响提供了基础。

(二)电力衍生产品定价

由于电力的独特性,电力衍生金融产品的定价与其他金融衍生产品的定价具有很大差别。传统衍生金融产品定价的基础是无套利定价原理,在无套利条件下,市场存在唯一的风险中性概率,衍生品价格可表示为风险中性概率下其未来回报在无风险利率下的折现值。无套利定价的前提是基础资产可套利,即可储存及运输以实现跨时间和空间的交割。然而,电力是一种特殊的流商品,具有不可存储、实时平衡和输电限制等特点,不同时刻、不同地点的电力实质上是不同的,无论是跨时间还是跨空间的套利活动都很难进行,无套利条件决定的期现价格关系在电力衍生产品上不再成立,基于无套利条件推导的持有成本(cost-of-carry)和便利收益(convenience yield)理论并不适用,也不存在唯一的风险中性概率,电力衍生产品价格与当时市场条件下形成的风险溢价密切相关,而风险溢价与电价风险的大小、当时的市场气氛及市场参与者承担风险的意愿又密切相关。从另一个角度来看,电力市场是不完全市场(incomplete market),对于相当一部分电力衍生产品,无法构造出能够完全对冲其风险的投资组合。因此,电力衍生金融产品的定价和风险管理更为复杂。电力衍生品定价主要采取期望值定价方法,即通过建立随机模型描述现货电价的分布规律,再利用解析方法或数值计算方法求解电力衍生品未来期望回报的贴现值。

1. 场外衍生品定价

Gedra(1994)采用 Black-Scholes 公式来建立带有期权的可选择性远期合约与期权敲定价之间的定量关系,并方便地将远期合约交易结合到电力系统的经济调度中。David(1996)则在这种带有期权的可选择性远期合约的定价方法基础上,提出了电力公司和 IPP 的风险定价策略,进一步拓展了采用期权定价思想来为电力远期合约定价的框架。Ghosh 等(1997)将最优潮流计算(OPF)模型和 Black-Scholes 期权定价公式结合建立了电力期权交易定价模型。Bjorgan 等(1999)采用了随机优化的方法研究了电力远期合约的定价与电网输电容量最优规划之间的定量关系。Kamat 和 Ores(2000)则研究了带有期权的电力远期合约在提前通知期权是否履行的情况下的定价问题。Deng(2000)采用均值回复、多重跳跃扩散、随机波动等模型对电力现货市场价格进行刻画,并采用傅立叶转换(Fourier transform)方法建立场外交易的远期、期权等电力衍生品的定价模型。Longstaff 和 Wang(2004)对 PJM 市场通过对现货市场实时电价(高频数据)的分析发现,远期合约定价符合风险溢价理论,远期合约对现货价格的溢价充分反映了合约持有者对现货市场供求失衡的心理预期。

2. 期货合约定价

Lucia 和 Schwartz(2002)从期限结构[①](term structure)的角度入手,对电力衍生品定价机制

---

① 期限结构(term structure)原来是指理论上的零息债券收益率曲线,或即期利率曲线,是债券市场相对定价的一个基准,债券的未来现金流可以用该曲线上相应的收益率去分别贴现,求和可得到该债券的价值。期货合约的期限结构反映的则是期货合约价格(收益率)与时间(到期日)的关系,正常情况下期货月份越远,期货价格越高,而随着月份远离程度的扩大,其价格变化得越快,如果这种关系被打破,就意味着套利机会的出现。

进行研究,并建立了基于期限结构的单因素和双因素电力期货合约定价模型。他们首先分析了北欧电力市场系统电价(按小时计算的算术平均电价)波动的特性,对其特有的季节性和峰谷特性进行了归纳(见图 5-12),然后对期货合约的期限结构(见图 5-13)进行分析,在此基础上,他们提出了基于期限结构的电力期货单因素和双因素定价模型,其基本指导思想是:理论上在整个期货合约有效期内,无息的电力期货价格应该等于电力现货价格加上该期货合约期的利息率（或持有成本）,但是在电力期货市场中,期货价格通常比现货价格加上合约期的利息率更低,这意味着现货持有者拥有隐含的收益,也就是持有电力的"便利收益"。电力价格的随机行为模式依赖于便利收益,以及影响便利收益的不确定性的因素数目。相对而言,单因素模型假设便利收益是固定的,而现货价格服从于随机的布朗运动;双因素模型则认为现货价格和便利收益都服从均值回复的随机过程,并且都受到季节调整的影响。

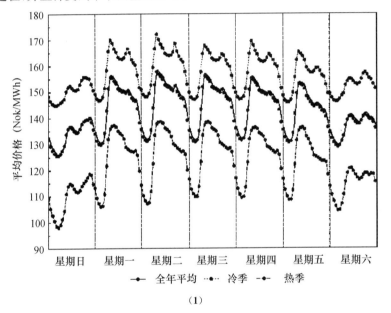

（1）

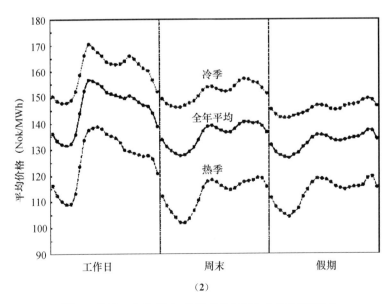

（2）

注:上图是从周一到周日,下图为工作日、周末、假期,曲线为冷季、全年平均和热季。

图 5-12　北欧电力市场的系统电价波动情况

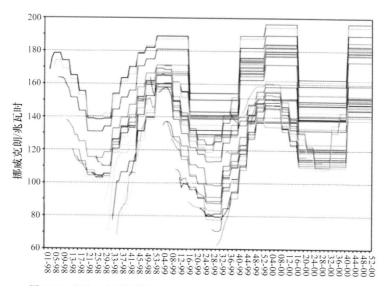

图5-13　北欧电力市场期货合约的期限结构(1998年1月—1999年12月)

Wilkens 和 Wimschulte(2007)采用欧洲能源交易所的电力期货合约价格数据对该模型进行检验,发现双因素模型的预测效果较好,但两种模型的预测都是有偏的,其主要原因在于合约流动性不足,套利难度大,导致期限结构失衡。

Burger 等(2004)建立了一个通用的电力衍生品定价模型,即以现货价格的随机波动模型为基础,同时纳入季节变化、价格突变、均值回复等电力市场经济特性因素,构建的现货市场价格仿真模型(spot market price simulation,SMPS)模型,经过蒙特卡洛模拟出相应的电力衍生品价格,并与和欧洲能源交易所(EEX)交易的电力衍生品价格历史数据进行比较,确认模型的相对有效性。

（三）电力价格风险管理

关于电力期货的套期保值方面的研究主要集中在两方面,一是对套期保值功能的检验,二是对最优套期保值比率的计算。

Aber(1999)对电力期货的静态套期保值进行了实证研究,并确定了不同期限情况下的套期保值比率。Tavlapco 等(2002)进一步对静态保值方法中的直接保值和交叉保值方法进行了比较分析,并指出电力的套期保值可以显著减少市场风险,而且直接保值比交叉保值的效果更好。由于电力现货价格和电力期货价格的方差往往是时变的,而且各时段价格方差条件相关,因此动态套期保值较静态套期保值的方法更优越。Shawky 等(2003)采用广义自回归条件异方差模型来描述现货和期货电价的异方差性和方差的条件相关性,以此获得动态套期保值率。Bystrom(2003)则进一步对以上的基于模型的动态套期保值方法和静态保值方法进行了比较,结果发现静态保值方法无论从风险规避效果还是市场收益方面均优于动态保值方法。

电力期货市场套期保值仍有几个值得关注的问题:一是电力期货价格和现货价格之间的关联,尽管由于电力无法储存的特点,一般认为期货价格最终收敛于现货电价,但是由于交割方面存在较大的障碍,往往导致期现价格偏离正常的期限结构;二是电力期货与电力现货的匹配问题,包括电力期货物理交割地点与交易者所处地理位置的匹配问题,这里涉及异地交易者带来了额外的电力传输费用会影响交易者的收益,还有电力现货与电力期货交易时段的匹配问题,现有电力期货合约一般是峰荷、基荷合约两种,而市场参与者电力现货交易的交易时段灵活多变,造成部分市场参与者无法进行套期保值,未来需要进一步开发多时段期货合约以满足市场需求;三是电力期货的流动性问题,英国曾经因为流动性问题而取消过电力期货交易,因此必须对现有电力期货交割结算体系进行改进,设计一种更为合理的金融结算体系以吸引更多的交易者进入市场,提高流动性。

第四节　中国的电力市场和电力金融

一、中国的电力供求情况

中国是世界上仅次于美国的第二大电力市场,虽然目前中国的人均电力消费量仅为经合组织(OECD)国家平均水平的1/5,但是总量仍相当可观。2012年,第一产业用电量1013亿千瓦时,与2011年持平;第二产业用电量36669亿千瓦时,同比增长3.9%,增速较上年同期降低8.29%,占全社会用电量的比重也较上年同期下降1.10%。第三产业和城乡居民生活用电量同比分别增长11.5%和10.7%,均保持较快的增速,拉动全社会用电增长2.52个百分点(见图5-14)。

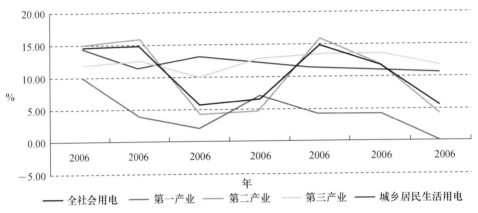

数据来源:中电联

图5-14　2006—2012年中国分产业用电增长量情况

截至2012年底,中国全口径发电设备容量达11.4亿千瓦。全国全口径发电量4.98万亿千瓦时,同比增长5.22%,增速较上年同期下降6.67个百分点(见表5-5)。

表5-5　2012年全国电力生产基本结构

类型	发电量(太瓦时)	同比增长(%)	所占比重(%)
水电	864.1	29.3	17.37
火电	3910.8	0.3	78.58
核电	98.2	12.6	1.97
风电	100.4	35.5	2.02
太阳能发电	3.5	414.4	0.07
合计	4977	5.22	100

数据来源:中电联

从发电结构的角度来看,中国以煤为主的一次能源结构,决定了以火力发电为主的电力结构。但是鉴于火电发电对环境的负面影响很大,中国正在不断地调整自身的发电结构,大力发展水电、核电以及可再生能源,关停低效率、高污染的小火电机组,以缓解能源和环境压力。未来核电仍将实现规模增长,成为替代火电的最佳选择。而中国发展可再生能源的潜力巨大,风电和太阳能发电增长迅速,2012年太阳能发电的增长率超过了400%。但是必须看到,尽管可再生能源持续高速增长,其在电力结构中始终只是占据小额的比重,对于电力结构还无法产生根本影响。

根据IEA的估计,2010—2035年中国的火力发电量会增长将近21 600亿千瓦时(或者

65%)。尽管如此,火电在中国发电结构中的比重仍将会从78%下降至55%。天然气和核电的比重将会显著增长,从2010年的仅有4%增长至2035年的18%。而水电的比重从2010年的17%下降至2035年的14%。总体而言,2010—2035年中国发电容量的累积增量将占全球的25%,其中新增火力发电容量占比39%,核电增量占比37%(见图5-15)。

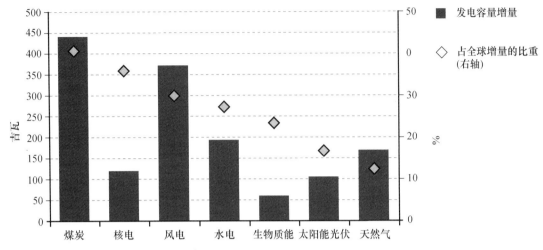

数据来源:IEA. World Energy Outlook 2012

图 5-15　2035年中国新增发电装机容量构成及占比

在IEA的新能源政策情景中,中国的可再生能源发电量(不包括水电)也将实现大规模增长,从2010年的超过1%增长至2035年的13%。到2035年,风电将占可再生能源发电量的60%左右,风力发电能力达到330吉瓦,比2011年全球风力发电量还多。生物质能、太阳能光伏和聚焦式太阳能发电(CSP)也将在中国的电力结构中扮演重要角色,到2035年三者合计发电量将超过5000亿千瓦时。中国的可再生能源发电量将在2015年之后超过美国,并在2030年前后超过欧盟。

近二十年间,中国经济增长导致对电力需求随之快速增长,长期以来电力供应与电力需求经常会发生周期性的缺口,2002—2005年中国就曾发生较为严重的电力短缺问题。2006年后,随着发电装机容量的增长,大多数地区的供需再度回归平衡状态。根据IEA的估计,中国的发电装机容量仍将以年均5%左右的速度增长,到2030年将增加2倍多。2010—2015年,预计年均增长率为7.8%,而在2015—2030年的年均增长率将降为3.1%。预计到2030年的中国发电量将达到8 472太瓦时,相当于目前经合组织(OECD)北美和欧洲地区国家的总发电量。预计到2030年,中国在发电、输电、配电等环节的电力投资总额将累计达到3.7万亿美元,但是发电装机容量的增长率仍将略慢于需求的增长(见图5-16)。

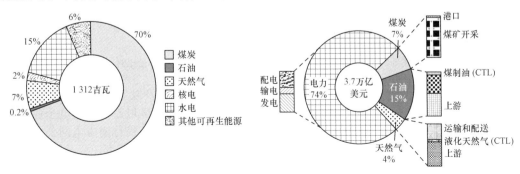

数据来源:IEA. World Energy Outlook 2007

图 5-16　2030年中国新增发电装机容量构成及电力投资情况

二、中国的电力工业发展现状

（一）中国的电力工业

2002年4月，国家计委宣布国务院批准实施电力体制改革方案，进行"厂网分离，竞价上网"的试点改革。同年10月，电力行业改革计划明确了电力行业大规模重组的一系列内容，包括：在电网方面，成立国家电网公司和南方电网公司；在发电方面，组建华能、大唐、华电、国电和中电投等5家电力集团。同时，还成立国家电力监管委员会统一行使对电力市场的监管职能。2003年，全国人大通过国务院机构改革方案，电力行业的行政管理职能划归国家发改委（见图5-17）。

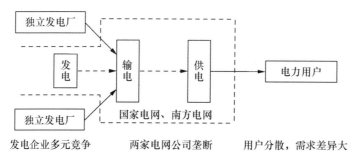

资料来源：国家电力监管委员会.电力监管年度报告（2006）

图5-17　现阶段中国电力工业结构和市场特点

在发电环节，目前已形成投资主体多元化的竞争格局。截至2011年底，全国累计颁发发电企业许可证20 299家（装机容量6 000千瓦以上的累计实际颁发5 093家）；1 000千瓦以下小水电豁免8 365家，符合条件的企业已基本普及持证。全国全口径装机容量为10.6亿千瓦，其中中央直属5大发电集团（华能、大唐、华电、国电、中电投）年末总装机容量51 472万千瓦，约占全国全口径装机容量的48.75%；其他7家中央发电企业（神华集团有限责任公司、中国长江三峡集团公司、华润电力控股有限责任公司、国家开发投资公司、中国核电集团公司、中国广东核电集团有限责任公司、新力能源开发有限公司）年末总装机容量13 301万千瓦，约占全国全口径装机容量的12.60%；15家规模较大的地方国有发电企业年末总装机容量10 615万千瓦，约占全国全口径装机容量的10.05%。上述27家大型发电集团装机容量约占全国总装机容量的71.41%（见图5-18）。

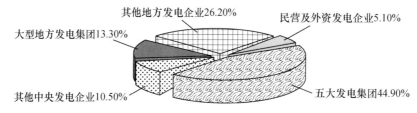

资料来源：国家电力监管委员会.电力监管年度报告（2011）

图5-18　2011年底各类发电企业装机容量占全国总装机容量比例

我国的输电环节仍处于自然垄断状态。2011年，全国从事省级及以上输电业务的企业共计39家，其中省级输电企业32家。按照规模划分：国家电网公司为跨区域超大型输电企业，业务范围涉及26个省（自治区、直辖市），中国南方电网有限责任公司（以下简称南方电网公司）为跨省的区域性输电企业，业务范围覆盖5个省（自治区）；内蒙古电力集团有限责任公司等多家省级输电企业，在一省（自治区）内独立经营。截至2011年底，38家输电企业获得了电力监管机构颁发的输电类电力业务许可证，内蒙古东部电力有限公司正在补证办理中。

在供电环节,在一个特定的区域内从事配电和售电业务的供电企业数量众多,类型和层次也较为复杂。供电企业是指在一个特定的区域内从事配电和售电业务的企业。这类企业数量众多,类型和层次也较为复杂。2011 年,全国地(市)、县两级供电企业共计 3 171 家,其中地(市)级供电企业 431 家、县级供电企业 2 740 家。企业经营形态多样,按所有制划分包括中央国有、地方国有、私营、股份制等多种类型;按经营管理形式可划分为直管、代管、独立经营等类型,同时还存在"自发自供"以及"转供电"等特殊业务类型。

截至 2011 年底,全国累计颁发供电企业许可证 2 977 家(约占全国企业总数 98%),除部分偏远地区及少数供电营业区存有争议的企业外,基本实现了持证经营。

(二)中国的电源建设与规划

1. 火力发电

根据电力行业"十二五"规划,燃煤火电仍是发电装机容量的主要组成部分,"十二五"期间,全国规划煤电开工规模 3 亿千瓦,到 2015 年我国煤电装机预计达到 9.33 亿千瓦。"十三五"期间,全国煤电规划开工规模 2.6 亿千瓦,到 2020 年我国煤电装机预计达到 11.6 亿千瓦。目前中国的火力发电已经开始进入"超超临界"时代,技术处于国际领先地位。但是由于受到经济危机影响,需求下降,火电装机的增速明显下降,加上近年来煤炭行业供需关系及成本推动的影响,煤炭价格不断上涨,同时国家环保政策对火电行业的监管也越来越严厉,致使火力电厂的成本负担不断加重,全国火力发电量增速放缓明显。

2. 水力发电

根据电力行业"十二五"规划,中国将继续加快开发长江上游、乌江、南盘江红水河、黄河中上游及其北干流、湘西、闽浙赣和东北等 7 个水电基地,重点布局开发金沙江、雅砻江、大渡河、澜沧江、怒江、黄河上游干流等 6 个规划装机容量合计超过 2 亿千瓦、开发率仅为 11% 的水电基地。在"十二五"期间,6 个大型水电基地可投产大型干流电站主要有溪洛渡、向家坝、锦屏梯级、糯扎渡等,预计可投产容量 5 200 万千瓦左右;其他省区市以及四川、云南两省的非干流水电可投产容量 3 550 万千瓦左右,全国水电投产规模 8 750 万千瓦左右。到 2015 年,全国常规水电装机预计达到 2.84 亿千瓦左右,水电开发程度达到 71% 左右(按经济可开发容量计算,下同),其中东部和中部水电基本开发完毕,西部水电开发程度在 54% 左右。

在"十三五"期间,6 个大型水电基地可投产干流电站容量 4 000 万千瓦左右,再加上其他省区市投产水电和四川、云南两省内非干流水电,全国水电投产规模达到 4 600 万千瓦左右。到 2020 年全国水电装机预计达到 3.3 亿千瓦左右,全国水电开发程度为 82%,其中西部水电开发程度达到 67%。预计 2030 年全国水电装机容量 4.5 亿千瓦,超过经济可开发容量,除西藏外,全国水电可开发资源基本开发完毕。

3. 核电

根据电力行业"十二五"规划,中国将在辽宁、山东、江苏、浙江、福建、广东、广西、海南等沿海省区加快发展核电;积极推进江西、湖南、湖北、安徽、吉林、重庆、河南等中部省份内陆核电项目,形成"东中部核电带"。规划到 2015 年,中国核电装机 4 294 万千瓦,主要布局在沿海地区。2020 年规划核电装机规模达到 9 000 万千瓦、力争达到 1 亿千瓦。目前,中国国内的核电技术远没有火电发展成熟,中国的 AP1000 三代核电技术还处于引进、消化、吸收过程中,在自主创新方面还需要加强攻关。但国内在集中吸收、消化以美国西屋联合体 AP-1000 型百万千瓦级压水堆为代表的第三代核电技术的基础上,也开发出了具有自主知识产权的 CP-1000 型百万千瓦级压水堆核电机组,构建自己的第三代核电技术体系。

4. 天然气发电

根据电力行业"十二五"规划,2015 年和 2020 年大型天然气发电规划容量分别为 3 000 万千瓦和 4 000 万千瓦。天然气发电规模取决于天然气价格的竞争力,按照目前气价水平,需要国家出台相应支持政策,才能够规划更大规模的大中型天然气发电机组。

5. 可再生能源发电(不包括水电)

非水可再生能源由于清洁环保及其可再生性质,具有广阔的发展空间。中国发展非水可再生能源面临的主要问题是价格和并网发电。非水可再生能源开发要在充分考虑经济社会的电价承受能力和保持国内经济的国际竞争力的条件下积极推进。

(1)积极发展风电

根据电力行业"十二五"规划,2015 年和 2020 年风电规划容量分别为 1 亿千瓦和 1.8 亿千瓦。在 2020 年前,结合大规模开发,着力构建较为完善的风电产业化体系,全面掌握风力资源详查与评估技术、风电整体设计技术、变流器及控制系统、叶片设计制造技术、风电并网技术、风电与其他发电方式互补技术、分布式开发利用技术等,为 2020 年后大发展创造良好基础。到 2030 年风电规划装机容量达到 3 亿千瓦以上。

(2)促进发展太阳能发电

根据电力行业"十二五"规划,"十二五"期间,重点在经济发达和西北太阳能资源丰富地区发展太阳能电站,2015 年太阳能发电规划容量达到 200 万千瓦左右。2020 年太阳能发电规划容量达到 2 000 万千瓦左右。

(3)因地制宜发展生物质能

生物质发电包括农林生物质发电、垃圾发电和沼气发电。中国每年农作物秸秆产量约 7 亿吨,薪材年产量约 2 亿吨,相当于 5 亿吨标煤。据初步测算,约有 1 亿多吨秸秆和薪材可用于生物质能发电。2015 年和 2020 年生物质发电规划容量分别达到 300 万千瓦和 500 万千瓦。生物质能及其他可再生能源发电竞争力较低,需要国家给予投资及税收方面的补贴。

(三)中国的电网建设与规划

中国电网的发展经历了"中压电网—高压电网—超高压电网—特高压电网"的发展历程。电网的规模随着电网电压等级的提高不断扩大,目前已经形成了 6 个跨省的大型区域电网,即东北电网、华北电网、华中电网、华东电网、西北电网和南方电网。2001 年 5 月,华北与东北电网通过 500kV 线路实现了第一个跨大区交流联网;2002 年 5 月,川电东送工程投入运行,实现了川渝与华中联网;2003 年 9 月,华中与华北联网工程投入运行,形成由东北、华北、华中区域电网构成的交流同步电网;2004 年,华中电网通过三广直流工程与南方电网相联;2005 年 3 月,山东电网联入华北电网;同年 6 月,华中与西北电网通过灵宝直流背靠背联网工程相联;2005 年 11 月,新疆实现 220 千伏电网联网,被纳入西北电网。目前,除西藏、海南和中国台湾外,中国已经初步形成了以 500 千伏(330 千伏)和 220 千伏线路为基础,以北、中、南三大"西电东送"通道为骨干的区域内省间及跨区域电网互联。西电东送、南北互济和全国联网的发展目标已基本实现(见图 5-19)。

根据"十二五"发展规划,中国电网建设规模均将大幅增加。"十二五"期间,为满足持续增长的能源电力需求,我国将重点建设西部、北部大型煤电基地,西南水电基地,酒泉、蒙西、张北等大型风电基地,并向负荷中心送电,跨区跨省输电容量较"十一五"大幅增长。规划到 2015 年,大型水电基地送出容量达到 6 690 万千瓦,"十二五"期间增加 4 490 万千瓦;大型煤电基地跨区跨省送电容量为 17 050 万千瓦,"十二五"期间增加 11 400 万千瓦;风电跨省跨区输送规模约 3 000 万千瓦。

目前,中国的特高压直流输电技术已达到世界先进水平,国内企业已基本掌握了特高压设备研制的关键技术。2008 年 12 月,我国首条特高压输电线路"晋东南—南阳—荆门"的 1 000 千伏特高压线路建成,成为世界上第一条投入商业化运行的 1 000 千伏输电线路,可以实现华北电网和华中电网的水火调剂、优势互补。

"十二五"期间,在特高压交流试验示范工程的基础上,结合大水电、大煤电、大风电基地外送工程以及未来大核电基地的接入系统,重点加快华北、华东、华中特高压交流同步电网建设。2015 年华北、华东、华中特高压电网形成"三纵三横"主网架,锡盟、蒙西、张北、陕北能源基地通过三个纵向特高压交流通道向华北、华东、华中地区送电,北部煤电、西南水电通过三个横向特高压交流通道向华北、华中和长三角特高压环网送电。

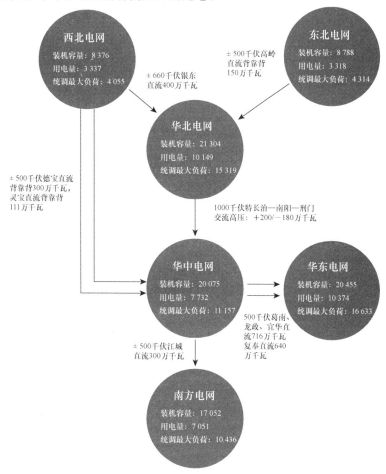

图 5-19　2010 年中国跨区域电网互联情况

2020 年,建成以华北、华东、华中特高压同步电网为中心,东北特高压电网、西北 750 千伏电网为送端,联结各大煤电基地、大水电基地、大核电基地、大可再生能源基地,各级电网协调发展的坚强智能电网。华北、华东、华中特高压同步电网形成"五纵六横"主网架。

三、中国电力体系改革及电力金融的发展构想

(一)中国电力体系改革

2002 年,国务院发布了《国务院关于印发电力体制改革方案的通知》(国办发[2002]5 号,简称"国务院 5 号文"),为整个中国电力市场化改革确定了基本方向。方案明确指出了我国电力体制改革的主要任务是:实施厂网分开,重组发电和电网企业;实行竞价上网,建立电力市场运行规则和政府监管体系,初步建立竞争、开放的区域电力市场,实行新的电价机制。

2003 年,"厂网分开、竞价上网"的改革正式进入了实施阶段,我国的电力工业管理体制发生了根本的变化:一是"厂网分开",即对原国家电力公司所属的发电资产进行了重组,成立五大全国性的发电集团,基本实现产权纽带上的厂网分开,为在发电环节引入竞争机制创造了体制基础;二是对电网资产进行了重组,设立两大电网公司,国家电网公司旗下的五大区域电网公司也

挂牌成立，为在更大范围内进行资源优化配置、建立区域电力市场和形成电网公司之间的比较竞争创造条件；三是设立国家电力监管委员会，作为电力市场的监管机构，对电力市场建设进行规划，制定电力市场运行规则，监管市场运行，维护公平竞争；四是国务院印发《国务院办公厅关于印发电价改革方案的通知》(国办发[2003] 62 号)，明确电价改革的方向和目标。

2004 年开始，启动东北区域电力市场推行竞价上网改革试点。2005 年进入试运行阶段。2006 年开始正式实施竞价试点，对东北区域电力市场竞价机组试行两部制上网电价。同时，为了保障竞价上网的顺利进行，国家发展改革委和国家电监会还颁布了东北区域电力市场竞争限价办法和辅助服务价格管理办法。东北区域电力市场是我国第一个开展全部电量竞价上网试点的电力市场，目前东北区域电力市场已暂停，正在总结过程中，它将为今后上网电价市场化改革积累经验和教训。

2007 年 4 月，国务院发布了《关于"十一五"深化电力体制改革实施意见的通知》(国办发[2007] 19 号)，明确了下一阶段的电力改革任务。2009 年 3 月，发改委下发通知首次明确放开20%的售电市场，对符合国家产业政策的用电电压等级在 110 千伏以上的大型工业用户，允许其向发电企业直接购电，鼓励供需双方协商定价。2009 年 6 月，发改委与国家电监会、国家能源局联合下发《关于完善电力用户与发电企业直接交易试点工作有关问题的通知》，对各地推进电力用户与发电企业直接交易试点工作做进一步的规范和指导。同时，还批准了首个大用户直购电试点——辽宁抚顺铝厂与伊敏电厂直购电交易。这些政策的出台，进一步推进了电价改革，有利于引入竞争机制，增加电力用户选择权，促进合理的电价机制形成。

进入"十二五"后，2011 年，电力体制改革取得一定的突破性进展，一方面，随着中国电力建设集团有限公司、中国能源建设集团有限公司在北京揭牌成立，电网主辅分离改革完成。另一方面，电监会颁布实施《输配电成本监管暂行办法》，意味着输配分开改革正式被提上日程。为期六个月的输配电成本及价格执行、电费结算情况专项检查工作于 2011 年 3 月进入自查阶段，并将在随后的三个月内完成检查、重点检查、总结并编制发布监管报告三个阶段。此次专项检查工作不仅针对输配电成本自身展开，还涉及其他业务的成本核算，这无疑将有助于理清电网成本，为逐步建立规范的输配电价机制奠定基础。

2011 年 4 月，国务院发布《国民经济和社会发展第十二个五年规划纲要》，其中对今后五年的电力体制改革指明了道路：其一是深化电力体制改革，稳步开展输配分开试点；其二是积极推进电价改革，推行大用户直接交易和竞价上网试点，完善输配电价形成机制，改革销售电价分类结构，积极推行居民用电阶梯价格制度。

2012 年 3 月，国务院批转的国家发改委《关于 2012 年深化经济体制改革重点工作意见》，提出要深化资源性产品价格，稳妥推进电价改革，实施居民阶梯电价改革方案，开展竞价上网和输配电价改革试点，推进销售电价分类改革，完善水电、核电及可再生能源发电定价机制。经历 5 月、6 月的听证阶段，各地陆续公布了最终的居民阶梯电价实施方案。听证阶段关于"首档电量过低"、"家庭人口数量影响"以及"季节不同用电量浮动"等争议问题，在多省的最终方案中都得以解决。国家发改委宣布从 2012 年 7 月 1 日起，全国除西藏和新疆以外的 29 个省(区、市)将实行居民阶梯电价。

2012 年 12 月 28 日，国家发改委有关负责人在就深化电煤市场化改革问题答记者问时表示，下一步还要抓紧研究涉及面广、影响大的电价形成机制和电力体制改革等重大问题，成熟以后适时推进，逐步从根本上理顺煤电关系。电监会则在 2013 年工作会议上强调，2013 年将坚持电力市场化改革方向，循序渐进，分步实施，积极稳妥推进"政企分开、主体规范、价格合理、交易公平、法规健全、健康发展"的电力市场体制机制改革：一是大力推进大用户直购电；二是落实电煤价格并轨改革；三是继续推进输配电体制改革。为统筹推进能源发展和改革，加强能源监督管理，2013 年"两会"过后，新一届政府就在国务院机构改革和职能转变方案中，将现国家能源局、电监会的职责整合，重新组建了国家能源局，为继续深化电力体制改革做准备。

2013 年 1 月，国务院发布《能源发展"十二五"规划》，其中对于电力体制改革的提法是，"继续深化电力体制改革。加快建立现代电力市场体系,稳步开展输配分开试点,组建独立电力交易机构,在区域及省级电网范围内建立市场交易平台,分批放开大用户、独立配售电企业与发电企业直接交易。改进发电调度方式,逐步增加经济调度因素,为实行竞价上网改革探索经验。建立理顺煤电关系的长效机制。按照基本公共服务均等化和现代企业制度要求,兼顾电力市场化改革方向,统筹推进农村电力体制改革。"同时,其还要求,"加快推进电价改革,逐步形成发电和售电价格由市场决定、输配电价由政府制定的价格机制。加大对电网输配业务及成本的监管,核定独立输配电价。改进水电、核电及可再生能源发电定价机制。推进销售电价分类改革。大力推广峰谷电价、季节电价、可中断负荷电价等电价制度。推进工业用户按产业政策实行差别化电价和超限额能耗惩罚性电价,实施并完善居民阶梯电价制度。"

目前,电力体制改革取得一定的突破性进展,电网主辅分离改革完成,电网输配成本的核查也将为逐步建立规范的输配电价机制奠定基础。同时,随着阶梯电价改革的实施,输配分开和竞价上网成为下一步改革的重要方向。2013 年,重新组建了国家能源局,为继续深化电力体制改革提供了基本条件。但是,随着电力行业的发展,业界和学界对 2002 年出台的"国务院 5 号文"所确立的电力体制改革思路的争议也越来越大。

在今后电力体制改革的方向上,各方却存在多种意见,问题的焦点就在于未来电力改革是坚持输配分开,还是输配一体、加强中间监管。一种观点是要继续加快深化电力体制改革,实行输配分开、电网调度独立,建立独立、公开、受监管的"输配电价"制度,这也是大多数专家认可的"国务院 5 号文"提出的改革思路。还有一种观点认为,要立足国情,不照搬国外模式,反对以全面拆分和私有化为导向的电力市场化改革,坚持"输配电一体化、电网调度一体化",通过加强监管来提高电力市场的效率和安全。

实际上,电力市场是非常特殊的商品市场,不能简单套用一般商品市场理论、模式和规则。电能的产、输、配和用环节具有同时性,发电生产能力调整和用户需求响应的技术及成本限制,导致电力市场短期均衡不能像一般商品市场一样完全通过价格机制实现。因此,微观经济学不能完全有效地指导和解释电力市场。正是由于这个理论缺陷的存在,使世界各国电力市场呈现多样性和电力市场改革表现出差异性和复杂性,而参考欧美发达国家电力市场化改革经验制定的中国电力改革路线也未必就能适应中国社会经济的发展。

2012 年,国家电网公司总经理刘振亚在《中国电力与能源》一书中首次公开表态,认为,"应坚持现有输配一体化、调度和电网一体化的格局。"电力体制改革的思路是参照欧美发达国家电力市场化改革的经验,通过在电力市场形成竞争性的格局,来降低电力供应成本,提高电力系统效率和安全。但是,根据目前电力行业的状况,输配分开恰恰会提高电力成本,也不会解决电力中间成本问题。电网作为一个整体,不同电压等级需要统一协调,电网建设必须统筹规划,否则就会影响电网安全运营与运营效率。

另外,目前对于输配分开问题上,不同地区也存在争议。在发达地区,地方政府倾向于输配分开,因为配电会给地方带来较大的经济效益;但是,在欠发达地区,尤其是边远落后地区,边远地区配电需要给予补贴,如果边远地区独立配电,那么配电企业连生存都有问题,更加无法保障居民用电。2010 年,国家电监会做过调研就发现,输配分开在发达地区可行,而欠发达地区不可行。

厦门大学中国能源经济研究中心主任林伯强教授也认为,"国务院 5 号文"提出的改革思路,难以有效推进,有必要换种"思路"推进电力体制改革。电力体制改革必须明确以下几点。

首先,电力体制改革的阶段性问题。电力体制改革的目的是促进电力行业的发展,而电力行业的发展目标应该是支持经济增长,支持环境的可持续发展,以及保障全社会普遍用电服务。在不同的社会经济发展阶段,电力行业的发展常常是对这三个方面进行平衡。同样,电力体制改革的目标和路径的设计也必须适应这三个方面的平衡。因此在不同的社会经济发展阶段,电力行业发展的侧重点会有所不同,当经济发展阶段要求着重关注一个目标,就可能需要暂缓另一个目标。虽然这三个方面不一定互相排斥,但在某个发展阶段却有不同的重要性。因此,需要考虑电力体制改革的阶段性,改革的措施才具备可操作性。

其次，电力体制改革的路径选择问题。就电力行业本身而言，至少需要从三个方面进行考虑：一是保障电力供应，支持经济发展；二是电力行业的可持续性；三是提高能源效率（就是降低电价）。由于现阶段中国的社会经济发展比较快，因此保障电力供应是重点。行业可持续发展和提高效率要求进行有效的投资和得到合理的回报，以及不要把辅业面扩得太广，应尽可能减轻电价压力。因此，电力体制改革除了适合国情外，还必须在改革路径上动态反映阶段性的电力发展侧重点。

第三，电力体制改革的制度环境问题。电力体制改革的成功与否，与现阶段我国电力体制的电力行业大环境相关。我国电力行业经历了十年的快速发展，整个电力行业的大环境可能已经发生变化，主要体现在电力行业的国有垄断性质，这为政府控制电价提供了可能性，当电价为政府所掌控时，政府会把电价当成是宏观调控政策的一种手段。短期内，中国政府很难放弃控制电价这一调控手段，因此对于电价市场化改革的长期性，需要有充分的思想准备。

国家发展改革委能源研究所原所长周大地也指出，输配分开在国际上差别很大，当初电力体制改革的设想是，电网只负责输电端，到城市后配电端市场可以开放。但是，从技术上讲，一个区域的配电端市场不可能有多家配电企业进行竞争。

国外的经验也表明，欧美国家的配电公司也只是一个营销公司，设施（配电网络）还是一家，但推销的是多家，相当于一个批发商，多个零售商。大用户可能有选择，而小用户无需选择。因此，现阶段乃至今后一段较长时期，输配分开的意义不大，也不能解决电力市场的效率问题，更毋庸说安全问题。输配分开原来设计太理想化了，如果把电网分拆成若干区域电网，再把输电网络和配电网络分拆，那么电网之间的协调问题将更加突出。此外，配电网络还要考虑到农村电力市场问题，如果将输配电市场完全市场化，那么巨额的农电网络投资如何回收，如果不从城市消费者补贴农村电网建设的话，中国的电力系统永远无法解决中国区域经济发展不平衡的问题。

2013 年 1 月，国务院政策研究室副司长范必提出，有必要启动新一轮电力体制改革，但是必须就具体方案选择开列出多种路径供选择，同时为避免改革阻力，应以增量渐进式的改革逐步推动电力体制改革。因此，就今后电力体制改革的前景，目前仍没有定论，政府在近期出台的有关电力市场化改革的政策也没有脱离原先的构想框架，当然更多的是采取渐进式的、尝试性的手段来推动。

但是，2012 年国家电监会先后赴江苏、南方电网开展输配电成本监管调研，并在苏州、深圳开展输配电财务及成本独立核算试点。2013 年，国家电监会可能会在此基础上，推动大用户直购电试点工作。当大用户直购电推广到跨省异地购电，并且交易量占到社会用电量的一定比例时，就有可能改变目前电力市场格局，为下一步的改革提供方向。

2013 年 3 月 10 日，在第十二届全国人民代表大会第一次会议上公布的《国务院机构改革和职能转变方案》中提出"不再保留电监会，将现在国家能源局、电监会的职能整合，重新组建国家能源局"的改革方案。这次机构改革的目标，很可能是为未来统一的能源市场监管机构搭建框架。未来电监会对电力市场的监管权力将得到增强，会使得其对电力体制改革的推动更加主动、有效。今后不排除可能会在新的国家能源局下设立能源监管委员会，进一步扩大监管范围和提升监管机构的执行力。这次机构改革选择的"政监合一"路线，将有利于加快今后整个电力体制改革和能源改革的进程。

（二）电力价格市场化改革

我国自改革开放以来，电价一直存在三个问题：一是电价水平偏低；二是电价结构严重扭曲；三是电能与其他能源比价不合理（主要是电价比煤炭、石油、天然气价格低）。电价结构扭曲的最大问题是居民生活用电的电价水平严重偏低。改革开放后，为了照顾低收入居民生活，对居民电价采取从低政策，每次调整电价，总是居民电价不调整或者少调整，结果造成民用电价严重偏低，低于平均水平。因此，电价改革是电力体制改革的一个核心内容。

2003 年国务院公布的《电价改革方案》的基本思路是：首先对电网企业输配电价格单独定

价,然后放开发电和用电的价格管制,让发电企业与用户直接交易,形成市场价格。这一运作机制迄今尚未形成,发电和用电环节电价仍由行政审批来规定,时刻变化的市场电力供求关系被禁锢在审批制度内。对于最该实行政府单独定价、单独监管的输配电价环节,则执行根据上网电价和销售电价的价差进行定价的落后模式。总体上看,电价已经成为政府宏观调控的常态化手段。直接导致电价调整阻力重重,结构性电价、容量电价、峰谷电价、阶梯电价、清洁电价都很难大范围推行。电价改革基本沦为电价水平调整。无论哪次电价小幅调整,改变的只是短期内电力企业的盈亏水平,不能提供长效的市场激励,这不是机制性变革。

1. 上网电价

上网电价在我国电力市场中经历了六个发展阶段:在1985年以前,电力市场还未成熟,基本上各独立经营的发电企业没有独立的上网电价;1985—1998年,随着电力市场的发展,独立的上网电价出露端倪,这个时期的上网电价实行还本付息电价政策;1998—2003年,该期间上网电价开始实行经营期电价政策;1998—2002年,上网电价在全国六省市电网作为先导实行竞价上网,上网电价中的小部分电量由市场竞争形成,而大部分仍按政府定价;2004—2005年,上网电价基本实行标杆电价;2004—2005年,东北率先实行两部制上网电价,东北成为了两部制上网电价竞价的试点,其中政府制定容量电价,该部分电价不参与竞价,而电量电价由竞争形成。

2005年3月,国家发改委出台了《上网电价暂行管理办法》,这是我国第一部针对上网电价颁布的管理办法,针对电力市场化进程中不同的阶段,制定了相应的上网电价规范和机制。根据办法规定,竞价上网前的上网电价除政府招标确定上网电价和新能源的发电企业外,同一地区新建设的发电机组上网电价实行同一价格,并事先向社会公布;原来已经定价的发电企业上网电价逐步统一。同时,在保持电价总水平基本稳定的前提下,上网电价逐步实行峰谷分时、丰枯季节电价等制度;燃料价格涨落幅度较大时,上网电价在及时反映电力供求关系的前提下,与燃料价格联动。

目前,"分类标杆电价"是上网电价的定价模式改进方向。与之前"一厂一价"相比,标杆电价有两个突破:一是从个别成本定价过渡到按社会平均成本定价;二是由"事后定价"改为"事前定价",定价程序和结果公开、公正、透明。但分类标杆电价仍然还是一种行政定价方式,是过渡模式而非最终目标。因为,"分类标杆电价"仍是以成本审批为基本特征的单向定价,不考虑用电需求变化,无法反映电力市场供需关系。

上网电价政策的关键是市场化的竞价机制,而考虑到煤电在中国电力系统中所占的比重,煤电联动就成为上网竞价的关键。煤电联动政策始于2004年年底。当时国家规定,以不少于6个月为一个煤电价格联动周期,若周期内平均煤价较前一个周期变化幅度达到或超过5%,便相应调整电价。2005年5月国家实施第一次煤电联动,电价上调了0.0252元;2006年5月全国销售电价从5月1日起平均每度提高2.52分钱,旨在解决2004年6月以来煤炭价格上涨、部分电厂经营亏损以及取消超发电费等对电价的影响,2008年又连续实施了第3次和第4次煤电价格联动。但2008年考虑CPI上涨、宏观经济调控等因素,煤电联动政策在实施过程中存在联动不及时和联动幅度不到位,致使电力企业出现经营困难、电力供应一度不足的局面,煤电联动政策亟待完善。

另外,跨省、跨区电力交易的上网电价按国家发改委印发的《关于促进跨地区电能交易的指导意见》有关规定执行。竞价上网后的上网电价,在建立区域竞争性电力市场并实行竞价上网后,参与竞争的发电机组主要实行两部制上网电价。其中,容量电价由政府价格主管部门制定,电量电价由市场竞争形成;容量电价逐步过渡到由市场竞争确定。各地也可根据本地实际采取其他过渡方式。

2. 输配电价

对于最该实行政府单独定价、单独监管的输配电价环节,目前执行的政策仍是2005年3月国家发改委颁布的《输配电价管理暂行办法》。根据办法规定,输配电价由政府制定,实行统一政策,分级管理。输配电价格是由电网平均销售电价(不含代收的政府性基金)扣除平均购电价和输配电损耗后确定,也就是根据根据上网电价和销售电价的价差进行定价。虽然国家发改委曾在 2006 年、2007 年正式颁布"分省电网输配电价标准",确定了各省电网企业经营每千瓦时电量的平均输配电价,但未说明该标准如何付诸实施,该标准与电网企业的实际运营效率、实际结算上网电价、销售电价实际执行情况和售电现金实际收入总量等财务运行情况之间关系如何,也没有划分各区域、各省、市、县电网企业的成本和利润在分省电网输配电价中各占多大份额。

2011 年 3 月输配电价进入电监会安排的电网企业输配电成本自查活动,在随后的三个月内完成检查、重点检查、总结并编制发布监管报告三个阶段。此次专项检查工作不仅针对输配电成本自身展开,而且还会涉及其他业务的成本核算,这无疑将有助于理清电网成本,为逐步建立规范的输配电价机制奠定基础。2011 年 11 月,电监会才颁布实施《输配电成本监管暂行办法》,也就意味着输配分开改革正式被提上日程。电监会根据《会计法》、《企业会计准则》、《企业财务通则》、《输配电成本核算办法》和国家财务、税收管理制度的有关规定对涉及电网企业为输配电能及提供劳务在输配环节所发生的各种耗费,即输电成本的核算、支出、重大变化以及内部交易和关联交易行为进行监管。

3. 销售电价

销售电价的基本政策框架是 2005 年 3 月国家发改委颁布的《销售电价管理暂行办法》。根据办法规定,销售电价实行政府定价,统一政策,分级管理。销售电价由购电成本、输配电损耗、输配电价及政府性基金四部分构成。其中,购电成本指电网企业从发电企业(含电网企业所属电厂)或其他电网购入电能所支付的费用及依法缴纳的税金,包括所支付的容量电费、电度电费。输配电损耗指电网企业从发电企业或其他电网购入电能后,在输配电过程中发生的正常损耗。输配电价指按照《输配电价管理暂行办法》制定的输配电价。政府性基金指按照国家有关法律、行政法规规定或经国务院批准,随售电量征收的基金及附加费。

在 2012 年之前,居民生活、农业生产用电实行单一制电度电价。工商业及其他用户中受电变压器容量在 100 千伏安或用电设备装接容量 100 千瓦及以上的用户,实行两部制电价(电度电价和基本电价)。销售电价实行峰谷、丰枯和季节电价,具体时段划分及差价依照所在电网的市场供需情况和负荷特性确定。同时,在具备条件的地区,销售电价可实行高可靠性电价、可中断负荷电价、节假日电价、分档递增或递减电价等电价形式。

目前,销售电价改革走出的第一步是实行居民阶梯电价。2012 年 3 月 28 日,国家发改委召开的 2012 年全国经济体制改革工作会议上,提出了要继续深化资源性产品价格改革,包括上半年要推出居民阶梯电价。根据国家发改委的《指导意见》,居民阶梯电价的电量分档和电价确定分为三档。第一档电价原则上维持较低价格水平,三年之内保持基本稳定。第二档电价逐步调整到弥补电力企业正常合理成本并获得合理收益的水平。起步阶段电价在现行基础上提价 10% 左右。今后电价按照略高于销售电价平均提价标准调整。第三档电价在弥补电力企业正常合理成本和收益水平的基础上,再适当体现资源稀缺状况,补偿环境损害成本。起步阶段提价标准不低于每度电 0.2 元,今后按照略高于第二档调价标准的原则调整,最终电价控制在第二档电价的 1.5 倍左右。

2013 年 1 月,国务院发布的《能源发展"十二五"规划》中提出,"加快推进电价改革,逐步形成发电和售电价格由市场决定、输配电价由政府制定的价格机制。加大对电网输配业务及成本的监管,核定独立输配电价。"也就是说,"十二五"期间,电力价格改革的基本思路是:通过电煤价格并轨推动新一轮煤电联动政策,理顺上网竞价的市场化机制;通过核查落实电网企业的输配电成本,出台输配电的政府指导价格;通过进一步完善居民阶梯电价来推动销售电价改革,同时推进大用户直购电改革试点,反过来促进输配电价的改革。

在目前电力体制改革进程中,暂时不能进行输配电分离,"竞价上网"、"大用户直购电"等电价改革措施很难推动。现阶段我国大范围实行竞价上网的可能性较低。当前电价改革面临的急迫问题是,在不改变整体能源体制和能源价格体制的前提下解决因"纵向价格双轨制"导致的煤电矛盾。因此,未来国内的电价改革大致分三步走:近期,逐渐完善煤电联动机制,形成一个有规则、常态化、能使价格变动与市场变化更契合的联动机制;中期,以煤电联动为契机,逐步推进配套改革,逐步形成以市场化为方向的销售电价体系,包括完善居民阶梯电价、简化目录电价、试行峰谷电价和分时电价,通过扩大大用户直购电等试点,摸清电网输配成本;最后,建立较为合理的输配电价形成机制,最终实现输配分开和竞价上网。

(三)中国电力市场化的改革

1. 电力市场改革的方向

从 20 世纪 90 年代开始,多数发达国家和部分发展中国家纷纷采取放松监管、产权私有化等措施进行电力市场化改革,通过建立电力批发市场和零售市场来引入竞争机制。但是各国电力市场化改革的经验和教训表明,尽管电力行业不可能再回到过去垂直一体化垄断的经营模式,但是放松管制和私有化并不是引入竞争机制的唯一途径,电力市场化改革的关键在于充分考虑电力系统的技术经济特性,确立一个明确的改革目标和模式,据此建立有序竞争的电力市场。

根据国外电力市场建设的经验,电力市场化改革需要重点考虑以下几个问题:(a)电力市场的有效性取决于利益集团(发电商、输电商等)和非利益集团(系统运营商)的分离程度,这直接影响到电价能否反映系统运行成本,并正确引导对发电和输电网络的投资;(b)针对大用户开放零售市场可以取得良好的竞争效果,但针对家庭和中小工商业用户开放零售市场的竞争效果一般,这是因为对配电网络和终端计量手段的投资成本较高,而零售消费者改变供电商的频度很低,所以采取由配电商统一供电并代为选择供电商是较为经济可行的办法;(c)提高输电网络运营绩效的关键在于电力市场结构的安排,主要的做法是通过成立区域或全国性的独立调度中心,分离输电网络的所有权与经营权,同时设立电力交易所等措施,分离系统调度与电力交易功能,抑制市场势力的形成;(d)电力市场监管的重点是抑制和消除市场势力,这一方面需要提高市场机制设计水平,减少形成市场势力的基础,另一方面必须具备必要的处罚措施,消除价格扭曲行为。

2. 中国电力市场化改革

根据中国电力行业发展的情况和电力系统的技术经济特性,结合国际上电力市场化改革的经验,未来 5—10 年中国电力市场化改革应主要从建设区域电力市场入手,逐步推动和完善市场化机制在电价形成和电力投资中的引导作用。目前,中国电力市场基本完成了"厂网分离,竞价上网"的发电竞争阶段改革,虽然仍然存在国有发电企业所占比重过大,电网公司仍保留一部分发电企业等问题,但是这并不影响进入电力批发阶段的改革。而改革的主要困难是在输配电环节,由于两家电网公司过于庞大,对未来输电网络的开放形成障碍。

(1)建立区域电力市场

未来 5—10 年间的电力市场化改革的主要任务是构建区域电力市场,在目前 6 个跨省的大型区域电网中,选择条件成熟的区域电网,通过设立独立的区域电力调度交易中心,保留区域电网公司的输电网络所有权,剥离调度分配权力,进而把参与电力市场的各个主体统一到区域电力调度交易中心进行合同交易和现货交易,通过开放输电网络,提供有偿服务,逐步允许发电公司、独立配电公司与大用户双边交易,从根本上打破由电网公司垄断电力收购和销售的情况。

目前,中国已经开始试点运行两个区域电力市场,即东北电力市场和华东电力市场。东北电网最早形成体系的跨省电网,长期以来实行统一规划建设和调度管理,其综合电价水平也比较接近,非常有利于新的电价定价机制的形成。1999 年,东北三省就率先实行电力市场化改革试点,并确立了东北电力市场建设的三个阶段性目标,即以厂网分开、竞价上网为标志的初期目标;以输配分开、开展发电公司与独立配电公司和大用户双边交易为标志的中期目标;以在售电端引入竞争机制、实现所有市场主体参与的全面竞争为标志的远期目标。初期,采取单一过渡电价、有限电量竞争模式;中期,国家出台两部制电价政策后,采取两部制电价、全电量竞争模式;远期,实行单一制电价、全电量竞争模式。为避免现货市场价格非正常涨跌,对发电侧上网竞价实行最高和最低限价,输配电价由政府确定。同时,东北电力市场还搭建了区域电力交易平台,交易方式分为远期合同交易和现货交易,以远期合同交易为主。初期采取由区域电网公司统一购电,发电企业竞价上网的方式；之后将逐步过渡到多边交易方式，实现部分电量竞争定价；随着市场发育的成熟、技术支持系统的完善和电价制度改革的深化，将逐步加大竞争力度，最后实现全电量市场竞争，并在售电端引入竞争机制，建立电力期货、期权等电力金融市场。东北电力市场作为全国首家正式启动的区域性电力市场，其试点运行标志着中国电力市场化改革迈出了实质步伐。

（2）电价配套改革

电价改革是未来电力市场化改革的一个重点和难点，2005 年国家发改委出台的一系列暂行办法并不是最终的改革目标，而仅仅是一种过渡措施。电价配套改革的方向，近期是在现有电力体制的基础上，通过建立区域电力市场，在上网电价方面实现适度竞争的竞价上网机制，在输配电价方面实现"两部制电价"的构想，在销售电价方面实现居民电价采取"阶梯电价"，并将农村电价逐步纳入到阶梯电价体系中，对于工商业电价，则与上网电价实行联动，在具备条件的区域电力市场，可以试行工商业用户直接供电交易，由发电企业和大用户直接确定销售电价。从长远来看，最终的目标仍是建立完善的电力批发市场机制，实现生产、输配和销售电价分开，发电、售电价格由市场竞争形成，输配电价格由政府制定。

（3）电力投资体制改革

目前中国的电力投资领域仍是秉持 20 世纪 80 年代国家鼓励多家办电、多渠道筹资办电政策，由政府和国有企业主导的电力投资体制。虽然进行了几次全国性的电力资源整合，但电力投资体制依然存在问题。主要矛盾在于中央与地方的利益分配不平衡，导致电力投资项目效率低下。比如在中部地区，就出现过央企兴建的机组由于水能不足而停止发电，但地方政府和电力企业投资兴建的小机组却日夜运转。这样的电力投资体制必然导致投资回报率降低，进而影响到对未来电力资源的投资。从纵向来看，发电企业与供电企业、供电企业与用户之间的分配也有待改进。发电企业投资缺乏效率，导致供电企业成本加大，而供电企业机构臃肿，也增加了用电企业的负担。用电企业为了降低成本，不得不采用偷电或拖欠电费的方式应对电力部门。这样一来，就围绕着电力供应问题出现了恶性循环。如果不能理顺不同投资主体之间的关系，不能理顺电力供应上下游各部门之间的关系，中国的电力紧张问题还会长期存在。

电力投资体制改革就是实现电力投资的多元化，有效发挥市场的作用，同时也能降低电力运营中的风险。更重要的是，市场主体的广泛参与，可以防止政府投资的盲目性和低效性，最大限度地满足未来用户的需求。美国加州电力危机就说明政府控制电价，又控制投资规模，结果将导致市场配置资源的作用难以有效发挥，造成电力紧张。改革电力投资体制，首先必须改革电力投资的审批制度，目前装机容量 12.5 万千瓦及以上的新建电厂都要经过国家发改委能源司审批项目、价格司审批价格，每个机组都要审批，不仅造成审批权高度集中，而且难以在项目建设上形成竞争机制。未来可以采取以下操作模式：国家发改委确定一段时期内的电力项目总体规划，采取招投标机制，由多元化的市场主体参与竞争，进行建设和管理。第二，电网投资多元化，目前输电电网属于自然垄断，由两家电网公司负责投资建设，未来的改革有必要将两家电网公司再次进行分割和划分，形成以区域电网公司为主体的多元化电网投资模式，项目投资的可行性和经济性评价，由企业根据市场情况自主判断，自己承担投资后果，国家电力监管委员会则从规划、环保评价和资质审查等方面进行监管。第三，调整和完善电力投融资政策，适当加大对电力投资的政策支持力度，包括实行更为开放的市场准入制度，鼓励非国有企业投资电源建设，甚至通过资本市场进行项目融资，促进投资结构和投资主体多元化。

（4）电力金融市场的构建

电力金融市场是电力市场发展的高级阶段和必然趋势，也是中国电力市场发展的方向和目标。随着区域电网建设的推进，华北、东北、华中三大电网已实现交流同步互联，华中与华东、华中与西北、华中与南方电网已实现直流互联，跨区域的电力交易也开始活跃起来。其中，南方电网区域内跨省电力交易主要是云南、贵州、广西送广东，跨区交易主要是国家电网送南方电网，以及三峡水电站输送南方电网等。目前，交易的类型主要是长期的固定合同和短期的余缺互济；交易的模式既有政府组织协调的交易，也有交易主体间双边协商的交易；交易的主体既有点对网交易,也有网对网交易。短期内,因为没有现货市场的条件和基础,中国的电力期货市场是不可能建立起来的。但是可以先以跨省、区电力交易为切入点,从跨省、区年度电力交易和月度的调剂交易入手,建立电力远期合约市场;其次以区域电网为基础,将系统调度中心逐渐独立出来,建立区域现货交易市场。中期目标是在全国统一电力交易中心建立统一电力交易平台,有序开展金融性远期合约、差价合约、发电容量和输电权合约等电力衍生金融产品的交易。远期目标是发展集中竞价的电力期货市场,开展跨区域电力期货、期权交易,并形成统一的、多层次的一体化电力市场(见表5-6)。

表5-6　电力金融市场的阶段性建设方案

市场阶段	短　期	中　期	长　期
目标	以现有跨区域电力交易为基础,建立初级的实物远期合约交易市场和跨省区电子交易平台	规范电力远期合约交易,开展远期合约、差价合约等电力场外衍生金融产品的交易	建立区域电力现货市场、统一的电力期货市场,形成多层次、一体化的电力市场
条件	理顺电网、电厂的产权关系,明确输电价格或长期输电协议价格以及网损费用的分摊规则等	电力工业重组,电网系统进行二次重组,将系统调度权利逐渐转移到独立的调度中心	在有条件的区域电网建立现货市场,设立电力金融交易所和统一的电力期货市场
交易主体	参与跨省区电力交易的电厂,区域电网公司、省一级电力公司	参与跨省区电力交易的电厂,区域电网公司、省一级电力公司,符合条件的电力大用户	除前述参与者外,还有独立发电商、配电商、机构投资者、做市商等交易者
交易品种	年度实物远期合约、月度实物合约、发电权转让合约	金融远期合约、差价合约	电力期货、期权,金融输电权

参 考 文 献

[1] 曾鸣,孙昕,张启平. 电力市场交易与电价理论及其应用[M]. 北京:中国电力出版社,2003

[2] 杨昆,孙耀唯,梁志宏. 电力市场及其目标模式[M]. 北京:中国电力出版社,2007

[3] 杜怀松,温布瀛. 电力市场(第3版)[M]. 北京:中国电力出版社,2008

[4] 施泉生,李江. 电力金融市场[M]. 北京:中国电力出版社,2008

[5] 周四清. 电力市场交易策略行为研究[M]. 北京:科学出版社,2009

[6] 井志忠. 从垄断到竞争——日、美、欧电力市场化改革的比较研究[M]. 北京:商务印书馆,2009

[7] 甘德强,杨莉,冯冬涵. 电力经济与电力市场[M]. 北京:机械工业出版社,2010

[8] 刘振亚. 中国电力与能源[M]. 北京:中国电力出版社,2011

[9] 林伯强. 电力消费与中国经济增长——基于生产函数的研究[J]. 管理世界,2003(11):18~28

[10] 林伯强. 电力短缺、短期措施与长期战略[J]. 经济研究,2004(3):28~37

[11] 林伯强. 中国电力工业发展:改革进程与配套改革[J]. 管理世界,2005(8):146~158

[12] 林伯强. 中国电力发展:提高电价和限电的经济影响[J]. 经济研究,2006(5):115~127

[13] 张钦,王锡凡,王建学等. 电力市场下需求响应研究综述[J]. 电力系统自动化,2008,30(3):97~107

[14] 吴军,涂光瑜,罗毅等. 电力市场交易方式分析[J]. 电力系统自动化,2004,26(12):24~31

[15] 张少华,李渝曾,王长军等. 电力市场中的远期合同交易[J]. 电力系统自动化,2004, 23(5):6~12

[16] 仇明. 英国与世界电力改革及其对我国的启示[J]. 数量经济技术经济研究,2002(1): 117~122

[17] 井志忠,刘月君. 日、美、欧电力市场化改革分析[J]. 东北亚论坛,2004,13(1):64~68

[18] 王秀丽,宋永华,王锡凡. 英国电力市场新模式——结构、成效及问题[J]. 中国电力, 2003,36(6):1~6

[19] 王斌,江健健,康重庆等. 美国标准电力市场(SMD)的主要设计思想及其对我国电力市 场设计的启迪[J]. 电网技术,2004,28(16):21~27

[20] 文福拴,A. K. David. 加州电力市场失败的教训[J]. 电力系统自动化,2001,20 (3):1~6

[21] 言茂松,李玉平,辛洁晴等. 从加州电力危机看稳健的当量电价体系[J]. 电网技术, 2004,25(6):8~18

[22] 魏玢. 美国 PJM 电力市场及其对我国电力市场化改革的启示[J]. 电力系统自动化, 2003,22(8):32~36

[23] 魏玢,马莉. 欧盟电力市场化改革最新进展及启示[J]. 电力技术经济,2007,19 (2):14~19

[24] 杜立民,史晋川. 电力市场中市场力的监测:一个综述[J]. 浙江大学学报(人文社科 版),2007,37(4):153~162

[25] 张显,王锡凡. 电力金融市场综述[J]. 电力系统自动化,2005,29(20):1~10

[26] 李虹. 电力市场设计:理论与中国的改革[J]. 经济研究,2004(11):119~129

[27] Aber J. W. , Santini D. L.. Hedging Effectiveness Using Electricity Futures[J]. Derivatives Use, Trading & Regulation,1993,9(1):7~27

[28] Amundsen E. S. , Singh B.. Developing Futures Market for Electricity in Europe[J]. Energy Journal,1995(13):95~112

[29] Avsar S. G. , Doss B. A.. Forecast Errors and Efficiency in the U. S. Electricity Futures Market[J]. Australian Economic Papers,2001,40(4): 479~499

[30] Bessembinder, H. , Lemmon, M. L.. Equilibrium Pricing and Optimal Hedging in Electricity Forward Markets[J]. Journal of Finance,2002(57): 1347~1382

[31] Bjorgan R. ,et al.. Financial Risk Management in a Competitive Electricity Market[J]. IEEE Trans. on Power Systems,1999,14(4): 1285~1291

[32] Borenstein S. , Bushnell J.. An Empirical Analysis of the Potential for Market Power in California's Electricity Industry[J]. Journal of Industrial Economics,1999,47(3):285~323

[33] Borenstein S. , Bushnell J. B. , Wolak F.. Measuring Market Inefficiencies in California's Restructured Wholesale Electricity Market[J]. The American Economic Review,2002,92 (5):1376~1405

[34] Burger, M. , Klar, B. , Müller, A. , Schindlmayr, G.. A Spot Market Model for Pricing Derivatives in Electricity Markets[J]. Quantitative Finance,2004(4):109~122

[35] Bushnell J. , Knittel C. R. , Wolak F.. Estimating the Opportunities for Market Power in a Deregulated Wisconsin Electricity Market[D]. Working Paper,2006

[36] Bystr? m, H. N. E.. The Hedging Performance of Electricity Futures on the Nordic Power Exchange[J]. Applied Economics,2003(35):1~11

[37] Christie R. D. , Wollenberg B. F.. Transmission Management in the Deregulated Environment[J]. Proceedings of the IEEE,2000,58(2):170~195

[38] Christopher J. D., Benjamin F. H., Jong-Shi Pang. Oligopolistic Competition in Power Networks: a Conjectured Supply Function Approach[J]. IEEE Transactions Power Systems, 2002,17(3): 597~607

[39] Chung T. S., et al.. Strategic Forward Contracting in Electricity Markets:Modeling and Analysis by Equilibrium Method[J]. IEEE Proceeding: Generation Transmission and Distribution,2004,151(2): 141~149

[40] Conejos A. J., et al.. Price Taker Bidding Strategy Under Price Uncertainty[J]. IEEE Transactions on Power Systems,2002,17(4):1081~1088

[41] Contreras J., Candiles O., et al.. Auction Design in Day-ahead Electricity Markets [J]. IEEE Transactions on Power Systems,2001,16(3):409~417

[42] Crespo J. G., Giacchino L.. Improving Market Power Mitigation Rules for Peaking U-nits[J]. The Electricity Journal,2003,16(8):47~60

[43] David A. K.. Competitive Bidding in Electricity Supply[J]. IEEE Proceedings: Generation, Transmission and Distribution,1993,40(5):421~435

[44] David A K.. Modeling Risk in Energy Contracts with Investor Owned Generation[J]. IEEE Generation Transmission and Distribution,1994,41(1): 75~80

[45] Deng. Pricing Electricity Derivatives under Alternative Stochastic Spot Price Models [D]. Working Paper,2000

[46] Elia E., et al.. Novel Methodology for Simulation Studies of Strategic Behavior of Electricity Producers[J]. Washington: IEEE Power Engineering Society Summer Meeting, 2000: 2235~2241

[47] Elmaghraby W. J.. Multi-unit Auctions with Complementarities: Issues of Efficiency in Electricity Auctions[D]. Berkeley University of California Working Paper,1998

[48] Elmaghraby W. J., Oren S. S.. The Efficiency of Multi-unit Electricity Auctions[J]. The Energy Journal,1999,20(4): 89~116

[49] Gedra T. W., Varaiya P. P.. Markets and Pricing for Interruptible Electric Power[J]. IEEE Transaction on Power Systems,1993,8(1):122~128

[50] Gedra T. W.. Optional Forward Contracts for Electric Power Markets[J]. IEEE Transaction on Power Systems,1994,9(4): 1766~1773

[51] Ghosh K., Ramesh V. C.. An Options Model for Electric Power Markets[J]. Electrical Power and Energy Systems,1997,19(2): 75~85

[52] Green R. J., Newbery D. M.. Competition in the British Electricity Spot Market[J]. Journal of Political Economy,1992,100(5):929~953

[53] Green R. J.. Increasing Competition in the British Electricity Spot Market[J]. The Journal of Industrial Economics,1996,44(2):205~216

[54] Green R. J., Newbery D. M.. The Electricity Contract Market in the England and Wales[J]. Journal of Industrial Economics,1999,47(5):107~124

[55] Guthrie G., Videbeck S.. Approaches to Assessing Market Power in Electricity Markets[D]. Working Paper,2006

[56] Harvey S. M., Hogan W. W.. Market Power and Market Simulations[D]. Working Paper,2006

[57] Hogan W.. Contract Networks for Electric Power Transmission[J]. Journal of Regulatory Economics,1992,4(3):211~242

[58] Hogan W.. Competitive Electricity Market Design: A Wholesale Primer[D]. Harvard University Working Paper,1998

［59］Johnson R. B. , Oren S. S. , Svoboda A. J. . Equity and Efficiency of Unit Commitment in Competitive Electricity Markets［J］. Utilities Policy,1997,6(1)：9～19

［60］Jonathan S. , Moulton. California Electricity Futures：The NYMEX Experience［J］. Energy Economics,2005,27(1)：181～194

［61］Joskow P. L. . California's Electricity Crisis［J］. Oxford Review of Policy,2001,17(3)：365～388

［62］Joskow P. L. , Kahn A. E. . A Quantitative Analysis of Pricing Behavior in California's Wholesale Electricity Market During Summer 2000［J］. Energy Journal,2002,23(4)：1～35

［63］Kahn A. E. , Carmton P. C. , Porter R. H. . Uniform Pricing or Pay-as-bid Pricing：A Dilemma for California Electricity Market［J］. The Electricity Journal,2001,14(6)：70～79

［64］Kamat R. , Ores S. S. . Exotic Options for Interruptible Electricity Supply Contracts ［D］. University of California Energy Institute Working Paper, 2000

［65］Kaye R. J. , Outhred H. R. , Bannister C H. . Forward Contracts for the Operation of an Electricity Industry Under Spot Pricing［J］. IEEE Transaction on Power Systems,1990,5(1)：46～52

［66］Kim D. W. , Knittel C. R. . Biases in Static Oligopoly Models：Evidence from the California Electricity Market［J］. Journal of Industrial Economics,2006,54(4)：451～470

［67］Klemperer P. D. , Meyer M. A. . Supply Function Equilibrium in Oligopoly Under Uncertainty［J］. Econometric,1989,57 (6)：1243～1227

［68］Li C. A. , Svoboda A. J. . Revenue Adequate Bidding Strategies in Power Systems Competitive Electricity Market［J］. IEEE Transactions on Power Systems,1999,14(2)：492～499

［69］Longstaff, F. A. , & Wang, A. W. . Electricity Forward Prices：A High Frequency Empirical Analysis［J］. Journal of Finance,2004(59)：1877～1900

［70］Lucia, J. J. , Schwartz, E. S. . Electricity Prices and Power Derivatives：Evidence from the Nordic Power Exchange［J］. Review of Derivatives Research,2002(5)：5～50

［71］Madrigal M. , Quintana V. H. . Existence and Determination of Competitive Equilibrium in Unit Commitment Power Pool Auctions［J］. IEEE Power Industry Computer Applications Conference, 2001：253～257

［72］Mount T. . Market Power and Price Volatility in Restructured Markets for Electricity ［J］. IEEE Proceedings of the 32nd International Conference on System Sciences,1999

［73］Newbery D. M. . Competition, Contracts, and Entry in the Electricity Spot Market［J］. Rand Journal of Economics,1998,29(4)：726～749

［74］Peng Tengshu, Tomsovic K. . Congestion Influence on Bidding Strategies in an Electricity Market［J］. IEEE Transactions on Power Systems,2003,18(3)：1054～1061

［75］Perez-Arriaga I. J. , Rubio F. J. , Puerta J. F. . Marginal Pricing of Transmission Services：an Analysis of Cost Recovery［J］. IEEE Transactions on Power Systems,1995,10(2)：546～553

［76］Puller S. . Pricing and Firm Conduct in California's Deregulated Electricity Market［J］. Review of Economics and Statistics,2007,89(1)：75～87

［77］Rothkopf M. H. . Daily Repetition：A Neglected Factor in Analyzing Electricity Auctions［J］. The Electricity Journal,1999,12(3)：60～70

［78］Rudniek H. , Palma R. . Marginal Pricing and Supplement Cost Allocation in Transmission Open Access［J］. IEEE Transactions on Power Systems,1995,10(3)：1125～1142

［79］Sascha Wilkens, Jens Wimschulte. The Pricing of Electricity Futures：Evidence from the European Energy Exchange (EEX) ［J］. Journal of Futures Markets,2007,27(4)：387～410

［80］Schweppe F. C. , Tabors R. D. . A Comprehensive Survey［J］. IEEE Transactions on Power Systems,1980,99(3)：1151～1163

[81] F. C. Schweppe, et al.. Evolution of Spot Price Based Electricity Rates[J]. IEEE Transactions on Power Systems,1985,104(7): 1644~1655

[82] Scott B., Alasc O.. Fast Decupled Load Flow[J]. IEEE Transactions on Power Systems,1974,93(3):859~869

[83] Shawky H. A., Marathe A. M., Barren C. L.. A First Look at the Empirical Relation Between Spot and Futures Electricity Prices in the United States[J]. Journal of Futures Markets,2003,23(10): 931~955

[84] Sheffrin A.. Predicting Market Power Using the Residual Supply Index[D]. California Independent System Operator Working Paper,2002

[85] Singh H., Hao S.. Transmission Congestion Management in Competitive Electricity Markets[J]. IEEE Transactions on Power Systems,1998,13(2):672~680

[86] Tavlapco E., Lawarree J., Liu C. C.. Hedging with Futures Contracts in a Deregulated Electricity Industry[J]. IEEE Trans. on Power Systems,2002,17(3):577~582

[87] Vassilopoulos P.. Models for the Identification of Market Power in Wholesale Electricity Markets[D]. Working Paper,2006

[88] Von der Fehr N., Harbord D.. Spot Market Competition in the UK Electricity Industry[J]. The Economic Journal,1993,103 (418):531~546

[89] Walls W.. Volatility, Volume and Maturity in Electricity Futures[J]. Applied Financial Economics,1999,9(3):283~287

[90] Wolak F.. Measuring Unilateral Market Power in Wholesale Electricity Markets: the California Market(1998—2000)[J]. The American Economic Review,2000,93(2) :425~430

[91] Wolfram C. D.. Strategic Bidding in a Multiunit Auction: an Empirical Analysis of Bids to Supply Electricity in England and Wales[D]. National Bureau of Economic Research Working Paper,1997

[92] Wolfram C. D.. Measuring Duopoly Power in the British Electricity Spot Market[J]. The American Economic Review,1999,89(4): 805~826

[93] Zhe L., Yang Y. D.. Electricity Future Market Efficiency Testing: the Characteristics of Electricity Prices[J]. The 7th International Power Engineering Conference Paper Collection,2005,868~873

附　录

附表 5-1　纽约商品交易所 PJM 电力期货合约

	谷荷合约	峰荷合约	
交易单位	763 兆瓦时/手	920 兆瓦时/手	
最小变动单位	0.05 美元/兆瓦时	报价单位	美元
涨跌停板	30 美元/份		
交易时间	纽约时间周日晚 7:00 至周五下午 2:30,每天下午 2:30 至 3:15,休市 45 分钟,互换交易或期转现交易时间可延迟至 2:40		
合约月份	N 至 N+3 年内共 48 个月份,当年 12 月合约停止交易后,新合约上市		
峰荷日	周一至周五,不包括北美电力协会(NERC)的假期		
峰荷时段	上午 7:00 至下午 11:00		

（续表）

	谷荷合约	峰荷合约
非峰荷时段	从周一至周五的上午 0:00 至上午 7:00，以及下午 11:00 至上午 0:00，包括整个周六和周日以及 NERC 规定的假日	
参考电价	基于 PJM 西部网络中心峰荷日中 16 个峰荷时段的当地边际电价的算术平均值	
交割方式	现金交割	交割率	2.5 兆瓦
交割时间	交割月前一个月的最后交易日至任一交易日结束	
交割数量	2.5 兆瓦×16 小时×峰荷日数	
商品代码	QJ	

附表 5-2　纽约商品交易所 PJM 电力期货期权合约

交易对象	一份 PJM 电力期货合约
交易月份	12 个连续月份，加上最初挂牌的，距到期日 18、24、36 个月的期权合约
价格波动范围	没有限制
最后交易日	该期权合约对应的期货合约到期日之前一个工作日收市时结束
期权的行使	下午 5:30 以前由结算所执行，或在期货结算价过账 45 分钟后
期权行权价格	20 个在平值期权（at the money）执行价格基础上，以 0.5 美元/兆瓦时为波幅的执行价格，另外的 10 个执行价格分别为高于最高价的，以 2.5 美元/兆瓦时为增幅；低于最低价的，以 0.5 美元/兆瓦时为跌幅。在 50 美元以上，除了平值期权执行价格，其他执行价格按 2.5 美元的增量被列出，平值期权是在最接近前一个交易日的期货合约结算价的基础上增加 0.5 美元
保证金要求	卖空期权需交保证金，买入期权的保证金不超过其权利金

附表 5-3　芝加哥期货交易所电力期货合约

合约名称	ComEdK 电力合约		TVA 电力合约
交易单位	1680 兆瓦时/手	报价单位	美元
最小变动单位	0.01 美元/兆瓦时(16.8 美元/手)		
涨跌停板	近月合约后一月前一交易日结算份的±7 美元/兆瓦时		
交易时间	芝加哥时间上午 8:00 至下午 2:40		
合约月份	1 至 12 月，可交易合约数量依据 CBOT 董事会报告		
持仓限制	据 CBOT 董事会报告		
报告头寸	25 手(每份合约)		
最后交易日	交割月的第一个公历日前数第四个交易日		
交割地点	芝加哥联邦爱迪生公司管辖区域		田纳西州流域管理局管辖区域
交割方式	实物交割	交割率	5 兆瓦
交割时间	交割月的高峰用电时段的任何时间(上午 6:00 至下午 10:00)		
交割数量	交易数量取决于交割月中高峰用电的天数，月峰荷日为 19、20、21、22、23 日的交割数量分别为 1520 兆瓦时、1600 兆瓦时、1680 兆瓦时、1760 兆瓦时、1840 兆瓦时		
商品代码	BZ		BA

附表 5-4　伦敦国际石油交易所(IPE)电力期货合约

	谷荷合约		峰荷合约
交易单位	1 兆瓦时/手,24 兆瓦时/天		1 兆瓦时/手,12 兆瓦时/天
最低交易手数	10 手	报价货币	英镑
最小变动单位	1 便士/兆瓦时	涨跌停板	无
交易时间	EFA 时间上午 8:00 至下午 6:00		EFA 时间上午 7:00 至下午 7:00
合约月份	月度合约:1 至 12 月;季度合约:当年四个季度加上次年前两个季度;季节(半年度)合约:连续四个半年合约;春季合约:当年 4 月第一个交易日至 9 月最后一个交易日;冬季合约:当年 10 月第一个交易日至次年 3 月最后一个交易日		
最后交易日	交割月的第一个 EFA 公历日的前数第二个交易日		
交割方式	电力账户中的转账,交易双方需通过各自的能源合约交易通知代理机构向能源合约交易总代理机构汇报后方能交割		
交割率	1 兆瓦(基于 EFA 公历,每个 EFA 公历日是从 23:00 至次日的 23:00)		
交割时间	每个交易日结算时间中的每半个小时进行一次		交割期的每个交易日的早 7:00 至晚 7:00,每半小时进行一次

第六章

环境金融与节能减排

环境金融(Environmental Financing)也称为可持续金融(Sustainable Financing)或绿色金融，是 20 世纪 90 年代末兴起的概念。简单而言，环境金融就是借助金融市场来促进环境问题的解决。具体而言，环境金融是指金融机构在业务经营的过程中，通过主动识别环境风险和机会，设计相应的金融创新产品，为协调经济发展与环境保护提供融资平台和相应的金融工具。

金融机构在环境金融领域发挥着重要作用，凭借其在资产定价和风险管理上的优势，在信贷、投资、保险等领域，将环境风险因素引入其经营业务，进行相应的金融产品创新，协调经济发展和环境保护的关系，实现环境风险规避和人类社会的可持续发展。借助环境金融的理念，金融机构与节能减排可以进行良性互动，一方面金融机构可以为节能减排提供投融资平台以及规避、转移环境风险的金融工具，促进环境友好型社会的发展；另一方面节能减排也为金融机构发展提供新的契机，分享环境友好型社会的发展成果，促进金融业的长期稳定、可持续发展。

节能减排项目具有很强的环境效益，能够改善社会福利。但是在项目开发的初期，由于投资规模较大，即期经济效益不确定，投资存在一定风险。资金问题成为节能减排的瓶颈。这一瓶颈的解决就需要依靠金融机构发挥金融中介的作用，积极参与节能减排活动。金融机构可以通过对项目风险评估，设计融资模式和开发创新业务，解决节能减排项目融资和风险控制问题。同时，吸引私人投资，扩大融资渠道，构建多元化的投融资体系，利用金融系统的经济杠杆和利益传导作用会实质性地影响稀缺资源的配置、投资的参与和资本方向的引导，进而直接影响节能减排的最终成效。

本章首先对环境金融演化发展状况进行介绍，对金融机构在信贷、投资和保险领域开展的环境金融业务的基本状况和运作原则进行分析。其次，定义节能减排的概念，介绍节能减排的动力与机制、措施与成本、国际合作框架以及节能与环境金融创新的关系，并对金融机构与节能减排、节能减排的融资模式、相关创新产品及交易平台进行阐述。最后，介绍环境金融在中国的发展状况及未来的发展方向，分析今后中国的节能减排与金融机构的合作前景，指出未来其主要的合作领域、基本途径和发展方向。

第一节　环　境　金　融

环境金融的产生源于人类社会对环境风险[①]的认识，并希望通过金融创新来规避、减少环境风险的行为。目前，学术界对于环境金融尚未形成一个完整的理论体系。Cowan(1999)认为环境金融是环境经济学与金融学的交叉学科，探讨如何融通发展环境经济所需资金。Labatt 和White(2002)认为环境金融就是通过金融创新的形式，为减少环境污染、保护生态平衡、节约自然资源提供一条新的融资途径，强调环境金融创新必须在满足金融市场基本功能属性的同时实现转移环境风险、减少排放等环境目标。Gradel 和 Allenby(2003)则从产业经济学理论的视角，将环境金融视为环境产业发展的金融支持，强调金融部门与环境产业的合作，引导社会资本向环境

---

① 环境风险指在某一目标下环境质量遭受破坏的潜在危险，即由于人类活动，或人类活动与自然界的运动过程的共同作用，通过环境介质传播，造成人类社会及其赖以生存、发展的环境产生破坏、损失乃至毁灭性作用等不利后果的事件的发生概率。

友好型产业倾斜,达到优化资源配置的效果。

1992 年,联合国环境规划署(UNEP)发表的《银行和保险业关于环境可持续发展的声明》(*Banks and Insurers on Environment and Sustainable Development*)是国际金融机构开始系统实施环境金融的标志。声明在世界范围内得到积极响应与支持,已有 33 个国家的 200 多个金融机构在声明上签字。声明强调金融机构有义务对其开展的业务活动采取相应的环境保护措施并使之透明化,提供环境评估报告和环境行为标准,主要包涵环境政策、环境指标、环境管理制度文件以及有关采购、废物处理等内容。声明表明金融机构要承担可持续发展的义务与责任,对环境管理采取谨慎措施,并致力于培养公众的环境保护意识。

1997 年,UNEP 与世界主要银行和保险公司成立了金融机构自律组织(UNEP Finance Initiative),其成员包括商业银行、投资银行、风险投资机构、资产管理机构、多边发展银行及保险机构等,目前有来自 45 个国家的 200 多个银行和保险公司机构成为签约方。该组织的主要作用就是将环境理念整合到金融部门的运营和服务中,鼓励私人部门为环境友好型的技术和服务产品投资,促进可持续发展和环境友好的业务实践,达到经济、环境和社会的和谐发展。此后的年度金融与环境圆桌会议更加反映出环境问题在金融领域的重要性,对金融机构如何处理环境问题提出许多指导性建议。

环境金融作为金融学的一个分支,是对传统金融理论的创新,是将解决环境保护、生态平衡、气候变化、资源枯竭等困扰人类社会长期发展的问题作为金融市场发展的目标,同时,强调在社会经济发展过程中,金融机构在业务经营的各个环节中,应该主动识别环境风险和机会,通过设计相应的金融创新产品,为协调经济发展与环境保护提供融资平台和相应的金融工具。

环境金融体系由监管、市场、机构和产品四部分构成:环境金融的监管不仅包括银行、证券、保险等金融监管当局,还涉及政府的审核、监测、评估等环保管理部门,监管的法律依据横跨金融、环保等多个相关领域;环境金融的市场既包括传统的银行信贷、证券和保险市场,也包括排放权、节能量、可再生能源配额等创新市场;参与环境金融的金融机构既包括商业银行、证券公司和保险公司,也包括各类机构投资者;环境金融产品除了绿色信贷外,还包括支持可持续发展的各类环境基金(如碳基金、生态基金等)、各类环境保险产品(如环境灾害责任险、巨灾债券等)以及环境金融衍生产品(如碳期货、期权等)等。

一、信贷

环境金融源于金融业的企业社会责任(corporate social responsibility,CSR)意识的兴起,即作为社会经济重要的融资渠道的银行,其经营不再单纯从利润出发,而是有责任对重大项目进行评估、监督,充分考虑贷款项目产生的环境和社会问题将给其带来的不良声誉和经营风险,即实现所谓"绿色信贷"。

Marcel(2001)将银行对待环境保护的态度分为抗拒(defensive)、规避(preventive)、积极(offensive)和可持续发展(sustainable)4 个阶段。抗拒阶段,银行对环境问题的关注只能增加成本而没有任何收益,因而采取抗拒态度,目前发展中国家的银行多处于这一阶段;规避阶段,银行希望将环境影响的外部性逐步得以内部化,开始关注环境问题带来的负面影响,规避环境风险、降低运营风险的策略最受欢迎,发达国家的银行多处于这一阶段;积极阶段,银行已经从环境保护、生态平衡、气候变化等长期困扰人类社会发展的难题中主动发现商机,采取更加积极的手段,设计相关的金融产品,开展相关的业务,为人类社会可持续发展提供帮助,少数发达国家银行已经步入了这个阶段;在可持续发展阶段,银行的一切商业活动都与社会可持续发展相一致,整个经济系统与环境协调发展。

（一）赤道原则

赤道原则(Equator Principles,EPs)的引入[①]，第一次把项目融资中模糊的环境和社会标准明确化、具体化，为银行评估和管理环境与社会风险提供了一个操作指南。这套非官方规定的、由全球主要金融机构根据国际金融公司(IFC)政策和指南制定的自愿性原则规定，宣布实行赤道原则的金融机构必须制定与该原则一致的内部政策和程序，并对项目融资中的环境和社会问题尽到审慎性审核调查义务，只有在项目发起人能够证明项目在执行中会对社会和环境负责并会遵守赤道原则的情况下，才能对项目提供融资。目前赤道原则已成为国际项目融资的新标准和国际金融机构的发展战略。根据金融数据供应商 Dealogic 的统计数据[②]，截至2009年底，已有包括花旗、渣打、汇丰等在内的67家国际银行明确实行赤道原则，其业务量在全球项目融资中的份额占到85%以上。世界银行、亚洲开发银行、美国和欧盟的双边开发机构和进出口信贷机构也都已经实行赤道原则，把环境因素纳入贷款、投资和风险评估程序。

赤道原则列举了赤道银行(实行赤道原则的金融机构，EPFI)做出融资决定时需依据的特别条款和条件，共有9条。在实践中，赤道原则虽不具备法律条文的效力，但却是金融机构不得不遵守的行业国际准则。

原则1：评审和分类。即根据国际金融公司(IFC)的环境与社会审查标准而制定的内部指南，基于项目潜在的影响和风险量级对此项目进行分类。

原则2：社会与环境评估报告。IFC根据项目潜在的社会和环境风险程度进行的分类。规定了 A 类项目和 B 类项目的环境评估要求，包括环境影响评估、社会影响评估和健康影响评估以及更深层次的要求。评估报告还应针对被提议项目的性质和规模提出有关缓解和管理的适当措施。

原则3：适用的社会与环境标准。环境评估报告不仅要遵守国际金融公司(IFC)的环境与社会审查标准，而且应充分尊重东道国现行的法律、法规，对于非 OECD 国家及 OECD 非高收入国家的项目，报告还需确定适用的遵循国际金融公司(IFC)的标准和指引[③]。

原则4：行动计划与管理体系。对于非 OECD 国家以及 OECD 非高收入国家的所有 A 类和 B 类项目，借款人需要准备一个行动计划，论证有关决定并吸收评估报告的结论，描述并区分必要缓释措施、纠正措施和监测措施实施的行动次序，以管理评估中识别出的影响和风险。同时，借款人必须建立一个环境与社会管理体系，按照行动计划所明确的方案，设法解决这些影响、风险以及所需纠正行动的管理问题，以遵循所适用的东道国社会和环境方面的法律、监管规定。

原则5：磋商和信息披露。对于非 OECD 国家以及 OECD 非高收入国家的所有 A 类及适当的 B 类项目，政府、借款人或第三方专家需以适当方式向受项目影响的个人和团体，包括土著民族和当地的非政府组织，征求意见进行磋商；环境评估报告或其摘要需在合理的最短时间内进行信息披露，以当地语言和合适的方式为公众所获得；环境评估和环境管理方案要考虑公众的这些意见，对于 A 类项目还需独立的专家审查。

原则6：投诉机制。投诉机制作为管理体系的组成部分，可使借款人接收受项目影响社区的个体或团体所提出的关于项目环境与社会问题的担忧和投诉，并推动问题的解决。借款人必须承诺将投诉机制的流程告知所影响的社区，并确保该机制以文化上适当的方式及时、透明地解决关注的问题。

原则7：独立评审。对于所有 A 类和必要的 B 类项目，需要有一个与借款人非直接关联的、

---

① 2002年10月，世界银行下属的国际金融公司(IFC)和荷兰银行等9家银行在伦敦主持召开会议讨论项目融资中的环境和社会问题，会后由荷兰银行、巴克莱银行和花旗银行等在国际金融公司环境和社会政策基础上共同起草了一套针对项目融资中有关环境与社会风险的操作指南，即所谓的赤道原则。

② 数据来源：http://www.equator-principles.com/。

③ 遵循国际金融公司(IFC)的标准和指引即国际金融公司的《社会和环境可持续性政策和绩效标准》及《行业特定环境、健康和安全导则》。

独立的社会和环境专家来审查评估报告、行动计划和磋商过程的文件记录,以帮助赤道原则金融机构尽职并评估赤道原则遵循情况。

原则8:违约救济。如果借款人没有遵守环境和社会约定,赤道银行将会迫使借款人切实可行地恢复到合规状态,如果借款人在协议的宽限期内不能恢复到合规状态,赤道原则金融机构保留行使补救措施的权利。

原则9:独立的监测和报告。为确保在整个贷款周期内持续进行监测和报告,对于所有A类和必要的B类项目,赤道原则金融机构将会要求任命一位独立的环境与社会专家,或者要求借款人继续拥有合格且经验丰富的外部专家来核实与赤道原则金融机构分享的监测信息。

赤道原则作为评估和管理社会与环境风险的操作指南,对于银行开展环境投融资活动,促进环境友好型社会发展具有重要的意义。Amalric(2005)指出赤道原则有助于建立银行间的更好的社会声誉机制,强化社会和环境风险对银行项目可行性评估的重要性,有助于提高贷款的安全性,同时也有助于减少关于大型项目的负面影响。通过实行赤道原则,金融机构将把环境和社会风险作为主要业务风险之一,在该领域的风险评估、规避和管理上开展广泛合作。经过近几年的发展和实践,赤道原则已经逐渐成为国际项目融资的行业标准和国际惯例。

赤道原则被直接运用于世界上绝大多数大中型和特大型项目中,但是有些项目在是否符合赤道原则方面也产生了较大争议,引起了全世界的关注。如"巴库—第比利斯—杰伊汉"输油管道工程[①]、萨哈林(库页岛)2号油气开发项目[②]和印度的纳尔马达大坝项目[③]等就存在很大争议。

实践表明,赤道原则也存在一些缺陷,在实际项目运作中得不到切实执行。首先是由于赤道原则的基于自愿的原则,某些EPFI没有真正按照赤道原则开展业务,而且有时被恶意规避赤道原则。例如,实力雄厚的项目发起人可能会利用股东的资金向一个项目自我融资,一旦项目完工或投入运营,就会进行再融资。同样,项目发起人可能寻求(或银行安排)资金的替代来源,如项目债券或类似的资本市场产品,或者银行融资的替代方式,如在项目发起人的担保下,提供直接的公司贷款给项目公司。另外,项目发起人也可能会把大项目肢解成几个1 000万美元以下的小项目。这些都暴露出EPFI对项目的影响是有限的,因为它们前期介入比较困难,一般在项目方案基本确定后,发起人才向金融机构融资。

(二)国际经验

目前,已有来自19个国家的53家金融机构宣布实行赤道原则,其业务遍及全球100多个国家,项目融资总额占全球项目融资市场总份额的80%以上。

1. 花旗银行

花旗银行是赤道原则的主要发起人、规则制定者,也是绿色信贷的积极实践者。2003年,花旗银行就推出了环境与社会风险管理(ESRM)体系,通过把项目的环境与社会风险纳入银行风

---

① "巴库—第比利斯—杰伊汉"输油管道(Baku-Tbilisi-Ceyhan, BTC)横跨阿塞拜疆、格鲁吉亚和土耳其三国,全长1760公里,计划2004年建成,次年开始输油,年输送量为5 000万~6 000万吨,里海很大一部分石油资源经此管道直抵西欧。BTC项目是赤道原则下第一个A类项目,也是赤道原则的第一次重要实践。该项目由苏格兰皇家银行集团等9家赤道银行负责融资。世界野生动物基金、地球之友等非政府组织指出该项目有127处违反了赤道原则,因而反对贷款银团向该项目提供资金,并诉诸法律请求终止该项目。

② 萨哈林(库页岛)2号石油天然气项目是投资规模最大和争议最多的实行赤道原则的项目之一。非政府组织和原住民指责该项目威胁濒临灭绝的西部灰鲸的生存环境,破坏珍稀鱼类和鸟类的栖息地,并对该地区渔业发展造成严重影响。迫于压力,项目发起人委托世界自然保护联盟召集一个独立科学评估小组评估该项目对环境和生态的影响。1999年,俄罗斯的环保组织也向俄罗斯的法院提起诉讼。2005年,库页岛的原住民举行了两次抗议活动,并得到了国际声援。他们认为作为赤道银行的瑞士信贷第一波士顿银行、荷兰银行等不应该在这个项目中扮演财务顾问的角色,因为这个项目多处违反了赤道原则。2007年1月11日,欧洲复兴与发展银行(EBRD)宣布将不再考虑参与该项目的拨款。时至今日,3年前项目公司提交给多家跨国银行(其中6家为EPFI)和出口信用保险机构的融资和保险申请仍然没有得到批准。

③ 印度纳尔马达大坝(Narmada Dam)项目,是一项拟利用纳尔马达河河水进行灌溉、发电的综合工程。工程于1988年10月获得批准,两座电站原定于1995年投产发电,由世界银行和日本海外经济合作基金组织(OECF)提供财政援助。但是当地民间环保组织却极力阻止该工程上马,并进行了旷日持久的示威抗议,1995年4月争执被提交到印度最高法院,1999年2月,印度最高法院裁定大坝建设复工。目前,项目历经多年,仍处于停滞和争议状态。

险管理的范畴,实现从银行声誉、社会价值等角度来综合考虑项目对经济、社会、环境的影响。花旗银行还专门设立了一个环保和社会风险政策审查委员会,对业务部门提供绿色信贷风险管理的咨询服务。

花旗银行将ESRM体系运用于全球范围内的经营活动中,并将其嵌入到信贷管理系统中,对环保和社会风险评估实施严格的流程约束。对于超过1 000万美元的项目融资,花旗银行通常要通过以下四道程序。

第一道程序是对项目进行初步评估。客户经理提交一份详细的项目信贷分析报告,将包括项目背景及可能涉及的环境和社会风险。如果是属于赤道原则重点审查的、社会或环境风险较高的项目,则必须将该项目提交给环保和社会风险政策审查委员会进行审查,对其进行初步评估,判断其潜在的社会和环境风险是否符合绿色信贷标准。

第二道程序是对项目风险进行分类。如果初步环境风险评估获得通过,根据对项目潜在的社会、环境风险的评估,环保和社会风险政策审查委员会将按A、B、C三类[①]进一步对项目进行详细的分析、评估与分类,出具评估报告及项目可行性解决方案。

第三道程序是风险评估决策。由高级信贷风险总监负责审查上述评估报告及方案,然后由其提交一份是否提供项目融资的建议书给花旗更高级别的管理者。如果建议获得高级别管理者的认可,则可以提供项目融资。

第四道程序是项目监督管理。项目融资发放后,信贷资产管理团队必须按照赤道原则,对项目资金的使用情况、进程进行监督,并确保项目全过程是否合规,一旦发现出现相应的社会、环境风险,应按事先制定的方案进行处置。

2. 汇丰银行

2005年,汇丰银行荣获首届IFC和英国《金融时报》共同评选的年度"可持续银行金奖",以表彰其在推动环境金融发展方面所取得的成绩。汇丰银行早在2003年就采纳了赤道原则,并提出道德银行观的绿色金融理念,即在进行贷款和投资时,必须遵循国际公认的道德原则,充分考虑社会责任和人类长远发展利益。汇丰银行不仅将赤道原则适用范围从单一的项目融资扩展到项目咨询顾问以及与项目相关的其他服务,而且还制定项目融资的内部手册,以赤道原则规范所有的商业贷款,相继出台了林业、化工、能源、矿产等行业的融资指引,并特别规定了禁止介入的领域。

比如汇丰银行在中国的信贷业务就坚持参照国际标准和中国环保政策,实施可持续发展信贷政策。具体流程包括,客户经理必须首先针对项目的背景、可能的社会、环境风险填写一揽子表格,然后提供给具有专业背景和咨询经验的环境和可持续发展专员进行全面评估,确保符合国际标准、汇丰银行的相关产业融资指引及中国的环境保护条例,最后由信贷风险管理部审核后,满足汇丰银行的相关规定后才能放贷。

此外,汇丰银行在中国与当地政府、环保组织及高校合作,提高公众对于环保与可持续发展的意识。汇丰银行鼓励员工参与企业社会责任活动,以提高员工的环境意识,并帮助加强员工、银行与所在社区之间的联系。汇丰银行通过减少自身营运使用的能源、水和产生的垃圾以及二氧化碳排放,来减少对环境的直接影响(碳足迹),并购买中国环保型企业的碳排放指标。2005年汇丰银行还成为全球首家实现碳中和的跨国银行。

3. 荷兰银行

1824年创立的荷兰银行(ABN AMRO)是一家在环境金融领域取得卓著成效的商业银行。荷兰银行是赤道原则的主要发起机构,也是2006年度"可持续发展银行金奖"得主。荷兰银行早在十几年前就确立其可持续发展方向,明确气候变化、资源枯竭、环境恶化等问题对人类社会未

---

① 分类标准是完全严格按照赤道原则来进行的。A类:预计交易的收益会对环境与社会造成的负面影响非常不利,结果不可逆转。B类:预计交易的收益会对环境与社会造成的负面影响有限,通常很具体、可逆,而且可用缓解措施来避免。C类:预计交易的收益会对环境与社会造成的负面影响非常小。

来发展的巨大影响,而在适应和减缓这一系列影响的过程中,银行业可能会面对着许多挑战和机遇。2003年荷兰银行建立了可持续发展部,其战略重心是在环境领域寻找商业机会。

在金融创新方面,荷兰银行开发了一系列与可持续发展有关的产品和服务,包括社会责任投资基金(SRI funds)、生态环境基金、小额贷款等产品和服务。其中,社会责任投资基金包括一些用于投资于可持续发展的公司的基金和贷款产品,如 Sustainable Global Equity Fund(主要投资于全球遵守可持续标准的上市公司股票),Sustainable Global Credit Fund(主要投资于全球遵守可持续标准的公司的可转换债券)等;生态环境市场的产品和服务主要是通过绿色信贷,对保护和改善生态环境有积极影响的项目提供融资。小额融资是以公平的市场价格在巴西、印度等发展中国家向贫困群体提供贷款,目的是减轻贫困,在健康、教育和维护妇女权益方面产生积极的社会影响。

在环境风险管理方面,考虑到企业对环境的污染等负面影响将会给企业的长期经营带来风险,进而会给银行带来风险,荷兰银行建立了行业环境因素分析资料库,为研究每个行业对环境的影响、评价和选择贷款客户以及向客户提供风险评估的服务和环境灾害保险提供参考依据。

4. 巴克莱银行

巴克莱银行是赤道原则的主要发起机构,也是2006年度"可持续发展银行银奖"得主。巴克莱银行把社会、环境、道德问题作为该行的核心商业策略,其参与的可持续发展项目很广泛,遍及全世界50多个国家。例如通过融资计划,使得弱势人群享受主流金融服务。作为在非洲方案的第一步,该行在英国和南非开立了100万个基本银行账户,并且在加纳实施了一个创新的微型金融方案,该方案已经惠及80 000个贸易商。在环保团体的支持下,该行制作了一个集社会和环境于一体的信贷指引,涵盖了50多个行业和领域。为了与同行分享该行的经验,巴克莱银行通过与联合国环境规划署(UNEP)的合作,向全球170多个金融机构提供了该行的信贷指引。

5. 德意志银行

德意志银行与高盛合作团队以国际防疫融资机制获得2007年度可持续发展交易金奖。德意志银行通过构建经济、社会、生态和道德责任管理体系,将所有与可持续发展相关的管理和业务部门,如私人理财、公司业务和投资银行等部门纳入该体系,通过制定内部政策和准则,界定董事会、高级管理层和员工在经济、社会、生态和道德方面的责任。该行专门建立了"微观信贷发展基金",支持投资者向非盈利的社区事业部门发展,提升投资者所在社区的综合服务水平。

二、投资

与传统的投资不同,环境金融视角下的"绿色投资"是一种基于经济、社会、环境三重标准的投资模式,强调在可持续发展战略下,综合考虑经济、社会、环境等因素,促使企业在追求经济利益的同时,积极承担相应的社会责任,从而为投资者和社会带来持续发展的价值,因而也称为"社会责任投资"(SRI)。从企业的角度出发,社会责任投资(social responsibility investment,SRI)是一种经营理念,强调企业把社会责任整合到企业的经营和发展战略中,加大对节能减排和清洁生产等可持续发展领域的投资,不仅追求实际的经济利益,而且更注重由于社会责任意识带来的企业形象和影响力的提升,以及由此带来的潜在利益;从投资者的角度出发,社会责任投资(socially responsible investing,SRI)是一种投资观念,即投资者依据国际普遍接受的环境、社会道德准则,全面考察并筛选投资理财对象和产品,不仅是在资本市场上对企业股票、公司债券及其他金融产品的选择,而且包括对金融机构(银行、保险公司、投资银行、共同基金等)提供的金融服务的选择,从两个方面来共同促使企业和金融机构更为重视社会责任及公众利益,提升环保意识。根据联合国提出的"负责任的投资原则"[①]，绿色投资的基本原则框架可以概括为：将环境、社会和企业治理的观念纳入国际投资政策和实践中，并在投资分析、信息披露、项目执行等环节中全面贯彻。

学术界对于绿色投资的解释尚未形成较为一致的意见，但大致可以分为三个层次，即狭义上的、以环境污染的预防和治理为目标的环境保护投资行为，目前广泛提倡的、中间层面的、在环境保护基础上以提高资源有效开发和利用为目标的节能减排投资行为，以及广义上的、代表未来发展趋势、广义的、涵盖所有能够创造"绿色GDP"[②]的投资行为。绿色投资的重点领域包括：环境保护与治理；新能源、资源综合利用、生态农业等新兴环境友好型产业；采用节能减排新技术对传统产业进行改造，推行"清洁生产"（clean production）与"零排放"（zero emission）的生产经营观念；采用资源循环利用、清洁能源等技术对城市的交通、建筑、能源供应等系统进行改造，构建绿色、生态城市等。

1. 绿色投资体系

绿色产业具有很强的环境效益，能够改善社会福利。但是在企业发展的初期，由于投资规模较大，即期经济效益不确定，投资存在一定风险，资金问题成为其发展的主要瓶颈。绿色投资对于资金的需求巨大，需要建立一个有效的、包括政府、商业银行、风险投资和机构投资者在内的投资体系。体系中的不同投资主体在进行绿色投资时，其投资动机、投资决策、管理模式和投资效果等都有区别。

（1）政府

由于绿色投资项目的不确定性，尤其是即期经济效益不确定，投资存在一定风险，所以除了财政投资外，政府还可以通过政策性银行进行融资支持。政策性银行肩负着推进社会可持续发展的使命，投融资方向集中于政府确定的政策性重点项目，其经营不以盈利为目的，不参与市场竞争，可以为对社会发展有利的项目提供长期稳定的资金供给。面向环境保护领域的投资是政策性银行业务领域的重要一环，既可以面向以环境治理为目的的硬件设施的固定资产投资，也可以逐渐涵盖包括环境风险管理、降低全球温室气体排放等更广阔领域。

比如2004年日本政策投资银行开始的实施"促进环境友好经营融资业务"，该业务以支持减轻环境压力、促进企业环保投资为目标。通过环境经营评价系统，对申请环保贷款企业的环境绩效予以评分，根据评价结果，向环保方面表现优异的企业提供环保专项低息贷款，支持企业增加环保投入。2006年，日本政策投资银行在原有环境评级融资业务中加入了新的内容，引入了"促进实现京都议定书目标"的新评分项，将控制碳减排作为新的扶持重点。新业务将对有望实现每年削减温室效应气体排放量达到8%以上的企业进行政策倾斜，即凡能够达到这一标准的企业，在申请贷款时，都可以享受等同于环评最高级——"特别先进"的对应优惠利率。2007年，日本政策投资银行在环境省支持下又推出了"环境评级贴息贷款业务"，规定在接受环境评级的企业中，承诺在5年内实现削减单位产量碳排放5%以上的企业，在申请碳减排项目贷款时，可获得进一步的贷款利率优惠。

（2）商业银行

绿色投资离不开商业银行的积极参与。商业银行除了积极实施绿色信贷机制之外，还可以利用其在信息、技术和风险管理等方面的优势，充当环境金融市场中介，并创造新产品和新服务，

---

① "负责任的投资原则"是在联合国秘书长安南的倡议下，由联合国环境规划署"金融倡议"和联合国"全球契约"项目进行协调，共同制定的绿色投资原则，它包括了6个方面的原则和35个可以采取的行动建议，并于2006年4月27日，由安南在纽约证券交易所主持文本的签字仪式。参加这个活动的投资机构拥有的总资产超过2万亿美元，其中大部分是退休基金，包括联合国的300亿美元退休基金。

② 绿色GDP是指从GDP中扣除自然资源耗减价值与环境污染损失价值后剩余的国内生产总值，也称为可持续发展国内生产总值，是20世纪90年代末开始形成的新的国民经济核算概念。绿色GDP不仅能够反映经济增长水平，而且能体现经济增长与自然环境协调的程度，实质上代表了国民经济增长的净正效应。绿色GDP占GDP比重越高，表明国民经济增长对自然的负面效应越低，经济增长与自然环境和谐度越高。

推动绿色投资,促进绿色产业的发展。

从商业银行的角度,绿色信贷的关键首先是要结合本国实际情况,参照赤道原则中对相关行业环境标准,方便银行严格审查、控制污染项目信贷;其次是要加大对环保工程、污染治理、资源综合利用及节能减排等领域的信贷支持力度;第三是要充分发挥商业银行金融中介的功能,在深入项目风险评估的基础上,设计融资合作模式,积极为绿色项目引入第三方——主要包括公用事业公司(燃气公司、电力公司、热能公司等)、能源管理公司或能源设备供应商等,作为合作伙伴,一起为绿色项目提供支持。此外,商业银行还可以开发环境金融创新产品和服务,也是商业银行参与绿色投资的重要途径。

(3)风险资本

绿色产业①作为一个新兴产业,是以绿色环保为基点,以清洁技术为主导,力求在生产环节节约资源及减少污染,是当前全球产业升级和结构调整的趋势,因此也是国际风险投资追逐的重要投资对象。由于绿色产业在企业初创阶段投资规模较大、即期经济效益不确定、资本回收期较长、投资存在一定风险,常规的融资渠道难以支持其发展,所以绿色产业迫切需要产业投资基金的支持。

产业投资基金是一个相对宽泛的概念,一般是指向具有高增长潜力的未上市企业进行股权或准股权投资,并参与被投资企业的经营管理,以期所投资企业发育成熟后通过股权转让实现资本增值。根据其投资目标企业所处阶段不同,可以将产业基金分为天使投资、风险投资、并购重组投资等。

项目的种子期,特别是创新型技术研发的初期,天使投资(angel investment)无疑是最重要的资金扶持方式。天使投资作为权益资本投资的一种形式,专门投资于具有专门技术或独特概念的原创项目或小型初创企业,是一种一次性的前期投资。天使投资的金额一般较小,而且是一次性投入,它对风险企业的审查也并不严格。它更多的是基于投资人的主观判断。投资后,天使投资家往往会积极参与制定被投企业发展战略,为被投企业提供咨询服务,帮助被投企业进行公关,设计退出渠道等管理决策。

风险投资(venture capital,VC)泛指一切具有高风险、高潜在收益的投资,狭义的风险投资是指以高新技术为基础,生产与经营技术密集型产品的投资。风险投资虽然也是一种权益投资,但投资的目的并不是为了获得企业的所有权,不是为了控股,更不是为了经营企业,而是通过投资和提供增值服务把投资企业做大,然后通过公开上市(IPO)、兼并收购或其他方式退出,在产权流动中实现投资回报。风险投资是将一种长期的(平均投资期为5~7年)流动性差的权益资本,随着企业的成长不断地分期分批地注入资金,其追求的是通过长期投资实现超常的收益。风险投资的募集通常采取私募形式,因此相当长的一段时间内也被称为私募股权投资(private equity,PE)。

当企业发展到一定规模后,需要进一步地扩充规模,或者在产品或服务的上下游,或者同样类型的产品或服务的不同区域市场上进行整合,就需要在短时间内获得大量资金进行并购或重组,通过资源的整合与优化,实现协同效应。并购重组投资基金就是专门针对企业或资产重组和并购的金融资本,通过帮助并购企业制定并购战略,寻找并发现有潜在价值的被并购企业,借助各种金融工具协助企业完成并购重组,并从中获得资本增值。

美国清洁技术产业投资集团(Cleantech Group)和德勤(Deloitte)会计师事务所的研究报告显示,2009年全球绿色产业领域的风险投资达成了557宗交易,总价值估计至少达到56亿美元,仅次于2008年的84亿美元。其中,太阳能行业获得的投资规模继续居于榜首,达成了84宗交易,总值14亿美元,处在第二位和第三位的是交通运输和节能行业。而生物燃料行业所获投资

---

① 根据国际绿色产业联合会(International Green Industry Union,IGIU)的定义,绿色产业是指积极采用清洁技术,采用无害或低害的新工艺、新技术,大力降低生产过程中原材料和能源消耗,实现少投入、高产出、低污染,尽可能在生产及产品中消除对环境的污染物排放的产业。IGIU是接受联合国领导的国际性非政府组织,是全球最具权威性和影响力的绿色行业组织之一。IGIU总部设在美国,下设8个专业委员会,在28个国家和地区设有分支机构,目前已经在全球拥有6万多个登记会员。

额也较高,共获 44 笔投资,总额为 9.76 亿美元,水处理行业获得的风投总额则超过 1.3 亿美元。在风投资金的流向区域上,北美地区得到的资金最多,但是比重有所减少。2009 年,北美清洁技术得到的风投资金占全球投向清洁技术风投资金总量的 62%,而 2008 年这个数据为 72%。欧洲和以色列获得风投资金约占 29%,为 5 年以内的最高值。这表明风投资金偏好于流向技术已经比较成熟、风险性较小的地区。中国在清洁技术方面得到的风投资金规模依然偏小,但是发展前景看好。

（4）机构投资者

机构投资者是指接受资产委托人的委托,依照委托人的意愿或请求,对委托资产进行管理运作,以实现资产保值、增值等目标的专业投资机构,通常是指养老基金①、保险公司②和共同基金③等。从广义的角度来讲,通过设立资产管理业务部门或控股公司来进行开展资产管理业务的商业银行、投资银行、证券公司等金融机构,以及私募基金④、对冲基金⑤、基金会、宗教团体及非营利组织（如慈善机构）等也算是机构投资者。

一般而言,机构投资者具有投资管理专业化、投资结构组合化和投资行为规范化的特点,因此从理论上来说,除了部分投资风格较为激进的私募基金和对冲基金外,机构投资者的投资行为都相对较为理性,投资规模也相对较大,投资周期也相对较长,对投资收益的要求也以求稳为主,被称为资本市场的"稳定器"。

机构投资者不仅影响资本市场的运行,而且也是社会责任投资（SRI）的主导力量。根据美国社会投资论坛⑥的双年度报告显示,2007 年美国社会责任投资的资产总值为 2.71 万亿美元（其中有 1.88 万亿美元的投资是有机构投资者持有）,在总值 25.4 万亿美元的机构管理的投资资产中占到约 1/10。社会责任投资中的机构投资者主要有四类:第一类是投资基金,美国以社会责任投资为名的投资基金（含共同基金）数量约为 260 个,资产规模约为 2 020 亿美元;第二类是养老基金和退休基金,2007 年美国公共养老基金约占整个社会责任投资市场份额的 50%;第三类是在教会和宗教组织;第四类是慈善机构和基金会。除了上述四大类型机构投资者外,在欧美等国的社会责任投资市场上还有诸如保险公司、医院、企业、非政府组织、工会等其他机构投资者。

2. 绿色共同基金

（1）社会责任投资基金

现代的社会责任投资起源于 20 世纪六七十年代的社会和环境危机。当时的社会危机和日益严重的环境问题,引起环保、反战及追求和平人士的思考,也促使越来越多的投资者在投资决策中更多地考虑社会责任因素。目前,虽然不同的国家和地区社会责任投资关注的重点不一样,但总体上看,在过去的十几年中,社会责任投资高速发展,并已成为欧美国家金融投资的主流。

社会责任投资基金就是以社会责任投资为投资理念的共同基金,其投资策略主要有三种:筛

---

① 养老基金（pension fund）是一种用于支付退休金的基金,是社会保障基金的一部分。养老基金通过发行基金股份或受益凭证,募集社会上的养老保险资金,委托专业基金管理机构用于产业投资、证券投资或其他项目的投资,以实现保值增值的目的。

② 保险公司主要是指人寿保险公司,同养老基金一样也是长期的机构投资者,其提供的金融产品逐渐从死亡保险发展到提供长期的养老储蓄、住房贷款等,即用定期发放现金的形式提供一种类似固定收益债券的金融产品。

③ 共同基金（mutual fund）是指基金公司依法设立,以发行股份方式募集资金。它在结构上类似于一般股份公司,但本身不从事实际运作,而将资产委托给基金管理公司管理运作,同时委托其他金融机构代为保管基金资产。一般可以分为开放式基金和封闭式基金。前者是随时可以以净资产价值（NAV）赎回或发行股份,净资产价值是所持全部证券的市场价格除以发行股数,而发行股数随着投资者购买新股或赎回旧股而每日变动。后者则不以 NAV 赎回或发行股份,其股份和其他普通股一样通过经纪人进行交易,因此它们的价格不同于净资产价值。

④ 私募基金（privately offered fund）,是指通过非公开方式,面向少数投资者（特定对象）募集资金而设立的基金,其销售和赎回都是通过基金管理人与投资者私下协商来进行的。

⑤ 对冲基金（hedge fund）,也称避险基金或套利基金,是指采用各种交易手段（如杠杆操作、程序交易、互换、套利等）进行对冲、换位、套头、套期等投机行为的金融基金。

⑥ 美国社会投资论坛（Social Investment Forum, SFI）是非营利的成员制协会,主要面向社会责任投资（SRI）行业的专业人士,以及企业、机构和社会相关组织,其网址是 http://www.socialinvest.org/。

选(screening)、股东主张(shareholder advocacy)和社区投资(community investing)。

① 筛选策略

筛选策略分为正面筛选(positive screening)和负面筛选(negative screening)两种。正面筛选是指投资者在选择基金产品时,希望该基金是只投资于对社会有正面贡献的公司,如重视劳工关系、环境保护、产品安全品质及人权的公司等。负面筛选则是希望基金避免投资于对社会、环境造成伤害的公司。以美国为例,最常被社会责任投资基金筛选掉的公司的前五类包括烟草公司、酒类公司、不重视劳工关系的公司、不重视环保的公司及从事赌博业的公司。

② 股东主张

股东主张是指投资者充分发挥其股东的权利,与公司交涉谈判,必要时采取行动,影响并纠正公司的行为,以达成干预公司治理,完善企业社会责任的目的。投资者可以采取与其所投资公司的管理层对话、信件沟通、提起股东决议案,乃至于用搜购委托书表决的方式,来改变公司的决策。

③ 社区投资

社区投资是指来自社会责任投资的资金主要投资于传统金融服务难以覆盖的社区。例如提供金融服务给低收入户,提供资金给中小企业和重要的社区服务(如孩童照料、平价住房及医疗照顾等)。资金基本上投资以下四种社区发展机构:社区发展银行、社区发展贷款基金、社区发展信用合作社及社区发展风险投资基金。投资者可以购买特别专注投资此类社区发展机构的社会投资基金,来达成其社会责任的目的。

除了机构投资者外,社会责任投资体系中还有两个关键的环节——社会责任指数和社会责任投资基金。

社会责任指数也称为社会责任股价指数,是在社会责任评价的基础上,以在承担社会责任方面表现良好的公司为样本股,结合股票其他指标,采用普通的股价指数编制方法编制的股价指数,反映承担社会责任良好公司在市场中的表现。这类指数主要有道琼斯可持续指数(DJSI)、多米尼社会责任指数400(Domini Social Index 400)、卡尔福特社会责任指数(Calvert Social Index)和富时社会责任指数(FTSE4 Good)等。多米尼社会指数400是美国第一个也是最著名的社会责任投资指数,最初运作的10年(1990年5月1日至2000年4月30日)的平均年收益率为20.83%,而同期标准普尔(S&P)500指数的平均年收益率仅为18.7%。道琼斯可持续发展指数作为目前国际市场上公认最具权威性的CSR指数代表,其长期投资绩效的表现也好于道琼工业指数及标准普尔500指数;而卡尔福特社会指数的表现也不亚于标准普尔500指数。

社会责任投资基金(Social Responsible Investment)也称为可持续发展投资基金,是以环境、社会发展等领域的股票组合为投资对象的共同基金。目前美国市场上的社会责任投资基金共有68只,大部分是大盘平衡型、大盘成长型和蓝筹股稳健配置型。其中有四只基金的影响力最大,它们是以集中投资策略著名的纳布格伯曼社会责任基金(Neuberger Berman Socially Responsive)、以投资顾问指数走势判断力著称的先锋FTSE社会指数基金①(Vanguard FTSE Social Index)、卡尔佛特社会股票投资基金(Calvert Social Investment Equity)和中长期回报最高的配置型基金之一的帕克斯全球平衡基金(Pax World Balanced)。近年来,新发行的社会责任投资基金则主要是价值型、小规模资本型和国际基金类型。其中,价值型基金由于需要严格遵循价值投资策略(如以投资环保类股票为主,不能投资石油、金属类股票)而面临着业绩的尴尬,而国际社会责任投资基金的业绩则有所提升,如卡尔佛特全球价值国际股票基金(Calvert World Values International Equity)则获得了较大的成功。由于社会责任投资基金表现出的良好的投资回报率和长期投资的价值,促使越来越多的机构投资者加入到社会责任投资的行列,并成为在全球推动这一

① 指数基金(index fund)是指以指数成分股为投资对象的基金,即通过购买一部分或全部的某指数所包含的股票,来构建其投资组合。指数基金的投资策略就是使其投资组合的变动趋势与该指数相一致,以取得与指数大致相同的投资收益率。

投资理念和行为的重要力量。

（2）绿色投资基金

绿色投资基金，就是以绿色投资为投资理念的共同基金，是在社会责任投资的基础上，进一步强调投资目标在环境保护方面尤其是在减缓及应对全球气候变化中的表现。20 世纪 80 年代受环保主义的影响，全球范围内绿色基金得到迅速发展，各种各样冠以清洁能源基金、生态基金、可持续基金、环境共同基金的绿色投资基金纷纷涌现。绿色基金的重点投资领域越来越呈现多元化趋势，涵盖了新能源、新技术、节能减排和碳交易市场等诸多领域，大致可以分为以下几类。

① 清洁能源基金

清洁能源基金主要投资于风能、太阳能等新能源及可再生能源领域。1982 年发起成立的新替代基金（New Alternatives Fund, NALFX）是第一个环境共同基金，其投资领域主要集中在替代传统化石燃料的清洁能源产业，2006 年该基金公布的收益率高达 33.8%，五年平均投资回报率高达 15.86%。目前，在该领域较为著名的还有吉尼斯阿特金森替代能源基金（Guinness Atkinson Alternatives Fund, GAAEX）、卡尔佛特全球替代能源基金（Calvert Global Alternatives Fund, CAEIX）等。

② 绿色增长基金

绿色增长基金投资范围非常广泛，其奉行的投资理念是企业未来的增长要建立在对环境负责的基础上。1988 年，英国率先推出了全球第一只生态基金——梅林生态基金 [①]（Merlin Ecology Fund），其投资理念是将投资者对环境的关注和投资目标结合在一起，实现所谓的 3G 投资，即所投资具有全球性（Global）、增长潜力（Growth）、绿色（Green）产业。其投资目标分为六大主题，分别是绿色能源、绿色运输、可持续生活、水资源、废弃物处理和环境服务。目前该基金持股中，以清洁能源的比重最高，约在 30% 左右。目前，在该领域较为著名的还有温斯洛绿色增长基金（Winslow Green Growth Fund, WGGFX），该基金投资领域非常广泛，从医药、食品到能源、减排产业，只要企业发展对环境保护有利，就属于其投资范围。该基金从 1994 年成立开始，10 年内维持 18.25% 的年平均投资回报率。

③ 碳基金

随着全球碳交易市场规模的迅速扩大，碳排放权将衍生为具有投资价值和流动性的金融资产。由于碳交易市场的发展潜力巨大，欧盟碳交易市场的成功运行，吸引了众多机构投资者，摩根士丹利、美林、高盛等国际金融机构纷纷开展碳交易业务，并设立相应的碳基金。比如英国气候变化资本集团 [②]（CCC）旗下就管理着三只全球最大的碳基金，市值共计约 8.5 亿欧元。碳基金主要投资于能够产生发展中国家进行碳减排的企业或项目，以期获取可供其在国际碳交易市场上出售的碳减排额度（碳信用）。CCC 在 2005 年进入中国市场，投资的项目涉及可再生能源、合同能源管理、城市垃圾填埋、煤气层利用等众多领域（如吉林长岭风电、深圳下坪垃圾填埋气利用、平顶山煤业集团煤矿瓦斯利用等项目），投资金额近 10 亿美元。

④ 气候变化基金

气候变化基金主要投资于投资那些能够适应全球气候变化影响，并能从中受益的企业发行的证券。比如施罗德集团 [③]（Schroders）发行的施罗德气候变化基金（Schroders Climate Change Equity），其投资目标就是一切能够减轻气候变化对人类的影响或是帮助人类应对气候变化结果的企业。比如其投资对象包括开发混合动力车的本田汽车、全球最大的节能灯生产商西门子和

[①] 梅林生态基金后并入木星生态基金（Jupiter Ecology Fund），木星生态基金是木星资产管理公司（Jupiter Assert Management）旗下系列基金之一，其他基金产品还包括木星气候变迁基金、木星全球管理基金等。

[②] 英国气候变化资本集团（Climate Change Capital, CCC）是目前全球最大的专门从事清洁能源和低碳投资的投资银行集团。在清洁能源、清洁技术、碳减排等领域提供专业的金融服务。

[③] 施罗德集团（Schroders PLC）是一家在伦敦上市国际资产管理公司，成立于 1804 年，拥有逾 200 年的金融服务经验，是全球最大的上市资产管理公司之一，其旗下基金管理的资产高达 2595 亿美元。

菲利浦等。该基金2006年的投资回报率为20％，历史投资回报率高于MSCI指数①。

绿色投资基金的投资效率并不一定比一般股权投资基金的投资效率低。由于其投资对象的特定性使得他们对这些公司的了解更为深入，投资目标的选择更加合理，总体的投资收益从长期来看反而可能高于一般的投资基金。

三、保险

"绿色保险"也被称为环境责任险（Environmental Liability Insurance，BLI），应属于公众责任险。欧美国家的环境责任险经过近几十年的发展，已逐步与环境法律法规共同构成了环境风险管理体系，为控制环境风险，降低环境污染损害提供了有力保障。通过环境责任险，一方面直接保护被保险人（污染企业）利益的利益，避免污染企业由于污染事故而承担过大的损失，甚至破产；另一方面，间接保护了受害人的利益，也是公众的利益，即环境利益。

环境责任险按性质可划分为政策性模式和商业性模式，前者以体现国家协调环境保护与经济发展的政策目为主，多采用强制性保险方式，后者则采取商业化运作，以保险市场自身供求平衡为支撑，多采用自愿性保险方式。环境责任险的经营主体可以是设立专门的保险公司，也可以是一般商业保险公司兼营；环境责任险的承保类型可以是突发型污染事故，也可以是渐进型污染事故，而承保责任范围根据污染事故所造成的损失类型来确定，可以是直接损失，也可以包括间接损失；此外，环境责任险的追诉期限、责任免除等都是环境责任险的重要内容，不仅关系到保险费率的厘定，也关系到最终的赔偿金额。

环境责任险与其他环境保护中经济手段不同之处在于：首先，环境责任险形成社会范围内的环境风险分散、共担机制，积累了环境损害赔偿基金，进一步还可以通过再保险、共同保险等方式，将巨额风险分散到遍布全球的保险人中去；其次，强制性环境责任险兼具环境税收、排污收费两种手段的特点，可以起到抑制污染企业的排污行为，同时减少资源流入污染严重的行业；再次，环境责任险具有促进企业节能减排的作用，因为环境责任险的参与者都面临相同的基本费率水平，差别费率的形成是由于各个企业自身的生产经营和综合治理状况不同所导致的，因此企业有相应动力改进技术，减少污染，向清洁生产模式转变。

环境责任险与一般责任险也存在显著不同，经营风险较大。首先是对企业环境风险的界定存在差异，其次是企业环境意外风险造成损失的评估，尤其是中远期的环境影响存在技术难度。保险人承保环境责任保险的经营风险要大大高于其他商业保险，尤其是污染责任保险中的公害污染，工业活动从设厂排放废物开始，即存在发生损害的确定性，是重复或继续之现象，非偶然和不可预见，这与传统保险领域中以偶发及不可预见或不可抗力事故作为保险对象相矛盾。从欧美国家的情况来看，大都采取不同程度的强制形式，并制定相关环境法律法规规范保险市场，迫使企业投保，调控保险公司的运营。虽然目前环境责任险的承保既有由专门保险机构经营，也有采取联保形式经营，但总体呈现一种联合趋势，其所承保的范围也在不断地扩大，这是传统保险公司的单独承保模式所不能相比的。

1. 美国

美国的环境责任险主要采取的是强制保险方式。1966年以前，由于环境风险还不突出，环境责任案件较少，且多属突发、意外事故型，美国也没有对这些环境风险加以区分，而是直接由公众责任保险单承保这些环境损害赔偿责任。1966—1973年，虽然环境纠纷增多，美国的公众责任保险对环境责任保险仍不加限制，持续或渐进的污染所引起的环境责任也被纳入公众责任保险单的承保范围，公众责任保险单的承包范围进一步扩大。1973年后，公众责任保险单将故意

① MSCI指数是由摩根士丹利资本国际公司（Morgan Stanley Capital International）所编制的证券指数，为欧美基金经理人对全球股票市场投资的重要参考指数。MSCI指数所组成的股票，大都是各国股市中的大盘蓝筹股，业绩与财务状况相对稳定。

造成的环境污染及渐进性的污染引起的环境责任排除在保险责任范围之外，这使得环境责任保险被单独区分开来，有了独立的承保市场，成为一个新的险种。1977 年出现了专门的环境损害责任保险①，随后美国针对有毒物质和废弃物的处理、处置可能引发的损害赔偿责任实行强制保险。美国相关环境法律中关于经济赔偿能力证明的要求和关于清污费用赔偿的规定②，涉及面很广，在美国经济各个层面产生了大量的、复杂的责任风险，给环境保险市场带来巨大的需求，刺激了环境保险市场的快速发展。20 世纪 90 年代以后，美国环境法律体系、环境损失数据、环境保险承保以及防损和索赔管理水平逐渐完善，环境保险市场进入成熟发展期。2002 年美国《萨尔班斯-奥克斯利法》出台，强化了对企业环境责任的评价和信息披露机制的要求。为满足监管，同时也为了增强投资者信心，相关企业积极投保环境责任险，以显示其管理环境风险的能力和企业发展的可持续性。

2. 欧盟

欧盟的环境责任保险制度发展体现自身特色，即以环境民事责任制度的建立为前提，以"指令"的形式进行环境立法，推行强制环境责任保险。2000 年，欧盟委员会提出的欧盟环境民事责任白皮书是欧盟对于环境责任规定的一个重要文件，白皮书对环境风险的可保性（insurability）进行了讨论，虽然没有对环境责任保险提出详细的方案，但对不溯及既往、可预期的严格责任做了明确说明。2004 年的欧盟《环境责任指令》（directive on environmental liability）对欧盟环境民事责任制度进行了正式立法，该法以污染者付费原则为基础，强调企业采取综合性预防和控制措施，以及对环境造成损害后的经济补偿保证。目前，欧盟各成员国在实施环境责任险方面仍存在一定差异。

（1）德国

德国是世界上最为重视环境保护的国家之一，其制定原则和制度在欧洲其他国家的环境立法中也发挥着重要的作用。德国的环境责任采取比较彻底、激进的模式，将强制责任保险与财务保证或担保相结合。德国的环境责任保险发展也历经了三个阶段的发展：从 1965 年起，保险人开始赔偿水体逐渐污染损失；1978 年后，保险人又同意负责赔偿大气和水污染造成的财产损失，但要发生在被保险企业地域之外，可预见的经常排放物引起的损失仍列为除外责任；1991 年颁布的《环境责任法》和《环境损害赔偿法草案》则明确规定实行强制责任保险，要求所有的工商业者都要投保环境责任险，还特别规定了特定设施的所有人必须采取一定的预先保障义务履行的预防措施，包括：责任保险，由联邦或州证明免除或保障赔偿义务的履行；由金融机构提供类似于责任保险的担保。

（2）法国

法国环境责任保险制度采取渐进的方式进行，以任意保险为主，强制保险为辅。20 世纪 70 年代，法国保险公司的一般保险单上还有将水污染、大气污染、噪声、臭气、振动、辐射、光害及温度变化等环境损害所造成的损失排除在承保范围之外的条款。1977 年，由外国保险公司和法国保险公司组成污染再保险联营（GARPOL），才开始制定污染特别保险单。将保险公司的承保范围由偶然性、突发性的环境损害事故拓展到因单独、反复性或继续性事故所引起的环境损害。

---

① 美国的环境责任险主要分为两类，即环境损害责任保险和自有场地治理责任保险。前者是指企业就可能发生的环境事故风险在保险公司投保，一旦发生污染事故，由保险公司对污染受害者进行赔偿，企业则避免巨额赔偿的风险，污染受害者能得到迅速、有效的救济。后者是指保险公司以约定的限额为基础，承担被保险人因其污染自有区域而依法支出的治理费用。

② 美国并没有针对强制环境责任险制定专门的法律，而是散见于联邦政府和州政府制定的各类法律法规中。比如1972 年的《清洁水法》（CWA）规定，船舶所有人或营运人必须具有出现环境污染后的财务偿付能力，具体证明方式包括保单、担保债券、自我担保能力的证明以及其他财务偿付能力的证明四种。而 1976 年的《资源保护和赔偿法》（RCRA）则授予美国环境署对有害物质从生产到被废弃的进行全程监管的权力，该法规定有害物质加工、存储和处理等经营活动的许可证持有者需提供经济赔偿能力证明，且需保持有效证明 30 年。具体证明方式包括保单、履约保证、信用证、由第三者保存的现金、自保身份等。1980 年的《环境综合治理、赔偿和责任法》（CERCLA），则规定责任人应承担清理危害废物场的费用，该法通过设置超级基金（super fund）来支付需要责任人归还的清理费用。

（3）英国

英国的环境立法比较零散，在污染控制方面，行政措施多于司法手段。在环境责任保险制度的建设中，以任意保险为原则，在适用公约基础上也可采用强制保险。具体经营由非特殊承保机构——现有的财产保险公司自愿承保。英国在 1965 年发布核装置法，其中规定安装者必须负责最低限额为 500 万英镑的核污染责任保险，通过保险人聚集的资金予以安排。1970 年英国政府规定由于实验性飞机造成的声震损失必须给予赔偿，因而声震保险业务在英国展开，承保因声震等噪音污染而造成的损害赔偿责任。20 世纪 90 年代初，在英国保险人联合会（ABI）协调下对环境责任险保单条款进行修改，并设立了赔付的最高限额。1995 年《商船法》则授权英国政府实施有关保证海洋石油泄漏污染赔偿措施的权力。

（4）意大利

20 世纪 70 年代，基于意大利国际保险联合会的建议，所有的污染风险都从商业公众责任保单中排除。之后，意大利保险界采取了慎重的做法，经过大量调查取证，做出了实事求是的风险分析，厘定保险费率，并由 76 家保险公司组成联合承保集团，开始承保环境污染责任保险。这项保险业务适应了环境污染危机的实际情况，所以发展迅速，很快就占整个责任保险业务总量的 90% 以上。

（5）瑞典

瑞典以强制责任保险为原则，其《环境保护法》对环境损害保险做了专门规定。1986 年的《环境损害赔偿法》对环境损害赔偿的适用条件、司法程序等做了详细规定，基于不动产的人为活动通过环境造成人身伤害、财产损害以及由此导致的经济损失，能够依据《环境损害赔偿法》获得赔偿。在依照《环境损害赔偿法》有权获得赔偿而又不能得到赔偿，或者受害人已经丧失损害赔偿请求权，或者难以确定伤害或损害责任人的情形下，对于人身伤害和财产损失，由环境损害保险提供赔偿，政府或者政府指定的机构应该按照批准的条件制定保险政策（环境损害保险）。依《环境保护法》或依本法发布的命令从事需要许可证和需审批的活动的人，应该按照政府或政府指定机构制定的价目表缴纳一定数额的保险金。该保险金应该按照有关历法年度缴纳。政府可以发布免予执行本条规定的命令。缴纳保险费的通知发出 30 天后，义务人仍未缴纳环境损害保险金的，保险人应该将该情况向监督机构报告。监督机构可以责令义务人履行其义务，并处以罚款等惩罚措施，义务人对监督机构的该命令不得起诉。

（6）芬兰

芬兰在修订其环境法律法规时，在很大程度上参考了欧盟环境立法的原则和重要法律制度，并在环境责任保险立法领域进行了一些独特的尝试，走在了世界前列。芬兰实行的是强制性环境责任险，其 1995 年的《环境污染损害赔偿法》和 1999 年的《环境污染损害保险法》确立了环境污染损害责任保险制度，这两部法律规定，所有可能对环境产生危害的企业都必须在保险公司购买环境责任险，根据企业的规模和可能产生的环境危害的程度，保险金额从 1 000 到 30 万芬兰马克不等。该法规定所有芬兰领土上发生的环境损害都必须得到赔偿，即使环境损害的责任者无法确认，环境损害赔偿的资金来自于特殊的环境保险公司。据此，即使受害者无法确定环境损害的来源，也就可以从环境保险公司得到赔偿，这种做法最大限度地保护了受害者的利益。

3．日本

日本的环境责任险主要分为两大类：一是应对土壤污染风险的责任保险，二是应对非法投弃风险的责任保险。2004 年实行的《土壤污染对策法》规定了处理有害物质的工厂等特定设施有义务在设施终止使用时对是否存在污染进行调查，若存在污染，则必须进行登记、公示，并采取必要的净化措施。土壤污染责任保险就是针对预想之外的土壤污染设立的环境责任险。2001 年修订后的《废弃物处置法》则规定了在非法投弃者不明或无力出资的情况下，委托搬运、处理废弃物的排放者应承担该投弃废弃物的清除等责任。因此，就出现了针对废弃物处理业、焚烧设施、循环再生业、火电厂和污水处理设施的非法投弃责任险。

发达国家环境污染责任保险制度实践表明，强制环境责任险是环境保险的发展趋势，而且环境保险的范围逐渐扩大,并集中在重大环境风险,由偶然性、突发性的环境损害事故扩展到因单独、反复性或继续性事故所引起的环境损害。同时,保险费率的差异化和赔付限额制,增强了保险人在确定保险费率以降低风险的同时,对每一承保标的进行实地调查和评估的责任和力度,有助于社会对环境保护意识的强化和相应环境监控技术的发展。与普通的人身保险和财产保险相比,环境责任险的保险利益具有更大的不确定性。因此,环境污染责任保险的索赔时效比一般责任保险的索赔时效要长,需要政府及其环保部门的支持。

第二节　节　能　减　排

按照1979年世界能源委员会[①](WEX)提出的定义,"节能"是指"采取技术上可行、经济上合理、环境和社会可接受的一切措施,来提高能源资源的利用效率。"节约能源即降低能源强度(单位产值能耗),在能源利用的各个环节,包括开采、加工、转换、输送、分配到终端利用,从经济、技术等方面实施有效调节措施以降低能源浪费。20世纪90年代,国际上普遍用"能源效率"(energy efficiency)来代替20世纪70年代石油危机后提出的"节能"(energy conservation)一词。实际上,从权威机构对"节能"和"能源效率"给出的定义来看,两者的涵义是一致的。1995年,WEX把"能源效率"定义为"减少提供同等服务的能源投入"。能源利用的水平应以等量能源提供给人类服务的多少来衡量,而不是用单纯能源消耗的多少来表示。由于同一种服务可以采用多种能源、多种技术来提供,并根据经济、技术、社会、环境等因素,选择成本最低的方案,据此分析能源需求的趋势和节能的潜力,优化能源结构,取得最大的经济效益。

能源效率与节能的内涵演变,是人类观念的改变。20世纪70年代节能的目的是通过节约能源和减少能源消耗量以应对石油危机,现在则强调通过技术创新、产业结构调整和生活方式改变来提高能源效率,以节能降耗,增加效益,保护资源及环境。

在人类利用能源的初期,能源的使用量及范围有限,加上当时科学技术和经济不发达,对环境的损害较小。又由于环境的恶化是积累性的,只有较长时间的积累,才能察觉到它的明显变化。在这个过程中环境的改变并没有引起人类的特别注意,因此环境保护意识不强。然而随着工业的迅猛发展和人类生活方式的改变,人类对能源的消耗量越来越大,在能源的开发利用过程中造成的环境污染日且趋严重。能源开发利用的过程涉及环境问题的所有领域,包括大气污染、水污染、固体废弃物和生态环境破坏等,这些全球环境污染、气候变化和生态恶化有直接的关系。"减排"就是减少有害气体、温室气体(GHGs)、固体废弃物、重金属(如铅、镉等)以及放射性物质等污染物排放到环境中。

节能减排作为一个整体概念,包含了四层涵义。

① 第一层涵义是"减量",即减少不可再生资源的消耗量,改变传统经济模式"资源－产品－废弃物"的单向直线过程,引入"减量化、再利用、再循环"的经济发展思路,实现可持续发展目标。

② 第二层涵义是"替代",即强调"清洁高效"的能源替代和技术更新,根据经济学所强调的替代理论,利用价格杠杆,引导资本投入,开发清洁高效的新能源替代低效、高污染、不可再生的常规能源,尤其是化石燃料(煤炭、石油等)。

③ 第三层涵义是"增效",即强调提高能源利用的经济效益,通过提高能源效率,降低能源强度,增加经济效益,缓解经济增长与能源、环境之间的矛盾。

④ 第四层涵义是"减排",即强调注重对生态环境的保护,在能源开发、生产和使用的各个环节减少污染物和温室气体的排放。

---

① 世界能源委员会(World Energy Council,WEC)成立于1968年,总部设在英国伦敦,现有91个国家和地区为其成员国。委员会旨在促进全球能源可持续发展以及和平、有效地利用能源,同时搜集和发表各种能源及其利用方面的统计数据,为各国探讨能源与环境、能源与社会、能源与经济、节能和能源有效利用以及各种能源之间的互相关系提供一个平台。

节能减排既是为了解决全球能源供求矛盾和环境污染及气候变化问题,同时也是人类发展史上的一次深层次变革。节能减排就是要以"循环经济"[①]、"低碳经济"[②]和"生态经济"[③]的发展思路,通过降低社会经济对传统能源的依赖,打破传统经济增长与能源及环境的固有矛盾,建立新的生产方式,营造人类可持续发展的生存空间。

一、节能减排的动力和机制

节能减排的根本动力在于能源的稀缺性和可耗竭性与全球经济增长带来的能源需求的快速增长之间的矛盾,以及在能源开发利用过程中所造成的全球环境污染和气候变化,由此带来的对现有世界能源体系和经济增长模式的挑战和对人类现有生活方式以及人与自然关系的严峻考验。

(一)节能减排的动力

1. 可耗竭资源理论

目前化石燃料仍然是人类的主要一次能源,但它属于矿物质,是可耗竭且不可再生的资源。石油峰值(Peak Oil Theory)理论是从供给层面对石油的价格波动原因给予了很好的解释。1956年,美国石油地质学家哈伯特提出的石油峰值理论,指出世界石油生产存在着峰值,即所谓的哈伯特曲线的顶点,同时还预测美国的石油生产将在 1970 年左右达到高峰(Hubert,1967)。地质学家坎贝尔也指出,石油供给峰值的到来必然导致石油价格的剧烈波动和持续高企(Campbell,1998)。虽然这是在油价十分低迷时得出的结论,但是随之而来的持续高油价,验证了其结论,也宣告了廉价石油时代的终结(见图 6-1)。

林伯强(2009)指出,虽然对能源供给的峰值预测还存在着不同的认识,但是,重要的不在于峰值何时出现,而在于它一定会出现;而且需求增长越快,出现时间越早。如果不对能源需求加以控制,供需缺口将逐步扩大,稀缺预期将推动能源价格上涨,加剧能源价格的波动和不稳定性。因此,提高能效、开发新能源对于稳定能源价格,优化可耗竭资源的开发利用具有非常重要的意义。

2. 对环境库兹涅茨曲线(Environment Kuznets Curve,EKC)的质疑

Grossman 等(1995)针对北美自由贸易区谈判中美国人担心自由贸易恶化墨西哥环境并影响美国本土环境的问题,首次实证研究了环境质量与人均收入之间的关系。通过对 42 个国家横截面数据的分析,发现环境污染与经济增长的长期关系呈倒 U 形曲线,并把这一描述经济发展与资源、环境变化关系的曲线称为环境库兹涅茨曲线(见图 6-2 右图),其含义是:在经济增长、产业结构和技术结构演进的过程中,资源与环境问题先出现逐步加剧的特征,但到一定拐点(见图 6-2左图)时环境质量又随经济进一步发展而逐步好转。

学术界一直对环境库兹涅茨曲线假说存在质疑,虽然有不少实证研究结果证实了环境库兹涅茨曲线的存在,但是也有一些学者的实证分析并不支持环境库兹涅茨曲线假说,而且由于所选的样本的不同,有些指标的实证结果甚至是相互矛盾对。这说明并不是所有的环境指标与经济发展之间存在着单一的形态,环境库兹涅茨曲线只是一个客观现象,而不是一个必然规律。

---

① 循环经济(Cyclic Economy)是指在人、自然资源和科学技术的大系统内,在资源投入、企业生产、产品消费及其废弃的全过程中,把传统的依赖资源消耗的线形增长的经济,转变为依靠生态型资源循环来发展的经济。循环经济是把清洁生产和废弃物的综合利用融为一体的经济,本质上是一种生态经济,它要求运用生态学规律来指导人类社会的经济活动。

② 低碳经济(Low Carbon Economy)最早见诸于 2003 年的英国能源白皮书《我们能源的未来:创建低碳经济》,是一种以低能耗、低污染、低排放为基础的经济发展模式,是人类社会继农业文明、工业文明之后的又一次重大变革。低碳经济实质是能源高效利用、清洁能源开发、追求绿色 GDP 的问题,其核心是制度创新、技术创新、产业结构调整和人类生存发展观念的根本性转变。

③ 生态经济(Ecology Economy)是指在生态系统承载能力范围内,运用生态经济学原理和系统工程方法改变生产和消费方式。

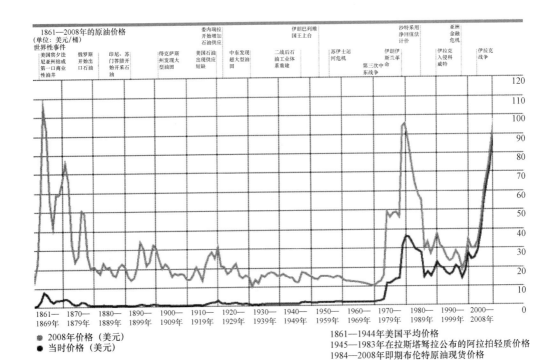

注：深色曲线代表按当时美元计价的油价，浅色曲线是按2008年美元可比价值计算的油价。

数据来源：BP石油公司. 2009世界能源统计

图6-1　1861—2008年原油价格走势

环境库兹涅茨曲线理论的缺陷使其在解释经济和环境关系时存在巨大争议。

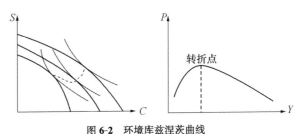

图6-2　环境库兹涅茨曲线

首先，它忽视了环境对经济增长的影响，只考察了经济增长对环境的影响，假设环境状况的恶化不足以阻碍经济活动，不会阻止经济增长。而实际上存在着环境的"承载阈值"（carrying threshold）。因为，环境的自净能力是有限的。当污染超过环境的自净能力，超过环境的所能承受的人类活动的极限时，经济发展就受到环境的限制，甚至遭到环境的报复，经济增长无法持续。

其次，它忽略经济全球化中国际贸易造成的污染转移，由于各个国家经济发展水平不一，那些污染较为严重的产业可能会从发达国家转向发展中国家，使得发展中国家成为所谓的"污染避难所"（pollution havens），遭受生态倾销（ecological dumping）。这样，虽然发达国家的环境改善了，但是对于全球来说，环境恶化并没有改变，反而有可能加剧。

再次，它忽略了其他因素对经济增长和环境关系的影响，各国的政治体制、制度的完善性和环境政策都会影响经济增长和环境的关系，比如政府腐败就会加剧环境的污染，而社会民主程度的提升会增加环境政策的有效性，降低经济增长对环境污染的负面影响。

总之，对于环境库兹涅茨曲线的质疑可以使我们进一步认识到，要反思"先发展、后治理"的思路，经济增长并不是提高环境质量的灵丹妙药，甚至不是主要的办法。人类社会，尤其是发展中国家需要反思经济增长模式，不能通过降低环境质量标准以维持或增强国际竞争力，即所谓"向环境底线赛跑"（race to bottom），靠牺牲环境来获取经济增长，而又期冀在经济发展到一定程度后环境会自然随之改善。

3. 全球气候变化的预估

全球气候的变暖已是不争的事实,而国际社会对人类活动对气候变化的影响也逐渐形成较为广泛的共识。

IPCC(AR4,2007)第四次评估报告提供了关于气候变化新的更有力的科学依据:20 世纪后半叶北半球平均气温是过去 1300 年中最温和的 50 年,过去 100 年间,世界平均气温上升了0.74℃,最近 50 年间,气温上升的趋势是过去 100 年间的 2 倍左右;全球范围内冰川大幅度消融;世界各地气象异常事件;20 世纪中全球平均海面上升 17cm。而如果这种趋势不扭转,意味着21 世纪末全球气温将平均上升 4℃,海面将上升 60cm,对生态系统、食物与水供应及人类居住都将带来持久深入的影响。

通过采用不同的气候模式①进行模拟检验和评估分析,IPCC 排放情景特别报告(SRES,2000)预估,到 2030 年及以后,若在全球混合能源结构配置中化石燃料仍保持其主导地位,全球温室气体排放量在 2000—2030 年会增加 25%～90%,达到 120 亿吨二氧化碳排放当量的水平。在 SRES 报告中,预估未来 20 年将以每 10 年大约升高 0.2℃的速率变暖,即使所有温室气体和气溶胶的浓度稳定在 2000 年的水平不变,也会以每 10 年约 0.1℃的速率进一步变暖,之后的情况取决于具体的排放情景(见图 6-3)。

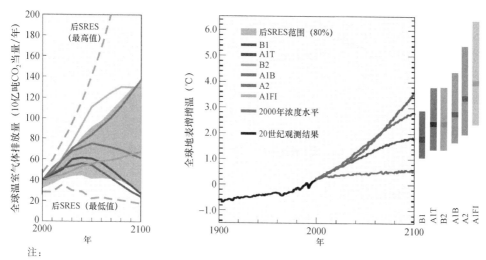

注:

左图:无额外减排政策出台的情况下(参考情景),全球温室气体排放量:6 个 SRES 标志情景(线条)和自SRES 以来(后 SRES)近期公布的情景(阴影区)。虚线内表示 SRES 情景的范围。

右图:实线是在 A2、A1B 和 B1 情景下多模式全球平均的地表升温幅度,是 20 世纪模拟的继续。图右侧的条块表示最佳估值(每个条块中的实线),并表示分别按 6 个 SRES 标志情景评估的可能的升温范围。所有温度均相对 1980—1999 年这一时期。

数据来源:IPCC. AR4

图 6-3　2000—2100 年温室气体排放情景②和全球平均温度预估

---

① 气候模式,就是将各种强迫因子(例如温室气体、气溶胶等)的未来状况作为模式输入,给出一系列预计未来可能发生的气候变化的可能性。

② 所谓排放情景是指《IPCC 排放情景特别报告》(SRES,2000)中所描述的为探索可替代发展路径的四个情景族(A1,A2,B1 和 B2),涉及一系列人口、经济和技术驱动力以及由此产生的温室气体排放。SRES 情景不包括超出现有政策之外的其他气候政策。排放预估结果被广泛用于评估未来的气候变化;预估所依据的对社会经济、人口和技术变化所做的各种假设作为最近许多关于气候变化脆弱性和影响评估所考虑的基本内容。A1 经济高速发展情景:经济增长非常快,全球人口数量峰值出现在 21 世纪中叶,新的更高效的技术被迅速引进。A1 情景分为三组,分别描述了技术变化中可供选择的方向:化石燃料密集型(A1FI)、非化石燃料能源(A1T)以及各种能源之间的平衡(A1B)。A2 国内或区域资源情景:人口快速增长、经济发展缓慢、技术进步缓慢,存在贸易壁垒,能源供应依赖于资源分布情况。B1 全球可持续发展情景:全球人口数量与 A1 情景相同,但经济结构向服务和信息经济方向更加迅速地调整。B2 区域可持续发展情景:强调经济、社会和环境可持续发展的局部区域解决方案。

无论是适应还是减缓都无法避免所有的气候变化影响。即便在所评估的各类最低稳定情景下也会出现变暖，因此在短期和长期应对变暖所产生的影响方面，采取适应措施是必要的。IPCC（AR3，2001）第三次评估报告，指出在 2050 年在长期稳定浓度目标不确定情况下，近期限排的程度对不确定性的解决时间以及能源系统的惯性都很敏感。探讨最优限排策略的成本有效分析结果，提出未来几年的减排在经济上是极有价值的，因为有很大的可能性使温室气体浓度保持在上限以下，要不然在排放系统的特征时间内温室气体浓度就将达到该上限（见图 6-4）。虽然目前还存在尚未得到充分认识的各种障碍、限制和成本，但是通过采取减缓气候变化的各种行动，许多影响都可以减小、延缓或者避免。今后二三十年减缓气候变化的努力和投入，将在很大程度上决定是否能够实现温室气体稳定在较低水平的目标。延缓减排行动，很有可能错失实现这一目标的机遇，增加了发生更严重气候变化影响的风险。

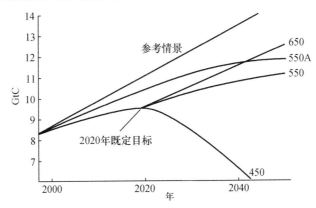

资料来源：IPCC. AR3

图 6-4　成本有效分析得出的二氧化碳最优排放策略

（二）节能减排的机制

1. 节能的价格机制和投资机制

考虑到不同的社会经济发展阶段，对于能源需求也是不同的。对中国这样的发展中国家而言，随着工业化、城市化进程的推进，对能源的需求往往是刚性的，这就使得节能减排面临巨大的挑战。

提高能源价格和加大节能领域投资是实现节能目标的主要途径，也是国家能源政策的重要组成部分。通过提高能源价格，不仅会提高企业和个人的节能意识，而且可以引导对节能领域的投资，但是能否取得预期的效果，则取决于资本与能源之间的相互关系，也就是所谓的能源替代问题。

能源替代是指通过对能源消费的内部结构调整或者改变能源与其他非能源的投入比例，以达到节约不可再生能源、降低能源投入成本、提高能源利用效率、保护生态环境并最终实现经济可持续发展的目标。能源替代包括内部替代和外部替代。前者是指能源内部的结构问题，即不同能源之间的替代，比如清洁高效能源对化石燃料能源的替代；后者是指基于能源价格的变化，通过能源与资本、劳动等生产要素之间的替代，实现三者投入的优化配置，达到降低能源成本、提高产出的目的。但是，不管是外部替代还是内部替代，都取决于能源价格机制。

从外部替代的角度来看，在不同经济发展阶段，能源与资本等要素之间可能存在不同的关系。当能源与资本之间呈现替代关系时，加大节能领域的资本投入就可以促进促进能源节约；反之，当两者呈现互补关系时，试图扩大资本投入来替代能源，就会因为能源缺乏需求弹性而达不到预期的效果，节能只能更多地依靠提高能源价格来迫使社会减少能源消耗。关于外部替代的研究普遍借助常替代弹性生产函数①(CES)和超对数生产函数②(TPF)来分析能源与其他要素之间的关系。由于模型和其采用的样本数据间存在一定的差异,研究结果也存在差异。但是,西方发达国家的经验表明,在社会经济发展初期,资本的投入需要能源的配套,能源和资本存在互补关系;随着经济的发展,能源价格的提高,节能技术的推广,资本的投入就能使能源消耗下降,能源和资本存在替代关系。由于资本和能源的替代关系在很大程度上会受到能源价格的影响,因此,如果承认目前节能减排的迫切性,就必须逐步提高能源价格,使资本和能源之间尽快出现替代关系,从而提高能源效率。

从内部替代的角度来看,虽然能源价格的提高有助于能源结构转向高效、清洁能源,但是也要注意反弹效应可能造成的负面影响。所谓的反弹效应是指某能源利用效率的提高在开始时时会降低该能源消费,如果能源价格不变,节省能源会使产品成本或能源服务的使用成本下降,引起需求的反弹。有许多研究结果证实了反弹效应的存在,反弹效应使得政府投入提高能源效率而进行节能的努力结果将比预期更小。反弹效应取决于许多因素,包括资源形式、资源使用设备以及资源市场和总体经济的发展程度。在特定条件下,由于存在反弹效应,能源效率提高甚至最终可以导致能源需求增加。这种情况发生在一些发展中国家或新兴国家的低能源价格政策下的能源市场。对于成熟的市场,尽管存在反弹效应,但节能效果依然存在。

所以,政府产业政策和能源政策对节能的效果具有非常大的影响,而能源价格的管制与否是最直接的因素。通过提高能源价格可以迫使个人和企业进行节能投入,而能源效率提高带来的节能抵消了能源价格上涨的影响,如果整体能源成本没有下降,就不会有需求反弹,或反弹较小。因此,通过能源价格机制可以抑制需求的反弹,保证投资机制进行的节能行为更有效。

2. 减排的市场机制和税收机制

环境污染和气候问题是典型的"公地悲剧"③(the tragedy of the commons),地球环境(气候)作为自然的全球公共物品,由于其既无排他性又无竞争性,具有经济学中公共物品所存在的外部性、搭便车和市场失灵等问题。在政府的环境政策与管制措施(排污收费、污染事故罚款、资源回收补贴和节能减排优惠贷款等)之外,环境经济学理论④则提供了运用经济杠杆来控制环境污染和气候变化问题的办法,即市场机制(污染物排放权交易)和税收机制(环境税)两种手段。

科斯定理⑤(Coase Theorem)是产权理论最早的萌芽,为后来的排放(污)权交易制度设计奠定了理论基础。科斯定理认为:(a)在交易费用为零的情况下,不管权利如何进行初始配置,当事人都可以通过谈判来解决,且结果是有效率的,即市场会自动达到帕累托最优;(b)在交易费用不为零的情况下,不同的权利配置界定会带来不同的资源配置,即交易费用是选择或衡量产权制度效率高低的唯一标准;(c)因为交易费用的存在,不同的权利界定和分配,则会带来不同效益的资源配置,所以产权制度的设置是优化资源配置的基础。科斯认为,通过使产权明晰和允许交易,市场的作用不仅是评估这些权利的价值,而且提供了一种机制,确保这些权利流向价值最高的用

---

① CES 生产函数是常替代弹性生产函数(即具有 $y=AF(K,L)$ 的形式)。"能源—资本"的 CES 表达式:
$y=A[\delta K^{-\rho}+(1-\delta)E^{-\rho}]^{-1/\rho}$,其中 K 代表资本,E 代表能源。"能源—资本"的替代弹性:$\sigma=1/1+\rho$。

② 超越对数生产函数(trans-log production function,TPF)是由 Christensen,Jorgenson 和 Lau (1973)提出的一种变弹性生产函数模型,含"能源—资本—人力"三要素的 TPF 表达式(Berndt,E.,Wood,1981):
$\ln Y=\alpha_0+\alpha_L\ln L+\alpha_K\ln K+\alpha_E\ln E+[\gamma_{LL}(\ln L)^2]^{1/2}+[\gamma_{KK}(\ln K)^2]^{1/2}+[\gamma_{EE}(\ln E)^2]^{1/2}+\gamma_{LK}\ln L\ln K+\gamma_{LE}\ln L\ln E+\gamma_{KE}\ln K\ln E$;"能源—资本"替代弹性:$\sigma_{KE}=1/\{1+[-\gamma_{KE}+(\eta_k/\eta_E)\times\gamma_{KK}]/\eta_k+\eta_E\}$,其中,$\eta_k$ 和 η_E 为资本和能源的投入产出弹性,$\eta_K=d\ln Y/d\ln K$,$\eta_E=d\ln Y/d\ln E$。替代弹性反映了边际技术替代率的变动引起的投入要素相对比例的变动。

③ "公地悲剧"是英国生物学家哈定(Hadin)于 1968 年在《科学》杂志上发表的《公共地悲剧》一文所提出的一个观点:"如果一种资源没有排他性的所有权,就会导致这种资源的过度使用或错误使用。"

④ 环境经济学是环境科学和经济学之间交叉的边缘学科,主要是利用经济杠杆来解决环境污染问题,研究领域包括:环境污染造成的经济损失估算;环境治理的投入所产生的效益评估;排污权交易市场机制等。

⑤ 科斯定理是以诺贝尔经济学奖得主、英国经济学家科斯(Coase)来命名的。他于 1937 年和 1960 年分别发表了《厂商的性质》和《社会成本问题》两篇论文,其中的论点后来被人们命名为著名的"科斯定理"。

途领域。

环境经济学提出的排放权交易[①]（emissions-trading program）制度，就是参照产权理论建立起来的解决环境问题的市场机制。根据科斯定理，只要各国通过国际谈判，建立一个相应的国际制度框架，确定保护环境的目标，使得环境容量成为一种稀缺资源，在明确界定各国利用环境容量的权利（资源产权，即排放权分配）的基础上，排放权的转让交易就能够促进环境容量资源的合理配置，实现环境污染和气候变化的国际治理。1990 年美国国会通过了《清洁空气法》修正案并实施《酸雨计划》，美国的排放权交易主要集中于二氧化硫，在全国范围的电力行业实施，凭着可靠的法律依据和详细的实施方案，目前已成为排放权交易国内市场最为成熟的市场机制实践。虽然目前世界上还没有统一的温室气体国际排放权交易市场，但是已形成了欧盟排放交易体系（EU ETS）和美国的芝加哥气候交易所（CCX）这样的区域性市场。在区域性的市场中，虽然存在不同的交易商品和合同结构，各市场对交易的管理规则也不相同，但是随着温室气体排放国际制度的发展，市场环境也在逐步健全，交易机制在逐步的完善并走向统一。

环境税（environmental taxation）是 20 世纪末才兴起的概念，可以溯源到由福利经济学家庇古所提出的庇古税[②]（Pigovain Tax）。庇古提出的外部性理论认为经济活动会产生负的外部性，即运行主体化生产和消费过程中可能产生的副产品（如环境污染和生态破坏等），导致边际私人成本和边际社会成本之间存在差异，而这种外部性问题无法通过市场交易来完成，只能依靠政府采取征税或补贴等措施加以调节，把环境污染和生态破坏的社会成本，内化到生产成本和市场价格中去，来弥补边际私人成本和边际社会成本之间的差距。庇古税是一种直接环境税。它按照污染物的排放量或经济活动的危害来确定纳税义务，所以也是一种从量税。庇古税的单位税额，应该根据一项经济活动的边际社会成本等于边际效益的均衡点来确定，这时对污染排放的税率就处于最佳水平。

环境税与排污权交易都是基于市场的环境管理手段，它们既有区别又有联系。环境税是确定一个价格，然后让市场确定排污水平；而排污权交易正好相反，先确定排放量，然后让市场确定价格。目前，OECD 国家不仅对二氧化碳、二氧化硫、水污染、噪声、固体废物和垃圾等污染物征收排放税，而且对导致环境污染的产品征收产品税，刺激生产者和消费者转向无污染或少污染的产品。

二、节能减排的措施和成本

（一）节能减排的措施

节能减排需要改变人类现有的经济发展模式，需要引入低碳经济的发展模式，建立清洁高效的低碳能源系统，开发实用且低成本的低碳技术体系，建立低碳产业，采取减缓和适应气候变化的措施及改变人类的发展观念和生活模式。

图 6-5 中给出了一系列节能减排措施及其效果预估，涉及节能与能效、替代能源、碳捕获和封存[③]（Carbon Capture and Storage，CCS）以及碳汇[④]（carbon sink）等多个领域。虽然不同技术路

---

① 排污权交易是美国经济学家戴尔斯（Dales）于 1968 年在《污染，财产与价格》一书中提出的解决环境污染问题的市场机制，他还将排污权定义为权利人在符合法律规定的条件下向环境排放污染物的权利。

② "庇古税"是由英国现代经济学家、福利经济学的创始人庇古（Pigovain）在 1920 年出版的著作《福利经济学》中提出的。他认为导致市场配置资源失效的原因是经济主体的私人成本与社会成本不一致，从而私人的最优导致社会的非最优。只能由政府通过征税或者补贴来矫正经济当事人的私人成本，这种纠正外部性的方法就被称之为"庇古税"。

③ 碳捕捉和封存（carbon capture and storage，CCS）就是捕捉释放到大气中的二氧化碳，压缩之后，压回到枯竭的油田和天然气领域或者其他安全的地下场所，进而减少大气中的二氧化碳浓度。

④ 碳汇与碳源是两个相对的概念，《联合国气候变化框架公约》（UNFCCC）将碳汇定义为从大气中清除二氧化碳的过程、活动或机制，将碳源定义为向大气中释放二氧化碳的过程、活动或机制。

径的减排贡献存在较大的差异,并取决于其出发点、现有的技术水平、应用范围和经济成本等诸多因素。但是要想扭转目前环境恶化状况和稳定大气中温室气体浓度,还需要尽早对未来几十年(2000—2030年)的节能减排领域的相关技术进行投资,尽快实现商业化。同时,还需要评估各项措施的不确定性,以便为长期的可持续发展选择更合适的技术方案(见表6-1)。

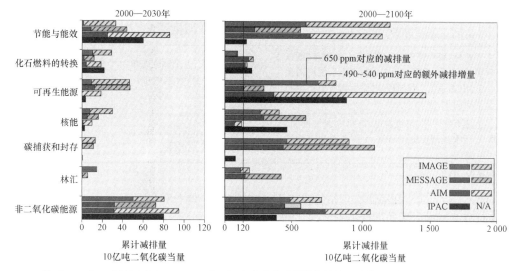

注:2000—2030年(左)和2000—2100年(右)各种节能减排措施的累积减排量,分别采用4个模型(AIM,IMAGE,IPAC和MESSAGE)给出的不同情景。深色条表示650ppm的减排目标,浅色条表示实现490~540ppm的额外减排量。排放水平的单位是二氧化碳当量。

数据来源:IPCC. AR4

图6-5　实现温室气体减排目标的节能减排技术路径及累积减排量预估

表6-1　相关行业节能减排的关键技术、政策及制约因素和机遇

行业	商业上可行的减排技术和做法	已证明在环境上有效的政策、措施和手段	关键的制约因素及(机遇)
能源供应	改进能源供应和配送效率,如化石燃料转换、煤改气、核电、可再生能源(太阳能、水电、风能、地热)、CCS以及其他较未成熟的先进技术(生物质能等);发电技术改进	减少对化石燃料的补贴,并对其征收碳税;提高可再生能源上网电价或补贴生产商	传统能源产业既得利益集团的阻力(建立低碳技术交易市场)
交通运输	节能减排的动力(混合动力车、清洁柴油、生物燃料等及未来的氢动力、纯电力汽车),更合理的城市规划(减少流动需求)和交通系统设计(更多引入公共交通)	鼓励非机动交通运输(自行车等);强制交通工具二氧化碳排放标准;缴纳车辆购置税、燃料税等	收入效应,降低车辆购置税等的效力;对现有城市系统及交通规划的改造成本
建筑业	高效照明和采光、高效制冷和加热、改进隔热技术、节能环保建材、光伏一体化建筑(更先进的信息反馈及控制技术进行节能调控)	节能环保家电标准和标签;建筑节能环保法规与认证;需求方管理计划;政府采购的节能环保倾向;	标准制定的调整过程及成本;现有建筑的改造成本及可行性(能源需求侧管理行业的发展)
工业	高效节能电气设备;回收热、气等;采用新材料;进行资源回收利用;运用流程控制技术;CCS用于水泥、氨和铁的生产等	制定绩效标准;进行相应的补贴及税收优惠;进行可交易的排放权;制定自愿协议等	排放额度的分配及稳定的碳价;国际贸易中的竞争力问题(产业结构转型与调整)

（续表）

行业	商业上可行的减排技术和做法	已证明在环境上有效的 政策、措施和手段	关键的制约因素及(机遇)
农业	改进作物用地及用水管理，增加土壤碳储存能力；退耕还林；品种改良；牲畜及粪便管理，减少 CH4 排放；改进氨肥技术，减少 N2O 排放；应用沼气、生物质能	为改进土地管理、灌溉、退耕还林、化肥施用等提供财政支持及鼓励沼气、生物质能的应用	节能减排观念的推广；财政政策的实施
林业	造林、森林管理、减少毁林；木材制品(纸张等)回收；使用林业产品替代化石燃料的使用(改进人工林树种，增加生物质能产量和碳固化)等	原始森林的保护；人工林生态单一性问题；林权交易；林汇的推广和引进	资本缺乏和土地所有制问题(碳汇交易、产权改革及消除贫困并举)
废弃物	废弃物回收、垃圾发电、有机废弃物堆肥、污水处理及资源回收、生物覆盖和生物过滤等	对废弃物回收行业的扶持、污水处理的市场化运作及扶持	环保观念的推广普及；一次性产品的可回收性

资料来源：IPCC. AR4

IPCC(AR4，2007)在第四次评估报告中引入减缓潜力①概念和自下而上、自上而下两种研究方法来对节能减排措施的进行不确定性评估。

自上而下的研究是从整体经济的角度评估各减缓方案的潜力，使用全球一致的框架和有关减缓方案的综合信息，并抓住宏观经济反馈和市场反馈。以经济学模型为出发点，以能源价格、经济弹性为主要的经济指数，给出宏观经济变化引起的能源系统供求关系变化，能够较好地描述国民经济各部门的相互作用，以及资源和经济之间的关系，主要模型包括宏观计量经济模型、投入产出模型、可计算一般均衡(CGE)模型等。

自下而上的研究是基于对减缓方案的评估，突出强调具体的技术和规定，一般是针对行业的研究，这类研究将宏观经济视为不变，将各个行业估算进行综合累计。该类方法对以能源生产和能源消费过程中所使用的技术为基础，通过系统内的各环节的流量投入产出的均衡分析进行详细的描述和仿真，并以能源和工业生产方式为主进行供需预测及环境影响分析。这类模型中各种政策分析功能的最终结果都是通过技术路线选择来体现的，在选择方式上，主流模型是基于优化模型思路，在完美市场假设下根据能源系统总成本最小化来进行技术路线选择，以能源供应、转换为中心，用于分析高效能源技术的引入及其效果的模型，目前较著名的有以 IEA 为核心开发的 MARKAL 模型和 IIASA 开发的 MESSA GE 模型等。

图 6-6 把 2030 年的全球经济减缓潜力与从 2000 年到 2030 年预计增加的排放量做了比较。虽然自上而下的研究和自下而上的研究总体上是一致的(自下而上方法估计可以多减排约 60 亿吨二氧化碳当量)，但在行业层面上却存在相当大的差异。

图 6-7 给出了采用自上而下研究方法得出的各行业减缓潜力估算和边际成本估算。结果表明没有任何一项单一的技术能够实现任何行业的全部减缓潜力，而且必须保证碳价在一定水平上时，经济减缓潜力才能实现。

虽然各种节能减排措施由于行业不同，绩效上(如累积减排量)存在相当大的差异，从无论是采用自下而上还是自上而下方法来评估各中减缓措施，从总体来看，未来几十年的节能减排有着相当大的经济减缓潜力。

---

① 减缓潜力就是针对某个给定的碳排放配额价格，实施减缓温室气体排放措施所产生的潜在经济价值。

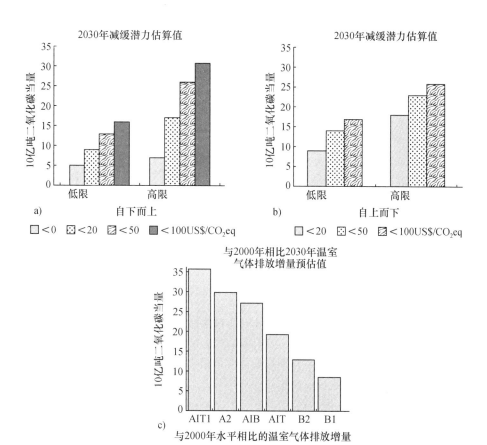

数据来源：IPCC. AR4

图 6-6　2030 年全球经济减缓潜力与预估增加的排放量的对比

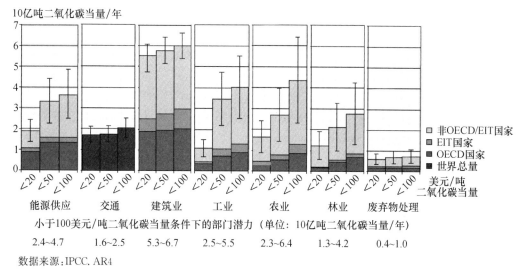

数据来源：IPCC. AR4

图 6-7　估算的 2030 年行业减缓潜力（自下而上方法）

（二）节能减排的成本

1. 节能成本分析及节能供给曲线

能源效率的提高在节能中具有关键的地位，但是节能是需要进行特定投资来获得更低的能源投入，而节能措施的采用，从投资的角度，是需要根据能源价格的变化和资金的状况进行选择的。所谓的节能成本(cost of conserved energy, CCE)是指在其投资生命期内进行平均分摊，而平均每年的节能投资除以平均每年节约的能源量的贴现值。即：$CCE=(I/\Delta E)\times d/[1-(1+d)^{-n}]$，其中，I 为节能投资，$\Delta E$ 为减少的能耗价值，d 为折现率，n 为生命周期。此公式意味着如果节能成本低于能源价格，该节能措施就是可行的，而对一系列节能措施按节能成本排序就可以获得最优的方案。

节能供给曲线描述一系列节能措施累积的节能效果。图 6-8 左图中横轴代表节能量，纵轴代表能源价格，每一个台阶代表一种节能措施的节能效益，虚线代表能源价格。处于能源价格水平以下的节能措施在经济上是可行的，据此可以根据能源价格变化来选择节能措施。Ross (1990)对节能供给曲线做了修正，假定不同部门的能耗为 w_{ij}，且有节能曲线 $S_{ij}(p)$，其中 p 为能源价格。在确定的能源价格下，节能成本低于 p 的措施被投资，部门节能曲线：$S_j(p)=\sum w_{ij}S_{ij}(p)/w_j$。资本成本：$w_{ij}S_k\times p=CRR\times K_k+\delta_k$，其中 CRR 为资本折旧率，$\delta$ 为节能的操作成本，K 为节能的资本总投资。可以得到短期和长期的节能供给曲线（A 和 B）。

图 6-8 右图中，节能供给曲线 A 表示短期内当能源价格上涨时，节能措施的潜力是有限的，不能促进节能。节能供给曲线 B 表示长期来看能源价格上涨会使得原来不可行的节能措施也逐渐变得可行。

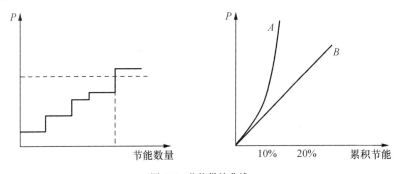

图 6-8　节能供给曲线

2. 减排成本分析和减排成本曲线

除了经济减缓潜力外，更重要的是对减排的成本进行估算，这样才能保证在降低碳排放的同时保证经济的增长。所谓的减排成本(abatement cost)是指采用某种减排措施的额外成本，即按年度额外运营成本（包括折旧）减潜在成本节约（减少能源消耗量）除以避免排放量。即 $AC=[C-\Delta E]/\Delta A$，其中，AC 为额外运营成本，ΔE 为减少的能耗价值，P 为能源价格，ΔA 为减排量。此公式意味着如果节省的成本很多，成本可以是负值。

减排措施的选择可以通过减排成本曲线来获得。减排成本曲线是通过对各种减排措施按成本顺序进行排序，并将各种方案的减排量进行加总而获得的（见图 6-9）。在减排成本曲线图中，每个矩形代表一种减排措施：矩形的宽度代表减排空间（可减排量），高度代表措施平均每吨二氧化碳的减排成本（但平均成本并不等于该措施最终能够进入人们选择的价格）。横轴代表减排量，纵轴代表减排成本，负的减排成本的含义在于以节能形式进行减排，减排有正的经济收益。

Enkvist 等(2007)利用减排成本曲线，根据不同的减排目标情景（即在 2030 年温室气体含量为 400ppm、450ppm、550ppm 二氧化碳当量），对全球减排体系进行评估。在 450ppm 的情景下，若将减排成本控制在 40 欧元/吨二氧化碳当量以下，到 2030 年这些减排措施将可以实现每年减排 260 亿吨温室气体二氧化碳当量(见图 6-10)。减排成本曲线的低端多数采取提高能源效率的措施(诸如改善新建筑物的绝缘功能,从而减少电力需求、降低排放)。在成本曲线的高端是在发电和制造业采取更多的减排技术(诸如风力发电、碳收集和封存以及向更清洁工业流程转变等措施)。这条曲线还代表了通过保护或恢复热带雨林,以及通过采用更大程度减少温室气体排放的农业生产方式来减少温室气体排放的方法。

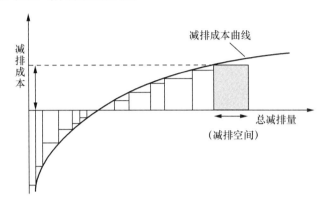

图 6-9 减排成本曲线

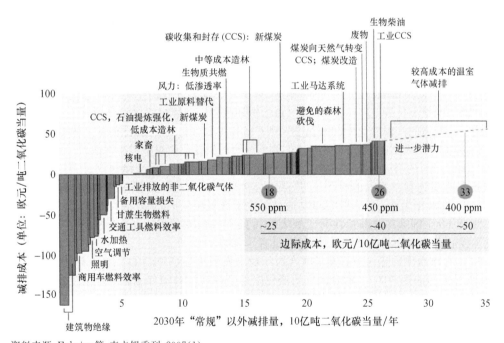

资料来源:Enkvist 等. 麦卡锡季刊,2007(1)

图 6-10 全球温室气体减排的成本曲线

Creyts 等(2007)考察了美国整个经济体系中 250 种可供选择的减排措施,并对这些措施的减排量和成本进行比较,分析了美国未来几十年中减排的可能性、相应的减排成本及对经济可能造成的影响。根据不同的情况,可以将减排分为低范围、中范围和高范围的减排。将 250 多种减排措施分为五大类:建筑节能、运输节能及燃料碳强度降低、工业部门节能、碳汇和降低电力部门碳强度,如果在中范围内进行减排(相当于 450ppm 二氧化碳当量情景),若减排成本控制在 50 美元/吨二氧化碳当量,到 2030 年将可以实现每年减排温室气体 30 亿吨二氧化碳当量。

三、节能减排的国际合作框架

节能减排的目标是为了解决全球能源供求矛盾和环境污染及气候变化问题，而环境污染及气候变化问题的特殊性在于，它是一个全球和长期（可长达几个世纪）的国际问题，涉及全球环境、气候、经济、政治、体制、社会和技术领域复杂的相互作用，且对更广泛的社会目标（如公平性和可持续发展）产生国际性和代际间的影响。应对环境污染及气候变化的挑战，需要国际社会对这一问题形成一致的认识并采取积极的共同行动，通过国际合作来避免危及人类生存和发展的灾难性后果。

（一）现有国际合作框架

1972 年，联合国在瑞典斯德哥尔摩召开人类环境会议，通过了《人类环境宣言》，成为人类保护环境国际合作的起点。《人类环境宣言》对环境问题的本质、产生的原因、改善办法、目标和职责以及国际合作等方面做了原则性的阐述。同年，在日内瓦召开了世界气候大会（FWCC），制定了世界气候计划（WCP）和世界气候应用计划（WCAP），揭开了全球气候科学研究的序幕，并明确指出，一旦大气中二氧化碳浓度加倍，全球平均气温可能上升 1.5～4.5℃。这一时期，联合国相继召开了世界食品大会（1972）、水资源大会（1974）和沙漠化大会（1977）等，国际社会日益认识到许多的全球性环境问题往往都与气候变化有关。

针对环境和气候问题的紧迫性，1973 年联合国成立联合国环境规划署（UNEP）这一专门机构来进行国际合作的协调。1980 年，联合国环境规划署、国际自然和自然资源保护联盟（IUCN）、世界野生生物基金会（WWF）共同起草了《世界自然资源保护大纲》，对人类的经济发展和自然资源保护目标做了原则阐述。1987 年，世界环境与发展委员会（WCED）发表了研究报告《我们的未来》，提出"可持续发展"（sustainable development）概念，指出人类发展导致的生态环境恶化已经成为人类社会发展面临的最大挑战。1988 年，世界气象组织和联合国环境规划署联合建立了一个各国政府间的机构——政府间气候变化专门委员会（IPCC），其主要任务是定期公布对气候变化的科学认识，提出气候变化对人类的影响，以及对人们如何减缓气候变化的对策进行评估。

通过国际组织的努力，在联合国主导下，全球达成了一系列国际环境协议。

1985 年在奥地利首都维也纳召开的"保护臭氧层外交大会"上，通过了《保护臭氧层维也纳公约》，并于 1988 年生效；1987 年 UNEP 通过了关于臭氧层保护的《蒙特利尔议定书》。

1989 年 69 个国家环境部长在荷兰就大气污染和气候变化发表了《诺德威克宣言》；UNEP 还通过了控制危险废物跨境转移及处置的《巴塞尔公约》。

1992 年在巴西里约热内卢召开了联合国环境与发展大会（UNCED），通过了《里约宣言》，并签署了《森林问题原则声明》《联合国气候变化框架公约》（UNFCC）、《生物多样性公约》，充分体现了国际社会关于人类社会可持续发展的全球共识。

1994 年《联合国气候变化框架公约》生效（迄今共有 184 个缔约方），之后每年召开一次缔约方大会（COP）。1997 年在日本京都召开 COP3，149 个国家和地区通过谈判达成了《京都议定书》（Kyoto Protocol），首次对发达国家的温室气体排放设置了限额，并提出了帮助发展中国家履行减排义务的灵活机制。2001 年 COP7 在马拉喀什举行，完成《京都议定书》全部谈判任务，但由于美国退出《京都议定书》，导致达成的协议中许多指标和义务大打折扣。2005 年《京都议定书》由于附件 1 国家俄罗斯的加入而正式生效，并将 2008—2011 年定为第一履约期，2013 年—2017 年为第二履约期。2007 年 12 月，联合国气候变化大会通过名为"巴厘路线图"的决议，为后京都时代的国际气候谈判确立了明确的议程。

（二）国际气候谈判的政治经济格局

王军（2008）指出在当前的国际政治格局下，气候问题的解决必须而且只能通过有关主权国家签署的国际环境协议来进行，并通过国际合作得以落实和解决。通过国际谈判，形成解决环境污染及气候变化问题的国际制度,从国际治理的高度,制定相关政策,确定减排的目标和实施的途径,规范有关国家履行相应的权利义务,并进行相关的监督和管理。这种国际合作机制不但涉及未来全球各国的长期经济增长、能源与环境发展空间和相关的权利与责任的确定,而且事关以确定环境权益为表现形式的国际政治经济新秩序的发展和作为国际公共物品的全球环境资源(如温室气体排放量分配)的界定与划分,对于国家经济竞争力具有很大的影响。所以这些问题表面上是一个环境问题,其实质是国际政治和经济问题,是不同国家和不同区域利益集团之间的博弈。

以国际气候谈判的政治经济格局最具有代表性。目前国际气候谈判包括三个主体:一是欧盟;二是以美国为首的包括加拿大、日本、澳大利亚、新西兰等国在内的伞形国家集团;三是"77国集团加中国"。这三个集团在谈判中所处的地位、主张、目的及其政策的可能走向,对于未来的国际气候谈判进程都有着重要影响。一般而言,影响一个国家或国家集团气候谈判立场有多种因素,例如:气候变化影响程度及可能带来的预期损失,减排温室气体的成本,外部因素的激励(资金、技术、市场、国际形象等),非气候因素的激励,国内政治压力,以及其他战略考虑和文化因素等。各国都会全面衡量各自的利益,对参与气候谈判的立场和策略做出综合决策。欧盟作为国际气候谈判的发起者,一直是推动国际气候谈判的重要力量,但是欧盟有利用其环保、新能源产业优势,增加其对外出口和产业垄断的意图。譬如,欧盟将自己现行的生态保护标准推广到全球其他地区,将迫使其主要竞争对手提高类似的生态成本支出,制约其经济发展。伞形国家集团成员对减排存在一定的抵触,尤其是美国,不仅没有履行减排承诺和义务,而且一直要求对中国等发展中大国的排放设限,以减少自身的经济损失。由于发达国家没有完全履行其向发展中国家提供应对气候变化所需资金和技术的承诺,而国际资金来源和技术援助非常有限,导致发展中国家之间为了经济利益产生的矛盾和竞争不可避免。为此,"77国集团加中国"内部形成了小岛国联盟、石油输出国组织(OPEC)、非洲和发展中大国利益体,分化趋势日益明显。

(三)环境问题国际合作的政治经济学分析

国际合作是一种复杂的谈判和不断博弈的过程,其目的在于形成国际制度使得集体行动取代个体行动,使个体在集体行动下的收益大于单方面行动的收益,并使得国际社会的福利最终实现最大化目标。一个理想的最稳定和最有效率的国际制度,其应满足下面的条件:其一,该国际制度能够产生帕累托最优的纳什均衡结果;其二,该国际制度应该是严格的具有较强约束力且切实可行的;其三,该国际制度所产生的机制应该是强制性与激励相容的。

在减排国际制度的构建过程中,各国处于自身利益的考虑,都企图使自己的减排成本最小化,同时又能实现减排的目标,控制全球气候变化,这两者之间本身就是矛盾的,而矛盾的处理过程则体现了不同国家集团之间的博弈。

首先,如果各国都不受限制地排放温室气体,且每个国家都认为,在别国不受限制地排放二氧化碳的同时,自己单方面限制排放对于延缓全球气候变化没有根本意义;或者每个国家都认为,在其他国家联合限制二氧化碳的时候,自己单方面扩大二氧化碳排放量不会对全球气候变化产生决定影响。那么,全球气候变化的最终结果必然是重蹈"公地悲剧",也是博弈论中著名的"囚徒困境"的再现。所以,每个国家(个体)理性地追求自身利益最大化的结果,就是国际社会(集体)的整体利益受损,最终每个国家(个体)的利益也没有办法保障,这样,通过合作来解决问题成为必然的选择。

其次,国际气候谈判的过程,也是对未来国际制度主导权的争夺。目前温室气体减排的国际制度是由发达国家组成的OECD来主导的,而欧盟和美国在全球气候谈判中扮演着最重要角色。在现有的国际政治体系中,OECD作为权力最大的国家集团,从现存国际体系的稳定中获得巨大收益,而且稳定国际体系所付出成本要小于其收益,所以强势的国家集团往往愿意承担国际公共事务的管理和治理的职能。这在博弈论中也被称为非对称的"盟主博弈",在博弈过程中,盟主为了达到纳什均衡,会主动制约弱小国家,选择最有利的策略,以便在国际合作获得最大的收益。

第三,国际气候谈判中最大的问题是发达国家和发展中国家的矛盾。在国际气候谈判中,发达国家往往以减排效率为由，要求发展中国家参与先期减排；而发展中国家根据二氧化碳的历史排放责任，往往要求发达国家率先减排，实行"公平但有区别的责任"的减排原则。虽然最后国际社会对"公平但有区别的责任"原则达成了一定的共识，发达国家尤其是欧盟也主动承诺率先进行碳减排，并且协助发展中国家履行减排义务。其根本的原因就在于公共物品供给普遍性和消费非排他性特征导致发达国家在权衡各方面利弊后，必须先采取相应的措施进行减排以突破谈判困境，避免出现谈判破裂而造成温室气体排放失控的情况，而一旦出现这种失控，对发达国家来说，其损失将比先进性减排大得多。

第四，由于美国在现有国际政治经济体系中的独一无二的地位，在国际气候谈判中所起的作用也就显得尤其重要。美国在马拉喀什会议上退出《京都议定书》，导致整个全球碳减排进程被推迟。在国际气候谈判中，发达国家主张利用市场机制进行弹性履约，强调效率原则；而发展中国家主张发达国家的历史排放责任，强调的是公平原则。这种矛盾使得国际合作形成一种困境，而在无法解决利益分配和利益补偿的情况下，美国出于单边主义和利己主义的偏好，选择了"退出"这一纳什均衡解，导致谈判出现破裂，迟滞了减排的进程。

从上述的分析中可以得出这样的结论：国际气候谈判在达成协议的过程中，包括了各种类型的博弈，最终能否达成协议来促成有效国际合作，其关键在于如何克服博弈过程中的不信任或利益分配上的歧见。由于在 100 多个成员组成的国际社会在提供公共物品的过程中，总是遵循奥尔森所说的"集体行动的逻辑"[①]行事，即在全球性公共问题上，一国是否参与新的国际制度，从而实现合作，在很大程度取决于公共利益之外的"选择性激励"因素和能够获得额外的非集体性收益的多少。如果国际制度不能为单个成员提供这种额外收益（或单独施加惩罚），那么整个国际社会在这一领域就会面临集体行动的困境，国际公共物品就很难被提供。这一点是由公共物品"联合供给"和"联合消费"以及国家行为体理性、自利的特性所决定的。但是，如果有面向个体的非集体利益，用以补偿集体利益不足以支付个体参与集体行动所需成本的困境，就可以进入一种合作博弈的状态，围绕"共同规避的困境"，各方就会接受或同意一系列的规则或惯例来协调彼此的权利和义务，避免各方都不愿意看到的结果。

《京都议定书》确立的减排灵活机制除了有助于实现减少全球温室气体排放、减缓气候变暖的趋势之外，也为吸引国际社会各成员的参与，提供了不同种类的选择性激励，不同类型的国家通过参与京都机制，可以获得各种额外的收益。

对发展中国家的选择性激励措施有两个：其一，第一次为发达国家规定了具体的有约束力的温室气体减排目标，但对于广大发展中国家而言，出于公平和可持续发展方面的考虑，并没有像发达国家那样，规定强制性的减排目标。对于发展中国家来说，这就是一种非集体性的选择性收益。其二，确立了"清洁发展机制"，规定发达国家在难以在规定时间内完成议定书规定的减排指标时，可以通过帮助发展中国家减排来获得排放额度。由于发展中国家实现同等数量的温室气体减排的成本要大大低于发达国家，发达国家有很强的向广大发展中国家提供相关环保技术和资金援助的动机，以节约履约成本。发展中国家就能比较容易地获得大量来自发达国家的环保项目投资和成熟技术支持，这也是一种重要的选择性激励，因为只有加入《京都议定书》才能享受到这一额外收益。

对于 OECD 国家，《京都议定书》规定的三个灵活机制和关于"汇"的折算可以大大减少其减排的预期成本，尤其是排放权贸易大大降低其在国内进行温室气体减排的边际成本，使得减排措施对国民经济的影响大幅降低。

《京都议定书》引入的选择性激励对缔约各方都存在一定的额外收益，但灵活机制也存在一定的成本（即在实践操作中也极有可能降低议定书规定的全球减排），是各方在共同利益（共同困

---

① 集体行为的逻辑是由美国学者奥尔森（Olson）在 1965 年所著《集体行动的逻辑》一书提出的观点："假定集团中所有个人都是理性和寻求自我利益的，即使作为一个集团，他们采取行动实现他们共同的利益或目标后都能获益，他们仍然不会自愿地采取行动以实现共同的或集团的利益。为了促使成员采取有利于集团的行为，必须引入有别于公共物品的'选择性激励'（selective incentives）制度。"

境)的驱使下妥协的产物,是各方合作博弈的结果。未来仍需要启动新一轮谈判,进一步协商完善温室气体减排的国际制度。

四、节能减排与金融创新

人类对石油、煤炭等化石燃料的依赖日益加深,传统能源资源的日益枯竭,以及传统能源在开发利用过程中对环境的污染和导致的气候变化问题,对国际社会提出严峻的挑战。开展节能减排,一方面需要国际社会不断完善相应的治理机制,另一方面也需要创新商业模式和金融制度,通过确立可持续发展的金融支持战略导向,使得金融机构在产品或服务的定价中体现环境污染和气候变化的社会成本,引导资本向节能减排流动,向相关产业倾斜,反映社会发展的价值取向。传统的金融理论和实践已无法应对低碳经济时代的变革要求,而环境金融的发展和金融创新,则为降低节能减排的成本、规避相应的风险提供新的途径。

(一)节能减排的项目融资

节能减排项目通常具有很强的环境效益,也蕴藏着巨大的商机,不仅能够改善社会福利,而且可以促进经济结构的升级和推动新兴产业的发展。但是节能减排项目开发也存在着风险:如技术方面,节能减排技术的有效性和可靠性存在不确定因素,因此进行相应的项目开发也存在着不确定性;融资方面,由于节能减排项目没有相应的抵押物且投资回收期较长,因此项目的投资回报也存在不确定性;法律方面,由于没有一个具有公信力的机构来承担项目的节能减排绩效认定,在项目改造的收益确认等方面也存在不确定性。由于节能减排存在着一定的风险,加上项目本身往往缺乏可抵押资产,因此一般的债务融资和股权融资难以解决其资金瓶颈问题。尤其是在项目开发的初期,由于投资规模较大,即期经济效益不确定,投资存在一定风险。环境金融创新为节能减排提供了股权融资和债权融资之外新的融资模式,通过与金融机构的合作,依托其在项目风险评估、融资结构设计和金融产品创新上的优势,可以很好地解决节能减排的资金问题。

1. 融资租赁

融资租赁是指出租方根据承租方的要求,出资向供货方购买设备,同时将所购买的设备出租给承租方使用,承租方按其交付租金以补偿出租方所支付的设备成本、利息等。融资租赁不同于传统的租赁,不仅具有融资、担保和使用功能,而且具有加速折旧和节税等方面的财务优势。融资租赁为节能减排项目的设备投资提供一种灵活的融资方式,不仅可以很好地解决项目资金难题,而且降低了项目实施中各方的风险。

融资租赁中三方当事人,即出租方、承租方和供货方之间需要签署两个合同,一个是出租方和承租方的融资租赁合同,一个是出租方和供货方的买卖合同。由于融资租赁中的买卖合同是出租方应承租方的要求签订的,所以除了具备一般买卖合同外,还必须明确一些特定事项:卖方承认合同标的物是出租方购入用以租赁给承租方使用的;卖方应保证合同标的物的设备规格、型号等应符合承租方的要求;对合同标的物的质量保证及根据买卖合同卖方应提供的其他服务,均由供货方直接对承租方负责;承租方同意并确认买卖合同的全部条款。而融资租赁合同中各方的责任和义务已存在一定的特殊性:出租方只享有租赁标的物的名义所有权,其法律地位类似于融资人,承租方的义务和责任较重,当合同标的物出现瑕疵,出租方不负责任,承租方的租金照付;当供货方迟延交付或交付有瑕疵的货物时,出租方会把赔偿请求权让渡给承租方;在融资租赁合同期间,承租方占有租赁物期间,租赁物造成第三方的人身或财产损害,出租方不负责任。

融资租赁方式一般可根据出租方在租赁中的投资比重划分为传统租赁或杠杆租赁。杠杆租赁是指在融资租赁过程中,出租方只需投资租赁设备购置费的$20\%\sim30\%$,即可在法律上拥有该设备的完整所有权,享有和传统租赁对设备100%投资情形一样的税收优惠,剩余的购置费由银行等金融机构提供的无追索权的贷款解决,但需要出租方以设备作为抵押,以转让租金的收取权利作为担保。

融资租赁作为渗透金融、贸易、投资、技术服务、资产管理等多领域的综合平台,不仅可以使节能企业实现表外融资(即租赁设备不计入企业资产负债表),而且融资租赁可以使能源服务公司、设备制造商、银行和金融租赁公司等专业机构发挥各自优势,完善节能产业链,推动节能减排的进行。

2. BOT

BOT(Build-Operate-Transfer)项目是指政府(或企业)与投资人签订特许经营协议,投资人在协议期内组建项目公司对项目进行投资建设,同时可以拥有运营和维护项目运转的权益,全部或部分获得项目运行的经济效益,协议期满后,投资人应将运营良好的项目无偿转移给政府。BOT模式是一种以项目为基础的投融资行为,银行对政府或项目公司股东的追索只限于这种支持的程度,而不能无限地追索(有限追索权),因此非常适合进行一些具有公共性质的节能减排项目融资。BOT模式还进一步演进为BOO①、BLT②等多种模式,可以根据项目的技术和客户的情况,选择不同的模式,以保证降低项目的风险。

BOT模式的具体操作程序,主要包括以下5个阶段。(a)项目确定:由政府或项目所属企业确定项目的性质、投资规模、选址或设备选型等,并制定可行性研究报告。(b)招投标:根据项目的可行性研究报告,确定项目投资数额及具体的融资方案,发布招标通知,邀请有条件的公司参与竞标,组织评估标书,选择具备相应条件的公司进行项目运作。(c)项目开发:中标公司组成一个项目公司,同政府(企业)就特许权协议、贷款协定、施工合同、供应合同等进行谈判,签订一系列合同以明确彼此之间的权利义务和所承担的风险责任。(d)项目建设及运营:项目公司全权负责项目的建设和项目投入使用后的经营,并在经营过程中,按合同的要求,负责项目的保养和维护。(e)项目移交:项目投资者以一定期限的特许经营权许可并准许收费或开发相关服务设施以偿还贷款,回收投资并赚取利润之后,运营期结束,无偿将项目移交给政府(企业)。

目前,在合同能源管理、新能源及可再生能源投资领域,BOT及其衍生的项目融资模式被广泛采用。比如,国外的风力发电项目开发大多采用BOO形式,而热电联产项目则较多采用BOT和BLT形式。

3. 结构融资

结构融资(structure financing)从金融学的角度来讲,是一个广泛应用但很少定义的概念。综合多种表述可以归纳为:结构融资是指企业通过利用特定目的实体(special purpose vehicle, SPV)将未来可能产生稳定现金流的特定资产剥离开来,并以该特定资产为标的进行融资。

传统的股权融资或债权融资都是以企业整体信用为基础进行融资。股票融资要以现有的全部权益为基础与投资者分享未来的收益,必须满足较高的盈利水平要求,且会造成股权稀释;债权融资要以企业的整体信用为基础决定融资成本,必须在流动性、负债率和盈利水平等方面满足较高的发债条件。从财务管理的角度看,企业不加区别地以整体资产进行融资是一种资源浪费,而结构融资只要求基础资产、项目或其他权益具有稳定的、可预测的现金流,由融资企业的资产、项目或其他权益作为偿付来源。

结构融资是一种介于债务融资和股权融资之间的融资模式,它是在不影响企业股权结构的情况下,为企业提供偿付期与其资产的偿还期相匹配的资产(项目)创新融资方式,增加其资产流动性和融资能力。结构融资的范围、载体和方式日益多样化和复杂化,采取的诸如夹层融资③、信托、高收益贷款等手段,具有专业性强、程序复杂、运作过程涉及多个参与主体等特点。结构融资的起源可以追溯到20世纪70年代的资产证券化(securitization),随着金融市场的不断发展,目前已经成为全球金融机构广泛应用的一种有效的风险管理、负债管理工具。

---

① BOO(build-own-operate)即"建设—拥有—经营"模式,项目一旦建成,项目公司对其拥有所有权,政府(或企业)只是购买项目服务。

② BLT(build-lease-transfer)即"建设—租赁—转让"模式,项目完工后一定期限内出租给第三者,以租赁分期付款方式收回工程投资和运营收益,以后再将所有权转让给政府(或企业)。

③ 夹层融资是一种无担保的长期债务,这种债务附带有投资者对融资者的权益认购权。夹层融资是从属债务(subordinate debt)的一种,但是它常常被作为从属债务的同义词。夹层融资的利率水平一般在10%～15%,投资者的目标回报率是20%～30%。一般说来,夹层利率越低,权益认购权就越多。

节能减排项目与其他投资项目不同之处就在于,大部分节能项目见效快且收益稳定,只要降低能耗就可以产生稳定的现金流。因此,将节能减排项目脱离发行人信用,以项目自身的信用,借助信托投资或合同能源管理等手段进行结构融资,可以很好地解决节能减排项目的资金难题。

4. 浮点模式

浮点模式是指投资者和项目开发商共同投资项目,持有项目公司一定比例的股权,在项目运行初期,投资者获得整个项目的运营收益(税收抵免和现金流)的大部分,当投资者达到某个预先设定的投资回报率——即所谓的浮点(flip point)之后,投资者按其项目投资比例(或商定的比例)分配项目运营收益。例如,投资者和项目开发商各持有项目公司50%的股份,在第一个浮点前,投资者获得80%的项目运营收益,之后变为50%。

浮点模式与一般的股权投资相比较,具有一定的优势。一方面对于投资者而言,较快的投资回收可以降低其投资风险,而未来的项目运行又可以带来长期稳定的收益,能够更好地吸引投资者;另一方面,对于缺乏实力的项目开发商而言,操作简单、灵活的利益分配机制非常有利缓解创业期企业资金压力,而且未来可以方便地通过从投资者手中回购股权来重新获得项目控制权。

根据投资者类型的不同,具体浮点设置也不同。一般来说,对于战略投资者而言,浮点一般会设置在项目享受税收收益的期限内①,因为战略投资者对项目投资的税收抵免更感兴趣,其投资的目的在于取得项目的绝大部分税收收益;对于机构投资者而言,其更倾向于项目运营带来的现金流收益,因此其第一个浮点设置同战略投资者相比更短,同时它会促使项目开发商投入更多的资金而且在第一个浮点之前获得的收益与其所持项目股份更不成比例,甚至可能取得百分之百的项目运营收益。

此外,通过在项目融资结构中引入一定的债务比例,还可以更好地利用财务杠杆来满足项目的资金需求。贷款的还本付息从项目产生的现金流中扣除,这样可以进一步提高项目开发商的资本回报率和减少初始的资金投入。

(二)节能减排的市场机制

根据IPCC的估计,如果希望到2030年全球温室气体排放回到目前水平所需的额外投资和流动资金约为2 000亿~2 100亿美元。2030年全球适应气候变化所需额外投资和流动资金的总规模大约在数百亿美元。由于节能减排项目牵涉面广、工作量大、耗时长、难度高、专业化程度强,投资人对项目的了解成本也会较高;另一方面,存在节能减排项目融资的信息不对称,投资人缺乏低成本获取项目技术经济信息的渠道,也很难获得有效的信息来分辨项目的好坏。因此,资金瓶颈的解决,一方面需要政府加大政策性投资和强化对节能减排领域的财政补贴、税收优惠;另一方面要摆脱单纯依靠金融机构的贷款和相关项目融资的局限性,尽快引入市场机制,通过市场化手段,优化资源配置,引导资金流向绿色产业。同时,金融机构必须加快环境金融领域的创新,更好地吸引私人部门投资节能减排,扩大融资渠道,使节能减排投融资体系更加多元化,促进并推动节能减排的发展。

1. 碳排放交易市场

低碳经济蕴含的创新思想最主要的贡献就是引入市场机制——碳排放交易——作为解决二氧化碳为代表的温室气体减排问题的新路径。碳排放交易属于排污权交易的一种,根据世界银行的定义,是指一方凭购买合同向另一方支付以使温室气体排放减少或获得既定量的温室气体排放权的行为。买方可借此交易达到其减排承诺,或取得集体公民身份,或达到减缓气候变化的相关目标。因为现阶段国际排放权交易市场上进行的主要是二氧化碳排放权交易,而且其他五种温室气体是根据不同的全球变暖潜能,以二氧化碳来计算其最终的排放量,因此也称为"碳交

---

① 例如根据美国《能源政策法》(*Energy Policy Act*)规定,针对特定设施的税收优惠,包括风能设备、闭环生物质设备、开环生物质设备、地热设备、小型灌溉动力设备、填埋气设备、废弃物燃烧设备等在内的发电设施可在10年的期限内获得1.9美分/千瓦时的税收优惠。

易市场"或"碳市场"。通过碳排放交易市场,利用不同国家之间存在的不同减排成本来进行排放权流通,不仅可以节约各国减排的成本,而且可以加快节能减排技术在全球范围内的转移和推广。

碳交易市场是目前最具发展潜力的大宗商品交易市场,据世界银行数据显示,全球碳排交易市场价值已从 2005 年的 110 亿美元上升到 2008 年的 1 300 亿美元。根据世界银行和国际排放交易协会①(IETA)的预测,2012 年全球碳交易市场规模将达到 2 亿吨,交易额将达到 1 900 亿美元。

2. 能源效率市场

能源效率市场通过节能技术及能源结构优化,不仅可以实现能源(资源)节约,更重要的是可以通过服务、技术改进和竞争从中获取商业利润,进而形成一个低碳经济发展模式下的新兴产业。能源效率市场需要有技术和设备投入的,需要一个投资机制的支撑,需要创建一种盈利模式,需要一个专业化管理团队来执行。作为能源需求侧管理的一种创新机制,合同能源管理在近年得到迅速发展。通过节能服务公司(国内称为 EMC,国外称为 ESCO)建立与高耗能客户间的"能源管理合同",为客户提供节能方案和能源管理,在项目成功运行后,同客户分享节能效益。而这种节能机制发展的核心就是借助金融市场,通过银行商业贷款、设备融资租赁、电力公司的能源需求方管理(DSM)基金等渠道,进行大规模的融资。

合同能源管理机制的实质是一种以减少的能源费用来支付节能项目全部成本的节能投资方式。这种节能投资方式允许用户使用未来的节能收益为工厂和设备升级,降低目前的运行成本,提高能源利用效率。合同能源管理模式代表了一个社会化服务理念,它可以解决客户开展节能项目所缺的资金、技术、人员及时间等问题,让客户把更多的精力集中在主营业务的发展。能源服务公司提供的一系列服务,可以形成节能项目的效益保障机制,提高效率、降低成本、促进产业化。

3. 新能源和可再生能源投资

在过去的二三十年,世界新能源和可再生能源开发利用取得了很大进展,相关技术得到了快速发展并日益成熟,相关产业也已基本形成较为完善的产业链。而随着国际能源市场对新能源和可再生能源的需求不断扩大,世界新能源和可再生能源的开发利用开始进入商业化和产业化阶段。

新能源和可再生能源的发展,不仅需要有相应的发展战略和规划,更需要有完善的投融资体系支撑新能源和可再生能源商业化、产业化和规模化发展。目前,欧美发达国家高度发达的金融市场为新能源和可再生能源产业发展提供了充足的资金来源,为投资者提供了多样化的金融工具以规避投资风险,形成了涵盖整个新能源和可再生能源产业生命周期的各种融资手段,包括技术开发阶段的政府财政补贴和天使投资、试点示范阶段的风险资本投资和私募股权投资、商业化阶段的上市或并购、形成产业集群阶段的多元化融资(股权融资、公司债券等)。

第三节　中国的环境金融与节能减排

改革开放 30 多年来,中国经济发展逐步进入工业化中后期阶段(即重化工业阶段),消费结构升级和城市化进程加速。目前的经济发展面临来自国内国际的诸多挑战,包括劳动力成本上升、能源与资源消耗显著增加、环境质量恶化加剧和区域发展不平衡加剧等国内问题,以及以粮食、石油和铁矿石为代表的初级产品(资源)价格大幅上涨、人民币升值压力和全球温室气体减排的政治压力等国际问题。这些问题逐渐对构成中国经济高速增长的发展模式产生冲击,中国经济必须进行转型,即以科学发展观和"以人为本"的发展理念,建设"资源节约型"和"环境友好型"

---

① 国际排放交易协会(International Emissions Trading Association,IETA)于 1999 年在瑞士设立,是一个致力于推动国际碳市场的建立、提供国际碳市场趋势走向与促进碳市场信息交流的国际组织。

的社会经济。

《2050 中国能源与碳排放报告》中将中国未来发展面临的资源与环境形势概括为：经济进入资源弹性系数高于 1 的阶段，经济发展对资源依赖越来越严重；已经没有了廉价利用国际资源的条件；资源约束将长期存在，并可能伴随整个工业化进程；国际产业转移经使环境形势更加严峻。在这样的背景下，节能减排就成为中国经济发展结构调整、模式转变的必由之路。

一、中国的节能减排

（一）中国的能源消费和碳排放情况

1. 能源消费

据国家统计局的数据显示，2009 年全国能源消费总量约为 31.0 亿吨煤当量，比上年增长 6.3%。其中，2009 年煤炭消费量为 30.2 亿吨，比上年增长 9.2%；原油消费量 3.8 亿吨，增长 7.1%；天然气消费量 887 亿立方米，增长 9.1%；电力消费量 36 973 亿千瓦小时，增长 6.2%。海关总署的统计数据表明，2009 年中国石油净进口量 21 888.5 万吨，石油消费量 40 837.5 万吨；原油净进口量 19 862.0 万吨，原油消费量 38 810.9 万吨；石油进口依存度达到 53.6%，其中原油进口依存度达到 52.5%，原油净进口对外依存度为 51.2%。

根据 IEA 的估计，2005—2030，中国和印度两国的能源消费增长量将占全球能源消费增长量的近一半；到 2010 年中国将取代美国成为全球最大的能源消费国；2007—2030 年，中国新增的发电装机容量将超过美国当前现有总装机容量。中国经济的发展对能源的依赖越来越大，在国际能源市场中占据越来越重要的地位，同时，中国的温室气体排放量也随之攀升，在未来全球气候谈判中面临的减排压力也越来越大，甚至会严重影响中国与其他国家的国际政治关系。

2. 碳排放

中国经济的快速发展和以煤炭为主的能源消费结构特点共同决定了中国碳排放的特点。虽然随着经济结构调整以及能效不断提高，中国的碳排放强度有望持续下降，但是中国目前的人均碳排放仍明显低于主要发达国家和世界平均水平，碳排放总量仍有较大的增长空间。根据 IEA 的预测，到 2015 年之前二氧化碳排放量的年均增长率为 5.4%，2005—2030 年为 3.3%。2030 年中国的排放量将达到 118 亿吨，成为全球最大的排放国。到 2015 年，中国的排放量将比美国高出 35%，2030 年将高出 66%，总排放量将比北美地区、欧洲和日本的总和还高。尽管如此，到预测期结束时，中国的人均排放量（见表 6-2）仍低于经合组织（OECD）国家目前的水平，但中国在全球排放量中所占的比重将从 2005 年的 19% 增至 2030 年的 27%。

表 6-2 参考情景下的中国与能源有关的二氧化碳排放量指标（单位：吨）

	2005 年	2015 年	2030 年
人均排放量	3.9	6.2	7.9
每千美元国内生产总值（GDP）的排放量	2.2	1.8	1.2
每吨标准油一次能泊的排放量	2.9	3.0	3.0

资料来源：IEA. 世界能源展望 2007

国内的研究显示，碳排放情况不容乐观。《2050 中国能源和碳排放报告》情景分析表明，基准情景碳排放总量在 2045 年出现拐点，低碳情景则在 2035 年。林伯强（2009）的研究结果也显示中国碳排放拐点的大概在 2040 年左右。

（二）节能减排的目标

根据"十一五规划"，2005—2010 年，中国的万元国内生产总值能耗由 2.32 吨煤当量下降到 1.86 吨煤当量，降低 20%（如果量化成煤当量就相当于约减少 6 亿吨煤当量消耗）；规模以上工业企业万元工业增加值能耗降低 25％；单位 GDP 用水量比 2005 年降低 20％以上，单位工业增加值用水量比 2005 年降低 30％以上；化学需氧量（COD）排放总量由 4.2 万吨减少到 3.53 万吨，下降 15.9％；二氧化硫排放总量由 7.5 万吨减少到 6.2 万吨，下降 17.4％；城市污水处理率达到 60％以上；工业固体废物综合利用率达到 60％以上。

根据中国国家发改委颁布的《节能中长期专项规划》，表 6-3 列出了"十一五"期间工业、交通运输业和建筑行业具体的能效改进目标。国家发改委还制定了"千家企业节能计划"，为千家大型企业制订能耗强度方面的合同和目标，整体目标是预计到 2010 年能实现节能 1 亿吨标准煤。

表 6-3　中国"十一五规划"中选定的能效改进目标

低耗指标	单位*	2000 年	2005 年	2010 年
发电（燃煤，总量）	克标准煤/千瓦时	392	370	355
原钢（总计）	千克标准煤/吨	906	760	730
原钢（"可比较"）	千克标准煤/吨	784	700	685
10 种有色金属的综合能耗	吨标准煤/吨	4.81	4.67	4.60
铝	吨标准煤/吨	9.92	9.60	9.47
铜	吨标准煤/吨	4.71	4.39	4.26
炼油	千克标准油/吨			
	因数	14	13	12
乙烯综合能耗	千克标准油/吨	848	700	650
大型合成氨综合能耗	千克标准煤/吨	1 372	1 210	1 140
烧碱综合能耗	千克标准煤/吨	1 553	1 503	1 400
水泥	千克标准煤/吨	181	159	148
建筑陶瓷综合能耗	千克标准煤/平方米	10.04	9.9	9.2
铁路运输综合能耗	吨标准煤/百万吨换算公里	10.41	9.65	9.4
燃煤工业锅炉（运行）	效率（％）	65		70～80
中小型发电机组（设计）	效率（％）	87		90～92
风力涡轮机（设计）	效率（％）	70～80		80～85
泵（设计）	效率（％）	75～80		83～87
气体压缩机（设计）	效率（％）	75		80～84
房间空调器	能效比（EER）	2.4		3.2～4.0
电冰箱	能效指数（EEI）％	80		62～50
家用燃气灶	效率（％）	55		60～65
家电燃气热水器	热效率（％）	80		90～95
汽车平均燃油经济性	升/百公里	9.5		8.2～6.7

注：* 表示从吨标准煤乘以 0.7 可转换为吨标准油。
资料来源：IEA. 世界能源展望 2007

2009 年 11 月召开的哥本哈根世界气候会议（UNFCCC 缔约方第 15 次会议）上，中国政府主动做出了 2020 年碳排放强度比 2005 年下降 40％～45％的减排承诺，并且将此作为约束性指标纳入国民经济和社会发展中长期规划，作为地方政府施政的一项考核指标。考虑到作为发展中国家的现实地位，这项承诺充分表现了中国为全球气候变化承担"共同但有区别的责任"的一种积极姿态。虽然中国采取的是"相对减排"，但是考虑到中国社会经济发展的状况，以及进入工业化中后期阶段的现实，碳排放高峰尚未到来，要实现该减排目标仍需付出艰巨的努力。这意味着碳减排任务不仅一方面要面临着经济增长必须稳定保持在 8% 左右的增长性压力,另一方面还面临产业结构仍将呈现出重化工业加速发展的特点,以及消费升级和城市化扩张带来的结构性压力。如果考虑到中国能源结构短期内仍将维持以煤炭为主的状况,那么随着时间推移,减排的难度会越来越大,成本也会越来越高。

　　根据发改委《节能中长期规划》估计,要达到"十一五"期间的节能目标,约需 4 500 亿～6 000 亿元的投资。而根据 IEA 估计,如果中国碳排放要达到满足 450ppm 二氧化碳当量情景[①]的要求,那么需要进行额外的节能减排投资,其中,2010—2020 年需要额外投入 400 亿美元(投资成本占 GDP 的 0.8%),而 2021—2030 年间需要额外投入 1700 亿美元(投资成本占 GDP 的 1.5%)。仅在电力行业投资就将近 1500 亿美元,其中,65% 左右投入电力行业提高能效领域、20% 投入可再生能源领域、8% 投入核能领域、5% 投入 CCS 和生物质能领域(见图 6-11)。

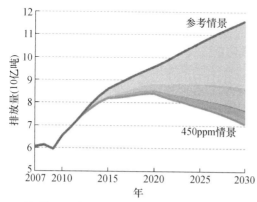

	减排量（单位：百万吨二氧化碳）		投资额（单位：百万美元）	
	2020年	2030年	2010—2020年	2021—2030年
能效	728	3 195	266	1 210
终端能效	728	2 923	257	1 205
电厂	0	272	8	5
可再生能源	279	715	208	485
生物燃料	0	35	1	28
核能	168	366	63	107
碳捕获	3	243	1	68

注:按 2008 年美元市场汇率计算。
资料来源:IEA. 世界能源展望 2009

图 6-11　中国的温室气体减排投资量估算

二、中国环境金融与节能减排

　　加大对节能减排的投资已经是全社会的共识,而建立一个有效的、市场化的、绿色的投融资体系,将政府、商业银行、风险投资和机构投资者在内的金融市场主体纳入到的这一金融体系,不仅是解决节能减排资金瓶颈问题的根本途径,也是中国金融市场实现可持续发展的一次重要契机。

(一)发展现状

1. 政府

环境金融的发展和节能减排的推进离不开相关法律体系和政府政策扶持。

　　在完善立法方面,目前国内已基本建立一套关于环境保护和节能减排的法律体系。1989 年通过并实施的《环境保护法》是中国环境保护法律体系的基础,在这一基本框架下,加上一系列如《水污染防治法》、《固体废物污染环境防治法》、《环境噪声污染防治法》、《海洋环境保护法》、《大气污染防治法》、《矿产资源法》、《土地管理法》、《清洁生产促进法》及《环境影响评价法》等相关的具体法律法规共同构成了中国环境保护法律体系。1997 年通过并于 2007 年修订的《节约能源法》则是节能减排的法律体系基础,在此基础上,加上《循环经济促进法》、《可再生能源法》等相关的具体法律法规共同构成了中国节能减排法律体系。

　　在政府组织机构方面,为加大环境执法力度,在 2008 年国务院机构改革方案中还将环境保

---

　　① 假设各国政府采取更强有力的节能减排行动,并确保相关政策和措施能够得到充分实施、有效执行情况下的全球碳排放情景,也相当于 IPCC-AR4 报告中提出 445ppm～490ppm 二氧化碳当量水平情景。

护总局升格为环境保护部;而 2007 年 6 月国务院成立了应对气候变化及节能减排工作领导小组,由总理担任组长,而在这之前,全国各省地市已经建立了超过 200 个的节能服务中心。

在政府政策性投资方面,中国政府不断加大对节能减排的投资力度。"十一五规划"中计划在环保资金投入约为 13 750 亿元,相关产业基本保持年均 15%～17% 的增长速度。在 2008 年宣布的总计 4 万亿的国家投资计划中,将有 2 100 亿投放节能减排和生态工程领域,另有 3 700 亿投向产业结构调整和生产技术改造领域,两者合计占总投资的 15%。此外,政府依托国家开发银行、中国节能投资公司①等政策性银行和中央直属企业,对清洁技术、可再生能源和新能源开发、城市节能环保基础设施等领域进行政策性投资。

2. 银行系统

目前,虽然近年来金融市场发展迅速,但是中国仍是以银行系统为主体的融资体系。所以,银行系统是环境金融中的最重要的一环,也是节能减排的主要融资渠道。2007 年 7 月 30 日国家环保总局、人民银行、银监会三部门为了遏制高耗能高污染产业的盲目扩张,联合出台了的一项全新的信贷政策——《关于落实环境保护政策法规防范信贷风险的意见》。这一政策一方面企图通过设立信贷审核的环境准入门槛,来严格控制对高耗能、高污染行业的贷款规模(比如要求银行等金融机构对限制和淘汰类新建项目不得提供各类形式的新的授信支持;对于淘汰类项目还应采取措施收回已发放的贷款;对落后生产能力的企业或项目贷款未能调整或压缩的部分要提高专项准备,降低贷款评级),另一方面鼓励商业银行加大对节能减排重点工程、重点污染防治工程的贷款支持(主要是包括国家确定的十大节能重点工程、水污染治理工程、循环经济试点、水资源节约利用、垃圾资源化利用、清洁生产、节能技术服务体系、环保产业等)。

中国政府推出"绿色信贷"政策的目的是希望透过金融杠杆来确保环保调控目标的实现,从源头上切断高耗能、高污染行业无序发展和盲目扩张的资金来源,有效地遏制这些行业的投资冲动。通过在中国的银行系统引入"绿色信贷"的经营理念,不仅能够促使商业银行积极参与节能减排,而且进一步通过金融创新为中国社会经济发展转型服务。在中国政府节能减排的大政策背景下,商业银行在为节能减排提供金融服务方面也确实取得了一定成效,尤其是通过一系列国际合作项目,突破传统金融服务模式,为缺乏融资手段的能效市场注入新的活力。

2006 年,国际金融公司(IFC)在中国开展能效融资项目②(CHUEE),通过与兴业银行、北京银行和浦发银行等多家国内股份制商业银行合作,为国内的能效融资提供一个可供推广的创新模式。CHUEE 项目主要包括两部分:IFC 向中国的商业银行提供损失分担机制,对能效贷款组合内的全部贷款承担部分贷款损失,以鼓励中国的金融机构积极参与和支持中小企业及事业单位提高能效、利用清洁能源及开发可再生能源的项目;由 IFC 出资,对审批合格的节能减排项目的各参与方提供技术援助,通过支持项目开发、贷款准备、尽职调查、贷款审批、风险控制等环节来促进项目参与各方处理能效融资的能力的提高。

CHUEE 项目的运作模式如下。(a)IFC 为商业银行提供风险分担,即对于加入能效融资贷款组合的所有贷款,由 IFC 承担该部分损失。IFC 不仅帮助商业银行与能效市场各方建立合作关系,还协助商业银行对能效贷款项目进行考察和审核。(b)IFC 及合作银行与国内优秀的能源服务公司合作,为其负责开发的项目提供融资支持和技术援助。能源服务公司为用户提供能源审计、节能项目设计、融资、采购、施工、检测、培训、后期管理等一揽子服务,最终用户向能源服务公司按合同约定支付能源服务费用。(c)IFC 帮助合作银行与能效设备供应商、客户建立合作关系,采取融资租赁等形式,促进能效融资服务推广,把成功的节能模式复制到更多客户。(d)IFC

---

① 中国节能投资公司成立于 1988 年,是唯一一家由中央政府直接出资成立的主业为节能减排、环境保护的产业投资集团和集成服务运营商。中国节能投资公司围绕节能减排、环境保护、新能源和清洁技术三大主业,开展投资经营活动,其发展目标是到 2012 年,公司资产规模突破 1 000 亿元,年营业收入 500 亿元,年利润总额 50 亿元,并形成每年节约425 万吨标煤,减排化学需氧量 COD 40 万吨的节能减排能力。

② 2006 年,IFC 在中国财政部支持下,在其"可持续商业创新"项目的基础上正式成立中国节能减排融资项目(CHUEE),并由 IFC、全球环境基金、芬兰和挪威政府共同资助该项目。

与部分公用事业公司(燃气公司、电力公司、热能公司等)建立合作关系。公用事业公司将在其服务地域内为客户开发能效项目、提供能效产品,与服务供应商共同实施能效项目,与金融机构合作提供能效项目融资等"一站式"的服务。

CHUEE 项目首次集合了金融机构、公共事业公司、能源效率设备供应商和能源管理公司等主要参与者的优势,充分利用项目资助方的资金杠杆,"批发式"开展节能技改项目,使多个难以获得贷款的中小型能源最终用户提前受益。CHUEE 项目在 6 年的执行期内目标是完成 50 亿～100 亿元的能效项目融资,并在 2010 年前实现每年 2 000 万吨二氧化碳及其他温室气体的减排。截至 2007 年 12 月,CHUEE 项目共 37 笔,贷款获批总额达 6.45 亿元。其中,IFC 第一期(2006—2008 年)向兴业银行提供了 2 500 万美元的本金损失分担,支持其最高达 4.6 亿元人民币的贷款组合,兴业银行则以 IFC 认定的节能环保型企业和项目为基础发放贷款;2008 年开始的第二期合作中,IFC 将损失分担提高到 1 亿美元,以支持兴业银行发放 15 亿元人民币的节能减排项目贷款,并且对单笔贷款额度不再设置上限。2007 年,IFC 为北京银行提供 1.3 亿人民币(约 1 700 万美元)的风险分担担保,以支持该行为节能减排项目提供总额达 3 亿元人民币(约 3 900 万美元)的贷款组合。2008 年,IFC 为浦发银行提供 5 亿元人民币(约 7 250 万美元)的风险分担担保,以支持该行为节能减排项目提供总额达 10 亿元人民币(约 1.45 亿美元)的贷款组合。2008 年 10 月 31 日,兴业银行在北京召开发布会,宣布其采纳赤道原则,成为全球第 63 家、国内首家"赤道银行"。此前,兴业银行于 2007 年 10 月正式签署《金融机构关于环境和可持续发展的声明》,加入联合国环境规划署金融行动(UNEP FI),承诺将遵循相关环境法规,建立环境管理系统,并将环境因素纳入商业决策。

作为中国倡导绿色信贷的先行者之一,早在 2004 年,兴业银行与国际金融公司(IFC)开展合作,并于 2006 年 5 月率先在国内推出绿色信贷产品——能效贷款。兴业银行与国际金融公司签署《能源效率融资项目合作协议》,引入贷款本金损失分担机制。根据协议,贷款组合不良率在 10% 以内,国际金融公司承担损失的 75%;不良率超过 10% 的部分,国际金融公司承担损失的 40%。除了对企业贷款购买的设备设定抵押权外,还要求企业将其未来的应收账款、收益项目作为贷款担保。能效贷款的项目范围包括燃煤工业锅炉及窑炉的改造、建筑物节能以及使用可再生能源、区域热电联产、绿色照明、能量系统优化等。兴业银行提供六种能效融资模式,主要包括企业节能技术改造项目贷款模式、节能服务公司或能源合同管理公司融资模式、节能减排设备供应商增产模式、设备供应商的能效收益分享模式、金融租赁公司的融资租赁模式、公用事业部门合作模式(针对公共事业部门的下游客户)等。较一般企业贷款不同,能效贷款对项目的要求是经济效益和社会效益并重,而且贷款向中小企业倾斜。由于中小企业通常缺乏抵押品,并且很难满足担保要求,兴业银行运用信用增级等方式,适当降低贷款门槛,科学分析项目的现金流,在融资期限上允许贷款期限适当延长,甚至允许客户根据自身的实际现金流状况采用分期还款的方式。更重要的是,兴业银行还提供专业的能源审计和技术援助等咨询服务。

依托能效融资项目的知识和经验积累,兴业银行还积极开展金融创新,与国际金融公司、英国瑞碳公司、英国气候变化资本集团、德国复兴信贷银行等国际金融机构合作推出碳减排贷款业务,开展碳金融服务。比如深圳相控项目,该公司是一家专门从事垃圾填埋场沼气回收和能源利用的企业,在国内开展多个垃圾填埋场沼气发电项目(大连毛茔子、兰州城关区等)。兴业银行在国内首开先河,通过与国际金融公司(IFC)合作,为深圳相控公司开具核证减排量(CERs)无条件不可撤销履约保函,保证其履行与 IFC 签订的核证减排量购买协议(ERPA)中约定的核证减排量,增强了买方对交易完成的信心,从而提升了深圳相控公司的议价能力,开创了绿色信贷服务的新领域。经过两年多的探索实践,兴业银行逐渐开始形成一种可持续、可推广的节能减排融资模式,初步确立了在绿色信贷领域的独特竞争优势,也因此赢得了社会各界乃至国际组织的肯定,树立了中国可持续金融先行者和倡导者的良好形象。在英国《金融时报》和国际金融公司联合举办的"2007 年度可持续银行奖"评选活动中,兴业银行荣获年度"可持续交易银奖",成为首家获此殊荣的中国商业银行。

3. 机构投资者

作为一种可持续发展的投资理念,社会责任投资在中国还处于起步阶段。社会责任投资体系中关键的三个环节——社会责任指数、社会责任投资基金以及相关中介机构,都处于刚刚起步阶段。

2006 年,深交所发布了《上市公司社会责任指引》。2007 年,有 20 多家上市公司根据《指引》自愿性地发布了社会责任报告,深圳证券信息公司也于 2007 年 12 月与泰达股份联合推出了国内资本市场第一只社会责任型投资指数——泰达环保指数。

2009 年 8 月 3 日,深交所决定于起正式编制和发布深证社会责任指数,基日为 2004 年 12 月 31 日,基点为 1 000 点。指数样本空间为 100 只在深交所上市的公司股票,主要从已经披露企业社会责任报告的公司中选择,要求样本上市公司在最近一年在劳动者权益保护、诚信经营、产品质量与服务、节能环保方面没有重大的问题,而且通过公司治理的评级要达到 70 分以上。2009 年 8 月 5 日,由上海证券交易所和中证指数有限公司编制的上证社会责任指数正式发布,基日为 2009 年 6 月 30 日,基点为 1 000 点。指数样本空间主要由上证公司治理板块样本股、金融类公司、发行境外上市外资股的公司以及其他积极承担和履行社会责任、反响较好的公司组成,入选该指数的公司必须披露年度社会责任报告。该指数旨在反映那些社会责任表现较好的国内上市公司的股价波动表现。

2009 年 11 月,兴业全球基金有限公司、上海第一财经传媒有限公司和深圳证券信息有限公司还共同编制首个跨市场社会责任指数——"巨潮—CBN—兴业全球基金社会责任指数"。该指数参照国际上对社会责任评价的量化标准,在对在海内外企业的社会责任进行充分评估的基础上进行选股,为国内投资者提供国际化、全球化的企业社会责任指数。2008 年 4 月,中国第一只社会责任投资基金——兴业社会责任股票型基金问世,该基金是兴业全球基金公司推出的第五只产品,其投资对象从经济责任、持续发展责任、法律责任、道德责任等不同角度精选社会责任表现较好的上市公司股票。随着这些国内陆续推出的社会责任指数,基于被动投资理念的社会责任 ETF 也即将推出,如建信上证社会责任交易型开放式指数证券投资基金（ETF）及建信上证社会责任 ETF 联接基金已经获批,并于 2010 年 5 月发行。

4. 保险

2007 年原国家环保总局联合保监会发布了《关于环境污染责任保险的指导意见》,对生产、经营、存储、运输和使用危险化学品的企业、易发生污染事故的石化企业和危险废弃物处置企业开展环境污染责任险试点。但是,除了某些特殊行业外（如《海洋石油勘探开发环境保护管理条例》规定海洋石油勘探、开发、作业的企事业单位必须投保民事责任险,《海洋环境保护法》规定装载 2000 吨以上散装油轮需投保油污损害责任险）,目前环境责任险在中国仍属于自愿性保险,参保范围有限。

（二）发展展望

1. 在绿色金融领域,应进一步健全环境立法,制定行业环保标准,以满足银行业绿色金融创新的需求

赤道原则虽然只是一个国际金融业自愿性的运作机制,不具备法律效力,但是在随着国际项目融资领域中的广泛应用,赤道原则已经逐渐成为国际金融业的行业标准和国际惯例。中国必须进一步健全环境法律法规体系,在环境影响评估、社会责任意识等方面,与国际主流环境、人文、社会发展意识形成一致。

首先,应通过法律规范,确定银行或其他贷款人在向项目提供融资时,对与项目有关的环境、社会问题进行审慎性的审查,如果未尽责任,应对未来发生的有关环境污染、社会事件等相关不良影响承担一定连带偿付责任。以此强化金融机构项目融资活动中与赤道原则的协调一致性。其次,目前国内缺乏统一、细致、完整的政策体系,已有的环保政策、标准和信息缺乏统一的管理机构和信息发布平台。环保政策涉及面广、主管部门多、权力分散,无法形成有力的准入、监控、处理机制。比如,国家发改委发布的产业指导目录、环保部门的重点环境污染企业名录等,这些

信息对银行来说,不仅收集过程繁复,而且很难落实具体技术细节。应该确立环保部门在环境政策领域的权威,统一规划、制定相关行业的技术准入、排污水平等环保标准,为银行开展绿色信贷提供客观、权威的参照。

2. 在环境市场化机制建设领域,应进一步规范排放权交易的法律监管体系,推动排放权交易市场的建设,带动相关金融产品的创新

虽然国内涉及二氧化硫、水污染物 CCD 的排放权交易试点已开展了一段时期,也建立了若干的排放权交易市场,但是并没有形成完整的排放权交易制度,也没有出台一部全国性的排污权交易法律。而在京都机制下,由于中国没有具体的硬性碳减排责任,所以国内没有开展碳交易市场相关活动。未来必须完成排放权交易的相关立法,形成规范的市场化运作机制,包括:统一排放权分配方法、环境产权的取得与确认、环境产权的交易主体及权利与义务、市场交易程序及监管机制等。

3. 在环境保险领域,应采取循序渐进的原则,逐步推广强制性环境污染责任险,实现强制责任险为主、自愿责任险为辅的环境保险体系

目前国内对于环境责任险尚无相关的法律规定,除了推动相关领域的立法,确定环境责任险的法律地位外,还应该逐步建立相关的配套措施。首先,必须立法明确环境责任险的投保主体,由环保部门设立投保企业名录,确定投保类型、保费标准等。其次,应完善环境污染事故勘查、损失确定和责任认定机制,提高环保部门监测、执法力度,为环境责任险的推行提供保证。第三,应采取循序渐进的原则,先从环境危害影响特别巨大的领域开始,初期通过选择如危险品生产、销售、存储行业等重点污染行业开展环境责任险,然后逐步推广到一般污染行业,对于城市建设、公共事业、商业等污染较轻的行业则可以实行自愿投保原则。

参 考 文 献

[1] 崔大鹏. 国际气候合作的政治经济学分析[M]. 北京:商务印书馆,2003

[2] 林伯强. 能源经济学理论和政策实践[M]. 北京:中国财政经济出版社,2008

[3] 林伯强,牟敦国. 高级能源经济学[M]. 北京:中国财政经济出版社,2009

[4] 魏一鸣,刘兰翠,范英等. 中国能源报告(2008):碳排放研究[M]. 北京:科学出版社,2008

[5] 2050 中国能源和碳排放研究课题组. 2050 中国能源和碳排放报告[M]. 北京:科学出版社,2009

[6] 朱家贤. 环境金融法研究[M]. 北京:法律出版社,2009

[7] 林伯强. 节能减排的动力和机制[J]. 书屋,2007(12):4～7

[8] 林伯强,蒋竺均. 中国二氧化碳的环境库兹涅茨曲线预测及影响因素分析[J]. 管理世界,2009(4)

[9] 赵林,冯连勇. 世界石油峰值研究现状及其引发的思考[J]. 国际石油经济,2007(11):29～32

[10] 赵云君,文启湘. 环境库兹涅茨曲线及其在我国的修正[J]. 经济学家,2004(15):69～75

[11] 秦大河,罗勇,陈振林. 气候变化科学的最新进展:IPCC 第四次评估综合报告解析[J]. 气候变化研究进展,2007,3(6):311～314

[12] 何建坤,柴麒敏. 关于全球减排温室气体长期目标的探讨[J]. 清华大学学报(哲学社会科学版),2008,23(4):15～31

[13] 黄磊,周勇. 基于超越对数生产函数的能源产出及替代弹性分析[J]. 河海大学学报(自然科学版),2008,36(1):134～139

[14] 王军. 贸易和环境研究现状与进展[J]. 世界经济,2004(7):67～72

[15] 于渤,黎永亮,迟春洁.考虑能源耗竭、污染治理的经济持续增长内生模型[J].管理科学学报,2006,9(4):12～17

[16] 鲁传一,刘德顺.减缓全球气候变化的京都机制的经济学分析[J].世界经济,2002(8):71～77

[17] 王伟中,鲁传一,陈滨等.减缓全球气候变化的国际合作的经济分析[J].清华大学学报(自然科学版),2003,43(6):805～807

[18] 王军.气候变化经济学的文献综述[J].世界经济,2008(8):85～95

[19] 任卫峰.低碳经济与环境金融创新[J].上海经济研究,2008(3):38～42

[20] 蔡昉,都阳,王美艳.经济发展方式转变与节能减排内在动力[J].经济研究,2008(6):4～11

[21] 王卉彤,陈保启.环境金融:金融创新和循环经济的双赢路径[J].上海金融,2006(6):28～31

[22] 王玉婧,江航翔.环境风险与绿色金融[J].天津商学院学报,2006,26(6):16～21

[23] 于东智,吴羲.赤道原则:银行绿色信贷与可持续发展的"白皮书"[J].金融管理与研究,2009(1)

[24] 常杪,杨亮,王世汶.日本政策投资银行的最新绿色金融实践——促进环境友好经营融资业务[J].环境保护,2008(5):67～70

[25] 曾立新.美国的环境保险及其法律背景[N].中国保险报,2008-3-24

[26] 宫峰元,宫峰飞.德国的环境责任保险和环境治理保险[N].中国保险报,2008-2-22

[27] 杨辉.欧洲环境责任保险法律制度[J].中国保险,2008(11):46～50

[28] 易阿丹.日本的环境责任保险[J].保险职业学院学报,2008,22(2):75～81

[29] 徐秋文,代存峰.能效融资:打造节能减排的多赢新模式[J].世界环境,2007(4):20～26

[30] Berndt,E. ,Wood. Engineering and Econometric Interpretations of Energy-capital Complementarities: Reply and Further Results[J]. American Economic Review,1981(5),234～258

[31] Campbell C. J.. The Coming Oil Crisis, Multi-Science Publishing Company and Petroconsultants. England: Essex, 1997

[32] Christensen, Jorgenson, D. , Lau. The Internal Structure of Functional Relationship: Reparability, Substitution and Aggregation[J]. Review of Economic Studies,1973(7): 403～410

[33] Creyts, Jon, Anton Derkach, Scott Nyquist, Ken Ostrowski, Jack Stephenson. Reducing U. S. Greenhouse Gas Emotions: How Much at What Cost? [R]. U. S. Greenhouse Gas Abatement Mapping Initiative Executive Repor,2007

[34] Eric Cowan. Topical Issues In Enviromental Finance[R]. Research Paper Asia Branch of the Canadian International Development Agency(CIDA),1999

[35] Enkvist et al.. A Cost Curve for Greenhouse Gas Reduction[R]. The McKinsey Quarterly,http://www. Mckinseyquarterly. com,2007

[36] Franck Amalric. The Equator Principles: a Step towards Sustainability? [R]. CCRS Working Paper,2005

[37] Grossman G et al.. Economic Growth and the Environment[J]. Quarterly Journal of Economic,1995,1110(2): 353～377

[38] Hubbert M K.. Degree of Advancement of Petroleum Exploration in the United States [J]. AAPG Bulletin,1967,152(11): 2207～2227

[39] Jeucken Marcel. Sustainable Finance and Banking: The Financial Sector and the Future of the Planet[M]. London, United Kingdoms: Earthsan Publication Ltd,2001

[40] Ralf Antes, Bernd Hansjurgens, Peter Letmathe. Emissions Trading and Business[M]. Heidelberg Physica-Verlag,2006

[41] Ross, M.. Conservation Supply Curves for Manufacturing. Proceedings of the 25th Intersociety Energy Conversion Engineering Conference[M]. New York: American Institute of Chemical Engineers,1990

[42] Sonia Labatt. Rondey R. White. Environment Finance[M]. New York, John Wiley & Sons, Inc,2002

[43] Sonia Labatt, Rodney R. White. Carbon Finance: The Financial Implications of Climate Change[M]. New York: John Wiley & Sons, Inc. ,2007

第七章

碳交易市场与碳金融

人类社会活动对地球生态环境的破坏已经日益严重,而气候问题成为当前国际社会关注的重要问题,减少全球温室气体排放,抑制全球变暖已成为国际社会的关注焦点。国际社会通过国际气候谈判初步对全球变暖问题达成共识,并签署了《联合国气候合作框架公约》(UNFCCC,简称公约),提出了温室气体减排的全球行动计划。在第三次公约缔约方会议上,与会各国通过了旨在限制发达国家温室气体排放量的《京都议定书》,确立了第一承诺期内(2005—2012年)温室气体的减排目标。同时,《京都议定书》提出通过灵活减排机制(也称为京都机制)来促使发达国家实现减排目标。

京都机制下两个不同但又相关的碳排放交易体系:一是以配额为基础的交易市场,通过人为控制碳排放总量,造成碳排放权的稀缺性,并使这种稀缺品成为可供交易的商品的排放交易体系(ETS);二是以项目为基础的交易市场,负有减排义务的缔约国通过国际项目合作获得的碳减排额度,补偿不能完成的减排承诺的清洁发展机制(CDM)和联合履约机制(JI)。国际碳交易市场尚处于发展阶段,还有待未来国际气候谈判进一步制定和完善减排规则。由于尚未形成全球碳交易市场,目前就市场规模和成熟程度而言,无论是成交额还是成交量,欧盟排放交易体系(EU ETS)都是全球最大、最成熟、最具影响力的碳交易市场。

所谓碳金融,根据世界银行的定义,是指服务于旨在减少温室气体排放的各种金融制度安排和金融交易活动,主要包括碳排放权及其衍生品的交易和投资、减排项目开发的投融资以及其他相关的金融活动。碳金融也可以理解成为国际碳交易市场提供解决方案的金融活动。随着碳交易市场规模的扩大,碳排放额度的"金融属性"也日益凸显,逐步演化成为具有投资价值和流动性的资产,被称为"碳信用"(carbon credit)。围绕碳排放权交易,逐渐形成了碳期货期权等一系列金融工具支撑的碳金融体系,其核心就是碳排放权(碳信用)的定价权。

本章主要关注三个问题:即为什么(碳交易市场为什么会存在,未来发展的前景)、是什么(碳交易市场的运行机制)和靠什么(碳金融)推动。另外,我们也将关注中国的碳金融问题。作为全球仅次于美国的碳排放国家,中国碳交易市场的开发和碳金融体系的发展,不仅是世界关注的焦点,也是未来中国经济增长模式转换、经济结构调整的一个重要契机。

第一节　温室气体减排的市场机制

一、温室气体减排的目标

《联合国气候变化框架公约》(UNFCCC)第2条款定义了减排的最终目标——将大气中的温室气体集中度稳定在避免人类活动对气候系统造成危险性影响的水平上。但由于大气系统的复杂性,其动态发展和调节能力上的不确定性,没有办法明确地确定需要稳定的水平。

IPCC(AR4,2007)指出目前全球大气中温室气体含量大约在430ppm二氧化碳当量的水平,而当全球升温3~4℃对世界主要自然和经济领域的不利影响可能明显增加。IPCC曾希望全球平均温度上升3℃和温室气体浓度稳定在550ppm二氧化碳当量水平这两项指标作为气候变化对人类影响的一个临界水平,但是由于中国等发展中国家的反对而未能通过。AR4报告中最终仅列举了不同温升水平对自然和经济领域的不利影响,指出如果要将未来全球温度升高控制在 3～4℃ 范围内,相应温室气体浓度需要稳定在 550ppm～650ppm 二氧化碳当量的水平(见图7-1)。

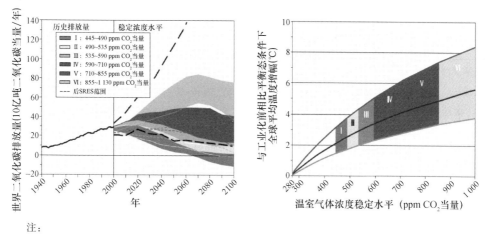

注:

左图:1940—2000 年的全球温室气体排放和 2000—2100 年稳定情景种类的排放范围,黑色虚线标出了 SRES 公布的近期基准情景的排放范围。稳定情景的排放范围包括单一二氧化碳和多气体情景,并对应于全部情景分布的第 10 个至第 90 个百分位,阴影区表示按不同目标分类的稳定情景(稳定种别 I 至 VI 类)。

右图:稳定目标与高于工业化前可能平衡的全球平均温度之间的对应关系。需要几个世纪才能接近平衡,特别是对更高稳定水平的情景。右图表示与工业化之前相比全球平均温度变化范围,利用(a)"最佳估值" 3℃气候敏感性(阴影区中的黑线);(b)4.5℃气候敏感性可能范围的上限(阴影区顶部的线);(c)2℃气候敏感性可能范围的下界(阴影区底部的线)。

数据来源:IPCC. AR4

图 7-1　在一系列稳定水平上温室气体排放和平衡温度的升幅

为降低气候变化速率和幅度而减少温室气体排放的努力需要考虑气候系统和社会经济系统的惯性。在大气中温室气体浓度实现稳定之后,预计全球平均温度升高的速率会在几十年内逐渐放缓。预计在几个世纪内全球平均温度仍会有小幅上升。因热膨胀导致的海平面上升会以一定的速率持续多个世纪,并最终上升速率因海洋不断吸收热量而在实现稳定之前的某个到达点开始回落。为了稳定大气中温室气体浓度,排放量需要先达到峰值后才开始回落。稳定水平愈低,出现峰值和回落的速率则愈快。

利用气候敏感性[①]的"最佳估值",表 7-1 概括了不同稳定浓度类别所需的排放水平,以及最终的平衡的全球平均温度升幅。稳定在较低浓度水平和相关平衡温度水平会使排放量达到峰值的时间提前,并需要在 2050 年之前有更大的减排。对于旨在达到特定温度水平的减缓情景,气候敏感性是一个关键的不确定性因素。与气候敏感性低相比,如果气候敏感性高,为了达到某一特定的温度稳定水平,减缓时间则需提前,减缓程度则需更严格。

表 7-1　不同稳定浓度下温度上升与二氧化碳排放变化的对应值

大气中二氧化碳的浓度水平(ppm)	大气中温室气体的浓度水平(ppm)	自工业革命以来全球温度上升(℃)	二氧化碳排放高峰(年)	2050 年与 2000 年比二氧化碳排放变化(%)
350～400	445～490	2.0～2.4	2000—2015	−85～50
400～440	490～535	2.4～2.8	2000—2020	−60～30
440～485	535～590	2.8～3.2	2010—2030	−30～+5

---

① 气候敏感性,是指在大气中二氧化碳浓度当量加倍之后全球平均地表温度年平均值的平衡变化。由于计算的限制,气候模式中平衡态气候敏感性通常通过运行一个与混合层海洋模式相耦合的大气环流模式进行估算。

（续表）

大气中二氧化碳的浓度水平(ppm)	大气中温室气体的浓度水平(ppm)	自工业革命以来全球温度上升(℃)	二氧化碳排放高峰(年)	2050 年与 2000 年比二氧化碳排放变化(%)
485～570	590～710	3.2～4.0	2030—2060	+10～+60
570～660	710～855	4.0～4.9	2050—2080	+25～+85
660～790	855～1130	4.9～6.1	2060—2090	+90～+140

数据来源：IPCC. AR4

2008 年 4 月，斯特恩新报告①出台(Stern，2008)，再次从经济学角度论证了欧盟倡导的到 2050 年，全球升温不超过 2℃的长期目标的科学性、可行性、紧迫性。新报告继续坚持并试图说服国际社会接受和确认全球升温不超过 2℃的目标是一个合适的长期目标，并以此作为后续一系列政策和制度设计的前提和科学基础。但在指标上斯特恩新报告做了一些调整：(a)长期温室气体减排目标水平从原报告中大气温室气体浓度水平从 450ppm～550ppm 二氧化碳当量改为 450ppm～500ppm 二氧化碳当量；(b)明确了新目标对应的全球温室气体排放总量上限和减排途径，即从目前每年 400 亿吨二氧化碳当量的排放量，降低到 2050 年的 200 亿吨，以后进一步降到 100 亿吨；(c)减排目标更贴近每个人，根据 2050 年的全球温室气体排放总量上限以及 2050 年全球总人口预测数据，进一步推算出人均 2 吨二氧化碳当量的减排目标，并采用紧缩趋同的原则，要求 2050 年发达国家与发展中国家人均排放都降到 2 吨二氧化碳当量左右，实现人均排放的趋同。

国际能源署(IEA)根据节能减排技术的现状和发展前景的深度评估，利用这些技术组合所产生的不同结果为全球温室气体减排目标提供三种情景方案：(a)基准情景(baseline scenario)，即不采取任何其他附加的变化或者说其他的干预，那么到 2050 年，全球温室气体浓度从目前的 385ppm 二氧化碳当量达到 550ppm 二氧化碳当量，全球平均温度将升高 5℃；(b)ACT 情景(ACT map scenario)，即以现有或正开发中的技术进行节能减排，碳排放峰值将在 2020—2030 年，到 2050 年全球温室气体浓度为 485ppm 二氧化碳当量，平均温度仍将升高 3℃；(c)Blue Map 情景(blue map scenario)，即要求国际社会紧急采取严格的节能减排政策，包括改变能源结构、加大对碳捕获等新技术投资等，到 2050 年全球温室气体排放量在现有基础上减少 50%，温室气体浓度控制在 450ppm 二氧化碳当量左右，全球平均温度只升高 2℃(见图 7-2)。

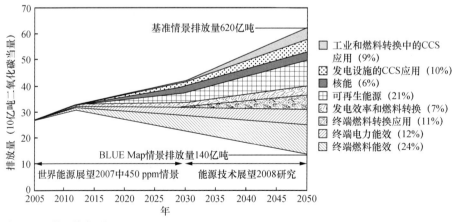

数据来源：IEA. 能源技术展望 2007

图 7-2　IEA 的 BULE 情景下减排量估算

---

① 斯特恩报告是 2006 年由前世界银行首席经济学家、现任英国首相经济顾问尼古拉斯·斯特恩爵士受英国政府委托，组织编写的《斯特恩回顾：气候变化经济学》；2008 年斯特恩爵士又组织编写了《气候变化全球协定的关键要素》，也被称为斯特恩新报告。

世界自然基金会(WWF)、生态公平组织(Eco Equity)、瑞典斯德哥尔摩环境研究所(SEI)和英国气候集团(The Climate Group)等国际组织也都提出了一些温室气体减排方案。2007年11月,联合国开发计划署(UNDP)在《2007/2008人类发展报告》中,首次为发展中国家制定了减排目标。

目前国际社会虽然对如何采取减排措施仍存在分歧,但是在全球气候变暖对人类社会发展的影响及温室气体减排的目标上基本上达成较为一致的认识:(a)国际组织和主要国家对温度升高的控制目标总体以2℃为主,即到2100年,将大气温度控制在不高于工业革命前2℃的范围内;(b)国际组织和主要国家的温室气体减排目标一般都倾向于在2050年将大气中温室气体浓度控制在450ppm~550ppm二氧化碳当量的范围内;(c)在确定温室气体减排目标和减排配额具体方案时,国际组织和主要国家应该按照"共同但有区别"的原则,以发达国家减排为主,发展中国家在不影响经济发展的前提下,尽量配合采取适当的减排措施,但是未来的趋势仍将是发展中国家也应承担适当的、量化的减排义务。

二、温室气体减排的国际制度框架

全球气候变化问题的核心是温室气体的减排,而减排行动的性质、程度、时间和成本取决于全球社会经济发展模式,以及希望达到的减排目标。这些问题的解决需要国际气候合作机制,即通过国际气候谈判建立的国际制度框架来实现国际治理。国际气候谈判的进程就是国家间的利益博弈过程,而在国际合作的博弈中,国家作为理性的博弈者在进行策略选择时,必然遵循效用最大化准则,以自利原则和比较利益原则为决策依据。所以国际气候合作机制就需要一个国际制度框架,来解决三个关键性问题:(a)如何使各国在减排目标和实施途径上达成一致共识;(b)如何设计和实施一个有效的奖惩机制,来约束和激励国际合作中博弈各方的行为;(c)如何维持这个国际制度的正常运转。

目前,解决温室气体排放的国际制度框架的核心就是《联合国气候变化框架公约》和《京都议定书》。

（一）《联合国气候变化框架公约》

1994年3月21日生效的《联合国气候变化框架公约》,是世界上第一个为全面控制二氧化碳等温室气体排放,以应对全球气候变暖给人类经济和社会带来不利影响的国际公约,也是国际社会在对付全球气候变化问题上进行国际合作的一个基本框架。公约旨在控制大气中二氧化碳、甲烷和其他温室气体的排放,将温室气体的浓度稳定在使气候系统免遭破坏的水平上。同时,公约要求发达国家作为温室气体的排放大户,采取具体措施限制温室气体的排放,并向发展中国家提供资金以支付他们履行公约义务所需的费用。而发展中国家只承担提供温室气体排放清单的义务,制订并执行含有关于控制碳源与提升"碳汇"(carbon sink)方面措施的方案,不承担有法律约束力的减排限量义务。

公约的先天缺陷在于对附件I中缔约方和其他缔约方的排放限制缺乏具体和明确的规定。《公约》只是笼统和模糊地规定了限制排放的目标,没有规定具体限制人为温室气体排放的量化指标。"承诺"条款内容上的模糊性导致未能就资金援助和技术转让问题达成可操作的具体协议,缺乏强有力的公约履行机制。《公约》的规定多属于宣言式的敦促性规定,对各国的约束力是很薄弱的,缺乏强有力的硬性规定,特别是在对缔约方义务履行的监督和制约机制方面。

南北分歧是造成这一局面的最主要的原因,涉及以下几个问题的争议是整个谈判的关键。

(1)责任承担问题。发达国家自工业革命以来所消耗的资源和造成的环境污染及温室气体排放,应该对全球环境和气候问题承担主要责任,而发达国家"共同责任"则是回避这一问题的实质,这是谈判中的主要矛盾。

(2)经济发展与环境保护的关系问题。发展中国家对于环境问题紧迫性的认识往往会被经济增长和人口膨胀的压力所掩盖,对减排的积极性不足。

（3）"环境剥削"问题。由于发展的差异和国际政治经济秩序的不合理。发展中国家无法抵御发达国家的"生态掠夺"，包括发展中国家原材料资源的廉价输出，发达国家污染产业的跨境转移等问题。

（4）技术转让问题。如果没有足够的保证措施，发达国家对发展中国家的减排技术转让将会变成利用其环保、新能源产业优势，获取垄断利润的"技术剥削"。

（5）资金问题。类似多边基金①的资金供给模式存在较大缺陷，由于发达国家不愿意单方面承担相应的责任，无法应用于支持温室气体减排计划。

（二）《京都议定书》

相对于比较原则性的、"软性"的《联合国气候变化框架公约》，《京都议定书》则是带有约束性条款的、"硬性"的国际法，是对公约的具体贯彻落实。

1997年在《联合国气候变化框架公约》第3次缔约方大会（COP3）上，为了落实"共同而区别的责任"的原则，敦促发达国家在履行减排义务的同时，为发展中国家提供资金和技术，协助其履行公约义务，提高公约的制度效率，大会上各缔约方签署了《京都议定书》。

《京都议定书》共二十八条，它规定所谓附件Ⅰ所列缔约方（Annex Ⅰ parties）应个别地或共同地，在2008—2012年承诺期内，将温室气体②的全部排放量在1990年水平上平均减少5%的排放量。其中欧盟承诺削减8%的排放量，美国削减7%的排放量，日本和加拿大削减6%的排放量，东欧各国削减5%～8%的排放量，新西兰、俄罗斯和乌克兰可以将排放量稳定在1990年的水平。而发展中国家包括几个主要的二氧化碳排放国，如中国、印度等并不受排放量指标约束。议定书在至少有55个公约缔约方，包括其合计的二氧化碳排放量至少占附件Ⅰ所列缔约方1990年二氧化碳排放总量的55%的附件Ⅰ所列缔约方批准时可强制生效。随着俄罗斯于2004年12月18日正式通知联合国签署了协议，《京都议定书》在90天后强制生效（2005年2月16日）。

为帮助附件Ⅰ缔约方实现他们的承诺，《京都议定书》制定了三种灵活机制，即：议定书第6条确定的联合履行机制（Joint Implementation，JI）、第12条确定的排放交易机制（Emissions Trading，ET）和第17条确定的清洁发展机制（Clean Development Mechanism，CDM）。灵活机制允许发达国家在境外采取减排行动以及对这种减排行动获得的"减排单位"（Emission Reduction Units，ERUs）进行交易。这种构想的提出基于两个原因，一是防止气候变化的自然科学理论——在世界上任何一个地方产生的温室气体减排对大气产生的效果都是一样的；第二是防止气候变化的经济成本衡量——达到同样的减排效果在不同的国家因经济技术水平和劳动力成本的不同存在很大的差异，需要通过更经济的手段和制度设置达到整体减排温室气体的目的。

联合履行机制（JI）是指允许附件Ⅰ缔约国之间投资温室气体减排项目，项目投资国可以获得该项目产生的减排单位（ERU）或者转让此减排单位，以履行其在《京都议定书》下的温室气体排放的削减承诺。联合履行机制是附件Ⅰ缔约国间以温室气体减排项目为基础的一种合作机制。在这一机制中投资国可以获得项目产生的减排单位，用于履行温室气体减排承诺，东道国可以通过项目获得一定的资金或有利于本国环境保护的先进技术，但是同时必须在转让方的允许减排限额上扣除相应的减排额度。

清洁发展机制（CDM）是指允许承担约束性温室气体减排义务的附件Ⅰ缔约国在非附件Ⅰ缔约国投资温室气体减排项目，获得"经核证的减排量"（Certified Emission Reductions，CERs），并以此抵消其在《议定书》所应承担的部分温室气体减排义务的一种合作机制。即由发达国家提供

---

① 多边基金是《减少臭氧层破坏的蒙特利尔议定书》框架下为帮助发展中国家履约而设立的，提供额外补贴的基金，资金由发达国家捐助，用于弥补发展中国家淘汰破坏臭氧层物质的经济损失。后由于发达国家已完成淘汰臭氧层破坏气体的任务，不再继续提供资金，推卸责任，将后续成本转嫁给发展中国家。

② 涉及的温室气体（GHG）包括：二氧化碳（CO_2）、甲烷（CH_4）、一氧化二氮（N_2O）、氢氟碳化物（HFCs）、全氟碳化物（PFCs）和六氟化硫（SF_6）。每种气体都具有不同的温室气体效应，按其变暖潜力折算成相当量的CO_2。其变暖潜力值按顺序分别为：1，21，310，140-11700，6500-9200，23900。

资金和技术,与发展中国家开展减排项目合作,通过项目合作产生的减排量可以抵消发达国家的减排限额。

排放交易机制(ET)是指一个附件 I 缔约国超额完成了其所承诺的减排任务,便可以将其多余部分的"减排配额单位"(Assigned Amount Units,AAUs)出售给某个排放量超过减排目标的附件 I 缔约国。同时,由土地利用、土地利用变化和森林(Land use,Land use Change and Forest,LULUF)项目所获得的排放移除单位(Removal Units,RMUs)、通过 JI 项目获得的减排单位(ERUs)以及通过 CDM 项目获得的经核证的减排量(CERs)等都可以在排放交易机制下交易。

排放交易机制被称为"京都框架的基石",因为考虑到相关缔约国之间实现温室气体减排的边际成本差异,通过排放权交易可以实现"境外减排"使附件 I 国家之间的边际减排成本趋于平衡,实现附件 I 缔约国总的减排成本最小化。

(三)后京都时代国际气候谈判

《京都议定书》是国际社会应对全球气候变化的一个突破,在国际事务中也是史无前例的。它代表着经济和环境政策全球化倾向的一个高峰,并界定了 21 世纪全球努力解决气候变化的基本结构要素。但是,《京都议定书》也是当时国际社会能达成的最好的折中办法,在温室气体减排的过程中起到实际的作用仍有待观察。另外,随着 2012 年的临近,国际社会不得不面对《京都议定书》之后如何构建新的温室气体减排国际制度的挑战。在各方分歧严重的严峻形势下,要打破谈判僵局,新一轮国际气候谈判的启动需要引入更多的制度创新。

2005 年末在加拿大蒙特利尔举行的缔约方第六次会议(COP6),在各方艰苦努力下,最终取得了重要进展,签订了《马拉喀什协定》,以"双轨并行"的方式正式启动了后京都谈判。所谓"双轨并行"是指,在《京都议定书》下成立特设工作组(AWG),谈判发达国家第二承诺期的减排义务;同时,为了使美国、澳大利亚等非议定书缔约方能够参与谈判,决定在公约下就促进国际社会应对气候变化的长期合作行动启动为期两年的对话。这一模式既维护了议定书的完整性,又保证了公约下所有缔约方的广泛参与,还为"双轨"之间的互动留下空间。"双轨"制的确立,被国际社会认为是国际气候谈判的重要成果和制度创新。到目前为止,特设工作组谈判和公约缔约方对话分别召开了 4 次会议,尽管谈判和对话取得了一定的成果,但至今仍处于僵持状态,缺乏突破或实质性的进展。

2007 年 8 月,在维也纳召开的特设工作组谈判第 4 次工作会议,仍未能就发达国家后续承诺期的减排义务的具体目标达成协议。特设工作组的倾向是支持 IPCC 排放情景提出的将大气中温室气体浓度稳定在 450ppm 二氧化碳当量,发达国家到 2020 年整体减排 25%~40%。尽管这一指标没有约束力,但后续可能围绕该指标进行相关的国际谈判。对于后续承诺期的减排义务,2007 年欧盟首脑会议达成了欧盟温室气体减排新目标,即到 2020 年在 1990 年基础上至少削减 20%,如果其他主要排放大国也采取行动的话,这个目标可以达到 30%。根据欧盟将全球升温控制在 2℃内的长期目标,全球温室气体排放量到 2050 年时必须比 1990 年时的水平降低 50%。目前,除欧盟明确承诺之外,多数发达国家态度保持谨慎和观望。同时,第 4 次公约下对话确定了四个主题:以可持续的方式推进发展目标,强调适应行动,最大限度地实现技术潜力,以及最大限度地利用市场机会促进减排。对话的主要目的是讨论如何加强公约的执行以应对全球气候变化,促进各方就应对气候变化的长期合作行动交流经验。

尽管各方在具体减排目标等问题上存在严重分歧,但对未来国际气候制度的基本要素几乎达成共识。未来国际气候协议将不是只有减排目标的单一的国际协议,最有可能的是一个包含减缓、适应、资金、技术、市场以及可持续发展政策等诸多要素、综合的一揽子协议。发达国家必须率先在温室气体减排上做出表率,而发展中国家也应该以更可持续的方式推进发展的目标。国际气候制度需要从资金、技术转移、适应行动等方面为发展中国家参与全球行动提供激励。

三、碳交易市场

《京都议定书》提出的减排灵活机制，使温室气体减排量成为可以交易的无形商品，为碳交易市场的发展奠定了基础。目前国际上并建立起了一系列的碳交易平台，逐渐形成以欧洲和北美两个区域性交易市场为核心的国际碳交易体系。

（一）排放权交易类型

碳排放交易作为排污权交易的一种，也存在着三种交易类型："总量限制－交易"（cap and trade）、"基线和信用"（baseline and credit）和"抵消"（offset）。

(1)"总量限制－交易"型是指规则制定者对排放量设置了一个上限，然后在该总的许可排放的上限之下确定配额（allowance），并对该额度进行分配后即可自由交易。在履行期限内，每个参与方必须按照特定的程序监控并计算其实际排放量。然后，在期限届满之日，需向有关主管当局提交等于其实际排放量的额度。

(2)"基线和信用"型是指在交易中，参与方在交易之前必须"挣取"信用。首先，规则制定者为参与方划定一条基线（baseline）。该基线根据个体的排放水平有所改变。各参与方进行减排，并按特定程序进行监测和计算其实际排放量。在履行期限届满时，有关管理当局对该时期内排放源的实际排放和基线进行比较后，那些实际排放低于基线的参与实体能够获得等于二者差额的信用额度，并可自由交易所获得的额度。如果某参与交易的实体的实际排放超过了为其设置的基线，就必须购买相当于超额的信用以保证履行。

(3)"抵消"型排放权交易是用来抵消新的排放源的额外排放以及现存排放源的扩大排放。在该机制下，那些对新的或扩大排放承担责任的实体可购买等于现存的排放源获得的减排量。这种对新的或扩大排放要求抵消的规定是强制性的，而现存排放源是否进行减排是自愿的。实际上，现存排放源获得了等于据以计量其减排额度的基线的免费额度。对于新的或扩大排放源来说，其基线是它们不需要进行抵消的许可排放额度。

虽然"基线和信用"型和"抵消"型两种排放权交易类型中，基线确定的量等于"总量限制－交易"型中所确定的上限量，但是三者还是有区别的。"总量限制－交易"型试图建立绝对的界限（如，年降低多大百分比的排放量）来确定所有参与方可以排放的污染物的总量，并且是在期限到来之前就将可排放额度分配给了交易参与方；而"基线和信用"型常常是以排放率的形式规定的（如单位产出可排放多少污染物），总体的可排放量是随着产出的变化而变化的，是在某一期限届满后当参与方的实际排放低于基线的情况下才发放信用额度的。

（二）市场划分

虽然目前的碳交易市场尚处于过渡阶段，尚未形成全球性市场，但是可以从减排强制程度、交易标的物和市场范围三方面对市场结构进行划分（见图 7-3）。

1. 按减排强制程度划分

按减排强制程度国际碳交易市场可以分为京都体系和自愿减排体系。

(1)京都体系指在《京都议定书》框架下，各国为了达到减排强制承诺而开展碳交易，欧盟排放交易体系（Europe Union Emission Trading System，EU ETS）就是该类市场的典型代表。

(2)自愿减排交易体系（Voluntary Emission System，VES）则主要由参与者参与设计和治理，自愿从法律上承诺减少温室气体减排目标，并且参与者可以将超额完成的减排在市场出售给未能完成减排指标的自愿减排者或京都体系下未能完成减排承诺的缔约方，获得额外利润。在《京都议定书》生效前，就有一些发达国家试图将温室气体减排纳入市场机制的轨道，如加拿大的GERT 计划、美国的 CVEAA 计划、丹麦的二氧化碳交易系统等。2003 年成立的芝加哥气候易所（CCX）是全球第一个自愿参与温室气体减排量交易并对减排量承担法律约束力的先驱组织和市场交易平台。此外，还存在一种所谓的零售市场，即一些国际企业为了表明其社会责任，通过购买一定的减排配额,或在企业内部建立自己的小范围碳交易体系(如壳牌的 STEPS 计划)。但整体来说,范围和规模都很小,对全球减排没有太大的影响。

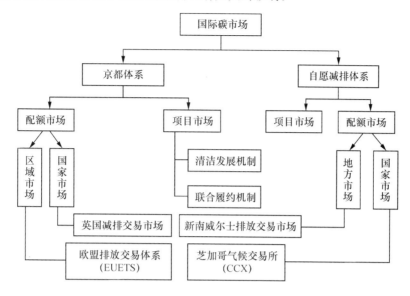

图 7-3 国际碳交易市场结构

2. 按交易标的物划分

国际碳交易市场按交易标的不同,可分为基于配额的交易市场和基于项目的交易市场。

(1)基于配额的交易市场(allowance-based markets)是"总量限制-交易"型排放交易市场,由管理者制定总的减排,并在参与者间进行分配减排配额,参与者根据自身的需要来进行排放配额(也称为碳信用)的买卖。《京都议定书》设定的排放交易机制、欧盟排放交易体系等均属于这类市场。

(2)基于项目的交易市场(project-based markets)是"基线-信用"型排放交易市场,这类交易主要涉及具体项目的开发(如 CDM 和 JI 机制),如减排技术项目或碳汇项目,在经过认证后可获得减排单位(如《京都议定书中》的 CERs 和 ERUs)。受减排配额限制的国家或企业,可以通过购买减排单位来调整其所面临的排放约束。

3. 按市场范围划分

项目市场和配额市场按市场范围划分,又可分为区域、国家、地方市场。区域市场,是指多国通过签署区域合作协议,由专职机构管理,在区域范围内建立一个相对完整的碳交易市场体系,如欧盟排放交易计划(EU ETS)。国家市场是由政府主导下各排放实体间进行排放权交易形成的国内碳市场,如 2002 年推出、2006 年被并入 EU ETS 的英国排放交易计划(UK ETS)。地方市场是指一国的某个地区为交易范围,由当地政府或相关组织主导,如澳大利亚新南威尔士州温室气体排放交易体系(NSW GGAS)、美国区域温室气体创新方案(RGGI)。

(二)运行状况

目前世界上还没有统一的国际排放权交易市场,而区域市场间也还存在着不同的市场结构和管理规则造成的分割,但是经过多年的发展,碳交易市场渐趋成熟,市场范围扩展、市场结构层次、产品复杂度和市场的规模都达到了一定的程度。就市场影响力而言,无论是成交额还是成交量,目前欧盟排放交易体系(EU ETS)是最大的温室气体排放权交易市场,其市场价值远高于其他交易所,也显著超过包括 CDM 在内的基于项目的碳市场(见图 7-4)。

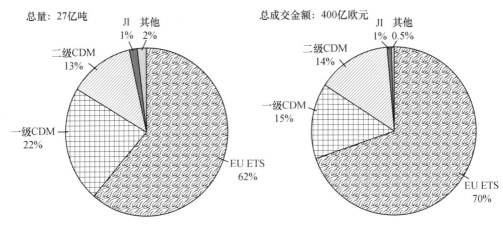

数据来源：Point Carbon Annual Report（2009）

图7-4 2008年碳交易成交量（左）和成交额（右）市场份额

EU ETS在促进欧盟内部减排行动的同时，通过与其他碳市场相互联动，也对全球减排行动产生了积极的影响，推动整个国际碳交易市场的融合与发展。EU ETS为碳交易提供了价格参考，推动了发展中国家CDM项目的发展，覆盖了更多的减排行业，实现了更多的减排量，促进碳交易市场的快速增长（见图7-5）。

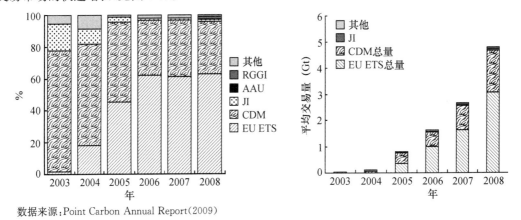

数据来源：Point Carbon Annual Report（2009）

图7-5 2003—2008年全球碳市场份额划分及交易量增长情况

据世界银行统计，尽管全球经济增速在2008年下半年放缓，但2008年全球碳排放市场交易规模达到1263亿美元，是2007年的1倍，约有相当于48亿吨碳的排放配额在市场中交易，较2007年的30亿吨水平增加了61%。全球碳交易在2008—2012年市场规模每年可递增300亿美元，2012年达到1900亿美元，未来20年有望成为和国际石油市场并肩的国际大宗商品交易市场。目前，欧盟的碳排放交易计划（EU ETS）规模已达到920亿美元，远远高于其他交易体系，其碳排放权的交易价格已经成为其他碳排放交易市场的定价基础（见表7-2）。

表7-2 2007—2008年全球主要碳市场成交数据

	2007年		2007年	
	成交量 （百万吨二氧化碳）	成交额 （百万美元）	成交量 （百万吨二氧化碳）	成交额 （百万美元）
配额市场				
EU ETS	2060	49065	3039	91910

（续表）

	2007 年		2007 年	
	成交量 （百万吨二氧化碳）	成交额 （百万美元）	成交量 （百万吨二氧化碳）	成交额 （百万美元）
GGAS	25	224	31	183
CCX	23	72	69	309
RGGI	Na	Na	65	246
AAUs	Na	Na	13	211
小计	2108	49361	3276	92859
项目市场				
一级 CDM 市场	552	7433	389	6519
JI	41	499	20	294
其他自愿减排	43	263	54	397
小计	636	8195	463	7210
二级 CDM 市场	240	5451	1072	26277
总计	2984	63007	4811	126345

数据来源：World Bank. State and Trends of the Carbon Market 2009

从减排的情况来看,碳交易市场的减排效果不一,欧盟排放交易体系的效果较为理想,而美国的自愿减排交易体系 RGGI 和澳大利亚新南威尔士自愿减排交易体系 GGAS 的减排效果并不明显。

根据 2007 年维也纳第 4 次特设工作组谈判工作会议推出的《与发达国家后续承诺期减排潜力和可能减排目标相关的综合信息》技术报告,对包括美国在内的 36 个主要发达国家排放趋势的预测结果分析显示：欧盟 25 个成员国 2006 年温室气体排放量相比 1990 年下降 10%,其中承担主要减排任务的德国下降 17%,英国下降 14%,完成议定书规定减排 8% 的目标比较有把握；但部分发达国家排放不仅没有下降反而增长较快,作为议定书缔约方的日本和加拿大,减排目标都是 6%,实际分别增长了 7% 和 27%。日本要完成议定书规定减排义务只能寄希望于通过 CDM 机制从海外购买减排额度,而加拿大政府承认几乎肯定完不成减排目标,但不会放弃努力。尚未批准议定书的美国和澳大利亚,议定书原定目标分别是减排 7% 和增长不超过 8%,但实际分别增长了 16% 和 25%。

（三）未来发展的不确定性

奥巴马的上台改变了美国在温室气体减排中的态度。奥巴马政府提出了减少温室气体排放和降低对石油进口依赖的《2009 美国清洁能源与安全法案》(American Clean Energy and Security Act of 2009),此法案也称为《瓦克斯曼-马尔凯法案》(Waxman-Markey Bill),目前已获得众议院通过,而参议院正在审核该法案。该法案首次提出了美国温室气体减排总量控制规划,即 2020 年温室气体排放量比 2005 年减少 17%（相当于在 1990 年水平上减少 7%）,2050 年进一步减少 83%。该法案还指出实现减排目标的主要手段为"总量限制—交易"(cap and trade),具体包括以下几点内容。(a)分配机制,在最初几年,对约占温室气体排放量 85% 的排放配额将免费发放,剩下 15% 的配额用于拍卖出售,之后,免费发放配额也将逐年减少,拍卖的比重将逐步增加。(b)交易机制,允许配额交易、储存和借贷,允许购买国际额外减排量来抵消国内配额,降低减排成本,设置抵消量从初始每年 20 亿吨(二氧化碳当量)逐步减少到 8 亿吨。在 20 亿吨抵消量中,有一半来自国内林业和农业项目,另外一半来自国外。(c)监管机构,除联邦环保署和国务院外,还授权农业部、能源管理委员会、商品期货交易委员会分别负责相关监管。奥巴马政府还希望通过实施该法案,通过碳排放交易机制,在未来 10 年内向污染企业征收 6 460 亿美元,其中 1 500 亿美元将投入清洁能源技术的应用,以推动新能源政策目标,即在 2020 年电力部门至少有

12%的发电量来自风能、太阳能等可再生能源；2012 年后新建建筑能效提高 30%，2016 年后提高 50%；2025 年之前投资 1 900 亿美元用于清洁能源和能效领域。

经过艰苦磋商，该法案于 2009 年 6 月在美国众议院以微弱多数通过，目前正在参议院审议，能否最终通过尚未明朗。虽然法案中提出的减排目标远未达到外界的期望，但仍标志着美国在碳减排方面迈出了重要一步。对于国际社会来说，这是美国政府第一次明确显示出参与国际应对气候变化努力的政治意愿。

作为全球二氧化碳人均排放量最高同时也是唯一未签署《京都议定书》的工业化国家，美国的态度转变和积极行动无疑为低迷的国际碳交易市场打了一针"强心剂"。目前美国已有芝加哥气候交易所和区域温室气体创新方案(RGGI)两个地区自愿减排体系，其碳金融衍生品已经在芝加哥气候期货交易所①(CCFE)和纽约证券交易所(NYMEX)旗下的绿色交易所②(Green Exchange)上市交易。如果未来国际气候谈判能取得突破性进展，未来美国的碳排放交易市场和其他的地区性碳排放交易市场最终将与欧盟排放交易体系合并，碳排放权交易将统一标准化，并实现真正的全球碳排放交易市场。

但是，政策的不确定性是国际碳交易市场发展的最大障碍。随着《京都议定书》即将于 2012 年到期，未来全球温室气体减排政策的不确定性更是在很大程度上动摇了投资者的信心。在 2007 年联合国气候变化大会出台的"巴厘岛路线图"确立了通往哥本哈根的道路后，由于全球金融危机使得各国忙于恢复经济，使得 2008 年的波兹南会议仍未能就核心问题形成初步意见。因此，一系列悬而未决的问题只能寄希望于 2009 年 12 月召开在丹麦哥本哈根举行的第 16 次《京都议定书》缔约方大会。哥本哈根会议讨论的主要议题包括了确定 2012 年后发达国家的减排目标，发达国家愿意为发展中国家减排所提供相应资金和技术援助，以及发展中国家，尤其是"金砖四国"在全球减排中所发挥的作用等关系到未来全球温室气体减排政策走向的关键性问题。

但是，哥本哈根会议最终只是以一项没有法律约束力的《哥本哈根协议》遗憾收场，并将达成具有法律约束力条约的目标推迟到 2010 年年底以前。这份协议是由中国、印度、巴西、南非和美国共同达成的，最终以备忘录的形式在大会上通过，由各国自愿遵守。从协议文本的内容来看，其主要功能在于重申应对气候变化的政治意愿以及一系列之前已确定的中长期目标。协议指出，应对气候变化的长期目标是将全球变暖幅度控制在 2℃以内，但并未规定具体各国的减排量，只是要求各国在 2010 年 1 月底前向联合国申报减排目标；协议沿用了此前提出的到 2020 年发达国家每年为发展中国家提供 1000 亿美元资金援助的中期目标，但没有规定各个国家的出资份额；协议规定未来三年，发达国家将提供 300 亿美元的紧急援助资金，其中欧盟出资 106 亿美元，日本 110 亿美元，美国 36 亿美元；此外，根据协议，发展中国家需要每两年向联合国提交报告，汇报减排进展，并接受一定程度的国际监督。由于哥本哈根会议未能取得相应的突破，未来的国际碳交易市场的发展还有待进行新一轮的国际气候谈判。

四、相关研究

全球气候变暖已经是一个不争的事实，而人类应对气候变化的行动也必将对社会经济发展产生重大而深远的影响。无论是适应或减缓策略，都与面临一系列的问题，如市场机制(碳交易)与政策约束(碳税)何者更有利于减排，对经济发展的影响更小，控制温室气体排放的目标应该如何确定，时间跨度、阶段又应该如何划分，等等。尽管这些问题随着国际气候谈判的推进和《京都议定书》等国际合作框架的出台都有了一定程度的解答，但是对于气候变化的应对策略研究还仅

---

① 芝加哥气候期货交易所(CCFE)是芝加哥气候交易所全资子公司，于 2004 年组建，也是美国商品期货交易委员会(CFTC)的成员，提供诸如 CFI、RGA、CER 等碳金融衍生产品的场内交易。

② 绿色交易所(Green Exchange)是由纽约商业交易所(NYMEX)联合多家金融业、能源业和投资公司共同投资组建。绿色交易所于 2008 年 2 月开始运营，计划在全球范围内提供以碳减排配额为基础的衍生产品，还将提供美国 SO_2、NO_x 排放交易产品，以及美国国家绿色电子认证自愿可再生能源排放权合约。

仅是一个开始。目前的研究可以归结为两个方面,一是基于能源-经济-环境模型的政策分析研究,二是对现有国际气候谈判形成的合作框架存在的问题和未来发展方向的研究。两个方面的研究归结到一点,就是为了解决国际气候政策的选择、相应的制度设计和减排效果评估问题。

(一)能源-经济-环境模型(3E 模型)构建及应用

能源-经济-环境模型(Energy-Economic-Environment Models,3E)是综合评价工具的统称,广泛用于各类社会经济政策对环境气候效果评估,通过设定不同的政策情景(如减排目标、碳税等),模拟社会经济系统的运行,获得相应的排放物及其对环境气候变化的影响结果。3E 模型既能够在宏观层面全面分析政策的影响,又能够从微观层面考察各种政策的可行性。

1.3E 模型发展状况

3E 模型根据其构建思路的不同,可以分为三类。

(1)自上而下(top-down)模型是以经济学方法为基础,能源作为经济运行模型的生产要素投入到生产过程中。模型从整个社会经济系统的角度,通过模拟全球各经济部门间的商品、能源、资金流动,获得相应的资源消耗和排放物情况,进而评估人类社会经济活动以及政策变化对环境气候的影响。这类模型包括投入产出模型、宏观计量模型和可计算一般均衡模型等。

(a)投入/产出(input/output,I/O)模型主要是利用联立方程组来表示各经济部门关系,可以用于分析能源和环境、气候政策对产业发展的影响。但是由于方程组中的系数是固定的,难以进一步描述要素间的替代、技术变化、贸易等可变因素,因而使用的范围受到很大限制。

(b)宏观计量模型主要是利用经济变量历史数据建立相应的时间序列模型,采用计量方法估计模型参数,来预测中短期经济行为对政策变化的反应。但是由于时间序列模型无法将经济行为主体的预期及其反应考虑进去,故而得出的预测偏离实际经济系统运行较远。

(c)可计算一般均衡模型(Comuptable General Equilibrium,CGE)模型源于瓦尔拉斯的一般均衡理论,通过运用微观经济学原理构建经济主体行为模式,来模拟不同行业或部门间的复杂的、基于市场的相互作用关系,而市场在消费者和生产者分别寻求福利或利润最大化的假设基础产生均衡价格。CGE 模型中一般包括了商品、生产要素、制度因素、技术进步、宏观经济因素等五类变量,可以很好地刻画整个经济系统的运行。目前,CGE 模型已经成为一种规范的政策分析工具,广泛应用于环境、气候、能源、国际贸易、财政税收等领域研究。目前比较著名的能源-经济-环境 CGE 模型主要有:温室气体排放预测与政策分析模型(EPPA)、一般均衡环境模型(GREEN)、温室气体减排政策地区与全球影响评价模型(MERGE)等。

(2)自下而上(bottom-up)模型是以技术发展为导向,以具体方案为基础,侧重对能源技术的分析,强调其在减排所起的作用,认为通过政策调整,总可以找到最有效的技术方案组合,在有效减排的同时实现成本控制甚至可以获得净效益。这类模型包括部门预测模型、能源系统仿真模型和动态能源优化模型等。

(a)部门预测模型通过逐项计算各种能源技术的成本和效率,并按照成本有效性的技术进行加总,得到整个经济系统的减排成本与效果。

(b)能源系统仿真(Energy System Simulation)模型是指用以模拟能源系统发展的系统动力学仿真模型,以复杂系统理论为基础,通过计算机仿真技术,在设定经济主体的决策行为模式后,构建逼近真实市场结构的市场模型,刻画市场中各种内部、外部因素变化对能源价格的影响,寻求合理的经济增长、产业结构、能源开发以及环境保护的能源系统发展方案。

(c)动态能源优化模型以能源生产和消费过程中使用的技术为基础,通过系统内各环节的流量投入产出的均衡分析进行详细的描述和仿真,对不同政策条件下未来能源结构和环境排放数据进行预测,进而分析能源开发、能源间相互替代及由此带来的减排效果等问题。比较著名的包括 IEA 开发的 MARKAL 模型、日本国立环境研究所开发的综合评价模型(AIM)、长期展望能源系统模型(POLES)和奥地利国际应用系统分析研究所(IIASA)开发的 MESSA CGE 模型等。

(3)混合(Hybrid)模型是指以经济模型为主(自上而下),通过改变模型中函数的构成和形式,设法将技术模型(自下而上)的信息简化处理后纳入到经济模型中。比如混合 CGE 模型,通过对 CGE 模型中的能源生产部门的生产函数进行扩展和重新设计,引入重点能源技术的替代生产函数,这样就能在维持宏观经济系统运行的同时,又考虑到某些重点能源部门的技术细节。具体的运行方式如图 7-6 所示。首先运行经济模型,得到各经济部门产出的变化;然后根据部门产出变化调整技术模型中的技术投入,运行技术模型,得到新的技术构成和能源结构;再根据技术模型结果变化,调整经济模型中的能源替代弹性等模型构成和形式,重新运行经济模型,获得新产出;重复运行,直到获得稳态均衡解。

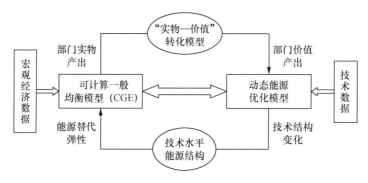

图 7-6　混合模型连接框架

2. EPPA 模型及其应用

EPPA 模型(Emission Prediction and Policy Analysis,EPPA)是一个动态递归、多区域的 CGE 模型,也是 MIT 的全球综合系统模型(Integrated Global System Model,IGSM)的一部分(Babiker 等,2001)。EPPA 模型主要用于对全球经济与温室气体排放和环境政策演化关系的分析,目前已经发展到第 4 版(Paltsev 等,2004)。EPPA 模型模拟了全球经济系统的运行及伴随人类活动产生的温室气体、悬浮物和其他空气污染物排放,被广泛用于检验减排政策对经济的影响。EPPA 模型不仅能够评估不同减排政策的经济成本,而且可以评估对就业、国际贸易的影响,进而获得总体社会福利损益和社会公平程度。另外,EPPA 模型还可以根据不同的技术方案生成不同的情景,为减排政策的技术路径提供非常有价值的参考依据。EPPA 模型描述生产、消费、要素收入、贸易、价值分配等整个社会体系内商品和要素流动,形成一个宏观经济闭环(见图 7-7)。

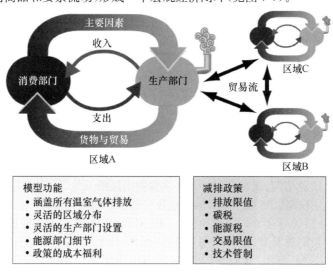

图 7-7　EPPA 模型运行框图

（1）EPPA 模型基本结构

（a）生产厂商

不同部门（r 表示）的代表性厂商（i 或 j 表示）在相应的产出水平 y 下，需要选择适当的基本要素投入 k（f 表示不同要素类型——包括资本、劳动、能源，w 表示要素价格）和来自其他部门的中间品 x，追求技术约束下利润最大化：

$$\max \pi_{ri} = p_{ri} y_{ri} - C_{ri}(p_{ri}, w_{rf}, y_{ri}) \quad \text{s. t.} \quad y_{ri} = \varphi_{ri}(x_{rji}, k_{rfi}) \tag{7-1}$$

EPPA 模型采用 CES 生产函数，通过求解上述最优化问题可得到生产部门产出、中间品投入的需求及要素需求函数。根据 Shephard 引理，中间投入的需求为 $x_{rji} = y_{ri} \dfrac{\partial C_{ri}}{\partial p_{ri}}$；而要素需求为 $k_{rfi} = y_{ri} \dfrac{\partial C_{ri}}{\partial w_{rf}}$。

（b）消费者

消费者的需求 d 在预算约束 M（储蓄 s 和消费）下实现效用最大化：

$$\max W_r(d_{ri}, s_r) \quad \text{s. t.} \quad M_r = \sum_f w_{rf} K_{rf} = p_{ri} s_r + \sum_f p_{ri} d_{ri} \tag{7-2}$$

其中，K 为消费者所具有的总要素禀赋。

对于每个区域存在一个支出方程或福利价格指数：$p_{ur} = E_r(p_{ri}, p_{rs})$。确定效用函数形式后，可以得到消费者的需求为 $d_{ri} = \bar{m}_r \dfrac{\partial E_r}{\partial p_{ri}}$；而储蓄为 $s_r = \bar{m}_r \dfrac{\partial E_r}{\partial p_{rs}}$，其中，$\bar{m}_r$ 是每个区域初始的支出水平。

（c）市场

通过一系列决定要素与产品市场均衡价格的市场出清方程来实现整个系统的闭合。不考虑投资、政府及贸易的情况下，产品市场和要素市场的均衡方程为：

$$y_{ri} = \sum_j y_{rj} \frac{\partial C_{ri}}{\partial p_{ri}} + \bar{m}_r \frac{\partial E_r}{\partial p_{ri}}; K_{rf} = \sum_j y_{ri} \frac{\partial C_{ri}}{\partial w_{rf}} \tag{7-3}$$

（d）技术与能源结构

EPPA 模型采用替代弹性（elasticity of substitution）和自发能效提高系数（autonomous energy efficiency improvement）来反映能源和环境相关部门与技术水平之间的关系。AEEI 代表了所有非价格引导，如技术进步和结构变化所引起的能源效率提升，选择较低的 AEEI 会产生较高的基准排放，就会得出较高的减排目标。

（e）贸易

模型假设来自不同地区的同类产品之间除了某些商品（原油、排放权配额等）外都是有差异和不完全替代的，符合"阿明顿假设"（Armington convention）。区域内生产和进口的中间品也符合"阿明顿假设"，可利用常替代弹性函数（CES）进行加总得到总和中间投入，最后再依 Leontief 函数将总和原始投入和总和中间投入进行合并而得到区域内产出。为准确评估贸易自由化的效果，还假定在各经济体间资本可以自由流动，但各国的投资水平为保持各国原有总资本存量的水平，且其他要素的总存量（外生）也假定不变。在一个国家或地区内，所有要素可在行业间自由流动，但不能跨界流动。各国的总储蓄与总投资之差等于净出口，全球总储蓄等于总投资。

（f）排放政策

模型引入减排政策控制变量（如碳税税率），由此产生的收入（如碳税收入）就表征了温室气体减排的经济成本。碳排放量 E_c 由能耗 y_e（用货币单位表示如亿元）、能源热转换效率 α_e（单位为 kJ/元）及碳排放因子 ε_e［单位为 $kg(CO_2 e)/kJ$］决定；碳税收入 T_c 由 γ 为碳税税率和排放量决定。

$$E_c = f(y_e, \alpha_e, \varepsilon_e); T_c = f(E_c, \gamma); p_{et} = (1 + \gamma) p_e \tag{7-4}$$

碳税率 γ 通过影响能源价格和碳税收入来实现政策调整对经济系统的反馈。

（2）EPPA模型构建与应用的一般过程

具体构建与应用CGE模型的一般过程,如图7-8所示。首先,需要某一年的基准均衡数据集,这些数据从市场均衡的角度来看应该具有一致性,作为基准年的经济系统被假设处于均衡状态。其次,利用校准过程产生一组模型参数,使模型能够再现基准年的均衡数据,这也就是图中的基准年数据复制检验。然后,就可以进行政策模拟,计算经济系统在外生政策冲击下的新的均衡状态。通过比较基准均衡与政策冲击均衡之间的区别,分析政策措施的影响效果。

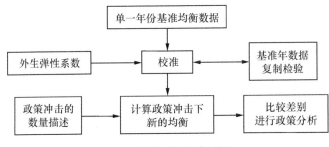

图7-8　EPPA模型构建与应用

3. MARKAL模型及其应用

MARKAL模型是一个基于单目标线性规划方法的能源系统分析工具。第一次石油危机之后,IEA为帮助各会员国建立能源系统分析能力,在1976年组织实施了一个由多国共同合作的"能源技术系统分析规划"(Energy Technology Systems Analysis Program, ETSAP)的研究项目,ETSAP的重要成就之一就是开发了MARAKL模型,该模型已被全球数十个国家研究机构所采用,用于研究国家或地区的能源规划和减排政策分析。

（1）MARKAL模型的基本结构

MARKAL模型主要是由能源数据库及线性规划软件两部分所组成,其中能源数据库中为各国有关能源情况的资料,包括能源服务需求、能源技术与初级能源供应等三部分。

（a）能源需求:指一个国家各个部门(包括工业、商业、运输等)在未来数十年内各期的能源需求。

（b）能源技术:指目前既有及规划期间内未来可能的能源转换技术、处理技术与终端使用技术。能源技术包括了投资成本、固定及变动费用、运转维护费用、使用年限、使用能源类别、效率、可用度、输出及最大市场覆盖预估等信息。

（c）初级能源供应:包含未来数十年各种一次性能源(煤、油、气、核能、水力和其他各种再生能源等)的自产数量、进口量与价格。

当能源服务需求、能源技术与初级能源供应等各项资料都准备齐全之后,则MARKAL模型开始利用此一次能源资料库以线性规划方式求解。线性规划的解描绘出构建能源系统的各种能源技术以及能源流程,而这个能源系统是可行的,同时也是最优的(即排放物满足总量控制情况下减排成本最低)。

（2）MARKAL模型构建与应用的一般过程

MARKAL模型是能源供应模型,它描述各种能源从资源状况经生产、加工、转换进入到使用环节的全部流程(见图7-9)。MARKAL模型流程中,一次能源产品包括可供开采的能源资源产品,经过精炼加工成一次能源供应产品,包括煤、风能、太阳能等。一次能源供应产品经过转换技术转换成电、热等二次能源产品。二次能源产品经过传输称为二次能源供应。二次能源供应经过终端需求技术转换成终端能源供应。最后,根据各个部门终端需求分配能源。

MARKAL模型的研究方法主要是运筹学的多目标规划理论和混合整数规划方法,其目标函数、约束方程主要有以下几种。

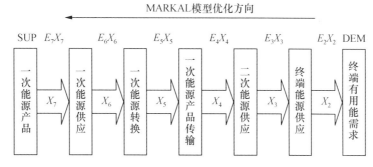

图 7-9　MARKAL 模型流程图

（a）目标函数：在满足有限资源供应及其他限制条件的前提下，全期能源系统总成本为最低。函数包括费用（能源系统在规划期内各种支出费用的总贴现值，如工程和设备的投资、运行与维护、能源消耗等）、安全（通常以进口的数量与安全权重系数的乘积作为目标，目的在于尽量减少对进口能源的依赖程度）和环境（获得一组不同环境指标，在与其他目标协调时尽量获得最小值）等构成。

$$\min \sum C_i \cdot X_i \quad i = 1 \cdots n \tag{7-5}$$

X_i 为待求的从一次能源产品到终端能源需求之间各环节的能流向量，即规划问题的解；C_i 为已知的各环节的成本系数。

（b）约束方程：模型中的约束方程有多种形式，每一种又都是一组约束关系的集合，主要包括：各类能源的平衡约束，系统总投资增长约束，具有多种产品的技术提升极限与产量平衡约束等。约束方程具体如下各式：

一次能源供应的总量约束：$X_7 \leqslant SUP$，SUP 为能源资源向量；

各环节的能源载体平衡：$E_i X_i - X_{i-1} \geqslant 0$，$E_i$ 为能源转换效率矩阵；

终端能源需求平衡：$E_2 X_2 \geqslant DEM$，DEM 为终端有用能需求；

污染物排放总量：$\sum EMI_i \cdot X_i \leqslant EMI$，$EMI$ 为整个规划期内的排放量限制。

优化求解过程是逆着能源系统的能流方向进行的，即以能源需求预测数据为出发点，动态地选择规划期内的一次能源供应结构和用能技术结构。

（二）国际气候合作框架的研究

温室气体是典型的"累积型污染物"（stock pollutants），影响气候变化的不是年排放量，而是在大气中的累积量。因此，温室气体减排是一个优化控制问题，最优决策的结果不是一个点，而是一系列点构成的最优减排路径。所以，国际气候谈判作为一场全球性的博弈，不仅需要在历史责任与现实义务之间进行平衡，还需要考虑人类生存与发展的妥协。

1. 现有排放交易体系存在的问题

《京都议定书》提出的"总量限制—交易"方案的确对欧盟减排起到了非常大的促进作用，通过吸取美国 SO_2 排放权交易市场的经验，EU ETS 提供了一个以较低成本实现减排目标的市场环境。但是对于两个关键的技术性问题，即排放权的分配以及排放权的存储与借贷问题。

国际排放交易体系和国内排放交易市场之间存在着较大的差别。如崔大鹏（2004）就指出美国二氧化硫排放权交易市场成功的原因在于它可以通过国内立法对不合作的企业威胁采取其他成本更高的管制措施，如"命令与控制"、技术标准，或者征收排放税。比较而言，以市场为基础的解决方法比管制措施更能被企业接受，而以历史排放量为基础分配配额，并使之成为一种可以流通并给企业带来额外收益的资产，则较排放税的无收益状况更能吸引企业参与交易。但是，《京都议定书》并不具有全球性的强制力，也无法对违规者进行相应惩罚，只要少数国家对排放交易制度不满意且又有搭便车行为，就可能导致体系分解。

（1）排放配额分配问题

国际排放配的初始分配基本上是免费分配的，但是考虑更多的是如何在免费分配的过程中体现减排的公平和效率问题。根据《联合国气候变化框架公约》提出的"共同但有区别的责任和各自的能力"的减排原则，在未来全球碳排放配额的分配上存在两种倾向：按公平原则，应以人均碳排放量这一指标来分配未来的碳排放配额；按效率原则，则应以碳排放强度（单位 GDP 碳排放量）为指标来分配未来的碳排放配额。公平原则强调每个人对全球的公共资源以及生存发展所享有相同的权利，而效率原则强调的是在保证全球在一定的环境容量下达到产出的最大化。显然，分配问题上的分歧正是发展中国家和发达国家之间的分歧。

陈文颖、吴宗鑫(1998)提出综合考虑公平和效率的混合分配机制，并在分析各区域减排边际成本的基础上，对全球交易情况进行了模拟。结果显示，如果以碳排放强度为指标来分配未来的碳排放配额，那么发达国家将成为配额的出售者，而发展中国家则将成为配额的购买者，减排的目标越严格，对发展中国家的经济影响越大，而且违背发达国家应为其历史排放承担责任的减排原则。从全球通过排放交易而获得的收益来看，按人口分配碳排放权是最佳的选择，但若综合考虑公平、效率、全球收益这三方面的因素，具有较大人口权重的混合分配方是较理想的选择。陈文颖、吴宗鑫(1998)在考虑历史责任与否的情况下，估算了四种分配模式下全球及中国的2050 年的排放配额分配。结果表明，考虑历史责任与否对分配结果的影响相当大，而且只有采用考虑历史责任并以 1990 年为人口基年的人均分配方法，中国在 2050 年的碳排放限额才有可能高于预测排放量。王伟中等(2002)估算了三种情景下，发达国家在按人均原则分配配额的情况下，按目前《京都议定书》给定的第一承诺期内的减排目标和速度，无法实现在 2100 年内实现将大气中温室气体浓度稳定在 650ppm、二氧化碳的年总排放量控制在 90 亿吨内的目标。陈文颖等(2005)提出了两个趋同的分配原则，即一是趋同年(2100 年)各国的人均碳排放量相同，二是 1990 年到趋同年各国累积的人均碳排放量相等。同时给出了中国在"两个趋同"分配方法下对应于不同二氧化碳浓度水平到 2100 年的允许排放轮廓线，测算并比较了主要国家或地区基于"两个趋同"法、紧缩与趋同法、多阶段参与法以及 Triptych 法分配的 2030 年、2050 年以及 2100 年的碳允许排放限额。研究结果表明，"两个趋同"的方法可以给予发展中国家应有的发展空间以实现工业化，符合公平、共同的但有区别的责任以及可持续发展的减排原则。

（2）排放配额的存储与借贷问题

排放配额的存储与借贷问题其实是排放配额的跨期转移，这个问题之所以重要，一方面由于对未来国际谈判不确定性的担忧，发达国家担心未来减排目标更严格、减排成本会更高，因而有存储的倾向，而另一方面控制温室气体的技术可能在未来会更加成熟，减排的成本有可能大幅降低，因此向未来借贷减排配额似乎是可行的(Grubler 等,1999)。而实际上，《京都议定书》仅仅分配了第一阶段的配额，同时拒绝了借贷的方法，其理由在于分配原则仍未完备，长期配额分配存在政治风险。

Kling 和 Rubin(1997)从企业和社会的视角分别构建配排放额的"存储—借贷"模型，对排放配额的跨期转移进行了分析。

（a）企业视角：首先假设，N 个同质企业生产产品 y，同时排放 e,t 时刻的生产产量与不受约束时的排放量分别为 $y(t) = \sum_{i=1}^{N} y_i(t)$ 和 $e(t) = \sum_{i=1}^{N} e_i(t)$，企业最小化其生产成本和排放成本 $C_i[y_i(t), e_i(t)]$，假设 C_i 是凸的，即 $C_y > 0, C_e < 0$（表示边际排放成本）且 $C_{ye} < 0$。其次假设，每一阶段的排放配额为 $\bar{e}(t)$，分配给各个企业，即 $\sum_{i=1}^{N} \bar{e}_i(t) = \bar{e}(t)$，配额在各阶段是连续的，企业可以自由存储、借贷和交易配额，$x_i(t)$ 为交易量。最后，假设 $r(t)$ 为配额的价格，各企业的配额供求分别为 $A_i(t)$ 和 $D_i(t)$，存储配额为 $B_i(t)$。设贴现率为 ρ，企业追求利润的最大化：

$$J_i^* = \max \int_0^T e^{-\rho t} [P(t) y_i(t) - C_i[(y_i(t), e_i(t), t] - r(t) x_i(t)] dt$$

$$\text{s. t. } B_i(t) = \bar{e}_i(t) - e_i(t) + x_i(t); e_i(t) \geqslant 0; B_i(0) = 0, B_i(t) \geqslant 0;$$

$$-A_i[b(t),t] \leqslant x_i(t) \leqslant D_i(t), A_i[B(t),t] > 0, D_i(t) > 0; \tag{7-6}$$

拉格朗日法求解可以得：$\dfrac{\dot{r}}{r} = \rho$，即配额价格应遵循霍特林原则；

$$\text{排放的增长路径：} \dot{e}_i = \frac{\rho C_e C_{yy} + C_{yt}C_{ey} - C_{et}C_{yy} - \dot{P}C_{ey}}{C_{yy}C_{ee} - C_{ye}^2}$$

$$\text{产出的增长路径：} \dot{y}_i = \frac{-\rho C_e C_{yy} - C_{yt}C_{ee} + C_{et}C_{ey} + \dot{P}C_{ee}}{C_{yy}C_{ee} - C_{ye}^2} \tag{7-7}$$

假设其他变量是常数情况下，如果贴现率 ρ 升高，则现阶段减排量会更快下降，刺激向未来借贷配额的行为；反之，贴现率下降，则借贷会减少；如果未来边际排放成本 C_{et} 提高，则企业会加大现阶段排放，而且如果边际排放成本 C_{et} 产生的影响高于贴现率 ρ 产生的影响的话，企业就会倾向于存储配额；如果企业产出的边际成本 C_{yt} 提高，则企业现阶段的生产和排放会增加，导致向未来借贷配额的行为。

（b）社会视角：排放政策的目标设定为消费者剩余最大化而同时排放量最小化，设环境损失 $S(e(t))$ 是排放量的函数，是凸的，即 $S_e[e(t)] > 0, S_{ee}[e(t)] > 0$，政府在跨期产出和排放之间平衡，使社会福利最大化：

$$J^{**} = \max \int_0^T e^{-\rho t} \left\{ \int_0^{y(t)} P(t)y_i(t) - \sum_{i=1}^N C_i[y_i(t), e_i(t), t] - S[e(t), t] \right\} dt \tag{7-8}$$

$$\text{排放的增长路径：} \dot{e}_i = \frac{-\dot{P}C_{ey} + C_{yt}C_{ey} - C_{et}C_{yy} - S_{et}C_{yy} - C_{yy}S_{ee}\sum_{i\neq j}^n \dot{e}_i}{2C_{yy}C_{ee} - C_{ye}^2}$$

$$\text{产出的增长路径：} \dot{y}_i = \frac{\dot{P}(C_{ee} + S_{ee}) - C_{yt}(C_{ee} + S_{ee}) + C_{et}C_{ey} + S_tC_{yy} + C_{ye}S_{ee}\sum_{i\neq j}^n \dot{e}_i}{2C_{yy}C_{ee} - C_{ye}^2} \tag{7-9}$$

假设各个阶段的技术水平不变，环境损失为常数，各阶段的排放和产出相互独立，则 $\dot{e}_i = \dot{y}_i = 0$，那么采用排放税的方法即可实现社会福利最大化，排放税率等于环境的边际损失。假设其他变量是常数情况下，如果边际排放成本 C_{et} 提高，而产出的边际成本 C_{yt} 不变，则 $\dot{e}_i > 0, \dot{y}_i > 0$，现阶段的生产和排放会增加；如果边际排放成本 C_{et} 不变，产出的边际成本 C_{yt} 提高，则 $\dot{e}_i < 0, \dot{y}_i < 0$，现阶段的生产和排放会增加都会减少。如果意识到未来的社会边际损失 S_{et} 会更高的话，那么现阶段的减排就应该比未来的减排更重要。

研究结果显示，允许企业自由存储、借贷排放配额并不必然会实现社会福利最优化。因为社会福利最优化要求每一阶段的排放边际成本应等于环境的边际损失，但是如果允许配额跨期转移，企业会选择一条在现阶段维持较高排放水平而在未来减少排放的排放路径，实现其总体成本的最小化。所以配额跨期转移虽然从总体上没有改变整个社会生产的排放量，但是对整个社会的环境损失会更大。而且如果仅允许存储而不允许借贷的情况下，也不能改变这种状况。

Ellerman（2002）构建了一个最优存储配额的二氧化硫排放配额交易模型，并利用美国二氧化硫交易市场数据进行经验分析。模型是以霍特林模型（Hoteling Model）和资本资产定价模型（CAPM）为基础构建的，在总量控制的情况下，排放配额具有可耗竭性，故而配额的价格应该遵循霍特林原则，即 $\dot{P}(t)/P(t) = r$，r 为市场利率。实际上，企业是无法确定其对排放配额的需求，而市场上配额的均衡价格是一个不确定的变量。因为价格和配额的需求量都是未知的，那么企业投资减排或者持有配额就变成是有风险的，必须通过适当的组合来使得减排风险最小化。在有套利情况下，排放配额的价格 $P(t)$ 的变化路径为：

$$\frac{\dfrac{1}{dt}E_t dP(t)}{P(t)} = r + \beta(r^m - r) = \rho \tag{7-10}$$

其中，E_t 是期望，r^m 是市场预期收益率，ρ 是风险调整后的贴现率，而 $\beta = \sigma_{\rho m}/\sigma_m^2$，相对于 CAPM 模型中的贝塔系数，这里的 β 用于度量排放配额价格相对于资本市场的波动性，也就是排放配额的风险溢价。

假设 $B(t)$ 为 t 时刻存储的配额，$a(t)$ 是 t 时刻分配的排放配额，$u(t)$ 为未受排放限制时的二氧化硫排放量，$q(t)$ 为 t 时刻的减排量，则实际排放量为 $u(t)-q(t)$。设在时刻 τ，存储的配额将过期，那么存储的配额和分配的配额之和应等于实际排放量，即：

$$B(t) + \int_t^\tau a(t)dt = E_t\left\{\int_t^\tau u(t)dt - \int_t^\tau q(t)dt\right\} \tag{7-11}$$

在时刻 τ，交易将停止，$a(\tau) = E_t\{u(\tau) - q(\tau)\}$

企业排放边际成本 $C'[q(t)]$ 等于配额的价格 $P(t)$，成本函数严格为凸，边际排放成本 $C'[q(t)] = \alpha_i[q(t)]^\gamma$，$\alpha_i$ 表示不同阶段的减排规模。设 T 时刻为第一阶段终止，那么两个阶段的减排量可以表示为：

$$当 0 \leqslant t \leqslant T 时, q(t) = q(\tau)(\alpha_2/\alpha_1)^{1/\gamma}e^{-\rho(\tau-t)/\gamma};$$
$$当 T \leqslant t \leqslant \tau 时, q(t) = q(\tau)e^{-\rho(\tau-t)/\gamma}。 \tag{7-12}$$

代入初始条件后，可以获得最有效率的配额存储路径：

$$B(t) = \int_0^t [a(s) - u(s) + q(s)]ds \tag{7-13}$$

美国二氧化硫排放配额在第一阶段（1995—1999 年）为 38.1 亿吨，其中有 30% 的配额被存储用于抵消第二阶段的排放。经验检验表明，企业初始的减排量对存储配额的路径是有影响的，而且初始的减排量越大，存储配额的期间也就越长。

Julien（2008）在 *Kling* 和 *Rubin*（1997）模型的基础上，引入排放配额市场的市场势力（寡头垄断）行为，分析了在允许存储和借贷配额的情况下，寡头企业和小企业的斯塔尔伯格博弈（*Stackelberg game*）。其指出排放配额的市场价格取决于寡头的边际排放成本、控制的存储配额量和小企业对价格的弹性。

Bosetti 等（2009）采用世界技术变革诱导假说模型（*World Induced Technical Change Hybrid*，*WITCH*）模拟不同温室气体减排目标下多期的全球排放配额交易市场的运行状况，并同 *EU ETS* 市场运行状况进行比较。模拟结果显示，在允许自由存储和借贷的情况下，会刺激企业加大在前期的清洁能源和提高能源效率技术研究投资，但是由于缺乏全球统一的资本市场，所以碳交易市场对各国减排的影响，尤其是在清洁能源和提高能源效率技术研究投资的影响是明显不同的。

2. 国际合作机制的发展及中国的应对策略

潘家华（2005）提出现有的国际合作机制存在着结构性的缺陷，2012 年以后国际气候谈判的基础虽然仍取决于各国的政治意愿、经济利益和科学认知，但是谈判的平台将不再局限于缔约方会议，可能采取体制外的双边、多边谈判模型，内容涉及减排、适应、技术、低碳发展等，最终将可能形成在可持续发展框架下适应与减缓气候变化的综合性一揽子计划。

未来国际合作机制的形成将更具多样化和灵活性。比如日本提出的部门方案（*sectoral approach*）就是对京都机制一个很好的完善和补充。邓梁春（2009）认为部门方案通过对重点行业进行减排标准的国际评估，将逐步发展成评价发达国家减缓行动、确定各国行动间是否可比的重要工具，并且也可能成为评估和比较发展中国家"可测量、可报告、可核实"的减缓行动的手段。而且，通过与清洁发展机制及碳市场相关联，或者通过与发达国家承诺提供的技术和资金支持相关联，有利于增强减排的动态成本有效性并扩大技术转让和资金支持的规模，有利于为发展中国家提供单向且无严格约束的激励机制。

何建坤（2007）认为全球减排温室气体长期目标的选择直接涉及各国的根本利益，它将考量各国先进能源技术和低碳经济发展的核心竞争力，甚至有可能改变世界的竞争格局。中国作为最大的发展中国家，一方面应该在国际气候谈判中强调全球减排机制必须体现"公平发展"的原则，尊重处于不同经济发展阶段国家能源消费和相应温室气体排放的规律，保证发展中国家实现现代化所必需的排放空间；另一方面，应争取近十年内，尽快掌握清洁能源和碳捕捉和埋存等应对气候变化的关键核心技术，并形成大规模、超常规产业化发展的体制和机制，为未来承担减缓碳排放义务打下良好基础。

陈迎(2007)指出中国在后京都谈判正面临日益强大的国际压力。一方面,中国排放总量已接近美国,人均排放趋近世界平均水平;另一方面,中国明显拉开了与其他发展中大国(如印度)之间的距离,在发展中国家中的重要地位凸显。中国在国际气候谈判的博弈中,应更加理性和审慎地根据新的形势调整谈判立场和策略,协调与印度、巴西等发展中国家的关系,确保发展中国家内部团结,维持在国际气候谈判中的影响力。

庄贵阳(2008)则认为在后京都时代谈判阶段,中国的战略目标主要有三个:一是争取和维护中国的发展空间;二是促进国内的可持续发展;三是树立负责任大国的良好形象。中国独特的国情和面临的挑战要求中国必须明确气候变化战略优先领域,即通过维护发展中国家间的团结争取和维护发展空间;通过实施清洁发展机制项目实现最大现实经济利益。中国在国际气候谈判中的立场是稳中有"变"。"不变"的是中国坚持在近期不承担量化减排温室气体义务的立场,"变"的是中国在国际气候谈判及相关领域表现出的更加积极、开放、合作的态度。

第二节　基于配额的碳交易市场

基于配额的碳交易市场具有碳排放权价值发现的基础功能。由于配额的分配以及惩罚力度的大小,都影响着碳排放权价值的高低,所以由政府管制所产生的约束要比市场自身产生的约束要更为严格,因而强制的配额市场上的排放权价格会更高,而交易规模也会远远大于自愿交易市场。配额交易创造出碳排放权的交易价格,当这种交易价格高于各种减排单位($ERUs$、$CERs$ 和 $VERs$)的价格时,配额交易市场的参与者就会愿意在二级市场上购入已发行的减排额度或参与 CDM 和 JI 交易,来进行套利或补偿交易。价差越大,收益空间越大,投资者对各种减排额度的需求量也越大,就会进一步促进节能减排项目的开发和应用。

目前基于配额的碳交易市场尚处于过渡阶段,还有待未来国际气候谈判进一步制定和完善减排规则,由于尚未形成全球市场,目前主要是以欧洲(欧盟排放交易体系)和北美(芝加哥气候交易所)两个市场为核心的区域性交易体系。区域性交易体系发展竞争的核心是碳排放配额的定价权,具体表现在碳交易所的谋划布局、相应交易标准的制定以及碳金融衍生品创新。

2007 年 10 月,在欧盟倡导下,欧盟部分国家、美国、加拿大、新西兰以及澳大利亚等 20 国,共同签署了一项关于建立"国际二氧化碳交易市场"的合作协议,迈出了构建全球性的碳排放交易市场的第一步。

一、欧盟排放交易体系

(一)发展概况

碳排放权交易在很大程度上是借鉴了美国二氧化硫排放权交易市场的经验,后者是美国为控制酸雨,在 1990 年《清洁空气法案修正案》基础上,采取排污权市场交易模式进行限制二氧化硫排放的一个制度创新。1997 年当美国在《京都议定书》的谈判中强力推行排放权制度时,欧盟本来是强烈反对的,但是伴随着 20 世纪 90 年代后期美国二氧化硫排放权交易的成功经验和在《京都议定书》的谈判经验的积累,欧盟逐渐接受基于市场的减排机制。

2000 年,欧盟发布了《关于温室气体的绿皮书》($COM/2000/87$),正式提出将二氧化碳排放权交易作为欧盟气候政策的主要部分。2001 年 10 月,欧盟公布了关于建立碳排放权交易市场的草案,在经过两年多的讨论和修订,于 2003 年 10 月 13 日正式颁布《排放权交易指令》(2003/87/EC),为欧盟排放交易体系的建立奠定了法律基础。

在欧盟排放交易机制开始运作之前,欧洲有四个非常重要的减排交易项目,它们为欧盟碳排放交易机制提供了许多经验。第一个是英国 2002 年启动减排交易机制($UK ETS$),这也是世界第一个基于配额的碳交易体系。英国政府和本国排放企业达成《气候变化协议》(Climate Change

Agrement,CCA），通过建立一个基准线与信用体系（*baseline and credit*）来满足减排需要。排放企业可以通过三种途径①加入该体系，如果排放企业完成相应的减排量，作为回报，政府将给予奖金或减免税税优惠。第二个是丹麦的二氧化碳交易系统（*Danish CO₂ Trading System*），该系统在 1999 年启动，目的是规范发电厂的碳排放。它包含了一个减排量的"安全阀"（*safety valve*），通过它来确保减排成本可控。第三个是荷兰补贴计划（*Dutch Offset Programs*），计划是为了更高效和低成本地履行荷兰的《京都议定书》义务而充分利用《京都议定书》下的基于联合执行（*JI*）和清洁发展机制（*CDM*）的项目所产生的碳信用。第四个是英国石油公司的内部碳排放交易试验（*BP's internal experiment with emissions trading*），英国石油公司自愿在企业内部对位于世界不同地区的分公司或项目推行温室气体排放限制。

在这些区域性或公司内部的减排交易项目运作的经验累积下，2005 年 1 月，欧盟正式启动了欧盟排放交易体系（*EU ETS*），范围主要涉及温室气体排放的工业部门，如炼油厂、炼焦厂、20兆瓦以上的电厂、钢铁厂、水泥厂、玻璃厂、陶瓷厂以及纸浆造纸厂等，包括欧洲大约 11 000 家企业，其二氧化碳排放量占整个欧洲排放量的 46%。*EU ETS* 几乎完整地复制了《京都议定书》所规定交易机制，与后者不同之处在于 *EU ETS* 的管制对象是工业企业而不是国家。所有受排放管制的企业，在得到分配的排放配额——欧洲排放配额（*EU Allowances*，*EUAs*）后可以通过改进技术、节约能源、限制产量等措施，尽量将当年的实际碳排放量控制在配额额度范围内。欧盟规定，企业在每个日历年度（*calendar year*）结束后必须上交与其实际排放量等值的配额，那些超额排放企业就必须想办法凑足数量，否则将面临高额罚金。排放配额可以通过市场交易进行流通，满足企业对实际排放量的需求。但欧盟不允许对第一阶段的配额进行存储（把本年度的配额存放到下一年度延期使用）和借贷（把下一年度的配额借到本年度提前使用），此外，欧盟还通过其连接指令函（*EU linking directive*）允许受管制的企业通过使用 *CDM* 机制的经核证的减排量（*CERs*）和 *JI* 机制的减排配额单位（*AAUs*）来达到减排目标。为扩大 *EU ETS* 的影响，进一步降低企业的履约成本，*EU ETS* 还积极与其他自愿排放交易机制通过双边认证进行连接，允许其相应的减排量进入 *EU ETS* 市场买卖流通。

2005 年 1 月，*EU ETS* 正式开始进入第一阶段（2005—2007 年）交易。作为试验性阶段，对各成员国以及被法令包括在内的设施运营者来说这也是一个"干中学"的时期。第一阶段的排放配额为 22.98 亿吨，大部分配额是免费分配的。根据 2003 年欧盟排放交易指令（*EU ETS Directive*），欧盟成员国把本国排放总量限制目标和国内受体系管辖的设施情况等以国家分配计划（*National Allocation Plans I*，*NAP I*）形式提交欧盟委员会进行评估和 *EUA* 的分配。国家分配计划规定：各国排放配额分配的总量必须与各国在京都议定书所赋予的减排目标相符；排放配额分配必须考虑到温室气体减排技术的潜力；必须区分"提前行动"和"新进场"产业的待遇；制定分配计划前，必须让公众表达意见，必须公布所有参与分配的厂商名单，以及各厂商所分配到的排放额度等。分配原则主要是依据"祖父原则"②（*grandfathering rule*），以过去的排放记录作为分配额度的主要考虑因素；对已提前建立排放标准的产业或产品，必须考虑减排历史贡献，采用标杆原则③（*benchmarking*）。为保证减排义务的履行，欧盟规定受管制企业的二氧化碳排放量每超过 1 吨，将被处以 40 欧元/吨的罚款。

---

① 参与 UK ETS 计划的主要途径有以下几种。(a)直接参与，参加者自愿承诺排放限值，可以通过减少自身的排放或从其他参加者处购买排放指标来完成，作为回报，政府给予完成承诺义务的参与者资金奖励。(b)协议参与，参加者包括约 6000 家工商企业，通过加入《气候变化协议》(CCA)可以将气候变化税降低 80%作为减排的回报。但是如果企业不能实现减排目标，企业将失去气候变化税的完整折扣。参与企业也可以通过排放交易购买配额指标，以保证达到预定目标。(c)项目参与，电力、交通等部门单个项目也可以获得指标，并通过排放交易来实现减排。

② 祖父原则主要根据某个基准年的现实排放量或过去数年的平均排放量来作为基准值确定各国的减排义务，再经过"平衡因子"(balancing factor)与"修正因子"(correction factor)来调整确定：排放配额=基准排放量×平衡因子×修正因子。

③ 标杆原则主要是参照该行业可行的技术标准来确定排放因子(emission factor)及相应的行业减排义务：排放配额=排放因子×生产量×平衡因子。

在 EU ETS 交易运行的第一阶段,企业的履约率很高,整个欧盟温室气体排放量有所下降。除了爱尔兰、西班牙、奥地利、葡萄牙、丹麦外,其他国家都基本完成目标。EU ETS 交易第一阶段的运行虽然出现了一些问题,但也积累了许多宝贵经验。2006 年 11 月,欧盟委员会对 EU ETS 交易第一阶段的运营情况进行总结,针对第一阶段存在的问题,从第二阶段(2008—2012 年)开始采取一系列新的措施。

在第二阶段配额分配中,欧盟委员会除了更加严格地约束碳排放量指标确保各成员国完成减排目标外,还动用各种政治和法律手段控制 EUA 的数量,保证配额保持一定程度上的稀缺性。首先,欧盟规定第一阶段的配额,不可与第二阶段的配额替换,其效力只能在第一阶段结束时终止或者继续使用,不得进行交易,而第二阶段的减排配额则可以顺利带入第三阶段,客观上增加了投资者对市场的信心。其次,收紧了配额的分配,在评估各国第二阶段的国家分配计划(NAP II)的过程中,欧盟委员会提高了审核的标准。第三,在配额的分配方式上,将以拍卖方式成交的配额比例由第一阶段的 5% 提高到 10%,到 2020 年拍卖将全面取代免费分发。此外,超额排放的罚款额度提高到 100 欧元/吨,并在次年的企业排放配额中将该数量加以扣除。2008 年 1 月 1 日,EU ETS 交易进入第二阶段,减排目标与欧盟在《京都议定书》第一个承诺期的一致,目前运行情况良好,EUAs 交易量已经从 2006 年的 5.62 亿吨增加至 2008 年的 26.97 亿吨。

2008 年 1 月 23 日,欧盟委员会还公布了 EU ETS 交易第三阶段(2012—2020 年)的意见征集稿。欧盟提出了到 2020 年碳排放量比 2005 年减少 20% 的第三阶段减排目标,具体措施如下所示。

(a)扩大了减排覆盖范围,扩展后的行业范围除原来的 10 个部门外,还将包括石油化工、航空与航运、制氨氮氧化物排放和制铝中的全氟化碳排放。农业与垃圾处理行业的温室气体排放在 2020 年也要实现比 2005 年水平减少 10%。

(b)按部门制定欧盟范围的排放上限,在第三阶段欧盟委员会提议统一采取按部门的减排标准来评估减排目标,规范地制定排放上限。

(c)在欧盟层次上分配配额,为强调欧盟内部协调和统一,第三阶段的交易将在欧盟层次上而非成员国层次上分配。原来企业免费分配到的配额将从 2013 年开始逐渐要通过拍卖来获得,并于 2020 年实现完全通过拍卖来分配减排配额①。

(d)更灵活地使用 CDM/JI 减排信用,如果国际社会未就后京都减排达成一致协议,来自清洁发展机制(CMD)和联合履行(JI)的减排额度将只能使用 2012 年以前批准的项目产生的剩余额度,且只能用到 2014 年;并且相关的减排额度也只能来自所有各成员国同意的项目类型,也就是只与与欧盟签署双边或多边协议的国家产生的额外的减排额度才能被接受。

(e)总配额的 5% 将储备起来用于新加入者(电力部门除外,因为该部门配额全部实行拍卖),在 2020 年没有用于新加入者的配额储备将被拍卖。新规定将建立严格的监测、报告和核证程序以确保 EU ETS 的完整性。但是对于某些缺乏竞争力的高耗能部门将给予一定的豁免。

(二)交易情况

2005—2006 年,欧盟排放贸易体系是全球市价最高的碳交易市场,交易价格由 2005 年初的 7 欧元/吨一度攀升至最高值 31 欧元/吨。2006 年 5 月前,EUAs 价格上涨很快,一度曾上涨到 30 欧元/吨。但是由于第一阶段有大量的配额剩余(派发的多余减排配额达到 3 万个,相当于 3 亿吨二氧化碳,为配额总量的 5%),且欧盟规定成员国每年需要提交其承诺的温室气体减排量,提交后的减排量予以注销,不得继续使用。加上由于第一阶段的配额在第二阶段无法继续使用,第一阶段的配额将失去了价值,最终导致 2006 年年中价格大幅下跌,甚至在 2007 年初,EUAs 的价格由于配额供过于求而一度崩溃。因为第一阶段过量配额很大程度上由小公司持有,这些小规模交易者的数量众多,但没有在市场上交易,抑制了市场的流动性,价格最终没有归零而是降至 0.1 欧元。

---

① 具体过程:电力部门从 2013 年开始全部进行拍卖;所有其他部门 2013 年开始 80% 免费拍卖,逐渐到 2020 年实现完全拍卖;各成员国独立执行拍卖。90% 的配额按成员国 2005 年排放水平比例拍卖。剩余 10% 按成员国较低人均收入重新分配,拍卖所获得的收入,至少拿出 20% 专门用于减缓和适应气候变化。

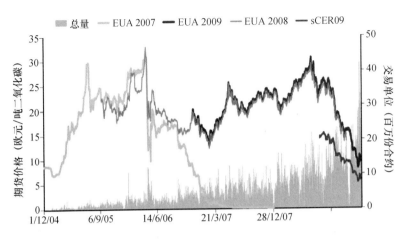

数据来源：*Point Carbon Annual Report*（2009）

图 7-10　2005—2009 年 *EU ETS* 的 *EUAs* 及 *CERs* 期货价格及成交量

第二阶段的一系列改革方案促使欧洲气候交易所的碳交易量猛增。数据显示，2007 年 *EU-As* 期货的日均成交量为 4 000 手（即 4 000 万吨），而进入第二阶段的 2008 年 1 月以后，日均交易量跃升至 7 500 手，最高突破了 15 000 手。随着 *EU ETS* 第二阶段中越来越多的企业进入市场，*EUA* 供求逐渐产生矛盾，加上能源价格的高企，使得 *EUAs* 价格居高不下。欧洲气候交易所 2007 年年底一度上升到 40 欧元/吨，直到 2008 年第三季度以后才开始下滑。而根据 *IETA* 预测，在 *EU ETS* 交易运行的第三阶段，*EUA* 平均价格将会保持在 25 欧元以上的高位。不过在第二阶段与第三阶段相交处价格将更高，第二阶段结束之前，*EUA* 价格将在 30～35 欧元/吨之间，而第三阶段开始之初，*EUAs* 价格可能在 40 欧元/吨左右。

（三）市场结构

欧洲的碳排放交易已经完全市场化运行，形成了场外、场内、现货、衍生品等多层次的市场体系。*EU ETS* 分为 *OTC* 市场（场外交易市场）和交易所（场内交易市场）。目前这些交易市场主要包括伦敦能源经纪协会[①]（*LEBA*）、欧洲气候交易所（*ECX*）[②]、欧洲能源交易所[③]（*EEX*）、法国 *Bluenext* 交易所[④]、荷兰 *Climex* 交易所[⑤]、法国 *Powernext* 电力交易所[⑥]、北欧电力交易所（*Nord pool*）[⑦]和奥地利能源交易所（*EXAA*）[⑧]等 8 个交易中心。其中 *Powernext*、*EXAA* 以 *EUA* 的现

[①]　伦敦能源经纪协会（LEBA）成立于 2003 年，主要交易天然气、煤气以及各类排放量合约，推出的能源指数与碳指数已经成为全球的定价基准。

[②]　欧洲气候交易所（ECX）是在伦敦证券交易所上市的气候交易所公司（CLE）旗下的核心业务之一，CLE 和欧洲 ICE 期货交易所共同于 2005 年在伦敦组建，与 ICE 共享同一电子交易平台，是目前欧洲最具流动性的碳交易市场。

[③]　欧洲能源交易所（EEX）于 2002 年在德国莱比锡成立，是由两个德国电力交易所合并而成的。主要交易品种为电力、天然气、煤炭期货等，也提供碳排放现货交易，但交易者多为德国企业。

[④]　Bluenext 交易所是在 2008 年由纽约-泛欧交易所（NYSE Euronext）与法国国有信托投资局共同合资建立的一个环境权益交易平台，交易品种包括碳排放权现货和期货，是目前世界规模最大的二氧化碳排放权现货交易市场。

[⑤]　Climex 交易所是在 2003 年由荷兰合作银行（RABOBANK）和荷兰国家电网运营（TENNET）控股，由阿姆斯特丹电力交易所（APX）提供交割和清算服务的泛欧洲碳交易所，提供欧洲排放配额（EUA）的现货交易和碳信用额度（包括一级市场 CER 以及二级市场 CER 和 VER）的拍卖。

[⑥]　法国 Powernext 电力交易所于 2001 年成立，是为了适应欧洲电力市场开放而建立的电力交易市场，也提供 EUA 的现货交易，是主要的欧盟二氧化碳排放配额现货交易市场。2007 年 12 月其碳交易部门（Powernext Carbon）被纽约证券交易所（NYSE）收购。

[⑦]　北欧电力交易所（Nord pool）是由挪威、丹麦、瑞典和芬兰的统一电力市场，也是世界上第一个跨国电力交易市场。北欧电力交易所是目前世界上最大的电力衍生产品交易以及欧盟排放配额（EUA）和经核证的减排单位（CER）的第二大交易市场。

[⑧]　奥地利能源交易所（EXAA）成立于 2005 年，只交易 EUA 现货，且每周只交易一次。

货交易为主,而碳衍生金融品主要是在 *ECX*、*EEX* 和 *Bluenext* 交易的 *EUA* 和 *CER* 的期货、期权合约和在 *Nord pool* 交易的 *EUA* 和 *CER* 的远期合约,具体的交易情况见表 7-3。

表 7-3 EU ETS 碳金融衍生品交易情况(2006—2008 年)

交易所	产品		交易量(合约数)		
	合约	推出日期	2006 年	2007 年	2008 年
ECX	EUAs 期货	2005 年 4 月	452 364	980 780	1 991 276
	EUAs 期权	2006 年 10 月	560	57 541	243 166
	CERs 期货	2008 年 3 月			507 779
	CERs 期权	2008 年 5 月			67 800
EEX	EUAs 期货	2007 年 12 月	2 996	17 673	77 644
	CERs 期货	2008 年 3 月			2 440
Bluenext	EUAs 期货	2008 年 4 月			1 580
	CERs 期货	2008 年 8 月			12
Nord pool	EUAs 远期	2005 年 2 月	59 618	70 641	69 624
	CERs 远期	2007 年 6 月		24 477	52 107

数据来源:World Bank. State and Trends of the Carbon Market 2009

ECX 是 EUAs 期货合约(见附表 7-1)、期货期权合约(见附表 7-2)的交易龙头。其碳衍生金融品交易主要通过欧洲 ICE 期货交易所(ICE Future Europe)的电子交易平台进行,计价货币均采用欧元,由 ICE 欧洲清算公司负责进行保证金管理、结算和交割。2007 年,ECX 平均每天交易 400 万份 EUAs 期货合约,占 EU ETS 总交易量的 86.7%;而 CERs 的期货、期权市场发展速度非常快,ECX、Bluenext 和 Nord Pool 都已经分别推出了基于 CERs 的现货、远期、期货合约。其中 ECX 于 2008 年 3 月推出 CERs 期货合约后,仅 1 个月的交易量就高达 1 600 万吨。

此外,EU ETS 的场外交易也非常活跃。根据世界银行的统计,2008 年 EU ETS 80% 的交易量发生在场外交易市场(OTC),其中,伦敦能源经纪协会(LEBA)完成的交易就占到了整个 OTC 市场的 54%。从图 7-11 中可以对 2008 年 EU ETS 交易体系整个的交易情况有所了解。总体而言,EU ETS 的衍生品交易较现货交易更为活跃,比如 2008 年 EUAs 期货合约平均每日成交量为 EUAs 现货成交量的 8.6 倍,CERs 期货合约平均每日成交量为 CER 现货成交量的 41.4 倍。

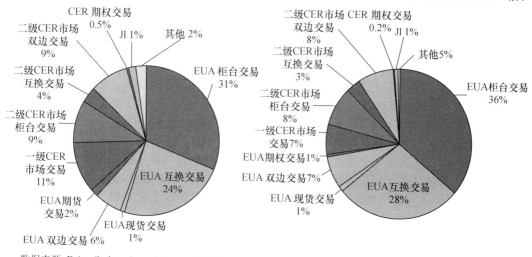

数据来源:Point Carbon Annual Report(2009)

图 7-11 2008 年 EU ETS 交易体系的交易情况

二、自愿减排交易体系

（一）自愿减排交易体系

自愿减排交易体系不同于京都机制下强制性减排机制，它是建立在有一定法律约束的自愿承诺减排行为的基础上，由自愿减排体系参与方或者自愿减排者（非政府组织）与发展中国家开展 CDM 项目合作，并认购由 CDM 项目产生的签发的 CERs，或者由参与方按照某些认证机构标准[①]，开发减排项目来获得相应的自愿减排量（Voluntary Emission Reduction，VERs），并且通过自愿减排交易市场进行买卖流通。自愿减排交易体系早在强制性减排交易体系建立之前就已经存在，由于其不具有强制性减排要求，因此其中的大部分交易也不需要对获得的减排量进行统一的认证与核查。比如 CERs 只能由《联合国气候合作框架公约》缔约方会议指定的机构 CDM 执行理事会认证签发，而 VERs 则可以由不同的认证签发机构颁发，因此，自愿减排交易机制更加灵活，从申请、审核、交易到颁发所需时间相对更短，价格也较低，吸引了大量跨国企业参与其中。所以，虽然目前所自愿减排交易体系占整个碳排放交易市场份额很小，但是其未来的发展空间和发展潜力都非常大。尤其是不同认证标准之间的竞争，对于整个碳排放交易市场的发展具有良好的推动作用。

自愿减排交易体系和强制减排交易体系的驱动力不同，决定了两个市场的定位和发展方式有着根本的差别。从市场的角度来看，由于较高的运作成本，强制市场更适合风险小、额外性强、减排量大的项目，而自愿市场更适合风险大、额外性较低、减排量小的项目。这有点类似于主板和创业板的关系。从发展的障碍来看，强制市场主要的发展障碍在于各方利益的平衡，自愿市场主要的发展障碍在于市场供求关系的充分发掘。从标准化的角度来看，自愿市场目前仍处于标准竞争的阶段，还未能形成一个统一的交易规则和合作框架。但是，也正是没有制度上的束缚，自愿市场的创造性远超过强制市场，也带来许多创新型的商业减排模式。目前两个市场从机制上是完全隔离的，但自愿减排市场发展很快，已经在建立自身的风险管理系统。由于缺乏类似 CDM 方法学的标准化基础，使得对项目的风险控制成为自愿市场的软肋，如果未来能够建立起有效的风险评估和控制体系，那么自愿市场中质量较高的减排量，就有可能进入强制市场流通，这个突破口可能会从区域性减排交易系统开始。

（二）芝加哥气候交易所

1. 发展概况

芝加哥气候交易所（Chicago Climate Exchange，CCX）成立于 2003 年，同年在伦敦证券交易所上市。CCX 是全球第一个自愿进行温室气体减排，并对减排量承担法律约束力的碳排放交易平台，其核心理念即"用市场机制来解决环境问题"。CCX 的目标是促进温室气体交易，透过市场的价格发现，增加减排信息的透明度，实现低成本、快速结算的交易；同时，帮助企业建立管理温室气体排放的成本效益分析机制，促进公共和私营部门减排能力建设，探讨全球气候变化的风险管理模式。CCX 采取的是会员制，由会员参与交易机制的设计和市场管理，并形成一套完整的交易规则。CCX 要求会员通过减排或碳补偿交易来实现承诺的减排目标，同时还允许那些已经超额完成减排义务的会员，可将多余的减排份额有偿地转让给那些达不到减排目标的会员。CCX 包含两种截然不同的联系机构：一种是会员，包括企业、城市和其他排放温室气体的实体，会员必须遵守相关年份的减排承诺；一种是参与者，主要提供境外温室气体减排合作项目的补偿交易（加拿大、墨西哥和巴西作为补偿交易参与方）。CCX 现有会员近 200 个，

[①] 如 CCBA 开发的 CCB 标准和联合开发计划的 VCS（Voluntary Carbon Standard）标准、由 CCBA（The Climate, Community & Biodiversity Alliance）、气候集团（Climate Group）、世界经济论坛（WEF）和国际碳交易联合会（IETA）推出的联合开发计划，以及 Gold Standard Organization 的黄金标准等。

分别来自航空、汽车、电力、环境、交通等数十个行业。在 CCX 的减排计划中,许多北美公司和当地政府自愿做出了具有法律约束力的减少温室气体排放的承诺,以保证能够实现其两个阶段的目标:第一阶段(2003—2006 年)在现有基准线排放水平(从 1998 年至 2001 年的平均排放水平)的基础上实现每年减排 1% 的目标;第二阶段(2007—2010 年)则需要将总的排放水平下降到基准线排放水平的 94% 以下。

2. 交易情况

CCX 的交易系统是一套集登记、验证、认证、结算和审计的市场体系,由三个主要的部分组成:一是电子交易平台,所有注册用户的交易都须通过该平台进行,系统禁止匿名交易和通过私人谈判达成的双方交易,最大限度地保证交易价格的公开透明。二是清算和结算平台,每天收集所有交易活动的信息,并把每天和每月的交易情况传递给会员。三是注册系统,用于记录和核实会员减排量和交易的碳金融工具,避免重复计算,降低交易的成本。CCX 是碳金融工具(carbon finance instruments,CFIs)合约(每份合约等于 100 吨二氧化碳),CFI 可以是超额完成的会员转让的减排份额,也可以是通过补偿交易购买的参与者通过碳汇等项目获得的碳信用额度(VERs)。芝加哥气候交易所在第一阶段的 CFIs 交易量并不大,直到第二阶段的 2007 年交易量才开始猛增,是 2006 年的两倍,交易额突破 7 000 万美元。2008 年的增势更猛,第一季度的交易额就轻松突破 2007 年的总额,虽然 2008 年下半年的价格下跌,但是总量仍相当可观。2009 年后随着会员基本提前完成减排目标,CFIs 的价格从顶峰急剧跌落,交易量也相应大幅萎缩(见图 7-12)。

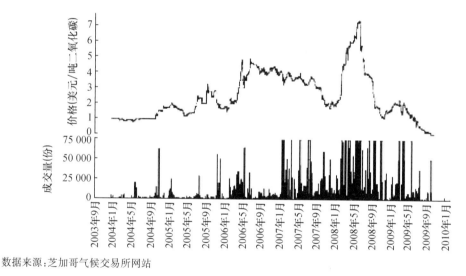

数据来源:芝加哥气候交易所网站

图 7-12　2004—2009 年 CCX 交易的 CFIs 价格及成交量

三、其他减排交易体系

(一)区域温室气体减排创新方案

区域温室气体减排创新方案(Regional Greenhouse Gas Initiative,RGGI)是由美国纽约州前州长乔治·帕塔基(George Pataki)于 2003 年 4 月创立的区域性强制减排组织。目前,这个组织已经成功吸收了包括康涅狄克州、缅因州、马萨诸塞州、特拉华州、新泽西州等 10 个州参与,主要针对电力企业的碳减排。RGGI 提出的目标是在 2019 年前将区域内的温室气体排放量在 2000 年的排放水平上减少 10%。第一阶段的目标是到 2014 年,10 个州的二氧化碳排放量控制在每年 1.88 亿吨以内;而后,从 2015 到 2018 排放量每年减少 2.5%。RGGI 规定,各州至少要将

25％的排放配额（RGGI Allowances，RGAs）通过拍卖来进行分配，而且如果某一发电企业到2011 年还没有持有排放指标却仍在继续排放二氧化碳，届时他们将面临州政府的巨额罚款，到时必须付出比初始拍卖价格高出 3 倍的价钱来购买新的排放配额。

RGGI 从 2009 年 1 月 1 日起开始实施，到 2009 年 9 月已完成了五轮的排放配额拍卖。Carbon Ponit 公司的数据显示，2009 年，RGGI 占全球碳排放交易市场的份额将从一年前的 1.4％扩大至 5.8％。RGGI 管制的企业可以通过内部减排措施来实现减排目标，也可以通过拍卖来购买相应数量的 RGA，还可以通过交易所市场购买相应数量的 RGA 期货合约或期权合约来实现自己的减排指标。

目前 RGGI 的 RGAs 期货合约和期货期权合约主要是在芝加哥气候期货交易所（CCFE）和绿色交易所（Green Exchange）上市交易。CCFE 于 2004 年 1 月，绿色交易所于 2008 年 8 月推出RGAs 的期货合约①和期货期权合约②。总体而言，基于 RGAs 的碳金融衍生产品的交易并不活跃，成交量很低，流动性不好，因此，和 EU ETS 市场中交易的碳金融衍生产品价格比较起来有很大的差价（见图 7-13），RGAs 的价格在 4～6 美元/吨左右，而同期 EUAs 的价格在 8～10 欧元/吨左右。

这也说明了即使同样是在强制减排基础上建立的排放权交易体系，也存在着一定的市场规模效应，也同样受到金融市场运行规律的影响。

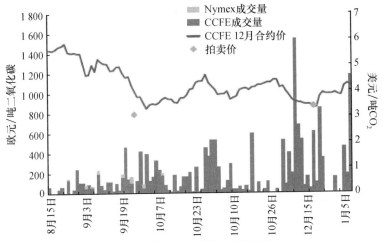

注：2008.8—2009.1 期间有两次 RGAs 拍卖，图中用方形点表示价格。

数据来源：Point Carbon Annual Report（2009）

图 7-13 RGA 的交易价格及成交量（2008 年 8 月—2009 年 1 月）

（二）澳大利亚和新西兰的减排交易体系

尽管澳大利亚尚未加入京都协定，但新南威尔士（New South Wales，NSW）温室气体减排体系（GGAS）却是全球最早强制实施的减排体系之一。NSW GGAS 是和美国 RGGI 相类似的区域性碳排放交易体系，于 2003 年创立，主要涵盖澳大利亚境内如新南威尔士州、南澳大利亚州、昆士兰州等境内发电项目，大约涉及将近 200 个项目。NSW GGAS 的目标是减少澳大利亚在发电和用电过程中的温室气体排放量。在交易体系运行的头三年（2003—2005 年），其基础会员单位共同减排了大约 1 675 万吨二氧化碳当量。NSW GGAS 设定了本州电力行业温室气体减排的目

---

① RGAs 期货合约规模为每手 1 000 份 RGGI 碳排放配额（RGA），等于 1 000 吨二氧化碳，最低波动值为 0.01 美元/吨，合约将在合约月第一个交易日前第三个交易日结束时到期。

② RGAs 期权合约为美式期权，以 RGAs 期货合约为基础。该期权将在 RGAs 期货合约到期前第三个月交易日期满，最小报价单位为 0.01 美元/吨。

标。与一般的排放权交易体系不同的是,NSW GGAS 从本质上来说是一个基于项目的排放权交易体系,它为电力销售公司(电力零售商)而不是电力生产公司(发电企业)规定减排义务,而电力销售公司利用 NSW GGAS 的交易平台购买排放指标来抵消一部分其排放的温室气体排放量。

2009 年 3 月澳大利亚政府公布了澳大利亚碳减排方案(Australian Carbon Pollution Reduction Scheme,CPRS)草案,其长期减排目标是在 2050 年将温室气体排放量在 2000 年排放基础上减少 60%。CPRS 将于 2011 年 7 月 1 日正式实施,澳大利亚气候交易所(Australia Climate Exchange,ACX)与澳大利亚证券交易所(Australia Security Exchange,ASX)也将推出以澳元计价的碳排放配额(NAGAs)期货和期权等碳金融衍生品交易。

新西兰的温室气体排放交易计划(New Zealand Emisstion Trading Scheme,NZ ETS)是于 2007 年开始实施的,该计划涵盖了包括电力部门在内的所有经济部门,而且其配额——新西兰排放单位(New Zealand Units,NZUs)的分配根据不同行业设立了不同的分配方式,下游部门将免费获得 NZUs,而石化等能源密集性部门作为上游行业只能通过拍卖等方式有偿获得 NZUs。

(三)亚洲减排交易体系

目前,亚洲只有日本政府于 2005 年 5 月推出了日本自愿减排交易计划(Japan Voluntary Emission Trading Scheme,JVETS)。该计划由日本环境省主导,鼓励日本企业和电力部门积极自愿参与,政府汇总各参与方的自愿设定减排目标后分配减排配额(Japan Emission Allowance,JEA),并且为参与方的减排行动提供 1/3 的财政补贴。计划允许参与方进行 JEAs 交易,或者通过京都机制购买 CERs 进入减排交易计划,同时还允许企业存储和借贷碳排放指标,满足企业灵活完成减排任务的需求。对于未能按期完成参与方,政府将收回补贴。

值得一提的是作为发展中国家的印度凭借其在金融市场的发展优势,率先在发展中国家建立了自己的国内碳交易市场。印度有两家交易所——国家商品及衍生品交易所(National Commodity and Derivatives Exchange,NCDEX)和印度多种商品交易所(Multi Commodity Exchange of India,MCX),提供 CERs 期货交易(以印度本地项目产生的减排量为基础)。其中,MCX 于 2006 年推出了 EUAs 和 CERs 期货合约,NCDEX 于 2008 年 4 月也推出了 CERs 期货。印度交易所交易的 CERs 期货合约以印度自己的 CDM 项目产生的减排额度为主,所以合约都以卢比计价。此外,由于印度 CDM 项目采取的是单边碳策略[①],将注册成功 CDM 项目所涉及的 CERs 存储起来,受制买方较小,采用卢比计价和结算的空间较大。NCDEX 宣称自启动以来已有近 700 万吨 2008 年 12 月交付的 CERs 期货合约在该所交易,该合约的价格和欧洲市场类似合约的价格已经基本接近。世界银行报告显示,印度签发的 CERs 与中国签发的 CERs 相比往往有 2～3 欧元溢价。CERs 的价格差异反映了中印两国在碳金融体系建设上的差距,也反映了国际碳交易市场参与者对两国碳减排机制建设所做出的评价。

四、相关研究

目前国际上对于排放交易体系的研究主要集中在对 EU ETS 进行研究,不仅是因为 EU ETS 的交易规模和市场成熟度,而且因为 EU ETS 是一个实验,将为未来全球碳交易体系的构建积累经验。EU ETS 不仅要经受环境有效性(减少总排放量)和经济有效性(减排成本)的考验,更重要的是市场有效性(定价机制)能否实现京都机制下通过交易机制来实现全球减排的目标。目前研究重点集中在制度设计、定价机制、影响因素及其对产业发展的影响等四个方面。

(一)制度设计

碳排放交易体系涉及的主要问题是配额分配采取的方式方法和配额的跨期转移问题。

---

① CDM 机制设计之初只有"双边项目",即双方采用共同开发 CDM 项目的方式来完成碳减排后,注册成 CER 指标完成交易;印度则把注册成功的 CDM 项目所产生的 CER 指标存储起来,以供未来使用或出售。借此控制市场波动和降低减排成本,也就称为单边碳策略。

Grubb 和 Neuhoff(2006)对 EU ETS 的运行做了一个政策回顾,指出交易制度是否有效取决于:配额分配方式方法;2012 年后的国际气候谈判达成的减排目标和各国承担的义务安排;如何处理减排对其产业国际竞争力的影响。他们建议应在第二阶段交易中加大通过拍卖进行分配的配额数量,这样有助于市场稳定并形成较为合理的碳价格,减少低碳产业投资者的风险,改善整个低碳经济的投资环境。

1. 分配方式

在单卖方多买方的情况下,针对单一物品进行单边拍卖主要有四种基本类型,即升价拍卖[①](ascending-bid auctions)、减价拍卖[②](descending-bid auctions)、第一密封拍卖[③]和第二密封拍卖[④]等。前两种方式称为公开拍卖,后两种方式也称为密封拍卖(sealed-bid auctions)。由于碳排放配额属于可分割同质物品,其拍卖行为属于单卖方多买方情况下的多物品单边拍卖。与单物品拍卖不同,在多物品拍卖中,竞买人递交的是价格与数量的组合,相当于提交了一条各自的需求曲线。具体的拍卖形式可分为多价格拍卖[⑤](discriminatory auctions)、单一价格拍卖[⑥](uniform auctions)和混合价格拍卖[⑦](hybri auctions)。

Cramton 和 Kerr(2002)指出拍卖是“总量限制—交易”模式下最优的初始配额分配方式。拍卖配额不仅可以最小化市场管理成本,且可以使得政府获得的拍卖收益投资于清洁能源和节能减排的产业技术改造,产生良好的资金循环效应。而要提高配额在二级市场上的流动性,配额的跨期转移和分阶段拍卖是必要的条件。研究者设计了升价钟(ascending-clock auction)方式来进行排放配额的单一价格拍卖。拍卖方(欧盟)逐步提高配额价格,每个竞买人(管制企业)提出在不同价格下所要求的物品数量,当需求与供给总量相匹配时拍卖终止,而最后中标者的价格为终止价格。与密封出价拍卖相比,在这种公开拍卖中信息动态地透露,促进了竞争和积极的出价。但是,如果竞争程度很低,竞买人可以形成默许的共谋。

Hepburn 等(2006)比较了公开拍卖和密封拍卖在对 EU ETS 第二阶段配额分配中的应用,指出根据 UK ETS 的经验,密封拍卖要更适合于 EU ETS 第二阶段的配额分配。排放交易市场的参与者递交一份密封的包含价位和竞买数量的配额需求标书,经过汇总后形成一条市场总的需求曲线,与供给曲线相交就可以得到市场出清价格 P_c(见图 7-14a)。但如果欧盟设定最低限价 P_{min},并以此为拍卖底价,则有可能会使得市场不能出清(见图 7-14b)。

在拍卖的频率上,极端的情况就是在第二阶段开始前将所有的欲拍卖的配额一次性全部拍卖出去,这样不仅可以节省交易和管理成本,而且由于仅有一次机会可以通过拍卖获得配额,竞买者会更加踊跃,配额竞争更加充分,但这种一次性拍卖对小企业不利。小而频繁的拍卖行为则更有利于小型企业,也有助于提升二级市场的流动性。理想的拍卖频率应该能够兼顾成本控制和鼓励小企业参与,增加市场活跃程度,但是如何安排还有待对第二阶段交易的运行情况进行分析。

对于目前欧盟采取的免费分配方式,如何对其具体分配方法进行优化,是研究的重点。Markus 等(2005)对四种具体的分配方法进行了比较,即基于历史排放量、基于产品同时参照特殊排放因素、基于产品同时参照标杆法和基于产品同时参照最优应用技术(BAT)。这些方法各

---

① 升价拍卖,也被称为英国式拍卖。买家公开相互竞价,每次竞价都要比前一次的竞价更高,当没有人愿意继续竞价时,拍卖结束,出价最高者需支付所报出的价格。

② 减价拍卖,也被称为荷兰式拍卖,和增价拍卖运作的方式相反。

③ 第一密封价拍卖,所有竞标者须同时提交密封好的报价,因而不能知道其他人的报价。出价最高者支付其报出的价格,如果几个竞标者同时寄到,以先开标者为赢者。

④ 第二密封拍卖,与第一密封拍卖的区别在于胜出者需要支付的价格是第二高报价,而不是他自己的报价。

⑤ 多价格拍卖,即按照竞标者的出价高低排序,依次满足出价更高的投标者的需求,直到完成招标量。中标者按照各自的投标价支付。

⑥ 单一价格拍卖,即中标者按照相同的价格支付,这个价格被称为终止价格(stop-out price)。终止价格就是中标者中最低的投标价格,即招标量等于中标量时的价格。这种拍卖方式能够有效地消除“赢者的诅咒”现象,从而提高投标者的积极性。

⑦ 混合价格拍卖中,即先把中标者的价格进行加权平均,投标价在这个加权平均价格之上的中标者所支付的价格为这个加权平均价,而投标价低于这个加权平均价的中标者则支付他们的投标价。

有优缺点,基于历史排放量的方法最直接透明,易于操作;基于产品的方法可以更好地满足 EU ETS 附件 3 的有关 NAP 制定的标准,但是需要收集更多的数据,成本也更高。

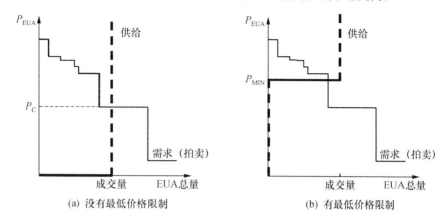

图 7-14　密封拍卖的市场出清价格

B. Hringer 和 Lange(2005)采用一个多期部分均衡模型来优化"祖父原则"下的分配方法。排放配额是根据企业前期的产出和排放水平免费分配的。假设企业 i 在 t 期的成本函数为 c^{it} (q^{it}, e^{it}),二阶可导且是凸函数,其中 q^{it} 和 e^{it} 是产出和排放。产品市场和配额市场都是完全竞争市场,价格分别为 p^{it} 和 σ^{it}。

在社会福利最大化情况下,假设 t 期的总排放限额 $\bar{e}^{t}$,则

$$\max \sum_{t,i} p^{it} q^{it} - c^{it}(q^{it}, e^{it}) \quad \text{s. t.} \sum_{i} e^{it} = \bar{e}^{t} \tag{7-14}$$

企业在 t 期分配到的配额 g^{it} 是根据之前 k 期的生产和排放情况进行的。

$$e^{-it} = g^{it}\left[(e^{it-l}, q^{it-l})_{l=1\cdots k}\right] = \lambda_0^{it} + \sum\left[\lambda_q^{it \cdot t-l} q^{it-l} + \lambda_e^{it \cdot t-l} e^{it-l}\right] \tag{7-15}$$

一阶条件为:$p^{it} = c_q^{it}, -c_e^{it} = -c_e^{jt} = \sigma_t^*$。最优的配额价格 σ_t^* 应等于企业边际排放成本,此时市场也是最有效率的。

如果交易系统是封闭的,最优分配方法是按逐年分配而不是一步到位,即

$$g^{it} = \lambda_0^{it+1} + \sum \lambda_e^{it \cdot t-l} e^{it-l} \tag{7-16}$$

此时的配额价格取决于 t 期的边际排放成本和对未来免费分配的配额价格的预期。即:

$$\sigma_t = \sigma_t^* + \sum \sigma_{t+l} \lambda_e^{t+l,t} \tag{7-17}$$

如果交易系统是开放的,最优分配方法不受企业决策的影响,采取一步到位分配可获得社会福利最大化,即 $g^{it} = \lambda_0^{it}$。

2. 排放配额的跨期转移

欧盟禁止 EU ETS 第一阶段的 EUA 配额的存储和借贷,所以两个交易阶段是被分割开的,许多研究认为正是由于这种分割导致了 EU ETS 的市场无效率。

Schleich 等(2006)采用仿真软件 SET UP 模拟 EU ETS 两个阶段(2005—2012 年)交易间禁止配额的跨期转移对管制企业的潜在影响(见图 7-15)。在禁止情况下,当第一阶段交易结束前,由于配额过剩将导致配额价格趋于 0,而第二阶段开始由于减排的边际成本不断提升,导致第二阶段的配额价格持续处于高位,只有在第二阶段结束前,大部分企业完成减排目标后,配额的价格才会下降,这样会大大增加企业减排成本。如果不禁止配额存储,两个交易阶段的配额价格在大部分时间内都将稳定在较低的价位,只有当减排期即将结束前,由于未能实现减排目标的企业会通过购买剩余的配额来完成减排的任务,配额的价格才会提升到接近欧盟处罚的水平(40 欧元/吨,考虑到交易成本,故价格低于此水平)。虽然欧盟试图通过允许交易 CERs 来保证配额的供应避免产生价格泡沫,但是由于初始配额分配采取的是免费分配而不是拍卖分配,导致无法给

予一个可信的价格信号,而市场初期的不完善则导致无法通过相应的套利来实现价格风险的规避。

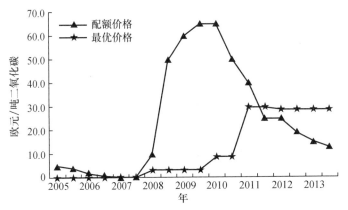

图7-15　SET UP软件模拟是否禁止存储和借贷配额情况下的配额价格走势

Alberola 等(2009)在采用类似 Ellerman(2002)的模型来检验存储和借贷预期对 EU ETS 市场效率的影响。研究假设排放配额的价格遵循霍特林原则,结合 CAPM 模型,构建了一个 EUA 基础价格的计量模型。

$$E_t[p_{t+1}] - p_t = r_t^f p_t + \rho p_t - \psi_t \tag{7-18}$$

其中,p_t 为 t 时刻的 EUA 价格,r_t^f 为无风险利率,ψ_t 为随机误差项。假设 r_t^m 为市场组合的预期收益率,$\rho = \dfrac{\sigma_{am}}{\sigma_{mm}}(r_t^m - r_t^f)$ 表示排放配额价格相对于资本市场的波动性,即排放配额的风险溢价(贝塔系数)。σ_{am} 为 EUA 价格和市场组合收益之间的协方差。由于 $E_t[p_{t+1}] = p_{t+1}$,代入可得 EUA 价格的一阶差分模型:

$$p_{t+1} - p_t = \alpha + \beta_1 r_t^f p_t + \beta_2 (r_t^m - r_t^f) + \varepsilon_{t+1} \tag{7-19}$$

将数据分为两段,即 01/07/2005-20/04/2006 和 21/04/2006-31/05/2007,研究者将由于公布减排数据导致的价格暴跌(2006 年 4 月 21 日—24 日)视为结构性断点(表明企业对配额跨期转移预期的改变),以此来检验预期对价格的影响。模型检验结果表明,禁止跨期配额转移是导致市场无法提供有效的价格信号的主要原因,而且配额价格的偏离霍特林原则,其波动主要受环境政策、外部经济环境和资本市场波动的影响。

(二)定价机制

1. 基于边际减排成本的定价机制

EU ETS 采取的"总量限制—交易"模式下,负有减排责任的企业只能通过购买碳排放配额或通过技术改造等内部减排措施来完成任务。由于内部减排的边际成本是递增的,当高于市场碳排放配额的价格时,企业就会选择从市场上购买配额来完成减排指标。因此理论上,碳排放配额价格应该等于或者接近于欧盟企业内部减排的边际成本。这类研究主要采用多区域、多部门的可计算一般均衡模型(CGE),通过设定不同的减排情景,估计不同区域和部门的减排边际成本曲线(marginal abatement curves)来估算碳排放权的价格,也就是说在完全竞争的碳交易市场,出清的碳排放权价格应该等于边际减排成本。

Klepper 等(2004)采用多区域、多部门的动态 CGE 模型——动态应用区域贸易模型(dynamic applied reginal trade,DART)对欧盟排放交易体系进行模拟分析。配额分配方法分为按历史排放、预测排放和最小成本排放三种情景,在不同的情景下(不同的配额分配计划,涉及不同的部门以及不同国家),配额的价格介于 6.8~21.0 欧元/吨之间,而低地国家和冰岛、奥地利的边际排放成本约 50 欧元/吨,意大利和英国约 25 欧元/吨,其他欧盟国家约 14~16 欧元/吨,而新加入欧盟的东欧国家为零成本,这种情况下,配额交易流(trade flows)由低成本地区向高成本地区流动。同时,不同产业间的减排竞争效应差异很大,越全球化的产业,其竞争力所受的影响就越大。

Reilly 和 Paltsev(2005)采用排放预测和政策评估(emission pPrediction and policy assessment,EPPA)模型对欧盟排放交易体系进行分析。模拟的结果和当时 EU ETS 的碳市场行情大相径庭,模型估计 EU ETS 第一阶段(2005—2007 年)的碳价应该在 0.6~0.9 欧元/吨之间,这和当时市场实际的价格相距甚远。主要的原因可以归结为以下几点。(a)能源价格(天然气和石油)高企,导致电力部门更多地使用煤炭发电,碳排放量增加,对减排配额的需求增加。(b)水电和核电发展潜力有限,欧洲的水电和核电已经发展较为成熟,而且有的欧盟国家核电是受禁止的,特别是气候变化(干旱和高温)对水电和核电(需要大量的水冷却)的影响,考虑这种情况下,碳价格也会发生变化。(c)减排配额的存储(Banking)导致对未来碳价格的预期影响当前市场的碳价格。有两种方式导致对未来碳价格的预期影响当期的碳交易市场,一是如果排放额度存储不受限制,那么预期未来碳价格会持续增长导致当期过度存储排放额度,虽然欧盟规定第一阶段存储的减排配额不能带入第二阶段,但是法国和波兰是允许有限度的存储配额的,原则上只要有人可以存储配额,就会导致预期影响当前市场;二是企业预期未来第二阶段的配额分配会以拍卖为主,并且拍卖的价格会基于第一阶段的减排情况。这种预期必然会推动当期价格的上涨,根据估算在当期碳价格水平下,2008—2012 年的碳价格至少要维持在 32~37 欧元才能支持目前的价位。(d)EPPA 模型(CGE 模型)对减排配额交易的处理太简单,没有涉及具体的市场环节,如没有考虑交易成本等,所以得出的结果和实际情况存在较大偏差。(e)EU ETS 市场没有很好地反映减排配额的供求关系,而且市场中的投机行为、市场操纵、信息不对称等都会对处于初始运行阶段的价格产生非常大的影响。

2. 基于发电企业点火价差的定价机制

在 EU ETS 体系所涵盖的碳排放源当中,大约有一半来自以化石燃料为主的发电厂。因此,电力企业的边际减排成本对碳排放权价格的影响是最大。IEA 的相关研究报告(IEA Information Report,2007)表明,电力价格与排放配额价格存在密切联系,尤其是随着石油和天然气价格的上升,导致燃煤电厂在电力市场中的竞争力提高,但同时也会导致对碳减排配额需求的增加,进而影响碳交易市场的供求,推高排放配额的价格。因此,能源价格与碳价格之间应该是同向变化的,而且应该存在显著的互动关系。

Luis 等(2008)则从点火价差(spark spread)的视角,揭示了 EU ETS 体系下化石燃料价格、电力价格以及碳排放配额价格三者之间的内在联系和传导机制。对于欧盟发达国家的电力系统而言,必须确保在任何时候都不会发生拉闸限电的情况,因此电力系统的冗余装机容量很高,需要根据电力法规、技术情况和经济特性等进行调度安排。一般来说,处于安全运行和启停成本的考虑,核电机组不轻易停机,而水电机组由于运行的低成本通常也不会间断,可再生能源发电受到电力法规保护通常可以全额上网,剩下的能够随时关启并相互竞争的就主要是燃煤和燃气发电机组了。而在自由竞争的电力市场厂,发电厂是电力市场电价的接受者,两者的竞争性取决于各自发电成本的差异。

在电力行业中,通常使用点火差价(spark spread)来评估化石燃料发电厂的损益,点火价差是指某一个火力发电机组在点火发电的时候,发出每度电所得的电价与所耗燃料成本之间的价差。其中,燃煤电厂的点火价差也被称为黑暗价差(dark spresd)。点火差价不仅可以作为传统化石燃料发电企业评估损益的主要参数指标,从而调整企业是否正常运行或者选择停产,而且可以作为当欧盟在鼓励清洁能源发电并保证上网的情况下、需要传统化石燃料发电企业减产时进行补偿的主要依据。点火价差计算公式[①]是:点火差价= 电价-(燃料成本×燃料效率)。

在 EU ETS 体系下,化石燃料发电厂还需要考虑排放成本(或者说购买碳排放配额的成本),

---

① 在计算时要考虑各参数的单位统一,比如,以兆瓦时(MWh)为基数的话,点火差价(spark spread)= MYM/MWh-[(MYM/MMBtu)×(MMBtu / MWh)]。一般欧洲燃气电厂的发电效率取 49.1349%,而燃煤电厂的发电效率取 35%。

因此就可以引入清洁点火价差(clean spark spread)的概念。

$$清洁黑暗价差 = 电价 - (煤价 \times 发电效率)$$
$$- (单位发电量所需的碳排放配额 \times 碳价)$$
$$清洁点火价差 = 电价 - (天然气价 \times 发电效率)$$
$$- (单位发电量所需的碳排放配额 \times 碳价) \tag{7-20}$$

煤电的清洁点火差价与天然气发电的清洁点火差价两者之间的价差也被称为气候差价(climate spread)，它是碳排放配额价格波动的一个基本驱动因素。具体的作用机制如下：由于燃煤发电所产生二氧化碳排放大约是燃气发电排放量的2.5倍，所以在能源价格走势平稳且考虑到排放成本的情况下，燃气电厂比燃煤电厂具有相对的竞争优势。而现实情况也正是如此，EU ETS的第一阶段，煤炭和天然气的价格相对稳定，而EUA的价格在2005年4月超过25欧元/吨后，天然气发电比煤电就有了竞争优势，经济效益和环境效益都较好；进入2005年冬季后，尽管EUAs的价格还保持在每吨20欧元以上，但是随着冬季取暖用气的增加，天然气价格一路走高，煤电的清洁点火差价反超天然气发电，更具有成本优势。如果欧盟希望进一步改善电力结构，提高天然气发电的比例的话，那么在全球能源价格持续走高的情况下，就必须提高EUAs的价格，最直接的做法就是提高排放超标的惩罚力度，而EU ETS的第二阶段交易正是将惩罚额从40欧元/吨提高到了1000欧元/吨。因此，能源价格波动情况通过影响电力企业的决策而影响到整个EU ETS体系下的温室气体总排放量，并产生对减排配额的需求。这样一来，一个相对短期的化石能源价格走势所导致的减排指标需求量的变化就会影响着欧盟碳市场的短期价格波动。

3. 基于无风险套利的定价机制

相对于现货市场而言，期货市场更有效率，其价格发现功能也更强。通过全球各个碳交易市场之间的碳排放权价格差异及相关性进行套利，可以使碳价格更趋合理，从而保持全球碳交易体系的稳定性。目前这方面的研究主要是根据国际碳交易市场运行特点，验证EU ETS体系中碳排放权现货价格与期货价格的关系，通过对期现价差的形成原因的分析来进一步推导碳排放权价格的形成机制。

Benz和Trück(2009)采用马尔可夫转移矩阵法(Markov switching)对EUA现货时间序列进行检验，结果显示现货的波动存在明显的尖峰肥尾现象，说明现货市场是无效的。Homburg等(2009)对EUA现货和期货价格相关性研究也发现，期货价格引导现货价格，而现货价格对期货价格的作用很小，期货市场引导EU ETS的碳价格发现过程。Milunovich和Joyeux(2007)对EU ETS的市场效率和价格发现功能进行了分析，通过对第一阶段的EUAs期货主力合约[①](DEC-06、DEC-07和DEC-08)进行协整检验和格兰杰因果检验，结果表明虽然持有成本模型并不能完全解释EUAs期货合约的价格形成，但是DEC-06和DEC-07这两个期货主力合约的价格与现货价格之间存在长期稳定的相关性及显著的双向波动溢出(spillover)。这说明现货和期货市场可以有效地共享信息，并共同促进价格发现。DEC-08期货合约价格与现货价格之间不存在长期稳定的相关性，两者之间也没有显著的波动溢出。而造成这一结果的原因在于第一阶段配额不能存储到第二阶段的交易中，两个阶段市场存在分割，因此DEC-08期货合约价格不受第一阶段现货价格的影响。

Daskalakis等(2009)研究了EU ETS三个交易所ECX、Powernext和Nord Pool的EUAs期货合约分为intra-phase(DEC-06和DEC-07合约)和inter-phase(DEC-08和DEC-09合约)两类，前者仅在第一阶段进行交易。借助期货价格模型，他们分析了两个阶段EUAs期货和现货价格之间的差价及套利机会，并据此获得在存在无风险套利情况下EUAs期货合约的定价模型。

---

① EUA期货合约是按季度到期日进行循环，即3月、6月、9月和12月为合约月份。而主要交易品种是各年度12月合约，因为欧盟每年一次申报审核减排情况的期限为当年4月30日，所以未完成前一年减排目标的国家或企业就会通过购买年度EUA期货合约来进行实物交割，以完成其承诺的减排目标。

（三）影响因素分析

Christianse 和 Wetttestad（2003）指出碳价格的走势主要受到能源价格、气候变化、国际局势、政府政策变化以及市场交易者心理预期等因素的影响。能源价格是其中极为重要的一部分，能源价格波动是否能对碳价格产生相应的影响是欧盟排放交易市场是否能够成功的标志。Mansanet（2007）使用 2005 年 OTC 市场远期合约价格，分析了关于能源价格和天气因素对碳价格的影响，结论是异常气温和能源价格会对碳价格变化产生显著影响。魏一鸣等（2008）采用 2005—2012 年到期的 ECX 交易所的 EUAs 期货合约和 EEX 交易的德国电力期货以及煤炭期货合约、英国北海布伦特原油期货、ICE 的天然气期货指数等数据，借助协整理论、误差修正模型及 Granger 因果检验方法等对碳价格与能源价格之间的互动关系进行分析。结果显示，能源价格与碳价格之间长期和短期的互动关系未能充分显示出来，加上天气原因和政府减排政策调整等不确定性因素影响，甚至还会出现负向相关关系，说明碳市场上的期货交易尚未完全发挥出价格发现的市场功能，能源价格也尚未成为影响碳价格走势的主导因素。

Hintermann（2008）提出了考虑能源价格、气温变化等因素的 EUAs 价格一阶差分模型。假设 BAU_{it} 代表厂商 i 在不考虑排放成本情况下，t 时期的排放量是由所有厂商都受到影响的风险因素 ψ_t（正态分布）决定的。这个风险因素包括能源价格、气温等不确定性因素。

$$BAU_{it}(\psi_t) = E_{t-1}[BAU_{it}(\psi_t)] + \beta_i * (\psi_t - E_{t-1}[\psi_t]) + \varepsilon_{it} \tag{7-21}$$

其中，$\beta_i = \dfrac{Cov(BAU_{it}, \psi_t)}{Var(\psi_t)}$，$E[\psi_t \varepsilon_{it}] = E[\varepsilon_{it}\varepsilon_{jt}] = 0, i \neq j$

厂商 i 当期的排放量是前一期预期排放量进行风险调整后的结果。假设实际排放量 e_{it}，则减排量 $a_{it} = BAU_{it}(\psi_t) - e_{it}$。每个厂商会在根据市场上碳排放权价格 σ_t 来决定等于其减排边际成本的排放量，可获得每个厂商的最优减排量 a_{it}^*：

$$\sigma_t = MAC_{it}[a_{it}^*, F_t, BAU_{it}(\psi_t)] \Rightarrow a_{it}^* = MAC^{-1}[\sigma_t, F_t, BAU_{it}(\psi_t)] \tag{7-22}$$

其中，F_t 是指 t 时期的经济状况，用 FTSE100 指数表示。那么，加总后就可以获得整个时间段内市场上总的减排量：

$$\sum_{k=1}^{\tau}\sum_{i=1}^{N} a_{ik}^* = \sum_{k=1}^{\tau}\sum_{i=1}^{N} BAU_{ik} - S \tag{7-23}$$

再来考虑厂商的排放成本和边际排放成本：

$$AC_t(\sum_{i=1}^{N} a_{it}, G_t, C_t) = b_{1t}\sum_{i=1}^{N} a_{it} + \frac{b_2}{2}(\sum_{i=1}^{N} a_{it})^2 \tag{7-24}$$

$$MAC_t(\sum_{i=1}^{N} a_{it}, G_t, C_t) = b_{1t} + b_2\sum_{i=1}^{N} a_{it} = \sigma_t \tag{7-25}$$

其中，G_t 和 C_t 分别表示 t 时期的石油和煤炭的价格。

将（7-25）代入（7-23）式得：$\dfrac{1}{b_2}\sum_{t=1}^{\tau}(\sigma_t - b_{1t}) = \sum_{k=1}^{\tau}\sum_{i=1}^{N} BAU_{ik} - S$。

经过一系列运算和化简后可得碳价格的一阶差分表达式：

$$\Delta\sigma_t = \alpha_1\Delta G_t + \alpha_2\Delta C_t + \alpha_3\Delta F_t + (\alpha_4 W_t + \alpha_5 S_t)(T_t - E[T_t]) + \varepsilon_t \tag{7-26}$$

其中，W 和 S 代表冬季和夏季温度变化带来的影响。

然后代入 EUAs 期货价格，布伦特原油期货价格，ECX 煤炭期货价格和温度记录，进行回归，估计参数。检验结果具体如下。（a）2006 年 4 月第一次碳排放量核定之后，由于有的国家企业提前发布核证数据，加上大量投机基金涌入，造成碳价格迅速暴跌、市场疲软，直到 5 月欧盟发布正式数据后，市场才恢复正常。但是，末期碳价格的崩溃的原因与能源价格、天气变化等因素无关，主要是欧盟政策因素导致的（第一阶段排放配额过度分配，而且规定第一阶段配额不能在第二阶段流通）。（b）第一阶段的碳价格扣除暴涨暴跌阶段，一阶差分方程能够体现碳价格变动和能源价格、天气变化等因素的显著相关性，但这个相关性是非线性的。（c）市场的初始定价非常重要，而配额的分配方式对初始定价的影响非常大，拍卖制比免费分配能更好地确定排放权的价值。(d)造成第一阶段碳交易价格暴涨暴跌的原因:市场投机、市场势力对价格的影响、缺乏套利模式和政策调整变动过大。

（四）对产业发展的影响

欧盟减排政策对产业国际竞争力产生影响一直是减排政策制定者和产业界非常关注的问题,争议的焦点在于碳排放交易是否会损害其整体产业竞争力以及碳排放交易对于电力、钢铁等高碳行业未来的发展会产生怎样的影响。

IEA的相关研究报告(IEA Information Report,2004)表明,除了电力行业外,其他产业将减排成本转嫁给消费者的行为都会损害其与欧盟以外国家同一行业间的竞争。由于欧盟第一阶段交易采取的免费分配方式是以"祖父原则"为基础的,而通过排放配额的流通为相关产业的技术升级和改造提供了资金支持。短期来看,虽然减排会对欧盟产业竞争力产生一些负面影响,但是通过生产者和消费者在低碳经济趋势下的行为调整,会逐渐在减排和经济增长上取得新的平衡,长期来看,会更有助于欧盟产业国际竞争力的提升。减排对产业发展的影响依赖于欧盟相关政策框架的制定,尤其是长期减排策略的明确,这将会降低相关技术投资和消费行为改变的不确定风险,保证产业转型的资金支持。

Asselt和Biermann(2007)将评估排放交易对欧盟产业影响的模式分为三类:绿色模式,即没有限制非欧盟国家产品进口同时不对欧盟相关产业进行政府补贴的情况;黄色模式,即在长期减排政策不明朗,但可以在WTO框架下通过设置技术标准等非关税壁垒的情况;红色模式,即严格限制全球碳排放总量,并且迫使发展中国家承诺进行碳减排的情况。在绿色模式下,欧盟只能依靠消费者对产品和服务的低碳概念的认同,并由此来带动消费、产业革命,降低非欧盟国家的相关产业的竞争优势,减排对欧盟相关产业尤其是碳密集产业的影响将是非常大的,可能导致相关产业向欧盟以外国家和地区转移。在黄色模式下,透过制定能效标准、产品碳含量标准等技术手段,拓展CDM项目和JI项目合作领域,加大补贴能源密集型产业尤其是电力行业等政策手段,可以将影响减小到最低,基本不会对除水泥、钢铁、化工等产业外的其他产业产生负面影响。在红色模式下,排放交易不仅不会影响欧盟产业发展,而且反而是有力地促进欧盟产业升级和技术革命,将使得欧盟在低碳经济领域占据领先地位。

Hourcade等(2007)研究结果表明,除了水泥、钢铁、铝、化工、化肥、纸浆和造纸业外,对于90％以上的英国制造业而言,通过碳交易进行减排的成本对企业的影响非常小,大多数行业的国际竞争力并没有受到欧盟碳排放交易机制的影响(见图7-16)。英国受欧盟碳排放交易机制影响

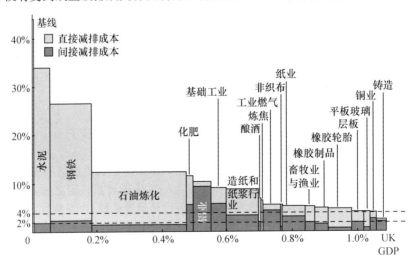

图 7-16　英国各产业碳减排成本所占比重估算

最严重的行业,碳减排仅影响 0.5% 左右的就业和不足 1% 的国内生产总值,从而英国整体经济不会受到损害。有些产业受到较大冲击,原因是它们的国外同行没有义务减少碳排放量,也就没有必要把碳排放成本转嫁到客户身上。即使受到影响,也不足以促使产业海外转移。电力行业是英国最大的碳排放产业,与国外同行没有直接竞争关系,转嫁成本较容易。

Demailly 和 Quirion(2008)以钢铁行业为例,通过构建一个竞争力评估模型,从企业排放边际成本、需求的价格弹性和贸易弹性(进出口对价格反应的灵敏程度)角度,分析对欧盟产业竞争力的影响。假设减排成本全部转嫁到产品的价格中,那么在不同的 EU ETS 碳价格下的敏感性分析显示,由于排放配额是免费分配的,钢铁行业的产量和利润并没有受到太大的影响,其产业竞争力压力主要来自这个国际钢铁行业的产能过剩。

第三节 基于项目的碳交易市场

基于项目的碳交易市场以国际间的温室气体减排项目合作为基础,投资方通过资金和先进技术等投入方式,换取东道国根据项目产生的温室气体减排额度,该减排额度根据国际组织认证后还可以进一步在国际碳交易市场中流通交易。

基于项目的碳交易市场的构建来源于国际气候谈判的国际合作框架中的"全球联合履约"观点。《联合国气候变化框架公约》第四条第二款:"附件 I 所列的发达国家缔约方和其他缔约方具体承诺如下:每一个此类缔约方应制定国家政策和采取相应的措施,通过限制其人为的温室气体排放以及保护和增强其温室气体库和汇,减缓气候变化。……这些缔约方可与其他缔约方共同执行这些政策和措施,也可以协助其他缔约方为实现本公约的目标特别是本项的目标做出贡献。"据此规定,缔约国可以通过投资其他国家境内减少排放或增加库的项目而达到实现自己的减排承诺的目的,在全球的基础上实现减排的最大成本效益。虽然《联合国气候变化框架公约》对于缔约方之间的合作未做任何指示性说明,没有对联合履约项目的选择、监测和排减额的授予等进行规定,但是这一条款却是"全球联合履约"观点的基础。由于在国际气候谈判中,各利益集团在"全球联合履约"观点上的分歧巨大,《京都议定书》将原始意义上的"联合履约"划分为两种机制:针对发达国家和发展中国的清洁发展机制(CDM)和发达国家间的联合履约机制(JI),共同构成了基于项目的碳交易市场。

一、清洁发展机制

清洁发展机制(CDM)允许《京都议定书》附件 I 中缔约国在非附件 I 中缔约国投资实施温室气体减排项目,并据此获得所产生的经核准的减排量(CER),以使得附件 I 缔约国以较低的减排成本实现其减排承诺。理论上这是一种双赢,既可以使发达国家满足减排要求,同时又可以使 CDM 项目的被投资国获得项目融资和节能减排技术。但是,CDM 的实施程序比较复杂,应用于各国具体国情时会存在差异,而且 CERs 在碳交易市场上价格波动和一级市场与二级市场的价差矛盾,都迫使发展中国家需要根据本国国情来选择合适的模式和制定相应政策,才能最大限度地利用 CDM 来解决温室气体减排和社会经济发展的矛盾。

(一)CDM 项目开发

1. 组织结构

CDM 项目开发的国际机制相当复杂,涉及不同级别的组织机构。图 7-17 所示的组织结构框架有助于更好地理解 CDM 项目开发的实质及相关流程和技术问题是如何在各个层次上得到解决的。

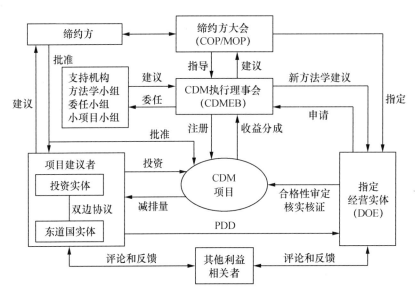

图7-17　CDM项目中的组织结构框架

在CDM项目开发的进程中，存在着不同层次的不同参与方，涉及的组织机构及其主要责任如下。

- 项目建议方：(a)设计、投资并运营CDM项目，且可作为投资者接受CER；(b)可开发或委托其他机构编制项目设计文件PDD，包括基准线研究、监测程序和环境影响评价；(c)接受其他利益相关方（如非政府组织合作，NGO）的评议意见；(d)实施项目减排监测计划。
- 缔约方大会(COP/MOP)：(a)评估缔约方履行议定书的情况；(b)促进缔约方信息交流；(c)设立为了履行《京都议定书》而被认为必要的附属机构；(d)行使为履行《京都议定书》所需要的其他职能。
- CDM执行理事会(executive board, EB)：(a)由COP/MOP设立，在其指导下对CDM项目进行监督和审核；(b)CDM项目经营实体的资格认证及指定；(c)向COP/MOP提出关于CDM项目模式和程序的进一步建议；(d)批准与基准线、监测计划和项目边界等相关的新的方法学；(e)审评有关小型项目活动定义及相应的简化模式和程序的条款；(f)维护相关技术资料及项目档案。
- 指定经营实体(designated operational entities, DOE)：(a)审定(validation)，审核递交给CDM EB的项目设计文件(PDD)是否符合要求；(b)注册(enrollment)，向CDM EB申请对项目进行注册；(c)核实和核证(verification and certification)，评估已注册项目在核实期内产生的、经监测的温室气体源人为减排量，并出具保证函，使得项目能够获得CERs。
- 缔约方：(a)参与的投资方所在国（附件I缔约方）需要发布自愿参与项目活动的书面证明；(b)参与的东道国（非附件I缔约方）需要发布自愿参与项目活动的书面证明，还要确认项目活动能够促进东道国的可持续发展。
- 支持机构：《公约》秘书处为理事会提供行政和日常协助及技术支持。
- 其他利益相关者：(a)存在利益相关的团体组织（如NGO、当地团体等）；(b)和CDM交易有其他利益关系的机构，如交易商、技术提供方或承包方等。

2. 项目流程和周期

CDM项目的全过程是：寻找国外合作伙伴→准备技术文件→进行商务谈判→国内报批→国际报批→项目实施的监测→减排量核定→减排量登记和过户转让→收益提成。一个CDM项目的正常周期，从项目立项到拿到返还的CERs进行收益提成，一般可能需要三年，而这还是假定负责审核项目的DOE能够按照正常效率进行运转。这也意味着实际上2008年以前在一级市场上进行交易的大部分 CER 都尚未得到审核通过,相当于是在交易一个远期合约,而且还带有远期合约未来无法交割的不确定性风险。

CDM 项目流程在各国均有所不同,但是主要都是由 7 个步骤组成:准备、合格性审定、缔约国批准、注册、运行与监测、核实/核证和颁发。

- 准备:首先需要按照 CDM 执行理事会(EB)批准的方法学和颁布的标准格式,编制一份 CDM 项目设计书(project design documents,PDD),介绍项目的具体活动、基准线、额外性、减排量、监测等计划。
- 合格性审定:由 EB 批准委任的指定经营实体(DOE)判断 CDM 是否合格,被审定项目的 PDD 在 UNFCCC 网站公示 30 天,收集各方的评论和意见。
- 缔约方国批准:EB 规定一个合格的 CDM 项目,还需在得到项目业主和 CERs 购买方所在的缔约方国家的 CDM 项目主管机构(Designated National Authorities,DNA)的正式批准后,方可向 EB 申请注册。
- 项目注册:CDM 项目业主不能直接向 EB 递交 PDD 和国家批准函进行注册申请,只能委托前一阶段审定项目的 DOE 代理此项工作。八周后若 EB 未做出重审的决定,则项目注册成功。
- 项目运行和监测:CDM 项目在建成运行后,项目业主在运行中需按 PDD 中的监测计划,测量、计算、记录各个参数以便得出项目在某段时期内所产生的减排量。项目业主需保留好所有记录文档,供后续阶段核查之用。
- 核实和核证:项目业主的监测工作是否按 PDD 原定的监测计划执行,仪表测量和减排量计算结果是否准确,记录是否完整无误,都需由另一家 DOE(不同于审定项目的 DOE)进行核查。项目业主根据对交易 CERs 的需要,在一段时期后,可请 DOE 进行核查。DOE 在通过核查后,需要另出具一份认证报告。
- CERs 的签发:项目业主同样需要委托 DOE 向 EB 申请 CERs 的签发。而 DOE 则在向 EB 递交的认证报告中提请 CERs 签发。15 天后若 EB 未做出重审的决定,则 CERs 签发成功。项目业主拿到被 EB 承认的可进行交易的 CERs(见图 7-18)。

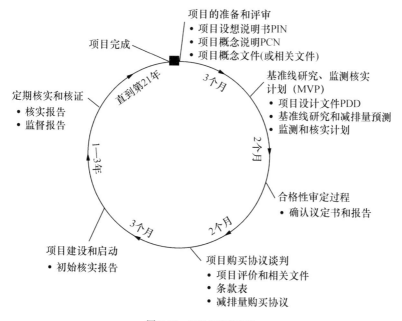

图 7-18　CDM 项目流程

（二）CDM方法学

方法学是清洁发展机制在实践中，可操作层面的规则细化。EB通过不断颁布新的方法学，对CDM项目开发进行指引和规范，保证真实、可测量和长期的温室气体减排效益。方法学贯穿于CDM项目开发的整个过程，包括以下四个方面，具体的工具和方案可从UNFCCC官方网站（http://cdm.unfccc.int/）上获得。

1. 项目边界与泄漏

项目边界（project boundary）是指"应包括在项目参与者控制范围内的、数量可观并可合理归因于清洁发展机制项目活动的所有温室气体源人为排放量和/或汇的人为去除量。"而泄漏（leakage）是指"项目边界之外出现的，并且是可测量的和可归因于清洁发展机制项目活动的温室气体源人为排放量的净变化。"

泄漏可以由以下几个因素引起（Schwarze等，2002）：（a）项目转移：CDM项目替代的商品或服务被转移到其他区域，继续产生相应的温室气体排放；（b）市场影响：CDM项目可能改变商品或者服务的供求及均衡价格，从而导致在项目边界外的排放活动的变化（例如高效锅炉项目能够降低燃煤消耗，这可能导致煤炭价格的轻微下降，从而刺激煤炭的消耗）；（c）生命周期排放转移：减排活动可能增加项目相关的上游或者下游产业活动的排放；（d）生态泄漏：项目周围区域的生态水平变化导致的温室气体流量的变化，通常发生在森林碳汇项目中。

在一定程度上，产生泄漏的可能是项目边界大小的函数：项目边界越大，将所有可能影响因素考虑在内的几率就越大。因此减少泄漏的一个方法是设定一个可接受的较大的项目边界。合理的项目边界设定对于准确地测量CDM项目活动的减排效益和减少泄漏是至关重要的。设定项目边界应考虑以下四个原则：（a）边界规模，注意解决经济成本和边界规模之间的矛盾；（b）控制排放，通过适当的激励手段，尽量将可控制排放源包括在系统边界内；（c）避免重复计算，审核间接和潜在排放，与PDD报告中基准线估计的减排量保持一致；（d）排放的实质性，需要设定排放量阈值，来确定是否将可能的泄漏考虑在内。

考虑这些原则后，泄漏可以用各种手段减轻：（a）合理的项目选择和设计，正确评估项目活动对现有产品或服务可能带来的影响；（b）适当扩大项目边界；（c）研究非项目特定的、标准的泄漏基准或系数，用于调整对项目效益的估计，以比较标准的方式来计算泄漏。

2. 基准线

基准线（baseline）是指"合理地代表一种在没有拟议的CDM项目活动时会出现的温室气体源人为排放量的情景。基准线应涵盖《京都议定书》附件A所列的所有气体种类、排放部门和排放源类别在项目边界内的排放量。"

基准线对每一个CDM项目活动都是至关重要的，因为它描述了没有此项目的情景，对项目的每一个方面都将产生直接的和重要的影响。因此，基准线是计算项目减排效益的标尺。

从标准化的角度，基准线的方法可以分为两类：基于标准的基准线和基于项目的基准线。前者是统一的、严格的和标准化的，是按类型进行区分的，而额外性检验仅仅反映排放强度；后者是定制的、特别的和非标准化的，是按项目进行区分的，额外性检验反映排放强度和活动水平。基于项目的基准线方法可适用于技术改造项目，着重改善管理来改进能源效率的项目和具有多样化产品的项目。但是基于项目的基准线方法学短期看来，数据收集成本低，数据收集工作量少，具有普遍的可应用性，但长期看透明性低、通用性查、数据收集成本更高。基于标准的基准线方法则相反，更适用于新建项目，具有简单的和易于测量的产出的项目和采用单一技术的项目。多项目基准线方法、技术标志基准线方法、部门级或"自上而下"部门基准线方法和国家级的基准线方法可以视为是基于标准的基准线方法。

均衡的基准线选择是项目完整性的重要前提条件。为选择对一个CDM项目最为合适的基准线方法学，需要在各种不同的考虑之间取得良好的平衡，比如具体国情、透明性、准确性、可核实性和交易成本等。一般有三种基准线设定途径可以供CDM项目选择：（a）现有实际的或者历史的排放量,视情况合适而定;(b)一种有经济吸引力/竞争力的主流技术或行动过程的排放量(考虑投资方面的障碍因素后);(c)过去五年在类似社会、经济、环境和技术状况下开展的,其能效业绩在同一类别位居前 20% 的类似项目活动的平均排放量。

3. 额外性

额外性(additionality)是指 CDM 项目活动是额外的,如果温室气体源的人为排放量被减少到低于没有该登记的 CDM 项目活动时所出现的排放水平。

额外性是表示相对基准线完成项目要求实现的环境效益,并产生 CERs 的交易,因此是 CDM 的核心部分之一。额外性可以保证项目能够产生真实的、可测量的、长期的温室气体减排效益,并且这些减排量与没有该项目活动时实现的减排效益相比是额外的。通过了额外性评价的 CDM 项目活动表明该项目真正地促进东道国的可持续发展,改善当地的环境质量,获得从发达国家转让的环境友好技术和来自发达国家的公共或私人投资。

我们可以从四个方面来评估 CDM 项目活动的额外性。(a)排放:用温室气体减排量或温室气体排放率(例如吨二氧化碳当量/吉瓦时)作为衡量项目排放效果的指标。(b)资金:发达国家缔约方应用于 CDM 项目活动的公共资金应该明确额外于附件一缔约方在《公约》和《京都议定书》下的资金义务,并且不应导致官方发展援助(ODA)的转移。(c)投资:即参与 CDM 项目的发达国家应提供额外的非商业性投资,并以项目年产生的 CER 作为回报,以使 CDM 项目具有与基准线项目相当的财务竞争力。(d)技术:即参与 CDM 项目的发达国家应提供额外于东道国国内商业化技术的先进技术,该先进技术的排放强度低于东道国基准线技术的排放强度。

在选择最合适的额外性评价准则时,在保证环境完整性和可行性二者之间进行很好的平衡是非常必要的。选择的过程应符合效率准则,在数据的可获得性和评估的真实性之间进行适当的取舍,使用综合的方法从不同方面评价额外性,最终给出合理的判断。

4. 基于项目的减排增量成本

基于项目的减排增量成本[①](incremental emission reduction cost)是指相对于基准线项目而言,在完成同样的国内经济效益(比如产品和/或服务)的前提下,CDM 项目活动为提供额外的减排效益(经核准的减排量,CER)所增加的净财务成本。其中考虑了可能的国内社会经济和环境外部净效益的内部化,比如由于采用清洁能源而减少了环境污染费的支出。

虽然 CER 的经济效益不仅取决于项目本身的减排潜力和运行风险,还取决于国际碳交易市场的供求关系和市场结构下的市场均衡价格以及种种国际影响因素,不是具体项目开发者所能控制的,但是减排增量成本仍是 CDM 项目开发者最为关心的财务指标之一,也是作为是否接受买方 CERs 报价的重要参考准则。

基于项目的减排增量成本可由项目寿期平均的单位 CERs 的增量成本来度量(美元/吨),从投入产出的角度来计算,计算过程如图 7-19 所示。

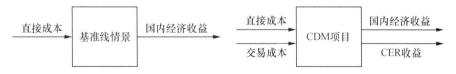

图 7-19 基准线情景和 CDM 项目的投入产出比较

定义 $ICERT$ 为 CDM 项目寿期内实现 CER 收益的总增量成本的现值,则:

$$ICERT = (C_{cdm}DCT - C_{bsl}DCT) + CTRN \tag{7-27}$$

其中,$CTRN$ 表示 CDM 项目的交易成本,而 $C_{cdm}DCT$ 表示 CDM 项目的总直接成本的现值之和,$C_{bsl}DCT$ 表示基准线项目的总直接成本的现值之和,即:

---

① 边际减排成本(MAC)的方法也可以用来分析温室气体减排的增量成本。但边际减排成本方法是从宏观角度考虑,而增量成本方法是从项目的角度出发。两种方法得到的结果是不同的,也不能简单地相互比较。

$$C_{cdm}DCT = \sum_{i=1}^{N} \frac{C_{cdm}DC_i}{(1+r)^i} ; C_{bsl}DCT = \sum_{i=1}^{N} \frac{C_{bsl}DC_i}{(1+r)^i} \tag{7-28}$$

$C_{cdm}DCi$ 和 $C_{bsl}DCi$ 为 CDM 项目和基准线项目第 i 年的直接成本，贴现率取 r；N 为 CDM 项目周期，由项目活动的减排计入期（crediting period），以及主要基础设施或设备的寿命期决定。

定义 ERi 为 CDM 项目和基线项目在第 i 年产生的温室气体减排量的差，即：

$$ER_i = EMBSL_i - EMCDM_i \tag{7-29}$$

定义 $ICERi$ 为第 i 年单位温室气体减排的增量成本，即：

$$ICER_i = \frac{(C_{cdm}DC_i - C_{bsl}DC_i)}{ER_i} = \frac{(C_{cdm}DC_i - C_{bsl}DC_i)}{EMBSL_i - EMCDM_i} \tag{7-30}$$

那么，

$$ICERT = \sum_{i}^{N} \frac{(C_{cdm}DC_i - C_{bsl}DC_i)}{(1+r)^i} = \sum_{i}^{N} \frac{ICER_i \times ER_i}{(1+r)^i} \tag{7-31}$$

定义 CDM 项目寿命期内各年 $ICERi$ 均值为 $ICER$，假设交易成本为 0，则：

$$ICERT = \sum_{i}^{N} \frac{ICER_i \times ER_i}{(1+r)^i} = ICER \times \sum_{i}^{N} \frac{ER_i}{(1+r)^i} = ICER \times ER \tag{7-32}$$

ER 为 CDM 项目在寿命期内总的温室气体减排量的贴现值。不考虑交易成本时，基于项目的减排增量成本可以用 $ICER$ 来表示，等于 $ICERT$ 和 ER 的商。通过将项目总直接成本进行分解为初始资本投资和运行成本（可细分成能源消耗、维修费用、人工费用和其他运行成本）就能计算出基于项目的减排增量成本。

（三）CDM 项目类型及运作模式

1. CDM 项目类型

CDM 项目可按《京都议定书》规定的六种温室气体，分为减排和碳汇两大类。在每一大类中，又可按照项目的规模细分为大型项目和小型项目两类。不同类型 CDM 项目，其适用的方法学和 PDD 格式都有所不同。项目在小于一定的规模时，归类为小型项目。大于此规模时，则按大型项目处理。为简化小型项目的申报和实施程序，EB 批准了专门针对小型项目的方法学和 PDD 格式，与大型项目相比，其做了很大程度的简化，便于小型项目的开发、批准和实施。

（1）减排类

减排类 CDM 项目，主要是指在工业、能源部门通过提高能源利用效率、采用替代性或可更新能源来减少温室气体排放的 CDM 项目。其涉及的领域有 13 个，分别是：能源工业（可再生/非可再生资源）；能源配送；能源需求；制造业；化学工业；建筑；交通；采矿/矿产生产；金属生产；燃料的废气排放（包括固体燃料、油、气）；卤代烃和六氟化硫的生产和消费过程产生的废气排放；溶剂的使用和废弃物处理。

减排类 CDM 项目的减排计入期也分为两类，一是可更新计入期，每期 7 年，可更新两次，总计 21 年；二是固定计入期，为 10 年。小型项目的计入期则与大型项目相同。

减排类中符合以下定义的 CDM 项目属于小型项目的范畴：（a）最大输出容量为 15 兆瓦的可再生能源项目活动；（b）最大年节能量不超过 6 000 万千瓦时的提高能效项目；（c）年减排量小于和等于 60000 吨（二氧化碳当量）的其他项目活动项目类型与大型项目相同。

（2）碳汇类

碳汇项目，是指通过土地利用、土地利用变化和林业（LULUCF）活动增加陆地碳贮量的项目，如造林、再造林、森林管理、植被恢复和农牧地管理等。根据《马拉喀什协定》的规定，目前碳汇项目仅限于造林和再造林[①] CDM 项目。

---

① 造林是指通过栽植、播种或人工促进天然下种方式，将至少在过去 50 年内不曾为森林的土地转化为有林地的人为直接活动。再造林是指通过栽植、播种或人工促进天然下种方式，将过去曾经是森林但被转化为无林地的土地，转化为有林地的人为直接活动。对于第一承诺期，再造林活动限于在 1989 年 12 月 31 日不为森林的土地上发生的再造林。

小型造林和再造林 CDM 项目的定义是:由低收入社区和个人开发的项目,其目标设定在年温室气体净清除量小于 8 000 吨(二氧化碳当量),而在每一个核查期内的温室气体净清除量的年平均预期值又不超过 8 000 吨。EB 也批准了小型造林和再造林 CDM 项目 PDD 的专门格式,给予一定程度的简化。造林和再造林 CDM 项目大于这个规模时,则需按大型项目处理。目前,由造林和再造林活动产生的碳交易量仅占京都机制下碳市场总交易量的很小比例(2008 年为1%)。造林和再造林 CDM 项目的计入期也分为两类:可更新计入期,每期 20 年,可更新两次,总计 60 年;固定计入期为 30 年。

2. CDM 项目运作模式

一般而言,清洁发展机制项目的运作有三种模式。

(a)单边模式:发展中国家独立实施清洁发展机制项目活动,没有发达国家的参与,发展中国家在市场上出售项目所产生的 CER。

(b)双边模式:发达国家实体和发展中国家实体共同开发清洁发展机制项目,或发达国家在发展中国家投资开发清洁发展机制项目,由发达国家获得项目产生的 CERs。

(c)多边模式:项目产生的 CERs 被出售给一个基金,这个基金由多个发达国家的投资者组成。基金的一个例子是世界银行负责运行的原型碳基金。

目前,对于双边和多边的清洁发展机制项目投资模式,国际社会没有异议,满足相关规则的项目都可以得到批准。而对于单边模式,国际上尚有争议。

二、联合履约机制

联合履约机制与清洁发展机制都是允许附件 I 缔约国或私人实体通过参与在另一缔约方实施的能够减少温室气体排放的项目(如提高能源利用率、增加碳汇的温室气体清除能力、再造林等)获得减排单位的交易机制。二者实施的条件基本相同,唯一的区别就是联合履约需要在相互之间可以交易通过实施合格的项目而获得的排放削减单位的附件 I 缔约国之间实行。《京都议定书》中规定,为了履行依第三条规定的承诺,附件一所列任一缔约方可以向任何其他这类缔约方转让或从它们获得由旨在任何经济部门削减温室气体的各种源的人为排放或增强各种汇的人为清除的项目产生的任何排放削减单位(ERU)。

1. 组织结构

JI 项目开发的国际机制较简单,涉及的相关方,具体职能如下。

- 缔约方大会(COP/MOP):和 CDM 项目类似。
- 联合履约监督委员会(JI Supervisory Committee,JISC):①由 COP/MOP 设立,在其指导下对 JI 项目进行监督和审核;②经营 JI 项目的独立实体的资格认证及指定;③向 COP/MOP 提出关于 JI 项目模式和程序的进一步建议;④审查和修订为联合履约项目制定基准和监测编写报告的指南和标准;⑤对报告的人为源排放量减少或人为汇清除量增加所作的确定的复审。
- 经认证的独立实体(Aceredited Independent Entities,AIE):项目实施之前,该独立实体提交一份包括所有相关必要信息的项目设计书。独立实体进而确定该项目是否经所涉缔约方批准;是否将实现额外的人为源排放量减少或人为汇清除量增加;是否具有符合标准的适当基准和监测计划。

2. JI 项目流程

从总体上来说,联合履约项目的实施分为如下几个步骤。

- 确定项目:项目发起人分析是否存在实行联合履约项目的机会,设计有投资计划和分析项目开发方案,以确定是否存在减少温室气体排放的潜能;
- 项目可行性分析:需要先估算该项目可能减少的温室气体排放的数量。关于由于项目的实施而产生的减排额度的计算应以在不存在该项目、项目排放和项目规模时本应发生的情况的假设（即基准）为基础；

- 项目的批准：根据《京都议定书》第六条的规定，联合履约项目必须得到相关缔约国的批准。在项目参与人为经授权的法律实体的情形下，其需要首先获得东道国的批准，然后再获得其所在的本国的批准；
- 项目实际执行；
- 监测：项目参与方需要收集与联合履约项目所实现的温室气体的排减相关的所有数据和信息，准备关于恰当基准的技术信息，对投资人的项目成果预计算进行检查；
- ERUs 的核查、发放：项目实施之后，项目参与方根据监测计划，向独立实体提一份关于已实现的人为源排放减少或人为汇清除增加的报告，供其审核。根据项目参与方是否完全符合《京都议定书》第 6 条的指南，即附录 B《基准制定与监测标准指南》资格要求，分为两种方式（Track 1 和 Track 2）。一般采用 Track 2 方式，即按联合履约监督委员会的核查程序进行核查，满足条件者，给予签发 EUR。

3. 方法学

联合履约项目的实施要以一个未实施联合履约项目时的状况作为基准（baseline），以此衡量通过联合履约项目的实施而实现的源的排放的削减或汇的清除的增强的程度。项目实施的过程中需要执行有关的监测，对关于项目实施的相关信息的定期收集，并对所收集的信息与基准进行比较。

各联合履约项目的项目参与方可以制定不同的基准，项目参与方有两种选择：（a）根据 COP/MOPI 第 10/CMP1 号决定的规定，"联合履约项目的参与方可酌情适用清洁发展机制执行理事会批准的基准线和监测方法学，包括小规模项目活动的方法学"；（b）项目参与方也可以根据《京都议定书》第 6 条的指南，即附录 B《基准制定与监测标准指南》的方法学来制定基准和监督机制。

三、市场运行情况

2008 年，基于配额的市场交易额为 920 亿美元，而基于项目的市场交易额为 72 亿美元。基于项目的碳交易市场中，清洁发展机制的项目市场最活跃，占据市场的绝大部分份额（见图 7-20），达到了 4 亿吨的交易量，远高于 JI、自愿减排等生成的配额的交易量。

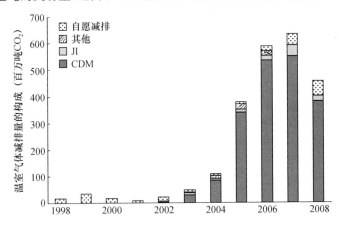

数据来源：World Bank. State and Trends of the Carbon Market 2009

图 7-20　1998—2008 年基于项目的碳交易市场交易量及分布

（一）CDM 项目市场特点

1. CDM 项目以能源类项目为主，目前的减排量以非二氧化碳为主

由于能源部门基本上是高能耗部门，所以能源工业（除传统燃料能源外，还包括风能、氢动力

等可再生能源)也是实施 CDM 项目数量最多的部门(见图 7-21)。

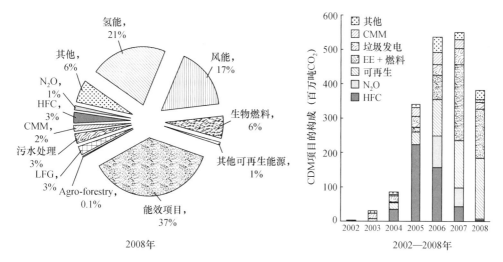

数据来源:World Bank. State and Trends of the Carbon Market 2009

图 7-21　2002—2008 年 CDM 项目行业分布状况

但是从减排量(CERs)的角度来看,情形是相反的(见图 7-22 左)。能源项目的减排量仅占全部减排量的 22%,而卤化碳、六氟化硫生产和消费的散逸性减排方面的减排量占了 69%。这是因为这些温室气体的变暖潜力值高,换算成减排的二氧化碳当量更划算,所以投资者更倾向于投资这类减排项目。但是根据世界银行的预测,未来到 2012 年,可以提供更多减排量的领域还是能源项目,尤其是风能、氢动力和生物质能项目将会是增幅最快的 CDM 项目(见图 7-22 右)。

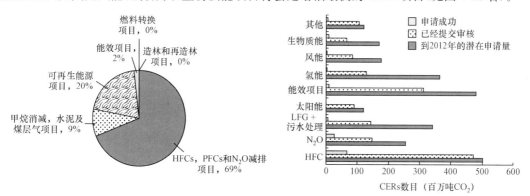

数据来源:World Bank. State and Trends of the Carbon Market 2009

图 7-22　已签发的 CER 分布(左)及到 2012 年 CERs 分布趋势预测(右)

2. CDM 项目投资方仍以欧洲国家为主,有强烈的减排量存储倾向

欧洲国家是 CDM 项目的主要投资方,按减排量来看,2008 年欧洲国家投资的 CDM 项目减排量占总的减排量的 85%。而日本仅在 2006 年前占据市场主要地位,在欧盟正式启动了欧盟排放交易体系(EU ETS)后,欧洲开始占据市场的主导地位,日本投资 CDM 项目逐渐萎缩(见图 7-23)。

这里还涉及一个非常关键的问题,即所谓的减排量存储(banking)。《京都议定书》第 12 条第 10 款规定,允许附件 I 缔约国存储从 2000 年开始到第一承诺期的 CDM 项目活动所产生的 CERs,用来满足第一承诺期内的定量限控义务。从经济学的角度来看,存储 CERs 的目的不外乎两个:一是用低成本的 CERs 来抵消未来高成本的定量减排限额义务;二是存储低成本的 CERs 到价高时卖出获得巨额利润。由于京都议定书中规定只有附件 I 缔约国才能从事排放交

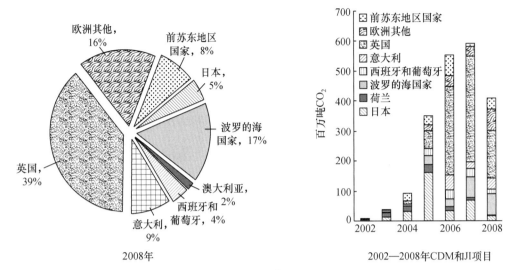

数据来源：World Bank. State and Trends of the Carbon Market 2009

图 7-23　2002—2008 年 CDM 项目投资方分布状况

易（ET）和存储 CERs，这样发达国家就可以利用掌握的碳交易市场定价权来控制 CDM 项目市场，发展中国家可能会沦为 CERs 的廉价供应商，出现 CDM 项目剩余全被发达国家投资者剥夺的情况。所以在国际气候谈判中，许多发展中国家要求对存储的 CERs 进行交易的行为加以限制。

3. CDM 项目对发展中国家的可持续发展影响程度差异度大

目前中国已经成为世界上最主要的 CDM 项目东道国，中国的 CERs 和 CDM 项目数量均居世界第一位，而且所占比重占绝对优势（见图 7-24）。

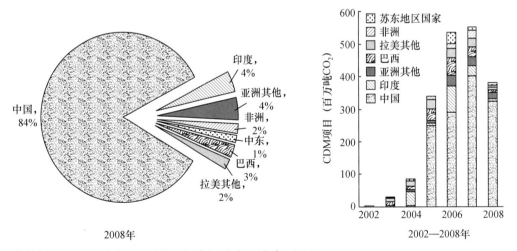

数据来源：World Bank. State and Trends of the Carbon Market 2009

图 7-24　2002—2008 年 CDM 项目所在区域分布状况

但是，中国的 CDM 项目涉及的领域较少，多集中在水电、工业余热利用、风电等低成本高效益资源利用型领域，这些项目由于技术条件、盈利状况和在联合国获批可能性较高，在短期内不会有太大改变（见图 7-25）。巴西和印度在利用 CDM 项目上，虽然数目落后于中国，但是更多地集中在生物质能发电、太阳能发电、甘蔗渣发电、能效提高和燃料转换项目等新技术、新能源领域。

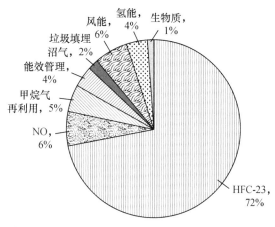

数据来源：中国清洁发展机制网

图 7-25　2008 年中国已签发的 CERs 行业分布

（二）CDM 的市场结构

CDM 交易方式分为场内交易（如交易所）和场外交易（OTC）两类。根据目前的市场实践，CDM 项目绝大部分通过场外交易进行。场外交易的 CERs 的交货时间、地点、方式、数量、质量和价格都由签约双方议定，没有统一的规范。OTC 市场由于缺乏规范和监管，没有标准的合约和交易规则，不仅信息不透明，也缺乏价格发现能力，不能成为碳定价的标准。

CDM 市场还可以分为一级市场和二级市场。一级市场交易的对象是原始 CERs（Pre-CERs，简称 pCERs），也就是初次交易的类似远期的 CERs 合同，不能保证交付。单价也以固定价格为主，与 EUAs 价格挂钩的情况很少。但 EUAs 价格仍然有非常重要的参照作用，通常 CDM 一级市场的 CERs 价格是 ERUs 价格的 80% 左右。二级市场的交易是指 CERs 远期合同签约后又发生的交易，或者 CER 已经签发后的在现有的 EU ETS、CCX 等交易平台上的再流通交易。其交易对象一般也称为二手 CERs（2ndry-CERs），二手 CER 交付风险低，不仅价格高于 ERUs，而且远远高于一级 CDM 市场的 CERs 价格（见图 7-26）。

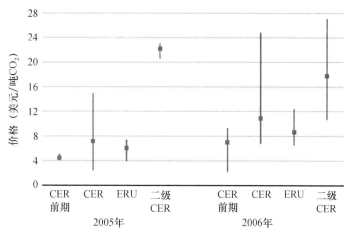

数据来源：World Bank. State and Trends of the Carbon Market 2007

图 7-26　2005—2006 年 CERs 的价格区间

（三）JI 项目市场特点

由于在《京都议定书》中，附件 I 的缔约国俄罗斯和乌克兰承诺的减排义务是冻结在 1990 年水平,而实际上由于 20 世纪 90 年代苏联的解体,整个苏联和东欧地区的工业开工不足,经济经历了较长时期的萧条,使得其目前的排放量远远低于《京都议定书》规定的排放限额,即使到 2012 年也不可能恢复到 1990 年的排放水平。排放限额和实际排放量的差距也就是所谓的"热空气"(hot air),如果俄罗斯和乌克兰将多余的排放配额转卖给有排放赤字的国家,就可获得巨额利润,且没有任何成本。因此,购买"热空气"会遭到国际社会的批评,被认为没有真正履行减排义务。但是,目前也有消息称,日本已经与乌克兰做起了"热空气"交易,而这种交易不需要任何方法学,也不需要哪个组织的批准,很可能对 CDM 市场形成巨大冲击,干扰了国际碳交易市场的减排配额的价格形成,而且对俄罗斯和乌克兰参与联合履约机制的积极性产生非常不利的影响,这也是 JI 项目市场发展缓慢的一个重要原因。

JI 项目市场 2008 年的交易额仅为 2.9 亿美元,俄罗斯和乌克兰是市场主要的项目东道国（见图 7-27）。

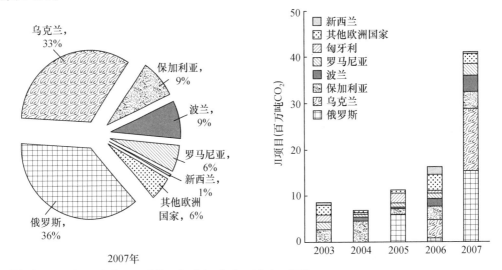

数据来源：World Bank. State and Trends of the Carbon Market 2008

图 7-27　2002— 2007 年 JI 项目所在区域分布状况

JI 项目市场项目也主要集中在能源部门（化石燃料、煤矿区煤层气 CMM、生物质能、可再生能源、风能和氢动力等）项目（见图 7-28）。

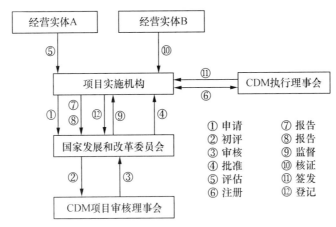

数据来源：World Bank. State and Trends of the Carbon Market 2008

图 7-28　2007 年 JI 项目行业分布状况

第四节 碳金融体系

碳金融体系是为碳金融提供支持的金融市场环境,包含了监管、市场、机构、产品、服务等诸多要素。碳金融业务的开展离不开碳金融体系为之提供的金融工具和风险管理,可以说碳金融的背后是金融制度安排带来的一系列金融创新,是银行、证券、保险、基金等金融机构的竞争,也是国际政治经济势力的角力,其目标就是对碳排放权定价的争夺,并形成所谓的"碳货币",给国际金融体系带来一次巨大的变革。碳金融问题的研究,就是从碳金融体系入手,破解其是如何影响国际碳交易市场的价值链分工,又是如何影响碳排放权的定价的。

一、监管环境

碳金融的基础是碳交易市场,所以碳金融体系一样受制于国际气候合作框架的约束,一样是在相同的监管环境中运行的。保障国际碳交易市场正常运行的监管环境主要是国际法(UNFCCC 和《京都议定书》),以及建立在这些国际条约基础上的监管机构和监管平台。

(一)监管机构

1. 缔约方大会(COP/MOP)

《公约》缔约方会议(COP)是《公约》的最高机构,它的主要任务是定期审评《公约》规定的缔约方义务和评估各缔约方履行公约的情况,对各缔约国,尤其是附件 I 国家具有国际法的强制约束力。

2. CDM 执行理事会(CDM EB)

CDM EB 根据议定书/公约缔约方会议(COP/MOP)的授权和指南,监督 CDM 项目的实施,并负责批准新的方法、认证第三方审定和验证机构、批准项目并最终为 CDM 项目签发碳信用(CERs)。在 2008 年 10 月的第 34 次会议上,CDM EB 否决了 8 个 CDM 项目,其中的 5 个能效项目可望在 2012 年之前产出 400 万吨 CER。CDM EB 成为调控 CDM 项目二级市场泛滥的关键机构。

3. 联合履行监督委员会(JISC)

JISC 是负责实施联合履行项目的委员会,组成的 10 位委员来自 10 个不同的《京都议定书》缔约国,其中 3 位来自附件 I 缔约国,3 位来自非附件 I 缔约国,3 位来自经济转型国家(EIT),1 位发展中小岛国家(SIDS)。符合资格要求的缔约方,可遵照一个简单程序进行减排单位(ERUs)的转让和/或购买。不符合资格要求的缔约方,必须接受由联合履行监督委员会执行的核查程序。

(二)监管平台

1. 联合国国际交易日志(international trading log,ITL)

ITL 是国际法定的、由 UNFCCC 管理的国际碳交易中央注册系统,通过与各国注册系统和欧盟排放独立交易日志系统(CITL)相链接,记录《京都议定书》承诺期间排放配额的发放、国际转让和注销情况。该系统还能确保每个缔约方注册系统在每笔交易上遵守《京都议定书》。2008 年 10 月 16 日实现了与欧盟排放交易登记机关的对接,使得欧盟企业进口经联合国认可的碳信用成为可能。

2. 国家注册系统

《京都议定书》每个附件 I 缔约方必须建立一个国家注册系统,以说明该方及该方授权实体的排放配额持有情况。该系统还包含各种账户,以留出供履约之用的排放单位并从系统消除排放单位。各账户持有者之间及各缔约方之间的转让与购买交易将通过这些国家注册系统进行。国家注册系统与联合国国际交易记录系统相链接，后者监督注册系统之间的配额转让情况。注册系统包括电子数据库，将跟踪、记录《京都议定书》下各种机制的所有交易。

二、碳基金

金融机构目前已经成为碳交易市场的重要参与者，很多国际银行、投资银行机构都设有专门的碳金融服务部门，其业务范围已经渗透到碳交易市场的各个交易环节，包括：为减排项目开发企业提供贷款等融资渠道；为项目开发企业提供必要的咨询服务；为减排项目开发提供担保服务；在二级市场上充当做市商，为碳交易提供必要的流动性；开发各种创新金融产品，为碳排放权的最终使用者提供风险管理工具，或者为投资者提供基于碳交易的金融投资工具等。

但是，碳排放权的特殊性（公共物品）决定了碳金融体系中的机构除了银行、证券、保险等金融服务机构之外，还存在着一种特殊的机构——碳基金，尤其是国际碳基金。作为在国际气候合作框架下为解决碳减排融资问题而设立的机构，国际碳基金不仅是国际碳交易市场的重要推动力量，也是发展中国家和经济转型国家参与国际碳减排合作的重要保证。根据资金来源和管理方式的不同，碳基金可以分为三种：国际碳基金、政府碳基金和企业碳基金。

（一）国际碳基金

国际碳基金由国际组织设立并管理，不以盈利为目的，资金主要来源于国际组织和机构、发达国家政府和企业，资金主要用于发展中国家减排项目开发融资、维持和稳定碳交易市场以及促进节能减排技术在全球的推广和应用。目前，具有国际碳基金性质的机构主要有三个，即世界银行碳金融部门（UFC）、国际金融公司（CFI）和气候变化特别基金（SCCF）。

1. 世界银行碳金融部门（World Bank Carbon Finance Unit，CFU）

世界银行成立专门的碳金融部门，使用 OECD 国家政府和企业的资金，向发展中国家和经济转型国家购买以项目为基础的减少温室气体排放量。碳金融部门管理着 8 个碳基金，包括原型碳基金（PCF）、向小型贫困国家和社区提供碳融资的社区发展碳基金（CDCF）、为森林和土地使用项目提供碳融资的生态碳基金（BioCF）、意大利碳基金、西班牙碳基金、丹麦碳基金、伞形碳基金及欧洲碳基金（ECF）。与世界银行其他部门运作方式不同，CFU 不向有关项目贷款或赠款，而采用减排量交易（也称为碳融资）模式来进行项目合作，即 CFU 向相关减排项目提供资金支持，项目所在国提供担保，并以减排项目所产生的减排量来做抵押。这种模式不但可以增加项目的融资能力，还能降低纯粹商业贷款或赠款的风险。

2. 国际金融公司（International Finance Corporation，IFC）

IFC 是联合国的专门机构，专门为发展中国家的私营部门项目提供多边贷款和股本融资。IFC 致力于开发碳市场，通过设立的专门机构——金融市场稳定部（Sustainable Financial Markets Facility，SFMF）来开展"可持续发展和减轻气候变化领域的金融服务"。IFC 认为：气候变化会造成巨大风险，特别是对发展中国家，IFC 应帮助他们应对这些风险，并确定融资方案，以减轻气候变化对他们的影响。通过超过 400 个金融中介机构（financial intermediaries，FIs），IFC 为可再生能源开发定制金融和信贷额度，帮助中小型企业提高能源效率的升级，投资于清洁生产技术，将可持续性标准纳入供应链，并加强公司治理标准。而为了促使小型排放者尤其是私营部门在碳交易市场上发挥作用，IFC 直接为其中合格的买家和卖家提供碳融资服务，指导并支持其参与不断变化的碳市场。目前，IFC 的碳融资产品和服务包括：碳交付保险、销售碳信用额度现金流的货币安排、低碳产品与营业的债权和资产安排、与气候中介机构与政府合作以各种资本运营手段促进碳信用的实现。

3. 气候变化特别基金（Special Climate Change Fund，SCCF）

SCCF 是根据 UNFCCC 的《马拉喀什协定》建立起来的基金，旨在资助发展中国家的气候适应、技术转让、能力建设及经济多元化项目。该基金由全球环境基金(Globe Environment Fund, GEF)管理,是对 UNFCCC 和《京都议定书》的其他融资机制的补充。SCCF 充当 UNFCCC 的过渡期融资机制,主要是为非附件 I 缔约国支付相关费用。当一个国家级、区域级或全球开发项目也将全球环境目标(如应对生物多样化的项目)作为其目标时,该基金支付非附件 I 缔约国发生的额外的或"同意增加的费用",从而提供资金以弥补传统发展援助资金的不足。

(二)政府碳基金

由发达政府设立的政府碳基金主要是希望通过 CDM 项目或 JI 项目合作的方式,获得 CERs 以补偿国内减排量与承诺目标之间的差距;同时这些碳基金还要帮助企业和公共部门减少二氧化碳的排放,提高能源效率和加强碳管理,并且投资低碳技术的研发。根据基金的融资模式,政府碳基金可以分为三种类型。

1. 政府全部承担所有出资

这种方式主要为由政府出资并管理的碳基金选择。如芬兰政府外交部于 2000 年设立 CDM/ JI 项目试验计划,在萨尔瓦多、尼加拉瓜、泰国和越南等发展中国家参与了减排合作项目,并购买由 CDM 项目产生的 CERs。奥地利政府创立的奥地利地区信贷公共咨询公司(KPC)为奥地利农业部、林业部、环境部及水利部实施奥地利 JI/CDM 项目,目前已在印度、匈牙利和保加利亚完成了数项 CDM 项目。

2. 由政府和企业按比例共同出资

德国碳基金和日本碳基金采用这个方式。德国行碳基金由德国政府、德国复兴信贷银行(KFW)共同设立,由 KFW 负责日常管理。日本碳基金主要由 31 家私人企业和两家政策性贷款机构组成。政策性贷款机构日本国际协力银行(JBIC)和日本政策投资银行(DBJ)代表日本政府进行投资与管理。这种方式比较灵活,筹资速度快,筹资量大。其可以由政府先认购碳基金一定数目的份额,其余份额由相关企业自由认购。

3. 由政府通过征税的方式出资

英国碳基金主要采用这样的方式,资金来源于英国的气候特别税。这种方式好处是收入稳定,而且通过征收能源使用税也可以采用价格杠杆限制对能源的过分使用,促进节能减排。其由政府投资,按企业模式运作的独立的碳基金公司管理。政府并不干预公司的经营管理业务,经费开支、投资、碳基金人员的工资奖金由公司董事会监管。

(三)企业碳基金

由企业(主要是金融机构)设立的企业碳基金主要是为了从碳交易中获取利润。国际金融机构对于碳交易的重视超乎人们的想象。2008 年破产的雷曼兄弟公司在破产前在 CDM 项目领域管理的碳资产总量达到 1 500 万吨;美国国际集团、高盛国际、美林银行、摩根士丹利、盖茨基金等投资公司都参与了 CDM 项目的开发。

企业碳基金中最有名的是英国的益可环境集团(EcoSecurities Group)。益可环境集团是全球碳信贷寻购、开发和交易业务的领头军。基于其强大的综合性业务能力,益可环境集团能够以减排量买家、项目投资者和碳咨询顾问的多种角色与项目业主进行合作,策划和引导温室气体减排项目顺利通过《京都议定书》所规定的全部流程,直到最终实现其经济价值。从 2007 年 5 月至今,益可环境集团在联合国环境规划署(UNEP)每月公布的排放配额买家榜上蝉联榜首,是全球最大的国际买家之一。同时,益可环境集团同发展中国家和工业化国家的企业开展合作,从减少温室气体排放的项目中开发并购买碳信贷。至 2009 年 3 月,益可环境在 36 个国家参与了 400 余个项目的开发,其中 155 个项目已经在 CDM 执行理事会成功注册,并且成功开发或参与开发了 17 个被 CDM 执行理事会批准的方法学。

三、产品和服务

为国际碳交易市场提供的金融产品和服务可以按用途不同分为交易类和融资类两种类型。

（一）交易类

目前大部分碳交易尤其是一级 CDM 市场，主要是通过有中介参与的场外柜台交易（OTC）完成的。虽然 OTC 交易形式也是欧美商品和证券交易中普遍采用的一种成熟市场化模式，但是 OTC 市也存在着缺乏严格可控的规则制度，没有标准的交易产品和限制，交易价格不够公开透明等缺点。

而通过交易所进行交易，不仅能够保证交易价格的公开透明，还能利用标准化合约进行交易，最大程度上减少信息不对称可能带来的价格损失和交易风险。目前，碳交易市场主要由两大体系构成，即京都机制体系和自愿减排交易体系，交易所内交易的现货和期货、期权产品都是在两大体系产生的碳减排额度（碳信用）的基础上设计的。碳信用包括京都体制下的 ERUs、CERs 和 EUAs，自愿交易市场上包括 CCX 体系的 CFIs、RGGI 体系的 RGAs 等。

目前主要的碳金融衍生产品有欧盟排放交易体系下的欧洲气候交易所、欧洲能源交易所和 Bluenext 交易所交易的 EUAs 和 CERs 的期货、期权合约，在北欧电力交易所交易的 EUAs 和 CERs 的远期合约，芝加哥气候期货交易所交易的 VERs 期货、期权合约（主要是基于 CFIs 和 RGAs 的期货、期权合约）。另外，洲际交易所（ICE）和纽约商业交易所（NYMEX）旗下的绿色交易所（Green Exchange）也开始推出基于 CERs、VERs 的期货、期权合约，印度的商品交易所主要交易印度产出的 CERs 期货。

目前国际碳交易市场上所交易的衍生产品，除了最基本的排放权远期和期货交易外，还有利用市场价差进行套利的金融工具，其中包括：CERs 和 EUAs 之间，以及 CERs 与 ERUs 之间的互换交易；基于 CERs 和 EUAs 价差的价差期权（spread option）等。

投资银行和商业银行也开始发行与减排单位价格挂钩的结构性投资产品，其支付规模随减排单位价格波动而变化。在这些结构性投资产品中，有些挂钩的是现货价格（无交付风险），有些挂钩的是原始减排单位价格（包含交付风险），有的则与特定项目的交付量挂钩。

（二）融资类

除了为具有良好减排项目开发提供贷款外，银行、证券和保险等金融机构还可以开发相关的金融产品，通过金融创新，更好地为碳交易市场提供融资、风险管理和价值发现等服务。

1. 银行类碳理财产品

银行类碳理财产品是商业银行针对特定目标客户群开发设计的基于碳交易的理财产品，募集资金用于减排项目融资或者是在二级市场上投资碳金融衍生产品，这类理财产品风险较大，也较为专业，所以产品设计的期限较长，一般应设计为 2～3 年，给客户提供的回报率应该比同期的存款利率高出 20%～30%。

2. 融资租赁

CDM 项目在建设开发的过程中需要购买昂贵的动力设备，如风力发电机和水力发电机等。通过融资租赁的方式，由银行或租赁公司等金融机构为项目企业购买这些设备。在项目建成后，金融机构将设备出租给项目企业使用，企业从出售 CERs 的收入中支付租金。融资租赁释放了企业的流动资金，保持了资金的流动性，但是这种方式一般只能应用于以下两种形式：已获得联合国注册的 CDM 项目，且租金的支付允许有半年至一年的宽限期；已获得 CERs 签发并已经取得收益的风电或小水电项目需要更新设备。

3. 保理业务

保理又称托收保付，是银行与卖方企业签署合同，卖方企业将采用赊销方式进行交易所形成的应收账款转让给银行,银行对其提供综合性金融服务,包括融资、应收账款管理、应收账款催收和信用风险担保等。保理业务的核心在于应收账款的转让。对于那些获得 CERs 签发的风电和小水电企业来说,它们从设备生产厂家购买设备形成应收账款,如果银行或其他金融机构能够为卖方企业(设备生产厂家)提供一笔有追索权的保理融资,买方企业(风电和小水电项目企业)在出售 CERs 后就能够向银行分期支付应收账款。

4. 碳信托

信托公司设计针对具有 CDM 开发潜力的项目的信托产品,投资于项目未来产生的 CERs,未来可以在碳交易市场上出售作为信托产品的收益。

5. 碳资产证券化

资产证券化是将缺乏流动性的资产,转换为在金融市场上可以自由买卖的证券的行为,使其具有流动性。资产证券化本身是一种金融衍生产品,是投资银行经常使用的一种金融工具。碳资产证券化即企业将具有开发潜力的 CDM 项目(碳资产)卖给特殊目的载体(special purpose vehicle,SPV),SPV 再将这些碳资产汇入资产池,并以该资产池所产生的现金流(CERs 的收益)为支撑在金融市场上发行有价证券融资,最后用资产池产生的现金流来清偿所发行的有价证券。碳资产证券化最关键的环节是确保开发的 CDM 项目能够产生 CERs,即碳资产必须能够产生可预见的现金流。

6. 碳交易保险

碳交易保险不仅可以为碳交易合同或者碳减排购买协议的买方提供保险——如果买方在交纳保险后不能如期获得协议上规定数量的 CERs,保险公司将会按照约定提供赔偿;也可以为开发 CDM 项目的企业提供保险——如果企业在交纳保险后不能将具有很大开发潜力的项目开发为 CDM 项目,将会获得保险公司提供的 CDM 项目开发保险。如果将碳交易保险与碳资产证券化结合起来,就可以形成碳资产的 CDS,即对债权人所拥有债权的一种保险。具体来说,CDS 所担保的债权就是 SPV 将碳资产证券化后发行的证券。

四、碳货币及碳本位

国际货币是指在国际经济活动中占据中心货币地位的可自由兑换的货币,其充当国际商品的价值尺度或价格标准,以及国际交易的最终清偿手段,具有无限法偿的能力(即用它作为流通手段和支付手段,债权人不得拒绝接受),是各种货币汇率结算的基础。

"碳货币"的概念来源于"石油美元"(Petro-dollar)。当美元成为石油计价的主要货币时,由石油开发带来的巨大财富支撑着美元在国际金融市场上成为主要国际货币,承担着国际贸易计价与结算、外汇储备货币和非自由浮动汇率制度的外国货币当局干预外汇市场时锚货币的角色。

《联合国国际气候合作框架公约》及《京都议定书》确立的碳排放交易体系,企图通过人为限制全球碳排放量来减缓气候变化及其对人类发展的影响。在这种人为的约束下,碳排放权成为稀缺资源,在碳排放交易机制中也被称为碳信用,代表碳排放权具有的商品属性,及依附在其上的价值。同时,碳信用的另一层含义就是碳排放权成为一种价值符号。在国际碳交易市场上被广泛使用的计价、结算的国际货币就被称为"碳货币",而未来的"碳本位"则以碳信用为国际货币制度规定的标准货币基础,用法律的形式将本国货币与之固定地联系起来,作为衡量价值的标准以及国际交易的最终清偿手段,也就是将碳排放权作为类似黄金的最终结算物。

(一)碳货币

"碳货币"就是在国际碳交易市场中作为碳信用的主要计价及结算工具,"碳货币"的竞争就是碳排放定价权的竞争,就是对低碳经济主导权的竞争。影响一种货币成为"碳货币"的主要因素有三个。

1. 碳交易市场的规模

国际金融理论通过两点来概括国际贸易与计价货币之间的关系：(a)一国在国际贸易中所占的出口份额越大，该国出口中以本币计价的比重就越高；(b)一国市场出口商品所占的份额越大用本币计价的比例越高。无论是单个国家还是具体商品类别，市场份额与出口时本币计价比例之间均存在较为显著的正相关性。

目前就市场影响力而言，无论是成交额还是成交量，EU ETS 是最大的碳交易市场。2008年，EU ETS 的交易量和交易额分别占全球碳市场的 64％和 73％，分别达到约 30 亿吨二氧化碳和 63 亿欧元。2008 年 EU ETS 80％的交易量发生在场外交易市场(OTC)，其中伦敦能源经纪协会(LEBA)完成的交易就占到了整个 OTC 市场的 54％。所以，欧元目前具有绝对优势成为"碳货币"，而英镑凭借其在碳排放场外交易中占据的优势，也具有一定的实力成为"碳货币"。

2. 碳交易市场的发达程度

金融衍生品是国际大宗商品定价的主要工具，具有价格发现和套期保值的功能。伦敦商品期货交易所(LME)、纽约商品期货交易所(NYMEX)和芝加哥商品期货交易所(CBOT)是国际大宗商品的金融衍生品交易中心。因而英镑和美元是国际大宗商品的主要计价和结算货币。在国际碳交易市场中，与以欧元和英镑计价的 EU ETS 相比，以美元计价的 CCX 和推出环境衍生品的芝加哥气候期货交易所(CCFE)、纽约商业交易所(NYMEX)的碳金融衍生品交易规模和品种就显得相形见绌了，而其他发达国家的碳金融衍生品市场有的占国际碳交易市场份额更小，有的甚至没有推出碳金融衍生品。而发展中国家几乎不存在碳金融衍生品交易，只有印度开展了相关交易，但基本上对国际碳交易市场没有什么太大的影响。目前，没有其他货币能够撼动欧元和英镑作为国际碳交易市场主要计价、结算货币的地位。

3. 碳信用差异性

国际贸易中，商品差异性越大，价格需求弹性越低。出口价格需求弹性越低的国家，其出口以本币计价的比例越高。而在国际碳交易市场中，尽管对于国际买家来说，购买不同碳信用种类抵免减排义务的效果是一致的，但不同碳信用种类间存在差异性，使碳买家购买选择所承担的风险不一致。

EU ETS 的各种碳信用都必须通过在联合国相关机构的注册和独立方的审核才能确认，具有同质性和可测量性。而且在碳交易市场价值中所占份额最大的是 EUAs 和 CERs，其他包括自愿市场的核实减排额(VERs)、未核实减排额(ERs)和潜在减排额(PERs)等所占比例不到0.5％。EUAs 是欧盟排放交易体系内部碳信用额度的直接交易，因此相比于 CERs 和 ERUs，其风险最低价格也最高。三种碳信用的价格需求弹性从高到低排列为 ERUs、CERs 和 EUAs。碳信用出口价格需求弹性最低的国家以本币计价结算的比例最高，这也进一步印证了欧元在碳货币中能取得领先地位的原因。

综上所述，尽管国际碳排放体系还存在制度设计上的不确定性，但碳交易市场的发展将直接影响未来国际金融体系，争夺"碳货币"地位，是未来国际货币体系变革的一个重要契机。而"碳货币"地位的取得，取决于该国家或集团在碳减排中所承担的责任与义务，以及是否有强有力的碳交易市场和碳金融衍生品作为支撑。目前，欧元占据了国际碳货币竞争中的有利位置，也为人民币争取国际货币地位的崛起之路带来许多机会和挑战。

（二）碳本位

在未来低碳经济发展模式下，碳排放权可能会取代石油在目前国际经济中的稀缺资源的地位，成为国际货币本位的特殊商品。金本位就是建立在黄金具有的三个特性——稀缺性、普遍可接受性及可计量性的基础之上。那么，碳排放权是否具备成为国际货币本位的条件呢？

首先，碳排放权具有稀缺性。《京都议定书》采取的"总量限制—交易"模式就是人为地形成了一个碳约束的环境，进而利用市场机制来限制全球二氧化碳排放，而缔约国的减排承诺就使得碳排放权变成了一种稀缺资源。

第二,碳排放权具有普遍的可接受性。全世界已有 186 个国家签署联合国气候变化框架公约(UNFCCC)。虽然作为缔约方的美国、澳大利亚等国没有加入《京都议定书》的承诺减排行列,但是仍有芝加哥气候交易所、RGGI、GGAS 等自愿减排交易体系,说明碳排放权这个指标具有普遍的可接受性;而且《京都议定书》的市场机制赋予碳排放权商品的属性,使之具有价值成为了一种国际商品,其普遍的可接受性就更加不言而喻了。

第三,碳排放权具有可计量性。可计量性具体包括两个方面,一是碳排放量的计算,二是碳排放指标总额的界定。利用现有的科学技术手段已经可以比较准确地估算各区域的碳排放量。而碳排放指标总额的界定则可以根据 IPCC 所设定的二氧化碳排放减量的标准,通过碳排放量与大气气温之间的变化系数进行计算,可以得出全球每年或者一定时期可以排放到大气中的碳气体的总量指标,并通过国际气候谈判确定下来。

"碳本位"具备了成为国际货币本位的特殊商品的三个特性——稀缺性、普遍的可接受性及可计量性,同时也具备超主权的特性,符合经济全球化的发展潮流,具有成为未来国际货币本位的可能。

第五节　中国碳交易市场和碳金融的发展

在《京都议定书》的框架下,发展中国家当前主要通过清洁发展机制(CDM)机制参与国际碳排放交易。根据《京都议定书》的规定,中国作为非附件 I 国家,在 2012 年之前不需承担温室气体的减排任务,但中国可以以发展中国家的身份参与清洁发展机制 CDM 项目的开发。这种情况决定了目前中国的碳金融业务主要为 CDM 项目的投融资以及相关的金融中介服务。由于中国 CDM 项目运行模式单一,机会成本高、市场影响弱,交易行为不规范,而且国内金融机构尚无法提供相应的服务。由于国内没有一个规范、完善的公开交易平台,使得 CDM 项目交易中信息不透明,使得中国在碳交易中还处于提供廉价资源的状态,位于国际碳交易市场和价值链的底端。

一、中国 CDM 项目管理机制

1. 管理机构

1990 年 2 月,国务院专门成立"国家气候变化协调小组",负责协调、制订与气候变化有关的政策和措施。2005 年的政府机构改革后,其调整为"国家气候变化对策协调小组",作为政府协调气候变化领域重大活动和对象的领导机构,每年定期召开一次协调小组全体成员会议,同时根据需要就气候变化领域的重大问题随时召集协调小组成员单位进行商议。

根据《清洁发展机制项目运行管理办法》,国家气候变化对策协调小组下设的国家清洁发展机制项目审核理事会,负责审核清洁发展机制项目;向对策协调小组报告清洁发展机制项目执行情况和实施过程中的问题和建议;提出和修订国家清洁发展机制项目活动的运行规则和程序建议。

国家发展和改革委员会是中国政府开展清洁发展机制项目活动的主管机构,其主要职责是受理项目申请,审核和批准清洁发展机制项目,代表中国政府出具项目批准文件并实施监督管理等其他涉外相关事务。

2. CDM 项目流程

中国开发、实施、审批清洁发展机制的程序基本和京都体制一致,仅仅是多了国家清洁发展机制项目审核理事会的国内报告、复核阶段(见图 7-29)。

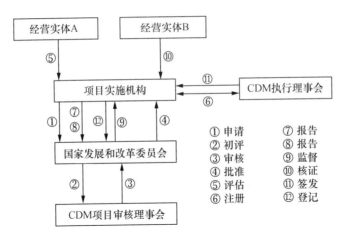

图 7-29　中国 CDM 项目流程

3. 中国清洁发展机制基金

2007 年 3 月开始正式运营的中国清洁发展机制基金(CDMF)是根据《清洁发展机制项目管理办法》组建的,其资金来源由清洁发展机制减排项目收益以及国际金融组织赠款、个人赠款、国务院批准的其他收入组成,由设在财政部的清洁发展机制基金管理中心管理,由国家发改委、财政部、科技部、外交部等部委组成的"基金审核理事会"审核基金支持的项目。基金主要为国家应对气候变化的活动提供持续和稳定的资金支持。基金采取赠款、优惠贷款和其他工具相结合的方式,以项目为业务的主要载体,配合国家主渠道,在四个主要领域(能力建设和提高公众意识、减缓气候变化、适应气候变化、开展可持续发展业务运行的金融活动)开展基金业务活动,支持《中国应对气候变化国家方案》的实施。

4. 交易所

2008 年 8 月 5 日,北京产权交易所率先成立全国性的碳交易市场——北京环境交易所,同一天,上海环境能源交易所也同时宣布成立。2008 年 9 月 25 日,美国芝加哥气候交易所(CCX)参股的天津排放权交易所也宣告成立,初期主要致力于开发二氧化硫、化学需氧量等主要污染物交易和能效管理。此外,深圳、成都等地的区域性排放权交易所也正在紧锣密鼓地推进中。2009 年 3 月,上海环境能源交易所宣称将在国内率先建立环境能源权益交易平台,并在合同能源管理及排污权交易方面与境外机构及企业展开合作。2009 年 6 月 18 日,北京环境交易所与 BlueNext 交易所建立战略合作关系,并且携手共同推出了针对农林生态项目的中国第一个自愿减排标准——"熊猫标准"(Panda Standard),这标志着中国在向构建碳排放交易体系的建设上迈出了第一步。作为专为中国市场设立的自愿减排标准,"熊猫标准"不仅确立了相关项目减排量检测标准和原则,同时还规定流程、评定机构、规则限定等,以完善市场机制。遵循熊猫标准的减排项目,被合格的第三方机构核证,并通过注册,可以获得相应数量的熊猫标准信用额,信用额可以在国际碳交易市场上买卖。2010 年 10 月,国家发改委应对气候变化司有关官员在联合国气候变化谈判天津会议上透露,《中国温室气体自愿减排交易活动管理办法(暂行)》已经过反复修改,目前基本成熟,将"争取尽快出台"。如果该法规正式出台,将对我国的碳交易市场建设的规范化、透明化起到非常重要的作用。

二、中国碳交易的现状

经济转型中的中国被视为最具潜力的 CDM 项目市场。随着经济的快速增长,中国的能源生产和消费也迅速增长,而中国的能源利用率低,温室气体排放量大,技术又较发达国家落后,具有很大的减排空间。传统高耗能企业不再适应中国发展,而国际市场恰恰在这时给了中国减排的额外驱动力。到目前为止,亚洲国家占了 CDM 市场总额的 84%。我国在亚洲的份额中占比 60%。根据国家发改委资料,截至 2009 年 9 月,国家发改委已为 2232 个 CDM 项目出具了批准书,有 643 个项目在 EB(CDM 执行理事会)注册。项目涉及电力、垃圾填埋、林业、材料等多个领域,其中以电力项目最多。如果这些项目全部实施,获得的 CERs 将超过全球 CDM 项目减排量的 50%。在 CER 配额交易的一级市场上,中国提供了其中绝大部分的碳信用额度。在 2002—2008 年期间,中国所有注册的 CDM 项目占全球已注册 CDM 项目总数的 66%。在 2008 年,中国注册的 CDM 项目所占的比重更是达到了 84%,远远超过了其他发展中国家。中国倾向的 CDM 项目是可再生能源、能效和甲烷开采项目。但是,在实际已经注册的 CDM 项目所产生的碳信用额中,氢氟烃化合物 HFC-23[①] 减排项目所占的比重最大(见图 7-30)。其他的减排项目集中在一氧化二氮减排、水电、煤矿和煤层甲烷开采项目、工业能效项目、风电项目和垃圾掩埋气项目。

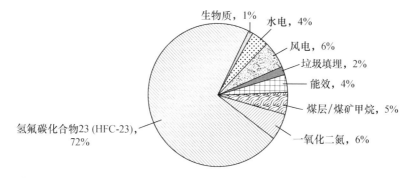

注:2007 年 8 月的注册的核证减排量。
资料来源:IEA. World Energy Outlook 2007

图 7-30　中国各类清洁开发机制项目产生的碳信用额比例

目前国内项目业主和投资机构与二级 CDM 市场,也就是与国际碳交易市场在一定程度上是处于隔绝状态。国内 CERs 配额卖方不仅无法通过国际碳交易市场碳金融衍生品对 CERs 价格进行套期保值,规避价格风险,而且碳信用定价权被牢牢掌握在欧美国家手里,使得国内卖方在碳交易过程中处于非常被动的局面。目前,国内 CDM 项目运作成功后(注册后开始运行),只能依赖海外投资者购买签发的 CERs 来获得相应的收益。目前国内 CER 卖家与海外投资者签订双边远期 CERs 合约主要有两种方式:一种为买卖双方签订长期合同,锁定未来的 CERs 价格;另一种是买卖双方会在合同中约定某一基准价格(例如 7 欧元/吨),而后在每年交易时根据交易日 EU ETS 的 CERs 价格,按一定比例(如 20%)作为相对于基准价的升贴水,形成当年度的减排量交易价格。但后一种价格约定方式较少,主要还是以长期合同锁定价格的方式为主。发达国家在中国收购的原始 CERs,最初价格只有 4~5 欧元/吨,目前价格也只有 8~10 欧元/吨(国家发改委规定的二氧化碳保护价),而转手拿到国际二级 CDM 市场,经过欧美的交易所包装成 2008 至 2012 年 12 月交货的 CERs 期货合约,至少能卖到 17~19 欧元/吨,溢价相当可观。这种两级 CDM 市场结构的利益分配机制对尚未建立国内碳交易市场的中国尤为不利。较低的一级 CDM 市场价格使得在建减排项目的利润空间被大幅压缩甚至无利可图,从而找不到买家,或者缺乏融资的项目以及依靠远期 CERs 销售而获得资金的项目。

目前中国的碳交易仍集中在项目层次,而同样作为发展中国家的印度却已经达到了碳金融的层次。碳金融和碳交易是相辅相成的,没有碳金融的发展,中国将不仅失去在国际碳交易市场中的话语权,也将失去低碳经济的发展机会。

①　HFC-23 是 HCFC-22 的副产品,广泛应用于制冷领域,是一种强力的温室气体和臭氧层破坏气体。中国是 HCFC-22 生产大国,并且中国的 HFC-23 减排成本非常低,每吨二氧化碳当量的减排成本不到 1 美元,相当于所产生的清洁开发机制碳信用额价值的不足 1/10,所以中国的 CDM 倾向于 HFC-23 减排。

三、中国碳金融体系的发展

（一）中国碳交易市场的发展

认清中国碳交易市场的发展状况和所处的国际环境，从多方面考虑中国的国情，借鉴国际碳交易市场运作的经验教训，才能逐步推进国内碳交易市场的发展。

首先，在 EU ETS 的运行经验中，实施环境、参与者、经济体结构和组织方式都与中国有着本质的不同。中国不同地区之间的资源分布、能源强度、经济结构和发展模式不同，其管理方式也有差异。更为重要的，EUETS 的运行基础是完全市场化的。无论是参与行业还是运行平台，都建立在公开市场的基础上，这样就保证了产业链的完整性、碳市场（及能源、技术等其他市场）的流动性和价格机制的有效性。目前，中国处于能源市场尚未完全放开、市场机制尚未完善的状态，因此要建立完全市场化的碳交易机制，势必存在相当大的障碍。

其次，发达国家的政府和商界对碳资源的价值有很高认识。英国在欧洲最早实施了碳排放交易制度，然后实施了 EUETS 的基本框架。政府制定了透明、简便的碳交易项目申请程序，并且依赖于成熟的金融市场和世界金融中心的地位，吸引了大批碳基金和相关咨询机构在英国进行碳交易活动。相比之下，中国的政府和投资者仍未能足够认识到碳交易市场中碳信用的"货币"属性。目前，中国虽然提出一些减排设想，但是仍未制定相应的减排规则，以确保在后京都时代的国家气候谈判中更好地保护中国的利益，赢得应有的发展空间。

第三，参照 EU ETS 的运作经验，碳交易市场在催生相关的金融业务的同时还会随之出现专门从事碳交易的金融服务公司，提供碳排放市场咨询、研究和经纪服务，这一行业的发展也是未来中国参与国际碳交易的重要基础。发达国家的碳金融服务产业，依赖其成熟的金融市场体系，培养了大量市场经验丰富的相关方面专家和业务人才，这一方面也是目前中国最大的短板。

从全球碳市场的经验和当前进程来看，中国具有相对较低的碳减排成本和较大的市场规模，在许多领域都具有较大的减排潜力。中国坐拥如此庞大的碳排放市场，如果没有相应的碳交易市场机制作为支持，无形中造成大量的资源浪费，错失发展低碳经济的良机。

所以，国家应该出台适合中国国情和发展现状的长期减排目标和低碳经济发展规划，完善现有的节能减排法律法规，为建立全国性碳交易体系设定框架。同时，还应加快对能源价格体制的改革进程，推进国内金融机构对碳交易活动的支持，提升 CDM 项目的技术水平和管理水平，为未来的碳交易体系打下基础。在条件成熟时，可以模仿欧盟排放减排体系，确定按区域或行业分配排放配额，推出中国碳排放交易体系，最大限度地争取在国际碳交易市场中的发展机会。

（二）金融机构与碳金融

如果国内金融机构能够在中国 CDM 项目与国际碳交易市场建立起良好的中介关系，国内项目业主就可以借助国际碳交易市场进行套期保值、规避项目风险。比如国内卖方在签订出售协议前，在国际碳交易市场上建立期货空头头寸，在正式签约时对冲平仓，这样可以对冲这段时间排放权价格下跌的风险。一旦签订了未来几年的出售协议，卖方还可以在期货市场上建立多头头寸，以防止排放权价格上涨而流失的利润，并且头寸可以随着合同期的延续而不断展期。

CDM 项目中蕴含着对金融中介服务巨大的需求，商业银行通过提供融资租赁、财务顾问、资金账户管理、基金托管等业务，可以拓宽中间业务收入来源，逐步优化商业银行的收入结构；其次，碳金融作为一项全新的业务，客观要求商业银行创新业务运作模式、金融产品服务和风险管理方式，因而可以促进中国的商业银行创新能力的提升；再次，CDM 项目往往需要两个甚至多个国家的金融机构之间进行合作，中国的商业银行可以借此提高参与国际业务的议价技巧，加强与国际金融机构之间的业务往来，不断积累国际化经营的经验。

目前，中国的商业银行也开展了与碳交易有关的金融业务，推出了 CDM 项目融资和挂钩碳交易的结构性产品等业务和产品；在项目融资方面，比较有代表性的是兴业银行，该行与国际金融公司(IFC)开展合作,截至 2009 年 3 月,全行 34 家分行全部发放了节能减排项目贷款业务,共支持全国 91 个节能减排项目,融资金额达到 35.34 亿元;在理财产品开发方面,深圳发展银行和中国银行在 2007 年 8 月推出了"二氧化碳挂钩型"人民币/美元理财产品,挂钩标的是在 ECX 上市、交易非常活跃的 EU ETS 第二阶段的 EUAs 期货合约。

但是目前此类业务仍处于探索阶段,总体来说,中国金融机构对与碳交易相关的金融产品开发不足,相关服务产业发展缓慢,参与国际碳交易市场程度较低。即使中国从事 CDM 项目最活跃的兴业银行在其 CDM 项目中也只能做中介代理服务,撮合国内卖家和国际买家,收取很少的手续费。

(三)中国碳金融的发展方向

在未来的中国碳排放交易体系中,中国的金融机构除了为 CDM 项目的投融资以及提供相关的金融中介服务外,最迫切需要的是中国自己的碳金融衍生品,这也是中国碳金融发展的关键。目前,中国已经成立三家具有开展全国性排放权交易能力的交易所(北京环境交易所、上海环境能源交易所和天津排放权交易所),通过国际合作,引进国外碳金融衍生品的设计技术、管理经验和交易机制,已经具有开展碳交易和设计碳金融衍生产品的能力。

首先,可以先适时推出 CERs 现货交易。以国内现有的 CDM 项目中获得签发的 CERs 作为交易标的物,在交易所挂牌交易,建立 CERs 的现货交易市场。吸引国内外的投资者进入,初步形成中国 CERs 的现货价格机制。

其次,以国内现有的经过 CDM EB 注册的 CDM 项目为基础,以其未来可能获得的签发的 CERs 指标为交易标的物,设计相应的远期合约,这样不仅可以为 CDM 项目企业提供新的融资工具和风险规避手段,而且可以吸引大量投机者参与,形成更具活力的远期价格。这样后续国内 CDM 项目就有可供参照的碳价格依据,更易于估计项目未来的收益水平,促进国内 CDM 项目的发展。

第三,当中国的碳排放交易体系建立后,可以开始碳期货期权交易。引入期货交易机制,以中国的减排配额作为标的物,统一制定期货合约,推出以人民币计价的碳金融衍生产品,确立中国的碳定价机制。

中国碳期货、期权的引入不仅可以满足国内未来排放交易体系的交易需求,使企业可以通过套期保值来规避市场风险,金融机构可以通过套利活动设计相应的理财产品,开展金融创新。同时,还可以通过这些碳金融产品的交易来影响国际碳市场的碳价格,使国内碳交易市场在参与国际碳市场定价中掌握主动权。未来还可以将国内碳交易市场发展成为国际碳金融中心,引导国际碳价格在某一程度上向有利于中国的方向发展。

参 考 文 献

[1] 国家气候变化对策协调小组办公室. 全球气候变化——人类面临的挑战[M]. 北京:商务印书馆,2004

[2] 魏一鸣,刘兰翠,范英等. 中国能源报告(2008):碳排放研究[M]. 北京:科学出版社,2008

[3] 吕学都,刘德顺. 清洁发展机制在中国[M]. 北京:清华大学出版社,2005

[4] 国家气候变化对策协调小组办公室,清华大学核能与新能源技术研究院. 中国清洁发展机制项目开发指南[M]. 北京:中国环境科学出版社,2006

[5] 陈迎,潘家华,庄贵阳. 斯特恩报告及其对后京都谈判的可能影响[J]. 气候变化研究进展,2007,3(2):114~119

[6] 陈迎,潘家华. 对斯特恩新报告的要点评述和解读[J]. 气候变化研究进展,2008,4(5):266~271

[7] 韩昭庆.《京都议定书》的背景及其相关问题分析[J].复旦学报（社会科学版），2002(2)：100～104

[8] 苏伟，吕学都，孙国顺.未来联合国气候变化谈判的核心内容及前景展望——巴厘岛路线图解读[J].气候变化研究进展，2008，4(1)

[9] 廖玫，戴嘉.国际碳排放贸易的市场格局及其准入条件研究[J].财贸研究，2008(1)：67～72

[10] 章升东，宋维明，李怒云.国际碳市场现状与趋势[J].世界林业研究，2005，18(5)：10～15

[11] 陈文颖，吴宗鑫.气候变化的历史责任与碳排放限额分配[J].中国环境科学，1998，18(6)：481～485

[12] 陈文颖，吴宗鑫.碳排放权分配与碳排放权交易[J].清华大学学报（自然科学版），1998，38(12)：15～18

[13] 王伟中，陈滨，鲁传一等.《京都议定书》和碳排放权分配问题[J].清华大学学报（自然科学版），2002，17(6)：81～85

[14] 陈文颖，吴宗鑫，何建坤.全球未来碳排放权"两个趋同"的分配方法[J].清华大学学报（自然科学版），2005，45(6)：850～854

[15] 高广生.气候变化与碳排放权分配[J].气候变化研究进展.2006，2(6)：301～304

[16] 张中祥.排放权贸易市场的经济影响——基于 12 个国家和地区的减排边际成本全球模型分析[J].数量经济技术经济研究，2003(9)：95～99

[17] 陈迎.国际气候制度的演进及对中国谈判立场的分析[J].世界政治与经济，2007(2)：53～57

[18] 高鹏飞，陈文颖，何建坤.中国的二氧化碳边际减排成本[J].清华大学学报（自然科学版），2004，44(9)：1192～1195

[19] 邓梁春，吴昌华.中国参与构建 2012 年后国际气候制度的战略思考[J].气候变化研究进展，2009，5(3)：156～163

[20] 庄贵阳.后京都时代国际气候治理与中国的战略选择[J].世界政治与经济，2008(8)：6～13

[21] 朱松丽.欧盟第二承诺期减排目标初步分析[J].气候变化研究进展，2009，5(2)

[22] 涂毅.国际温室气体（碳）排放权市场的发展及其启示[J].江西财经大学学报，2008(2)：16～19

[23] 王颖，管清友.碳交易计价结算货币：理论、现实与选择[J].当代亚太，2009(1)：110～128

[24] 王灿，傅平，陈吉宁.清洁发展机制对温室气体减排的贡献[J].清华大学学报（自然科学版），2008，48(3)：358～366

[25] 郑爽.CDM 项目的风险与控制[J].中国能源，2006，28(3)：19～21

[26] 郭元.发展中国家政府对国内 CDM 项目管理的经济手段[J].中国能源，2006，28(4)：22～27

[27] 秦克.CDM 项目开发流程与实施模式的选择[J].现代管理科学，2007(12)：99～100

[28] 陈文颖，滕飞.国际合作碳减排机制模型[J].清华大学学报（自然科学版），2005，45(16)：854～857

[29] 杜姣，万玉秋，张汉文.清洁发展机制（CDM）实践及理论研究进展[J].环境保护科学，2007，33(4)：121～124

[30] 魏一鸣，张跃军，邹乐乐等.欧盟排放交易体系对我国的启示[N].科学时报，2009-8-20

[31] 王灿，陈吉宁，邹骥.气候政策研究中的数学模型评述[J].上海环境科学，2002，21(7)：435～442

［32］刘强.能源环境政策评价模型的比较分析［J］.中国能源,2008,30(5):26～31

［33］魏一鸣,刘兰翠,范英等.能源-经济-环境复杂系统建模与应用进展［J］.管理学报,2005,2(2):159～178

［34］庄贵阳.欧盟温室气体排放贸易机制及其对中国的启示［J］.欧洲研究,2006(3):68～87

［35］Alberola E. , Chevallier J. , Chèze B. . Price Drivers and Structural Breaks in European Carbon Prices 2005—2007. Energy Policy,2008,36(2): 787～797

［36］Alberola E. , Chevallier J. . Banking and Borrowing in the EU ETS: An Econometric Appraisal of the 2005—2007 Inter-temporal Market［J］. Journal of Energy, Environment, and Economics,2009,17(4)

［37］Bacchetta, Wincoop. A Theory of the Currency Denomination of International trade［J］. ECB Working Paper,2002(177)

［38］Beat Hintermann. Pricing Carbon: Allowance Price Determination in the EU ETS［J］. University of Maryland,2008

［39］Benz E. . Trück S. . Modeling the Price Dynamics of CO_2 Emission Allowances［J］. Energy Economics,2009,31(1): 4～15

［40］Bö Hringer, C. ,. Lange, A. ,. On the Design of Optimal Grandfathering Schemes for Emission Allowances［J］. European Economics Review,2005(49): 2041～2055

［41］Bö Hringer C. , Hoffmann T. . The Efficiency Costs of Separating Carbon Markets Under the EU Emissions Trading Scheme: A Quantitative Assessment for Germany［J］. Energy Economics, 2006,28(1): 44～61

［42］Bosetti V. , et al. . Banking Permits:Economic Efficiency and Distributional Effects［J］. Journal of Policy Modeling, 2009(31): 382～403

［43］Buchner B. ,Carraro C. , Ellerman A D. . The Allocation of EU Allowances: Lessons, Unifying Themes and General Principles［J］. Working Paper, MIT Joint Program on the Science and Policy of Global,2006

［44］Cramton P. ,Suzi Kerr. Tradeable Carbon Permit Auctions: How and Why to Auction not Grandfather? ［J］. Energy Policy, 2002(30): 333～345

［45］Chevallier, Julien. Strategic Manipulation on Emissions Trading Banking Program with Fixed Horizon［J］. Economics Bulletin,2008, 17(14) :1～9

［46］Christianse A C. , Wetttestad J. . The EU as a Frontrunner on Greenhouse Gas Emissions Trading:How Did it Happen and will the EU Succeed［J］. Climate Policy, 3(1),3～18

［47］Climate Group. Breaking the Climate Deadlock: A Global Deal for our Low Carbon Future［J］. http://www. theclimategroup. org/,2008

［48］Damien Demailly, Philippe Quirion. EU ETS and Competitiveness: A Case Study on the Iron and Steel Industry［J］. Energy Economics,2008(30):2009～2027

［49］Dan Barry, Arreon Carbon. State and Trends of the Carbon Market 2009［R］. The World Bank, 2009

［50］Daskalakis G. , Raphael N. Markellos. Are the Europen Carbon Markets Efficient［J］. Review of Futures Markets, 2008,17(2), 103～128

［51］Daskalakis, G. , Psychoyios, D. Markellos, R. N. . Modeling CO_2 Emission Allowance Prices and Derivative: Evidence from the European Trading Scheme［J］. Journal of Banking & Finance,2009

［52］Dusak K. . Futures Trading and Investor Returns: An Investigation of Commodity Market Risk Premiums［J］. Journal of Political Economics,1973(81):1387～1406

［53］ Ellerman A. D. ，Montero J P. . The Temporal Efficiency of SO_2 Emissions Trading［J］. MIT Center for Energy and Environmental Policy Research Working Pape，2002

［54］ Ellerman A. D. ，. U. S. Experience with Emissions Trading：Lessons for CO_2 Emissions Trading［R］. The 10th Symposium of the Egon-Sohmen Foundation Climate Policy：US and European Views，Dresden，2002

［55］ Ellerman A D. ，Buchner B. . Over-allocation or Abatement? A Preliminary Analysis of the EU Emissions Trading Scheme Based on the 2005 Emissions Data［J］. Working Paper，MIT Joint Program on the Science and Policy of Global Change，2006

［56］ Ellerman A. D. ，Buchner B. . The European Union Emissions Trading Scheme：Origins，Allocation，and Early Results［J］. Review of Environmental Economics and Policy，2007,1(1)：66～87

［57］ Ellerman A D. ，Decaux A. . Analysis of Post-Kyoto CO_2 Emissions Trading Using Marginal Abatement Curves［J］. Working Paper，MIT Joint Program on the Science and Policy of Global Change，2006

［58］ Frank J. ，Redmond L. . Market and Price Developments in the EU ETS［J］. Review of Environmental Economics and Policy，2007,1(1)：88～111

［59］ Georgopoulou E. ，Sarafidis Y，Mirasgedis M. . Next Allocation Phases Phase of the EU Emissions Trading Scheme：How Tough will the Future be［J］. Energy Policy，2006,34(18)：4002～4023

［60］ George Milunovich，Roselyne Joyeux. Testing Market Efficiency and Price Discovery in European Carbon Market［J］. Working Paper，Macquarie Uninversity，2007

［61］ Gibson et al. . Stochastic Convenience Yield and the Pricing of Oil Contigent Claims. Journal of Finance，1990(45)：959～976

［62］ Ginlinger E. ，Hamon J. . Actual Share Repurchases，Timing and Liquidity［J］. Journal of Banking&Finance，2007,31(3)：914～938

［63］ Grubler et al. . Dynamics of Energy Technologies and Global Change［J］. Energy Policy，1999(27)：247～280

［64］ Grubb M. ，Neuhoff K. . Allocation and Competitiveness in the EU Emissions Trading Scheme：Policy Overview［J］. Climate Policy，2006(6)：7～30

［65］ Harri Laurikkaa，Tiina Koljonenb. Emissions Trading and Investment Decisions in the Power Sector—A Case Study in Finland［J］. Energy Policy，2006(34)：1063～1074

［66］ Harro Van，Asselt，Frank Biermann. European Emissions Trading and the International Competitiveness of Energy-Intensive Industries：A Legal and Political Evaluation of Possible Supporting Measures［J］. Energy Policy，2007(35)：497～506

［67］ Hepburn C. ，Grubb M. ，Neuhoff K. ，Matthes F. ，Tse M. . Auctioning of EU ETS Phase II Allowances：How and Why? ［J］. Climate Policy，2006(6)：137～160

［68］ IEA. CO_2 Allowance & Electricity Price Interaction［J］. IEA Information Paper，2007

［69］ IPCC. Summary for Policymakers of the Synthesis Report of the IPCC Fourth Assessment Report［M］. Cambridge，UK：Cambridge University Press，2007

［70］ Jean-Charles Hourcade，Damien Demailly，Karsten Neuhoff，Misato Sato. Differentiation and Dynamics of EU ETS Industrial Competitive Impacts［R］. Climate Strategies Report，2007

［71］ Johnston A. . Free Allocation of Allowances under the EU ETS：Iegal Issues［J］. Climate Policy，2006，6(2)：115～136

［72］ Julia Reinaud. Industrial Competitiveness under the EU ETS［R］. IEA Information Report，2004

[73] John A. Mathews. How Carbon Credits Could Drive the Emergence of Renewable Energies[J]. Energy Policy,2008(36):3633~3639

[74] Klepper,Gernot,Peterson, Sonja M.. The EU Emissions Trading Scheme:Allowance Prices, Trade Flows, Competitiveness Effects[J]. FEEM Working Paper,2004,49(4)

[75] Kling C., Rubin J.. Bankable Permits for the Control of Environmental Pollution[J]. Journal of Public Economics 1997(64):101~115

[76] Luis M. A., Bilbao Bizkaia Kutxa, Gran Vía. Carbon Price Risk and the Clean dark Spread. http://www.fae1-eao1.ehu.es/,2008

[77] Mansanet M.. CO$_2$ Prices, Energy and Weather[J]. Journal of Energy, 2007,28(3):73~92

[78] Marliese Uhrig Homburg, Michael Wolfgan Wagner. Futures Price Dynamics of CO$_2$ Emission Certificates—an Empirical Analysis[J]. Journal of Derivatives, 2009,17(2):73~88

[79] María Isabel Blancoa, Glória Rodriguesb. Can the Future EU ETS Support Wind Energy Investments? [J]. Energy Policy, 2008(36):1509~1520

[80] Michael Grubb, Karsten Neuhoff. Allocation and Competitiveness in the EU ETS: Policy Overview[J]. Climate Policy, 2006,6 (1):7~30

[81] Michael W. Wara, David G.. A Realistic Policy on International Carbon Offsets[D]. Stanford Univeresity: Program on Energy and Sustainable Development Working Paper,2008(74)

[82] Neuhoff K., et al.. Implications of Announced Phase II National Allocation Plans for the EU ETS[J]. 2006,6 (2):411~422

[83] Ralf Antes, Bernd Hansjürgens, Peter Letmathe. Emissions Trading and Business[M]. Physica-Verlag Heidelberg:Springer Science+Business Media,2006

[84] Regina Betz, Karoline Rogge, Joachim Schleich. EU Emissions Trading:An Early Analysis of National Allocation Plans for 2008—2012[J]. Climate Policz,2006,6 (4):24~39

[85] Reilly J M, Paltsev S.. An analysis of the Europen Emission Trading Scheme[J]. Working Paper, MIT Joint Program on the Science and Policy of Global Hange,2006

[86] Schleich J., et al.. Banning on Banking in EU Emissions Trading? [J]. Energy Policy, 2006(34):112~120

[87] Sonia Labatt, Rodney R. White. Carbon Finance:The Financial Implications of Climate Change[M]. New York:John Wiley & Sons, Inc.,2007

[88] Stern N.. The Economics of Climate Change:The Stern Review[M]. Cambridge, UK: Cambridge University Press,2006

[89] Stern N.. Key Elements of a Global Deal on Climate Change[J]. The London School of Economics and Political Science (LSE),2008

[90] Working H.. The Theory of Price of Storage[J]. American Economic Review,1949 (39):1254~1262

[91] WoerdmanO.,Nentjes A.. Energy Prices and Emissions Trading:Windfall Profits from Grandfathering[J]. Journal of Law and Economics, 2009,28 (2):185~202

[92] Volker H. Hoffmann. EU ETS and Investment Decisions: the Case of the German Electricity Industry[J]. Journal of European Management,2007,25(6):464~474

[93] Verena Graichen. Impacts of the EU ETS on Industrial Competitiveness in Germany[J]. Conference on the International Dimensions of Climate Policies, Bern, 2009

附　　录

附表 7-1　欧洲气候交易所(ECX)EUAS 期货合约

交易单位	1 000 单位 EUA/手(相当于 1 000 吨二氧化碳/手)	最小交易量	1 手
报价单位	每吨二氧化碳以欧元和欧分计价		
交易时间 (伦敦时间)	周一到周五,从上午 7:00 至下午 5:00 在 ICE 的 WebICE 电子交易平台上进行交易		
结算价格	每天下午 4:50:00 至 4:59:59 停止交易,加权平均计算当日结算价		
价格波动范围	最小每吨 0.01 欧元,最大没有限制		
交易月份	挂牌交易的合约按季度到期日进行循环,即 3 月、6 月、9 月和 12 月为合约月份,每份合约存续时间为一季度		
交割日	以每个合约月份的最后一个星期一作为交割日(如果最后一个星期一是非营业日或有非经营性的 4 天,则交易的交割日将是倒数第二个周一)		
保证金要求	按未平仓合约逐日盯市		

附表 7-2　欧洲气候交易所(ECX)EUAS 期货期权合约

交易单位	1 份 ICE ECX 的 EUAS 期货合约(欧式期权)
报价单位	每吨二氧化碳以欧元和欧分计价
交易时间 (伦敦时间)	周一到周五,从上午 7:00 至下午 5:00 在 ICE 的 WebICE 电子交易平台上进行交易,每天下午 4:50:00 至 4:59:59 进行集合竞价
期权行权价格	行权价格的增量是每吨 50 欧分的倍数。每份合约自动罗列了 109 个报价区间,覆盖价格范围从 1.00 欧元到 55.00 欧元,每天交易所可能增加一个或几个最接近于最后所列价格的行权价。
价格波动范围	最小每吨 0.01 欧元,最大没有限制
合约月份	EUA 期货合约的前 8 个报价月份合约(3—12 月),一旦有期权到期,马上引入 4 个新的月份合约,这样始终保持 8 个交易月份合约
最后交易日	在相关的 3 月、6 月、9 月和 12 月期货合约到期前 3 个交易日结束期权交易
期权的行使	买入看涨期权或看跌期权的交易者可以最晚在合约期限内的任意营业日下午 5:00 前,通知伦敦清算所执行期权

第八章

能源税与碳税

在《京都议定书》的国际合作框架下,碳排放交易市场机制作为主要的经济手段,由于其自身存在的制度性缺陷,越来越受到各个方面的诟病。碳交易机制与碳税、管制三种政策相协调的综合碳减排方案逐渐浮出水面。

碳税是一种环境税,是按照化石燃料燃烧后的二氧化碳排放量征税的一种节能减排的经济手段。目前碳税在发达国家已逐渐推广实施,而发达国家还希望将碳税进一步向全球范围推广。支持碳税政策者认为碳税不仅可以使得替代能源与廉价燃料相比更具成本竞争力,推动替代能源的使用,而且通过征收碳税获得的收入还可用于资助环保项目或对节能减排技术进行补贴。此外,与碳排放交易市场机制不同,征收碳税不仅管理成本非常低,实施过程也更简便、公正,而且更具有可预见性,通过为碳排放设定了一个明确的价格,更有利于估算节能减排进行的投资预期收益,降低风险。反对碳税政策者则认为碳税将降低能源密集型产业,尤其是发展中国家相关产业的国际竞争力,不利于发展中国家的工业化进程,而且客观上有可能沦为发达国家实施贸易保护主义的新手段,尤其是如果以美国为首的西方发达国家在征收国内碳税的同时,开征碳关税,那就意味着低效率、高能耗、生产工艺落后的发展中国家的国际竞争力将大幅下降。

碳税如何征收,会有什么样的政策效应,如何分配碳税收入,对什么样的产业要实施碳税优惠政策,怎么样把碳交易机制、碳税和管制措施三者有机结合以保证减排的效率和减少对经济的影响,这些都是目前学术界非常关注的问题。

本章将首先分析环境税收和能源税收政策对节能减排的影响,两者的基本框架、效率和影响、国际协调机制,以及对发达国家政策实践进行分析和归纳。其次,从环境成效、成本效益、分配效果(公平性)和体制上的可行性四个方面对碳税和碳交易机制、能源税进行比较,分析目前经合组织(OECD)国家碳税政策的实施情况。对碳税对经济发展、产业竞争力、居民收入分配的影响等问题的研究现状进行了归纳,对碳税的最优时间路径、碳税与贸易的关系、碳税与能源价格等问题进行探讨,指出未来的碳税发展前景和国际协调的框架。最后,对中国是否应开征能源税/碳税,何时开征,如何开征等问题以及如何应对"碳关税"的影响等进行探讨。

第一节　环　境　税

Margaret(2001)指出环境污染的控制已经从污染媒介转向产品生命周期污染控制,需要从系统综合的角度采取整合而非单一的政策工具来解决环境污染问题。环境税收政策是为了实现环保目的而制定的一系列相互协调、相互补充政策工具的组合。环境税收政策体系包括环境税、与环境和资源有关的税收和优惠、消除或治理环境污染的政府补贴以及相关配套政策。碳税是环境税的一个税种,因此对环境税进行相应探讨,有利于深入理解碳税的运作机制。

一、环境税

(一)基本框架

1. 理论基础

环境税,也称为生态税(ecological taxation)或绿色税(green tax),其可溯源到由福利经济学家庇古所提出的庇古税(Pigouivain tax)。按照庇古的观点,导致市场配置资源失效的原因是经济主体的私人成本与社会成本不相一致,从而私人的最优导致社会的非最优(见图8-1左)。因此,纠正外部性的方法就是政府通过征税或者补贴来矫正经济主体的私人成本,则资源配置就可以达到帕累托最优状态,这种方法也被称为庇古税。资源枯竭和环境恶化就是外部性的典型表现,而环境税根据经济活动的污染环境治理的边际成本与边际外部损害成本的均衡情况确定相关税率,通过赋予环境资源一个合理的价格,迫使污染者(生产者和消费者)为其污染行为所造成的外部性承担经济责任,把环境污染的社会成本内化到生产成本和市场价格中去,使污染排放达到最适度状态(见图8-1右)。

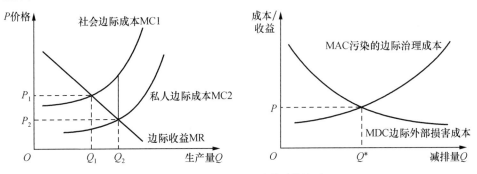

图 8-1　外部性(左)及最适度的减排量(右)

2. 基本构成

环境污染和资源浪费不是单纯在生产过程中产生,而是充斥在整个生产过程、消费过程和最终处置过程中。尤其是在消费环节中消费者本身及其消费产品种类和数量更不确定,产生污染的地点和数量也是不确定的,不利于集中处理,而且每次产生污染的数量小且分散,也不利于监测。环境税不同于其他环境保护的经济手段之处在于,环境税的税种和税率可以灵活多样,可以对产品生命周期产生的所有污染进行控制。

（1）税基选择

理论上环境税的计税基础有三种选择,一是以污染企业的产量为税基,其主要理由是污染物的排放与企业产品或劳务总量之间存在着固定比例的正相关性。二是以生产要素或消费品中所包含污染物数量为税基,但在实践中生产要素或消费品中所包含的污染物成分与污染物排放量之间并不一定存在因果关系,特别是这种税基没有考虑到企业治理污染的可能性,所以第三种计税基础,即以污染物排放量为税基,这样企业在维持或增加产量的情况下,只要减轻排放量,即可减轻环境税负担,刺激其选择合适的治污方式减少污染。

（2）税率水平

环境税税率水平的设计应该遵循以下原则:(a)税率水平应最大限度地反映减排的边际成本;(b)税率水平应该考虑对宏观经济和产业竞争力的影响;(c)税率水平的设计应该充分考虑不同污染物对环境损害的差别因素;(d)税率水平应该循序渐进地提高;(e)税率水平还涉及与其他税种税负的平衡等。所以,环境税税率的制定应依据污染物排放对环境的边际损害越大税率越高的原则,同时充分考虑负担水平,应以环境税的负担能满足政府为消除纳税人所造成的污染而支付的全部费用为最低限量。

环境税的先决条件是首先确定社会和私人边际成本,这样才能计算出准确的税率。污染损坏的成本计算虽然现在有各种各样的方法,如生产率法、机会成本法、恢复和防护费用法、工资损失法、调查评价法等,但是计算的难度还是很大。因为包括从企业产品的生产造成污染到这些污染在环境中长期积累并对人们产生危害是一个复杂的过程,所以边际外部成本的确定需要一系列的详细信息。政府受自身技术条件的限制,而企业不愿主动向政府提供这类信息,所以要确定边际成本是非常困难的。由于存在信息的不对称和公共产品的"搭便车"行为,环境税征收的各个环节还涉及不同的利益集团,因此税率的制定只能是最大限度地反映减排的边际成本。

(3)税种设计

环境税并不是一个税种,而是由多个税种所组成的体系,按产品生命周期征收环境税的思路,以及现有的税收体系及其发展方向,环境税可以概括为一般环境税、直接税和间接税三种形式(见图8-2)。

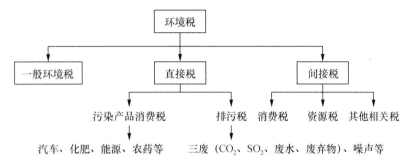

图 8-2　环境税体系的基本框架

(a)一般环境税,也称为环境附加税,目的在于筹集环境保护和治理的专项资金。可以是基于"受益者付费"原则,对所有从环境保护和环境治理中受益的人征税,其税率的设计可以参照个人所得税,依据高收入高消费高污染的思路进行征收,也可以基于"使用者付费"原则,参照美国超级基金的模式,对可能的污染物征税,税收收入专门用于该污染物的治理。

(b)直接税,直接税包括排污税和污染产品消费税两类。

排污税是基于"污染者付费"原则,按照污染物的排放量或经济活动对环境的危害程度来征收的一种从量税。排污税根据企业生产中排放污染物的种类和数量直接征收,主要是针对工业三废(废气、废水、废弃物)及噪声、辐射等征收的污染税。

污染产品消费税是基于"使用者付费"原则,对在使用过程或使用后可能引起环境污染的商品征税,例如汽车、杀虫剂、农药、一次性产品、燃料等。

(c)间接税,包括消费税、资源税和其他相关税等。间接税不是单独设立的环境税税种,而是将环境税附加在已有税种中,通过调整现有税种的税率差别及减免政策等实现减少环境污染和资源消耗的目的。

消费税主要是通过对不同污染程度的商品按不同税率征税,来引导消费者的消费行为和习惯,倒逼生产企业改变产品结构和生产方式,实现环境保护和可持续发展。比如对无铅汽油和含铅汽油在税收上的区别对待,鼓励无铅汽油的使用,对不同排量的汽车征收不同购置税,鼓励小排量汽车等。

资源税,基于"受益者付费"原则对资源开采征税,用于治理资源开发产生的污染,同时提高资源开发的效率。如根据污水处理费用在城市水费中增加污水处理费、根据对森林和草场退化情况征收还草还林税(费)和根据回采率或矿产开发后产生污染处理的情况征收矿产税等。

除了环境税外,还有税收差别和税收减免等手段,通过对生产和消费过程中污染程度不同的商品采取不同的税率或减免征税来引导和鼓励企业或消费者改变生产生活模式,如对无铅和含铅汽油采用的不同消费税率等。

(二)环境税的效率与影响

1.环境税的效率

环境税的效率主要体现在三个方面:从宏观层面,环境税的效率是指税收政策有利于经济运行、资源配置和社会发展;从微观层面上,环境税的效率是指环境税负的公平合理分担和税收收入的合理分配利用;从税收效率的角度,环境税的效率是指税收管理的低成本和便利性。

宏观层面上,环境税通过对环境资源的定价,改变市场价格信号,在减少生产和消费过程中的污染排放的同时,透过替代效应鼓励节能减排和有利环境(环境友好型)的生产和消费行为。环境税的消费替代效应是指通过对环境污染较严重的商品征税,从而导致该类型商品的相对价格上涨,当商品的需求弹性和可替代性较高时,对这类商品征税的环境效应也就越好,更有助于引导家庭的消费行为。而环境税的生产替代效应是指通过对自然资源的开采,污染环境的生产行为及产品进行征税,迫使企业选择适当的资源节约和污染控制技术。

微观层面上,环境税对贫富阶层、不同区域和代际资源利用和环境保护也会产生影响,透过公平效应平衡社会福利的分配。环境税对资源的开采或环境的利用征税,让富裕阶层为弥补其对资源的较多占用而使其他人丧失对该资源的使用所造成的损失支付费用,有利于调节个人收入分配。通过允许经济效益较高和生态效益较低的地区进行适当的开发利用,同时征收相应的环境税以弥补经济效益较低和生态效益较高的地区放弃开发利用的经济损失,有利于平衡区域发展水平。实施环境税还有助于实现资源利用中的代际公平,促使人类合理、有节制地开发利用环境资源,在满足当代发展要求的同时,考虑到未来的发展空间。

从税收效率的角度,环境税的效率要高于排污费。环境税是在排污费基础上发展起来的,虽然从经济意义和作用机理上看,收费和征税没有本质上的区别,都可以将环境污染的外部性内部化,但是由于税收更具有强制性、固定性和统一性,减少机构重叠及部门和地方利益的干扰,节约管理成本,更具效率。

2. 环境税的影响

Pearce(1991)提出"双重红利"假说(double dividend),根据税收中性[①]的环境税收改革原则,其指出环境税收体系不仅可以改善环境,而且结合税收收入的循环利用,还具有增加就业、促进经济结构合理化。这一思想的确立不仅减轻了环境税制改革的社会阻力,也增加了政策制定者实施环境税收政策的信心和决心。

环境税收理论研究在此基础上取得突破性的进展,Goulder(1995)、Bovenberg(1999)等通过一般均衡分析框架进行外部性的经济分析,结果表明,由于庇古税是在一个极其严格的约束条件下才成立的,考虑到现实中业已存在的税收扭曲,环境税改革会产生一个相互作用效应,会使得环境税无法达到最优的庇古税水平。但是除了由于更低的污染外部性而增加环境福利,即"绿色红利"外,环境税增加的收入还可被用来减少其他已存在的税收扭曲,从而由于税收系统更少的损失产生福利红利,即"效率红利"。

在目前"双重红利"假说众多的研究中,主要有三种解释:一是"弱双重红利",它是指用环境税收入减少原有的扭曲性税收,减少税收的额外负担;二是"强双重红利",即通过环境税改革可以实现环境收益以及现行税收制度效率的改进,以提高福利水平;三是"就业双重红利",这种观点是指相对于改革之前,环境税改革在提高环境质量的同时促进就业。几乎所有的经济学家都赞成"绿色红利"的存在性,他们中的大部分也赞成"弱双重红利"可能存在,但关于"强双重红利"和"就业双重红利"存在很大争论,理论文献至今未达成明确的结论。比如 Bovenberg 和 Mooij (1994)的研究就指出,环境税收存在"收入循环效应"(revenue-recycling effect)和"税收交互效应"(tax-interaction effect)。前者是指税收当局将环境税收入用以降低劳动所得税后,将使得劳动者的供给意愿增加,失业率减少。后者是指对污染性的产品课征环境税,导致污染性产品的价格上涨,使得劳动所得的实际购买力降低,当劳动供给弹性为正时,劳动供给就减少,会降低收入循环效应。这就隐含地说明环境税和所得税一样会产生扭曲效应,极有可能使得原本预期的"就业双重红利"不存在。这一结果引发了对"双重红利"假说的质疑。

但是大量的实证及政策评估显示,环境税对经济、就业的影响是积极的,并且"强双重红利"

---

① 税收中性是一个相对概念,通常用来表示政府利用税收干预经济的程度,一般包含两种含义:一是国家征税使社会所付出的代价以税款为限,尽可能不给纳税人或社会带来其他的额外损失或负担;二是国家征税应避免对市场经济正常运行的干扰,特别是不能使税收成为超越市场机制而成为资源配置的决定因素。税收中性的实践意义在于尽量减少税收对市场经济正常运行的干扰,在市场对资源配置起基础作用的前提下,有效地发挥税收的调节作用,使市场机制和税收机制达到最优结合。

和"就业双重红利"仍有可能是存在的。根据欧盟环境局(2000)对欧盟成员国的 16 种环境税进行的评估显示,这些税都具有环境效益,而且达到环境目标所花的费用是合理的。成功的例子包括瑞典的二氧化硫税和氮氧化物税、德国的有毒废物税、荷兰的水污染税以及瑞典的含铅燃料和"清洁"燃料的差别税制等。并且其通过减免政策、补贴及税制改革等措施大大减小在实施过程中给行业竞争力、就业、物价及低收入人群带来的负面影响。Andrew 和 Bosque(2001)对 OECD 国家的实证研究结果表明,无论是个别部门,或是整个国民经济,环境税收政策对竞争力的影响极为有限(环境污染控制成本仅占生产成本的 3.5% 左右),同时也没有明显的证据表明,较高的环境标准会对厂商、产业或整个国民经济产生系统性的负面影响。通过征收环境税来降低个人所得税,在一些国家劳动力供给刚性的情况下,可以在一定程度上达到增加劳动供给量,提高就业率。许多 OECD 国家在失业率居高不下的情况下,希望通过征收环境税,同时改革税制降低所得税率,促进就业。1999 年 4 月,德国推出《实施生态税收改革法》重新调整税负,将生态税款用于降低工资附加费用,尤其是每月缴纳的养老保险金。预计该项改革在十年内可以创造约 26 万个就业机会。

(三)国际协调

环境的国际问题,一是环境问题的影响是否是跨境或区域性甚至全球性的,二是环境问题的解决是否涉及跨国多边合作及国际协调。全球经济一体化使得环境政策会存在通过贸易、投资、产业转移等渠道产生环境"泄漏"问题,直接影响相应政策的有效性[①]。环境税作为一种国内税,单靠一国努力可能很难达到应有的环境效果,有时甚至是无效的。而税收作为是国家主权的重要组成部分,各国政府对税收的运用目的和具体方式是有差异的,不仅取决于一国的经济发展进程、政治制度以及不同社会偏好,还取决于其在国际经济中的地位和开放程度。理想化的情况是建立超主权的国际机构统一对各国进行环境税收的征收和管理,但是较为可行的解决方法仍是通过双边或多边合作来进行环境税的国际协调。

1. 国际协调的原则

环境税的国际协调是为了保证环境税在全球范围内实施的有效性,协调国家间税收权益的冲突,恰当解决环境税的税收归宿,实现国家间谁污染谁治理的目标。环境税的国际协调需要考虑国家主权、各国经济发展的不平衡状态、税制差异及其对国际经济的影响等因素,应该建立在尊重各国主权、避免双重征税以及承认国家间差异性的基础上。

(1)主权与协调

国际合作强调的是各主权国家的彼此协调,若没有主权存在,也就无所谓协调,因此主权是国际税收协调的前提和基础。针对跨国环境税的国际协调,《里约宣言》里提出的三个基本原则:第一,各国有开发资源的主权,但不要对辖区外的国家或地区造成环境损害;第二,在维护环境方面,各国负有合作的责任;第三,提倡环境成本内在化,运用经济手段。其原则就是承认各国享有开发资源和开征环境税的主权,但是不能滥用主权,尤其是行使危害全球环境的措施,而应当加强各国在平等与互利基础上的协调与合作。

(2)避免双重征(免)税

环境税更多的是以国内税形式出现,一般采取产地原则或目的地原则[②]征收。当一国实行产地原则而另一国实行目的地原则时,同一批商品既要负担出口国征税的环境税,又要负担进口国的环境税,就会出现双重征税问题。由于出口商品要负担两国的环境税,它在进口国的国内市场上就不能与进口国生产的同类产品进行竞争,不利于国际贸易的公平竞争原则。另一方面,由于各国拥有自己的征税主权和放弃对某种商品征税的主权,也可能造成进口国与出口国双方的

---

① 1992 年在巴西里约热内卢召开的联合国环境与发展会议通过的《里约热内卢环境与发展宣言》(简称《里约宣言》)指出,环境政策的有效性包括环境有效、经济有效、管理便利和对贸易没有或影响很小。

② 产地原则是指一国政府有权对产自于本国的所有商品课税,而不论这些商品是在本国消费还是在国外消费;目的地原则即一国政府有权对本国消费的所有商品课税,而不论这些商品产自本国还是国外进口。

双重免税,使环境税失去应有的效用,不能做到环境成本的内部化,使市场失灵。要对同一外部性应避免双重征税,一般说来,环境受损国应得到优先征税权,并且对过多的征税给予退还。例如,环境问题由消费时产生,进口国应优先征税。

(3)国家间环境标准差异

发达国家和发展中国家的环境意识存在较大的差异,因此对环境标准也存在不同认识。某种意义上,环境标准是一定经济发展时期环境资源价值的一种体现,发达国家由于经历了以环境为代价的经济发展时期,积累了雄厚的财力基础,一般把环境标准定得较高;而发展中国家正处于经济发展过程中,经济基础薄弱,对于环境治理缺乏足够的经济实力,一般把环境标准定得较低。但是应当指出的是发达国家不但在发展中国家之前对环境和资源造成负的外部性,而且还在继续扩大这种代际之间的不公平,如对发展中国家资源的掠夺性开发、利用发展中国家宽松的环境保护政策转移重污染行业以及利用环保标准作为贸易保护的借口。

所以环境政策的国际协调,应遵循以下三个基本原则:①强调发达国家的历史责任和现实义务,在"共同但有区别"的原则框架下进行相应的政策协调;②未来环境问题的国际合作应根据各国的经济发展水平和环境状况差异来确定不同的环境标准,避免以环境保护作为发达国家贸易保护的借口;③为发展中国家保留一定的例外条款,确保发展中国家应有的发展权利和发展空间。

2. 国际协调的具体手段

环境税的国际协调较为理想的方式是通过国际谈判签订国际协定,对环境保护标准和环境税做出统一规定,并由独立的国际机构根据各国经济发展状况和全球环境状况进行调节。但目前的状况,现实可行的情况仍是在 WTO 框架下,通过边境调节税和环境关税等手段进行协调。

(1)边境税收调整[①]

WTO 规则允许成员国为保护环境而采取一定的措施,其中包括环境税,但征收环境税会影响国家竞争力。为使环境税中性化,WTO 允许进行边境税收调整(border tax adjustment),就是对本国产品征收环境税的国家可以对进口的类似产品征收边境调节税(Border Adjustment Tax,BAT),以平衡本国产品和进口产品,以及出口产品和外国产品的税收负担,使产品不因国家间的环境税政策的不同而有所区别。同时达到保护环境,又不使本国产品在国际市场上竞争力降低的双重目的。WTO 只允许对由产品负担或对产品征收的间接税进行边境税调整。WTO 成员国可以在国民待遇的基础上,对最终产品征收的环境税在产品进口或出口时进行边境税调整,对产品生产过程中投入的,已经转移到最终产品中的材料所征收的税也是可以进行边境税调整的。

(2)环境关税

所谓环境关税,是指以保护环境的名义对进出口商品所征收的边境调节税。通过关税的形式把环境费用有效地分摊给污染者,使得环境费用在商品中内在化,进而把环保费用包含在国际贸易商品价格中。环境关税的税率、征收标准、计税单位可根据进出口商品的污染程度、资源利用率及终端治理的难易程度而定。环境关税通常包括进口环境关税和出口环境关税。进口环境税是指对污染环境、影响生态的进口产品课征进口附加税。这种关税并非对所有输入的商品征收,只是对进入境内的严重污染或预期污染环境但又难以治理的原材料、产品以及大量消耗能源和自然资源的工艺、生产设备征收,主要包括最终产品、中间产品和原材料在使用过程中对环境产生的污染(如汽车、农药、清洁剂等)以及消费过程产生的对环境有害的残余物(如商品包装物、垃圾等)。出口环境关税是对输往国外的产品所征收的关税。这类产品一般属于下列两种情况:一是指产品的生产过程或生产过程的残余物对环境有害,如工业"三废";二是产品对输入国的污染极轻但会消耗本国的大量资源和能源。

若将环境保护与国际贸易结合起来考察时,不可避免地要触及 WTO 的前身关贸总协定

---

① 边境税收调整包括对进口产品征收国内税,而对出口产品免除国内税。边境税收调整的目的在于,根据目的地原则,调节国内间接税以消除重复征税,使国内税收对国际竞争的影响中性化。

(GATT)。GATT1994(《1994 关税与贸易总协定》)的第 2 条第 2 款规定,缔约国可以对于任何输入产品随时征收税费,其中(a)项规定,一国可以征收"与相同产品或这一输入产品赖以全部或部分制造或生产的物品按本协定第 3 条第 2 款征收与国内税相当的费用"。可见,GATT 允许其成员根据主权征收关税,但必须是基于第 3 条第 2 款的规定,即"缔约国领土的产品输入到另一缔约国领土时,不应对它直接或间接征收高于对相同的本国产品所直接或间接征收的国内税或其他国内费用"。也就是说,只要是基于国民待遇原则,成员国可以根据自己的环境计划,对进口的相同产品征收特别的以环境保护为目的的环境关税。因而,环境关税符合 WTO 的原则,以关税手段达到环境保护的目的。但它需要进出口双方的合作,是相互的,完全不同于国际贸易中的单边关税。

二、环境税收政策的实践

发达国家对环境保护的重视程度,环境保护的标准以及环境保护的投入都较发展中国家高,尤其是经合组织(OECD)成员国早在 20 世纪 70 年代就形成了一系列的环境税收制度,具有丰富的经验和较为完善的体系。

（一）发展状况

OECD 国家的环境税收体系发展经历了三个阶段:

第一阶段:20 世纪七八十年代,主要是采取"污染者付费"原则,针对污水和废弃物等突出的"显性污染"进行强制征收,要求排污者承担监测、控制排污行为的成本。

第二阶段:20 世纪 80 年代以来,环境税受到各发达国家的高度重视,虽然主要还是采取通过向排污厂家收税促使生产者改变对环境的污染行为。主要采用排污税、产品税和资源税等形式来引导企业的生产方式和家庭的消费行为方式。

第三阶段:进入 20 世纪 90 年代后,发达国家逐渐从零散的、个别的环境税税种的开征,税收与税收差别、税收减免等多种手段并举,发展形成了全面、系统的环境税收体系。

目前 OECD 国家的环境税、能源产品税有 150 多种,机动车辆税有 125 种,与废弃物管理相关的税有 50 多种,此外还有 40 多种其他类型的环境税,包括对排放到空气和水中的污染物等。OECD 成员国环境税的税基涉及的范围很广,不仅包括与环境污染相关的各个领域,还包括资源环境诸多方面,除了能源产品、运输设备和运输服务,还有空气水源污染排放物、臭氧消耗物质、特定的非点源水质污染物、废弃物管理和噪声,此外对于水、土地、土壤、森林、生物多样性、野生动物和鱼类等的综合管理也属于环境税税基。其中,对交通燃料和机动车辆税收收入占全体税收收入的 90%,对供暖、重工业燃料和电力征收的税占了 8%,对废弃物管理征收的税大概只占 1%。而其他环境税如农药、化肥、自然资源等所占的比例几乎可以忽略不计。

OECD 国家的环境税收体系具体包括以下几个方面。(a)污染税,主要是对排入环境中的三废征收排污税,如对废气排放征收的硫税、碳税、氮税等、水污染税、垃圾税等;以二氧化硫税为例,1972 年,美国率先开征二氧化硫税,按二氧化硫的浓度划分地区的不同等级进行征收:二氧化硫浓度达一级和二级标准的地区,每排放一磅硫分别征税 15 美分和 10 美分,二级以上的地区免税。20 世纪 90 年代,欧盟国家开始引入该税种,但各国征收方式不同,有的是按二氧化硫排放量征收(丹麦、波兰、意大利等),有的是按含硫量对能源产品(如焦炭等)征收(瑞典、挪威等)。(b)污染产品消费税,主要是对导致环境污染的产品进行征税,除了化肥、农药、洗涤剂、电池、一次性用品等外,最大的污染产品消费税是能源消费税。以汽油税为例,OECD 各成员国基本上都对汽油按含铅及无铅标准进行收税,通过差别税率来鼓励对无铅汽油的使用,使得无铅汽油的使用率接近 100%,产生良好的环境效益。(c)一般环境税,例如美国设立的由化学原料消费税、汽油消费税、公司所得附加税构成的专项基金——超级基金,为环境污染的治理提供专项资金。(d)消费税,如美国对超出平均燃油消耗量的新车征收名为"汽油饕餮鬼"(gas-guzzler)的税,抑制对大排量车型的需求。(e)资源税,主要是对资源的开采和使用征税,如对美国对石油征收开采税、荷兰的"地下水费"等。

此外，OECD 各国还充分利用税收激励措施，通过税收的抵免和优惠制度来促使企业和消费者采取有利于环境的方式进行生产和消费，其主要方式包括税收抵扣、减免征收、加速折旧等。例如美国为鼓励清洁能源的使用，于 1979 年颁布《能源税法》，对太阳能、风能等新能源的投资给予抵扣所得税的优惠。

（二）经验总结

OECD 国家环境税收体系具有以下特点。(a)以能源税为主体，税种多样化、税负重，迫使企业和消费者必须选择有利于环境的生活生产方式，有效地促进了资源的最佳配置，对能源的节约和环境的保护起到了显著的作用。(b)充分运用行业差别税率和产品差别税率，有利于政府通过税收对企业和个人活动进行导向性指引，促进环境的保护。(c)环境税税款专用于与该项税收相关的环境保护领域，落实"污染者负担"原则。(d)通过税收激励措施来进行税收返还，实行税收中性政策，一般采取的做法有三种：直接返还纳税人，限定其用于治理污染或者投资于环保领域；返还于相关领域，如将来自于废物税的税款返还到废物管理和处理领域；减少其他税收的征收，主要是减少对所得税、消费税、资本税的征收。

OECD 国家尤其是欧盟通过不断改革环境税收体系，逐步实现根据环境保护的需求，改组税制结构，进行税收负担转移。将税收重点从对收入征税逐步转移到对环境有害的活动征税，实现在劳务和自然资源及污染之间的税收重新分配。同时，通过欧盟层面的国际协调，逐步规范环境税的税种、征收范围、最低税率、差别税率和减免政策等，避免由于各成员国经济发展程度和环境保护政策差异造成的环境税收竞争，促进环境税政策的有利实施。

欧盟环境税收体系改革成功归因于明确的环境保护政策目标，按一个长远计划，渐进地开展和实施。不但环境税税种的选择与税率的提高的过程循序渐进、预期明确，而且在实施过程中，注意采取税收差别和适当的减免、补贴政策，减少了推行的阻力，促进环境税收体系改革的顺利进行。

每个环境税税种都按照自身的特性决定推进速度，如硫税的执行成本低，对削减排放量的效果也较显著，同时公众也比较容易接受，因此在欧盟各国的征收历史也较长。相反碳税要在减排上起作用需要较高的税率，会削弱企业的竞争力，同时碳减排需要全世界的共同努力，因此绝大部分发达国家都延缓了碳税的实施进度。同时，税率的制定不是一步到位的，而是有计划地逐步提高。一般的惯例是至少提前一年，政府向全国公布新的环境税政策，通常第一年的税率是大多数生产者和消费者能承受的低税率，以后逐年递增，让人们对税收政策有明确的预期。只有这样，环境税政策才能真正发挥作用。如瑞典国会在 1990 年决定对氮氧化物收费，尽管这一决定到 1992 年才正式生效，但是在 1990 年到 1992 年之间，工厂对氮氧化物已自觉采取措施，实现了 35% 的减排量。提前通知使得污染者有机会在政策实施前采取相应的措施减少污染，降低因突然征税发生财务危机的可能性。

另外，在大多数的 OECD 国家，一般的税收水平已经很高，推行任何一种新的税种都可能遇到较多的阻力。为了使环境税具有政治上的可行性，许多国家推行税收中性政策[①]，在不增加纳税人税收负担的总体水平的基础上增加环境税。如德国 1999 年的《环境税税负转移提案》就规定在征收燃料税的同时减少对相应企业的就业保险费用的征收，挪威从 1993 年开征碳税后就废止了对石油、煤炭和天然气征收的能源消费税，而丹麦则对能源密集行业采取碳税返还政策。

第二节　能　源　税

能源税的广泛征收始于 20 世纪 70 年代第一次石油危机，最初的目标主要是减少石油消耗

---

① 所谓环境税收中性政策是指国家通过对纳税人进行补偿、补贴等形式，或者以减少其他类型的税收的方式，以使纳税人获得与其所支付的环境税等值的款项。

和鼓励节约能源。能源税是根据化石燃料和无碳能源的单位能耗(如美元/太焦耳、美元/千瓦时等)直接征收的从量税,其征收的对象覆盖石油、天然气、煤炭和电力领域,涉及能源的生产、流通和消费等各个环节。通过征收能源税,推动能源价格上涨,抑制能源消耗,还能达到减少二氧化碳、二氧化硫等污染物或温室气体的排放。

随着西方发达能源战略调整,能源税收政策也发生了很大变化。一方面更加注重能源与环境政策目标的协调,另一方面由于各国能源税收体系的差异,为避免税收竞争,需要进一步通过制定征收范围、最低税率、减免税收政策等措施来加强国际协调。能源税是碳税发展的基础,虽然两者的税基和目标不尽相同,但是都是促进节能减排和能源结构向清洁能源转化的政策工具。目前各国的能源税收政策差别相当大,从而隐含碳税各不相同,这对未来碳税的推广是一个非常大的障碍。所以要在全球范围内实施碳税就要求同国际能源税收体系的结构进行改革。由于碳税和能源税关系密切,对能源税发展状态进行深入分析,将有助于进一步理解碳税的运作机制。

一、能源税收政策的实践

能源税收政策是一个复杂的体系,分布在国家税收制度的各个方面。作为能源政策和环境政策的重要工具,由于区域经济发展水平、发展阶段、能源结构等方面的差异,各国政府在采用何种政策工具、如何应用上都存在较大区别。

(一)欧盟的能源税收政策

从欧盟范围来看,大多数成员国都开征了能源税,且税率较高。德国于1999年4月1日通过了《实施生态税收改革法》,能源税作为生态税改革计划的一部分,开始对特定的能源进行征收。从1999年到2003年,德国政府先后5次对汽油、柴油加征生态税至15欧分/每升,对采暖用油加征2.00欧分/每升生态税;分别在1999年和2003年,两次对燃用液化气加征1.25欧分/每升的生态税,累计加征3.50欧分/每升。荷兰于1996年开始实施荷兰导入能源调节税(Regulatory Energy Tax),对包括燃料油、汽油、液化石油气、天然气和电力征税,但碳排放较低的电力相对应的税率也较低。电力税主要针对家庭和小型能源用户,以累进税率的形式进行征收,能耗大户则主要通过自愿节能协议的方式来进行税收减免。荷兰政府对中小企业和家庭征收的能源调节税可以抵扣社会保险费或所得税,社会、教育和非赢利组织可以要求退还50%的能源调节税。英国于2001年4月开征气候变化税(Climate Change Levy,CCL),主要是对供应给工商业和公用部门的电力、煤炭、天然气、液化石油气等能源在零售环节上征收,对家用和非赢利性慈善事业的能源则免征。税率为从量计征,其中:电力每千瓦0.43便士;天然气每千瓦0.15便士;液化气每公斤0.96便士;其他燃料每公斤1.17便士。同时与产业界签订"气候变化税协议"(Climate Change Agreement),允许企业选择总量控制的方式或个别单位生产量的排放方式设定协议目标,政府再依据设定目标减征其20%～80%的气候变化税,若协议到期不能达成协议削减目标,则无法继续享有减税的优惠。英国政府通过减征0.3%的雇员国民保险费(NIC),投资碳基金(每年大约有6 600万英镑,用于能效和节能技术的项目)等方式进行税收返还。北欧国家的能源税则更早,体系更复杂。丹麦于1978年对电和燃料油、1982年对煤炭、1996年对天然气征税;芬兰的能源政策主要是突出本国国情(气候寒冷、民用能耗高、支柱产业森工和冶金都是高能耗产业),对本国泥炭和可再生能源不征税(约占全部能源消耗的25%),其他能源产品以增值税形式征收。

欧盟各成员国所实施的能源税制有很大差异,这不仅造成各国能源利用效率和环境保护上的差距,还导致严重的税收竞争,这与欧盟国家税收总体目标和能源安全战略背道而驰,而且严重影响了共同市场的有效运作。能源税收入在欧盟各国税收总收入的所占比重不低,对这些国家的财政收入具有重要的意义。统一征收能源税,会使一些国家的财政收入受损,而且各国不同的消费习惯和能源结构会对能源税的协调产生很大的障碍。

以燃油税为例,欧盟各国成品油如汽油、柴油等的销售价格由三部分组成,即税前价格、增值税和消费税。增值税在价格中所占比例小,对价格影响不大;消费税在价格中占的比例非常高,对价格影响很大。而 2003 年以前,欧盟各国能源消费税差别又很大,由此引起的价格差异也十分悬殊。比如柴油,消费税最低的是希腊,税率为每升 24.5 欧分;最高的是英国,每升 74.2 欧分,高低相差将近 3 倍多;无铅汽油,各国消费税差别也很大,葡萄牙最低,每升为 24.5 欧分,英国最高,每升 77.7 欧分,相差也将近 3 倍多。能源税的巨大差异,对欧盟共同市场产生了许多消极影响。一是税收竞争,许多成员国采用较低的能源税率,使税基向低税国家转移,而其他成员国为了留住税源,相应降低本国税率,被动调整税收政策,从而带来欧盟全境的税基被侵蚀,进而造成其财政功能弱化,各国公共需求得不到满足。二是导致税负扭曲,有些成员国在降低能源税税率的同时,为了保持总体税收水平,不惜提高劳动力的税负,从而造成税负的扭曲和税制的不公平,甚至给劳动力供给带来负面影响;三是影响能源的合理配置,税收竞争阻碍了能源产品在欧盟境内的合理流动和使用,不利于节能环保。所以欧盟急需对能源税进行协调,避免高油价下欧盟内部发生新的税收竞争。

早在 1972 年,欧共体就开始对成员国的能源税进行协调。起初,欧共体提出实行统一的能源消费税率,但由于各成员国拥有独立的税收主权,纷纷从维护本国能源产业的竞争力出发,使得协调过程历经周折。1989 年,欧共体决定对能源消费税设定"最低税率"和"目标税率",允许成员国在最低限度上实行有差别的税率。欧共体理事会在 1992 年 10 月实施《对矿物燃油统一征收最低消费税的指令》(92/82/EC)。1997 年欧盟委员会公布碳税/能源税提案(COM/97/30),提出新的最低税率协议。提案建议从 1998 年 1 月起,将汽油消费税最低税率为每升 41.7 欧分,柴油和煤油为每升 31 欧分,液化气为每升 14.1 欧分,天然气为每立方米 29 欧元。从 2000 年 1 月起,汽油消费税最低税率提高到 45 欧分,柴油和煤油提高到 34.3 欧分,液化气提高到 17.4 欧分,天然气提高到 35 欧元。从 2002 年起,再分别提高到 50 欧分、39.5 欧分、22.4 欧分和 45 欧元。2004 年后继续提高,以逐步达到目标税率。协议还指出,不经欧盟同意,各国不能擅自把消费税降到最低税率以下。根据欧盟法律,欧盟委员会的提案必须经所有成员国同意,才能成为正式法律。该协议提出后,由于受到一些国家的反对而一直没有获得通过。

几经周折,各成员国终于达成一致。2003 年 10 月,欧盟颁布了《重构对能源产品和电力征税框架的指令》(2003/96/EC),对能源税的征收范围、最低税率、差别税率和减免政策做出了规范。该指令规定,能源产品和电力只有在其被用做动力或供热燃料时才能被征税,而当被用做原材料或当这些产品在电解和冶金过程中使用时不被征税。根据这一原则,指令分别对动力燃料、商业或工业用途燃料以及供热燃料和电力设置了最低税率,并将在 2012 年对石油和天然气设定最低税率(见表 8-1)。指令为各成员过提供了一个灵活的框架,只要成员国制定的税率符合最低税率,并遵守欧盟法规,在一定情况下,对同一产品可以适用不同的税率,即差别税率,这样可以使得成员国根据本国的环保标准确定税率。另外,指令还授予成员国可以实施一定的减免税政策的权利,如对已达到环保目标的能源密集企业、有效利用能源的企业对航空业和航运业、新能源产业等可以实施减免税政策。

表 8-1 欧盟能源消费税最低税率

1. 动力燃料	2003 年前最低消费税率	从 2004 年开始适用的最低消费税率	从 2010 年开始适用的最低消费税率
汽油/1 000 公升	337	421	421
无铅汽油/1 000 公升	287	359	359
柴油/1 000 公升	245	302	330
煤油/1 000 公升	245	302	330
液化气/1 000 公升	100	125	125
天然气/1 立方米	100	2.5(千兆焦耳)	2.6(千兆焦耳)

（续表）

2. 工业或商业用燃料	2003 年前最低消费税率	从 2004 年开始适用的最低消费税率	
汽油/1 000 公升	18	21	
煤油/1 000 公升	18	21	
液化气/1 000 公升	36	41	
天然气/1 立方米	36	0.3(千兆焦耳)	
3. 取暖和电力用燃料	2003 年前最低消费税率	从 2004 年起商用的最低消费税率	从 2004 年起非商用的最低消费税率
柴油/1 000 公升	18	21	21
重质燃料油/1 000 公升	13	15	15
煤油/1 000 公升	0	0	0
液化气/1 000 公升	0	0	0
天然气/1 立方米		0.15	0.3
煤和焦炭/千兆焦耳		0.15	0.3
电力/千瓦时		0.5	1.0

资料来源：崔晓静. 欧盟能源税指令评述. 涉外税务[J]. 2006(11)

（二）美国的能源税收政策

美国是世界上能源消耗最大的国家，其年人均能源消耗量是全球平均水平的 9 倍。以石油消费为例，美国平均每天消耗将近 1/4 的石油供应。联邦政府的能源消费税是以燃油税为主体，州政府和地方政府则是在燃油税的基础上征收附加销售税。美国联邦燃油税率是 1993 年确定的，长期不变。联邦燃油税的征税对象主要是燃油以及各种燃料，包括普通汽油、乙醇汽油、煤油、柴油、压缩天然气、液化石油气、航空燃料等，纳税人包括进口商、混合燃料的生产商、油气管道运营商、油轮运营商、分销商、炼油厂、油气储存库(站)。

美国的燃油税与其他经济合作与发展组织（OECD）国家显著不同的是，美国的柴油税率高于汽油税率；而其他 OECD 国家的汽油税率一般是燃油税税率中最高的，柴油、工业用重油以及加热油税率则较低。联邦燃油税用染色方式区分应税和免税的柴油和煤油。染色油基本上先不征税，火车、公交车、商业飞行用染色油适用极低的税率。如果把染色油用于应税项目，一旦查出，将被处以重罚。联邦对燃油税的减免主要包括：州和地方政府、学校、军队、加热、农业发电厂、火车、公交车、商业捕鱼、救护用飞机、商业飞行和其他非公路运输使用的燃油(料)。但农业和取暖等用油，要使用规定颜色的柴油才能免税。

总体来说，目前美国全国平均的燃油税率水平偏低。以汽油税为例，2008 年底大约是每加仑 47 美分(合每升 12.4 美分)，其中联邦 18.3 美分(合每升 4.8 美分)，其余为州税(各州不尽相同，其中加州最高为 48.7 美分，阿拉斯加州最低为零美分)。目前能源税率(从价)大致是：汽油为 30%，汽车用轻油为 32%，家庭用轻油为 4%，工业用重油为 1%，工业用电为 6%，家庭用电为 6%。

美国的燃油税率不仅明显低于欧盟《重构对能源产品和电力征税框架的指令》的最低税率水平，在 OECD 国家中也是最低的。美国能源税率偏低是与美国能源战略有密切关系的，尤其是与布什政府希望提高国内能源自给率的政策有关。美国每年进口石油占消费总量 60% 以上，其中 40% 来自欧佩克产油国，尤其是中东地区。美国能源税收政策其初衷不是出于节能环保而是能源安全，即希望发展国内能源业，减少对外能源依存度。2005 年美国进行能源税制改革，通过了《能源税收优惠措施法》和《能源政策法》。政府主要通过能源企业生产税收减免、节能设备、可再生资源生产和研发投资税收优惠，固定资产折旧年限的缩短以及提高不可再生资源的消费税率等手段,改善国内能源供应和提高能源生产效率。

　　新能源税收政策以不同方式鼓励国内油气生产并给予清洁煤炭等非油气能源以减免生产税。如对石油炼化企业的税收优惠,石油精炼设备的固定资产折旧年限定为 10 年,并可将成本的 75% 作为生产费用处理,当年新购入的设备按价格 50% 作为生产经费从应纳税所得额中扣除。对天然气生产企业在 2005 年 4 月 11 日到 2011 年 1 月 1 日以前铺设的天然气运输管道的折旧年限由 35 年缩短为 15 年。对清洁煤炭生产设备相关的投资进行税额抵扣,如此综合气化合成循环(integrated gasification combined cycle, IGC)技术研究项目 20% 的投资额、汽化研究项目的 20% 投资额抵扣生产税等。

　　新能源税收政策还着重对可再生能源开发加大了税收激励,希冀以此拓宽能源供应渠道,降低能源依存度。2004 年美国的《创造就业法案》(AJC)中就规定了生物柴油、酒精燃料等可替代燃料的税收优惠措施,其中生物燃料柴油税额扣除为每加仑[①]生物柴油 50 美分,粮食乙醇的补贴额度为每加仑 51 美分,而乙醇进口税率调整为每加仑 54 美分。同时,在电力生产环节,规定风力、地热、太阳能、生物质能等可以给予每千瓦时 1.9 美分的税收减免,5 年总计减免金额达 40 亿美元。核电厂的生产税减免额度为每千瓦时 1.8 美分,每千兆瓦装机容量的年度减免额为 1.25 亿美元,优惠期为 8 年。

　　新能源税收政策的变相补贴造成明显的错误导向,美国经济不仅没有摆脱对石油的依赖,反而因为替代能源的发展瓶颈[②],对国内能源供应状况的改善程度也相当有限。巨额的补贴不不足以使风力、太阳能等与天然气或其他发电抗衡。1977 年,在美国 48 州的一次能源消费中,石油占 48%,1995 年降到 38%,此后又在 2005 年上升到 40%。英国的石油消费比例已降到 36%,法国和德国的石油消费比例分别减少了 48% 和 22%。

　　随着奥巴马政府的上台,美国的能源战略逐渐由强调"开源"转向注重"节流",能源税收政策的目标也逐渐由发展国内能源生产转向支持节能项目和新能源开发和普及。2009 年通过的《美国清洁能源与安全法案》(ACES)提出美国碳减排目标(2020 年将二氧化硫排放量在 2005 年的基础上减少 20%,到 2050 年减少 83%),并制定了详细的总量管制与交易(cap and trade)体系。同时,该法案还提出可再生能源和节能发电标准,要求零售配电商利用可再生能源发电和提高能效的方法满足部分电力增长的需求,使之在 2012 年占总发电量的 6%,2020 年提高到 20%。

二、能源税收政策的效果和影响

　　Kohlhaas 等(2004)采用全球贸易模型(global trade analysis project-energy, GTAP-E)估算了能源税收一致的政策效果,包括能源需求、减排和对欧洲气候政策目标的贡献。由于 1997 年欧盟能源提案设定的税率标准高于 2003 年能源指令最低税率标准,所以对能源需求的影响也不一样。模型假设了三种情景:(a)情景 MTH(minimum tax harmonization):假设成员国履行 2003 年《指令》最低税率要求,如果本国税率高于最低税率则保持;(b)情景 FTH(full harmonization on the level of minimum taxes):假设成员国履行 2003 年《指令》最低税率要求,则将本国税率降至最低税率;(c)情景 MTH97(minimum tax harmonization on levels proposed in 1997):成员国履行 1997 年欧盟能源提案最低税率要求,若本国税率高于最低税率则保持(见图 8-3)。

---

　　① 1 美制加仑约等于 3.785 011 355 034 公升。

　　② 根据《科学美国人》杂志 2009 年的一项研究显示,如果把现在生产的所有粮食都用于生产乙醇,也只能替代美国汽油消费的 12%,由此减少的温室气体排放量不足美国碳排放总量的 3%。

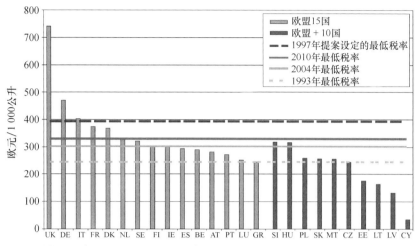

图 8-3　欧盟 15 国＋10 国柴油税率和不同能源税收政策下的最低税率比较

　　模型对不同情景下的能源需求变动、GDP、贸易和减排产生不同的影响。在 MTH 和 MTH97 情景下，所有主要的能源产品，如煤、石油、天然气的需求量都减少了，但 1997 年提案设定的最低税率标准较高，所以能源需求下降程度更高。而 FTH 情景下统一能源税率最低，所以某些国家的能源需求不降反升。2003 年指令实施之前，英、法等国还未对煤、天然气等征税，按指令标准征税后，价格大幅上升，需求大幅下跌。另外，西欧国家需求下降幅度低于东欧国家，因为东欧国家在能源税上起步较晚，指令实施前还没有对能源产品征税（见图 8-4、图 8-5）。

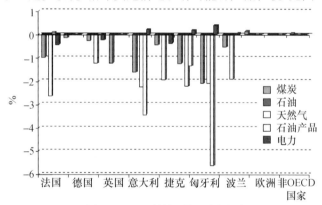

图 8-4　MTH 情景下能源需求变动

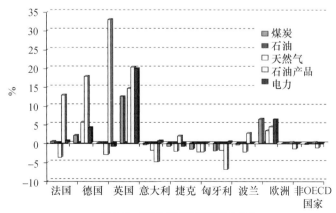

图 8-5　FTH 情景下能源需求变动

MTH 情景下,能源需求量的减少直接导致不完全燃烧产生的二氧化碳也随之减少,只不过减排幅度不超过 4%(见图 8-6)。对应于能源产品需求量的减少幅度,欧盟新成员国减少幅度更大(5%~10%)。MTH97 情景下,由于 1997 年提案设定的最低税率标准更低,减排幅度也更大。能源税的经济效应,主要是对国家或行业竞争力产生影响,直接表现在贸易水平上。虽然欧盟的能源税收政策也允许其成员国可以在特定时期和特殊情况下,对某些产业进行税收减免。但是模型模拟结果显示,MTH97 情景下,即较高的能源税最低税率还是会对竞争力产生影响,尤其是对东欧国家来说,能源税的负面影响会更大。图 8-7 显示,即使在 MTH97 情景下,能源税也仅对东欧国家的出口产生负面影响,但是影响幅度不大,都低于 1%。整体而言,能源税会对竞争力造成一定影响,但是能源税并不会对整个经济产生太大的负面影响,图 8-8 显示,即使在 MTH97 情景下,能源税对 GDP 的影响都是非常有限的。这说明能源税的实施,不仅在削减污染物的排放和改善生态环境质量方面取得明显效果,经济上也是可以接受的(见图 8-9)。

Boyd 等(1995)指出,将能源税作为碳减排的主要政策工具可以实现经济效益,采用 CGE 模型可估算不同替代能源及环境变化的情景下最优碳减排量范围,并且指出将 2020 年总的减排量设定在 1990 年基础上减排 5%~38%,不会对社会福利产生负面影响,且有可能产生正的净经济效益。

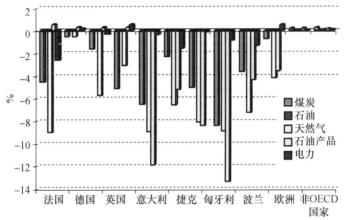

图 8-6　MTH 97 情景下能源需求变动

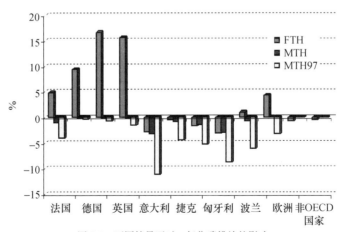

图 8-7　不同情景下对二氧化碳排放的影响

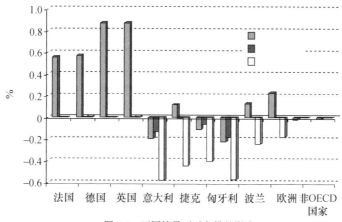

图 8-8　不同情景下对贸易的影响

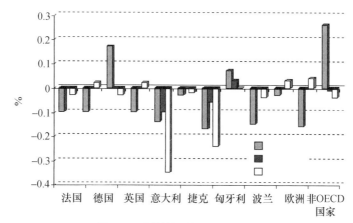

图 8-9　不同情景下对 GDP 的影响

　　此外,能源税对收入分配的影响不仅直接关系到能源税制改革能否得到公众支持、能否取得预期效果,而且会涉及社会公平和社会稳定问题。Smith(1992)估算了英国能源/碳混合税(10 美元/桶)对不同收入人群的收入分配的影响。结果显示,20％的最贫困家庭每周支付能源费用占总支出的 2.4％,而 20％的富裕家庭的比例只有 0.8％,而平均家庭的比例是 1.4％。显然,能源税对低收入家庭的影响更大。Speck(1999)指出能源税/碳税是累退税[1],对收入分配有递减效应,其对收入分配的影响不仅取决于所征税的类型(生活、交通、工业等),还取决于环境质量改善所带来效益的形式。由于生活能源的需求是缺乏弹性的,它的消耗在低收入家庭的支出中所占的比例往往大于高收入家庭,所以对低收入阶层的影响要更大一些。因此,需要利用能源税收入对低收入家庭进行补贴,同时,要设定一定的免税额度,以降低对低收入家庭的影响。

　　一般认为,能源价格的上涨会影响经济增长和就业率,所以对能源税是否存在“就业双重红利”存在较大的争议。Kuper(1996)将能源因素引入动态投资的油泥-陶土模型(Putty-Clay model),以荷兰为样本对能源税的“双重红利”效应进行检验。结果显示,能源税的“就业双重红利”并不存在,能源税导致能源价格上涨,劳动力替代会导致投资下降,影响经济增长和就业。

---

　　[1]　累退税是随课税对象数额或相对比例的增大而逐级降低税率的一种递减税率课的一种税。实际上一种税的税率结构并不是和它的实际课税基数比较,而是和纳税人的净收入比较。累退是指低收入纳税人较高收入纳税人课征较大份额的收入。比例税常常被认为具有累退性质。

第三节　碳　税

一、节能减排的新思路

（一）碳排放交易机制的缺陷

目前国际社会对《京都议定书》确定的碳排放交易机制的减排效果还存在着较大的争议，而围绕下一阶段的总量削减目标和时间表、不同国家间减排目标的差异、排放量的计算方法、排放配额的可交易性、发展中国家在减排中的作用等问题，发达国家和发展中国家之间从各自的立场出发还在进行着艰苦的谈判。但是国际社会的努力离创建一个完整的全球排放交易体系还相距甚远，还有一系列复杂的政治、经济和技术问题亟待解决。

1. 目前京都机制存在的问题

由于目前京都机制仅有欧盟排放交易体系在运行，虽然 EU ETS 对欧盟的减排目标的实现起到非常大的作用，但是碳排放交易体系仍未扩展到全球范围。这就会产生所谓的"碳泄漏"（Carbon Leakage）问题，即在只有部分成员参与的国际联盟下，承担减排义务的国家采取的减排行动导致不采取减排义务的国家增加排放的现象（谢来辉、陈迎，2007）。在承诺减排义务国家中被限制温室气体排放的企业，由于担心减排会增加其成本，故利用世界贸易组织（WTO）的自由贸易原则通过国际贸易和跨国投资等渠道，使产生温室气体的生产活动转移到目前没有减排承诺和义务的发展中国家，这样碳排放交易不仅没有减少，反而会由于种种原因，增加了全球碳排放。

产生碳泄漏的原因主要是生产过程中能源密度的变化，即生产成本的变化引起发达国家与发展中国家能源密集型产品相对竞争力的变化，这导致发达国家的能源密集型产业向发展中国家转移。碳泄漏可能导致全球总排放量的上升，这也是发达国家要求发展中国家参与全球减排行动的一个最重要的理由。更为主要的是，碳泄漏会延缓发展中国家技术升级和调整不合理的能源结构的进程，对发达国家产生依赖性，最终对发展中国家可持续发展造成不利影响。碳泄漏主要通过以下三种渠道。(a)能源产品的国际贸易。减排国家在较大范围内采取减排行动，可能会减少其对化石燃料（如煤炭、石油等）的需求，导致这些燃料在世界市场上的价格下跌，从而使非减排国家有可能扩大对化石燃料的需求，增加其温室气体的排放量。当然这种能源市场的结构变化取决于碳密集型化石燃料的供给弹性。供给弹性越低，价格的变动越会导致更多的消耗，产生更多的二氧化碳排放，而碳泄漏就越大。(b)碳密集型产品的国际贸易。采取减排行动的国家的减排政策，可能会增加碳密集型产品（如钢铁、水泥等）的生产成本，降低这些商品在国际贸易中的竞争力。这将导致不采取减排行动的国家所生产的同类商品具有相对优势。国际市场对碳密集型产品的需求就转向这些国家，国际产业发展格局和国际贸易的流向因而发生了改变，同时也增加了非减排国家的温室气体排放量。对于不同国家生产的能源密集型产品之间的贸易替代弹性系数（也被称为阿明顿弹性，Armington elasticities），系数越大，贸易替代也就越容易发生。(c)能源密集型产业的国际转移。减排政策可能影响减排国的钢铁、水泥、建材、化工等能源密集型行业的国际竞争力，而为了追求生产活动的利润最大化，这类企业可能通过跨国投资和并购转移到非减排国家，从而促进生产要素在全球范围内的重新配置。碳密集型产业向非减排国家的转移，必然导致更多不受控制的温室气体增排。

后京都国际气候谈判已经启动，稳定和扩大参与减排行动的国际合作是谈判的首要问题。欧盟一方面要说服未批准议定书的美国和澳大利亚重回谈判，另一方面还会不断地向发展中国家，尤其是中国、印度等排放大国施压，要求尽早承担减排义务。欧盟之所以这样做，一方面是出于全球减排效果的考虑，另一方面也有保护本国产业竞争力的需要。但是最关键的问题仍是碳泄漏将大大抵消目前减排行动的努力,对减缓全球气候变暖非常不利。目前碳泄漏的流入对象主要是非附件Ⅰ国家以及部分东欧及苏联等经济转轨国家(因为这些国家尽管是附件Ⅰ国家,但由于经济衰退而且减排目标过于宽松,以至于不需要采取减排行动)。另外,像美国、澳大利亚等拒不签署《京都议定书》的附件Ⅰ国家,如果不采取有效的减排行动,也会成为碳泄漏的流入国。

通过测算泄漏率可以对碳泄漏程度进行评估。泄漏率是非减排国家的排放增量与减排国家的减排量的比值,是一个相对量,用于描述减排国家的减排政策所带来的境外增排的边际效应。不同模型由于对全球排放情景和发达国家采取政策工具的假设不同,对碳泄漏率的测算结果也存在不少差异(见表 8-2)。IPCC 第三次评估报告中指出,由于可能发生的一些碳密集产业向非附件Ⅰ国家转移,以及价格变化对贸易流向的影响,可能导致的碳泄漏率为 5%~20%。

表 8-2　不同模型对《京都议定书》导致第一阶段碳泄漏率的测算结果

模型名称	作　者	泄漏率(%)
Merge	Manne 等(1998)	20
EPPA-MIT	Babiker 等(1999)	6
G-Cubed	McKibbin 等(1999)	6
GREEN	OECD(1999)	5
GREEN(充分利用弹性机制的情景)	OECD(1999)	2
静态一般均衡贸易模型	Light 等(1999)	21
WorldScan	Bollen 等(2000)	20
MERGE 3.1	Li Yun(2000)	4.8
GTAP-EG	Paltsev(2000)	10.5
GTAP-E	Kuik 等(2003)	15
多区域世界经济 CGE 模型	Babiker(2005)	130

资料来源:谢来辉,陈迎. 碳泄漏问题评析[J]. 气候变化研究进展,2007,3(4)

2. 建立全球排放交易机制的几个难题

在现有京都机制的基础上,建立一个纳入发展中国家的全球碳排放交易机制的设想面临几个难题,如确定一个谈判各方都可以接受的减排总目标和时间表、排放配额分配和保护以及各国履约情况监测及碳汇的确认等技术性问题。

(1)未来减排总目标

全球碳排放交易机制不同于一般排放权交易国内市场,由于缺乏一个具有强制力的国际机构进行协调和约束,至今仍无法确立一个长期的、有效的减排总目标。2009 年 12 月的哥本哈根会议,仍无法为《京都议定书》第一承诺期到期后发达国家减排等问题做出新安排。围绕这次会议的核心问题——发达国家 2020 年前的中期减排目标,发达国家与发展中国家始终各执一词,存在巨大的分歧。按 IPCC 的估计,发达国家到 2020 年前需要在 1990 年的基础上减排 25%~40%的温室气体,才能将全球升温控制在 2℃甚至更低。为此,发展中国家提出了发达国家在 2020 年实现在 1990 年的基础上减排 40%的要求。但发达国家认为,这是不可能完成的任务,因为即使是对气候谈判最积极的欧盟,也只承诺 20%~30%的减排目标;美国于 2008 年 11 月 25 日宣布的减排目标是比 2005 年减排 17%,换算成以 1990 年为基准,实际上只减排 4%;日本虽然提出到 2020 年在 1990 年基础上减排 25%的目标,却提出要求所有主要排放国都参与减排的苛刻的前提条件。

(2)排放配额分配和保护

任何试图控制全球碳排放总量的努力最终都必须把发展中国家包括进来,一方面发展中国家尤其是金砖四国(中国、印度、巴西、俄罗斯)正在迅速融入经济全球化,其经济总量和生产能力、能源消耗也不断增加,随之而来的是其碳排放量也在不断增长,其中中国已经成为仅次于美国的全球第二大碳排放国家。作为维持国家气候合作的代价,在国际气候谈判中,参与的国家越多,配额的分配越麻烦,尤其是发达国家对发展中国家的补充问题就越难以解决。即使未来将所有国家纳入交易机制中,形成全球碳排放交易体系,也还会存在将配额作为发达国家补偿发展中国家进行减排的分配问题。庞大的配额及其代表的资产价值对国际政治经济秩序是一个很大的挑战,而且由此带来的资金跨国流动,必然会影响各国未来的经济发展和国际竞争力,因此当碳交易体系扩展到发展中国家时,整个体系的运作会变得更加复杂。

(3)技术性问题

当对排放配额进行适当分配之后,全球碳排放交易体系面临的最大问题就是在对履行情况进行监测和核查中的技术性问题。根据欧盟的实践,多数国家的政府会把配额发放到企业手中,尽管这样做会提高排放权交易的效率,但是也增加了监测履行情况的难度。如果全球碳排放交易体系仅仅限于化石燃料排放的二氧化碳则相对监测的难度较低,因为能源市场上的数据是透明和公开的。但是若根据《京都议定书》规定的其他五种温室气体的排放,以及由于土地用途变化所引起的碳排放量变化(如森林碳汇),这样就加大了监测难度。尤其是流入森林的碳汇,要准确测量其碳排放量变化几乎不可能。一项大规模的植树造林项目所引起的碳减排量的变化,需要几十年的观测数据才能获得较为可信的排放量估算。各项监测的技术性条款都会不可避免地影响到各国的国家主权利益,这也是造成很多技术性问题不得不一再搁置解决的原因。

(二)国际减排合作框架的新思路

如何找到一种发达国家愿意接受,而发展中国家愿意实施的减排策略,是一个多边博弈的难题。要解决现有 UNFCCC 架构下的京都机制存在的缺陷问题,摆脱各国基于各自国家利益而产生的博弈困境,需要有新的思路,设计出一套更公平有效的政策组合和规则标准。《京都议定书》第2条规定,在选择国内政策以实现减排承诺方面,附件Ⅰ国家享有很大弹性,可采取的政策包括:碳税、碳排放交易、管制等政策。就减排的国际合作而言,可以通过国际谈判将包括碳交易机制、碳税和管制三者有机地结合,形成互补、灵活的国际合作综合方案。

1. 碳税

碳税(Carbon Tax)是对排放二氧化碳的化石燃料征税,其税基是化石燃料的碳含量。理论上,由于不涉及减排配额的分配和保护问题,碳税是处理"累积型污染"最有效率的工具,但其对经济影响很难监测和判断,所以在制定税率及税率调整的时间表上,会存在较大的争议。碳税的推广需要国际协调,通过谈判达成国际协议,在各国可以承受的减排成本情况下,制定碳税征收的对象、最低税率、调整的时间表和减免税政策等,由市场机制来决定最后能达到的排放水平。

但是,碳税也存在一些潜在的严重问题。由于碳税的实际减排效果无法估算,也就无法判断各国履约的情况。在碳税的税率和征收对象等方面的国际协调会存在较大的争议,尤其是对于碳密集型行业,碳税直接影响其国际竞争力,也关系到各国的经济发展问题。尤其是如果有关国家为保护本国相关产业,通过征收"碳关税"(Carbon Tariff)来惩罚它认为未履行减排承诺的国家,则可能导致出现"绿色贸易壁垒"等问题,引发新一轮的全球贸易保护主义。

2. 管制

管制是指各国政府采取一系列的政策和措施直接引导生产者和消费者的行为,如设定排放标准和技术规范、采取必要的限制或禁止措施等。管制和碳税有相似之处,即只要求各国政府将经济活动引向减排温室气体的方向,而不要求其达到严格的减排目标。其优势在于构建成本低、对经济的影响和冲击较为缓和,而且可以选择各种工具的不同组合,为减排提供一个灵活的社会经济发展的基本框架。但是,管制也存在不足,因为较单一的碳交易或碳税,其减排行动的透明度低、短期效率不明显,由于许多政策与措施并没有同特别的价格相联系,无法建立模型预测减排的效果,也无法监测和检验其具体的减排效果。但是,由于管制并非一种单一的工具而是可选择工具组合,其具有的灵活性有助于保证所有国家或多或少地都向共同的减排目标做出努力。这将有助于各国政府达成减排任务的初始分配工作,有利于在减排形势严峻而国际社会尚未能形成较为一致的总体减排目标前,促使各国开展积极行动而不是坐等未来气候谈判的结果。

二、碳税

(一)基本框架

1. 碳税

征收碳税的主要目的是为碳排放设定了一个明确的价格,一方面提高了使用化石燃料的成本,可以减少化石燃料的消耗和减少温室气体排放;另一方面可以使得清洁能源与像煤这样价格低廉的化石燃料相比更具成本竞争力,进而推动清洁能源的推广和普及。由于各国的经济发展情况不同,进行碳减排的边际成本相差很大,因此各国、各地区征收碳税的时机和规模也各不相同,不仅要考虑到经济效率、环境效果,还要考虑到社会效益、国际竞争力等问题。因此征收碳税需要针对社会经济的不同发展情况,根据能源结构和能源需求的具体状况,慎重选择征税范围和税率。

(1)税基

碳税的征税对象虽然都是针对化石燃料征税,但税基的宽窄也有很大的区别,有的包括了几乎所有化石燃料,有的仅局限在某种化石燃料征税。造成这一现象的主要原因是各国除了碳税之外,还可能实施了能源税或其他减排政策。实践中,直接对化石燃料的二氧化碳排放量进行征收存在较大的操作困难。考虑到碳含量与矿物燃料燃烧释放的二氧化碳基本成正比关系,所以采用燃料消耗量而不是二氧化碳排放量作为计税基础。

可供选择的碳税纳税环节较多,理论上可以在化石燃料使用链条的一个或多个环节征收,但在不同的征税环节,效率和可操作性是不一样的。可以在化石燃料的最终使用环节征收,即谁使用谁缴税,如电力税、燃料税(以能源税消费税的形式出现)等;也可以在化石燃料使用链条的上游环节征收,如对煤矿和石油供应商征收;还可在以化石燃料为基础的二次能源生产环节征收,如对火力发电厂[①]征收以及在石化产品(汽油、喷气发动机燃料、民用燃料油)的精炼、加工环节征收。多数国家都是在化石燃料使用链条的下游征税,主要的纳税人是使用能源的产业部门和居民。一般来说,在产业的上游征税比在下游征税更节约成本,也更便于管理,特别是在碳排放的核算与计量方面。

(2)税率

理论上的碳税税率应该符合"庇古税"的原理,即参照一个单位的二氧化碳排放对环境造成损害的程度来评估。但是对于气候变化造成的经济损失本身不好估价,其中既有环境要素不能市场化的问题,也有气候变化的环境效应不确定性问题,所以碳税税率只能是参照固碳成本或减碳成本来制定。

一般情况下,碳税是按照化石燃料的碳含量采用统一的税率,但是也有为不同的行业、不同类型的燃料设定不同的税率。而以碳含量作为税基,则采用按英制热量单位(British Thermal Unit,BTU)[②]计算出的热量含量来计算不同化石燃料的碳税税率。每种化石燃料都有其特定的碳含量,例如烟煤的碳含量要比褐煤大得多,燃料油中的碳含量比汽油要大,美国碳税中心(American Carbon Tax Center)[③]估算碳税税率方法是假设每减排一吨碳的成本为 50 美元,以此为基础,通过确定燃料的热含量,来计算出了每百万英制热量单位燃料的理论碳税税率。税率越高,

---

① 利用煤、石油、天然气等化石燃料发电称为火力发电,按发电方式,可分为汽轮机发电(煤)、燃气轮机发电(柴油混合燃料)、内燃机发电(柴油)和"燃气—蒸汽"联合循环发电等。

② 英制热量单位是工业中使用的标准产能测量单位。一个英热单位的热量为一磅纯水升高一华氏度所需的热量。

③ 美国的一个支持采用国家碳税立法的团体,网址:http://www.carbontax.org/。

化石燃料产生的二氧化碳就越多。估算的结果是褐煤 1.47 美元/百万英热单位、次烟煤 1.45 美元/百万英热单位、烟煤 1.40 美元/百万英热单位、燃料油 1.18 美元/百万英热单位、汽油 1.07 美元/百万英热单位、天然气 0.80 美元/百万英热单位。

（3）转移支付

同时，为了减少对能源密集型工业和面临激烈国际竞争企业的负面影响，或对低收入居民给予保护，还可以采取适当的碳税减免政策。不同国家的碳税减免范围和程度有很大的区别，也取决于具体的社会经济情况。比如对电力行业、采掘业、制造业中作为原材料使用的矿物油、汽油、煤和焦炭免税，对在农业和海运及沿海航运运输业中使用的矿物油免税等。为推进碳税的实施，一般在征收碳税的同时，会减少其他税收。比如，减征低收入阶层的个人所得税和能源密集型企业的所得税。也有采取补偿措施，即用碳税收入给予受碳税影响大的居民或企业补偿，比如，将碳税收入用于补贴公共设施的供热供电系统。还有相当部分碳税收入被专门用于节能减排方面的专项投资支出，如英国政府设立的碳基金。

2. 碳关税

所谓"碳关税"是指对某个国家或地区的高能耗进口产品征收特别的二氧化碳排放关税。"碳关税"的设想最早是由法国前总统希拉克提出的，目的是在碳排放交易机制运行后，欧盟国家可以通过对未遵守《京都协定书》的国家的产品征收进口税，保护欧盟国家的产品将遭受不公平竞争，特别是钢铁业等高耗能产业。

欧盟的主要担心在于局部减排而缺乏相应调节措施的情况下，不仅相关产业的竞争力受到的影响，而且由于内涵能源（embodied energy）或内涵碳排放（embodied carbon）[1]的国际贸易造成局部减排效果有限，不利于气候变化目标的实现。欧盟的主要竞争对手美国和新兴市场国家都不受减排义务的约束，市场竞争使得更低效率的技术和设备也会使用，从而导致更高的排放，抵消一些本来可以激励促使消费方式转移的努力。

Ahmad 和 Wyckoff（2003）的研究发现，OECD 国家的内涵碳进出口占国内生产过程中排放量的比率在 10% 甚至 20% 以上，而如丹麦、芬兰、挪威、瑞典、荷兰、新西兰和法国，其进口内涵碳排放甚至超过了各自国内生产碳排放量的 30%，而前述五国正是最早征收碳税的欧盟国家。Peters 和 Hertwich（2008）的研究结果表明，大多数 OECD 国家的进口内涵碳排放都超过其国内生产碳排放量的 10%，而最大内涵碳净出口国是中国、俄罗斯、南非和印度（见图 8-10）。

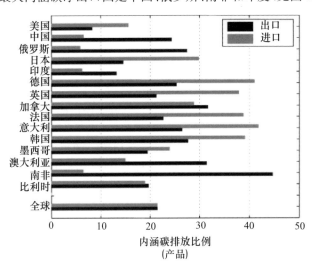

图 8-10　OECD 国家及非 OECD 国家的内涵碳排放产品贸易情况

---

① 内涵能源是指产品上游加工、制造、运输等过程所要消耗的能源总和，内涵碳排放是指产品上游加工、制造、运输等过程所要排放的二氧化碳总和。

Babiker(2005)采用 EPPA 模型计算中国和印度对全球碳排放的影响,认为两国能源密集型产业的扩张导致的二氧化碳排放量可能将抵消 OECD 国家在《京都议定书》要求下减排目标量的 80%。

"碳关税"目前世界上并没有征收范例,也没有明确的定义。但是已经有种种迹象表明,"碳关税"概念很可能成为发达国家在国际气候谈判中的重要谈判筹码。2009 年 6 月,美国众议院通过《美国清洁能源安全法案》,该法案有一项重要内容就是授权美国政府从 2020 年起,对拒绝减排的国家的出口产品——主要针对进口的排放密集型产品,如氧化铝、钢铁、水泥、玻璃以及某些化工产品等,根据进口产品的碳含量征收边境调节税。2006 年 10 月,欧盟委员会专家小组撰写的报告草案建议,对来自未采取减排行动的国家(主要是美国,但是也包括中国和印度等发展中国家)的能源密集型进口产品征收边境调节税。法国在征收"碳关税"方面态度最为积极。法国国民议会(议会下院)和参议院于 2009 年 10 月和 11 月先后投票,通过了从 2010 年起在法国国内征收碳税的议案。同时,法政府提出希望将其发展成为针对欧盟以外国家的"碳关税"。法国在 2010 年 7 月欧盟成员国环境部长非正式会议就提出了如果哥本哈根会议不能就减排目标达成协议,则对发展中国家出口产品征收"碳关税"的提议,但该建议遭到德国和瑞典等国的反对。

边境调节税是发达国家拟采取"碳关税"的主要方式。对能源产品(如煤炭、石油和天然气等)的边境调节税比较简单,也基本符合 WTO 法律精神,但对于终端产品(如汽车、化工产品等),其生产或运输过程涉及碳排放的情形相对复杂,是否适用边境调节税有很大争议。WTO 法律框架下的边境调节税是区别产品税和过程税的。产品税是针对最终产品的关税,是合法的;而过程税是针对包含在产品生产中的投入品而征收的关税,其合法性需要进一步区别。过程税包含对在最终产品中仍保留物理成分的投入的征税和对未被融入最终产品的投入的征税,前者是符合 WTO 规则的,而后者是不被包括在 WTO 的边境税收调整规则内的。由于"碳关税"的实质是针对未被融入最终产品的投入征收的,属于后者,目前,尚无争端专家组裁决过针对诸如未被融入最终产品的能源的投入征税的合法性问题。因此,发达国家拟采用的针对内涵碳排放的边境调节税的法律地位是有争议的。当然,根据 GATT1994 第 20 条,"碳关税"也可能是合法的。该条允许在某些情况下基于环境理由进行贸易限制,只要这一贸易限制是实现环境目标所"必需"的。如果争端专家组认为"碳关税"的目的是减少温室气体排放,而不是弥补国内碳税的损失,那么"碳关税"就是"必需"的手段,发展中国家也就无法通过 WTO 争端解决机制反对发达国家征收"碳关税"。

此外,如何确定终端产品中能源/碳含量的程度也存在很大的技术问题,除非不征收碳税的出口国愿意就产品的碳含量认证进行合作,也就是当缺乏出口国产品的碳含量信息时,进口国可根据本国生产相似进口产品的生产方法来估算碳含量并进行征税。这一国际惯例并非没有依据,美国对进口有毒化学品征收超级基金税就是采取这样的措施来估算税率的。但是,由于各国经济发展水平、技术水平、资源禀赋和能源结构上的巨大差异,在"碳关税"中很难遵循这一惯例。

(二)碳税的特点与优势

碳税与碳排放交易机制作为减排的主要经济手段,两者的理论基础不同,作用的方式不同,减排的效果不同,对社会经济的影响也不同。而碳税与能源税作为环境税收政策的组成部分,两者既有联系又有区别,但是碳税不仅能够节能减排,而且能够促进能源结构向清洁能源倾斜。那么,减排政策的选择或组合需要从四个方面——环境成效、成本效益、分配效果(公平性)和体制上的可行性,对这些政策与措施进行评估与比较,为未来减排政策制定提供参考依据。

1. 碳税和碳交易机制比较

碳税和碳交易机制都是试图通过市场经济手段来实现节能减排的目标,但是碳税采取的是价格干预,试图通过相对价格的改变来引导经济主体的行为,达到降低排放数量的目的;而碳交易则采取数量干预,在规定排放配额的前提下,由市场交易来决定排放权的分配。在完美市场的假定下(信息充分且不存在交易成本),这两种减排机制的效果应该没有区别。不过,由于在现实世界中存在信息不对称及交易成本,因此两种机制在成本和效果上的差异也是不可避免。

从减排成效来看,碳税可能使企业在采取节能减排技术措施同时,有可能通过提高产品价格,将新增成本转嫁给下游消费者,导致碳税只能增加财政收入而不能对排放行为形成约束。因此,碳税在降低碳排放上的效果具有相当的不确定性,在很大程度上要取决于产品的需求价格弹性。价格弹性越高,意味着企业越难将碳税成本转嫁给消费者,减排效果也越明显,反之,碳税成本将被转嫁,减排效果将被弱化。而在碳交易市场中,总排放配额是确定的,企业只能在市场上购入减排配额完成减排目标。与碳税相比,在碳交易市场的减排机制下,其不仅减排效果明确,而且市场上交易的配额也是节能减排技术的产物,有助于激励低碳经济的发展。

从减排成本来看,碳税的成本主要是信息成本,因为若要确定最优税率,则政府需要获得每个行业(企业)排放的成本,以及排放对社会环境的影响(社会成本),而信息的不充分会导致税率偏离最优的水平,进而损害碳税的有效性。与碳税相比,碳交易所需的信息相对简单,排放配额的分配主要是确认企业的减排成本,通过采用拍卖方法,在机制设计合理的情况下,企业减排成本就可以在其报价中得到充分反映,无需政府再付出额外的信息成本。但是,碳交易体系的构建需要包括交易平台、清算结算制度以及相关的市场监管体系等基础投入,此外,碳价格的不确定性对于企业减排会增加额外的管理成本。

但是,从体制上的可行性上看,碳税比碳交易机制更有效率。Cooper(1999)认为由于温室气体是一种"累积型"污染物,消除的过程需要相当长的时间,而其在大气中的累积还在不断进行且缓慢增加。因此,从控制温室气体累积获得的收益只能缓慢地体现出来,而控制排放所付出的成本却是显而易见的。当控制排放的成本尚不确定但潜在成本较高且收益缓慢聚集时,政府通过设立碳税并根据总体减排目标设定税率调整的时间表,可以使碳排放的成本变动可预测,而企业可以根据自身的情况,明确未来的生产经营,或进行相应节能减排技术改造,或淘汰效益低下的产能。与价格波动幅度巨大的碳排放交易相比,碳税更有效率。此外,碳税避免了棘手的二氧化碳减排配额的分配问题,使得各国政府可以在成本可控的情况下,根据经济运行情况通过税收水平的调整来灵活实现减排义务。从国际资本流动上看,由于碳税是国内货物税,由此产生的税收收入可以由本国政府支配,不存在由于排放配额交易产生的资金流动;而且通过适当的国际协调,合理设定各国碳税税率可以从根本上避免碳泄漏的发生。

根据上述比较,碳税更适合目前在目前气候变暖形势严峻、而国际合作机制仍无法就碳排放总目标上达成一致的时候在全球推广,能促使高碳、能源密集型产业在短期实现较大减排。而长远来看,基于"总量控制—交易机制"的碳交易市场仍是全球碳减排实现成本最低、效率最明确的最优政策工具。

2. 碳税与能源税的比较

碳税和能源税关系密切,在征税范围上,碳税与能源税有一定的交叉和重合,都对化石燃料征税;在征收效果上,碳税与能源税都能够起到降低化石燃料消耗和减少温室气体排放的作用。但两者之间也存在明显的区别:两者税基不同,能源税针对的是能源(或热)含量,而碳税针对的是碳含量;两者目的不同,能源税的出现要早于碳税,其最初的目的在于节能,是由石油危机直接导致的,而碳税目的在于减排,是人类对气候问题尤其是温室效应的认识加深而导致的;两者的范围不同,碳的征收范围要小于能源税,只针对化石燃料,税种相对单一,而能源税征收范围非常广泛,从能源生产、流通到消费的各个环节,包括货物税、增值税、消费税等多个税种。

各国的碳税一般是在已有能源税的基础上开征的。从表 8-3 可以看出各国的能源税的征收对象和税率差别相当大,从而隐含的碳税税率各不相同,这也是实行国际协调碳税的一个主要障碍。而且由于各国能源结构的差异,加上各种能源之间的需求弹性不同,不同能源税种之间的隐含碳税税率差别也不同。比如由于煤炭是许多欧盟国家的安全能源来源,所以除了瑞典和丹麦,其他欧盟国家煤炭的隐含碳税税率都相当低,有些国家(如法国、德国、西班牙、英国等)甚至还对煤炭实行补贴。而各国的汽油和柴油的需求弹性小,所以其隐含碳税税率较高。

表 8-3　各国能源税中隐含碳税税率的比较

国家	隐含碳税税率(以能源产品的含碳量计)(美元/吨)				
	车用无铅汽油	车用柴油	工业用柴油汽油	工业用煤	工业用天然气
丹麦	601	348	264 (231~253)[b]	245 (205~231)	55 (11~40)
芬兰	851	414	70	51	55
法国	898	473	99	0	4
德国	752	400	51	0	62
荷兰	887	429	132	18	106
挪威	792	513	59 (29)[c]	70	180
西班牙	744	455	132	0	15
瑞典	693	378	234 (70)[d]	190 (70)	205 (81)
瑞士	543	473	4	0	0
英国	957	821	51	0	0
美国	154	147	—	—	
日本	488	158	4	—	44 (125)

注:a 表示表中税率以 1999 年美元计,b 表示轻工业和重工业税率,c 表示纸浆和造纸业的汽油税率,d 表示用于制造业和温室园林业的能源率。

资料来源:高鹏飞、陈文颖. 碳税与碳排放[J]. 清华大学学报(自然科学版),2002,42(10)

正如 Zhang 和 Baranzini(2004)所指出的那样,碳税比能源税在减排方面具有更高的成本效益,这归结于碳税对于能源结构的改变和优化作用更为显著。理论上,碳税同各类化石燃料的边际减排成本相等,可以满足全球碳减排成本最小化的条件,而且碳税可以通过价格机制影响能源消费和选择。因此碳税可以更好地提供新能源的竞争力,如果用碳税代替风能、太阳能和生物质能生产税减免,就可以使这类可再生能源相对天然气等常规能源更加具有竞争力。Jorgenson 和 Wilcoxen(1993)采用 CGE 模型估算了碳税和能源税政策对美国碳排放的影响,指出如果要在 2020 年将碳排放量维持在 1990 年的水平,那么采取能源税所导致的 GDP 损失将比碳税引起的损失高出 20%。Beausejour 等(1995)的研究也有类似发现,为使加拿大 2020 年的碳排放量维持在 1990 年的水平,征收能源税导致加拿大 GDP 的损失比碳税引起的损失高出 20%。

Hanson 和 Hendricks(2006)认为美国政府引入碳税对现有能源税收体系进行改革,将能源税收可以从生产环节引向消费环节,可以更有效地提高节能减排的成果。总体上看,碳税较能源税有以下优势。(a)易于操作,碳税可以在化石燃料进入经济循环的环节征收,如港口、石油炼化厂、天然气提供商、煤矿等。据估计在美国,只需对 2000 个左右的经济体征收碳税就可以覆盖全国所有的化石燃料消费,覆盖美国温室气体排放的 82%。(b)来源稳定,碳税的税基(化石燃料的碳含量)是固定的,其燃烧产生的二氧化碳排放量也是确定的,再考虑减排技术和回收利用等措施就可以估算真实的碳排放量,对税务系统的负担较轻。(c)收入可观,碳税收入可用来补偿其他税制改革的资金缺口。以美国为例,根据国会预算办公室测算,每吨碳征 12~17 美元,10 年内将征税 2080 亿美元。(d)可预见性,碳税可以明确碳排放量的价格,降低节能减排项目的投资风险。(e)税收转移,碳税收入可用于资助环保项目或减免所得税税额,用以来弥补因取消一些低效率税种导致的税收收入损失。

三、碳税实践

碳税最早是芬兰于1990年开征的,目前世界上有多个国家(芬兰、丹麦、瑞典、挪威、荷兰和意大利)以及美国、日本和加拿大的部分地区实行了碳税。法国的碳税方案已经获得国会通过,于2010年开征。此外,目前瑞士、英国、美国等国正在讨论征收碳税的提案。总体上看,各国碳税的名义税率差异较大,这主要是因为不同国家和地区减排目标的差异,以及由于处于不同经济社会发展阶段导致不同产业和不同的居民有着不同的减排成本函数造成的。此外,各国一般都有能源税和其他的减排政策,这也会对碳税税率的确定产生影响。

1. 芬兰

1990年芬兰率先设立了碳税,税率的确定采取由低到高的循序渐进增长模式,征收范围为所有矿物燃料,当时的目标是在20世纪90年代末将二氧化碳排放的增长率降低为零。1994年,芬兰对碳税进行了重新调整,将燃料税分为两部分:一是对煤炭和天然气不征收基本税,只征收碳/能源混合税;二是对柴油和汽油实行差别税率的碳税。1995年,混合税中的能源税税率是3.5芬兰马克/千瓦,碳税的税率是38.3芬兰马克/吨二氧化碳。同时对工业中被使用的原材料和国际运输用油免征碳税。

2. 丹麦

丹麦早在20世纪70年代就开始对能源消费征税。1990年,丹麦议会提出了一项大胆的目标:在2005年之前的二氧化碳排放水平比1988年减少20%。后来根据《京都议定书》和欧盟之后的减排义务分配协议,把减排目标调整为在2008年到2012年间排放水平比1990年降低21%,排放标准为5 490万吨二氧化碳。1992年丹麦开始对企业和家庭同时征收碳税,征收范围包括天然气、汽油和生物燃料以外的所有化石燃料征收碳税。税基是燃料燃烧时的碳排放量,税率是100丹麦克朗/吨二氧化碳。但是企业享受税收返还和减免的优惠较高,例如在1995年对于交纳增值税的企业给予50%的税收返还(用做机动车燃料的柴油征收的碳税除外);如果碳税的净税负(包括返还)超过企业销售额的1%,税率下调为规定税率的25%;如果净税负在销售额的2%~3%之间,则有效税率降至规定税率的12.5%;对净税负超过销售额3%的企业,税率降至规定税率的5%。工业部门的实际税率相当于私人家庭税率的35%左右,而且可以享受减排自愿协议优惠政策,所以实际上大部分高能耗、高排放的企业最终没有交纳碳税。

因此,按照《1995年绿色税收框架》,1996年丹麦进行了环境税制改革,其中涉及能源领域的包括了碳税、硫税和能源税三种。对企业用化石燃料,按能耗分为建筑取暖、轻工业和重工业三类,其中对建筑取暖用燃料的三种税按100%征收,对轻工业用燃料按90%征碳税、100%征硫税、免征能源税,而对重工业用燃料仅按25%征碳税、100%硫税、免征能源税。同时,新的退税方案和企业减排自愿协议优惠政策更为严格。1999年为控制经济过热,丹麦政府出台了一揽子经济政策措施,提高了能源税和碳税税率,其中建筑取暖用燃料的碳税税率调高到100欧元/吨。

3. 挪威

挪威在1991年开始对家庭和部分企业征收碳税,对汽油、天然气和矿物油征收碳税,覆盖了所有碳排放的约65%,其目标是将2000年碳排放量稳定在1988年的水平上。1992年把征收范围扩展到煤和焦炭,但对用于水泥和轻质多孔黏土集料生产的煤炭和焦炭可以免税,对纸浆和造纸及鱼粉生产行业有减税。对海上运输部门、航空和电力部门(因使用水力发电)给予税收豁免;造纸等行业适用的实际税率为规定税率的一半。根据燃料含碳量不同,碳税税率也有相应的差别,如1995年对汽油的征税标准是0.83挪威克朗/升,对柴油的征税标准是0.415挪威克朗/升。

在1998年开始的税制改革中,挪威的小党派人士提议应该扩大碳税的征收范围,将所有的企业纳入碳税的征收范围,并且税率不得低于13欧元/吨二氧化碳。考虑到碳税会削弱国家的国际竞争力,挪威政府决定把碳税的收益返还给企业,一部分收入奖励那些提高能源利用效率的企业,另外一部分收入用于奖励那些对于解决就业有贡献的企业和返还个人所得税。根据挪威 2004 年预算草案,其能源税在 2005 年被新的电力税体系(4.5 欧元/千瓦时)取代,而碳税的征收范围不断扩大。2005 年碳税税率为汽油 41 欧元/吨,轻质油 24 欧元/吨,重油 21 欧元/吨。

4. 瑞典

瑞典的碳税是从 1991 年开始征收,目的是在 2000 年时将碳排放水平保持在 1990 年的水平。税基是根据各种不同燃料的平均含碳量和发热量来确定的,征税范围包括所有燃料油。由于考虑企业的竞争力,工业企业也只需要按 50% 的比例缴纳,某些高能耗产业,如采矿、商业园艺、纸浆和造纸、制造、电力等,给予税收豁免。最初,对私人家庭和工业的碳税税率为 250 瑞典克朗/吨。1993 年,税收计划进行了重大调整,为保证瑞典工业的国际竞争力,将工业部门的碳税降为 80 瑞典克朗/吨,同时私人家庭的税率增加到 320 克朗/吨。此外,对于一些能源密集型产业,采取了进一步减免措施。碳税的税收总负担被限制在生产产值的 1.7% 以内,不过随后调整为 1.2% 以内。1994 年以后,实行了税率指数化,使真实税率保持不变。在 1995 年,碳税率为 340 瑞典克朗/吨,工业部门为 83 瑞典克朗/吨。2002 年税率又进一步提高,同时作为补偿劳动收入的税率被下调。对工业部门的税收减免由 50% 上调至 70%,抵消了税率上调增加的税收负担。

5. 荷兰

荷兰从 1988 年开始征收环境税,能源税也被纳入环境税收体系,采取普通燃料税(General Fuel Tax)形式进行征收。1990 年碳税也成为环境税的一个项目,但由于碳税税收收入指定用途受到各种批评,所以 1992 年 7 月,燃料税被纳入一般预算管理条目,碳税变为能源/碳税,比例各为 50%。征税范围基本涵盖了所有能源,电力则通过对燃料的征税而间接纳税。对于一些能源密集型部门可以减免能源税,如对于天然气使用大于 1 000 万立方米的生产厂家,其能源/碳税的能源税部分可以低于 40%,但碳税部分没有任何豁免。化石燃料的碳税由商品税的交纳者支付,天然气和煤的碳税由燃料的采掘、生产者和进口者交纳。1995 年荷兰的碳税税率为 5.16 荷兰盾/吨二氧化碳,能源消耗产生的二氧化碳税收收入达 1.4 亿荷兰盾,占税收总收入的 1.3%。

1996 年,为削减二氧化碳排放、促使节能,荷兰导入能源控制税(Regulatory Energy Tax, REB),征税范围包括:柴油、原油、天然气、液化石油气和电力。主要纳税对象为小型能源消费者和单独的家庭用户,适用累进税率。能源控制税的税率参照欧盟有关指令制定。1999 年 1 月和 2000 年 1 月荷兰两次提高了碳税税率,结果电力零售价提高 59%,煤气零售价提高 55%,消费者间接通过能源供应企业向政府纳税。

1999 年,荷兰的能源控制税税收收入为 32 亿盾,占税收总额的 1.7%。荷兰政府通过税收平衡弥补受能源控制税影响的中小企业和消费者,措施是降低其他税收。如家庭税收的平衡就有减少 1 次所得的所得税、提高所得税扣除额、提高对老年人的扣除额标准。对中小企业税收的平衡包括降低工资中为雇员支付的社会保险费、提高中小企业的扣除额标准、降低法人税率、减少对雇员的课税,提高最低工资。能源密集型部门主要通过自愿减排协议实现税收减免,教育组织、社会组织和非营利组织可以得到最高为应纳税金近 50% 的税收退还。表 8-4 列出了欧盟五国碳税的主要征税对象和环节。

表 8-4　欧盟五国碳税的主要征税对象和环节

	上游					下游				
	煤和褐煤开采，泥炭提取	焦炭生产，石油产品精炼和核燃料	制气，气体燃料的管道输送	原油和天然气提取及附带服务	电力生产，输送和分配	制造业	铁路运输及其他陆地运输	航空运输业	个人运输设备的燃料和润滑油	家用燃料
石油				N						
煤	D,F,H,S						D,H,S			D,F,H
天然气			D,F,H,S	D,H,S				S	S	D,F,H
汽油		D,FN,S					D		D,F,N,S	
电力					D,F,H	F,H				D,F,H,S
柴油		D,F,H,N,S					D,H,N,S	H	D,F,H,N,S	
轻燃料油		D,F,H,N,S					D,H,N			F,H,N
重燃料油		D,F,N					D,N			D,N
LPG		D,H,S					D,H,S	S	D,H,S	D,H,S

备注：丹麦＝D，芬兰＝F，荷兰＝H，挪威＝N，瑞典＝S。
资料来源：周剑，何建坤. 北欧国家碳税政策的研究及启示[J]. 环境保护，2008(11)

6. 其他国家和地区

加拿大魁北克省和不列颠哥伦比亚省先后于 2007 年 10 月 1 日、2008 年 7 月 1 日开征碳税。2007 年美国科罗拉多州的博尔德市对电力生产征收"碳税"。2008 年 7 月 1 日开始，旧金山海湾地区 8 个县的企业需要根据其温室气体的排放缴纳碳费，为将来开征碳税打下基础。日本于 2007 年 1 月 1 日起正式征收碳税。法国国会也于 2009 年底通过议案，计划于 2010 年 1 月 1 日起开征碳税。

四、碳税政策的效果和影响

（一）环境效益和经济效益

目前对于碳税的减排效果的经验研究发现，碳税对二氧化碳减排的影响非常有限。Bruvoll 和 Larsen(2002)采用 CGE 模型评估了挪威的碳税政策，发现从 1990—2000 年间虽然总的排放量有所增加，但碳强度①明显下降，其中能源强度下降和能源结构变化对减排的贡献占 14%，而碳税的贡献低于 2%。

也有研究发现碳税对二氧化碳减排是有较大贡献的。Symons 等(1994)对英国征收碳税进行模拟，指出虽然碳税会抬高相当部分商品价格，并带来较大的税收负担，但是减排的作用还是相当显著，而且通过对低收入人群的补贴等税收中性政策，还可以抵消碳税的负面影响，带来正的社会福利。根据欧洲环境署(EEA)2007 年的年度报告显示，在欧盟碳交易体系运作之前，采取碳税措施的北欧四国和荷兰的二氧化碳排放量的趋势明显减低，说明碳税对于稳定、减少碳排放具有积极的、实质性的意义(见图 8-11)。

---

① 碳强度是指单位 GDP 的二氧化碳排放量。碳强度高低不代表效率高低。

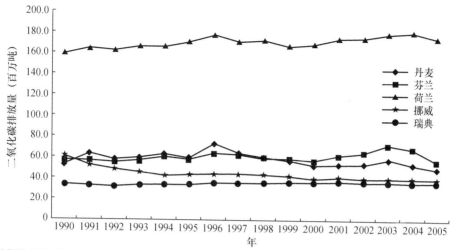

资料来源：EEA. EC Greenhouse Gas Inventory 1990—2005 and Inventory Report 2007

图 8-11 北欧四国及荷兰 1990—2005 年的碳排放趋势

根据 Pearce(1991)提出的环境税"双重红利"假说,碳税除了具有环境效益外,在税收中性政策下,还存在校正税收扭曲、增加就业等经济效益。Bovenberg 和 Goulder(1996)就指出相对于劳动力,美国对资本的课税过高,在这种情况下,可以利用碳税"弱双重红利"效应将碳税收入用来矫正这种扭曲性税收,使对资本的课税降低,可能比降低对劳动力的税收更能节约成本。而 Parry(1997)则指出碳税是否具有"强双重红利"效应,取决于两方面。一方面是碳税会加重企业负担,可能会进一步降低总体就业率和投资,加重了现存的扭曲性税收,即所谓的"税收—互动"效应;另一方面,通过碳税收入的循环利用,也可以降低扭曲性税收水平,因此产生经济效益即所谓的"收入—循环"效应。碳税的总效益取决于这两个效应的比较。

另外,碳税政策还对能效改善有积极作用,进一步促进取暖从化石燃料转向生物燃料,并提高清洁能源的竞争力。Karki 等(2006)指出对化石燃料发电征收碳税可以促使可再生能源发电的替代进程,产生"替代效应",而碳税会迫使化石燃料发电的电价提高,反过来又会降低客户的需求,产生"价格效应",两种效应相互作用,必然有利于减排和能效改善,以及可再生能源的发展。

（二）碳税对经济的影响

1. 碳税对竞争力的影响

一般来说,企业面临碳税时,其短期反应可以是减少供应、改变生产过程或提高产品价格;对于消费者而言,他们可能改变消费结构或者使用进口替代品。但企业典型的长期反应则应是通过革新技术或减少污染工艺,来降低生产成本和税收支付,从而提高企业的竞争条件。所以,从短期来看,碳税可能会对某些碳密集型产业产生较大的影响,甚至会导致产业的国际转移。但是从长远来看,适当的碳税以及适当的能源价格未必会削减国家的整体国际竞争力。Mongelli 等(2009)通过投入产出(I/O)模型评估了意大利碳税政策对经济的影响,指出如果为实现《京都议定书》的承诺减排目标需要开征平均税率为 20 欧元/吨的碳税,在短期内将使某些商品价格小幅上涨,其中 30%的部门的价格增幅低于 0.2%,90%的部门的价格增幅低于 0.6%。但是对于地面交通运输、电力、非金属矿开采业的影响较大,对合金制造、造纸业、焦炭和石油炼化等行业的价格影响介于 0.6%～1%之间。但如果碳税税率提升到 73 欧元/吨、146 欧元/吨的情况下,前三个行业的价格增幅将高于 5%和 10%,对产业竞争力影响就较为严重。而如果政府以竞争力为由对相关产业进行补贴或减免税,则会削弱碳税对实现减排二氧化碳目标的效力。Godal 和 Holtsmark(1998)估算,如果取消挪威碳税中的免税规定,代之以向所有二氧化碳排放统一征税,将使碳密集型企业的利润降低 18%。Bruvoll 和 Larsen(2003)也指出，挪威征收的碳税高达 51 美元/吨二氧化碳，但是由于免除了本该征收碳税的某些领域，结果同不征收碳税相比，仅减排了 2.3%。对碳密集型企业的免税使不享受免税的产业的税负加重，反而增加了达到特定目标的减排成本。

由于边境调节税为主要方式的"碳关税"构想存在较大的争议，且容易产生贸易纠纷，所以较为理想的解决竞争力问题的办法是实行国际统一的能源/碳税。这样不仅可以解决竞争力效应问题，而且还可以通过碳税税率的国际协调，使之等于各国二氧化碳减排的边际成本，实现更加经济有效的全球碳减排。Hoel(1991)指出一个可行的方案是由某个国际机构在全球层面统一协调各国碳税政策，不涉及具体征收和管理，但根据达成的分配协议，把碳税收入返还给税收来源国。各国采取行动，可以最大限度地减少碳税负担和减缓气候变化的成本，而且可以使碳密集型产业无法在全球范围内进行产业转移，只能采取更加积极的减排措施。然而，实行统一的碳税也存在较大的政治困难，比如税收作为财政主权的一部分，各国是否愿意让渡就存在争议。

2. 碳税对收入分配的影响

虽然碳税对于低收入家庭的影响要远高于高收入家庭，但碳税对收入分配的影响相对较弱。尽管这一结论已被大量研究证实，但是源于分配问题而反对碳税的争论却很激烈，这是因为征收碳税被认为是直接导致物价上涨。由于碳税和能源税都是累退税，对收入分配存在递减效应，针对这种情况需要采取不同的转移支付方案。比如，设定针对低收入家庭设定一定的免税限额，限额之上采取累进税方式征收碳税；对低收入家庭一次性通过补贴返还税收收入；减免低收入家庭的所得税或者将碳税收入以补充社会保障金方式进行补偿等。

Cornwell 和 Creedy(1997)采用基于线性支出系统(Linear Expenditure System, LES)[①]的社会福利方程，通过分析居民消费和支出的变化和趋势，研究碳税对收入分配的影响。

LES 考虑了消费总支出和价格因素对居民消费结构的影响，而且把居民的各项消费支出看做是相互联系、相互制约的行为。同时，它还将人们对各种商品(服务)的需求分做基本需求和超出基本需求之外的需求两部分，其中基本需求与总支出水平无关，居民在基本消费需求首先得到满足之后，才将剩余的收入按照某种边际预算倾向安排各种非基本需求支出。

LES 的数学模型如下：

$$\text{线性支出系统的效用函数为：}U = \sum_i \beta_i \log(x_i - \gamma_i) \tag{8-1}$$

其中，x_i 是第 i 种商品的需求量，而 γ_i 是第 i 种商品的基本需求，β_i 表示超过基本需求的支出中用于购买第 i 种商品的比重，称为边际预算份额，应满足 $0<\beta_i<1$，且 $\sum_i \beta_i = 1$。

效用最大化的预算约束条件是 $y = \sum_i p_i x_i$，其中，p_i 是商品价格。

$$\text{线性支出方程为：}p_i x_i = \gamma_i p_i + \beta_i \left(y - \sum_j p_j \gamma_j \right) \tag{8-2}$$

按收入等级进行分组，每组在第 i 种商品的开支占总支出的权重为 w_i，即 $w_i = p_i x_i / y$。

$$\text{商品 } i \text{ 需求的价格弹性为：}e_{ii} = -\frac{\beta_i}{p_i x_i} \left(y - \sum_{i \neq j} p_j \gamma_j \right) = \frac{\gamma_i (1-\beta_i)}{x_i} - 1 \tag{8-3}$$

商品 i 和 j 的交叉需求弹性为：

$$e_{ij} = \frac{\beta_i \gamma_j p_j}{p_i x_i} = -\frac{\beta_i \gamma_j}{x_i} \left(\frac{w_i}{w_i} \right) \tag{8-4}$$

收入弹性为：

$$e_i = \beta_i y / p_i x_i = \beta_i / w_i \tag{8-5}$$

e_{ii} 是反映需求量的变动对价格变动的敏感程度，即价格变动 1% 时，需求量相应变动的百分

---

① 线性支出系统是英国经济学家 Stone 在 1954 年提出的一个一定形式的效用函数在有预算约束的条件下最大化后得出的需求模型，主要用于居民消费结构分析与预测的研究。

率。收入弹性 e_i 也是需求的生活消费总支出弹性,是指当价格不变时,生活消费总支出变动 1% 而引起某项需求量变动的百分率。

那么,假设家庭预算情况和基本需求数据可提供(问卷调查等获得 y、w_i 和 γ_i),使用分组截面数据即可以对方程(7-2)中各参数进行估计。

由于 $e_i = 1 + \dot{w}/\dot{\gamma}$;其中,$\dot{w}$ 和 $\dot{\gamma}$ 代表商品占总支出的权重和基本需求的变化率,可以获得:$\beta_i = e_i w_i$ 及各种商品的基本需求支出 $p_i x_i$。

令 $y^* = y - \sum_i p_i \gamma_i$,表示额外的消费支出,$x_i^* = x_i - \gamma_i$,表示第 i 种商品的额外需求。用 Frisch 参数 $\xi = y^*/y$ 表示额外支出占总支出的比例,满足 $\xi \leqslant -1$。

引入间接效用函数:$V = \sum_i \beta_i \log\left(\dfrac{\beta_i y^*}{p_i}\right) = \log\left\{y^* \prod_i \left(\dfrac{\beta_i}{p_i}\right)^\beta\right\}$,因为,$\sum_i \beta_i = 1$,

得:

$$V = y^* \prod_i \left(\frac{\beta_i}{p_i}\right)^\beta = \frac{y-A}{B} \tag{8-6}$$

其中,$A = \sum_i p_i \gamma_i$,$B = \prod_i \left(\dfrac{\beta_i}{p_i}\right)^\beta$,那么在价格为 p 时,预期效用 U 的最小支出可以获得:

$$E(p,U) = A + BU \tag{8-7}$$

通常使用等价收入(equivalent income)[1] y_e 来衡量收入分配的状况,y_e 是指不同参考价格 p_r 情况下能达到同样效用的收入水平。即:$V(p_r, y_e) = V(p, y)$。

等价收入方程为:

$$y_e = E[p_r, V(p,y)] = F(p_r, p, y) \tag{8-8}$$

代入(8-7),可解得:

$$y_e = \sum_i p_n \gamma_i + \left\{\prod_i \left(\frac{p_n}{p_i}\right)^\beta\right\}\left\{y - \sum_j p_j \gamma_j\right\} \tag{8-9}$$

假设征税后,所有商品价格由原来的 p_n 上涨为 p_{0i},那么等价收入的变化为:

$$y_{1e} = \sum_i p_{0i} \gamma_i + \left\{\prod_i \left(\frac{p_{0i}}{p_{1i}}\right)^\beta\right\}\left\{y_1 - \sum_j p_{1j} \gamma_j\right\} = A_0\left[1 + \frac{B_0}{B_1}\left(\frac{y_1}{A_0} - \frac{A_1}{A_0}\right)\right] \tag{8-10}$$

税收结构的变化可以用与等价收入相关联的社会福利方程来表示,也就是阿特金森指数(Atkinson Index),即

$$A_\varepsilon = 1 - \frac{y_e}{\mu} \tag{8-11}$$

其中,μ 为平均收入。

碳税对福利的影响可以用等价收入的洛伦兹曲线(Lorenz Curve)和广义洛伦兹曲线(Generalized Lorenz Curve)[2]说明。研究结果发现,征收碳税后洛伦兹曲线的弯曲程度加大,不平等面积增大,碳税会造成社会福利损失。通过碳税收入的转移支付对低收入阶层进行补贴,MIG＝MYM8000(最低生活保障金),可以使得社会福利基本没有产生损失;通过提高最低生活保障金 MIG＝MYM15000,洛伦兹曲线的弯曲程度变小,在一定程度上弥补这一碳税的负面影响(见图 8-12)。

Greedy 和 Sleeman(2006)也采用基于线性支出系统(Linear Expenditure System,LES)的社会福利方程研究了新西兰为履行《京都议定书》减排承诺征收碳税对消费品价格及不同收入水平

---

[1] 等价收入也称为"平等分配的等价收入",是由 Atkinson(阿特金森)在 1970 年提出的度量收入分配不平等的阿特金森指数的论文中首先提出的,是指所有人的实际福利水平的总和等于每个人的收入水平平均为等价收入时的福利总和,也就是说,当每个人按自己的收入情况结合不同商品或服务的价格,进行消费所获得的效用的总和应等于每个人的收入水平平均为等价收入时的福利总和。

[2] 广义洛伦兹曲线是由 Shorrock 在 1983 年提出的,在其关于收入分配平等问题的 Shorrock 定理中使用广义洛伦兹曲线来代替洛伦兹曲线对收入分配情况进行分析。

家庭社会福利的影响,结果表明由碳税引起的超额边际负担很小,最终可以通过收入的再分配得到补偿。

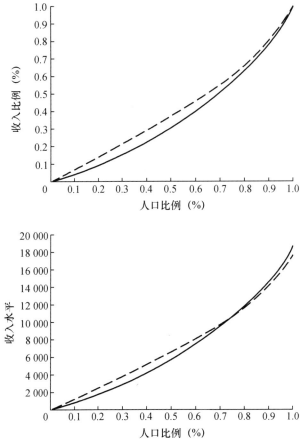

注:虚线表示征收碳税之前,MIG＝MYM8000;实线表示征收碳税之后,MIG＝MYM15000,税率 0.15 时;
上图为洛伦兹曲线,下图为广义洛伦兹曲线。

图 8-12　不同税率下的收入分配效应的洛伦兹曲线

五、相关研究

与其他政策相比,碳税可以用较低的成本实现同样的减排目标,并且操作简单、可预见性强,还可以推动清洁能源的发展。但是,在实践中,只有少数的欧洲国家对化石燃料按其碳含量征收碳税。这不仅是因为单方面或者在区域内实施碳税,未实施减排控制的国家的排放行为会抵消实施碳税国家的减排效果,而且涉及国际政治经济利益的博弈问题,并会对能源价格产生影响。所以,虽然碳税是一种国内税,但是在不同环节征收也会影响各国的利益分配。

在国际政治经济学中,能源问题的核心是国际贸易中的市场结构及定价权问题,除了政府政策因素外(包括税收、贸易政策、国际商品协定等),在生产者和消费者之间的贸易环节上,私人保护(跨国公司和各种形式的国际联盟,如卡特尔等)也会对资源性商品定价产生影响。根据全球商品链理论[①](Globe Commodity Chain,GCC),在商品链的各个节点(point)及其联结上,国家与跨国公司都试图控制有大量利润流动的节点,或者创造新的节点以获得更大的剩余份额,并在政

---

① 全球商品链理论是由 Hopkins 和 Wallenstein 于 1977 年和 1986 年的两篇论文中共同提出的,他们将其定义为
"一种最终形成制成品的劳动和生产过程网络,它可被概念化为由不同交易构成的一系列节点"。

治上努力将最大份额的剩余重新导入由其控制的节点。资源性商品特别是可耗竭性资源的生产特性约束了新生产者的进入,且市场的需求和供给对价格变化的调整时滞较长,生产者可以通过垄断获得较大的短期垄断利润。因此,资源性商品的定价不仅在生产、消费环节上受到市场结构的影响,在其贸易环节上还存在着资源"租金"[①]的分配问题。一方面,资源消费国政府试图通过国内税来抽取资源租金,而抽取的垄断租金在很大程度上是由生产国负担的,另一方面,生产国或跨国公司通过各种形式的国际联盟(如卡特尔)等手段企图形成"私人保护"以最大程度地保护其获取的资源经济租金。

碳税作为一种国内税,如果在生产环节征收,那么对欧佩克等石油输出国有利,因为碳税收益直接与其产量挂钩,如果是在消费环节征收,那么欧佩克等石油输出国将蒙受巨大损失,因为碳税收益同进口国的消费量成正比。无论从哪个环节征收碳税,其对能源价格的影响都是客观存在的,那么碳税是否会对能源价格产生扭曲,或者减少能源价格已存在的扭曲,将成为一个非常重要的问题。

对国际能源供求结构而言,特别是石油,其消费国的国内产量很小或缺乏弹性,征收能源税或碳税的效果与关税几乎是等价的。虽然两者设立的目标在于节能减排,但是其实质都是通过税收手段形成一个刚性的买卖价差,直接改变生产者、贸易媒介和消费者所面临的买卖价格,影响其均衡生产、交易和消费,改变市场均衡。因此,我们从可耗竭性资源的定价基础——霍特林模型出发,结合全球商品链理论对税收与资源性商品定价问题的观点,探讨了碳税的最优时间路径、碳税与贸易的关系和碳税与能源价格等问题。

(一)碳税的最优时间路径

由于各国在不同时期进行碳减排的边际成本相差很大,因此各国、各地区征收碳税的时机和规模也不相同。决定税率随时间演变的重要因素是化石燃料的可耗竭性、替代能源的可用性和减排技术对减排边际成本的影响。由于后两者的确定和定量分析存在较大困难,因此在化石燃料可耗竭性基础上确定碳税的最优时间路径就具有较高的实际价值。

Ulph 等(1994)提出一个简化模型,在化石燃料存量外生给定、不存在可替代能源的情况下,估计碳税演化的最优时间路径。

假设只存在一种化石燃料,初始存量 S_0,t 时刻的生产消耗 x_t 的化石燃料,化石燃料的消耗速率为,$\dot{S} = -x$。而化石燃料消耗受到存量的约束,即,

$$\int_0^\infty x_t dt \leqslant S_0 \tag{8-12}$$

假设消耗速度为 $B(x)$,$B(0) = 0$,$\forall x \geqslant 0$,$B'(x) > 0$,$B''(x) < 0$,假设开采一单位化石燃料的成本为常数 c,$0 < c < B'(0)$。

假设大气中的二氧化碳的初始含量 M_0,t 时刻为 M_t,每消耗一单位化石燃料会产生 $\gamma > 0$ 的二氧化碳,而大气中的二氧化碳会以 $\delta > 0$ 的速率被沉淀(sink),大气中二氧化碳含量的变化速率为,$\dot{M} = \gamma x - \delta M$。而最优化石燃料开采路径为,

$$\int_0^\infty \{B(x) - cx - D(M)\} e^{-rt} dt \tag{8-13}$$

其中,$D(M)$ 表示由于大气中二氧化碳含量变化导致对环境的损害,函数严格递增且为凸。一阶条件为:

$$e^{-rt}\{B'(x_t) - c\} \leqslant \mu + \gamma \lambda_t, x_t \geqslant 0 \tag{8-14}$$

$$-e^{-rt} D'(M) - \dot{\lambda}_t + \delta \lambda_t = 0 \tag{8-15}$$

其中,$\mu > 0$ 为化石燃料的价格,λ 为时变衰减率,满足横截性条件,即当 $t \to \infty$,$\lambda_t, M_t \to 0$,

---

① 资源开发高于成本的部分被称为"租金"。生产成本部分即因地质条件和地理位置不同而形成的成本差额,即产生所谓"级差地租";去掉级差地租的租金就是所谓"经济租",即因资源的稀缺而形成的租金,也是因欧佩克限制产量而使价格提升的部分。

令 $\sigma_t = \lambda_t e^{rt}$，一阶条件改写为：

$$B'(x_t) \leqslant c + \mu e^{rt} + \gamma \sigma_t, x_t \geqslant 0 \tag{8-16}$$

$$\dot{\sigma}_t = (r + \delta)\sigma_t - D'(M) \tag{8-17}$$

横截性条件为：当 $t \to \infty$，$e^{-rt}\sigma_t M_t \to 0$，将(7-6)分解为两部分，$q_t = c + \mu e^{rt}$ 表示化石燃料生产成本，而 $p_t = q_t + \gamma \sigma_t$ 表示化石燃料消费价格，其中 σ_t 表示碳税，式(7-8)为其动态方程。

令 $v_t = \sigma_t / q_t$，表示碳税税率，则其动态方程为：

$$\frac{\dot{v}}{v} = (r + \delta) - \frac{D'(M)}{\sigma} - \frac{r\mu e^{rt}}{c + \mu e^{rt}} \tag{8-18}$$

式(7-16)和式(7-18)构成描述碳税演化最优时间路径的基本方程。从中可以看出有碳税随时间演化的基本规律。(a)如果贴现率 $r = 0$，二氧化碳的自然沉淀速率 $\delta = 0$，则碳税的变化率为负，只受到大气中二氧化碳含量的变化速率的影响，碳税会随时间不断减少。这说明，碳排放对环境损害的边际效用是不断递减的，现在减排对保护环境的意义要远高于未来减排，因而现在的碳税水平也应该较高，才能取得相应的效果。(b)自然沉淀速率 δ 越高，现在的碳排放对环境的损害就越小，则会导致现在的化石燃料消耗出现增长趋势，未来减排的压力更大，未来的碳税也越高。(c)贴现率 r 越高，则碳税变化的速率越大，未来减排的成本越高。

综合评价模型也是常见的一类评估碳税最优时间路径的方法。Nordhaus(1992,1993,1994)通过建立动态气候和经济综合评估模型(Dynamic Integrated Climate Economy Model，DICE)分别对五种情景下的最优温室气体减排路径进行讨论。DICE 模型仍然是基于新古典经济增长理论，但考虑到气候变化对经济影响，其通过加入额外的资本存量——自然资本(由全球气候系统衍生出来)来研究跨期的最优消费问题。温室气体作为负的自然资本，通过即期的减排行为可以减少未来因气候变化而造成的经济损失。Nordhaus(1996)在 DICE 模型基础上构建了区域气候和经济综合评估模型(Regional Integrated model of Climate and the Economy Model，RICE)。RICE 模型考虑了区域化特征，针对不同减排政策下，仍以社会福利最大化为目标时，对最优碳税时间路径进行研究。Nordhaus (2007)通过对 RICE 模型进行扩展，综合评价分析了不同减排政策对经济、碳税、碳排放控制率等的影响。

（二）碳税与贸易

Liski 和 Tahvonen(2004)指出对于石油卡特尔(如欧佩克)来说，碳税意味着石油租金的再分配，所以石油卡特尔应对征收碳税的战略反映就是通过减产提价来争取获得资源租金的更大份额。而对于使用化石燃料并遭受污染的石油进口国联盟来说，其碳税不再仅仅是单纯的庇古税，而是部分地起到了关税的作用，会抽取原本属于石油卡特尔的石油租金。碳税作为减排政策的重要组成部分，还会涉及可耗竭性资源的国际贸易问题。该研究借助马尔可夫完美纳什均衡[①](Markov Perfect Nash Equilibrium，MPNE)博弈模型对碳税最优设计进行描述。

假设消费方效用函数 $u(q)$ 严格为凹，p 是生产方(卡特尔)的能源价格，q 为产量，Ψ 是碳税，由消费方政府控制(考虑的出发点是庇古税中对环境的边际损害程度)。能源需求曲线为 $\max_q \{u(q) - (p + \Psi)q\}$，供应曲线为 $q = q(p + \Psi)$。

对于消费方：

$$V_b(z; \Psi, p) = \max \int_0^\infty \{u(q) - pq - d(z)\} e^{-\delta t} dt$$
$$\text{s. t. } \dot{z} = q, z(0) = 0, q = q(p + \Psi) \tag{8-19}$$

其中，z 表示污染排放量，折现率 $\delta > 0$，$d(z)$ 为严格凸函数。

---

① 马尔可夫完美纳什均衡是一个具有完全观察的、适应性的多人随机动态博弈，在不确定条件下的每个有限理性局中人不仅能观察到系统全局的状态，而且还能够彼此观察到对方的行动，具有关于彼此策略空间的共同知识。马尔可夫完美纳什均衡满足：第一，马尔可夫性，即给定过去的状态和本期的状态，将来状态的条件概率分布只依赖于现在的状态而与过去的状态独立；第二，所有的纳什均衡都是子博弈完美均衡。

对于生产方：

$$V_s(x;\Psi,p) = \max\int_0^\infty \{pq - qc(x)\}e^{-\delta t}dt$$

$$\text{s. t.}\ \dot{x} = -q, x(0) = x_0, q = q(p + \Psi) \tag{8-20}$$

其中，x 表示卡特尔的资源储量，$c(x)$ 是开采成本函数，单调递增且为凸函数。满足 $x \leqslant x_0, c(x) \geqslant 0; u'(0) - c(0) < 0; u'(0) - c(x_0) > 0$。

因为 $z = x_0 - x$，买卖双方的策略取决于资源储量 x，即，$\Psi = \Psi(x), p = p(x)$。

假设碳税只从庇古税的角度考虑，即税率等于环境边际损害程度。

$$\Psi(t) = \int_t^\infty d'[z(\tau)]e^{-\delta(\tau-t)}d\tau \tag{8-21}$$

其中，$z(\tau) = x_0 - x(\tau)$，在保证减排有效情况下，$z(t) = z_e(t)$；碳税为 $\Psi_e(t)$，在竞争市场条件下，可以满足从贸易环节获得最大剩余。

在不考虑碳税情况下，能源卡特尔的最优能源价格 $p_c(t)$ 为：

$$p_c(t) = p_s(t) - \int_t^\infty q_c(\tau)c'[x_c(\tau)]e^{-\delta(\tau-t)}d\tau \tag{8-22}$$

其中，$p_s(t) = \dfrac{q}{q'(?)} + c(x)$，表示能源价格的不变成分，而 $q_c(t)$ 表示卡特尔的生产产量，式 (8-22) 右侧的 $q_c c'(x_c)$ 表示存量资源的影子价格。

满足马尔可夫完美纳什均衡时的碳税和能源价格为：

$$\Psi_n(t) = \int_t^\infty \{d'[z_n(\tau)] - q_n(\tau)p'_n[x_c(\tau)]\}e^{-\delta(\tau-t)}d\tau \tag{8-23}$$

$$p_n(t) = p_s(t) - \int_t^\infty \{c'[x_n(\tau)] + \Psi'_n[x_n(\tau)]\}q_n(\tau)e^{-\delta(\tau-t)}d\tau \tag{8-24}$$

假设，$u(q) = aq - bq^2, d(z) = dz^2, c(x) = c_1 - c_2 x$；满足下列限制：$c_1 - c_2 x_0 > 0, a < c_1$，且 $a - (c_1 - c_2 x_0) > 0$。可以获得碳税和能源价格的时间路径：

$$x_n(t) = (x_0 - x_e^\infty)e^{\alpha_n t} + x_e^\infty; q_n(t) = -\alpha_n(x_0 - x_e^\infty)e^{\alpha_n t};$$

$$\Psi_n(t) = V''_b(x)(x_0 - x_e^\infty)e^{\alpha_n t} + \Psi_e^\infty;$$

$$p_n(t) = \frac{1}{2}[V''_s(x) - c_2 - V''_b(x)](x_0 - x_e^\infty)e^{\alpha_n t} + p_e^\infty \tag{8-25}$$

其中，$V''_b(x)$ 和 $V''_s(x)$ 是常数，$x_e^\infty = \dfrac{2d(x_0) + \delta(c_1 - a)}{c_2\delta + 2d}$ 表示稳定有效状态，而 $\alpha_n = [V''_b(x) + V''_s(x) - c_2]/4b < 0$。

环境损害参数 d 决定碳税与贸易政策的关系（就是碳税中庇古税和关税的关系）。假设，参数 d 的取值分为低 $(d < \underline{d})$、中 $(\underline{d} < d < \overline{d})$、高 $(d > \overline{d})$ 三个范围，其中，$\underline{d} = \dfrac{1}{2}\left[b\delta + \dfrac{c_2}{2} - (b^2\delta^2 + b\delta c_2)^{1/2}\right]$，$\overline{d} = \dfrac{\delta}{8}[-b\delta + 2c_2 + (b^2\delta^2 + 4b\delta c_2)^{1/2}]$。

在不同的环境损害参数 d 下，碳税的作用是不同的。当 $d = 0$ 时，表示碳税仅仅起到关税转移资源租金的作用，税率会随着资源消耗而逐渐递减，总的资源消耗的路径较霍特林模型更为平缓。当 $d = \underline{d}$，则表示碳税是完全的庇古税，此时税率等于环境损害的边际成本，而 $p'_n(x_n) = 0$，生产方卡特尔的价格不变，税率会随环境损害程度增大而逐渐递减。当 $0 < d < \underline{d}$ 时，碳税的变化（递增或递减）取决于 $\overline{d}$，此时税率的变化率为 0。如果 $d > \overline{d}$，则表示碳税将不仅是完全的庇古税，其还增加了关税的作用，也表明生产方试图通过较高的初始能源价格来减缓其资源的生产，实现其收益最大化，而消费方不仅考虑了环境因素，还试图通过增加碳税的关税作用来抑制能源价格，并抽取资源租金。

（三）碳税与能源价格

Wirl(2007)在全球气候变暖趋势不确定性的假设前提下，探讨了有约束和无约束条件下碳税对能源价格影响。假设全球气候变暖的情况是遵循伊藤过程(Ito-Process)，即：

$$dT = Ddt + \sigma Tdz, T(0) = T_0 \tag{8-26}$$

其中，D 表示多少单位温室气体排放会造成全球平均气温提升 $1℃$，而 σ 表示标准差，dz 服从维纳过程(Wiener Process)，σTdz 表示几何布朗运动。

由于温室气体排放与化石燃料消耗有密切关系，因此 D 可以表示为：

$$D = D(\pi) = a + b\pi, \pi = p + \tau \tag{8-27}$$

其中，π 为消费者最终的能源价格，p 为生产商提供能源价格，τ 为碳税。

碳税的目的是将温室气体排放的社会成本内部化，是社会福利最大化即消费者剩余($u=(a/2)\pi^e - a\pi - (b/2)\pi^2$)最大化，即：$C=(c/2)T^2$。

社会福利为：

$$W(T_0) = \max E\{\int_0^\infty [u(p+\tau) - C(T) + \tau D(p+\tau)]e^{-rt}dt\} \tag{8-28}$$

假设消费方政府忽略生产者剩余时，而生产者只关注其利润而不关心化石燃料产生的外部性，其提供的能源价格 p 只遵循其净现值最大化原则(贴现率为 r)：

$$V(T_0) = \max E(\int_0^\infty [pD(p+\tau)]e^{-rt}dt) \tag{8-29}$$

那么，消费方和生产方的动态博弈为马尔可夫完美纳什均衡博弈，决策采取马尔可夫策略[①]，博弈过程满足连续时间的 Hamilton-Jcacobi-Bellman 方程：

$$rV(T) = \max\left\{pD(p+\tau) + D(p+\tau)V'(T) + \frac{1}{2}\sigma^2 T^2 V''(T)\right\}rW(T)$$

$$= \max\left\{u(p+\tau) + D(p+\tau) - C + D(p+\tau)W'(T) + \frac{1}{2}\sigma^2 T^2 W''(T)\right\} \tag{8-30}$$

解得：

$$p(T) = \frac{1}{2}[\pi^e + W'(T) - V'(T)], \tau(T) = -W'(T) \tag{8-31}$$

博弈的均衡解表明，能源价格和碳税税率会随着全球平均气温增高而上涨，而且温室气体排放对全球变暖的不确定性越高(σ 越大)，能源价格和碳税对全球平均气温增高的敏感性就越高。

第四节　中国的能源税/碳税

中国作为世界最大的发展中国家，也是仅次于美国的世界第二大二氧化碳排放国家，虽然在《京都议定书》中没有承担减排义务，但是未来中国的温室气体减排国际政治压力会越来越大。国家统计局的数据显示，2008 年全国煤炭消费量近 30 亿吨，约占中国能耗总量的 70%，而由煤炭产生的碳排放量则约占到全国总排放量的 80%。以煤炭为主的能源结构决定了中国碳减排的艰巨性，而中国经济的快速发展还会将能源需求推上一个更高的台阶。在目前的能源消费基础上，即使能保持较低的能源消费增长，能源需求的绝对增量也将是巨大的。2007 年 4 月 10 日，国家发改委公布的"能源发展十一五规划"中提出，将 2010 年一次能源消费总量控制目标定为 27 亿吨标准煤左右。但是目前的政策措施仍无法保证足够的时间去完成调整经济结构和耗能方式来实现该目标。

林伯强(2008)认为中国经济增长模式的主要特征是投资推动和高增长，以城市化进程为目标的发展方式就离不开重工业和高耗能产业，也就使得能源消费的高增长不可避免。而中国的能源价格又被人为地控制在低于市场价格的水平，不能反映资源稀缺和环境影响，导致了能源的"过度"消费。单纯提高能源使用效率不一定会使能源消费总量减少，进行能源价格体系改革，提

---

① 马尔可夫策略是指基于马尔可夫过程的随机动态最优化决策，决策者周期地或连续地观察具有马尔可夫性的随机动态系统，序贯地做出决策。

高能源价格才是抑制高耗能产业、促进节能减排和降低能源强度的最有效手段。

能源税/碳税政策就是一种最直接的价格机制，被认为是短期经济有效的减排手段。但是在中国征收能源税/碳税必然会影响现有能源价格体系和能源结构，对经济增长和社会福利造成影响，因此根据中国的经济发展状况，需要就是否开征能源税/碳税、何时开征、如何开征等问题进行探讨。

一、能源税/碳税政策的可行性

（一）国内能源税现状

2004 年的新一轮税制改革，开始有步骤地实施涉及能源方面的税收政策。出口退税方面，为限制高污染、高能耗、资源性产品的出口，取消原油等部分资源产品的出口退税，对炼焦煤、焦炭等部分能源产品的出口退税率降为 5％；资源税方面，2004 年调整了煤炭、原油、天然气等部分资源品目的资源税税额标准，2007 年又对煤炭等资源的税额进一步进行了调整；消费税方面，2006 年 4 月 1 日开始实施新调整的消费税政策规定，将石脑油、燃料油等成品油纳入消费税征收范围，同时，在 2008 年开始实施的对 1.6 升排量小汽车减半征收购置税优惠政策等，将促进节能环保汽车的开发和发展；2005 年对 4 个第一期国家战略石油储备基地项目建设过程中所设计的有关税种予以免税，对国家批准的定点企业生产销售的变性燃料乙醇实行增值税先征后返，免征消费税的政策；企业所得税方面，2008 年 1 月 1 日起，新企业所得税法对企业购置并实际使用的环境保护、节能节水的设备投资额的 10％可以从应纳税额中抵免，对节能环保项目的所得可享受"三免三减半"的税收优惠政策。

但是目前中国尚未真正构建起完备的能源税收体系，涉及能源、环境的税收基本都是零星分散在其他税收政策之中，主要目的仍是解决节能的问题，调节手段较为单一，不能与国家能源安全、产业发展战略等协调一致。

而且目前国内还没有专门的能源、环境税收政策法规，多数能源税政策的法律位阶较低，并且没有形成单独的法律体系。现有能源税收体系基本上是通过对一些基本税收法规的条款进行修订、补充而形成的，散见于各类税收单行法规或税收文件中，比如单行法律有《电力法》、《煤炭法》、《节约能源法》和《可再生能源法》，以及其他法律如《环境保护法》、《固体废物污染防治法》、《大气污染防治法》和《清洁生产促进法》等，此外还有一些相关的行政法规。这直接导致无法形成全面、系统、目标明确的政策导向，以及由于缺乏稳定性、权威性和规范性，局限政策效力的发挥，在实际执行中容易受到来自各方面的冲击和干扰。《能源法》仍处于意见征集阶段，未来的能源法律体系将以其为核心，形成涉及能源生产、消费、节能减排等各具体层面的能源法律群落，结合阶段性的能源发展规划，和有关节能减排的技术标准出台，构建全方位、系统的结合保证能源安全和节能减排的完整政策体系。

总体而言，能源税收体系必须具备以下四点特点：首先，能源税收政策要服从和服务于国家的经济社会发展，在不同的发展阶段，应有不同的侧重点；其次，能源税收政策应以能源法案的形式确定下来并形成了一个完备的法律体系，包括对国家能源发展战略、能源税收的收入支出、相应的减免税补贴以及节能减排的国家标准；第三，能源税收框架应全面细致，包括能源税收采用的税种、税率、征收环节，以及相应的激励政策，能源税收政策的应包括一系列的折旧税收抵减、成本抵扣、跨期抵减等多样化配套措施；第四，能源税收政策要具有可持续性和可预见性，降低由于政策不确定性带来的风险。

（二）能源税/碳税政策的可行性

张世秋（2002）指出中国目前以及未来的社会经济背景条件的变化，要求环境政策必须改变目前"命令—控制"型向市场导向型转变。建立环境税收体系是中国环境管理政策创新的必然要求，而且目前中国也已经具备了实施环境税的基本条件（经济承受能力、法律体系保障、社会可接受性等）。

付伯颖（2004）指出目前我国税制中流转税的比重仍占主导地位，个人所得税比重偏低，扭曲性税收并不严重，而且由于劳动力的供给弹性较小，税收替代效应也不会很大，所以环境税的"就业双重红利"效应在我国的适用性十分有限。但是，在尽快实现增值税的转型，统一并适度降低企业所得税的同时，适当开征一些新的环境税种，如燃油税、排污税等，即可通过环境税收入弥补增值税转型和企业所得税改革的税收损失，达到提高环境质量和完善税制的"双重红利"。

何建武和李善同（2009）采用由国务院发展研究中心开发的 DRC2CGE 模型分析不同环境税的实施方案对于我国经济的影响。研究结果表明，通过实施能源税和环境税来实现一定的污染减排目标会给宏观经济带来负面影响，而对污染物征税对于经济活动造成的负面影响要小于对能源消费征税，但是如果在征收能源税/环境税的同时，实施相应配套政策，如降低服务业营业税以促进服务业发展，促进产业结构向第三产业倾斜，可以抵消能源税/环境税的负面影响。

贺菊煌等（2002）用静态 CGE 模型分析了征收碳税对中国减排的效果和对国民经济各方面的影响。采取税收中性政策（也称为平衡碳税），在征收碳税的同时，对各部门同比例削减产值税和增值税，使生产税的比率保持不变。研究结果表明，碳税是较好的减排经济手段，在煤炭和石油价格的上升的同时，煤炭产量的会缩减，各部门的能源消耗都会下降，但下降的幅度差异不大。碳税使煤炭部门劳动力大量减少，使建筑业和农业劳动力也有所减少。这些劳动力主要转移到制造业，其次转移到服务业、电力和商业餐饮业。

魏涛远和格罗姆斯洛德（2002）采用 CGE 模型分析征收碳税对中国经济和温室气体排放的影响。研究表明，征收碳税将使中国经济短期内受到一定程度的影响，但二氧化碳的排放量将有很大程度的下降。从长远看，碳税可以使政府收入增加，而政府支出假定在征税前后保持同一水平，则政府储蓄增加，其增加量大于居民储蓄的下降量，总储蓄就会增加。假设经济是由储蓄和投资推动，从而在长期内几乎全部抵消了碳税导致的能源价格上升对经济的负面影响。

高鹏飞和陈文颖（2002）采用 MARKAL-MACRO 模型，研究了征收碳税对中国碳排放和宏观经济的影响，通过不同碳税水平下能源系统碳排放比较发现，当碳税水平较高的时候，减排的效果并不显著提升，而 GDP 的损失却会急剧增加。模型构造了一个"弹性"指标——减排率/GDP 损失率，来刻画碳税的减排效果，而存在一个最优的税率，此时弹性最大，减排效果最好，而经济损失相对较小。此外，研究也认为税收中性政策有助于降低碳税对经济的影响。

王灿等（2005）指出虽然短期内碳税会给中国经济增长和就业带来某些负面影响，但是碳税有助于改善能源结构和提高能源效率，从长期看，有助于中国经济结构调整和未来发展。通过 CGE 模型对不同碳税情景下的行业减排边际成本、减排量、产量和就业的分析表明：随着减排目标的提高，所有部门的成本都将急剧上升，而能源部门的趋势比重工业更为明显，表明重工业在削减二氧化碳排放方面具有相对较大的弹性；随着减排目标的提高，各部门的削减量比例将有所变化，电力、煤炭、石油、天然气行业的份额将上升，表明低成本的减排机会逐渐减少之后，煤炭、石油等能源部门的减排重要性将逐渐上升；碳税对部门产量的影响主要作用在煤炭、天然气和电力部门，煤炭和天然气产量大幅度下降，重工业的产量也有所下降，电力、石油、轻工业、农业、建筑、服务业等部门的产量依次下降；碳税对部门产品价格的影响主要集中在煤炭、石油、天然气和电力等能源部门，对农业、轻工业、服务业的价格几乎没有影响，重工业、交通和建筑业的价格有小幅度地上升。而且在两种不同的减排目标下，煤炭部门的能源消耗及其二氧化碳排放都是减少幅度最大的。更进一步，二氧化碳的减排幅度总体上大于能源消费的降低程度，说明碳税政策导致了能源结构中的石油对煤炭的替代，碳排放削减目标越高，这种燃料转换的比例越大。

胡宗义和蔡文彬（2007）采用 CGE 模型分析了能源税的短期和长期影响，认为能源税的征收在短期内达到了降低能源强度的目标，并且在长期内也显著降低了能源强度。模拟结果表明，能源税对农业、非运输服务业等的产出几乎没有影响，部分轻工业短期内由于产品国际竞争力的下降有显著的萎缩，但在长期得到恢复，对于重工业尤其是煤炭、天然气及其下游产业有比较严重的负面影响，因此产业结构的变动降低了能源强度。

　　杨岚等(2009)通过 CGE 模型分析,提出应采用渐进提高税率的方法和税收中性政策,避免对国民经济和居民生活产生过大冲击;能源税税率应按热值征收,差别税率才能促进天然气等清洁能源的推广,促进能源结构的优化。

　　魏巍贤(2009)构建了中国的能源环境 CGE 模型,通过引入环境反馈机制,在详细划分能源部门的基础上,模拟分析了减少重工业出口退税、征收化石能源从价资源税以及经济结构变动的节能减排效果和宏观经济影响。研究结果表明,从价征收化石燃料的能源税是节能减排的一个有效途径,但其对宏观经济也将造成较大负面影响,其征收必须结合各种补贴形式,同时必须建立一个合理透明的能源价格机制。另外,中国必须长期有步骤、分阶段地降低重工业比例,提高第三产业比例,应在现有调低和取消"两高一资"产品出口退税的基础上,逐步取消整个重化工业的出口退税,这一措施不仅对 GDP 和就业的影响较小,而且能在一定程度上降低单位 GDP 能耗,减少污染排放,为开征能源税/环境税做铺垫。

　　上述研究表明,中国经济发展的现状、环境和能源的约束、国际社会的减排压力都要求中国尽快推出可行的且符合国情的能源税/碳税政策。综合大量的 CGE 模型模拟研究成果,可以得出以下结论:(a)实施能源税/碳税的经济、社会等基本条件已经初步具备,但仍需进行能源价格形成机制改革,充分反映能源供求及生产成本;(b)能源税/碳税短期内会对经济发展产生一定影响,但是通过税收中性政策和渐进税率等方法,可以降低其负面影响;(c)长期而言,能源税/碳税对节能减排目标的实现具有重要作用,而且可以改善能源结构,提高能源效率,对经济的发展的内在质量的提升具有正面的作用;(d)能源税/碳税对不同行业的影响存在较大的差异,对能源部门和重化工业的影响较大,对农业、服务业等影响较小,这将促使产业结构调整,尤其是促使中国将经济增长的重点逐步转移到具有人力资源优势且能耗和排放都较低的第三产业,提升经济增长的内在结构;(e)能源税/碳税的实施需要制定较为明确的减排目标,同时也需要结合碳交易等多种经济手段以及减免税、补贴等多项政策的配合,才能取得相应的成效,同时避免对经济和产业竞争力的过度负面影响。

二、能源税/碳税政策的规划与设想

　　目前国内学术界对于能源税/碳税的实施的研究重点集中在可行性和对经济发展、社会福利的影响上,对于具体的实施过程和体系构建的系统性研究较少。而官方研究机构近年来的多个研究项目都对未来能源税/碳税体系进行了规划和设计。通过对这些报告中所涉及相关内容的归纳和梳理,可以获得一条较为清晰的中国能源税/碳税政策发展路径及实施框架。

　　2005 年,在由大卫与露茜尔·派克德基金会、威廉与佛拉洛·休特特基金会、能源基金会共同资助的《实现能源可持续发展的财经与税收政策研究》项目中,国家发改委能源研究所提交了名为《中长期能源税、碳税的政策设计研究》的分报告,提出了未来中国的燃油税、能源税、碳税体系构建设想,同时开发构架一个经济能源模型对我国可能采取的能源财政政策进行定量的成本效益分析。研究以 2020 年中国基准能源情景作为能源发展中的财政和经济政策研究的基础,提出短期内燃油税对能源需求快速上涨有很好的抑制作用,从长期来看,采用碳税,或者与能源税相结合的碳税是一种可行的选择。报告建议在近期(2006—2007 年)尽快出台燃油税,在中期(2010 年左右)实施能源税和环境税,在远期(2020 年后)推出碳税。而财政部财科所提出的《推动能源可持续发展的财税政策研究》报告也提出了短期内(5 年)以开征燃油税为主,同时推出鼓励节能的企业所得税优惠政策、政府采购政策和资源税调整等辅助手段,长期应引入能源税或碳税,在此基础上进行税制改革,对涉及能源、环境的各税种进行调整,并出台相应的减免税、补贴政策。

　　2006 年,国家发改委能源所的《中国能源税收机制的设计与评估》报告对未来能源税政策进行了细化,提出了采取逐渐提高的方式,从较低税率开始,避免对经济的冲击,同时对企业采取技术措施给予一定的时间,根据技术寿命和经济结构调整规划,可以每 5 年调整一次。同时,根据国家鼓励原则以及社会发展原则采取从价差别税率,对小水电、风电、太阳能、核能等采取减免税政策。初期税率目标是使煤炭价格上升10%,石油1.2%,天然气2%,电力1%,未来长期可能为16%、3%、4%和1.5%。其同时指出能源税政策实施的关键是征收环节的设计,对生产端的征收不符合经济原则,遇到的争论也很多,但对消费端的征收则会减少生产企业能源替代的积极性,降低实施能源的环境效果,因此,如何协调这两方面的关系是未来需要进一步探讨的关键问题。

2009年,财政部财科所推出的《中国开征碳税问题研究》报告则提出五年内开征碳税的大胆设想,开征碳税的路线图是:2009年进行燃油税费改革,2009年之后择机进行资源税改革,在资源税改革后的1~3年期间(2012—2013年)择机开征碳税,在2014年及之后全面开征环境税。在碳税实施方式上提出三种选择,即在现行资源税和消费税基础上,以化石燃料的含碳量作为计税依据进行加征;在资源税、消费税和环境税之外单独开征碳税;将碳税作为环境税的一个税目征收。报告更倾向于第三种模式,而碳税税率采取逐步推进的方案,初步设想碳税率为:2012年10元/吨二氧化碳,2020年达到40元/吨二氧化碳。其中,煤炭碳税2012年每吨19.4元,到2020年每吨77.6元;石油碳税2012年每吨30.3元,2020年达每吨121.2元。报告披露如果增值税转型带来的收入损失为1230亿元,按照这个作为碳税征收的最大上限,折算而成的碳税税率为167.3元/吨。

2009年,国家发改委能源研究所推出的《中国2050年低碳发展之路——能源需求暨碳排放情景分析》报告提出中国未来经济社会发展及其碳排放变化将经历三个历史性的阶段,分别是能源需求和碳排放快速增长期阶段(2009—2020年)、能源多元发展初具规模阶段(2021—2035年)以及二氧化碳减排关键阶段(2036—2050年)。报告以2005年为基准年,2050年为目标年,设计了"低碳情景"、"强化低碳情景"以及"不采取气候变化对策的基准情景"三种情景,并提出按基准情景,要到2020年才开征能源税,并采取较低税率;而在低碳情景,要2020年才开征碳税,较低税率之后增加;在强化低碳情景中,要2020年前开征碳税,较低税率之后增加。按模型估算,与基准情景的没有减排目标相比,在低碳情景下和强化低碳情景下,中国的碳排放量均于2020年开始减缓,2030年达到峰值,那么在2020年开征碳税并开始承诺减排目标是较为合适的。

2009年,由大卫与露茜尔·派克德基金会、威廉与佛拉洛·休利特基金会、能源基金会和世界自然基金会中国分会共同资助的《2050中国能源和碳排放报告》中,国家发改委能源研究所提交的《实施碳税效果和相关因素分析》分报告中指出低碳情景中,提出的能源税/碳税政策方案是:2010年前实施燃油税,并在2020年提高到每升4~5元;2012—2014年开征能源税,并逐步提高税率;2015—2017年开征碳税,初期对碳税的征收形式可以是碳税和能源税的混合税,四~五年之后再由能源税转化为碳税,税率由小逐渐增大。

综上研究结果可以基本上对能源税/碳税政策路径有一个较为清晰的思路:首先,需要估计中国经济发展和碳排放情景,初步估算碳排放的峰值年份,以此为基础,进行能源税/碳税政策的规划和设计;其次,以燃油税为起点,选择适当时机先开征能源税,在能源税稳定运行的基础上再引入碳税,初期以碳税和能源税的混合税形式出现,稳定运行四~五年后,逐步由碳税来替代能源税;再次,能源税/碳税的税率调整应是循序渐进、逐步增加的过程,既要确保不对经济增长产生太大负面影响,还要保证减排效果能够满足未来碳减排目标的实现;最后,配套措施是能源税/碳税政策能否顺利实施的关键,包括减免税优惠、补贴、投资等一系列政策。

三、能源税/碳税政策的构建与实施

能源税/碳税政策的体系构建作为一个系统工程,需要综合考虑社会经济发展各种因素,能源税/碳税的开征,不仅涉及中国在应对全球气候变化上承担义务的确定问题,与现有涉及能源、环境的税种之间的协调,而且还关系到矿产资源、能源等生产要素价格形成机制的完善程度,以及相关法律、减排政策等多方面因素的制约与相互影响。

能源税/碳税的开征首先要解决的问题是,能源等生产要素价格的形成机制问题,这是实施能源税/碳税政策的基础。能源价格改革不仅要逐步形成能够反映资源稀缺程度、市场供求关系和污染治理成本,更重要的是为能源生产和消费的各个环节提供成本核算的完全信息,这是开征能源税/碳税时制定相关税率和未来进行税率调整的基本要求。其次,需要明确一个较长时期的减排目标,并以此为基础,遵循渐进的思路,对能源税/碳税的政策组合进行分析,制定税率调整的时间表,使减排效果达到最优。第三需要考虑在能源税/碳税政策实施过程中配套政策的落实,尤其是在能源税/碳税政策实施前,如何通过出口退税、能源(环境)补贴等手段引导社会、经济逐步适应较高的能源、环境制约,为减少碳税实施的阻力和负面效应提供一个过渡期。

在国家发改委能源研究所的一系列研究报告的基础上,以 2005 年为基准年,2050 年为目标年,参照不同情景,就如何构建能源税/碳税政策体系进行说明。

1. 减排情景

基准情景(Business as Usual):2005—2050 年年均增长速度 6.4%,高消费模式,全球投资,关注环境,但是先污染后治理,技术投入大,技术进步较快。

低碳情景(Low Carbon):考虑中国的可持续发展、能源安全、经济竞争力所能实现的低碳发展情景。充分考虑节能、可再生能源发展、核电发展,同时对碳储存捕获(CCS)技术有所利用。在中国经济充分发展情况下对低碳经济发展有一定的投入。

强化低碳情景(Enhanced Low Carbon):全球一致减排,实现较低温室气体浓度目标,主要减排技术进一步得到开发,成本下降更快,中国对低碳经济投入更大,CCS 的利用得到大规模发展。

具体减排情景,请见图表 8-5、表 8-6。

表 8-5　不同情景下一次能源需求量(单位:百万吨标准煤)
(基准情景)

年份	煤	油	天然气	水电	核电	风电/太阳能	生物质能电	醇类汽油	生物柴油	合计
2000	944	278	30	85	6	0.4	1.0	0.0	0.0	1 346
2005	1 536	435	60	131	20	0.8	1.9	1.8	0.6	2 189
2010	2 424	628	109	217	28	7	16	10	0.6	3 438
2020	2 991	1 096	271	294	90	20	30	22	3.1	4 817
2030	2 932	1 708	460	358	181	54	44	33	7.9	5 526
2040	3 001	1 710	532	380	380	84	71	36	8.5	6 202
2050	2 925	1 836	668	397	595	103	86	39	9.2	6 657

(低碳情景)

年份	煤	油	天然气	水电	核电	风电	太阳能发电	生物质能电	醇类汽油	生物柴油	合计
2000	944	278	30	85	6	0	0	1	0	0	1 346
2005	1 536	435	60	131	20	1	0	2	2	1	2 189
2010	2 173	528	109	207	46	12	0	9	2	1	3 087
2020	2 195	843	349	375	136	51	1	32	8	6	3 996
2030	2 091	964	529	401	301	92	4	52	28	12	4 474
2040	2 063	1 010	628	424	471	118	9	61	36	13	4 833
2050	1 984	1 025	745	422	760	169	20	68	44	14	5 250

（强化低碳情景）

年份	煤	油	天然气	水电	核电	风电	太阳能发电	生物质能电	醇类汽油	生物柴油	合计
2000	944	278	30	85	6	0	0	1	0	0	1 346
2005	1 536	448	60	131	20	1	0	3	1	0	2 203
2010	2 083	532	107	180	40	18	0	8	2	1	2 971
2020	2 144	838	330	354	145	66	1	31	8	6	3 921
2030	1 903	943	491	395	301	156	5	49	20	12	4 275
2040	1 814	993	604	429	497	214	16	59	22	13	4 660
2050	1 715	1 032	710	420	761	239	37	63	23	14	5 014

表 8-6　不同情景下化石燃料的碳排放（单位：百万吨碳）

年　　份	基 准 情 景	低 碳 情 景	强化低碳情景
2000	867.2	867.2	867.2
2005	1 409.3	1 409.3	1 409.3
2010	2 134	1 943	1 943
2020	2 779	2 262	2 194
2030	3 179	2 345	2 228
2040	3 525	2 398	2 014
2050	3 465	2 406	1 395

　　情景分析表明，如果中国不改变经济增长模式，到 2050 年二氧化碳排放将达到 34 亿吨。如果中国走低碳发展的道路，中国可以将 2030 年的能源消耗降低到 2010 年的排放水平；如果采取强化减排措施，在 2030 年二氧化碳排放达到高峰后，排放总量增长缓慢甚至出现下降，到 2050 年将降低到 2005 年的排放水平。

　　我们以低碳情景为参照，其减排来自几个方面（见图 8-13）：产业结构调整，物理能效提高，生活方式的改变，能源结构的优化，CCS 的应用。其中产业结构调整、物理能效提高和能源结构优化在减排贡献中占很大部分。值得注意的是，2030 年后整个经济产业结构基本较为平稳，CCS技术也才开始发挥作用，而能源结构优化和能效提高仍是主要的减排方式。

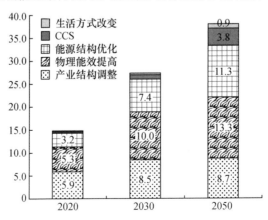

图 8-13　低碳情景中的主要减排因素的贡献

2. 实施路径

参照低碳情景，为满足相应的目标，需要实施能源税/碳税，具体路径如下。

第一步，实施燃油税，在 2009 年进行的燃油税费改革的基础上，逐步提高燃油税税率，在 2030 年与能源税一起转为碳税。但其在 2030 年左右应基本达到目前欧洲国家的水平（2030 年中国的人均收入开始接近目前的欧洲水平）。其中，税率的确定主要依照 IPAC 模型的估算结果，分析不同税率的减排效果和对经济的影响，来确定合适的税率和实施时间表（见表 8-7）。根据赖明勇等（2008）采用 MCHUGE 模型对不同环节征收燃油税的评估结果表明，在生产环节征收能耗环保效果显著，但对经济的损害较大；在零售环节征收对经济损害小，但能耗环保效果一般；批发环节的征税效果介于前面二者之间，但征税成本较低，符合广税基原则和中国税改方向。因此中国的发展状况更适合于在批发环节征收燃油税。

表 8-7　燃油税税率的设定

	2006 年	2010 年	2020 年	2030 年
汽油	1.1（费改税）	2.4	3.6	4.6
柴油	1（费改税）	2.1	2.7	3.4
GTL		2.1	2.7	3.4
醇类燃料	1	1	1	1
生物柴油		1	1	1

第二步，目前中国能源价格机制仍未开放，所以如果从 2010 年开始实施，初期采取从量征收办法。在理顺国内能源价格后，可以推出采取基于热值的差异税率，逐步提升煤炭等能效较低的能源和石油、天然气等高能效能源的税率差别（见表 8-8）。这既有助于能源结构优化和能效提高，也有一个较长的过渡期，可以满足目前以煤炭为主的能源结构逐步向以石油、天然气和其他清洁能源为主的演化。能源税以消费税形式征收，目前我国消费税从生产环节征收，但 2009 年出台的石化业振兴规划细则中明确提出将成品油消费税征收由生产环节移至批发、零售环节。

表 8-8　能源税税率的设定

	2006 年	2010 年	2020 年	2030 年
煤炭	0	50	80	120
石油	0	50	70	100
天然气	0	50	60	80
水电	0	0	0	0
其他可再生能源	0	0	0	0

第三步，由于整体碳排放在 2020 年开始减缓，2030 年达到峰值，那么在 2020 年开征碳税是较为合适的。但考虑碳税的适应过程，可以在能源税稳定运行 5 年后，即 2015 年开始征收碳税，初期采取能源税和碳税的混合税，如按 30 元/吨二氧化碳的较低税率对化石燃料征收碳税，然后根据我国社会经济的发展情况，适度逐步提高碳税比例，在 2030 年后逐步取代能源税和燃油税（见表 8-9）。碳税税率的确定，主要来自于 IPAC 模型组的前期研究，以及国外一些国家所采用的税率。

表 8-9　碳税税率的设定

	2015 年	2020 年	2030 年	2050 年
碳税	30	50	100	200

上述能源税/碳税政策是建立在模型理想化估计的基础上,需要根据实际经济运行情况进行适当调节。此外,模型认为清洁能源如太阳能、风能、生物质能等在2020年后都可以商业化,尤其是CCS、IGGC技术在2030年开始成熟,可大规模使用,但是实际上这些还存在很多不确定性因素。

3. 配套政策

能源税/碳税政策能否实现其目标还有待相关配套政策的落实,具体包括如下几点。

税收减免:税收收入的30%作为节能和新能源发展支出,其余70%的税收收入可以用于降低、调整个人收入所得税和企业所得税。此外其还可部分用于政府收入,作为一般政府性支出。

节能政策:建立节能量交易体系、节能减排项目投资的信贷和税收优惠,设立节能基金,推广能效管理,制定相应的节能标准。

补贴政策:在国家电网规划和购电计划中向对清洁能源、核能倾斜,采取优惠电价、信贷和税收优惠等补贴措施。

消费引导:鼓励公众购买低能耗和低排放产品,开征消费税,对塑料袋、一次性产品、高档消费品等征收额外税赋,鼓励购买小排量汽车、LED照明、EV电动汽车等创新节能减排的消费品。

投资政策:国家投入可持续发展建设,引导社会投资进入高附加值和低能耗产业,加大对节能减排新技术的研发投入。

四、如何应对可能的"碳关税"

单方面碳税政策不仅存在对本国工业成本和竞争力的负面影响,而且其减排效果也会受到所谓的"碳泄漏"问题的困扰。虽然通过减免能源密集型产业的碳税和实行税收返还措施可以降低对产业竞争力的负面影响,但是也会抑制企业减排的动力,从而降低碳税的环境功效。因此,已经或者将要实施碳税的国家,尤其是OECD国家更倾向于采取边境税收调整措施,即所谓的"碳关税",从某种程度上迫使其他国家也考虑碳税问题,希冀以此促成未来达成全球性的、协调一致的碳税政策。

应对未来可能的"碳关税",中国应以战略眼光来制定相应对策,积极面对低碳经济的挑战。

在国际方面,首先,应针对"碳关税"与现有WTO法律框架的矛盾,在坚持《京都议定书》中"共同而有区别的责任"的原则立场下,团结其他发展中国家与OECD国家展开谈判,反对发达国家以减排名义实行施行贸易保护的行为;其次,应积极参与国际有关碳减排的相关规则的国际谈判与协商,在目前国际上对低碳、高碳产品的界定并无明确定义和标准的情况下,大力推动符合减排需求同时照顾发展中国家发展权利的有关低碳产品标准和低碳技术认定;再次,积极参与国际碳交易,争取及早构建中国的自愿减排体系,争取在未来的国际碳交易中的主动权。

在国内方面,首先,应以碳减排为契机,响应国际社会低碳化号召,大力推动经济结构调整和产业结构升级,加大节能减排力度,同时积极推动以再生能源为核心的能源革命,为进一步实施可持续发展战略创造条件;其次,应理顺国内能源价格机制,参照OECD国家的经验和标准,加速国内能源税/碳税政策的实施进程,开征各类资源环境税,促进国内能源结构和产业结构的优化;再次,加大减少和限制"两高一资"产品出口力度,尤其是针对"两高一资"和高碳排放产品以及重要战略性资源产品继续征收高额出口关税,同时大力促进高新产业和服务业的对外贸易,鼓励企业拓展海外投资,扭转贸易结构不合理的状况,规避碳减排的不利影响。

五、相关研究

随着城市化和工业化的快速发展,中国对化石能源的需求也越来越大,已成为仅次于美国的世界第二大二氧化碳排放国,减排问题越来越严重。作为实现低碳经济的重要手段,能源税/碳税已逐渐成为学术界和实务界关注的焦点。

（一）碳税对经济、社会和环境的影响

1. 碳税对中国经济的影响

高鹏飞(2002)研究了征收碳税对中国经济发展的影响,认为征收碳税会对中国GDP产生较大的损失。

魏涛远等(2002)利用一个可计算一般均衡模型,定量分析了征收碳税对中国经济和温室气体排放的影响,结果表明征收碳税使中国经济在短期内受到很大冲击,对中国GDP的长期影响不大,但这并不意味着征收碳税在长期对经济没有刺激作用,因为征收碳税改变了收入分配结构,使全社会工资水平下降,居民的消费水平降低,会制约中国经济的发展。

沈可挺和李钢(2010)通过构建动态一般均衡模型(CGE)模型,测算碳关税对中国工业生产、出口、就业的可能影响,结果表明:每吨碳60～30美元的关税率可能引起中国工业部门的总产量下降0.63%～1.22%,并且该冲击可能在5～7年甚至更长的时期内产生持续影响。

由于所采用的分析模型、数据以及情景假设等不同,在征收碳税对中国经济(GDP)影响幅度上,国内现有研究结论存在较大差异。针对这一问题,栾昊、杨军、黄季焜、姜晔(2013)利用Meta方法对导致评估结果差异的各种因素进行分析,研究结果表明模型选择和碳税税率的设定是导致评估差异的主要原因。其中,模型选择是造成研究结论差异的主要原因,可以解释结论差异的74%左右;如果考虑模型选择与碳税税率的交叉影响,其解释效力可进一步提高到87%;而征税方式与碳税使用方式对研究结论差异没有显著影响。相比于其他模型,CGE模型与MARKAL-MACRO模型的评估结果比较稳定,影响幅度居中并较为接近,更为适用于评估实施碳税对GDP的影响程度。

2. 碳税对地方经济的影响

谭丹、黄贤金(2008)对我国三大区域的排放和经济发展的关联分析做了研究,根据碳排放量的测算结合三大地区单位GDP的数值,利用灰色关联度分析方法进行分析。其得出了以下结论,从单位GDP碳排放的变化规律看,该值东部地区最小,西部地区最大,这样我们就可以知道,结合碳税的作用,如果减少相同的碳排放量,对西部地区的GDP的影响最大,对东部地区的影响最小,因此,在制定碳税方案时需要考虑区域经济的差异性,否则很有可能加剧目前区域经济格局的不协调,从而违背了税收的中性原则。

陈斌(2010)认为碳税将会在一定程度上制约中国区域经济协调发展,对区域经济格局产生冲击。如果未来国家开征碳税,那么中西部地区大部分企业的生产成本将会显著提升,企业受到较大冲击,这将直接影响到中西部地区的经济发展,并最终影响中国目前的区域经济格局。

林桢(2011)站在地方经济可持续发展的角度,以河南省为例分析了碳税开征对地方经济的短期和长期影响:在短期,碳税开征将导致企业运营成本提高,资金流入减少,工人就业下降;在长期,生产结构会相应地优胜劣汰,产业升级加速,经济结构会得到调整和优化,负面影响将逐步降低。

钱斌华(2011)基于长三角地区二省一市(浙江、江苏和上海)的投入产出表,运用CGE模型模拟了碳税开征后对经济发展的影响,研究得出碳税开征后对整体的经济有轻微的负面影响,减排效应最明显的依次是:上海、浙江和江苏。

3. 碳税对不同行业的影响

许多研究均表明,征收碳税对GDP有着显著的影响,那么征收碳税对不同的行业又会有怎样的影响呢?

朱永彬等(2010)通过实证研究证实,征收碳税对不同经济部门的影响各异,高排放的能源部门受到的影响最大;在非能源部门,玩具、纺织、服装等部门受到的负面影响最大,旅游、通信、电子等低碳部门受到的正面影响最大。

杨超、王锋和门明(2011)基于我国的2007年投入产出表,采用动态碳税调整机制构建多目标最优碳税投入产出模型,得出征收碳税对"电力、热力的生产和供应业"、"石油加工、炼焦及核

燃料加工业"、"交通运输、仓储和邮政业"、"金属冶炼及压延加工业"、"煤炭开采和洗选业"五个行业的产出和价格水平影响比较大。因此，会对这些产业的发展产生一定的阻碍，也将促进绿色产业的兴起。

管治华（2012）对于征收碳税与经济增长的关系，分行业和地区进行实证分析，得出以下结论：征收碳税对经济增长的影响存在显著的地域和行业差异，在较低强度的碳税政策下，碳税对中东部地区大部分省份的经济增长有促进作用，但阻碍中西部地区一些省份的经济增长；同时，征收碳税对大多数行业的发展起推动作用，却不利于少数行业的发展。

4. 碳税对企业的碳减排效应

国内关于碳税对企业碳的减排效应，近年来才有少量的学者开始关注和研究。苏明、傅志华等（2009）运用投入产出表，利用 CGE 模型从静态和动态角度分别对不同碳税税率的二氧化碳排放以及各行业的产出及价格做了预测与评价。研究结果表明，静态分析模式下，征收碳税使碳排放量下降，碳税税率越高，碳排放量下降的幅度越大。

朱永彬等（2010）利用 CGE 模型，对我国开征碳税进行模拟。研究发现，征收碳税能够有效抑制我国能源部门的碳排放量，但是，征收碳税对经济结构中非能源部门的产出具有负面影响，同时发现不同征税形式，其作用也不尽相同，生产性碳税的减排效果与经济影响程度都明显高于消费性碳税。

聂华林等（2011）通过构建一个代表性能源类企业的二氧化碳减排效应模型，分析在不同的碳税政策情形下，企业生产要素投入品相对价格的变化如何影响企业的生产决策，以及由此产生的二氧化碳减排效应。结果表明：企业的二氧化碳减排效应取决于具体碳税政策带来的替代效应、收入效应、碳税政策之间的"相互作用"效应以及生产要素投入品的需求弹性等因素。

付丽苹和刘爱东（2012）通过建立政府与高碳企业间的"委托—代理"模型，分析了政府征收碳税激励高碳企业实施二氧化碳减排的激励契约。结果表明，政府设计科学合理的碳税税率可实现高碳行业二氧化碳排放总量控制，增强高碳企业实施二氧化碳减排的内在动力，激发其积极地向低碳转型。

5. 碳税对环境和节能减排效益的影响

周晟吕等人（2011）采用基于动态可计算一般均衡模型（CGE）构建"能源—环境—经济"模型，模拟了在考虑能源利用效率提高的基础上，如果低碳技术进步的基准情景下能源效率提高和能源结构转换带来的减排量能够实现的话，征收 60 元/吨二氧化碳碳税可以促进我国 2020 年减排目标的实现。另外，其通过构建一个代表性能源类企业的二氧化碳减排效应模型，分析在不同的碳税政策情形下，企业生产要素投入品相对价格的变化如何影响企业的生产决策。

聂华林等人（2012）发现采用征收碳税和提供补贴的复合碳税政策带来的减排效应最好，单独提供补贴的减排效应次之，单独征收碳税的减排效应不明显。

（二）中国开征碳税的因素分析

1. 碳税开征的制约因素

彭欣和胡志勇（2011）经过综合分析，认为当前制约碳税在我国发挥效力主要有三大因素：其一，我国尚处于"高耗能、低产出"的粗放型阶段，经济发展对能源依赖性很强；其二，由于我国政治制度的特殊性，行政命令比碳税有着更为"积极"的作用；其三，碳税在激励企业技术研发方面不如其他税种（如企业所得税）来得有效，税种之间协调不足。

王志文和张方（2012）通过对中国燃料价格和碳排放之间的因果关系分析表明，碳排放变化是燃料价格变化的格兰杰原因，而燃料价格变化不是碳排放变化的格兰杰原因。

《2050 年中国低碳发展之路》（2009）则认为中国实现低碳经济难度很大，这是由于在未来的 20 年内"发展"仍然是中国第一要务，能源需求和二氧化碳排放仍会处于"双高"增长时期。

2. 碳税开征的条件考量

碳税课题组（2009）在设计碳税实施路线图时，认为我国碳税的开征必须优先考虑三大条件：

其一,良好的国内宏观经济环境,避免选择在经济下滑或经济过热时期开征碳税,否则会造成冲击;其二,良好的国际经济环境,如在金融危机时期就不适宜开征;其三,适度的税负水平,过高的税负水平会使纳税人产生抵触情绪,不利于征收管理。另外,通过综合分析,研究组认为在时机的选择上,可考虑在资源税改革的1~3年后才开征,一是需要时间来消化化石燃料价格上涨;二是根据"巴厘岛路线图"协议,可顺势推行包括碳税在内的一系列减排措施。

(三)西方国家的经验借鉴

为了将二氧化碳排放限制在合理的范围,不少国内学者纷纷考察和研究西方发达国家开征碳税的背景、措施及效果,旨在探索出有利于我国碳税开征的启示与经验。

苏明、傅志华等人(2009)认为我国在开征碳税时应借鉴西方国家以下经验:其一,以碳含量作为碳税计税依据,以便于征管和降低纳税成本;其二,制定相关税收优惠,尤其对那些能源消耗大、竞争力差的行业给予税收减免等税收优惠措施;其三,碳税收入纳入一般预算管理。

然而在碳税收入的使用上,张秀平(2011)有不同的观点,她认为应坚持专款专用,把碳税的收入专项用于治理二氧化碳的排放和资助新能源的研发,从源头上减少二氧化碳的排放;同时要用于补贴低收入家庭,保证社会的公平。

(四)碳关税

从政治经济学的角度出发,夏先良(2009)从国际政治经济利益以及全球经济利益格局的角度出发,通过深入分析欧盟和美国倡导的碳关税和低碳经济概念以及国际贸易规则,认为碳关税在本质上更属于国际政治问题。

碳关税可以降低中国二氧化碳排放量,能源税、碳税等措施同样也可以降低中国二氧化碳排放量。哪种碳减排措施是更为有效的碳减排工具?换句话讲,碳关税是不是一个有效的碳减排工具,在碳减排问题上是否具有合理性?林伯强和李爱军(2012)采用多国CGE模型进行分析,结果表明,碳关税与碳关税等效措施的影响存在显著差异。相比较而言,碳关税会导致较高的碳减排成本,较高的碳泄漏率,对世界二氧化碳减排的贡献相对较小。因而,碳关税不具有合理性。不过,碳关税却是有效的威胁手段,因为它可以迫使发展中国家采用碳减排措施。

崔连标、朱磊和范英(2013)通过设置美国对国内征收碳税并对中国征收碳关税以及中美两国差异化碳税三种政策情景,运用环境版全球贸易分析模型探讨中国基于成本公平性原则主动减排,是否可以成为一种应对美国碳关税威胁的选择。研究结果表明,碳关税不是一个有效的减排政策,其促进减少碳排放和防止碳泄漏的作用非常有限;居民福利和碳排放等指标的变化情况表明,中国基于成本公平性原则自主减排优于被美国征收碳关税,并可以应对美国碳关税的威胁。

(五)其他

1. 碳税与碳泄漏

张宏和张海玲(2013)借鉴Bushnell和Mansur(2011)的分析结果,建立了一个供给需求与价格的理论模型,检验了碳泄漏发生的条件。其发现,在一国碳税政策的影响下,碳泄漏是否会发生取决于相应的生产价格供给弹性及消费价格需求弹性。某些国家提出要利用边境碳税调节措施来应对碳泄漏,但是由于碳排放是一种全球性公共负产品,一国单方面实施应对碳泄漏的政策效果并不明显,而且若控制不当,容易演变为贸易保护手段,影响自由贸易的健康发展。

2. 碳税与碳排放交易的比较

为应对日趋恶劣的环境污染和温室效应,当前各国政府主要运用两大手段——碳税和碳排放权交易,虽然同为节能减排手段,但两者有着截然不同的特点。田红莲(2009)基于市场机制对比了碳税和排污交易权,发现碳税在降低污染方面有三大明显优势:其一,在控制成本同时能很好地掌控风险;其二,透明性更高,成本预算更精确;其三,无需建立交易体系,减少寻租机会。

然而,杨晓妹(2010)认为碳税的缺陷也相对明显:信息成本较高,在信息获取不充分的情况下,税率制定的偏差有时还会产生新的扭曲。与碳税相比,碳排放交易虽然存在着实施成本较高、企业自身减排成本不易测算等问题,但其在减排效果以及运行成本方面具有相对优势,而且在国际减排治理上也具有较大的作用。

3. 最优碳税

范允奇和李晓钟(2013)通过将能源要素和碳税效应引入总量生产函数,构建一个环境约束下基于福利最大化的动态最优碳税模型,求解了最优碳税税率,并结合中国省际面板数据进行测算。研究发现人均总产出、居民对环境质量重视程度、人均能源消费、能源污染系数对最优碳税税率具有正向影响,环境质量、居民效用的时间折现率、碳税对资本和能源产出弹性对最优碳税税率具有负向影响。我国不同区域的最优碳税税率水平存在显著差异。结果表明,碳税开征初期应当实施税收优惠以避免对经济造成过大冲击,碳税税率确定应当遵循"共同而有区别的责任"和"各自能力"原则。

参 考 文 献

[1] 2050 中国能源和碳排放研究课题组. 2050 中国能源与碳排放报告[M]. 北京:科学出版社,2009

[2] 崔晓静. 欧盟能源税指令评述. 涉外税务[J]. 2006(11):99～104

[3] 曹静. 走低碳发展之路:中国碳税政策的设计及模型分析[J]. 金融研究,2009(12):19～29

[4] 崔连标,朱磊,范英. 碳关税背景下中国主动减排策略可行性分析[J]. 管理科学,2013(2):101～111

[5] 财政部财科所课题组. 推动能源可持续发展财税政策研究[R]. 实现能源可持续发展财政与税收政策研究,2005

[6] 财政部财科所课题组. 中国开征碳税问题研究[R],2009

[7] 付伯颖. 论环境税"双盈"效应与中国环境税制建设的政策取向[J]. 现代财经,2004,24(2),7～11

[8] 发改委能源研究所课题组. 中长期能源税、碳税的政策设计研究[R]. 实现能源可持续发展的财经与税收政策研究,2005

[9] 发改委能源研究所课题组. 中国能源税收机制的设计与评估[R],2006

[10] 发改委能源研究所课题组. 中国 2050 年低碳发展之路——能源需求暨碳排放情景分析[M]. 北京:科学出版社,2009

[11] 付丽苹,刘爱东. 征收碳税对高碳企业转型的激励模型[J]. 系统工程,2012(7):94～98

[12] 范允奇,李晓钟. 碳税最优税率模型设计与实证研究——基于中国省级面板数据的测算[J]. 财经论丛,2013(1):27～32

[13] 高鹏飞,陈文颖. 碳税与碳排放[J]. 清华大学学报(自然科学版),2002,42(10):1335～1338

[14] 管治华. 碳税征收对经济增长与产业结构影响的实证分析[J]. 经济问题,2012(5):42～45

[15] 贺菊煌,沈可挺,徐嵩龄. 碳税与 CO_2 减排的 CGE 模型[J]. 数量经济技术经济研究,2002(10):39～48

[16] 胡宗义,蔡文彬. 能源税征收对能源强度影响的 CGE 研究[J]. 湖南大学学报(社会科学版),2007,21(5):57～63

[17] 何建武,李善同. 节能减排的环境税收政策影响分析[J]. 数量经济技术经济研究,2009(1),31～45

[18] 何欢浪,岳咬兴.策略性环境政策:环境税和减排补贴的比较分析[J].财经研究,2009(6):136~143

[19] 金慧华.多边贸易体制下的碳税问题探析[J].社会科学,2009(1):95~10

[20] 林伯强.能源经济学理论与政策实践[M].北京:中国财政经济出版社,2008

[21] 林伯强,李爱军.碳关税的合理性何在?[J].经济研究,2012(11):118~127

[22] 赖明勇,肖皓,陈雯等.不同环节燃油税征收的动态一般均衡分析与政策选择[J].世界经济,2008(1):65~77

[23] 李齐云,宗斌,李征宇.最优环境税:庇古法则与税制协调[J].中国人口·资源与环境,2007,17(6):18~23

[24] 刘洁,李文.征收碳税对中国经济影响的实证[J].中国人口资源与环境,2011,21(9):99~105

[25] 栾昊,杨军,黄季焜等.征收碳税对中国经济影响评估的差异因素研究——基于Meta分析[J].资源科学,2013(5):958~965

[26] 聂华林等.基于减排效应的能源类企业碳税政策的优化选择研究[J].资源科学,2011,(10)

[27] 欧洲环境局著.刘亚明译.环境税的实施与效果[M].北京:中国环境科学出版社,2000

[28] 苏明,傅志华,许文.我国开征碳税的效果预测和影响评价[J].经济研究参考,2009(72):24~28

[29] 魏涛远,格罗姆斯洛德.征收碳税对中国经济与温室气体排放的影响[J].世界经济与政治,2002(8):47~51

[30] 魏巍贤.基于CGE模型的中国能源环境政策分析[J].统计研究,2009(9):3~14

[31] 王灿,陈吉宁,邹骥.基于CGE模型的CO_2减排对中国经济的影响[J].清华大学学报(自然科学版),2005,45(12):1621~1624

[32] 王金南,葛察忠,高树婷等.环境税收政策及其实施战略[M].北京:中国环境科学出版社,2006

[33] 徐玉高,孙永广,施祖麟.再分配碳税收入的国际碳税机制的经济分析[J].数量经济技术经济研究,1998(4):38~45

[34] 徐剑波.我国开征碳税研究综述[J].特区经济,2012(11):242~243

[35] 谢来辉,陈迎.碳泄漏问题评述[J].气候变化研究进展,2007,3(4):214~220

[36] 谢来辉.欧盟应对气候变化的边境调节税:新的贸易壁垒[J].国际贸易问题,2008(2):65~72

[37] 杨岚,毛显强,刘琴等.基于CGE模型的能源税政策影响分析[J].中国人口·资源与环境,2009,19(2):24~30

[38] 姚昕,刘希颖.基于增长视角的中国最优碳税研究[J].经济研究,2010(11):48~59

[39] 杨超,王锋,门明.征收碳税对二氧化碳减排及宏观经济的影响分析[J].统计研究,2011,28(7):45~55

[40] 张世秋,贺燕,曹静.环境政策创新:论在中国开征环境税收[J].北京大学学报(自然科学版),2001,37(4):550~557

[41] 中国能源财经税收政策研究课题组.中国可持续能源财政与税收政策研究[M].北京:中国民航出版社,2006

[42] 张为付,潘颖.能源税对国际贸易与环境污染影响的实证研究[J].南开经济研究,2007(3):32~47

[43] 周剑,何建坤.北欧国家碳税政策的研究及启示[J].环境保护,2008(11):70~74

[44] 朱永彬,刘晓,王铮.碳税政策的减排效果及其对我国经济的影响分析[J].中国软科学,2010(4):1~10

［45］张明喜. 我国开征碳税的 CGE 模拟与碳税法条文设计［J］. 财贸经济，2010(3)：61～67

［46］周晟吕，石敏俊，李娜等. 碳税政策的减排效果与经济影响［J］. 气候变化研究进展，2011(3)：210～217

［47］张宏，张海玲. 碳泄漏、边境碳税调节及对中国出口贸易的影响［J］. 财政研究，2013(1)：33～36

［48］A. Bruvoll，B. M. Larsen. Greenhouse Gas Emissions in Norway：Do Carbon Taxes Work？［J］. Energy Policy，2004(32)：493～505

［49］A. L. Bovenberg，R. A Mooij. Environmental Levies and Distortionary Taxation［J］. The American Economic Review，1994，84(4)：1085～1089

［50］Antonla Cornwell，John Creedy. Measuring the Welfare Effects of Tax Changes Using the LES：An Application to a Carbon Tax［J］. Empirical Economics，1997(22)：589～613

［51］A. Ulph，D. Ulph (1994). The Optimal Time Path of a Carbon Tax［J］. Oxford Economic Papers，1994(46)：857～868

［52］Bruvoll，A. ，B. M. Larsen. Greenhouse Gas Emissions—Do Carbon Taxes Work［J］. Energy Policy，2003(32)：493～505

［53］Creedy J. ，Sleeman C. . Carbon Taxation，Prices and Welfare in New Zealand［J］. Ecological Economics，2006(57)：333～345

［54］Copper，R. N. . International Approaches to Global Climate Change［D］. Weatherhead Center for International Affairs，Harvard Univeresity，1999：101～103

［55］D. Pearce. The Role of Carbon Taxes in Adjusting to Global Warming［J］. Economic Journal，1991，101(407)：938～948

［56］D. W. Jorgenson，P. J. Wilcoxen. Reducing U. S. Carbon Dioxide Emissions：An Assessment of Different Instruments［J］. Journal of Policy Modeling，1993，15(5)：491～520

［57］EEA. European Community Greenhouse Gas Inventory 1990—2005 and Inventory Report 2007［R］. Office for Official Publications of the European Communities，2008

［58］Elizabeth Symons, et al. . Carbon Taxes，Consumer Demand and Carbon Dioxide Emissions：a Simulation Analysis for the UK［J］. Journal of Fiscal Studies，1994，15(2)：19～43

［59］Emilio Padila，Jordi Roca. The Proposals for a European Tax on CO_2 and Their Implications for Intercountry Distribution［J］. Environmental & Resource Economics，2004(27)：273～295

［60］F. Wirl. Pigouvian Taxation of Energy for Flow and Stock Externalities and Strategic Noncompetitive Energy Pricing［J］. Journal of Environment and Economic Management，1994(26)：1～18

［61］F. Wirl. The Exploitation of Fossil Fuels Under the Treat of Global Warming and Carbon Taxes：A Dynamic Game Approach［J］. Environment，Resources，and Economic，1995(5)：333～352

［62］F. Wirl，E. Dockner. Leviathan Governments and Carbon Taxes：Costs and Potential Benefits［J］. European Economic Review，1995(39)：1215～1236

［63］F. Wirl. Energy Prices and Carbon Taxes Under Uncertainty About Global Warming［J］. Environmental & Resource Economics，2007(36)：313～340

［64］Gerard H. Kuper. The Effects of Energy Taxes on Productivity and Employment：The Case of the Netherlands［J］. Resource and Energy Economics，1996(18)：137～159

［65］Gilbert E. Metcalf. Designing a Carbon Tax to Reduce U. S. Greenhouse Gas Emissions［J］. Review of Environmental Economics and Policy，2009(1)：1～21

［66］Godal，O.，B. Holtsmark. Distribution of Costs Under Different Regulation Schemes in Norway［J］. Working Paper，Center for International Climate and Environmental Research，Oslo，1998

［67］G. P Peters，E. G Hertwich. CO_2 Embodied in International Trade with Implications for Global Climate Policy［J］. Environmental Science & Technology，2008，42(5)：1401～1407

［68］Hanson，C.，Hendricks，J. R.. Taxing Carbon to Finance Tax Reform［J］. The World Resources Institute，Working Paper，2006

［69］Hoel，M.. Efficient International Agreements for Reducing Emissions of CO_2［J］. The Energy Journal，1991，12(2)：93～108

［70］Ignazio Mongelli，Giuseppe Tassielli，Bruno Notarnicola. Handbook of Input-Output Economics in Industrial Ecology，Eco-Efficiency in Industry and Science［M］. Germany：Springer，1994

［71］J. Andrew Hoerner，Benoît Bosquet. Environmental Tax Reform：The European Experience［D］. Center for a Sustainable Economy，2001

［72］James Randall Kahn，Dina Franceschi. Beyond Kyoto：A Tax-based System for the Global Reduction of Greenhouse Gas Emissions［J］. Ecological Economics，2006(58)：778～787

［73］Karki S.，Mann M. D.，Salehfar H.. Substitution and Price Effects of Carbon Tax on CO_2 Emissions Reduction from Distributed Energy Sources［J］. Power Systems Conference：Advanced Metering，Protection，Control，Communication，and Distributed Resources，2006.

［74］Liski，M.，O. Tahvonen. Can Carbon Tax Eat OPEC's Rents？［J］. Journal of Environmental Economics and Management，2004(47)：1～12

［75］M. Walls，K. Palmer. Upstream Pollution，Down-stream Waste Disposal，and the Design of Comprehensive Environmental Policies［J］. Journal of Environmental Economics，2001，41(2)：94～108

［76］Manne，A. S.，R. G. Richels. The EC Proposal for Combining Carbon and Energy Taxes：The Implications for Future CO_2 Emissions［J］. Energy Policy，1993，21(1)：5～12

［77］Massimo Gian，Luca Santarelli. Carbon Exergy Tax：A Thermo-economic Method to Increase the Efficient Use of Exergy Resources［J］. Energy Policy 2004(32)：413～427

［78］Michael Williams. Global Warming and Carbon Taxation，Optimal Policy and the Role of Administration Costs［J］. Energy Economics，1995，17(4)：319～327

［79］Michael Kohlhaas，et al.. Economic，Environmental and International Trade Effects of the EU Directive on Energy Tax Harmonization［R］. DIW Berlin，German Institute for Economic Research，Working Paper，http：//www. diw. de/documents/publikationen/73/diw_01. c. 42775. de/dp462. pdf

［80］Mustafa H. Babiker，et al.. Assessing the Impact of Carbon Tax Differentiation in the European Union［J］. Environmental Modeling and Assessment，2003(8)：187～197

［81］Nadim Ahmad，Andrew Wyckoff. Carbon Dioxide Emissions Embodied in International Trade of Goods［J］. OECD，Science，Technology and Industry Working Papers，2003

［82］Nordhaus William D.. An Optimal Transition Path for Controlling Greenhouse Gases［J］. Science，1992(258)：1315～1319

［83］Nordhaus William D.. Optimal Greenhouse-gas Reductions and Tax Policy in the 'DICE' Model［J］. American Economic Review，1993，83(2)：313～319

［84］Nordhaus，William D.. Managing the Global Commons：The Economics of Climate Change［M］. Cambridge：MIT Press，1994

［85］Nordhaus，William D. ，Zili Yang. . A Regional Dynamic General Equilibrium Model of Alternative Climate-change Strategies［J］. American Economic Review，1996，86（4）：741～765

［86］Nordhaus，William D. . The Challenge of Global Warming：Economic Models and Environmental Policy［J］. Working paper，2007

［87］Parry I. W. . Revenue Recycling and the Costs of Reducing Carbon Emissions［J］. Climate Issues Brief，1997（2）

［88］Roy Boyd，Kerry Krutilla，W. Kip Viscusi. Energy Taxation as a Policy Instrument to Reduce CO_2 Emissions：A Net Benefit Analysis［J］. Journal of Environmental Economics and Management，1995（29）：1～24

［89］Stefan Speck. Energy and Carbon Taxes and Their Distributional Implications［J］. Energy Policy，1999（27）：659～667

［90］T. Ono. Environmental Tax Policy and Long-run Economic Growth［J］. The Japanese Economic Review，2003，54（2）：203～218

［91］Terry Barkera，Sudhir Junankar，Hector Pollitt，Philip Summerton. Carbon Leakage from unilateral Environmental Tax Reforms in Europe，1995—2005［J］. Energy Policy，2007（35）：6281～6292

［92］Thomas Eichner，Rudiger Pethig. Efficient CO_2 Emissions Control with Emissions Taxes and International Emissions Trading［J］. European Economic Review，2009（53）：625～635

［93］ZhongXiang Zhang，Andrea Baranzini. What do we Know about Carbon Taxes？An Inquiry into their Impacts on Competitiveness and Distribution of Income［J］. Energy Policy，2004，32（4）：507～518

第九章

能源效率市场

能源效率可以分为能源经济效率和能源技术效率两方面,前者表现为能源强度,后者表现为单位产品能耗,能源经济效率会受到能源技术效率的影响,同时也受到经济结构的影响。因此,就宏观层面而言,提高能源效率有两个途径:一是提高产业间的能源配置效率,即通过产业结构的调整和升级,实现能源由低能效部门向高能效部门的转移;二是提高产业内的能源利用效率,即通过能源效率管理,推广节能技术的开发和应用,提高单位能耗的产出。但是,目前国际社会对于能源效率管理的认识也不仅仅局限在节能技术方面,而是强调在综合考虑技术、经济、社会、环境等诸多发展因素的基础上,通过分析能源需求趋势和节能潜力,进行节能项目改造和能源结构优化,选择低成本、低污染的能源解决方案,以获取最大的经济、社会和环境效益。

国外能效管理的经验表明,能源效率的提高是一项复杂的系统工程,而能源价格改革仅仅是能效管理体系的基础,还需要建立行之有效的能源效率市场化机制,才能更加科学合理地推动能效管理的进行。现代能效管理采取综合资源规划(IRP)的方法,通过改变传统的单纯以供应满足需求的思路,引入需求侧管理(DSM)的概念,综合比较供应方与需求方的情况,按成本和污染最小化的原则优化能源解决方案,使其产生最大的社会效益及经济效益。能源效率市场借助诸如合同能源管理(EPC)和白色证书交易等创新商业模式,不仅可以实现节能技术的推广和能源结构的优化,更重要的是在提高能源效率的同时,培育从技术服务、项目投资和配额交易中获取利润的节能产业,并形成以市场化为基础的节能项目投资模式和节能量市场交易机制。

本章首先介绍国外现代能效管理的创新管理思路和商业模式,分析构建现代能效管理的要素和主要市场化手段,以及相应的政策支持。其次,分析国外电力公司需求侧管理的运作模式。第三,分析合同能源管理的运作机制、盈利模式、风险控制等相关问题,并总结国外合同能源管理的先进经验。第四,介绍国外白色证书交易机制的基本原理和运作情况。最后,在总结目前中国能效管理现状的基础上,分析中国的电力需求侧管理、合同能源管理及筹备中的白色证书交易市场等能效管理创新模式,指出其中存在的问题,以及政府应采取的支持及引导能源效率市场发展的政策和措施。

第一节　能效管理体系

一、能效管理

能效管理是指通过一系列措施减少现有系统的能源损失或鼓励用户采用先进技术,使用高效用电设备替代低效用电设备,提高终端用电效率,在获得同样用电效果的情况下减少电力需求和电量消耗,取得节约电量和减少污染排放的效益。能源效率的提高,对社会经济的可持续发展起到重要支撑和促进作用。发达国家在社会经济发展过程中,逐步形成了一套提高能源效率的综合管理体系,除了传统的价格、税收和补贴政策外,还广泛采取包括提供节能信息服务、发布节能标准、推广综合资源规划、建立基于市场的节能投资机制以及节能配额交易等措施来推动能源公司和终端用户投资节能技术,促进能源效率的提高。

（一）财政政策

财政政策是能效管理体系的基础，其提高能效的途径主要有两条：一是通过增加能源使用的成本，刺激能效的提高；二是通过给予适当的经济贴补，降低能效投资成本。

1. 价格

以电价为例，不仅要注重经济效果和排除扭曲因素，还应允许电价反映长期边际成本，电力生产和使用的环境成本在电价中的内在化等。市场化的电价能够提供正确的市场信号，引导电力供应、终端能效等方面的投资行为。

传统的电价核定方法是由监管部门确定电力公司的生产成本（固定成本＋可变成本）将其除以设定的电量销售预期目标获得的。如果电价股固定，且电力公司的收益与用户用电量密切相关，则电力公司将缺乏进行能效管理的动力。市场化的电价核定方法，则采取电力公司销售量与利润脱钩的办法，即以预期销售量的投资成本和运营成本的回收为基础制定电价，计算公式：电价＝［平均运营成本＋（投资成本×规定的投资回报率）］/预期销售量。如果实际销售量高于或低于预期，下一年度的价格就要进行适当调整，返还或回补差价。在这种定价机制下，法律规定电力公司有义务提供预期用电量，由于提高能效的成本远低于投资新增装机容量，电力公司在能效管理方面有更大的动力。此外，通过计价技术上采取诸如容量电价[①]、分时电价[②]、季节性电价等手段也可以起到很好的能效管理作用。

2. 税收

税收减免是节能财税政策的一项重要举措，一方面可以通过实施减免税，鼓励消费者购买节能产品和服务，另一方面可以通过征收环境税如能源税、碳税等税种，促进能效投资。比如，2001年美国财政预算对新建的节能住宅、节能建筑设备等实行了减免税收政策，规定在 2001 年 1 月 1 日—2005 年 12 月 31 日期间，凡在美国国家节能标准（IECC 标准）基础上再节能 50％的新建建筑，每幢减免税收 2000 美元，对各种节能型设备，根据能效指标分别减税 10％或 20％。日本节能投资促进税制规定，企业购置政府指定的节能设备，并在一年内使用的，可按设备购置费的 7％从应缴所得税中扣除，以应缴所得税额的 20％为限。

3. 补贴

现金补贴是直接刺激节能行为的一种有效方式。在美国，联邦政府、州政府及电力公司等公用事业组织每年均会给予大量经费补贴用于鼓励用户购买节能产品。在节能研发方面，也可以采取多种融资方式提供资金支持，并以多种形式进行补贴。比如美国官方和商业贷款机构对节能型产品提供抵押贷款服务，对此类产品提供优惠的低息贷款以鼓励节能产品的开发。此外，美国还采取返还现金、低利息等措施鼓励居民购买"能源之星"认证的住宅等。在德国，对采用太阳能发电的单位或家庭，电力公司允许其用多余电量上网，每千瓦时补助 0.05 欧元。

（二）信息政策

1. 节能信息服务

节电信息可为电力用户提供其在做出降低电力消耗决策时所需要的技术和经济信息，它有助于缩小终端节电潜力与目前终端电力使用效率水平之间的差距。因此，信息在电力能源效率战略方面起着特别重要的作用，而且当其对电力用户有意义时特别有效。

政府采取的有关信息的措施大体上包括：节能（能效）标识、信息活动、能源审计、制定指标、监测等。它们在推动电力用户形成良好的经济意识方面最为有效。在所有终端用电部门中，电

---

① 容量电价是电力价格而不是电量价格，是以用户变压器装置容量或最大负荷需求量收取电费，以促进用户主动移峰填谷和提高能效的技术措施。

② 分时电价也称为峰谷分时电价，是指根据电网的负荷变化情况，将每天 24 小时划分为高峰、平段、低谷等多个时段，电力企业通过对各时段分别制定不同的电价水平，以鼓励用电客户合理安排用电时间，实现削峰填谷的目的。

力用户决策时最大的市场壁垒之一是缺少能源成本信息。必要而准确的、直接的信息，包括电价等，可以使电力用户很好地向节电技术投资，并克服市场壁垒。但这种信息的先决条件是数据可靠，通常需要进行调查和分析，对用电设备和设施进行独立而可靠的测试。

2. 制定相关标准

能效标准通常采用能效标识来标定，许多国家已经在家用电器、用电设备、建筑等领域引入能效标识。能效标识是附在耗能产品或其最小包装物上，表示产品能源效率等级等性能指标的一种信息标签，目的是为用户和消费者的购买决策提供必要的信息，以引导和帮助消费者选择高能效节能产品。目前，世界上已有 37 个国家和地区实施了能效标识制度，成功地减缓了电器、设备等能源消耗的增长势头，在鼓励技术开发、市场竞争、高效产品的销售以及市场转换等方面也非常有效，取得了显著的节能、环保和经济效益。

节能标准通常采用节能认证标志来标定，其作用和机理与能效标识类似，但节能标准比能效标准对产品或服务的能效水平要求更高，这意味着，节能认证标志的产品是能效水平相对较高的产品[1]。

（三）创新政策

1. 需求侧管理

20 世纪 70 年代，在两次石油危机之后，世界各国都先后把节约能源作为重要的能源发展战略。许多国家的能源供应商尤其是电力公司为克服资源短缺、燃料价格上涨、环境挑战等困难，开始推行综合资源规划（Integrated Resource Plan，IRP）方法，并逐渐发展为需求侧管理（Demand Side Management，DSM）。与传统资源规划不同，综合资源规划是以最小投入获得最大产出的一种有效的资源配置方法。综合资源规划是将供应方和需求方各种形式的资源作为一个整体进行考虑的资源规划方法，它的基本思路是：在改善资源效率的目标构想中，将需求方提高资源利用率的相关措施作为一种资源来对待，根据未来资源需求情况，对供应方和需求方的资源配置和利用进行综合考虑，按照总体成本最低的原则，来优化资源解决方案。

需求侧管理又称为电力需求侧管理，其基本思想来源于综合资源规划，是一种在政府法规和政策支持下，通过采取有效的激励和诱导措施（提供融资担保、优惠电价等）引导需求侧[2]改变能源使用方式，提高终端能源效率，在完成同样用电功能的同时减少电量消耗和电力需求，达到优化资源配置，实现成本最小化电力服务的能效管理机制。

2. 合同能源管理

能源效率市场需要有技术和设备投入，需要一个投资机制进行支撑，需要创造一种盈利模式，需要一个专业化管理团队来落实项目运作。除了传统的借助金融市场，通过银行商业贷款、设备融资租赁等渠道进行大规模的融资外，合同能源管理（Energy Performance Contracting，EPC）作为节能项目的一种创新投资机制，在近年得到迅速发展。合同能源管理是一种基于市场的、全新的节能项目投资机制，借助专业化的能源服务公司（Energy Service Company，ESCO）来进行项目管理和运作。ESCO 在欧美国家的发展十分迅速，已逐步演变成为一个新兴的节能产业，并带动和促进全社会节能项目的加速实施和推广。

合同能源管理通过能源服务公司与高耗能客户间签订"能源管理合同"，为客户提供节能方案和能源管理，并在项目成功运行后，同客户分享节能产生的经济效益。合同能源管理的实质是以减少的能源费用来支付节能项目全部成本的节能投资模式，即允许用户用未来的节能收益为

---

[1]　如中国能效标识分为五个等级，等级 1 表示产品达到了国际先进水平，耗能最低；等级 2 表示产品比较节电；等级 3 表示产品的能源效率相当于我国市场的平均水平；等级 4 表示产品的能源效率低于我国市场的平均水平；等级 5 则是市场准入指标。中国节能认证标志的产品至少是相当于能效标识的 2 级能效水平。

[2]　电力供需双方的界定和划分是以用户计费电表为界限，按电流方向，计费电表上方为供应方，计费电表下方为需求侧。

工厂和设备升级，既实现提高能源效率的目标，又降低用户的资金成本。合同能源管理模式代表了一个社会化服务理念，它可以解决客户开展节能项目所缺的资金、技术、人员及时间等问题，让客户把更多的精力集中在主营业务的发展。能源服务公司提供的一系列服务，有利于形成节能项目的效益保障机制，提高了能源效率、降低了节能成本，并促进节能的产业化。

3. 白色证书交易

白色证书交易机制也称为可交易的节能证书（Tradable Certificates for Energy Savings），是一种能效管理创新政策，其实质是一个基于市场的政策组合，由为特定的责任主体设定的节能配额加上节能的交易系统组成。节能配额是指为节约能源设定特定的节能目标，以鼓励更有效的能源生产、运输和使用。节能配额具有法律约束力，主要针对能源供应商，对于不履约的行为规定进行处罚或罚款。节能配额目标的实现可以通过能源供应商自身采取的节能措施来实现，也可以通过市场交易机制达到（即在一定市场规则下，通过双边交易或交易市场进行白色证书的买卖，以实现节能配额目标），而节能配额的交易系统也被称为白色证书交易。所谓的"白色证书"（White Certificate）是指责任方在特定期限内按照法定的节能标准，实施节能工程和采用节能技术，在规定的时间内完成额定的节能量，通过管理机构审计和认证后，颁发证明责任方完成节能义务的节能量的证明。由于白色证书是由主管部门或授权机构颁发的，保证一定数额的节能量已经完成的证明。每个证书都是唯一的、可以追踪的商品，本身带有产权，意味着一定数量的额外节能量。白色证书不仅度量能源供应商在规定时间内提高能效的情况，而且本质上表征着节约能源所带来的环境和社会利益，并且通过市场交易来实现提高能效带来的经济效益。

二、国际能效管理现状

根据国际能源署（IEA）2004年的报告显示，发达国家自石油危机以来，通过实施节能措施，使实际能耗降低了约56%（见图9-1）。但由于各国社会经济发展的情况不同，能源结构也存在一定的差异，因此构建的能效管理体系也存在较大的差异，取得的效果也不同。

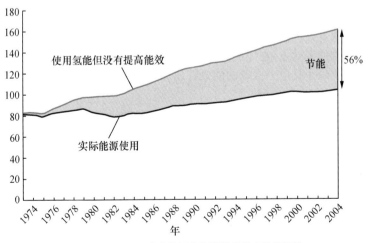

图 9-1　OECD 11 个成员国的能效管理带来的节能量

（一）欧盟

欧盟成员国普遍认为保障能源安全、提高能源效率、保护生态环境是能源战略的主要目标，因此能效管理也被纳入能源战略的范畴一并考虑。在实施能效管理的过程中，欧盟通过出台相关法律法规，以指令形式制定节能标准，通过能效行动计划统筹协调成员国能效管理，在全面的节能战略指导下，将节能目标进行有效分解，以能源效率市场化机制为基础，提供多样化的节能项目投融资工具，保证能效管理工作取得实效。

1. 出台相关法律法规

2005年6月,欧盟发表了《能源效率绿皮书》(COM/2005/265),提出把能源效率及其相应政策作为应对未来能源安全问题的一项重要措施。2006年欧盟委员会通过了《关于提高能源利用效率和促进能源服务的指令》(2006/32/EC),明确2006—2012年欧盟各国在能效管理方面的责任和义务,为在具有节能潜力的领域加强欧盟范围的合作提供了很好的框架。指令规定:各成员国应出台国家节能发展纲要,鼓励和促进能源审计咨询公司、能源服务公司等市场中介组织的发展,鼓励和促进各类节能融资工具的发展;各成员国应确保能源供应方在为客户提供能源时,能够提供能耗评估和节能改进建议;各成员国应确保缩小终端用户与能源供应方之间的信息差距,通过改进计量服务和提供更精确的用电情况报告来满足终端用户的信息需求;废除有碍于节能的法令法规,实行成本补偿办法,实行节能服务提供者的资格认证制度等政策。

2. 制订能效行动计划

2006年10月19日,欧盟发布了《能源效率行动计划》(COM/2006/545)。该行动计划提出了到2020年减少一次能源消耗20%的目标,提出了涵盖建筑、运输和制造等行业的75项具体措施,包括推出更严格的电器节能标准,以及推广节能住房、节能汽车和节能灯具等。欧盟将能效目标按照多个维度进行分解,如按结构调整、改变习惯、能效投资、新技术应用等项目应用情况进行分解,按石油、煤炭、电力等能源种类情况进行分解,按建筑、家电、运输等终端消费群体情况进行分解,等等。同时还制订详细的实现目标的原则和方法、实施能效行动计划的过程及步骤。按照该计划,如果欧盟实现到2020年将减少一次能源消耗20%的目标,将意味着欧盟每年将节约100亿欧元的能源使用费用,而每一个欧盟居民用户每年要节省能源使用费用200~1000欧元,而且到2020年,欧盟将减少二氧化碳排放7.8亿吨(为京都协议规定的2012年减排任务的2倍),同时将增强欧盟的经济竞争力,创造近100万的就业机会。

能效行动计划包括针对不同行业以及普遍适用的两类措施。(a)在包括建筑和服务业在内的广大范围内对各种产品设定不断提高的能效标准。在能源生产和传输领域要制定有针对性的监管措施,提高新建和已有发电能力的效率,减少传输过程中的能源损耗。在运输领域,要针对不同环节制定全面的相互协调的监管措施,包括针对发动机和轮胎生产企业的措施,针对驾驶者、燃料供应商以及基础设施规划者的各种相应措施。(b)加强提高公众节能意识,改变能源消费习惯,进一步通过国际伙伴关系和电器等贸易产品,在全球合作中强调节能的重要性。(c)强调创新和技术在提高能效中发挥重要作用。欧盟委员会在2007年发布战略能源技术规划,为能源技术尤其是节能技术提供具有连续性的长期展望,并推动这些技术在全社会的推广和应用。

3. 制定能效标准并推广能效标识

欧盟委员会通过多项指令[1]将能效标识推广应用到家用电器(电烤箱、空调器、冰箱等)、照明(荧光灯等)、办公设备等多个领域。以家用电器为例,欧盟对家用电器实行强制能效标签制,要求所有家用电器生产企业和销售部门,都有义务以标签形式明确标明该电器的耗能参数和耗能级别。同时实行最低能源效率要求,最低能源效率要求由一系列欧盟指令组成,它要求某种类型家用电器产品必须符合最低标准的能耗要求,否则不得生产与销售。家用电器能效标识包括耗电量、型号规格、性能指标等内容,能源效率水平的高低分为A~G 7个等级,A级能源效率最高,G级能源效率最低。另外,鼓励自愿能效标识行为,有关电器生产商、分销商、进出口商以及零售商以自愿方式,向欧盟委员会申请"能源之星"(Energy Star)标识,以标识其产品已满足或超过有关节能标准。

4. 强制建筑节能

欧盟是当今世界仅次于美国的能源消耗大户,其中建筑能耗占有相当大的比重。2001年欧

① 具体包括:2000/55/EC荧光灯整流器的能效要求指令,2002/40/EC电烤炉能效标识指令,2003/31/EC空调器能效标识指令,2003/61/EC电冰箱空调器能效标识指令,2001/24/EC办公设备能效标识指令等。

盟 25 个成员国的建筑能耗已占欧盟总能源消耗的 41%，其中居住建筑能耗占建筑总能耗的2/3，公共建筑能耗占建筑总能耗的 1/3。欧盟建筑能源的最大消耗是采暖空调，其能耗占到居住建筑能耗的 70%、公共建筑能耗的 50%。

近年来，欧洲议会和欧盟理事会陆续颁布了有关建筑节能的一些指令。其中，《关于建筑能效的指令》(2002/91/EC)对建筑节能的各个方面制定了具体政策、对策，是欧盟建筑节能制度体系的基础。该指令规定，成员国要采取必要的措施，保证根据建筑能耗性能计算方法确定出建筑能耗性能的最低标准。在确定最低标准时，新建建筑、既有建筑以及不同类型的建筑可以区别对待，但要考虑到一般的室内空气环境、当地的具体条件、某种特定功能的建筑和建筑寿命等因素，以免出现负面影响。按照标准要求，要采取间隔期少于 5 年的定期检查制度，如果建筑技术有了发展，可以进一步提高标准。指令还要求，应为符合节能标准的建筑物颁发能耗性能证书(Energy performance certificate)，有关管理机构要对获得证书的建筑物及其内部使用的锅炉及空调设施等进行定期检查，以评价其节能情况。此外，该指令还构建了一个包括独立专家制度、审查制度和信息服务等在内的完善的建筑节能监管体系。

5. 推广节能自愿协议

欧盟的节能自愿协议属于自愿性的节能计划，主要有两种模式。一种是由政府与工业界联合推进、采用自愿性磋商协议的方式来提升电器产品的能源效率的自律性行业协议；一种是由政府和企业签订的自愿节能减排协议，以鼓励企业实施清洁生产。自律性的行业协议在荷兰、挪威、瑞典等国家实施比较成功，并且协议内容不断得到升级。其中"电视和盒式录像播放机待机损耗协议"与"家用电冰箱和洗衣机协议"被认为是实施效果最好的两个协议。而企业自愿节能减排协议在英国实施的比较成功，企业通过与政府签订气候变化协议来确定年度节能减排目标，同时允许公司选择自己认为最合理的技术方案。对于完成任务的企业不仅可以获得减免征收气候变化税等奖励，还可以获得额外的收益，包括：通过实施清洁生产带来的节能和生产效率提高的经济效益，提升低碳经济下企业管理水平，促进节能减排技术的创新，促进形成灵活有效的政府和工业部门间的合作伙伴关系等。

6. 建立白色证书交易机制

目前，已经实施白色证书交易机制的国家主要是欧盟的英国、意大利和法国。白色证书交易的经验表明，以市场为基础的节能交易机制在调动节能主体积极性、低成本地实现节能目标方面具有很强的优越性。由于这一政策措施深刻影响了欧洲能效市场对能源供应商的角色定位，欧盟已经开始考虑将上述三国的经验，推广到整个欧盟的能效行动计划中。

（二）美国

美国是世界上最大的能源消费国，也是最大的碳排放国。在资源枯竭和环境污染问题日益严重情况下，美国政府在法律法规、节能标准、融资担保、税收补贴等方面建立完整的能效管理体系。

1. 出台相关法律法规

美国在能源管理方面十分重视法制建设，注重用法律手段加强节能管理，形成了完善的节能法律法规体系。美国能源立法大体经历三个阶段。第一，能源危机紧急应对阶段。为应对 1973 年以来的两次石油危机，美国于 1975 年颁布《能源政策和节能法案》，于 1978 年颁布《国家节能政策法案》(NECPA)和《公用电力公司管理政策法案》，明确提出节能的经济性和可行性对国家能源政策的重要性，要求并鼓励电力公司制定和实施综合资源规划，为用户提供节能审计[①]服务，推动终端用户能效管理。第二，降低电器设备耗能阶段。美国于 1987 年制定了国家设备能源保护法，颁布《国家家用电器节能法案》。第三，制定国家能源综合战略阶段。美国于 1992 年

---

① 节能审计是通过专业机构对企业生产现场调查、资料核查，分析能源利用状况，并确认其利用水平，查找存在的问题和漏洞，分析、对比、挖掘节能潜力，提出切实可行的节能措施和建议。

颁布《能源政策法案》，于 1998 年公布了《国家能源综合战略》，并于 2005 年颁布《国家能源政策法》（EPACT），为能效产品进入市场制定了一系列税收优惠和补贴措施。

2. 促进提高能效的电价政策

美国的电价政策在促进提高能效方面具有特别重要的作用。具体措施包括以下几项。(a)电价形成机制改革，如以加州为代表的采用电力销售与利润脱钩的电价定价机制，促使电力公司帮助用户通过提高能效来减少电力需求，而不是通过不断增加装机容量来扩大电力生产与消费。(b)补贴，美国跨州输电和电力批发业务的电价核定由联邦能源监管委员会负责，而配电及州内电力零售业务的电价核定由各州公用事业监管委员会负责。美国有 19 个州向电力终端用户随电价收取 1%～3% 的系统收益收费，用于能效审计与评估、节能技术和再生能源的研发、节能家用电器和设备补贴、对生产企业的能效援助等。(c)电费折扣，电力公司对节能电器和设备提供电费折扣，鼓励淘汰陈旧设备而永久地降低能源需求。(d)需求响应计划与分时电价，如加州率先实行"需求响应计划"，通过负荷响应和价格响应，诱导用户改变其电力消费行为，使批发电力市场具有价格弹性，从而减少高峰电力负荷，提高系统的可靠性，降低系统的整体成本，提高市场效率。(e)绿色定价，由于绿色电力的费用价格一般高于常规电价，电力公司开展公众参与的绿色电力项目，如电力公司为绿色电力单独制定一个绿色电价，消费者根据各自的用电量自由选择购买一个合适的绿色电力比例，或者参与绿色电力项目的用户每月向提供绿色电力的公司缴纳固定费用，资助绿色电力的使用。

3. 电力市场改革与推广需求侧管理

1984 年，美国公用事业联合会（NAPUC）组建了能效委员会，根据美国能源部提出的综合资源规划要求，推出了 IRP 的原则与技术手册，开始推广能源需求侧管理，同时还制定了许多产品的能效标准，加强对节能产品的推广和监督。1989 年美国联邦政府制定的国家能源战略，确定了以节约能源和提高效率的原则，提出推动电力市场改革和通过经济手段刺激需求侧能效管理等手段实现国家能源战略目标的构想。美国能源部（DOE）负责评估综合资源规划实施后对能源价格、服务可靠性、经济和社会效益的影响，并提出指导性意见和建议。1996 年，美国电力行业进行了重组和市场化改革，打破电力公司垂直一体化的管理机制（发电、输配电、零售），实行分离经营和引入竞争机制，DSM 的运作机制也发生了很大变化，由电力公司主导下的运作模式转向多元化运作新模式。2006 年，NAPUC 制订了国家能效行动计划，旨在加强电力和天然气公司、政府监管部门及其他相关部门的合作，实现可持续的、强有力的全国性能效目标。

4. 制定能效标准并推广能效标识

美国政府非常重视能效标准的制定，将能效标准分为强制性和自愿性两类。在全国范围内实施的强制性标准需经过国会讨论和批准，具有法律效力。自愿性标准则由企业界自行制定和实施，若实施后得到政府、企业界和公众的认可，则有可能被改为强制性标准。能效标准的具体应用归功于"能源之星"项目的推行。"能源之星"是美国环保署（EPA）于 20 世纪 90 年代推出的商品节能标识体系，凡是符合节能标准的商品会贴上带有绿色五角星的标签，并进入美国环保署的商品目录，从而得到推广。1997 年，美国政府颁布了针对制造业的能源利用效率最低标准，要求到 2010 年主要的能源密集型产业的能源消耗量减少 25%，燃煤发电效率由 50% 提高到 70%。2005 年，美国通过《能源政策法案》，美国能源部还设立"国家能源计划"支持消费者、商业部门和各州的节能活动。

第二节 需求侧管理

一、需求侧管理

需求侧管理（DSM）作为能效管理的一种重要手段，最早起源于美国，是 20 世纪两次石油危机的产物。随着化石燃料能源的日趋耗竭和环境保护压力日益加重,需求侧管理备受世界各国重视和关注,开始得到广泛的应用,也取得了较大的成效,产生了巨大的社会效益和经济效益。根据国际能源署(IEA)的估计,在需求侧每节约 1 千瓦电量的投资不到新增 1 千瓦容量造价的20%;每节约 1 千瓦时耗电量的投资约占 1 千瓦时发电成本的 40%。电力需求侧管理节约的耗电量不仅是可与发电量等同对待的资源,而且是一种更为经济、环保的资源。

(一)需求侧管理

需求侧管理是指在政府法规和政策支持下,采取法律强制和经济激励、政策诱导等手段,通过电力公司、能源服务公司、电力用户等多方面共同努力,提高终端用电效率和改善用电方式,在满足同样用电功能的同时减少电力消耗和平抑电力需求,实现社会、经济、环境多方面效益的能效管理机制(杨志荣,2009)。

需求侧管理的目标是提高电力系统能源效率,并使得社会、发电企业、电网企业和电力用户四方都受益。对社会而言,需求侧管理的实施可以减少一次能源的消耗与污染物的排放,缓解环境的压力;还可以降低高峰负荷增长,缓建或少建电厂,减少电力建设投资;减少电力需求,特别是在电力供应紧张时期,通过需求侧管理有助于缓解电力供需矛盾,稳定社会用电秩序,保障社会经济的正常运行。对发电企业而言,需求侧管理的实施可以提高发电设备利用率,缓解发电机组调峰压力,减少发电机组启停频率,降低发电成本及发电煤耗。对于电网而言,需求侧管理可以削减高峰时段电网调峰的压力,提高供电可靠性及服务水平,特别是在电力供需形势紧张的情况下,可以大大缓解拉闸限电的压力。对电力用户,通过需求侧管理措施不仅可以合理用电,降低单位产出的用电成本,还可以获取额外的经济效益。

需求侧管理具有下列特点:第一,强调在提高用电效率的基础上取得直接的经济收益,即通过提高终端用电效率使电力公司(电网)和终端用户都有利可图;第二强调建立电网公司和用户之间的伙伴关系,电力需求侧管理的运行机制可以使得电力公司(电网)和终端用户无论在电力紧缺之时还是在电力富裕之时都要共同承担风险,共同获得利益;第三,强调进行基于用户利益基础上的能源服务。电力需求侧管理不主张强行采取拉闸限电、倒班轮休等不顾及用户承受能力和经济利益的做法来减少用电需求,而更多的是鼓励采用科学的管理方法和先进的技术手段,在不强行改变用户正常生产秩序和生活节奏的条件下,促使用户主动改变消费行为和用电方式,来提高用电效率和减少电力需求,既提高了电网运行的经济性,又节省了用户的电费开支。

从电力系统的角度,能效管理的目的就是一方面是试图以较少的新增装机容量达到系统的电力供需平衡,另一方面是试图减小系统的发电能耗。所以需求侧管理一是通过负荷整形技术改善终端用户的用电方式,降低电网的最大负荷,取得节约电力和减少装机容量投资的效益;二是通过节能标准提高终端用户用电设备的效率,减少用电量和污染物排放的效益。

需求侧管理的具体手段主要是以下三个方面。

1. 技术手段

(1)提高终端用电效率,在涉及照明、家电、电动机、供暖制冷、建筑等多个领域推广包括高效用电设备、作业合理调度、替代能源、余能余热回收、新材料等节能增效措施。

(2)采用削峰、填谷和移峰填谷技术进行负荷整形[1],平稳电网负荷。削峰技术可以通过直接负荷控制或可中断负荷控制[2]实现;填谷则主要依靠鼓励,包括增加季节性用户负荷、鼓励使用电动驱动设备(可在低谷期间充电)等;移峰填谷则是将高峰负荷的用电需求转移到低谷阶段,

---

[1] 负荷整形是指根据电网的负荷特性,鼓励终端用户以某种方式将电力需求从负荷高峰期转移并填补低谷期的用电需求,使得整个电网的用电需求分布更合理,达到平稳电网负荷的目的。

[2] 直接负荷控制是在电网负荷高峰期间,系统调度人员远程控制终端用户用电。可中断负荷控制是根据供需双方事先合同约定,在电网负荷高峰期间,系统调度人员向用户发出中断请求,经用户响应同意后,中断供电的一种做法。参与控制的用户都可以享受较低的电价,但直接负荷控制用户所受影响较大。

可以同时起到削峰和填谷的作用,通常采用蓄冷蓄热技术①、作业程序调整、轮休制度等实现。

2. 经济手段

(1)价格体系,即通过制定面向用户的可供多种选择的电价体系,推动用户做好终端负荷管理,激发用户采取相应技术措施的积极性。通常采用的方法有容量电价、分时电价、季节性电价、直接负荷控制电价和可中断负荷电价等。

(2)补贴政策,即通过给予购置或生产特定节能产品或设备适当补贴,以及如免费安装等措施,克服能效产品的价格劣势,鼓励节能产品的推广和应用。

(3)信贷优惠,即通过向进行节能增效或移峰填谷技术设备投资和接受节能审计的终端用户提供低息或无息贷款,或者通过融资租赁的方式帮助用户克服投资风险,解决资金问题。

3. 行政手段

政府部门通过政府采购、公共投资等行政手段,借助信息传播、知识普及、研讨交流、审计咨询等措施,推动节能标准的实施,促进需求侧管理在公共领域的推广应用,以期达到激发全社会节能意识,推动能效市场发展的目的。

(二)运作机制

许多国家为了提高电力行业的运营效率和管理水平,降低服务成本,都尝试着放松对电力行业的管制,进行电力体制改革。需求侧管理作为能效管理的一种重要手段往往也被纳入电力规划中,其运作机制也会受到电力市场结构的影响。

1. 电力市场结构

实施 DSM 的主体是电力公司和能源服务公司(ESCO),能源服务公司是具备能效管理专业知识,实行商业化运作,与客户分享节能节电收益的节能服务中介机构。但是与 ESCO 相比,电力公司对 DSM 的发展影响更大,因为电力公司一方面非常了解电力产品,另一方面又掌握终端用户负荷的详细情况,拥有发展并维持一个区域的市场力量。所以,不同的电力市场结构,电力公司的市场地位也不同,同时也决定了电力公司主导的 DSM 运作模式不同。

电力体制的市场化改革所采用的模式,大致可以归纳为商业化、私有化、重组(拆分)和引入竞争机制。商业化模式是向私有化和其他改革形式的过渡形式,就是把商业化的管理和运营模式引入到国有的电力公司,给予一定的自行定价权限,但要按照会计的方法对发电、输电和配电的服务进行单独征税、独立核算、自负盈亏。私有化模式则是通过电力公司私有化,允许私人投资发电、输电和配电业务,然而,私有化的电力公司也依然能够获得垄断特权。重组模式就是把电力部门按照功能的不同垂直地拆分为具有独立法人的发电、输电、配电和售电公司,进行结构重组。虽然输配电领域受规模经济的影响而通常被认为具有自然垄断属性,但是在发电和售电领域则可以引入竞争机制,建立发电市场和售电市场。电力零售的竞争模式有多种,一种是允许众多的发电企业拥有自己的电网,直接在当地销售电力。另外一种模式是让电力销售商独立出来,不允许他们拥有发电设备,让他们从发电企业购电,然后卖给终端用户,但他们同时拥有配电和销售的功能。

不同的电力市场结构,决定了不同的 DSM 运作机制。传统的一体化(也称垂直垄断)电力市场结构,由于发、输、配、售电环节是一个整体,因此电力公司无需太多的外部激励就可实施 DSM(见图 9-2)。实施 DSM 虽减少了电力公司的售电收入,但实施 DSM 可以减少装机和电网扩容的投资,且节电项目的成本远低于供电环节的投资。

---

① 蓄冷蓄热技术主要采用中央蓄冷空调和电气蓄热锅炉设备进行蓄能。前者以制冰(冷气)为介质蓄能,后者以蒸汽(热水)为介质蓄能。

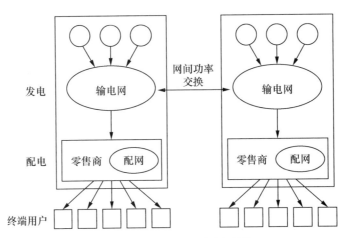

图 9-2　垂直一体化的电力市场结构

　　但是传统的一体化电力市场存在着由于垄断带来的效率损失,因此各国纷纷通过电力市场改革,试图提高电力行业的整体活力。商业化改革后的电力公司的发、输、配、售等环节是各自组成经营实体(单独征税、独立核算、自负盈亏),电力公司虽然拥有一定自主定价的权限,但其运营仍是国有体制,缺乏盈利动力。同时,由于实施 DSM 并不属于商业化后电力公司的主营业务,分割后的各个经营实体利益协调难以一致,所以对 DSM 的积极性大为降低。私有化后的电力公司经营目标就是利润,电价成为一个主要的激励手段。一方面,由于装机和电网扩容投资加上运营成本要比其峰值的售电收入大得多,电力公司就会有积极性推动 DSM,减少用户的峰值电力需求;另一方面,随着电价升高,用户自己也会很有积极性采取改善能效的措施,增加了能效市场的机会。电力市场重组(分拆)使垂直垄断的电力公司的发、输、配等进行功能分离。在结构重组后的部分垄断(电网垄断)运营模式下,电厂与电网已分开,发电被剥离出来,若干个发电公司向一个电网公司提供电力。由于电网公司的售电收入与售电量相挂钩,实施 DSM 会减少电网公司的售电收入,而由于厂网分开,实施 DSM 而减少装机的好处电网公司也得不到,这将使得电网公司没有积极性实施 DSM。另外,实施 DSM 不可避免地要在零售电价中收取额外的费用而使电价升高,使之在竞争中处于不利地位,因此电力公司的反应就是缩减 DSM 投资。

　　电力零售市场引入竞争机制的目的是使得电力价格可以真实地反映服务成本以及供需情况的变化(见图 9-3)。电力零售市场的价格竞争,一方面,会使零售商的经营目标转向追求售电量最大,而无意开展实施 DSM;另一方面,由于零售商之间的竞争使得用户的选择余地加大,促使电力价格的下降,因而终端用户主动实施 DSM 的积极性下降。但是,从另一个角度考虑,市场竞争使得零售商必须通过提供 DSM 等附加服务来使自己区别于竞争对手,即使实施 DSM 会减少售电收入。因此,对于一个稳定的竞争市场,DSM 也是一个有效的竞争手段。

　　总之,电力市场改革对实施 DSM 的影响巨大,不同的电力市场结构决定了不同的 DSM 运作机制。电力公司经过商业化和私有化改革后,其实施 DSM 的主动性会下降,而市场重组和引入竞争机制会使情况变得复杂,因为众多的相关利益体之间的利益更难以协调一致。所以,不同的电力市场结构下,DSM 赖以发展的成本回收、收入损失补偿和绩效奖励等激励机制不同,实施 DSM 的主体不同,运作模式也不同。

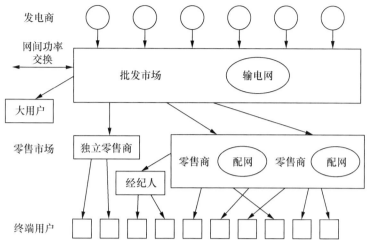

图 9-3　完全竞争的电力市场结构

2. 需求响应

需求响应(demand response)是在电力需求侧管理(DSM)的基础上发展起来的负荷响应管理和价格市场化机制,是指通过用户改变其电力消费行为,使批发电力市场具有价格弹性,从而减少高峰电力负荷,提高系统的可靠性,降低系统的整体成本,提高市场效率,并防止市场成员操纵市场,使市场参与者规避系统安全和价格波动的风险。

需求响应是 21 世纪初美国加州政府为了应对电力危机而采取的一系列需求侧管理措施之一。普遍认为,加州电力危机发生的主要原因是电力公司利用电力市场结构、政策中存在的缺陷,如缺乏需求方反馈、没有利用需求侧弹性、人为确定电价上下限等,哄抬电价,加之力供应紧张,而造成电力卖方市场。因此,必须把需求侧和供应侧等同对待,并积极实施需求侧管理才能促进电力市场良性发展。加州政府在电力市场竞争中引入需求响应以抑制市场势力,提高市场效率,优化资源配置,实现电力市场的良性和稳定发展。美国 2003 年由美国能源部牵头,15 个国家参与的"需求侧响应资源"项目,试图确立需求侧响应实现特定目标的必要方法、业务流程、基础工具和实施环节的标准,同时建立评价绩效的通用方法,即建立需求侧响应资源对电价、备用、容量市场和市场流动性的影响模型,进而确定需求侧响应资源的价值。

2005 年美国《能源政策法》(EPACT)明确提出将对需求响应项目实施给予大力支持。2006 年美国能源部向国会提交的研究报告详细阐述了实施需求响应的成本效益分析和相关建议。目前,美国加州 ISO(CAISO)、新英格兰 ISO(ISO－NE)和宾夕法尼亚—泽西—马里兰(PJM)RTO 等 7 个 ISO/RTO,以及太平洋天然气与电气(PG&E)和南加州爱迪生(SCE)等电力公司都已陆续建立了基于市场运作的需求响应项目。根据美国各个 ISO/RTO 的统计,2006 年夏季高峰负荷期间,通过实施需求响应降低了电力系统 1.4%～4.1% 的高峰负荷。

需求响应的手段包括负荷响应和价格响应两方面。负荷响应是指用户在系统峰荷时或系统出现紧急情况时减少其需求的措施,其调节手段包括直接负荷控制(Direct load Control,DLC)、可中断负荷(Interruptible Load,IL)、需求侧竞价(Demand－Side Bidding,DSB)、紧急需求响应(Emergency Demand Response,EDR)、容量/辅助服务计划(Capacity/Ancillary Service Program,CASP)等。价格响应是指将批发电力市场价格的变化传递给用户,用户根据零售电价的变化调整其用电需求,其价格手段包括分时电价(Time of use pricing,TOU)、实时电价(Real time pricing,RTP)和尖峰电价(Critical peak pricing,CPP)以及需求报价(bidding)或回购(buyback)等。用户通过内部的经济决策过程,将用电时段调整到低电价时段,并在高电价时段减少用电,来实现减少电费支出的目的。参与此类项目的用户可以与需求响应实施机构签订相关的定价合同,但用户在进行负荷调整时是完全自愿的。

需求响应的运行机构有系统运行机构（如独立系统运行者，ISO）、负荷服务实体（LSE）和公用配电公司（UDC）等。目前出现了一种运作需求响应的新机构——需求减少服务提供商（Curtailment Service Provider，CSP），它根据 ISO 需求响应计划对参加需求响应计划的最低规模要求，集合多个小用户减少的负荷，以达到需求响应计划的准入要求。

3. 激励机制

各国政府对电力公司实施 DSM 采取的激励措施可归纳为以下三类。

（1）成本回收

成本回收主要是指将电力公司在 DSM 项目的支出作为成本或投资计入，作为下一年度的电价核定的基础。具体的措施有两种：一是将 DSM 计划的支出作为费用在发生的当年从用户中回收；二是将 DSM 计划的支出作为固定资产投资，如同发、输、配电的固定资产投资一样纳入电价基数计入电价，在多年间回收，并允许电力公司获得一个奖励性的回报。

（2）损失补偿

损失补偿是指电力公司在 DSM 项目的支出（损失）在次年的电价收入目标中进行调整以回补差额[①]。国外损失补偿的措施主要是采用收入上限机制。收入上限机制又称脱离机制或电价调整机制，是将售电收入与售电量分离，把售电收入调整到一个允许的目标上，各年的收入差额由次年的收入目标来调整，公司每年的允许收入被设计为所有成本加一个合理利润。这样就使电力公司失去了增加售电量的动力，也消除了减少售电量对提高能效的阻力。

（3）绩效奖励

绩效奖励的主要措施有以下六种。

① 补贴机制：对电力公司 DSM 项目投资提供补贴。

$$I = \lambda \times C_u - F \qquad (9-1)$$

其中，I 是补贴额；λ 是补贴比例，一般在 $5\% \sim 10\%$；C_u 是电力公司 DSM 项目成本；F 是固定项，根据 DSM 效果评估来确定的。补贴机制通常适用于两种情况，一是当监管机构能够肯定某种 DSM 项目有节电效益和社会效益，但不能够定量确定的情况。二是有些 DSM 项目的主要目标是实现公平，而不是获得经济利润的情况，例如，低收入家庭用电服务项目。

② 奖金机制：根据电力公司实施 DSM 所节省的每单位电量进行奖励。

$$I = \lambda \times Q - F \qquad (9-2)$$

其中，Q 是节省的电量；λ 是每单位节电量的奖励比例。由于奖金机制是按电力公司的单位节电量对其进行奖励的，这样会使电力公司为获得更多的奖金而尽可能地节电。为防止电力公司不顾 DSM 的社会净效益而片面追求节电量的情况，一般相关的监管机构会要求每项 DSM 分别通过总体资源成本检验（Total Resource Cost，TRC），即从所有用户角度检验 DSM 措施成本的有效性。奖金机制比较适合对低成本的 DSM 项目进行奖励。

③ 分享效益机制：允许电力公司按一定比例分享实施 DSM 取得的经济效益。

$$I = \lambda \times [AQ - (C_u + C_p)] - F \qquad (9-3)$$

其中，A 是单位可免装机成本；C_p 是终端用户 DSM 项目成本。电力公司通过鼓励用户采取 DSM 措施提高用电效率，并与之分享经济效益。

④ 绩效监管机制（Performance-based Regulation，PBR）：根据绩效指标（如：停电频率、停电时间、服务反馈时间等）进行回报率调整的一种经济激励机制，其资金来源为系统效益收费。目的是通过对顾客偏好的分析来对股东的激励因素进行排序，并且使他们能够在更大范围内自动起作用。

⑤ 电费账单指标法：是将用户平均电费的变化和电费账单指标的变化进行比较来度量电力

---

① 电价脱离机制下，售电收入与售电量分离，把售电收入调整到一个允许的目标上，各年的收入差额和公司每年的允许收入被设计为所有成本加一个合理利润。这使电力公司失去了增加售电量的动力，也消除了减少售电量对提高能效的阻力。

公司实施 IRP 效果的方法。这个方法不去度量特定的 DSM 措施或供应侧措施的实际效果,而是通过识别实施 IRP 取得的优良业绩,提供一个相对性标准。账单指标本身不是一个刺激机制,但可以成为其他激励机制的组成部分。

⑥ 用电服务规划:是将公司销售的电能产品与出售的用电服务相区别,即用户对电量的需求只是一个间接的需求,而其直接原因则是用户需要加热、冷却和照明,节电可与卖电一样提供用电服务,虽然并不实际生产电力,但是也可以产生经济效益。例如电力公司为用户提供一个每节约 1 千瓦时电量可获得 1 美分的经济刺激。

以上几种激励机制中,收入上限机制只是扫除了实施 DSM 的主要障碍,并不能起到对电力公司的激励作用;成本回收机制中估价基数部分能使电力公司在回收 DSM 投资成本的同时,得到回报,因此可以对电力公司起到激励作用,但激励力度较小;而各种绩效奖励措施中分享效益机制是最普遍使用的,但考虑到各区域电力市场发展情况的差异性,搭配使用的激励效果可能会较好。

二、国外需求侧管理的现状

需求侧管理是目前国际上先进的能效管理机制,是发达国家能源战略的重要组成部分,在欧美 30 多个国家广泛实施,实施节约用电和移峰填谷等措施,在减少和减缓电力建设投资、改善电网运行的经济性和可靠性、控制电价上升幅度、减少电力用户电费开支、降低能源消耗、改善环境质量等方面取得了显著成效。

(一)美国

美国最早开展需求侧管理,在其应用和推广方面一直处于领先地位。大体上,美国 DSM 的演进经过了三个阶段:起步阶段,20 世纪 70 年代末到 80 年代中期,主要是探索和构建以电力公司为实施主体的 DSM 运作模式;发展阶段,20 世纪 80 年代中期到 90 年代中期,完善以电力公司为实施主体的 DSM 运作模式,尤其是激励机制;多元化阶段,20 世纪 90 年代中期至今,形成以中介机构、政府和电力公司(电力行业重组后的配电和售电公司)等多元化的 DSM 运作模式和创新融资机制。1996 年美国电力行业开始的重组和市场化,是将原有电力公司的经营主体分割为电力开发、电网运营、用户供电(零售)等部分。以此为分界,美国 DSM 的运作模式也发生了较大变化。

电力行业重组前,美国的 DSM 运作模式是以电力公司为实施主体,而在垄断专营体制下,电力公司本身缺乏 DSM 的积极性,需要采取一定的激励机制。具体的措施包括成本回收、收入损失补偿和绩效奖励。在成本回收方面,主要是将电力公司在 DSM 项目上的支出作为费用计入成本或投资,并作为制定电价的一个影响因素;在收入损失补偿方面,主要采用售电收入调节机制,即将电力销售收入与销售电量分开,如果实际销售量高于或低于预期,在下一年度的电价定价中进行适当调整,返还或回补差额;在绩效奖励方面,可以根据电力公司在 DSM 项目上的投资、DSM 项目的节能量按电价折算或 DSM 项目的节能量按资源折价,在电价调整时给予一定比例的提价,类似于资产的提前折旧。

电力行业重组后,电力市场化改革改变了电力行业经营者的利益取向,电力开发与终端用户能效管理间的统筹与同步存在困难,尤其是 DSM 项目的融资、投资回报和效益分配受到较大影响。重组后的电厂、电网和电力公司(配电和销售)更强调负荷管理,即通过负荷整形技术和措施,减少在发电、输电和配售环节的投资,同时也可以提高电网运行的可靠性和经济性。而终端用户的 DSM 项目的投资则受到冲击,电厂不愿意投资 DSM 项目抬高自己的上网电价,而电力公司也不愿投资 DSM 而减少自己的销售收入,更多的只是把 DSM 作为争取客户的一种额外的客户服务。针对这一问题,美国政府将 DSM 纳入电力体制市场化改革的框架内,通过调整融资体制,实行系统效益收费制,引导 DSM 运作模式向多元化方向发展。1998 年,美国加州政府率先将 DSM 纳入电力市场改革框架内,在该州的电力重组法中,决定设立"公益计划基金",即实行系统效益费(System benefits charges, SBC)制度。系统效益收费是指通过电力附加费的形式从电力用户征集公益计划基金，以支持能源和电力可持续发展的电力事业。新的融资体制下，DSM 的运作模式逐渐形成了以中介机构、政府和电力公司(电力行业重组后的配电和售电公司)为主导的多元化发展模式。

中介机构主导模式是由非政府、非盈利的节能投资中介服务机构来直接管理 SBC 并负责项目管理，包括项目规划、资金安排、评估、验收等。中介机构要接受政府监督，包括对项目计划和资金使用的定期审计。俄勒冈州的 SBC 基金会是该类型的典型，该州的 SBC 的 80% 由该基金会直接管理，用于运作 DSM 能效计划和可再生能源发展计划。

政府主导模式是由政府设置的一个没有政府拨款的非盈利的准政府机构来负责 DSM 项目管理，政府的电力监管部门负责审批 DSM 项目计划和 SBC 的支出。加州的能效委员会是该类型的典型，该委员会由加州公用事业委员会设立，是具有准政府性质的顾问机构，负责 DSM 项目管理，而加州公用事业委员会审批 DSM 项目计划和资金使用。而马萨诸塞州的电力监管部门采用招标方式选定一个中标的 ESCO，以它为主组成一个非盈利的项目办公室进行资金和项目管理。

电力公司主导模式仍是由电力公司进行 DSM 项目管理和操作，但资金来源则是 SBC。美国的康涅狄格州、马萨诸塞州、新罕布什尔州、罗得岛州、蒙达那州都是实行消费者出资、州政府监管，由电力公司直接管理和运作 DSM 项目。

(二)欧盟

欧盟非常重视需求侧管理，通过建立成本补偿、投资回收、供应方服务竞争和需求方资源竞争等机制，以鼓励实施 DSM。

1. 设立公共效益基金，建立 DSM 成本补偿机制

公共效益基金通常通过对电价或发电商征收附加费的方式来筹集，用于支持现有的、成熟的或商业化前景较好的 DSM 项目，并重点支持 DSM 新技术的研究、开发和示范应用，支持 DSM 服务市场的建立和发展等。

2. 建设能效电厂，建立 DSM 投资回收机制

建立能效电厂基于采用综合能源规划方法，以最低的总成本组合供应侧和需求侧方案来满足消费者需求的考虑。能效电厂是指通过实施一揽子节电改造计划，减少电力用户的电力消耗并提高能源使用效率，从而达到与新建电厂相同目的的虚拟电厂。与实际新建电厂相比，能效电厂是在原供电系统中进行电能优化而获得的，不仅不需要额外占用土地、消耗煤炭等资源，而且建设成本仅为常规电厂的 1/3 左右，因此具有巨大的社会效益和经济效益。能效电厂这一理念实际上是将需求侧管理的成本资本化，通过建设能效电厂，需求侧管理成本可以由外部资金进行资助，并且可以分摊到需求侧管理的整个生命期内，这种方法与常规电厂的融资和成本回收方式类似。

3. 建立供应方服务竞争机制

电力终端用户将分别向若干家能源服务商(例如电力公司或 ESCO)提出能源服务要求，多家能源服务商参与竞争，为用户提供最合算的能源服务。终端用户对这些相互竞争的能源服务进行评估，然后选择其中一家能源服务商签约或进行其他商业运作。为保证能源服务竞争的成功，规定参与能源服务竞争的能源服务公司或电力公司必须有一定数量的能源服务。

4. 建立需求方资源竞争机制

电力公司公开征集 DSM 实施建议，由能源服务公司或大用户参与竞争，为电力公司提供最有效益的 DSM 实施建议。电力公司对这些建议进行评估，根据选中的部分建议进行商业运作。在该机制下，一般由电力公司引导 DSM 的实施，如制定 DSM 要求、提出 DSM 许可条件、进行最小成本规划等。

5. 建立需求侧响应机制

该机制将需求方资源等同于供应侧资源,通过价格机制改变用户用电模式,用户积极响应价格信号,主动参与 DSM 项目。任何具有灵活用电需求的用户都可以参与需求侧响应;在需求侧响应中,用户要安装专门的控制器和监视器来确认并接受需求侧响应;电力公司通过减免用户电费或提供资金支持的方式鼓励用户参与需求侧响应。在计算负荷削减对电力市场参与者的效益时,一般采取如下办法:建立多方结算系统,计算负荷削减对电力市场各方的效益;对于具有可控负荷(电热水、空调)的用户,需要取得他们的负荷特性;把负荷削减和可调度负荷作为辅助服务,由独立系统运行商购买;建立规范的负荷控制协议,参与者可以直接在市场上进行负荷交易。

但是,整体来说,欧洲 DSM 的发展不如美国,部分原因是相对美国电力市场一体化和相应的法律、融资和激励机制,欧洲电力公司的结构特点呈现出多元性,包括单独发电、单独输电、单独配电和电力一体化等不同形式。电力工业非垂直一体化的结构使 DSM 计划实施的成本回收困难。在欧洲各国中,丹麦的 DSM 开展得最好,丹麦始于 20 年前的电力改革是以热电联产、提高能源利用效率、降低环境污染为核心的,为此,丹麦建立了环境税收制度,对环保高效的热电项目实行免税。同时丹麦电力公司单独对每一用户进行能源监测,然后提出其高耗能设备使用效率等方面的报告,并进行整改,使参加 DSM 的用户的能源使用率得到较大的提高。但丹麦的 DSM 激励政策主要是针对用户,对电力公司的激励措施较少。为鼓励电力公司实施 DSM,2003 年丹麦出台能源政策协议,提出应对电力公司采取成本回收、损失补偿和绩效奖励等激励措施。

第三节　合同能源管理

一、合同能源管理

合同能源管理(EPC)是一种基于市场的、全新的节能项目投资机制,借助专业化的能源服务公司(ESCO)来进行项目管理和运作。作为一种节能项目创新投资机制,合同能源管理吸引人之处在于:在实现项目节能减排的社会、环境效益的同时,还能为合同双方带来可观的经济效益。

(一)合同能源管理

林伯强(2008)指出,合同能源管理优于传统的节能项目投资模式之处在于,它代表了一个社会化服务的理念,可以解决客户开展节能项目所缺的资金、技术、人员及时间等问题,让客户把更多精力集中在主营业务的发展上。能源服务公司提供的一系列服务,可以形成节能项目的效益保障机制,提高效率、降低成本、促进产业化发展。如果实施得当,可以同时获得节能减排的社会和经济效益,使政府的节能减排目标成为企业赢利目标。在赢利目标的驱动下,能源服务公司会更努力地寻找客户实施节能项目,开发新型技术并拓宽投资市场,以促进自身及节能服务产业的发展壮大。如果有政策措施的支持和市场化机制的配套,合同能源管理将是一种可持续的节能减排机制。

能源服务公司是一种市场化的、以赢利为目的、以能源合同管理机制为主要经营模式的专业节能服务中介机构,通过与客户签订技术和能源管理服务合同,负责融资并承担技术和财务风险,为客户实施和管理节能项目,在合同期内按合同规定与客户分享节能减排的经济效益。能源服务公司的核心工作之一是寻找和发现客户,二是为客户进行项目融资。客户可以通过能源服务公司获得全部项目融资,并用节约的能源费用来偿还项目贷款及支付能源服务公司的服务费用,可以通过"零投入"来保证节能。能源服务公司的服务贯穿于节能项目的始终,除了提供与节能诊断、改造计划方案、设计、施工等有关的节能改造服务之外,还要提供与改造后的运行管理、资金筹集、调度、财务分析等在内的服务。同时,不仅要向用户提供与节能改造相关的技术方案,而且还要提供技术人员。

客户企业选择与节能服务公司按照合同能源管理模式实施节能项目主要是基于两个方面的考虑。一方面，客户企业基于规避风险和经济效益的考虑，希望通过合同能源管理模式将实施节能项目的投资、技术、运行等风险转移给 ESCO，而且在项目实施过程中也不必占用企业太多的精力影响正常业务的经营，并且节能项目的投资出自节能项目本身产生的节能效益，也减轻了企业实施节能项目的融资压力。另一方面，ESCO 作为专业节能服务中介机构，在通过同类项目的开发运作中，积累了丰富的经验，凭借专业化和模式化的手段可以提高节能项目运作效率，降低节能项目的实施成本，具备比客户企业更强的抵御风险的能力，并以此为其利润的来源，这也是客户选择合同能源管理模式的重要原因。

（二）运作机制

透过对能源服务公司的业务流程、能源管理合同类型及项目融资模式的分析，可以加深合同能源管理的基本运作方式的了解。

1. 业务流程

合同能源管理作为一种比较特殊的服务，实质上可以视为是 ESCO 通过一系列的节能服务，向客户企业销售节能量。ESCO 业务活动的基本程序是：为客户进行节能审计，开发一个技术上可行、经济上合理的节能方案。通过双方协商，与客户就该项目的实施签订一个节能服务合同，履行节能服务合同中规定的义务，保证项目在合同期内产生合同中规定的节能量，享受合同中规定的权利，在合同期内收回用于该项目的资金及合理利润。其具体流程如下所示。

(1)节能审计：对客户目前的能源效率情况进行调查，测定企业当前用量；针对客户的具体情况，各项设备和生产流程的节能潜力进行评价，并对可供选择的各种节能措施的节能量进行预测。

(2)方案设计：根据节能审计的结果，向客户提出如何利用成熟的节能技术/产品来提高能源利用效率、降低能源消耗的方案和建议。如果客户有意向接受，则为客户进行具体的节能项目方案设计。

(3)签署合同：如果客户认同 ESCO 的节能项目方案设计，双方可进一步就项目的节能效果①、效益分成、施工、设备采购、保险等问题进行磋商谈判，落实后即可签订"节能服务合同"；如果客户不同意签署合同，则可以向客户收取节能审计和方案设计等前期工作的费用。

(4)项目融资：ESCO 向客户的节能项目投资或提供融资服务，资金来源渠道多样化，包括 ESCO 的自有资金、商业银行贷款、政府贴息的节能专项贷款、设备供应商的分期支付、节能基金（如 SBC 等）等。

(5)项目实施：ESCO 负责节能项目的全程实施，从原材料和设备采购，到施工、安装和调试，实行"交钥匙工程"。

(6)绩效监测：ESCO 为客户提供节能项目的节能量保证，并与客户共同监测和确认节能项目在项目合同期内的节能效果。

(7)运行维护：ESCO 为客户培训设备运行人员，并负责所安装的设备/系统的保养和维护。

(8)效益分成：ESCO 对与项目有关的投入（包括土建、原材料、设备、技术等）拥有所有权，并与客户分享项目产生的节能效益。在合同期结束后，这些所有权一般转让给客户。

2. 合同类型

根据合同能源管理运作中涉及的风险转移和利益分享方面的问题，可以将能源管理合同概况为以下三种类型。

(1)分享效益型（Shared savings）

---

① 计算公式：节能效果＝基准年能耗－改造后年能耗±调整量；具体参数设定有公认的标准或协议（如国际通行的《国际性能验证和测试协议》，即 IPMVP－2002），用来剔除合同双方的一些不确定因素和独立变量，比如天气、运行时间等对能耗有着重要影响但又是合同双方很难或根本无法控制的因素。

分享效益型是合同能源管理早期采用比较多的合同方式,是指作为承包方的 ESCO 负责全部或部分的项目融资,其回报来自于与客户分享的节能效益,合同期满后节能项目所有权和节能效益的收益权归客户所有。一般在节能项目实施后的前两三年,ESCO 会提取较大比例的节能收益,然后逐渐下降,直至合同结束。

如果节能项目的初始投资全部由 ESCO 来承担,相当于其承担了所有的项目风险。从财务角度来看,资产和负债也将出现在 ESCO 的资产负债表上,而且每年回收收益的方式使 ESCO 现金周转非常缓慢,无疑对 ESCO 的财务状况产生相当的影响。这种类型的合同方式对 ESCO 的发展不利,使其无法投资规模较大的项目或无法高速发展,因而只能存在于 EPC 发展的早期,或仅适用于规模较小的项目。

(2)保证节能型(Guaranteed savings)

保证节能型是目前合同能源管理最为普遍采用的一种合同方式,是指 ESCO 向客户承诺能效指标,即保证其承包项目在改造后的节能收益;作为回报,客户在项目施工验收结束后,立即将所有款项支付给 ESCO。如果实施节能措施后的合同期内项目的节能收益没有达到合同中承诺的节能量,那么 ESCO 必须将这部分收益差额退还给客户。

一般还有专门的保险公司参与这样的项目,一旦项目失败,保险公司将承担 ESCO 不负责赔偿的部分。在这种合同方式中,节能项目投资可由 ESCO 提供项目融资,也可由客户自行融资。如果是以客户的信用进行融资,那么与项目有关的资产和负债会出现在客户的年度报表上;而 ESCO 必须保证每年的节能收益能够偿还这笔贷款的利息和本金,最终在合同期内还清所有贷款。因此,这种合同方式中,客户也承担了一定的项目风险。

因为这种合同方式能让 ESCO 在较短的时间内将资金收回,减轻 ESCO 的债务负担,而使得 ESCO 能够承接大规模的节能改造项目,促使合同能源管理成为高速增长和高利润的行业(见表 9-1)。

表 9-1　合同能源管理的运作模式比较

合同类型	分享效益型	保证节能型
使用频率	高	低
承担客户信用风险主体	贷款人	ESCO
承担偿还风险主体	客户	ESCO
节能效率评估期限	最多 5 年	最多 3 年
客户	债务偿还风险,较高的节能量效益分配份额,较大的投资份额	无偿还风险,较低的节能量效益分配份额,较小的投资份额
ESCO	无信用风险,表内无负债,项目规模较大,无股权,较难向客户出售	承担信用风险,表内有负债,项目规模较小,潜在股权,较易向客户出售
融资方	仅有信用风险	信用风险和节能成果风险

(3)能源费用承包型

能源费用承包型较少见,是指客户在节能项目改造后,以承包能源费用的形式,将整个能源系统的运行和维护工作交由 ESCO 负责。客户委托 ESCO 进行能源系统的管理,并按照合同约定支付托管费;ESCO 通过提高能源系统运行的能源效率来控制客户能耗,并按照合同约定拥有全部或者部分节省的能源费用。ESCO 的经济效益来自能源费用的节约,客户的经济效益来自能源费用的减少。

二、国外合同能源管理的现状

合同能源管理兴起于 20 世纪 70 年代中期,随着节能意识的逐渐增强,发展迅速并开始推广普及,尤其是在欧美发达国家,随着合同能源管理的兴起,能源管理和能效服务成为一个新兴的产业,加速和促进了全社会的节能活动。

（一）美国

美国国家能源服务公司协会①（NAESCO）估计,2006 年美国的节能服务产业的产值约为 36 亿美元,较之于 2000 年的产值 20 亿美元显著增加,估计 2008 年节能服务业的产值将达到 52 亿～55 亿美元(见图 9-4)。

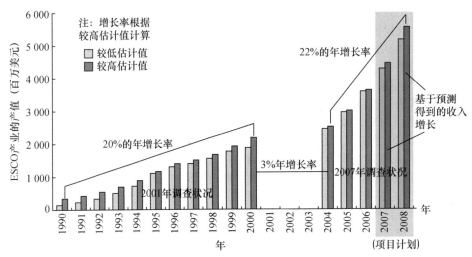

注:2001—2003 年,很多 ESCO 的业务处于停滞状态,因此这期间的具体产值无法估计,但是可以确定在此期间,节能服务业的产值增长率急剧下降到约为 3%。衰退的主要原因:一是 2000—2001 年加州电力危机导致很多州开始重新考虑电力工业的总体变革,从而影响涉足节能服务的电力零售商的竞争;二是“安然(Enron)效应”,安然公司(能源服务也是公司的主营业务)的破产打击了市场信心,对于 EPC 市场造成了明显的负面影响;三是原有的“联邦节能绩效合同(ESPC)”法案到 2003 年即告终止造成的不稳政策预期;四是节能服务产业内出现了一系列的并购,使得企业必须经过一段磨合与调整时期。自 2004 年以来,由于能源价格攀升,气候变化问题,2005 年美国国会对 ESPC 重新审订,以及节能和新能源项目的大量实施,美国节能服务业开始强劲复苏,年均增长率达到 22%。

资料来源:Nicole Hopper et al.. A Survey of the U. S. ESCO Industry: Market Growth and Development from 2000 to 2006,2007

图 9-4 美国 1990—2008 年 ESCO 产业的产值

在美国的 EPC 市场中,包括 MUSH②、联邦机构、公共建筑、居民、工业和商业节能市场(见图 9-5)。其中,MUSH 市场占据的产值份额最大,联邦机构的节能服务市场次之,尽管 ESPC 法案在 2003—2004 年出现间断,但是这一市场的规模在过去的十年间依然呈现快速扩大的趋势。私人部门,包括工业、商业和居民的节能服务对于美国 ESCO 而言,颇具挑战性,因为该领域的投资门槛较高、相对于对销售收入直接产生影响的其他投资而言,节能服务投资的优先度较低,有些 ESCO 在核心工业工序的节能设计和技术方面能力有限,而且客户也不愿意作为外来者的 ESCO 改变其生产工序,并且工业节能项目设计的可重复性有限。

---

① 能源服务公司协会(NAESCO)成立于 1987 年,其成员包括了美国众多的 ESCO 及其合作伙伴和政府机构,如公用事业单位、节能设备供应商、金融机构、工程和设计公司、律师事务等。NAESCO 不仅向会员提供培训、政策研究、市场开发等服务,还充当政府与行业间的桥梁,代表会员向政府提供政策建议等。

② MUSH 即市政府和州政府、大学和学院、医院等公共部门。

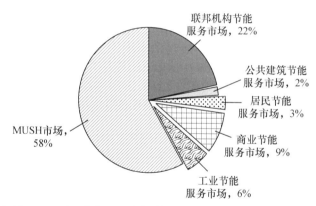

资料来源:Nicole Hopper et al. . A Survey of the U. S. ESCO Industry:Market Growth and Development from 2000 to 2006,2007

图 9-5　美国 EPC 市场划分

美国节能服务的主要技术和项目主要包括发电设备的安装、大型中央厂房设备以及可再生能源技术等。在 NAESCO 的调查中,节能技术和能效提高方面的服务产值最高,几乎是整个产业产值的 3/4(见图 9-6),每年由 ESCO 完成的能效提高项目的市场价值约为 25 亿美元。

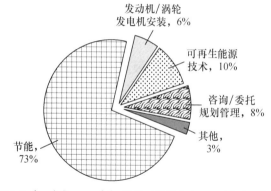

资料来源:Nicole Hopper et al. . A Survey of the U. S. ESCO Industry:Market Growth and Development from 2000 to 2006,2007

图 9-6　美国 EPC 市场划分

美国的能源服务公司一般为三类:(a)传统的系统集成和自控公司,比如 Honeywell、Siemens、Johnson 等公司,都有专门的能效服务部门或 ESCO 子公司来承接 EPC 项目;(b)电力、燃气公司或其他能源公司,通过收购小型 ESCO 而进入 EPC 市场;(c)独立的 ESCO,往往是从中小型的系统集成或工程建设公司演变而来,不从属于任何大型设备或能源公司。在美国能源管理的市场发展初期,独立的 ESCO 以及依附于大型设备公司的 ESCO 占据的市场份额较大。但是随着市场竞争的加剧以及美国能源政策的变化,依附于电力、燃气等能源公司的 ESCO 逐渐显现出较强的竞争优势,使其占据的市场份额逐年提升(见图 9-7)。

美国的合同能源管理市场能达到目前的规模,很大程度上归功于一套完善的法律、技术、资金所提供的保障。法律层面上,美国 50 个州内的 46 个州通过了对 EPC 的立法,包括要求公共工程必须利用 EPC 的方式进行节能改造、EPC 的最长合同年限(一般定为 10 年,最长年限可达 15 年)等,为 EPC 市场的运行和发展提供了法律保障。技术层面上,除了国际通行的验证和测试(M&V)标准和协议(如《国际性能验证和测试协议》(IPMVP-2002))外,美国采暖、制冷与空调工程师学会(ASHRAE)在其基础上还编制了更为详尽的《节能效果测试方法指导》(ASHRAE Guideline14-2002),而美国能源部也编制了《联邦政府节能项目验证和测试指南》等技术指导手册,这些都为 ESCO 及客户提供了标准的技术平台,有效地减少了在基准和节能效果等方面的技术争议。资金层面上,EPC 项目融资的渠道多样性也是美国 EPC 市场成功发展的重要因素。除了常规的银行贷款外,EPC 项目往往还能得到来自系统效益费基金(SBC)、纳税人能效项目基金(Ratepayer Funded Energy Efficiency Program,REEP)等专项节能基金的资金帮助,而且 EPC 项目融资方对其投资条件也相对宽松,因为法律允许长达 10 年甚至以上的长期贷款回收。只要是有一定市场影响力的 ESCO 拿出合理的节能审计报告和项目方案计划,都能成为放款的依据。

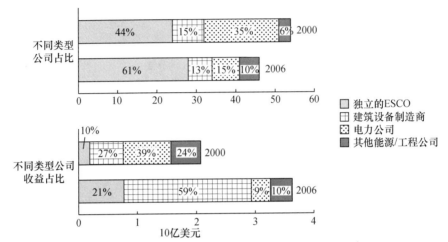

资料来源:Nicole Hopper et al.. A Survey of the U. S. ESCO Industry:Market Growth and Development from 2000 to 2006,2007

图 9-7　美国 ESCO 构成及其市场占有率比较

(二)欧盟

欧盟各国的合同能源管理市场也是在 20 世纪 80 年代末逐步发展起来的。但是,欧盟各国的 EPC 项目有别于美国,主要是帮助客户进行技术升级以及热电联产一类的项目,项目投资规模较大,节能效益分享的时间较长,项目融资及项目实施的合同也比较复杂。欧盟各国 EPC 市场的发展同美国相比,项目类型不是很多,其产生和发展,除了市场因素外,更多的是依靠政府的有关能源开发、环境保护等政策的扶持。欧盟各国的 ESCO 产业发展也有不同的侧重面和模式,比如法国的 ESCO 多为行业性的,如在煤气、电力、供水等行业较发达,这些 ESCO 不仅提供节能方面的服务,还承担相应的类似物业管理方面的工作,他们的收益不仅来自节能,还来自与节能、能源供应有关的一系列服务。西班牙的 ESCO 主要实施热电联产和风力发电项目,工业节能改造项目和商厦照明项目较少,而且为了避免来自用户方面的市场风险,所选定热电联产的客户绝大多数为效益回报相对稳定的商业、医院、政府办公大楼等公益事业部门。欧盟各国的 ESCO 在项目融资上也与美国存在较大差异。比如西班牙的能源服务公司多采用称为“第三方融资”的融资模式,也就是 ESCO 和客户企业针对拟投资的项目成立专门的合资公司,由合资公司具体落实项目的投资、运营、管理和维护。

欧盟各国对 ESCO 的直接支持首先主要表现在通过推动公共领域的节能改造来促进 ESCO 产业的发展。欧盟各国在政府机构或学校、医院等公共建筑节能改造中优先选购专业 ESCO 公司,或者以能源费用托管等形式将政府建筑的能源服务承包给 ESCO 公司。比如德国实施的“节能合作伙伴”行动,ESCO 公司通过签订节能服务合同,确定政府或公共建筑的最低节能量;同时,详细明确了节能改造资金来源、节能量效益分享、节能措施的实施、管理和设备维护等双方的责任和义务。迄今为止,共有 1 300 多座政府建筑与 ESCO 企业签订了类似的合同,节能投资总额达到 5 600 万欧元,每年节约能源花费约 1 600 万欧元。其次,对 ESCO 公司实施税收优惠也是欧盟各国政府直接支持 ESCO 发展的主要手段。税收优惠政策包括直接和间接两种。直接税收优惠是针对 ESCO 公司的,包括投资税抵免、所得税优惠等。间接税收优惠主要体现在政府对各类节能项目的支持,包括对建筑节能改造、工业节能技改的税收减免等。比如,在直接税收优惠方面,英国对 ESCO 公司的项目实施投资税抵免,对列入节能设备技术目录的产品实施加速折旧,节能产品的额外费用可以在一年内计提折旧。法国对企业购买节能设备技术或节能技改的投资可以在一年内计提折旧,并减免营业税,企业节能投资或租赁节能设备获得的盈利可以免交所得税。此外,英国和法国还向欧盟提议,将节能型产品和服务的增值税率从目前的 20% 左右降至 7%。在间接税收优惠方面,欧盟各国对建筑领域节能项目都出台了税收优惠政策,其中,英国对高于国家标准的节能建筑实施 40% 的印花税优惠,对"零排放"建筑免征印花税。法国对高于国家标准的建筑免征 50% 的地产税,并对进行节能类修缮工程的房主提供各类税收资助,如对家庭保温和供暖设备以及高效锅炉的安装减免所得税等。

欧盟各国对 ESCO 的间接支持主要以补贴形式体现。首先,由于 ESCO 公司涉及的业务领域比较广泛,因此欧盟国家中仅有比利时等若干国家对 EPC 项目给予直接资金补贴,其他国家大多采取与鼓励建筑节能、可再生能源发展等政策框架结合起来进行支持。例如,德国、法国、西班牙等对各地方公共建筑实施节能改造的投资都给予 5%~15% 的财政补贴,英国、希腊等国对小型热电联产、RES 等项目实施投资补贴、税收减免、固定收购价格等政策,这也是间接支持 ESCO 公司的措施。同时,德国在可再生能源发展方面出台了一系列鼓励技术研发、项目融资等财政激励政策,很多也直接支持了 ESCO 公司的发展。此外,以财政资金支持节能信息传播、企业能源审计以及提供能源咨询服务是欧盟国家的共同特点。例如,西班牙对 276 个重点节能项目实施强制能源审计,并由中央财政支付 75% 的审计成本。其次,除了税收优惠,提高能源使用成本是欧盟间接支持 ESCO 公司发展的主要方式。欧盟国家出台的碳税、能源税政策使得实施节能项目不仅有直接的减排效益,在财务上也非常有吸引力。在德国,虽然能源市场化改革以来能源供应呈下降趋势,但同期政府能源税却不断提高,从 2002 年到 2006 年,终端用户的能源费用支出几乎翻了一倍,这被众多 ESCO 公司认为是政府支持节能和 ESCO 发展的最有效的政策手段。

第四节　白色证书交易

一、白色证书交易机制

能效项目所带来的节能量是"无形"的,而且各个项目的节能量差异性大,难以成为一种"稳定"的能源来源。因此,如何形成有效的、集合的市场化激励机制成为能效管理市场化运作的难题。

(一)白色证书交易

白色证书交易的目的是通过限定能源供应商在一定时期内的目标能效提高量来提升全社会的能源使用效率。所谓的"白色证书"是指二次能源供应商[①](主要是电力和燃气供应商)在规定的时间内按法定的节能标准完成额定节能量,最开始由政府根据能效目标的完成情况发售给能源供应商,到期末(通常为 1 年),电力和燃气供应商需要向监管部门提交一定数量的"证书",若完不成节能任务,将接受相应的惩罚。显然这种惩罚将超过购买(同样数量)"证书"的花费,因此未能完成节能任务的供应商,为避免惩罚则愿意从市场上购买"证书";而那些超额完成节能任务的供应商,则可以从出售"证书"中获得额外的经济效益。在白色证书交易机制中,白色证书代表的是实施能源效率项目所获得的、经过测量和认证的节能量,不仅可以用于完成规定的节能任务,而且作为一种可交易的商品获得额外的经济效益(如减免税收、获得补贴或者碳抵消计划),

---

① 白色证书交易机制的实施对象是二次能源的供应商(零售商),这主要是因为欧盟国家由于能源市场化程度较高,在能源零售领域具有相当的竞争程度,而输配电、燃气管道输送等环节仍保持着一定的垄断势力,因此,对能源零售商设定一定的节能目标是最合理的。此外,这些能源零售商直接与消费者相联系,能够有效地推动能源效率计划的实施。

以平衡在履行节能义务上的成本。

白色证书交易机制既是一种节能政策，又是一种创新交易体系。一方面，白色证书交易可以度量能源供应商在规定时间内获得目标能效提高量的情况；另一方面，白色证书交易实现了完全市场化运作的能效管理，不仅能源供应商可以在一定市场规则下，通过白色证书交易来实现最小化成本的节能活动，而且能源服务公司（ESCO）也能通过交易市场兑现其能效服务收益。白色证书交易机制不但能更有效地实现全社会的节能目标，而且能大力促进各种能源服务中介机构（如能源服务公司、能源审计公司、能源咨询公司等）的发展。

白色证书交易机制的经济学原理在于承担节能任务的各责任主体间由于生产技术条件的差异，以致提高能效的边际成本不同，因此在交易费用低于交易所能带来的净收益的情况下，通过交易，使参与交易各方的边际成本相等，从而可以使实现节能目标所需的总成本最低（见图 9-8）。假设不考虑交易费用，两个责任主体所承担的节能义务根据能源消耗总量按比例分配。在没有白色证书交易时，由于两主体具有不同节能边际成本，导致完成相同目标所花费的边际成本有很大的差别，此时甲完成目标所需总成本为 A，而乙所需总成本为 B，整个社会总成本为 $A+B$。通过白色证书交易建立新的均衡点 O，两主体都在统一价格 P 下完成目标。其中，假设甲多完成部分目标，并将获得的证书出售给乙。此时，虽然甲的直接节能总成本上升将大于 A，但由于在将超额完成的目标按价格 P 出售给乙之后，还能获得剩余收益，因此对于甲方来说，总的节能成本反而可以降低；对于乙方来说，通过市场交易购买甲方多完成的节能目标而付出的费用为 D，自己因少产生同等节能目标而节省的费用为 E，同时 E 大于 D。

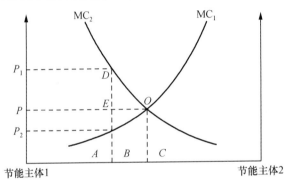

图 9-8　白色证书交易的机理

白色证书交易机制把边际成本不同的责任主体集合在一起，创造了一种所有节能责任方共赢的结果，并实现社会总成本最小化，并且能够大大激发各种节能技术的开发，帮助实现节能指标的动态优化配置。

（二）运作机制

1. 明确政策取向，确定节能目标

节能目标的设定有以下三类选择：（a）一次能源或二次能源（主要是电力）；（b）阶段性或单期；（c）累积或全寿命周期。从能源、环境、社会政策差异性角度考虑，如果政策目的是侧重于改善能源供应安全，则节能目标以减少一次能源消耗为主；如果政策目的是侧重于稳定电力供应，则节能目标以减少终端用户的二次能源消耗为主。从节能目标细节设计角度考虑，如果侧重于目标实现的确定性，则可以设置累计的周期性目标；如果目标侧重于鼓励回收期长的项目，则可以设置全寿命周期折算的单期目标。选择什么样的节能目标，取决于政府不同的政策组合及其相对优先的方向。

2. 界定责任主体，分配节能任务

责任主体是白色证书制度中履行节能义务的承担者，虽然界定责任主体的并不局限于能源链上的特定位置（如生产、传输、分配、零售、消费），但不同环节的主体节能行为存在较大差异。

在能源的生产环节,能源生产商在提高能效方面既缺乏专业知识,也缺乏提高终端能效的积极性和主动性,因此被排除在外;在能源的传输和分配环节,输配电商(电网)具有天然的垄断性,因而也几乎没有提高终端能效的积极性和主动性,不适合承担节能责任;电力的零售商可以在竞争市场上运作,并且可以直接与能源消费者联系,有利于推动提高能效计划的实施,但这取决于电力零售市场的自由化程度;在能源的消费环节,较大规模的终端用户可以直接承担节能责任,而一般的终端用户尤其是家庭用户,没有能力去履行责任,且监管难度太大,由能源零售商代表其承担责任更加现实。在主体目标群被选定之后,还要划分责任主体和非责任主体,即确定责任主体的门槛和变化。总的节能目标在责任主体之间的分配有多种原则,如根据责任主体消耗能源的历史情况、所服务的顾客数量、销售量所占的市场份额等;而每个责任主体具体的节能目标一般可以设定为其销售额的百分比或者节能量的绝对值。相比之下,前者伴随着市场份额的变化而演变,更公平且易被接受。

3. 制定市场规则,监督市场运行

政府监管当局在确定节能目标之后,将其具体分配给各个责任主体,规定相应的目标期限,在期限结束时,责任主体需提交相应的白色证书以证实其节能行为,否则监管当局将进行相应的惩处。责任主体在对终端用户实施能效项目后,向监管当局提交所实施项目的节能情况,其节能量经测量证实之后,由监管当局颁发相应数量的白色证书。非责任主体主要是指能源效率市场上的中介机构(包括能效服务商、金融机构投资者等),它们或者直接通过对终端用户实施能效项目并向监管当局提交报告获得相应的认证及颁发的白色证书,或者通过融资等手段收购白色证书。在市场管理者的监督之下(注册、登记交易情况),责任主体之间、责任主体和非责任主体之间可以进行白色证书的交易,以保证责任主体在期末提交足够的证书以证明其节能任务完成。由于政府规定的处罚金额一般都要大大高于白色证书交易所可能获得的市场价格,因此基本上不会发生责任主体在未完成规定任务的情况下参与市场交易的情况。整个交易机制的运作流程如图 9-9 所示。

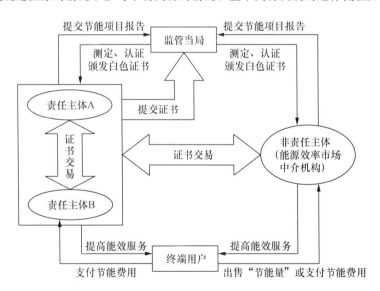

图 9-9　白色证书交易机制的运作流程

白色证书交易机制运作的有效性则主要取决于具体市场规则的制定,其包括以下几方面内容。

(1)项目的评估和审批

项目的评估和审批包括很多的细节规则,如所实施项目类型、技术标准、投资规模、实施地点和服务人群、能源载体,以及申请者是否具有取得证书的资格等。这些细节因不同国家的国情而有不同的规定。通常,限制越少,越更有利于节能项目多样化、提高交易收益、降低履约成本、降低证书价格的不确定性和波动的风险,但也有可能与政府的政策目标相冲突。

(2)节能量的测量和认证

节能量的测量方法有两种:仪表测量法(Metering Approach)和标准节能公式法(Standard Savings Formula Approach)。前者通过测量改进措施前后的能源消耗总量来计算节能量,后者采用标准公式计算节能量。相比之下,前者可能更为准确,但在实践中,由于外在因素的变化,如住户数目、电器数目、生活方式、气候天气等,也难以确定准确真实的节能量。此外,仪表法对大型装置或项目可能较为合理,对小型项目的监测则费用过高。公式法则需要在考虑反弹效应后进行必要的调整,但所需变量多易测得,且简化了监控。一般采用两种方法结合使用,但更倾向于后者。节能量的认证是指参照一定的基线(baseline)水平对节能量进行确认。基线的设定根据项目类型的不同而存在较大差异,设定的方法参照碳交易机制的基线设定同样涉及项目的边界确定、渗漏风险控制、方法论的形成等问题。此外,基线的设定还要考虑一定的额外性(additional),包括财政额外性和环境额外性。前者是指由财政支持的节能项目(技术扶持、财政补贴等),后者是指在特定时期内,有多少能源的节约量可以归因于特定的项目。

(3)证书的颁发、交易、储存和拆借

证书的颁发可以是事后的,即实现的节能量,也可以是事前的,即估算的节能量。事前颁发可以减轻对项目实施者的流动性限制,但会增加验证工作和核查成本。证书是唯一的、可追踪的,受法律保护。监管机构可以授权第三方评估项目、核实节能和颁发证书,并审计他们的行为。这可以降低整体成本,但会带来自律性风险。证书的交易可以发生在责任主体之间,也可以发生在责任主体与非责任主体之间。为了使尽可能多的节能相关方能够参与交易,以增加市场多样性,提供更多的交易机会和流动性,在设置单个白色证书的项目认证申请最小规模时,应考虑适度降低标准,以鼓励项目汇集,降低交易成本。白色证书的跨期交易主要借助储存和拆借,前者是指允许将当期剩余的证书用于未来各期完成任务或出售,后者是指允许参与者借用以后各期的配额或证书,并支付利息。在不改变证书内在价值的前提下,储存和拆借可为白色证书交易机制提供额外灵活性。

(4)成本回收

成本回收是为了补偿项目实施者的投资,通过收费回收成本。但设计规则时要考虑市场开放程度、能源批发市场价格联动,以及反弹效应等。

(5)未履约惩罚

对未履约的罚款可以是固定的,也可以随证书的市场价格变化。前者可以作为证书价格上限,或者解释为达到目标的成本上限。低的罚款会减轻计划的价格风险,但与此同时也会产生并行的风险,即节能目标无法完成。

二、国外白色证书交易现状

目前欧盟已经实施白色证书交易机制的国家主要有英国、意大利和法国,比利时、荷兰、丹麦等国的白色证书交易正在酝酿中。此外,美国和澳大利亚也在积极酝酿开展白色证书交易①。

(一)交易基础

白色证书交易机制是欧盟一系列的能源、环境政策的直接产物。首先,欧盟电力和天然气市场改革直接推动了对能源效率市场的需求。2003年6月,欧盟通过了电力市场自由化指令(2003/54/EC),制定了市场开放的时间表,规定最晚到2007年7月1日所有的客户(包括家庭用

---

① 比利时的 Flanders 地区 2003 年面向能源公司开展了节能义务项目,但是还没有开展证书交易,但节能义务可以进行交易。澳大利亚的新南威尔士州 2003 年首次进行了白色证书交易,主要针对特定的群体(如电力零售商),并与强制碳减排目标相结合。

户)都应该能够自由地选择他们的电力和燃气供应商。市场竞争的压力使得能源供应商对提高能效的积极性大增,因为只有增加能源服务,尽可能提高同质商品的"附加值",才能挽留和吸引顾客。而随着欧洲电力和天然气市场的逐步开放,竞争日趋激烈,迫切需要新型的、与之相配套的市场化激励机制来促进提高终端能源利用效率。其次,欧盟碳排放交易体系(EU ETS)的实施推动了基于产权理论的市场机制在解决环境问题中的应用。EU ETS 在促进碳减排目标实现的同时,对节能也形成间接激励,并提供了市场化手段的重要参照,也间接导致了白色证书交易制度的出现。

(二)运作状况

1. 英国

英国的能源、环境政策更倾向于减缓全球气候变暖,因此其节能目标考虑了不同化石燃料的碳含量问题,即采取所谓的标准燃料节能量[①],以每三年一期的按照 6% 比率折现的全寿命周期进行计量。目前英国白色证书已运行了两个阶段,第一阶段(Energy Efficiency Commitment 1, EEC1),从 2002 年 4 月至 2005 年 3 月,其节能目标为每年节能 62 太瓦时用电量,第二阶段(EEC2),从 2005 年至 2008 年 3 月,其节能目标为每年 130 太瓦时,以后将提高到每年 185 太瓦时。各个阶段标准燃料节能量中不同化石燃料的权数略有不同,体现了英国政府的政策更加侧重减少温室气体排放而不仅仅是节约能源提高能效。

此外,英国政府还规定至少有 50% 的节能量必须来自于低收入和中等收入的优先群体[②],反映了其政策组合目标多样性及其对社会问题的关注,体现政府改善人民生活水平的意图。节能计划的责任方为天然气和电力供应商,英国天然气和电力监管办公室(OFGEM)根据其所服务国内客户的数量,EEC1 将总的节能目标分配给国内客户数超过 1.5 万的天然气和电力供应商,EEC2 将门槛上升为国内客户数超过 5 万的天然气和电力供应商,即仅局限于 6 家大型天然气和电力供应商。英国的证书交易情况比较特殊。由于只有 6 个主要的供应商承担义务,因此节能量交易市场缺乏充分的灵活性。而且,这些供应商通常将大部分节能项目以合同的形式承包给第三方实施,但不同的供应商经常使用相同的第三方,因此使得他们不可能比别人更廉价地履行义务,从而进一步导致交易缺乏可能性。不过作为一种补救,英国规定不同目标期间的节能量可以结转,并成为供应商一种最普遍的选择。

2. 意大利

与英国相比,意大利的政策组合更加侧重于减少能源消耗总量,其节能目标设定为逐年提高的一次能源的年累积节能量,单位为吨油当量(toe),并要求至少有 50% 的节能目标由能源分销商所供应的电力及燃气实现。意大利的白色证书交易始于 2005 年,在 2005 年每年实现 290 万吨油当量节能量逐渐提高到 2009 年的 320 万吨油当量,计划在 2012 年实现每年节能 600 万吨油当量。意大利根据终端电力和燃气的销售量,将总的节能目标分配给在 2001 年时客户超过10 万的电力和燃气分销商,分配任务时参照的参数是前一年该分销商所分销的电力/燃气占总销售量的比例。从目前白色证书交易实施情况看,意大利的交易最为规范。证书交易可以是场内交易,也可以是场外的双边交易。市场交易由电力市场经营者(GME)根据监管机构——意大利电力和煤气管理局(AEEG)批准的规则和标准来管理。在一年中市场交易通常至少每月一次,而在每次履行检查前的四个月里,再增加到至少每周一次。场外交易更加强劲,并且有不少节能义务的承担者更倾向于购买证书而不是发展自己的节能项目。同时,意大利的白色证书既可以颁发给电力和燃气分销商,也可以颁发给能源服务公司(ESCO),大大刺激市场交易活动。

---

① 标准燃料节能量即根据不同化石燃料碳含量进行加权计算的节能量,而燃料标准化的权数是不同的燃料的碳含量,节能单位为太瓦时,1 太瓦时等于 10 亿千瓦时。

② 优先群体是指享受家庭税收津贴、住房救济金、收入补助、工人基本工资补助、看护津贴、残疾生活补助,以及包含儿童扣税和工作扣税的家庭相关收入低于 14 200 英镑的人群。

3. 法国

法国的政策目标仍是集中在提高能效上,其节能目标是在三年内即从 2006 到 2009 年,按照 4% 的比率折现的每年 54 太瓦时的全寿命周期节能量,2009 年之后目标将提高到每年 100 太瓦时。法国政府还对未能完成节能任务的能源供应商制定了 0.02 欧元/千瓦时的惩罚标准。法国节能目标的责任主体是电力、天然气、液化石油气、石油、家用燃料、供暖及制冷的供应商,但不包括运输燃料的供应商。同时还为不同类型的节能责任主体设定了不同的门槛和节能目标,总节能目标先在不同的能源类型之间分配,再按市场份额在责任主体之间进行分配。目前,法国尚没有正规的证书现货交易场所,但参与者可以进行双边交易。为了促成交易,监管当局会定期公布潜在证书供应者的名单和证书的平均交易价格。

（三）比较分析

对比上述三国的实施情况可以发现,其实施特点各不相同。首先,节能目标不同,意大利每年设定一次节能目标,并统计实施效果,而英国和法国采取每 3 年全面统计一次实施成效,目标的提出则立足于 3～5 年;其次,节能目标的责任主体不同,意大利主要是截至 2001 年拥有超过 10 万用户的电力和燃气公司,而英国主要是拥有 5 万国内用户的电力配电商和供应商,法国则涵盖更广;第三,节能目标分配方式不同,意大利按照责任主体上一年的供应量占总能源消费量的份额来分配目标,即意大利的目标分配和市场占有率呈线性关系,而英国按照用户数量多少来分配目标,更多地由用户增长情况来决定分配情况;第四,市场交易主体不同,英国主要是在能源供应商之间进行交易,市场缺乏活力,而意大利还引入能源服务公司(ESCO)进入交易市场,因而市场交易更为活跃。

Bertoldi 和 Rezessy(2005)对白色证书交易机制进行了比较研究(见表 9-2),认为白色证书制度仍然处于完善阶段,但总的来说必须注意两点。第一,必须灵活合理地设计市场交易机制,比如英国虽然没有严格意义的证书交易,但提供了更多的可交易标的物,并且超额节能量可以进入 EU ETS 进行交易。第二,必须尽量简化制度细节,尤其是在节能量计算与认证方面,意大利在这方面的做法较为成功,其节能量认证是根据技术分析和一些简单的假设,由监管权威机构确立,既不要求实地测量,也不要求预先核准,同时用一个默认的系数用于对免费搭便车者和节能的持久性进行调整,这种方法简单易行且能大大节约成本。

表 9-2 英国、意大利、法国实施的白色证书交易的相关规则比较

市场规则	英国	意大利	法国
评估审批	• 与电力、天然气、煤炭、石油和液化石油气相关的项目; • 监管机构确定了若干标准的节能措施,创新的措施需独立核查; • 供应商可以通过直接或者与第三方合作经营项目,取得节能量。	• 政府列举了一些合格的措施; • 限定为"硬措施"①; • 实施计划前四年内开发的项目得到的节能量,经过监管机构批准,可视为具有市场资格; • 允许能源服务公司获得证书。	• 规定了规范化的项目; • 排除了 EU ETS 下的电厂和法定措施; • 来自于任何部门和能源载体,任何经济参与者实施的节能项目都能获得证书。
认证	• 根据不同能源措施设定节能量的水平; • 超过市场的常规水平。	• 节能量必须超过市场的自发趋势和法定节能标准。	• 节能量必须超过市场的自发趋势。
测量	• 基于标准化公式估算的事前节能量; • 事后检测有限。	• 三种途径:认证节能量、工程与实地测量、能源监测(直接测量)。	• 基于标准化公式估算的事前节能量。

---

① 硬措施是指投资于能源效率的措施,如设备的升级换代或者节能设备的安装,软措施包括提供信息、改善管理、改变行为方式(如在不用的时候关掉设备)等。

（续表）

市场规则	英国	意大利	法国
交易	• 没有证书； • 责任可以交易； • 当义务完成后,节能量才可以交易； • 没有现货市场； • 原则上,超额节能量可以以单项贸易进入国家排放交易计划； • 允许从第一阶段结转到第二阶段。	• 证书交易； • 现货市场或场外交易； • 有三种类型的证书,可以完全互换； • 只允许卖出其账户上登记的证书； • 可以储存； • 不允许拆借。	• 证书交易； • 只有双边的证书交易； • 节能量逐案评定。
成本回收	• 没有固定的成本回收,供应者可以将成本包含在电力/燃气的最终用户价格中	• 只能是自己的能源载体； • 允许其他经销商的顾客； • 由管理当局事前决定:标准平均总额(最高允许成本)。	• 可以提高价格或者收费,但以能源价格最高提高0.15％为限。
处罚	• 没有专门的规定； • 罚金最高可以达到供应商营业额的10％。	• 比例一定大于弥补不履约行为的投资； • 由管理当局决定。	• 0.02欧元/千瓦时。

资料来源:陶小马,杜增华. 欧盟可交易节能证书制度的运行机理及其经验借鉴[J]. 欧洲研究,2008(5);P. Bertoldi, S. Rezessy. Tradable White Certificate Schemes:Fundamental Concepts[J]. Energy Efficiency, 2008(1):237~255

三、相关研究

国外开展了许多关于白色证书交易的研究,并提出了不少新的观点,对白色证书交易与其他节能政策进行比较,对英、意、法三国白色证书交易市场运作的经验进行总结。

（一）经验总结

许多研究结果显示,白色证书交易市场能够顺利运作并保证一定的经济效益,主要依赖于政策约束力和综合考虑节能成本和效率的方案设计。

Mundaca(2007)以英国第一阶段节能计划(EEC1)为例,分析白色证书交易成本问题。其指出,扣除信息搜集、客户推广、项目谈判以及节能量的评估和认证构成白色证书交易的主要成本后,EEC1的节能收益仍可达到0.6~6便士/千瓦时(p/kWh),如果英国政府能够提供技术更成熟、信息更透明的交易平台,那么可以进一步提高节能收益,达到3~8便士/千瓦时。

Oikonomou和Mundaca(2008)指出构建白色证书交易机制的前提是,必须明确一个具有约束力的长期节能目标,并给予政策的时限性和确定性,这也是保证未来交易市场流动性的必要条件。其次,节能技术应采用较为成熟的技术,便于降低交易成本,以保证节能交易的经济效益。

Pavan(2008)对意大利的白色证书交易体系进行分析,指出在设定节能目标时,需要寻找一个平衡成本与效率的方案。从效率的角度讲,技术多样性可以为节能项目提供更多的选择,更有利于节能效率的提高。但是,从成本的角度讲,更广泛的可选择技术范围则意味着更高的交易成本(节能量评估、监测等环节),而较为成熟而且容易标准化的技术,可以更好地降低交易成本,增加白色证书交易带来的节能经济效益。

Bertoldi和Rezessy(2008)对英、意、法三国的白色证书交易机制进行了比较和总结,讨论了交易机制设计和运作的相关问题,指出白色证书交易机制的关键是节能目标综合规划,包括目标的制定,各方责任的划分,符合条件的项目和技术的选择,除了相应的市场结构和程序设计外,具体运作中还需要有相应的监测、评估等技术支持。白色证书交易与碳交易市场整合的最大困难在于市场基础不同,前者是基线交易,后者是"总量控制—交易",解决这一问题的办法是通过自愿碳排放市场以间接方式融入碳交易市场。

（二）比较优势

白色证书交易和其他节能政策比较而言，其节能的成本更低、效率更高，尤其是与能源（碳）税政策相比，具有更低的社会成本和更好的节能效益。

Philippe 和 Quirion（2005）对白色证书交易、能效标准和税收等能效政策措施进行分析，以 CD 生产函数为基础，建立部分均衡模型，对各种能效政策的效果进行比较，并得出结论：与能效标准、税收等政策相比，白色证书交易能在更大程度上允许分配效应限定；能效目标的高低和能效目标的分配结构是决定"白色证书"实施效果的关键。对各种能效政策实施前后以及实施与未实施能效政策的各方收益情况进行分析表明，白色证书交易的实施效果要优于没有任何能效政策条件时的实施效果，同时从用户、能源价格和能源供应商的收益三个方面综合来看，白色证书交易的成效要优于传统的能效补贴、税价激励等能效政策。

Child 等（2008）分析了白色证书交易和其他政策工具，包括绿色证书交易、欧盟碳排放交易、欧联建筑物能源节能指令以及能源（碳）税、补贴和优惠贷款之间的相互作用。结果发现，白色证书交易不仅比绿色证书交易更容易实现相同的节能目标，而且可以减少欧盟碳排放交易中，用于抵消按国家分配计划对进行的相应发电机组的补贴。

Oikonomou 等（2008）建立了一个研究框架，分析了能源（碳）税和白色证书交易等政策相互作用下对电力市场的影响和节能的效果。

研究假设电力批发市场由电力生产商和供应商组成，是完全竞争的市场。

（1）对电力生产商而言

假设电力生产商的效益与发电企业规模、技术等因素无关，电力生产商边际收益递减，其利润函数为：

$$\prod = PQ_P - \left[\frac{1}{2}C_F Q_P^2 + C_V Q_P \right] \tag{9-4}$$

其中，P 是市场给定的电价，Q_P 是生产兆瓦时电量的化石燃料消耗量；C_F 是化石燃料的价格；C_V 是电力生产商的单位发电成本（平均成本）。

当对化石燃料征收碳税时，会增加电力生产商的平均成本和边际成本，电力生产商除了税收内在化（节能改造等），主要采取加价措施，其利润函数为：

$$\prod = PQ_P - \left[\frac{1}{2}(C_F + t_F)Q_P^2 + C_V Q_P \right] \tag{9-5}$$

其中，t_F 是碳税税率。

市场均衡时，电力生产商效益最大化的一阶条件和二阶条件：

$$\frac{\partial \prod}{\partial Q_P} = 0, P = (C_F + t_F)Q_P + C_V \tag{9-6}$$

$$\frac{\partial^2 \prod}{\partial Q_P^2} = - C_F = \frac{\partial^2 C}{\partial Q_P^2} < 0 \tag{9-7}$$

（2）对电力供应商而言

电力供应商主要是将在电力批发市场上购买的电力销售给终端用户，其利润函数为：

$$\prod = P_S Q_S - \frac{1}{2}C_S Q_S^2 \tag{9-8}$$

其中，P_S 是终端电力销售价格，Q_S 是电力销售量，C_S 是能源供应成本（电网损耗等）。而假设电网损耗率为 a，且 $0 < a < 1$，则 $Q_S = aQ_P$。

市场均衡时，电力供应商效益最大化的一阶条件：

$$\frac{\partial \prod}{\partial Q_P} = 0, P_S = C_S \times a\frac{P - C_V}{C_F} \tag{9-9}$$

假设电力需求在中短期内的价格需求弹性很低,即:

$$Q_D = u(Y, P_s) \times K \tag{9-10}$$

其中,Q_D 是电力需求量;$u(Y, P_S)$ 是家庭效用函数;Y 是家庭收入;K 代表正在使用的家用电器的集合。收入的上升会导致电力需求的上升,而电力价格的上升并不会导致电力需求的下降,因为电力需求价格弹性为 0。

当对电力供应商征收电力税时,电力供应商新的利润函数为:

$$\prod = (P_s - t_s)Q_s - \frac{1}{2}C_sQ_s^2 \tag{9-11}$$

其中,t_s 是电力税。

市场均衡时,电力供应商效益最大化的一阶条件:

$$\frac{\partial \prod}{\partial Q_S} = 0, P_s = t_s + C_s \times a\frac{P - C_V}{C_F} \tag{9-12}$$

电力供应商直接将税收负担转嫁给终端用户。

(3)强制节能约束情况

当政府对电力供应商下达节能指标时,如果没有白色证书交易,其利润为:

$$P_s(1-\beta)Q_s - \frac{1}{2}C_s(1-\beta)Q_s^2 \tag{9-13}$$

其中,β 代表强制节能指标;$1-\beta$ 代表为完成强制指标的节能比率。

通过白色证书交易完成节能量的情况下,电力供应商的成本收益为:

$$P_{WhC}\delta_1(1-\beta-\gamma)Q_s - P_{PEN}\delta_2(\gamma-(1-\beta))Q_s \tag{9-14}$$

其中,P_{WhC} 为白色证书的交易价格;P_{PEN} 为未完成节能量的惩罚;γ 代表供应商实际的销售行为;δ_1 和 δ_2 分别代表买卖白色证书或接受惩罚的机会成本。

在白色证书交易体系下,电力供应商的利润函数为:

$$\prod = P_s(1-\beta)Q_s + P_{WhC}\delta_1(1-\beta-\gamma)Q_s - \frac{1}{2}C_s(1-\beta)Q_s^2 - P_{PEN}\delta_2(\gamma-(1-\beta))Q_s \tag{9-15}$$

如果 $1-\beta > \gamma$,表示实际节能量大于强制节能指标,电力供应商可以通过白色证书交易机制出售其多余的节能量;如果 $1-\beta < \gamma$,电力供应商未能完成节能指标,必须购买其他电力供应商多余的节能量(白色证书)。

市场均衡时,电力供应商效益最大化的一阶条件:

$$\frac{\partial \prod}{\partial Q_S} = 0, P_s = C_s \times a\frac{P-C_V}{C_F} + \frac{P_{PEN}\delta_2[\gamma-(1-\beta)] - P_{WhC}\delta_1(1-\beta-\gamma)}{1-\beta} \tag{9-16}$$

政策组合一:对电力供应商下达强制节能指标,同时对电力生产商征收碳税。

电力生产商的利润函数如式(9-5),而电力供应商的利润函数如式(9-15),

解得:

$$P_s = C_s \times a\frac{P-C_V}{C_F + t_F} + \frac{P_{PEN}\delta_2[\gamma-(1-\beta)] - P_{WhC}\delta_1(1-\beta-\gamma)}{1-\beta} \tag{9-17}$$

政策组合二:对电力供应商下达强制节能指标,同时对其征收电力税

解得:

$$P_s = C_s \times a\frac{P-C_V}{C_F} + t_s + \frac{P_{PEN}\delta_2[\gamma-(1-\beta)] - P_{WhC}\delta_1(1-\beta-\gamma)}{1-\beta} \tag{9-18}$$

通过讨论可以获得不同的政策及其组合对电力市场批发电价和销售电价的影响情况,并确定最优化的方案。

第五节　中国能源效率市场的发展

一、中国的能源效率和节能潜力

（一）中国能源效率

一般来说,衡量或评价一个国家(或地区)能源效率和节能潜力的方法和指标很多,但归纳起来主要有两类,能源经济效率指标和能源技术效率指标。前者多用于宏观层面研究,后者多用于微观层面分析。

1. 能源经济效率

能源经济效率是指单位产出所消耗的能源量,通常用宏观经济领域的单位 GDP 能耗和微观经济领域的单位产品能耗来表示。

(1)单位 GDP 能耗的国际比较

单位 GDP 能耗也称为能源强度(energy intensity)。经过外汇汇率折算的单位 GDP 能耗是对能源使用效率进行比较的基本指标,表示一国发展阶段、经济结构、能源结构、设备技术工艺和管理水平等多种因素形成的能耗水平与经济产出的比例关系。单位 GDP 能耗从投入和产出的宏观比较来反映一个国家(或地区)的能源经济效率,具有宏观参考价值。表 9-3 给出了 2000 年和 2005 年世界主要国家单位 GDP 能耗比较。

表 9-3　世界主要国家和地区单位产值能耗(单位:吨油当量/百万美元 GDP)

国家/地区	按汇率计算		按购买力计算	
中国	743	790	179	191
美国	236	212	236	212
欧盟	204	197	162	156
日本	113	106	160	149
俄罗斯	2337	1829	592	463
印度	664	579	129	113
OECD	208	195	195	183
非 OECD	603	598		
世界	284	264		

资料来源:参考《2050 中国能源和碳排放报告》,栏目左侧为 2000 年,右侧为 2005 年。

与用汇率法相比,用购买力法估算得出的能源强度指标,发达国家之间差距不大,发展中国家之间差距也不大,但发达国家与发展中国家差距却较大。也就是说,同类型国家比较差距不大,不同类型国家比较,其指标随经济发展水平不同而各异。虽然国际上对用购买力法进行国际汇率换算和比较是有争议的,因为满足 PPP 理论的前提条件并不完全成立,用此法估算的中国单位产值能耗约为美国的 0.8 倍,显然不合理。但是通过表 9-3 的比较,仍可以得出这样的结论,我国能源经济效率明显低于发达国家的水平,还有较大的提升空间。

(2)单位产品能耗的国际比较

主要耗能产品的单位能耗是产业层面的能源经济效率指标。近年来,我国工业一直占国内生产总值的 50% 左右,而工业的能源消费却占能源总消费量的 70%。通过表 9-4 的比较可以发现,中国工业主要耗能行业的能耗水平明显偏高,比国外平均先进水平高出许多,有的产品耗能水平甚至是世界先进国家的两倍。

表 9-4　主要高能耗产品能耗的国际比较

产品	中国				国际先进水平
	2000 年	2005 年	2006 年	2007 年	
煤炭生产电耗(kWh/t)	30.9	26.7	24.4	24.0	17.0
火电发电煤耗(gce/kWh)	363	343	342	333	299
火电供电煤耗(gce/kWh)	392	370	367	356	312
炼钢可比能耗(kgce/t)	784	714	676	668	610
电解铝电耗(kWh/t)	15480	14680	14671	14488	14100
铜冶炼综合能耗(kgce/t)	1277	780	729	610	500
水泥综合能耗(kgce/t)	181	167	161	158	127
平板玻璃能耗(kgce/重量箱)	25	22	19	17	15
原油加工能耗(kgce/t)	118	114	112	110	73
乙烯综合能耗(kWh·t)	1125	1073	1013	984	629
合成氨综合能耗/(kgce/t)	1699	1650	1581	1553	1000
烧碱综合能耗(kgce/t)	1435	1297	1248	1203	910
纸和纸板综合能耗/(kgce/t)	1540	1380	1290	1250	640

资料来源:参考《2050 中国能源和碳排放报告》,国家先进水平为 OECD 国家 2000 年的平均值。

2. 能源技术效率

能源技术效率,是指使用能源的活动中(不包括开采)所取得的有效能源与实际输入的能源量之比,这也是一项由总体能源结构、产业用能比重、能源利用技术等多种因素形成的综合指标。国际上通常采用物理指标(即热效率)来比较分析的能源技术效率,即在使用能源(开采、加工转换、贮运和终端利用)[①]的活动中所得到的起作用的能源量与实际消耗的能源量之比,也就是能源生产、中间环节的效率与终端使用效率的乘积。按照上述定义计算能源技术效率(热效率)相当复杂,需要大量的动态数据,而且终端利用效率难以精确计算,特别是没有考虑价格和环境因素的影响。由于计算中存在种种问题,所以国际上很少计算并公布能源技术效率,这方面的详细资料非常少。

从表 9-5 的估算情况来看,目前中国的整体能源技术效率大致相当于欧洲 20 世纪 90 年代的水平,开采效率仍大大低于欧洲 20 世纪 90 年代水平,这主要是由于产业体制结构问题,如煤炭行业存在大量生产效率低下的小煤窑。此外,我国工业的能源技术效率仍较低,这也与工业结构、规模、产权制等体制问题有关。

表 9-5　中国能源技术效率　　　　(单位:%)

环节/年度	ECE	1997 年	2000 年	2004 年	2005 年	2007 年
1.开采效率	59~71	33.0	33.5	35.4	35.8	33.2
2.中间环节效率	67~75	68.8	67.8	68.6	69.6	68.4
3.终端利用效率	51~55	45.3	49.6	52.1	52.2	52.9
农业	33~36	30.5	32	33	33	33
工业	65	46.3	49.6	53.4	53.4	53.8

---

①　开采效率,即能源储量的采收率。中间环节效率,包括加工转换效率和贮运效率,后者用能源输送、分配和贮存过程中的损失来衡量。终端利用效率,即终端用户得到的有用能与过程开始时输入的能源量之比。

（续表）

环节/年度	ECE	1997 年	2000 年	2004 年	2005 年	2007 年
交通运输	25～30	28.6	28.1	28.1	28.6	26.6
商业和民用	50～65	54.8	66.2	70.8	71.5	73.3
能源效率	34～41	31.2	33.4	35.7	36.3	36.2
能源系统总效率	20～30	10.3	11.2	12.6	13.0	12.0

注：ECE 数据为 20 世纪 90 年代初估计值。

资料来源：宣能啸. 我国能源效率问题分析[J]. 国际石油经济, 2004, 12(2)

（二）中国节能潜力

根据中国国家统计局的数据显示，2009 年全国单位 GDP 能耗较 2008 年的 1.102 吨标准煤/万元下降了 2.2%，低于 2008 年 4.59% 及 2007 年 4.2% 的降幅。2009 年全年能源消费总量 31.0 亿吨标准煤，比上一年增长 6.3%；其中煤炭消费量 30.2 亿吨，增长 9.2%；同期原油消费量 3.8 亿吨，增长 7.1%；天然气消费量 887 亿立方米，增长 9.1%；电力消费量 36973 亿千瓦小时，增长 6.2%。而改革开放 30 年来，单位 GDP 能耗从 3.745 吨标准煤/万元下降到 2008 年的 1.102 吨标准煤/万元，年均降低 4%，累计节约能源约 13.8 亿吨标准煤，减少二氧化碳排放约 31 亿吨。30 年来，中国以年均 5.5% 的能源消费增长支持了 9.8% 的经济增长，但是如果以此增速的话，2020 年中国的一次能源消费将超过 50 亿吨标准煤，而石油对外依存度将超过 64%。

中国政府在能源发展战略中将节能放在优先的位置，在"十一五规划"（2006—2010 年）中提出将 2010 年单位 GDP 能耗比 2005 年下降 20%（大约相当于减少消耗 6 亿吨标准煤），主要污染物排放降低 10% 的目标。而实现节能目标的主要途径不仅是调整产业结构和推广节能技术，更重要的是改善区域资源配置效率并促进区域间的技术扩散，多管齐下才能有效提高能源效率。

2013 年 1 月，国务院发布的《能源发展"十二五"规划》提出，"实施能源消费强度和消费总量双控制，能源消费总量控制在 40 亿吨标煤，用电量控制在 6.15 万亿千瓦时，单位国内生产总值能耗比 2010 年下降 16%。能源综合效率提高到 38%，火电供电标准煤耗下降到 323 克/千瓦时，炼油综合加工能耗下降到 63 千克标准油/吨。"这是中国政府首次也是世界上独一无二的对能源总量和效率同时进行控制的政策。这对于我国传统的能源思维模式来说，是一次革命，也是一个挑战。

"十二五"规划将控制能源消费总量作为能源工作的重大战略，其中重点工作是控制煤炭消费量的过快增长，压缩不合理的消费需求，淘汰落后产能。在"十二五"末，争取非化石能源在一次能源消费中的比重达到 11.4%。能源消费总量控制将对我国经济社会产生重大影响，将影响 GDP 增长速度、能源结构、能源价格、GDP 产业结构，乃至耗能产业迁移。比如说，对某个省份的能源消费总量限定可能迫使这个省份的钢铁厂迁移到其他省份。所以，能源消费总量控制的影响将是广泛和长期的。具体到能源消费总量控制的内容，最终将主要体现为控制煤炭消费总量，除了目前煤炭在能源消费总量中份额较大以外，更重要的是减少碳排放意味着煤炭消费总量需要得到有效控制。

1. 调整产业结构

生产集中度低，企业规模小而分散，工艺技术装备落后，是导致我国工业能耗与国际先进水平存在巨大差距的主要原因。因此，淘汰落后产能、扩大规模化经营比重是节能的根本出路。

中国目前是世界煤炭、钢铁、铁矿石、氧化铝、铜、水泥消耗最大的国家。冶金、化工、建材等高耗能工业，产值占工业产值的比例不足 20%，但能源消耗却超过工业能耗总量的 60%。根据国家发改委能源研究所初步分析，2005—2010 年中国主要耗能工业部门的节能潜力为 1.05 亿吨标准煤，2010—2020 年为 2.5 亿吨标准煤，其中大部分节能潜力必须通过加快淘汰电力、钢铁、建材、电解铝、煤炭等行业的落后产能来实现。据国家发改委测算，中国钢铁业产能过剩近 2 亿吨，水泥业产能过剩约 5 亿吨,电解铝、造船、煤化工、平板玻璃等行业均存在较突出的产能过剩问题,多晶硅、风能设备等新兴产业因投资过度,也开始出现新的产能过剩。

根据 2006 年全国人大常委会节能法执法检查组《工业节能专题调研报告》的统计数据显示,以钢铁业为例,宝钢已经提前 14 年实现了钢铁工业 2020 的节能降耗目标,其吨钢综合能耗 687 公斤标煤、吨钢耗水 3.75 吨,居于世界先进水平。但是,国内大量的中小型钢铁企业的能耗指标与大中型企业相比要高出一倍。据统计,目前中国具有炼铁、炼钢生产能力的钢铁生产企业 871 家,按 2005 年产粗钢 34936 万吨计算,平均每家企业粗钢产量仅 40.1 万吨。当年,中国粗钢产量 500 万吨以上的企业有 18 家,仅占全国粗钢总量的 46.36%。相比之下,2004 年日本粗钢产量最多的 4 家企业,占全国粗钢产量的 73.22%;美国 3 家企业占 61.09%;韩国 2 家企业占 82%。建材行业也是如此。而中国的水泥企业总数达到 5000 多个,其中小水泥企业所占比例高达 60%。目前,水泥立窑单线年生产能力平均仅 5 万吨,远远低于国际平均水平。而据测算,水泥立窑的热耗比新型干法窑要高出 15%～20%,但是,由于规模小、中小企业多,水泥行业的工艺技术升级缓慢,大大拉高了水泥行业的能耗指标。

目前,中国逐渐加大了淘汰高耗能、高排放的落后工艺、技术装备的进程。仅在 2006—2008 年间,各地就关停了小火电机组 3 421 万千瓦,淘汰落后炼铁产能 6 059 万吨,炼钢产能 4 347 万吨,水泥产能 1.4 亿吨,节能 4 200 万吨标准煤。根据国务院《促进产业结构调整暂行规定》和新版《产业结构调整指导目录》,限期淘汰落后的高能耗生产工艺装备和产品,通过加大投资力度,扶持高技术产业发展和高附加值产品生产。

2. 推广节能技术

通过市场化手段推广节能技术可以明显降低能耗,也具有很好的经济效益。中国节电和削峰潜力巨大,据 IEA 的预测,如果中国能够有效实施电力需求侧管理,进而实现节电 5% 及降低高峰负荷 5%,那么到 2020 年就可减少电力装机 1 亿千瓦左右,超过 5 个三峡工程的装机容量;今后 15 年可累计节电 28 000 亿千瓦时,节煤 14.3 亿吨,减排二氧化硫 2 000 万吨,减排二氧化碳 7 亿吨,同时还可以节约 8 000 亿～10 000 亿元电力投资。中国建筑节能潜力也很大,每年城乡新建建筑竣工面积近 20 亿平方米。预计到 2020 年底,全国房屋建筑面积将新增近 300 亿平方米。如果延续目前的建筑耗能状况,每年将消耗 12 000 亿度电和 4.1 亿吨标准煤,相当于目前全国能耗的三倍。据国家建设部的调查,一般公共建筑的单位能耗为 20 度～60 度电,是城镇住宅单位耗能的两倍;大型公共建筑的单位能耗为城镇住宅的 10～20 倍。因此,除了规定新建建筑严格执行建筑节能标准,如果能推广合同能源管理等市场化手段,逐步对既有建筑进行节能改造,预计到 2020 年,每年可以节约 4 200 亿度电和 2.6 吨标准煤。减少二氧化碳等温室气体排放 8.46 亿吨。此外,节能电器和设备的节电潜力也非常巨大,比如如果将中国现有的白炽灯全部换成节能灯,一年就可节约 600 多亿度电,相当于中部地区一个省的全年用电量。

3. 区域节能潜力

史丹(2006)就指出中国能源效率的区域差别与国际差别有着根本的不同,前者是当前的技术经济水平下通过采取措施可能实现的节能潜力。目前中国能源供需平衡强调区域自我平衡为主,而不是在全国范围内进行能源资源的优化配置。因此,在能源短缺的情况下,能源资源比较贫乏但能源利用效率却很高的地区,能源需求往往不能充分满足,使这些地区的发展潜力和能源效率优势不能充分发挥。另一方面,一些地区由于能源供应相对富余,为了促进本地区能源销售,盲目上马一些高耗能的项目。从地方角度来看,这种办法发挥了当地的资源优势,促进了经济发展,但从全国的角度来看,却降低了能源利用效率。魏楚等(2007)采用 DEA(数据包络)方法构建出一个相对前沿的能源效率指标,并将它同传统的能源生产率指标进行了区分和比较。之后运用 1995—2004 年省级面板数据进行能源效率的计算,结果发现:大多省份能源效率符合"先上升,再下降"的特征,转折点一般出现在 2000 年左右。在 1999 年之后,各省之间的能源效率差距逐渐扩大,不具有趋同性。四个区域的比较结果表明:能源效率最高的地区为东北老工业基地,其他依次为东部沿海地区、中部地区和西部地区。地区之间的能源效率差异基本上是逐渐减少的,其能源效率存在一定的趋同性。史丹等(2008)提出基于随机前沿生产函数的地区能源效率差异分析框架,并采用方差分解方法测算了 1980—2005 年中国能源效率地区差异中各因素的作用大小,结果发现:(a)全要素生产率、"资本—能源"比率和"劳动—能源"比率差异的平均贡献份额分别为 36.54%,45.67% 和 17.89%;(b)全要素生产率差异的作用在不断提高,是中国能源效率地区差异扩大的主要原因;(c)此外,增长方式趋同的东部地区能源效率也存在显著收敛趋势,而中西部能源效率内部差异呈现波动性变化。师博等(2008)采用超效率 DEA 模型测算中国省际全要素能源效率,并基于市场分割的视角检验省际全要素能源效率的影响因素。分析结果显示:(a)1995—2005 年全要素能源效率在东部水平最高且较为平坦,但在中西部却展现出螺旋形的演进态势,对能源利用效率模式的聚类分析结果表明,低效率高投入的河北、山西和四川省应是国家实施节能计划的重点地区;(b)表面上看,能源禀赋相对充裕的地区全要素能源效率较低,其深层次的原因在于市场分割扭曲了资源配置,阻碍了地区工业规模经济的形成,从而造成全要素能源效率损失。

大量的研究结果显示,要提高中国能源效率,只有改善中西部地区的资源配置效率并促进区域间的技术扩散,才能有效提高落后地区的能源利用效率。而且虽然表面上能源禀赋相对充裕的地区全要素能源效率较低,但其深层次的原因在于市场分割扭曲了资源配置,同时由于地方保护造成产业结构趋同,致使地区间相互牵制难以实现规模经济,从而造成全要素能源效率损失。因此,培育统一、规范、有序的市场经济是改进中国能源效率根本之策,从当前来看则需要强化"西气东输"、"西电东送"和"北煤南运"等能源区域调配力度,并完备能源区域调配补偿制度,防止区域经济非均衡发展趋势的拉大。

二、中国能源效率市场的发展

在市场经济中,能源节约和能源开发的运作机制是截然不同的。能源开发主要是由能源市场来决定价格、数量和技术选择,政府的作用仅限于市场失灵的领域,如新能源开发利用的研究等。节能的市场缺陷和障碍要比开发大得多,因为节能市场价格并不能反映真实的长远利益,尤其是节能带来的环境收益,同时由于市场信息不对称的存在,缺乏公开透明的节能信息和技术细节,这些都导致了投资者更加偏向能源开发项目,妨碍了节能潜力的充分发挥。

发达国家的实践表明,提高能源效率和环境保护一样,政府必须起主导作用,而能源效率市场的发展更离不开政府政策扶持和相应的配套措施。

(一)能效市场发展的前提

虽然资金制约是能源效率市场发展的主要障碍之一,但是真正阻碍发展中国家提高能源效率努力的原因在于能源补贴导致的能源效率低下,缺乏明确的能源市场价格信号导致的一系列市场失灵和信息不透明,以及缺乏相应的政策激励引导全社会节能活动。因此,能效市场的发展需要在三个方面采取行动。

1. 减少能源补贴

能源补贴不仅出现在发展中国家,也出现在发达国家。但是,补贴的规模、目的和方式不太一样,发展中国家的能源补贴远远高于发达国家。根据 IEA 的估算,2005 年 20 个最大的非 OECD 国家的能源消费补贴总额达到 2 200 亿美元,其中化石燃料的补贴约为 1 700 亿美元。OECD 国家大多对生产者直接补贴,通常是直接支付或者支持研发;而大部分的发展中国家和转型国家,多为对消费者补贴,主要通过价格和税负控制,使终端消费价格低于生产成本。

能源补贴往往导致能源生产率低下。杨继生(2009)指出中国通过行政手段和补贴能源企业稳定能源价格的做法,不仅不利于提高能源效率,还会进一步加剧能源短缺的趋势。更有效的机制安排应该是:对能源价格实行适时调控,增强能源价格调整的灵活性,取消对能源生产部门的补贴,转向对节能投入部门和国民经济重要部门的补贴。这样的机制安排可以有效实现能源消费者的自我选择,提高能源的配置效率和使用效率,同时也提高了政府节能政策实施的针对性和有效性。林伯强(2009)指出改革能源补贴基本上是一个效率选择问题,是在短期措施与长期战略之间如何选择的问题。因为能源补贴降低了能源产品的终端价格,导致比没有补贴时更多的能源消费和更大的污染排放,所以改革能源补贴方式,不应该减低生产者生产和消费者使用高效能源的积极性,应以减少市场扭曲为原则,确定合适的对象、范围、方式和幅度。

2. 理顺能源价格

在市场经济条件下,能源价格能够充分反映全部供应成本和供求关系,因此能源价格的市场化是节能政策的基石;反之,在能源价格受到管制的情况下,能源价格不能充分反映能源供应成本和供求关系,这种扭曲将导致能源浪费的浪费,不利于资源的优化配置。林伯强(2009)指出,能源和资本的替代通常是伴随着能源价格的提高,节能技术的大量使用,通过节能为目的的资本投入使得能源消耗下降。通过提高能源效率来达到节能目标需要能源价格配合,否则提高能源效率不一定能降低能源消费总量,也不一定能减少排放总量。另一方面,能源消费存在着反弹效应,表现为某种能源产品使用效率的提高开始会降低该能源消费,然而,如果能源价格不变,节省能源会使产品成本或能源服务的使用成本下降,反而会引起需求的反弹。因此,现阶段中国的资本投入更多的是伴随能源需求的增长,能源和资本是互补关系,也就是大规模基础设施建设,资本投入和能源投入同时进行。中国的节能减排任务非常迫切,必须逐步提高能源价格,尽快使资本和能源之间出现替代,从而提高能源效率,同时抑制反弹效应。

3. 强化政策激励

中国的能效市场潜力巨大,经济社会效益十分可观,但是目前除了制定能效标准、定期公布淘汰产品目录、运用价格和税费等经济手段外,还缺乏其他有效的市场化运作手段。由于中国的能效管理处于从计划经济模式向市场化模式转变的过程,这就要求在构建完善的节能法律法规体系的同时,强化相应的政策激励。虽然目前中国出台了一系列包括宏观层面上如2008年《节约能源法》和计划2010年提交国务院常务会议审议的《能源法(草案)》等法律,以及微观层面上,如2006年《关于加强节能工作的决定》、2007年《节能减排综合性工作方案》和《节能减排统计监测及考核实施方案和办法》等指导性法规意见。但是,仍缺乏具有较强的操作性的配套激励政策,如没有形成具有统一的节能标准制定、节能指标分配及管理处罚的行政机构,没有规范能源供应企业、终端用户、节能服务商责任义务、明确各自市场定位的管理框架等,这些都阻碍了市场主体积极参与能效市场,进行能效交易。

虽然没有一个"放之四海而皆准"的政策激励框架,但是发达国家的实践经验仍可以提供一个很好的参照。以白色证书交易市场运行最成功的意大利为例,为了提高能效市场的运行效率和激励能源服务公司(ESCO)的活动,政府颁布了两项指令,一是规定可交易的"白色证书"既可以发售给电力公司,也可以发售给ESCO,借以强化ESCO的市场地位;二是允许能源供应商通过电力和燃气税费来回收投资成本。这些举措既有市场运作,又有税费调控的强化政策激励,共同为活跃市场交易氛围,提高市场化运作的节能效率提供条件。

(二)能效市场发展的现状

1. 合同能源管理

中国政府对节能服务公司的支持力度逐年加大,合同能源管理模式在中国的发展趋势良好。为落实2004年国务院制定的第一个《节能中长期专项规划》,国家发改委联合其他相关部委出台的《十一五重大节能工程实施意见》中明确提出"推广合同能源管理市场化机制,提高节能技术服务中心的服务水平和市场竞争力"。2010年4月,国务院还出台了《关于加快推行合同能源管理促进节能服务产业发展的意见》,其中不仅再次强调"加快推行合同能源管理,促进节能服务产业发展"的发展要求,还明确表示,鼓励银行等金融机构根据节能服务公司的融资需求特点,创新信贷产品,拓宽担保品范围,简化申请和审批手续,为节能服务公司提供项目融资、保理等金融服务。

在一系列政策扶持下,国内节能服务公司取得了较大的发展。根据中国节能协会(EMCA)

发布的《2009 年度我国节能服务产业发展报告》的数据显示,2009 年全国各地节能服务公司在冶金、建材、石油化工等 26 个行业中的 2100 余家企事业单位实施了 5 500 多个节能项目,涵盖了"十大重点工程"的全部内容。2009 年节能服务产业总计综合节能投资 360.37 亿元,形成年节能能力 1 757.9 万吨标准煤,年减排 1 133.85 万吨碳。

目前能源效率市场的融资机制也初步建立,并逐步完善。目前专业节能服务公司(EMCO)的主要融资渠道仍是银行信贷,而融资担保机制是目前 EMCO 能效项目获得银行贷款的重要保障。

2002 年,中国政府与世界银行、全球环境基金(GEF)共同开始了大型国际合作——"中国节能促进项目",目前已开始实施项目二期。该项目旨在提高中国能源效率,减少温室气体排放,同时促进中国节能机制转变。在一期节能项目示范的基础上,项目二期提出了进一步推广合同能源管理,建立可持续发展的适应市场要求的合同能源管理项目运作体系的目标。项目二期实施的"EMC 贷款担保计划"通过中国经济投资担保有限公司的担保,提升 EMCO 的信用,增加各类以"合同能源管理"方式实施节能项目的企业从国内商业银行获得贷款的机会,尽最大努力使 EMC 在能效方面的投资最大化。申请 EMC 贷款担保的节能项目必须以合同能源管理模式运行,提供"合同能源管理"服务的企业和接受服务的客户企业都可申请 EMC 贷款担保。项目除了能形成较好的节能和减少二氧化碳排放的效益和经济效益外,还必须满足两个条件:实施节能项目的收益至少有 50% 来自能源节约或者能源费用的减少;实施节能项目的客户企业使用项目实施后节省的能源费用,分期支付项目投资。截至 2007 年底,其已投入专项节能担保资金 1 650 万美元,拉动节能投资 5.9 亿元人民币,实现银行贷款 3.84 亿元人民币,累计担保总额 3.46 亿元人民币。

2006 年,国际金融公司(IFC)在中国开展能效融资项目(CHUEE),通过和兴业银行、北京银行和浦发银行等多家国内股份制商业银行合作,为国内的能效项目融资提供担保。IFC 不仅帮助商业银行和节能服务公司、节能设备生产商之间建立合作,而且提供市场开发、产品设计、风险控制、能效项目尽职调查等方面的技术援助,大力推广合同能源管理模式。CHUEE 项目计划在六年内是实现 50~100 亿元的能效项目融资目标。

2. 白色证书交易市场

2008 年底,随着上海环境能源交易所、北京环境交易所和天津排放权交易所的相继成立,中国的能效管理开始向市场化运作机制转变,并开始探索性地开发节能量交易市场。

2010 年 2 月 9 日,中国国内首个能效市场在天津启动,并顺利签约首批三笔交易。交易的出售方是天津泰达津联热电公司、天津市津鸿热力建设公司、天津津墙建筑节能产业发展公司三家供热企业,均为天津较早实施居住建筑供热计量收费的单位,本次交易涉及三家出售方供热区域 200 多万平方米本采暖季共计 4 500 吨标准煤的节能量,折合 11 500 吨碳当量,成交价格 50 元人民币/吨。交易的购买方是俄罗斯天然气工业股份有限公司市场和贸易公司以及花旗集团环球金融有限公司。天津津科建筑节能和环境检测有限公司为交易提供了相关的核证服务。

天津能效市场由天津市政府组织天津市建设交通委员会、天津市供热办公室、天津排放权交易所、瑞碳新能源公司等共同发起,是中国首个自主开发的基于强制目标的节能量交易体系,也是全球建筑领域首个能效市场,将通过"强度控制与交易"模式,提高能效,降低碳排放强度。天津排放权交易所作为市场运营机构,为能效市场提供服务平台。

目前中国正在进行供热计量改革,即引入供热计量制度,通过影响用户用能习惯来实现节能。但供热计量往往会影响供热单位收益。而通过节能交易则可以提高供热单位收益,补偿供热单位实施供热计量的成本费用。天津市作为住建部确定的供热计量试点地区,此次交易就是按照国务院居住建筑节能标准,以单位面积供热能源消耗作为居住建筑用能指标,计算采暖季节能量/碳当量,通过排放权交易提高供热单位收益,以补偿供热单位实施供热计量的成本费用。

2009 年 7 月 1 日开始施行的《上海市节约能源条例(修订草案)》中新增了"建立节能交易平台,积极探索重点用能单位节能量指标交易"条款,这为上海环境能源交易所开展节能量(白色证书)交易提供了契机。

此外,北京环境交易所也在积极探索节能量交易,并就产品设计、交易流程和制度安排等问题进行广泛研究,提出以美国芝加哥气候交易所的会员制为蓝本,以节能量的跨省分配为基础,以企业为交易主体,构建节能量交易机制,在局域试点后再向全国推广。

（三）能效市场发展的方向

能源效率的提高是一个长期的过程,开展需求侧管理可以加快能效提高的速度,充分发挥节能的潜力,缓解国内日益增长的能源需求压力。

需求侧管理的开展需要两方面的配套措施,一是确定未来电力市场的改革目标,明确能源供应企业在能效市场中应有的角色定位以及需要配套服务的责任与义务;二是推广区域白色节能证书交易机制,一方面可以激励能源供应商参与能效市场,积极帮助用户开展能效项目;另一方面也可以为 ESCO 拓展发展空间,拓宽融资渠道,进一步发展合同能源管理等节能的市场化运作机制。

三、能源效率的相关研究

（一）能源效率的国际比较

王庆一(2005)、施发启(2005)研究发现,如果按照汇率法计算,中国能耗强度是日本的8～9倍,是世界平均水平的2～3倍,但如果按照 PPP 法计算,则差距明显减少。金三林(2006)对人民币汇率进行一定调整后的估算结果表明,中国能耗强度是日本的4～5倍,总体上能耗水平仍然较高。蒋金荷(2004)、王庆一(2005)研究认为,如果以能源物理效率作为指标进行比较,则我国比国际先进水平低 10% 左右,大致相当于欧洲 1990 年初的水平,日本 19 世纪 90 年代中期的水平。

（二）能源效率的变动趋势及原因

众多学者对宏观经济进行时间序列分析,主要考察中国能源效率变动的趋势以及背后的驱动力。史丹(2002)、孙鹏等(2005)以及金三林(2006)的研究均表明,1978—1999 年,中国的能源生产效率得到了提高,但在 2000 年左右开始出现下降。对于能源生产率变动的原因,史丹(2003)认为产业结构变化对能源效率的作用正在逐渐消失。王玉潜(2003)认为产业结构变化会对能源效率产生负面影响。吴巧生和成金华(2006)认为产业结构的调整促使各种要素(包括能源)从低生产率的行业流向高生产率的行业,从而降低了能源消耗强度。

（三）能源效率的地区和行业差异

1. 能源效率的地区差异

邹艳芬和陆宇海(2005)对中国能源效率的区域特征进行分析,论证能源效率和区域经济发展明显的空间依赖性和集群特征。Hu 和 Wang(2006)对中国各地区 1995－2002 年全要素能源效率做了比较研究,得出东部能源效率最高,其次是西部和中部。高振宇和王益(2006)计算了各省 1995—2003 年的能源生产率,并进行了聚类分析,将全国划分为能源高效、中效和低效区,并认为经济发展水平、产业结构、投资及能源价格是影响能源生产率的主要因素。史丹(2006)认为中国能源效率较高的省市主要集中在东南沿海地区,能源效率最低的地区主要是煤炭资源比较丰富、以煤炭消费为主的内陆省区,并提出:提高中国的能源效率需要改变目前地区自我平衡的能源配置方式,使能源流向效率高的地区。魏楚和沈满洪(2007)运用 1995—2004 年省级面板数据进行能源效率的计算,结果发现:大多省份能源效率符合"先上升,再下降"的特征,转折点一般出现在 2000 年左右。在 1999 年之后,各省之间的能源效率差距逐渐扩大,不具有趋同性。其还指出,地区之间的能源效率差异基本上是逐渐减少的,其能源效率存在一定的趋同性,并且得出能效最高与最低的四个地区。徐国泉和刘则渊(2007)发现区域全要素能源效率呈现东南向西北逐步下降,并且与区域发展水平呈 U 型的关系。杨红亮和史丹(2008)对 2005 年中国各地区的能源效率进行比较研究,表明全要素能源效率较传统的单要素能源效率更有优势。师博和沈坤荣(2008)计算了中国省际全要素能源效率,并分析了影响能效的因素。邱灵、申玉铭等(2008)对中国能源利用效率进行地域划分,并探讨能源效率的区域分异特征。赵金楼等(2013)在随机前沿分析框架下,对 29 个省市自治区的能源效率进行测算,并对能源效率地区差异、影响因素进行分析,最后运用面板单位根法对我国地区能源效率进行随机收敛分析。结果显示我国能源效率地区差异较为明显,呈现先扩大后缩小的趋势。东部随机性趋同不存在,而中西部在 10% 显著水平出现俱乐部收敛,但西部随机性收敛是低水平的。因此,制定差别化的能源消费结构、产权结构、能源价格与出口依存度目标等有利于缩小地区间的能源效率差距并改善东中西部的收敛水平。

2. 影响能源效率地区差异的因素

魏楚和沈满洪(2007)对能源效率影响因素的回归分析显示:第三产业在 GDP 中所占比重每上升 1%,能源效率将增长约 0.44%,且产业结构的影响在逐渐增加;政府财政支出比重每增加 1%,能源效率将会下降 0.46% 左右,但负面影响在逐渐减小;进出口所占比重每上升 1%,能源效率将降低 0.18%,但由于其双重影响使得在不同地区表现各异;工业中,国有经济比重对能源效率的影响并不显著。

影响能源效率地区差异的因素很多,学者们研究的侧重点有所不同。有些学者认为区域结构因素是影响能源强度变动的主要因素。李国璋等(2008)发现区域结构因素是能源强度变动的主要因素,其次是区域技术进步,而区域经济规模的解释力较弱。也有学者认为对外开放程度和地理区位对能源强度的影响较大。史丹(2008)认为影响区域能源生产率的主要原因包括产业结构、能源消费结构、对外开放程度和地理区位。

此外,还有学者认为全要素生产率是影响能源效率地区差异扩大的主要原因。史丹等(2008)发现全要素生产率、"资本—能源"比率和"劳动—能源"比率差异的平均贡献份额分别为 36.54%、45.67% 和 17.89%;全要素生产率差异不断提高是我国能源效率地区差异扩大的主要原因。

3. 能源效率的行业差异

李廉水和周勇(2006)用能源生产率来表示能源效率指标,通过对 35 个工业行业进行 Malmquist 分解,并将分解后的技术进步、技术效率和规模效率作为解释变量,去估算各因素对能源效率的关系,结果发现,技术效率而非技术进步是工业部门能源效率提高的主要原因,但后者的作用将逐渐增强。魏楚和沈满洪(2007)对能源效率影响因素的回归分析显示:第三产业在 GDP 中所占比重每上升 1%,能源效率将增长约 0.44%,且产业结构的影响在逐渐增加;政府财政支出比重每增加 1%,能源效率将会下降 0.46% 左右,但负面影响在逐渐减小;进出口所占比重每上升 1%,能源效率将降低 0.18%,但由于其双重影响使得在不同地区表现各异;工业中,国有经济比重对能源效率的影响并不显著。

4. 能源效率的收敛性

史丹(2006)假定我国能源效率存在条件收敛,并在此基础上计算各省节能潜力,但仅对整体能源效率进行能效变异系数的考察,并未对区域间能源效率的收敛性进行检验。师博和张良悦(2008)运用能源效率变异系数,发现我国整体能源效率是趋异的,西部显示发散特征,东部表现趋同特征,而中部则有向东部收敛的态势,进而把西部分成西北和西南区域考察能源效率的收敛趋势特征。李国璋和霍宗杰(2010)基于 DEA 模型测算了 1995—2006 年我国各省份的全要素能源效率,并运用传统的收敛模型进行实证检验,但没有深入研究影响地区能源效率趋同的因素。

（四）技术进步与中国能源效率之间关系的研究

技术进步是影响中国能源效率的一个重要因素,因而,诸多学者对技术进步与中国能源效率之间的关系进行了研究。Fisher 和 Vanden 等(2006)的实证分析发现,能源价格、R&D、产业结构等是降低中国能源强度的主要原因。王群伟和周德群(2008)应用基于 DEA 的非参数 Malmquist 指数法研究发现,技术效率比技术进步更有助于能源效率的改善,这可能与技术进步带来的回弹效应有关。刘畅等(2008)对中国 29 个工业行业的面板数据进行实证研究,结果表明,科技经费支出的增加有助于高能耗行业能源效率的提高。孙立成、周德群和李群(2008)应用 DEA—Malmquist 方法测算了 1997—2006 年 12 个国家的能源利用效率及变动指数,研究发现,能源利用技术进步增长率的下降是中国能源利用效率未得到提高的主要原因。李廉水和周勇 (2006)以 35 个工业行业为样本,用非参数 DEA—Malmquist 生产率方法分解广义技术进步为科技进步、纯技术效率和规模效率三个部分,然后采用面板技术估算了这三个部分对能源效率的作用,结果表明,技术效率(纯技术效率与规模效率的乘积)是工业部门能源效率提高的主要原因,技术进步的贡献相对低些,但随着时间推移,技术进步的作用逐渐增强,技术效率的作用慢慢减弱。吴巧生和成金华(2006)的研究表明,中国能源消耗强度下降主要是各部门能源使用效率提高的结果,其中,工业部门的技术改进是影响能源消耗强度的主导因素。齐志新和陈文颖(2006)应用拉氏因素分解法,分析了 1980—2003 年中国宏观能源强度以及 1993—2003 年工业部门能源强度下降的原因,发现技术进步是中国能源效率提高的决定因素。

参 考 文 献

[1] 2050 中国能源和碳排放报告课题组. 2050 中国能源和碳排放报告[M]. 北京:科学出版社,2009

[2] 高振宇,王益. 我国能源生产率的地区划分及影响因素分析[J]. 数量经济技术经济研究,2006,(9):46～57

[3] 胡江溢,王鹤,周昭茂. 电力需求侧管理的国际经验及对我国的启示[J]. 电网技术,2007,31(18):10～15

[4] 李蒙,胡兆光. 国外节能新模式及对我国能效市场的启示[J]. 电力需求侧管理,2006,8(5):5～8

[5] 李世祥,成金华. 中国能源效率评价及其影响因素分析[J]. 统计研究,2008(10):18～26

[6] 李国璋,王双. 区域能源强度变动:基于 GFI 的因素分解分析[J]. 中国人口资源与环境,2008,18(4):62～66

[7] 李国璋,霍宗杰. 我国全要素能源效率及其收敛性[J]. 中国人口资源与环境,2010,(1):11～16

[8] 林伯强. 能源合同管理:节能减排的市场化模式[J]. 环境经济,2008(5):36～41

[9] 林伯强. 能源补贴:燃油消费税率争议的根本问题[N]. 21 世纪经济报道,2009-1-12

[10] 林伯强. 提升价格与加大投资——谁对节能更有效[N]. 中国证券报,2009-4-23

[11] 邱灵,申玉铭. 中国能源利用效率的区域分异与影响因素分析[J]. 自然资源学报,2008,23(5):920～928

[12] 史丹. 中国能源效率的地区差异与节能潜力分析[J]. 中国工业经济,2006(10):49～58

[13] 史丹,吴利学,傅晓霞等. 中国能源效率地区差异及其成因研究——基于随机前沿生产函数的方差分解[J]. 管理世界,2008(2):35～44

[14] 师博,沈坤荣. 市场分割下的中国全要素能源效率:基于超效率 DEA 方法的经验分析[J]. 世界经济,2008(9),49～60

[15] 师博,张良悦. 我国区域能源效率收敛性分析[J]. 当代财经,2008(2):17～21

[16] 陶小马,杜增华. 欧盟可交易节能证书制度的运行机理及其经验借鉴[J]. 欧洲研究,2008(5):62～78

[17] 王弟,黄志强,陈庆兰. 需求响应在电力市场中的作用[J]. 电力需求侧管理,2007,9(2):71～74

[18] 吴琦,武春友. 基于 DEA 的能源效率评价模型研究[J]. 管理科学,2009,22(1):103～113

[19] 魏楚,沈满洪.能源效率及其影响因素:基于 DEA 的实证分析[J].管理世界,2007(8):66～76

[20] 徐国泉,刘则渊.1998—2005 年中国八大经济区域全要素能源效率[J].中国科技论坛,2007(7):68～72

[21] 杨红亮,史丹.能效研究方法和中国各地区能源效率的比较[J].经济理论与经济管理,2008(3):12～20

[22] 杨志荣.节能与能效管理[M].北京:中国电力出版社,2009

[23] 杨继生.国内外能源相对价格与中国的能源效率[J].经济学家,2009(4):90～98

[24] 朱霖.国外节能服务公司的发展概况[J].电力需求侧管理,2003,5(1)34～37

[25] 邹艳芬,陆宇海.基于空间自回归模型的中国能源效率区域特征分析[J].统计研究,2005(10):67～71

[26] 中国科学院地理科学与资源研究所能源战略研究小组.中国区域结构节能潜力分析[M].北京:科学出版社,2007

[27] 赵金楼,李根,苏屹等.我国能源效率地区差异及收敛性分析——基于随机前沿分析和面板单位根的实证研究[J].中国管理科学,2013(4):175～184

[28] Luis Mundaca. Transaction Costs of Tradable White Certificate Schemes：The Energy Efficiency Commitment as Case Study[J]. Energy Policy,2008,35(8),4340～4354

[29] Marcella Pavan. Tradable Energy Efficiency Certificates：The Italian Experience[J]. Energy Efficiency,2008 (1):257～266

[30] Nicole Hopper et al. A Survey of the U. S. ESCO Industry：Market Growth and Development from 2000 to 2006[R]. Energy Analysis Department，Ernest Orlando Lawrence Berkeley National Laboratory,http://eetd. lbl. gov/ea/EMS/EMS_pubs. html,2007

[31] Philippe，Quirion. Distributional Impacts of Energy Efficiency Certificates Vs. Taxes and Standards[R]. European Council for an Energy Efficient Economy 2005 Summer Study，France,2005

[32] P. Bertoldi，S. Rezessy. Tradable Certificates for Energy Savings (White Certificates)：Theory and Practice[R]. European Commission Directorate—General Joint Research Centre,2006

[33] P. Bertoldi，S. Rezessy. Tradable White Certificate Schemes：Fundamental Concepts [J]. Energy Efficiency,2008 (1):237～255

[34] Rachel Child，Ole Langniss，Julita Klink，Domenico Gaudioso. Interactions of White Certificates With other Policy Instruments in Europe[J]. Energy Efficiency,2008(1): 283～295

[35] Vlasis Oikonomou，Catrinus Jepma，Franco Becchis，Daniele Russolillo. White Certificates for Energy Efficiency Improvement with Energy Taxes：A Theoretical Economic Model[J]. Energy Economic, 2008(30):3044～3062

[36] Vlasis Oikonomou，Luis Mundaca. Tradable White Certificate Schemes：What can we Learn from Tradable Green Certificate Schemes[J]. Energy Efficiency, 2008(1): 211～232

第十章

新能源和可再生能源市场

新能源和可再生能源是 1978 年 12 月 20 日联合国第 23 届大会第 148 号决议中首次使用的一个专业化名词,泛指常规能源以外的所有能源。1981 年 8 月,在内罗毕召开的联合国新能源和可再生能源会议(The United Nations Conference on New and Renewable Sources of Energy)通过了《促进新能源和可再生能源的发展与利用的内罗毕行动纲领》,其中对新能源和可再生能源的基本含义正式做了界定,即以逐步替代可耗竭、污染环境的常规能源为目的,以新技术和新材料为基础,通过现代化手段进行开发利用的、起源于可持续补给的自然过程的能源。

新能源和可再生能源不同于常规能源之处在于:能量密度低,且高度分散;资源丰富,且可以再生;利用过程清洁,无污染物排放;具有间歇性和随机性。所以,新能源和可再生能源的开发利用对于人类社会可持续发展,以及解决目前的环境问题、气候问题、生态问题都具有非常重要的意义。新能源和可再生能源开发利用已经成为世界各国能源可持续发展战略的重要组成部分,并逐渐在世界能源供应中占据越来越重要的地位。

随着中国经济的高速发展,社会经济对能源的依赖日益严重,能源安全、环境保护与经济发展之间的矛盾日益突出。一方面,国际石油市场的供求矛盾和投机行为日益突出,另一方面中国以煤炭为主的能源消费结构对环境的压力也越来越大,因此,发展新能源和可再生能源改善中国能源结构,不仅可以减少能源的对外依存度,同时对于保护环境、减少温室气体排放也具有重要的意义。新能源和可再生能源产业化的商业化、产业化和规模化发展都离不开政府相关的政策扶持和金融系统的支持,除了补贴、减免税、价格等传统政策措施外,还要引入市场创新机制,才能充分优化社会资源配置,引导其流向新能源和可再生能源产业。

本章首先介绍世界新能源和可再生能源发展概况,各国对新能源和可再生能源发展的政策扶持与战略规划,以及跨国石油公司在新能源领域的发展策略。其次,剖析新能源和可再生能源产业化发展进程中的投融资问题,以及如何构建多元化投融资体系进行金融支持等问题。第三,深入探讨新能源和可再生能源电价机制以及绿色证书交易机制等问题。最后,对中国新能源和可再生能源的发展情况,产业化进程中存在的问题以及如何加强政策支持和构建投融资体系等方面进行阐述。

第一节　新能源和可再生能源的发展状况

一、新能源和可再生能源的开发利用

（一）基本概况

新能源和可再生能源是一个随着技术进步和可持续发展观念变化而不断演进的动态概念,比如过去被视做垃圾的工业与生活有机废弃物,现在也被认为是一种能源化物质而开始加以研究和开发利用,所以目前的定义还比较模糊。

一般来说,常规能源通常是指技术上比较成熟且已被大规模利用的能源,如煤、石油、天然气以及大中型水电、核电等;而新能源通常是指尚未大规模利用、正在积极研究开发的能源,如核能

（聚变）、氢能等，而可再生能源通常是指太阳能、风能、现代生物质能、地热能、海洋能等。而按照联合国开发计划署（UNDP）的定义，新能源和可再生能源也被称为可持续能源（Sustainable Energy），主要可以分为以下三大类：大中型水电；新可再生能源，包括小水电①（small-hydro）、太阳能、风能、现代生物质能（modern biomass）、地热能（geothermal）和海洋能；传统生物质能（traditional biomass）。因此，按照目前的国际惯例，新能源和可再生能源一般不包括大型水电和核电，而主要是太阳能、风能、生物质能、地热能、潮汐能等一次能源，以及氢能、燃料电池等二次能源。中国《可再生能源法》中对新能源和可再生能源的定义也基本上是遵循这一国际惯例的。

在过去的二三十年，世界新能源和可再生能源开发利用取得了很大进展，相关技术得到了快速发展并日益成熟，相关产业也已基本形成较为完善的产业链。而随着国际能源市场对新能源和可再生能源的需求不断扩大，世界新能源和可再生能源的开发利用开始进入商业化和产业化阶段。20 世纪 90 年代以来，新能源和可再生能源的发展速度不断加快。根据 REN21② 的数据显示（见图 10-1），截至 2011 年底，新能源和可再生能源的总装机容量达到 390 吉瓦，占全球总发电能力的 9.2%，而供电量占 6%；新能源和可再生能源新增发电能力占全球新增发电能力的 43.7%，供电量占新增供电量的 30.7%。

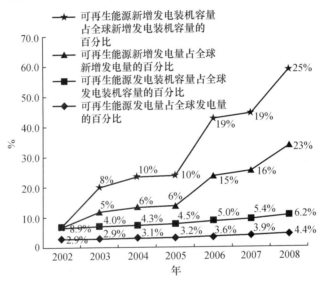

注：自上而下分布代表新能源和可再生能源装机容量占全球总发电能力的百分比；新能源和可再生能源发电占总发电量百分比；新能源和可再生能源新增发电能力占全球新增发电能力的百分比，新能源和可再生能源发电量占新增发电量的百分比。

数据来源：REN21. Global Trends in Sustainable Energy Investment 2012，2012

图 10-1　2004—2011 年全球在新能源和可再生能源装机容量和发电量发展状况

新能源和可再生能源作为清洁能源，在开发利用过程中基本不排放或很少排放污染物和温室气体，对于减缓全球气候变化具有十分重要的意义。各种发电技术的碳排放系数，如图 10-2 所示。

---

① 小水电通常是容量在 1.2 万千瓦以下的小水电站及与其配套的电网的统称。

② REN21 即 21 世纪可再生能源政策网络，是一个全球性信息交流平台，旨在为制定各国可再生能源政策提供支持，促进可再生能源的发展。REN21 是根据 2004 年在德国波恩召开的国际可再生能源大会上发表的政治宣言中的提议而建立的，该机构于 2005 年 6 月在哥本哈根正式启动。网址：http://www.ren21.net/。

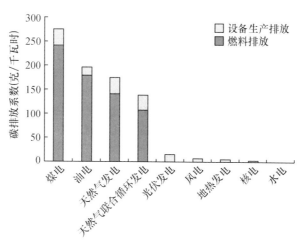

数据来源：IEA. 能源技术展望 2006

图 10-2　各种发电技术的碳排放系数比较

（二）发展现状

新能源和可再生能源与传统燃料在四个不同市场存在竞争：发电、热水和取暖、交通运输燃料以及农村（离网）能源。从技术发展的角度来看，新能源和可再生能源具体应用情况如下。

1. 太阳能

太阳能发电（solar power）主要有光伏发电（photovoltaic，PV）和光热发电（concentrated solar power，CSP）两种方式。光伏发电系统采取的是光电转换方式，利用半导体界面的光生伏特效应将光能直接转变为电能；光热发电发电采取的是光热转换方式，将太阳能聚集起来，加热工质，驱动汽轮发电机进行发电。此外，尚处于研究试验阶段的"光—化学"转换模式则是利用半导体将光能转换为电能，通过电解水制氢、利用氢氧化钙和金属氢化物分解储能。

根据欧洲光伏产业协会（EPIA）发布的《2011 年欧洲光伏产业报告》数据显示，2011 年全球光伏发电新增装机容量 27.7 吉瓦，同比增长 70％，相当于 2009 年底以前全球光伏发电累计装机容量，累计装机容量达到 69 吉瓦，与 2006 年底全球累计风电装机规模相当。欧洲仍是全球最主要的光伏发电市场，全年光伏发电达到 26 太瓦时。2011 年，欧盟 27 国新增光伏发电装机约 21.9 吉瓦，占全球新增装机容量的 75％。其中，意大利新增 9.3 吉瓦，居世界第一；德国新增 7.5 吉瓦，法国和英国分别为 1.5 吉瓦和 0.7 吉瓦。美国和日本 2011 年分别新增装机容量 1.6 吉瓦和 1.1 吉瓦。中国 2011 年新增光伏发电装机容量约 2.20 吉瓦，居世界第三，占全球新增装机的 7％左右。光伏发电装机容量排名前 5 国分别是德国、意大利、日本、西班牙和美国。相对于光伏发电，2011 年全球累计光热发电装机容量约为 1.76 吉瓦，同比增长 35％，2006—2011 年的年均增长率约为 37％，但主要集中在西班牙和美国。

而光热发电技术相比光伏发电有一定的优势，光热发电通过提供蒸汽，结合传统汽轮发电机的工艺，避免了昂贵的硅晶光电转换工艺，可以大大降低太阳能发电的成本；太阳能所烧热的水可以储存在巨大的容器中，其蓄能能力更灵活有效、更具可调整性，不会对电网的安全运行造成太大的压力，因此是未来太阳能发电技术发展的趋势。根据 REN21 的数据显示，截至 2008 年年底，全球光热发电累计总装机容量为 0.48 吉瓦，在建的太阳能热发站有 1.2 吉瓦；另据在建项目测算，到 2014 年还将有 13.9 吉瓦装机容量建成并投入使用。目前发展较快的国家是西班牙和美国。西班牙目前有 22 个在建项目，总计装机容量达到 1.037 吉瓦，预计均将在 2010 年底前并入电网。美国尽管目前只有 75 兆瓦装机容量在建，但处于准备阶段的项目装机容量约有 0.85 吉瓦，计划于 2014 年建成。

2. 风能

风能发电的原理,是利用风力带动风车叶片旋转,再透过增速机将旋转的速度提升,来促使发电机发电。一般说来,3级风就有利用的价值。但从经济合理的角度出发,风速大于每秒4米才适宜发电,风力愈大,经济效益也愈大。风力发电所需要的装置称为风力发电机组,其大体上可分风轮(小型风轮还包括尾舵)、发电机和铁塔三部分。目前市场上大多数风机采用的是齿轮箱驱动方式,不过在德国 Enercon 公司推出无齿轮、直驱风机后,市场追随者越来越多,大型化、变速运行、变桨距及无齿轮箱已经成为世界风电技术发展的趋势。现在世界上兆瓦级的风电机组已具备了商业化价值,但各国主流机型不一样,比如美国的主流机型是 1.5I 兆瓦风机;丹麦主流机型是 2.0 兆瓦~3.0 兆瓦风机。目前,单机容量最大的是德国 Repower 公司生产的 5 兆瓦风机,单机容量为 15 兆瓦风机也即将面世。

根据风场位置不同,其分为陆地风力发电厂(on shore)和海上风力发电厂(off shore)。海上风力发电的方式又分为两种,即在浅海的座底式和在深海的浮体式。目前,座底式海上风力发电已由荷兰维斯塔斯风电公司等在欧洲部分地区推向实用化,而深海浮体式海上风力发电尚无先例。由于海上风速更高且更易预测,可以更好地解决并网问题①,所以是目前风电发展的方向。海上风电开发的热点在欧洲,据测算北海 60m 高度的平均风速超过 8m/s,可以比沿海好的陆地风电场的发电量高出 20%~40%。迄今为止,欧洲已经建成 14 个海上风电场,主要在丹麦、瑞典、英国和德国。但是相对于陆地风力发电来说,海上风力发电也存在着几个技术难题,如风机的稳固性、运输与安装、日常维护等。根据德国风能协会(GWEA)的数据显示,截至 2009 年 6 月,世界各国海上风电总装机容量已经达到 1.5 吉瓦,另外还有约 2.8 吉瓦的装机容量在建设当中。

根据 BP 的统计数据,2011 年全球可再生能源发电(包括风能、太阳能、生物质能和垃圾发电、地热,跨国电力供应不被计算在内)增长达到 17.7%,其中风电增长 25.8%,在可再生能源发电中所占比例首次过半,欧洲(新增 9.6 吉瓦,累计达到 94 吉瓦)、美国(新增 6.8 吉瓦,累计达到 46.9 吉瓦)和中国(新增 18 吉瓦,累计达到 62.7 吉瓦)是风电增长的主要贡献者。根据全球风能理事会(GWEC)发布的《2011 年全球风电报告》的数据显示,2011 年全球新增风电装机容量达 41 吉瓦,累计风电装机达到 238 吉瓦,累计装机实现了 21% 的年增长。风电装机容量排名前五的分别是美国、中国、德国、西班牙和印度。海上风电增长缓慢,截至 2011 年底,全球海上风电总装机容量不到风电装机容量的 2%,新增装机容量仅为 1 吉瓦,且项目 90% 集中在欧洲北部沿海,仅 2 个项目在中国沿海。

3. 生物质能

生物质能的利用形式主要为生物质发电和生物燃料(主要是生物柴油和生物乙醇)。

根据 IEA 的统计数据,2011 年全球生物质发电装机容量约为 72 吉瓦,同比增长 9.1%,占全球可再生能源发电装机容量(除水电外)的 18%。其中,欧盟 27 国生物质发电装机容量达到 26.2 吉瓦,占全球总装机容量的 36%,年发电量约为 700 太瓦时。生物质发电以生物质固体燃料(主要是农林废弃物)为主,约占总量的 88%,其次为沼气发电和垃圾发电,液态生物质发电所占比例很小。2010 年全球生物燃料产量从 2009 年的 900 亿升增加 17%,达到 1050 亿升;但是,2011 年全球生物燃料日产量从 2010 年的 182.2 万桶降至 181.9 万,终结了生物燃料连续十年的稳定增长,全球整个生物燃料行业增长陷入停顿,年产量十年来首次下降。美国和巴西是两个最大的生物乙醇生产国。2010 年,美国生产 490 亿升(130 亿美加仑),即占全球总产量的 57%;巴西生产 280 亿升(70 亿美加仑),即占全球总产量的 33%。谷物是美国乙醇的主要原料,在巴西,甘蔗是乙醇的主要来源。

生物柴油的最大生产地区是欧盟,2011 年全球生物柴油的产量约为 2 050 万吨,欧盟生物柴

---

① 风电的电流和电压稳定性都比其他电力要差,并网时对于电网的要求要明显高于目前电网的水平。目前的解决方案就是限制风电在电网中输送电力的比例不超过 15%,这就限制了陆地风电并入电网的电量。而海上风能发电稳定,方便调度,可以缓解峰值用电的问题,也就可以突破 15% 的限制,解决并网问题。

油产量约为 907 万吨,此外还进口了约 253 万吨,生物柴油已占到其成品油市场的 5%～10%。德国是第一大生物柴油生产国,产量为 273 万吨,美国、巴西等国的生物柴油产量也非常巨大,分别达到 1.09 亿加仑(400 万吨)和 210 万吨,如图 10-3 所示。

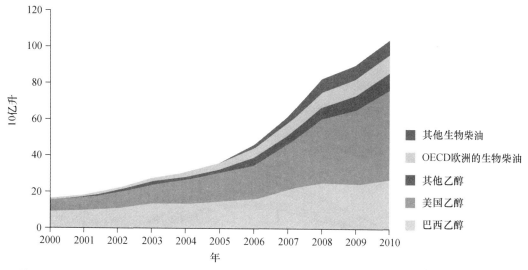

数据来源:BP Statistical Review of World Energy 2011

图 10-3 2000—2010 年全球生物燃料生产状况

然而,一些欧洲国家可能从生物柴油转向生物乙醇,因为欧盟委员会最近的一份报告指出,生物乙醇与生物柴油相比,有较高的能量含量,这使之有可能成为更高效的燃料,未来将逐渐取代生物柴油成为主要生物燃料。

4. 地热能

地热能是由地壳抽取的天然热能,这种能量来自地球内部的熔岩,并以热力形式存在,是引致火山爆发及地震的能量。人类很早以前就开始利用地热能,如温泉、地热取暖、地热温室等。但真正认识地热资源并进行较大规模的开发利用却始于 20 世纪中叶。地热能的利用可分为地热发电和直接利用两大类。地热发电的原理和火力发电一样,都是利用蒸汽的热能在汽轮机中转变为机械能,然后带动发动机发电。根据载热体类型、温度、压力和其他特性的不同,可以把地热发电方式划分为蒸汽型和热水型。受地理条件的限制,目前地热能在全球还没有推广商业化,发展比较缓慢,解决的办法是推广热水型发电的双循环系统或者增强地热系统(EGS)技术。根据 REN21 的统计,2005—2008 年,全球地热发电装机容量增加了 1.2 吉瓦。截至 2011 年底,全球地热发电装机容量为 1.12 吉瓦,年发电量为 6.8 太瓦时。

5. 海洋能

海洋能指依附在海水中的可再生能源,海洋通过各种物理过程接收、储存和散发能量,这些能量以潮汐、波浪、温度差、盐度梯度、海流等形式存在于海洋之中。潮汐能和波浪能来自月球、太阳和其他星球引力,其他海洋能均源自太阳辐射。目前利用最广泛的是潮汐(tide)发电技术,全球最大的潮汐电站在法国朗斯,装机容量约为 200 兆瓦。新能源和可再生能源主要应用在发电、供热、燃料以及离网发电,其中发电及燃料的统计数据较为完整、可靠。截至 2011 年底,全球潮汐能发电装机容量仅为 0.06 吉瓦。

6. 其他新能源发电

截至 2011 年底,全球地热发电装机容量为 1.12 吉瓦,年发电量为 6.8 太瓦时,全球潮汐能发电装机容量仅为 0.06 吉瓦。

（三）发展趋势

1. 总体趋势

根据欧洲联合研究中心（JRC）的预测，新能源和可再生能源在全球能源供应的比重有望在 2030 年达到 30％以上，2040 年达到 50％以上，2100 左右达到 80％以上，基本上完成对传统化石燃料的替代（见图 10-4）。

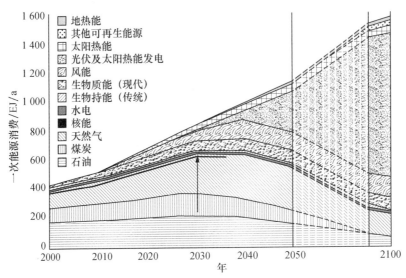

数据来源：欧洲联合研究中心，2008

图 10-4　新能源和可再生能源发展趋势分析

根据 IEA 发布的《世界能源展望 2012》的预测，全球能源面貌正在发生剧烈改变，可再生能源到 2015 年将成为全球第二大电力来源，到 2035 年超过煤炭成为主要电力来源；到 2035 年全球电力消费将增长 1.5 万太瓦时，其中有 7 000 太瓦时来自可再生能源发电；风能和太阳能发电将增长 3 400 太瓦时，超过 2012 年整个欧盟的电力消费需求（见图 10-5）。

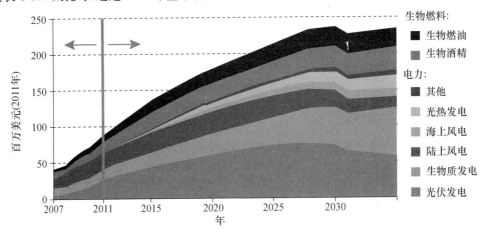

数据来源：IEA. 世界能源展望 2012

图 10-5　新能源和可再生能源发电装机容量发展趋势

IEA 预测，未来水电的稳步增长和风电和太阳能发电的迅速扩张已将可再生能源强化为全球能源结构中不可分割的部分；2035 年可再生能源发电量约将占电力产量的 1/3。太阳能增长快于其他任何可再生能源技术。2015 年可再生能源将成为全球第二大电力来源（相当于煤炭发电量的一半），到 2035 年接近煤炭发电量（见图 10-6）。

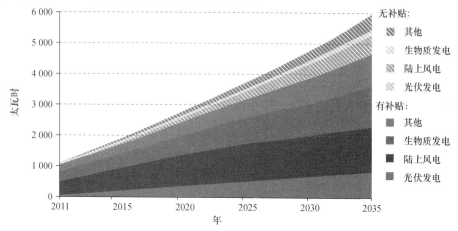

数据来源：IEA. 世界能源展望 2012

图 10-6　新能源和可再生能源发电量发展趋势

可再生能源迅速增长的部分原因在于技术成本下降、化石燃料价格和碳价格上升，但是主要原因还在于补贴：2011 年全球补贴为 880 亿美元，2035 年增至近 2400 亿美元。但是，可再生能源项目的新补贴措施需随产能上升、可再生能源技术成本下降而调整，避免政府和消费者的过多负担。

2. 规模

根据 IEA 发布的《2012 年中期可再生能源报告》显示，在未来 5 年内，可再生能源发电有望继续快速增长，这主要由于以下两方面原因：首先，在 OECD 国家的支持政策和市场框架下，新能源技术日趋成熟；其次，近年来快速增长的电力需求和能源安全需求也加速了新能源在新兴市场的发展。

在全球经济动荡的情况下，2012 年全球水力发电、太阳能、风能和其他可再生能源的发电量增长仍超过 40%，达到 6 400 太瓦时，到 2015 年可再生能源将成为仅次于煤炭的全球第二大发电来源。报告对全球 15 个主要可再生能源市场（拥有 80% 的可再生能源）进行了考察，并预测从 2011 年至 2017 年，全球可再生能源发电量将增加 1 840 太瓦时，几乎超过了 2005 年至 2011 年间全球新能源发电量 1 160 太瓦时的 60%。从区域上来看，可再生能源发电将逐渐从 OECD 国家转移到新兴市场国家，预计全球可再生能源新增发电容量为 71 吉瓦，其中非 OECD 国家在占 2/3 的增长额，中国占到近 40%。从技术上来看，陆上风电、生物质发电、光伏发电的增长最多，海上风电、太阳能光热发电基数较低但增长较快，地热发电将在资源丰富地区大幅发展，海洋能发电可能会逐步实现商业化。

（1）风电

尽管风电成本持续下降，但在近中期仍然需要政策扶持，宏观经济环境与政策走向对风电发展具有重要影响，受到欧洲主权债务危机影响，欧洲风电的发展将趋缓，而美国和中国、巴西等新兴市场国家的风电发展则要取决于政策扶持的力度。未来 5 年，全球风机装机增速将由 2012 年的 19.4% 逐渐放缓至 2015 年的 14.6%。

从目前欧美以及中国的风电发展情况来看，因为陆上风场建设已接近饱和。目前欧洲 15 国正在规划的海上风场装机容量达到 100 吉瓦，而这一装机容量将可以满足欧盟 10% 的电力需求；而根据美国能源局的预测，到 2030 年美国风电在发电中的占比将达到 20%，其中 20% 来自海上风电，目前美国海岸线有 37 个离岸风电项目正在实施。目前来看，欧洲正在建设中的海上风电项目主要分布在德国、丹麦、英国三个国家，根据欧洲风能协会（EWEA）的规划，到 2020 年欧盟地区的风电在欧洲电力使用占比将达到 17%，预计至 2015 年全球海上风电将达到 24 吉瓦。

（2）光伏发电及光热发电

2010 年之前，全球光伏发电的发展主要依靠政策扶持和财政补贴，2010 年后，光伏发电装机容量的快速增长主要得益于光伏组件价格的大幅下跌，与此同时各国政府提供的政策支持和财政补贴开始有所弱化。EPIA 在《2011 年欧洲光伏产业报告》中指出，虽然欧洲和全球光伏产业在近 10 年来的发展远远超过预期的速度，但是随着世界经济复苏乏力，各国开始减少补贴，设置补贴上限，光伏产业很难维持目前的增速，中远期（5～10 年）来看仍然会有较为持续稳定的增长（在 20％以上），这主要得益于技术成熟和成本下降，光伏发电竞争力不断增强，只要政策支持稳定，补贴到位，光伏发电的投资成本到 2020 年可以较目前降低 30％～40％，实现上网平价和市场化定价，并逐渐成为一种主要发电方式（见图 10-7）。

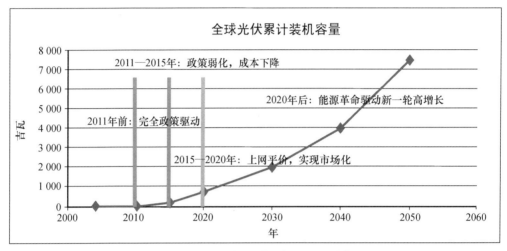

图 10-7 全球光伏发电装机容量的发展趋势

IEA 在《2012 年能源技术展望》中指出，如果成本能够按照预期下降，聚光太阳能电站可以在 2020 年达到平价上网。2025—2030 年，聚热太阳能发电可与燃煤电站成本接近。但是要实现这一假设还有很多前提条件，比如竞争增加、电站规模增大、相关设备成本降低、技术得到改进和全球碳价提高等。更重要的是，投资方面要对聚热太阳能发电方式有信心。IEA 还预测，到 21世纪中叶，聚热太阳能可以为全球提供 11.3％的电力。

（3）生物质发电及生物燃料

IEA 近期发布的《2011 年中期生物燃料市场报告》指出，受巴西乙醇产量增长前景堪忧以及美国市场日趋饱和的双重影响，未来 5 年全球生物燃料产量增速将低于先前的预测水平。报告预测，2010—2016 年全球生物燃料日产量将增加 40 万桶，从 2010 年的 182.2 万桶/日增加至2016 年的 222 万桶/日，而在 2009 年 6 月的报告中这个数据为 50 万桶。此外，IEA 在报告中将2011 年巴西乙醇日产量预测下调了 7.5 万桶，为 37.5 万桶/日，主要原因在于今年巴西甘蔗收成不好以及价格走高。未来 5 年，IEA 将巴西乙醇日产量预期下调了 10 万桶，预计 2016 年只能达到 53 万桶/日。全球生物燃料生产停滞不前，微增 0.7％，即每日 1 万桶油当量，是自 2000 年以来的最低增幅，这一方面是由于美国和巴西的汽油中乙醇燃料比例已达到"掺混瓶颈"，而其他国家还未出台强制性的生物燃料使用政策，故影响了生物燃料的进一步快速增长；另一方面，近十年来生物燃料行业的迅速扩张引发争议，批评者指责该行业对农产品价格的上涨难辞其咎（生物燃料行业消耗了美国 40％的玉米产量），2011 年美国政府废除旨在促进国内生物燃料发展的关税政策，取消大约 60 亿美元的税收优惠，这对生物燃料行业的投资产生了直接影响。

（4）其他新能源发电

常规地热的开发利用一般分为高温地热的发电和中低温地热的热利用。由于高温地热资源少，而高效开发浅层地热资源的技术难度较大，因此地热能的开发利用发展缓慢。海洋能发电同样面临技术难度大、成本高、发展缓慢的问题,主要利用方式为潮汐能发电,2011 年还有许多小型的示范项目在建,未来有可能进入小规模开发利用。

2. 成本

随着技术进步等因素的影响,可再生能源发电成本逐渐下降,如果考虑其带来的社会、环境方面的收益,其在电力系统中将越来越具有竞争优势。特别是由于上游成本瓶颈的突破和产业链的初步形成,可再生能源中的两大主力品种风能和太阳能已经具备明确的产业化前景,随着生产规模的扩大和生产工艺的提升,风能和太阳能发电的成本有望在 2020 年前大幅降低,达到或接近核电发电成本,并低于火力发电成本。如果考虑碳税等方面的影响,优势还将扩大(见表 10-1)。

表 10-1　世界新能源发电技术及成本

技术	特点	成本(美分/千瓦时)	成本走向及降低可能
陆地风能	风机功率:1 兆瓦～3 兆瓦 叶片尺寸:60～100 米	4～6	全球装机容量每翻一番,成本降低 12～18%,现已降至 1990 年的一半;风机功率也有较大提升;未来将通过优选风场、改良叶片/电机设计和电子控制设备来降低成本
近海风能	风机功率:1.5 兆瓦～5 兆瓦 叶片尺寸:70～125 米	6～10	市场依然较小,未来将通过培育市场及改良技术来降低成本
生物质发电	电站容量:1 兆瓦～20 兆瓦	5～12	稳定
地热发电	电站容量:1 兆瓦～100 兆瓦 类型:双流式、单闪蒸式、双闪蒸式、蒸汽式	4～7	成本从 20 世纪 70 年代开始降低;通过勘探、钻井技术进步和提高热利用,成本可进一步降低
太阳能光伏(组件)	电池类型及效率: 单晶硅:17% 多晶硅:15% 薄膜:10%～12%	—	全球装机容量每翻一番,成本降低 20%,每年约降低 5%;未来将通过在材料、设计、工艺、效率和规模等方面做出改进来降低成本
屋顶光伏	峰值功率:2 千瓦～5 千瓦	20～40	由于近年来光伏组件价格降低,总体成本逐步下降
太阳能热发电	电站容量:1 兆瓦～100 兆瓦 类型:塔式、碟式、槽式、菲涅特式	12～18	20 世纪 80 年代为 44 美分/kWh,随技术水平发展,成本将进一步降低

资料来源:Eric Martinot. 全球可再生能源状况报告,2005

可再生能源供热、供暖和生物质燃料的成本逐年下降(见表 10-2、表 10-3)。

表 10-2　可再生能源热水、供暖技术及成本

技术	特点	成本(美分/千瓦时)	成本走向
生物质供暖	电站容量: 1～20 兆瓦	1～6	稳定
太阳能热水、供暖	面积:2～5 立方米 真空管、平板	2～25	基本稳定,规模效益,新材料应用,成本会有小幅降低
地热供暖	水源热泵	0.5～5	采暖能效转化比达到 4:1(即消耗 1 千瓦的电能可以得到 4 千瓦的热量),与燃煤锅炉相比,节能 60%;与热电联产相比,节能 40%,成本优势明显

资料来源:Eric Martinot. 全球可再生能源状况报告,2005

表 10-3　生物质燃料技术及成本

产品	原料	成本	成本走向
生物乙醇	甘蔗、糖用甜菜、谷物、小麦	25～30 美分/等效汽油升	在巴西,生产效率的提高使成本有所降低,现价格为 25～30 美分/等效升(甘蔗提炼);美国价格则稳定于 40～50 美分(谷物提炼);其他原料则成本更高,最高至 90 美分;来源于纤维素的乙醇将有望降低成本,预计 2010 年后,成本将从现在的 53 美分降至 27 美分;其他原料的成本会有些微降低
生物柴油	大豆、油菜籽、芥菜籽、废弃植物油	40～80 美分/等效柴油升	2010 年后,以油菜籽及大豆为原料的生物质柴油的成本有望降至 35～70 美分/等效柴油升,而以废弃植物油为原料的成本将保持今的 25 美分

资料来源:Eric Martinot. 全球可再生能源状况报告,2005

二、新能源和可再生能源的政策支持

为了促进新能源和可再生能源的发展,许多国家都制定了相应的发展战略和规划,确立了未来可再生能源发展目标,并且通过制定新能源和可再生能源产业发展的法律法规和政策配套体系,对新能源和可再生能源的技术开发、市场开拓和推广应用起到很好的促进作用。

1. 美国

美国于 1978 年通过的《公共电力管制政策法案》(PURPA)规定:"电力公司必须按可避免成本①购买热电和可再生能源生产的电力",这为可再生能源发电与化石燃料发电的公平竞争创造了条件,从而激励了可再生能源的发展。1978 年的《能源税收法》则对太阳能、风能和地热发电给予了投资抵扣税款以及设备加速折旧的优惠。1992 年的《能源政策法》(EPA)是美国新能源和可再生能源产业发展的基础,该法案明确规定对可再生能源进行激励,包括:对太阳能和地热项目永久减税 10%;对风能和生物质能发电实行为期 10 年的减税,即每发电 1 千瓦时减税 1.5 美分;对于符合条件的新可再生能源及发电系统且属于州政府和市政府所有的电力公司和其他非盈利的电力公司,也给予为期 10 年的减税。2003 年,美国将抵税优惠额度提高到每度电 1.8 美分,受惠范围到地热、太阳能和小型水利灌溉发电工程等。2005 年新的《能源政策法》扩展了可再生能源生产税收减免政策(PTC)的适用范围,除了风能和生物质能,地热、小规模发电机组、垃圾填埋气和垃圾燃烧设施也纳入适用范围;授权政府机构、电力企业等发行"清洁可再生能源债券"来进行融资;为了推动新兴可再生能源的市场化,规定到 2013 年美国政府电力消费至少要有 7.5%源自可再生能源。除了联邦立法外,各州政府和次一级的地方(社区)政府也采取各种法律手段来促进可再生能源发展、提高能效和节能。这些立法因地制宜,灵活运用各种经济激励措施和管制措施,更富有实效和活力。2009 年奥巴马政府上台之后,向国会提交了《清洁能源安全法案》(*Clean Energy and Security Act*, ACES)草案,将新能源和可再生能源作为未来美国经济发展新动力,计划在未来的 10 年中向清洁能源领域的研发投资 1500 亿美元,在 2020 年电力部门至少有 12%的发电量来自风能、太阳能等可再生能源,到 2050 年增加至 25%。

2. 欧盟

欧盟通过一系列政策文件对可再生能源的发展进行规划和指导。这些政策文件主要有 4 种类型:(a)《能源政策白皮书》,其中包含可再生能源发展方面的论述;(b)《可再生能源白皮书》及其《行动计划》;(c)《能源供应绿皮书》,一般在出版白皮书之前出版,在某种程度上主要征询各成

---

① 可避免成本(avoidable costs 或 escapable costs)是指通过某项决策行动可以改变其数额的成本。如果某方案被采用,与之相关的某项支出就必然发生;反之,如果该方案没有采用,则某项支出就不会发生。

员国意见的文件；(d)欧盟指令①，欧盟指令是指导各成员国立法的具有法律约束力的文件，其对促进可再生能源发展的规定比较具体。根据1997年欧盟制定的《可再生能源白皮书》，2010年欧盟可再生能源的发展目标是占整个能源的比重达到12％。而2001年欧盟出台的《关于在内部电力市场促进可再生能源电力生产的指令》(2001/77/EC)规定，到2010年欧盟发电量的21％必须来自可再生能源，可再生能源在能源结构中的比例达到12％，2020年增加至20％。欧盟各国也分别制定了2010年和2020年可再生能源的发展目标。2008年1月，欧盟还发布《促进可再生能源使用的欧洲议会和理事会指令议案》(COM/2008/19)，旨在加快可再生能源产业的发展以及在欧盟的使用。英国和德国都承诺，2020年可再生能源的比例将达到20％，德国又把该目标修订为25％～30％；西班牙表示，2010年发电量的29.4％来自可再生能源；北欧部分国家提出了利用风力发电和生物质发电逐步替代核电的战略目标。2007年，欧盟提出了到2020年，可再生能源消费占全部能源消费的20％，可再生能源发电量占全部发电量的30％的目标。德国和法国还提出，到2050年，两国可再生能源的发电量要超过两国发电量的50％。

欧盟促进可再生能源发展的主要做法主要有以下几种。(a)确立清晰的发展目标，并根据各国具体国情，进一步规定了各成员国电力行业可再生能源发展目标。(b)设立支持计划：欧盟通过计划拨款的方式促进可再生能源的发展。(c)实行优惠政策：欧盟所有成员国都对可再生能源的生产实行优惠政策，差别在于所实行优惠政策的类型不同以及优惠的程度不同。(d)原产保证措施：要求各成员国以客观、透明和无歧视的原则，使得到"绿色证书"的电力供应确实来源于清洁能源可再生能源。(e)简化行政审批程序：要求各成员国采取切实措施，简化与可再生能源生产有关的行政审批程序，使中小型企业有机会从事清洁能源的生产。(f)确保方便接入：鉴于电网由传统能源供应商建立和垄断的现状，欧盟有关指令要求，各成员国有关当局要确保可再生能源发电能够方便进入电网，各电网运营商不得对可再生能源发电设置过高的入网费等进入壁垒。(g)定期检查与评估机制：根据1997年的《可再生能源白皮书》，欧盟要求定期（每三年一次）对其成员国可再生能源发展情况进行评估，评估报告内容包括各成员国阶段性目标的实现情况，已采取、拟采取的政策措施，贯彻欧盟有关指令的情况等，用以推动各成员国可再生能源发展。(h)充分利用市场机制：为促进可再生能源的发展，欧盟注重利用市场机制的力量，各成员国采取的手段可分为两种基本类型，即固定价格法和固定产量比例法（配额制）。固定价格法，指国家给可再生能源发电确定一个优惠的上网价格，而发电量的多少由市场决定；固定产量比例法，指国家规定发电商或经营电网的配电商，保证一定比例的电力必须来源于可再生能源发电，而可再生能源发电的价格则由竞争性的市场决定。

3. 英　国

英国于1989年通过的《电力法》开始要求英国电力公司购买一定量的可再生能源发电，而1990年的非化石燃料公约(The Non-Fossil Fuel Obligation，NFFO)是英国可再生能源发展的法律基础，其主要内容是：英国电力公司必须保证一定比例的可再生能源发电量；由政府发布，通过招投标选择可再生能源项目开发者，中标者与电力公司按中标价格签订购电合同，销售电价予以补贴；电力公司所承受的附加成本，即中标合同电价与平均电力交易市场价格之差，将由政府补贴，补贴则来源于政府征收的化石燃料税。2001年通过的《气候变化税条例》以开征气候变化税来代替化石燃料税，并对小水电（10兆瓦以下）、可再生能源发电和热点联产实施免税。

4. 德　国

德国于1991年通过了《可再生能源购电法》(Feed in tariffs)，强制要求公用电力公司购买可再生能源电力。按照该法，风电等的收购价格为正常零售电价的90％。1998年德国政府对该购电法做了补充规定，设定了电力公司收购可再生能源电量的上限即：电网覆盖区的可再生能源电

① 涉及可再生能源发展的欧盟指令主要有：2001/77/EC，关于在内部电力市场促进可再生能源电力生产的指令；2003/30/EC，关于在运输领域推广使用生物燃料和其他可再生燃料的指令；2003/96/EC，关于能源产品和电力的税收的框架的指令；2003/54/EC，关于电力市场规则的指令。

量不超过该地区总电力消费的 5％,但 2010 年要达到 10％。2000 年 4 月,德国实行新的《可再生能源法》,新法要求公用电力公司按照固定电价购买可再生能源电力,而且必须优先购买。新法中的固定电价则是以各种可再生能源的发电成本为基础确定。可再生能源的高电价在全国范围内分配,对所有的配电公司和供电公司都设定同等的份额。可再生能源发电技术不同,购电价格也不同。2004 年的《优先利用可再生能源法》对 2000 年的《可再生能源法》进行了修订和补充,为投资可再生能源项目提供法律保障。

5. 日本

日本于 1974 年就通过了《新能源开发法》,于 1997 年通过了《新能源利用促进法》,后者是日本新能源和可再生能源发展的重要法律基础,该法规定:对新能源和可再生能源项目按装机成本的 30％～50％进行补贴;要求电力公司对可再生能源发电采取固定价格长期购买。2002 年的《电力设施新能源利用特别措施法》则明确了新能源和可再生能源范围,同时规定电力公司必须完成一定数量的新能源和可再生能源发电量,否则将受到重罚。2003 年的《可再生能源标准法》责成电力公司必须加大新能源和可再生能源比例,并确立 2010 年的目标为:新能源和可再生能源发电总量达到 122 太瓦时,占总发电量的 3.1％。

（二）财税政策

为弥补在成本和规模方面的劣势,目前新能源和可再生能源的发展仍依赖于政府在财税方面的扶持政策。政府通过对新能源和可再生能源的投资、生产、上网销售等环节的支出给予一定的财政补贴或税收优惠,以提高其市场竞争力,促进其商业化运作。

1. 财政补贴

根据补贴对象的不同,可以分为生产者补贴和消费者补贴两种。生产者补贴是对可再生能源的开发投资进行直接补贴。如德国《电力供应法案》规定,对风电投资进行直接补贴,对单机 450 兆瓦到 2 兆瓦的风机提供 120 美元/千瓦的补贴,单机最大补贴额为 60800 美元,整个风场补贴不超过 121 600 美元;对生物质能开发提供低息贷款(比市场利率低 50％)。2000 年的《可再生能源法》规定政府根据可再生能源项目运营成本的不同予以不同的补助,如对风力发电给予 9.1 欧分/千瓦时的补贴。消费者补贴是对电力消费者进行补贴,当然这种补贴会随着市场的发展和技术的成熟而进行调整。比如日本在 1994—2005 年通过新阳光计划和用户光伏系统补贴项目,对用户安装光伏系统给予投资补贴和采取净电表制[①],最初 3 年的补贴高达 50％,之后随着光伏发电成本降低,补贴比例逐渐减少,但用户承担的部分变化不大,至 2005 年补贴完全取消。该补贴的取消直接导致日本国内光伏制造业的退步,因此,2008 年 6 月,日本又重新启动对光伏发电的补贴,7 月公布的《低碳社会行动方案》启动了对 10 千瓦以下户用光伏系统进行投资补贴政策,标准为 7 万日元/千瓦时。同年 11 月,日本经济产业省发布《推广太阳能发电行动方案》,为公用建筑安装光伏系统提供 50％的投资补贴,获补贴的范围包括之前的学校、地方政府管理的公用建筑,并新增了机场、火车站和高速公路服务站。

2. 税收优惠

税收优惠是政府通过降低税率、加速折旧、投资抵免等手段降低新能源和可再生能源的运营成本,提高其市场竞争力。美国是采用税收优惠政策鼓励新能源和可再生能源最积极的国家,1978 年的《能源税收法》为可再生能源提供了不同的抵免税措施和加速折旧方案,该法规定:“购买太阳能和风力发电设备的房屋主人,其投资额的 30％可以从当年应缴所得税中抵扣;企业太阳能、风能和地热发电投资总额的 25％可以从当年的联邦所得税中抵扣。”1992 年、2005 年的《能源政策法》中也规定了对新能源和可再生能源税收抵免措施,主要是通过技术开发抵税和生产抵

---

① 净电表制是指在电力用户和电网之间安装双向电流表,同时为用户配备光伏发电系统,白天光伏发电系统向电网供电(用户用电量低谷时段),晚上光伏系统不发电时(用户用电量高峰时段),用户从电网购电,用户光伏系统得到的电价是用户从电网购电的电力销价(抵消)。

税的方式减免企业所得税。此外,美国的一些州政府以附加税的方式对电力消费者征收系统效益收费(SBC)来补贴新能源和可再生能源。欧盟于2003年发布了关于能源产品和电力的统一的税收框架指令2003/96/EC,对能源产品和电力建立了统一的税收框架系统。该系统设立了适用于用做发动或燃料加热时的能源产品的最低税率,其目的是提高国内市场的运行机制,减少矿物油与其他能源产品的竞争差异。同时,欧盟还要求各成员国制定具体措施,来执行欧盟统一税收系统以减少温室气体的排放。

(三)产业政策

作为新兴产业,新能源和可再生能源的发展以国家研究开发体系为支持,通过不断完善产业化、规模化和商业化运行模式,逐渐形成产业链和集群,并凸显其支柱产业和龙头产业的雏形。由于能源结构、资源结构、发展阶段和技术水平不同,各国开发利用新能源和可再生能源的重点和优先顺序也不同,相关的产业政策也不同。新能源和可再生能源产业所包含的技术不是单一的技术,而是一个完整的技术体系。产业政策的核心应该是以某一主导技术为核心,通过支持主导性技术升级以及扩大和辅助技术组合来推动新兴产业的形成与发展。产业技术的升级分为渐进性升级和根本性升级,前者主要体现在工艺技术、产品设计、制造技术的渐进创新,其技术范式和技术轨道没有变化,表现为产品的改进和生产效率的提高;后者是技术的重大突破,伴随技术范式和技术轨道的跃迁。

日本和欧盟的新能源和可再生能源产业政策具有典型意义,日本在新能源和可再生能源技术开发利用方面取得了巨大成就,拥有诸多世界领先的技术,这些都与产业扶持政策密不可分。

日本发展太阳能、风能和海洋能的潜力非常大,因此日本新能源和可再生能源产业政策的重点是能源与环境领域的综合技术开发。1974年,日本制订并实施了"新能源开发计划",把发展太阳能和燃料电池技术定为国家战略。1978年,日本又实施了"节能技术开发计划"。1993年,日本将这两个计划合并后推出"能源和环境领域综合技术开发推进计划",即"新阳光计划",该计划将在再生能源技术、能源输送和存储技术、系统化技术、高效与革新性能源技术、环境技术以及化石燃料与可再生能源结合技术、基础性节能技术等七大领域投入大量资金进行研发,目的是促进新能源和可再生能源技术的开发利用和商业化。1994年12月,日本通过"新能源推广大纲",首次正式将发展新能源和可再生能源作为日本能源战略的基础。1997年12月,日本正式通过"环境保护与新商业活动发展"计划,作为政府到2010年推动新能源和可再生能源发展的行动方案。目前日本太阳能晶体硅电池组件的光能转换率已接近20%,居世界领先水平,而能量转换率不断提高,也使得太阳能发电成本不断下降,在过去20年里,日本太阳能发电成本已降低了82%,如果继续保持这种势头,在2020年就能够与普通电力相媲美了。

欧盟的热电联产[①]产业政策也是较为成功的案例。由于热电联产不仅设备紧邻用电地区,从而避免了电能在传输过程中的浪费,而且可以加大电厂间的竞争,有利于促进新企业的建立。在欧盟若干提高能源效率的措施中,促进热电联产是提高电厂能效的重要手段。因此从1997年,欧盟开始推广热电联产技术。针对热电联产行业发展过程中遇到的一系列诸如电力市场的准入、政策支持力度不够等制度障碍。2004年欧盟颁布了促进热电联产的2004/8/EC指令(关于在内部能源市场促进热电联产以及对指令92/42/EEC的修订),进一步促进工业和商业部门提高能源利用效率,所有成员国必须在2006年2月21日之前实施该指令。根据该指令,到2010年,欧盟来自热电联产的发电量占总电力的比重将翻一番,达到18%(按1994年9%的比例计算而来),预计会使欧盟的二氧化碳排放量到2010年减少12 700万吨,至2020年减少25 800万吨。该指令特别指出,来自热电联产的电力将同可再生能源发电一样,各电网运营商必须为其联网提

---

① 热电联产是既产电又产热的先进高效的能源利用形式。发电时产生的废热以热水或蒸汽的形式被利用。热电联产装置由汽轮机或燃气发动机驱动,以天然气为最主要能源,再生能源和垃圾也可作为燃料来使用。与传统发电厂里蒸汽直接由烟囱排出相反,热电联产首先使废气冷却,热能通过热水循环或蒸汽循环释放出来,已冷却的废气再通过烟囱排出。热电联产装置的能效最高可达90%。其过程更加环保,因为燃烧天然气比燃烧石油或者煤释放的二氧化碳和氮气要少。

供"接入"服务。为了进一步督促各成员国制定相应的政策,2004/8/EC 指令还规定欧盟成员国有责任证明各电厂产出的电能来源,证明内容包括:燃料热值、随电产出的热能的利用以及发电的时间、地点;产自热电联产的电量;燃料的节省①等。同时,成员国要分析高效热电联产的投入潜能,并对高效热电联产的进一步发展做出评估(第一次评估最迟在 2007 年 2 月 21 日,之后每 4 年评估一次),成员国或主管部门还要评估其相应的法律框架及批文程序。

三、跨国石油公司在新能源和可再生能源领域的发展策略

化石能源存在的资源耗竭和环境污染等问题,迫使传统跨国石油公司转变经营策略,开始积极发展可再生能源,开发新的能源技术和参与温室气体减排,以此改善企业公众形象,提升自身的可持续发展潜力。作为跨国石油公司战略转型的重要一环,跨国石油公司不仅介入新能源和可再生能源的技术研究,而且从不同角度和环节涉足新能源和可再生能源的产业化。

由于现代跨国石油公司的发展历程和国家背景的差异,跨国石油公司之间的经营目标和实力也存在较大的差异,在新能源和可再生能源领域,各个跨国石油公司介入的能源技术领域、重点投资对象及经营管理模式也各具特色。尽管国际大石油公司开发可再生能源的策略不同、领域各有侧重,但都力求在某一技术领域保持相对优势,成为领先者。这些公司把掌握前沿技术作为快速发展的捷径,通过进行前瞻性技术研究和商业应用试验,探讨形成规模效应,降低投资成本的发展模式。在新能源和可再生能源领域,最有代表性的跨国石油公司是壳牌石油公司和英国石油公司(BP)。

壳牌公司于 1997 年成立了可再生能源部,在全球大型能源公司中拥有最多的可再生能源业务,下设太阳能和风能两家公司;1999 年又成立了氢能源公司。自 2000 年以来,壳牌石油在可再生能源方面已投资了 10 亿美元,重点投资领域是风能和太阳能发电。此外,还积极涉足燃料电池、生物质能和氢能等新能源技术领域。在氢能领域,壳牌石油成立了氢能源公司,并启动了相关的氢能项目,计划在 10 年内实现氢能的实用化。项目的关键是探索充氢站的成功运作模式,以支撑氢动力汽车的商业运行。氢能源公司与美国能源转换设备公司成立贮氢系统合资企业,开发固体氢化物贮氢技术并实现商业化,2003 年就已经将车载贮氢罐提供氢燃料的 50 辆燃料电池汽车推向市场;氢能源公司还与通用汽车公司合作,于 2005 年初在华盛顿投用了第一个充氢站。在太阳能领域,壳牌石油成立的壳牌太阳能公司是世界上光伏发电领域的主要供应商,目前已经提供了总功率超过 300 兆瓦的太阳能电池和电池板,约占全球已安装太阳能发电设备总功率的 1/5。壳牌推出了包括 CIS 薄膜电池等一系列非硅基太阳膜新技术,据国际电力技术委员会的论证,CIS 薄膜的光电转换效率可达 13.5%,且 4 年的生产和销售经验表明,CIS 薄膜电池在价格、可靠性等方面都具有一定的竞争力。壳牌还是世界上最大的风能开发商之一,2007 年拥有的风能装机容量已达到 500 兆瓦。壳牌的风电项目多是海上风电项目,技术难度高,但经济效益和稳定性更好。壳牌第一个 108 兆瓦的海洋风能项目在荷兰(壳牌占有 50%),目前正在建设的英国 1000 兆瓦海洋风能项目(壳牌占有 33.3%)将成为世界最大的风力发电场。在温室气体减排领域,壳牌制定的目标是在 2010 年将公司所属项目的温室气体排放比 1990 年减少 5%,包括采用高效联合循环发电技术(IGCC)、碳捕获技术(CCS)等。2006 年 3 月,壳牌和挪威石油公司建设世界上第一个由燃气发电厂产生的二氧化碳捕集项目,以便用于提高海洋油田石油生产量。壳牌还与 Stawell 公司合作,将建设一体化煤炭气化联合循环(IGCC)发电项目,采取碳捕获技术注入地层或者将收集二氧化碳与无机化合物组合一起制造新型建材。

BP 在 20 世纪 80 年代通过收购 Lucas 能源系统公司而进入太阳能领域,1981 年成立太阳能业务总部;1999 年 4 月收购了 Solarex 公司,成为世界最大的太阳能公司;1997 年成立了天然气、电力、可再生能源业务部;为确保新绿色能源战略的实施,于 2005 年建立了 BP 替代能源公司,计划今

---

① 指令中明确要求各成员国以热电联产效率参考值为基础,证明电能的高效热电联产产出的具体时间、地点、发电过程。

后 10 年内在太阳能、风能、氢能和联合循环发电技术方面投资 80 亿美元。在生物质能领域,2006年,BP 成立了生物科学能源研发中心,提出在 10 年内投资 5 亿美元,争取在生物基燃料添加剂、提高有机物质转化为生物燃料的转化率和开发能产生有较高能源产率的作物三方面取得突破。BP 还组建生物燃料业务部门,与杜邦公司联手开发、生产和销售新一代生物燃料丁醇,用做可再生的运输燃料。两家公司计划于 2007 年在英国市场上推出用做汽油组分的第一个产品,即称为生物丁醇的正丁醇。BP 和杜邦还与英国糖业公司合作,使英国以甜菜为原料的第一套乙醇发酵装置转产 3 万吨/年(900 万加仑/年)丁醇。BP 还是加入生物技术工业组织(BIO)的第一家跨国石油公司,BIO 是包括巴斯夫、杜邦、孟山都和先正达等农业生物技术公司在内的贸易集团。在氢能领域,BP 作为全球氢燃料示范项目主要参与者,开展了一系列项目,包括 2003 年在伦敦的氢气站项目,2004年在新加坡的全球首个传统加油站提供环保氢燃料项目,2005 年在中国的氢燃料汽车示范项目等。目前,BP 在全球每天约生产 5000 吨氢,其中包括 1300 吨高纯度氢。此外,BP 还与通用电气(GE)开展合作,将化石燃料转化为氢气,然后通过涡轮机燃烧进行发电,并将收集生产过程中产生的 90% 的二氧化碳注入深层地层。在太阳能领域,BP 成立了 BP 太阳能公司,开发了新工艺,与传统的多晶硅太阳能电池相比,可大大提高电池效率,其产生的电力比常规工艺制造的电池要高出 5%～8%。在风能领域,BP 于 2006 年以 9 800 万美元收购美国风能发电开发商 Greenlight,并拥有了美国 39 个大型风能发电项目,总装机容量达 6 500 兆瓦。2006 年,BP 还收购了风能开发商和透平制造商 Charlottesville50% 的股份,拥有了在美国 2 000 兆瓦的风能装机容量。在温室气体减排领域,BP 承诺到 2010 年温室气体排放将比 1990 年水平降低 10%。BP 通过捕获、收集炼油厂、发电厂的二氧化碳,并将其注入油田,一方面可以提高油田的采收率,一方面还可以减少温室气体排放。目前,BP 在美国的 Carson 炼油厂、英国的 Peterhead350 兆瓦联合循环燃气发电联合装置进行碳捕获,并将其注入油田。其中,Peterhead350 兆瓦联合循环燃气发电项目将使每天约 7 000 万立方英尺天然气转化制取氢气和二氧化碳,氢气供做该联合装置燃料,而二氧化碳则通过 240 千米管道注入北海 Miller 油田,将为 Miller 油田提高采收率注入和贮存约 130 万吨/年二氧化碳,可回收约 4 000 万桶石油,延长油田寿命 15～20 年。

壳牌、BP 这类欧美跨国石油公司是伴随现代石油工业的发展而逐渐发展壮大起来的,具有较为先进的经营模式和理念。在企业战略转型过程中,一般采取兼并收购的发展战略。在新能源和可再生能源领域,也是选择技术成熟、产业化程度高、赢利空间大的产业领域,如风能、生物质能等,通过并购行业内成熟企业来实现扩张式快速发展。此外,跨国石油公司还倾向于依靠自身优势开发未来更具潜力的新能源技术,如氢能等。

与之相比,发展中国家的国有石油公司或实力较弱的跨国石油公司,一般基于企业的技术、资金条件和国家战略等客观条件,在新能源和可再生能源发展道路上,不是采取全面铺开的经营模式,而是根据自身的条件选择"有所为,有所不为"发展原则。比如巴西国家石油公司,在生物液体燃料、生物乙醇等领域具有独特的产业发展优势;挪威石油公司和中国海洋石油总公司则依据其海上独特的风力资源条件和海上作业经验,以发展海上风力发电为重点,争取在海上风机制造和发电领域取得突破。但是新能源和可再生能源与传统能源发展相比,将面临技术、资金等一系列问题,单凭某一个企业自身根本无法解决,尤其是在氢能等领域,更需要走全球化合作道路,在世界范围内开展广泛协作。

第二节　新能源和可再生能源投资与技术发展趋势

一、新能源和可再生能源投资现状

新能源和可再生能源的发展潜力巨大,其商业化、产业化及规模化开发利用迫切需求市场和政策的支持,加大投资力度。

（一）投资现状

根据 REN21 的《2012 年全球可持续能源投资趋势报告》①（*Global Trends in Sustainable Energy Investment* 2012），在全球经济不景气的背景下，2011 年全球可持续能源项目融资及研发的投资额仍达 2570 亿美元，比 2004 年增长了 8 倍以上。2011 年投资增长率为 17％，和 2004、2005 年超过 50％的增长率相比有很大差距（见图 10-8）。这主要是因为全球性的金融危机对可持续能源投资造成了严重影响。

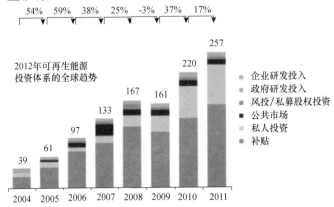

数据来源：Global Trends in Sustainable Energy Investment 2012. REN21, 2012

图 10-8　2002—2011 年全球在新能源和可再生能源投资情况（单位：10 亿美元）

（二）投资需求

根据 IEA 的估计，参考情景下，全球能源需求量将从 2007 年的 120 亿吨油当量以每年 1.5％的速度递增，在 2030 年达到 160 亿吨油当量，总体增幅 40％。在未来的 20 年，将需要 26 万亿美元的投资来满足新增的能源需求，其中新增能源需求的一半来自发展中国家。而要实现到 2050 年将全球升温控制在 2℃ 的目标（450ppm 情景），降低全球经济对化石燃料的依赖，从 2008 年到 2030 年，需要再额外投入 10.5 万亿美元用于可再生能源的开发使用，将风能、太阳能、水电等可再生能源的比例提高至 23％，核能的使用提高至 10％，再加上 CCS 技术大面积的商业推广，才有可能平衡全球能源供求和减排目标的矛盾（见图 10-9）。

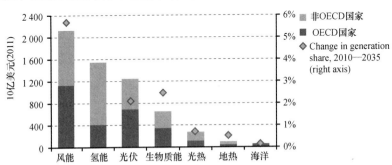

数据来源：IEA. 世界能源展望 2012

图 10-9　450ppm 情景下 2030 年新能源和可再生能源投资情况（单位：10 亿美元）

从更长远的角度来看，在 IEA 设定的 Blue Map 情景中，到 2050 年，全球电力的 46％将来自

① 该报告为联合国环境规划署（UNEP）"可持续能源金融行动计划"（Sustainable Energy Finance Initiative, SEFI）和英国新能源财经有限公司（New Energy Finance Ltd）合作完成，发布在 REN21 网站上。

于新能源和可再生能源,这需要进行巨额投资。图 10-9 给出了每种情景不同类型能源所需要的年发电能力增长率。如果要实现 Blue Map 情景,仅陆上风电每年的新增装机容量要到达 56 吉瓦,相当于要增加 2 900～14 000 个单机容量 4 兆瓦涡轮风机(见图 10-10)。

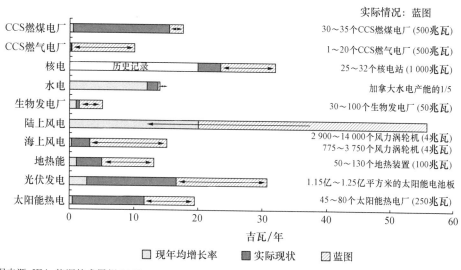

数据来源:IEA. 能源技术展望 2008

图 10-10　2005—2050 年 ACT Map 和 BLUE Map 情景年均电力领域投资需求

二、新能源和可再生能源投融资体系

经过数十年的发展,国外新能源和可再生能源的投融资体系已日臻完善(见图 10-11),在整个生命周期内提供各种融资手段,极大地促进新能源和可再生能源商业化、产业化和规模化发展。

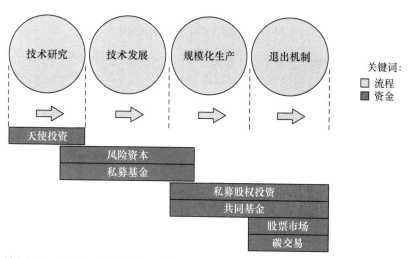

资料来源:Global Trends in Sustainable Energy Investment 2009. REN21,2009

图 10-11　新能源和可再生能源投融资体系

(1)技术开发阶段:由于技术开发存在的风险较大,能否投入实际应用其前景并不明朗,所以主要依靠政府投资,风险资本(venture capital,VC)和私募基金(private equity,PE)也会以天使投资①的形式进入。

(2)试点示范阶段:技术已具备实用化,但仍不成熟,风险资本和私募基金通过风险投资支持新兴技术走向商业化,扶持创业企业的运营。

(3)商业化阶段:技术已经成熟,需要大量的资金投入扩大生产规模,企业通过证券市场上市或并购(mergers and acquisitions,MA)来实现规模化和产业化,降低成本提升竞争力,同时,VC和PE也通过这一途径退出,获得其应有的收益。

(4)形成产业集群阶段:技术广泛铺开(roll out),企业还可以通过债券市场进行融资,或者利用碳金融市场实现环境效益(减排)的市场收益。

根据REN21的数据显示,2010年,全球可再生能源投资达到创纪录的2110亿美元,比2009年1600亿美元增长了1/3,比2004年增长了5倍;2011年全球可再生能源投资更是高达2790亿美元,虽然2012年总投资下跌至2440亿美元,部分是由于太阳能和风能技术成本下降,但仍维持一个较为快速的增长态势(见图10-12)。

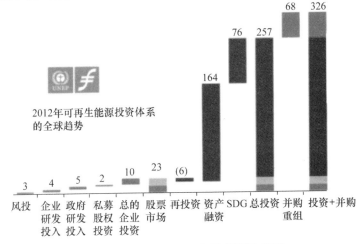

资料来源:Global Trends in Sustainable Energy Investment 2012. REN21,2012

图10-12 新能源和可再生能源投融资体系

全球可再生能源投资规模已经连续3年超过2000亿美元,其中新兴经济体正在发挥越来越大的作用,太阳能和风能发电的成本竞争力也有所改善。2012年,发展中国家在可再生能源领域的投资约1120亿美元,其中中国在风能、太阳能及其他可再生能源项目的投资达到670亿美元,增幅22%,成为绿色投资规模最大的发展中国家。相比之下,工业化国家在该领域的投资仅为1320亿美元。按区域划分,可再生能源在亚洲、拉丁美洲、中东和非洲发展迅速,资金更多投在技术方面。尤其是在中东和非洲,绿色投资激增至120亿美元,增幅高达228%,许多目标、政策框架及布局规划逐渐成形。而2011年占主导的美国,2012年却落在了中国的后面,投资规模下降34%,仅360亿美元。宣布"弃核"的德国,2012年绿色投资下跌35%,仅200亿美元,可再生能源为该国提供了22.9%的电力,仅占国家能源总需求的12.6%。而饱受核电停运之苦的日本,由于政府大力推进绿色产业,对可再生能源除研发外投资上涨了73%,至160亿美元,东京先后出台风能、太阳能以及地热能的补贴机制,促使小型绿色发电项目激增。

---

① 天使投资(angel investment)是权益资本投资的一种形式,最早起源于19世纪的美国,通常指自由投资者或非正式风险投资机构对原创项目(技术)或小型初创企业进行的一次性的前期投资,天使投资的金额一般较小,它对风险企业的审查也不严格,多是基于投资人的主观判断或者是由个人的好恶所决定的。

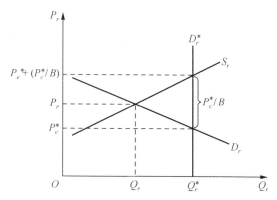

资料来源：Global Trends in Sustainable Energy Investment 2012. REN21，2012

图 10-13　发达国家和发展中国家在新能源和可再生能源领域投资趋势

三、新能源和可再生能源技术发展趋势

（一）太阳能发电技术路线

光伏发电系统采取的是光电转换方式，利用半导体界面的光生伏特效应将光能直接转变为电能。光伏电池是光伏发电系统的核心，按材料性质可分为光伏电池的技术分为两类。

第一类是晶体硅电池，包括单晶硅（sc-Si）电池和多晶硅（ac-Si）电池，其中单晶硅技术最成熟稳定且应用最广（理论上光电转换效率达到了 25%），但由于耗能严重且炼制环节上需用成本极高的高纯石英坩锅，因此 1998 年起多晶硅（理论上光电转换效率为 18% 左右）市场份额逐渐超过单晶硅，成为市场的主流。

第二类是薄膜（涂层）电池，包括非晶体硅（a-Si）电池和化合物半导体电池（砷化镓 GaAs、碲化镉 CdTe、硒钢铜 CuInSe、铜铟镓硒 CIGS 等）两个细分类型。薄膜电池是利用非常薄的感光材料制成，附着或涂层于廉价的玻璃、不锈钢或塑料衬底上，技术造价比晶体硅低，目前薄膜涂层电池技术已商业化，尽管其在光电转换效率上无明显优势，但成本较低和适应范围较广（见表 10-4）。

表 10-4　太阳能电池类型比较

电池类型		光电转换率	制造能耗	制造成本	主要障碍	材料丰度
晶体硅电池	单晶硅	16%～17%	高	高	硅提纯工艺	丰富
	多晶硅	14%～15%	较高	较高	硅提纯工艺	丰富
薄膜电池	非晶硅	6%～7%	低	低	衰减特性	丰富
	碲化镉	8%～10%	低	中	制造工艺	镉稀缺
	铜钢镓硒	10%～11%	低	中	有毒性材料	钢、镓等极其稀缺
	三结砷化镓	35%～40%	低	很高	成本高技术复杂	镓稀缺，砷有毒

根据欧洲能源协会的估计，2010 年晶体硅技术占市场份额的 80%，但是和薄膜电池的技术路线之争远未结束，新的 III-V 族化合物半导体电池材料不断出现，特别是三结砷化镓电池在 CPV（聚光太阳能技术）中的应用，给未来的技术路线带来了不确定性。目前三结砷化镓电池的光电转换效率达到 35%～40%，CPV 光伏电站系统成本降到每瓦 3 美元左右，对比晶体硅电池平均 15%～17% 的转化效率以及每瓦 3.2 美元（多晶硅价格为 60 美元/吨时）的系统成本，已经在成本方面有了一定程度的超越。但是 CPV 光伏电站的技术难度高，需要聚光系统、追日系统及冷却系统等多系统的配合，国内很多环节还存在技术瓶颈，更为重要的是三结砷化镓电池的关

键原材料锗和镓存在长期的供给短缺,据测算每年的锗供给只能支撑约 4 吉瓦的 CPV 安装量,而锗作为铅锌矿中伴生的稀有金属,含量极其稀少,无法有效放大产能。目前来看,三结砷化镓电池受制于原材料供应和技术瓶颈,还不具备大规模应用的条件。

对于多晶硅行业来说,提高光电转换效率和发展低成本的多晶硅提纯技术至关重要。晶体硅电池的光电转换效率理论上限为 29%,实验室已实现的最高效率为 24.7%,大规模产业化的效率平均为 14%～17%,也有先进厂商能做到 19.5% 的转换效率。目前晶体硅电池光电转换效率每提高 1 个百分点,整个光伏系统能节约大约 5% 的成本,对整个光伏产业是极大的推进。相对于提高晶硅电池的光电转换效率,发展低成本高效率的多晶硅提纯技术也是多晶硅行业的主要技术发展方向。2012 年,IEA 在其发布的《2010—2050 年光伏技术路线图》中阐述了晶体硅技术和薄膜技术未来的现状和发展趋势(见表 10-5、表 10-6)。

表 10-5　晶体硅技术现状及发展趋势

晶体硅技术	2010—2015 年	2015—2020 年	2020—2030/2050 年
效率目标(商业组件)	单晶硅:21% 多晶硅:17%	单晶硅:23% 多晶硅:19%	单晶硅:25% 多晶硅:21%
产业制造	硅消耗<5 克/瓦	硅消耗<3 克/瓦	硅消耗<2 克/瓦
研发重点	新型硅材料和加工工艺电池触片、发射极和钝化	改善装置结构生产效率和成本优化	晶片等效技术新概念的装置结构

表 10-6　薄膜技术现状及发展趋势

薄膜技术	2010—2015 年	2015—2020 年	2020—2030/2050 年
效率目标(商业组件)	薄膜硅:10% 铜铟镓硒:14%	薄膜硅:12% 铜铟镓硒:15% 碲化镉:14%	薄膜硅:15% 铜铟镓硒:18% 碲化镉:15%
产业制造	沉积率高,卷对卷制造	简化生产工艺,低成本封装	大型高效生产装备
研发重点	大面积沉积工艺改进的基材和透明导电氧化物	改进电池结构,改进沉积技术	先进材料和概念

(二)风电技术路线

根据风场位置不同,风电技术分为陆地风力发电(on shore)和海上风力发电(off shore)。海上风力发电的方式又分为两种,即在浅海的座底式和在深海的浮体式。近年来,随着风电技术的日益成熟,风电装机容量不断增大,并网性能不断改善,发电效率也不断提高。国际上风电机组的技术不断向如下方向发展:更大的单机容量,目前国际上主流的是 2 兆瓦～3 兆瓦的风电机组,5 兆瓦～6 兆瓦的风电机组也已进入市场;新型机组结构和材料,最新主流技术为变桨距调节、变桨变速恒频和无齿轮箱直驱技术;海上专用风电机组(见图 10-14)。

(三)生物质发电及生物燃料技术路线

1. 生物质发电

目前生物质能开发利用技术主要有三种方式:(a)通过热化学转换技术将固体生物质转换成可燃气体或生物燃料(生物柴油、生物燃油)等;(b)通过生物化学转换技术将生物质在微生物的发酵作用下转换成沼气、生物乙醇等;(c)通过压块细密成型技术将生物质压缩成高密度固体燃料等。这些产物可以用来燃烧或直接发电,目前生物质发电形式主要有三种,即直接燃烧发电、混合燃烧发电(直接混合燃烧或气化混合燃烧)、气化发电(直接气化发电和联合气化发电)。

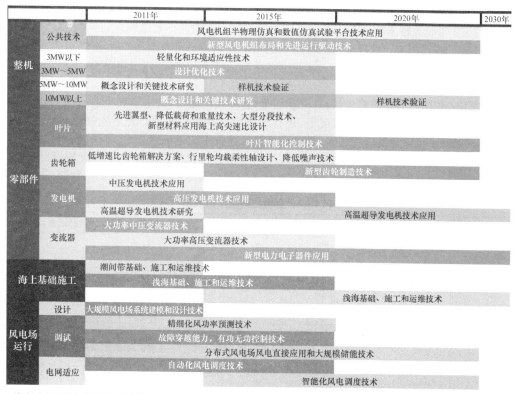

		2011年	2015年	2020年	2030年
整机	公共技术		风电机组半物理仿真和数值仿真试验平台技术应用		
			新型风电机组布局和先进运行驱动技术		
	3MW以下		轻量化和环境适应性技术		
	3MW～5MW		设计优化技术		
	5MW～10MW	概念设计和关键技术研究	样机技术验证		
	10MW以上		概念设计和关键技术研究	样机技术验证	
零部件	叶片		先进翼型、降低载荷和重量技术、大型分段技术、新型材料应用海上高尖速比设计		
			叶片智能化控制技术		
	齿轮箱		低增速比齿轮箱解决方案、行里轮均载柔性轴设计、降低噪声技术		
				新型齿轮制造技术	
	发电机		中压发电机技术应用		
			高压发电机技术应用		
		高温超导发电机技术研究		高温超导发电机技术应用	
	变流器	大功率中压变流器技术			
			大功率高压变流器技术		
			新型电力电子器件应用		
海上基础施工		潮间带基础、施工和运维技术			
			浅海基础、施工和运维技术		
				浅海基础、施工和运维技术	
风电场运行	设计	大规模风电场系统建模和设计技术			
	调试		精细化风功率预测技术		
			故障穿越能力、有功无功控制技术		
			分布式风电场风电直接应用和大规模储能技术		
	电网适应		自动化风电调度技术		
			智能化风电调度技术		

资料来源：IEA，国家发改委能源研究所.2012年能源技术路线图——中国风电发展路线图2050

图 10-14　风电技术研发和部署路径

2. 生物质燃料

生物质燃料技术分为三代。第一代生物质能源技术是以粮食淀粉、甘蔗糖类和动植物油脂为原料，生产燃料乙醇或生物柴油；第二代是以纤维素生物质为原料，生产燃料乙醇或热解燃油、汽油、柴油，这是生物质能源发展过程中质的飞跃；第三代是以微藻(干细胞中含油 70% 以上)为原料，热解制备生物质燃油(热值高，是木材或农作物秸秆热解制备生物质燃料热值的 1.4～2 倍)或者将微生物和微藻混合培养，生产高纯度的乙醇、甲醇、丁烷等能源化合物(见图 10-15)。

	先进生物燃料			常规生物燃料
	基础研究和应用研发	示范	早期商业化	商业化
生物乙醇		纤维素乙醇		用糖类和淀粉作物生产的乙醇
柴油型生物燃料	用微藻生产的生物柴油糖基烃类	生物质制柴油(来自气化+费托工艺)	氢化植物油	生物柴油(通过酯交换反应实现)
其他燃料和添加剂	新颖燃料，例如糖醛(Furanics)	生物丁醇，二甲醚，热解燃料	甲醇	
生物甲烷		生物合成气		沼气(厌氧消化)
氢能	所有其他的新颖路线	重整气化　沼气重整		

■液态生物燃料　气态生物燃料

资料来源：IEA，国家发改委能源研究所.2012年能源技术路线图——中国生物质能发展路线图2050

图 10-15　主要生物燃料技术的商业化发展状况

根据技术成熟度、温室气体排放平衡或原料的不同,同一燃料可能也会出现不同分类。IEA 发布的《2012 年能源技术路线图——交通用生物燃料》中基于技术成熟度将生物质燃料技术分为"常规"和"先进"两类。常规生物燃料技术包括已经可以商业规模生产生物燃料的成熟工艺,但其效率和经济指标还会继续改善。这些生物燃料,通常称为第一代生物燃料,包括糖基乙醇和淀粉基乙醇,从油料作物中制取的生物柴油和可直接利用植物油,以及通过厌氧消化制取的沼气。这些工艺使用的典型原料包括:甘蔗和甜菜;含淀粉的粮食(如玉米和小麦);油料作物,如油菜(蓖麻);大豆和油棕榈;在某些情况下,还有动物脂肪和废食用油。先进生物燃料技术是还处于研发、试点或示范阶段的转化技术,通常称为第二代技术或第三代技术。这一类别包括用动物脂肪和植物油炼制的氢化植物油(HVO),以及用木质纤维素生物质生产生物燃料,如纤维素乙醇、生物合成柴油和生物合成气(bio-SG)。具体生物乙醇技术的缩进,可参考表 10-7。

表 10-7 生物乙醇技术的演进

技术路线	1 代乙醇(粮食)	1.5 代乙醇(非粮食)	2 代乙醇(纤维素)
原料	玉米、小麦等粮食作物	木薯、甜高粱等非粮食作物	玉米芯、秸秆等农林废弃物
技术	淀粉糖化后发酵	淀粉糖化后发酵	纤维素水解糖化后发酵
优点	工艺简单,成熟初期投资低	工艺简单,成熟初期投资低	废物利用,受原料约束小,技术进步可不断降低成本
缺点	与人类争粮食,影响农产品价格	与粮食争地,木薯受气候等影响,种植面积有限,价格上涨	原料季节性及存储问题,规模化生产技术仍在研发,初期投资大
成本	与粮食价格密切相关,7 000~8 000 元/吨	与木薯等价格密切相关,6 000~7 000 元/吨	技术不同成本不一,4 000~7 000 元/吨

随着纤维素乙醇的经济型凸显,其不争粮、不争地的优势开始凸现,成为中近期(5~10 年)生物燃料技术的重要发展方向。美国能源部已经开始向大型商业项目提供贷款支持,自 2008 年开始陆续向 POET、Coskata、Abengoa Bioenergy、INEOS 等公司的纤维素乙醇项目提供了 1 亿~3 亿美元的贷款支持。这标志着美国纤维素乙醇将步入万吨级规模生产时代,美国纤维素乙醇产量未来几年会出现大幅增长。2010 年 5 月的中美先进生物燃料论坛上,美国 POET 公司宣布已建成以玉米芯为原料的纤维素乙醇试验工厂,随着能耗、酶成本、原材料需求和资本支出的降低,公司的每加仑成本已从 4.13 美元降至 2.35 美元,并预测到 2011、2012 年公司的商业化工厂投产之时,成本可降至 2 美元每加仑(约 4 500 元/吨)以下。但是,我们也应该看到纤维素乙醇在技术上仍有待进一步发展成熟。2011 年,美国环保局(EPA)就做出决定,降低该国的纤维素乙醇生产目标,《2007 年能源独立和安全法案》要求由 9.5 亿升调整为 2 500 万升。这反映了第二代生物乙醇实现商业化面临的技术挑战和成本之高的困难。

第三节 新能源和可再生能源价格机制

一、新能源和可再生能源的成本

(一)新能源和可再生能源的成本特点

与煤炭、燃油、天然气等常规能源相比,新能源和可再生能源的成本形成有其特殊性。首先,新能源和可再生能源技术不断演化升级,与已经成熟稳定的常规化石能源相比,其发电成本在每年或甚至更短的时间内都会发生明显变化,故其成本核算和计量难度较大(见图 10-16)。

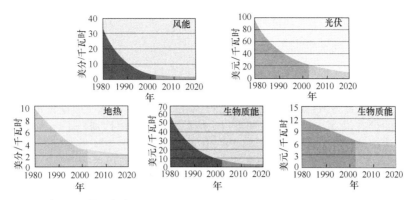

资料来源:美国国家可再生能源实验室

图 10-16　新能源和可再生能源成本下降趋势

其次,可再生能源开发利用的初期,成本一般较高,需要采取鼓励和优惠措施。但长期而言,随着技术进步和规模经济,新能源和可再生能源成本呈现下降趋势,且下降空间较大(见图 10-17)。

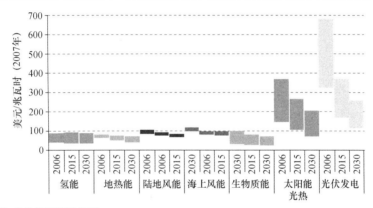

资料来源:IEA. 世界能源展望 2008

图 10-17　未来新能源和可再生能源成本预测

第三,新能源和可再生能源成本的初始固定资产投资规模大,长期运营中,资金成本在总成本中的比重大,运行和维护成本则较低,而原料/燃料成本比重很小或可不计(见表 10-8)。

表 10-8　各类能源发电成本构成

类型	建设成本	运行和维护成本	燃料成本
煤电	35%	20%	45%
天然气发电	<15%	<10%	80%
核电	50%	30%	20%
风电	85%	15%	0
光伏发电	92%	8%	0
生物质能发电	30%~70%	10%~20%	0%~50%
地热发电	80%	20%	0

数据来源:时璟丽. 可再生能源电力价格形成机制研究[M]. 北京:化学工业出版社,2008

第四,存在着隐性成本。由于风能、太阳能和海洋能具有间歇性的特点,其发电也具有间歇性,不能提供稳定的电力输出。因此,新能源和可再生能源上网需要电网配备额外的补偿设备进行协调,增加了电网建设投资和运营成本,而且这部分隐性成本在可再生能源电力成本中是没有被考虑进去的。

（二）新能源和可再生能源的成本测算

不同的新能源和可再生能源发电技术,由于其发展阶段不同,开发利用的潜力也不同,对资源、环境和电网的要求也不一样,发电成本差异也很大。新能源和可再生能源的发电成本取决于技术发展水平和资源条件约束,而技术方面的瓶颈（储能技术）和区域环境条件的制约都会对其规模化产生一定的影响,尤其是当新能源和可再生能源的发电并网达到一定比例后,将给电网带来很多技术和经济难题,包括系统调峰调频问题、电网适应性问题、电压控制问题、安全稳定问题等。表 10-9 给出了 2008 年各类能源发电的成本估算比较,从中可以看出,虽然新能源和可再生能源发电成本随着规模扩大效应、技术水平突破和管理经验积累而逐渐降低,但是在一个相当长的时间内,与传统化石能源相比,新能源和可再生能源仍不具备替代性和竞争性。如果按照商业化的市场竞争规则运作,新能源和可再生能源电力无论从电能质量,还是从经济性和发电规模方面,都无法和传统化石能源竞争,在很大程度上其发展仍将依赖于政府的政策扶持力度。

表 10-9 各类能源发电成本测算

电 站	规 模	发电成本（美分/千瓦时,包含二氧化碳排放成本）
常规电站（2008 年 5 月）		
褐煤电站	150 兆瓦～1 000 兆瓦	7.5～9.75
硬煤电站	150 兆瓦～750 兆瓦	11.25～13.5
核电站	600 兆瓦～1 300 兆瓦	3～8.25
燃气轮机联合循环	100 兆瓦～425 兆瓦	12～18
可再生能源		
大型水电站	10 兆瓦～18 000 兆瓦	3～4
小型水电站	1 兆瓦～10 兆瓦	4～7
陆上风力发电	1 兆瓦～3 兆瓦	5～8
海上风力发电	1.5 兆瓦～5 兆瓦	8～12
生物质电站	1 兆瓦～20 兆瓦	5～12
地热电站	1 兆瓦～100 兆瓦	4～7
太阳能光伏	2 千瓦（kWp）～5 千瓦（kWp）	25～80
聚光太阳能热发电（CSP）	50 兆瓦～500 兆瓦[1]	12～25[2]

注意:1)几个单个电站单元的复合;
2)取决于技术和电站的规格。

数据来源:Global Trends in Sustainable Energy Investment 2009. REN21,2009

新能源和可再生能源发电中风力发电的成本最低,最具竞争力,各国风电成本也比较接近,一般都在 5～12 美分/千瓦时。但是风电的谐波较大,由于电网是正谐波,如果干扰波比例太大（一般最大不能超过 15％）,电网的稳定性可能会产生问题。风电并网会引起电网电能质量下降、谐波污染,大型风电场并网时会引起电网电压和频率的不稳定,直接威胁电网安全。所以风电的发展还需要大规模的电网配套投入,必须进行电力系统的整体规划协调。

光伏发电成本是一个复杂问题,与项目融资方式、权益资金要求的回报率、电池组件价格、电站规模等众多因素密切相关,不同前提条件下成本差别很大。而且光伏发电成本受自然条件的限制,年发电量差别较大,由于光伏发电效率会随时间逐渐下降,将直接影响项目投资回收期限,所以以风电测算的初始成本差别比较大,回收年限的设置也有所不同。

生物质发电的材料来源不确定,发电装机容量规模比较小,较容易受到外部条件的影响,而且技术进步带来的成本下降空间有限。这是因为,生物质能发电设备单位造价较高,而燃料成本会受到气候、经济、能源价格等因素的影响，同时还要考虑收集、运输问题，所以生物质能发电成本较高而且下降空间有限。

二、新能源和可再生能源的价格机制

从经济学角度分析国外已经实施的各种可再生能源价格政策，我们对上网电价水平的确定方法大致可以归纳为两类。一类是标准成本法，即按照一个标准的成本水平或算法来确定可再生能源发电的上网价格。如果采取新能源和可再生能源电力强制上网政策，则其电力价格水平与常规能源电力价格无关，仅仅考虑生产可再生能源电力产品的自身成本。即：

$$P = (1 + r) \times (C_i + C_r + T) \tag{10-1}$$

其中，P 表示的是可再生能源电力价格，r 代表发电企业的利润率，C_i 和 C_r 分别表示可再生能源电力的投资成本和运行成本，T 表示税费。

另一类是机会成本法，其制定规则是把可再生能源电力对常规能源电力的替代价值作为制定可再生能源上网电价的基础，在国家补贴的基础上参与电力市场竞争，而国家补贴的标准取决于化石能源电力的外部环境成本。即：

$$P = \bar{R} + V \times c \tag{10-2}$$

其中，P 表示可再生能源电力的价格，$\bar{R}$ 代表常规能源电力价格，V 表示可再生能源电力的外部性价值，c 表示调节系数。政府可以通过调整 c 的值，来调节对可再生能源的政策补贴力度。

在两种定价方法指导下，目前国际上新能源和可再生能源电力价格政策的具体机制主要有四类，即固定电价、溢价电价、招标电价和绿色电价。

（一）固定电价

固定电价是由政府强制电网按规定（标准定价法估算）的可再生能源发电价格购买可再生能源电力。固定电价可以给项目投资者以明确的预期，鼓励在新能源和可再生能源领域的投资，同时其管理成本低、操作方便，而且政府还可以通过调整价格水平和适用年限来确定可再生能源的投资水平，也可以对不同类型的新能源和可再生能源采取不同的价格水平，进而选择支持可再生能源的技术发展方向。但是政府不可能经常性地频繁修订上网电价，市场机制的缺失导致固定电价不能对可再生能源成本降低迅速地做出反应，不利于最大限度地降低可再生能源发电的价格。目前实施固定电价政策的国家已经超过 40 个，在欧盟 15 国中有 12 个国家采用固定电价政策，此外，美国的一些州也实施了类似的政策。

德国是最早实施固定电价的国家，并以法律的形式对固定电价政策加以确定。其固定电价政策的指导思想是：根据新能源和可再生能源的技术类型，在考虑技术发展水平和项目资源条件的基础上，有区别地制定上网价格，并且根据市场反应状况，尽可能每隔两年修改一次购电价格。德国新能源和可再生能源固定电价政策经历了三个发展阶段。

第一阶段是以 1991 年《可再生能源购电法》的颁布为标志，该法首次明确了可再生能源发电强制入网的原则，并确定风电、水电等可再生能源的上网电价为电力销售价格的 90％，而且公用电力公司必须以此价格收购可再生能源发电。随着电力竞价机制的引入，电力销售价格整体下降。这对可再生能源发电的发展产生负面影响，同时收购可再生能源发电对电网的成本压力也开始凸显。1998 年为解决电力市场化对可再生能源发电的影响，也为了平衡发电和输配电环节的利益分配，德国政府对《可再生能源购电法》做了补充规定，设定电力公司收购可再生能源电量的上限，即电网覆盖区的可再生能源电量不超过该地区总电力消费的 5％，但到 2010 年要达到 10％。

第二阶段是以 2000 年《可再生能源法》的颁布为标志，该法明确了可再生能源发电分类电价制度，为促进技术进步和降低可再生能源发电成本以及进一步解决发电和输配电环节的利益分配问题提供了条件。首先，该法取消了 1998 年规定的电力公司收购可再生能源电量的上限，建立了新的可再生能源电力分配制度，规定所有的配电公司和供电公司都设定同等分配购买可再生能源电力的额度,平摊可再生能源电力固定电价带来的增量成本。其次,固定电价以各种可再生能源的发电成本为基础确定,体现了不同类型可再生能源的固定价格差异性。同时考虑到技术进步的原因,规定了可再生能源电力价格降低的时间表,如对沼气发电,规定自 2002 年起新建电厂电价每年减少 1%。第三,该法还规范了可再生能源发电企业和电网分摊的并网设施和电网扩建费用,发电企业支付并网设施费用,而电网扩建费用由电网企业负担。

第三阶段是以 2004 年对《可再生能源法》修订和补充为起点,为了使可再生能源发电获得长期稳定的固定价格,规定更为详细的电价分类,针对不同技术类型设置区别性电价。比如德国风电技术逐渐成熟并且装机容量在世界也遥遥领先,虽然在项目运行前 5 年可以获得 3.2 欧分/千瓦时的补贴,但是随后每年其享受的优惠价格就会按年 2% 比例下降,而且要根据其所在场址的"能源价值"来调整供电比例;而生物质能发电被认为具有较好的发展潜力,因此对生物质能发电的总体电价提高了 2 欧分/千瓦时;对于可与常规能源发电成本竞争的可再生能源技术,不再给予价格优惠。此外,其继续实行年电价递减的原则,比如新建风电项目的年电价递减率从 1.5% 提高到 2%。

德国的可再生能源电价标准已经形成了较为科学合理的体系,即使是同类型的技术,在不同的资源条件、不同的装机容量和管理水平所享受的价格扶持政策也不一样(见表 10-10),很好地体现了标准成本法"成本加合理利润"的原则。

表 10-10　德国可再生能源电价体系(单位:欧分/千瓦时)

可再生能源技术	2004 年	2007 年	说明
风力发电: 海上风力发电 陆地风力发电	9.4 8.7	8.58 8.19	建项目每年递减 2%,适用于最初 5 年运行
光伏发电: 太阳能发电(包括离网和并网) 装机在 30 千瓦以下(建筑用) 装机在 30 千瓦～100 千瓦(建筑用) 装机在 100 千瓦以上(建筑用)	45.7 57.4 54.6 54	42.73	新建项目每年递减 5%,使用在规定目录内的先进发电技术,电价提高 2 欧分
生物质:(垃圾发电、沼气、煤气层) 装机小于 500 千瓦 装机介于 500 千瓦至 5 兆瓦 装机介于 5 千瓦至 20 兆瓦	10 9.0 8.4	9.46 8.51 8.03	新建项目每年递减 1.5%
垃圾发电: 装机小于 500 千瓦 装机介于 500 千瓦至 5 兆瓦 装机大于 5 兆瓦(煤层气发电)	7.67 6.65 6.65	7.33 6.36 6.36	新建项目每年递减 1.5%
地热发电: 装机大于 20 兆瓦 装机在 10 兆瓦～20 兆瓦 装机在 5 兆瓦～10 兆瓦 装机小于 5 兆瓦	7.16 8.95 14 15	6.95 8.68 13.58 14.55	新建项目每年递减 1%

数据来源:时璟丽. 可再生能源电力价格形成机制研究[M]. 北京:化学工业出版社,2008

德国实施固定电价体系的效果非常显著,目前已成为世界上发展可再生能源最快的国家。截至 2008 年底,可再生能源发电总量在德国全部发电量中已经占到 10.2%。其中风电发展增长最为迅速,装机容量达到 2.39 吉瓦,位居世界第二位;光伏发电也得到了快速发展,装机容量达到 1.5 吉瓦,位居世界第二位,也是世界上第一个光伏发电在可再生能源总发电量中超过 1% 比例的国家。早在 2006 年,德国就已经实现了其在 20 世纪 90 年代中期提出的发展目标,即到 2010 年可再生能源发电量占总发电量的 4%。德国最新制定的目标是到 2020 年可再生能源在总能源消费中的比例达到 18%,可再生能源电力在总供电量中达到 20%。

(二)溢价电价

溢价电价,即参照常规电力销售价格,在一定比例范围内,使可再生能源发电价格随常规电力市场价格变化而浮动;或是以固定奖励电价加上浮动竞争性市场电价,作为可再生能源发电的实际电价。溢价电价结合了标准成本法和机会成本法,既考虑了可再生能源发电的实际成本,又与电力市场的电力竞价机制挂钩。

西班牙是实施溢价电价最成功的国家,其溢价电价政策也经历了三个阶段。

第一阶段,1997 年颁布《54 号电力法》,标志着其市场化电力体制的建立。该法提出进行电力体制改革使发电企业和供电企业私有化,通过建立国家电力库系统(power pool system,PPS)控制电力销售,实现电力市场的自由竞争。所有发电企业向电力库系统售电,所有供电企业向电力库系统购电,售电和购电价格根据电力供需情况竞争确定,由国家电力监管委员会来负责电力市场的监管。同时,《54 号电力法》也明确了可再生能源发展目标和可再生能源电力优先并网的原则。根据西班牙政府规划,到 2010 年,可再生能源占总能源消费总量的 12.2%,可再生能源发电装机容量要达到总装机容量的 29.4%。

第二阶段,1998 年颁布《2818 号皇家法令》对《54 号电力法》进行了完善和补充,制定了可再生能源发展的实施细则。该法令明确规定了可再生能源电力上网电价确立的方式:其一,在国家电力库电价加上一个额外的浮动补贴;其二,固定电价,可再生能源发电企业可以在两种方式中做出选择。这两种电价每年根据可再生能源电力成本情况进行调整,调整的原则是既要保证可再生能源发电企业有利可图,也要保证可再生能源电力上网电价在销售电价的 80%～90% 的范围浮动(不包括光伏发电)。

第三阶段,针对每年固定价格调整的繁复,可再生能源发电成本变化大难以估算的情况,为了形成一个长期稳定的可再生能源电价,2004 年颁布了《436 号皇家法令》对原有政策进行了调整。调整后的政策思路是:实行可再生能源电价"双轨制",即固定电价和溢价电价相结合的方式,发电企业可以在两种方式中任选一种作为确定电价的方式,但只能在年底选择一次,持续一年。固定方式是根据不同技术类型,将电价设为平均国家电力库电价的 80%～90%(太阳能为300%),电网按此价格收购,超过电网平均上网电价部分由国家补贴;溢价方式则是可再生能源发电参与电力市场竞价上网,但政府为其提供额外的溢价补贴,补贴水平为电网平均上网电价的40%～50%(太阳能为 260%)。电网平均上网电价(参考价)由政府根据电力市场销售电价情况确定,一年发布一次(见表 10-11)。

表 10-11　　2007 年西班牙可再生能源体系(单位:欧分/千瓦时)

可再生能源技术		固定电价		溢价电价		
技术类型	装机容量	参考价(%)	上网电价(2007 年)	补贴电价(%)	奖励电价(%)	总补贴电价(2007 年)
光伏发电	≤100 千瓦	575	46.78	250	10	21.15
	>100 千瓦	300	24.41			
光热发电	无限制	300	24.41	250	10	21.15
陆地风电	无限制	90	7.32	40	10	4.07
海上风电		90	7.32	40	10	4.07
地热发电	<50 兆瓦	90	7.32	40	10	4.07
生物质能	混燃≥70	90	7.32	40	10	4.07
	混燃≥90	80	6.51	30	10	3.25
水电	≤25 兆瓦	90	7.32	40	10	4.07
	>25 兆瓦	80	6.51	30	10	3.25

注:2007 年参考价为 8.1364 欧分/千瓦时。

数据来源:时璟丽.可再生能源电力价格形成机制研究[M].北京:化学工业出版社,2008

溢价电价体系的实施促进了西班牙可再生能源的发展。2008 年西班牙可再生能源电力在其电力总消费中的比例达到 18%(包括水电),其中,风电新增装机 1.61 万千瓦,累计装机容量已达 16.74 吉瓦,占世界风电总装机容量的 13.8%,高居世界第三位;光伏发电装机达到 3.30 吉瓦,占世界光伏发电总装机容量的 25%,仅次于德国;小水电和生物质发电装机分别达到 1.80 吉瓦和 0.4 吉瓦。

(三)招标电价

招标电价,是指政府对一个或一组可再生能源发电项目进行公开招标,综合考虑电价及其他指标来确定项目的开发者。招标电价可以分为两类情形:一种是政府事先制定一个可再生能源发展目标,然后通过招标,选择合适的企业建设项目,在获得可再生能源电力项目的同时,中标企业还会得到一套有利的投资条件,包括对每千瓦时装机的投资补贴;另一种则是政府不再提供前期支持,而是在一定的合同期内,对可再生能源发电企业生产的电量以中标价格进行收购。招标电价的意义在于可再生能源发电量是可以确切知道的,但同时其价格和边际成本也是不明确的。可再生能源发电企业按中标的长期合同价格提供可再生能源电力,其边际成本取决于政府制定的可再生能源上网目标,中标价格和平均上网电价之间的差额作为隐性补贴支付给电力生产者。招投标制度可以使所有可再生能源电力的边际生产成本一致,这样就不存在固定电价制度中的生产成本不同的问题。

英国在 1991—2000 年实施的《非化石燃料公约》(NFFO)制度是招标电价的典型。1990 年,英国开始实行电力体制改革,将发电企业和电网企业分开并私有化,成立了 12 家电网企业,发电企业通过电力交易市场竞价向电网售电。同时,为了保证可再生能源发电的竞争力,英国提出《非化石燃料公约》制度,其核心就是政府向发电企业征收化石燃料税,用于补贴新能源和可再生能源发电;电网承诺订购一定数量的可再生能源电力,政府通过招投标来确定供应电力的可再生能源发电企业,中标者与相关电网企业按中标价签订长期购电合同;电网企业所承担的可再生能源电价与电力交易市场竞价平均电价之间的成本差额由政府补贴。招标电价体系最主要的缺点是,中标价格往往过低从而导致合同履行率很低。英国在 2000 年发布的 5 轮招标中,共成功招标 1.15 吉瓦的风电项目,但是在这些项目中,只有 0.15 吉瓦的项目最终建成发电,项目的建成率仅为 13%。其主要原因就是中标得到的低价格使企业无力完成项目的建设。因此,和当时欧洲其他国家相比,英国的可再生能源电力行业发展速度离预期相差太远,这使得英国最终不得不放弃招标电价制度,转向可再生能源配额制。

(四)绿色电价

绿色电价,即由政府根据机会成本法制定可再生能源电力价格,终端消费者按规定价格自愿认购一定量的可再生能源电量,认购后颁发的"绿色证书"一般不用于以营利为目的的交易,而是作为对消费者支持绿色电力的一种表彰。绿色电价机制是否可行,取决于居民和企业对绿色能源的认同和支付能力,只有在那些公众(企业)社会责任意识较强、居民收入水平较高的国家和地区才会有效。

荷兰实行的绿色电价政策是采用自愿和义务相结合的机制来鼓励可再生能源的发展。1998年,荷兰政府颁布新的电力法,开始实施绿色电力政策。该政策规定终端消费者有购买最低限量的绿色电力的义务,并通过税收优惠等措施来鼓励终端消费者自愿购买绿色电力的行为。该政策荷兰的可再生能源电力消费者(绿色用户)数量一直处于快速增长中,目前已超过 240 万,占全国电力消费者的 30%。同时,荷兰政府还推出绿色标识计划(GCS),该计划通过与荷兰电力协会签订有关自愿购买可再生能源电力的协议,设定了到 2000 年总消费电量中的 3%(约 1.7 太瓦时)要来自可再生能源的目标。该计划规定电力公司每向电网输送 10 吉瓦时的可再生能源电量,就会获得一份绿色标识,而没有达到要求的电力公司要支付 5 分荷兰盾/千瓦时的罚金。绿色标识的约值 3~5 分荷兰盾/千瓦时,没有达标的电力公司也可以在市场上购买该标识来完成承诺的义务。但由于无法核实进口电力的来源构成,进口电力不被纳入该计划,最终目标只完成了 40%。

上述的四种电价政策对于促进新能源和可再生能源产业的发展都具有重要作用,在不同程度上推动了新能源和可再生能源产业技术进步,以及产业化、规模化和商业化运作。但是,这四种电价政策都存在完全或大部分依靠政府估算可再生能源的发电成本并据此制定上网电价。由于可再生能源发电技术不断演化升级,其发电成本在每年或甚至更短的时间内都会发生明显变化,所以政府制定的固定电价与可再生能源发电之间存在较大的差距,而溢价电价虽然引入了"双轨制",由政府估算和市场竞价共同构成可再生能源上网电价,但发电企业也只能每年进行一次选择,仍难以跟上可再生能源发电成本的变化。招标电价虽然是以市场竞价机制来确定可再生能源上网电价,但可再生能源的供电量是由政府确定的,而政府难以把握电力市场对可再生能源发电的真实需求,会造成可再生能源发电量与市场需求脱节。绿色电价的创新在于是从电力消费(需求侧)来形成对可再生能源发电量的市场需求,但其能否有效促进可再生能源的发展取决于居民的环境意识和收入水平,同时,其上网电价也是由政府制定的,同样存在着对市场价格的扭曲。

第四节　可交易绿色证书机制

一、可再生能源配额制与绿色证书

(一)基本概念

政府直接干预或设定可再生能源的上网电价,会导致市场机制的缺失带来的无效率,造成发展可再生能源的社会成本偏高,影响可再生能源的发展和推广。因此,基于可再生能源配额制(renewable portfolio standard, RPS)的可交易绿色证书(tradable green certificate, TGC)机制逐渐成为发达国家鼓励和推动新能源和可再生能源发展的创新政策。

可再生能源配额制是指政府在电力生产和销售中强制要求可再生能源发电在电力供应中必须达到的一定比例,并对相应的责任主体(电力生产商、电力零售商等)形成配额,即一定时期内必须完成的一定量的可再生能源电力生产或电量消费,否则将面临处罚。同时,政府对责任主体所完成可再生能源电力生产或电量消费进行核准,并颁发相应的绿色证书,以此凭证来与配额相匹配,未能完成配额的责任主体可以在绿色证书交易市场上购买超额完成配额的责任主体的多余的绿色证书来弥补其应尽的配额责任。

在可交易绿色证书机制引入之前,各国政府普遍对可再生能源实行补贴政策。广义的补贴政策包括直接和间接的经济资助,比如价格机制、税收抵免、投资补助等。补贴政策最大的问题在于政府缺乏关于可再生能源发电成本的准确信息,难以确定合适的补贴额度。另外,可再生能源发电成本的变化较快,而政府补贴额度无法及时进行调整,无法对可再生能源产业进行有效的补贴。

可交易绿色证书机制能够弥补补贴政策的缺陷。首先,政府通过配额制明确了可再生能源的发展目标,并将该目标分解到相关责任方,同时以市场化绿色证书交易机制和严厉的处罚措施作为保障,能够保证实现既定的发展目标;其次,绿色证书的价格代表了可再生能源高于常规能源发电成本的差额,通过交易可以实现这种成本差额在整个电力行业的均摊,扭转可再生能源发电的成本劣势,提高了可再生能源的市场竞争力;再次,绿色证书的价格也反映了可再生能源的环境效益,绿色证书的购买者对环境的污染(包括温室气体排放)方面给社会带来了更多的负外部性,必须为此付出相应的代价,而绿色证书交易实现了这种负外部性的内在化;最后,绿色证书的价格由市场竞争形成,不受政府干预,能够及时反映可再生能源发电成本的变化,更有效地支持可再生能源产业的发展。正是由于可交易绿色证书机制具备以上优越性,所以它正迅速取代传统的补贴政策，成为发达国家新能源和可再生能源发展的重要政策工具。

（二）经济学分析

假设电力市场是完全竞争的，在政府干预之前，可再生能源发电的电价 P_r 高于常规能源发电的电价 P_e，由市场供求关系（供应曲线 S_r 和需求曲线 D_r）决定。引入配额之后，可再生能源的市场需求曲线 D_r^* 由政府外生给定，它是一条垂直线。而此时的可再生能源发电的电价 P_r^* 就等于常规能源电价 P_e^* 加上单位绿色证书的价格 P_c^*/B（B 代表每份绿色证书的发电量），如图 10-18 所示。

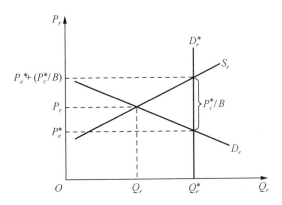

图 10-18 可交易绿色证书的经济学基础

假设电力生产企业的常规能源发电策略和可再生能源发电策略是相互独立的，其可再生能源的发电能力为 q_r，而实际分配到的配额与其常规能源发电量 q_e 相关，为 Aq_e（A 为强制比例），其差额可以通过绿色证书交易来弥补。

单个电力生产企业的利润函数为：

$$\pi = P_e^* q_e + P_r^* q_r - c_e(q_e) - c_r(q_r) + P_c^*/B(q_r - Aq_e) \tag{10-3}$$

其中，q_e 为常规能源发电量，c_e、c_r 为常规能源和可再生能源的发电成本，是发电量的函数。其利润最大化的一阶条件为：

$$\partial\pi/\partial q_e = P_e^* - AP_c^*/B - \partial c_e(q_e)/\partial q_e = 0,$$
$$\partial\pi/\partial q_r = P_r^* + P_c^*/B - \partial c_r(q_r)/\partial q_r = 0 \tag{10-4}$$

式（10-4）表明，电力生产企业的最优可再生能源发电量为其可再生能源发电边际成本，等于可再生能源电价加上单位绿色证书收益。式（10-4）还表明绿色证书的交易可以使不同电力生产企业按其可再生能源发电边际成本提供可再生能源电力，也就是说可以使得可再生能源发电的社会总成本实现最小化。

短期内如图 10-19 所示，由于可再生能源发展目标是由政府规定的，所以绿色证书的需求 D_c 也是给定的，为 Q_r/B，同样也是一条垂线。而绿色证书的供给 S_c 等于由可再生能源电力供给曲线决定，为 S_r/B。绿色证书的均衡价格 P_c^* 由供求关系决定，由（10-4）得：

$$P_c^*/B = \partial c_r(q_r)/\partial q - P_r^* = mc_r - P_r^* \tag{10-5}$$

长期而言，如果政府逐步提高可再生能源在能源供应中的比例，将使得绿色证书需求曲线向右平行移动（由 D_c^* 平移到 D_{c2}^*），同时，由于长期电力生产企业的可再生能源电力生产边际成本下降（固定投资减少、较高的规模经济等），绿色证书的长期供应曲线 S_{c2} 要比短期供应曲线 S_c 平坦。假设可再生能源电价不变，长期绿色证书的价格将逐步提高，即由 P_c^* 提高到 P_{c2}^*。由此可见，政府对于可再生能源发展目标的确定非常重要，如果目标过低，绿色证书供给就会过多，其价格也会偏低，出售绿色证书的所得不足以补偿清洁电力的生产，这就难以鼓励清洁电力的生产。反之，如果目标过高，绿色证书供给就会偏少，其价格可能偏高，甚至超过不达标的罚款，供应商宁可承受罚款，也不买绿色证书。

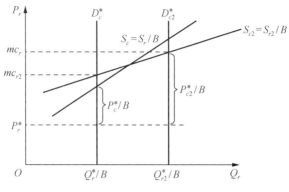

图 10-19　绿色证书的均衡价格

二、国际经验

目前已有英国、澳大利亚、荷兰、意大利、丹麦、瑞典、日本、德国等 18 个国家和美国部分州实施了可再生能源配额制，并开展不同形式的绿色证书交易。由于各国社会经济发展状况不同，所以具体的运作模式也存在较大差异。

第一个引进可再生能源配额制的国家是英国，1997 年颁布的《可再生能源义务法》(*Renewable Obligation Order*，RO)就明确了电力公司必须在其所提供的电力中有一定比例的可再生能源电力，该比例由政府每年根据可再生能源发展目标和市场情况确定。在该法生效的第一年(2002 年)，政府规定的比例是 3%，以后逐年增加，到 2010 年该比例已达到 10%。同时，英国也建立了可再生能源电力交易制度和市场。根据《可再生能源义务法》，电力公司每向电网提供 1 兆瓦的可再生能源电量，就可以从电力监管局获得一个计量单位(ROC)配额证书。如果电力公司完不成相应的配额，最高将缴纳其营业额的 10% 作为罚款，当然电力公司也可以从电力监管局直接购买配额证书以弥补其差额。如果配额证书过剩，电力监管局将按每份配额证书 30 英镑的价格进行收购。配额证书可以储存，供电企业可以提前一年存储不超过其当年份额 25% 的证书。在实际操作中，由于英国政府对未遵守该制度的电力公司处罚力度不够，导致配额从来没有被完全履行过。到 2006 年，英国的可再生能源仅占总能源消费的 1.7%，离英国政府规划的到 2010 年 10%、2020 年 20% 的目标仍很远。同时，由于可再生能源电力价格由市场决定，不管何种形式的可再生能源发电，其得到的是同样的市场电价。所以，发展较快的是一些成本较低的可再生能源发展技术，如垃圾填埋发电，其电力占配额证书总数的 50%，而风力发电的发展也比较迅速，2008 年英国风电总装机量约为 4 吉瓦，目前排名世界第八。

1999 年 11 月，澳大利亚政府宣布支持国家可再生能源发展计划，到 2010 年可再生能源发电量将增加到 25.5 太瓦时，相当于全国总发电量的 12%。2000 年澳大利亚通过了《可再生能源电力法》(*Renewable Power Act*，RPA)，提出了强制性可再生能源目标政策，要求自 2001 年开始所有的电力生产企业和零售商每年的可再生能源电力增加 2%。电力公司每向电网提供 1 兆瓦的可再生能源电量，就可以获得一张绿色证书。证书可以在市场上进行交易。在每年的年末，应履行义务的批发商和零售商都要向管理者提供足量的绿色证书以证实各自已经完成了规定了义务。对于未完成规定配额的责任人处以罚款，处罚标准定在 40 澳元/兆瓦时，罚金归政府。如果在以后三个季度内弥补以前应完成的配额，则可退回罚金。澳大利亚的可再生能源发展计划运作比较顺利，每年的目标都得以完成。一方面这是由于配额定的非常低，因此比较容易完成；另外，大型水电站也被涵括在可再生能源发展计划内，并发挥了重大的作用，在计划开始的前三年，其有 53% 的可再生能源电力都来自水电站。所以澳大利亚的可再生能源发展计划并没有刺激大规模可再生能源投资。

美国虽然没有实施联邦层面的可再生能源配额制，但是在可再生能源发展领域也有提出长远规划目标。1998 年克林顿政府的《综合电力竞争条例》就提出制定国家通用的可再生能源配额制政策的构想：到 2010 年，美国 7.5% 的电力由可再生能源供应；同时，进行配额分配，颁发可再生能源信用证给完成相应可再生能源发电量的电力公司，这些信用证可以存入银行并进行交易，价值被定为 1.5 美分/千瓦时。2005 年小布什政府推出的《能源政策法》也规定到 2013 年美国政府电力消费至少要有 7.5% 源自可再生能源。2009 年奥巴马政府也提出新的可再生能源发展规划，即在 2020 年电力部门至少有 12% 的发电量来自风能、太阳能等可再生能源，到 2050 年增加至 25%。目前美国已有 16 个州实施了可再生能源配额制政策，其中以德州和加州的最为成功。

1999 年 6 月德州通过了电力重组法案，在开放零售电力市场的同时，还引入了可再生能源配额制政策。德州作为美国第一个实施配额制政策的州，其政策架构对于后续实施配额制政策的地方州政府具有较强的示范作用。首先，德州 RPS 政策设定了可再生能源电力发展目标（以优先风力发电为主），即可再生能源发电装机容量从 1999 年的 880 兆瓦增加到 2003 年的 1.3 吉瓦，2005 年 1.739 吉瓦，2007 年 2.28 吉瓦，2009 年达到 2.88 吉瓦，并且装机容量目标将转化为可再生能源电力购买要求的百分比。其次，建立一个由州公用事业委员会监管的可再生能源的信用证系统，由参加电力市场的 45 个电力零售商，依其售电量的比例承担配额义务。电力委员会对电力零售商的售电情况进行跟踪监督，对未完成配额制指标的进行处罚，罚金为最低为 5 美元/兆瓦时，或强制其按平均价值的两倍金额购买可再生能源的信用证。第三，对可再生能源发电成本与电力市场上网电价的差额，一部分通过联邦政府规定的生产税抵扣（1.8 美分/千瓦时）解决，一部分由强制电力零售商购买绿色证书来解决。德州的可再生能源配额制政策运行非常成功，提前完成了预期目标，并使得德州成为了全美最大的可再生能源市场之一，特别是风力发电领域。德州成功的重要因素除了强有力的行政支持和执行力度外，从长远来看，关键是设定了一个弹性的、切合实际的配额目标。

但是美国其他实行可再生能源配额制的州，虽然或多或少地取得了一些成功，但多数州并没有实现其预期设想。其中最主要的问题包括配额设定不足，可再生能源来源适用范围过大（如缅因州的目标为到 2020 年可再生能源发电量占能源消费的 30%，适用范围包括了天然气发电机组热电联产），购买规定的可选择性适用范围（如康涅狄格州规定为不更换电力供应商的顾客供电可免去遵守购买可再生能源的电力要求），配额制续存期不确定性（如缅因州每 5 年就要评估一下配额制，而康涅狄格州和马萨诸塞州则没有完全明确配额制的续存期）。

意大利政府在 1999 年决定实施可再生能源配额制政策，但该计划于 2002 年才开始实施。意大利政府规定电力供应商（包括进口电力）至少有 2% 的净销售额来自新能源和可再生能源，并由意大利国家电力调度中心负责签发绿色证书。国家电力调度中心还负责授予发电资格，收集和公布可再生能源电力供应商的资料，控制电力的可再生能源的生产来源和证书需求，国家电力调度中心也需赎回供应商完成他们的配额所提供的证书，并认证电力原产地。如果电力供应商进行投资并承诺在三年内达到配额所需发电量的话，国家电力调度中心可以出售虚拟绿色证书（借贷）。但是，其不允许存储绿色证书，因为证书的有效期是一年，未遵守规定的处罚是取缔入网格资格。

瑞典于 2003 年开始采用可再生能源配额制取代旧的投资补助和免税制度。具体措施是：从 2003 年至 2010 年间，增加可再生能源发电量 10 太瓦时；强制消费者（电力密集型行业除外）必须消费一定比例的可再生能源电量，法律规定由电力零售商为最终用户履行这项义务，如果最终用户不愿意购买，电力零售商具有向最终用户收取费用的权利；电力零售商每售出 1 兆瓦时的可再生能源电量，可以获得一份绿色证书，如果未完成分配的配额，则需从市场上购买绿色证书以弥补差额；为避免证书价格过低，在推广期（2003—2007 年），设定保证价格，2003 年签发的绿色证书，保证金额是每个证书 60 瑞典克朗，保证价格会逐渐下降；不遵守规定的罚金设定为高出过去

12 个月平均证书价格的金额,在前两个配额期(2003 年和 2004 年),罚金上限分别为每个证书175 克朗和 240 克朗;同时,不允许证书跨期转移。

由于比利时分为三个独立的区域,其配额制也更加复杂。2002 年弗拉芒区和瓦隆区开始强制推行配额制,配额主要针对电力零售商,每年根据其电力销售总量赎回一定数量的绿色证书。但两个地区的绿色证书体系存在较大的差异,具体包括:弗拉芒区的绿色证书是根据每 1 兆瓦时的绿色发电量签发的,而瓦隆区的绿色证书则是根据每减少 250 公斤二氧化碳排放量签发的;配额量的计算也不同,瓦隆区由 2003 年的 3%,将增至 2010 年的 12%,在弗拉芒区使用一个方程式进行估算,其配额在 2001 年应为 1.41%,而在 2010 年将为 5%;两个地区都有未遵守规定的罚金规定,但瓦隆区存在最低罚款额,弗拉芒区则不存在。

丹麦是世界上最早进行风力开发利用的国家之一,目前在风机设备制造、供电控制等方面都处于国际领先的地位。1999 年丹麦废止了固定电价政策,并推出配额制,而绿色证书主要颁发给 2000 年后投产的可再生能源电力项目,2000 年前投产的项目在 2000—2002 年仅享受 4 欧分/千瓦时的固定电价优惠,2003 年开始绿色证书交易,向所有提供可再生能源电力的项目颁发绿色证书。丹麦计划到 2010 年实现可再生能源占总能源消费的 29% 的目标,同时会根据在《京都议定书》中承诺的碳排放目标,适当调整这一目标。

虽然各国在可再生能源配额制和绿色证书交易体系的具体运作模式存在着较大的差异,但是也有一些共同的特点:(a)有明确的可再生能源发展目标,保证在较长时期内可再生能源的市场需求,增强了投资者的信心;(b)基本上完成电力市场化改革,建立起电力竞价机制;(c)政府不进行行政干预,强调市场竞争的充分性,主要依靠绿色证书市场价格来解决可再生能源电力与常规能源电力的成本差额分摊问题。但是,在各国具体运作过程中,也发现存在一些制度设计上的问题:(a)配额相当于设定了可再生能源电力发展的上限,必须进行不断调整;(b)需要完善的市场体系,可再生能源的发展取决于可再生能源电力价格和绿色证书的价格,而两者都取决于市场,风险较大,有可能会造成大型企业垄断地位,限制和排斥新的、独立的、小规模的公司进入可再生能源发电市场,从而不利于可再生能源的长远发展;(c)需要客观的、公正的、有效的认证、监督和惩罚措施,尤其是惩罚的力度会直接影响配额制的效果。

三、相关研究

目前对于绿色证书交易体系的研究主要集中在机制设计、价格形成以及对可再生能源行业投资的影响等方面。

Morthorst(2000)指出绿色证书的需求取决于配额,且是无弹性的;而绿色证书的供给取决于可再生能源电力企业向电网提供的电量,而这又取决于企业发电的短期和长期边际成本。可再生能源电力企业的收入来自电价收入和绿色证书收入。绿色证书的边际成本可以被定义为电力企业生产边际成本与电价的差额。绿色证书的价格要高于证书边际成本,才能使可再生能源企业收回项目投资,以支持其发展。绿色证书交易的目的是支持开发新的可再生能源生产能力,使绿色证书的供给满足需求。对于潜在的投资者而言,新的可再生能源发电项目要考虑投资回报,因为新能源和可再生能源的技术发展较快,其成本下降也较快,所以是否进入市场要考虑长期证书边际成本(长期边际生产成本与预期电价的差额)。长期边际成本可以解释为一种平均成本,由于技术进步和规模效应,长期边际成本要低于短期的边际成本。

Fristrup(2003)指出如果配额目标设置太低,可再生能源电力企业的收益不足以支持其投资成本;而如果设置过高,还会导致较为成熟、成本较低的可再生能源发电企业(如小水电、风力等)通过绿色证书交易获得更高的收益(企业收益为短期边际收益高于行业长期边际收益),会刺激太多的投资进入这些技术领域,抑制其他可再生能源技术的发展(见图 10-20)。

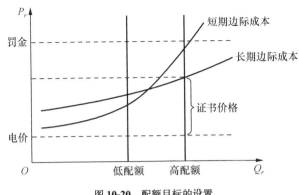

图 10-20 配额目标的设置

　　配额的期限问题也会影响证书的交易。Agnolucci(2007)指出绿色证书交易存在价格不稳定的问题,这是因为可再生能源(如风能和太阳能等)受气候影响非常大,这就造成这些可再生能源电力的供给在不同年份、不同季节的大幅度波动。而配额制下绿色证书的需求量在一定期限内是基本稳定的,绿色证书就会产生供求矛盾,从而造成绿色证书价格的波动。由于可再生能源行业技术更新速度快,投资风险大,回收期短,所以投资者会担忧后来者的加入会使配额逐步增加,导致绿色证书的价格下跌而不足以补偿其投资成本而不愿意投资。解决的方法是允许绿色证书的跨期借贷和存储,将可再生能源电力高产时期的剩余的绿色证书存储起来,并在可再生能源电力低产的年份出售,这样就能调整绿色证书的供求情况,从而平缓其价格波动的幅度,稳定绿色证书的价格。同时,这种灵活机制也允许投资者根据对绿色证书市场走势的判断和自身项目的风险评估,提前或延后兑现绿色证书的收益,不仅为履行配额义务提供更大的灵活性,而且短期边际成本会跟随长期绿色证书市场预期,增加短期证书价格的稳定性。

　　Amundsen 等(2006)采用基于理性预期的模型对绿色证书市场进行仿真,比较了禁止存储和允许存储情形对绿色证书市场和电力市场的影响。模型假设市场参与者由可再生能源发电企业、电力批发商、电力零售商、消费者以及绿色证书投机商组成。假设电力需求 x 是电力价格 p 的函数,即:$x=D(p)$;可再生能源配额为 α,表示在电力需求中可再生能源 w 所占的比例,即:$x=\frac{w}{\alpha}$;电力批发价格为 c,而绿色证书的价格为 s,则电力市场均衡价格为:$p=\alpha s+c$;而可再生能源电力的发电量 $w=S(s)$。

　　禁止存储证书的情形下,绿色证书必须在其持有期限内进行交易,否则作废,即:$w\equiv z$;t 期的绿色证书价格为:

$$s_t = \frac{1}{\alpha}\left[P\left(\frac{z_t}{\alpha}\right)-c\right] \tag{10-6}$$

　　允许证书存储的情形下,绿色证书可以进行跨期转移,即:

$$I_0 = 0; I_t = (1-\delta)I_{t-1} + z_t - w_t, t \geqslant 1 \tag{10-7}$$

　　其中,I_t 表示 t 期的证书交易量,而 $0<\delta<1$ 表示跨期转移的证书比例,贴现率 $\beta=\frac{1}{1+r}$,r 为市场利率。

　　市场根据对于未来证书价格预期来决定是否存储证书,即:

$$I_t = 0,如果 \beta E_t s_{t+1} < s_t; I_t \geqslant 0,如果 \beta E_t s_{t+1} = s_t \tag{10-8}$$

　　证书的市场价格为:

$$s_t = \max\{\beta E_t s_{t+1}, S(z_t + I_{t-1})\} \tag{10-9}$$

　　计算机仿真结果(见图 10-21)显示,允许绿色证书的存储可以降低其价格波动,减少可再生能源项目投资者的风险,但是也会压低绿色证书的平均价格,影响投资回报,从而降低绿色证书交易体系的效率。

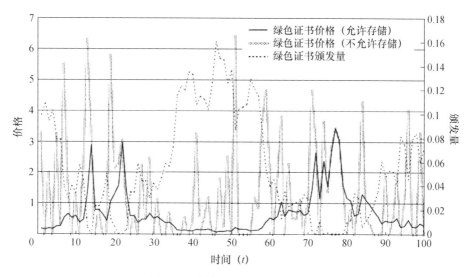

图 10-21　绿色证书交易市场价格波动

Lemming(2003)则从投资者的角度分析了绿色证书交易与投资风险的关系,尤其是从固定价格机制向配额制转化的过程中,绿色证书交易对新旧项目投资者的影响。研究指出,由于可再生能源市场供求关系不透明,绿色证书交易机制相对于固定电价的风险更大,投资者对项目的风险溢价要求更高,这直接导致了绿色证书价格的剧烈波动。要稳定绿色证书交易市场,除了通过预先宣布未来配额情况、公布可再生能源上网电量数据等增加市场信息透明度的手段外,还可以引入绿色证书的远期合约金融工具,实现另一种形式的配额借贷。

Patrik(2008)提出整合现有欧盟各国绿色证书交易体系,即以欧盟碳排放交易体系为参照,结合温室气体减排目标分配和各国在可再生能源资源禀赋、技术水平和未来能源需求,设计一个多边的跨境绿色证书交易市场。这样,资源较丰富的国家可以将富余的绿色证书出口给资源相对贫乏的国家。这就可以实现不同国家之间可再生能源的充分利用和合理配置,在更广阔的区域内保持绿色证书价格的稳定,并把环保、减排的效果延伸到欧盟。

第五节　中国新能源和可再生能源发展

一、资源储量及发展现状

（一）可再生能源资源储量和分布

中国国土面积 960 万平方公里,可再生能源资源品种多,分布广,数量丰富。据初步普查资料统计,中国小水电资源主要集中在东中西部地区,资源储量约为 160 吉瓦,每年发电量可以达到约 1 300 太瓦时;50 兆瓦(含 50 兆瓦)以下的小水电资源可开发量达到 128 吉瓦。至 2008 年底,我国已开发小水电装机容量约为 60 吉瓦,占可开发资源的 50% 左右,小型水电仍有较大的发展潜力。

中国陆地上离地面 10 米高度风能资源总量约为 3 200 吉瓦,可开发利用的储量为 253 吉瓦,主要集中在西北地区;近海可开发利用的储量有 750 吉瓦,主要集中在东南沿海及附近岛屿。如果陆上风电年上网电量按等效满负荷 2 000 小时计,每年可提供 500 太瓦时发电量,海上风电年上网电量按等效满负荷 2 500 小时计,每年可提供 1 800 太瓦时发电量。

中国的太阳能十分丰富,全国 2/3 以上的地区年辐射量大于 5×10^6 kJ/m²,年日照量在

2 000小时以上,陆地表面每年接受的太阳能就相当于1 700亿吨标准煤,但是开发的潜力取决于技术水平和成本。中国的太阳能资源分布不均衡,西藏、青海、新疆、甘肃、宁夏、内蒙古高原的总辐射量和日照时数均为全国最高,东部、南部和东北为资源中等区,四川、贵州是为低值区。

作为传统的农业大国,中国的生物质能资源十分丰富。每年产生的农作物秸秆约有7亿吨,可用做生物质能的约占50%,薪材合理年开采量为2.2亿吨,各种工农业有机废弃物通过技术转换成沼气的潜力达320亿立方米。生物能源作物也十分丰富,比如玉米产量就比较稳定,年产量在1.4亿～1.45亿吨之间,根据中国土地资源开发利用情况,未来50年内年可开发的生物燃料可以超过2亿吨。

中国是以中低温为主的地热资源大国,其资源潜力约占世界的7.9%。地热资源开发潜力在2 000亿吨标准煤左右。其中可供开发的高温发电为60兆瓦,中低温供暖的地热资源储量约相当于33亿吨标准煤。拥有150℃以上高温水热系统的温泉区近百处,主要集中分布于藏南、滇西、川西和中国台湾北部,比如已建成的羊八井地热电站在拉萨电网中起着举足轻重的作用。地热供暖重要集中在北方的北京、天津、辽宁等省市,主要是开发利用60～100℃的中低温地热水、热尾水和浅层地热能。

中国海岸线有32 000公里,其中大陆海岸线18 000公里,拥有潮汐能、波浪能、温差能、盐差能等各种海洋能资源,其中可供开发利用量为50吉瓦。根据国家有关部门两次对潮汐能资源进行的普查,中国可供开发电潮汐能资源达110吉瓦,年发电量可达60太瓦时。但潮汐能资源分布十分不均衡,沿海潮差以东海最大,黄海次之,渤海南部和南海最小。以地区而言,主要集中在华东沿海,福建、浙江、上海最多,占全国可开发潮汐能的88%。福建是我国潮差最大省份,最高潮位达8.46m,最低潮位1.16m,平均潮位在3～5.5m,因此,潮汐动力资源丰富,可供开发量为1.1吉瓦,发电量可达2.8太瓦时(见表10-12)。

表10-12 中国新能源和可再生能源资源储量和开发潜力

类　　型	资源储量	可开发潜力
小水电	180吉瓦	128吉瓦
风能	3 226吉瓦	
陆地		250吉瓦
近海		760吉瓦
太阳能	相当于2.3万亿吨标准煤	
地热	2 800亿吨标准煤	
高温		6吉瓦
中低温		32亿吨标准煤
海洋能	2 500吉瓦	50吉瓦
潮汐能	1 100吉瓦	22吉瓦
生物质能		
秸秆	7亿吨	3.5亿吨
薪材	2.2亿吨	2.2亿吨
工业有机废水	25亿吨	110亿立方米
农业养殖粪便	18亿吨	200亿立方米
城市生活垃圾	1.49亿吨	90亿立方米
城市生活污水	247亿吨	10亿立方米

数据来源:林伯强.中国能源发展报告2008[M].北京:中国财政经济出版社,2009

（二）新能源和可再生能源开发现状

2006 年,中国的《中华人民共和国可再生能源法》出台实施,为新能源产业发展注入新的动力,新能源产业也步入了快速发展时期(见图 10-22、表 10-13)。

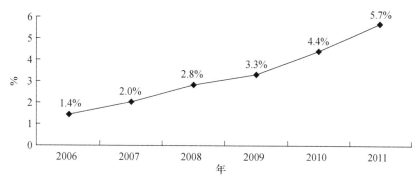

数据来源:中电联

图 10-22　2006—2011 年中国新能源和可再生能源(除大水电外)装机容量比例

表 10-13　2009—2011 年中国可再生能源应用规模

	2009 年	2010 年	2011 年
太阳能光伏(兆瓦)	270	770	3 470
风电(万千瓦)	2 582.3	4 475.1	6 541.1
太阳能热水器(亿平方米)	1.45	1.5	2
垃圾发电(万千瓦)	—	50	55
燃料乙醇(万吨)	179	189	169
生物柴油(万吨)	—	30	20～30

数据来源:中电联

总体而言,"十一五"时期,在《中华人民共和国可再生能源法》的推动下,我国可再生能源政策体系不断完善,通过开展资源评价、组织特许权招标、完善价格政策、推进重大工程示范项目建设,培育形成了可再生能源市场和产业体系,可再生能源技术快速进步,产业实力明显提升,市场规模不断扩大,我国可再生能源产业已经进入全面、快速、规模化发展的重要阶段。

(1)风电进入规模化发展阶段,技术装备水平迅速提高。风电新增装机容量连续多年快速增长,2009 年以来,中国成为全球新增风电装机规模最多的国家。到 2010 年底,风电累计并网装机容量 3 100 万千瓦。2010 年风电发电量 500 亿千瓦时,折合 1.6 亿吨标准煤。风电装备制造能力快速提高,已具备 1.5 兆瓦以上各个技术类型、多种规格机组和主要零部件的制造能力,基本满足陆地和海上风电的开发需要。

(2)太阳能发电技术进步加快,国内应用市场开始启动。在快速增长的国际市场的带动下,中国已形成了具有国际竞争力的光伏发电制造产业,2010 年光伏电池产量占全球光伏电池市场的 50％。在光伏电池制造技术方面,中国已达到世界先进水平。光伏电池效率不断提高,晶硅组件效率达到 15％以上。非晶硅组件效率超过 8％,多晶硅等上游材料的制约得到缓解,基本形成了完整的光伏发电制造产业链。在大型光伏电站特许权招标和"金太阳示范工程"推动下,国内太阳能发电市场开始启动,规模化应用的格局正在形成。

(3)生物质能多元化发展,综合利用效益显著。生物质发电技术基本成熟,大中型沼气技术日益完善,农村沼气应用范围不断扩大,木薯、甜高粱等非粮生物质制取燃料乙醇技术取得突破,木薯制取燃料乙醇开始规模化利用,万吨级秸秆纤维素乙醇产业化示范工程进入试生产阶段。

到 2010 年底,各类生物质发电装机容量总计约 550 万千瓦。2010 年沼气利用量约 140 亿立方米,成型燃料利用量约 300 万吨,生物燃料乙醇利用量 180 万吨,生物柴油利用量约 50 万吨,各类生物质能源利用量合计约 2 000 万吨标准煤。

(4)地热能和海洋能利用技术不断发展,产业化应用潜力较大。浅层地温能在建筑领域的开发利用快速发展,到 2010 年底,地源热泵供暖制冷建筑面积达到 1.4 亿平方米。高温地热发电技术趋于成熟,但高温地热资源有限。中低温地热发电新技术和新应用取得突破,今后发展潜力很大。潮汐能、波浪能、潮流能等技术研发和小型示范应用取得一定进展,开发利用工作尚处于起步阶段,目前主要进行技术储备。

(三)新能源和可再生能源的发展趋势

1. 规划目标

2012 年 8 月 6 日,由国家能源局制定的《可再生能源发展“十二五”规划》和水电、风电、太阳能、生物质能四个专题规划正式发布。该规划提出的“十二五”时期可再生能源发展总体目标是:到 2015 年,可再生能源年利用量达到 4.78 亿吨标准煤,其中商品化年利用量达到 4 亿吨标准煤,在能源消费中的比重达到 9.5% 以上。一直以来,可再生能源发电在电力体系中所占的比重很小,而这一现状在“十二五”期间将有望得到改善。该规划指出,可再生能源发电在电力体系中将上升为重要电源。“十二五”时期,可再生能源新增发电装机将达到 1.6 亿千瓦,其中常规水电 6 100 万千瓦,风电 7 000 万千瓦,太阳能发电 2 000 万千瓦,生物质发电 750 万千瓦,到 2015 年可再生能源发电量争取达到总发电量的 20% 以上。

(1)太阳能

到 2015 年,太阳能年利用量相当于替代化石燃料 5 000 万吨标准煤。太阳能发电装机达到 2 100 万千瓦,其中光伏电站装机 1 000 万千瓦,太阳能热发电装机 100 万千瓦,并网和离网的分布式光伏发电系统安装容量达到 1 000 万千瓦。太阳能热利用累计集热面积达到 4 亿平方米。到 2020 年,太阳能发电装机达到 5 000 万千瓦,太阳能热利用累计集热面积达到 8 亿平方米。

(2)风能

到 2015 年,累计并网风电装机达到 1 亿千瓦,年发电量超过 1 900 亿千瓦时,其中海上风电装机达到 500 万千瓦,基本形成完整的、具有国际竞争力的风电装备制造产业。到 2020 年,累计并网风电装机达到 2 亿千瓦,年发电量超过 3 900 亿千瓦时,其中海上风电装机达到 3 000 万千瓦,风电成为电力系统的重要电源。

(3)生物质能

到 2015 年,全国生物质能年利用量相当于替代化石能源 5 000 万吨标准煤。生物质发电装机容量达到 1 300 万千瓦,沼气年利用量 220 亿立方米,生物质成型燃料年利用量 1 000 万吨,生物燃料乙醇年利用量 350 万~400 万吨,生物柴油和航空生物燃料年利用量 100 万吨。

(4)地热能及海洋能

到 2015 年,各类地热能开发利用总量达到 1 500 万吨标准煤,其中,地热发电装机容量争取达到 10 万千瓦,浅层地温能建筑供热制冷面积达到 5 亿平方米。在具备条件地区,建设 1~2 个万千瓦级潮汐能电站和若干个潮流能并网示范电站,形成与海洋及沿岸生态保护和综合利用相协调的利用体系。到 2015 年,建成总容量 5 万千瓦的海洋能电站,为更大规模的发展奠定基础。

2. 重点领域

(1)风能

按照集中与分散开发并重的原则,结合电网布局、电力市场、电力外送通道,优化风电开发布局,继续推进风电的有序快速发展。集中发展“三北”和沿海地区大型吉瓦级陆上风电基地,推进风电的规模化发展;在风能资源相对丰富、电网接入条件好的省区,加快风电开发建设;在沿海省份,积极开展海上风电开发技术准备、前期工作和示范项目建设,适时、稳妥地扩大海上风电建设规模,以特许权招标项目和试验示范项目建设带动海上风电技术进步和设备制造产业升级,为海上风电大规模开发建设打好基础;鼓励分散式并网风电开发建设,利用110千伏及以下电压等级变电站分布广、离用电负荷近的优势,就近按变电站用电负荷水平接入适当容量的风电机组。

（2）太阳能

按照集中开发与分布式利用相结合的原则,积极推进太阳能的多元化利用。鼓励在太阳能资源优良、无其他经济利用价值土地多的地区建设大型光伏电站,同时支持建设"自发自用"的分布式光伏发电。积极推广光伏建筑一体化,在城镇及园区鼓励建设分布式太阳能光伏系统,并与生物质能等其他新能源和储能技术结合,建设多能互补的新能源微电网系统（见表10-14）。

表 10-14　太阳能发电布局规划

发电类别	2010 年	2015 年		2020 年
		建设规模	重点地区	建设规模
1. 太阳能电站	45	1 100		2 300
光伏电站	45	1 000	在青海、甘肃、新疆、内蒙古、西藏、宁夏、陕西、云南,以及华北、东北的部分适宜地区建设一批并网光伏电站;结合大型水电、风电基地建设,按风光互补、水光互补方式建设一批光伏电站	2 000
光热电站	0	100	在太阳能日照条件好、可利用土地面积广、具备水资源条件的地区,开展光热发电项目的示范工作	300
2. 分布式光伏发电系统	41	1 000	在中东部地区城镇工业园区、经济开发区、大型公共设施等建筑屋顶	2 700

（3）生物质能

生物质发电方面,在粮棉主产区,以农业废弃物为燃料,优化布局建设气化发电项目;在重点林区,结合林业生态建设,利用农林废弃物,有序发展直燃发电项目;结合县域供暖或工业园区用热需要,建设生物质热电联产项目;鼓励进行生物质梯级利用,建设包括燃气、燃料、化工产品及发电、供热的多联产生物质综合利用项目;加快发展畜禽养殖废弃物沼气发电、城市垃圾焚烧和填埋气发电及工业有机废水治理和城市生活污水处理沼气发电。

生物质燃料方面,合理开发盐碱地、荒草地、山坡地等边际性土地,建设非粮生物质（木薯、甜高粱等）资源供应基地,稳步发展非粮生物乙醇（1.5 代生物乙醇）;积极开展新一代生物液体燃料技术研发和示范,推进以农林剩余物为主要原料的纤维素乙醇和生物质热化学转化制备生物燃油示范工程,开展以藻类为原料的千吨级生物柴油中试研发;鼓励因地制宜地建设生物质成型燃料生产基地,在城市推广生物质成型燃料集中供热,在农村推广将生物质成型燃料作为清洁炊事燃料和采暖燃料应用;科学引导和规范以餐饮和废弃动植物油脂为原料的生物柴油产业发展。

生物质燃气方面,鼓励发展沼气净化、提纯和压缩技术,提高设备效率和燃气品质,完善供气管网和服务体系建设,实现生物质燃气商品化和产业化,积极推动农村小型、城镇大中型沼气工程和生物质气化供气工程建设。

（4）分布式能源系统

支持分布式可再生能源应用,并将努力形成较大规模,包括建立适应太阳能等分布式发电的电网技术支撑体系和管理体制,综合太阳能等各种分布式发电、可再生能源供热和燃料利用等多元化可再生能源技术,建设 100 个新能源示范城市和 200 个绿色能源示范县。发挥分布式能源的优势,解决电网不能覆盖区域的无电人口用电问题。沼气、太阳能、生物质能气化等可再生能源在农村的入户率达到 50% 以上。推动新能源示范城市建设,鼓励资源丰富、城市生态环保要求高、经济条件相对较好的城市按照多能互补的原则,开展太阳能、生物质能、地热能等新能源在城市中的小范围应用。支持各地在产业园区开展先进多样的太阳能等新能源利用技术示范,满足园区的电力、供热、制冷等综合能源需求。

二、新能源产业发展现状及趋势

（一）中国新能源产业发展现状

1. 太阳能发电

随着近年来中国在太阳能电池和多晶硅生产技术和装备水平上的不断提高,加上 2010 年德国和美国对太阳能发电补贴到期,国外集中采购量大幅增长,国内多晶硅产能不断膨胀,2011 年更是达到 8.4 万吨的水平(见图 10-23)。

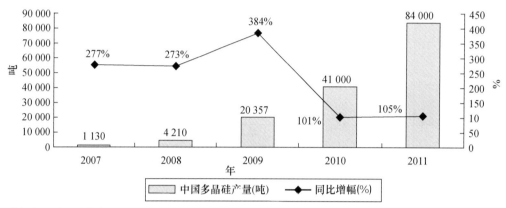

数据来源:中国光伏产业联盟

图 10-23　2007—2011 年中国多晶硅产量变化

得益于欧洲市场的拉动,中国的光伏产业在 2004 年之后飞速发展,2007 年我国已经成为世界最大的太阳能电池生产国,2010 年我国太阳能电池组件产量上升到 10 吉瓦,占世界产量的 45%,连续四年太阳电池产量居世界第一。2011 年太阳能晶硅电池产量达到 21 吉瓦,同比增长 141%(见图 10-24)。

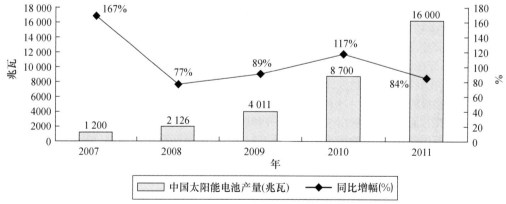

数据来源:中国光伏产业联盟

图 10-24　2007—2011 年中国太阳能晶硅电池产量变化

在国内政策扶持下,2011 年,中国光伏市场规模持续扩大,新增装机规模达 2700 兆瓦,累计装机规模达到 3470 兆瓦(见图 10-25)。

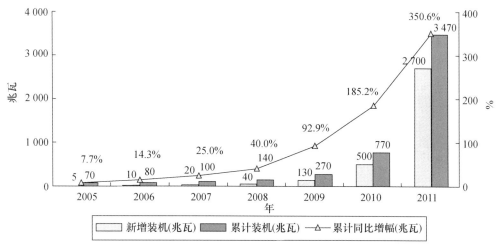

数据来源:中国光伏产业联盟

图 10-25　2005—2011 年中国太阳能发电装机容量变化

2. 风电

截至 2011 年底,中国风电累计装机容量突破 65 吉瓦,达到 65 410.8 兆瓦,同比增长 46.7%,累计装机容量世界第一。累计风电装机容量超过 2 吉瓦的省区达到 10 个,其中内蒙古风电装机以 18 104.3 兆瓦位居第一,累计装机容量排名前十位的省区合计装机容量达 56 344 兆瓦,占全国装机容量的 86.14%(见图 10-26)。

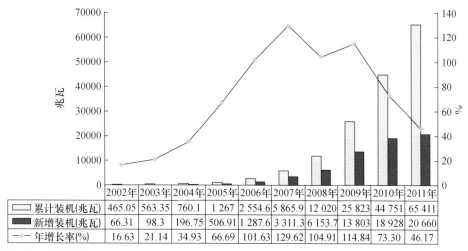

	2002年	2003年	2004年	2005年	2006年	2007年	2008年	2009年	2010年	2011年
□ 累计装机(兆瓦)	465.05	563.35	760.1	1 267	2 554.6	5 865.9	12 020	25 823	44 751	65 411
■ 新增装机(兆瓦)	66.31	98.3	196.75	506.91	1 287.6	3 311.3	6 153.7	13 803	18 928	20 660
—— 年增长率(%)	16.63	21.14	34.93	66.69	101.63	129.62	104.91	114.84	73.30	46.17

数据来源:中国风能协会

图 10-26　2002—2011 年中国风电装机容量变化

3. 生物质能发电和生物燃料

截至 2010 年底,我国生物质能利用量已达到 2 400 万吨煤当量,其中生物质发电装机容量达到 550 万千瓦(农林生物质 190 万千瓦、垃圾发电 170 万千瓦、甘蔗渣发电 170 万千瓦、沼气等其他生物质发电 20 万千瓦),年均增速 40.8%;生物质电厂累计投资总额 580 亿元左右,年均增长 36.7%(见图 10-27)。

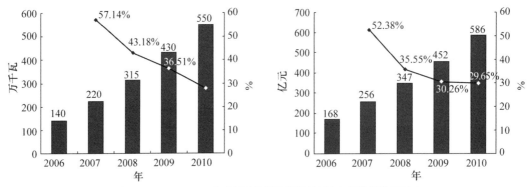

图 10-27　2006—2010 年中国生物质装机容量(左)与投资额增幅(右)

　　以陈化粮和木薯、甜高粱等为原料的燃料乙醇年产量超过 180 万吨,以废弃动植物油脂为原料的生物柴油年产量约 50 万吨;农村户用沼气超过 4 000 万户,养殖场沼气工程超过 50 000 处,集中供气项目超过 1 000 个;生物质成型燃料超过 300 万吨,主要用于农村居民和城镇供热锅炉燃料及生物质木炭原料。目前,我国农村每年生活用能折合标准煤 5.5 亿吨,而到"十二五"末期,我国农村能源消耗总量要降至 4.4 亿吨,其中优质清洁能源和新能源所占比重将大幅度提升,优质清洁能源占农村能源的比重将提高到 40%,新能源所占比重将提高到 25%。在我国生物质能的发展过程中,秸秆资源将扮演重要角色。截至 2010 年底,我国农村以秸秆为燃料的生物质发电装机突破 500 万千瓦。国家发改委正大力开展秸秆资源综合利用工作,河北、江苏、安徽、山东、河南、湖北、湖南、新疆等 8 个粮棉主产省区被全部纳入。在 2012 年农村能源工作会上,国家能源局提出要通过合理布局生物质发电项目、推广应用生物质成型燃料、稳步发展非粮生物液体燃料、积极推进生物质气化工程,到 2015 年生物质发电装机达到 1 300 万千瓦,集中供气达到 300 万户,成型燃料年利用量达到 2 000 万吨,生物燃料乙醇年利用量达到 300 万吨,生物柴油年利用量达到 150 万吨(见表 10-15)。

表 10-15　2010 年中国各类生物质能源利用情况

利用方式	利用规模	年产能	折合标煤（万吨/年）
生物质发电	550 万千瓦	330 亿千瓦时	1 020
户用沼气	4 000 万户	130 亿立方米	930
大型沼气工程	50 000 处	10 亿立方米	70
生物质成型燃料	300 万吨		150
生物乙醇	180 万吨		160
生物柴油	50 万吨		70

数据来源:国家能源局.生物质能源发展"十二五"规划

（二）存在的问题

　　应该指出的是,虽然中国可再生能源开发利用取得了很大成绩,法规和政策体系也在不断完善,但可再生能源发展仍不能满足未来可持续发展的需要,存在的主要问题包括以下几点。

　　(1)政策扶持及激励机制的力度不够

　　在现有技术水平和政策环境下,除了水电和太阳能热水器有能力参与市场竞争外,大多数可再生能源开发利用成本高,再加上资源分散、规模小、生产不连续等特点,在现行市场规则下缺乏竞争力,需要有更进一步的政策扶持和激励机制。目前,国家支持风电、生物质能、太阳能等可再生能源发展的政策体系还不够完整,经济激励力度弱,相关政策之间缺乏协调,政策的稳定性差,没有形成支持可再生能源持续发展的长效机制。

（2）市场机制还不够完善，投资仍存在较大的缺口

长期以来，我国可再生能源发展缺乏明确的发展目标，没有形成连续稳定的市场需求。虽然国家逐步加大了对可再生能源发展的支持力度，但由于没有建立起强制性的市场保障政策，无法形成稳定的市场需求，可再生能源发展缺少持续的市场拉动，致使我国可再生能源新技术发展缓慢。根据美国能源基金会和国家发改委联合测算，2005—2020年，中国能源领域投资规模将达到18万亿，其中节能、新能源、环保/能源需求占40%，约7万亿元。而按照《可再生能源中长期规划》提出的发展目标，到2020年需要在可再生能源领域的投资约2万亿。其中，2006—2020年，新增190吉瓦水电装机，按平均每千瓦7 000元测算，约需投资1.3万亿；新增28吉瓦生物质发电装机，按平均每千瓦7 000元测算，约需投资2 000亿，新增29吉瓦风电装机，按平均每千瓦6 500元测算，约需投资1 750亿。但2007年中国新能源和可再生能源行业的投资额约760亿元，远远不能满足发展要求。

（3）技术开发能力和产业体系薄弱。

新能源和可再生能源产业所包含的技术不是单一的技术，而是一个完整的技术体系。产业政策的核心应该是以某一主导技术为核心，通过支持主导性技术升级以及扩大和辅助技术的组合来推动新兴产业的形成与发展。产业技术的升级分为渐进性升级和根本性升级，前者主要体现在工艺技术、产品设计、制造技术的渐进创新，其技术范式和技术轨道没有变化，表现为产品的改进和生产效率的提高；后者是技术的重大突破，伴随技术范式和技术轨道的跃迁。

目前除水力发电、太阳能热利用和沼气外，其他可再生能源的技术水平较低，缺乏技术研发能力，设备制造能力弱，技术和设备生产较多依靠进口，技术水平和生产能力与国外先进水平差距较大。同时，可再生能源资源评价、技术标准、产品检测和认证等体系不完善，人才培养不能满足市场快速发展的要求，没有形成支撑可再生能源产业发展的技术服务体系。以风电产业为例，由于风电设备制造业起步较晚，产业链发展不是很完善，风电整机制造受关键零部件瓶颈制约较为严重。兆瓦级以下的风力发电机组主要零部件已经实现了国产化，并且可以批量供应；但兆瓦级以上风机的核心配件国内厂商的质量仍不可靠，需大量进口。

三、新能源发展政策及改革方向

（一）政策框架

2006年开始实施的《中华人民共和国可再生能源法》是中国新能源产业发展的最基本法律，与此同时，国家发改委颁布了《可再生能源发电价格和费用分摊管理试行办法》，明确提出了"可再生能源发电项目的上网电价实行政府指导价，电价标准由国务院价格主管部门按照招标形成的价格确定"的政策。与此同时，中央政府多部委联合出台了一系列的政策法规、优惠政策和技术标准，进一步完善新能源产业政策框架和行业规范。

国家发改委还在研究制定《可再生能源电力配额管理办法》，解决可再生能源面临的发电、上网和市场消纳三大问题，未来将对中国各省市总电力消费、电网企业收购电量和可再生能源发电企业设立可再生能源配额指标，以此来落实国家可再生能源规划的目标。

在风电领域，2008年财政部出台《风力发电设备产业化专项资金管理暂行办法》，为支持风电设备关键技术研发，加快风电产业发展，财政部采取"以奖代补"方式支持风电设备产业化。同时，财政部和国家税务总局规定利用风力生产的电力实行增值税即征即退50%的税收优惠政策。2009年国家发改委发布了《关于完善风力发电上网电价政策的通知》，提出了以资源定电价的规定：按风能资源状况和工程建设条件，将全国分为四类风能资源区，相应制定风电标杆上网电价。四类资源区风电标杆电价水平分别为每千瓦时0.51元、每千瓦时0.54元、每千瓦时0.58元和每千瓦时0.61元。今后新建陆上风电项目，统一执行所在风能资源区的风电标杆上网电价。同时，标杆电价水平可以保证全国大部分风电场可获得行业基准收益率以上的收益水平，鼓励开发商建设风电场的热情。2010年，工信部、发改委和能源局还共同组织研究并起草了《风电设备制造行业

准入标准》，并向社会公开征集意见。2011 年，国家质检总局、国家标准委还陆续出台了《风电场接入电力系统技术规定》《大型风电场并网设计技术规范》等 18 个风电行业标准，涉及大型风电场并网、海上风电建设、风电机组状态监测、风电场电能质量、风电关键设备制造要求等风电产业技术标准。

在光伏发电领域，从 2009 年开始为了进一步加大节能减排的力度，扶持光伏产业发展，中央政府出台了一系列补贴政策。2009 年 3 月，财政部、住建部联合发布了《关于加快推进太阳能光电建筑应用的实施意见》与《太阳能光电建设应用财政补助资金管理办法暂行办法》。2009 年 7 月，财政部、科技部和国家能源局共同发布了《关于实施金太阳示范工程的通知》，明确中央财政从可再生能源专项资金中安排一定资金，支持光伏发电技术在各类领域的示范应用及关键技术产业化。2009 年 11 月，财政部公布了金太阳示范工程项目目录，共安排 294 个示范项目，发电装机总规模为 642 兆瓦，计划用 2 至 3 年时间完成。2011 年 7 月，国家发改委出台了《关于完善太阳能光伏发电上网电价政策的通知》，宣布对非招标太阳能光伏发电项目实行全国统一的标杆上网电价，2011 年 7 月 1 日以前核准建设、2011 年 12 月 31 日建成投产、尚未核定价格的太阳能光伏发电项目，上网电价统一核定为每千瓦时 1.15 元（含税）；2011 年 7 月 1 日及以后核准的太阳能光伏发电项目，以及 2011 年 7 月 1 日之前核准但截至 2011 年 12 月 31 日仍未建成投产的太阳能光伏发电项目，除西藏仍执行每千瓦时 1.15 元的上网电价外，其余省（区、市）上网电价均按每千瓦时 1 元（含税）执行。2011 年，工信部还出台了《多晶硅行业准入条件》等政策，规范多晶硅行业的发展。2012 年 10 月，为了扶持新能源和可再生能源发电，同时应对欧美市场的贸易壁垒，国家电网发布了《关于做好分布式光伏电网并网服务工作的意见》，从 2012 年 11 月 1 日开始，将为分布式光伏发电项目业主提供接入系统方案制订、并网检测、调试等全过程服务，不收取费用，同时承诺 10 千伏及以下电压、单个项目容量不超过 6 兆瓦的分布式发电项目可免费入网，富余电量也将全额收购。

在物质能领域，国家发改委于 2010 年 7 月出台了《关于完善农林生物质发电价格政策》，规定 2010 年 7 月 1 日开始执行统一标杆上网电价每千瓦时 0.75 元，上网价格的确定进一步推动生物质发电产业的健康发展。2010 年 8 月，财政部下发了《关于开展第一批绿色低碳重点小城镇试点示范工作的通知》，并配有《推广应用可再生能源和新能源专项实施方案》，随后国家林业局也出台了《全国林业生物质能源发展规划（2011—2020 年）》，推动林业生物质能源开发利用。2010 年 11 月，国家发改委、农业部和财政部还联合下发了《"十二五"农作物秸秆综合利用实施方案》，指导各地秸秆规划的实施。2010 年 11 月，国家质检总局、国家标准委还出台了《生物柴油调和燃料（B5）标准》，规范相关产业。2011 年 1 月，国家发改委出台《关于生物质发电项目建设管理的通知》，规定每个县或 100 千米半径范围内不得重复布置生物质发电厂，一般安装 2 台机组，装机容量不超过 3 万千瓦，以保护区域生物质发电企业。2012 年 8 月，财政部、发改委和国家能源局还出台了《可再生能源电价附加补助资金管理暂行办法》，进一步完善可再生能源价格体系。"十二五"期间将兴建 200 个绿色能源示范县，截至 2011 年底，首批绿色能源示范县已达 108 个。中央财政对每个绿色能源县的补助资金规模原则上不超过 2 500 万元，这其中生物质能将占大头。按照 2015 年建成 200 个绿色能源示范县的目标，生物质能产业可获得的补贴为 47.5 亿元。

（二）上网电价政策

1. 风电

中国陆上风电价格政策主要经历了四个阶段，即审批电价阶段、招标与审批电价阶段、招标加核准电价阶段和固定电价阶段。目前，陆上风电执行的是 2009 年出台的风电标杆上网电价政策，此标杆价格比特许权招标的价格高出 10% 左右，比脱硫燃煤发电的价格高出 30% 左右。标杆电价的出台改变了风电价格机制不统一的局面，使项目投资方有了明确的预期，并鼓励项目方降低成本。按照标杆电价，西部风资源较好地区风电项目理论上能保证 10% 的内部收益率，但由于目前不能保证全部电量上网，实际收益率较低。目前四类资源区的划分将无法满足需要，未来有可能进一步制定更加细化、与资源结合更加紧密的风电电价政策。

目前,海上风电项目也在逐渐开展,现阶段海上风电价格采取的是审批电价和招标电价结合的方式,价格区间为 0.62~0.97 元/千瓦时。2010 年完成的第一批海上风电特许权项目招标虽然最终中标电价没有采纳最低投标价格,但对于投资高出陆上风电场一倍以上的海上风电项目,已经接近于陆上风电的中标价格较难实现盈利。鉴于陆上风电的历史教训,海上风电上网电价的制定将会在给予企业合理盈利空间的同时,促进其采用更先进的关键设备和技术,引导相关产业健康发展和技术进步。

2. 太阳能发电

中国光伏发电价格经历了审批定价、招标定价、地方固定电价等阶段,目前,对非招标太阳能光伏发电项目实行全国统一的标杆上网电价的固定电价政策。由于光伏发电相对于风电来说,成本较高且变化较快,光伏发电价格政策一直进展缓慢,直到 2011 年 7 月,国家发改委才出台全国统一光伏标杆上网电价,同时提出今后将根据投资成本变化、技术进步情况等因素适时调整标杆电价。

光伏标杆电价的出台为光伏产业和市场提供了明确的投资回报预期,也及时刹住了招标价格越招越低、恶性竞争的形势。按照目前给予的标杆价格,西部光资源丰富地区项目在保证其所发电量全部上网的前提下可达到 10% 的收益率。但是有三个方面的问题需要引起重视:首先,光伏发电标杆上网电价的出台要在鼓励项目建设和成本降低的同时,保证产品质量和技术的提高,才能减少电网"弃电";其次,全国统一性标杆电价会使得光伏装机集中在光照资源好的西部地区,但目前西部地区的电网支持较弱,需要及时解决好并网问题;最后,光伏发电标杆上网电价政策并未明确未来调整标杆电价的时间和补贴年限,全国统一性标杆价格也未考虑到地区资源差别,因此未来出台的政策还将逐步完善。

太阳能热发电技术的发展要滞后于光伏发电。中国太阳能热发电领域基本还是空白,2011 年太阳能热发电的第一个特许权招标项目——鄂尔多斯 50 兆瓦槽式太阳能热发电站的中标价格为 0.9399 元/kWh,依然采用了最低价格中标。

3. 生物质能发电

目前,生物质发电项目上网电价实行政府指导价,电价标准由各省 2005 年脱硫燃煤机组标杆上网电价加补贴电价组成,补贴标准为 0.25 元/千瓦时,秸秆直燃发电项目还可以得到 0.1 元/千瓦时的临时补贴。

生物质发电价格政策的问题在于补贴标准过于统一,应根据不同种类的生物质发电技术细化不同的补贴标准。另外,以 2005 年煤电价格为基数不仅无法体现生物质发电电价与煤电联动的关系,还使西部区域的生物质发电价格过低,不能很好地促进生物质发电的发展。因此,2010 年 7 月国家出台农林生物质发电项目固定电价政策,固定电价为 0.75 元/千瓦时。

目前的政策并未明确未来调整标杆电价的时间和补贴年限,全国统一性标杆价格也未考虑地区资源差别,因此未来出台的政策还将逐步完善。此外,国内一些专家认为,混燃发电项目也应该得到价格政策的支持,但是由于计量等问题比较复杂,关于混燃发电的价格政策一直没有出台。

4. 水电上网电价

我国水电电价机制主要有标杆电价、成本加成及消纳地平均电价定价(即落地端倒推)三种类型。其中,水电标杆电价与火电标杆电价类似,即在水电丰富区域内实施同一区域统一上网标杆电价。

2009 年 11 月以后,发改委逐渐停止水电标杆电价。目前,水电上网电价实行"一厂一价"的定价机制,上网电价为 0.148~0.395 元/千瓦时,平均上网电价约为 0.26~0.27 元/千瓦时,要低于火电的平均上网电价 0.16~0.18 元/千瓦时(火电标杆电价为 0.4448 元/千瓦时)。"一厂一价"的定价机制采用的是成本加成法,这也是现在水电上网电价的主要定价方法,即按水电投资额及年均发电量等指标单独核定上网电价。

目前的定价机制主要是基于过去对水电发展的认识，即相对于火电来说，虽然水电造价很高，但水电投产发电后，其运营、维护费用却远低于火电。但是，随着移民问题、生态环保制约、建造成本提升，水电发电还受到了气候变化的影响（西南旱灾等），水电项目单位千瓦造价不断提高，使以往水电标杆电价难以覆盖成本提高的部分，而成本加成方式不利于投资者对投资成本的控制，所以未来必然会进一步改革定价机制。

5. 核电上网电价

和水电上网电价的定价方式类似，目前核电上网电价也是"一厂一价"的定价机制，有些甚至是"一机一价"。目前，上网电价为 0.39～0.49 元/千瓦时。对于新建和规划中的核电厂，其上网电价将低于许多地区的火电上网电价。目前，已投入使用的核电站分别为浙江秦山核电站、广东大亚湾核电站、岭澳核电站以及江苏田湾核电站。据了解，已运行的核电站上网电价中，价格最低的是秦山二期核电站，上网含税电价为 0.39 元/千瓦时，最高的是秦山核电站三期核电站，上网含税电价为 0.46 元/千瓦时。

如果不考虑安全维护成本的增加，近年来我国新建的核电站上网电价已经呈现下降态势。计划于 2013 年建成的广东阳江核电站，每千瓦造价仅 10070 元人民币，工程建成后含税上网电价约 0.364 元/千瓦时。计划于 2013 年建成的山东荣成石岛湾核电项目，其含税上网电价将不会超过 0.3 元/千瓦时。

核电上网电价是根据各家企业申报，由国家发展和改革委员会核定而成的。目前，发电企业申报的核电上网电价仍然是采用成本定价，核电站的投入成本越高，上网电价也越高。考虑到中国的核电建设已经进入高速发展的全新阶段，在建和规划建设的核电机组数目众多，继续执行按个别成本定价，将成为一项繁琐而浩大的工程，显然已不合时宜，未来的核电上网电价的定价机制改革可能会采取根据不同技术路线制定"分类标杆电价"，以约束成本，引导投资，并降低管理成本。

（三）改革动向

1. 总体方向

《中华人民共和国可再生能源法》和《可再生能源中长期发展规划》明确了可再生能源开发利用的目标和相应的政策思路，未来可再生能源发展的市场化改革方向应体现在以下几个方面。

（1）明确可再生能源优先发展的技术领域，即仍是风能为主、逐步扩大太阳能和生物质能的产业化规模。风能方面重点开发大型风力发电装备，包括变速驱动和直接驱动机组，争取掌握核心技术，同时进行海上风电场开发的资源评价和技术引进；在太阳能方面重点发展的技术包括晶体硅技术、薄膜电池技术、并网发电系统技术、建筑一体化太阳能技术、高温太阳能集热及太阳能热发电技术；在生物质能方面，重点利用非粮食资源开发燃料乙醇和生物柴油，掌握先进的生物质发电技术，并进行产业化应用示范研究。此外，通过加大智能电网技术的研发，力争克服可再生能源电力并网障碍。

（2）绿色电价机制的长期目标是建立配额制和绿色证书交易体系，将政府政策支持和市场机制调节有效结合。短期而言，则应以固定电价政策为主导，结合其他电价手段，根据不同阶段、不同可再生能源电力技术，采取不同价格政策和操作方式，并随着电力体制改革进程的深入，促使可再生能源逐步在经济性上参与电力市场竞争。

（3）健全对可再生能源的投资体系是保证可再生能源产业发展创新的关键。政府在加大对可再生能源研发和产业化投入的基础上，还需要推动和引导全社会投资，形成可再生能源上下游产业链条的产业化发展态势。鼓励可再生能源技术企业通过股票上市、发行债券等方式筹集资金，通过设立专项环保技术转化的风险基金等方式扩大融资渠道并健全风险规避机制。

2. 上网电价改革

（1）水电上网电价

2013 年 1 月《中国证券报》报道，国家发改委已在小范围内征求水电价格形成新机制（也就是水电上网电价将参照消纳地平均上网电价核定)的意见,实际上已有一些新建电站按新机制核定。国家发改委推动的水电价格形成新机制的核心是,将现行按投资额及发电量等因素成本综合加成的定价方式,改为参照电力消纳地(区域)平均上网电价水平核定水电上网电价,核定后的电价将随消纳地平均电价调整而调整。对于已核定上网电价的老电站项目,则有可能在合适的条件下,逐步理顺其上网电价。尽管新机制定价核心发生本质变化,但在形式上,发改委将保留对新建大型电站电价"一事一议"的审批权。通过审批,可以控制新机制的实行节奏,以此减缓因上网电价上调造成的销售电价上涨压力。

(2)光伏上网电价

2013 年 4 月,国家发改委向业内下发光伏上网电价征询意见稿,根据意见稿,变化主要有三个方面,分别是分资源区制定光伏电站标杆上网电价、完善分布式光伏发电价格政策以及其他规定。分布式光伏发电自发自用部分补贴就在其中。此前,对于该补贴价格,业界一致预期为 0.4~0.6 元/千瓦时,此后,传出意见稿将价格定为 0.35 元/千瓦时,然而事情一波三折,日前,又有消息称,国家发改委价格司正在考虑对之前定调的 0.35 元/千瓦时再次调整,最终出台价格或依旧落在 0.4 元~0.6 元/千瓦时的预期区间。

(3)可再生能源配额机制

2012 年 8 月,国务院出台的《可再生能源发展"十二五"规划》,提出要进一步构建市场化机制,将市场机制与政策扶持相结合,通过财政扶持、价格支持、税收优惠、强制性市场配额制度、保障性收购等政策,支持可再生能源开发利用和产业发展。

其实早在 2011 年底,国家能源局就完成了《可再生能源电力配额管理办法(讨论稿)》(以下简称为《办法》),并于 2012 年 5 月将该稿下发到各省和电力公司,开始征求意见。可再生能源电力配额制属于强制性市场配额制度,用于解决可再生能源面临的发电、上网和市场消纳三大问题,未来将对中国各省市总电力消费、电网企业收购电量和可再生能源发电企业设立可再生能源配额指标,以此来落实国家可再生能源规划的目标。《办法》确定了各配额相关方的主体,其中,控股总装机容量超过 500 万千瓦的发电企业为承担发电配额义务的主体,国家电网、南方电网和内蒙古电力及各省级电网企业为承担收购配额义务的主体,各省(自治区、直辖市)人民政府负责所辖区域内配额指标的消纳。

根据各省的可再生能源资源、经济总量、电力消费总量以及电力输送能力,其确定了四类可再生能源电力配额指标地区:一类是可再生能源资源丰富地区,包括内蒙古东西部、新疆、甘肃、宁夏、陕西、辽宁、吉林、黑龙江;二类属于资源较为丰富地区,包括北京、天津、河北、山西、山东、青海、云南;三类属于资源一般丰富地区,包括江苏、湖南、贵州、上海、福建、广东、河南、四川、安徽、江西;四类属于资源不丰富地区,包括浙江、湖北、广西、重庆、海南。在以上四类地区中,一类地区的电力配额指标百分比分别为 15%、10%,二类地区为 6%,三类地区为 4%、3%,四类地区为 1%。在电网方面,2015 年国家电网、南方电网、内蒙古电力公司及陕西地方电力公司承担的保障性收购指标分别为 5%、3.2%、15% 以及 10%。而对于大型发电企业,也规定其可再生能源发电占自身比例要达到 11%,总发电量要达到 6.5%。

有消息传出《办法》将在 2012 年年底出台,但其未能如期推出。此后,按照国家能源局年初对 2013 年能源工作的安排,《办法》将在 2013 年择机出台。但是由于围绕指标的分配,各省和发电企业存在争议,而且对于指标的考核存在落实难度,《办法》的出台有可能再次延期。目前得到的消息是,《可再生能源电力配额管理办法》已完成第三稿,将在近期上报国务院等待审批。

参　考　文　献

[1] 时璟丽.可再生能源电力价格形成机制研究[M]. 北京:化学工业出版社,2008

[2] 穆献中,刘炳义等.新能源和可再生能源发展与产业化研究[M]. 北京:石油工业出版社,2009

［3］时璟丽.世界可再生能源发展动向［J］.中国能源，2006(12)

［4］傅鹏.可再生能源产业化国际比较及对中国的建议［J］.国际石油经济，2006(10)

［5］吴杰，顾孟迪.可再生能源支持政策的国际比较及启示［J］.经济纵横，2006(11)

［6］熊良琼，吴刚.世界典型国家可再生能源政策比较分析及对我国的启示［J］.中国能源，2009(6)

［7］时璟丽.关于在电力市场环境下建立和促进可再生能源发电价格体系的研究［J］.可再生能源，2008(1)：43～47

［8］任东明，张宝秀，张锦秋.可再生能源发电配额制政策（RPS）研究［J］.中国人口·资源与环境，2002(6)：23～27

［9］王仲颖.从英国可再生能源开发经验看我国可再生能源开发机制［J］.中国能源，2000(2)：15～20

［10］王白羽.可再生能源配额制（RPS）在中国应用探讨［J］.中国能源，2004(4)：5～11

［11］顾树华，王白羽.中国可再生能源配额制政策的初步研究［J］.清华大学学报（哲学社会科学版），2003，18(5)：27～33

［12］时璟丽.可再生能源电力定价机制和价格政策研究［J］.中国电力，2008(4)：6～9

［13］时曝丽，王仲颖.可再生能源电力费用分摊方式分析［J］.中国能源，2008(6)：13～16

［14］Agnolucci Paolo. The Effect of Financial Constraints Technological Progress and Long-term Contracts on Tradable Green Certificates［J］. Energy Policy，2007(35)：3347～3359

［15］Eirik S. Amundsen，Fridrik M. Baldursson and Jørgen Birk Mortensen. Price Volatility and Banking in Green Certificate Markets［J］. Environmental and Resource Economics，2006(35)：259～287

［16］Fristrup Peter. Some Challenges Related to Introducing Tradable Green Certificates［J］. Energy Policy，2003(31)：15～19

［17］Jacob Lemming. Financial Risks for Green Electricity Investors and Producers in a Tradable Green Certificate Market［J］. Energy Policy，2003(31)：21～32

［18］S. G. Jensen，K. Skytte. Interactions Between the Power and Green Certificate Markets［J］. Energy Policy，2002(30)：425～435

［19］Kildegaard. Green Certificate Markets，the Risk of over Investment，and the Role of Long-term Contracts［J］. Energy Policy，2008(36)：341～342

［20］Lahmeyer International. Global Renewable Energy Power Generation Report［J］. http://www. lahmeyer. cn

［21］Lin Gan，Gunnar S. Eskeland，Hans H. Kolshus. Green Electricity Market Development：Lessons from Europe and the US［J］. Energy Policy，2007(35)：144～155

［22］Morthorst，Poul Erik. The Development of a Green Certificate Market［J］. Energy Policy，2000(28)：1085～1094

［23］Morthorst，Poul Erik. A Green Certificate Market Combined with a Liberalised Power Market［J］. Energy Policy，2003(31)：1393～1402

［24］Mozumdera，Pallab，Marathe，Achla. Gains from an Integrated Market for Tradable Renewable Energy Credits［J］. Ecological Economics，2004(49)：259～272

［25］Patrik Söderholm. The Political Economy of International Green Certificate Markets［J］. Energy Policy，2008(36)：2051～2062

［26］REN21. Renewables Global Status Report：2009 Update. Paris：REN21 Secretariat. http://www. ren21. net，2009

［27］REN21. Global Trends in Sustainable Energy Investment 2009［R］. Paris：REN21 Secretariat. http://www. ren21. net，2009

第十一章

核电市场及技术经济性分析

核电技术的公众可接受性主要取决于它的安全性及对环境的影响,但是核电技术的市场竞争力则在很大程度上取决于它的经济性。要推动新一代的核电技术大规模商业化运营就必须在保障更高的安全性的前提下进一步提高其经济性,使之能够与传统化石能源和新兴的可再生能源竞争。

以西屋公司的 AP600 为例,虽然 1999 年美国核能管理委员会(NRC)就给 AP600 颁发了设计许可证,允许其正式进入商业发电领域,而且 AP600 也达到了其预期的成本目标。但是其规模经济效仍未显现,单位功率的建设投资成本较高,不具备与当时燃煤电厂和燃气电厂相匹敌的市场竞争力,直接导致 AP600 技术无法大规模商业化运营。按照 2003 年价格水平计算,在当时美国的环境政策下,也就是不考虑温室气体减排成本时,AP600 的平准化单位发电成本(LUEC)为 4.1~4.6 美分/千瓦时,远高于燃煤电厂 3.3~4.1 美分/千瓦时和燃气电厂 3.5~4.5 美分/千瓦时的发电成本。因此,西屋公司在继承和发展 AP600 的设计先进性和成熟性的基础上,开发了 AP1000 堆型,在进一步提高安全性的同时,弥补 AP600 在经济性方面的不足,增强其市场竞争力。按西屋公司的估算,AP1000 的造价相对于 AP600 增加不多,而单机功率提高很多,一座双机组电厂的发电成本估计可降至 3.0~3.5 美分/千瓦时(2003 年价格水平),如果考虑未来温室气体减排成本,那么 AP1000 就具有足够的市场竞争力。

随着中国经济的高速发展,社会经济对能源的依赖日益严重,能源安全、环境保护与经济发展之间的矛盾日益突出。核电作为一种清洁能源,已经成为中国改善能源结构,保障能源安全的重要组成部分。

本章首先对全球核电发展概况,各国对核电发展的政策扶持与战略规划,以及跨国能源企业在核电领域的发展策略进行介绍。其次,针对核电发展进程中的技术经济性问题,分别对第二代、第三代和第四代核电技术的经济性进行深入探讨。第三,对小型核反应堆技术进行技术经济性以及市场潜力分析。最后,对中国核电的发展状况,以及发展进程中存在的问题、如何加强政策支持和构建投融资体系等方面进行阐述。

第一节　核电发展状况

一、核能开发与利用

(一)基本概况

1. 世界核电的发展历程

世界上第一座实验性核电站是建于 1954 年的苏联奥布宁斯克实验性石墨沸水堆核电厂,人类从此进入了和平利用核能的年代。半个多世纪以来,核电经历了 20 世纪五六十年代的起步阶段、20 世纪六七十年代的快速发展阶段、20 世纪 80 年代一直到本世纪初的缓慢发展阶段以及本世纪以来的复苏阶段。

(1)核电技术验证阶段

1942 年 12 月，在美国芝加哥大学建成的世界第一座反应堆证明了实现可控的核裂变链式反应的科学可行性。在"二战"期间及以后一段时间内，由美、苏联、英、法等国家先后建成了一批生产核武器用钚的生产堆和核潜艇用动力反应堆，以及为支持这些反应堆的建设而建设了一批实验、试验反应堆，从而掌握了各种反应堆的基本性能、特点和关键技术。

20 世纪 50 年代初开始，利用已有的军用核技术建造以发电为目的的反应堆，由建造实验堆阶段转入验证示范阶段。美国在潜艇动力堆技术的基础上，于 1957 年 12 月建成了希平港（Shipping Port）压水堆核电站，于 1960 年 7 月建成了德累斯顿（Dresden-1）沸水堆核电站，为轻水堆核电站的发展开辟了道路。英国于 1956 年 10 月建成了卡德霍尔（Calder Hall A）生产发电两用的石墨气冷堆核电厂。苏联 1954 年在奥布宁斯克建成 APS-1 压力管式石墨水冷堆核电站。加拿大于 1962 年建成 NPD 天然铀重水堆核电站。围绕这些核电站的建设，进行了广泛的科研攻关，解决了一系列建造核电站的工程技术问题，证实了核电站能够安全、经济、稳定地运行，实现了工程可行性和经济可行性的验证，为以后 20 世纪七八十年代核电较大规模的商用发展打下了基础。

(2)核电技术标准化、系列化发展阶段

20 世纪六七十年代，核电的安全性和经济性得到验证，相对于常规发电系统的优越性鲜明地显现出来。此时，又是世界各国经济快速发展时期，电力需求也以十年翻一番的速度迅速增长，给核电发展提供了一个广阔的市场。核电迅速实现了标准化、批量化的建设和发展。

在核电大发展时期，核电市场同样存在激烈竞争。一些因其固有特点的限制，难于同其他机型竞争而被淘汰，如气体冷却重水堆、蒸汽发生重水堆（SGHWR）等。有发展空间的机型，则为提高安全性、改善经济性而不断改进，如美国通用电气公司的沸水堆 BWR1、BWR2 等形成了系列化的发展，美国西屋公司的 212、312、412 型和 314、414 型等。

在 20 世纪七八十年代，国际核电发展形成系列化建设的机型有以下几种。

(1)压水堆核电机组，包括西屋公司的压水堆、燃烧工程公司的压水堆、巴布科克·威尔科克斯（B&W）公司的压水堆、俄罗斯的 WWER（即 VVER，水-水动力反应堆）型压水堆，以及引进美国西屋公司压水堆技术后形成的法国法马通公司的压水堆、德国西门子公司的压水堆、日本三菱公司的压水堆等。

(2)沸水堆机组，如美国通用电气公司的沸水堆、瑞典阿西亚原子能公司（ASEATOM）的沸水堆，以及从美国引进沸水堆技术发展的日本东芝、日立公司的沸水堆。

(3)加拿大原子能有限公司（AECL）独立自主开发的天然铀压力管式重水堆。

(4)苏联基于石墨水冷堆技术开发的石墨水冷堆电站。

(5)英国开发的石墨气冷堆 MGR、AGR 核电系列。

上述核电系列中，B&W 公司的压水堆因发生三哩岛核事故，苏联石墨水冷堆因发生切尔诺贝利核事故，暴露了设计中的缺陷，停止了这两种机型的发展。石墨气冷堆由于其固有的特点，天然铀需求量大，现场施工量大，使其经济竞争能力差，没有打开国际市场，局限在英国建设。由此看出，由机型固有特点决定的安全性和经济竞争力是其能否持续发展的关键。为确保安全，提高经济竞争力是核电技术发展的方向和动力。

(3)核电技术安全性、经济性发展阶段

20 世纪七八十年代先后发生了三哩岛和切尔诺贝利两大核事故，特别是切尔诺贝利灾难性核事故，带来了强烈的反响，使核能的公众接受问题成了世界核电发展的重大障碍。为解决核能的公众接受问题，20 世纪 90 年代，世界核电界集中力量进行了安全标准、审批程序、机型改进等方面的工作，编制用户要求文件和开发更安全、更经济的先进轻水堆核电技术。

　　1983 年开始,美国电力研究所(EPRI)在美国核能管理委员会①(NRC)的支持下,经多年努力,制定了一个能被供应商、投资方、业主、核安全管理当局、用户和公众各方面都能接受的,提高安全性和改善经济性的核电厂设计基础文件,即适用下一代轻水堆核电站设计的用户要求文件(URD)②。随后,欧共体国家共同制定了类似的欧洲用户要求文件(EUR)。

　　全球核电供应商按 URD、EUR 等要求,在各自已形成批量生产机型的基础上做改进创新的开发研究。美国西屋公司研究开发了 AP-600 型核电机组的设计,1988 年获美国核管会最终设计批准书(FDA),特点是采用非能动安全系统,简化设计。另外,还同日本三菱公司合作研究开发了 APWR-1000、APWR-1300,但尚未获得美国核管会颁发的最终设计批准书。美国 ABB-CE 公司在其成熟的 System80 基础上,研究了改进型 System80＋。1984 年获得美国核管会颁发的最终设计批准书,并于 1997 年完成全部法律手续,获得美国核管会颁发的设计许可证。其特点是采用双环路的输热系统。美国 GE 公司基于成熟沸水堆技术,研究开发了先进沸水堆(AB-WR),1994 年获美国核管会颁发的最终设计批准书,1997 年通过全部法律手续,获得美国核管会颁发的设计许可证。其在日本建造了两台,运行情况良好。我国台湾省正在建造的“核四厂”就是这种机型。法国法马通公司和德国西门子公司联合开发了欧洲先进核电机组欧洲压水堆(EPR)。俄罗斯根据核电改进发展潮流,在已成熟批量建设的 WWER-1000 的基础上,研究开发了 AES-91 型和 AES-92 型两种设计,向美国 URD 靠拢。AES-92 采用较多的非能动安全系统。

　　2. 核电技术的发展路径

　　(1)第二代核电技术

　　在第一代核电(Gen I)即早期原型堆的基础上,第二代核电(Gen II)实现了商业化、标准化、系列化、批量化,具有较高经济性的商用核反应堆。自 20 世纪 60 年代末至 20 世纪 70 年代大批单机容量在 600 兆瓦～1 400 兆瓦的核电站被广泛建造,以美国西屋公司 Model212、Model 312、Model 314、Model 412、Model 414、System80 等为代表,也就是目前世界正在运行的 440 余座核电站(2007 年 12 月底统计数)的主力机组都属于 Gen II,主要堆型是压水堆、沸水堆、重水堆和石墨气冷堆等。

　　(2)第三代核电技术

　　从 20 世纪 80 年代开始,国际核能界就对第三代核电(Gen III)技术开展了广泛研究。从 20 世纪 90 年代开始,国际核能界在积极推动对第二代核电的延寿挖潜以应对二代核电机组老化问题的同时,关注的重点逐渐转向第三代的工程建设和三代加(Gen III＋)的研发,并取得了大量有价值的工程经验和研究成果。

　　Gen III 具有的技术经济特性包括:标准化设计,以利于许可审批、降低造价和缩短建造周期;简单化设计,但更加耐用,使其更易于运行并更不易受到运行干扰的影响;更高的可利用率和更长的运行寿期——通常为 60 年;大幅堆芯熔融事故概率降低;环境影响将到最小;更高的燃耗深度,以减少燃料的用量和由此产生的废物数量;可燃的吸收体(“毒物”),以延长燃料寿命。Gen III 与 Gen II 在设计方面最大的不同是拥有很多“非能动/无源”或“被动”安全特性,所谓的非能动特征也就是“被动”安全系统,这意味着即使所有的电力都中断,冷水也会继续流入以冷却反应堆燃料。AP1000 核反应堆,就是在堆芯上方有一个蓄水池,依赖重力实现水循环,也就具有非能动特征。这些特性不要求“主动/有源”控制或介入操作来避免非正常工况下的事故,而可以依赖

---

　　① 美国核能管理委员会(Nuclear Regulatory Commission,NRC)建立于 1974 年,它是由美国国会授权,按《原子能法》《防止核扩散法》及《能源再组织法》等法律规定对核能安全实施管理的国家机构,NRC 的前身是原子能委员会(AEC),它创立于 1954 年,解体于 1974 年,解体后的管理机能移交给 NRC。NRC 的领导机构是一个由五人组成的委员会,其使命是规范核电项目和特殊核材料的管理,保护公众健康和环境安全。
　　② URD 的主要性能指标具体如下。设计原则:简单、坚固、不需要原型堆。燃料热工安全裕量:≥15%。堆芯熔化概率:<1.0×10-5/堆年。大量放射性释放概率:<1.0×10-6/堆年。失水事故:6 英寸以下破口,燃料不损坏。设计寿命:60 年。换料周期:18～24 个月。机组可利用率:≥87%。工作人员辐射剂量:<100 人雷姆/年。建设周期(从浇注第一罐混凝土至商业运行):对 1300 兆瓦机组为 54 个月,对 600 兆瓦机组为 42 个月。

重力、自然对流或对高温的阻隔来实现。

Gen III 能够满足美国先进轻水堆用户要求文件（URD）或欧洲用户要求文件（EUR）的基本要求，在加大堆芯安全裕量、增强严重事故预防和缓解能力、提高电厂数字化与信息化水平等方面都比 Gen II 有明显进步。而 Gen III＋的堆型则大都采用了独特的技术，简化了系统，进一步提高系统的安全性和经济性。

（3）第四代核电技术

第四代核电（Gen IV）技术有别于原有的对核电技术或先进反应堆的概念，而是以核能系统概念出现的。Gen IV 最先由美国能源部的核能、科学与技术办公室提出，始见于 1999 年 6 月美国核学会夏季年会，同年 11 月的该学会冬季年会上，发展 Gen IV 核能系统的设想得到进一步明确。2000 年 1 月，美国能源部发起并约请阿根廷、巴西、加拿大、法国、日本、韩国、南非和英国等9 个国家的政府代表开会，讨论开发新一代核能技术的国际合作问题，取得了广泛共识，并发表了"九国联合声明"。随后，由美国、法国、日本、英国等核电发达国家组建了"第四代核能系统国际论坛（GIF）"，其目标是在 2030 年左右，向市场推出能够解决核能经济性、安全性、废物处理和防止核扩散问题的 Gen IV 核能系统。

GIF 认为在可持续发展和防止温室效应方面，核能能够发挥很大的作用，而相关的新一代核能系统的国际合作围绕着以下几方面进行。

- 持久性：有利于节省自然资源（铀）以及废物量最少化。
- 经济竞争性：目标是降低投资费用与运行费用。
- 安全和可靠性：目标是（如果可能）排除疏散核电厂外部人员的必要性。
- 加强防扩散和实体保护能力。

此外，考虑到长期需求的变化，未来的核设施不应该只局限于发电，应能满足其他需要，如产氢或海水淡化等联合生产。

2002 年，GIF 对国际合作项目中最有希望的未来反应堆概念进行了选择，选择了在能源可持续性、经济竞争性、安全和可靠性以及防扩散和外部侵犯能力方面最具前景的 6 种 Gen IV 核能系统。选定的 6 种系统包括三种快中子堆，即带有先进燃料循环的钠冷快堆（SFR）、铅冷快堆（LFR）和气冷快堆（GFR），以及三种热中子堆，即超临界水冷堆（SCWR）、超高温气冷堆（VHTR）和熔盐堆（MSR）。其中，5 种系统采取的是闭合燃料循环，并对乏燃料中所含全部锕系元素进行整体再循环。

这 6 种设计概念都改进了经济性，增强了安全性，使废物和防止核扩散燃料循环最小化。在所有概念中，其中技术最成熟的是钠冷快堆（SFR），美、俄、英、法、日、德、印等国已经建造过功率10 兆瓦～1 200 兆瓦的核电站，堆型包括实验堆、原型堆和经济验证性堆等类型的总共 18 座SFR，积累了约 300 堆·年的运行经验。目前在役的钠冷快堆有俄罗斯的 BN600 快堆、法国的250 MW 凤凰快堆和印度的 40 兆瓦快中子增殖实验堆（FBTR）。

（4）行波堆（Traveling Wave Reactor，TWR）

行波堆（TWR）不同于现有商业化的堆，通过对抑制堆芯燃料的分布和运行，核燃料可以从一端负级启动点燃，裂变产生的多余中子将周围不能裂变的 U-238 转化成 Np-239，当达到一定浓度之后，形成裂变反应，同时开始焚烧在原位生成的燃料，形成行波。行波以增殖波先行焚烧波后续，一次性装料可以连续运行数十年甚至上百年。为维持运行，堆芯燃料部分保持常规的大小质量，按正常方式通过核能，将热量带出堆芯，产生蒸汽，其余部分为烧尽或待增殖的燃料。除最初的启动源需要浓缩铀，其他所有燃烧都可以来自天然的材料。因此不需要分离浓缩。形象地说，行波堆像蜡烛，用火柴点燃后逐渐烧尽，并可以点燃其他蜡烛。

行波堆技术能够将贫瘠的核能原料，在反应堆内直接转化为可使用的燃料并充分焚烧利用。作为核反应堆的主要燃料，天然铀中只有约 0.7％的同位素能被直接利用，但是，利用行波堆技术，铀资源的 30～40％，甚至 60～70％可以物尽其用。和其他核反应堆不同的是，行波堆技术可以直接利用现在被废弃的铀同位素，甚至只经过简单转化的核电站废弃燃料，对其深度焚烧而产生巨大能量，将沉重废物负担转换为高额经济效益。从这一点上看，其与我国不久前投产的试验快堆很相似。但行波堆的另一大优势就是无需换料及后处理,不仅可以提高运行安全性,更能极大地降低核扩散风险。

目前,美国泰拉能源公司(Terra Power)开发的行波堆技术采用的是钠冷快堆设计,金属铀合金燃料,包壳与堆芯结构材料 HT-9,以蒸汽驱动朗肯循环发电,40～100 年电厂寿期所产生的废弃物就保存在堆内。

(二)技术特性

1. 堆型分类

核反应堆是一类提供动力的"动力堆"。按其使用的核燃料、冷却剂、慢化剂类型以及中子能量的大小,可分为 4 种类型。

(1)轻水堆(LWR)

采用普通水(轻水)为冷却剂兼慢化剂。轻水堆又分为沸水堆(BWR)和压水堆(PWR)两个类型。轻水堆在当前世界的核电站中使用最多,占 85% 左右。压水堆核电站是以压水堆为热源的核电站,主要由核岛和常规岛组成。压水堆核电站核岛中的四大部件是蒸汽发生器、稳压器、主泵和堆芯。在核岛中的系统设备主要有压水堆本体,一回路系统,以及为支持一回路系统正常运行和保证反应堆安全而设置的辅助系统。常规岛主要包括汽轮机组及二回路等系统,其形式与常规火电厂类似。沸水堆核电站是以沸水堆为热源的核电站。沸水堆是以沸腾轻水为慢化剂和冷却剂、并在反应堆压力容器内直接产生饱和蒸汽的动力堆。沸水堆与压水堆同属轻水堆,都具有结构紧凑、安全可靠、建造费用低和负荷跟随能力强等优点。它们都需使用低富集铀做燃料。沸水堆核电站系统有主系统(包括反应堆)、"蒸汽—给水"系统、反应堆辅助系统等。

(2)重水堆(HWR)

采用"重水"(H_3O)作为冷却剂兼慢化剂。由于重水对中子的慢化性能好,吸收中子的几率小,因而重水堆可以采用天然铀作为燃料,无需浓缩。重水堆在核电站中占 10% 左右,是发展较早的堆型,有各种类别,主要可以分为压力容器式和压力管式两类。但已实现工业规模推广的只有加拿大的坎杜型压力管式重水堆核电站。

(3)气冷堆(GCR)

采用气体如二氧化碳(CO_2)、氦(He)作为冷却剂,石墨作为慢化剂。当前多以氦为冷却剂,可获得 800℃的高温热源。气冷堆在核电站中占 2%～3%。气冷堆经历了即天然铀石墨气冷堆、改进型气冷堆和高温气冷堆三个发展阶段。天然铀石墨气冷堆是以天然铀作为燃料,石墨作为慢化剂,二氧化碳作为冷却剂的反应堆;改进型气冷堆(AGR)设计的目的是改进蒸汽条件,提高气体冷却剂的最大允许温度,石墨仍为慢化剂,二氧化碳为冷却剂;高温气冷堆(HTR)则是以石墨作为慢化剂,氦气作为冷却剂。

(4)快中子增殖堆

快中子增殖堆也就是快堆(FR),这种反应堆不需慢化剂,直接应用能量较大的快中子,采用天然铀为燃料。天然铀中绝大部分是铀-238,它在反应堆的反应中吸收快中子成为钚-239,钚-239 也是核燃料,能在快中子作用下产生链式反应。快堆的传热问题特别突出,通常采用液态金属钠(Na)作为冷却剂。目前快堆核电站在各种堆型中比例很小,不到 1%。

2. 发展趋势

总体而言,核电技术发展的趋势就是提高安全性和改善经济性。在核电市场竞争中,一个机型能保持持续稳定的发展而不被市场竞争所淘汰,关键是能够确保安全、在经济上有竞争力。在近十年来,指导核电技术发展的美国用户要求文件(URD)和欧洲用户要求文件(EUR)、最新提出的第四代核能系统的性能要求以及美国最近颁布的新的能源政策,都贯穿一条主线,就是要提高安全性、改善经济性,在满足确定的安全要求的条件下,争取最好的经济性。这一思路不仅对核电技术的发展产生了深刻的影响,同时对核电经济尤其是新系统的经济性产生深刻的影响。其具体表现在以下几个方面。

(1)单机容量继续向大型化方向发展

为提高核电站的经济性,新的核电技术将继续向大型化方向发展:俄罗斯提出建造 1 500 兆瓦的压水堆机组的概念;日本三菱公司提出了建造 1 500 兆瓦～1 700 兆瓦的压水堆机组;日本的东芝、日立提出的 1 700 兆瓦的 ABWRII 的概念;美国西屋公司在 AP600 的基础上向 AP1000 发展,也达到了 1 100 兆瓦;法国阿海珐公司开发的 EPR 单机功率也达到了 1 600 兆瓦。大型化趋势必然对核电项目的建设投资提出更高的资金要求和融资成本负担。

(2)系统采用非能动安全系统、简化系统、减少设备来提高安全性

目前国际上正在准备进入大规模建设的核电项目主要还是参照 Gen Ⅲ 和 Gen Ⅲ＋的设计概念,一般在原有设计基础上增加非能动安全系统代替原有的主动安全系统,也不追求全部采用非能动安全系统,而根据技术成熟程度和对机组的安全、经济性能的改进程度确定采用哪几个非能动安全系统,即非能动、能动混合型的安全系统。而且为便于堆内安全系统的设置和安排,新的核电技术一般采用 2 个或 4 个的偶数环路,过去百万千瓦级机组一般采用三个环路,每个环路300 兆瓦。但最近提出的一些设计概念都采用偶数环路,每个环路容量根据设计的单机总容量确定,不限制在 30 兆瓦一个环路。如美国的 AP1000 是双环路,每个环路 500 兆瓦;韩国的CP1300 也是双环路,每个环路 650 兆瓦;日本三菱的 NP21,单机容量 1 500 兆瓦～1 700 兆瓦,4个环路,每个环路 375 兆瓦或 425 兆瓦;俄罗斯的 BN800 的设计概念,也是 4 个环路,每个环路375 兆瓦。简单化趋势必然会对整个核电项目的建设和运行带来新的变化,原有的估算建设投资和运行维护成本的计算方法也要做出相应的调整。

(3)系统仪表控制系统(I&C)的数字化和施工建设的模块化

世界各核设备供应商提出的新的核电机型,无一例外地都采用了全数字的仪表控制系统,并且进一步向智能化方向发展。法国的 N4 和日本的两台 ABWR 机组,都采用全数字的仪表控制系统。新设计的机组更是采用全数字的仪表控制系统。同时,计算机技术的发展使得核电项目的设计施工都突破原有方式,向模块化方向发展。在设计标准化、模块化条件下,加大工厂制造安装量,通过大模块运输、吊装、拼接,减少现场的施工量。这是新一代机型共同采取的新技术。美国 GE 公司和日本联合建设的两台 ABWR 机组都已成功地采用了这种技术。核电的建设施工为缩短工期,但是也使得建设投资的周期更短,在提高经济性的同时,也对项目的资金管理提出了更高的要求。

(4)发展快中子堆技术,建立闭式核燃料循环,使核电能可持续发展

主要工业发达国家已经建立本国的核燃料循环技术和体系,基本掌握了快中子增殖堆技术,但由于多种因素,一些国家停止了快堆的工程发展。至今,曾充当开发快堆技术世界先锋的美国,虽然较早停止了快堆的工程建设,但现在正在研究是否重新启动快中子辐照试验堆 FFTF,同时还从事着与快堆技术相关的其他研究。法国正在研究利用凤凰快堆电站进行燃烧锕系核素和长寿命裂变产物的工作。俄罗斯是最看好快堆技术的国家,它把发展快堆和实施闭式燃料循环技术和体系看做 21 世纪上半叶核动力发展战略的奠基石,并正筹备重新启动自 1989 年以来一直处于冻结状态的一项 BN800 快堆电站计划,并开始设计 BN1600。

美国最近颁布的能源政策中提出了研究先进的核燃料循环,要改变过去对乏燃料不做后处理的一次通过燃料循环(once-through fuel cycle)。美、英、法、德、日等国正在研究一种先进的燃料循环(Advanced Fuel Cycle)体系,不做铀钚分离,直接处理出满足快堆核电站要求的铀、钚混合燃料。这样使核能发展既满足了可持续发展的要求,又满足了防止核扩散的要求。

核燃料循环方式的改变,对于核电项目的燃料成本影响是非常大的,这也将直接影响核电项目整体的经济性评估,不仅大大简化了原有的燃料成本计算,而且必须对后端的核废料处理等费用的计算方式进行改进。

二、全球核电市场

1. 市场概况

（1）核电装机容量

根据 IEA 的估计，截至 2012 年底，全球核电总装机容量约为 374 吉瓦（GWe）[①]，运行的核反应堆共计 433 座，堆型有压水堆（PWR）、沸水堆（BWR）、重水堆（PHWR）、气冷堆（Magnox & AGR）、石墨水冷堆（RBMK）和快堆（FR）。其中压水堆 268 座，总装机容量约为 249 吉瓦；沸水堆 94 座，总装机容量约为 85 吉瓦；重水堆 40 座，总装机容量约为 22 吉瓦；气冷堆 23 座，约为 12 吉瓦；快堆 4 座，总装机容量约为 1 吉瓦。

（2）核能发电

根据国际原子能机构（IAEA）提供的数据，2011 年全球的核核电站总发电总量为 2518 太瓦时，约占全球总发电量的 13.5%，比 2010 年的 2630 太瓦时降低了约 4.3%。2011 年全球核电站的加权平均容量因子[②]为 78.7%，低于 2010 年的 81.0%。2011 年，核发电量在全国总发电量中的份额超过 20% 的国家共有 13 个，其中法国的核电份额最高，达到 77.7%，其次为斯洛伐克和比利时，均为 54%（见图 11-1）。2012 年，全球的核电站总发电量为 2346 太瓦时，比 2011 年减少了 7%，遭受了有史以来最大规模的下滑。

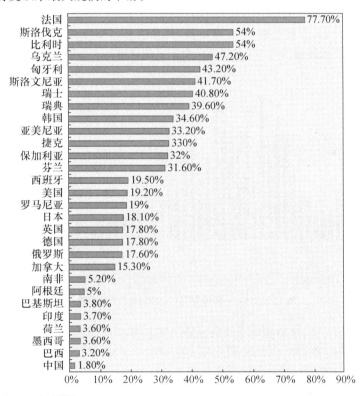

数据来源：IAEA.2011 年度报告

图 11-1　2011 年全球主要核电国的装机容量比例

[①]　"GWe"表示吉瓦，"GW"后面的"e"，表示电功率，以示与热功率的区别。风能发电和水力发电不存在热功率的说法，常规火电厂也基本上只说煤耗而不说热功率；但在核电站上，从设计至运行控制，都会涉及反应堆的热功率。因此，有时候为了区别，特别将其标明为发电机输出的"电功率"。

[②]　核电厂容量因子（capability factor of nuclear power plant）也称为核电厂能量可用率，是指给定时间内扣除核电厂的发电量损失的实际发电量与按额定负荷运行所能发出的电量之比，用百分数表示。

造成全球核电衰退的主要原因是日本福岛第一核电站于 2011 年 3 月发生的严重核事故。福岛核事故是由 2011 年 3 月 11 日发生的特大地震及其引发的大规模海啸导致的，已被定级为国际核事件和放射事件分级表（INES）中的最高级别，即 7 级事故。在核电发展史上，除了此次事故之外，只有发生于 1986 年的苏联切尔诺贝利核事故被定级为 7 级事故。在 2011 年 3 月 11 日地震的直接影响下，日本共有 13 台核电机组停止运行。此次事故后，日本政府规定，运行中的核电机组进入定期停堆检修状态之后，必须接受全面安全评审，以判断其能否应对严重地震和海啸的袭击，而且在未获得日本政府同意以及当地居民的理解前，各机组均不能重启运行。截至 2011 年年底，日本仅有 6 台核电机组处于运行状态。这导致日本 2011 年的核发电量仅为 156.2 太瓦时，比 2010 年（280.3 太瓦时）下降了约 44.3％。受日本福岛第一核电站事故影响，德国政府于 2011 年 3 月 15 日宣布，在 1980 年之前投运的 7 台核电机组立即暂停运行 3 个月，接受安全检查。之后，德国政府又于 2011 年 5 月底宣布立即永久性关闭这 7 台机组以及 1 台在日本地震发生之前处于停堆检修状态的机组。因此，德国 2011 年的核发电量仅为 102.3 太瓦时，比 2010 年（133.0 太瓦时）下降了约 23.1％。2012 年，由于日本的核电站在过去一年间一直处于停运状态（总共有 48 座在运反应堆停止发电）、德国 8 个机组关闭以及世界上其他运营问题（美国水晶河核电站、卡尔霍恩堡核电站和圣奥诺弗雷核电站两个机组也没有发电）的影响，世界核电发电量进一步下降。

2. 发展趋势

目前，共有 13 个国家正在建设 63 台核电机组，总装机容量为 62 吉瓦；27 个国家计划建设 160 台核电机组，总装机容量约为 180 吉瓦；37 个国家拟建设 329 台核电机组，总装机容量为 376 吉瓦（见图 11-2）。

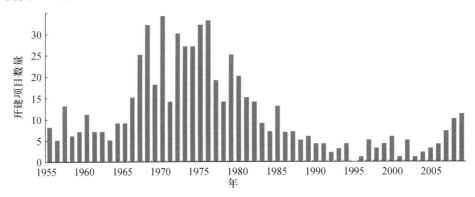

数据来源：IAEA. 2011 年度报告

图 11-2　1955—2010 年每年全球核电厂开建数量

根据 IEA 的最新估计，全球核电总装机容量到 2035 年将达到约 580 吉瓦，发电量将从 2010 年的 2 630 太瓦时增加至 2035 年的 4 370 太瓦时，增长约 60％，核发电量将占世界总发电量的 12％。但是，这一估计考虑到全球核电发展受到福岛核事故的影响，比 2011 年 IEA 的估计要悲观许多，当时的估计，到 2035 年全球核点装机容量将达到 630 吉瓦，核发电量将占世界总发电量的 13％（见图 11-3）。

国际原子能机构（IEA）在其于 2012 年 9 月公布的《2050 年的能源、电力与核电估计》的年度报告中表示，预计全球核电装机容量将从 2011 年的 370 吉瓦增加至 2030 年的 456 吉瓦～740 吉瓦。未来全球核电装机容量仍将持续增长，其主要是由于中国、韩国、印度和俄罗斯大规模地进行核电建设。

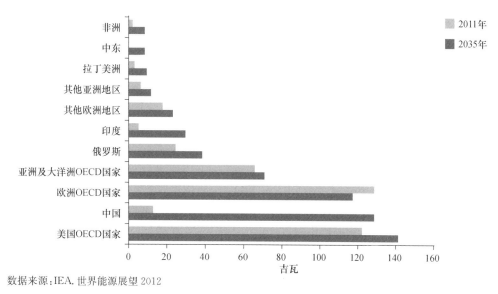

数据来源：IEA.世界能源展望 2012

图 11-3　2011 年全球核电装机容量分布及 2035 年预测

根据 IEA《能源技术展望 2010》的预测，在基线情景中能源相关的二氧化碳排放到 2050 年将在 2005 年的基础上翻番，该情景假设没有新的政策和措施遏制此类排放。解决这一预计的排放增加将需要一场涉及众多解决方案的能源技术革命，比如说提高能源效率，增加可再生能源的利用，提高从剩余化石燃料中捕集与封存二氧化碳的能力，以及更广泛地利用核能。其中，核能将以最节约成本的方式在完成这一目标中发挥重要作用。在 Blue Map 情景下分析假设核电产能推广速度会有限制因素，但是即使是这样，到 2050 年，核电装机容量也将达到 1 200 吉瓦，为全球供应 24％的电力，这与基线情景的 610 吉瓦装机容量相比差不多翻了一番。如果进一步提高核能比例，假设到 2050 年核电能供应全球 38％的电力，那么平均电力发电成本与 Blue Map 情景相比将减少约 11％。因此，扩大核电装机容量是实现全球大规模减排经济有效的战略的必要组成部分。

在技术开发与建设方面，核能迥异于其他大部分低碳能源来源。核电站建设在 20 世纪 70 年代至 20 世纪 80 年代初达到高峰（见图 11-4），每年超过 30 台核电机组开工，在这 10 年中，平均每年超过 25 台核电机组服役。随后 20 年，全球核电建设速度大大减缓。但是，核电拥有 50 多年商业运作经验的成熟技术，并不需要重要的技术突破来完成其更广泛的推广。在 20 世纪 80

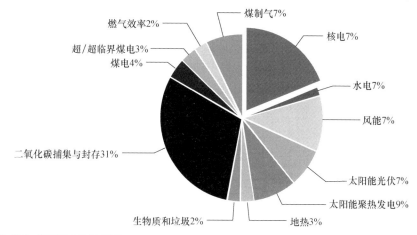

数据来源：IEA.能源技术展望 2010

图 11-4　2050 年 Blue Map 情景中电力部门二氧化碳减排与基线情景对比情况

年代,对于核安全(尤其是三哩岛事故和切尔诺贝利事故、福岛核事故)和放射性废料的关注在许多经合组织国家引发了强烈的反核运动,包括一些已经有大型核计划的国家。因此,一些欧洲国家和美国提出正式暂停核扩张,在少数情况下,还设法逐步淘汰现有核电容量。其他国家则决定不继续进行已经规划的核计划。

尽管在过去二十年核电装机增长停滞不前,但是核电站的技术发展并没有停止,更加安全和经济的第三代核电技术的出现,有可能重新点燃起全球核电发展新一轮浪潮,尤其是在缺乏能源资源,而经济和社会发展又处于工业化、城市化阶段的国家。IAEA就认为,未来全球核电的发展将主要集中在大的、快速工业化的非OECD国家(主要是中国、印度、俄罗斯和巴西等金砖国家)。

根据IEA的估计,如果要实现全球气候谈判中确立的温室气体减排目标,全球核电的装机容量在2020年至少要达到475吉瓦~500吉瓦,而这个范围的较高值主要是考虑到了中国最近加速发展核计划的情况。要扩张至500吉瓦,除了已经建成的核电机组,还需要到2016年左右开始建设另外90吉瓦(允许关闭一些较旧的机组),或者每年建设12吉瓦~13吉瓦。2009年,总容量超过12吉瓦的11个大型核项目开始建设。其中,9个在中国,韩国和俄罗斯各1个。2008年开建10个项目(总装机容量为10.5吉瓦),其中6个在中国,韩国和俄罗斯各2个。尽管只涉及这三个国家,但自1985年以来,2008年和2009年是建设高峰期。尤其是中国,预计其未来核扩张中会发挥领头作用,若要保持现有的扩张步伐,其他国家未来几年需要开始新的核建设。

从中短期来看,全球核电发展的最大阻碍主要来自社会舆论中对核安全的担忧,以及由此带来的"去核化"思潮,而不是技术和资金方面的问题。从长期来看,一旦第三代核电技术发展成熟,核电的安全性和经济性有了保障,未来全球温室气体减排仍需大力依托核电发展。

3. 核电工业

(1)全球核电产业及其竞争情况

目前,全球核电产业链从上至下主要包括核电技术提供商、核电设备制造商、核电设备零部件制造商,共三个主要的竞争环节。核电设备零部件制造中设备锻件制造又是最重要的部分。

在核电技术供应环节,目前全球出现了三个最主要的核电技术供应联合体,包括东芝-西屋(Toshiba-Westhouse)[①]、阿海珐-三菱(Areva-Mistubishi)[②]和通用-日立(GE-Hitachi)[③]。Toshiba-Westhouse提供AP1000技术方案,Areva-Mistubishi主推Areva的EPR方案以及Mistubishi的APWR方案,GE-Hitachi提供ABWR和ESBWR方案。另外,韩国电力技术(KOPEC)通过自主消化吸收研发了OPR1000和APR1400方案。中广核和中核集团则通过自主消化吸收分别开发了CPR1000和CNP1000方案。除此之外,其还包括ASE和AECL等公司推出的其他技术方案。

尽管核电技术供应商众多,技术水平相差无几,但由于经济性、安全性、需求地理分布、政治等复杂因素的影响,目前Toshiba-Westhouse的AP1000、KOPEC的APR1400以及中广核的CPR1000已经表现出了一定的竞争优势。

在核电设备制造领域,全球有十几家主要的竞争企业,包括韩国斗山重工(DHIC)、日本东芝(Toshiba)、日本三菱(Mistubishi)、日本日立(Hitachi)、法国阿海珐(Areva)、日本石川岛播磨重

---

① 西屋电气公司(Westinghouse Electric),是世界著名的电工设备制造企业,1957年建成了美国第一座商用核电站,西屋核电站的设计和技术一直处于世界核电技术的前沿并推动其发展,目前世界上400余座核电站中有大约50%基于西屋核电技术。西屋电气公司主推压水堆技术(PWR),其推出的AP1000是唯一一得到美国核管会(NRC)设计证书的三代+核电技术。2006年,东芝公司用41.6亿美元从英国核燃料有限公司获得了西屋电气公司77%的股权。

② 阿海珐(Areva)是世界500强企业之一,也是世界排名第一的核能企业,是该领域内唯一一家能够从事全部相关工业生产过程的公司。阿海珐集团成立于2001年9月,是在整合法国多家核能大型国企的基础上组建的。自2006年3月1日起,阿海珐集团(AREVA)统一旗下所有一级子公司的名称,均称AREVA。其中,2001年1月,法马通公司与西门子核电部合并,组成法马通先进核能公司(Framatome ANP),并共同开发了新一代压水堆ERP。法马通先进核能公司后被法马通先进核能公司收购,更名为Areva NP。

③ 通用电气公司(GE)是世界上最大的多元化产品和服务供应商,目前主推先进沸水堆技术(ABWR)。日本日立公司(Hitachi)自1967年就开始从通用电气获得反应堆技术,2007年12月日立公司宣布和通用电气共同组建新的核能公司,在美国、加拿大和日本分别注册三家公司,一起推动通用电气的经济型简化沸水堆技术(ESBWR)。

工(IHI)、日本三菱重工(MHI)、恩萨(ENSA)、安萨尔多(Ansaldo)、东方电气、上海电气、哈动力等。

核电设备制造市场竞争较充分,因此在整个核电产业链中盈利能力基本处于低水平。目前 DHIC 和东方电气等公司凭借技术、战略合作关系、需求地理分布等原因表现出了较好的发展态势。

在核电设备零部件制造领域,核电锻件制造是整个核电设备制造领域中市场规模最大的部分,同时也是整个核电产业链中最重要的瓶颈环节,目前已经成为了限制核电建设发展速度的一个制约因素。核电锻件制造市场集中度很高,处于寡头垄断状态,全球只有三家主要的核电锻件制造商,分别是日本制钢(JSW)、斗山重工(DHIC)和中国一重,未来两年二重重装在此领域也将占有一定市场份额。而未来四五年内这一市场将不会出现新的竞争者。凭借战略合作关系和需求结构的优势,DHIC 和中国一重表现出了良好的发展前景。JSW 虽然具备一些技术优势,但市场份额正被蚕食(见表 11-1)。

表 11-1 全球核电产业链各环节主要竞争者

技术提供商	主要技术类型	主要设备制造战略合作商	其他设备制造商	主要设备锻件供应商
Toshiba-Westhouse	AP1000	DHIC、Toshiba	ENSA、Ansaido、BHEL 等	JSW、DHIC
Areva-Mitubishi	EPR、APWR	Areva、Mitubishi		JSW、DHIC
GE-Hitachi	ABWR、ESBWR	Hitachi、IHI		JSW、DHIC
KOPEC	OPR1000	DHIC		DHIC
KOPEC	APR1400	DHIC		DHIC
中广核	CPR1000	东方电气、上海电气、哈动力		一重、二重、JSW
中核集团	CNP1000	东方电气、上海电气、哈动力		一重、二重、JSW

(2)全球核电技术路线之争

从近期全球核电建设情况来看,压水堆(PWR)已经在全球占据压倒优势(85%的市场份额),预计未来将稳定保持优势地位。而其中,Toshiba-Westhouse 的 AP1000、KOPEC 的 APR1400 以及中广核的 CPR1000 方案表现出了较好的发展态势(见表 11-2)。

表 11-2 全球核电技术路线及其主要技术供应商

基本技术类型	技术提供商	第二代及改进型技术	第三代及改进型技术
PWR	Westhouse		AP1000
PWR	ASE	WWER440	WWER1000(AES91)
PWR	Areva	M310	EPR
PWR	Mitsubishi		APWR
PWR	KOPEC	OPR1000	APR1400
PWR	中广核	CPR1000	
PWR	中核集团	CNP650、CNP1000	CAP1400、CAP1700
PWR	国核技		
BWR	GE-Hitachi	ABWR	ESBWR
PHWR	AECL	CANDU6	ACR1000
		第四代技术	
HTGR	Siemens、Interatom	HTR-Module	
HTGR	GE	MHTGR	
HTGR	中国	HTR10	
FBR	俄罗斯	BN800	

决定核电技术受益者的考量因素主要包括技术先进性、安全性、经济性和地缘政治因素。在技术先进性方面，AP1000 和 APR1400 属于三代核电技术，其革新性的非能动安全系统设计代表了三代核电技术的先进发展方向。在安全性方面，各种核电技术方案在设计安全性上相差无几，而应用经验就成为了重要的考量因素，因此已大量应用的二代核电技术，如 CPR1000 和 OPR1000 就具备了一定的优势。经济性可能是未来核电市场最重要的竞争因素，未来全球核电建设主要集中于中国和发展中国家，各种技术在安全性差别不大的情况下，经济性就显得尤为重要。目前 AP1000、APR1400 和 CPR1000 都表现出了较好的性价比优势。由于未来全球核电建设主要集中于中国和发展中国家，因此地缘政治因素也将发挥很大的作用，在这一方面中国自主消化吸收的 CPR1000 技术将处于优势竞争地位。

（3）核电设备制造竞争

核电设备制造领域竞争较充分，技术实力相差不大，自己不具备核电技术的企业大多采用了战略合作的竞争策略。如 DHIC 与 Toshiba-Westhouse 和 KOPEC 形成战略合作关系，IHI 与 GE-Hitachi 形成战略合作关系，东方电气、上海电气、哈动力与中广核、中核集团形成战略合作关系。

在核电设备制造领域，未来 DHIC 的发展潜力最大，其次是中国一重和东方电气。与 DHIC 形成战略合作关系的 Toshiba-Westhouse 和 KOPEC 都是未来发展前景看好的技术供应商，而且来自本国技术供应商 KOPEC 的订单规模和盈利水平都高于为 Toshiba-Westhouse 分包订单，近期 KOPEC 走出韩国为 DHIC 打开了市场空间。在中国，所有本土设备商都会受到庞大的中国核电需求的正面影响。目前东方电气、上海电气和哈动力三家企业仍然处于技术消化吸收阶段，目前已基本成熟稳定。三家企业在技术上各有所长，目前东方电气在核岛设备领域优势较大，但未来面临着上海电气、哈动力以及中国一重的竞争压力，尤其是中国一重与 DHIC 相同，借助核电锻件制造优势，目前已经打通核岛设备产业链，具备核岛设备总包能力，未来竞争优势较大。

总体来看，中国国内的核电设备制造商目前主要受益于中国核电建设的快速发展，未来可能受益于自主消化吸收核电技术出口带来新增需求。在中国国内，目前东方电气发展状况较好，但未来面临的竞争压力将加大，除了来自上海电气和哈动力的竞争之外，中国一重开始跨越产业链发展，设备总包范围有不断拓宽的趋势。

（4）核电锻件制造竞争

核电锻件制造是核电设备制造领域中市场规模最大的部分，同时也是整个核电产业链中最重要的瓶颈环节，相比上游的核电设备制造环节，核电锻件制造技术壁垒更高，具有更高的话语权，盈利能力也强得多。

核电锻件制造市场集中度很高，处于寡头垄断状态，全球只有三家主要的核电锻件制造商，分别是日本制钢（JSW）、斗山重工（DHIC）和中国一重，未来两年中国的二重重装在此领域也将占有一定市场份额。而未来四五年内这一市场将不会出现新的竞争者。在核电锻件制造领域，中国一重和 DHIC 发展态势较好，JSW 处于走下坡路的态势。三者均受益于世界核电建设爆发增长以及行业的寡头垄断状态。其中，与核电设备制造领域相同，中国一重和 DHIC 还受益于他们的战略合作者未来的良好发展前景。在三者的竞争中，中国一重处于落后地位，但近期表现出了良好的爆发力，一方面中国一重近几年技术和产能双双快速提升，另外公司具备性价比优势，同等质量下价格只为竞争对手的 1/3。DHIC 方面虽然需求旺盛，但产能瓶颈较大，其锻件尚需分包给中国一重制造。而 JSW 在主要市场中国的市场份额正被中国一重和二重重装蚕食，产品也不具备性价比优势，因此发展前景大打折扣。

（5）核电产业链的利润分配

目前全球核电产业链相关公司中核电业务所占收入和利润的比例还非常低，不少公司并未将核电业务单独归类，只是将其归入能源装备一类的口径之下进行统计，而在能源装备口径下占比较高的多为清洁高效火电设备、水电、风电、大型高效石油化工装备、石油天然气等业务，核电业务占比并不高。比如，2009 年，只有 KOPEC 和 Areva 的收入和营业利润几乎全部来自于核电业务以外。但是，总体而言核电产业（能源装备制造）的竞争环境和总体盈利能力优于电子、家电、通用机械等传统制造业务。在核电产业链中竞争环境排序依次为,核电锻件制造优于核电技术供应,优于核电设备制造。这一结论可以从各企业相关业务的盈利能力中得到验证。通过息税前利润率(EBIT)比较可以发现,核电锻件业务营业利润率略高于核电技术供应业务,二者远高于核电设备制造业务(见图11-5)。

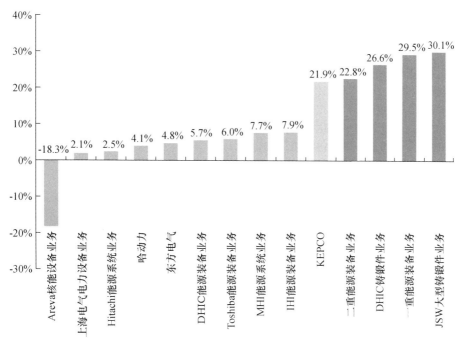

图11-5 全球主要核电企业的核电相关业务营业利润率比较

用阿海珐集团(Areva)的估值作为一个判断标准。Areva 的业务几乎贯穿整个核电产业链,从前端的铀燃料开采及销售,到中游的核电技术设计、核电设备制造,再到下游的核电站运营服务,因此 Areva 的发展前景基本等同于全球核电产业的发展前景。因此能够超越 Areva 的估值水平的核电企业就意味着处于全球核电竞争的优势地位,比如图11-6 中受益于中国等发展中国家市场需求(采用压水堆技术的 AP1000 和 ERP 技术路线)的企业估值就会偏高。

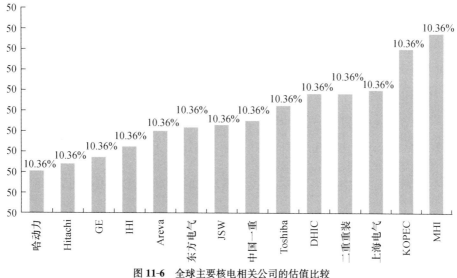

图11-6 全球主要核电相关公司的估值比较

第二节　核电技术经济性分析

一、核电技术经济性分析框架

1. 全寿命平准化发电成本方法

要公允、客观地评估不同核电项目的经济性,选择技术上可行和经济上合理的优化方案,为新一代核电技术的推广与运用提供参考,就必须依托一个经济性分析的框架对这些项目所采用的不同技术路径、不同工程技术方案和项目实施流程所带来的不同成本进行必要的计算和分析、比较和评估。目前,全寿命平准化发电成本方法(LCOE)在评估电力技术经济特性方面得到广泛承认与应用,其涉及的基本概念包括以下几点。

(1)经济寿命(economic life)

经济寿命可以定义为这样一段时期,若某一机器或某一设施的使用超过该时期,其成本增大或收益减少,应予以报废或更换。核电厂的经济寿命通常不一定与其技术寿命一致,但是经济寿命的时间总不会大于其技术寿命。目前核电厂的技术寿命为 40～60 年。在这段时间内,维持核电站的运行收益大于退役,这可以由目前美国电厂纷纷申请延长寿期得到证明。但是由于货币的时间价值,在考虑贴现的情况下,20～30 年后的收益对现值而言已经缩水很多。在经济寿命的计算上,不值得加以考虑。因此,目前核电厂的经济寿命通常被设定为 30 年。按现在通用的经济模型,30 年以后的收益对现值贡献很小,而实际核电运行寿期在 40～60 年后仍然有很大的收益。

(2)平准化发电成本(LCOE)

全寿命下的平准化发电成本(Levelized Cost of Electricity,LCOE)方法是在国际上得到广泛承认与应用的电力技术经济模型,可以对不同发电技术、不同工程项目的经济性做出客观、公允的评估,而且可以充分考虑成本估算中各类费用的时间价值。

$$\sum_t \left[TC \cdot E(t) - I(t) - O(t) - F(t) \right] \cdot (1+d)^{-1} = 0 \qquad (11\text{-}1)$$

其中,TC 为发电成本,$I(t)$、$O(t)$、$F(t)$ 和 $E(t)$ 依次为第 t 年的建设投资、运行维护费和净发电量,d 为折现率。

式(11-1)表明,存在某一折现率,或者说存在某一发电成本,使得电厂全寿命期间的现金流入量和现金流出量的现值的代数和为零。这时的发电成本 TC 可以作为评价电厂经济性的客观尺度,也就是平准化发电成本(LCOE)。

如果引入折现因子,$\Phi = \dfrac{d(1+d)^n}{(1+d)^n - 1}$,其中,$n$ 为电厂的经济寿命。

那么,TC 可以简化为:

$$TC = \frac{\Phi I_0 + O + F}{E} \qquad (11\text{-}2)$$

其中,I_0 是贴现至现在电厂建成时的建厂投资,与时间 t 无关,O、F、E 分别为年度运行维护费、年度燃料费、年度净发电量,也与时间 t 无关。

式(11-2)给出了发电成本与各种经济、技术要素之间的关系,对于电厂而言,还可以改写成如下形式:

$$TC = \frac{100}{8760L}\left(\Phi \frac{I_0}{K} + \frac{O}{K}\right) + \frac{100}{24} \times \frac{C_f}{\eta B} = \frac{100}{8760}\left(\frac{1}{L}\Phi \frac{I_0}{K} + \frac{1}{L}O_1 + O_2\right) + \frac{100}{24} \times \frac{C_f}{\eta B} \qquad (11\text{-}3)$$

其中,TC 为发电成本(单位:美分/千瓦时),K 为额定装机容量(单位:千瓦)。

式(11-3)表明,影响发电成本的要素可以进一步分解为:$\dfrac{I_0}{K}$ 为比投资,用 UC 代表;Φ 为折现因子；KO_1 和 LKO_2 为年度运行维护费 O 的不变部分和可变部分；C_f 为燃料单价（美元/kgU）；B 为平均卸料燃耗深度（MWd/tU）；η 为电厂效率；L 为电厂负荷因子。

显然，式(1-3)表明，比投资最低的电厂未必最经济，只有在降低比投资的同时改善电厂技术经济性才能实现最经济。

（3）内部收益率（internal rate of return，IRR）

如果某项投资的收益和支出费用分别为 R_t 和 C_t，则其内部收益率 r 定义为使净现值为零的贴现率。这一贴现率可由下式得出：

$$\sum_{t=T_B}^{T_C} \frac{R_t - C_t}{(1-r)^t} = 0 \tag{11-4}$$

其中，T_B 和 T_C 分别为经济寿命起始和终止。

式(11-4)表明只有收益大于投资费用的核电项目投资在经济上才具有吸引力。最优先选择的应是收益率最高的项目。这一方法的优点在于按照投资的收益对项目排序，从而可避免使用外部规定的回收率。

2. 核电技术经济性分析框架

对于目前较为成熟的核反应堆型（主要是第二代及部分较为成熟的第三代核电技术）而言，其经济性分析的基本框架如下。核电厂发电成本主要由建设投资、运行与维护（O&M）成本以及燃料循环成本构成。建设投资中通常包括隔夜成本、因物价变化而导致的逐年递增的边际成本、因支付利息而带来的财务成本。总的运行与维护成本中又分为固定部分和可变部分，以及核电厂退役费用和废弃物处置费用。燃料循环成本中除了新燃料费用外，还需要考虑乏燃料后处理费用以及可能发生的燃料再循环费用。上述成本构成及费用高低除了与核电项目的技术经济特性密切相关外，还涉及非常复杂的外部因素。

（1）建设投资

核电厂的建设投资主要包括基本费用、附加费用、财务费用和业主费用四大部分。基本费用构成基础成本（base costs），即工程、采购和建造费用（Engineering、Procumbent & Construction，EPC），它包括厂区的建筑物和构筑物费用，核岛、常规岛、BOP 设备采购费用，以及工程设计、服务、技术培训、现场施工等费用。附加费用（supplementary costs）包括不可预见费（contingency）、备品备件、保险费用以及运输和运输保险等。业主费用包括业主在项目中发生的费用，这些费用根据项目建设承包合同的不同而有差异，并不包括在前述的三项费用中，它包括业主的基建投资和服务费用，业主费用的浮动以及业主费用的财务成本。财务费用（financial costs）为建设期间发生的财务费用，包括浮动（escalation costs）。核电厂设备和服务在投标或询价时，一般会选择一个基准日期，它可以是投标的提交日期，或是招标书中规定的一个日期，或是签订合同的日期（生效日期）。这一价格在建造期间由于供应商以及业主劳动力和材料，价格而发生变化，主要是通货膨胀，这一变化称为浮动（escalation）。这一浮动的计算，要使用作为投标文件一部分的价格调整公式（PAF）进行计算。

因此，核电厂的建设投资由基础价、隔夜价[①]和建成价三部分构成。其中，基础价就是核电厂投资的基础成本，而隔夜价则常用来描述核电厂的初始投资，而建成价则是实际投资额（见图 11-7）。

国际原子能组织（IAEA）给出了一套账号系统，用于计算整个经济寿命周期内的核电项目经济成本（见表 11-3）。

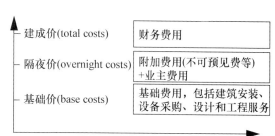

图 11-7　核电厂造价的构成示意图

---

① 隔夜价（Overnight cost）指不包括工程建设期间发生的利息的初使投资费用，就好像工程在"一夜之间"完成一样。

表 11-3　IAEA 核电厂建设投资费用账户科目

账户	项目名称（account title）
基本费用（base costs）	
21	厂区的建筑物和构筑物（buildings and structures at the plant site）
22	反应堆厂房（核岛）设备（reactor plant equipment）
23	汽轮发电机厂房设备（turbine-generator plant equipment）
24	电气和仪表控制设备（electrical equipment and instrumentation and control equipment）
25	取水和排热（water intake and heat rejection）
26	其他设备（miscellaneous plant equipment）
27	专用材料（special materials）
30	供应商和（或）A/E 公司在本部提供的工程技术、设计和总体规划服务［engineering，design and layout services by the supplier(s) and/ or A/ E at the home office(s)］
31	供应商和（或）A/E 公司在本部提供的项目管理服务［project management services by the supplier(s) and/ or A/ E at the home office(s)］
32	供应商和（或）A/E 公司在现场提供的工程技术、设计和总体规划服务［engineering，design and layout services by the supplier(s) and/ or A/ E at the plant site］
33	供应商和（或）A/E 公司在现场提供的项目管理服务［project management services by the supplier(s) and/ or A/ E at the plant site］
34	供应商和（或）A/E 公司在施工现场提供的监督服务［construction site supervision by the supplier(s) and/ or A/ E］
35	供应商和（或）A/E 公司或建筑公司在现场提供的施工劳务［construction labour by the supplier(s) and/ or A/E or construction companies at the plant site］
36	供应商和（或）A/E 公司在现场提供的调试服务［commissioning services by the supplier(s) and/ or A/ E at the plant site］
37	供应商和（或）A/E 公司提供的试运行服务［trial test run services by the supplier(s) and/ or A/E］
38	现场的施工设施、工具和材料（construction facilities，tools and materials at the plant site）
39	现场调试用的材料、易耗器、工具和设备（commissioning materials，consumables，tools and equipment at the plant site）
40	职员培训、技术转让和其他服务（staff training，technology transfer and other services）
41	住房及有关的基础设施（housing facilities and related infrastructure）
附加费用（supplementary costs）	
50	运输和运输保险（transportation and transportation insurance）
51	备品条件（spare parts）
52	不可预见费用（contiongencies）
53	保险费（insurances）
财务费用（包括账号 21～53）［financial costs（including accounts21～53）］	
60	浮动费用（escalation costs）
61	利息（interest costs）
62	服务费（fees）
业主费用（不包括账号 21～62）［owner's costs（excluding accounts 21～62）］	
70	业主的基建投资和服务费用（owner's capital investment and services costs）
71	业主费用的浮动（escalation of owner's costs）
72	业主费用的筹资费用（financing of owner's costs）

（2）燃料成本

燃料成本是构成核能发电总成本的三大组成之一。它指在发电过程中与燃料相关的费用，包括核材料费用、燃料制造费用、运输费用、乏燃料中间储存费用，后处理费用（包括废物的储存和最终处置)以及通过再循环而回收的价值,因此也被称为核燃料循环成本。核燃料循环成本[①]对核电的成本影响巨大,从某种程度上说,决定了核电的竞争力。因为整个核燃料循环的成本,最终都是由核电通过燃料费和乏燃料后以处理费的形式来承担的。

核电站核反应堆燃料不是一次耗尽的,必须定期地将它从堆内卸出、处理(称为后处理)、再富集、制成燃料元件、装入堆内循环使用。当核电站发电到一定时间,由于燃料的消耗,以及运行期间产生并积累起来的裂变产物的毒化效应,使后备反应性接近消失时,虽然燃料元件中尚含有相当数量的裂变燃料,也要把它从堆内卸出,换入新燃料。卸出的燃料元件称为乏燃料,其中含有大量的易裂变核素和可转换核素,如 U-235 和 Np-239,包括原先装入未燃耗的和运行周期中在堆内转换生成的,均属价值贵重的能量资源。需要经过后处理,将裂变产物分离出去,并回收这些易裂变核素和可转换核素,重新制成可用的燃料元件返回反应堆中复用,以构成燃料循环。核燃料循环的全过程包括以下步骤:燃料循环前段(铀矿地质勘探、铀矿石开采、铀的提取和精制、铀的化学转化、铀浓缩、燃料元件制造);燃料循环中段(堆内燃耗、乏燃料中间贮存);燃料循环后段(乏燃料运输、乏燃料后处理、放射性废物的处理和最终处置)。

核燃料循环成本可以分解为三个方面。

(a)核燃料循环前段成本。其包括铀矿地质勘探成本、铀矿开采和选矿成本、铀矿石加工成本、铀提取和精制成本、浓缩铀生产成本、燃料元件制造成本等,这里只简单介绍浓缩铀生产成本。天然铀(100%纯度)中含 U-235 大约 0.71%,生产 1 吨浓缩度为 3% 的低浓缩铀,大约需要 5.5 吨天然铀原料。浓缩过程中剩下 4.5 吨贫化铀,其 U-235 丰度下降到 0.2% 左右,一般无工业应用价值,作为尾料排出储存。把一定量的铀浓缩到一定的 U-235 丰度(也叫富集度,指 U-235 的浓度)所需要投入的工作量叫做分离功,表达为多少千克分离功单位、多少吨分离功单位或多少百万分离功单位。从天然铀原料生产 1 吨 3% 的浓缩铀,大约需要 4.3 吨分离功单位。

(b)核燃料的堆内使用(燃耗)成本。核燃料的堆内使用指核燃料装入反应堆之后,发生裂变反应放出能量发电,核燃料逐步消耗的过程。此阶段核燃料用率越高,则核电的成本也就越低;反之,利用率越低,成本越高。从核燃料装入堆芯发电开始到下一次停堆核燃料卸出堆芯,叫一个换料循环,核燃料及其后处理的成本需要用这个循环发电的收入来补偿。

(c)核燃料循环后段成本。其包括乏燃料的运输成本和后处理成本。乏燃料运输成本主要为运输容器的成本和车船运费,由于核安全标准要求高,因此运输容器的价格很高;由于运输过程中的高要求,使得运输费用也非常高昂。核燃料循环后段成本主要集中在乏燃料后处理成本,将燃料棒分解,分离铀、钚等有用资源,需要高端的工艺技术,投资这一套设备需几百亿元(经济规模厂),运行维护成本也很高昂。核电站除支付核燃料费外,还必须支付乏燃料后的处理费(见表 11-4)。

表 11-4　IAEA 核电厂核燃料循环费用账户科目

账户	项目名称(account title)
100	首炉燃料组件的供应(fuel assembly supply, first core)
101	天然铀(uranium supply)
102	转换(conversion)
103	浓缩(enrichment)
104	燃料组件制造(fuel assembly fabrication)
105	其他可裂变材料的供应(supply of other fissionable materials)
110	首炉燃料的服务(services, first core)
111	燃料的管理(铀、钚、钍)[fuel management(U, Pu, Th)]

---

① 需要指出的是,目前我国是将首炉燃料的 2/3(1/3 换料)或 3/4(1/4 换料)计入建设投资中的,而燃料成本中只引入与每年运行消耗掉的那一部分燃耗所涉及的整个燃料循环的费用;国外则是将所有燃料相关费用划入燃料成本中。这种不同的划分法对最终的经济性没有本质区别,但有建设投资和燃料循环费用的差别。

（续表）

账户	项目名称（account title）
112	燃料管理计划（fuel management schedule）
113	许可证申请（licensing assistance）
114	计算机程序准备（preparatio of computer programs）
115	质量保证（quality as surance）
116	燃料组件的检查（fuel assembly inspection）
117	燃料组件中间储存（fuel assembly intermediate storage）
118	第三方燃料利用信息（information for the use of third-party fuel）
120	换料用燃料组件的供应（fuel as sembly supply, reloads）
121	天然铀（uranium supply）
122	转换（conversion）
123	浓缩（enrichment）
124	燃料组件的制造（fuel assembly fabrication）
125	其他可裂变材料的供应（supply of other fissionable materials）
130	换料服务（services, reloads）
131	燃料管理（fuel management）
132	燃料管理计划（fuel management schedule）
133	许可证申请（licensing as sistance）
134	计算机程序准备（preparation of computer programs）
135	质量保证（quality assurance）
136	燃料组件的检查（fuel assembly inspection）
137	燃料组件中间储存（fuel assembly intermediate storage）
138	第三方燃料利用信息（information for the use of third-party fuel）
140	乏燃料的后处理（reprocessing of irradiated fuel assemblies）
141	铀、钚和其他材料的回收价值（credits for uranium, plutonium and other materials）
142	燃料组件的最终处置（在无后处理时）[final disposal of fuel assemblies（in case of no reprocessing）]
143	废物的最终处置（final waste disposal）
150	首次装载的重水供应（如果不计入投资费用中）[heavy water supply, first charge（if not included in capital investment costs）]
151	首次装载的重水服务（heavy water services, first charge）
160	用于补充的重水供应（如果不计入投资费用中）[heavy water supply, first charge（if not included in capial investment costs）]
161	用于补充的重水服务（heavy water services, replacement quantities）
170	核燃料循环及重水的金融费用（financial costs for the nuclear fuel cycle and for heavy water）

（3）运行和维护成本

运行和维护成本包括核电厂运行的所有非燃料费用项目，诸如职工人员费用、易耗运行材料（易磨损零部件）、设备修理与中间转换、外购服务与核保险、税收、佣金费以及退役准备金和各种杂费等。此外，其还包括行政支持系统的费用以及为电厂运行维护提供的流动资金等（表11-5）。

表 11-5　IAEA 核电厂运行与维护费用账户科目

账户	项目名称（account title）
800	工程技术人员、运行维护人员和行政管理人员的工资和薪金（wages and salaries for engineering and technical support staff, and operation, maintenance and administration staff）
810	易耗运行材料和设备（consumable operating materials and equipment）
820	修理费，包括中间更换的费用（repair costs, including interim replacements）
830	流动资金支出（charges on working capital）

（续表）

账户	项目名称(account title)
840	外购服务(purchased services)
850	保险和税金(insurances and taxes)
860	手续费、检查和审查费用(fees,inspections and review expenses)
870	退役准备金(decommissioning allowances)
880	其他杂费(miscellaneous costs)

3. 核电建设投资经济性的影响因素

（1）国产化程度

比较重视核电在国家能源体系中所起作用的国家,大体上都经历了从成套引进到基本完成国产化的过程。国产化包括设计、制造、建造和运行维修等各个方面。国产化对降低核电成本具有巨大潜力。国内的研究表明,根据对秦山二期和岭澳核电站基础价分项比投资进行的分析,国产化能降低比投资 25% 左右。在构成基础价单位投资的 11 个部分中,国产化对降低工程设计服务费和设备费两部分的潜力最大。

（2）容量规模效应

在堆型、技术条件和外部因素基本相同时,容量较小的电厂比容量较大的电厂具有更高的比投资,其容量规模效应通常用所谓的"规模因子"来表示。即:

$$C_1 = C_2(P_1/P_2)^{t-1} \tag{11-5}$$

其中,C_1、C_2（单位:美元/千瓦）分别为两个容量 P_1、P_2（兆瓦）的项目的比投资,t 是装机容量指数因子,经验值介于 0.6～0.8 之间。

在所采用的设计原则、供货商和工程服务公司、安全要求、厂址条件、技术标准、合同条款和商务管理以及商业运行日期等均相同的条件下,法国的核电厂建设经验表明,以容量为 300 兆瓦的单机组电厂的基础价为 1 000 亿美元,比投资为 100,其规模化效应如表 11-6 所示。

表 11-6　成本的容量规模效应

机组规模(兆瓦)	直接费用(10 亿美元)	间接费用(10 亿美元)	其他费用(10 亿美元)	基础价(10 亿美元)	比投资
1×300	61.5	23.4	15.1	100	100
2×300	107.9	30.4	19.8	158.0	79
1×650	97.3	28.2	19.5	145.0	67
2×650	173.2	39.4	26.3	238.9	55
1×1 000	127.2	32.1	22.7	182.0	55
2×1 000	228.3	47.3	30.8	306.4	46
1×1 350	154.2	35.6	25.3	215.1	48
2×1350	278.1	54.4	34.7	367.2	41

单机组电厂容量由 300 兆瓦增加至 1350 兆瓦,即容量增加了 350%,直接费用增加了约 151%;而间接费用仅增加了 52%,即容量规模效应在工程设计和施工服务等间接费用上的影响比设备、材料和劳务等直接费用上的影响大得多。当在同一厂址建设双机组电厂时,可以实现更多的投资效益。然而,投资效益的增加值随电厂容量的增加而下降。

（3）标准化效应

不同类型的反应堆采用的是不同的设计概念和管理导则。由于不同类型反应堆所采用的设备、系统及其特性和工作原理的不同,将导致其在安全审评、执照发放、运行特性和维修要求等方面均存在很大差别。因此,若同一业主选用多种类型反应堆电站,则必将面临由上述差异所造成的执照申请成本增加,设计、制造以及运行和维修的复杂化所造成的运行和维修成本增加。

在设计、部件制造、建造和运行过程中采用标准化方法可以显著地提高工程设计、设备制造、施工、进度、投资管理以及运行维修等方面的质量和效率。只需根据具体厂址条件进行微小修改的标准化设计,为批量生产和系列化制造提供基础。标准化设计和建造还可以增加管理的稳定性并减少执照申请的时间和费用。此外,采用标准化设计的简化和改进的专设安全系统提高了对公众安全的保证。基于设备制造、电厂建造和运行的标准化,从某个电厂获得的经验或教训可应用于所有该种电厂。通过设计、制造和施工经验的反馈,标准将改进得愈加完善,其结果是缩短建造周期和降低建造成本。设计工作在施工开始前大体上完成,保证了工期缩短和返工减少,而使成本降低。

(4)系列化效应

系列化效应是指建造一个标准化机组系列(多台机组)的平均比投资低于只建造一台同样机组的比投资。系列化效应的好处主要来源于下列因素:(a)系列化生产使设备制造商可以根据长期需求安排工作进度,并改进质量,提高生产率;(b)体现在工程设计上的系列化效应是非常明显的,因为与设计、性能和标准相关的研究以及与"原型堆"相关的工作对整个系列的多台机组只需进行一次;(c)从建造、运行和维修活动中获得的经验可以反馈给其他机组,系列化机组可以从某台机组的经验反馈中直接获益;(d)由建造经验反馈引起的施工时间的减少导致较低的建造期利息,因而能减少业主的财务费用。

但是,对于在较长时期内进行的涉及多个厂址的核电发展计划而言,系列化效应也存在一定的限制,包括以下几点。(a)每个具体厂址都有其特殊的地质、地震数据,系列化设计必须适应每个厂址的特殊条件。(b)因为技术是在不断发展的,因此系列化的工程必须找到一个介于下述两个矛盾的目标之间的折中道路,效应也存在一定的限制,即:目标之一是保持所采用的技术在一个足够长时期内的相对稳定性,以获得系列化施工的最大效益;目标之二是将技术进步的成果、经验的反馈和管理要求不断地反映在设计中,使每个机组都是最"新"的。(c)理论上系列化机组存在因某种共因使全部同类机组被迫停机的危险。某一个共因事件不可能在所有机组上同时发生。相反,标准化使在所有机组上采取某种共同活动以避免由于某种共同问题而同时影响电网的正常运行成为可能。(d)为了实现系列化效应的效益最大化,长期(约 10 年)大型核电发展计划是较为合理的。

(5)建造工期

由于核电建设需要投入巨额资金,施工期的长短将对投资及相关的财务成本产生很大的影响,而且冗长的建造工期会使核电工程面临许多业主无法有效控制的风险,如贷款增加、材料成本和工资的逐步上升等。

除了良好的管理、施工工艺和技术的改进可以大大地缩短核电厂建造工期外,缩短工期的方法还包括设计先进的施工工艺和模块化等。在设计阶段充分考虑施工技术,将对缩短建造周期产生积极的影响,具体包括:(a)以提高可建造性为目的的设计改进;(b)改进施工方法;(c)模块化、标准化电厂设计的应用提供了使用模块化施工技术的可能性。

二、第三代核电技术经济性分析

1. 第三代核电技术特点

第三代核电技术主要包括先进沸水堆(ABWR)、非能动先进压水堆(AP600)、改进式先进压水堆(System80+)和欧洲压水反应堆(EPR)等先进轻水堆(ALWR),它们满足美国先进轻水堆用户要求文件(URD)或欧洲用户要求文件(EUR)的基本要求,在加大堆芯安全裕量、增强严重事故预防和缓解能力、提高电厂数字化与信息化水平等方面都比 Gen II 有明显进步。第三代加(Gen III+)技术则不止限于先进轻水堆,比如球床模块堆(PBMR)和氦气透平模块高温堆(GT-MHR)都属于先进气冷堆(AGR),但是归入 Gen III+ 的 ALWR 普遍具有非能动特征,不仅属于压水堆的 AP1000 如此,属于沸水堆的 SWR-1000、ABWR-II 以及经济简化型沸水反应堆(ESB-WR)也是如此。此外,Gen III＋的绝大多数堆型都采用了独特的技术,简化了系统,以提高系统的安全性和经济性。比如高温气冷堆(HTR)的燃料技术和氢气直接循环技术。在 Gen III 中,非能动先进压水堆 AP600、先进沸水堆(ABWR)和改进式先进压水堆(System80＋)是获得美国核能管理委员会(NRC)设计认证或最终设计批准的三种堆型;而在 Gen III＋中,AP1000 则是唯一获得 NRC 设计认证证书的机型。

System 80＋虽已通过美国核管会批准,但由于安全系统应用非能动太少,美国已放弃使用。美国西屋公司的 AP 1000 和法国阿海珐公司(AREVA)的 EPR 虽都满足第三代核电机组的设计要求,但各有优缺点:EPR 的单机功率(约 1 600 兆瓦)大于 AP 1000 的单机功率(约 1 100 兆瓦),但它的能动安全系统比传统的能动安全系统更加复杂,不如 AP 1000 的非能动安全系统先进。美国西屋公司设计的 AP 1000 是在其 AP 600 的基础上发展起来的,已可进行商业化应用。AP 1000 是得到美国核管会的"最终设计批准"(FDA)的第三代改进型先进压水堆(PWR)。AP 1000 通过独特的非能动安全系统设计,使反应堆设计更加简单,堆芯损毁概率可忽略不计,提高了核电站的安全性和可靠性;实行模块化设计与建造,有利于提高核电站建造质量和标准化程度;配备行业最先进的全数字化仪表和控制系统,使核电站的运营更加简便。法国阿海珐集团(Areva)开发的欧洲压水反应堆(EPR)在 1995 年年中确定作为法国新的标准设计。EPR 拥有革新性的设计并且有着所有轻水反应堆中最高的热效率,热效率达到 36％。它有望提供比现有轻水反应堆更低的发电成本,在 60 年服役年限中核电站利用率可达到 92％,也属于第三代改进型先进压水堆(PWR)。

2. AP1000 技术经济性分析

目前,无论是从装机容量还是反应堆数量上来看,AP1000 在第三代核电技术在建项目中所占比重都非常高,因此我们将 AP1000 作为第三代加核电技术代表,对其经济性进行分析。

(1)技术特定

AP1000 技术的绝大部分系统、部件都是基于西屋公司在众多运行中的核电站应用成熟的技术和部件设计,并且吸取这些电厂长期积累的运行经验及反馈意见。AP1000 为单堆布置两环路机组,电功率 1250 兆瓦,设计寿命 60 年,主要安全系统采用非能动设计,布置在安全壳内,安全壳为双层结构,外层为预应力混凝土,内层为钢板结构。AP1000 主要的设计特点包括:主回路系统和设备设计采用成熟电站设计;简化的非能动设计提高安全性和经济性;配有严重事故预防与缓解措施;先进的仪表控制系统和主控室设计;大量采用模块化建造技术等。AP1000 技术最大的特点就是设计简练,易于操作,而且充分利用了诸多"非能动的安全体系",比如重力理论、自然循环、聚合反应等,比传统的压水堆安全体系要简单有效得多。这样既进一步提高了核电站的安全性,同时能显著降低核电机组建设以及长期运营的成本。虽然从工程经济性上考虑,目前 AP1000 反应堆的建设成本远高于第二代压水堆核电站。在建核电站每千瓦成本 2 000 美元左右,而 AP1000 投入 6 000~8 000 美元。但是,AP1000 核电站的设计寿命为 60 年,比第二代核电的设计寿命长 20 年;反应堆燃料元件换料周期为 18~24 个月,此外,通过与前期工程平行开展的按模块进行混凝土施工、设备安装的建造方法,目前 AP1000 反应堆的建设周期已大大缩短至 60 个月(设计目标是 48~36 个月),其中从第一罐混凝土到装料只需 36 个月。

(2)平准化发电成本

目前,国际上很多的科研机构采用全寿命周期平准化发电成本方法,开发出许多不同的计算模型(包括相对简单的电厂模型、比较复杂的市场模型和混合模型)对 AP1000 的首座电厂(FOAK)的 LCOE 进行估算,参见表 11-7。

表 11-7　AP1000 首座电厂的平准化发电成本估算（2003 年价格）

计算模型	隔夜价比投资（美元/千瓦）	平准化发电成本（美分/千瓦时）		参数来源
		$d=8\%$	$d=10\%$	
SAIC Power Choice	1 365	4.6	5.1	DOE 和卖方
Scully Capital Report	1 455		4.4	卖方
	1 247	3.6	4.0	
NEMS	1 555		5.3	EIA-AEO 2004
芝加哥大学研究报告	1 500	5.4		近期电厂模型及其数据库
	1 200	4.7		

资料来源：孙汉虹等. 第三代核电技术 AP1000[M]. 北京：中国电力出版社，2010

　　需要指出的是，这里的 LCOE 是出厂基线上的发电成本（busbar cost），包括运行成本以及按年计值的投资成本。这些评估跨越的时间段与 AP1000 设计认证审查跨越的时间段基本一致。其中，科学应用国际协会（SAIC）的能源选择模型（Power Choice）采用了美国能源部（DOE）与卖方（电厂）的 2001 年数据，Scully 投资报告则采用了卖方 2002 年的数据，两者都按不同财务计划给出了针对 AP1000 技术的发电成本评估；国家能源模型系统（NEMS）采用的费用与性能假设则取自美国能源情报署（EIA）的 2004 年度能源展望（AOE）。表 11-7 中前三个模型给出的发电成本为 3.6～5.3 美分/千瓦时，相应的隔夜价比投资（单位功率）为 1 247～1 555 美元/千瓦。芝加哥大学在 2004 年发布的研究报告，针对各种核电技术进行了研究，比较了不同的隔夜价比投资、建造周期、负荷因子、财务计划、政策扶持、学习效应等主要因素对 LCOE 的影响。研究结果是在特定条件下得到的：电厂寿命 40 年，建设周期 5 年，机组容量 1000 兆瓦，负荷因子 85%。研究表明，电厂寿命从 40 年变为 60 年，LCOE 的下降不超过 0.1 美分/千瓦时；但是，如果负荷因子从 85% 提高到 90% 的话，LCOE 的下降可达到 0.3～0.4 美分/千瓦时。AP1000 的设计寿命是 60 年，可利用率不低于 93%，如果选用 60 年全寿命和 90% 的负荷因子的话，AP1000 第一座电厂（FOAK）的 LCOE 可以从 4.7～5.4 美分/千瓦时下降到 4.3～5.9 美分/千瓦时。发电成本的风险主要来自隔夜价比投资的上升和建设周期的延长，从表 11-7 中就可以明显看出 LCOE 随着隔夜价上升而上升的趋势。如果隔夜价进一步上升到 1 800 美元/千瓦，那么与 U.C. 设定的条件相比，LCOE 将上升到 6.2 美分/千瓦时，与此同时，如果将建造周期延长到 7 年，那么 LCOE 还将进一步上升到 7.1 美分/千瓦时。当然，如果采取适当的政策扶持，可以应对此类风险。例如，对核电投资和相关产品进行减免税，那么 LCOE 仍可以保持较低的水平。因此适当地调整融资模式、进行有效的工程项目管理和给予一定的政策性支持是降低 AP1000 首座电厂发电成本的主要途径。

　　（3）规模效应与学习效应

　　1）隔夜价比投资

　　核电工程项目按单位功率计算的建设投资——比投资也是评估核电经济性的重要指标，而这一指标不仅仅技术路径与管理模式密切相关，而且还与复杂的市场环境密切相关，而后者又与相关国家的政治、经济、外交等战略利益联系在一起。仅从技术经济的角度来看，对工程基础价（隔夜价）比投资影响较大的是规模效应和学习效应。由于 AP1000 尚未实现大规模商业化运行，表 11-8 列出了几种先进核电厂的隔夜价比投资评估值，这些评估值是由卖方提供的，被美国能源部（DOE）用于其"核能 2010 路线图"的研究中，从中可以看出不同技术及其规模效应和学习效应对核电厂经济性的影响。

表 11-8　几型先进核电厂的隔夜价比投资(单位:美元/千瓦)

堆　型	隔夜价	其他相关信息
EABWR	1 400~1 600	1 350 兆瓦,建造期 24 个月
TOSHIBA—GE ESBWR	低于 ABWR	1 380 兆瓦,可利用率目标值 92%,采用了简化设计
Framatome SWR1000	FOAK:1 150~1 270 NOAK:降低 15%~20%	未计入冷却塔成本,建造期 48 个月,可利用率目标值 91%
WestingHouse AP600	FOAK:2175 NOAK:1657	从订单到商业运行 5 年
WestingHouse AP1000	FOAK:1365 NOAK:1040	假定双机组,包括业主费和应急费

注:NOAK 就是第 n 座同类型技术的核电厂的隔夜价比投资。

资料来源:孙汉虹等. 第三代核电技术 AP1000[M]. 北京:中国电力出版社,2010

2)规模效应与机组容量限制

核电的规模具有两层含义,一是机组容量大小(单机容量),二是机组数量(累计容量)。在核电技术经济分析中,通常把规模效应定义为机组容量大小的经济效应,而把学习效应与机组数量相互关联。

对于给定的工艺和技术,核电厂隔夜价比投资 UC 与机组容量大小 S 的关系理论上可以用下式表示,

$$UC_M = UC_N (S_M/S_N)^{X-1} \tag{11-6}$$

其中,UC_M 和 UC_N 分别为机组 M 和机组 N 的比投资;S_M/S_N 为两者的单机的规模比(容量比),X 为规模指数。$(S_M/S_N)^{X-1}$ 也可以称为关于比投资的规模因子。式 11-6 说明,核电厂的隔夜价比投资随机组规模的增大而下降。

$1-(S_M/S_N)^{X-1}$ 可以视为加大机组 M 相对与较小机组 N 的比投资下降比率,也可以作为规模效应的度量。对于传统的核电厂设计,根据已有数据,机组的规模指数在 0.4~0.6 之间。从表 11-8 中可以看出,AP1000 相对与 AP600,无论是 FOAK 还是 NOAK,隔夜价比投资都下降了 37.3%。AP1000 电厂的系统、设备、构筑物配置与 AP600 相似,超常的规模效应也不仅仅来自于设施容量的放大。AP600 属于堆芯低功率密度设计,而 AP1000 则属于堆芯高功率密度设计,充分利用了先进燃料的安全裕度。

3)学习效应与后续电厂发电成本预测

核电技术发展的经验表明,标准化机组系列的平均比投资低于具有相同特性但分别进行设计和建设的单个机组的比投资。这里存在两个效应:一是方案效应,即同类机型的首次建设(FOAK)所涉及的方案开发附加费,它与技术方案和建设流程有关,但是与标准化系列的机组数无关且相对固定;二是学习效应,它源于系列化、标准化制造建设过程中效率的提高和带来的成本下降。

学习效应带来的成本下降可以用学习曲线来表示,对于确定的机组系列,可以用下式来描述其学习曲线,即:

$$UC(n) = \left(1 + \frac{\beta}{n^\alpha}\right) UC(\infty), n = 1, 2, \cdots\cdots \tag{11-7}$$

其中,n 为系列中机组序号,α 和 β 是决定曲线形状的基本参数,通常由经验值决定。一般情况下,将机组或电厂建造数量翻一番的比投资下降率定义为学习率 LR,其表达式为:

$$LR = 1 - \frac{UC(2n)}{UC(n)} = \left(1 - \frac{1}{2^\alpha}\right)\frac{\beta}{n^\alpha + \beta} \tag{11-8}$$

式(11-8)表明,学习率不仅是 α 和 β 的函数,还与累积建造数量有关。随着累积建造数量的增加,学习率会持续下降。当累积建造数量趋于无穷时,学习率趋于零。在实际应用中,α 和 β 可

在 1 附近取值。以 $\alpha=1$ 和 $\beta=0.7$ 为例，对这一变化规律进行考察。假设 $n=1,2,3,4$，则 $2n=2$, $4,6,8$，LR 为 $0.21,0.13,0.09,0.07$。这一数值与实际核电技术发展中的核电厂建设经验基本吻合。

从表 11-9 中可以看出，不同的学习率对后续电厂发电成本的影响不同，但是即使考虑最差情况下的学习率，相对于表 11-7 估算的第一座 AP1000 核电站，后续电厂的发电成本也是显著下降的。这首先应归功于后续电厂应经把 FOAK 中若干成本摊薄，或者卖方（建设方）基于销售策略的考虑，可能希望在第一个电厂就收回 FOAK 的相关费用（如初始研发和设计成本等），那么第一座电厂的隔夜价就可能会上升 35% 左右。

表 11-9　对应于核电建造不同环境下的学习率取值范围及其对后续电厂 LCOE 的潜在影响
（单位：美分/千瓦时）

LR	建设模式	单个厂址建设数量	市场	标准化设计	管理效果	NOAK n=5
3%	分散建造，相隔一年或一年以上	容量饱和，无重复机组	竞争不激烈，可以从学习效应中节省成本	程度不高	建造有些延迟	3.5 (4.4)
5%	少量连续建造	新容量需求增长较高，重复机组较少	竞争较为激烈，能从持续学习中获得成本下降	有限的设计系列	很少延迟	3.4 (4.2)
10%	连续建造	容量需求高增长，重复机组数量较多	竞争激烈，能从持续学习中获得成本大幅下降	集中设计，每一种都有足够的订单，可实现学习效应	工期缩短	3.2 (3.8)

资料来源：孙汉虹等.第三代核电技术 AP1000[M].北京：中国电力出版社,2010

假设在表 11-7 中，U.C. 研究报告中，隔夜价 1200 美元/千瓦不包含 FOAK 的相关费用，隔夜价 1 500 美元/千瓦包含 20% 的 FOAK 的相关费用。表 11-7 中，FOAK 从 5.4 美分/千瓦时降到 4.7 美分/千瓦时，可看做是扣除 FOAK 的相关费用所致。对于表 11-9 中给出的学习率范围，学习效应使得第五座电厂隔夜价至少降低 6%～19%。这导致相同财务条件下的发电成本从 4.7 美分/千瓦时进一步下降到 3.8～4.4 美分/千瓦时。如果采取扶持政策，改善项目的财务条件的话，发电成本还可能进一步下降。

（4）运行成本及其对经济性的影响

核电厂的运行成本主要由两部分组成，一是燃料循环成本，二是不包括燃料成本的运行与维护（O&M）成本。对于按 18 个月循环长度估算的首炉堆芯，在表 11-7 中，U.C. 的研究报告把燃料成本取为 0.435 美分/千瓦时，O&M 固定成本取为每年 60 美元/千瓦，可变成本为 0.21 美分/千瓦时，在负荷因子为 85% 的情况下，总 O&M 成本为 1.016 美分/千瓦时，全部运行成本为 1.451 美分/千瓦时。显然，AP1000 的运行成本如果偏离这一假设的预测值，则其发电成本就必须做出适当的调整。

西屋公司给出的 AP1000 平准化燃料循环成本略低于 0.8 美分/千瓦时，平衡堆芯则略低于 0.7 美分/千瓦时。根据 U.C. 的研究报告，总的运行成本为 1.451 美分/千瓦时，扣除这里 0.7 美分/千瓦时的燃料循环成本，留给 O&M 固定成本与可变成本的空间只有 0.751 美分/千瓦时。而根据美国能源部（DOE）的估计，除去燃料循环成本的 O&M 成本为 0.5 美分/千瓦时，这一设定值与目前运行电厂最好的情况一致。考虑到 AP1000 技术以非能动性和简单化为标志的设计特性，以及以燃料高利用率为标志的运行特性，其经济性预测中没有必要将总的 O&M 成本取得太高，可以设定在 DOE 和 MIT 估值之间，也就是不包括燃料的 O&M 成本不低于 0.5 美分/千瓦时，不高于 0.9 美分/千瓦时。那么，可以在考虑一定的建设周期，财务成本和运行状况不确定性的情况下，估算 AP1000 的平准化发电成本，如表 11-10 所示。

表 11-10　AP1000 第五座电厂运行成本与总的发电成本(单位:美分/千瓦时)

燃料循环成本	O&M 成本	LCOE
0.7	0.5	2.949～3.549
	0.751	3.2～3.8
	0.9	3.349～3.949

注:隔夜价比投资为 972 美元/千瓦,建造周期为 5 年,负荷因子为 85％,电厂寿命为 40 年,投资收益率为 12％～15％,贷款成本为 7％～10％,无其他政策性补贴。

三、第四代核电技术经济性分析

1. 第四代核电技术特点

第四代核电(Gen IV)技术是以核能系统概念出现的,新一代的核能系统包括反应堆及其燃料循环,其应满足如下要求。

- 可持续性。促进长期有效利用核燃料及其他资源;改善核电对环境的影响,保护公众健康和环境;尽可能地减少核废物的产生,将废物量减少到最低限度,大幅度减少未来长期核废料监管的负担。
- 经济性。低成本、短周期建设,可在不同的电力市场竞争,投资风险应与其他能源项目类似;全寿期发电成本较其他能源具有优势,通过对电站和燃料循环的简化和创新设计达到成本目标;除发电外,还应能满足制氢等多种用途。
- 安全性。系统应具有高度的内在安全性和可靠性,并得到安全当局和公众的认可;增强内在安全特性和坚固性,使反应堆具有足够小的堆芯损坏概率,改进事故管理并缓解事故后果,消除厂外应急的需要。
- 防止核扩散和增强实体保护。为防止核材料扩散提供更高的保障,通过内在的障碍和外部监督提供持续的防扩散措施;通过增强设计的坚固性防范恐怖主义袭击。

根据 2002 年 12 月 GIF 公布的第 4 代核能系统技术路线图,目前在可持续性、经济性、安全性以及防扩散和外部侵犯能力方面最具前景的 6 种 Gen IV 核能系统是 3 种快中子堆,即带有先进燃料循环的钠冷快堆(SFR)、铅冷快堆(LFR)和气冷快堆(GFR),和 3 种热中子堆,即超临界水冷堆(SCWR)、超高温气冷堆(VHTR)和熔盐堆(MSR)。其中,5 种系统采取的是闭合燃料循环,并对乏燃料中所含全部锕系元素进行整体再循环。这 6 种设计概念都改进了经济性,增强了安全性,使废物和防止核扩散燃料循环最小化。在所有概念中,其中技术最成熟的是钠冷快堆(SFR),美、俄、英、法、日、德、印等国建造了 10 兆瓦～1 200 兆瓦的包括实验堆、原型堆和经济验证性堆等类型的总共 18 座 SFR,积累了约 300 堆·年的运行经验。目前在役的 SFR 有俄罗斯的 BN600 快堆,法国的 250 兆瓦凤凰快堆和印度的 40 兆瓦快中子增殖实验堆(FBTR),具体如图 11-8 所示。

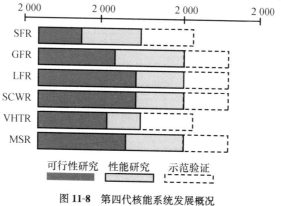

图 11-8　第四代核能系统发展概况

2. EMWG 的经济分析模型

第四代核能系统国际论坛（GIF）下属第四代核能经济模型工作组（Economic Modeling Working Group，EMWG）建立了一套第四代核能系统的经济性分析框架，其目标是确立第四代核能系统 6 种堆型在全寿命周期内的技术经济特性。模型设计了统一的假设，会计代码和成本估算模型，包括了 4 个主要模块，即建设/生产，燃料循环，发电和模块化，考虑了研发、实验堆、商业堆等不同环节，不仅对 6 种堆型的建设投资、燃料成本、财务风险、发电成本等环节进行了建模计算，还对施工建设中的模块化设计、堆型的规模化和标准化等问题进行了探讨。在建设期间，建造、出现突发事件和其他补充项目产生的利息是在整个电厂的经济寿命周期内均摊的，因此可以计算获得等单位能量成本（LUEC）的资本贡献率。同时，伴随着电力生产过程的进行，会生成相应的信息，产生操作和维护、净化和退役的成本，从而获得非燃料成本对整体成本带来的资本贡献。EMWG 经济分析模型的分析流程，如图 11-9 所示。

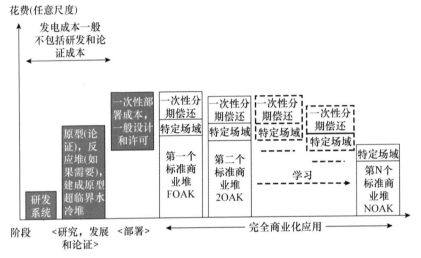

图 11-9　EMWG 经济分析模型的分析流程

EMWG 经济分析模型（见图 11-10）的估算方法包括自下而上（bottom-up）和自上而下（top-down）两种，前者适用于参照已有运行经验的同一技术路径的堆型，通过工程计划框图和技术路线图，在会计代码体系下进行会计账目细化，最终汇总计算；后者则适用于没有可供参照的类似技术路径的堆型，通过类比法，在会计代码体系下有选择地设定科目账目，粗估项目的成本。

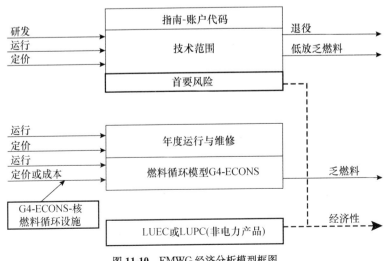

图 11-10　EMWG 经济分析模型框图

第三节　中国核电市场及技术路径分析

一、中国核电发展概况

1. 发展历程

(1)起步阶段

1984年我国第一座自己研究、设计和建造的核电站——秦山核电站破土动工,标志了中国民用核电事业的开始。20世纪80年代中国的核电开始起步发展,但由于当时煤价处于低位,火电成本较低,核电的经济优势并不明显。在20世纪90年代相继开工建设了秦山二期、岭澳一期、秦山三期和田湾一期等四个核电项目之后,中国的核电建设一度出现了停滞。"十五"规划中对核电发展的定位也仅仅是"适度发展"。

(2)快速发展阶段

中国核电发展从秦山核电开始,大亚湾核电为转折,历经10年,终于进入核电快速发展阶段,新的核电项目不断开工。进入21世纪,国家对核电的发展做出新的战略调整,根据2007年公布的《核电中长期发展规划(2005—2020年)》,到2020年,我国的核电运行装机容量将争取达到40吉瓦,核电年发电量达到2600亿千瓦时~2800亿千瓦时,估计占届时电力装机的4%左右(见表11-11)。

表11-11　《核电中长期发展规划(2005—2020年)》建设构想　　　单位:万千瓦

	五年内新开工规模	五年内投产规模	结转下个五年规模	五年末核电运行总规模
2000年前规模				226.8
"十五"期间	346	468	558	694.8
"十一五"期间	1 244	558	1 244	1 252.8
"十二五"期间	2 000	1 244	2 000	2 496.8
"十三五"期间	1 800	2 000	1 800	4 496.8

(3)调整发展阶段

2011年,日本福岛核事故发生后,面对国际核电发展的新形势和国内对核安全性的疑虑,中国政府及时暂缓了快速发展的核电计划,国务院确定了"国四条",立即组织全面安全检查,加强正在运行核电设施的安全管理,全面审查在建核电站,并在核安全规划批准前暂停审批核电项目。随后,相关部门对中国40多座已建或在建核设施进行了为期9个多月的全面检查。

2012年10月,国务院常务会议上讨论通过《核电安全规划(2011—2020年)》和调整后的《核电中长期发展规划(2011—2020年)》,并对当前和今后一个时期的核电建设做出部署。会议强调,要"稳妥恢复"正常建设,提高准入门槛,甚至要求在"十二五"期间"不安排内陆核电项目"。尽管如此,自2011年3月中旬日本福岛核事故以来,停摆了近20个月之后,中国的核电项目最终还是全面重启。

2. 市场概况

截至2011年底,我国已有秦山一期核电站、大亚湾核电站、岭澳核电站一期、秦山二期核电站、秦山三期核电站、田湾核电站共6座核电站11台核电机组建成投产运行,装机容量为1260万千瓦,这11台核电机组以压水堆技术为主,包括3座国产的、2座从俄罗斯引进的和4座从法国引进的,还有从加拿大引进的2座重水堆,都属于第二代核电机组或二代加改进型核电机组。我国目前在建项目27个,装机容量为共计2989万千瓦,已经获得国家批准开工建设以及筹建中的核电项目见附表1所示。合计运行和在建核电总装机容量为4249万千瓦,已经超过2007年制定的《核电中长期发展规划（2005—2020 年）》中设定的 4 000 万千瓦的目标（见图 11-11、图 11-12）。然而，在全球范围内比较，我国核电占比仍处于较低水平（2011 年占比只有 1.9%），远低于发达国家水平，也远低于世界平均的 16% 的水平。

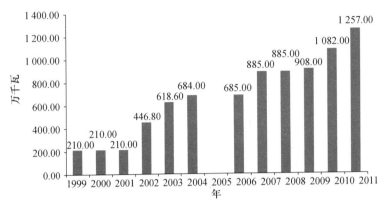

图 11-11　1999—2010 年中国核电装机容量

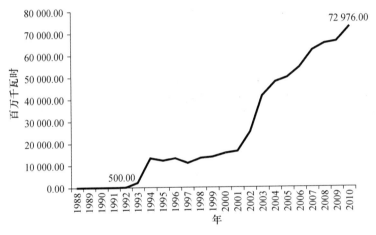

图 11-12　1988—2010 年中国核电站发电量

3. 发展规划

2012 年 10 月 24 日，国务院常务会议讨论通过了《能源发展"十二五"规划》《核电安全规划（2011—2020 年）》和调整后的《核电中长期发展规划（2011—2020 年）》。新的核电发展规划对《核电中长期发展规划（2005—2020 年）》进行大幅调整。根据规划，到 2015 年，核电装机规模将达到 39 吉瓦；到 2020 年的核电装机规划将提高到 86 吉瓦，占届时总装机的 5%，在建规模约 40 吉瓦。

新的规划要求：(a)稳妥恢复正常建设，合理把握建设节奏，稳步有序推进；(b)科学布局项目，"十二五"时期只在沿海安排少数经过充分论证的核电项目厂址，不安排内陆核电项目；(c)提高准入门槛，按照全球最高安全要求新建核电项目，新建核电机组必须符合三代安全标准。

二、中国核电技术路径选择

1. 技术引进历程

中国核电用三十年的时间走过了"三轮引进"之路：中国核电在 20 世纪 80 年代的第一轮发展中确立了以"引进＋国产化"为主的路线；20 世纪 90 年代，又经历了以纯粹购买电容为目的的第二轮引进；虽然与引进并存的自主发展走了 20 年，却被进入 21 世纪之后的新一轮核电发展计划彻底放弃了，2002 年末至 2003 年初所确定的新一轮核电发展路线，再一次依靠对外引进，而且是比前两轮引进更彻底的全盘引进。

以大亚湾核电站为标志，中国核电在 20 世纪 80 年代的第一轮发展中确立了以"引进＋国产化"为主的路线，但同时也存在着以秦山核电站（一期）为标志的自主开发。20 世纪 90 年代，中国经历了以纯粹购买电容为目的（不包含技术转让内容）的第二轮引进，相继购买了加拿大的重水堆（秦山三期）和俄罗斯的压水堆（田湾），并且继续购买了法国核电站（"岭澳—大亚湾"后续项目），但同时也开工建设了自主设计的秦山二期核电站。

第三轮引进路线倡导者提出的主要理由是：国内核电站机型"五花八门"的局面严重干扰了中国核电技术进步和国产化进程，而（自主设计的）秦山二期核电站是参考大亚湾核电站"照猫画虎"建造的，在事故预防、缓解措施以及防火设计等方面与国际上新的核安全标准还存在差距，已丧失了作为"主力机型"的条件。因此，中国核电必须"采用先进技术，统一技术路线"，直接引进国外最先进的第三代核电站技术，走"一步跨越"的新路。这个方针的具体实施方案是：通过国际招标，在国际三代核电机型中选定一种作为中国核电技术的发展方向；先建设 4 台招标引进的机组作为"国产化"（后改称"自主化"）依托项目；在 2010 年之前开始实行这种引进机型的批量建设，并于 2020 年达到 4 000 万千瓦的目标；其中除了中国已有的 11 台机组 870 万千瓦，均为引进机型，国内已掌握技术，但属于落后的机型不再建设。

2004 年 9 月，中国第三代核电站的招标工作（浙江三门和广东阳江核电站核岛供货国际招标）正式开始，标志着第三轮引进路线开始实施。但招标谈判的时间大大超过预期。2006 年 12 月，招标结果终于公布，美国西屋公司的 AP1000 成为了最后的赢家。

2007 年 3 月，国家核电技术公司（筹）与西屋联合体在北京签署第三代核电自主化依托项目核岛采购及技术转让框架合同，在浙江三门和山东海阳（换掉了阳江）建设四台 AP1000 机组。同年 5 月，负责引进第三代技术的国家核电技术公司（国核）正式成立。这意味着 AP1000 在中国核电市场的技术路线竞争中抢占了一个非常有利的地位。

2. 技术路径争议

但是，国内对于第三代与第二代改进型（"二代加"）的技术之争却一直是暗流涌动。对于 AP1000，技术引进方国核公司一直表现非常乐观，并努力推动内陆核电站采用 AP1000 技术。而反对者则坚持 AP1000 是未经实际验证的机型，仍大力主张重点发展二代加技术。

日本福岛核事故中受影响核电站采用的是二代核电技术，最大问题就在于遇紧急情况停堆后，需启用备用电源带动冷却水循环散热。而代表第三代核电技术的 AP1000 由于采用了"非能动"技术则不存在这个问题。但是，尽管国家已经明确 AP1000 作为今后核电站发展的主流技术的方针，国内两大核电企业（中核和中广核）以及众多资深核电专家仍然努力争取在发展第三代技术的同时，继续使用"二代加"技术。

所谓"二代加"技术，源于秦山二期，中核集团旗下中国核动力研究设计院在消化吸收大亚湾核电厂 M310 技术和法马通公司提供的咨询设计软件，自主开发 CNP600 堆型。后来到 1999 年，中核集团在 CNP600 成功经验和其他技术储备的基础上，依靠自己的力量重新设计百万千瓦级反应堆，走自主化设计路线。相对于完全引进的三代技术，中核及中广核以及众多专家在"二代加"技术上倾注了很大的成本和精力，而就安全性来说，二代加比原来的二代也有明显的进步，而且可以避免出现中国核电技术被日本人掌控的局面（研发 AP1000 的西屋电气公司已被日本东芝公司控股）。

2003 年，中核重启 CNP1000 的研制，并于 2004 年底通过了专家的初步评审。但是，由于其存在反应堆改动过大、配套设备跟不上等问题，一直没有在国家核安全局取得许可证，也因此错过了发展的黄金机会。2008 年以后，中核集团对 CNP1000 进一步改进，命名为 CP1000，并于 2010 年 4 月 30 日通过评审。中广核目前开发的"而代加"技术是 CPR1000，当初也是委托中核集团旗下核动力研究院设计的，其依托项目岭澳电站一期，2003 年建成以来一直运行良好。

事实上,近期国内对于二代加技术的未来前景争议正日趋激烈,即使对于明确要走 AP1000 路线的内陆核电站,企业也做了两手准备。由于我国首批通过核准的内陆核电站将是湖南桃花江、湖北大畈、江西彭泽三座电站。中电投作为江西彭泽核电项目的业主非常明确地走三代技术路线。而由中核及中广核分别主导投资的湖南与湖北两个项目,虽然首选 AP1000,但仍备选 CPR1000。

应该指出的,目前的在建和筹建核电项目中,虽然有法国和俄罗斯的堆型参与竞争,但是无论是从装机容量还是反应堆数量上来看,AP1000 所占比重都非常高,无论是核电行业还是学术界都感觉到中国可能成为 AP1000 的世界实验场。而目前,AP1000 优势尚未显现,机型安全性需要客观检验,这些因素对中国核电技术发展和核工业安全都构成威胁。2006 年 1 月 27 日,美国 NRC 向 AP1000 颁发最终设计认证书。但 2006 年 3 月 8 日,NuStart 公司和西屋公司联合向 NRC 提交建设贝尔福特两台 AP1000 的建造和运行许可证申请时,NRC 要求西屋公司报送 AP1000 新的设计资料,再次审查,审查通过后,重新颁发名为"AP1000 修正"的设计认证书。而 2006 年颁发的最终设计认证书,不能作为颁发工程建设项目建造运行证的依据。美国 NRC 原计划到 2010 年 3 月才完成技术审查工作。但日本地震之后审核时间被无限期延长。公开资料显示,2009 年 10 月,NRC 曾驳回了佐治亚州采用 AP1000 设计建设反应堆的申请,当时的理由是 AP1000 设计方案在防震、防飓风和飞机撞击方面都存在安全隐患。美国 NRC 主席也认为 AP1000 存在技术问题尚未解决。只有西屋公司给出可行、可靠的解决办法和可信、满意的证明,并得到专家的认可,NRC 才考虑颁发设计认证书。

3. 国家政策规划

根据《核电中长期发展规划(2005—2020 年)》提出的思路,中国的核电发展指导思想和方针是"统一技术路线,注重安全性和经济性,坚持以我为主,中外合作,通过引进国外先进技术,进行消化、吸收和再创新;实现核电站工程设计、设备制造和工程建设与运营管理的自主化,形成批量建设中国自主品牌大型先进压水堆核电站的综合能力"。《规划》要求到 2020 年,在引进、消化和吸收新一代百万千瓦级压水堆核电站工程设计和设备制造技术的基础上,进行再创新,实现自主化,全面掌握先进压水堆核电技术,培育国产化能力;形成较大规模批量化建设中国品牌核电站的能力。

根据 2011 年科技部公布的《国家"十二五"科学和技术发展规划》,其中对核电领域国家科技重大专项——大型先进压水堆和高温气冷堆"十二五"期间的发展进行了安排。规划提出,突破先进压水堆和高温气冷堆技术,完善标准体系,搭建技术平台,提升核电产业国际竞争力。就具体建设进度,规划明确提出,要依托装机容量为 1 000 兆瓦的先进非能动核电技术(AP1000)核电站建设项目,全面掌握 AP1000 核电关键设计技术和关键设备材料制造技术,自主完成内陆厂址标准设计。目前,中核集团已经完成中国的装机容量为 1 400 兆瓦的先进非能动核电技术(CAP1400)[①]标准体系设计并建设示范电站,2015 年底具备倒送电和主控室部分投运条件。其已完成高温气冷堆关键技术研究,2013 年前后示范电站建成并试运行。

根据目前国家能源局制定完成的《核电技术装备"十二五"专项规划》,到 2020 年前,国内投产的核电机组技术路线仍将以"二代"及"二代加"为主,一直被寄予厚望的"三代"核电技术可能在 2020 年后实现商业化。而到 2030 年后,"四代"核电技术才有可能迈入商业化进程。

所以,目前国内对于未来核电技术路径仍未最终确定,各种技术仍处于激烈竞争阶段。

---

① 大型先进压水堆核电站重大专项是《国家中长期科学和技术发展规划纲要(2006—2020 年)》确定的 16 个国家科技重大专项之一的子项。按照党中央、国务院的战略决策,压水堆重大专项的目标是在消化、吸收、全面掌握我国引进的第三代核电 AP1000 先进技术的基础上,通过再创新开发形成具有我国自主知识产权的、功率更大的大型先进压水堆核电技术品牌。2008 年 2 月 15 日,国务院常务会议原则通过了《大型先进压水堆核电站重大专项总体实施方案》,批准由国家核电技术公司作为压水堆重大专项的组织实施者和示范工程的实施主体。国家核电技术公司也在积极推动以压水堆重大专项示范工程(CAP1400)建成投产为标志的三代核电自主化发展"三步走"战略:第一步,外方为主,我方全面参与,建成自主化依托项目 4 台 AP1000 机组,基本形成 AP1000 三代核电沿海厂址标准设计;第二步,我方为主,外方支持,形成 AP1000 标准设计,完全具备在沿海和内陆建设 AP1000 核电机组的能力;第三步,实现压水堆重大专项目的全面自主创新,形成 CAP1400 标准设计,建成 CAP1400 重大专项示范工程及进行规模化建设,开展 CAP1700 的预研工作。

三、中国核电电价政策

　　目前,国内核电定价仍然处于错综复杂的状况,"一厂一价"的定价机制在操作流程上非常繁琐,也不利于市场竞争,核电定价机制亟待改革。"一厂一价"的定价机制使得核电价格不会自由地根据具体市场情况而变化,每个核电厂都有"自己的电价",使得各个核电厂之间没有一个竞争的环境,从而在一定程度上不利于核电的发展。国内核电定价的另外一个情况就是"事后定价"。核电定价需要经过价格主管部门批准。一般是在核电厂投运之前,由核电厂提出申请,把电价具体的数学模型,即电价计算的来龙去脉报告清楚,然后价格主管部门组织有关专家来评审,分析电价的合理性,最后确定具体价格。从核电站的角度来讲,肯定会希望上网电价能够高些,但是国家发改委会根据实际情况压低价格,最终价格一般会比电厂报送的价格低些。

　　核电实行"一厂一价"制有多种客观因素。目前,所有核电项目都由国有公司控股,每个工程单独核算项目的最后总成本加上国家规定的利润率才是最终上网电价。所以一个地区不同时间、不同成本的项目,上网电价是不同的。秦山地区 4 个核电项目就有 4 个不同的上网电价。比如秦山核电站,其一期、二期和三期的上网电价不同,差别率最高达到 15% 以上。

　　最重要的是,目前国内核电站采用的机型繁杂,机组技术路线不同、堆型不同、建造地点不同、融资渠道不同、建造周期不同等诸因素都影响核电站的造价,很难统一。除了造价因素外,上网电价还要受电力市场现状及其发展等因素影响,包括经济发展、电力供需、用户用电状况等。对于同一个电站,由于所选定的定价方法及考虑问题的角度不同,其上网电价相差很大。在实际运作中,特别是在工程处于建设期间预测未来的上网电价更是存在很大的不确定性。

　　随着核电在整个中国能源发展战略中的地位的逐渐增强,核电机组进入了一个高速发展的全新阶段,在建和规划建设的核电机组数目众多,继续执行按个别成本定价,将成为一项繁琐而浩大的工程,显然已不合时宜。但是,通过对核电成本的分析可以发现,当前同期在建的核电站在成本上仍存在较大的差异,因此,以统一的"标准成本"对核电制定和执行全国统一"标杆"上网电价的条件尚不成熟,无法实现合理成本与利润的有效监管。中短期内,核电上网电价的定价机制改革采取"分类标杆电价"模式的可能性最大,也就是按照不同技术路线标准的成本核定上网电价;长期来看,在全国范围内,核电上网电价会按一个标准的成本水平核定,并执行统一的"标杆电价"。

　　中短期来看,由于目前国内核电技术路径仍处于多种技术竞争阶段,同时正在商业运行的核电站经济寿命仍有 20 年左右,因此对不同技术路线的核电站采取分类定价是较为可行的一条改革路径。同一技术路线的投资建设成本差异较小;运行维护成本已逐渐趋同;而乏燃料处理费和退役基金属强制成本,可以由国家相关部门制定统一征收标准和征收办法,足额计入定价成本;核燃料成本则以核燃料市场价格和社会平均先进燃料消耗量为参考。因此,对于同一技术路线的核电机组,尤其是已基本实现国产化的二代改进型核电机组已具备制定统一上网电价的基础,可以尝试分技术路线制定和执行核电机组标杆电价,以约束成本,引导投资,并降低管理成本。对于核电机组可能还要考虑技术进步和国产化、规模化等带来的建设成本变化,应该在"分类标杆电价"的基础上,进一步完善投资建设成本审核调整机制。当成本变化幅度超过一定范围时,应对标杆电价进行调整。由于核电建设周期较长,通常超过 5 年,可以每 5 年对核电建设成本进行重新调查,进而相应调整标杆电价水平。

　　长期来看,一旦我国核电建设进入规模化的阶段,在技术路径统一后,那么未来就有可能实现全国统一的核电上网"标杆电价"。

参 考 文 献

[1] Jewhan Lee et al.. Linear Programming Optimization of Nuclear Energy Strategy with Sodium-Cooled Fast Reactors[J]. Nuclear Engineering And Technology,2011,43(4)

[2] 孙汉虹等.第三代核电技术 AP1000[M]. 北京:中国电力出版社,2010

[3] 王秀清等.世界核电复兴的里程碑——中国核电发展前沿报告[M]. 北京:科学出版社,2008

[4] 程平东,孙汉虹.核电工程项目管理[M]. 北京:中国电力出版社,2006

[5] 吴宗鑫,张作义.先进核能系统和高温气冷堆[M]. 北京:清华大学出版社,2004

[6] 王成孝.核电站经济[M]. 北京:原子能出版社,1993

[7] 陆德曦,王成孝.核工业经济导论[M]. 北京:原子能出版社,1992

[8] 李涌.中国核电经济性的特点及提高方法浅析[J]. 核动力工程,2010,31(3):131～134

[9] 胡平,赵福宇,严舟,李冲.快堆核燃料循环模式的经济性评价[J]. 核动力工程,2012,33(1):133～137

[10] 吴兴曼.BN800：定位于闭式燃料循环的先进钠冷快堆核电站[J]. 核科学与工程,2011,31(2):127～135

[11] 钱天林,聂娉娉.评估核电经济性的新方法[J]. 中国核工业,2012,(1):44～45

[12] 刘江华,丁晓明.核电经济性分析有关问题探讨[J]. 电力技术经济,2008,20(1):47～53

[13] 秦伟建,宗刚.全流程核电经济性评价系统的探讨[J]. 能源工程,2007,(2):7～10

附　　录

附表 1　2011 年中国核电在建及筹建项目总汇

省份	建设方	项目	装机容量（万千瓦）	状态	堆型
浙江省	中国核工业集团公司	浙江省海盐县秦山一期扩建	2×100	在建	CPR1000
		浙江省海盐县秦山二期	2×65	在建	CNP600
		浙江省衢州市龙游县	4×100	筹建	AP1000
		浙江省台州市三门县健跳镇猫头山半岛	6×100	在建2台	AP1000
		浙江省台州市三门县扩塘山	4×100	筹建	未定
广东省		岭澳核电站二期	2×108	在建	CPR1000
		阳江核电站	6×100	在建2台	CPR1000
		台山核电项目	2×150	筹建	ERP
		台山市赤溪镇东南部	6×100	筹建	CPR1000
		韶关市曲江区界滩核电厂		筹建	未定
		广东汕尾		筹建	未定
		陆丰核电项目	6×100	筹建	未定
	中国核工业集团公司	广东汕尾市海丰县		筹建	未定
		珠海荷包岛		筹建	未定
		河源市龙川县	4×100	筹建	未定
	广东大唐国际公司	阳西核电站		筹建	未定

（续表）

省份	建设方	项目	装机容量（万千瓦）	状态	堆型
江苏省	中国核工业集团公司	田湾核电站二期	2×106	筹建	AES—91
		江苏船山	2×106	筹建	未定
	中国广东核电集团	江苏第二核电项目	2×100	筹建	未定
辽宁省	中国广东核电集团中电投集团	红沿河核电站	6×111	在建 4 台	CPR1000
	中国核工业集团公司	徐大堡核电项目	2×100	筹建	未定
	中电投集团公司	辽宁省本溪市	4×100	筹建	未定
福建省	中国广东核电集团	宁德核电站	4×100	在建 2 台	CPR1000
	中国核工业集团公司	福清核电站	6×100	在建	CPR1000
		福建莆田		筹建	未定
		福建三明		筹建	BN800
	国电集团公司	福建漳州		筹建	未定
山东省	中电投集团公司	海阳核电站	6×100	在建 2 台	AP1000
	中国核工业集团公司	山东省乳山市红石顶	6×100	筹建	未定
		山东省荣成市石岛湾核电站	20	筹建	HTR1000 或 AP1000
广西壮族自治区	中国广东核电集团	防城港核电厂	6×100	在建	CPR1000
	中电投集团公司	防城港或钦州厂址（白龙）	4×100	筹建	CPR1000
	中电投集团公司	广西桂东核电工程	4×100	筹建	未定
海南省	中国核工业集团公司	海南省昌江县	4×65	在建	CNP600
湖南省	中国核工业集团公司	湖南省益阳市桃花江核电	4×100	在建	AP1000
	中国电力投资集团	岳阳市华容县小墨山	4×100	筹建	M310+
	中国广东核电集团	常德市桃源县	4×100	筹建	未定
	湖南华银电力股份有限公司	大唐华银核电厂	4×100	筹建	ERP
湖北省	中广核电集团	咸宁市通山县大畈核电厂	4×100	在建 2 台	M310+
江西省	中电投集团公司	江西九江市彭泽县	4×100	在建 2 台	AP1000
安徽省	中国核工业集团公司	安徽吉阳核电项目	4×100	筹建	未定
	华能集团	安庆核电项目		筹建	未定
	大唐集团	宣城核电项目	4×100	筹建	未定
	中国广东核电集团	芜湖核电	4×100	筹建	CPR1000
河南省	华电集团公司	洛阳核电项目		筹建	未定
河北省	中国核工业集团公司	河北秦皇岛		筹建	未定
吉林省	中电投集团公司	吉林省白山市靖宇县	4×100	筹建未定	
甘肃省	中国核工业集团公司			筹建	未定
四川省	中国广东核电集团	四川省南充市蓬安县	4×100	筹建	未定
重庆市	中国核工业集团公司	重庆市石柱县西沱镇	4×100	筹建	未定
	中电投集团公司	涪陵区南沱镇的长江南岸	4×100	筹建	未定